FANZUIZONGLUN DE XINZHANKAI

犯罪总论的新展开

（上册）

马荣春◎著

中国政法大学出版社

2022·北京

图书在版编目（ＣＩＰ）数据

犯罪总论的新展开/马荣春著. —北京：中国政法大学出版社，2022.12
ISBN 978-7-5764-0831-7

Ⅰ.①犯… Ⅱ.①马… Ⅲ.①犯罪学－研究 Ⅳ.①D917

中国国家版本馆 CIP 数据核字(2023)第 016318 号

出 版 者	中国政法大学出版社
地 　 址	北京市海淀区西土城路 25 号
邮寄地址	北京 100088 信箱 8034 分箱　邮编 100088
网 　 址	http://www.cuplpress.com (网络实名：中国政法大学出版社)
电 　 话	010-58908586(编辑部) 58908334(邮购部)
编辑邮箱	zhengfadch@126.com
承 　 印	北京鑫海金澳胶印有限公司
开 　 本	720mm×960mm　　1/16
印 　 张	57.25
字 　 数	950 千字
版 　 次	2022 年 12 月第 1 版
印 　 次	2022 年 12 月第 1 次印刷
定 　 价	199.00 元

P 前　言
REFACE

刑法总论是整个刑法学的基础部分，而犯罪总论又是刑法总论的基础部分，故犯罪总论是整个刑法学的"最基础部分"或"最基本部分"。无论现代科技特别是网络科技带给社会生活和社会发展怎样的影响，又是怎样影响刑法实践包括刑法立法和刑法司法，其最终都要集中反映到刑法学的犯罪总论中来。于是，刑法学的犯罪总论需要在以往的基础上结合当下的生活实际而予以新的展开。

越来越热衷于对当下刑事领域的时髦事件或现象的讨论而轻视对基本理论的研究，是当下中国刑法学的一个倾向。然而，由于时髦事件或现象最终还是牵扯刑法学的基本理论，故当与刑法学基本理论渐行渐远，则时髦事件或现象的讨论也就陷入了"表面的学术繁荣"甚至"学术泡沫"。而这又反过来造成刑法学基本理论的越发贫瘠。发达国家一向重视基础学科教育而使得其科技长期保持发达劲头，这一事实可以用来类比我国刑法学领域基础理论研究的重要性。此即《犯罪总论的新展开》的苦思背景。

本著由"上篇：犯罪绪论"和"中篇：犯罪构成""下篇：犯罪形态"所构成。其中，"上篇：犯罪绪论"部分包括第一章"犯罪概念与特征"和第二章"罪名与罪状"。本部分先对犯罪概念、犯罪特征及其延伸性问题作了论证和解答，接着对罪状的定义、罪状的分类、罪状的明确性、罪名的分类与作用以及罪名的确定原则、确定方法与认定思维作了论证与解答。"中篇：犯罪构成"包括第三章"犯罪构成外在关系与四要件犯罪构成再肯定"、第四章"犯罪主体与犯罪客体"、第五章"犯罪主客观要件之一：犯罪主观要件"、第六章"犯罪主客观要件之二：犯罪客观要件"。本篇对犯罪构成所分解出来的诸多具体问题作了论述与解答。"下篇：犯罪形态"包括第七章"犯罪形态之一：共犯形态"和第八章"犯罪形态之二：犯罪阶段形态与罪数形态"。本篇对共犯形态问题先后展开了共犯本质、共犯形态的追认、承继共犯、共犯脱离、共犯的共犯论述，并对共同犯罪的有关概念予以辨正或重新表述。接着，本篇又先后对犯罪阶段形态与罪数形态展开论述，且对犯罪着手、"意志以外的原因"、犯罪中止、犯罪未遂、犯罪既遂、数罪标准、一罪分类等具体问题作出论证与解答，还提出了犯罪阶段形态认定与罪数认定的整体性思维。

本著的上篇大致对应着犯罪问题的"是什么"，中下两篇大致对应着犯罪问题的"怎么样"，而犯罪问题的"为什么"则渗透在"是什么"和"怎么样"之中，且"为什么"糅合了具体问题的形式逻辑与实质逻辑，糅合了主观主义与客观主义，糅合了刑法的实然规定与社会生活的常情、常理、常识要求，糅合了刑法的形式理性与实质理性。于是，在前述架构中所形成的见解，无论是对以往犯罪理论的"老歌新唱"，还是"谱写新曲"，尽管最终仍属"一家之言"，都属于对刑法学犯罪论的基本理论的进一步充实、深化和发展。

目 录

CONTENTS

上篇 犯罪绪论

中篇　犯罪构成

上　篇
犯罪绪论

第一章

犯罪概念与特征

第一节 犯罪概念

犯罪概念主要是通过犯罪定义予以揭示的。由此，犯罪概念的定义可分为法律定义即刑法定义和理论定义或学理定义，且所采用的是"定义能否产生法律拘束力"这一标准。

一、犯罪概念的两种定义

犯罪概念的两种定义或两类定义，是指犯罪概念的法律定义和理论定义。

（一）犯罪概念的法律定义

犯罪概念的法律定义即其刑法定义，是指法律即刑法立法本身对犯罪的外延与内涵所作出的揭示。一部刑法中是否存在犯罪的法律定义，取决于不同的立法例。通观各国刑法，犯罪概念的法律定义可有多种表现形式。

有的立法例对犯罪概念所采用的是全称式形式定义。例如，1937 年《瑞士刑法典》第 1 条规定，"凡是用刑罚威胁所确实禁止的行为"是犯罪。前述规定，言其是全称式犯罪定义，是因为该定义以"凡是"作为定义域；言其是形式化定义，是因为该定义将刑法违反性或应受刑罚惩罚性这一法律特征通过"刑罚"一词呈现在犯罪定义中。有的立法例对犯罪概念所采用的是非全称式形式定义。例如，1810 年《法国刑法典》第 1 条规定："法律以违警刑所处罚之犯罪，称为违警罪；法律以惩治刑所处罚之犯罪，称为轻罪；法律以身体刑所处罚之犯罪，称为重罪。"前述规定，言其是非全称式犯罪定义，是因为该定义以特定犯罪而非一般意义上的犯罪作为定义对象；言其是形式化定义，是因为此类定义是通过"违警刑""惩治刑"和"身体刑"而将处罚内容或处罚方式呈现在犯罪定义之中。有的立法例对犯罪概念所采用的是全称式实质定义。例如，1922 年《苏俄刑法典》第 6 条规定："威胁苏维埃制度基础及工农政权在向共产主义过渡时期所建立的法律秩序的一切危害社会的作为或不作为，都被认为是犯罪。"前述规定，言其是全称式犯罪定义，是因为该定义以"一切"作为定义域；言其是实质化定义，是因为此类定义是将客观危害即社会危害性呈现在犯罪定义之中。有的立法例对犯罪概念所采用的是全称式形式与实质相结合定义。例如，1958 年《苏联和各加盟共和国刑事立法纲要》第 7 条规定："凡是刑事法律规定的危害苏维埃社会制度和国家制度，破坏社会主义经济体系和侵犯社会主义所有制，侵犯公民的人身、政治权利、劳动权利、财产权利和其他权利的危害社会的行为（作为或不作为），以及刑事法律规定的违反社会主义法律秩序的其他危害社会的行为，都是犯罪。"前述规定，言其是全称式犯罪定义，是因为该定义以"凡是"作为定义域；言其是形式与实质相结合定义，是因为此定义将行为对刑事法律的违反性和各种客观危害都呈现在犯罪的定义中。

而我国现行刑法的犯罪概念定义，则是具有个性化的法律定义。首先是我国现行《刑法》第 13 条规定："一切危害国家主权、领土完整和安全，分裂国家、颠覆人民民主专政的政权和推翻社会主义制度，破坏社会秩序和经济秩序，侵犯国有财产或者劳动群众集体所有的财产，侵犯公民私人所有的财产，侵犯公民的人身权利、民主权利和其他权利，以及其他危害社会的行为，依照法律应当受刑罚处罚的，都是犯罪，但是情节显著轻微危害不大的，不认为是犯罪。"前述规定，可言其形成了全称式形式与实质相结合的正反定义模式。言其是全称式犯罪定义，是因为该定义以"一切"作为定义域；言其是形式与实质相结合定义，是因其将行为的法律后果即"应当受刑罚处罚"和行为的各种客观危害都呈现在犯罪的定义中；言其是正反式犯罪定义，是因为其通过"情节显著轻微危害不大的，不认为是犯罪"作出了"但书"规定即不成立犯罪的规定，而"但书"规定即不成立犯罪的规定是对犯罪的正面规定即犯罪成立的一种深化。再就是我国现行《刑法》对具体个罪的法律定义，如现行《刑法》第 382 条第 1 款规定："国家工作人员利用职务上的便利，侵吞、窃取、骗取或者以其他手段非法占有公共财物的，是贪污罪。"又如现行《刑法》第 384 条第 1 款规定："国家工作人员利用职务上的便利，挪用公款归个人使用，进行非法活动的，或者挪用公款数额较大、进行营利活动的，或者挪用公款数额较大、超过三个月未还的，是挪用公款罪，……"前述具体个罪的刑法规定即非全称式即单称式实质定义。这也是我国刑法犯罪概念定义的一种个性化体现。

（二）犯罪概念的理论定义

犯罪概念的理论定义，是指刑法理论对犯罪的外延与内涵所作出的揭示。不同的刑法理论对犯罪的定义也是不同的。有的刑法理论对犯罪概念所给出的是形式化定义，如"犯罪是依法应受刑罚处罚的行为"。前述定义之所以是犯罪的形式化定义，乃因为"依法应受刑罚处罚"作为一项内涵突出的是犯罪的外在征象，正如这样的定义是"依据犯罪的法律后果给犯罪下定义"[1]。犯罪概念的形式化定义甚至将"犯罪"视为"刑事违法"的"同义词"，因为在这样的犯罪概念中，被违反的是以刑法典为"重罪"和"轻罪"规定的主刑为制裁措施的法律规范，故以法定制裁措施为基础的犯罪概念是一个形式概念，但其可从形式上将犯罪行为与其他违法行为区别开来[2]。严格讲，英美法系刑法理论对犯罪概念通常所给出的程序性定义也属于犯罪的形式化定义，如"犯罪是一种能够继之以刑事诉讼并具有作为这些诉讼程序的必然结果中的一种结果的行为"[3]，因为刑事诉讼程序只是对犯罪概念的一种外在性呈现。有的刑法理论对犯罪概念所给出的是实质性定义，如"犯罪是反社会的行为或者具有社会侵害性的行为"[4]。前述定义之所以是犯罪概念的实质性定义，乃因为"反社会"或"具有社会侵害性"交代了犯罪成为犯罪的实质根据[5]。犯罪概念的实质性理论定义，或如"犯罪是一种特别危险的侵害法益的不法行为"[6]。有的刑法理论对犯罪概念所给出的是形式与实质相结合的定义，如"犯罪是符合构成要件的、违法的、有责的行为"[7]。前述定义之所以是形式与实质相结合的定义，乃因为"符合构成要件"所呈现的是犯罪的外在形式或外在根据，而"违法（性）"和"有责（性）"所交代

〔1〕　张明楷：《刑法学》（第6版），法律出版社2021年版，第113页。

〔2〕　[意]杜里奥·帕多瓦尼：《意大利刑法原理》（注评版），陈忠林译评，中国人民大学出版社2004年版，第79页。

〔3〕　[英]J. C. 史密斯、B. 霍根：《英国刑法》，李贵方等译，法律出版社2000年版，第26页。

〔4〕　[日]大塚仁：《犯罪论的基本问题》，冯军译，中国政法大学出版社1993年版，第1页。

〔5〕　张明楷：《刑法学》（第6版），法律出版社2021年版，第114页。

〔6〕　[德]李斯特：《德国刑法教科书》，徐久生译，法律出版社2006年版，第8页。

〔7〕　[日]山口厚：《刑法总论》，有斐阁2016年版，第23页。

的是犯罪的内在实质或内在根据，外在形式即外在根据和内在实质即内在根据则汇集了犯罪的成立条件[1]。当然，这里的成立条件是主客观条件的有机结合。

犯罪概念的理论定义与法律定义之间大致存在着前者"照应"后者的关系，亦即犯罪概念的理论定义可视为对其法律定义的一种学术回应。

二、犯罪概念的结构性把握

犯罪概念的结构性把握可从"形式与实质相结合"及其所内嵌的"主客观相结合"来进行。

（一）形式与实质相结合的犯罪概念

意大利刑法理论认为，犯罪的法律概念可从规范、现象和法律特征三个不同的层面来理解：①从法律规范的角度，犯罪是被典型化了的抽象事实，或为刑法规范所规定的犯罪构成；②从现象的角度，犯罪是指社会现实中发生的那些具体的完全符合法律规定的所有构成要件的事实；③从犯罪的法律特征，犯罪是按照法律规定应受刑罚处罚的事实[2]。可见，犯罪的法律概念最终即犯罪的形式概念，而意大利刑法理论中犯罪的形式概念是个有"深度"的形式概念，因为从"抽象事实"即"刑法规范所规定的犯罪构成"到"符合法律规定的所有构成要件的事实"，是对犯罪外在特征的动态视角转换；而"按照法律规定应受刑罚处罚的事实"，则是将犯罪的刑事后果作为犯罪的外在征表。与犯罪的形式概念相对应的，便是犯罪的实质概念。犯罪的实质概念不满足于对犯罪的法律界定，而力图揭示隐藏在法律背后的社会政治内容，故犯罪的实质概念是从犯罪的社会内容上描述犯罪而形成的犯罪概念[3]。意大利刑法理论对犯罪实质概念的揭示或许最为深刻，正如陈忠林教授指出的，意大利目的刑法学派创始人佩多易尔与马乔列等人认为犯罪是"严重危害道德而国家不可容忍的事实"，而克里思匹力认为犯罪是"被适用法律的人认为是破坏社会共同的生活基本条件或使这些条件处于极大的危险之中的事实"[4]。这里，"不可容忍"和"极大的危险"已经赋予犯罪实质概念以刑法的"克

---

[1] 张明楷：《刑法学》（第6版），法律出版社2021年版，第113页。
[2] 陈忠林：《意大利刑法纲要》，中国人民大学出版社1999年版，第69~70页。
[3] 陈兴良：《本体刑法学》，商务印书馆2001年版，第142页。
[4] 陈忠林：《意大利刑法纲要》，中国人民大学出版社1999年版，第71页。

制性"或"谦抑性"甚或"不得已性",此即意大利刑法理论犯罪实质概念的"深刻性"所在。

由此,犯罪概念可作不同层面,从而是结构性的把握:①犯罪的形式概念,只能使得我们感受犯罪的外在形态或面貌,如"犯罪是违法行为""犯罪是刑事违法行为",或"犯罪是具有构成要件该当性的行为",或最多"犯罪是应受刑罚处罚的行为"。犯罪的形式概念只是外在地交代被称为犯罪的行为与刑法规范的关系状态。②犯罪的实质概念,能够告诉我们犯罪之所以成为犯罪的根由所在,如"犯罪是具有严重社会危害性的行为""犯罪是侵害法益的行为"或"犯罪是侵害权利的行为",甚或"犯罪是破坏社会共同的基本生活条件或使这些条件处于极大的危险之中而令国家(社会)不能容忍的行为"等。犯罪的实质概念是对犯罪的一种内在揭示。③犯罪的形式与实质相结合的概念,如"犯罪是因具有严重的社会危害性而引起刑事违法性,从而导致应受刑罚惩罚性的行为",或"犯罪是在具有构成要件该当性之后,又在具有违法性的基础上具有有责性的行为"。犯罪的形式与实质相结合的概念,其内涵并非机械排列,而是存在着递进式的内在关联,故犯罪的形式与实质相结合的概念是一个"有机结合"的概念。这里,对应着"形式为实质服务",所谓"递进式的内在关联"应理解为先有"实质"而后有"形式",而后有"形式"便应和着"罪刑法定"。

这里特别要指出的是,意大利刑法学者所提出的"在宪法框架内的形式与实质相结合的犯罪概念",仍能给我们以犯罪概念问题的重要启发。具言之,正如陈忠林教授指出,第二次世界大战后,意大利的刑法学者们不得不思考犯罪的实质与宪法所维护的利益之间的关系,从而出现了根据宪法的基本价值来界定犯罪本质的倾向。将犯罪本质与宪法性利益联系起来的观点,最初是由意大利当代著名刑法学家布里可拉提出来的,其得出了犯罪的本质在于侵害了宪法所维护的基本价值,而维护宪法利益是国家发动刑罚权的唯一理由的结论。而另一主要代表人物曼多瓦尼则给犯罪下了如下定义:"就意大利宪法而言,犯罪是指由不具有溯及既往效力的法律用明确的方式规定的,以客观方式表现于外部世界,侵犯具有宪法意义的价值(或有悖宪法),可从原因和心理上归咎于主体,因侵害的价值与非刑法性制裁不相称,而应受抽象与宪法维护的价值相适应,具体与行为人人格相适应,符合人道并以对服刑人再教育为目的刑罚制裁的事实(行为)。"这一犯罪定义实际上反映了意大利宪法规定的所有有关犯罪与刑罚的基本原则。该概念在理论上能做到实质与形式的统一，实现公正与合法性兼顾，在实践中可为立法者规定犯罪和司法实践中认定犯罪提供基本指南，以保证宪法的价值和目的"在刑法中的实证化"[1]。易言之，曼多瓦尼根据意大利宪法给犯罪下了一个他认为是实质与形式相结合，并可以作为立法上的规定，且在司法中作为认定犯罪标准的犯罪定义[2]。由于所有的部门法包括刑法是以宪法为价值指引而得以制定的，故犯罪概念的形式与实质在"宪法框架"内的相结合便是最具高度即"宪法化"的相结合。这里，虽然"企图从宪法规定中，归纳出某些具有绝对意义的特征来限制犯罪的实质内容，是不可能的"[3]，但犯罪的实质内容肯定是不能无视宪法规定的，正如陈忠林教授指出，意大利宪法实际上已成为各部门法中具有最高效力的直接渊源，任何不以宪法为依据对刑法所作的解释，都是没有法律依据的，此即意大利刑法学家言必称宪法的一个根本原因[4]。最终，形式与实质相结合的犯罪概念，对应着形式理性和实质理性相结合的刑事法治观念，而犯罪概念在"宪法框架"内的形式与实质相结合将支撑其刑事法治的"宪法高度"。

采用形式与实质相结合的犯罪概念即"结构性犯罪概念"，是我们由表及里地深入理解和把握犯罪概念的需要，正如杜里奥·帕多瓦尼教授指出，形式的犯罪概念的基础是法律规定的制裁措施，因而能说明刑事违法行为（重罪与轻罪）与任何其他违法行为的首要区别。然而，这种概念并不能解释该种制裁的理由和犯罪的实质，即为何立法者只为某些特定的违法行为而不为其他的违法行为规定刑罚这种最严厉的制裁措施。于是，在 19 世纪末 20 世纪初，刑法学家们广泛地探讨过犯罪本质问题。今天，人们在形形色色的犯罪定义面前注意到的不仅是它们在观念上的巨大差异，而首先是这些定义都不能以明确的公式正确地揭示犯罪的"共性"。但任何概念，只要不能科学地概括法律规定的所有犯罪，就不是犯罪的实质概念。因此，对每一个犯罪的

---

〔1〕 陈忠林：《意大利刑法纲要》，中国人民大学出版社 1999 年版，第 73~74 页。

〔2〕 ［意］杜里奥·帕多瓦尼：《意大利刑法原理》（注评版），陈忠林译评，中国人民大学出版社 2004 年版，译者序第 9 页。

〔3〕 陈忠林：《意大利刑法纲要》，中国人民大学出版社 1999 年版，第 74 页。

〔4〕 ［意］杜里奥·帕多瓦尼：《意大利刑法原理》（注评版），陈忠林译评，中国人民大学出版社 2004 年版，译者序第 6 页。

实质概念来说，只要有一个相反的例子就足以说明它不具有"最小公分母"的性质。[1]这里，能够说明刑事违法行为即犯罪与任何其他违法行为的区别，已经表明犯罪概念的区分功能，但这只是一种形式性区分。而当能够说明制裁的理由，进而说明犯罪的实质，则进一步表明犯罪概念的区分功能，且此区分功能是一种实质性区分。在犯罪概念所能发挥的区分功能中，形式性区分是外在的区分和初步的区分，而实质性区分则是内在的区分和进一步的区分。于是，外在区分与内在区分的相结合、初步区分与进一步区分的相递进，便意味着要采用形式与实质相结合的犯罪概念即"结构性犯罪概念"。

进一步地，对犯罪概念的结构性把握，意味着应采用"分析法"即"分析的方法"来解释犯罪概念。陈忠林教授指出，在意大利刑法学界，针对"统一的犯罪概念"即犯罪是一种"被感觉到的实体"而具有不可分割的统一性，从而否认犯罪内存在的构成要素，故只有"直觉的整体感受"才是人们真正把握犯罪的唯一方法。"分析的犯罪概念"则认为，犯罪应是一种由理想因素构成的"被理解的实体"，其不仅具有可分析性，而且只有对犯罪的构成要素进行理想分析才是正确把握犯罪的"必经之路"。于是，以犯罪的"可分析性"为前提，意大利刑法理论先后提出"二分的犯罪概念"与"三分的犯罪概念"。其中，"二分的犯罪概念"，即一种认为犯罪是客观上符合刑法规定，主观上具有罪过的行为，犯罪的成立应包含主、客观两个方面因素的犯罪理论。这一犯罪理论所体现的是意大利传统的"本体论犯罪观"，即任何犯罪都可分为"物理力"和"精神力"两种构成要素，且此两种"力"大致相当于今天的犯罪客观要件和犯罪主观要件，而其中的每一种"力"又都各自包含客观因素和主观因素。"三分的犯罪概念"认为，犯罪是符合刑法规定的典型事实，违法且有罪过的行为。对于"三分的犯罪概念"，作为最坚定支持者的帕多瓦尼教授指出，"以违法性为中介，将相似于古典理论中'物理力'的典型事实和相当于'精神力'的罪过联系起来，并非这种理论的新颖之处；从新的角度，运用新的研究方法，才是这种理论与传统理论的根本区别"。这里，所谓"新的角度"，即此种理论的基础不再是自然法的理性而是现实的法律规范；而所谓"新的研究方法"，则是指这种理论对犯罪的分析不再是从结

---

〔1〕［意］杜里奥·帕多瓦尼：《意大利刑法原理》（注评版），陈忠林译评，中国人民大学出版社2004年版，第82~84页。

构上将犯罪分解为不同构成要件的"本体分析法"，而是一种逐步对犯罪行为进行整体评价的"价值判断法"。由此，犯罪的认定应遵循："首先，要分析犯罪的客观方面，看其是否符合刑法规定的犯罪构成；其次，要看行为的实施是否具有正当的理由；最后，要查明行为人行为时的心理态度以及是否存在可以宽恕的特殊情结"。易言之，任何犯罪的成立都应包括几个条件，即"典型事实""客观违法性"和"罪过"[1]。显然，所谓"统一的犯罪概念"即"铁板一块的犯罪概念"沉浸在对犯罪概念的"直觉的整体感受"之中，其对犯罪概念根本不可能做出结构性的理解和把握。但是，所谓"二分的犯罪概念"仍停留于事实层面而对犯罪概念予以本体论的理解和把握，即其仍将犯罪视为一种纯事实性的存在，亦即其停留于"事实性的犯罪概念"。而只有"三分的犯罪概念"，不仅实现了对犯罪概念的事实与价值相结合、形式与实质相结合的理解和把握，而且让我们看到了犯罪概念与犯罪构成之间"抽象"与"具象"的关系和犯罪构成与犯罪概念之间"展开"与"被展开"的关系，正如陈忠林教授指出的，犯罪概念和犯罪构成不仅对犯罪行为抽象的层次不同，而且抽象的角度和深度也不一样[2]，而与我国刑法学界将犯罪概念和犯罪构成视为两个不同的刑法范畴不同，大陆法系的犯罪构成理论实际上都是对形式主义的犯罪概念逻辑分析的结果[3]。但或许，三阶层犯罪构成理论是对形式与实质相结合的犯罪概念逻辑分析的结果，此如帕多瓦尼教授指出的，"犯罪构成多样性说"包含某些科学的成分，但其将犯罪构成理论肢解为独立的片段，故阻碍了人们对犯罪成立的条件形成统一的认识。而综合比较诸学说，传统的三分理论似乎更合理一些，因为它不仅清楚地展示了犯罪的构成要素，同时又为我们提供了一种清晰而透彻的理论指南[4]。所谓"展示犯罪的构成要素"和"肢解为独立的片段"从正反两面暗示着犯罪概念应作结构性，从而是整体性的理解和把握。当然，中国传统四要件整合式犯罪构成理论也可视为对形式与实质相结合的犯罪概念逻辑分析即具体展开

---

〔1〕　陈忠林：《意大利刑法纲要》，中国人民大学出版社1999年版，第74~80页。

〔2〕　陈忠林：《刑法散得集》，法律出版社2003年版，第237~238页。

〔3〕　［意］杜里奥·帕多瓦尼：《意大利刑法原理》（注评版），陈忠林译评，中国人民大学出版社2004年版，译者序第9页。

〔4〕　［意］杜里奥·帕多瓦尼：《意大利刑法原理》（注评版），陈忠林译评，中国人民大学出版社2004年版，第112页。

的结果。

在对犯罪概念作出形式与实质相结合的把握时，还可联系中国刑法学当下关于刑法形式理性与实质理性关系问题的讨论。当对犯罪给出形式概念的表述时，强调的是刑法形式理性；当对犯罪给出实质概念的表述时，强调的是刑法实质理性。而当对犯罪给出形式与实质相结合的概念表述时，则强调的是刑法形式理性与刑法实质理性的相结合。由此，对犯罪予以形式与实质相结合的概念把握，能够说明刑法形式理性与刑法实质理性不是相互分离或对立，而是相辅相成的关系。而我国《刑法》第13条所给出的形式和实质相结合的犯罪概念，则预示着刑事法治应是实质正当性与形式合理性相结合的刑事法治。

（二）主客观相结合的犯罪概念

对犯罪概念作结构性，从而是整体性的理解和把握，除了进行形式与实质的相结合，同时还要进行主客观相结合，且主客观相结合可能是发生或实现在形式与实质相结合之中。对犯罪概念予以主、客观两个层面的划分，即提出客观的犯罪概念与主观的犯罪概念，是意大利刑法理论的一种做法，而这一点为我们以往的刑法学犯罪论所忽视。

意大利著名刑法学家帕多瓦尼教授指出，对于启蒙时代的思想家而言，"自然权利"的观念是刑法思想的核心，犯罪就是对自然权利的侵犯。随着时代的发展，人们逐渐用一个新的概念取代了"自然权利"这一提法。这个新的概念就是人们所说的"法益"或"合法的利益"。强调"法益"或"合法利益"与犯罪之间的直接联系，是客观的犯罪概念的核心。这种犯罪概念认为，犯罪是一种社会从外部"感觉"到的行为，其实质与犯罪行为人的意志无关。法益除一部分是物质性（如人的生命等）的以外，大部分都表现为观念的形态（如人的名誉等），即作为一种价值而存在。而那些以物质形态存在的"法益"之所以是"法益"，也绝不仅是它们的自然性质，而是由于人们对它们有肯定性的评价。但在第一、二次世界大战期间，特别是在法西斯统治时期，人们提出了一个与客观的犯罪概念相反的"主观的犯罪概念"，即将犯罪的实质归纳为违背忠于国家的义务。从维护专制国家的目的出发，这种概念认为每一社会成员都只能是有组织的社会集体的一分子，或只能是实现社会整体目标的工具，为实现社会的目标服务是个人生存的意义。这样，犯罪就被理解为一种个人敢于反抗社会，敢于不服从社会意志的体现。对这种观念而言，行为是否体现了行为人违背忠诚义务的意志是判断行为构成犯罪的根本标准；而行为是否在实际上侵害了某种法益，或将某种法益置于危险之中，则无关紧要。如果坚持这种犯罪概念，立法者就不会以法益受到侵害为限来确定犯罪的范围，这必然会从根本上导致刑事立法的无限扩张，完全改变"罪过"的内容，即不再以行为人的行为，而是以行为人的整个生活方式作为刑事政策的根据。在意大利刑法理论的犯罪论中，不仅有将犯罪实质视为法益侵害的观点，甚至有将犯罪理解为"宪法性法益侵害"的观点。[1]在本著看来，将犯罪视为法益侵害甚或"宪法性法益侵害"的观点与"客观的犯罪概念"是"无声相通"的，而从主、客观两个层面来理解和把握犯罪概念首先是个"方法论"问题。随着时代的变迁和社会生活的发展变化，"客观的犯罪概念"与"主观的犯罪概念"都可被赋予不同的内容，但"主客观相结合"而非"主客观相对立（分离）"的方法论是得当的。而从帕多瓦尼教授对"客观的犯罪概念"与"主观的犯罪概念"内容的前述交代，无论是"客观的犯罪概念"，还是"主观的犯罪概念"，都蕴含在"实质的犯罪概念"中，从而犯罪概念的"主客观相结合"是发生或实现在犯罪概念的"形式与实质相结合"中。当然，中国传统四要件整合式犯罪构成论同样可视为对主客观相结合的犯罪概念逻辑分析即具体展开的结果。

第二节　犯罪特征

犯罪特征是刑法学中讨论犯罪问题不可避开的一个话题，而犯罪特征论构成了犯罪概念论的深入和继续。

一、犯罪特征问题的前提性解答：犯罪本质

只有先解答犯罪本质，才能进一步解答犯罪本质特征，故犯罪本质构成了犯罪本质特征的前提性问题。

（一）犯罪本质与犯罪本质特征的区别与联系

迄今为止，我们对犯罪的特征乃至所谓本质特征的讨论，仍未明确一个前提性问题即犯罪本质，即对犯罪本质与犯罪本质特征的区别与联系问题模

---

〔1〕　［意］杜里奥·帕多瓦尼：《意大利刑法原理》（注评版），陈忠林译评，中国人民大学出版社 2004 年版，第 87~97 页。

糊不清，甚至直接将犯罪本质等同于犯罪本质特征，亦即将犯罪本质与犯罪本质特征相混淆。从问题的逻辑上，先有犯罪的本质，后有犯罪的本质特征，因为事物的本质特征即事物的内在规定性即其本质的外在体现或征象。因此，要想真正把握犯罪的本质特征，须先把握犯罪的本质。在哲学上，事物的本质是指一事物区别于他事物的根本的内在规定性，故犯罪的本质是指犯罪区别于悖德或一般违法行为的根本的内在规定性。而事物的特征是指事物本质即其根本的内在规定性的外在征象或呈现，故犯罪的本质特征是指犯罪本质的外在征象或呈现，即其区别于悖德或一般违法行为的根本内在规定性的外在征象或呈现。可见，如果忽视对犯罪本质的领会和把握，则对犯罪本质特征的领会和把握便是盲目或飘忽的。易言之，如果不先对本质和特征这两个概念予以清晰把握和对本质与本质特征的关系予以理清，则犯罪本质特征的问题是说不清楚或有关说辞是经不住推敲的。因此，我们还得先从犯罪本质说起。事实上，犯罪的特征数量及其相互关系甚至何谓本质特征的以往争论，忽略了一个前在问题即"犯罪本质与犯罪本质特征的区别"。而这或许正是犯罪的特征数量乃至犯罪本质特征问题至今仍存在分歧的根本原因。

　　正如我们所知，本质是"指事物本身所固有的、决定事物性质、面貌和发展的根本属性"。[1]由此，犯罪的本质是指犯罪本身固有的，决定犯罪性质、面貌和发展的根本属性[2]。犯罪的本质特征是能够体现犯罪本质的外在标志。相对于犯罪本质，犯罪的本质特征易于被人们感知和把握，而犯罪的本质因其具有内在性而难以让人们予以外部感知。因此，犯罪的本质与犯罪的本质特征是我们在讨论犯罪特征问题时应予以区别的两个问题，而我们以往的讨论都是不自觉地将犯罪的本质特征与犯罪的本质予以相等同或混同。进一步地看，所谓"征"，是指征表、表象，"特征"就是事物特殊的征表、表象。可见，特征属于现象范畴，而不属于本质范畴。犯罪特征就是犯罪这种社会现象区别于其他社会现象的特殊的征表、表象。犯罪与其他的社会现象包括一般违法行为既有内在的区别，又有外在的区别，这种内在的区别所体现的就是犯罪的本质，而外在的区别所形成的就是犯罪的特征包括犯罪的

---

　　〔1〕　中国社会科学院语言研究所词典编辑室编：《现代汉语词典》，商务印书馆 1988 年版，第 52 页。

　　〔2〕　马荣春："犯罪本质与本质特征新界说"，载《南昌大学学报（人文社会科学版）》2006 年第 2 期，第 63 页。

本质特征。虽然犯罪本质也是犯罪区别于其他社会现象的属性，但是这种区别是一种内在的区别。犯罪特征包括本质特征是犯罪本质的外化，是犯罪区别于其他社会现象的外在表象，是在犯罪与其他社会现象包括一般违法行为的比较中得到呈现的。如果合乎事物逻辑地看问题，则我们应将犯罪的本质视为对犯罪成为犯罪具有决定性意义的因素即"根本性因素"。于是，由马克思主义的"蔑视社会秩序最明显、最极端的表现就是犯罪"[1]，我们可得到：应受刑罚惩罚性的"社会秩序蔑视性"即"最严重的社会秩序蔑视性"或"社会秩序的最严重蔑视性"是犯罪的本质。由此，"社会秩序的最严重蔑视性"与应受刑罚惩罚性分别构成犯罪的本质与犯罪的本质特征，从而对犯罪概念构成从里到外的说明。

（二）对社会秩序的极端蔑视性是犯罪的本质

犯罪的本质到底应是什么呢？恩格斯曾指出："蔑视社会秩序最明显、最极端的表现就是犯罪。"[2]恩格斯的这一论断也常被用来引证严重的社会危害性是犯罪的本质或本质特征，如"恩格斯曾指出：'蔑视社会秩序最明显、最极端的表现就是犯罪。'这里用'蔑视社会秩序'是否达到'最明显、最极端'的程度来概括犯罪的根本特征。实际上，所谓'最明显、最极端'，就是指的行为的社会危害性严重。正因为只有行为的严重社会危害性，才能从社会危害性的质与量的统一上，将犯罪与一般违法行为区别开来，因而才认为行为的严重社会危害性是犯罪的本质特征"[3]。其实，从恩格斯的论断之中我们得到的犯罪的本质应是犯罪人之于社会秩序的极端蔑视态度即极端蔑视性，理由如下：

第一，只有把犯罪的本质定格为犯罪人之于社会秩序的极端蔑视态度即极端蔑视性，犯罪才能得到最集中的说明和源头性的诠释。我们知道，在刑法学上，犯罪以犯罪主体、犯罪主观方面、犯罪客体和犯罪客观方面为四大要件。对此四大要件，陈忠林教授曾指出："犯罪构成的主观要件之所以能代表犯罪的本质，具有区别罪与非罪，此罪与彼罪的作用，从犯罪构成各要件相互关系的角度分析，其根本原因在于犯罪构成的主观要件是其他要件的集

---

[1] 《马克思恩格斯全集》（第2卷），人民出版社1957年版，第416页。
[2] 《马克思恩格斯全集》（第2卷），人民出版社1957年版，第416页。
[3] 马克昌主编：《犯罪通论》，武汉大学出版社1999年版，第19~20页。

中体现。"而"犯罪构成主观要件是其他要件的集中体现首先表现在犯罪构成的主观要件是犯罪构成中唯一直接包含了全部构成要件的构成要件"。[1]另外，"犯罪构成的主观要件之所以是犯罪构成各要件的集中体现，还因为它的存在对于行为其他方面的特征成为犯罪构成要件有着决定性的作用"。[2]上述关于犯罪主观要件在犯罪构成中居于"核心地位"并能"代表"犯罪本质的论断独到而精辟。

但是，犯罪主观要件能够作为犯罪本质的代表并不意味着犯罪主观要件就是犯罪本质的直接表述。能够作为犯罪本质直接表述的，是犯罪主观要件所直接表征且集中体现的，而被犯罪其他构成要件所间接体现的犯罪人之于社会秩序的极端蔑视性。此蔑视性与犯罪四大构成要件构成了"源"与"流"的关系。具言之，犯罪人在实施犯罪之前之于社会秩序的极端蔑视性在具体的场景中演化为具体的罪过形式，具体的罪过形式接着作为内心动因支配犯罪人实施行为以实现犯罪客观方面，而犯罪客体在这一过程中便得以形成，即社会秩序受到了破坏或侵扰。可见，犯罪的性质、面貌和发展都存在于犯罪人之于社会秩序的极端蔑视性之中，而后者也就构成了对犯罪的最集中说明和源头性的诠释。可见，犯罪人之于社会秩序的极端蔑视性充当犯罪本质，可谓当之无愧。法国著名社会学家迪尔凯姆指出："既然在任何一个社会里，个体与集体类型之间总是或多或少有些分歧，那么这些分歧当中就难免带有犯罪性质。使分歧带上这些性质的，不是分歧本身具有的重要性，而是公众意识给予分歧的重要性。因此，如果这种公众意识很强，具有足够的绝对能使这些分歧缩小的权威性，那它就成为一种敏锐的、十分苛刻的力量，以在他处只是用来对抗重大分裂的强度来反对任何一点小的分歧，并把这种分歧看得与重大分裂同样严重，即视分歧具有犯罪性质。"[3]既然个体与集体之间的分歧往往带有犯罪的性质，则当分歧已经导致犯罪的时候，分歧已经体现着个体对集体的行为规范或主流价值的极端蔑视性了，而公众意识对分歧的重要性不过是个体的极端蔑视性的反衬罢了。可见，迪尔凯姆的论断对

---

　　〔1〕　陈忠林："论犯罪构成各要件的实质及辩证关系"，载陈兴良主编：《刑事法评论》（第6卷），中国政法大学出版社2000年版，第362页。

　　〔2〕　陈忠林："论犯罪构成各要件的实质及辩证关系"，载陈兴良主编：《刑事法评论》（第6卷），中国政法大学出版社2000年版，第363页。

　　〔3〕　[法] E. 迪尔凯姆：《社会学方法的准则》，狄玉明译，商务印书馆1995年版，第87页。

我们把握犯罪的本质极有启发。

第二，只有把犯罪的本质定格为犯罪人之于社会秩序的极端蔑视性，刑罚的两大功能即报应和预防才能真正得到合理而全面的说明。我们知道，刑罚首先具有报应功能。我们可以说，罪犯因其犯罪危害而承受刑罚报应，但犯罪危害只能是刑罚报应的"引起"而非刑罚报应的"针对"。如果刑罚报应以犯罪危害为"针对"，则刑罚报应就变成了毫无意义的纯粹物理作用，因为犯罪危害作为结果只是既成事实而已。刑罚报应应"针对"造成犯罪危害的某种动因而去。此动因是什么呢？那就是作为主观之物存在的犯罪人对社会秩序的极端蔑视性。刑罚报应也只能以犯罪人的主观实存为"针对"方符合人性。但是，刑罚报应为何不能以同样作为犯罪人的主观实存的主观罪过为"针对"呢？因为主观罪过只存于犯罪之时，而刑罚报应只能实施于犯罪之后，故刑罚报应总不能以已经逝去的东西为"针对"。相反，犯罪人对社会秩序的极端蔑视性作为其人格的一种形式是可以延续至刑罚报应实施之时的。我们还知道，刑罚具有预防功能。而刑罚预防功能的发挥更应建立在刑罚以犯罪人的主观实存为"针对"的基础上，正如陈忠林教授指出："我们惩罚犯罪，是因为支配犯罪行为的是，行为人在明知或应知自己的行为会发生危害社会的结果的情况下，不运用自己的认识能力和控制能力去防止这种结果的发生这样一种心理状况，因此，不论是故意或是过失，其本质都是'蔑视社会秩序的最明显最极端的表现'，是一种表现出来的反社会意识。从根本上说，我们惩罚犯罪就是惩罚和改造犯罪分子主观中的这种反社会意识，防止它们再具体化为支配犯罪行为的主观罪过，这就是刑罚的特殊预防作用。"[1]可见，刑罚只有"针对"犯罪人的反社会意识即其对社会秩序的极端蔑视性，才能从根本上抑制犯意以达到预防犯罪之功效。而在刑罚"针对"犯罪人对社会秩序的极端蔑视性所发挥功效的过程中，刑罚的目的也就逐步得到了实现。

最终，我们可从马克思主义经典作家那里获得犯罪本质的答案。恩格斯曾指出："蔑视社会秩序最明显、最极端的表现就是犯罪。"[2]由此，对社会

---

〔1〕 陈忠林："论犯罪构成各要件的实质及辩证关系"，载陈兴良主编：《刑事法评论》（第6卷），中国政法大学出版社2000年版，第367~368页。

〔2〕 《马克思恩格斯全集》（第2卷），人民出版社1957年版，第416页。

秩序的最明显、最极端蔑视可被视为犯罪的本质所在，且可将之精炼为"对社会秩序的最严重蔑视性"。

（三）犯罪本质的进一步深化

意大利学者指出，各种犯罪的实质定义可以分为两大基本类型：一类认为，犯罪的本质在于"侵犯了社会生活根本条件"；另一类认为，犯罪的本质是"违反了共同文明生活的基本规则"。第一类犯罪实质概念的核心是某些基本的社会价值；第二类犯罪实质概念强调的重点则是确保社会平静生活的基本规则的必要性。但这两类犯罪概念的出发点都是一致的：规定犯罪的目的在于为社会关系有序发展提供基本保障[1]。"根本"和"基本"都表明"最严重的社会秩序蔑视性"是行为成为犯罪的根本原因，从而"社会秩序的最严重蔑视性"得以构成犯罪的本质。这里，之所以将"社会秩序的最严重蔑视性"而非"社会秩序的最严重扰乱性"作为犯罪本质的表述，乃因为"扰乱性"只具有客观描述性，而"蔑视性"则是一个同时揭示主观心理的概念。于是，对应着"社会秩序的最严重蔑视性"这一犯罪本质，我们应将"应受刑罚惩罚性"视为犯罪的本质特征。而"应受刑罚惩罚性"正是"社会秩序的最严重蔑视性"这一犯罪本质的外在征象。在某种意义上，"社会秩序的最严重蔑视性"这一犯罪本质与"应受刑罚惩罚性"这一犯罪本质特征之间形成了因果性的概念关系，即"社会秩序的最严重蔑视性"这一犯罪本质造成了"应受刑罚惩罚性"这一犯罪本质特征。

对于犯罪的本质，还曾有"权利侵害说""法益侵害说""义务违反说"和"折中说"即"法益侵害与义务违反说"。[2]本著认为，即便用"最严重"来加以限制，即"最严重权利侵害说""最严重法益侵害说""最严重义务违反说"和"最严重法益侵害与义务违反说"，都没有一个堪称犯罪的本质学说，因为"权利侵害说""法益侵害说""义务违反说"都是各执一端，而"法益侵害与义务违反说"仍有失周延。相比之下，只有"社会秩序蔑视说"的概括最为全面，且其可评价"法益侵害说"和"义务违反说"无能为力的"公序良俗类犯罪"。当然，在"社会秩序蔑视说"看来，"社会秩序的最严重蔑视性"才是犯罪本质的精准表述。进一步地，由于被犯罪人予以"最严

---

〔1〕　［意］杜里奥·帕多瓦尼：《意大利刑法学原理》，陈忠林译，法律出版社1998年版，第73页。

〔2〕　马克昌主编：《犯罪通论》，武汉大学出版社1999年版，第4~5页。

重蔑视的社会秩序"及其所对应的社会关系先有"前置法"来加以保护，故正如犯罪的本质或是"侵犯了社会生活根本条件"，或是"违反了共同文明生活的基本规则"，故作为犯罪本质的"社会秩序的最严重蔑视性"不仅深刻地说明着刑法的直接保护对象（"保护对象"较"调整对象"更为恰当）是"前置法制度"和"前置法秩序"，亦即刑法是将"前置法"作为直接的保护（而非"调整"）对象，而且引申着刑法是"后盾之法"和"保障之法"的法治体系地位。

最终，与其将"对社会秩序最严重的蔑视性"或"对社会秩序最极端的蔑视性"视为犯罪的本质，毋宁将"对社会秩序的极端蔑视性"视为犯罪本质的精准表述，因为"最严重"本来就是个模糊的修饰语，而"最极端"中的"最"字又因"极端"已有"最大化"之意而显得多余。将"对社会秩序的极端蔑视性"视为犯罪的本质，能够得到"无法无天"的朴素响应。犯罪的本质使得人工智能犯罪主体化的主张受到了根本性的拷问，因为犯罪本质即"对社会秩序的极端蔑视性"意味着犯罪主体应具有意志能力和情感能力，但始终以"数据+程序"为实质的人工智能何时才有"本来是人才有"的意志能力和情感能力呢？

（四）社会危害性并非犯罪本质或犯罪本质特征

犯罪的本质就是指犯罪本身所固有的、决定犯罪的性质、面貌和发展的根本属性。犯罪的本质是隐蔽的，必须透过犯罪的外在征象予以感性认识。但从国内现有刑法理论对犯罪特征的界说来看，犯罪本质无形之中被混同于犯罪的本质特征。这里，犯罪本质并非被视为犯罪本质特征的社会危害性或严重的社会危害性甚或负刑事责任程度的社会危害性，因为社会危害性或严重的社会危害性甚或负刑事责任程度的社会危害性并不具有将犯罪与其他一切社会现象完全区分开来的功能。我们已经知道，作为一个事物本质的东西必须具有将该事物与其他事物完全区分开来的功能，因为本质是事物固有，也是其独有的内在规定性。但是，有些只能用意外事件来定性的人的行为乃至人的故意行为如未达刑事责任年龄之人的杀人、爆炸等行为也可具有社会危害性乃至严重的社会危害性。因此，社会危害性或严重的社会危害性甚或负刑事责任程度的社会危害性在犯罪与同样具有社会危害性的其他社会现象之间也就失去了"界限"功能，即社会危害性或严重的社会危害性甚或负刑事责任程度的社会危害性非为犯罪独有之内在规定性，故其不能充作犯罪的本质。至此，需要予以辨析的是，刑法关于犯罪的"但书"规定常常被用来引证严重的社会危害性是犯罪的本质或本质特征，如有人认为，旧《刑法》第 10 条、现行《刑法》第 13 条均规定"情节显著轻微危害不大的，不认为是犯罪"。这里，"情节显著轻微危害不大"，也就是社会危害性不严重而不认为是犯罪。反过来理解，就是要求危害大即严重才认为是犯罪。不仅如此，刑法还将这一思想贯彻始终，刑法典以及其他特别刑法都只是将危害严重的行为规定为犯罪。可见，刑法的规定清楚地说明了行为的严重社会危害性是犯罪的本质特征[1]。不可否认，社会危害性的轻重是行为成立犯罪的一个条件，但仅是"一个条件"而已。而我们探讨犯罪的本质是以犯罪已经成立为既定前提，这与犯罪是否成立是两个不同的问题。因此，刑法关于犯罪的"但书"规定不足以构成严重的社会危害性是犯罪的本质或本质特征的论据。

二、犯罪本质特征的问题前奏：犯罪特征数量与内在关系

从以往国内刑法理论的争论情况来看，犯罪特征问题首先包含"特征数量"的分歧，然后便是"特征地位"的分歧，且后者的焦点在于犯罪的哪一个特征是本质特征。由此，我们便面对犯罪特征的数量及其内在关系的讨论。

（一）犯罪特征的数量

对于犯罪特征的数量问题，我国刑法理论较早便形成了诸多说法：①"一特征说"认为，犯罪只有一个基本特征。由于社会危害性至多是一个理论刑法学的概念，而离开了刑事违法性，社会危害性就不能成为犯罪的特征，故本应从刑法解释学中将社会危害性逐出或消解，即将刑事违法性作为犯罪的唯一特征[2]。而在 1997 年《刑法》确定罪刑法定原则后，由于社会危害性不具有规范性、实体性及专属性，故应由法益侵害性代替之，从而在确定刑法中的犯罪概念时，应以刑事违法性作为出发点，即将刑事违法性作为犯罪的唯一特征[3]。"一特征说"是关于犯罪特征数量的个别学说。②"二特征说"认为，犯罪的特征应当是作为本质特征的行为的严重社会危害性和作为法律特征的行为的刑事违法性[4]；或认为，应当追究刑事责任程度的社会危

〔1〕　马克昌主编：《犯罪通论》，武汉大学出版社 1999 年版，第 20 页。
〔2〕　陈兴良："社会危害性理论——一个反思性检讨"，载《法学研究》2000 年第 1 期，第 12 页。
〔3〕　陈兴良："社会危害性理论——一个反思性检讨"，载《法学研究》2000 年第 1 期，第 17 页。
〔4〕　马克昌主编：《犯罪通论》，武汉大学出版社 1999 年版，第 18 页。

害性是犯罪的本质特征，而刑事违法性则是法律特征〔1〕；或认为，社会危害性是犯罪的社会属性，而应受刑罚处罚性则是犯罪的法律属性〔2〕；或认为，犯罪具有社会危害性与刑事违法性，两者分别是犯罪的本质特征和法律特征〔3〕。"二特征说"是关于犯罪特征数量的为数不少的学说。③"三特征说"认为，犯罪具有社会危害性、刑事违法性、应受刑罚处罚性三大特征〔4〕。"三特征说"体现在对犯罪的有关命题中，如"犯罪是危害社会的行为，是触犯刑律的行为，是应当受到刑罚处罚的行为"。〔5〕"三特征说"一直是刑法学界关于犯罪数量问题的通说。④"四特征说"认为，犯罪具有社会危害性、刑事违法性、故意或过失性和最重法律责任性这四个特征〔6〕。⑤"六特征说"认为，犯罪具有行为的客观性、行为的及物性、行为的客观危害性、行为的主观意识性、行为的违法性和行为的应受惩罚性六个特征〔7〕。可见，对于犯罪特征的数量问题，我国刑法学理论较早形成了众说不一的局面。

对于犯罪的基本特征，新近有的教材指出，目前刑法学界普遍接受的"三特征说"较为全面地阐释了犯罪的基本特征。根据《刑法》第 13 条的规定并依据通说，犯罪具有如下三个特征：其一，犯罪是危害社会的行为，即具有相当程度的社会危害性。这是犯罪具有决定意义的特征，是犯罪的实质内容。其二，犯罪是触犯刑律的行为，即具有刑事违法性。这是社会危害性的法律表现，是犯罪与一般违法行为相区别的重要特征之一。其三，犯罪是应受刑罚处罚的行为，即具有应受惩罚性。这是犯罪前两个特征即社会危害性和刑事违法性的必然法律后果，也是犯罪行为区别于其他违法行为的重要特征之一。于是，严重的社会危害性、刑事违法性和应受刑罚惩罚性便是犯罪的三个基本特征，且犯罪的上述三个基本特征是紧密结合、有机联系的。其中，严重的社会危害性是犯罪最基本的属性，是刑事违法性和应受刑罚惩罚性的基础。刑事违法性是严重的社会危害性的法律表现，而应受刑罚惩罚

---

〔1〕 张明楷：《刑法学》，法律出版社 1997 年版，第 78 页。

〔2〕 何秉松主编：《刑法教科书》，中国法制出版社 1995 年版，第 142 页。

〔3〕 欧阳本祺："犯罪特征辨析"，载《湖南科技学院学报》2007 年第 1 期，第 108 页。

〔4〕 肖扬主编：《中国新刑法学》，中国人民公安大学出版社 1997 年版，第 46 页。

〔5〕 赵秉志主编：《新刑法教程》，中国人民大学出版社 1997 年版，第 79~81 页。

〔6〕 李光灿主编：《中华人民共和国刑法论》，吉林人民出版社 1984 年版，第 108 页。

〔7〕 高铭暄主编：《新中国刑法科学简史》，中国人民公安大学出版社 1993 年版，第 74 页。

性则是行为严重危害社会、违反刑事法律应当承担的法律后果[1]。前述即传统"三特征说"肯定了犯罪特征的数量及其基本内容，且其将严重社会危害性视为犯罪的所谓"最基本的属性"即通常所谓的本质属性。但有的教材只承认犯罪的"二特征说"，即社会危害性、刑事违法性是犯罪的基本特征。其中，社会危害性从我国《刑法》第 13 条以及刑法分则对具体犯罪构成要件的设定来看具有当然的"严重性"。至于应受刑罚惩罚性，其不仅难以成为犯罪的一个独立特征或基本特征，更罔论本质特征[2]。此即传统的"二特征说"。但还有教材从不同角度来概括犯罪的基本特征，即其提出犯罪"新二特征"说：从"文理的解释"角度，犯罪具有两个特征即"社会危害性"和"依照法律应受刑罚处罚性"；而从"论理的解释"角度，犯罪则具有两个特征即"不法"和"责任"[3]。在某种意义上，对犯罪特征数量问题的看法说明着对犯罪问题的认识深度。

（二）犯罪特征的内在关系

只要具有两个以上，则犯罪特征之间必然形成某种关系。而犯罪诸特征之间的相互关系，便形成了犯罪特征的构造性问题。对此问题，又形成了诸多不同的主张：其一，"社会危害性本质特征说"认为，社会危害性是犯罪的本质特征，犯罪的其他各个特征只是社会危害性的表现而已，即社会危害性特征决定犯罪的其他特征。在此前提下，所存在争议的是如何对社会危害性进行相应的限制。社会危害性本质特征说，曾经是我国刑法学的通说[4]。其二，"刑事违法性本质特征说"认为，只有刑事违法性才是犯罪的本质特征，而社会危害性只是用来说明刑事违法性，故两个特征不属于同一层[5]。其三，"社会危害性与应受刑罚惩罚性本质特征说"认为，社会危害性与应受刑罚惩罚性都是犯罪的本质特征。作为犯罪的法律特征，刑事违法性被社会危害性和应受惩罚性这两个特征所决定。社会危害性只有和应受惩罚性结合起来，才能共同成为决定犯罪这一事物的两个本质属性，即犯罪的本质特征有

〔1〕《刑法学》编写组编：《刑法学》（上册·总论），高等教育出版社 2019 年版，第 86~89 页。

〔2〕刘艳红主编：《刑法学》（上），北京大学出版社 2016 年版，第 74~80 页。

〔3〕张明楷：《刑法学》（第 6 版），法律出版社 2021 年版，第 114~117 页。

〔4〕马克昌主编：《犯罪通论》，武汉大学出版社 1999 年版，第 19~20 页。

〔5〕黎宏："罪刑法定原则下犯罪的概念及其特征——犯罪概念解析"，载《法学评论》2002 年第 4 期，第 18 页。

两个即社会危害性和应受刑罚惩罚性[1]。其四，"三特征皆本质特征说"认为，犯罪的三特征都是犯罪的本质特征，因为犯罪的本质具有多元性。其中，社会危害性构成犯罪的社会本质，而刑事违法性与应受刑罚惩罚性构成犯罪的法律本质[2]。"三特征皆本质特征说"可谓"多犯罪本质特征说"。其五，"相互包容说"认为，每一个特征都包含严重社会危害性和违反刑法规定性；每一个特征都具有犯罪本质属性与法律形式属性[3]。相互包容说也是"多犯罪本质特征说"。毋庸置疑的是，对犯罪特征相互关系及其所隐含的本质特征的看法更加说明着对犯罪问题的认识深度。

我们大致可以看出，社会危害性本质特征说、刑事违法性本质特征说、社会危害性与应受刑罚惩罚性本质特征说，似乎是从纵向来认识犯罪特征的内在关系或其结构问题，而"三特征皆本质说"和"相互包容说"，则似乎是横向并列地看待犯罪特征的相互关系。在本著看来，将两个以上的特征视为犯罪的本质特征，明显是有问题的，因为"本质多元化"可能就消解了"本质"本身，而所谓"犯罪的本质具有多元性"应理解为犯罪的本质具有多层次内涵，从而不存在所谓"多元本质"的问题。但无论如何，犯罪诸特征之间，似乎应在"表"和"里"，即体现与被体现、决定与被决定的关系之中予以认识和把握。

三、犯罪本质特征的两个否定：社会危害性与刑事违法性

对犯罪本质特征有关界说的有所否定，是出于对犯罪本质特征界说的有所肯定。而被否定的两个所谓犯罪本质特征即社会危害性与刑事违法性。

（一）犯罪本质特征的第一个否定：（严重的）社会危害性

在关于犯罪特征的最初提法中，社会危害性被说成是犯罪基本特征中的所谓本质特征，大致的理由是：刑法不可能也不应该将没有社会危害性的行为规定为犯罪，即社会危害性是行为成罪的根本前提或"原初动因"，即没有行为的社会危害性，便没有行为的刑事违法性，进而没有行为的应受刑罚惩罚性。于是，社会危害性便构成了行为之所以是犯罪的"根本性"说明。立

---

〔1〕 何秉松主编：《刑法教科书》，中国法制出版社 1995 年版，第 144 页；冯亚东：《理性主义与刑法模式》，中国政法大学出版社 1999 年版，第 130、215 页。

〔2〕 刘艳红："社会危害性理论之辨正"，载《中国法学》2002 年第 2 期，第 166~167 页。

〔3〕 周其华："犯罪的基本特征之我见"，载《法学杂志》2003 年第 6 期，第 10 页。

于原来的通识看问题，则社会危害性在某种意义上可以被视为犯罪的"基础性特征"，而刑事违法性与应受刑罚惩罚性便可视为"结果性特征"。但"基础性特征"能否将（严重的）社会危害性拱举到所谓犯罪的本质特征位置上呢？

当我们发现一般的不道德行为和一般的违法行为也有社会危害性，即社会危害性是成罪行为和非罪行为的共性所在，则社会危害性是犯罪本质特征的以往说法便应受到质疑：作为成罪行为与非罪行为共性的社会危害性怎么就变成了犯罪的一种"专属性特征"？因为在哲学上本质是一事物区别于他事物的内在规定性，而本质特征就是反映这种一事物区别于他事物的内在规定性的特有的外在征象。于是，在前述质疑面前，持社会危害性是犯罪本质特征的学者便作出修正，即严重的社会危害性是犯罪的本质特征。但是，修正后的说法在当下仍面临新的诘问：一是"严重"是一个形容词，而此形容词表述的事物规模具有相当的模糊性，且此模糊性或许容易为"主观臆断"和"主观擅断"提供一种借口；二是我们不能否认的行为类型确实具有严重的社会危害性，但在罪刑法定原则面前，我们只能暂时将其视为无罪。由此，严重的社会危害性还能是犯罪的本质特征吗？把社会危害性或严重的社会危害性视为犯罪的本质特征，还面临着其他质疑：首先是，对统治者的危害性和对社会的危害性是两个不同的概念，而若将社会危害性视为犯罪的本质特征，则有混淆两个概念之嫌，因为"政治犯"或"信仰犯"并不具有社会危害性，却能被规定为犯罪。正如我们可知，统治者有时或很多时候并不能代表社会，即统治者的利益并不等于社会利益，而危害统治者利益的行为有时对社会不仅无害，反而有益，如中国近代史上的"革命行为"；再就是，在罪刑法定原则确立之前，人类社会便已经有了认定犯罪和处罚犯罪的实践。在那个历史阶段，虽然基本上还没有作为当下话语的刑事违法性一说，但那个阶段已经有了处罚犯罪的实践，且此实践只能说明被处罚的犯罪已经具有了"应受刑罚处罚性"。这个逻辑至少是成立于处罚者那里的。因此，将社会危害性作为犯罪本质特征的说辞，应成为过去。其实，当社会危害性为罪与非罪的一种共性，则社会危害性连犯罪特征的资格都没有，因为所谓特征因一个"特"字而本来就是一个表达着某种专属性的概念。

我国刑法理论长期将社会危害性视为犯罪的本质特征，不仅存在着对马克思主义关于犯罪论断的误读，而且也深受苏联刑法立法和刑法理论的影响。

恩格斯曾指出："蔑视社会秩序最明显、最极端的表现就是犯罪。"[1]恩格斯的这一论断也常被用来引证严重的社会危害性是犯罪的本质或本质特征。社会危害性被视为犯罪本质特征的理由包括：一是从哲学上，本质具有内在性、隐蔽性和深刻性，即只有通过抽象思维才能予以认识。社会危害性难以直觉把握，正说明其隐蔽在应受刑罚性的背后，即其具备作为本质的属性而对犯罪的性质起决定作用，故其为犯罪的本质特征；[2]二是在阶级社会里，社会危害性中的"社会"实即统治关系和统治秩序。由此，社会危害性在社会性与阶级性的统一之中而成为犯罪的最为本质的属性；[3]三是刑法之所以将某一行为规定为犯罪，其内在的驱动力就在于该行为危害了社会，即其具有社会危害性。如果一个行为不具有社会危害性，法律就不能对之作出罪刑规定。[4]前述论断似有道理。

首先，根据马克思主义哲学观，所谓特征，指的是一事物区别于他事物的标志、征象，其功能是征表事物的外部联系，从而是事物的外在表现。而本质指的是事物本身固有的、决定事物性质、面貌和发展的根本属性，从而是一事物区别于他事物的根本性质。本质与特征分别从事物的内部与外部反映某一事物，虽然关系密切，但决不能混为一谈。[5]显然，社会危害性不具有作为本质的品格，因为社会危害性恰恰描述的是行为"外在地"侵害了社会，其所呈现的只能是犯罪人与社会的"外部联系"，即行为人负面地作用于社会，且其同时构成犯罪人犯罪主观的"外在表现"。

其次，社会危害性与犯罪的其他特征之间并不是简单的决定与被决定关系。在我国以往的刑法理论中，社会危害性之所以被视为犯罪的"本质特征"，是基于这样的认识：社会危害性在犯罪诸特征中是第一性的，故其决定着犯罪的其他特征。从逻辑和时序上，行为危害社会在先，对行为的法律评价在后，从而才有可能构成犯罪；没有危害社会的行为，就什么也别谈[6]；

〔1〕《马克思恩格斯全集》（第 2 卷），人民出版社 1957 年版，第 416 页。

〔2〕管增军："论犯罪本质特征中的哲学问题"，载《济宁师范专科学校学报》2005 年第 2 期，第 47 页。

〔3〕李文胜："关于犯罪特征的再探讨"，载《中外法学》1996 年第 1 期，第 29 页。

〔4〕向东、赵永存："对我国刑法第十三条'但书'的理解与适用"，载《河北理工大学学报（社会科学版）》2009 年第 1 期，第 49 页。

〔5〕《马克思恩格斯全集》（第 2 卷），人民出版社 1957 年版，第 379 页。

〔6〕高铭暄主编：《刑法学原理》（第 2 卷），中国人民大学出版社 1993 年版，第 394 页。

再如，行为不是因为违法才具有社会危害性，而是因为具有社会危害性才违法，故社会危害性是第一性的，而刑事违法性是第二性的，即两者之间具有决定与被决定的关系〔1〕。因此，具有相当程度的社会危害性是对犯罪的成立具有决定意义的最本质的特征〔2〕。但是，作为一个事物本质的东西必须具有将该事物与其他事物完全区分开来的功能，因为本质是事物固有也是其独有的内在规定性〔3〕。而当把社会危害性作为犯罪的本质特征时，便带来一个极大的困惑：本质特征应该是某一事物所特有的征象或标志。但社会危害性并非犯罪所专有，因为其他违法行为也都具有社会危害性〔4〕。显然，"共有"的东西不能成为"特有"或"专有"的东西。

最后，有的著名论断是否在说明犯罪的本质特征问题，是应予谨慎辨识的。我们早就熟知这样的论断，即"什么是衡量犯罪的真正标尺，是犯罪对社会的危害"。〔5〕在被誉为"刑法学之父"的意大利著名刑法学家贝卡里亚提出"社会危害性"概念之后，社会危害性理论便对苏俄和新中国刑法学理论包括犯罪特征理论产生了深远影响。于是，在我国以往的刑法学理论中，社会危害性长期被视为犯罪的本质特征，如犯罪的社会危害性是犯罪的本质特征，且说明将某种行为认定为犯罪并加以惩罚的理由〔6〕，或社会危害性理论基于社会本位，故其为犯罪的本质特征〔7〕。将社会危害性作为犯罪的本质特征，长期是我国刑法学理论的通说。但是，将社会危害性作为犯罪的本质特征，越来越遭受质疑，因为本质是一事物区别于另一事物的属性，而一般违法行为也有社会危害性，故将社会危害性视为犯罪的本质，将导致无法将犯罪行为与一般违法行为予以区分。于是，为社会危害性辩护的学者不得不在社会危害性前加上诸如"严重的""相当程度的""最严重的"等修饰语〔8〕。但明显的是，"严重的""相当程度的""最严重的"等，仍具有模糊性而难以

〔1〕　陈兴良：《刑法哲学》，中国政法大学出版社 1997 年版，第 130 页

〔2〕　王作富：《中国刑法研究》，中国人民大学出版社 1988 年版，第 64 页。

〔3〕　马荣春："犯罪本质与本质特征新界说"，载《南昌大学学报（人文社会科学版）》2006 年第 2 期，第 64 页。

〔4〕　陈兴良："社会危害性理论：进一步的批判性清理"，载《中国法学》2006 年第 4 期，第 13 页。

〔5〕　[意] 切萨雷·贝卡里亚：《论犯罪与刑罚》，黄风译，北京大学出版社 2008 年版，第 22 页。

〔6〕　《刑法学全书》，上海科学技术文献出版社 1993 年版，第 173 页。

〔7〕　赵秉志、陈志军："社会危害性理论之当代中国命运"，载《法学家》2011 年第 6 期，第 20 页。

〔8〕　刘艳红："社会危害性理论之辨正"，载《中国法学》2002 年第 2 期，第 166 页。

量化。实际上，前引贝卡里亚关于"犯罪的真正标尺"的论断是其在论述"犯罪的分类"时提出的，是对"在犯罪标尺问题上的错误"予以进一步的解答[1]，最终是说明"刑罚与犯罪相对称"[2]。因此，由贝卡里亚的论断得不出社会危害性是犯罪的本质或犯罪本质特征的结论。

另外，社会危害性被认为夹带着极强的政治意味，而这也构成其作为犯罪本质特征遭受质疑的一个重要原因，正如1922年《苏俄刑法典》第6条对犯罪所作出的"阶级性"规定："威胁苏维埃制度基础及工农政权在向共产主义制度过渡时期所建立的法律秩序的一切危害社会的作为或不作为，都被认为是犯罪。"于是，来自苏俄的社会危害性理论在相当程度上被视为"阶级斗争的理论"。因此，过度强调社会危害性，便又有轻视罪刑法定原则从而轻视人权保障之嫌。同时，社会危害性理论易受政治、经济环境的影响，其所具有的模糊性、易变性等特征也成为被质疑犯罪本质特征的"把柄"。于是，有人提出用"法益侵害说"代替"社会危害性"[3]，甚至有人提出将"社会危害性"从刑法学理论中予以驱逐[4]。这便使得学者们在犯罪的本质特征问题上将考量的目光移向犯罪的其他特征，并先后提出了刑事违法性本质特征论和应受刑罚惩罚性本质特征论。当然，在本著看来，社会危害性的所谓"政治性"是不足以或不应该成为质疑其犯罪本质特征的说辞的，因为社会危害性是犯罪本质即"对社会秩序的极端蔑视性"所必然派生出来的。最终，社会危害性系因"共有性"而难以与犯罪本质形成某种"内外一致性"或某种真正的"表里性"。

（二）犯罪本质特征的第二个否定：刑事违法性

学者指出："一个国家的法律规范体系是统一的、内部协调的，其最高或最终的检验标准是一元的，对行为的法律评价从根本上说不会因人而异，也不应该出现因人而异的情况。"[5]这对我们有着怎样的启发呢？在法治社会，

---

[1] ［意］切萨雷·贝卡里亚：《论犯罪与刑罚》，黄风译，北京大学出版社2008年版，第20～21页。

[2] ［意］切萨雷·贝卡里亚：《论犯罪与刑罚》，黄风译，北京大学出版社2008年版，第17～19页。

[3] 张明楷："新刑法与法益侵害说"，载《法学研究》2000年第1期，第19页。

[4] 陈兴良："社会危害性理论：一个反思性检讨"，载《法学研究》2000年第1期，第3～18页；陈兴良："社会危害性理论：进一步的批判性清理"，载《中国法学》2006年第4期，第3～17页。

[5] 张文显：《法哲学范畴研究》，中国政法大学出版社2001年版，第91页。

由于实行罪刑法定原则，则只有刑法才能规定犯罪，也只有根据刑法规定才能认定犯罪，即刑法规范成为区分罪与非罪的唯一标准。于是，坚持刑事违法性本质论的学者认为，坚持刑事违法性作为犯罪的本质特征，实际上就是坚持了一元的法律评价〔1〕。难道作为法律评价标准的"一元性"就足以使得刑事违法性堪当犯罪的本质特征吗？将违法性区分为形式的违法性与实质的违法性，是德国刑法学家李斯特首创。所谓形式的违法性，是从形式的立场把握违法性，即把违法解释为违反法律本身，亦即违反实定法的秩序或法规范；所谓实质的违法性，则是从实定法以外的实质根据解释违法性，即违法性是指侵害或威胁法规范所保护的利益或秩序〔2〕。如果将违法性具体为刑事违法性，则刑事违法性便可区分为形式的刑事违法性和实质的刑事违法性。于是，我们便可形成如下认识：当刑事违法性仅指形式的刑事违法性，则将刑事违法性视为犯罪的本质特征，便意味着刑法司法存在着"恶法亦法"的危险倾向。此时，刑事违法性当然不能被视为犯罪的本质特征；当刑事违法性仅指实质的刑事违法性，则将刑事违法性视为犯罪的本质特征，便意味着刑法司法存在着"于法无据"而随意出入人罪的危险倾向。此时，刑事违法性当然也不能被视为犯罪的本质特征。当刑事违法性是形式的刑事违法性和实质的刑事违法性的"合体"，则刑事违法性依然不能被视为犯罪的本质特征，因为此时的刑事违法性是一个与犯罪本身具有同等意义的概念，而再言刑事违法性是犯罪的特征乃至本质特征，便是犯了循环论证的错误〔3〕。很显然，刑事违法性是犯罪的形式特征。而在主客观相结合的刑事违法性观念之下，刑事违法性就是犯罪，亦即若将刑事违法性说成是犯罪的本质特征，则有明显的循环论证之嫌，甚至会得出"刑事违法性是刑事违法性的本质特征"的荒谬结论。

　　实际上，若将刑事违法性与应受刑罚惩罚性都视为犯罪的法律特征，则刑事违法性便可进一步被视为犯罪的形式的法律特征，而应受刑罚惩罚性可进一步被视为犯罪的实质的法律特征。于是，当把刑事违法性视为犯罪的本

　　〔1〕　陈兴良："社会危害性理论——一个反思性检讨"，载《法学研究》2000 年第 1 期，第 11 页。
　　〔2〕　[日] 大塚仁：《犯罪论的基本问题》，冯军译，中国政法大学出版社 1993 年版，第 115 页；洪福增：《刑法理论之基础》，三民书局 1977 年版，第 240 页。
　　〔3〕　马荣春："论应受刑罚惩罚性的犯罪论地位——从犯罪特征到犯罪成立条件"，载《中国刑事法杂志》2010 年第 1 期，第 21 页。

质特征时，则还面临其他一些问题：一是刑事违法性难以被据以说明情节犯何以成为犯罪问题，因为当情节犯所对应的行为类型尚未达到"情节严重"时，其也呈现出刑事违法性的面相。易言之，刑事违法性无法解答行为是否成立犯罪认知过程中的"量"的问题；二是正当防卫和紧急避险等正当化行为，也被认为在形式或外形上具有刑事违法性，但刑事违法性已经说明不了这些正当化行为何以不成立犯罪；三是将刑事违法性视为犯罪的本质特征，则有违刑法规范的形成逻辑。具言之，只有在被认为具有刑罚处罚的必要性时，立法者才有可能将某种行为通过罪状确定和刑罚配置而予以犯罪化即予以"罪刑法定化"，而只有到了这个时候，才有刑事违法性可言。显然，当我们将刑法规范视为一种"介质"，则是先有应受刑罚处罚性而后有刑事违法性，而不是相反。可见，刑事违法性虽有直观性且易于被人们感受，但也只因其直观性而令其难以在罪与非罪上发挥根本性的区分作用。至于有学者指出，从本体刑法上看，犯罪的根本特征是刑事违法性，而从刑事一体化视野出发，可以构建一个"三位一体"的犯罪概念，从而形成实体法上的犯罪特征、证据法上的犯罪特征和程序法上的犯罪特征[1]。实际上，所谓证据法上的犯罪特征和程序法上的犯罪特征，都不过是所谓实体法上的犯罪特征的一种"幻化"，故"三位一体"最终仍难以支撑带有循环论证色彩的"刑事违法性是犯罪的本质特征"。

社会危害性、刑事违法性和应受刑罚惩罚性是犯罪的基本特征，作为通说出现在 20 世纪 80 年代初我国刑法学教材之中。但后来，也有否定应受刑罚惩罚性是犯罪的一个独立特征，早先的理由是：将应受刑罚惩罚性作为犯罪的一个基本特征，存在着循环定义的逻辑错误。具言之，"循环定义的错误有两种：一是定义项直接包含被定义项，如麻醉就是麻醉剂所起的作用；二是定义项间接地包含了被定义项，如原因就是引起结果的事件，结果就是原因所引起的事件。将应受刑罚惩罚性视为犯罪的一个基本特征，就犯了第二种循环定义的错误：犯罪是应受刑罚惩罚的行为，刑罚是用以惩罚犯罪的强制方法。这是用犯罪定义刑罚，又用刑罚定义犯罪"。[2]而当下，否定应受刑

---

〔1〕　陈兴良：《本体刑法学》，商务印书馆 2001 年版，第 164~169 页。

〔2〕　马克昌："论犯罪的概念和特征"，载《武汉大学学报（社会科学版）》1990 年第 4 期，第 4 页。

罚惩罚性是犯罪的一个基本特征，则有这样的理由：决定一个行为是否成立犯罪，实际上是由严重的社会危害性和刑事违法性完成，即作为犯罪行为的社会本质特征的严重社会危害性和作为犯罪行为的法律规范特征的刑事违法性，二者的合一就表明某一行为能够成立犯罪。而既然是犯罪，就当然受到刑罚处罚。既然只要行为具备严重的社会危害性和刑事违法性，人们就可以知道其应该受到刑罚处罚，则将应受刑罚惩罚性作为犯罪的一个独立特征，便无任何意义。但是，我国《刑法》第 13 条规定的"应当受刑罚惩罚的"又并非多余，因为这一规定能够进一步明确刑事违法性，即为认识和理解刑事违法性提供更为具体的内容，亦即违反刑法规范的行为包含着违反规范后果的承担——应该受到刑罚的惩罚，故应肯定其存在的合理性[1]。实际上，通过所谓循环定义的逻辑错误来否定应受刑罚惩罚性是犯罪的一个基本特征乃至本质特征，是经不住推敲的，因为我们稍加留意便可发现："犯罪是应受刑罚惩罚的行为，刑罚是用以惩罚犯罪的强制方法"这一表述中的"刑罚"并非等同于应受刑罚惩罚性，因为这里的"刑罚"只是应受刑罚惩罚性的一种具体落实手段或"兑现"方式，即应受刑罚惩罚性与刑罚之间是"体"与"用"的关系。至于"应受刑罚惩罚性"能够进一步明确刑事违法性，即为认识和理解刑事违法性提供更为具体的内容，我们应该由此看到应受刑罚惩罚性是刑事违法性背后更为实质的内容，因为认定一个行为具有刑事违法性不可或缺对此行为的价值层面的否定性，也是实质性的否定评价，即应受刑罚惩罚性的评价。易言之，相对于刑事违法性，应受刑罚惩罚性是更为根本和实质的东西，其蕴含并超越刑事违法性。而从《刑法》第 13 条的表述来看，应受刑罚惩罚性才是一个更加具有事实与价值、形式与实质结合性的概念。

四、犯罪本质特征的适格范畴：应受刑罚惩罚性

当（严重的）社会危害性和刑事违法性的犯罪本质特征地位被否定，则应受刑罚惩罚性是犯罪的本质特征便已经通过"排除法"而得到确证。但是，应受刑罚惩罚性的犯罪本质特征地位，仍需正面论证。

（一）应受刑罚惩罚性是犯罪本质特征的初步论证

正如我们所知，张三借李四 5000 元钱而不还，则张三的行为所产生的是

---

〔1〕　刘艳红主编：《刑法学》（上），北京大学出版社 2016 年版，第 79~80 页。

民事责任；如果张三骗李四 5000 元钱，则张三的行为所产生的是刑事责任，即张三的行为构成犯罪。同样是围绕着 5000 元钱的两个行为，其在法律上的根本界限何在？应受刑罚惩罚性！行为的应受刑罚惩罚性"沉淀"着行为的社会危害性和行为的刑事违法性，或曰行为的应受刑罚惩罚性"要求"着行为的社会危害性和行为的刑事违法性。易言之，不是行为的社会危害性和刑事违法性先后"规定"着行为的应受刑罚惩罚性，而是行为的应受刑罚惩罚性先后"规定"着行为的社会危害性和刑事违法性。作为犯罪的一种结果，刑罚在因果关系中表明着犯罪的一种"内在规定性"，而一个"应"字不仅表明罪与刑在事物性质上的相互"匹配"，而且表明罪与刑在具有关联性即因果性中的规模对等，故应受刑罚惩罚性是内在地和深刻地说明着犯罪，亦即离开刑罚，则犯罪将无法得到根本性的说明。至于刑事和解等新兴的刑事理念，也完全可以放在应受刑罚惩罚性之下而得到一番解说：达成刑事和解，则刑事个案中的行为的应受刑罚惩罚性将受到合理的影响，但这不是否定而是肯定应受刑罚惩罚性。那么，相比之下，当社会危害性可以视为一块多处漂移的"浮云"，则应受刑罚惩罚性便可以视为犯罪能够着地的"重心"所在。

法国著名社会学家迪尔凯姆曾经指出："不是惩罚造就了犯罪，而是犯罪由于惩罚才暴露在我们面前。因此，我们要想明白何为犯罪，必须从研究惩罚入手。"[1]陈忠林教授则认为，社会危害性程度不同，调整的手段也就不同。在所有的手段中，刑罚是最严厉的。国家认为某种行为应用刑罚方法来调整，这本身就表明了该行为的社会危害性已达到高于其他危害行为的程度。达到犯罪程度的社会危害性在这里就直接由应受刑罚惩罚性表现出来了。衡量是否达到犯罪程度的社会危害性的标准问题，已经用是否以刑罚方法调整为尺度而顺利地解决了。[2]但是相较于前两个特征在学界引起的广泛关注，应受刑罚惩罚性一直处于被忽视的状态，一些教科书甚至把它从犯罪概念和犯罪特征中剔除出去，其理由体现为这样的立论：应受刑罚惩罚性是犯罪的法律后果，是经过了社会危害性、刑事违法性评价之后的必然结论，故如果认为是犯罪的特征，则是犯了循环论证的错误[3]。既然应受刑罚惩罚性连犯

---

〔1〕 ［法］E. 迪尔凯姆：《社会学方法的准则》，狄玉明译，商务印书馆 1995 年版，第 61 页。
〔2〕 陈忠林："应受刑罚惩罚性是犯罪的本质特征"，载《现代法学》1986 年第 2 期，第 19 页。
〔3〕 马克昌主编：《犯罪通论》，武汉大学出版社 1999 年版，第 17 页。

罪的基本特征都谈不上，更遑论犯罪的本质特征了。

但是，我国《刑法》第 13 条的规定为将应受刑罚惩罚性视为犯罪的基本特征乃至本质特征，提供了实定法根据即立法根据。众所周知，一切违法行为最终都会受到法律的制裁。又正如我们所知，违法行为又分为一般违法行为和严重违法行为即犯罪。一般违法行为应受到的是民事法律制裁或是行政法律制裁，而犯罪行为应受到刑罚处罚。而在立法设罪的过程中，最有影响的因素就是"应受刑罚惩罚性"，即凡是应当受到刑罚处罚的行为均应视为"犯罪"来追究其刑事责任。因此，在立法层面，某一行为是否应受到刑罚处罚，便成为区分犯罪与一般违法行为的本质界限。而在司法层面，罪与非罪的认定背后也发生着"应受刑罚惩罚性"的观念认知活动。由此可见，应受刑罚处罚性可以直接区分罪与非罪，故应成为犯罪的本质特征。易言之，只有应受刑罚惩罚性才能外在直观地将犯罪与其他违法类型区分开来，从而使得犯罪显示出自身的独特个性即其自身的内在规定性。既然只有应受刑罚惩罚性能够外在直观地将犯罪与一般违法类型相区分，则其便具备了犯罪本质特征的充足资格〔1〕。应受刑罚惩罚性能够外在直观地将犯罪与一般违法类型相区分，意味着应受刑罚惩罚性能够将刑法与其他部门法区别开来，正如陈忠林教授指出，以刑罚这种刑法特有的调整手段来说明刑法和其他部门法律的区别，可以说是全世界的法学界所公认的事实，但这一点并未为我国刑法学界所重视〔2〕。进一步地，应受刑罚惩罚性直接意味着"刑法（刑罚）的必要性"，而"刑法（刑罚）的必要性"目前已不仅是公认的刑事立法必须遵循的原则，而且大有成为刑法理论基础的趋势〔3〕。

有人指出："对犯罪概念的理解，要顾及实然的犯罪与应然的犯罪，过去的犯罪与现在的犯罪以及将来的犯罪，从经验和直觉的角度，犯罪是应当受刑罚惩罚的行为。"〔4〕但不论怎样，正如恩格斯曾指出："蔑视社会秩序最明

---

〔1〕 马荣春："论应受刑罚惩罚性的犯罪论地位——从犯罪特征到犯罪成立条件"，载《中国刑事法杂志》2010 年第 1 期，第 20~21 页。

〔2〕 ［意］杜里奥·帕多瓦尼：《意大利刑法原理》（注评版），陈忠林译评，中国人民大学出版社 2004 年版，译者序第 5 页。

〔3〕 ［意］杜里奥·帕多瓦尼：《意大利刑法原理》（注评版），陈忠林译评，中国人民大学出版社 2004 年版，译者序第 5 页脚注。

〔4〕 李运才："理性的犯罪概念质疑——'犯罪是应受刑罚惩罚的行为'之提倡"，载《四川文理学院学报》2007 年第 4 期，第 44 页。

显、最极端的表现就是犯罪。"[1]可见，犯罪的内在本质是对社会秩序的甘受刑罚惩罚的挑战，而其外在表现就是应受刑罚惩罚性的行为。于是，犯罪的内在本质与外在表现形成内外对应或互为表里。在这里，我们可作如下展开：一是从立法和司法的观念角度，罪与非罪的区分标准正是应否受刑罚处罚，正如立法者以刑罚制裁这种评价才从危害行为中分离出了法律上的犯罪概念，而司法人员的衡量标准往往简单朴素，即是否有必要"关他几天"（对犯罪人处以一定刑罚）。[2]当维护社会秩序是法律的终极价值，社会有效控制的功利考虑自然要求将应受刑罚处罚性视为犯罪的本质特征。二是从罪刑关系的角度，不是犯罪决定刑罚而是刑罚决定犯罪。刑法是规定犯罪和刑罚的法律规范，但在犯罪和刑罚的关系上，根据通说，社会危害性和刑事违法性是犯罪的前提，而应受刑罚惩罚性是犯罪的法律后果，即"罪先刑后"。然而，美国学者阿诺德·H. 洛伊指出："在对刑法进行明智的研究之前，有必要关注刑法区别于民法的唯一特征，这个特征就是刑罚。"[3]而沙俄时期的刑法学家基斯特雅考夫曾指出："在刑法中，第一把交椅无疑义地应属于刑罚。在刑罚中表现了刑法的灵魂与思想。"易言之，"在刑法中犯罪直接表现出的只有一种躯壳与现象，而刑罚才是其中的'灵魂与思想'。若没有区别于其他制裁手段的刑罚，犯罪则将完全混同于其他违法行为而最终失去了自身的存在"。[4]这可为人类发展历史中刑罚的观念先于犯罪的观念即"无刑罚就无犯罪"这一传统刑法格言所印证。三是从民众的常识角度，罪与非罪的区分标准是应否受刑罚处罚性。由于一部从"伟大的哲学家"到"普通民众"一眼就能看懂的法典并不存在，加之连从事法律职业的人员对浩如烟海的法律规范都手脚无措，民众对罪名的形式概念知之更少，故为了使法律发挥更好的规范作用，就必须在法律之中加入"大众准则"。[5]社会公众的常识、常理、常情是现代法治运行的灵魂，而在现代人的观念中，一般违法行为与犯罪已有了根本的区别，即犯罪是以刑罚为代价的。这样，不论我们是在论述社会危害性还是论述行为的刑事违法性，我们都是在论述这个行为是否应受刑罚惩罚。当

---

〔1〕《马克思恩格斯全集》（第2卷），人民出版社1957年版，第416页。

〔2〕冯亚东：《理性主义与刑法模式》，中国政法大学出版社1999年版，第142页。

〔3〕［美］阿诺德·H. 洛伊：《刑法原理》（影印版），法律出版社2004年版，第1页。

〔4〕冯亚东：《理性主义与刑法模式》，中国政法大学出版社1999年版，第138页。

〔5〕刘星：《西窗法语》，法律出版社2003年版，第64页。

社会危害性和刑事违法性不能担当起本质的解释〔1〕，便意味着二者都无力担当犯罪的本质特征。在此，我们可大致认为，社会危害性作为一种社会评价，应视为犯罪的社会特征；刑事违法性着眼于某一行为是否符合刑法规定本身，应视为犯罪的法律特征；而应受刑罚惩罚性由于其将社会危害性和刑事违法性集于一身或融为一体而可从根本上来区分某一行为是否犯罪行为，即构成区分刑事责任与其他责任的根本标准与根本标志，故应视其为犯罪的本质特征。

（二）应受刑罚惩罚性是犯罪本质特征的进一步论证

相对于犯罪的本质，犯罪的本质特征是外显的，犯罪的本质与其所构成的是本质与表象即决定与被决定、反映与被反映或展示与被展示的关系。既然犯罪的本质就是指犯罪本身所固有的、决定犯罪的性质、面貌和发展的根本属性，而犯罪的本质特征便是指反映和展示犯罪本质的犯罪的征象和标志，则犯罪的本质便具有从内在规定性上将犯罪与其他社会现象相区分的功能，而犯罪的本质特征便具有从外在表现上将犯罪与其他社会现象相区分的功能。具有从外在表现上将犯罪与其他社会现象相区分功能的犯罪的本质特征是什么呢？在社会危害性、刑事违法性和应受刑罚惩罚性中，我们只能选择应受刑罚惩罚性作为答案。首先，社会危害性不能构成犯罪的本质特征而只能作为犯罪的尺度概念而存在，正如贝卡里亚所言："我们已经看到，什么是衡量犯罪的真正标尺，即犯罪对社会的危害。"〔2〕再就是，刑事违法性也不能构成犯罪的本质特征，因为刑事违法性本来连犯罪的特征都难以构成而更罔论犯罪的本质特征。而之所以如此，是因为在我们的犯罪成立理论之下，行为具备犯罪主体、犯罪主观方面、犯罪客体和犯罪客观方面这四大要件，便意味着行为具备刑事违法性而当然成立犯罪，即犯罪和刑事违法性是处于同等意义上的概念，故再言刑事违法性是犯罪的特征乃至某种特征才是真正犯了"循环论证"的错误。为何犯罪的本质特征偏偏就是应受刑罚惩罚性呢？理由：其一，应受刑罚惩罚性具有直觉易感性，故只有应受刑罚惩罚性才能与犯罪的本质即犯罪人之于社会秩序的极端蔑视性之间形成本质与表象的内外

---

〔1〕 姜敏："犯罪本质特征检讨和重构"，载《重庆工商大学学报（社会科学版）》2007年第5期，第75页。

〔2〕 ［意］切萨雷·贝卡里亚：《论犯罪与刑罚》，黄风译，北京大学出版社2008年版，第22页。

对应。具言之，犯罪人对社会秩序的极端蔑视性这一本质使人们当然想到应受刑罚惩罚这一外在结果，而应受刑罚惩罚这一外在结果又使人们当然想到犯罪人之于社会秩序的极端蔑视性这一本质，即"有恶必罚，罚必有恶"。而这里的"恶"最终指向的并非犯罪造成的客观危害，也非行为之时的主观罪过，而是犯罪造成的客观危害和行为之时的主观罪过所共同征表的犯罪人对社会秩序的极端蔑视性。其二，只有应受刑罚惩罚性才能外在直观地将犯罪与其他违法类型区分开来，从而使得犯罪显示出自身的独特个性。我们知道，在我们的法学理论中，违法分为一般违法与严重违法。犯罪即指严重违法，而一般违法则包括民事违法和行政违法。由此，犯罪这种严重违法是靠着什么才得以从根本上与各种一般违法类型相区分的呢？我们知道，所有违法都将产生法律责任，而犯罪这种严重违法所产生的法律责任的核心便是应受刑罚惩罚性。由于犯罪的法律责任的这一特点正是犯罪所固有和独有而为其他违法类型所没有，故应受刑罚惩罚性便构成了犯罪与其他违法类型相区分的根本凭借。既然应受刑罚惩罚性能够外在直观地将犯罪与一般违法类型相区分，则其便具备了犯罪本质特征的充足资格。法国著名社会学家迪尔凯姆曾指出："不是惩罚造成了犯罪，但犯罪只是由于惩罚才明显地暴露于我们的眼前。因此，我们要想明白何为犯罪，必须从研究惩罚入手。"[1]迪尔凯姆的这一论断对于我们把握犯罪的本质特征同样极有启发。

有一种观点原来赞同应受刑罚惩罚性是犯罪的一个基本特征，但经过所谓的"仔细推敲"却又否认应受刑罚惩罚性是犯罪的一个基本特征。其理由如下：其一，应受刑罚惩罚性是犯罪的法律后果，不是犯罪的基本特征。一个行为只有先符合犯罪的基本特征，才构成犯罪，进而才能谈到应受刑罚惩罚，即应受刑罚惩罚是行为成立犯罪之后的问题而非犯罪行为本身的问题。其二，将应受刑罚惩罚性列为犯罪的一个基本特征并无必要，因为当行为具备了严重的社会危害性这一本质特征和刑事违法性这一法律特征便足以构成犯罪了。其三，不是应受刑罚惩罚性制约犯罪，而是严重的社会危害性决定行为构成犯罪，从而决定行为应受刑罚处罚。其四，在犯罪定义中将应受刑罚惩罚性列为犯罪的一个基本特征，在逻辑上犯了循环定义的错误。其五，从刑法分则对犯罪的规定来看，也不便说应受刑罚惩罚是犯罪的基本特征。

---

〔1〕 〔法〕E. 迪尔凯姆：《社会学方法的准则》，狄玉明译，商务印书馆 1995 年版，第 61 页。

刑法分则规定具体犯罪的条文都是前半段规定犯罪，后半段规定刑罚。可见，刑法分则对犯罪的规定并未将法定刑列为犯罪的基本特征。学理上对刑法分则规定的具体犯罪的概念只是从其构成特征上加以概括而不涉及应处的刑罚。因此，在犯罪的一般概念中加上应受刑罚惩罚作为其特征是没有根据的。其六，外国不少立法例并未将应受刑罚惩罚性列为犯罪的特征[1]。对于以上六点理由可作如下辨析：其一，即使我们应将应受刑罚惩罚性视为犯罪的法律后果，也并不妨碍其构成犯罪的基本特征乃至本质特征，因为应受刑罚惩罚性能否构成犯罪的基本特征乃至本质特征取决于其能否对应性地展示出犯罪的内在规定性即其本质。上文已经分析指出，只有应受刑罚惩罚性方可将犯罪之中最本源、最核心的内在规定性即犯罪人之于社会秩序的极端蔑视性展示于人们的眼前。这一点在迪尔凯姆"应从惩罚入手来明白何为犯罪"的论断之中已有所暗含。另外，当我们将犯罪人之于社会秩序的极端蔑视性这一犯罪本质与应受刑罚惩罚性视为一对因果，则结果体现原因完全符合哲学逻辑。而只要作为结果的应受刑罚惩罚性能够体现作为原因的犯罪人之于社会秩序的极端蔑视性即犯罪的本质，则应受刑罚惩罚性便可构成犯罪的本质特征。其二，说将应受刑罚惩罚性列为犯罪的一个基本特征并无必要，可能恰恰说明应受刑罚惩罚性已经是犯罪的一个不言自明的特征而不是相反，因为当说严重的社会危害性和刑事违法性分别是犯罪的所谓本质特征和法律特征时，则应受刑罚惩罚性已经内具犯罪之中。有一点我们是绝对不能否认的，即立法者将某种行为规定为犯罪之前，该行为已被认为应受刑罚惩罚了。其三，不是严重的社会危害性而是犯罪人对社会秩序的极端蔑视性这一犯罪的本质决定着行为成立犯罪并决定着相应的刑罚。而此正如前面指出，应受刑罚惩罚性在这种决定与被决定的关系即因果关系之中所获得的正是结果体现原因的契机，从而构成相当于原因的犯罪本质的征象或标志即犯罪的本质特征。其四，说将应受刑罚惩罚性列为犯罪的一个基本特征犯了循环定义的错误，这种说法本身就是一个错误，因为循环定义的错误是指在定义概念时在概念内涵上所犯的一种错误，而这种说法无形之中将概念的内涵等同于概念所代表的事物的特征了。内涵是概念的内在构成因子，而特征是概念所代表事物的内在规定性即事物本质的外现，两者不可同日而语。其五，前半段规

---

〔1〕　马克昌主编：《犯罪通论》，武汉大学出版社 1999 年版，第 16~18 页。

定犯罪，后半段规定法定刑，这是刑法分则罪刑条文的结构所决定的，但不能由此推断应受刑罚惩罚性就不是犯罪的一个特征乃至本质特征。其六，《刑法》第13条已经将应受刑罚惩罚性表明为犯罪的基本特征，同时也是本质特征。

总之，行为的应受刑罚惩罚性"适格"于犯罪的本质特征。当把应受刑罚惩罚性视为犯罪的实质的或具有实质性的法律特征性时，则或许更好理解应受刑罚惩罚性是犯罪的本质特征。但这里要作进一步引申的是，应受刑罚惩罚性不仅能够"总和性"地说明着来自苏联的中国传统犯罪构成即"四要件整合式"犯罪构成及其所包含的四要件（犯罪主体、犯罪主观方面、犯罪客观方面和犯罪客体），而且也能够"总和性"地说明着大陆法系"三元递进式"犯罪构成及其所包含的三要件（构成要件该当性、违法性和有责性），甚至还能够"总和性"地说明着英美法系"双层式"犯罪构成及其所包含的"犯罪本体"（"犯意"与"犯行"）与"排除合法辩护"。

（三）应受刑罚惩罚性是犯罪本质特征的意义论证

罪刑法定原则的构造性是罪刑法定原则理论应予重视且应深入讨论的一个问题，因为这个问题几乎统率或派生着罪刑法定原则的所有其他内容。这里，我们可联系罪刑法定原则的构造性来认识和把握将应受刑罚惩罚性视为犯罪本质特征的意义所在。

所谓罪刑法定原则的构造性，是指罪刑法定原则的形式侧面与实质侧面及其相互关系。首先是罪刑法定原则的形式侧面。成文法主义或法律主义、禁止事后法、禁止类推解释、禁止不定期刑，是罪刑法定原则的传统内容，构成罪刑法定原则的形式侧面。形式侧面对应着形式法治。实质的侧面包含两个方面的内容：一是刑罚法规的明确性；二是刑罚法规内容的适正原则。后者又包含两个方面的要求：禁止处罚不当罚的行为；禁止不均衡的、残虐的刑罚。实质的侧面主要在于限制立法权，反对"恶法亦法"，是实质法治的表现[1]。罪刑法定原则的两个层面各有功能，且结成某种关系。

孟德斯鸠曾言："如果司法权不同立法权和行政权分立，自由也就不存在了。如果司法权同立法权合而为一，则将对公民的生命和自由施行专断的权力，因为法官就是立法者。如果司法权同行政权合而为一，法官便将握有压

---

〔1〕 张明楷：《刑法学》（第6版），法律出版社2021年版，第58页。

迫者的力量。"〔1〕也正因如此，议会主权、议会至上得以推崇。于是，人们信任立法权而警惕司法权和行政权。由于三权分立，故罪刑法定原则的提出起先均针对形式的侧面，旨在限制司法权。这样做是要法院严格执行议会制定的法律，从而使得人们的自由获得保障。而这正是形式法治的主张。〔2〕形式法治实现的是形式正义，即"形式正义的概念，也即公共规则的正规和公正的执行，在适用于法律制度时就成为法治"。〔3〕形式法治重在使一切人尤其是国家的行为具有议会制定的法律根据，国家机关侵犯国民的自由与利益时，只要具有法律根据，就符合了形式法治的要求。〔4〕在本著看来，作为罪刑法定原则形式侧面的法律主义、禁止不利于行为人的溯及既往、禁止不利于被告人的类推解释、禁止不定期刑与绝对不定期刑，都是为了限制司法权，以保障国民自由。因此，罪刑法定原则的形式侧面完全体现了形式法治的要求。但罪刑法定原则形式侧面的意义，最终要归结到人权上去，因为支撑罪刑法定原则及其形式层面的民主主义所蕴含的就是人权观念，而罪刑法定原则的形式层面直接赋予刑法规范之于国民的可预测性，即赋予刑法规范以预测可能性，而刑法规范的预测可能性就是公民自由地安排生活的可能性。

　　其次就是罪刑法定原则的实质侧面。实质的侧面由来于作为罪刑法定原则思想基础的民主主义与尊重人权主义。因为刑法的内容应由人民决定，故立法机关不得制定违反人民意志的法律，所以凡违反人民意志的，也就是违反罪刑法定原则的。在现实中，最容易违反人民意志的莫过于刑法的含混性、干涉性与残酷性。因此，罪刑法定原则的实质侧面包括两方面内容：明确性和内容的适当性。后者包括禁止处罚不当罚的行为、禁止不均衡和残酷的刑罚。实质侧面主要在于限制立法权。换言之，其反对"恶法亦法"正是实质法治的观点〔5〕。罪刑法定原则的实质侧面，正是为了寻求刑法的实质合理性。禁止处罚不当罚的行为，是为了防止司法机关扩大处罚范围；禁止残酷的刑罚，是为了防止立法者过度地侵害犯罪人的自由；禁止不均衡的刑罚，是为了实现公正。总之，实质侧面都是为了使刑法尊重个人自由，实现社会

---

〔1〕　[法] 孟德斯鸠：《论法的精神》（上册），张雁深译，商务印书馆1961年版，第158页。

〔2〕　张明楷：《罪刑法定与刑法解释》，北京大学出版社2016年版，第26~27页。

〔3〕　[美] 约翰·罗尔斯：《正义论》，谢延光译，上海译文出版社1991年版，第64页。

〔4〕　傅北龙："权力制约——一条重要的政治规律"，载《中国法学》1993年第2期，第36页。

〔5〕　张明楷：《罪刑法定与刑法解释》，北京大学出版社2009年版，第46~47页。

公平[1]。罪刑法定原则的实质侧面完全体现了实质法治的要求，且以公平、自由为最终价值指向。

当代的罪刑法定主义理念，已经将形式侧面与实质侧面有机地结合起来，从而使形式侧面与实质侧面成为贯彻罪刑法定原则的统一要求。仅有形式侧面充其量只是实现了形式正义，而并不意味着实质正义。正因为仅有形式侧面还不够，所以要有实质侧面。实质侧面显然是为了限制立法权，从而保证刑法的实质正义。不仅如此，原来被认为属于形式侧面的内容后来也被赋予了实质的内容。罪刑法定原则的形式侧面与实质侧面相互依存，缺少其中任何一个方面，都必然损害其他方面，故二者同时发挥着作用。虽然实质侧面是后来才产生的，但绝不能因为它的产生而否认形式侧面。罪刑法定原则的形式侧面与实质侧面的统一也启示人们，形式法治与实质法治也是可以协调和互动的，我们应当尽可能使形式法治与实质法治实现优势互补与弊害互克[2]。在本著看来，罪刑法定原则的形式侧面映现着刑法的形式理性，其实质层面映现着刑法的实质理性。因此，整个罪刑法定原则便是刑法的形式理性与实质理性的"合体"。

应受刑罚惩罚性既强调刑责追究的形式根据，包括法有明文、不溯既往和禁止类推等，也强调刑责追究的实质根据，包括"罚所必需"和"罚所必当"等。因此，应受刑罚惩罚性可以或应该被视为涵括了罪刑法定原则形式侧面与实质侧面的所有应然内容，从而结合了刑法的形式理性与实质理性，进而结合了刑法的形式法治与实质法治。于是，犯罪的应受刑罚惩罚性本质特征蕴含着对罪刑法定原则及其所对应的刑法理性的追求与坚守，而提出并坚持犯罪的应受刑罚惩罚性本质特征，就是在追求与坚守以保障权利为价值取向的刑事法治目标。还应注意的是，当强调社会危害性是犯罪的本质特征，则似乎是凸显了刑法实质理性；当强调刑事违法性是犯罪的本质特征，则似乎是凸显了刑法形式理性；而当强调应受刑罚惩罚性是犯罪的本质特征，则似乎是凸显了刑法形式理性与刑法实质理性的紧密结合，即应受刑罚惩罚性是形式与实质的紧密结合，且其形式与实质的紧密结合是以事实和价值的紧密结合为基础的。

---

[1] 张明楷：《刑法的基础观念》，中国检察出版社 1995 年版，第 66 页。
[2] 张明楷：《罪刑法定与刑法解释》，北京大学出版社 2009 年版，第 61 页。

五、犯罪本质特征刑法学地位的引申：犯罪成立的条件

犯罪本质特征即应受刑罚惩罚性，不仅是犯罪成立的条件，而且是其"总条件"。这便引申着犯罪本质特征的刑法学地位。

（一）应受刑罚惩罚性应为犯罪的成立条件

首先，应受刑罚惩罚性应为犯罪的成立条件，有其法律根据。我国《刑法》第 13 条规定："一切危害国家主权、领土完整和安全，分裂国家、颠覆人民民主专政的政权和推翻社会主义制度，破坏社会秩序和经济秩序，侵犯国有财产或者劳动群众集体所有的财产，侵犯公民私人所有的财产，侵犯公民的人身权利、民主权利和其他权利，以及其他危害社会的行为，依照法律应当受到刑罚处罚的，都是犯罪，但是情节显著轻微危害不大的，不认为是犯罪。"在本著看来，该条虽然作出的是犯罪的法律定义，但此定义中包含着犯罪的成立条件，并且该条明确将应受刑罚惩罚性作为犯罪成立的一个"把关性"条件。

应受刑罚惩罚性构成犯罪的成立条件，不仅体现在我国的刑法规定中，也体现在国外刑法的相关规定中。《瑞士刑法典》第 1 条规定："本法典、其他法律和行政立法性文件规定的应受本法典之刑罚处罚的行为是犯罪。"1997年《俄罗斯联邦刑事法典》第 14 条规定："本法典以刑罚相威胁所禁止的有罪过地实施的危害社会的行为，被认为是犯罪。"1810 年《法国刑法典》第 1 条规定："法律以违警罚所处罚之犯罪，称违警罪；法律以惩治刑所处罚之犯罪，称轻罪；法律以身体刑或名誉刑所处罚之犯罪，称重罪。"可见，有的国家的刑法是通过给出犯罪的法律定义而肯定应受刑罚惩罚性是犯罪的成立条件，而有的则是通过对犯罪的立法分类而肯定应受刑罚惩罚性是犯罪的成立条件。我们常说刑法理论要反映对刑法立法的概括。由此，中外刑法立法的现实使得我们无法不承认应受刑罚惩罚性是犯罪的成立条件。

否定应受刑罚惩罚性是犯罪的一个特征，从而否定应受刑罚惩罚性是犯罪的一个成立条件的学者，是这样强调的：虽然"应受刑罚惩罚性"不是犯罪的特征，但是立法者将之规定在《刑法》第 13 条中是有其用意的，即通过"应当受刑罚处罚"的表述给广大国民和司法者提供了一个识别犯罪的标志（即依据何种标准判断法律规定的某一行为是犯罪行为）。由于在法律中只有对行为的后果部分明文规定了刑罚处罚的，该行为才是犯罪，否则即使存在"依法追究刑事责任"的字样，也不能认定该行为是犯罪，故"应当受刑罚处

罚"虽然不是犯罪的特征，但也没有必要删除〔1〕。显然，学者所谓"没有必要删除"，是因为"应当受到刑罚处罚"有"必要"保留，而此"必要"仅仅被表述为"给广大国民和司法者提供了一个识别犯罪的标志"又未免将问题表面化，其所谓"给广大国民和司法者提供了一个识别犯罪的标志"，实质是"给广大国民和司法者提供了一个判断犯罪成立的模式"，即必须等到对行为的后果明文规定了刑罚处罚的时候，犯罪才得以成立。可见，法定刑在此模式之中，而"应受刑罚惩罚性"则在此模式的更深处。当此模式不过是犯罪成立体系的另一种转述，则"应受刑罚惩罚性"便存在且深藏于犯罪成立体系之中。

其次，应受刑罚惩罚性应为犯罪的成立条件，有其刑事政策根据。有学者说："在社会中，存在许多实质上违法、应当归责的当罚行为，但是，国家没有将其都作为犯罪加以处罚的必要，从一定政策见地出发，从当罚行为中选择出一些应当处罚的行为，将其类型化，并用显示其法律特征的形式，规定为犯罪类型……就是构成要件。"〔2〕这一论断首先对于我们把握刑事政策极有启发：刑事政策的确立和贯彻不仅是刑法司法中的事，而且也是且首先是刑法立法中的事。在前述启发之下，则"应受刑罚惩罚性"不仅听从刑事政策的"号令"而在刑法立法环节制约着犯罪圈的伸缩，从而体现着相关的刑事政策，而且听从刑事政策的"号令"在刑法司法环节直接影响着出罪与入罪，从而也体现着相关的刑事政策。"宽严相济"这一刑事政策早已家喻户晓。如何贯彻这一刑事政策呢？举措当然很多。但就其中的"宽"而言，可以是"刑宽"，也可以是"罪宽"，并且首先可以是"罪宽"。可见，把应受刑罚惩罚性作为犯罪的成立条件之一，便可以"罪宽"为着眼点来落实或贯彻"宽严相济"的刑事政策。在大陆法系刑法理论中，围绕着应受刑罚惩罚性是否应为犯罪的成立条件形成了肯定说和否定说。而否定说所招致的有力批评是其割断了"可罚性"与"犯罪性"的联系而妨碍了从刑罚处罚的角度对犯罪的成立范围进行实质的限定，从而难以在犯罪论中充分考虑刑事政策的要求〔3〕。这一批评有助于我们从刑事政策的角度来把握应受刑罚惩罚性是

---

〔1〕 李立众：《犯罪成立理论研究——一个域外方向的尝试》，法律出版社 2006 年版，第 154 页。

〔2〕 ［日］大谷实：《刑法讲义总论》，成文堂 2000 年版，第 110~111 页。

〔3〕 赵秉志主编：《外国刑法原理（大陆法系）》，中国人民大学出版社 2000 年版，第 176 页。

否应为犯罪的成立条件问题，而结论应是肯定的。

最后，应受刑罚惩罚性应为犯罪的成立条件，有其理论根据。所谓"没有刑罚就没有犯罪""没有法定刑罚就没有犯罪"之类的表述，都隐含着应受刑罚惩罚性是犯罪的成立条件。将刑罚作为犯罪的法律后果是没有问题的，但是作为犯罪的法律后果的刑罚实质是"已然的"刑罚。而用"已然的"刑罚来否定应受刑罚惩罚性的犯罪成立条件地位是站不住脚的，因为当应受刑罚惩罚性作为成立条件凝结于犯罪之中，恰恰为"已然的"刑罚预设了前在根据，而在此意义上，与其说刑罚是犯罪的法律后果，毋宁说刑罚是应受刑罚惩罚性的法律后果，即应受刑罚惩罚性在骨子里生成着刑罚，而所谓犯罪只不过是其外壳而已。

（二）应受刑罚惩罚性应为犯罪成立的"总条件"

在证成了应受刑罚惩罚性是犯罪成立的条件而属于犯罪论体系的一环之后，则进一步的问题是：这是一个什么样的条件？

当前文说应受刑罚惩罚性作为犯罪成立的一个条件是"深藏"于犯罪成立体系之中的时候，本著就已经有所隐含：应受刑罚惩罚性是犯罪成立的一个"总条件"，即前文在另一处所说的"把关性"条件。无论是对于传统四要件犯罪成立体系，还是对于大陆法系递进式犯罪成立体系，提出将应受刑罚惩罚性作为一个"总条件"嵌入犯罪成立体系，都将使得各该体系的出入罪功能更加健全，从而使得各该体系更加严密而稳固。如故意伤害只造成他人轻微伤这种情形原本符合传统四要件式的犯罪构成而成立故意伤害罪，但当经过应受刑罚惩罚性这环"过滤"后便不再具有犯罪性，即应受刑罚惩罚性可在其与传统四要件共同重构后的犯罪成立体系中有力地发挥出罪功能；再如盗窃一张白纸这种情形原本符合大陆法系"构成要件该当性→违法性→有责性→犯罪"这一递进式犯罪成立模式而成立盗窃罪，但当经过应受刑罚惩罚性这环"过滤"后也便不再具有犯罪性，即其在"构成要件该当性→违法性→有责性→应受刑罚惩罚性→犯罪"这一体系中难以走到尽头。显然，通过将应受刑罚惩罚性嵌入，则传统四要件犯罪成立体系将一改其平面整合格局而有了明显的递进性或阶梯性，而大陆法系的递进式犯罪成立体系的递进性或阶梯性将更加明显。对于经过改造后的大陆法系的递进式犯罪成立体系"构成要件该当性→违法性→有责性→应受刑罚惩罚性→犯罪"，如果我们立于侧面，则应受刑罚惩罚性的"把关性"地位更加清晰，而如果我们立于正面即直接面对"构成要件该当性"，则应受刑罚惩罚性的确是"深藏"其中。我们的传统四要件犯罪成立体系具有可改造性，而如果说我们将其改造成"犯罪主体→犯罪客体→犯罪客观方面→犯罪主观方面→应受刑罚惩罚性→犯罪"这一体系，则应受刑罚惩罚性的"把关性"地位同样得以凸显，而其似乎藏得更深。"把关"和"深藏"都不过是"总条件"的形象说明，但还不够形象。更加形象的说法，可能莫过于将犯罪成立过程比喻为登山，而犯罪成立体系则犹如向上隆升的山路。如此，则每上面一个阶石都压着下面一个阶石，而每上面一个高度都包含着并压着下面一个高度。此时，作为最后一个阶石和高度的应受刑罚惩罚性的犯罪成立体系地位和作用便显现在我们眼前。无论是在"犯罪主体→犯罪客体→犯罪客观方面→犯罪主观方面→应受刑罚惩罚性→犯罪"体系中，还是在"构成要件该当性→违法性→有责性→应受刑罚惩罚性→犯罪"体系中，应受刑罚惩罚性都是以事实判断为起点而将质和量紧密结合在一起即把准了"度"，以形成最高一级的价值判断。作为前面一环环"总积累"或"总过滤"的应受刑罚惩罚性的嵌入，使得犯罪成立体系所呈现的不是直线形而是阶梯形，从而刑法的基本价值特别是其保障人权的价值便在此阶梯形中得以隆升。正如登山登得越高，人便越觉疲累，而犯罪成立条件越层层加码，则犯罪成立的概率便越小或难度便越大。显然，嵌入应受刑罚惩罚性这一成立条件的犯罪成立体系将发挥着更加健全的人权保障机能，从而更加充分地实现着刑法的正义价值。

将应受刑罚惩罚性看成是犯罪成立的"总条件"给犯罪成立体系所带来的严密性和稳固性，不仅要理解为应受刑罚惩罚性能够在高度上包含并节制排在其前面的犯罪成立要件，而且应理解为应受刑罚惩罚性能够避免本来要占据其位置的所谓其他犯罪成立要件给犯罪成立体系所带来的混乱或"散架"。由此，这里就不得不提所谓客观处罚条件问题。1906年，古典犯罪论体系的创始人与代表贝林在其《犯罪论》中划时代地提出："犯罪是符合构成要件的、违法的、有责的、受相应刑罚制裁的和满足处罚条件的行为。"[1]此后，客观处罚条件是否犯罪成立的条件或犯罪成立体系的一环便成了一个争论至今的问题，而对此问题便当然地形成了肯定说与否定说的对峙。在客观

---

〔1〕 〔德〕汉斯·海因里希·耶赛克、托马斯·魏根特：《德国刑法教科书（总论）》，徐久生译，中国法制出版社 2001 年版，第 250 页。

处罚条件是否为犯罪成立条件这一问题上，否定说是通说，即认为客观处罚条件只具有阻却刑罚处罚的性质而和犯罪的成立没有关系，亦即当行为成立犯罪，则不具备客观处罚条件只是不能适用刑罚而已。作为通说的否定说在新古典和目的论结合时期遭到质疑，即为什么一个行为不存在"可罚性"时仍成立犯罪[1]。否定说割断了"可罚性"与"犯罪性"的联系而妨碍了从刑罚处罚的角度对犯罪的成立范围进行实质的限定，从而难以在犯罪论中充分考虑刑事政策的要求[2]。于是，肯定说便与否定说针锋相对，并在其内部形成了客观处罚条件的犯罪成立条件还原说和犯罪成立独立要件说的对垒，如有学者指出："在新古典与目的论结合时期，学界肯定客观处罚条件也是犯罪成立条件的观点，逐渐增多。"[3]在犯罪成立条件还原说看来，客观处罚条件不是与犯罪的成立与否无关的处罚条件，而是决定行为的犯罪性的条件，但客观处罚条件不是成立犯罪的独立要件，而是应在构成要件符合性、违法性和责任这种传统的犯罪成立条件内部来论述。客观处罚条件的犯罪成立条件还原说所招致的批评是，将由客观处罚条件所确立的"可罚性"还原到以具体的构成要件行为为评价对象的传统的犯罪成立要件之中，难免造成实体论上的混乱[4]。而在犯罪成立独立要件说看来，客观处罚条件不仅是决定行为犯罪性的条件，而且其不属于构成要件符合性、违法性和责任这种传统的犯罪成立要件的内容，应该在犯罪论内部确立客观处罚条件独立的体系地位，即客观处罚条件是继构成要件符合性、违法性和责任之后的第四个犯罪成立条件。客观处罚条件的犯罪成立独立要件说也招致了新近的立于罪刑关系的有力否定，即犯罪的成立与刑罚权的发动不是一回事：客观处罚条件不是独立的犯罪成立要件，而是属于行为成立犯罪之后能否发动刑罚权的问题[5]。

在本著看来，将客观处罚条件强行与犯罪成立条件或犯罪成立体系相联系，乃至强行将之塞进犯罪成立体系之中确实为罪刑关系的因果逻辑所不允许，并造成犯罪成立体系的混乱乃至"散架"，即否定说值得肯定。但是，客观处罚条件的犯罪成立条件肯定说的理论错误却能使我们意外地从中获益：

---

[1] 李立众：《犯罪成立理论研究——一个域外方向的尝试》，法律出版社 2006 年版，第 130 页。

[2] 赵秉志主编：《外国刑法原理（大陆法系）》，中国人民大学出版社 2000 年版，第 176 页。

[3] 李立众：《犯罪成立理论研究——一个域外方向的尝试》，法律出版社 2006 年版，第 129 页。

[4] 赵秉志主编：《外国刑法原理（大陆法系）》，中国人民大学出版社 2000 年版，第 177 页。

[5] 李立众：《犯罪成立理论研究——一个域外方向的尝试》，法律出版社 2006 年版，第 134~135 页。

如果客观处罚条件置于"有责性"要件之后确有不妥，则此处是否可以置入一个能够使得犯罪成立体系更加严密和稳固的东西？而可以置入的东西正是"应受刑罚惩罚性"。让应受刑罚惩罚性在"有责性"之后"适得其所"，不仅将使得犯罪成立体系更加严密和稳固即更加完善，而且在能够解答所谓客观处罚条件意欲解答的问题的同时，也避免了犯罪成立体系的混乱乃至"散架"。这样看来，就大陆法系的递进式犯罪成立体系而言，在"有责性"之后不是"可以"，而是"应该"置入"应受刑罚惩罚性"的问题。

正如学者指出，研究犯罪的特征必须与研究犯罪的成立联系或结合起来才真正有意义。由此，应受刑罚惩罚性的犯罪特征乃至本质特征与其犯罪的成立条件乃至"总条件"相互结合在一起，便勾画出应受刑罚惩罚性在刑法学犯罪论中的应有地位。也不妨这样说：应受刑罚惩罚性的犯罪特征性乃至本质特征性与应受刑罚惩罚性的犯罪成立条件性乃至"总条件性"，不过是对其犯罪论地位的一唱一和或相互呼应而已。应受刑罚惩罚性的犯罪特征性乃至本质特征性与应受刑罚惩罚性的犯罪成立条件性乃至"总条件性"，是刑法谦抑性的深层"根由"。由于直接事关犯罪成立体系的严密性和稳固性，进而事关刑法的应然价值特别是保障人权的价值实现，故其地位的重要性显而易见。而其地位的重要性直接决定其作为问题本身的重要及研究的重要性。需要强调的是，在当下乃至日后保安处分和社区矫正等非刑罚化理念及运动或将盛行之下，应受刑罚惩罚性问题似乎也越来越成为问题，因为应受刑罚惩罚性问题自然包含着不受刑罚惩罚的相关说法。另外，应受刑罚惩罚性通过对违法阻却事由和责任阻却事由的反面说明而体现出高远的理论辐射力或统括力。由此看来，应受刑罚惩罚性或许才是犯罪论乃至整个刑法学的最重要，也最艰深的课题。进一步地，应受刑罚惩罚性或许才是犯罪论乃至整个刑法学的最高范畴而等同于刑事责任。

六、犯罪本质特征的刑法学地位提升

犯罪本质特征的刑法学地位提升，包含着犯罪本质特征的刑法学范畴地位的提升和刑法学理论重塑的提升。

（一）犯罪本质特征的刑法学范畴地位的提升

将应受刑罚惩罚性视为犯罪的本质特征，只意味着我们是在犯罪论中来考察和描述应受刑罚惩罚性在刑法学中的理论地位。然而，应受刑罚惩罚性的刑法学理论地位是需要在整个刑法学中予以考察和描述的。现行《刑法》第 13 条规定："一切危害国家主权、领土完整和安全，分裂国家、颠覆人民民主专政的政权和推翻社会主义制度，破坏社会秩序和经济秩序，侵犯国有财产或者劳动群众集体所有的财产，侵犯公民私人所有的财产，侵犯公民的人身权利、民主权利和其他权利，以及其他危害社会的行为，依照法律应当受到刑罚处罚的，都是犯罪，但是情节显著轻微危害不大的，不认为是犯罪。"由此，我们可将应受刑罚惩罚性视为刑法学的最高范畴，而应受刑罚惩罚性的刑法学最高范畴性，可视为应受刑罚惩罚性的整个刑法学理论地位而非仅仅是刑法学犯罪论的地位。

将应受刑罚惩罚性视为刑法学的最高范畴，我们可从实践和理论两大层面予以论证，且这里的实践又包含立法与司法两个维度。在实践层面，我们首先可从刑法立法这一维度来论证应受刑罚惩罚性的刑法学最高范畴地位。具言之，从刑法规范约束的对象和内容，我们可将刑法规范划分为针对司法主体即法官的裁判规范和针对包括司法者即法官在内的守法主体的行为规范。就裁判规范而言，无论是应该追究刑事责任的规定以及如何追究刑事责任的规定，还是不应追究刑事责任的规定包括追诉时效、正当化行为，都是要求司法主体即法官来落实应受刑罚惩罚性问题（包括正面落实和反面落实）；就行为规范而言，无论是授权性规范（正当防卫和紧急避险），还是命令性规范（不作为犯所对应），还是禁止性规范（作为犯所对应），也都是假借应受刑罚惩罚性来规范公民的行为，而规范的内容包括可以做什么（授权性规范所对应）、必须做什么（命令性规范所对应）和不得做什么（禁止性规范所对应）。至于刑法立法中的刑罚制度包括刑种体系规定，那正是对应受刑罚惩罚性的且有形担当的规定。可见，无论是裁判规范，还是行为规范，刑法立法所传递的都是应受刑罚惩罚性的规范信息。

在刑法立法维度，我们特别有必要再联系现行刑法关于立法宗旨、立法任务和刑法基本原则的规定来深化应受刑罚惩罚性的刑法学理论地位。正如我们所知，现行《刑法》第 1 条"为了惩罚犯罪，保护人民"的规定，标示着我国刑法的立法宗旨；而第 2 条"用刑罚同一切犯罪行为作斗争，以保卫国家安全，保卫人民民主专政的政权和社会主义制度，保护国有财产和劳动群众集体所有的财产，保护公民私人所有的财产，保护公民的人身权利、民主权利和其他权利，维护社会秩序、经济秩序，保障社会主义建设事业的顺利进行"的规定，则标示着我国刑法的立法任务。无论是刑法立法宗旨的实现，还是立法任务的完成，都无法离开应受刑罚惩罚性的现实承载与担当，亦即应受刑罚惩罚性是刑法的立法宗旨和立法任务所必须仰赖的。在此，无论是刑法立法宗旨的实现，还是立法任务的完成，不可能仰赖所谓犯罪社会本质特征的严重社会危害性，也不可能仰赖所谓犯罪法律规范特征的刑事违法性。至于现行《刑法》所规定的基本原则，第3条所规定的罪刑法定原则就是应受刑罚惩罚性的法定原则，第4条所规定的适用刑法人人平等原则就是适用应受刑罚惩罚性的人人平等原则，而第5条所规定的罪责刑相适应原则就是罪刑与应受刑罚惩罚性的相适应原则。由此，我们可以或应当将应受刑罚惩罚性视为刑法基本原则的"内核"。进一步地，应受刑罚惩罚性在刑法的立法宗旨、立法任务和基本原则面前的地位就代表了应受刑罚惩罚性在整个刑法中的地位，并喻示着应受刑罚惩罚性在整个刑法学中的理论地位。而当构成刑法学最高理论范畴的应受刑罚处罚性应在犯罪的基本特征中寻找，则适格的并非所谓犯罪社会本质特征的严重社会危害性，也非所谓犯罪法律规范特征的刑事违法性[1]，而是应受刑罚惩罚性，因为脱离了应受刑罚惩罚性，犯罪、刑事违法性和刑事责任都将变成空虚无力的概念，从而刑法的立法宗旨、立法任务和基本原则也终将变得空虚无力。

在实践层面，我们另可从刑法司法这一维度来论证应受刑罚惩罚性的刑法学最高范畴地位。一是在定罪量刑环节，如果刑事个案被法院依据《刑法》第13条予以"但书出罪"，则其是将应受刑罚惩罚性予以反面的个案落实；如果刑事个案被法院作出有罪判决包括有罪实刑、有罪缓刑和有罪无刑即"免于处罚"，则都是将应受刑罚惩罚性予以正面的个案落实，只不过落实的力度由强而弱罢了。其中，有罪缓刑可视为应受刑罚惩罚性的有条件暂缓，有罪无刑即"免于处罚"可视为应受刑罚惩罚性的退让，即有"应罚性"而无"需罚性"。可见，刑法司法的定罪量刑所传递的也是应受刑罚惩罚性的规范信息。二是在行刑环节，我们还可从刑罚执行即行刑来论证应受刑罚惩罚性的刑法学最高范畴地位。具言之，若我们将法院的宣告刑视为定罪量刑环节的应受刑罚惩罚性的实体承载，则减刑和假释便是应受刑罚惩罚性在行刑环节的动态调整。而刑期届满便是应受刑罚惩罚性的最终消灭。至于死刑立

---

〔1〕 刘艳红主编：《刑法学》（上），北京大学出版社 2016 年版，第 79 页。

即执行，可视为应受刑罚惩罚性在行刑环节的"决绝体现"。可见，行刑活动所传递的依然是应受刑罚惩罚性的规范信息。

将应受刑罚惩罚性视为刑法学的最高范畴，我们再就是可从理论层面予以论证。正如我们所知，当下世界范围内的犯罪（构成）论体系仍然是以德日为代表的"三元递进式体系"、形成于苏联的"四要件整合式体系"和英美法系的"双层式体系"这三种模式体系。无论是前述哪一种模式的体系，当其个案运行所得出的是肯定性结论，便意味着应受刑罚惩罚性即告形成。因此，应受刑罚惩罚性凝结或蕴含着犯罪（构成）论体系的所有要件及其要素。在此意义上，应受刑罚惩罚性高于并统帅犯罪（构成）论体系。当应受刑罚惩罚性即告形成之后，无论是实刑，还是缓刑，抑或免刑，都是应受刑罚惩罚性的实践形态。在此意义上，应受刑罚惩罚性高于并统帅个案中的刑罚实体。由此，应受刑罚惩罚性并非仅仅在犯罪论和刑罚论之间"承前启后"，而且同时是在犯罪论和刑罚论之上"高屋建瓴"。易言之，应受刑罚惩罚性之于犯罪论和刑罚论并非处于同一理论位阶，而是居于犯罪论和刑罚论之上的上位范畴。当我们将犯罪与刑罚视为刑法学的基本范畴，则居于犯罪论和刑罚论之上的应受刑罚惩罚性理当被视为刑法学的最高范畴。

也许套用前文的论述思路，我们可得出刑事责任是刑法学最高范畴的结论，但由于刑事责任是应受刑罚惩罚性的派生而非应受刑罚惩罚性是刑事责任的派生，即应受刑罚惩罚性是刑事责任的"应然"，而刑事责任是应受刑罚惩罚性的"实然"，故应受刑罚惩罚性的刑法学最高范畴地位，依然是稳固的。应受刑罚惩罚性中的"刑"字即刑法学中的"刑"字，而我们从中"隐约"可见应受刑罚惩罚性的刑法学最高范畴地位。陈忠林教授指出，尽管就事实的发生顺序而言，应该是先出现了犯罪——一种用非刑罚手段不可能解决的社会现象之后，人们才可能想到专门针对犯罪行为的处罚措施——刑罚，但后者一旦产生，是否应受刑罚处罚就成为衡量一个行为是否构成犯罪的起码标准。因此，刑罚这个概念在逻辑上就成了一切刑事法学的基础：离开了刑罚的本质，刑事法学中的一切基本问题都不可能得到科学的解答；是否与运用刑罚有关，是从形式上界定刑事法学和其他学科唯一的标准；如何保证刑罚正确地运用，是一切刑事法学研究最基本的归属。[1]这里，"科学的解

---

[1]　陈忠林：《刑法散得集（Ⅱ）》，重庆大学出版社2012年版，第28~29页。

答""唯一的标准"和"最基本的归属"意味着应受刑罚惩罚性至少在刑法学中获得了"最高范畴"之地位。

（二）犯罪本质特征的刑法学理论重塑的提升

所谓犯罪本质特征的刑法学理论重塑的提升，是指通过某种刑法学理论的倡导来提升犯罪本质特征的刑法学理论地位。

可罚的违法性理论形成于日本。按照《日本旧烟草专卖法》规定，如果烟草不卖给政府，则构成犯罪。但有某烟草耕作者受政府专卖局的委托种植烟草，却把应当向政府缴纳的七分烟叶（价格约一厘）留作自销。[1]于是，当局便以违反《日本旧烟草专卖法》第48条第1项而将之诉至法院。在被一、二审法院均认定为有罪之后，被告人向当时的大审院即日本最高法院提起上诉。大审院改判被告人无罪，其理由是：刑罚法规是用来规制"共同生活条件"的法规，而维持国家秩序是其唯一目的，故对刑罚法规的解释应参照"共同生活观念"而非"单纯的物理学观念"。虽然对于一粒粟、一滴水的侵害在"单纯的物理学观念"上也应处罚，但不会被"共同生活观念"所认可。由此，立于"共同生活观念"，轻微违法行为不必施以刑罚，而刑罚法规的立法原意也不应包含对轻微违法行为的刑罚制裁，但能够认定犯罪人具有特殊危险性除外。对此案，被告人没有上交给政府的烟草仅仅是七分的微小数量，与其不惜费用和精力对之惩罚而有违税法的精神，倒不如不予过问，且被告人也不存在危险状况，故其行为不构成犯罪。[2]此即日本刑法史上的一个著名判例即"一厘事件"。在日本明治维新"惩一儆百"的官僚主义时代，本案在极为严苛的法解释的背景下最终得出无罪结论，实难能可贵并为后世学说广泛肯定。[3]此判决被视为体现可罚的违法性观念的最早判例，即体现通过实质判断而不处罚轻微违法行为的思考方式[4]。此判决所倡导的轻微违法行为不值得动用刑罚的观念开启了日本可罚的违法性理论，并由宫本英修将此理论予以初成。

作为"可罚的违法性"定语的"可罚的"，最早由宫本英修提出，其所初成的可罚的违法性理论有两个强调：一是强调在违法性判断之后再进行可

---

〔1〕 分、厘为旧时日本的重量、货币单位，1厘=1/1000日元。
〔2〕 ［日］大塚仁：《犯罪论的基本问题》，冯军译，中国政法大学出版社1993年版，第121页。
〔3〕 王银河："可罚的违法性理论研究"，南京师范大学2014年硕士学位论文，第3页。
〔4〕 ［日］前田雅英：《可罚的违法性论の研究》，东京大学出版会1982年版，第23~24页。

罚性判断，即并非所有的违法行为都要予以刑罚处罚，而只有具备可罚性的违法行为才构成犯罪；二是其将可罚性的实质内容具体化为"可罚类型"，而将不值得科处刑罚的事由表述为"可罚类型阻却原因"〔1〕。宫本英修的可罚的违法性理论以刑法的谦抑品性为价值核心，故其被认为是最早论述了可罚的违法性〔2〕。以三阶层犯罪论体系为基础，宫本英修结合自己的可罚的违法性理论便提出了规范判断与可罚判断有先后区别的"违法—责任—可罚类型"的独特犯罪论体系。在其所创立的犯罪论体系中，可罚类型必然是违法类型，而违法类型未必是可罚类型，即可罚类型仅仅是违法类型的一部分。而刑法仅仅把广泛的违法类型的一部分作为可罚类型加以规定，即刑法仅仅必须用刑罚来抑制重大的规范违反类型〔3〕。在宫本英修的理论基础上，龙川幸辰提出"应罚程度的违法性"概念。具言之，偷摘邻院一朵花的行为虽该当盗窃罪的构成要件，但不能认为成立盗窃罪；法官将用于制作裁判文书的裁判用纸用来书写私人信件该当职务侵占罪的构成要件，但不能认为成立职务侵占罪。只是具有违法的态度尚不能构成犯罪，而只有对法益造成重大侵害，始有刑罚抗制之必要，从而成立犯罪。总之，刑罚应当仅以不法行为中的重大者为目标，且以其他法律手段已经无效为必要条件〔4〕。"应罚"比"可罚"似乎说明着可罚的违法性理论的"力度"加大，同时也说明着"应罚程度的违法性"与"可罚的违法性"有着相同的理论构造。

可罚的违法性理论的接下来的发展与完成，主要体现在对违法性本身的理解和把握上。首先是在整个法秩序范围内的违法一元论与违法二元论的对立问题。宫本英修等以违法一元论为基础来论及可罚的违法性问题。在违法一元论看来，违法性在全体法秩序中是统一的，即其他法领域中的违法行为在刑法中也必具违法性，故民法上的不法行为也应视为刑法上的不法行为，而不科处刑罚仅仅是因为欠缺可罚性而已〔5〕。与宫本英修等相对，团藤重光

---

〔1〕　宫本英修将"可罚类型阻却原因"大体区分为：①政治上的理由；②传统上的理由；③亲族间的情谊；④被害者的意思；⑤其他情形，包括"依照共同生活上的观念认为犯罪情节轻微的情形""被害法益的价值极为轻微的情形""行为的通常性"以及"强要的不当性"（期待可能性）等（〔日〕宫本英修：《刑法大纲》，成文堂1984年版，第124页。）。

〔2〕　〔日〕前田雅英：《可罚的违法性论の研究》，东京大学出版会1982年版，第80页。

〔3〕　李海东主编：《日本刑事法学者》（上），法律出版社、成文堂1995年版，第99页。

〔4〕　〔日〕前田雅英：《可罚的违法性论の研究》，东京大学出版会1982年版，第83~84页。

〔5〕　〔日〕宫本英修：《刑法大纲》，成文堂1984年版，第278~281页。

则提出违法相对性论。详言之，违法性虽然应当以全体法秩序为基础予以考量，但仍须根据法领域的不同来承认"法目的"的相对性。于是，其他法领域中的有效行为在刑法中可能具有违法性，而在其他法领域中的违法行为在刑法中也可能具有正当性[1]。再就是对违法性本质的理解分歧。对于可罚的违法性理论中的违法性，佐伯千仞立于客观违法论的立场提出结果无价值，即"违法"是对确认客观生活秩序的实定法律秩序的侵害或威胁。在对违法性的实质作结果无价值把握的同时，佐伯千仞指出，违法性是在根本上与全体法秩序的不相协调统一，同时表现出各种各样的类型和轻重不同的阶段。进而，所谓可罚的违法性，就是指行为的违法性具有采取刑罚这种强力对策的必要，并且具有与刑罚相适应的"质"与"量"[2]。与佐伯千仞相对，藤木英雄则主要将可罚的违法性置于行为无价值论中予以考察和把握。藤木英雄对可罚的违法性的行为无价值论思考主要是假借社会相当性理论得以体现的，即可罚的违法性的判断标准，不仅仅要考虑实害即"结果无价值"，还应考虑"被害惹起行为脱离社会相当性的程度"即"行为无价值"。这样，藤木英雄在可罚的违法性的判断标准中引入了社会相当性，并使得两者形成了"表里一体"的关系。于是，在以行为无价值论为基础的社会相当性论中来构建可罚的违法性理论，便成为藤木学说的最大特征[3]。藤木英雄希望秉承威尔泽尔（Welzel）的"人的不法观"关于社会相当性理论以及行为无价值论的思考路径，突破了过去仅从结果无价值论来讨论可罚的违法性的局限，丰富了可罚的违法性的内容，确立了现在通行的可罚的违法性的二元判断标准。藤木英雄将融入了社会相当性内容的行为无价值论贯彻到可罚的违法性理论中，其对刑法理论的发展的重要意义不容争辩[4]。可以看出，对违法性是一元还是二元的分歧基本上对应着违法性是结果无价值还是行为无价值的分歧。可罚的违法性理论在发展与完成中的分歧启发着对可罚的违法性理论本身的改造乃至超越，因为分歧映现出不足，而不足隐含着完善。但是，完善不仅可以体现为原有理论架构下的修修补补，也可以或更可以体现为全新的或彻

---

〔1〕 ［日］团藤重光：《刑法纲要统论》，创文社1990年版，第136页。

〔2〕 ［日］佐伯千仞：《刑法讲义（总论）》，有斐阁1977年版，第170~176页。

〔3〕 王银河："可罚的违法性理论研究"，南京师范大学2014年硕士学位论文，第8页。

〔4〕 彭泽君："日本刑法中的可罚的违法性理论及其对我国的借鉴"，载《法学评论》2005年第6期，第57页。

底的重新架构。

在前田雅英看来，如果从正面认可"违法的相对性"，则没有必要使用与"一般的违法性"相区别的"可罚的违法性"，因为违法性在民法、行政法和刑法等法域是相对的和多义的，而刑法中的违法性自然是值得科处刑罚的违法性即"可罚的违法性"本身，故区分违法性和可罚性或一般违法性与刑法中的违法性没有实际意义[1]。而从前田雅英主张应将"可罚的违法性"分解在构成要件的实质化解释和实质的违法阻却事由之中，我们可看出其有将"可罚的违法性"概念化解在刑法中的违法性即"实质的违法性"概念之中，以最终取消"可罚的违法性"在犯罪论中的独立地位的意图。但在龙川幸辰所提出的"应罚程度的违法性"中，"应罚程度"即"应受刑罚惩罚性"，故当"应受刑罚惩罚性"应是犯罪成立的"总条件"，则此"总条件"无论对于四元整合的犯罪论体系，还是对于三元递进的犯罪论体系，都是一种"总标准"[2]。最终，"应受刑罚惩罚性"便可通向包含且超越"可罚的违法性论"的"应罚性论"。当对照刑法的基本内容，刑法理论几乎就是"应罚性论"，且刑法关于追诉时效和正当化事由、意外事件等规定可视为"应罚性论"的反面内容。于是，"应罚性论"便通过一种刑法理论而提升了应受刑罚惩罚性在刑法学中的地位，或曰应受刑罚惩罚性假借"应罚性论"而使其刑法学理论地位得到了进一步的提升。

第三节　犯罪概念与特征的延伸性问题解答

当犯罪概念与特征隐含着犯罪本体问题，而人身危险性又直接对应犯罪本体问题，故人身危险性可视为犯罪概念与特征的延伸性问题。而对人身危险性到底如何界定及其与主观恶性、社会危害性的关系解答，又回过头来进一步说明犯罪本体问题，也直接关涉对罪责刑相适应原则的理解和落实。

一、人身危险性之界定

按照犯罪本质二元论，"已然之罪与未然之罪，构成犯罪本体的两个方

---

〔1〕　[日] 前田雅英：《可罚的违法性论の研究》，东京大学出版会 1982 年版，第 340 页。

〔2〕　马荣春："论应受刑罚惩罚性的犯罪论地位——从犯罪特征到犯罪成立条件"，载《中国刑事法杂志》2010 年第 1 期，第 21~23 页。

面"。[1]其中，已然之罪的本质属性是社会危害性，而"主观恶性与客观危害的统一，就是社会危害性"。[2]未然之罪是指犯罪可能性，即"这里的犯罪可能性，既包括再犯可能性即犯罪者本人再次实施犯罪的可能性，又包括初犯可能性即犯罪者以外的其他人主要是指潜在的犯罪人的犯罪可能性"。[3]由犯罪本质二元论可以推出犯罪本体构成：犯罪是由已然之罪与未然之罪构成的。其中，已然之罪由客观危害与主观罪过构成，未然之罪由再犯可能与初犯可能构成。当把犯罪本体视为一个系统，则犯罪本质二元论所隐含的犯罪本体构成则是一个四个元素、二个子系统的系统构成。当"人身危险性是由行为人特定人格决定的犯罪可能性与再犯可能性"[4]，或"人身危险性表现为犯罪可能性或犯罪以后再次犯罪的可能性"[5]，而"犯罪可能性"即所谓初犯可能，则如何看待人身危险性包含所谓"初犯可能"？

（一）已然之罪与未然之罪的概念关系排斥初犯可能

从概念形成本身来看，未然之罪这一概念的源头是刑事近代学派刑法理论的核心概念即人身危险性。人身危险性是什么呢？刑事近代学派的重要代表人李斯特曾指出："行为因与行为者立于不可分立之密切关系，法所以处罚行为者，乃因其已经实行一定行为而非其他行为，换言之，刑罚以及责任的对象，并非行为，而系由于实行行为所证明之'行为者的犯罪情操'、'行为者对于法秩序之态度'以及'行为者之全部的心理特征'，此即系行为者之反社会性及危险性是也。"[6]由于"一定行为"即已然犯罪，故与未然之罪名异实同的人身危险性是对应于已然之罪使用的一个概念，并且只能是已然之罪的行为人的人身危险性即再犯危险性而非已然之罪的行为人以外之人的人身危险性。如果未然之罪只是对人身危险性称谓的演绎而不改变其实质内涵，则未然之罪的主体范围应与已然之罪的主体范围保持一致。其实，李斯特已经用"已经实行一定行为"告诉了我们这种一致性。另外，刑事社会学派的

---

〔1〕　陈兴良：《刑法哲学》，中国政法大学出版社 1997 年版，第 129 页。

〔2〕　陈兴良：《刑法哲学》，中国政法大学出版社 1997 年版，第 129 页。

〔3〕　陈兴良：《刑法哲学》，中国政法大学出版社 1997 年版，第 142 页。

〔4〕　赵秉志主编：《犯罪总论问题探索》，法律出版社 2002 年版，第 265 页。

〔5〕　赵永红："人身危险性概念新论"，载《法律科学（西北政法学院学报）》2000 年第 4 期，第 89 页。

〔6〕　马克昌主编：《近代西方刑法学说史略》，中国检察出版社 1996 年版，第 191 页。

其他拥护者也用明白的语言提醒我们这种一致性，如国际刑法学家联合会创始人之一的普林斯曾指出："如果不注意主体固有的属性，而对犯这种违法行为的人加以惩罚，就可能是完全虚妄的方法。"〔1〕其中，"犯这种违法行为的人"当然是指已犯者。国内刑法理论在刚研究人身危险性这一问题时也是将其与已犯者相联系，如"所谓人身危险性，指的是犯罪人的存在对社会所构成的威胁，即其再犯罪的可能性"。因此，人身危险性过去、现在和将来都只能以实施犯罪之人即已犯者为附体。由此，与人身危险性名异实同的未然之罪仍应限定为再犯可能性或再犯危险性。针对刑事古典学派之刑罚应根据已犯者的已然罪行施加之主张，刑事近代学派提出刑罚应根据已犯者的再犯危险性施加之主张。只因刑罚承受者都是"已犯者"，故两派主张才形成长久之截然对立。而在两派主张的对立之中，"已犯者"这一主体的同一性是先在的前提。否则，学派对立可能无法形成。

如果从未然之罪是指犯罪的可能性这一理解出发，则潜在犯罪人乃至所有人都存在着这种可能性，但作为犯罪本体之一个侧面或其内中要素的未然之罪能指潜在犯罪人乃至所有人的犯罪的可能性吗？由于未然之罪毕竟是与已然之罪对应使用的一个特定概念，故未然之罪的概念内涵不能完全脱离已然之罪而作任意扩充，而不能脱离的地方正是主体的同一性。正如我们所知，已然之罪是指已成现实的罪行，其由客观危害与主观罪过所构成。当未然之罪这一概念是承接已然之罪这一概念而被使用时，则未然之罪之主体应与已然之罪之主体也保持着一种承接性，即未然之罪之主体仍应是已然之罪之主体。如果我们将已然之罪与未然之罪视为一对矛盾概念，则此两个概念必须在"罪"字上保持着同一内涵，包括罪之主体也同一，而已然之罪与未然之罪的内涵区别只宜在已然与未然上体现出来。只有如此，已然之罪与未然之罪的概念矛盾性才能真正形成，从而这两个概念所属之学派之对立才得以形成。这就如同"张三是残疾人"与"李四不是残疾人"构成不了矛盾判断一样，因为陈述对象必须是张三或李四同一人。因此，当我们从已然之罪这一概念面向未然之罪这一概念时，则未然之罪只应是已然之罪的行为人的未然之罪，即再犯可能性或再犯危险性。学者指出，在近二百年的罪刑关系演进

---

〔1〕 ［苏联］А. Н. 特拉伊宁：《犯罪构成的一般学说》，薛秉忠等译，中国人民大学出版社 1958 年版，第 23 页。

历程中，罪的含义经历了三次充实与发展：在罪刑相适应原则产生之初，罪的含义被严格限定在客观行为和客观结果上；其后，行为时的心理状态被注入罪的内涵；再后，随着19世纪末20世纪初实证主义兴起，有关犯罪人的因素又被增加到罪的内涵之中〔1〕。其中，犯罪人的因素当然是指已犯者的人身危险性即再犯危险性。这是从概念间的相互关系来分析问题。

（二）刑法之价值排斥初犯可能

将初犯可能纳入未然之罪，将导致一般预防的膨胀而使得刑法的正义价值受到根本威胁，同时也将令刑法的预防价值受到折损。我们知道，犯罪本体中的已然之罪是刑罚报应的根据，而在犯罪本体中的未然之罪，则是为刑罚预防创设根据。刑罚的根据多了，便意味着刑量增加和刑罚严厉性随之增强。如果坚持未然之罪中还有一个初犯可能，则等于是在再犯可能这一特殊预防根据之外又增加了一个一般预防根据。而由于这一根据的增加所带来的刑量增加和刑罚严厉性的随之增强，最终带来的是对犯罪人的处罚的不公平或不正义，因为犯罪人本人的未然之罪的刑罚只应以特殊预防为由而在已然之罪的刑罚之上有实证根据地适量增加。但如果强行拉进初犯可能这么一个一般预防根据，则意味着犯罪人要额外承担预防非犯罪人本人的犯罪所对应的刑罚。当然，这里并不是在否定一般预防，而是一般预防在刑罚与"已然之罪"相适应即报应那里和刑罚与再犯危险性相适应即特殊预防相适应那里，便足矣。"善有善报，恶有恶报"的观念古往今来便一直在规范着人们的行为，故对已然之罪的报应能够收到一般预防的效果是不容怀疑的。正如有人说："公正报应所产生的强化道德禁忌和社会规范的效果是刑罚一般预防的坚实基础。"〔2〕此如孔子所言："刑罚不中，则民无所措手足。"（《论语·子路》）又如其弟子所言："刑罚中，故庶民安。"（《礼记·大传》）更如荀子所言："刑法有等，莫不称罪。"（《荀子·礼论》）因为"刑称罪则治，不称罪则乱"。（《荀子·正论》）至于有人提出刑法认同这一概念，〔3〕在本著看来，刑法认同是刑法预防犯罪的最佳境界，但是公民对刑法的最大认同是靠

---

〔1〕 黄祥青："论罪刑相当原则"，载高铭暄、赵秉志主编：《刑法论丛》（第3卷），法律出版社1999年版，第32~36页。

〔2〕 梁根林："刑罚根据论"，载《刑事法学要论》编辑组编：《刑事法学要论——跨世纪的回顾与前瞻》，法律出版社1998年版，第513页。

〔3〕 周光权：《刑法诸问题的新表述》，中国法制出版社1999年版，第6页。

罪责刑相适应培植起来的。具言之，公民对刑法的最大认同根植于罪责刑相适应所实现的报应之中，因为报应不仅强化了所谓道德禁忌，而且强化了公民对刑因罪生之预期与确信。由此，我们可将一般预防视为报应的正产品。而特殊预防能够收到一般预防的效果，其根据在于"一般寓于特殊之中"。

正如我们所知，双重预防的思想先是形成于刑事古典功利学派的重要代表贝卡里亚那里，及至刑事古典功利学派的另一重要代表边沁，一般预防和特殊预防便以明确的概念被提了出来。而不论是贝卡里亚，还是边沁，其预防论中的一般预防都是奠基在刑罚与已然罪行相当之上，这与刑事古典报应学派的康德所主张的等量报应和黑格尔所主张的等价报应是否根本矛盾呢？非也！因为对于罪刑均衡即罪刑相适应来说，报应与预防只不过是构成一个问题的两个方面罢了。具言之，报应论是反对刑罚具有包括预防在内的目的的，但却不能抹杀报应所具有的一般预防效果，而功利论虽反对刑罚的单纯报应，但同样不能抹杀其达到包括一般预防在内的预防目的所借助的罪刑均衡本身所固有的报应本性。因此，我们切不可将预防与报应对立起来。当一般预防能够在报应那里得到实现，我们还犯得着在未然之罪那里用"初犯可能"来冒险吗？在作为犯罪本体之侧面或其内中要素的未然之罪中加进初犯可能无非出于一般预防的强调，但按照德国学者亨克尔的观点，在决定行为人刑罚量的问题上，每个人只需承担自己应负的责任并接受判刑，不应承担"预防他人犯罪"的责任[1]。本著认为，每个已犯者之所以不应承担"预防他人犯罪"的责任，是因为责任与责任主体之间存在着不可分离性；每个已犯者之所以不必承担"预防他人犯罪"的责任，是因为一般预防论分为刑罚预告的一般预防论和刑罚执行的一般预防论，而刑罚的预告和执行应分别受到报应和特殊预防的限制。如果我们不通过报应和特殊预防这两条途径来追求一般预防而在犯罪之中加进去初犯可能作为一般预防的源头性根据，则将会有什么后果呢？回答是："过分强调刑罚的威吓功能，而把'重典'当作刑事政策的万灵丹。误信杀一可儆百，并期杀一奸之罪而得止境内之邪，造成严刑峻罚之局。这在表面上似乎颇具刑事政策的目的性，可是事实上却无抗制犯罪之功能，这是古今中外均有过的现象。在欧洲各国的刑罚史上，也曾

---

[1]　[日]阿部纯二："关于量刑上的位置价说"，载［日］团藤重光：《团藤重光博士古稀祝贺论文集》（第3卷），有斐阁1984年版，第133~134页。

出现过这种过分强调一般预防的刑事政策，而造成在刑事立法和刑事司法上，均有超越罪责程度相称的刑罚主张。"[1]在作为犯罪本体之侧面或其内中要素的未然之罪中加进初犯可能，实质上就是在过分地强调一般预防，其所导致的难道不是"重典"吗？由此看来，如果在犯罪本体之侧面或其内在要素之中主张初犯可能，则一般预防论所期待之结果很难出现。而之所以如此，又是因为被拉进了初犯可能的犯罪本体之侧面或其内中要素已不再是罪责刑相适应中的犯罪本体之侧面或其内中要素了，即被拉进了初犯可能的犯罪范畴已经难以与刑罚共同走向罪责刑相适应了。而当此时，已犯者必对超过其应负的，由初犯可能所对应的那部分本不存在的罪责难以心悦诚服，从而对矫正改造暗生抵拒之心，因为此时刑罚的施加显然不正义，正是"刑当罪则威，刑不当罪则侮"（《荀子·君子》）。

假如在犯罪本体之侧面或其内中要素之中再为"初犯可能"留下位置，则在此基础上所形成的罪刑关系就随时是一种完全以权力者的喜好和利益为转移的专制关系，因为初犯可能更好"捕风捉影"。初犯可能是指一个人第一次犯罪或犯第一次罪的可能，而这种可能在任何一个人的身上都有一定程度的存在。可见，如果把这种可能向着一个人出生的方向作回溯性的考察，则将走向"天生犯罪人"。尽管龙勃罗梭的"天生犯罪人"理论似有抬头之势或将重新得到重视，因为基因理论在不断地证实"存在着具有先天危险性的特定行为类型的主体"[2]，但我们对"天生犯罪人"所能采取的应是医学、心理学和精神病学的对策而非走向专制的刑罚对策。总之，主张或强调犯罪本体之侧面或其内中要素之中应有初犯可能的结果，是已犯者承担了不应归于自己的刑罚，而这个结果的结果先是刑法正义成为刑法功利的附庸，后是刑法的正义价值和功利价值相继丧失。

把初犯可能纳入未然之罪，其结果是导致犯罪和刑罚水涨船高，对罪犯是不公平的，也难以收到预防之效。排斥了初犯可能，人身危险性便只能等于再犯危险性或再犯可能性。

（三）罪之感染问题之正确处理排斥初犯可能

如何正确对待罪之感染问题呢？犯罪本质二元论坚持未然之罪包括初犯

---

[1] 林山田：《刑罚学》，台湾商务印书馆1983年版，第70页。

[2] 刘朝阳："人身危险性研究的历史脉络"，载《复旦学报（社会科学版）》2006年第3期，第90页。

可能是以罪之感染为事实根据，正如学者指出："在治病的时候，不仅要考虑这种病人的人格，而且还要考虑病患对其他人的影响，这就是有无传染之可能，对于传染病人应当采取格外的隔离措施。这种病患的传染性可能导致他人生病，可以说是一种初犯可能。在犯罪问题上也是如此。一个人犯了罪，不仅本人具有再犯可能，而且犯罪人作为一种犯罪源，对于其他人也会发生这种罪之感染。"〔1〕学者接着根据美国著名犯罪学家埃德温·H.萨瑟兰的分化性联想（Differential Association）理论进一步论证了犯罪的传染性。分化性联想理论是埃德温·H.萨瑟兰根据巴甫洛夫条件反射理论提出的，认为犯罪行为的习得是个体对某种刺激建立特定反应的结果，并依赖于刺激与反应在时间和空间上的接近性。在此基础上，学者得出结论："初犯可能正是这种犯罪的传染性的表现，因此，它应该属于犯罪人的人身危险性的范畴。"〔2〕罪之感染之提出是应予完全肯定的，但以此难以导出初犯可能属于犯罪人的人身危险性。本著认为，不然，理由：其一，已犯者对未犯者之犯罪感染充其量是未犯者将来犯罪的一个致因或是未犯者初犯可能的一个促成因素，但犯罪致因或促成因素与犯罪者本人的再犯可能性即人身危险性毕竟不是一回事，即未犯者初次犯罪的可能性与已犯者再次犯罪的可能性即人身危险性毕竟不是一回事；其二，通过犯罪的传染性表面上是把初犯可能纳入犯罪人的人身危险性即再犯危险性之中，实际上是同时把犯罪人犯罪的传染性也纳入犯罪人的人身危险性即再犯危险性之中，但人身危险性是以犯罪的可能性为特定内涵，怎么能将犯罪人的犯罪传染性纳入进去呢？犯罪人的犯罪传染性是从犯罪人对非犯罪人或其他犯罪人的关系来考察问题即外部考察，而犯罪人的犯罪可能性是对犯罪人的内部考察即自体考察；其三，在初犯可能与再犯可能都是指犯罪可能性的前提下，把非犯罪人犯罪可能性纳入犯罪人犯罪的可能性即再犯可能性之中，意味着把非犯罪人等同于犯罪人。其四，当已犯者对未犯者已经造成犯罪传染之时，应在对传染者隔离的同时对被传染者也采取预防性措施，即应标本兼治，但把初犯可能纳入已犯者人身危险性即再犯危险性之中则有"专本弃标"而"任标恶化"之嫌。可见，罪之感染问题之正确处理也是排斥初犯可能的。

---

〔1〕　陈兴良：《刑法哲学》，中国政法大学出版社1997年版，第140页。

〔2〕　陈兴良：《刑法哲学》，中国政法大学出版社1997年版，第140页。

本著认为，把初犯可能纳入未然之罪，即把初犯可能纳入人身危险性终究不妥，即人身危险性终究只宜限定为再犯可能即再犯危险性。而客观危害、主观恶性与人身危险性即再犯危险性应以"社会危害性"为共同的上位范畴，正如陈忠林教授指出，我国刑法理论中的社会危害性应该由主观恶性、客观危害和人身危险性三部分所构成[1]。只不过，主观恶性、客观危害是面向"已然"来说明社会危害性，即通过"损害"来说明社会危害性，而人身危险性即再犯危险性是面向"未然"（但有现实根据）来说明社会危害性，即通过"危及"来说明社会危害性。于是，本著主张犯罪的本体构成应是：犯罪是由客观危害和主观罪过所构成的已然之罪与以再犯可能性为特定内涵的未然之罪即人身危险性或再犯危险性所构成，即犯罪是由客观危害、主观罪过和等同于再犯危险性的人身危险性这三个侧面"合围"而成的"多面体"。

二、人身危险性与主观恶性的关系

人身危险性与主观恶性的关系，是犯罪概念和犯罪特征所引申出来的又一个重要问题。

（一）人身危险性与主观恶性关系之诸说评述

围绕着人身危险性与主观恶性的关系，"包容说""等同说"和"独立说"相执不下："包容说"视主观恶性为种概念，人身危险性为属概念，后者包容前者，前者乃后者之组成。其理由是：主观恶性实际上是人身危险性的重要内容，因为人身危险性的最大意义就在于它是对行为人的主观恶性大小的说明，即行为人的人身危险性大，则其主观恶性也大；行为人的人身危险性小，则其主观恶性也小。两者成正比例关系。[2]首先要指出的是，该论者在主观恶性与人身危险性到底是谁包含谁的问题上含混不清，因为从"主观恶性实际上是人身危险性的重要内容"似应推出人身危险性包含主观恶性，但从"人身危险性的最大意义就在于它是对行为人的主观恶性大小的说明"又似应推出主观恶性包容人身危险性。"包容说"还有将人身危险性视为主观恶性的重要组成，如"我国学者对于危险性，有时不称危险性而师日本学者之用语，称为'恶性'。所谓恶性，亦即指行为人恶劣的性格，而犯罪的危险

---

〔1〕 陈忠林：《刑法散得集（Ⅱ）》，重庆大学出版社2012年版，第165页。

〔2〕 刘勇："犯罪基本特征新论"，载北京大学法律学系编：《改革与法制建设——北京大学九十周年校庆法学论文集》，光明日报出版社1989年版，第541页。

性乃恶性之尤者，故以恶性代替犯罪的危险性要非失妥"。〔1〕"等同说"或认为主观恶性与人身危险性实为等量互换关系，即主观恶性本为人身危险性的代名词〔2〕，或认为人身危险性包含着认识因素、情感因素和意志因素而无意中将人身危险性与主观恶性相等同〔3〕。"独立说"认为，主观恶性因与客观危害相对应而属于已然之罪的范畴，而人身危险性则是属于未然之罪的范畴，将两者作为相互并列的概念方符合逻辑〔4〕。本著认为，明确主观恶性与人身危险性的关系应从这两个概念的基本内涵入手。

　　什么是主观恶性？或曰："主观恶性是指犯罪者因其犯罪所应受的道德谴责。"或曰："主观恶性是指犯罪者恶劣的思想品质，即思想上的反社会性以及应受道义上和法律上责难的程度。"〔5〕或曰："主观恶性是指由犯前、犯中和犯后行为表现出来的犯罪人的恶劣思想品质，具体表现了犯罪人应受道义上和法律上责难的程度。"〔6〕；或曰："刑法学研究者关于'主观恶性'的诸多观点都共同认为，'主观恶性'是指犯罪者应受的道德谴责，犯罪研究者也都是从反社会性、背人性、违道德的角度去论析犯罪之'恶'。"〔7〕在本著看来，以上说法都只能作为对主观恶性的片段说明而非其完整定义。在回答什么是主观恶性这一问题时，首先需要搞清楚主观恶性是针对什么而形成的一个概念。回答是行为人在实施行为时的心理状态或心理事实，正如主观恶性是犯罪人主观上所具有的某种属性，这种属性是建立在犯罪人的主观心理状态之上的。犯罪人的主观心理状态涉及人的意识等心理事实，这些心理事实是犯罪人的主观恶性的基本载体〔8〕。接着要弄明白的是主观恶性作为一个评价概念本身其内容如何。有学者指出："主观恶性的内在结构是心理事实与规范评价的统一。"〔9〕"心理事实"仍是前面已经回答的主观恶性的概念针对。

　　〔1〕　蔡墩铭：《刑法基本理论研究》，汉林出版社1980年版，第235页。

　　〔2〕　吴宗宪：《西方犯罪学史》，警官教育出版社1997年版，第337页。

　　〔3〕　冯军："论社会危害性的内部结构与刑事责任的根据"，载中国法学会刑法学研究会组织编写：《全国刑法硕士论文荟萃（1981届—1988届）》，中国人民公安大学出版社1989年版，第95页。

　　〔4〕　邱兴隆：《罪与罚演讲录》（第1卷），中国检察出版社2000年版，第205~206页。

　　〔5〕　王勇：《定罪导论》，中国人民大学出版社1990年版，第84~85页。

　　〔6〕　黄祥青："论主观恶性及其刑法意义"，载鲍遂献主编：《刑法学研究新视野》，中国人民公安大学出版社1995年版，第183页。

　　〔7〕　卜安淳："犯罪恶性探析"，载《政法论坛》2000年第1期，第42页。

　　〔8〕　陈兴良：《刑法哲学》，中国政法大学出版社1997年版，第31页。

　　〔9〕　陈兴良：《刑法哲学》，中国政法大学出版社1997年版，第31页。

由此，主观恶性作为一个评价概念，其本身内容就是主观恶性是一个什么样的评价。在前引关于主观恶性的说法中，已有将主观恶性结构中的规范评价限定在道德评价上，但"恶性，首先是一个伦理评价的问题，其次才是一个法律评价的问题"。[1]本著赞同主观恶性中的规范评价既是伦理评价，又是法律评价的说法，而当说法律评价时则往往已经包含了伦理评价。有人指出："无论是资本主义国家的学者还是社会主义国家的学者，其视犯罪行为是'恶行'，都是以肯定各自社会的现行法律具有'善性'为基本前提的。所以说，犯罪的'恶性'源于法的'善性'。"[2]本著认为，既然与法的善性相联系才有犯罪的恶性，则主观恶性中的规范评价就免不了同时就是法律评价。伦理评价也罢，法律评价也罢，当然都是否定评价。在弄清了上述两个基本问题之后，主观恶性似应作如下定义：主观恶性是指已犯者实施犯罪时的心理状态或心理事实在伦理上和法律上的可谴责性。由此，本著赞同"独立说"将主观恶性归属所谓"已然之罪"，即主观恶性应归属"已然"范畴。

什么又是人身危险性呢？或曰："所谓人身危险性，指的是犯罪人的存在对社会所构成的威胁，即其再犯罪的可能性。"或曰："人身危险性呢就是指犯罪人再次犯罪的可能性（即再犯可能性），它所表现的是犯罪人主观上的反社会性格或危险倾向。"[3]或曰："人身危险性就是行为人具有的应受谴责的主观因素的总和所支配的行为人实施危害行为的必然趋势。"[4]或曰："人身危险性是指可能性，属于未然之罪。"[5]这些说法已经把人身危险性推进所谓"未然之罪"之中。正如本著已论证，人身危险性亦属"已然"范畴，其与主观恶性的区别应从已然范畴的内部进行：同样作为行为人对刑法规范或刑法所保护价值的蔑视态度这种主观实存，当与行为人实施犯罪时的心理状态或心理事实相联系时，便产生主观恶性问题；当与已犯者将来再犯相联系时，便产生人身危险性问题[6]。于是，我们似应对人身危险性作如下定义：人身危险性是指由犯前、犯中和犯后的相关事实所征表出来的，已犯者将来对刑

〔1〕 陈兴良：《刑法哲学》，中国政法大学出版社1997年版，第25页。
〔2〕 卜安淳："犯罪恶性探析"，载《政法论坛》2000年第1期，第40页。
〔3〕 王勇：《定罪导论》，中国人民大学出版社1990年版，第83页。
〔4〕 冯军："论社会危害性的内部结构与刑事责任的根据"，载中国法学会刑法学研究会组织编写：《全国刑法硕士论文荟萃（1981届—1988届）》，中国人民公安大学出版社1989年版，第95页。
〔5〕 陈兴良：《刑法哲学》，中国政法大学出版社1997年版，第142页。
〔6〕 马荣春：《罪刑关系论》，中国检察出版社2006年版，第22~24页。

法规范或刑法所保护价值的再次背离的蔑视态度即蔑视性。需要强调的是，在前述定义中，蔑视态度即蔑视性是一种"现存人格"。由此，主观恶性和人身危险性既不包容，也不等同。

"等同说"的错误显而易见，而"包容说"的错误却较隐秘。有这么一种"包容说"即犯罪人的主观恶性包括三部分：一部分是行为人在犯罪过程中体现出来的心理态度；第二部分是犯罪前业已存在并比较稳定的不良品性或恶劣品性，它是通过犯罪人的一系列个人情况表现出来的不符合社会规范或反社会的属性；第三部分是犯罪后的态度，包括是否有悔改表现等。由于第三部分同样是有关犯罪人的恶劣属性是否存在及是否严重的问题，故第二部分和第三部分可以合为一体，苏联和东欧各国刑法中又称之为"犯罪人的个人情况"[1]。其实，学者所说的犯罪人主观恶性中的第二部分和第三部分只能分别是行为人实施犯罪之时的主观恶性的事前说明和事后说明而并非被说明的主观恶性本身，更不能将其与行为之时的主观恶性相并列。主观恶性只能是以犯罪人实施犯罪当时的心理事实或心理状态为基础而表明实施犯罪当时的主观状况的可谴责性，它虽然也可由犯前、犯中和犯后资料来说明，但代替不了由此三项资料所征表的行为人于行为之后对社会的危险人格的有无及其大小，从而代替不了行为人对刑法规范或刑法所保护价值的再次背离的现存蔑视态度即蔑视性。将说明的东西强行拉进被说明的东西之中而造成被说明的东西的内容重叠，这便是"包容说"的问题所在。主观恶性在刑事古典学派那里是一个奠基于绝对的意志自由论即非决定论的重要概念，而人身危险性在刑事近代学派那里是一个奠基于决定论的重要概念，故如果主观恶性与人身危险性这两个概念可以相互包容的话，则两大学派何以形成长久对峙呢？最终，主观恶性与人身危险性关系的"包容说"和"等同说"皆难以成立，而"独立说"的结论虽应予肯定，但其说理有值得商榷之处。需要再予强调的是，主观恶性与人身危险性之间不存在谁包容谁的问题，而只是两者都包容于行为人对刑法规范或刑法所保护价值的蔑视性中，只不过此两者体现或证明行为人的这一蔑视性的方位有别而已。

（二）人身危险性"独立说"之意义所在

从概念的内涵上，我们已将主观恶性与人身危险性区分开来，即主观恶

---

　　[1]　胡学相：《量刑的基本理论研究》，武汉大学出版社 1998 年版，第 87 页。

性与人身危险性既不相互包容，也不相互等同，亦即人身危险性即再犯危险性独立于主观恶性。于是，以"独立说"的结论来明确主观恶性与人身危险性的关系将有着怎样的意义呢？

有人这样质疑"包容说"："就对罪量的评价的误导而言，将人身危险性作为主观恶性的一部分，势必导致将主观恶性大但人身危险性小的情况作为轻罪，而把主观恶性小但人身危险性大的情况作为重罪，据此配刑的结果，不是重罪轻刑便是轻罪重刑。"[1]本著认为，"包容说"确实存在着问题，但其所提出的质疑也存在着问题：既然"包容说"将人身危险性作为主观恶性的一部分，则所谓"对罪量的评价的误导"便是以主观恶性这一项评价代替主观恶性和人身危险性这两项评价而导致罪量评价的不当萎缩，从而相应地引起刑罚的不当萎缩，即"包容说"引起的最终结果是刑法评价之紧缩失轻。可见，"包容说"的评价误导的结果只可能是重罪轻刑而不可能是轻罪重刑。由于人身危险性被隐没于主观恶性中，故这种从罪到刑的不当萎缩便直接意味着论罪处刑隐没了积极预防的成分而只剩下冲动报应的成分。另外，在通常情况下，主观恶性与人身危险性之间应成正比例关系，这也似应引起注意。"等同说"受到了如下质疑："等同说同样既有悖逻辑，也误导对罪量的评价，其弊较之包容说有过之而无不及……根据等同说来评价犯罪的严重性，误把人身危险性大者当成主观恶性大者或者误把人身危险性小者当成主观恶性小者，便在所难免。相应地，对主观恶性小的轻罪加之以重刑或者对主观恶性大者只予以轻刑，便顺理成章。"[2]本著认为，既然"等同说"是将主观恶性与人身危险性相互等同，则其与"包容说"一样，都是用一项评价来代替两项评价而造成刑法评价之紧缩失轻，从而导致重罪轻刑。"等同说"与"包容说"的共同缺陷如下：当把主观恶性等同于或包容于人身危险性时，则导致用人身危险性评价这一项评价来代替主观恶性评价和人身危险性评价这两项评价，此时所配之刑是用功利预防成分来代替报应正义成分而失之偏颇；当把人身危险性等同于或包容于主观恶性时，则导致用主观恶性评价这一项评价来代替主观恶性评价和人身危险性评价这两项评价，此时所配之刑是用报应正义成分来代替预防功利成分而同样失之偏颇。当然，"等同说"的缺陷

---

〔1〕 邱兴隆：《罪与罚演讲录》（第1卷），中国检察出版社2000年版，第205页。
〔2〕 邱兴隆：《罪与罚演讲录》（第1卷），中国检察出版社2000年版，第205页。

较"包容说"更为严重。可见，只有明确区分主观恶性与人身危险性，将两者置于既不包含、也不等同的关系中，才能使得刑法评价避免紧缩失轻，从而避免在正义报应和功利预防之间顾此失彼。如果把人身危险性等同或包容于行为之时的主观恶性中，则只需按主观恶性论罪处刑便足矣，但刑法规定累犯、自首等制度已在表明人身危险性是与行为之时的主观恶性同时影响着论罪处刑。因此，弄清主观恶性与人身危险性这两个概念并明确两者的关系，最终是肩负着报应正义和功利正义的罪责刑相适应原则的当然要求。

三、人身危险性与社会危害性的关系

人身危险性与社会危害性的关系，是犯罪概念与犯罪特征所引申出来的又一个重要问题。

（一）人身危险性包容于社会危害性的理由

日本著名刑法学家团藤重光曾指出："犯罪行为是行为者人格的现实化，以及主体的现实化，而不仅仅是社会危害性的表征而已……吾人亦认为最重要者系犯罪行为及其背后之潜在的人格体系。"[1]如果说犯罪者之人格体系中包含了人身危险性，则该论断便隐含了社会危害性与人身危险性相并列的观念。而有的学者直接将社会危害性与人身危险性并列起来，如"谈论犯罪人的人身危险性并不是要将其绝对化，尤其不能把它与犯罪行为的社会危害性割裂开来。应当在社会危害性的前提下探讨人身危险性，把社会危害性与人身危险性在一定的基础上统一起来"。[2]在本著看来，人身危险性与社会危害性并非并列关系，而是前者包容于后者，理由如下：其一，人身危险性的自身内涵说明了人身危险性只能包容于社会危害性之中。人身危险性这个概念在被提出之初便被用来描述犯罪人之于社会的危险关系，如刑事社会学派的拥护者，国际刑法学家联合会创始人之一的普林斯曾指出："这样一来，我们便把以前没有弄清楚的一个概念，即犯罪人的社会危险状态的概念提到了首要的地位，用危险状态代替了被禁止的一定行为的专有概念。"[3]现在，人身危险性这一概念更普遍而明确地被用来描述犯罪人之于社会的关系，如"所

---

〔1〕　转引自洪福增："刑事责任之理论"，载《台湾刑事法杂志》1982 年第 4 期，第 39 页。

〔2〕　陈兴良：《刑法哲学》，中国政法大学出版社 1997 年版，第 144 页。

〔3〕　[苏联] A. H. 特拉伊宁：《犯罪构成的一般学说》，薛秉忠等译，中国人民大学出版社 1958 年版，第 22~23 页。

谓人身危险性，指的是犯罪人的存在对社会所构成的威胁，即其再犯罪的可能性"。或如"人身危险性就是指犯罪人再次犯罪的可能性（即再犯可能性），它所表现的是犯罪人主观上的反社会性格或危险倾向"。[1]既然人身危险性这一概念是生成于犯罪人之于社会的危险关系即威胁状态，而犯罪的社会危害性又是指社会受犯罪损害或威胁的状态，则此概念理当进入犯罪的社会危害性范畴的视野，即人身危险性应被内含到犯罪的社会危害性中。其二，人身危险性是刑事近代学派的核心概念或中心范畴。刑事近代学派设此概念或范畴的理论用途是为预防犯罪、保卫社会的目的刑论服务。当人身危险性这一概念或范畴支撑起预防犯罪、保卫社会的目的刑论时，则其已经先于被犯罪的社会危害性来说明了。可见，人身危险性的社会危害性基础可以从刑事近代学派的目的刑论那里得到证明。其三，当刑罚要有前瞻性，则犯罪的社会危害性要先有前瞻性。否则，特别预防之刑的配制便失去了事实根据。在此意义上，犯罪的社会危害性便有着统一以指向将来的人身危险性的范畴容量。此时，将犯罪的社会危害性中的"危害"一词拆解为"危及"与"损害"未尝不可，正如帕多瓦尼教授指出，所谓"危害"，是指对法律所保护利益的实际损害或将其置于危险之中[2]，而"危及"正为人身危险性拓展了被犯罪的社会危害性统一的空间。有人指出："在分析罪轻罪重和刑事责任大小时，不仅要看犯罪的客观社会危害性，而且要结合考虑行为人的主观恶性和人身危险性，把握罪行和罪犯各方面因素综合体现的社会危害性程度，从而确定其刑事责任程度，适用相应轻重的刑罚。"[3]此说法隐含着应将人身危险性放到社会危害性的内里予以考察的认识。于是，由恩格斯的犯罪是"蔑视社会秩序的最明显、最极端的表现"[4]，我们也可得出人身危险性包容于社会危害性之中的结论。有学者指出："人身危险性通过一系列社会危险行为表现出来，作为一般与个别的关系，抑或从系统与元素的关系，都不可将人身危险性与社会危害截然分开。"[5]由此，我们可更加坚信人身危险性包容于

---

〔1〕 王勇：《定罪导论》，中国人民大学出版社 1990 年版，第 83 页。

〔2〕 ［意］杜里奥·帕多瓦尼：《意大利刑法原理》（注评版），陈忠林译评，中国人民大学出版社 2004 年版，第 146 页。

〔3〕 高铭暄、马克昌主编：《刑法学》，北京大学出版社、高等教育出版社 2002 年版，第 30 页。

〔4〕 《马克思恩格斯全集》（第 2 卷），人民出版社 1957 年版，第 416 页。

〔5〕 王钧：《刑罪关系导论》，南京大学出版社 2001 年版，第 178 页。

社会危害性之中这一结论，因为"系统与元素的关系"表明人身危险性与社会危害性不可并列。法国著名社会学家迪尔凯姆说："凡是科学，其目的都在于发现，而凡是发现都要或多或少地动摇既有的观念。"[1]既然人身危险性可以看成是社会危害性之中的一个"发现"，则我们就要改变其与社会危害性相并列的通识，而将其作为社会危害性的下位概念对待，且令其与主观恶性相并列。

（二）人身危险性包容于社会危害性的意义

在理论意义上，将人身危险性包容于社会危害性，将有助于社会危害性刑法学地位的巩固和提升。社会危害性的刑法学地位似有越来越遭受质疑乃至被彻底否定即将其从刑法学中驱除之势。而在中国刑法学中，社会危害性较早或最早受到的质疑便是社会危害性只能说明罪刑关系的报应性即刑罚的惩罚性或报应性，而说明不了罪刑关系的功利性即刑罚的预防性或功利性，正如"如果仅从罪与刑的报应关系来看，'社会危害性中心说'的合理之处是不言而喻的。但是，一旦联系到刑与罪的功利关系，此说的片面性就显而易见了，因为它忽视了双重罪刑关系的对立统一性。以社会危害性为中心的刑法学体系，或者是贬低刑与罪的功利关系，或者是使刑法学成为犯罪论与刑罚论彼此孤立的两大块的堆积，甚至可能两者兼而有之"。[2]对社会危害性之所以形成上述看法，是因为自首、立功、累犯等所征表的人身危险性直接通过"预防之刑"而影响着刑罚的最终分量，而人身危险性又是在社会危害性之外被理解和把握的。当有充分的理由将人身危险性包容于社会危害性，则相应的质疑将烟消云散，而包容了人身危险性的社会危害性并非将罪与刑的功利关系予以贬低，并非将刑法学孤立为犯罪论与刑罚论两大块，而是将罪与刑的报应关系和刑与罪的功利关系予以统一，从而也是将刑法学的犯罪论与刑罚论予以统一。由此，社会危害性将通过包容人身危险性而巩固乃至提升自身的刑法学地位。

在实践意义上，将人身危险性包容于社会危害性，将有助于恰当定罪量刑乃至合理行刑的刑法实践。在西方刑事近代学派那里，人身危险性是量刑和行刑的依据和尺度，即人身危险性的有无是对行为人是否动刑的准据，人

---

〔1〕　[法] E. 迪尔凯姆：《社会学方法的准则》，狄玉明译，商务印书馆1995年版，第1页。
〔2〕　陈兴良、邱兴隆："罪刑关系论"，载《中国社会科学》1987年第4期，第152页。

身危险性的大小直接决定着量刑的轻重，而释放犯人则取决于犯人人身危险性的消失。随着人身危险性理论逐渐受到中国刑法学界的重视，人身危险性之于中国的刑法实践也逐渐受到关注。到目前为止，中国刑法学界越来越肯定人身危险性对于量刑的直接影响作用，而对人身危险性是否能够直接影响定罪则未见明确的提倡或主张。按照现行《刑法》第13条的规定，具有应受刑罚处罚性的违法行为便是犯罪，而违法行为情节显著轻微，危害不大的，不认为是犯罪。显然，社会危害性的严重性构成了罪与非罪区分的实质标准。当我们把人身危险性纳入社会危害性中，则社会危害性的大小或轻重将在原来客观危害和主观罪过的构成要素之外又得到新的考量，即某一违法行为是否属于社会危害性显著轻微将有一个新的"成员"要发话。这样，是否有罪即罪与非罪的定罪活动将接受多一层的制约，从而显示出多一层的谨慎，最终体现出多一层的刑法谦抑。如行为人所实施的具有构成要件行为表象的违法行为所造成的客观危害一般或轻微，主观方面系一般过失或轻度过失，而本人惯行和行为动机乃至事后表现无从说明该行为人存在人身危险性即再犯可能性，则完全可以"危害不大"作无罪处理。这里，人身危险性通过"涨缩"社会危害性而对罪与非罪便起到了直接的影响作用。行为动机不仅能够影响量刑，而且也能够影响定罪，这是越来越普遍的共识。但是，行为动机影响定罪可以看成是人身危险性影响定罪的一个缩影，因为行为动机是说明人身危险性最有力度的一个因素。于是，只有将人身危险性界定为再犯可能性即令其等同于所谓"未然之罪"以最终"合成"合理的犯罪本体，才能改变罪责刑相适应原则中的"罪"与"责"的不相匹配即"不等量"的局面，因为当把人身危险性直接置入"责"，则由于"责"已经包含了对"罪"的评价而致"责"在"量"上大于"罪"，从而形成真正具有内在对应和平衡关系的罪责刑相适应原则。

本章小结

犯罪概念与犯罪特征是关乎犯罪的两个具有紧密联系性的问题。对于犯罪概念的把握，首先应从犯罪的定义入手。犯罪概念可予以法律定义和理论定义，且已有的法律定义和理论定义都可细分为犯罪的形式定义、犯罪的实质定义和犯罪的形式与实质相结合定义。最终，犯罪的理论定义是对犯罪的法律定义的"照应"或学术回应。对于犯罪概念的把握，然后就是对之予以结构性考察，而"形式与实质相结合性"和"主客观相结合性"便是犯罪概念的结构性所在。

对于犯罪特征的把握，我们须先对"犯罪本质"这一前提性问题予以妥当考量，且得出："对社会秩序的极端蔑视性是犯罪本质。"然后，在"犯罪特征数量与内在关系"的基础上，我们可通过对"社会危害性"和"刑事违法性"的证伪而达致适格的犯罪本质特征，且得出：应受刑罚惩罚性是犯罪的本质特征。只有"对社会秩序的极端蔑视性"与"应受刑罚惩罚性"才能分别从"里"和"外"两个层面将犯罪与非犯罪现象从根本上区分开来。最终，"对社会秩序的极端蔑视性"与"应受刑罚惩罚性"的对应，便构成了犯罪的本质与犯罪本质特征的对应。

将应受刑罚惩罚性作为犯罪的本质特征，不仅有着实定法根据，而且可以得到罪刑法定原则的构造性的说明。应受刑罚惩罚性的犯罪本质特征地位，可通过犯罪成立的"条件"乃至"总条件"而得到初步提升，而刑法学的最高范畴是对其刑法学地位的进一步提升。应受刑罚惩罚性最终响应着"应罚性论"。

作为犯罪概念与特征的延伸性问题，人身危险性需予重新界定，且其只能被限定为"再犯可能"，因为已然之罪与未然之罪的概念关系、刑法价值和罪之感染问题的正确处理排斥"初犯可能"。在人身危险性与主观恶性的关系上，应持"独立说"；而在人身危险性与社会危害性的关系上，应持"包容说"，即人身危险性包容于社会危害性。

第二章

罪状与罪名

苏联著名刑法学家特拉伊宁曾指出："罪状可以说是每个犯罪构成的'住所'；这里安插了形成具体犯罪行为构成的一切因素。"[1]迄今为止，我们尚未对罪状给出周延的定义，对罪状的分类也不够全面，且对罪状的明确性问题也未给予深度关注。至于罪名，我们更是少有深入探究。

第一节 罪状的定义及其与相关概念的关系

一、罪状的定义

对罪状概念的把握，意味着首先要给出罪状的定义，然后再通过厘清罪状与相关概念的关系来进一步深化对罪状内涵和外延的理解。

（一）以往罪状定义的梳评

何谓罪状？①罪状，即刑法分则条文中规定某种犯罪行为的名称或者叙述某种犯罪行为的特征[2]；②罪状是分则罪刑规范对犯罪具体状况的描述，指明适用该罪刑规范的条件，行为只有符合某罪刑规范的罪状，才能适用该规范[3]；③罪状是法律条文对犯罪行为具体状况的规定和描述，是具体构成的法律表现形式[4]；④罪状，是指犯罪行为的具体状况，是对犯罪构成要件特征的描述，是刑法分则和其他刑事法规中每个具体条文的基本构成部分[5]；

---

〔1〕 ［苏联］A. H. 特拉伊宁：《犯罪构成的一般学说》，薛秉忠等译，中国人民大学出版社 1958 年版，第 218 页。

〔2〕 杨春洗等：《刑法总论》，北京大学出版社 1981 年版，第 67 页。

〔3〕 苏惠渔主编：《刑法学》，中国政法大学出版社 1999 年版，第 376~377 页。

〔4〕 王作富：《刑法分则要义》，中央广播电视大学出版社 1989 年版，第 8 页。

〔5〕 刘志正主编：《刑法教程》，南京大学出版社 1987 年版，第 263 页。

⑤罪状，即罪刑式法条对某种具体犯罪构成特征的描述[1]；⑥罪状，叙述和确定引起刑事惩罚的行为的具体状况，通常是刑法分则条文的基本组成部分[2]；⑦罪状，是指刑法分则包含罪刑关系的条文对具体犯罪及其构成要件的描述[3]；⑧罪状，即立法者就各种犯罪行为之构成犯罪事实，经过类型化、抽象化与条文化而规定于刑法分则或其他具有刑事法律效果的条款中，作为可罚行为的前提条件[4]；⑨罪状，即刑法分则条文对犯罪具体状况的规定和描述，其内容通常是对犯罪构成条件的说明[5]；⑩罪状是法律规范的基本部分，这一部分含有对这一法律规范所规定的行为规则[6]；⑪罪状可以说是每个犯罪构成的"住所"：这里安插了形成具体犯罪行为构成的一切因素[7]。

上述关于罪状诸种界说基本内容的一致性有如下体现：其一，罪状出现在刑法分则之中，刑法总则中不涉及具体犯罪罪状；其二，罪状要对犯罪行为等犯罪具体状况进行描述；其三，罪状不涉及刑罚适用，但是适用具体刑罚的前提。但上述各种界说的差别性有如下体现：一是罪状的表述载体。有些罪状定义将罪状表述载体限定为刑法分则条文，有些定义则限定为刑法分则和其他刑事法规中每个具体条文。在此基础上，有些罪状定义认为罪状的表述载体是刑法分则的条文，有些认为是刑法分则中包含罪刑关系的条文，有些则认为是刑法分则中的罪刑规范。二是罪状表述的对象。大多数罪状定义将罪状表述对象界定为犯罪行为或者包括犯罪行为在内的犯罪具体状况，但也有部分定义将罪状表述对象界定为某种具体犯罪构成（要件）特征，或者具体犯罪及其构成要件；还有定义认为是某种犯罪行为的名称或者某种犯罪行为的特征。可见，上述各种罪状界说已经表达出罪状概念的基本内容，但对于罪状所要表述的对象和作为罪状外在表现形式的载体尚未形成一致认识，或表述不够明确。此外，从上述各种界说还可发现：罪状概念与刑法罪刑规

---

〔1〕　陈兴良主编：《刑法各论的一般理论》，中国人民大学出版社 2007 年版，第 127 页。

〔2〕　曾庆敏主编：《刑事法学词典》，上海辞书出版社 1992 年版，第 263 页。

〔3〕　高铭暄主编：《新编中国刑法学》（上册），中国人民大学出版社 1998 年版，第 475 页。

〔4〕　杨春洗主编：《刑法基础论》，北京大学出版社 1999 年版，第 50 页。

〔5〕　刘宪权主编：《刑法学》，上海人民出版社 2005 年版，第 277 页。

〔6〕　[苏联] Л. И. 库德利亚采夫主编：《苏联法律辞典》（第二分册·刑法部分），刑芳译，法律出版社 1957 年版，第 188 页。

〔7〕　[苏联] A. H. 特拉伊宁：《犯罪构成的一般学说》，薛秉忠等译，中国人民大学出版社 1958 年版，第 218 页。

范中的假定部分、具体犯罪的构成要件、具体犯罪罪名、犯罪事实均存在若干联系，故要明确界定罪状，对于罪状与它们之间的关系还需要予以分析和明确[1]。学者所举的诸多罪状概念或将犯罪行为的具体状况作为罪状的描述对象，或将犯罪构成及其要件（要素）作为罪状的描述对象，或另外强调罪状与刑法条文的关系，甚或强调罪状的存在功能，不一而足。由此，罪状概念确需提炼出一个内涵完整和外延明确的定义。

（二）罪状的重新定义

学者指出，在通过对罪状概念的诸多学说进行比较和分析后，可从罪状的表述载体和对象两个方面对罪状的概念进行明确[2]。而当把罪状的表述载体和表述对象结合起来，则可如下定义：罪状系刑法分则罪刑式条文中对犯罪具体状况的描述，其实质是对具体犯罪构成要件和法定刑升降条件进行的类型化表述[3]。首先，学者强调罪状的表达载体，似有让罪状与罪刑法定原则发生联系即赋予罪状以"罪之法定性"之意。至于其强调罪状的表述对象，则是罪状定义的逻辑必然，即罪状当然是要表述一样东西。再回到学者的前述罪状定义中来，从罪状是犯罪的具体情状出发，言"罪状是对犯罪具体情状的描述"，无异于"同语反复"，因为罪状本应视为对"犯罪事实"的描述，即"犯罪事实"本应是罪状的描述对象，且其描述实现了"类型化"或"样本化"，从而是"抽象化"，亦即"犯罪事实"是罪状的"母体"所在。而犯罪构成，则正如"要件要素"，可被视为罪状的"经脉"，且被罪状用作描述"犯罪事实"的手段。至于以"禁止什么"或"命令什么"为基本内容的刑法规范，其只是构成对罪状的外在价值宣示而已。于是，我们可得出罪状的如下定义：罪状是以宣示刑法的"禁令"或"命令"且同时限制裁判即构成刑法规范为宗旨，通过犯罪构成要件予以"样本化"或"类型化"即"抽象化"，从而构成罪名基础的犯罪事实。本著的前述定义有四个特点：一是以"犯罪事实"为定义项的中心词即"落脚点"，即将"犯罪事实"作为罪状概念的外延，亦即罪状最终是犯罪事实，只不过是"被样本化"或"被类型化"，从而"被抽象化"，且可归结为具体的犯罪构成要件的犯罪事实。

---

[1] 赵宁："罪状解释论"，华东政法大学 2010 年博士学位论文，第 10~11 页。
[2] 赵宁："罪状解释论"，华东政法大学 2010 年博士学位论文，第 9 页。
[3] 赵宁："罪状解释论"，华东政法大学 2010 年博士学位论文，第 11~18 页。

当然，本著所定义的罪状中的"犯罪事实"包括主体事实、主观事实、客观事实和客体事实。二是在罪状概念的内涵中交代了罪状与相关概念的关系，从而起到将罪状与之予以甄别的作用。由此，罪状与相关概念的关系便是需予进一步交代的问题。三是交代了罪状对"犯罪事实"的描述方式，亦即"样本化"或"类型化"，从而是"抽象化"。于是，当学者提出罪状是立法者在刑法分则性罪刑式条文中对具体犯罪构成要件和升降法定刑档次条件的类型化表述[1]，则其中的"升降法定刑档次条件"被包含在本著定义的"限制裁判"即"裁判规范"和犯罪构成要件的"类型化"之中。四是未将罪状概念的视野局限在"刑法分则罪刑式条文中"，从而为罪状的分类拓宽了理论空间。若将前述特点归结起来，则本著的罪状定义便将"对象""方式""功能"及与相关概念的关系集于一身或"融为一炉"。

二、罪状与相关概念的关系

在对罪状概念的理解和把握中，罪状与刑法规范的关系、罪状与犯罪构成的关系、罪状与犯罪事实的关系，是主要应予面对和解答的问题。

（一）罪状与刑法规范的关系

苏联学者早就指出："罪状是法律规范的基本部分，这一部分含有对这一法律规范所规定的行为规则。"[2]罪状与刑法规范到底是什么关系呢？对于刑法规范与罪状的关系，以下三种观点表达着相应的认识：一是认为刑法规范由三部分内容组成。具言之，"假定"，即刑事法律义务，一般表现为刑法分则罪刑式法条的抽象逻辑前提；"处理"，即制裁条件，表现为刑法分则条文的罪状，其内容是具体犯罪成立条件；"制裁"，即强制措施，主要表现为刑法分则条文的法定刑[3]。二是认为"假定"是刑法规范中关于适用该规范的条件规定，"处理"是刑法规范中关于行为模式的规定，"法律后果"是刑法规范中对违反规范的行为予以否定的规定[4]。三是认为刑法分则条文中"……的，"所表述的内容为罪状（假定条件），而"处……"所表述的内容

---

[1]　刘树德："罪状论"，中国人民大学 2000 年博士学位论文，第 12 页。

[2]　［苏联］Л. И. 库德利亚采夫主编：《苏联法律辞典》（第二分册·刑法部分），刑芳译，法律出版社 1957 年版，第 188 页。

[3]　曲新久："犯罪概念之解析"，载陈兴良主编：《刑事法评论》（第 5 卷），中国政法大学出版社 1999 年版，第 225 页。

[4]　刘树德：《罪状建构论》，中国方正出版社 2002 年版，第 28 页。

为法定刑（"法律后果"）[1]。前述观点侧重于从法理学角度对刑法规范进行分析。刑法规范以刑法分则条文为主要表现形式，而罪状又是刑法分则条文的基本组成部分，所以两者存在密切的关系。如果从法律规范角度，其中最为实质的联系就是刑法规范中不论是"假定（条件）"部分还是"行为模式（处理）"部分，除了部分内容来自刑法总则等条文外，其基本内容均是来自相应罪状的表述。如果单纯从刑法学角度，行为规范或裁判规范中的处罚条件除了部分内容来自刑法总则等条文外，其基本内容也是来自相应的罪状。但罪状与法律规范中的"假定""行为模式"区别很明显：首先，从形式上，刑法规范中的"假定""行为模式"均是对相应法律条文的抽象，而不直接表现为条文内容。同时，其内容虽然主要来自分则的基本罪状，但还有相当部分的内容来自总则和对法律条文的理解。而罪状本身就是刑法分则中罪刑式条文的基本组成部分，不存在来自总则和需要对法律条文进行抽象的问题。其次，"假定""行为模式"与罪状是分属不同法律范畴的概念。罪状是对具体犯罪构成要件和升降法定刑档次条件的文字化表述，而"假定""行为模式"则是立足于刑事法律条文所反映的刑法规范的逻辑结构而言，且"假定"与"处理（行为模式）"和"法律后果"共同组成刑法规范[2]。如何看待前述论断呢？

在本著看来，言刑法条文是刑法规范的表现形式，而罪状是刑法条文的基本组成部分，是没有问题的，但这样的表述仍未交代刑法规范与罪状之间的关系，因为按照这样的表述，则有"罪状是刑法规范的基本表现形式"。但"罪状是刑法规范的基本表现形式"是刑法规范与罪状之间关系的切实揭示吗？简言之，罪状即犯罪的情状。而刑法条文中之所以要安放罪状，就是要通过罪状来传达立法者对公众"禁止什么"或"命令什么"的规范要求，同时也是对司法者"依此裁判"的要求。易言之，在罪状里"安放"着对于公众而言的行为规范和对于司法者而言的裁判规范。因此，是罪状而非刑法条文构成了刑法规范的一种基本载体，而刑法规范可视为罪状的一种"价值生成"。至于刑法条文与刑法规范之间，前者可视为后者的一种传达手段，而刑法条文与罪状之间，可视为形式与内容的关系。于是，罪状这一载体"生成"

---

[1]　张明楷：《刑法学》（第3版），法律出版社2007年版，第493页。
[2]　赵宁："罪状解释论"，华东政法大学2010年博士学位论文，第24~25页。

了刑法规范，而刑法规范"借助"刑法条文得以被表达。易言之，刑法条文表达着由罪状和法定刑所共同生成的刑法规范。

有人指出，罪状具有识别犯罪功能、指引法定刑功能、制约限制功能和指引与评价行为功能[1]；或有学者指出，罪状具有指引功能、识别功能、承载功能、前导功能和制约功能[2]。其中，指引功能、识别功能和制约功能充分表明罪状与刑法规范的关系，即"生成"与"被生成""表达"与"被表达"的关系。当然，法定刑是对刑法规范的另一部分"生成"和"表达"。当是"生成"与"被生成""表达"与"被表达"的关系，则将罪状视为刑法规范的一部分即"基本部分"，才被赋予了实质内容。由此，罪状是刑法条文的形式构成，但却为刑法规范的实质内容。而由于"制裁"或"法律后果"也是"处理"，故刑法罪条的内容即刑法规范的结构宜采用"假定+原因+结果"予以考察或描述。

（二）罪状与犯罪构成的关系

有人指出，具体犯罪的构成要件是罪状的表述对象，而罪状则是每个犯罪构成的"住所"，两者之间存在相同的要素和密切的联系。但两者存在如下区别：其一，罪状只对具体犯罪构成要件的部分内容进行表述，即没有一个罪状能包括犯罪构成的一切要件。其二，刑法分则罪刑式条款中的罪状与犯罪构成的数量不存在对应关系，即在通常情况下分则罪刑式条款中的罪状为一个，其对应的犯罪构成数量也是一个，但"有些罪状，在它的'住所'中容纳的不是一个构成，而是两个或更多的构成"[3]同时，由于犯罪行为的复杂性，也会出现多个罪状对同一个犯罪构成进行表述，如我国《刑法》第263条规定了抢劫罪的罪状，《刑法》第267条第2款又规定："携带凶器抢夺的，依照本法第二百六十三条的规定定罪处罚。"《刑法》第269条也规定："犯盗窃、诈骗、抢夺罪，为窝藏赃物、抗拒抓捕或者毁灭罪状而当场使用暴力或者以暴力相威胁的，依照本法第二百六十三条的规定定罪处罚。"出现于不同条款中的罪状对抢劫罪的犯罪构成分别进行了表述。其三，罪状对犯罪构成表述的方式不尽相同。罪状（基本罪状）以具体犯罪构成要件为表述对

〔1〕　赵宁："罪状解释论"，华东政法大学 2010 年博士学位论文，第 37~42 页。

〔2〕　刘树德："罪状论"，中国人民大学 2000 年博士学位论文，第 40~59 页。

〔3〕　[苏联] A. H. 特拉伊宁：《犯罪构成的一般学说》，薛秉忠等译，中国人民大学出版社 1958 年版，第 218 页。

象，但根据对刑法分则中罪刑式条文的分析，基本罪状对具体犯罪构成要件的表述方式存在差异：或是罪状对具体犯罪构成要件的描述没有超出犯罪的名称，或是罪状对具体犯罪构成要件进行了较为详细的描述；或是罪状本身没有直接对某一犯罪构成要件进行说明，而是明确规定引用分则中的其他条款来确定或者说明某一具体犯罪的构成特征；或是罪状本身没有对某一犯罪的构成内容进行明确说明，而是指明参照其他法律、法规的有关规定，对该犯罪的构成要件内容进行具体说明。至于基本罪状对应于基本犯罪构成，趋重罪状对应于趋重犯罪构成，趋轻罪状对应于趋轻犯罪构成，存在一一对应关系[1]，由于只有基本罪状才有独立的罪名，加重犯和减轻犯没有独立的罪名，故其实质上与基本犯是同一犯罪，从而加重或者减轻罪状只是对加重或者减轻法定刑适用条件的规定。但加重或者减轻罪状并非与犯罪构成没有关系，许多情况下加重或者减轻罪状对认识和理解犯罪构成具有提示意义。其四，罪状表述的对象并不全是犯罪构成要件的内容，但对认识犯罪构成具有提示意义[2]。如何看待罪状与犯罪构成的区别呢？

首先，罪状是每个犯罪构成的"住所"之谓，表明罪状是个"大于"犯罪构成的概念。正因如此，才有所谓"罪状只对具体犯罪构成要件的部分内容进行表述"，亦即"罪状表述的对象并不全是犯罪构成要件的内容"。当然，罪状多出构成要件的那些内容，则有着对构成要件的"提示意义"。至于"罪状与犯罪构成的数量不存在对应关系"，即存在"一罪状多构成"或"多罪状一构成"，恰恰说明着罪状的"丰富性"。又至于所谓罪状对犯罪构成的表述方式各异，这是罪状"丰富性"的进一步说明。最终，罪状是一个"大于"犯罪构成且更具"丰富性"的概念，从而犯罪构成是将罪状作为描述对象，即犯罪构成是对罪状的一种提炼，或犯罪构成是罪状的"经络"，而非罪状将犯罪构成作为描述对象。论者指出，罪状是具体犯罪构成要件的"居所"，基本罪状以犯罪构成要件为表述对象，故罪状中的构成要件要素是普遍存在的，但具体犯罪构成要件并不仅以基本罪状为表述载体，而基本罪状中的内容也并非全是具体犯罪的构成要件。罪状中的犯罪构成要件包括罪状中的犯罪客体要件、罪状中的犯罪客观要件、罪状中的犯罪主体要件和罪状中

---

[1] 刘树德：《罪状建构论》，中国方正出版社 2002 年版，第 34 页。

[2] 赵宁："罪状解释论"，华东政法大学 2010 年博士学位论文，第 25~28 页。

的犯罪主观要件[1]。这里，罪状对犯罪构成要件的"包括"意即罪状是犯罪构成及其要件的"居所"，而"居所"又意味着罪状是犯罪构成及其要件的"载体"，故正如"要件要素"所示，犯罪构成及其要件将罪状作为描述对象，而非相反。

　　苏联学者指出："犯罪构成是一个比刑法分则条文的罪状要深刻得多的概念，分则条文通常只指出某些犯罪构成特有的要件，对各个罪共同的犯罪构成要件，立法者则归入刑法总则中，因为总则的作用也正在于此。"[2]既然犯罪构成比罪状要"深刻得多"，则应是犯罪构成描述罪状而非罪状描述犯罪构成，正如任何一个罪状都不可能（也没必要）包容某一具体犯罪构成的全部要件，而只能为分析和推导具体犯罪构成的全部要件提供"轮廓性"指导和"基础性"框架[3]。这里，所谓罪状为犯罪构成的全部要件提供"轮廓性"指导和"基础性"框架，意味着罪状有待犯罪构成要件从中作出相应的"提取"和"抽象"，即作出相应的描述。进一步地看问题，当所谓罪状只对具体犯罪构成要件予以类型化[4]，或罪状只对具体犯罪特定构成要件进行概括、简单的类型化表述[5]，则其都忽略了一点：犯罪构成要件抑或犯罪构成特定要件本身就是类型化的产物而无需罪状再来对之予以类型化。实际上，罪状对于作为具象的犯罪事实虽然具有抽象性，即其是将作为具象的犯罪事实作为描述对象，但罪状在犯罪构成面前又具有具象性，从而需要犯罪构成要件来予以描述，即罪状是犯罪构成的描述对象，而犯罪构成描述罪状是借助犯罪构成要件及其要素来进行的。由此，刑法规范（受众角度的"行为规范"与司法者角度的"裁判规范"）是罪状的外在价值宣示，而犯罪构成及其要件则是罪状的结构性展开。易言之，犯罪构成及其要件将罪状作为描述对象，意味着犯罪构成及其要件是罪状的展示方式，且此展示所借助的是"法言法语"即罪条文字。最终，罪状是包含着"行为规范"和"裁判规范"这两个

---

　　[1]　赵宁："罪状解释论"，华东政法大学 2010 年博士学位论文，第 35~37 页。

　　[2]　[苏联] B. H. 库德里亚夫采夫：《定罪通论》，李益前译，中国展望出版社 1989 年版，第 79 页。

　　[3]　刘树德："罪状论"，中国人民大学 2000 年博士学位论文，第 34 页。

　　[4]　刘树德："罪状论"，中国人民大学 2000 年博士学位论文，第 152 页。

　　[5]　陈明、赵宁："简单罪状的司法认定和解释规则研究——以盗窃罪的司法认定为例"，载《政治与法律》2013 年第 4 期，第 52~53 页。

侧面的刑法规范的载体，而罪条文字的"法言法语"则是罪状的载体。

（三）罪状与犯罪事实的关系

学者指出，从静态的角度，罪状和犯罪事实分属规范和经验层面。但如果从罪状与犯罪事实相互确定的动态角度，二者的联系却是紧密而重要的：其一，在犯罪事实确定过程中的罪状。犯罪事实的确定并不仅是一个运用证据还原事实的过程，而在还原和表述犯罪事实过程中，罪状起着引导和选择事实要素的作用。恩吉施认为作为"三段论"中小前提的案件事实可以分为三个构成部分来说明：一是具体的生活事件；二是该案件事实确实发生的确认；三是将案件事实作如下判断：其确实具备法律的构成要素，即具有大前提的第一个构成部分（法律的构成要件）的构成要素[1]。其主要意思是案件事实的确定并非"就事论事"，而是受到制定法法律构成的限制和指引[2]。拉伦茨也认为对案件事实的陈述和确定只采择与其法律判断有关者，而对法律判断是否具有意义，则又取决于可能适用于案件事实的法条。同时，以描述的案件事实为起点，还要进一步审查可以适用的案件事实的法条有哪些，并根据这些法条的构成要件再进一步补充案件事实，如果不能满足法条的判断需求，则需进一步对案件事实具体化。即只有在考虑可能是判断依据的法条之下，成为陈述的案件事实才能获得最终的形式，而法条的选择乃至必要的具体化，又必须考量被判断的案件事实[3]。对于刑法而言，犯罪构成要件主要体现在罪状之中，因而在犯罪事实的确定过程中，罪状起着直接的指引和选择作用。其二，在罪状确定过程中的犯罪事实。犯罪构成要件（主要体现在制定法的罪状中）对确定犯罪事实的指引作用主要体现在两个方面：一是选择形成案件事实基础的法条。于其中，制定法的外部体系发挥着重大的辨识方向价值，即有助于快速、准确地选择到相应法条；二是对具体犯罪构成要件的解释。于其中，案件事实既是被确定者，同时也发挥着对具体犯罪构成要件（主要体现为基本罪状）的解释作用。事实上，犯罪事实和具体适用法条的分别确定是一个动态的思维往返过程，恩吉施将其称为"在大前提（制定法）与生活事实间之眼光的往返流转"。[4]科殷同样认为法律判断中规

---

[1] [德] 卡尔·恩吉施：《法律思维导论》，郑永流译，法律出版社 2004 年版，第 44~69 页。

[2] [德] 卡尔·恩吉施：《法律思维导论》，郑永流译，法律出版社 2004 年版，第 44~69 页。

[3] [德] 卡尔·拉伦茨：《法学方法论》，陈爱娥译，商务印书馆 2003 年版，第 162 页。

[4] [德] 卡尔·恩吉施：《法律思维导论》，郑永流译，法律出版社 2004 年版，第 44~69 页。

则和案件是思维的两大界限，判断者从案件到规则，又从规则到案件，对二者进行比较、分析、权衡。案件通过那些可能会等着拿来应用的、可能决定着判决的规则进行分析；反之，规则则通过某些特定的个案或者案件类型进行解释[1]。对于刑法规范的解释和适用，我国也有学者认为，必须将刑法规范和案例事实交互分析处理，一方面使抽象的法律规范经由解释成为具体化的构成要件，另一方面，要将具体的案例事实经由结构化，成为类型化的案情。由此，事物的本质与规范目的的调和便带来了构成要件和案例事实的彼此对应[2]。前述认识同样反映了罪状和犯罪事实确定之间的动态往返流转关系。而在法律适用的具体司法实践过程中，上述罪状和犯罪事实之间的动态关系对于罪状的解释发挥着直接的推动作用[3]。在某种意义上，言"罪状和犯罪事实分属规范和经验层面"，是没有问题的。而之所以"在还原和表述犯罪事实过程中，罪状起着引导和选择事实要素的作用"，是因为犯罪事实中有罪状的"影子"或因素。而当"规范来自经验"，则犯罪事实便是罪状的"母体"。而从"规则与案件之间的思维往返"到"刑法规范和案件事实的交互分析"或"彼此对应"，再到"罪状和犯罪事实确定之间的动态往返流转关系"，前述整个递进过程表明罪状"寓于"犯罪事实之中，即犯罪事实是罪状的"母体"。而当立于规范和经验的差别或区别，则罪状便可视为犯罪事实的一种"样本化"或"类型化"，从而是"抽象化"。

　　学者指出，在语言学家看来，罪状就是犯罪的事实。两种语境（专门化和专业化）中的罪状的具体所指是存在差别的。具言之，犯罪事实有狭义和广义两种理解：广义上，犯罪事实就是具体刑事案件的所有事实，包括狭义上的犯罪事实、影响量刑的事实以及其他提供侦查线索和证明犯罪的事实；狭义上，犯罪事实仅指有关犯罪构成要件的事实，亦即对行为的社会危害性及其程度具有决定意义而为该行为成立犯罪所必需的事实。犯罪事实（狭义）由刑事实体法规定，包括犯罪客体方面、犯罪客观方面、犯罪主体方面、犯罪主观方面四个方面的内容，具体可以概括为"七何"要素（何人，何时，何地，基于何种动机、目的，采用何种方法、手段，实施何种犯罪行为，造

〔1〕　［德］H. 科殷：《法哲学》，林荣远译，华夏出版社 2003 年版，第 197 页。
〔2〕　张明楷：《刑法分则的解释原理》，中国人民大学出版社 2004 年版，第 7 页。
〔3〕　赵宁："罪状解释论"，华东政法大学 2010 年博士学位论文，第 31~33 页。

成何种危害后果）。犯罪事实只是指从同类案件形形色色的事实中经过抽象、概括出来的带有共性的、对犯罪性质和社会危害性具有决定意义的事实，而其他事实可能对侦查和审理案件有证据或者线索的作用，或对量刑有一定的影响，但不属于犯罪构成要件事实[1]。本著认为，正如所谓"七何"要素，罪状并不直接等于犯罪事实，因为罪状宜被视为"样本化了的犯罪事实"或"类型化了的犯罪事实"，从而是"抽象化了的犯罪事实"，正如罪状具有"法定性"和"规范性"以及一定程度的"抽象性"或"概括性"，即罪状是规范层面上的概念，具有抽象性，而犯罪事实则是案件中的具体事实，是经验层面上的范畴，具有具体性[2]。

综上，我们可将罪状与罪名的关系、罪状与刑法规范的关系、罪状与犯罪构成的关系和罪状与犯罪事实的关系予以概括：罪名是罪状的名称或指代，而罪状是罪名的基础或"母体"；罪状是刑法规范的"载体"，即刑法规范通过"禁止什么"或"命令什么"而构成罪状的外在价值宣示，且将刑法条文作为宣示手段；犯罪构成以罪状为"住所"，意味着罪状"大于"且较犯罪构成更为"丰富"，而犯罪构成可视为罪状的"经络"，从而构成对罪状的一种"素描"或"勾画"；罪状是以犯罪事实为"母体"，是对犯罪事实的"样本化"或"类型化"，从而是"抽象化"，亦即罪状是"样本化"或"类型化"，从而是"抽象化"的犯罪事实。于是，按照从经验到规范、从事实到价值和从形式到实质，摆在我们面前的认知顺序便是"犯罪事实→罪状→罪名→犯罪构成（要件）→刑法规范"。由此，摆在我们面前的便是本著对罪状的前述定义：罪状是以宣示刑法的"禁令"或"命令"且同时限制裁判即构成刑法规范为宗旨，通过犯罪构成要件予以"样本化"或"类型化"即"抽象化"，从而构成罪名基础的犯罪事实。进而，我们可得：罪状是经验性与规范性、事实性与价值性、形式性与实质性的结合体，即罪状具有经验性与规范性、事实性与价值性、形式性与实质性相结合的构造性，因为罪状形成于对具有"具象性"和"可体验性"的犯罪事实的"样本化"或"类型化"，从而是"抽象化"。最终，在不同于罪名、刑法规范、犯罪构成和犯罪事实，但又与之有着紧密联系中，罪状概念更容易被我们理解和把握。至于学者指

---

[1] 刘树德："罪状论"，中国人民大学 2000 年博士学位论文，第 37~38 页。

[2] 刘树德："罪状论"，中国人民大学 2000 年博士学位论文，第 38 页。

出罪状具有法定性、规范性、决定性和有限性这四个特征[1]，应予肯定，且所谓"法定性"与"规范性"相互包含或相互说明，而"有限性"也有"事实性"的意涵，但罪状的特征尚需予结构性或构造性的把握。

在与罪名、犯罪构成等有着直接勾连的基础上，若将犯罪的罪过形式、犯罪的阶段形态、共犯形态、罪数形态也视为罪状能够逻辑包含的内容，乃至可将罪刑法定原则也视为罪状的关联问题，甚至包括死刑问题在内的刑罚轻重即刑罚论，以至于"时效论"，最终也与罪状存在"干系"[2]，则罪状或许是"理论容量"最大的一个刑法学范畴。

第二节　罪状的广狭义分类

以是否以个罪的单人犯既遂这一样本为标准，罪状可作出广狭义分类。而此分类为以往的著述所忽略。

一、狭义罪状

以往教材所说的罪状即狭义罪状。罪状是罪刑规范对犯罪具体状况（构成特征）的描述，指明适用该罪刑规范的条件，即行为只有符合某罪刑规范的罪状，才能适用该规范[3]。当与刑法分则具体个罪的构成要件相联系，进而与具体个罪的法定刑形成"罪先刑后"的搭配关系，则所谓罪状便是刑法分则罪刑条文内容的首要构成部分即其首要构件，进而是罪刑法定原则在罪刑条文构建中的直接体现，最终便是狭义罪状。狭义罪状是以单人犯既遂为样本的罪状，其可按照特征、结构、功能等进行相应的再分类。

二、广义罪状

广义罪状除了包含狭义罪状，还包含由刑法总则规定所对应出来的不同罪过形式犯罪的罪状、不同犯罪阶段形态的罪状、不同共犯角色的罪状以及累犯罪状和并罚数罪的罪状，另包含由刑法理论所概括出来的实质的一罪

---

〔1〕　刘树德："罪状论"，中国人民大学出版社 2000 年博士学位论文，第 12~22 页。

〔2〕　刘树德："罪状论"，中国人民大学出版社 2000 年博士学位论文，第 50~51 页。

〔3〕　刘艳红主编：《刑法学》（下），北京大学出版社 2016 年版，第 10 页；张明楷：《刑法学》（第 6 版），法律出版社 2021 年版，第 853 页。

（继续犯、想象竞合犯和结果加重犯）、法定的一罪（结合犯和集合犯）和处断的一罪（连续犯、吸收犯和牵连犯）的罪状。

学者指出，按罪状类型化的具体行为的共犯属性不同，罪状可分为分则性罪状、总则性罪状和混合性罪状；按照罪状类型化的具体行为阶段属性的不同，罪状可分为预备性罪状和实行性罪状[1]。这些认识对于我们理解和把握广义罪状概念颇有启发：所谓"预备性罪状和实行性罪状"可以提升为不同犯罪阶段形态的罪状。而所谓"总则性罪状"又包含着不同犯罪阶段形态的罪状、共犯罪状、数罪罪状以及累犯罪状等，亦即"总则性罪状"可视为不同犯罪阶段形态罪状等的概括与提升。又如，广义罪状可理解为"总则性罪状"与"分则性罪状"的合称，而狭义罪状则对应"分则性罪状"。

第三节　罪状的特征分类

罪状的特征分类是采用外在特征这一标准而对狭义罪状的一种分类，包括简单罪状、叙明罪状、引证罪状与空白罪状。

一、简单罪状

简单罪状是按照特征分类首先得出的一个罪状概念。简单罪状的问题包含简单罪状的定义和简单罪状的特征两个方面的内容。

（一）简单罪状的定义

简单罪状的定义，是我们讨论简单罪状问题首先要予以妥适解答的问题。针对简单罪状的定义，学者概括出如下代表性观点：其一，简单罪状，即在条文中只简单地规定罪名，而不具体叙述犯罪行为的构成特征；其二，简单罪状，即条文中只有罪名而无具体罪状的描述；其三，简单罪状，在条文中只简单地写出犯罪的名称，而对犯罪的特征没有任何描述；其四，简单罪状，即在条文中只写出犯罪的名称或犯罪写得很简单，而对犯罪构成的特征没有具体描述的罪状；其五，简单罪状，即在刑法规范中只简单地描述犯罪构成的要件，具体可分为纯粹的简单罪状（没有超出罪名）和非纯粹的简单罪状（超出了罪名的概括，但仍很简单）；其六，简单罪状，即在条文中只简单地

---

〔1〕　刘树德："罪状论"，中国人民大学 2000 年博士学位论文，第 146 页。

指出某种犯罪行为而不具体描述犯罪结构特征；其七，简单罪状，即在刑法规范中只简单地描述具体犯罪构成的要件，具体分为纯粹的简单罪状（如《刑法》第 232 条之罪状"故意杀人的"）和非纯粹的简单罪状（如《刑法》第 279 条之罪状"冒充国家工作人员招摇撞骗的"）；其八，简单罪状，是指罪刑式法条对具体犯罪构成的特征进行了简单描述而没有超出罪名概括，如《刑法》第 232 条之罪状"故意杀人的"。针对前述代表性观点，学者指出，简单罪状属于基本罪状的属概念，具有基本罪状的共性特征，同时也具有自己的个性特征。上述定义存在以下问题值得商榷：一是简单罪状描述的对象，有的认为是"罪名"或者"犯罪的名称"，有的认为是"犯罪构成要件"，有的认为是"某种犯罪行为"，有的认为是"犯罪构成的特征"。应该认为，"具体犯罪构成的要件"的表述符合基本罪状的共性特征，故在我国刑法分则条文大多采用暗含推理式，少数条文采用定义明示式的前提下，罪名都是司法机关对罪状本身的概括与归纳，从而"罪名"或"犯罪的名称"本身并非罪状的描述或规定对象。二是简单罪状的个性特征，有的认为是"没有超出罪名的概括"，有的认为是"不具体叙述犯罪行为的构成特征"，有的认为是"对犯罪的行为没有任何描述"，有的认为是"只简单地描述具体犯罪构成的要件"。应该认为，简单罪状之所谓"简单"，从内容上看，并非对具体犯罪构成要件没有任何描述，只是未再对构成要件的要素作更具体的描述；从形式上看，并非要求罪状的文字完全等同于罪名的文字，只是要求罪状的文字基本能被罪名加以概括。于是，简单罪状可以作如下界定：简单罪状是基本罪状的下属概念，是立法者在刑法分则性罪刑式条文中对能被罪名加以概括的具体犯罪构成要件的类型化表述[1]。如何看待学者对以往简单罪状的概念所作出的评述及其给出的简单罪状的重新定义呢？

在本著看来，学者在梳理和剖析以往代表性观点基础上所得出的简单罪状的定义，仍可予以讨论，即其仍然存在如下问题：一是任何一种类型的罪状都"能被罪名加以概括"，否则罪状不成为罪状，而罪名不成为罪名；二是任何一种类型的罪状都是一种"类型化表述"，因为罪状本身就是具象犯罪事实的"样本表达"，从而"抽象化表达"；三是罪状的描述对象到底为何物，本著在前文已经论证，不是罪状描述犯罪构成要件，而是犯罪构成要件描述

---

〔1〕　刘树德："罪状论"，中国人民大学 2000 年博士学位论文，第 151～152 页。

罪状，即犯罪构成要件将罪状作为描述对象，而非罪状将犯罪构成要件作为描述对象。实际上，当具象的犯罪事实是罪状的"母体"，则罪状的描述对象便应是具象的犯罪事实，而具象的犯罪事实即犯罪构成要件事实而非犯罪构成要件本身。既然简单罪状是基本罪状的下属概念，则简单罪状的定义或界定应将"罪状"作为定义项的"中心词"，以点明被定义项的外延。由此，我们可得：简单罪状，是对具体的犯罪构成要件事实予以简单交代的罪状。在前述定义中，由于"简单"，故用"交代"较"描述"更为妥适。

（二）简单罪状的特征

简单罪状虽然"简单"，但其也有个性特征。学者指出，简单罪状具有以下个性特征：①简单罪状内容的简单性。"简单"一方面是针对简单罪状所类型化的构成要件而言，不对构成要件的组成成分即要素作更具体的描述，例如，《刑法》第232条之罪状"故意杀人的"，只是描述了故意杀人罪的主观要件"故意"、客观要件之行为要素"杀"以及客观要件之对象要素"人"，而未再对"故意""杀""人"作更具体的描述；另一方面是针对简单罪状之相应罪名而言的，即罪状的文字基本能被罪名加以概括。例如，《刑法》第257条之罪状"以暴力干涉他人婚姻自由的"基本上被罪名"暴力干涉婚姻自由罪"加以概括。②简单罪状范围的相对不确定性。简单罪状的确立从形式上要依赖罪名的概括，但因我国刑法条文大多未采用分列明示式的罪名立法方式，罪名本身就存在不确定性，从而为判断具体罪状是否属于简单罪状造成不确定性。例如，《刑法》第300条第1款之罪状"组织、利用会道门、邪教组织或者利用迷信破坏国家法律、行政法规实施的"，其罪名若概括为"破坏国家法律实施罪"，则可归属于叙明罪状；其罪名若概括为"组织、利用会道门、邪教组织、利用迷信破坏法律实施罪"，则可归属于简单罪状。当然，立法者若对罪名采用分列明示式和定义明示式的方式，则简单罪状的判断就具有了明确的标准，简单罪状的范围也就有了确定性[1]。简单罪状的简单性和相对不确定性等个性特征，又被学者作出如下总结或概括：简单罪状之所以被冠以"简单"二字，原因就在于其只是对具体犯罪特定构成要件进行概括、简单的类型化表述。"简单"本身是个相对的概念，其"简单"的界限就是简单罪状的内容基本上能够被具体罪名加以概括和体现，但正因为

<hr>

[1] 刘树德："罪状论"，中国人民大学2000年博士学位论文，第152页。

其简单，其所描述的犯罪的内涵和范围则往往难以准确界定。易言之，简单罪状虽内容简单，但其描述的犯罪在司法实践中相对较为普遍，从而在犯罪客观方面经常会出现一些非典型性的行为手段、行为对象等，最终导致在司法认定中存在许多争议和模糊，正可谓"简单者不简单"。因此，通常情况下首先应依一般的社会观念来理解常见自然犯简单罪状的内容，在此基础上要注意对实践中一些非典型性案例和生活事实的总结和归纳，并根据简单罪状的法律规定和一般社会观念对归纳的内容进行检验和协调，才能够全面地从本质上完善对简单罪状内涵和范围的理解[1]。如何看待学者对简单罪状个性特征的总结或概括呢？

在本著看来，简单罪状的特征需要重新概括或提炼。首先，所谓"罪状内容的简单性"不宜作为简单罪状的所谓特征，因为这一说法无异于"同语反复"，即简单罪状"当然"是内容简单。之所以诸如故意杀人罪等罪名要设置简单罪状，大多因为这些犯罪属传统性犯罪即属自然犯或伦理犯为多，而人们根据生活常识或经验积累较为容易认知其罪状内容，故无需采用叙明罪状。而当简单罪状的表述常与罪名几乎相同，故可将"直白性"视为简单罪状的一个特征，且为形式特征，而简单罪状的"直白性"特征，无论是较叙明罪状，更是较引证罪状和空白罪状，都是能够成立的。但是，正因简单罪状通常是为自然犯或伦理犯而且具有"直白性"，故简单罪状却可以指涉更加丰富的行为类型，且其能够涵摄犯罪行为的"不典型"。由此，简单罪状的"简单性"只能是一种"相对的简单性"，即"简单者不简单"。而随着社会生活的发展，简单罪状的内涵，从而其所对应的刑法解释，也会形成"暗流涌动"的局面，故简单罪状的内涵及其所对应的刑法解释也可能是逐渐"复杂"的。因此，我们又可将"广含性"视为简单罪状的另一个特征，且为内容特征。由此，本著所提炼的"直白性"是对学者所谓"简单性"的回应和超越，而本著所提炼的"广含性"又是对学者所谓"相对不确定性"的吸纳与提升。

除了"直白性"和"广含性"，简单罪状另有其他特征。简单罪状为何"简单"，而"简单"了又如何呢？刑法学界大都认为，简单罪状最大的优点

---

[1]　陈明、赵宁："简单罪状的司法认定和解释规则研究——以盗窃罪的司法认定为例"，载《政治与法律》2013 年第 4 期，第 52~54 页。

是可以避免刑法条文庞杂，同时其不足之处在于简而不明，有损罪之明确性原则，故其不可不用，但不宜多用。[1]在本著看来，如果说明确性是相对的，即明确性本来就具有一种相对性，则言简单罪状"有损罪之明确性原则"至少是没有意义的。简单罪状，是指对犯罪特征进行简单描述的情形。之所以采用简单罪状，往往是因为犯罪特征为众人所知、无须具体描述，其特点是简单概括、避免繁琐[2]，或简单罪状是对犯罪的具体构成特征作出的简单描述，是罪名的提示[3]。首先要指出的是，所谓"对犯罪的具体构成特征作出的简单描述"，存在着"具体构成特征"与"简单描述"的搭配不当，即"具体构成特征"难谓"简单描述"，或"简单描述"的对象不宜是"具体构成特征"。同时，所谓"罪名的提示""简单描述"和"简单概括"，最终都是为了"避免繁琐"。接下来要指出的是，即便是简单罪状，其所描述或交代的不是所谓"犯罪的具体构成特征"，亦非所谓"构成要件要素"[4]，而是犯罪构成要件事实。于是，简单罪状通常是设置于传统的自然犯中。而之所以有的罪刑条文采用简单罪状，最终应立于预测可能性原理和罪刑法定原则予以解答。具言之，对于简单罪状所对应的犯罪现象，众人凭借生活经验和常识积累便可识别其性质与后果，故罪状的规范信息传达"直截了当"或仅作"提示"即可。而简单罪状之所以是"简单"的，又因为其内容对于公众认知而言是能够基于生活经验和常识积累而达到"明确"的。故意杀人罪、抢劫罪等罪状"简单而不含糊"或"简单而不晦涩"，故简单罪状的设置是符合预测可能性原理和罪刑法定原则的。于是，简单罪状是预测可能性原理和罪刑法定原则的一种"简单体现"。因此，虽然简单罪状为刑法解释留下了加大空间[5]，但其解释仍然是运用常识、常理、常情的"预测可能性解释"和"明确性解释"。例如，盗窃罪应从自古以来"明抢暗偷"的经验常识来明确"秘密窃取"的客观构成要件；又如应从"冒充"的原本含义而对抢劫罪规定中的"冒充军警抢劫"作出不包括"真警察抢劫"的理解，而"真警

---

〔1〕 高铭暄主编：《新编中国刑法学》（上册），中国人民大学出版社 1998 年版，第 478 页；陈兴良主编：《刑法各论的一般理论》，内蒙古大学出版社 1992 年版，第 190 页。

〔2〕 张明楷：《刑法学》（第 6 版），法律出版社 2021 年版，第 854 页。

〔3〕 刘艳红主编：《刑法学》（下），北京大学出版社 2016 年版，第 10 页

〔4〕 赵宁："罪状解释论"，华东政法大学 2010 年博士学位论文，第 25~28 页。

〔5〕 《刑法学》编写组：《刑法学》（下册·各论），高等教育出版社 2019 年版，第 5 页。

察抢劫"按照"举轻以明重"当然解释为抢劫罪的加重犯。可见，简单罪状虽然"简单"，但其仍符合预测可能性原理和罪刑法定原则的明确性要求。而之所以如此，最终是因为简单罪状还有另外一个特征即"常识性"。由此，简单罪状因"常识性"而"直白性"，又因"常识性"而"广含性"。

简单罪状的"直白性""广含性"和"常识性"特征，所能给予我们的启示是：当遇到那些"不典型"的自然犯或伦理犯具象，我们应从简单罪状所对应的刑法规范的"预测可能性"出发，且采用"一般社会观念"或"社会相对性观念"及其所包含的"常识常理常情"来实现简单罪状与个案具象的信息对接，从而解决简单罪状的司法解释即法律适用问题。

进一步地，简单罪状体现着刑法立法的科学性，因为所谓"避免繁琐"，即应讲究刑法立法的一种"经济性"，而刑法立法的经济性应为刑法立法的科学性的当然内涵。

二、叙明罪状

叙明罪状是按照特征分类得出的又一个罪状概念。叙明罪状的问题包含叙明罪状的定义和叙明罪状的特征两个方面的内容。

（一）叙明罪状的定义

叙明罪状的定义，是我们讨论叙明罪状问题首先要予以妥适解答的问题。对于叙明罪状的概念，学者概括了以往的几种主要观点：其一，叙明罪状，即在条文中较为具体地叙述犯罪的构成特征；其二，叙明罪状，即对犯罪构成的条件以叙述的方式加以描述；其三，叙明罪状，也称说明罪状，在条文中叙明犯罪最主要的特征；其四，叙明罪状，即说明罪状，指在罪刑规范中对具体犯罪的构成特征作详细的描述；其五，叙明罪状，即在刑法规范中较为详细地描述具体犯罪构成的要件；其六，叙明罪状，在条文中不仅指出罪名，而且叙述犯罪构成的特征；其七，叙明罪状，即在刑法规范中较为详细地描述具体犯罪构成的要件；其八，叙明罪状，是指罪刑式法条超出罪名概括而对具体犯罪构成特征予以较为详细的描述。在指出上述定义都是将叙明罪状作为罪状的下属概念加以界定，且罪状的概念自然会影响叙明罪状的界定之余，学者又强调，叙明罪状的定义既要具备罪状的共性特征，同时也要突出自己的个性特征，亦即叙明罪状定义的内涵应足以将其与基本罪状的其他下属概念（简单罪状、引证罪状、空白罪状）相区别。显然，上述定义大都将叙明罪状的突出特征概括为"较为详细地（或具体地）描述犯罪构成的特征或要件"，难以作为识别刑法分则条文中的罪状为叙明罪状的标准。首先，其不能将部分空白罪状排除在外。例如，《刑法》第 341 条第 2 款之罪状"违反狩猎法规，在禁猎区、禁猎期或者使用禁用的工具、方法进行狩猎，破坏野生动物资源，情节严重的"，其对非法狩猎罪的犯罪客观行为要件（狩猎）及其方法要素（使用禁用的工具、方法）、地点要素（禁猎区）、时间要素（禁猎期）、犯罪客体要件（破坏野生动物资源）、综合性要件（情节严重）以及行为违法性前提条件（违反狩猎法规）都作了详细描述，但该罪状并不归属于叙明罪状。其次，其不能将部分简单罪状排除在外。例如，《刑法》第 300 条第 1 款之罪状"组织、利用会道门、邪教组织或者利用迷信破坏国家法律、行政法规实施的"，其对"组织和利用会道门、邪教组织、利用封建迷信破坏法律实施罪"的犯罪客观行为要件（破坏国家法律、行政法规实施）及其方法要素（组织和利用会道门、邪教组织或者利用迷信）作了具体的描述，但该罪状也不属于叙明罪状。最后，其不能将部分引证罪状排除在外。例如，《刑法》第 153 条第 1 款之罪状"走私本法第一百五十一条、第一百五十二条、第三百四十七条规定以外的货物、物品的，根据情节轻重"，对"走私普通货物、物品罪"的犯罪客观行为要件（走私）及其对象要素（货物和物品）以及对"情节轻重"都作了具体的描述，但该罪状也不属于叙明罪状。在前述梳理和剖析的基础上，学者得出：叙明罪状是基本罪状的下属概念，是立法者在刑法分则性罪刑式条文中独立对超出能被罪名加以概括的具体犯罪构成要件的类型化表述[1]。在本著看来，学者在梳理和剖析以往代表性观点基础上所得出的叙明罪状的定义仍可讨论：任何一种类型的罪状都"能被罪名加以概括"；任何一种类型的罪状都是一种"类型化表述"；罪状的描述对象应为犯罪构成要件事实，而非犯罪构成要件本身，亦非"构成要件要素"。特别是在罪状的描述对象问题上，现有的刑法学理论仍将犯罪构成作为罪状的描述对象，如叙明罪状是对某种犯罪的构成特征进行较为详细描述的罪状[2]，亦即叙明罪状的特点是在罪刑规范中对具体犯罪的构成特

---

〔1〕 刘树德："罪状论"，中国人民大学 2000 年博士学位论文，第 167~168 页。
〔2〕 刘艳红主编：《刑法学》（下），北京大学出版社 2016 年版，第 10 页。

征作了详细的描述[1]。同样，既然叙明罪状是基本罪状的下属概念，即叙明罪状的定义或界定应将"罪状"作为定义项的"中心词"，以点明被定义项的外延，则我们可得：叙明罪状，是对犯罪构成要件事实予以翔实描述的罪状。

（二）叙明罪状的特征

叙明罪状自有其特征。学者指出，叙明罪状具有以下几个特征：①典型性。叙明罪状是最能反映基本罪状特征的下属概念，具有典型性和标准性。叙明罪状是如韦伯所称"理想型"的基本罪状模本，是最能充分地体现安置具体犯罪构成要件住所功能的罪状，也是最符合罪刑法定原则的罪状。②充足性。叙明罪状是由刑法分则性条文独立安置具体犯罪构成要件，既不援引其他刑法条文来补充具体犯罪构成要件，也不需参照其他法律法规来确立具体犯罪构成要件，故其充足性特征可使得叙明罪状能与引证罪状和空白罪状区别开来。③超罪名性。叙明罪状不仅对具体犯罪构成的要件加以类型化表述，而且对具体犯罪构成要件的要素加以具体的描述，故叙明罪状所反映的具体犯罪构成要件已超出其相应罪名所能反映的具体犯罪构成要件，从而叙明罪状的超罪名性可使其能与简单罪状区别开来[2]。在本著看来，任何一种类型的罪状本来就是作为具象的犯罪事实的"样本化"或"类型化"，从而具有"典型性"，亦即罪状本来就是犯罪事实的"典型"，故将所谓"典型性"特别作为叙明罪状的一个特征，恐失妥当。由于简单罪状同样既不援引其他刑法条文来补充具体犯罪构成要件，也不需参照其他法律法规来确立具体犯罪构成要件，故将所谓"充足性"特别作为叙明罪状的又一个特征，也恐失妥当。至于所谓"超罪名性"，所谓"叙明罪状所反映的具体犯罪构成要件已超出其相应罪名所能反映的具体犯罪构成要件"这一理由恐显牵强，因为"叙明罪状所反映的具体犯罪构成要件"与"其相应罪名所能反映的具体犯罪构成要件"恐为一回事。在本著看来，相对于引证罪状和空白罪状，我们可将"自足性"而非"充足性"作为叙明罪状的一个特征；相对于简单罪状，我们又可将"完备性"作为叙明罪状的另一个特征，因为简单罪状在遇到属于"不典型"的具象犯罪事实时，就需要对简单罪状进行类型化解释了。相对于

---

[1]　张明楷：《刑法学》（第 6 版），法律出版社 2021 年版，第 854 页。
[2]　刘树德："罪状论"，中国人民大学 2000 年博士学位论文，第 168~169 页。

简单罪状、引证罪状和空白罪状，我们还可将"展示性"作为叙明罪状的第三个特征。其中，"自足性"和"完备性"可视为叙明罪状的内容特征，而"展示性"可视为叙明罪状的形式特征。

（三）叙明罪状的分类

按照"叙明依据"，叙明罪状可分为两种情形：一是依据犯罪行为的自然事实本身予以叙明的叙明罪状，如伪证罪的罪状，现行《刑法》第 305 条规定："在刑事诉讼中，证人、鉴定人、记录人、翻译人对与案件有重要关系的情节，故意作虚假证明、鉴定、记录、翻译，意图陷害他人或者隐匿罪证的，处三年以下有期徒刑或者拘役；情节严重的，处三年以上七年以下有期徒刑。"在前述规定中，"在刑事诉讼中"交代了伪证罪的发生时空，"证人、鉴定人、记录人、翻译人"交代了伪证罪的犯罪主体，"对于案件有重要关系的情节"交代了伪证罪的行为对象，而"故意作虚假证明、鉴定、记录、翻译，意图陷害他人或者隐匿罪证"则交代了伪证罪的犯罪主观方面即其罪过形式和犯罪目的。可见，伪证罪的罪状是典型的叙明罪状。二是依据"前置法"即行政法予以叙明的叙明罪状。显然，后一种情形将引起对所谓"混合罪状"的概念辨析。有教材提出所谓"单一罪状与混合罪状"的概念对应。其中，单一罪状即某一刑法分则条文仅采用简单、叙明、引证、空白罪状方式中的一种而对犯罪的构成特征进行描述，且分则条文中的绝大多数罪状属于单一罪状；混合罪状即某一刑法分则条文同时采用两种或两种以上罪状方式而对某一犯罪的构成特征进行描述。例如，《刑法》第 340 条规定："违反保护水产资源法规，在禁渔区、禁渔期或者使用禁用的工具、方法捕捞水产品，情节严重的，处……"该条前半段指出了确定非法捕捞水产品罪的构成特征需要参照的其他法规，属于空白罪状的描述方式；后半段详细地描述了非法捕捞水产品罪的犯罪时间、地点、工具、方法、对象以及情节方面的特征，属于叙明罪状的描述方式。采用混合罪状描述方式，是由某些犯罪的特殊性决定的。刑法分则条文中属于混合罪状的犯罪为数不多[1]。其实，在《刑法》第 340 条的规定中，所谓"在禁渔区、禁渔期或者使用禁用的工具、方法"正是对作为行政法的水产资源法规禁止性内容的重申，而正是此内容重申使得非法捕捞水产品罪的犯罪构成特征得以被明确。由此，非法捕捞水

---

[1] 《刑法学》编写组编：《刑法学》（下册·各论），高等教育出版社 2019 年版，第 6 页。

产品罪的罪状与其说是所谓"混合罪状",毋宁就是叙明罪状,即其属于依据"前置法"即行政法予以叙明的叙明罪状。显然,如果《刑法》第 340 条规定"违反保护水产资源法规,……情节严重的,处……"则其所对应的非法捕捞水产品罪的罪状便明显属于空白罪状。

按照"叙明方式",叙明罪状可分为"定义式叙明罪状"和"铺垫式叙明罪状"。学者采用罪状的表达方式这一标准而将罪状分为明示式罪状、定义式罪状和隐含式罪状。所谓,明示式罪状是指刑法分则条文采用"……的,处……"表述方式中的罪状。我国刑法分则条文中的罪状绝大多数表现为明示式罪状。例如,《刑法》第 229 条第 1 款规定"承担资产评估、验资、验证、会计、审计、法律服务……等职责的中介组织的人员故意提供虚假证明文件,情节严重的,处五年以下有期徒刑或者拘役,并处罚金",其罪状就属于明示式罪状。定义式罪状,是指刑法分则条文采用"……,是……罪"表达方式中的罪状。我国刑法分则条文中的罪状有少数是定义式罪状。例如,《刑法》第 382 条第 1 款规定"国家工作人员利用职务上的便利,侵吞、窃取、骗取或者以其他手段非法占有公共财物的,是贪污罪"。这些条文中的罪状属于定义式罪状。隐含式罪状是指刑法分则条文未对具体犯罪构成要件作出明确的表述,尚需加以理论推导的罪状。我国刑法分则条文中的极少数罪状属于隐含式罪状。例如,《刑法》第 395 条第 1 款规定"国家工作人员的财产、支出明显超过合法收入,差额巨大的,可以责令该国家工作人员说明来源,不能说明来源的,差额部分以非法所得论,处五年以下有期徒刑或者拘役;……财产的差额部分予以追缴"。第 2 款规定"国家工作人员在境外的存款,应当依照国家规定申报。数额较大、隐瞒不报的,处二年以下有期徒刑或者拘役;……"其罪状属于隐含式罪状[1]。前述虽然是学者采用罪状的表述方式这一标准而形成的罪状分类的论断,但其对于我们重新理解叙明罪状颇有启发:虽然将巨额财产来源不明罪的罪状说成是所谓"隐含式罪状",但"国家工作人员的财产或者支出明显超过合法收入,差额巨大的,可以责令说明来源"恰恰是对巨额财产来源不明罪的罪状,从而是其犯罪构成给予了一种"铺垫式说明",故名为"隐含"而实为"揭明"。至于 395 条第 1 款则可视为对该条第 1 款的"立法推定"。于是,叙明罪状本身也就是所谓"明示式

---

〔1〕　刘树德:"罪状论",中国人民大学 2000 年博士学位论文,第 145 页。

罪状"，其可进一步细分为定义式叙明罪状（明示罪状）和铺垫式叙明罪状。

按照"叙明类型"，叙明罪状可分为单项叙明罪状和列项叙明罪状。学者还采用行为数目标准而将罪状分为单集罪状和复集罪状。所谓单集罪状，是指罪状类型化的具体行为具有单一性，不能再作相对细分的罪状，我国刑法分则中绝大多数罪状属于单集罪状。例如，《刑法》第109条之罪状"国家机关工作人员在履行公务期间，擅离岗位，叛逃境外或者在境外叛逃的，……"所谓复集罪状，是指罪状类型化的具体行为具有复合性，尚可再作相对细分的罪状，我国刑法分则中少数条文的罪状属于复集罪状，例如，《刑法》第163条中的罪状分为第1款的"公司、企业或者其他单位的工作人员，利用职务上的便利，索取他人财物或者非法收受他人财物，为他人谋取利益，数额较大的"和第2款的"公司、企业或者其他单位的工作人员在经济往来中，利用职务上的便利，违反国家规定，收受各种名义的回扣、手续费，归个人所有的"，等等[1]。从学者具体例证来看，所谓单集罪状和复集罪状都是叙明罪状，故其所谓单集罪状和复集罪状的分类便在叙明罪状的分类上又通过"行为数目"而给予我们新的启发：叙明罪状又可进一步细分为单项叙明罪状和列项叙明罪状。可见，学者所谓罪状类型化行为的单复性，隐含着行为类型标准，故所谓单集罪状与复集罪状的分类不如直接用"叙明类型"这一标准予以明确，且形成单项叙明罪状与列项叙明罪状的对应，以使得叙明罪状的叙明特征更加清晰。其实，巨额财产来源不明罪的两款规定，也可视为设置了列项叙明式罪状。

最后，需要捎带叙明罪状的立法模式问题。学者指出，叙明罪状是基本罪状中最具典型性的罪状，也是最能实现罪刑法定原则中罪之法定性和明确性要求的罪状，故叙明罪状被世界许多国家刑法加以使用，并占各国刑法分则性条文中所有罪状的绝对多数。从应然的角度，叙明罪状是安置具体犯罪构成要件的最优化手段，是立法者实现罪之明确性达到"帕累托状态"的重要途径。但从实然角度，叙明罪状有时因各种原因处在"叙而不明"或"叙而太明"的状态之中。因此，可采取"点""面"相结合的方法，对我国刑法中的叙明罪状作总体性的评价[2]。首先，"叙而不明"的罪状实质上就不

---

〔1〕 刘树德："罪状论"，中国人民大学2000年博士学位论文，第144页。

〔2〕 刘树德："罪状论"，中国人民大学2000年博士学位论文，第173页。

是叙明罪状，且其有可能就是或至少接近简单罪状。但特别是"叙而太明"的罪状，其又可能造成"法网过疏"而放纵犯罪的局面。因此，叙明罪状的立法模式问题值得进一步的讨论。

三、引证罪状

引证罪状也是按照特征分类得出的一个罪状概念。引证罪状的问题包含引证罪状的定义和引证罪状的特征两个方面的内容。

（一）引证罪状的定义

引证罪状的定义，当然是引证罪状理论首先要解答的问题。对于引证罪状的定义，学者对代表性的观点作了如下概括：①引证罪状，即为了确定某些犯罪的特征而引用了刑法中的其他条文；②引证罪状，即引用同一法典的其他条款来说明和确定某一犯罪构成的特征；③引证罪状，就是引用同一条文中的第一款来确定某一犯罪构成的特征；④引证罪状，即只引用刑法分则其他条文或款项的名称来说明某一犯罪的特征；⑤引证罪状，即条文本身对某一犯罪的特征未作描述，确定这种犯罪的构成特征要引用本法其他条文说明；⑥引证罪状，是指引用刑法分则中的其他罪状来说明和确定某一具体犯罪构成特征的罪状；⑦引证罪状，即在条文中不直接表述某一犯罪的具体特征，而是援引刑法其他条款的规定来说明和确定某一犯罪构成的特征，具体包括引用同条前一款说明后一款和援引其他条文；⑧引证罪状，即引用刑法分则的其他条款来说明和确定某一犯罪构成的要件，具体包括引用同条前款和引用其他条文；⑨引证罪状，即引用刑法分则的其他条款来说明和确定某一犯罪构成的要件，具体包括引用同条前款的规定来说明后款的犯罪构成要件和引用刑法其他条文来确定某一犯罪的构成要件。针对前述代表性观点，学者指出，引证罪状的定义必须辨析以下两个问题：一是引证罪状的援引对象问题。对援引对象的不同理解，势必影响引证罪状外延的范围确定。显然，引证罪状概念分歧的消除，有必要对刑法的体系有清楚的认识。在现代世界各国，刑法规范并不仅仅存在于刑法典之中，同时也存在于单行刑法和附属刑法之中，亦即各国都存在广义的刑法即刑法典、单行刑法和附属刑法之总和。其中，单行刑法和附属刑法的内容大多属于刑法分则性规范，但也有个别总则性规范。可见，界定引证罪状的援引对象应立足于整个刑法的体系，否则就会导致片面的认识。二是引证罪状的立足依据问题。以往的引证罪状定义大都认为引证罪状是引用其他条文（或款项）来说明和确定具体犯罪构成的特征（要件），但其所理解的"某一犯罪构成的特征"并不完全相同，亦即各种定义对引证罪状中"援引"的指称以及援引的目的的理解存在差别：①"犯罪构成特征"是仅限于单独犯罪，还是也包括共同犯罪；②"犯罪构成特征"是仅指独立的犯罪构成还是也包括派生的犯罪构成；③"犯罪构成特征"能否包含适用法定刑的条件；④"犯罪构成特征"是否包括所有要件要素。于是，学者得出引证罪状的定义：引证罪状是基本罪状的下属概念，是立法者在刑法分则性罪刑式条文中援引其他条文对独立的具体犯罪构成要件的类型化表述[1]。如何看待学者在梳理以往观点基础上所提出的引证罪状的定义呢？

在本著看来，学者在梳理和剖析以往代表性观点基础上所得出的引证罪状的定义，仍可予以讨论，而同样的问题是：任何一种类型的罪状都是一种"类型化表述"；罪状的描述对象或表述对象应为犯罪构成要件事实，而非犯罪构成要件本身，更非"构成要件要素"；既然引证罪状是基本罪状的下属概念，则引证罪状的定义或界定应将"罪状"作为定义项的"中心词"，以点明被定义项的外延。于是，我们可得：引证罪状，是借用其他罪状且通过在主体要件或主观要件等方面的事实附加而得以形成的罪状。在本著所提出的引证罪状的定义中，"引用"的对象不是"其他条款"而是"其他罪状"，而"事实附加"不仅暗含着对罪状描述对象的再次强调，即罪状描述的对象是构成要件事实，而且形象地揭示了引证罪状规范内容的形成过程。

（二）引证罪状的特征

正如简单罪状和叙明罪状，引证罪状也必有其特征。学者指出，引证罪状具有以下特征：①引证罪状形式上的独立性。引证罪状是基本罪状之下的独立的概念，与简单罪状、叙明罪状和空白罪状相并列，其所设置的具体构成要件能反映具体犯罪的罪质，因而蕴含着相应的独立罪名。显然，引证罪状的独立性可使其区别于其他不包含独立罪名的援引式条文。②引证罪状内容上的依附性（援引性）。引证罪状是通过援引其他条文的方式对具体犯罪构成要件作类型化表述，故引证条文本身所类型化的具体犯罪构成要件及要素依赖于被引证条文。显然，引证罪状的援引性可使其与简单罪状、叙明罪状、

---

[1] 刘树德："罪状论"，中国人民大学 2000 年博士学位论文，第 203～213 页。

空白罪状区别开来[1]。首先，学者所谓引证罪状的形式独立性特征的理由也几乎存在于简单罪状、叙明罪状和空白罪状之中，从而独立性也可称为简单罪状、叙明罪状和空白罪状的特征。可见，强调引证罪状的形式独立性特征，撇开其逻辑可行性，至少是没有意义的，但学者对"依附性"特征的强调至少从某个角度是值得肯定的。在本著看来，既然引证罪状是引用刑法分则中的其他条款的内容即"被引用罪状"才得以说明内含或确定内容的罪状，则可将"承接性"视为引证罪状的一个特征。由于被引用的其他条款本身也对应着特定的罪状，而引证罪状又是在该罪状的基础上通过附加特定主体要件或罪过形式要件而得以形成，故引证罪状又有"附加性"特征。由此，"承接性"（"衔接性"）可视为引证罪状的一次特征或初始特征，"附加性"可视为引证罪状的二次特征或附加特征。这里，将"附加性"视为引证罪状的二次特征或附加特征，可以避免所谓按"论理解释"被引证的罪状只能是加重罪状这一认知偏差[2]，因为诸如"过失犯前款罪"的引证罪状，显然因强调罪过的降低而导向较轻的刑罚，即其为"减轻罪状"。进一步地，"承接性"（"衔接性"）与"附加性"便共同勾画出引证罪状的结构性或构造性。

（三）引证罪状有关说辞的澄清

引证罪状可分为两种类型：一是不创设新罪的引证罪状，如刑法分则中"单位犯前款罪的"条款便不发生新罪名的创设，其不过是明确了前款罪的单位犯罪主体而已；二是创设新罪的引证罪状，如刑法分则中"过失犯前款罪的"条款便规定了前款行为的过失犯罪[3]。于是，有关引证罪状的"似是而非"的说法需要澄清，因为有关说辞似与引证罪状的分类有关。教材指出，我国刑法关于引证罪状的规定大体有两种情况：一是引用同条前款的规定来说明后款的犯罪构成特征。例如，《刑法》第307条之一第4款规定："司法工作人员利用职权，与他人共同实施前三款行为的，从重处罚；……"二是引用刑法其他条文来确定具体犯罪构成特征。例如，《刑法》第247条规定："司法工作人员对犯罪嫌疑人、被告人实行刑讯逼供或者使用暴力逼取证人证言的，处三年以下有期徒刑或者拘役。致人伤残、死亡的，依照本法第二百

[1] 刘树德："罪状论"，中国人民大学2000年博士学位论文，第213页。
[2] 刘树德："罪状论"，中国人民大学2000年博士学位论文，第215页。
[3] 刘艳红主编：《刑法学》（下），北京大学出版社2016年版，第11页。

三十四条、第二百三十二条的规定定罪从重处罚。"[1]引证罪状本是有关具体犯罪构成的确定或明确的话题，但前述所谓两种情况的举例却都不属于引证罪状的举例，或曰无法例证引证罪状，因为《刑法》第307条之一第4款的规定，只是一个司法工作人员涉身妨害作证犯罪应"从重处罚"的规定；而《刑法》第247条对于司法工作人员在刑讯逼供过程中"致人伤残、死亡的，依照本法第二百三十四条、第二百三十二条的规定定罪从重处罚"的规定，又只是一个转化犯从重处罚的规定。

引证罪状是引用刑法分则中的其他条款来说明和确定某一犯罪构成要件的罪状。使用引证罪状是为了避免文字的啰唆重复，以求条文精炼[2]。引证罪状表现为引用刑法的其他条款来说明和确定某一犯罪的构成特征，其特点是条文简练、避免重复[3]。由于"前款罪"应被推定为已经具有预测可能性和符合罪刑法定原则，故所谓"条文简练、避免重复"便意味着引证罪状也是预测可能性原理和罪刑法定原则的一种体现，从而也是符合刑法立法的一种"经济性"和科学性的要求的。引证罪状将引起刑法之内的体系性法解释问题。

四、空白罪状

空白罪状同样是按照特征分类得出的一个罪状概念。空白罪状的问题包含空白罪状的定义、空白罪状的特征和空白罪状的功能等方面的内容。

（一）空白罪状的定义

空白罪状的定义，当然是空白罪状理论首先要解答的问题。对于空白罪状的概念，学者对代表性的观点作了如下概括：①空白罪状，即为了确定某一犯罪的特征而参照其他法律或者法规，当某种犯罪牵连到对其他法规的破坏，而其特征又难以作出简明的表述，就采用空白罪状的方式；②空白罪状，即为了说明某一犯罪的特征，须参照其他法规的规定；③空白罪状，又称参见罪状，即在条文中为了说明某一犯罪的特征，而参照其他法规的规定；④空白罪状，又称参见罪状，即在条文中并不直接说明犯罪构成的特征，而只是指出这种行为所触犯的有关法规；⑤空白罪状，又称参见罪状，即条文

---

[1] 《刑法学》编写组：《刑法学》（下册·各论），高等教育出版社2019年版，第5页。

[2] 刘艳红主编：《刑法学》（下），北京大学出版社2016年版，第11页。

[3] 张明楷：《刑法学》（第6版），法律出版社2021年版，第854~855页。

中为了说明某一犯罪的特征要参照其他法律规定，其表达方式或者是指出某种犯罪违反某种其他法规和情节严重而刑法条文对犯罪行为的特征没有再予规定，或者指出某种行为违反其他法律规范而又对行为特征作了部分规定；⑥空白罪状，即在刑法规范中为了确定某一犯罪的构成要件，需要参照其他法律、法规的有关规定；⑦空白罪状，即在条文中为了说明某一犯罪构成，要参照其他法律、法规的规定；⑧空白罪状，是指罪刑规范没有具体说明某一犯罪的构成特征，但指明了必须参照的其他法律、法令；⑨空白罪状，又称参见罪状，即在罪状中仅规定某种犯罪行为，但其具体特征要参照其他有关法律、法规的规定来确定。前述观点的一致性体现为：①空白罪状自提出以来，刑法学界普遍予以认同；②空白罪状在我国刑法中肯定存在。空白罪状的最显著特征表现在其规定的具体犯罪构成特征（或要件）须参照其他法律、法规（或法令）的规定。前述观点的不一致性体现为：①空白罪状的载体是刑法条文还是罪刑规范；②空白罪状中未规定的是具体犯罪构成要件还是具体犯罪构成特征，且"要件"与"特征"是一码事还是两个问题；③为确定空白罪状中具体犯罪构成特征须参照的有关规定，是法律、法规还是法令、规章、制度，还是全部；④空白罪状是完全没有规定犯罪构成要件或要素还只是某些犯罪构成要件或要素规定不明确；⑤空白罪状的条文中是否必须明确写上"违反×××法规"；⑥混合罪状是一种独立的罪状还只是空白罪状的特殊形式；⑦空白罪状是否就是参见罪状。前述观点的一致性与差异性，特别是就差异性的争鸣与回答，将为重新界定空白罪状提供新的视角。其中，第①和第②两个问题关涉"罪状"的定义本身问题，而其余五个问题的解答才真正关涉空白罪状的界定。对于第③个问题，从我国现行的刑事法律规定来看，"法律""法规""规定""规章制度""管理规定"等都可以成为空白罪状中确定具体犯罪构成要件的参照依据。对于第④个问题，关键在于先弄清楚"犯罪构成要件"，而"构成要件"在不同法系中有其不同的内涵与外延。因此，我们在分析和界定空白罪状时，就应避免犯怀海德所说的"错置具体感的谬误"，否则就会引起不是基于同一语境的争论。进一步地，我们只能根据四种罪状各自突出的特点即描述方式的不同来加以整体区分，而不能仅凭条文描述的具体程度和要件多少而对四种罪状相互之间进行界定，否则就易得出否定空白罪状存在的结论。对于第⑤个问题，刑法条文中是否含有"违反×××法规"之类似文字，并不是决定该条文之罪状是否属空白罪状的本质依据，关键在于刑法条文规定的具体犯罪构成的行为要件的确定是否还需要参照其他相关规范或制度，故刑法条文中含有"违反×××法规"之类似文字的，其罪状未必就是空白罪状，而刑法条文中未含有"违反×××法规"之类似文字的，其罪状也未必就不是空白罪状，亦即判断罪状是否属于空白罪状，最终应以空白罪状的上述本质特征为依据。对于第⑥个问题，刑法学先前一直只将刑法分则条文中的罪状按描述方式的不同分为四大类，即简单罪状、叙明罪状、引证罪状和空白罪状。罪状分类的第五个提法即"混合罪状"是欠妥的，理由是：其一，混合罪状不符合分类的同一标准；其二，混合罪状的提出混淆了空白罪状与叙明罪状区别的关键标准；其三，"混合罪状"的提法未采取系统的而是片面的方法，未注意抓本质而是凭现象来分析问题；其四，"混合罪状"的提法未能将区分罪状种类的界限固定于刑法条文对具体犯罪构成行为要件（特指行为本身的状况，时间、地点、方法、工具包括在内，但行为对象应独立成为客体或对象要件）的描述方式上，故易导致分析和判断罪状种类的不同结论。经过对所列举的九种观点之间不一致性问题的梳理与辩驳，空白罪状应作如下表述：空白罪状是基本罪状的下属概念，是立法者在刑法分则性罪刑式条文中对行为要件要求参照相关规范或制度才能确定的具体犯罪构成要件的类型化表述〔1〕。如何看待学者在对以往空白罪状概念梳理基础上所提出的空白罪状的重新界定呢？

在本著看来，虽经一番梳理与辩驳，但学者所提出的空白罪状的概念同样应予进一步的讨论。而在明了空白罪状是当然的"类型化表述"，且同样应用"罪状"取代所谓"类型化表述"而作为定义项的中心词这一前提下，我们可得：空白罪状是参照前置法规范才能确定其内容的罪状。与引证罪状不同的是，引证罪状是将被引证条款中的罪状作为"基础"或"前身"，再通过对犯罪主体等要件事实予以"附加"而得以形成；而在空白罪状中，行为人对前置法的违反情状构成了空白罪状的直接内容，从而空白罪状及其所对应的刑法规范的明确性在根本上决定于前置法的明确性。

（二）空白罪状的特征

正如简单罪状、叙明罪状和引证罪状，空白罪状也自有其特征。学者指出，空白罪状没有具体说明某一犯罪的成立条件，但指明了必须参照的其他

---

〔1〕 刘树德："罪状论"，中国人民大学 2000 年博士学位论文，第 216~231 页。

法律、法令，故空白罪状的法条也称为"空白刑法"或"白地刑法"。从没有具体说明犯罪的成立条件，是空白罪状；而从指明了必须参照的法律、法令，则是参见罪状。之所以采用空白罪状，是因为某些犯罪首先以触犯其他法规为前提，行为内容在其他法规中已有规定，刑法条文又难以作简短表述，故空白罪状的特点是参照其他法规，避免复杂表达[1]。显然，不能将"空白"作为空白罪状的特征表述。学者指出，空白罪状具有以下特征：其一，空白罪状是立法者在刑法分则性罪刑式条文中对特定具体犯罪构成要件的类型化表述。首先，空白罪状作为基本罪状的一个属类，具备罪状的共性特征，空白罪状只能由享有刑事立法权的立法者才能设定。其次，空白罪状也只能存在于刑法分则性条文之中，故空白罪状也只能对具体犯罪构成的部分要件进行类型化表述，而其他要件则由总则性条文加以反映。其二，空白罪状的最本质特征在于被其类型化的具体犯罪构成的行为要件本身必须参照其他有关规范或制度。该特征也是其区别于其他基本罪状（简单罪状、叙明罪状、引证罪状）之关键标准。具言之，首先，被参照的对象仅限于具体犯罪构成的行为要件。"行为要件"特指我国犯罪构成要件体系中犯罪客观方面的部分要件即行为本身（包括时间、地点、方法、手段、工具），而不包括对象要件和结果要件。其次，被参照的依据既包括享有立法权的主体制定的规范性文件（例如《刑法》第 135 条之"交通运输法规"），也包括特定的其他主体（其本身不享有立法权）制定的管理规章或制度（例如《刑法》第 134 条之"规章制度"）。最后，被参照的依据并不一定在刑法条文中加以明确表述（例如《刑法》第 151 条至第 153 条）[2]。在本著看来，所谓第一个特征即"空白罪状是立法者在刑法分则性罪刑式条文中对特定具体犯罪构成要件的类型化表述"不成其为空白罪状的特征，因为该"特征"也为简单罪状、叙明罪状和引证罪状所具有；而所谓空白罪状的第二个特征即"被其类型化的具体犯罪构成的行为要件本身必须参照其他有关规范或制度"在某种意义上是能够成立的，但其尚须进一步的揭示。正如简单罪状并不"简单"，空白罪状并不"空白"。当空白罪状就是法定犯即行政犯的罪状，而法定犯即行政犯本是严重的行政违法行为，则对应着法定犯即行政犯的"二重违法性"，即刑事

---

[1] 张明楷：《刑法学》（第 6 版），法律出版社 2021 年版，第 855 页。

[2] 刘树德："罪状论"，中国人民大学 2000 年博士学位论文，第 231 页。

违法性内含着行政违法性，空白罪状便存在着行政法层面和刑法层面的二重描述，即刑法不法的情状内含着行政不法的情状，亦即空白罪状是行政不法情状与刑法不法情状的叠加。进一步地，与法定犯即行政犯的"二重违法性"相呼应，空白罪状的解释便是刑法解释内含着行政法解释，即其是行政法解释与刑法解释的叠加。由此，"叠加性"可视为空白罪状的一个特征，且让我们看到空白罪状的"名空实实"真相。又因法定犯即行政犯是严重的行政违法行为，且如罪状中"违反……"的表述，"前置性"便可视为空白罪状的又一特征。

（三）空白罪状的功能

空白罪状的功能，是值得我们进一步关注的理论问题。空白罪状具有不同于简单罪状、叙明罪状和引证罪状的特别功能。学者指出，空白罪状首先具有保持刑法典相对稳定的功能。在现当代各国，刑法典总是处于刑法规范体系的核心和主导地位，同时享有权威性。空白罪状之所以具备稳定刑法典的功能，是由其最本质的特征所决定的。行为具有一定的社会危害性，是犯罪最基本的特征，也是刑事立法者将其犯罪化的最根本依据，但社会危害性又是一个历史范畴，即社会危害性会随社会的发展、变化而发展、变化。马克思曾指出："无论是政治的立法或是市民的立法，都只是表明和记载经济关系的要求而已。"〔1〕这就意味着任何立法都应遵循经济发展的客观规律，并根据其背后的物质生活条件的变化而作出相应的修改。但是，刑法典中罪刑规范（特别是经济刑法规范）的废、改、立总是具有相对于社会形势发展的滞后特性，并且出于权威性，刑法典本身又不能频繁修改，故刑法典就必须处理好"应变"（出于社会形势的变化）与"不应变"（出于权威性的维护）两者之间的关系。而空白罪状的内在结构，恰恰既能满足"应变"的需要，又能满足"不应变"的需要，前者由空白罪状所需参照的其他有关法规或制度所承担，后者则由刑法条文对空白罪状具体犯罪构成要件的类型化表述来确保〔2〕。

另外，空白罪状具有严密刑法典法网的功能。现代社会越来越复杂化，刑法作为其他部门法的保障法，刑法之网相应地也就应予以扩大和严密。立法者可以采取多种立法方法来编织刑法严密之网，如采用"堵截构成要件"

---

〔1〕《马克思恩格斯全集》（第4卷），人民出版社1958年版，第121~122页。

〔2〕 刘树德："罪状论"，中国人民大学2000年博士学位论文，第233~235页。

等，而空白罪状的采用也具有严密刑法典法网的功能。如果立法者在刑法条文中一一将有关违反相关规范或制度的行为予以详细具体的描述，当然也能达到严密刑法之网的目的，但将增添法典繁琐之弊。相反，空白罪状的采用则既可达到严密法网之功效，又可避免法典之繁琐。当然，空白罪状的严密法网的功能也应有"度"的限定，否则将有不利于保障人权，故空白罪状的使用通过恪守"法律（刑法）不理琐细之事"[1]，以体现刑法的谦抑性和必要性原则[2]。

再就是，空白罪状具有促进非刑事法律立法完善的功能。一方面，空白罪状将促使非刑事法律规范"处理"部分的明确化。空白罪状中的具体构成行为要件是由被参照的法规或制度来加以确定的，故为了司法机关确定具体犯罪构成要件，被参照的法规或制度应对其"处理"部分作出详细、具体的描述。否则，"含混无效原则"将使得规定空白罪状的刑法条文归于无效或被虚置成"海市蜃楼"，进而使得司法机关要么主观臆断入罪，要么放任自流出罪。另一方面，空白罪状将促进非刑事法律"法律责任"部分的完善。首先，非刑事法律应将相关的一般违法行为全都纳入"法律责任"部分；其次，应尽量明确规定决定行为社会危害性的所有相关因素或情节，从而便于司法机关正确认定空白罪状所规定的具体犯罪构成所包含的行为种类以及是否达到"情节严重"的程度。最后，空白罪状将促进非刑事法律中刑法规范的完善，即空白罪状可以使得非刑事法律中的刑法规范能够采用照应性规定的方式（即在非刑事法律刑法规范中指明按照刑法典规定相关空白罪状的条文处罚），以代替那种笼统含糊的"依法惩处"或"依法追究刑事责任"的规定方式，从而使得整个刑事法律规范体系相互协调，进而有助于普通公民的守法和执法机关的执法[3]。如何看待学者对空白罪状特殊功能所作的前述概括呢？

在本著看来，学者所概括的空白罪状的特殊功能是值得肯定的，而其值得肯定之处在于：保持刑法典相对稳定的功能、严密刑法典法网的功能和促进非刑事法律立法完善的功能，都可集中表述为"立法完善功能"。但空白罪状的特殊功能仍可予以重新梳理和作出新的表述：如果我们只将目光聚焦于

---

[1] 张明楷：《刑法格言的展开》，法律出版社 1999 年版，第 102~103 页。
[2] 刘树德："罪状论"，中国人民大学 2000 年博士学位论文，第 235~237 页。
[3] 刘树德："罪状论"，中国人民大学 2000 年博士学位论文，第 237~238 页。

刑法典自身，则空白罪状的功能体现为其能够赋予刑法典以"弹性稳定"和"动态权威"，因为"导引"空白罪状的前置法是适时照应社会生活的发展变化的；如果我们将目光从刑法典自身扩展开来，则空白罪状所对应的刑法司法将通过"倒逼"前置法在"处理"和"法律责任"乃至其刑法规范层面的立法完善，以最终实现"法体系"在制度层面的协调性和实践层面的衔接性。易言之，空白罪状具有"体系性功能"。学者指出："法在自己的任何部分既可以成为自由的生命，也可以成为奴役和专横的工具；既可以成为社会利益的妥协，也可以成为压迫的手段；既可以成为秩序的基础，也可以使专制的暴政和无法无天的局面合法化。也许，每种法学概念的益处和社会意义就在于通过对其他法学概念的薄弱方面的批判来阐明法律本身的消极性和危险倾向。"〔1〕当空白罪状"数量繁多并将继续增加，是现代化时代刑法所特有的现象，是不可避免的过程"，〔2〕而其"行为规范与惩罚规范在法条上的分离"的状态又受到合宪性的质疑，〔3〕则"空白罪状是一种利弊共存的罪状形式，其利在于'空白'，其弊也在于'空白'"。〔4〕于是，空白罪状之"空白"之弊之克制，根本在于填补"空白"所依据的前置法的完善状况，而前置法的完善状况在相当程度上是空白罪状的刑法司法所"倒逼"出来的，且此"倒逼"隐含着空白罪状及其刑法规范的明确性"倒逼"前置法的明确性。

进一步地，空白罪状将引起超出刑法的体系性法解释问题，从而是司法解释层面的"法际衔接"问题，正如为了避免将行政违法行为犯罪化处理，减少行政犯认定的过度抽象危险化、口袋化倾向，应当以刑法条文中的空白罪状为中介，厘清行政违法、刑事违法在行政犯认定中的位阶关系，关注空白罪状的规范属性与解释适用规则，强化空白罪状要素在构成要件认定中的体系性地位，通过空白罪状要素的构成要件化，将行政犯的认定最终归结于刑法判断〔5〕。在本著看来，空白罪状也可视为隐形罪状。由于空白罪状所对

〔1〕［苏联］О. З. 列依斯特："三种法律思想"，李亚南译，载《外国法译评》1993 年第 1 期，第 83 页。

〔2〕［苏联］И. С. 戈列利克等：《在科技革命条件下如何打击犯罪》，王长青、毛树智译，群众出版社 1984 年版，第 50~51 页。

〔3〕王世洲：《德国经济犯罪与经济刑法研究》，北京大学出版社 1999 年版，第 157 页。

〔4〕陈兴良主编：《刑法各论的一般理论》，内蒙古大学出版社 1992 年版，第 215 页。

〔5〕于冲："行政违法、刑事违法的二元划分与一元认定——基于空白罪状要素构成要件化的思考"，载《政法论坛》2019 年第 5 期，第 95 页。

应的行政犯原本是严重的行政违法行为，即行政犯具有"双重违法结构"，故空白罪状是行政法和刑法共同规定的罪状，从而具有"定性（行政违法）＋定量＝新的定性（刑事违法）"的内在结构。在某种意义上，行政犯的罪刑法定性及其明确性包含且首先是行政法层面的法定性与明确性。因此，空白罪状的理解和把握应将行政违法的"性状"作为前提或基础，并且在前置性规范的变动适用中，应承认前置性规范的刑法间接渊源地位，以实质的罪刑法定原则为判断基准，前置性规范的溯及力应按照从旧兼从轻的适用规则[1]。由于空白罪状的理解和把握实即行政犯的解释，故行政犯的解释即空白罪状的解释便在"双重违法性"的结构中以相应前置法的解释为基础，从而相应前置法的解释的妥当性便"奠基"着行政犯解释的妥当性。而在此背后，便是前置法的明确性便"奠基"着行政犯的明确性问题，正如空白罪状的本质特征在于刑法条文本身未对具体犯罪构成的行为要件作出具体、明确的表述，而是由相关的规范或制度加以具体、明确的表述[2]。

由此，空白罪状的"体系性功能"，不仅要作立法层面的理解，即其为"协调性立法"，而且要作司法层面的把握，即其为"衔接性司法"。空白罪状的"体系性功能"，正如陈忠林教授指出，意大利刑法学界认为，在"空白规范"中，"实际上是由行政法规在规定犯罪的全部构成要件"[3]。最终，空白罪状的功能可用"良法善治"予以高度凝练。

（四）空白罪状有关说辞的澄清

空白罪状的有关说辞需经辨析以澄清。学者指出，空白罪状存在以下两种表现形态：一是刑法分则性条文仅指明"违反×××规定"之类似表述，不再对犯罪构成行为要件有任何表述，此即"完全空白罪状"（"绝对空白罪状"）。例如，《意大利刑法典》第650条规定"不遵守主管机关为维护正义、公共安全、公共秩序或者卫生而依法发布的规定的，如果行为不构成更为严重的犯罪，处以3个月以下拘役或者40万里拉以下的罚款"[4]。德国经济刑法中也存在"完全的空白罪状"，具体包括：一是直接引述同一部法律中的其

---

[1]　陈兵："空白罪状适用的规范性解释——以前置性规范为中心"，载《西南政法大学学报》2014年第2期，第96页。

[2]　刘树德："罪状论"，中国人民大学2000年博士学位论文，第239页。

[3]　陈忠林：《意大利刑法纲要》，中国人民大学出版社1999年版，第19页。

[4]　黄风译：《意大利刑法典》，中国政法大学出版社1998年版，第199页。

他具体说明性规定，如《德国反限制竞争法》（GWB）第 38 条第 1 款第 8 点规定的违反秩序行为，即"违反本法第 25 条或者第 26 条禁止性规定的，处……"；二是引述其他法律的规定，如《德国经济犯罪法》第 1 条第 1 款规定，"违反《经济保障法》第 18 条规定的，处 5 年以下有期徒刑或者罚金"，又如《烈酒专卖法》第 122 条规定，"违反专卖规定的，根据《税法》第 370 条第 1 至 3 款处罚"；三是采用"混合方式"，即将经济法中的一部分禁止性行为改写后，将其规定在惩罚规定中，对于其他部分则还要引述同一部或者其他法律里的其他的规定，如《德国反限制竞争法》第 378 条第 1 款第 1 点规定，"无视"合同无效性的是违反秩序法的行为，但关于无效性的条件规定在该法第 1 条之中[1]。就我国而言，《刑法》第 436 条规定"违反武器装备使用规定，情节严重，因而发生责任事故，致人重伤、死亡或者造成其他严重后果的……后果特别严重的……"第 331 条规定"从事实验、保藏、携带、运输传染病菌种、毒种的人员，违反国务院卫生行政部门的有关规定，造成传染病菌种、毒种扩散，后果严重的……后果特别严重的……"这些条文中的基本罪状也都是"完全空白罪状"。二是刑法分则条文对具体犯罪构成的行为要件作出类型化表述，但仍需参照其他有关规范或制度才能予以确定，此即"不完全空白罪状"（"相对空白罪状"）。从刑法条文本身是否含有"违反×××法规"之类似表述，又可分为两种情况：其一，刑法条文既存在"违反×××法规"的类似表述，又对具体犯罪构成的行为要件作出详细程度不等的类型化表述，如《刑法》第 340 条规定"违反保护水产资源法规，在禁渔区、禁渔期或者使用禁用的工具、方法捕捞水产品，情节严重的"、第 341 条第 2 款规定"违反狩猎法规，在禁猎区、禁猎期或者使用禁用的工具、方法进行狩猎，破坏野生动物资源，情节严重的"，该两条就对"非法捕捞水产品罪"和"非法狩猎罪"的具体构成行为要件作了详细的表述；其二，刑法条文未存在"违反×××规定"之类似表述，但对具体犯罪构成行为要件作了笼统的表述，如《刑法》第 152 条规定"以牟利或者传播为目的，走私淫秽的影片、录像带、录音带、图片、书刊或者其他淫秽物品的……情节严重的……情节较轻的……"此外，我国 1997 年《刑法》第 134 条规定"工厂、矿山、林场、建筑企业或者其他企业、事业单位的职工，由于不服管理、违反规章制度，或者

---

〔1〕 王世洲：《德国经济犯罪与经济刑法研究》，北京大学出版社 1999 年版，第 156~157 页。

强令工人违章冒险作业，因而发生重大伤亡事故或者造成其他严重后果的……情节特别恶劣的……"则同时具有上述两种类型的特点，从"不服管理、违反规章制度"来看，属于完全空白罪状，从"强令工人违章冒险作业"来看，则又属于不完全空白罪状。因此，或许可将1997年《刑法》第134条之罪状称之为"混合空白罪状"（当然其不同于"五分法"中的"混合罪状"）[1]。如何看待学者所谓"完全空白罪状"（"绝对空白罪状"）、"不完全空白罪状"（"相对空白罪状"）乃至"混合空白罪状"呢？

在本著看来，学者所谓"完全空白罪状"或"绝对空白罪状"并非"完全空白"或"绝对空白"，因为即便是在其所举的《意大利刑法典》第650条规定的例子中，"不遵守主管机关为维护正义、公共安全、公共秩序或者卫生而依法发布的规定的"，也是"不构成更为严重的犯罪"即"处以3个月以下拘役或者40万里拉以下的罚款"所对应的为本著所称的"隐形罪状"，或即便是在其所举的《德国经济犯罪法》第1条第1款规定的例子中，"违反经济保障法第18条规定的"，也是"处5年以下有期徒刑或者罚金"所对应的"隐形罪状"，又或即便是在其所举的《德国烈酒专卖法》第122条规定的例子中，"违反专卖规定的"，也是"根据《税法》第370条第1至3款处罚"所对应的"隐形罪状"。显然，"隐形罪状"不等于"无形罪状"即所谓"完全空白罪状"或"绝对空白罪状"。实际上，即便是在学者所举的所谓"完全空白罪状"或"绝对空白罪状"的例子中，如《刑法》第436条规定"违反武器装备使用规定，情节严重，因而发生责任事故，致人重伤、死亡或者造成其他严重后果的……后果特别严重的……"我们显然不能说"发生责任事故，致人重伤、死亡或者造成其他严重后果的"乃至"后果特别严重的"不是罪状内容；又如第331条规定"从事实验、保藏、携带、运输传染病菌种、毒种的人员，违反国务院卫生行政部门的有关规定，造成传染病菌种、毒种扩散，后果严重的……后果特别严重的……"我们显然不能说"违反国务院卫生行政部门的有关规定，造成传染病菌种、毒种扩散，后果严重的"乃至"后果特别严重的"也不是罪状内容。可见，立于罪刑法定原则，"完全空白罪状"或"绝对空白罪状"之谓是有失妥当的。

至于学者所称的"不完全空白罪状"或"相对空白罪状"，就其所列举

---

〔1〕　刘树德："罪状论"，中国人民大学2000年博士学位论文，第231~233页。

的第一种情形即"刑法条文既存在'违反×××法规'的类似表述，又对具体犯罪构成的行为要件作出详细程度不等的类型化表述"，如《刑法》第 340 条规定"违反保护水产资源法规，在禁渔区、禁渔期或者使用禁用的工具、方法捕捞水产品，情节严重的"或第 341 条第 2 款规定"违反狩猎法规，在禁猎区、禁猎期或者使用禁用的工具、方法进行狩猎，破坏野生动物资源，情节严重的"，本可视为一种"显形的叙明罪状"；就其所列的第二种情形即"刑法条文未存在'违反×××规定'之类似表述，但对具体犯罪构成行为要件作了笼统的表述"，如《刑法》第 152 条规定"以牟利或者传播为目的，走私淫秽的影片、录像带、录音带、图片、书刊或者其他淫秽物品的"，本可视为一种"隐形的简单空白罪状"。因此，空白罪状本来是不宜进行所谓"完全空白罪状"或"绝对空白罪状"与"不完全空白罪状"或"相对空白罪状"的分类的。实际上，"不完全空白罪状"或"相对空白罪状"已经意味着"不空白"了，而是所谓"混合空白罪状"，特别是继"违反……"之后又作详细描述的所谓"混合空白罪状"就"更不空白"了。因此，"完全空白罪状"或"绝对空白罪状"与"不完全空白罪状"或"相对空白罪状"的对应，且又多出一个所谓"混合空白罪状"，无疑是在空白罪状分类问题上"作茧自缚"。

实际上，学者所谓"不完全空白罪状"或"相对空白罪状"宜称为"混合罪状"，而诸如《刑法》第 340 条规定"违反保护水产资源法规，在禁渔区、禁渔期或者使用禁用的工具、方法捕捞水产品，情节严重的"或第 341 条第 2 款规定"违反狩猎法规，在禁猎区、禁猎期或者使用禁用的工具、方法进行狩猎，破坏野生动物资源，情节严重的"，将其视为一种"显形的叙明罪状"便意味着就是叙明罪状，而在这种类型的叙明罪状中，"违反……"是对后面的具体内容的"导读"，从而是一种更加名副其实的叙明罪状，但此时的叙明罪状已经采用了一种更加复杂的描述方式。进一步地，若采用罪状描述方式的"单复"这一标准，我们可将罪状分为"混合罪状"和"单一罪状"。其中，"单一罪状"可对应简单罪状和叙明罪状，而"混合罪状"可对应引证罪状和空白罪状，因为引证罪状毕竟是在被引证条文所对应的罪状基础上有所"修正"或"附加"，而空白罪状又毕竟是将前置法所对应的违法行为行状作为自身罪状的直接内容。

简单罪状并不"简单"，而空白罪状并不"空白"。最终，简单罪状、叙明罪状、引证罪状与空白罪状的各自合理性应上升到刑法立法的科学性与经济性高度予以分别把握。

<h2 style="text-align:center">第四节　罪状的内容分类</h2>

罪状的内容分类，也是对罪状的一种分类。罪状实即犯罪事实的一个代名词，故当犯罪事实包括主观事实与客观事实，即犯罪事实以主观事实和客观事实为内容，则罪状在内容上也可相应地被分为主观罪状与客观罪状，亦即主观罪状与客观罪状是采用罪状所包含的内容这一标准而对罪状所作出的一种分类。

一、主观罪状与客观罪状的各自内容

分别对应着主观事实和客观事实，主观罪状与客观罪状又有着各自的具体内容。

（一）主观罪状的内容

当犯罪，无论是故意犯罪，还是过失犯罪，抑或犯罪的不同阶段形态乃至共同犯罪等，都是在犯罪主观活动的支配下所实施或形成的，则罪状必然形成主观层面的内容，从而得以形成主观罪状这一概念。于是，主观罪状是以主观内容为指向的罪状，即犯罪故意、犯罪过失、双重罪过、犯罪目的、犯罪动机、犯罪倾向乃至期待可能性甚或犯意转换，便构成了主观罪状的应有内容。

首先，故意或过失是主观罪状的当然内容。无论是故意及其具体包含，还是过失及其具体包含，都是行为人行为时主观恶性的直接反映，从而成为主观罪状的当然内容。以故意或过失是主观罪状当然内容为基础，双重罪过也能够合乎逻辑地成为主观罪状的当然内容。双重罪过是行为人对行为先后所能造成的基本结果与加重结果，或对行为同时造成的不同结果所形成的并存的罪过形式。行为人对行为先后所能造成的基本结果与加重结果所形成的双重罪过，如故意伤害致人死亡，行为人对基本结果即伤害和加重结果即死亡分别持有故意和过失两种罪过形式，且此两种罪过形式在行为实施时是"并存"的。行为人对行为同时造成的不同结果所形成的双重罪过，如强奸致人死亡，行为人对强奸和致人死亡分别持有对强奸的直接故意和对致人死亡的过失或间接故意，且此两种罪过形式在行为实施时也是"并存"的。双重罪过较单重罪过或单一罪过更能反映行为人的主观恶性深浅，故其在主观罪状中更应受到一番考量。

其次，犯罪目的、犯罪动机和犯罪倾向是主观罪状的应有内容。就犯罪目的而言，其可分为当然的犯罪目的和法定的犯罪目的。其中，当然的犯罪目的也可谓理论上的犯罪目的，其至少存在于诸如绑架、盗窃、诈骗、抢劫等所有直接故意犯罪中，其作为主观罪状的一种具体形态直接征表着行为人主观恶性及其再犯危险性的大小或深浅，从而说明着应受刑罚惩罚性的大小或深浅；而法定的犯罪目的即目的犯的犯罪目的，其作为主观罪状的一种具体形态直接说明着行为是否具有目的犯的应受刑罚惩罚性，从而说明目的犯本身是否成立。

就犯罪动机而言，其可分为当然的犯罪动机和法定的犯罪动机。其中，当然的犯罪动机也可谓理论上的犯罪动机，其至少存在于诸如绑架、盗窃、诈骗、抢劫等所有直接故意犯罪中，其作为主观罪状的另一种具体形态同样直接征表着行为人主观恶性及其再犯危险性的大小或深浅，从而说明着应受刑罚惩罚性的大小或深浅；而法定的犯罪动机即动机犯的犯罪动机，其作为主观罪状的一种具体形态直接说明着行为是否具有动机犯的应受刑罚惩罚性或应受刑罚惩罚性的深浅，从而说明动机犯本身是否成立或其可谴责性大小。教材指出，犯罪动机不属于犯罪构成要件，一般不直接影响犯罪的性质，但不排除犯罪动机在个别情况下会对定罪发生一定影响。如对某些"情节犯"而言，犯罪动机是衡量情节是否严重或恶劣的一个重要因素，故定罪时应予考虑。但刑法分则的个别条文明确规定了犯罪动机的量刑作用，如《刑法》第 397 条把"国家机关工作人员徇私舞弊"这一动机作为滥用职权罪和玩忽职守罪的加重情节[1]。实际上，按照犯罪动机对定罪量刑的影响，其可分为定罪动机和量刑动机。其中，定罪动机是指特定动机的有无直接影响动机犯本身是否成立的动机，如徇私枉法罪中的"徇私"动机；而量刑动机又可分为酌定的量刑动机如"图财害命"还是"大义灭亲"和法定的量刑动机如滥用职权和玩忽职守犯罪中的"徇私舞弊"。

就犯罪倾向而言，犯罪倾向是存在于行为人的一种较为持久、稳定的人

---

[1] 《刑法学》编写组编：《刑法学》（上册·各论），高等教育出版社 2019 年版，第 184 页。

格结构，其能够较为稳定地说明行为人行为时的主观恶性与行为之后的再犯危险性即人身危险性，故其能够成为主观罪状的逻辑内容。

再次，犯意转化也可归属于主观罪状的逻辑内容。犯意转化包括"犯意升高"和"犯意降低"两种情形，其直接说明行为人主观罪过的前后变化，从而说明行为人再犯危险性的强弱变化，故犯意转化动态地揭示着主观罪状的发展变化，从而说明对行为人应受刑罚惩罚性的强弱变化。当犯罪事实是由主观情节和客观情节所有机构成，则主观罪状便与主观情节形成了直接对应。

最后，期待可能性也可纳入主观罪状的讨论。期待可能性的有无及其强弱直接说明行为人主观罪过性及其再犯危险性的有无及其强弱，故期待可能性也可归属于主观罪状的逻辑内容。

（二）客观罪状的内容

所谓客观罪状是以各种犯罪客观方面因素为指向的罪状，其不仅指向由时间、地点、行为手段、行为过程乃至因果关系等所构成的犯罪客观方面要件，而且指向行为对犯罪客体或法益的侵害状况。易言之，客观罪状包含着事实因素和价值因素，或曰客观罪状是事实因素和价值因素的有机结合体，亦即客观罪状可分为事实性客观罪状和价值性客观罪状。其中，事实性客观罪状可细分为法定的事实性客观罪状和非法定的事实性客观罪状，前者如"在禁渔区、禁渔期或者使用禁用的工具、方法"所描述的非法捕捞水产品罪在犯罪时空或犯罪手段上的状况，或如"在禁猎区、禁猎期或者使用禁用的工具、方法"所描述的非法狩猎罪在犯罪时空或犯罪手段上的状况，或如结果犯或结果加重犯所要求的危害行为与危害结果因果关系的已然实现即其成就；后者则是指个案中自然形成的事实性客观罪状，而这里所说的"自然形成"可以指的是犯罪时间、地点和犯罪手段等的自然选择，也可以指的是在单人犯罪与二人以上共同犯罪之间是否"任意共犯"的选择。至于价值性客观罪状，则是指犯罪成立本身，或犯罪完成形态与犯罪未完成形态对犯罪客体的作用状态或法益侵害状态。由于客体侵犯或法益侵害不可能凭空产生，故对客观罪状予以事实性客观罪状和价值性客观罪状的分类，便隐含着"事实与价值一元论"的逻辑运用。

二、主观罪状与客观罪状的关系归结

由于主观罪状与客观罪状之间具有一种因果性，且能够相互说明，即主观罪状是一种"原因性罪状"，而客观罪状是一种"结果性罪状"，且客观罪状是主观罪状的一种能够说明行为人可谴责性深浅或应受刑罚惩罚性大小的外在体现或"证明"，故对罪状予以主观罪状与客观罪状的内容分类，便是主客观相统一原则在罪状分类问题上的一种具体运用或体现。同时，对罪状予以主观罪状与客观罪状的内容分类，也对应着犯罪构成。当我们把罪状视为犯罪构成通过犯罪构成要件（要素）予以描述的对象，而但凡任何一种犯罪构成模式都应是主客观相结合模式，具言之，英美双层式犯罪构成论中的"犯罪本体"即"犯意+犯行"直接体现的是主客观相结合，大陆法系三元递进式犯罪构成论中的"构成要件该当性""违法性"与"有责性"最终体现的是主客观相结合，而传统四要件犯罪构成论更是主客观要件的"整合"，则作为被描述对象的罪状便自然是主客观相结合，且可分为主观罪状与客观罪状。而当犯罪主观要件是犯罪构成的"核心要件"[1]，且犯罪主观要件是其他犯罪构成要件的"集中体现"[2]，则其便要求作为描述对象的罪状不仅要生成主观罪状的概念，而且主观罪状相对于客观罪状也显现出"核心罪状"的地位。于是，因果性、主客观相结合性与"核心罪状"，便对主观罪状与客观罪状的关系作了一种归结。

第五节　罪状的结构分类

罪状的结构分类是受学者所谓"独居罪状"与"合住罪状""封闭罪状"和"开放罪状"的启发而形成的一种整合和表述。

一、罪状的形式结构分类

学者按罪状是否构成单一的罪刑结构而将罪状分为"独居罪状"与"合住罪状"。所谓"独居罪状"，是指刑法分则条文只对单个的具体犯罪构成要件予以类型化的罪状。我国刑法分则条文中绝大多数的罪状属于"独居罪状"。例如，《刑法》第161条之罪状"……公司、企业向股东和社会公众提供虚假的或者隐瞒重要事实的财务会计报告，……严重损害股东或者其他人

---

〔1〕　陈忠林："论犯罪构成各要件的实质及辩证关系"，载陈兴良主编：《刑事法评论》（第6卷），中国政法大学出版社2000年版，第358~370页。

〔2〕　陈忠林：《刑法散得集》，法律出版社2003年版，第271~274页。

利益……" 所谓 "合住罪状"，是指刑法分则条文对多个具体犯罪构成要件予以类型化的罪状。我国刑法分则条文中少数罪状属于 "合住" 罪状，具体包括以下情形：①基于只是具体行为方法的不同。例如，1997 年《刑法》第 114 条规定 "放火、决水、爆炸、投毒或者以其他危险方法破坏工厂、矿场、油田、港口、河流、水源、仓库、住宅、森林、农场、谷场、牧场、重要管道、公共建筑物或者其他公私财产，危害公共安全，尚未造成严重后果的"。②基于只是具体行为对象的不同。例如，《刑法》第 118 条规定 "破坏电力、燃气或者其他易燃易爆设备，危害公共安全，尚未造成严重后果的……" ③基于只是具体行为种类和对象的持有者不同。例如，《刑法》第 127 条第 2 款规定 "抢劫枪支、弹药、爆炸物的，……或者盗窃、抢夺国家机关、军警人员、民兵的枪支、弹药、爆炸物的……" ④基于社会危害性大致相同。例如，《刑法》第 245 条规定 "非法搜查他人身体、住宅，或者非法侵入他人住宅的"。⑤基于主观形态的不同。例如，《刑法》第 398 条规定 "国家机关工作人员违反保守国家秘密法的规定，故意或过失泄露国家秘密，情节严重的……" 上述规定中的罪状都属于 "合住罪状"。[1] 在本著看来，所谓 "独居罪状"，实即 "一状一刑" 罪刑结构中的罪状；而所谓 "合住罪状"，实即 "多状一刑" 罪刑结构中的罪状。显然，"一状一刑" 罪刑结构中的罪状实即单一性罪状，而 "多状一刑" 罪刑结构中的罪状实即选择性罪状。于是，从表现形式看，单一性罪状和选择性罪状便可形成罪状结构的形式层面的分类。实际上，所谓 "合住罪状" 即选择性罪状，基本上就是选择性罪名所对应的罪状。

二、罪状的内容结构分类

学者又按罪状是否类型化了所有具体犯罪构成的要件要素而将罪状分为封闭罪状和开放罪状。所谓封闭罪状，是指刑法分则已经将具体犯罪构成要件的所有要素给予类型化的罪状。我国刑法分则中的罪状绝大部分属于封闭罪状。例如，《刑法》第 334 条第 1 款之罪状 "非法采集、供应血液或者制作、供应血液制品，不符合国家规定的标准，足以危害人体健康的" 等。所谓开放罪状，是指刑法分则只对具体犯罪构成要件的部分要素予以类型化的罪状，我国刑法分则中规定过失犯和不纯正不作为犯的条文中的罪状就属于

---

〔1〕 刘树德："罪状论"，中国人民大学 2000 年博士学位论文，第 149~150 页。

开放罪状。例如，《刑法》第 139 条之罪状"违反消防管理法规，经消防监督机构通知采取改正措施而拒绝执行，造成严重后果的"，其未对过失的注意义务加以类型化，而由具体办案的法官来加以确定；第 232 条之罪状"故意杀人的"，其未对不纯正不作为杀人的作为义务加以类型化，而由具体办案的法官来加以确定。[1]实际上，所谓封闭罪状，就是封闭性构成要件所对应的罪状；而所谓开放罪状，就是开放性构成要件所对应的罪状。而当这里的"封闭"或"开放"直接关系到对罪状内容的认知和确定，则所谓封闭罪状与开放罪状的对应，便形成罪状结构的内容层面的分类。

顺便要强调的是，罪状不存在"封闭"或"开放"之说，而只有犯罪构成要件存在"封闭"或"开放"之说。这就再次说明：犯罪构成通过犯罪构成要件及其要素而将罪状作为描述对象，而非相反，即并非罪状将犯罪构成及其要件（要素）作为描述对象。

第六节　罪状的功能分类

罪状的功能分类，依然是对罪状的一种分类。而所谓罪状的功能分类，是指按照罪刑关系的搭配功能这一标准而对罪状所作出的一种分类。由此，罪状可分为基本罪状、加重罪状与减轻罪状。

一、基本罪状

对照我国《刑法》的规定，只有极少数犯罪被设置了基本罪状，如医疗事故罪，其条文内容是"医务人员由于严重不负责任，造成就诊人死亡或者严重损害就诊人身体健康的，处三年以下有期徒刑或者拘役"；又如非法剥夺公民宗教信仰自由罪和侵犯少数民族风俗习惯罪，其条文内容是"国家机关工作人员非法剥夺公民的宗教信仰自由和侵犯少数民族风俗习惯，情节严重的，处二年以下有期徒刑或者拘役"；再如侵犯通信自由罪，其条文内容是"隐匿、毁弃或者非法开拆他人信件，侵犯公民通信自由权利，情节严重的，处一年以下有期徒刑或者拘役"。客观地看，只设置了基本罪状的个罪立法是不符合罪责刑相适应原则的，因为其忽略了个罪在客观危害和行为人的主观

---

[1]　刘树德："罪状论"，中国人民大学 2000 年博士学位论文，第 150 页。

恶性以及再犯危险性上的起码的"规模之别"即"大小之别"与"深浅之别"。因此，只被设置基本罪状的个罪立法是需要完善的。如医疗事故罪的立法，其应予完善之处对应其现有规定没有形成罪状分层而设置罪刑阶梯，而之所以说该罪现有立法未形成罪状分层而设置罪刑阶梯，是因为医务人员本来就负有救死扶伤的崇高责任，故不负责任而造成就诊人死亡或者严重损害就诊人身体健康是与其崇高责任背道而驰的。由此，医务人员不负责任而造成就诊人死亡或者严重损害就诊人身体健康应受到比一般的过失致人重伤或过失致人死亡更重的否定评价，即前者的社会危害性应重于后者，从而前者的法定刑理应重于后者的法定刑，或至少不应低于后者的法定刑，但本条只为医疗事故罪规定了担负刑罚即"三年以下有期徒刑或者拘役"。另外，与第336条规定的非法行医罪的最高法定刑即15年有期徒刑相比，则本条所规定的医疗事故罪的最高法定刑即3年有期徒刑也显得太低。须知非法行医罪的犯罪主观方面通常也是过失。本条所规定的刑罚所存在的问题已经被有人对罪刑均衡的实证研究所说明，因为其研究结论是医疗事故罪的罪级是7级，而其刑级是2级，配刑显属偏轻[1]。如此，则现行条文为医疗事故罪所规定的刑罚还应适当上调，并以情节是否严重及严重程度来界分不同刑度或刑档以形成罪刑阶梯。当然，医疗事故罪的情节是否严重及严重程度应主要以"不负责任"的程度及造成就诊人伤亡程度和人数来考察。最终，医疗事故罪立法完善后的表述可以是：医务人员由于不负责任，造成就诊人死亡或者严重损害就诊人身体健康的，处5年以下有期徒刑或者拘役；情节严重的，处5年以上10年以下有期徒刑；情节特别严重的，处10年以上有期徒刑。[2]

再如侵犯通信自由罪的立法，其应予完善之处同样对应其现有规定没有形成罪状分层而设置罪刑阶梯，而之所以该罪立法未形成罪状分层而设置罪刑阶梯，是因为本条所设定的"一年以下有期徒刑或者拘役"这一单一刑度或刑档远远匹配不了侵犯公民通信自由犯罪的现实危害性。侵犯公民的通信自由，重者可导致一次重要商机或入学或晋升机会的丧失而对一个人的切身利益带来讲是"遗憾终身"。可见，仅仅一个"情节严重的，处一年以下有期徒刑或者拘役"，便是忽略了对侵犯公民通信自由犯罪的社会危害性的全面考

---

[1]　白建军：《罪刑均衡实证研究》，法律出版社2004年版，第290页。
[2]　马荣春：《刑法完善论》，群众出版社2008年版，第367~368页。

察而陷入了罪责刑不相适应。最终，侵犯公民通信自由罪立法完善后的表述可以是：隐匿、毁弃或者非法开拆他人信件或非法阅读他人电子信件，情节严重的，处1年以下有期徒刑或者拘役；情节特别严重的，处1年以上3年以下有期徒刑（第1款）。邮政工作人员犯前款罪，情节严重的，处2年以下有期徒刑或者拘役；情节特别严重的，处2年以上5年以下有期徒刑（第2款）。[1]

前文以医疗事故罪和侵犯通信自由罪为例所说明的问题，从宏观上是"罪刑关系"问题，而从微观上则是单一的基本罪状问题。显然，单一的基本罪状的立法设置，不仅体现不了，反而是有损"罪责刑相适应原则"功能的，因为其脱离了"犯罪事实"的"规模层级"。

二、加减罪状

加减罪状包括加重罪状和减轻罪状，而加重罪状和减轻罪状是以基本罪状为"一般水平"或"常态水平"分别在上、下两个不同的方向上所形成的罪状概念。

顾名思义，加重罪状是以基本罪状为基础向上而形成的一种罪状。观照我国刑法分则对个罪的规定，加重罪状通常是以"情节严重"或"情节特别严重""造成严重后果"或"造成特别严重后果"为直观体现。于是，加重罪状本身也存在着等级划分。如现行《刑法》第238条规定："非法拘禁他人或者以其他方法剥夺他人人身自由的，处三年以下有期徒刑、拘役、管制或者剥夺政治权利。具有殴打、侮辱情节的，从重处罚。犯前款罪，致人重伤的，处三年以上十年以下有期徒刑；致人死亡的，处十年以上有期徒刑。使用暴力致人伤残、死亡的，依照本法第二百三十四条、第二百三十二条的规定定罪处罚。……"其中，"非法拘禁他人或者以其他方法剥夺他人人身自由的"是非法拘禁罪的基本罪状，"致人重伤的"是非法拘禁罪的一级加重罪状，而"致人死亡的"则是非法拘禁罪的二级加重罪状。同理，"故意伤害他人身体的"是故意伤害罪的基本罪状，"致人重伤的"是故意伤害罪的一级加重罪状，而"致人死亡或者以特别残忍手段致人重伤造成严重残疾的"则是故意伤害罪的二级加重罪状。同理，"盗窃公私财物，数额较大的"是盗窃罪

---

〔1〕 马荣春：《刑法完善论》，群众出版社2008年版，第287页。

的基本罪状，"数额巨大或者有其他严重情节的"是盗窃罪的一级加重罪状，而"数额特别巨大或者有其他特别严重情节的"则是盗窃罪的二级加重罪状。

顾名思义，减轻罪状是以基本罪状为基础向下而形成的一种罪状。观照我国刑法分则对个罪的规定，减轻罪状通常是以"情节较轻"为直观体现。如现行《刑法》第232条规定："故意杀人的，处死刑、无期徒刑或者十年以上有期徒刑；情节较轻的，处三年以上十年以下有期徒刑。"其中，"情节较轻的"便是故意杀人罪的减轻罪状。又如现行《刑法》第233条规定："过失致人死亡的，处三年以上七年以下有期徒刑；情节较轻的，处三年以下有期徒刑。……"其中，"情节较轻的"便是过失致人死亡罪的减轻罪状。除了"情节较轻的"，"过失犯前款罪的"也可视为减轻罪状的一种直观体现。在某种意义上，在基本罪状与减轻罪状搭配的情形中，减轻罪状原本可视为基本罪状，而基本罪状原本又可视为加重罪状。而之所以会形成诸如故意杀人罪或过失致人死亡罪这样将基本罪状设置为事实上的加重罪状且配置加重法定刑，或许是立法者出于对生命法益的特别考量。

三、罪状功能分类的归结和余音

罪状的功能分类可立于罪责刑相适应原则而给予归结性说明，且围绕着罪状分类所形成的一些说法仍有进一步讨论的空间。

（一）罪状功能分类的归结

任何事物都有一定的规模，而事物的规模可视为事物的一种质量状态。由此，罪状可视为对犯罪这一事物的规模描摹。由于犯罪本身的规模向上说明着刑事责任的规模和向右说明着应受刑罚惩罚性的规模，故罪状的分层便符合着罪责刑相适应原则的内在要求，且为罪刑关系的匹配状态做好在"犯罪"这一极的前提性准备。可见，罪责刑相适应原则的体现或担当以及作为其直观体现的"罪刑阶梯"的搭建，便是罪状分类的功能所在。于是，基本罪状便可视为一种起步罪状或基础罪状，其加重状态即加重罪状，其减轻状态即减轻罪状，从而基本罪状是加重罪状与减轻罪状的一种"对比罪状"或"基准罪状"。学者用"离差罪状"来代换加减罪状，且用"正离罪状"和"负离罪状"来分别对应加重罪状和减轻罪状[1]。"离差罪状"及其所包含

---

〔1〕 刘树德："罪状论"，中国人民大学2000年博士学位论文，第38~44页。

的"正离罪状"和"负离罪状"有助于我们从新的角度来进一步理解加减罪状，但在说明可罚性轻重上似乎还是没有加减罪状来得更加直截了当。

加减罪状意味着已经有了基本罪状，而由基本罪状与加减罪状一道构成的"罪状体系"，恰好迎合着构建"罪刑阶梯"以实现罪责刑相适应原则的需要。于是，需要再予强调的是，当"立法者的最直接的目的是通过罪状对犯罪具体状况进行表述，并以此指引法定刑，从而体现其行为规范和裁判规范的功能"，而"加重或者减轻法定刑适用条件的部分同样是对犯罪具体状况的描述，并以此来指引法定刑的加重和减轻"，[1]则基本罪状与加减罪状的分类与其说是采用"描述对象"这一标准，毋宁是采用"功能标准"，即基本罪状与加减罪状分别对应着定罪功能和量刑功能。罪状的功能分类，最终可得到罪责刑相适应原则的归结性说明。

（二）罪状功能分类的余音

围绕着罪状分类所形成的一些说法仍有进一步讨论的空间。有学者从不同角度将罪状分为普通罪状和特殊罪状；分则性罪状、总则性罪状和混合性罪状[2]，而对这些不同种类的罪状特征进行分析和归纳，有利于深化对罪状的理解[3]。在本著看来，所谓普通罪状和特殊罪状，似可对应法规竞合中的罪状关系；所谓"总则性罪状"似乎与"广义的罪状"有某种相通性。而若进一步地看，有的罪状分类似无意义，如学者采用是否存在独立的罪名而将罪状分为有名罪状和无名罪状。所谓有名罪状，是指刑法分则条文类型化的具体行为存在对应的独立罪名的罪状，我国刑法分则中绝大多数罪状属于有名罪状；所谓无名罪状，是指刑法分则条文类型化的具体行为未存在对应的独立罪名的罪状，如《刑法》第 289 条规定，"聚众'打砸抢'，致人伤残、死亡的，依照本法第二百三十四条、第二百三十二条的规定定罪处罚。毁坏或者抢走公私财物的，除判令退赔外，对首要分子，依照本法第二百六十三条的规定定罪处罚"。该条文未有独立的罪名，而是根据具体结果形态将其概括为"故意伤害罪"，"故意杀人罪""抢劫罪"。[4]实际上，所谓无名罪状是

〔1〕 赵宁："罪状解释论"，华东政法大学 2010 年博士学位论文，第 18~20 页。

〔2〕 刘树德："罪状论"，中国人民大学 2000 年博士学位论文，第 145~148 页；刘树德：《罪状建构论》，中国方正出版社 2002 年版，第 103~112 页。

〔3〕 赵宁："罪状解释论"，华东政法大学 2010 年博士学位论文，第 22 页。

〔4〕 刘树德："罪状论"，中国人民大学 2000 年博士学位论文，第 148 页。

不符合罪刑法定原则明确性要求的罪状。又如，学者按照罪状是否存在相应的法定刑而将罪状分为有刑罪状和无刑罪状。所谓有刑罪状，是指刑法分则条文中配置有相应法定刑的罪状；所谓无刑罪状，是指刑法分则条文中未存在相应法定刑的罪状。[1]这里，是否配置相应的法定刑，对我们实质地理解和把握罪状分类并无实际意义。更为甚者，有的罪状分类是存在明显的逻辑问题的。如学者按照罪状是否反映具体行为的犯罪性而将罪状分为积极罪状和消极罪状。所谓积极罪状，是指刑法分则条文类型化的各个构成要件都是积极地提示了行为的犯罪性的罪状。而所谓消极罪状，是指刑法条文类型化的构成要件否定某种行为的犯罪性的罪状[2]。既然是"否定犯罪性"，则其便不成为罪状，而不成为罪状，便不可能再引发所谓罪状分类问题。可见，所谓"消极罪状"，从而所谓"积极罪状"与"消极罪状"的对应更无实际意义。当我们说"有名罪状"和"无名罪状"的对应、"有刑罪状"和"无刑罪状"的对应、"积极罪状"和"消极罪状"的对应，都无实际意义，则可视为罪状功能分类观念的一种"反面体现"。

分类便于人们从不同角度对事物进行观察和分析，是研究事物的基本方法之一，而对罪状进行分类的目的就在于从不同的视角，对各类罪状的特点进行比较和归纳，以便更深入地理解罪状。于是，从广狭义分类到特征分类，到内容分类，到结构分类，再到功能分类，罪状的分类便展现了"由外而内"和"由内而外"的行进路径。

第七节　罪状的明确性

在前文讨论罪状分类问题时，我们已经触及了罪状的明确性，故罪状明确性的问题讨论是罪状分类问题讨论的继续。

一、罪状明确性的法治地位

罪状明确性法治地位可予以一番结构性描述，且可联系公众认同予以一番深化。

---

〔1〕　刘树德："罪状论"，中国人民大学 2000 年博士学位论文，第 148~149 页。

〔2〕　刘树德："罪状论"，中国人民大学 2000 年博士学位论文，第 147~148 页。

（一）罪状明确性法治地位的结构性描述

陈忠林教授指出，刑法的"确定性与明确性原则"在意大利刑法学界被简称为"明确性原则"或"确定性原则"，且一般认为该原则包含两个基本要求：①从立法技术角度，要求立法者必须明确规定刑法规范的含义，使人能以之作为划分罪与非罪的标准和适用刑罚的依据；②从司法实践角度，要求司法者必须严格按照法律的规定办事，不得将法律适用于法律没有明文规定的情况。而从功能的角度，上述两个基本要求无疑具有相互补充的作用，因为如果法律对犯罪的构成条件规定得越明确具体，可能适用类推的案件就会减少；如果允许法官有权在法律明文规定的范围之外适用法律，即使立法者将法律规定得再清楚，也无法充分发挥应有的保障功能，因为在法官的这种权力面前，依法办事的人就不可能确切地预测自己行为的结果〔1〕。首先，从立法技术角度，所谓"立法者明确规定刑法规范的含义还能使人以之作为划分此罪与彼罪的标准"，正面地意味着刑法立法之于守法受众对行为后果的预测可能性，即赋予守法受众以刑法规范的可预测性；而从司法实践角度，所谓"依法办事的人不可能确切地预测自己行为的结果"，反面地意味着法官依法办案所维系的是公民对刑法规范的可预测性。这里，我们首先面对的是刑法规范的明确性原则。陈忠林教授接着指出，就罪刑法定原则的逻辑含义来讲，刑法规范的明确性原则当然应该包括罪刑关系的确定性〔2〕。这便意味着罪刑关系的确定性或明确性是位于刑法规范明确性之下的一个话题。陈忠林教授又指出，从技术层面看，"明确性原则"要求立法者在规定犯罪构成时必须清楚地说明犯罪行为的客观特征和犯罪的"法律客体"〔3〕。这又意味着罪状明确性是罪刑关系明确性之下的一个话题。于是，在刑法领域，刑事法治有赖于刑法规范的明确性，刑法规范的明确性基本上或主要体现为罪刑关系的明确性即罪刑法定原则所内含的明确性，而罪状明确性又构成了罪刑关系明确性即罪刑法定原则所内含的明确性的首要部分。因此，罪状明确性是刑法领域刑事法治的基础性担当和真切性落实，正如意大利刑法学界有不少人干脆将刑法规范的明确性原则称为"构成要件明确性原则"或"构成要件

---

〔1〕　陈忠林：《意大利刑法纲要》，中国人民大学出版社 1999 年版，第 23~24 页。

〔2〕　陈忠林：《意大利刑法纲要》，中国人民大学出版社 1999 年版，第 28 页。

〔3〕　陈忠林：《意大利刑法纲要》，中国人民大学出版社 1999 年版，第 27 页。

典型性原则"〔1〕。由于刑法规范的明确性主要体现为犯罪构成的明确性，而犯罪构成的明确性基本上体现为罪状的明确性，故当刑法规范的明确性直接承载着刑事法治，则罪状明确性便蕴含着"最基底"的刑事法治性。这便是对罪状明确性法治地位的结构性描述。

（二）罪状明确性法治地位的公众认同深化

罪状明确性的法治地位，还应联系公众认同这一话题予以一番深化。罪状明确性的公众认同能够得到认知心理学、人格发展心理学和特征模型理论的真切说明。首先，罪状明确性能够切入认知心理学来展示其公众认同性。由罪刑法定所派生出来的明确性原则，我们自然要联系罪状问题。罪状的认知评价主要表现为两个方面：一是行为人依据罪状对自己的行为进行认知评价；二是国家依据罪状对行为人的行为进行认知评价。两种认知评价的一致性程度直接影响刑法目的的实现〔2〕。由此，罪状的评价功能与刑法目的建立了直接的联系。而实际上，在两者的直接联系中，罪状明确性问题便直接被牵扯出来，而心理学将在罪状明确性问题上得到具体运用。在现代认知心理学看来，对人的行为和当前的认知活动具有决定作用的是人脑中已有的知识结构，其表现是：人的知觉活动是作为外部世界内化了的有关知识单元或心理结构的图式被激活，使人产生内部知觉期望，从而指导感觉器官有目的地搜寻和接受外部环境输入的特殊信息〔3〕。而知觉是确定人们所接受到的刺激物的意义的过程，亦即解释刺激信息并产生模式和意义的过程。〔4〕罪状的明确表述实质上就是让人们储存一种特殊的知识以应对外在的现实刺激，从而决定行为的取舍。按照心理学，人们的知觉是现实刺激和已储存的知识经验相互作用的结果。〔5〕于是，在相同的情况下，行为人对罪状认识越清楚、准确，行为人对自己行为的刑法意义认识相对也越明确，刑法的行为规制功能也越直接；反之，则反之。〔6〕因此，罪状为行为人的自我行为评价提供一种

---

〔1〕　陈忠林：《意大利刑法纲要》，中国人民大学出版社1999年版，第26页。

〔2〕　袁彬：《刑法的心理学分析》，中国人民公安大学出版社2009年版，第243页。

〔3〕　车文博：《西方心理学史》，浙江教育出版社1998年版，第593页。

〔4〕　乐国安：《当代美国认识心理学》，中国社会科学出版社2001年版，第41页。

〔5〕　王甦、汪安圣：《认知心理学》，北京大学出版社1992年版，第31页。

〔6〕　袁彬：《刑法的心理学分析》，中国人民公安大学出版社2009年版，第245页。

知识作用，成为行为人判断自己行为意义的重要标准。[1]但是，要想人们对罪状认识清楚、准确，就必须是罪状本身在表述或规定上清楚、准确。罪状的规定越具体、明确，其特征就越明显；而罪状规定得越抽象、模糊，其特征也就越难以识别。只有具体、明确的罪状规定才能与人们已有的知识经验进行最佳匹配，从而更好地发挥罪状的认知评价功能。因此，要有效发挥罪状的认知评价功能，最有效的方法就是要提高罪状的明确性。[2]可见，认知心理学为罪状的明确性提供了一个较为深切的佐证，即认知心理学能够说明为何明确性能够使得罪状易于被人们所认知，从而有助于人们在"规划"行为中对罪状，也是对刑法本身人权保障和秩序维持的价值认同。由此，罪状明确性的公众认同便得到了说明，而罪状明确性的公众认同是刑法公众认同的一个极其重要的构成部分或一个极其重要的集中性说明。

其次，罪状明确性能够切入人格发展心理学来展示其公众认同性。人格发展心理学也可以为罪状的明确性作出更加深切的佐证。弗洛伊德在人格上把人区分为"本我""自我"和"超我"。"本我"是最原始的、无意识的心理结构。"自我"是受知觉系统影响且经过修改来自"本我"的部分，受"超我"的影响和制约。而"超我"是根据社会行为标准和要求而在人的内部世界起作用的，由父母、师长及其他人的指示所形成的结构，它以理性和良知的形式支配着"自我"，鼓励和指导"自我"去压抑"本我"。[3]在弗洛伊德那里，"超我"的作用也就是指导和控制行为，以使行为符合社会规范和道德理想。因此，一个人的"超我"越发展，其行为也就越符合社会规范而越不会犯罪。[4]既然"超我"的作用如此这般，则其与罪状的明确性又有何干系呢？刑法条文的规定越清楚明确，就越容易为人们所了解，人们也就越清楚自己的行为是否构成犯罪，从而避免实施犯罪行为。刑法规范对人们的这种影响，实际上是以"超我"为中介，通过"超我"对"本我"本能欲望的压制而实现的。刑法规范越明确，人们内心的"超我"的检查作用越严格，人们也就越不容易实施犯罪。[5]也就是说，在自我控制犯罪上，罪状的明确

---

〔1〕 袁彬：《刑法的心理学分析》，中国人民公安大学出版社 2009 年版，第 244~245 页。

〔2〕 袁彬：《刑法的心理学分析》，中国人民公安大学出版社 2009 年版，第 247 页。

〔3〕 袁彬：《刑法的心理学分析》，中国人民公安大学出版社 2009 年版，第 50~51 页。

〔4〕 袁彬：《刑法的心理学分析》，中国人民公安大学出版社 2009 年版，第 51 页。

〔5〕 袁彬：《刑法的心理学分析》，中国人民公安大学出版社 2009 年版，第 52~53 页。

性程度与所谓"超我"的发展水平与能力是成正比例的。那么，出于增强人们的自我控制犯罪能力，即出于在控制犯罪上增强人们的"超我"能力，罪状必须符合罪刑法定原则的明确性要求。可见，人格发展心理学对罪状的明确性佐证又进一步深化了罪状明确性的意义。当罪状明确性有助于公民个体包括潜在犯罪人的人格发展，则其必然将赢得公众认同，因为人格发展的人权意义与秩序意义当在公众的价值诉求之内。

再次，罪状明确性能够切入特征模型论来展示其公众认同性。得到认知心理学和人格发展心理学佐证的罪状明确性呼唤着特征比较模型理论在罪状设计中的运用。按照认知心理学，记忆系统划分为感觉记忆、短时记忆和长时记忆三个子系统。特征比较模型是长时记忆的一种理论模型。作为一种记忆模型理论，特征比较模型主要是一种语义记忆的理论模型。相比于同为语义记忆模型范围的网络模型和集理论模型，特征比较模型在认知心理学的长时记忆理论上具有明显的优点：语义信息没有严谨的结构，不具网络形式，而是松散的；概念之间没有现成的联系，这种联系无法靠搜索既有连线，而是要靠计算才能得到；将一个概念的诸语义特征分成了定义性特征和特异性特征，弥补了集理论模型没有将一个概念诸属性的重要性进行区分的缺陷[1]。有着诸多优点的特征比较模型将一个概念的诸语义特征分成两类：一类为定义性特征，即定义一个概念所必需的特征；另一类为特异性特征，对定义一个概念并不必要，但有描述功能。如"动物""有羽毛"和"红胸"是知更鸟的定义性特征，而"会飞""栖息树丛""野生""体小"则为其特异性特征。按照特征比较模型理论，若要判断一个句子的真伪，便要将该句子中的陈述对象和被陈述对象的全部特征包括定义性特征和特异性特征加以总体比较以确定两者的相似程度。如果两者有很多共同的语义特征即高度相似，就可以作出肯定判断，如对"麻雀是鸟"的真伪判断；如果两者极不相似，即没有或很少有共同的语义特征即极不相似，就可以作出否定判断，如对"桌子是鸟"的真伪判断。如果两者只有中等程度的相似，则要由特异性特征走向定义性特征，即由第一阶段的加工走向第二阶段的加工以最终作出判断，因为第一个阶段的加工是一种总体比较，虽带有启发性质，但常发生错误，而第二阶段的加工则往往带有"计算"性质，较少发生错误，如对"企鹅是

---

〔1〕　王甦、汪安圣：《认知心理学》，北京大学出版社 1992 年版，第 186 页。

鸟"的真伪判断[1]。特征比较模型对刑法具有积极的启发意义，因为刑法中的各种概念都需要进行定义。而司法实践中，判定行为是否属于刑法中规定的事实，就必须要将一个人的行为事实与刑法的规定之间进行比较，而行为人也要经常运用这种比较的方法来判断自己行为的刑法意义。而根据特征比较模型，人们进行比较时首先比较概念的全部特征，其次比较概念的定义性特征。以"激情杀人"与"故意杀人罪"为例，我们首先是将两者的所有特征进行比较，以判断两者的匹配程度，从而得出两者只有中等程度的匹配。接下来，就要进行第二阶段的比较，即只比较两者的定义性特征，进而得出两者的定义性特征高度匹配，最终判定"激情杀人"构成"故意杀人罪"[2]。对于特征比较模型的刑法学运用，在整个比较过程中，特异性特征与定义性特征对比较结论的影响不同。其中，定义性特征对概念的判定起决定作用，故刑法必须首先明确一个概念的定义性特征。但在很多情况下，或者为了省略用语，或者是由于语义表达的困难，刑法并没有明确一些概念的定义性特征。因此，如果刑法规定过于抽象，或者刑法的规定过于繁琐，都将影响人们对刑法所规定的概念的定义性特征的判断，从而使得刑法的规定缺乏明确性，这违反了罪刑法定原则[3]。显然，特征比较模型理论可以主要针对罪状问题。那么，让人们将一个行为事实与相关罪名进行全部特征包括特异性特征和定义性特征进行比较，亦即就罪状进行特异性特征和定义性特征进行比较以作出应有的判定，就是一个条文罪状向人们的主观世界的规范传达问题，而在传达中首要是明确性问题。当罪状明确性能够得到特征比较模型理论的说明，则罪状明确性的公众认同便得到了特征比较模型理论的说明。

罪状规范的传达不仅有是否准确的问题，而且有快慢的问题。在特征比较模型中，尽管第一阶段的比较可能是错误的，但第一阶段的"整体的、直观的"特点在一些情况下会使得判断的速度加快，而这种加快在很大程度上是由于特异性特征对判断的参与。由于任何一个司法程序都有期限限制，同时案件发生瞬间行为人的思考过程极为短暂，故刑法需要此种"判断加快"[4]。可见，罪状规范向人们的主观世界的传达需要快而准，准是结果性的要求而

---

〔1〕 王甦、汪安圣：《认知心理学》，北京大学出版社1992年版，第192~93页。

〔2〕 袁彬：《刑法的心理学分析》，中国人民公安大学出版社2009年版，第74~75页。

〔3〕 袁彬：《刑法的心理学分析》，中国人民公安大学出版社2009年版，第75~76页。

〔4〕 袁彬：《刑法的心理学分析》，中国人民公安大学出版社2009年版，第76页。

快是速度性的要求。但是，对于作为非专业人士的一般公众而言，若要使得罪状规范的传达快而准，则特异性特征所起的作用可能更大，因为刑法的规定既要保证其概念的定义性特征充足，又要增加其概念的特异性特征以加快人们对概念对比的判断速度。只有这样，才能保证罪刑法定原则在刑法中得到更好的贯彻[1]。所谓"保证罪刑法定原则在刑法中得到更好的贯彻"，实质是指"保证明确性原则在刑法中得到更好的贯彻"，而罪状规范传达的快而准是其明确性的进一步印证。其实，罪状规范中适当增加特异性特征的规定对于作为非专业人士的一般公众而言，多少有点符合从感性认识到理性抽象的思维定式，从而使得罪状规范的传达符合一般的思维规律，也是符合关于公民对制度或规范认知的心理学规律的，从而易于获得公众的接受和认可即获得公众认同。

作为刑法规范最基本形态的罪状规范只有在"快而准"之中才能实现充分有效的规范传达。但由于罪状规范传达的"快而准"需要以明确性作为基本保障，而明确性本身又有待认知心理学和人格发展心理学以及作为呼应的特征比较模型理论的深度说明，故罪状规范明确性的公众认同离不开心理学理论包括认知心理学理论的深度说明。最终，心理学对罪状规范明确性公众认同的说明即罪状规范明确性的法治性说明，因为"良法善治"是要靠公众认同来检验的。

最后，罪状明确性就是刑法领域的"良法善治性"。《刑法》第362条规定："旅游业、饮食服务业、文化娱乐业、出租汽车业等单位的人员，在公安机关查处卖淫、嫖娼活动时，为违法犯罪分子通风报信，情节严重的，依照本法第三百一十条的规定定罪处罚。"对该条中的"违法犯罪分子"，是有争论的，即其是只包括犯罪分子，还是又包括违法分子。虽然从字面上，"违法犯罪分子"当然包含"违法分子"，但至少是立于刑法的谦抑精神，"违法犯罪分子"应仅指"犯罪分子"，即对"违法犯罪分子"作"限缩解释"为宜。但是，《刑法》第362条的现有罪状表述又不可避免地引起争议，故立于罪状的明确性原则考虑，该条罪状表述应删除"违法"二字。这里，所谓"引起争议"意味着"不明确"，而"不明确"容易引起背离"良法善治"的类推解释。刑事领域的"良法善治性"应体现为"公众认同性"，而罪状明确性

---

[1]　袁彬：《刑法的心理学分析》，中国人民公安大学出版社2009年版，第77页。

是对刑事领域的"公众认同性"，从而是"良法善治性"的一种切实维系。

二、罪状明确性的相对性及其形式与实质相结合性

罪状明确性是相对的，且罪状明确性是一种形式与实质相结合的明确性，即其体现出一种形式与实质相结合性。

（一）罪状明确性的相对性

在意大利刑法学界看来，刑法的"明确性与确定性原则"在理论上源于启蒙思想家要求法律应该"少（量）""明（确）""简（单）""稳（定）"的乌托邦思想，但在坚持"自由是规则，刑罚是例外"这一基本原则的现代国家中，却只能从保障公民自由的政治目的角度，才能得到合理的解释。然而，"明确"本身就不是一个确定的概念，而所谓"构成要件的明确性"也只能是一种立法政策的方向，甚至在一定范围内是一种理想，而只有刑法理论和司法实践才能确定其真正含义。于是，意大利刑法学界的主流派一方面认为应该抛弃"启蒙时代关于法律绝对确定性"的幻想，承认无论规定得多么明确的法律，都不可能避免法律适用过程中掺杂法官个人的因素；另一方面又坚持，"实现目标的困难决不应该成为批判目标本身的根据"，即不能以不可完全消除的主观性或不确定性为理由来否认法律有尽可能确定的可能。而"明确性原则"要避免的并非"抽象"法律相对于"具体"案件的不确定性，而是"在'抽象'或'一般'这一层次上已经具有的不确定性"。因此，所谓刑法规范的"明确性"不能作绝对的理解，而只能是指"最大可能的明确性"[1]。所谓"不能作绝对的理解"和"最大可能的明确性"，意味着刑法规范的明确性只能是相对的明确性，即刑法规范的明确性只能具有一种相对性。又由于罪状明确性是刑法规范明确的一种样态，故罪状的明确性也只能是一种相对的明确性，即罪状的明确性也只能具有一种相对性。

（二）罪状明确性的形式与实质相结合性

陈忠林教授指出，不论是使用如"故意杀人"等纯粹自然描述性概念来规定界限非常明确的犯罪构成，还是使用如"非法侵害"规范评价性概念形成具有一定弹性的犯罪构成，只要法官在实践中可以根据刑法的规定划清一罪与他罪的界限，该规定便可以"符合明确性原则的要求"。但在刑法规范中

---

〔1〕　陈忠林：《意大利刑法纲要》，中国人民大学出版社1999年版，第24~27页。

应禁止使用那些含义不确定的诸如"人民公敌"的评价性概念或具有强烈情感性的概念。而从实践的角度，在考察刑法规范是否明确时应该注意：①应该对条文使用的语言进行全面的分析，从整体上判断该规定是否明确规定了适用的范围；②必须根据具体规范的目的、作用及其与其他刑法规范之间的联系进行综合判断[1]。这里，既然"根据刑法的规定划清一罪与他罪的界限"能够表明罪状的明确性，则与罪状明确性有着关联性的"纯粹自然描述性概念"和"规范评价性概念"便分别指涉罪状明确性的形式性与实质性。而考察刑法规范明确性本应注意的两点也有罪状明确性的形式性与实质性的分别指涉意味。但是，罪状明确性的形式性与实质性并非机械并列，更非相互脱节，而是相互结合，即罪状明确性是形式性与实质性相结合的明确性。

罪状明确性的形式性与实质性的相结合性，是对罪状明确性的相对性的一种延伸或深化，是罪刑法定原则的相对性及其形式性与实质性相结合性的一种具体体现或展示。而无论是讨论罪状明确性的相对性，还是讨论其形式性与实质性的相结合性，都直接事关罪刑立法的科学性与罪刑司法的正当性。

三、罪状明确性的提升及其关系处理

罪状明确性可通过一种合理可行的罪状立法模式予以提升，且要解答好罪状明确性与专业性和通俗性的关系问题。

（一）罪状明确性的提升

学者指出，我国刑法中的罪状规定存在着如下不足：①空白罪状大量存在，极大地扩张了刑法内容，即扩大了人们的认知范围；②兜底条款的规定增加了罪状内容的不确定性；③用词不确切，容易造成理解偏差。于是，罪状的完善便可从以下几个方面进行：①词语方面：尽量使用含义确定、语义明确的词语，并且保持整个刑法中词语含义的统一；②语句方面：尽量使用叙明罪状，增加对具体犯罪构成要件的详细描述；③条款方面：多采用列举的方式，少使用抽象、概括性规定，少用兜底条款。应该肯定，我国刑法中的罪状规定确实存在着如上不足，而如何完善的如上建议也是颇具针对性和建设性的。其实，我国刑法中的罪状规定或表述所存在的不足，都可从心理学的角度被概括为淡化或降低了明确性，从而偏离了公众认知而使得刑法的

---

〔1〕　陈忠林：《意大利刑法纲要》，中国人民大学出版社 1999 年版，第 27~28 页。

保障人权功能和保护社会功能被削弱，最终产生公众认同的效果不佳，因为与其说"扩大了人们的认知范围"，倒不如说是"降低了人们的认知可能"。而就罪状规定如何完善的问题，立于心理学上的认知规律，倒有必要特别针对法定犯提出如下建议：对于法定犯的罪状，一是尽量不用兜底条款，二是用叙明罪状来填补原先的空白罪状。为何对法定犯的罪状尽量不用兜底条款？兜底条款本来就存在着增加人们认知刑法规范的难度问题。这里所说的增加人们对刑法规范的认知难度不仅包括增加普通民众认知刑法规范的难度，也包括增加作为专业群体的司法者对刑法规范的认知难度，即对刑法规范的理解适用难度，而后者的认知难度往往发展成一种畸形，即任意理解适用刑法规范而任意出入人罪。在"违反国家规定""违反……法规"和"违反……规定"等为"引子"的空白罪状中，兜底条款使得罪状的明确性降低了一层，从而使得人们对刑法规范的认知难度又增加了一层。为何对法定犯的罪状要用叙明罪状来填补原先的空白罪状？由于法定犯的真正行为完全不是通过犯罪构成予以描述，而是由作为"引子"的行政法规所"前置"规定，从而导致行为构成与惩罚处于相脱离的状态：行为构成包含在一种"基本规定"之中，而该规定又涉及一种"刑事辅助规定"[1]，故法定犯的空白罪状大大增加了人们特别是作为非专业群体的普通民众对刑法规范的认知难度。用叙明罪状来填补法定犯的原空白罪状，就是要增强人们特别是普通民众对刑法规范的认知可能，从而使得刑法的两大基本功能即保障人权功能和保护社会功能在法定犯上得到进一步强化。用叙明罪状来填补法定犯原有的空白罪状使得法定犯的罪状实质上就变成了叙明罪状，但为何说是"填补"而不是"替代"呢？因为保留法定犯原先作为"引子"的部分仍可令其发挥作为法定犯的"犯罪卡口"作用。对于法定犯罪状的前述两点建议，是基于这样一种认识：刑法规范的认知可能是民众适法行为期待可能性的前提。未来刑法所要面临的将是一个法定犯的时代[2]，这一断言在相当程度上符合着当今社会的发展现状和未来趋势。于是，在人权保障这一刑法价值越来越被强烈诉求之下，法定犯的罪状明确性问题将越来越凸显，而此问题最终将上升为刑法公众认同问题。但兜底条款和法定犯对罪状明确性及其公众认同问题的说明，

---

〔1〕 刘树德：《罪状解构：刑事法解释的展开》，法律出版社 2002 年版，第 46 页。
〔2〕 储槐植："要正视法定犯时代的到来"，载《检察日报》2010 年 6 月 1 日。

只具有代表性而非其全部。至此，我们应该越来越清楚的是：刑法公众认同离不开刑法立法的公众认同，刑法立法的公众认同离不开刑法立法的明确性，而刑法立法的明确性离不开心理学上的认知规律，包括罪状的明确性离不开心理学的认知规律。而对空白罪状、兜底条款和立法用语的立法完善，最终不过是运用心理学规律来增强罪状明确性以赢得公众认同的实践努力而已。

自然而然地，罪状明确性的提升要面对"其他立法"和"等字立法"的问题。学者指出，在罪状描述中以列举之方式明示几种行为方式加上一个概括性的"其他方法"或"等"，这类情况在刑法中随处可见[1]。但由于"例举"的行为缺乏类似性而无法提炼出一个共同的"质"，故对"其他"的界定不能提供任何有意义的信息[2]。这里，我们可将带有"其他"和"等"字的条款分别称为"其他立法"和"等字立法"。"其他立法"和"等字立法"确实是我国刑法中的常见现象，我们甚至可以将"其他立法"和"等字立法"称为一种刑法立法模式，而这一现象与立法模式当然存在于罪状中。不可否认，在现有的"其他立法"和"等字立法"中，有的确实存在着列举的现象或情形并无共同的"质"而对"其他"或"等"字并无界定意义的情况，如非法经营罪的"兜底条款"。但是，当包括针对罪状的"其他立法"和"等字立法"符合"具象列举+同质抽象"的规范模式，则这样的包括针对罪状的"其他立法"和"等字立法"具有可取性，且其明确性也应得到肯定，毕竟刑法立法包括罪状的明确性不是绝对的明确性。例如，在《刑法修正案（九）》出台之前，现行刑法将虐待罪的犯罪主体和加害对象都抽象化或概念化为"家庭成员"。这不仅从犯罪主体和加害对象上限缩了虐待罪的成立范围，而且"家庭成员"这一概念也容易引起理解分歧。于是，《刑法修正案（九）》将虐待罪的犯罪主体规定为对未成年人、老年人、患病的人、残疾人等负有监护、看护职责的人。在前述规定中，"未成年人、老年人、患病的人、残疾人"对应着"具象列举"，"负有监护、看护职责的人"对应着"同质抽象"。同时，"同质抽象"可以使得我们从一个"等"字中想见"孕妇"等被害对象，亦即从虐待罪犯罪主体的"同质化"里，我们可隐约看到

---

[1] 吴丙新："扩张解释与类推解释之界分——近代法治的一个美丽谎言"，载《当代法学》2008年第6期，第48页。

[2] 叶良芳："扰乱法庭秩序罪的立法扩张和司法应对——以《中华人民共和国刑法修正案（九）》第37条为评析对象"，载《理论探索》2015年第6期，第107页。

虐待罪加害对象的"同质化"。而加害对象的"同质化"可以视为虐待罪罪状完善的一个微观体现。再如，现行《刑法》第309条的原有规定，即扰乱法庭秩序罪，是指聚众哄闹、冲击法庭，或者殴打司法工作人员，严重扰乱法庭秩序的行为。经过《刑法修正案（九）》的修正，扰乱法庭秩序罪的行为表现有如下类型：①聚众哄闹、冲击法庭；②殴打司法工作人员或者诉讼参与人；③侮辱、诽谤、威胁司法工作人员或者诉讼参与人，不听法庭制止，严重扰乱法庭秩序；④有毁坏法庭设施，抢夺、损毁诉讼文书、证据等扰乱法庭秩序行为，情节严重。对照之下，经过修正后的扰乱法庭秩序罪的罪状较原有的规定显得较有类型性，且具有"具象列举＋同质抽象"规范模式的迹象。实际上，如果将"其他扰乱法庭秩序，情节严重的"或"其他严重扰乱法庭秩序的"作为"兜底条款"，亦即将第三、四两种情形或类型中"严重扰乱法庭秩序"所能针对的其他可能独立出来作为最后一项，则扰乱法庭秩序罪的罪状立法将更加对应"具象列举＋同质抽象"的个罪立法规范模式。

又如，危险驾驶罪的立法问题。在此，我们仍可想象：在现实生活中也可能发生这样的事件，即行为人在水路上驾驶船舶追逐竞驶，或者在水路上醉酒驾驶船舶，或从事船舶运输旅客业务而严重超过额定乘员，从而具有构罪的某种恶劣情节。我们甚至可以想象：在现实生活中还可能发生这样的事件，即行为人驾驶飞行器追逐竞驶，或者醉酒驾驶飞行器，或从事飞行器载客游玩业务而严重超过额定乘员，从而具有构罪的某种恶劣情节。对于前述事件，我们更是闻所未闻，但同样属于"凡事皆有可能"。因此，我们在进行危险驾驶罪的立法时也应努力去想象或预见前述事件发生的可能。而之所以应该这样做，是因为前述有可能发生的事件与发生在"道路空间"的危险驾驶行为具有相同的罪质。由此，危险驾驶罪的立法视野不能仅局限于陆地交通，即还应扩展到水路和空中，亦即立法者应对危险驾驶犯罪的发生空间予以"水""陆""空"的"空间类型化"。而对危险驾驶犯罪的"空间类型化"，意味着对发生在"水""陆""空"的危险驾驶行为的"同质化处理"。在危险驾驶犯罪的立法过程中，将发生在"水路"或"空中"，特别是"空中"的危险驾驶行为与发生在"陆路"的危险驾驶行为作"同质化处理"，真切需要的是一种"立法远见"，而此"立法远见"又离不开大胆的"立法想象"。通过对发生空间和行为表现的类型化处理，我们可有：危险驾驶罪，是指在陆路、水路和空中驾驶交通工具追逐竞驶，情节恶劣，或者醉酒驾驶交通工具，或者从事单位人员运送或者旅客运输而严重超过额定乘员或者严重超过规定时速行使，或者违反安全管理规定运输危险化学品或易燃易爆品以及其他危及交通运输安全的行为。从前述经过类型化后的危险驾驶罪的定义中，我们可得到危险驾驶罪进一步立法完善的罪状表述。其实，发生在无锡的货物超载导致高架桥面侧翻而致死人命案，暗示了我们以往的危险驾驶罪的立法缺乏足够的"想象力"或"联想力"：严重超过规定时速行驶有着交通安全的法益危险，严重超过规定载重行驶同样有着交通安全的法益危险。显然，经过进一步的立法类型化处理，对于发生在水路或空中的同质的危险驾驶行为，我们便不会套用"以危险方法危害公共安全罪"这一"兜底罪名"。这里，通过危险驾驶罪立法所激发出来的"立法想象"和"立法远见"能够说明：刑法立法类型化不仅是将现实生活中已经发生的事件予以"同质化处理"，而且是将已经发生的事件与可能发生的事件予以"同质化处理"。可见，刑法立法类型化是在预见性或前瞻性中对同质现象的规范性概括或抽象。

在采用"具象列举+同质抽象"罪状立法模式过程中，"具象列举"是刑法立法类型化的预备性描述，而"同质抽象"则是刑法立法类型化的完成性提炼，正如苏轼的那句"博观而约取"。特别要指出的是，"同质抽象"不仅能够确保"等字项"与列举项的"规范价值"与"规范目的"的一致性，而且能够反过来强化列举项的"类型性"，故只有通过"同质抽象"，"例示法"中的概括性条款或义项才能避免"过度类型化"或"口袋化"。因此，"具象列举+同质抽象"较传统的"例示法"更加符合刑法类型化即刑法立法类型化的功能与旨趣。当刑法立法类型化是具象与抽象、个别与一般的"中间高度"，则由刑法立法类型化所形塑出来的"具象列举+同质抽象"罪状立法规范模式，便是作为行为规范的刑法和作为裁判规范的刑法得以"双赢"的高度，从而是保障权利和保护社会（维护秩序）这两项刑法价值或刑法功能"双赢"的高度。最终，运用"具象列举+同质抽象"模式所设置的罪状是可取的，而其可取性包括相对明确性。学者指出："不明确的刑法比没有刑法更容易侵犯国民的自由，因而违法法治原则。"[1]实际上，无论是对于刑法的权利保障功能，还是对于刑法的社会保护（秩序维持）功能，罪状明确性都会

---

〔1〕　张明楷：《罪刑法定与刑法解释》，北京大学出版社 2009 年版，第 50 页。

有切实担当，而罪状明确性的公众认同正是在这里获得了根本性的说明。因此，罪状明确性的提升将一直是刑法立法完善的主题之一。

（二）罪状明确性的关系处理

罪状的明确性问题本是罪状认知问题，而罪状认知问题又是直接与认知主体相联系的，即认知主体的认知能力高低便直接衬托出罪状明确性的强弱。于是，罪状明确性的相对性便通过认知主体而延伸出专业性和通俗性话题，即专业性和通俗性是罪状明确性的"题中之义"。易言之，罪状明确性的相对性要解答好罪状明确性与专业性和通俗性的关系问题。

首先，罪状明确性的相对性要解答好罪状明确性与专业性的关系问题。学者指出，刑法典的现实情况是，连律师都要进行研究才能明白其中的大量专业术语，但通过使规则保持简单，可以使人们了解和遵守规则。现代刑法典的复杂自卫规则看起来非常愚蠢，因为让一个人了解了复杂自卫规则并且在遭受袭击的压力时遵守该规则，显然不现实。而"防御武力规则"可能读起来容易，即"为了保护自己不受非法攻击，你只能用必要的武力和与所受威胁相适应的武力"[1]。其言直陈着刑法规范明确性与专业性的关系问题，包括罪状规范的明确性与专业性的关系问题。由此，无论是从权利保障，还是从秩序维持，罪状规范的专业性应服从于其明确性，或曰罪状规范的专业性应是其明确性之下的专业性。罪状规范不可能不存在专业性，但罪状规范应达到能够让公众易于认知和遵守的状态，即罪状规范的明确性是首先针对公众而提出的要求，故罪状规范的专业性应服从其明确性。这可视为在罪状规范公众认同问题上，罪状规范的专业性必须作出的一种自我克制，因为法律规范的专业性与明确性本来就是针对不同的认知群体而形成的概念，即专业性是针对包括律师在内的法律职业群体的，而明确性则是针对一般民众即公众的，但法律规范包括刑法的罪状规范只能是针对一般民众即公众而讲究明确性，否则规范的传达和认知效果将普遍萎缩，从而就刑法而言，其保障自由和维持秩序功能将丧失殆尽。不仅如此，在认知能力上，针对一般民众即公众而形成的刑法规范包括罪状规范的明确性不存在为难法律职业群体的问题，而若先针对法律职业群体形成专业性，则存在为难一般民众即公众的

---

〔1〕［美］保罗·H.罗宾逊：《刑法的分配原则——谁应受罚，如何量刑?》，沙丽金译，中国人民公安大学出版社2009年版，第65页。

问题了。但随着公众法律专业意识和水平的提高，法律规范包括罪刑规范明确性下的专业性也并非停步不前。总之，那种损害乃至完全遮蔽了罪状规范明确性的专业性，只能"窒息"罪状规范的有效传达，从而"窒息"对罪状规范的公众认同即刑法公众认同，毕竟罪状首先是针对普通公众的行为规范，然后才是针对司法者的裁判规范。而作为行为规范，罪状规范的表达须切合普通公众的规范认知能力和预期能力，亦即罪状规范的表达必然要符合刑法的"预测可能性原理"[1]。

再就是，罪状明确性的相对性要解答好罪状明确性与通俗性的关系问题。在学者看来，犯罪构成的明确性并不等于一定要采取多少完整的描述性罪状，而运用约定俗成的概念或者可作客观理解的社会伦理价值并不与罪刑法定原则的明确性要求相悖，只要这些概念在法官所处的社会环境中是众所周知并被普遍接受的[2]。这一从犯罪构成的明确性而对罪刑法定明确性原则的考察，又启发着我们去思考罪状规范的明确性与通俗性的关系。而正确的看法是，罪状规范的通俗性可能更有助于罪状规范向人们的主观世界的有效传达，毕竟刑法规范向法律职业群体传达容易而向一般民众即公众传达较难。学者指出："立法者在立法时要摈弃晦涩难懂、佶屈聱牙，故作深奥的语言和文风，重直接陈述，弃蜿蜒曲折。"[3]而孟德斯鸠则早就指出："法律不要精微玄奥，它是为具有一般理解力的人们制定的。它并不是一种逻辑学的艺术，而是像一个家庭父亲的简单平易的推理。"[4]且"法律的体裁要质朴平易，直接的话总要比深沉迂远的辞句容易懂些。东罗马帝国的法律完全没有威严可言，君主们被弄得像修辞学家们在讲话"[5]孟德斯鸠对通俗性的强调，其目的在于"使法律的用语对每一个人要能唤起同样的观念"。[6]可见，罪状规范的通俗性有助于提升其明确性，从而有助于提升其"易知性"。但是，罪状规范的通俗性不等于其"口语化"乃至"口水化"，以致损害罪状的规范性。

---

〔1〕　马荣春："刑法的可能性：预测可能性"，载《法律科学（西北政法大学学报）》2013年第1期，第86~91页。

〔2〕　袁彬：《刑法的心理学分析》，中国人民公安大学出版社2009年版，第56页。

〔3〕　周旺生：《立法学》，法律出版社2004年版，第357页。

〔4〕　［法］孟德斯鸠：《论法的精神》，张雁深译，商务印书馆1961年版，第296页。

〔5〕　［法］孟德斯鸠：《论法的精神》，张雁深译，商务印书馆1961年版，第298页。

〔6〕　［法］孟德斯鸠：《论法的精神》，张雁深译，商务印书馆1961年版，第297页。

如果说罪状规范的明确性与专业性的关系应表述为罪状规范的专业性不要压制或应谦让其明确性，则罪状规范的明确性与其同通俗性的关系应表述为罪状规范的明确性不要嫌弃其通俗性。罪状规范的通俗性之于其明确性的助推作用，是可以得到认知心理学的再次说明的。认知心理学已经告诉我们，知觉有自下而上和自上而下这两种加工方式。自上而下的加工是从有关知觉对象的一般知识开始的加工，然后形成期望或对知觉对象的假设。在此种类型的知觉加工中，由于是一般知识引导知觉加工，较高水平的加工制约着较低水平的加工。基于此，认知心理学中知觉的这两种加工方式在两个方面事关罪刑法定原则的贯彻，而第一个方面即刑法的用语应当便于识别、识记。具言之，知觉的自下而上加工方式要求知觉的对象简单、容易辨认，以使人对其知觉能够容易由较小的知觉单元发展到较大的知觉单元。刑法用语如果过于生僻，则人们对刑法的知觉更多地会停留在较小的知觉单元上，而较难进入较大的知觉单元，从而造成对一个具体条文或者多个条文之间的关系这种大的知觉单元，掌握起来较难。相反，如果刑法用语比较容易识别、识记，则容易由一个字到一个词、再由一个词到一个句子、由一个句子到一个条文、由一个条文到多个条文以至于人们将整部刑法作为一个单元进行知觉，则刑法的掌握就是一个相对简单、容易的事情[1]。对刑法的认知乃至"掌握"实际上也可以看成是刑法规范向人们的主观世界的有效传达。于是，经由认知心理学，公民对刑法规范的认知和"掌握"便对刑法规范的明易性也提出了要求，而罪状规范的通俗性也包含在此要求之中。茨威格特这样评价拿破仑所参与制定的《法国民法典》："在风格和语言方面，《法国民法典》堪称杰作。其表述的生动明朗和浅显易懂，司法技术术语和没有交叉引证都颇受称赞，并且因此对法典在法国民众中普及作出了实质性的贡献。"[2]《法国民法典》"表述的生动明朗和浅显易懂"所收到的"称赞"即其明易性所赢得的公众认同，且此公众认同又征表着法典的民众普及的"实质性的贡献"。这对我们在罪状规范的公众认同的宗旨下把握明确性与通俗性的关系也不无启发，即罪状规范的通俗性与其明确性本不矛盾，且其通俗性反而有助于其明

---

〔1〕 袁彬：《刑法的心理学分析》，中国人民公安大学出版社 2009 年版，第 70~71 页。

〔2〕 ［德］K. 茨威格特、H. 克茨：《比较法总论》，潘汉典等译，贵州人民出版社 1992 年版，第 169 页。

确性。其实，在某种意义上，我们可将罪状规范的专业性看成是将其明确性往一个方向的扯拉，而其通俗性则是往另一个方向的扯拉，但正是此另一个方向的扯拉至少使得罪状规范保持着最低限度的明确性。罪状明确性的公众认同最终要回到保障自由和维持秩序的刑法价值上得到说明，而有助于罪状明确性的罪状通俗性的公众认同，最终也要回到刑法的价值上得到说明，即如贝卡里亚曾指出，了解和掌握法典的人越多，犯罪就越少，因为对刑罚的无知和刑罚的捉摸不定无疑会帮助欲望"强词夺理"[1]。因此，若想预防犯罪，就应该把法律制定得明确和通俗，因为"明确和通俗"有助于人们了解和掌握法律即刑法，从而使得人们对刑法产生健康的"畏惧"[2]，进而在有所"趋"中享有自由，并在有所"避"中尊重秩序。

处理好明确性与专业性和通俗性的关系问题，就是处理好罪状明确性的相对性，从而是罪状设置的公众认同问题，最终有助于提升刑事法治。

第八节　罪名的分类与作用

顾名思义，罪名即犯罪的名称，是对犯罪本质或主要特征的高度概括。罪名问题也是以往的刑法理论较少关注的问题，从而在罪名生成实践中未能发挥宏观调控、微观制约的作用，致使罪名出现杂乱、虚化等问题[3]。

一、罪名的分类

罪名可采用不同的标准予以相应的分类，且可形成类罪名与个罪名、可拆分罪名与不可拆分罪名、法定罪名和非法定罪名的对应。

（一）类罪名与个罪名

正如罪状，我们可采用不同的标准而对罪名作出相应的分类。当采用罪名的指涉范围这一标准，则罪名可分为类罪名和个罪名。教材指出，罪名可分为类罪名与具体罪名[4]，其没有明确的标准应是罪名的指涉范围，且"具

---

〔1〕　［意］切萨雷·贝卡里亚：《论犯罪与刑罚》，黄风译，北京大学出版社 2008 年版，第 15 页。

〔2〕　［意］切萨雷·贝卡里亚：《论犯罪与刑罚》，黄风译，北京大学出版社 2008 年版，第 102~103 页。

〔3〕　晋涛："论罪名生成的方法"，载《政治与法律》2018 年第 3 期，第 121 页。

〔4〕　张明楷：《刑法学》（第 6 版），法律出版社 2021 年版，第 856 页。

体罪名"未能与类罪名形成表意上的明确对应，即应将"具体罪名"变换为"个罪名"。对应着我国刑法的分则结构，类罪名即章名或节名所对应的罪名，而个罪名即具体条款所对应的罪名。又当章名与节名所对应的犯罪居于不同的层次，则章名所对应的罪名和节名所对应的罪名又可分别称为"大类罪名"和"小类罪名"。本著所称的"大类罪名"和"小类罪名"分别对应学者所称的"类罪名"和"亚类罪名"[1]。显然，采用指涉范围所作的罪名分类，隐含着对刑法分则体系性的理解和把握，因为罪名是对罪状的概括与凝练，而罪状又附着于法条而分散在刑法分则的不同章节中。由此，这里所说的"罪名"不同于古代刑律中的"罪名"，因为作为立法语言，中国古代刑律中的"罪名"比较集中、系统地出现于唐代，其含义是法律条文对犯罪行为及其定罪量刑具体方面内容的列举，而不是概括犯罪行为及其本质、特征的称谓。明清律中仍有"罪名"的表述，并在沿袭唐律相关内容的基础上表意更加具体化。中国古代刑律中的"罪名"，其核心是罪刑关系，而其宗旨是罪刑均衡[2]。

（二）可拆分罪名与不可拆分罪名

当采用内容标准，罪名可分为可拆分罪名与不可拆分罪名。所谓可拆分罪名，实即选择性罪名。往常所谓选择性罪名之所以可另谓可拆分罪名，是因为行为类型或行为对象的"个案选择"而致使该种罪名在司法适用中发生表述上的选择。而所谓选择性罪名的"选择性"，实即个案事实的客观选择性。可拆分罪名的简单适例如拐卖妇女、儿童罪，而其复杂适例如非法制造、买卖、运输、邮寄、储存枪支、弹药、爆炸物罪。教材将罪名分为单一罪名、选择罪名和概括罪名：所谓单一罪名，是指所包含的犯罪构成的具体内容单一，只能反映一个犯罪行为，不可分解拆开使用的罪名；所谓选择罪名，是指所包含的犯罪构成的具体内容复杂，反映出多种行为类型，既可概括使用，也可以分解拆开使用的罪名；所谓概括罪名，是指所包含的犯罪构成的具体内容复杂，反映出多种具体行为类型，但只能概括使用而不能分解拆开使用的罪名。概括罪名的例子，如信用卡诈骗罪包括了使用伪造的信用卡或者使用以虚假的身份证明骗领的信用卡、使用作废的信用卡、冒用他人信用卡、

---

[1] 李希慧："罪状、罪名的定义与分类新论"，载《法学评论》2000 年第 6 期，第 41 页。

[2] 刘晓林："唐律中的'罪名'：立法的语言、核心与宗旨"，载《法学家》2017 年第 5 期，第 78 页。

恶意透支等具体行为类型，不管行为人是实施其中一种还是数种行为，都定信用卡诈骗罪[1]。以内容的复杂性为标准而对罪名予以分类，在分类标准上应予肯定，但分类出来的结果不应是所谓单一罪名、选择罪名与概括罪名的三者并列。首先，采用某一确定的标准而对某个概念进行分类所得出的子概念应该是具有对应性的两个子概念，而不可能是三个子概念。再就是，在单一罪名、选择罪名与概括罪名这三个子概念中，选择罪名何尝不是概括罪名？正如学者所言，选择罪名"既可概括使用"。由于罪名本身就是"概括性"的，故概括罪名或许是个"伪概念"。而如果说信用卡诈骗罪因包含了若干行为类型就成为所谓概括罪名，则故意杀人罪也可因为涵摄了诸如"安乐死""得承诺杀人"和"相约自杀"等形形色色的杀人行为类型而成为所谓概括罪名，但故意杀人罪只能被称为单一罪名。实际上，所谓概括罪名是在混淆罪名与类型事实关系中形成的一个生硬概念乃至"伪概念"。于是，所谓单一罪名和概括罪名，都可以概括为"不可拆分罪名"，从而可与选择性罪名所对应的"可拆分罪名"形成罪名内容标准下的两个子概念对应，即形成以罪名内容为标准的一组罪名分类。显然，选择性罪名所对应的"可拆分罪名"包含或对应着多个犯罪构成，即属于多个犯罪构成共用一个罪名的"多罪一名"的现象[2]，但所谓概括式罪名和"族长式罪名"[3]，不存在一个罪名包含或对应多个犯罪构成的情形，因为所谓概括性罪名所包含的只是同一性质的不同行为类型而已，而所谓"族长式罪名"所对应的基本犯构成是犯罪构成，且其加重犯或减轻犯所对应的不过是基本犯罪构成的加重或减轻形态而已，即加重构成或减轻构成而已。

（三）法定罪名和非法定罪名

在罪名的分类上，教材还提出所谓立法罪名、司法罪名和学理罪名的对应。其中，立法罪名，是指国家立法机关在刑法分则条文中明确规定的罪名，如贪污罪、受贿罪、挪用公款罪、行贿罪等。立法罪名具有普遍适用的法律效力，司法实践中不能对有关犯罪使用与立法罪名不同的罪名。而司法罪名，是指国家最高司法机关通过司法解释所确定的罪名，如最高人民法院于1997

---

[1]　张明楷：《刑法学》（第6版），法律出版社2021年版，第857页。

[2]　丁胜明："以罪名为讨论平台的反思与纠正"，载《法学研究》2020年第3期，第147~148页。

[3]　丁胜明："以罪名为讨论平台的反思与纠正"，载《法学研究》2020年第3期，第148~149页。

年 12 月 11 日公布的《关于执行〈中华人民共和国刑法〉确定罪名的规定》和最高人民法院、最高人民检察院于 2002 年 3 月 15 日发布的《关于执行〈中华人民共和国刑法〉确定罪名的补充规定》所规定的罪名。司法罪名对司法机关办理刑事案件具有法律约束力。至于学理罪名，是指刑法理论根据刑法分则条文规定的内容而对犯罪所概括出的罪名，其虽无法律效力，但对司法罪名的确定具有指导和参考作用[1]。首先，采用指涉范围和内容复杂性之外的其他标准而对罪名予以分类，是值得肯定的。就教材的前述罪名分类而言，我们应从中提炼出某种分类标准，且此标准应是效力标准。而由效力标准，罪名分类可概括为法定罪名和非法定罪名。其中，法定罪名的"法定性"体现为罪名确定主体的权威性和罪名本身的司法适用约束性，故其又可分为立法罪名与司法罪名；而非法定罪名即学理罪名，或可称为法理罪名，其不存在罪名确定主体的权威性和罪名本身的司法适用约束性。采取效力标准所形成的法定罪名与学理罪名的对应，正如罪名就是指犯罪的名称，是有权机关（立法机关或司法机关）或非正式主体（如刑法学理论工作者等），以简洁的语词对某种犯罪的本质或者主要特征作出的高度概括[2]。但要强调的是，学理罪名即法理罪名不仅对司法罪名的确定具有指导和参考作用，而且对立法罪名乃至刑法典分则中的"节罪名"甚或"章罪名"都可起到指导作用，因为学理罪名能够更加紧密地观照刑法分则的具体条文规定乃至章节的结构性规定而形成新的逻辑性和结构性表述，毕竟学理罪名或法理罪名是体现刑法教义学思维的罪名。

罪名分类及其体系的讨论当然是有着积极意义：由于罪名对应着罪状，而罪状既存在于刑法总则中，也存在于刑法分则中，故罪名的分类及其体系即"罪名体系"能够促进和提升刑法立法的科学性。

二、罪名的作用

以往的刑法理论之所以不太重视罪名问题，恐与对罪名的作用认识不足有关。

（一）罪名对刑法立法的作用

按照罪名确定的规范性原则，罪名应该严格对应法定罪状的现有表述，

---

〔1〕《刑法学》编写组编：《刑法学》（上册·各论），高等教育出版社 2019 年版，第 7~8 页。

〔2〕刘树德："罪状论"，中国人民大学 2000 年博士学位论文，第 35 页。

但罪名也能够"反照"现行的罪刑立法及其罪状表述是否完善或周全。首先，罪名的不足能够"反照"刑法立法及其罪状表述的不足。例如，当把"劫持航空器罪"和"劫持船只、汽车罪"这两个罪名放在一起，我们自然会想到劫持火车乃至反映当下交通技术的动车甚或高铁如何定罪的问题。又当我们对劫持火车或动车甚或高铁百般纠结于是"破坏交通工具罪"还是"以危险方法危害公共安全罪"时，我们不禁会想到现有的相关罪名，从而是现有的相关罪刑立法及其罪状表述问题：我们的刑法立法为何不与"破坏交通工具罪"相对应而形成"劫持交通工具罪"的立法？若有了"劫持交通工具罪"的罪名及其罪刑规定，则劫持火车或动车甚或高铁的个案定罪岂不是迎刃而解？

其次，罪名的不足能够"反照"刑法条文的精简性问题。例如，侵犯通信自由罪（第252条）与私自开拆、隐匿、毁弃邮件、电报罪（第253条）是一般与个别的关系，但是两个罪名没有体现出内容上的呼应关系，应将后者拟定为邮政工作人员侵犯通信自由罪[1]。首先，"邮政工作人员侵犯通信自由罪"不仅主体明了，而且行为性质也很明了即"侵犯通信自由"。由此，本著所能进一步想到的是，可将现行的《刑法》第252条和第253条在"侵犯通信自由罪"这一罪名下合并为一条，且对邮政工作人员的侵犯通信自由行为规定"从重处罚"，以在局部实现刑法条文的精简。

再次，科学合理的罪名当然更能够"反照"刑法立法及其罪状表述的不足。例如，我国《刑法》第251条规定："国家机关工作人员非法剥夺公民的宗教信仰自由和侵犯少数民族风俗习惯，情节严重的，……"这里，"和"表示并列，而从立法用语来看，"非法剥夺公民的宗教信仰自由和侵犯少数民族风俗习惯"必须同时具备才能成立犯罪。但全国人大常委会法制委员会发布的《立法技术规范（试行）（一）》第13条第1款规定："'和'连接的并列句子成分，其前后成分无主次之分，互换位置后在语法意义上不会发生意思变化，但是在法律表述中应当根据句子成分的重要性、逻辑关系或者用语习惯排序。"根据该规定，第251条中的"和"属于刑法用语使用错误，因为"和"应解释为"或者"才符合立法原意。学者指出，第251条规定的"宗教信仰自由和少数民族风俗习惯"，第256条规定的"选举权和被选举权"，

---

〔1〕　晋涛："论罪名生成的方法"，载《政治与法律》2018年第3期，第121页。

使用了"和"字分别连接不同的犯罪对象，属于立法中对连接词的误用。以第 251 条规定为例，如果使用"和"字连接，则表示两种对象即宗教信仰自由与少数民族风俗习惯的累加，亦即行为只有同时侵害这两种犯罪对象才构成犯罪。然而，立法原意并不会要求行为必须侵害两个对象才构成犯罪，即侵害其中一个对象就构成该条犯罪，故这里的"和"是"或者"的误用，从而上述两条亦为列举并列式条文[1]。由此，司法罪名中的非法剥夺公民宗教信仰自由罪、侵犯少数民族风俗习惯罪完全尊重了行为类型，避免了盲目依据刑法文字所带来的风险[2]。所谓"刑法用语使用错误"或"立法中对连接词的误用"，表明相应的刑法立法存在不足，尽管这一不足或许仅仅是立法者的"笔下误"。而正是由于我们采用了"非法剥夺公民宗教信仰自由罪"和"侵犯少数民族风俗习惯罪"，我们才看到或更加容易看到相关立法的前述不足。

最后，本身没有问题的罪名的并列甚至会"反照"出个罪立法的刑法分则章节体系归属问题。例如在同一法条里，如果是性质完全不同的行为，就应当视为不同的行为类型，司法解释应将它们规定为不同的罪名。我国《刑法》第 358 条第 1 款规定："组织、强迫他人卖淫的，……"显然，本条规定的是简单罪状，但这个简单罪状其实不简单，因为组织卖淫与强迫卖淫并不属于一个类型。组织卖淫属于侵害性风俗的犯罪，其以被卖淫人的同意为前提。强迫卖淫虽然也侵犯了性风俗，但那是本罪的附属法益，真正法益是他人的性自主权。"从犯罪构成的角度，强迫妇女卖淫的行为完全符合强奸罪的犯罪构成，行为人实际上构成强奸罪的间接正犯，或者至少是强奸罪的共犯。"[3]强迫他人卖淫与强奸罪、强制猥亵、侮辱罪是竞合关系，正因为与组织卖淫罪属于一类犯罪，所以司法罪名将它们分别拟定为独立罪名，正确反映了我国《刑法》第 358 条第 1 款的规定[4]。既然强迫卖淫的真正法益是他人的性自主权，而强迫妇女卖淫的行为或是强奸罪的间接正犯或至少是强奸罪的共犯，则虽然强迫卖淫罪和组织卖淫罪的并列"正确反映"了《刑法》第 358 条第 1 款的规定，但此两个罪名的现有章节归属并不妥当，即应将强

---

〔1〕 陈兴良主编：《刑法各论的一般理论》，中国人民大学出版社 2007 年版，第 117 页。
〔2〕 晋涛："论罪名生成的方法"，载《政治与法律》2018 年第 3 期，第 113~114 页。
〔3〕 劳东燕："强奸罪与嫖宿幼女罪的关系新论"，载《清华法学》2011 年第 2 期，第 35 页。
〔4〕 晋涛："论罪名生成的方法"，载《政治与法律》2018 年第 3 期，第 114 页。

迫卖淫罪和组织卖淫罪分置于"侵犯公民人身权利、民主权利罪"和"妨害社会管理秩序罪"两章，并令其分别找到合适的具体位置。可见，罪名对现行罪刑立法及其罪状表述能够构成一种有效"检视"。

（二）罪名对刑法司法的作用

在"罪名法定化"之后，罪名的司法适用便构成了罪刑法定原则和罪责刑相适应原则乃至适用刑法人人平等原则的基本体现和首要体现。易言之，罪刑法定原则、罪责刑相适应原则和适用刑法人人平等原则要求刑法司法实践要做到"依法定罪名"和"依事实定罪名"。而当刑法司法实践做到了"依法定罪名"和"依事实定罪名"，从而切合了罪刑法定原则、罪责刑相适应原则和适用刑法人人平等原则的要求，则罪名便发挥着促进刑法司法公正、有效与权威的作用。可以想见的是，在刑法司法实践中，除非存在徇私枉法，每个刑事法官都希望其所承办的每个有罪案件都做到"定罪准确"。而要做到"定罪准确"，其又必须做到：一是谙熟且准确理解相应法条所对应的规范内容，且首先和主要是罪状所对应的规范内容；二是洞悉个案事实，且首先和主要是洞悉定罪事实。易言之，罪名的准确适用将"倒逼"司法工作人员勤于和精于业务。于是，在微观层面，罪名便成了司法个案是否"以事实为根据，以法律为准绳"的基本标识和检验；而在宏观层面，由于传媒的逐步发达和普及，加之公众法治意识的逐步提高，在近年来具有"全国性影响"的典型刑事个案中，罪名的宣告深刻地牵动着司法舆情，进而受到刑法司法公众认同和刑法司法公信力，最终是"良法善治"的检验。可见，刑法司法实践中的罪名问题绝非一个直接宣告的简单问题。习近平总书记号召："让人民群众在每一个案件中感受到公平正义。"由此，罪名是刑法司法公平正义的直接"窗口"。当然，罪名的司法适用还关联着"法律效果与社会效果（甚至政治效果）相统一"的司法政策。但最终，罪名将如火车头那样牵引着刑法司法的公平正义与权威有效。

总之，罪名的作用在立法和司法两个环节有着不同的体现：在立法环节，罪名能够通过一种"反照"作用而使得罪状立法在"精简性"中不失"周延性"，从而增强刑法立法的科学性；在司法环节，罪名通过对个案"以事实为根据，以法律为准绳"的标识与检验而"倒逼"个案司法的公平正义和权威有效，从而增强刑法司法的公众认同性和公信力。

第九节　罪名的确定原则、确定方法与认定思维

继罪名的分类与作用，罪名的确定原则、确定方法与认定思维便是有关罪名的务实讨论。

一、罪名的确定原则

教材提出确定罪名的三项原则即合法性原则、概括性原则和科学性原则[1]。罪名的确定原则与罪名的确定标准即罪名的定名标准是两个相通的问题，且罪名的确定原则需予以重新表述与规整。

（一）罪名确定的精炼性原则

罪名的精炼性原则是一个包含且高于概括性原则的罪名确定原则。既然罪名是犯罪的名称，而名称又往往是事物的一种代号，故罪名确定应将精炼性作为首要原则或首要标准，以体现罪名是对犯罪本质或主要特征的高度概括而非中等程度的概括。由此，若以精炼性为确定原则，则现有的某些罪名便存在不足，如"隐匿、故意销毁会计凭证、会计账簿、财务会计报告罪"，其似应精炼为"隐匿、故意销毁会计资料罪"；再如"生产、销售伪劣农药、兽药、化肥、种子罪"，其似应精炼为"生产、销售伪劣农资产品罪"[2]。可见，罪名的精炼性标准实即通过抽象概括或使用上位概念的方式来增强罪名对具体行为样态的涵摄性，以谋求"法网恢恢疏而不漏"。由此，罪名的精炼性可通过"概括手段"来达到。于是，罪名的精炼性标准意味着罪名应尽量避免"列举式表述"，并要求个罪的罪状要结合运用"等字表述"，以避免罪状表述的"挂一漏万"，亦即增强法网的一种周延性。

（二）罪名确定的规范性原则

除了精炼性原则，罪名确定还应贯彻规范性原则，即罪名表述应讲究规范专业性。在某种意义上，罪名确定的规范性原则即科学性原则，亦即罪名的规范性原则是符合罪名的科学性原则的，但规范性原则同时是包含且高于科学性原则的。由此，曾经的两个罪名即"奸淫幼女罪"和"嫖宿幼女罪"是不符合罪名确定的规范性原则的，因为"奸淫"和"嫖宿"是社会道德层

---

〔1〕《刑法学》编写组编：《刑法学》（上册·总论），高等教育出版社 2019 年版，第 8~9 页。

〔2〕 马荣春：《刑法完善论》，群众出版社 2008 年版，第 204 页。

面的用词，而只有用"强奸罪"来评价"奸淫幼女罪"和"嫖宿幼女罪"所对应的违法现象才具有刑法规范性。若以规范性为原则，则"拒不执行判决、裁定罪"似应纠正且精炼为"拒不履行裁判罪"。而在"拒不执行判决、裁定罪"中，之所以说"执行"用词不当，是因为对于生效的判决、裁定所确定的义务，义务人只有"履行"一说而无"执行"之谓[1]。若以规范性为原则，则"非法侵入计算机信息系统罪"似应纠正且精炼为"侵入计算机信息系统罪"，因为"侵入"一词与一个"罪"字已经含有"非法"的规范性评价。若以规范性为原则，则"为境外窃取、刺探、收买、非法提供国家秘密、情报罪"也应去掉其中的"非法"一词，因为当把"提供"与"窃取、刺探、收买"相并列，则"提供"一词便当然使得我们形成对其"非法性"的认知，况且该罪名还有一个"罪"字缀后。若以规范性为原则，则现行《刑法》第 209 条第 1 款的"非法制造、出售非法制造的用于骗取出口退税、抵扣税款发票罪"，同样应去掉其中的"非法"一词而重新表述为"制造、出售用于骗取出口退税、抵扣税款发票罪"，因为"骗取"一词当然使得我们形成对"制造"或"出售"行为的"非法性"认知，况且该罪名同样还有一个"罪"字缀后。同时，"制造、出售用于骗取出口退税、抵扣税款发票罪"使得现行《刑法》第 209 条第 3 款的罪名即"非法出售用于骗取出口退税、抵扣税款发票罪"，从而是该款本身显得多余而应予以删除，况且第 3 款的罪行本来就是规定按照第 1 款来处罚的。可见，罪名的规范性原则也能够增强其精炼性和相应条文的精炼性。

需要进一步强调的是，罪名的规范性原则除了具有"科学性"的内涵，还具有"合法性"的内涵。教材指出，合法性是指确定罪名时必须严格按照刑法分则规定具体犯罪的条文所描述的罪状进行。例如，《刑法》第 111 条所描述的罪状是，"为境外的机构、组织、人员窃取、刺探、收买、非法提供国家秘密或者情报的"。若将此种犯罪称为"为境外非法提供国家秘密罪"，则既遗漏了作为犯罪手段的窃取、刺探和收买行为，也遗漏了作为行为对象之一的情报，故背离了合法性原则的要求。而将该种犯罪称为"为境外窃取、刺探、收买、非法提供国家秘密、情报罪"，则紧扣《刑法》的规定，恪守了

---

[1] 马荣春:《刑法完善论》，群众出版社 2008 年版，第 344 页。

合法性原则[1]。首先，罪名的确定当然要紧扣《刑法》的具体规定，但罪名的合法性原则不只是体现为紧扣《刑法》的具体规定，还要有着另一层内涵，即对于法定犯或行政犯而言，其罪名的确定还要观照"前置法"即行政法的规定。

有人指出，罪名是刑法学研究中的薄弱环节，通常对罪名的研究多是讨论刑法修正案条款应生成什么罪名，或者研究罪名分类、罪名生成原则等问题，虽然这或多或少都会涉及罪名生成的方法，但专门探讨罪名生成方法的理论还很欠缺。罪名生成的方法应以刑法规定为前提，以概括、准确为首要价值，旨在为罪名生成提供具体的操作指南，实现罪名生成的标准化作业[2]。所谓"以刑法规定为前提，以概括、准确为首要价值"，则包容了罪名确定的规范性原则与精炼性原则，因为"规范性"隐含着符合刑法规定本身，而"精炼性"当然意味着"概括性"。可以想见的是，当做到了符合刑法规定本身且符合"精炼性"或"概括性"，则罪名确定自然便具有"准确性"。最终，当做到了精炼性和规范性，则可消除现有罪名的"不统一、不一致、不尽合适"现象，以实现罪名的标准化与可控化[3]。

（三）罪名确定的明确性原则

贝卡里亚曾指出："如果说对法律进行解释是一个弊端的话，显然，使人不得不进行解释的法律含混性本身是另一个弊端。尤其糟糕的是：法律是用一种人民所不了解的语言写成的，这就使人民处于对少数法律解释者的依赖地位，而无从掌握自己的自由，或处置自己的命运。这种语言把一部庄重的公共典籍简直变成了一本家用私书。"[4]这里，"含混性"和"人民所不了解"都有"不明确"之意。通常，我们只关注和讨论罪状的明确性问题，但罪名确定只遵循精炼性和规范性原则还不够，也应遵循明确性原则，因为罪名本身就是人们对犯罪的识别符号，特别是罪名还另有一种"普法"功能。遵循罪名确定明确性原则的正面例子如"拒不支付劳动报酬罪"。针对我国《刑法》第276条之一拟定何种罪名，众说纷纭，正如"学者们根据刑法条文

---

[1]《刑法学》编写组编：《刑法学》（上册·总论），高等教育出版社2019年版，第9页。

[2]晋涛："论罪名生成的方法"，载《政治与法律》2018年第3期，第110~111页。

[3]艾小乐、王耀忠："论真正的罪名法定化——罪刑法定主义之本义"，载《当代法学》2003年第6期，第129~134页。

[4][意]切萨雷·贝卡里亚：《论犯罪与刑罚》，黄风译，北京大学出版社2008年版，第15页。

提出了若干个不同的罪名，如'拒不支付劳动者劳动报酬罪''逃避支付或者不支付劳动者报酬罪''恶意欠薪罪''欠薪罪''欠薪逃匿罪'等"。[1]首先，对于普通民众而言，"劳动报酬"较"薪水"更通俗明白，而"逃匿"也稍显晦涩，故用"劳动报酬"作为中心词来表述罪名是相对可取的。再者，"逃避支付"和"不支付"都是"拒不支付"，且"拒"字直接征表行为人在劳资纠纷中的主观恶性，而"劳动报酬"当然是"劳动者的劳动报酬"，故现行的罪名"拒不支付劳动报酬罪"是符合罪名确定的明确性原则的。遵循罪名确定明确性原则的反面例子如"巨额财产来源不明罪"。针对我国《刑法》第395条第1款的规定，"学者们提出了许多罪名：非法得利罪、非法所得罪、巨额财产来源不明罪、巨额财产来源非法罪、不能说明巨额财产或者支出合法来源罪、隐瞒巨额财产来源罪、拒不说明巨额财产真实来源罪、拥有不能说明之财产罪、拥有来源不明的巨额财产罪"。[2]其中，"非法得利罪"和"非法所得罪"是含义极为飘忽的罪名，因为盗窃、诈骗等财产犯罪和众多的经济型犯罪都可视为"非法得利罪"或"非法所得罪"。可见，将《刑法》第395条第1款的规定名为"非法得利罪"或"非法所得罪"是极大地背离了罪名确定即定罪的明确性原则。"巨额财产来源非法罪"也是一个很不明了的罪名，因为行为人通过偷抢或贪贿手段等也可集聚"巨额财产"；"不能说明巨额财产或者支出合法来源罪""隐瞒巨额财产来源罪""拥有不能说明之财产罪"和"拥有来源不明的巨额财产罪"，仅系因对巨额财产"不能说明来源""隐瞒来源"或"来源不明"而构成犯罪，似乎难以让人信服或让人捉摸不透，即难具明确性。至于现行的"巨额财产来源不明罪"不是针对行为而是单纯针对"来源不明"这种事态所冠以的罪名，更让普通民众觉得这是一个"不明不白"的罪名。立于每个公民都有权拥有自己的财产包括巨额财产，则对应《刑法》第395条第1款的较为适宜的罪名似应是"不说明非正常巨额财产来源罪"，该罪名对普通民众而言容易被领会和理解。

可用罪名确定的明确性原则来完善罪名的例子，再如我国《刑法》第221条规定："捏造并散布虚伪事实，损害他人的商业信誉、商品声誉，给他人造成重大损失或者有其他严重情节的，……"司法解释将本条拟定为损害

〔1〕 庄乾龙："拒不支付报酬犯罪比较研究"，载《法商研究》2012年第2期，第9页。
〔2〕 张明楷：《刑法学》，法律出版社1997年版，第916页。

商业信誉、商品声誉罪。学者指出，许多论著将本罪的罪名概括为"损害商业信誉、商品声誉罪"，也有人将之概括为"以诽谤手段损害商业、商品信誉罪"，但本罪行为就是人们通常所说的商业诽谤行为，故概括为商业诽谤罪较为合适〔1〕。若将本罪认定为商业诽谤罪，则是对约定俗成罪名的使用，但最好将本罪拟定为损害商誉罪〔2〕。在日常生活中，普通民众原本对"侮辱"与"诽谤"就不是能分辨得很清楚，而商业诽谤便更显得有点"扑朔迷离"。因此，如果说"损害商誉罪"较为或更为适合，则是因为其较具或更具对于普通民众而言的明确性。启蒙主义的座右铭是："法律应该是简单明了的、能为非法律职业者所理解的、几乎无须解释的尽善尽美之物。"〔3〕因此，美国最高法院认为，刑法规定是否含混，应以刑法的规定是否能够充分明确地就禁止的行为表达警告的意思，且对于普通智力的人能够事先理解为准〔4〕。不仅罪状，而且罪名甚或首先是罪名要具有明确性，但也要强调的是，强调罪名对于普通民众而言的明确性，并不意味着片面追求法律语言的通俗易懂以使得"过于生活化"的语言牺牲"严格与精确"，从而走向"流俗"〔5〕。

罪名的明确性是刑法语言明确性问题的当然内容。清末思想家梁启超对法律语言曾有精辟之论："法律之文辞有三要件，一曰明，二曰确，三曰弹力性。明确就法文之用语言之，弹力性就法文所含意义言之。若用坚深之文，非妇孺所能晓解者，是曰不明。此在古代以法愚民者恒用之，今世不取也。确也者，用语上正确也。培根曰：'法律之最高品位，在于正确'，是其义也。弹力性，其法文之内包甚广，有可以容入解释之余地则也。确之一义与弹力性一义，似不相容，实乃不然，弹力性以言夫其义，确以言夫其文也。培根又曰：'最良之法律者，有最小之余地，以供判官伸缩之用，则甚有弹力性可见。然而两者之可以相兼，明矣。'"〔6〕可见，不仅罪状存在明确性问题，而且作为罪状的名称即罪名也存在明确性问题。

但是，罪名确定明确性原则的运用并非仅仅是局限在某个具体的罪条而

〔1〕 张明楷：《刑法学》，法律出版社 1997 年版，第 680 页。

〔2〕 晋涛："论罪名生成的方法"，载《政治与法律》2018 年第 3 期，第 118 页。

〔3〕 ［日］大木雅夫：《比较法》，范愉译，法律出版社 1999 年版，第 183 页。

〔4〕 张明楷：《刑法格言的展开》，法律出版社 1999 年版，第 39 页。

〔5〕 慕槐："法律语言"，载《法学研究》1994 年第 4 期，第 31 页。

〔6〕 梁启超：《中国成文法编制之沿革》，中华书局 1958 年版，第 59~60 页。

解决具体罪名表述问题，而是有时需要在整个刑法分则中通过一种"体系性思维"来解决具体罪名表述问题，正如战时造谣扰乱军心罪（第 378 条）与战时造谣惑众罪（第 433 条）存在一般与特殊的关系，二者的罪状即"战时造谣惑众，扰乱军心的"与"战时造谣惑众，动摇军心的"措辞几乎一样，区别就在于后者是特殊主体——军人。司法罪名为了区别二者，将后者拟定为"战时造谣惑众罪"，导致两个罪名极为相似，使得罪名的区分功能丧失，实则应将后者拟定为"军人战时造谣动摇军心罪"[1]。确实，战时造谣扰乱军心罪与战时造谣惑众罪在罪状上仅仅是"扰乱"与"动摇"之别，而二者的主体之别也仅仅是相应的章名即"危害国防利益罪"（《刑法》分则第七章）和"军人违反职责罪"（《刑法》分则第十章）所"暗示"出来的。可见，战时造谣扰乱军心罪与战时造谣惑众罪都是不明了的罪名。特别是"战时造谣惑众罪"，不仅存在主体不明问题，而且"惑众"也不是不明的，即"惑众"的"众"是军人还是百姓，抑或两者都有。因此，"军人战时造谣动摇军心罪"这一罪名建议是可行的。需要采用"体系性思维"来考量罪名问题是由个罪之间的某种关系和各自的章节归属所决定或要求的。美国学者艾特曼指出："就法律规则的术语和句子来说，如果脱离句子体系孤立地加以阅读，当然不会得出确定的意义，但它们完全可以在法律句子的体系中加以把握。"[2]由于罪名是刑法规则的术语，故其有时也需要采用"体系性思维"来确定和表述。

罪名确定的原则可视为罪刑法定原则之"题中之义"，因为"罪刑法定"包含且首先是"罪之法定"，而"罪之法定"又应包含"罪名法定"，且罪名确定的明确性原则又是罪刑法定之明确性原则之"题中之义"。

在罪名的确定原则中，精炼性强调的是罪名的科学性，规范性强调的是罪名的专业性，而明确性强调的是罪名的公众可认知性。因此，从科学性到专业性再到明确性，罪名的确定原则可视为形成了一种"原则体系"，而此"原则体系"集中体现了罪名问题的重要性。

二、罪名确定的方法

罪名确定的方法属于罪名技术层面的问题，但随着罪名法定化契机的到

---

〔1〕晋涛："论罪名生成的方法"，载《政治与法律》2018 年第 3 期，第 120 页。

〔2〕Altman，Ritical Leagl Studies：liberalcritiqueprincetonuniversty，1990，pp. 95~96.

来，更加需要系统探讨罪名生成的原则、方法，从而保证罪名的统一、稳定和准确[1]。而本著所要讨论的罪名确定的方法，主要是指"汉语文法"和"类型化方法"。

（一）罪名确定的"汉语文法"

我们的刑法是用我们的母语即汉语来表达的。于是，不仅罪状的表述需要注意文法，而且罪名也需要或更加需要注意文法，因为罪名在很大程度上就是刑法的一种征表其科学性的"门面"。学者指出，罪名的结构有文法结构和刑法结构之分，罪名的文法结构是根据汉语语法知识分析罪名构成，罪名的刑法结构是根据刑法的犯罪构成分析罪名。从文法角度和刑法角度可以对罪名结构进行多元检视，罪名结构具有丰富的内容[2]。可见，"文法"是罪名问题的重要内容。因不讲"文法"而影响其精炼性表达的罪名，例如"组织、利用会道门、邪教组织、利用封建迷信破坏法律实施罪"，这一罪名由于错用了标点，语意变得混乱不清；或如"非法收购、运输、出售珍贵、濒危野生动物、珍贵、濒危野生动物制品罪"，这一罪名仅仅因为标点符号有误，"珍贵"也成了非法收购、运输、出售的对象[3]。所谓"错用了标点"或"标点符号有误"，即属"文法"问题。在本著看来，前述所列问题属于"文法"问题，但不属于标点问题，而属于"动宾搭配"问题：在"组织、利用会道门、邪教组织、利用封建迷信破坏法律实施罪"这一罪名中，后一个"利用"显得多余，而应让前一个"利用"与"封建迷信"之间形成直接的"动宾搭配"；而在"非法收购、运输、出售珍贵、濒危野生动物、珍贵、濒危野生动物制品罪"这一罪名中，后一个"珍贵、濒危野生动物"应以"及其"二字替换，这样不仅能够避免"珍贵"与"收购、运输、出售"的不当"动宾搭配"，而且使得罪名表意清楚且"不绕口"。现有罪名的"动宾搭配"问题还体现为"搭配多余"，如在《刑法》第353条所对应的"引诱、教唆、欺骗他人吸毒罪"和"强迫他人吸毒罪"以及第354条所对应的"容留他人吸毒罪"中，"他人"都是多余的。现有罪名的"文法"问题，除了体现在"动宾搭配"上，还体现在"状谓搭配"上，如《刑法》第424条所对应的

---

[1] 晋涛："论罪名生成的方法"，载《政治与法律》2018年第3期，第121页。

[2] 晋涛："论罪名生成的方法"，载《政治与法律》2018年第3期，第119页。

[3] 晋涛："论罪名生成的方法"，载《政治与法律》2018年第3期，第110页。

罪名即"战时临阵脱逃罪",由于"临阵"既是一个时间概念也是一个空间概念,其已足以表明时间是在"战时",故罪名中没有必要再同义反复地出现"战时"一词[1]。在本著看来,正是由于"临阵"已经含有"战时"之意,故"战时临阵脱逃罪"这一罪名所存在的便是"文法"上的"状谓搭配"问题,即状语对谓语的多余搭配。罪名的"状谓搭配"不当的例子,还有我们曾经使用的"过失杀人罪"这一罪名,既然是"杀人",就不宜再用"过失"予以修饰,故现用的罪名是"过失致人死亡罪"。

罪名确定的"汉语文法",还意味着在形成罪名的过程中应注意概念之间的逻辑关系以避免或防止罪名与罪名之间的表述错位。如徇私枉法罪(第399条第1款)概括得过于抽象,没能体现出该罪的实质。对比民事、行政枉法裁判罪(第399条第2款),虽然两者都遵循了"文本原则",但第399条第1款罪名明显没有抓住犯罪的实质(未体现在刑事领域),导致罪名在准确性方面大打折扣。而单纯从罪名上看,民事、行政枉法裁判罪就是徇私枉法罪,即徇私枉法罪与民事、行政枉法裁判罪两罪之间非并列关系,而是民事、行政枉法裁判罪包含于徇私枉法罪的包含与被包含的逻辑关系[2]。因此,将我国《刑法》第399条第1款拟定为刑事枉法罪,既抓住了罪名的实质,又能和民事、行政枉法裁判罪相区别,很好地满足了概括性、不偏离文本、协调、准确等四项罪名生成的原则[3]。由于"民事、行政枉法裁判"当然是"徇私枉法"的一种表现,即"徇私枉法"与"民事、行政枉法裁判"是一种概念上的"属种关系",故徇私枉法罪与民事、行政枉法裁判罪的并列便带来了罪名的错位,且使得这两个罪名自身"不明不白"即难具"明确性"。由于刑事诉讼和民事诉讼、行政诉讼属于不同的诉讼领域,且刑事诉讼更加关涉公民的合法权益,故将《刑法》第399条第1款重新定名为"刑事枉法罪"是合适的。当然,"刑事枉法罪"较"徇私枉法罪"也同时体现出罪名确定的类型化思维。

孟德斯鸠曾指出:"法律的用语,对每一个人要能够唤起同样的观念。"[4]

---

〔1〕 晋涛:"论罪名生成的方法",载《政治与法律》2018年第3期,第119页。

〔2〕 武小凤:"关于徇私枉法罪罪名存在的问题",载《云南大学学报(法学版)》2006年第2期,第4页。

〔3〕 晋涛:"论罪名生成的方法",载《政治与法律》2018年第3期,第117页。

〔4〕 [法]孟德斯鸠:《论法的精神》(上册),张雁深译,商务印书馆1961年版,第297页。

丹宁勋爵曾主张，立法者应当"尽可能坚持使用可以找得到的确切言词，并给这些言词以他们原来的和通常的含义"〔1〕当具体到刑事立法，则"从刑事立法而言，刑法规范应尽量使用一般人能够理解的、避免产生歧义的文字语句，以使国民能够准确地预测自己的行为及后果，成为司法人员有效且可靠的行为指针，防止司法机关对刑罚权的滥用"〔2〕。可见，不仅罪状设置应讲究"文法"，而且作为罪状概括或凝练的罪名也或首先应讲究"文法"。

（二）罪名确定的"类型化方法"

在罪名确定的过程中，"类型化方法"的运用能够防止罪名设立的不当并列，从而造成罪名的繁杂。如根据《刑法》第118条的规定，电力设备也属于易燃易爆设备，而且是与燃气或者其他易燃易爆设备并列的、可选择的对象，即只要行为人故意破坏其中一种对象并危害公共安全的，便成立本条犯罪，故司法解释将118条规定的罪状确定为两个罪名的合理性值得怀疑〔3〕。显然，《刑法》第118条中的"其他易燃易爆设备"已经表明"电力设备也属于易燃易爆设备"，从而在"电力设备"和"其他易燃易爆设备"之上还有一个属概念即"易燃易爆设备"。这里，当把"易燃易爆设备"视为"电力设备"和"其他易燃易爆设备"的属概念即上位概念，便意味着"易燃易爆设备"是一个"类型化概念"，从而"破坏易燃易爆设备罪"便是一种"类型化行为"。于是，该条概括出"破坏易燃易爆设备罪"一个罪名即可。相应地，《刑法》第119条中的"过失损坏电力设备罪"和"过失损坏易燃易爆设备罪"并称为"过失损坏易燃易爆设备罪"一个罪名即可。再如，对于我国《刑法》第280条之一即"使用伪造、变造的或者盗用他人的居民身份证、护照、社会保障卡、驾驶证等依法可以用于证明身份的证件"，司法解释将其确定为两个罪名即"使用伪造、变造的身份证件罪"和"盗用他人身份证件罪"，但只要对"使用伪造、变造的或者盗用他人的居民身份证、护照、社会保障卡、驾驶证等依法可以用于证明身份的证件"进行概括，会发现不管"使用伪造、变造用于证明身份的证件"和"盗用他人的用于证明身份的证件"，都属于使用虚假的身份证件。将本条拟定为使用虚假身份证件

---

〔1〕 ［英］丹宁勋爵：《法律的训诫》，杨百揆等译，群众出版社1985年版，第1页。

〔2〕 刘艳红："刑法明确性原则：形成、定位与实现"，载《江海学刊》2009年第2期，第143~144页。

〔3〕 张明楷：《刑法分则的解释原理》（上），中国人民大学出版社2011年版，第176~177页。

罪、盗用身份证件罪两个罪名，增加了罪名数量，也制造了两者之间的对立，本罪应拟定为使用虚假的身份证件罪[1]。之所以"使用伪造、变造用于证明身份的证件"和"盗用他人的用于证明身份的证件"，都属于"使用虚假的身份证件"，是因为"伪造、变造的身份证件"和"盗用的身份证件"都属于"虚假的身份证件"。这里，"都属于"便是运用概念关系"属种规则"，从而是"刑法类型化思维"的朴素提醒。但是，用"非法使用身份证件罪"取代"使用虚假的身份证件罪"或许更为适宜。可见，疏于"概括性"而造成罪名繁杂错叠，是"刑法类型化思维"欠缺的直接体现。"类型化概念"与"概括性概念"对罪名的确定和表达效果而言，可增强梁启超所说的"弹力性"。

进一步地，"刑法类型化思维"在罪名确定中的运用不仅意味着按照"由种到属"来概括或提炼罪名，而且意味着还应"分门别类"地确定罪名。例如，我国《刑法》第 127 条针对危险物质和枪支、弹药、爆炸物分别规定了具体的危险犯和抽象的危险犯。我国《刑法》第 127 条规定："盗窃、抢夺枪支、弹药、爆炸物的，或者盗窃、抢夺毒害性、放射性、传染病病原体等物质，危害公共安全的，……抢劫枪支、弹药、爆炸物的，或者抢劫毒害性、放射性、传染病病原体等物质，危害公共安全的，或者盗窃、抢夺国家机关、军警人员、民兵的枪支、弹药、爆炸物的，……"司法解释将它们拟定为盗窃、抢夺枪支、弹药、爆炸物、危险物质罪（第 127 条第 1 款），抢劫枪支、弹药、爆炸物、危险物质罪（第 127 条第 2 款）。这显然没有认识到"枪支、弹药、爆炸物与危险物质"构成要件的不同，前者是抽象危险犯，后者是具体危险犯，属于不同的犯罪类型。因此，该条应拟定为盗窃、抢夺、抢劫枪支、弹药、爆炸物罪和盗窃、抢夺、抢劫危险物质罪[2]。抽象危险犯和具体危险犯是危险犯的不同类型，故二者所对应的具体罪名自然不应共处对应同一个法定刑的罪名之中，即便是采用选择性罪名也不妥当。由于枪支、弹药、爆炸物之外的危险物质与枪支、弹药、爆炸物这类危险物质维系着不同程度的公共安全，即枪支、弹药、爆炸物这类危险物质维系着抽象的公共安全，而枪支、弹药、爆炸物之外的危险物质维系着具体的公共安全，故将以之为犯罪对象的危害公共安全行为予以类型化且通过罪名来体现其类型化是有必

---

〔1〕 晋涛："论罪名生成的方法"，载《政治与法律》2018 年第 3 期，第 112 页。
〔2〕 晋涛："论罪名生成的方法"，载《政治与法律》2018 年第 3 期，第 112 页。

要的。显然，仅仅立于犯罪对象的抽象危险与具体危险之别来体现罪名的类型化还是不够的，因为无论是将枪支、弹药、爆炸物作为犯罪对象，还是将其他危险物质作为犯罪对象，将"盗窃""抢夺"和"抢劫"并列在一个共用同一个法定刑的选择性罪名中，仍然存在罪名的"类型化不足"问题。

在罪名的确定方法中，"汉语文法"侧重罪名确定方法的技术层面，即如何使得所确定的罪名更容易被识别与"交流"；而"类型化方法"则侧重罪名确定方法的内容层面，即如何使得所确定的罪名更具有一种概括性，从而具有一种"广含性"。

三、罪名认定的整体性思维

罪名认定的整体性思维包含着单人犯罪罪名认定的整体性思维和共同犯罪罪名认定的整体性思维。

（一）单人犯罪罪名认定的整体性思维

所谓单人犯罪罪名认定的整体性思维，是指对单人犯罪的罪名进行认定时应秉持整体性思维，以防止罪名认定的失出失入。

例如，甲没有办理入住手续就溜进了一家五星级酒店，并用该酒店的电话向一家拉菲红酒经销商订购了4瓶红酒，市价共计4.2万元。A、B二人为拉菲红酒经销商的送货收款人员，在二人将甲订购的4瓶红酒送到甲所在的五星级酒店的吧台后，甲以送来的红酒没有包装为由，要求A回去拿包装。A走后，甲又对B说，你先把酒放在吧台这里，现在和我上18楼去拿现金，但当电梯坐到2楼时，甲假装接到电话，要去处理急事，让B单独到18楼某某房间拿酒的价款，B信以为真，甲随即到该酒店一楼吧台处，将4瓶红酒拿走。

对于前例，学者认为，B把红酒放在吧台后跟随甲上楼去取钱的行为应评价为诈骗罪中受骗人处分财物的行为。在前例中，B之所以会将红酒放在吧台，是因为他以为甲是该五星级酒店的人员，而吧台上的服务人员也是该五星级酒店的人员，将酒放在吧台就相当于向甲所在的酒店交付了货物，故其跟着甲上楼领取红酒的价款就是期待酒店在自己交付了货物之后会付相应的对价。当货物送到甲指定的地点以后，就可以认为送货人已经交付了财物，即已经处分了财物，故甲构成诈骗罪[1]。实务界有人指出，甲的行为系盗

---

[1] 张明楷：《刑法的私塾》，北京大学出版社2014年版，第498~502页。

窃。本案的交易属于一手交钱、一手交货的情形。学者关于先交货后交钱的观点，是有条件的。交易双方彼此熟悉，互相信任，多次成功交易的情形下，双方才会使用这种交易方式。但本案并不是这种情形，买卖双方先前并没有打过交道，没有信任感，只能采取一手交钱、一手交货完成交易的方式。B把货放在吧台后，接着跟甲去拿货款，就意味着采取一手交钱、一手交货的即时交易方式。甲采取欺骗手段是为了把B从财物旁边引开，使B放松对财物的控制，然后自己立即返回放置财物的吧台将红酒盗走。而在B没有拿到货款之前，随时可以撤销交易取回财物。在即时交易的情形下，将红酒放置在吧台，B仍对财物具有所有权。B没有拿到货款，这个红酒就是B的财物，就还没有交付给对方。本案甲把B骗开之后返回吧台盗窃红酒的行为，是本案的直接行为，甲实施的诈骗行为没有直接获得财物，故成立盗窃罪而不是诈骗罪[1]。对于前例，如果对甲的行为定性为盗窃罪，则意味着对本案事实仅仅是摘取了甲到吧台将红酒盗走这一环节予以评价，而忽略了之前甲虚构事实和隐瞒真相的一系列行为。正如学者认为，在B看来，既然将酒放在吧台就相当于向甲所在的酒店交付了货物，而其跟着甲上楼领取红酒的价款就是认为酒店愿意支付对价，而B陷入前述错误认识，显然是由甲虚构事实和隐瞒真相所导致。本案是发生在双方交易中，但行为人违背诚信，采用骗术不法占有他人财物，而"窃"只是行为人精心设计骗局中的"一环"而已。因此，前例对甲的行为应认定为诈骗罪。由于甲到吧台将红酒盗走是其此前虚构事实和隐瞒真相行为的自然延续，故诈骗罪的定性能够体现对本案行为的全面评价，全面评价当然是客观评价，而对个案行为的全面评价自然是基于"整体性思维"。反过来，如果是采用"整体性思维"，则本案行为的定性便自然是诈骗罪而非盗窃罪。顺便强调的是，盗窃罪与诈骗罪在行为手段上可以相互包含，即"窃中有骗""骗中有窃"：前者如行为人对被害人指示一处热闹以转移被害人的注意力，然后乘机窃走被害人的财物；后者如前文讨论的红酒案。但就"窃中有骗"而言，"窃"是行为，"骗"是行为举止，即"窃"是规范性和整体性评价，而"骗"是事实性与细节性描述；就"骗中

---

〔1〕 肖佑良："评《刑法的私塾》之缺陷"，载"法学在线"肖佑良博客：http://article.chinala-winfo.com/Space/SpaceArticleDetail.aspx? AuthorId=148527&&AID=84324&&Type=1，最后访问日期：2019年2月14日。

有窃"而言，"骗"是行为，"窃"是行为举止，即"骗"是规范性和整体性评价，而"窃"是事实性与细节性描述。于是，能够抓住"包含性"的认定，便体现整体性思维。可见，在单人犯罪罪名的认定中，采用整体性思维能够防止此罪与彼罪的定性失准。

（二）共同犯罪罪名认定的整体性思维

所谓共同犯罪罪名认定的整体性思维，是指对共同犯罪的罪名进行认定时应秉持整体性思维，以防止罪名认定的失出失入。

例如，甲乙两人在负责给他人运送变压器时，发现变压器中有许多冷却油，便想将这些冷却油抽出来卖掉，但只有用电动油泵才能将这些冷却油抽出来，而甲乙并没有油泵。甲乙找到有电动油泵的丙，丙在知情之后，在给了甲乙 2000 元以后，用电动油泵将价值 5200 元的冷却油抽出来据为己有，并重新将变压器的螺丝等拧好。甲、乙、丙构成何罪？学者认为，变压器内的冷却油应属封缄物中的内容物，故构成盗窃罪。但如果说甲、乙负责承运没有密封起来的价值 2 万元的冷却油，甲、乙找到丙之后，丙在支付了 5000 元之后，用自己的设备将冷却油抽到自己的储油罐里，则甲、乙应成立侵占罪，而丙成立掩饰隐瞒犯罪所得罪[1]。实务界有人指出，该案系合同诈骗案。使用冷却油的变压器本身就是密封的，这与法律上的封缄物完全不是同一个概念。本案中学者使用封缄物的概念，不符合实际。变压器运输途中不用封缄，到达购买方存放地或者使用地，也不存在开启封缄物。本案的冷却油是变压器的有机组成部分。两行为人当初承诺运输变压器时，就是承诺将变压器整体包括其中的油在内运到指定地点，这是对整个运输过程的承诺。在运输途中，甲、乙二人产生非法占有的故意，监守自盗，实施盗窃变压器油的行为，该行为本身就是对当初的承诺——运输变压器整体（含油）到指定地方——的直接违反。这意味着甲、乙两人当初的承诺具有虚假欺骗的成分，变压器油等同于是从发货人手里骗取的，故构成合同诈骗罪。丙明知甲、乙两人实施犯罪行为而仍然帮助盗油并收购变压器油，属于事中合同诈骗犯罪的帮助行为，构成合同诈骗罪的帮助犯。至于丙给甲、乙两人 2000 元，是共同犯罪人之间的分赃行为，不构成掩饰、隐瞒犯罪所得罪。盗窃罪的观点不符合事实，因为整个变压器都处在甲、乙两人运输保管中，不属于他人控

---

〔1〕 张明楷：《刑法的私塾》，北京大学出版社 2014 年版，第 441~442 页。

制之下。即使是没有密封起来的冷却油，在运输合同履行过程中监守自盗的，同样构成合同诈骗罪而非侵占罪。侵占罪的观点犯了割裂案件事实、断章取义的错误[1]。本著认为，如果丙的行为成立掩饰、隐瞒犯罪所得罪，则意味着被掩饰、隐瞒的犯罪成立在先。但在本案中，丙的成罪行为与甲、乙的成罪行为在时空上是紧密结合在一起的，即不存在甲、乙的行为先成立一个罪即被掩饰、隐瞒的相应犯罪，而丙的行为又后续成立另一个罪即掩饰、隐瞒犯罪所得罪。显然，丙另外成立掩饰、隐瞒犯罪所得罪的观点无形之中割裂了甲、乙、丙三人共同犯罪事实的完整性。而本案中甲、乙、丙共同犯罪事实的完整性体现为对冷却油这一赃物及其价款不法占有的共同谋议、动手与分赃。因此，无论变压器是否为封缄物，都不影响在本案中对共同犯罪事实予以整体性把握，从而不影响对本案罪名的统一认定。

　　在采用整体性思维之下，本案应取何种罪名呢？在本著看来，异议者所谓"监守自盗"的说法应另有一番启发。若采用整体性思维，则本案中甲、乙、丙三人的行为在犯罪属性上以财产侵犯性为一致性或同一性，即三人的行为都集中体现为侵财性。因此，对于三人共同犯罪的定性即定罪应在侵犯财产罪范围内予以考量。在本案中，不法占有财产的关键行为是丙用电动油泵从变压器中抽取冷却油，而这一行为正是不法占有财产的实行行为。很显然，前述关键行为即实行行为是盗窃性质，即丙是盗窃罪的实行犯，且其分赃远远多于甲、乙二人。而甲乙只是将变压器中有冷却油的实情告诉了丙，其将不法占有财物的希望寄托在丙有电动油泵且使用电动油泵上。因此，甲、乙明显是丙的帮助犯，即为甲、乙、丙三人共同犯罪的从犯。最终，对本案只宜认定为一个罪即盗窃罪。对本案只认定盗窃罪，也符合关于共同犯罪定罪的"依主犯定罪说"。由前例可见，与整体性思维相对立的是切割性思维，而切割性思维往往会将共同犯罪行为"切割"出部分行为人的举止，从而对部分行为人的举止独立定罪，最终导致罪出多门。相反，在共同犯罪罪名的认定中，采用整体性思维认定规范行为，能够防止"切割定罪"，从而防止罪出多门。

---

　　[1]　肖佑良："评《刑法的私塾》之缺陷"，载"法学在线"肖佑良博客：http://article.chinalawinfo.com/Space/SpaceArticleDetail.aspx? AuthorId=148527&&AID=84324&&Type=1，最后访问日期：2019年2月14日。

在单人犯罪的罪名认定和共同犯罪的罪名认定上，"整体性思维"的积极作用都能得到充分体现，故"整体性思维"是一种必采的司法定罪思维。罪名是罪状的提升，而罪名和罪状是对犯罪概念和特征的自然延伸，故"罪名与罪状论"便构成了对"犯罪概念与特征论"的延伸，进而也是提升。

本章小结

罪状和罪名是犯罪论中具有直接关联性的两个问题。在罪状问题上，首先是罪状的概念，我们应通过一个较为恰当的定义，且通过与相关概念的比较而予以把握。一个较为周延的罪状定义应是：罪状是以宣示刑法的"禁令"或"命令"且同时限制裁判即构成刑法规范为宗旨，通过犯罪构成要件予以"样本化"或"类型化"即"抽象化"，从而构成罪名基础的犯罪事实。而罪状与相关概念的关系可作如下概括：罪名是罪状的名称或指代，而罪状是罪名的基础或"母体"；罪状是刑法规范的"载体"，刑法规范是罪状的外在价值宣示；犯罪构成通过犯罪构成要件（要素）描述罪状，即罪状是犯罪构成的描述对象；罪状是以犯罪事实为"母体"，是"样本化"或"类型化"，从而是"抽象化"的犯罪事实。于是，按照从经验到规范、从事实到价值和从形式到实质，摆在我们面前的认知顺序便是"犯罪事实→罪状→罪名→刑法规范"。

再就是，罪状可以按照广狭义、特征、内容、结构和功能等标准作出相应的分类。在罪状的广狭义分类中，狭义的罪状仅指刑法分则中以单人犯既遂为样本的罪状，广义的罪状除了包含狭义的罪状，还指向共犯、不同犯罪阶段形态、累犯和数罪等"总则性罪状"。在罪状的特征分类中，简单罪状是指对具体的犯罪构成要件事实予以简单交代的罪状，其具有"直白性""广含性"和"常识性"特征；叙明罪状是对犯罪构成要件事实予以详实描述的罪状，其具有"自足性""完备性"和"展示性"特征，且其可按照"叙明方式""叙明依据"和"叙明类型"再予细分；引证罪状，是借用其他罪状且通过在主体要件或主观要件等方面的事实附加而得以形成的罪状，其具有"承接性"（"衔接性"）与"附加性"特征；空白罪状是参照前置法规范才能确定其内容的罪状，其具有"叠加性"和"前置性"特征，且其"体系性功能"不仅要作立法层面的理解，即其为"协调性立法"，而且要作司法层面的把握，即其为"衔接性司法"。在罪状的内容分类中，主观罪状是以主观内容为指向，即指向犯罪故意、犯罪过失、犯罪目的、犯罪动机、犯罪倾向乃至期待可能性甚或犯意转换等的罪状；客观罪状是以客观因素为指向，即不仅指向由时间、地点、行为手段、行为过程乃至因果关系等所构成的犯罪客观方面要件，而且指向行为对犯罪客体或法益侵害状况的罪状。在罪状的结构分类中，罪状的形式结构分类包含单一性罪状和选择性罪状；罪状的内容结构分类包含封闭罪状和开放罪状。在罪状的功能分类中，基本罪状和加减罪状是基本分类，而由基本罪状和加减罪状所构成的"罪状体系"更具有构建"罪刑阶梯"以贯彻罪责刑相适应原则，从而实现公平惩罚和有效预防之功能。

最后，罪状的明确性也是罪状理论中的一个极为重要的问题。对于罪状明确性的法治地位不仅可予以结构性描述，即罪状明确性是"最基底"的刑事法治性，而且还可切入心理学予以刑法公众认同和刑法公信力层面的深化。罪状明确性在其与"专业性"和"通俗性"的关系处理中显示出相对性，且其是形式与实质相结合的明确性，而"具象列举+同质抽象"的立法模式是提升罪状明确性的必要之举。

在罪名问题上，罪名的分类与作用、罪名的确定原则、确定方法和认定思维等值得我们深入讨论。采用不同的标准，罪名可作出不同的分类：当采用"指涉范围"标准，罪名可分为类罪名与个罪名；当采用内容标准，罪名可分为可拆分罪名与不可拆分罪名；当采用法律效力标准，罪名可分为法定罪名与非法定罪名。由于罪名对应着罪状，而罪状既存在于刑法总则中，也存在于刑法分则中，故罪名的分类及其体系即"罪名体系"能够促进和提升刑法立法的科学性。罪名的作用在立法和司法两个环节有着不同的体现：在立法环节，罪名能够通过一种"反照"作用而使得罪状立法在"精简性"中不失"周延性"，从而增强刑法立法的科学性；在司法环节，罪名通过对个案"以事实为根据，以法律为准绳"的标识与检验而"倒逼"个案司法的公平正义和权威有效，从而增强刑法司法的公众认同和公信力。

罪名的确定原则包含精炼性原则、规范性原则和明确性原则。其中，精炼性原则强调的是罪名的科学性，规范性强调的是罪名的专业性，而明确性强调的是罪名的公众可认知性。罪名的确定方法则包括"汉语文法"和"类型化方法"。其中，"汉语文法"侧重罪名确定方法的技术层面，而"类型化方法"则侧重罪名确定方法的内容层面。至于罪名的认定思维，指的是司法实践中对个案罪名的认定应采用的思维，而"整体性思维"则是一种必采思维，且其积极作用在单人犯罪的罪名认定和共同犯罪的罪名认定中都能得到充分体现。

中　篇

犯罪构成

第三章

犯罪构成外在关系与四要件模式再肯定

犯罪构成的外在关系指的是犯罪构成与犯罪概念、刑法典和犯罪形态的相互关系。而考察和描述前述关系，有助于我们更加全面地理解犯罪构成本身。继犯罪构成外在关系的解答，四要件犯罪构成应得到重新肯定。

第一节 犯罪构成与犯罪概念的关系

当犯罪概念解答犯罪是什么的问题，而犯罪构成解答犯罪是如何成立的问题，则从"是什么"到"如何"的逻辑递进，便使得犯罪构成与犯罪概念之间存在着某种相互关联，但以往的刑法理论对犯罪构成与犯罪概念关系停留于"轻描淡写"。于是，犯罪构成研究应照应其与犯罪概念之间的关系，即采用一种"关系式思维"以使得问题讨论得到深化。

一、犯罪构成与犯罪概念关系的立法体现

1813 年《巴伐利亚刑法典》第 27 条规定："当违法行为包含依法属于某罪概念的全部要件时，就认为它是犯罪。"可见，犯罪构成与犯罪概念之间便存在着某种关联，因为犯罪构成就是犯罪概念的相关要件所排序而成，而犯罪概念又是犯罪构成的高度"浓缩"。但是，各国刑法对犯罪概念有规定犯罪概念和不规定犯罪概念这两种立法例。在规定犯罪概念这种立法例中，有的丝毫看不出犯罪构成与犯罪概念的关系，如 1810 年《法国刑法典》第 1 条规定："法律以违警刑所处罚之犯罪，称为违警罪；法律以惩治刑所处罚之犯罪，称为轻罪；法律以身体刑所处罚之犯罪，称为重罪。"1937 年《瑞士联邦刑法典》第 9 条规定："凡是用刑罚威胁所确实禁止的行为，是犯罪。"而现行《瑞士联邦刑法典》第 9 条规定："1. 重罪是指应科处重惩役之行为。

2. 轻罪是指最高刑为普通监禁刑之行为。"〔1〕现行《墨西哥联邦刑法典》第 7 条第 1 款规定："犯罪是指按照刑法规定应当追究刑事责任的作为或者不作为。"〔2〕凡是看不出与犯罪构成有着关联的立法上的犯罪概念，或曰在自身之中看不到犯罪构成痕迹或其要件的立法上的犯罪概念，都是形式的犯罪概念。

但也有能够看到犯罪构成与犯罪概念关系迹象的法定犯罪概念。1922 年《苏俄刑法典》第 6 条规定："威胁苏维埃制度基础及工农政权在向共产主义过渡时期所建立的法律秩序的一切危害社会的作为或不作为，都被认为是犯罪。"1958 年《苏联和各加盟共和国刑事立法纲要》第 7 条规定："凡是刑事法律规定的危害苏维埃社会制度或国家制度，破坏社会主义经济体系和侵犯社会主义所有制，侵犯公民的人身、政治权利、劳动权利、财产权利和其他权利的危害社会的行为（作为或不作为），以及刑事法律规定的违反社会主义法律秩序的其他危害社会的行为，都是犯罪。"这一立法规定所能显示的是"四要件整合式"犯罪构成的两点"迹象"。具言之，"刑事法律规定的"，暗含着行为类型或犯罪客观方面（即相当于大陆法系刑法理论中的"构成要件"）；而"苏维埃社会制度或国家制度""社会主义经济体系""社会主义所有制""公民的人身、政治权利、劳动权利、财产权利和其他权利""社会主义法律秩序"，则相当于犯罪客体（即相当于大陆法系刑法理论中的"违法性"要件）。1997 年《俄罗斯联邦刑事法典》第 14 条规定："本法典以刑罚相威胁所禁止的有罪过地实施的危害社会的行为，被认为是犯罪。"这一立法规定则是通过"有罪过"来显示出"四要件整合式"犯罪构成中的一点"迹象"即犯罪主观方面，并同时通过"危害社会"来显示该犯罪构成中的"犯罪客体"要件。

我国现行《刑法》第 13 条规定："一切危害国家主权、领土完整和安全，分裂国家、颠覆人民民主专政的政权和推翻社会主义制度，破坏社会秩序和经济秩序，侵犯国有财产或者劳动群众集体所有的财产，侵犯公民私人所有的财产，侵犯公民的人身权利、民主权利和其他权利，以及其他危害社会的行为，依照法律应当受到刑罚处罚的，都是犯罪，但是情节显著轻微危害不大的，不认为是犯罪。"这一立法规定可以说是通过明示和暗含两种方式而将

---

〔1〕 徐久生译：《瑞士联邦刑法典》，中国法制出版社 1999 年版，第 4 页。

〔2〕 陈志军译：《墨西哥联邦刑法典》，中国人民公安大学出版社 2010 年版，第 6 页。

"四要件整合式"犯罪构成的基本构成要件都牵涉进去。具言之，"国家主权""领土完整和安全""人民民主专政的政权"和"社会主义制度""社会秩序"和"经济秩序""国有财产""劳动群众集体所有的财产""公民私人所有的财产""公民的人身权利、民主权利和其他权利"等，是犯罪客体的直接标示；而"依照法律"，则暗含着犯罪主体、犯罪主观方面和刑法分则所规定的具体个罪的犯罪客观方面。可见，立法上实质的犯罪定义或实质与形式相结合的犯罪定义是能够看到犯罪构成与犯罪概念关系的"迹象"的，特别是立法上的实质与形式相结合的犯罪定义。何以如此？刑法立法上的实质的犯罪定义，特别是形式与实质相结合的犯罪的定义，必然要对犯罪概念从外延到内涵予以程度不同的揭示，而犯罪概念的内涵所对应的正是犯罪成立的相关要件包括形式要件与实质要件。这便是立法上实质的犯罪定义或形式与实质相结合的犯罪定义较纯粹形式的犯罪定义能够容易看到犯罪构成与犯罪概念之间具体与被具体、展开与被展开的相互关系，即在实质定义的或形式与实质相结合定义的犯罪概念中较易看到犯罪构成的痕迹或踪影，甚或犯罪构成的基本"筋骨"或框架的原因所在。但是，从应然的角度，犯罪的立法概念或立法定义应该体现出犯罪概念与犯罪构成之间抽象与具体、展开与被展开的关系，这是由刑法的司法属性和刑法立法与刑法司法之间"规范"与"规范的适用"的关系所决定的。

二、犯罪构成与犯罪概念关系的理论体现

在刑法理论中，对于犯罪概念，或者可以依据犯罪的法律后果给其下定义，其通常的提法是"犯罪是依法应受刑罚处罚的行为"。这种定义重点说明了如何从法律上识别犯罪；或者可以结合犯罪引起的诉讼程序给其下定义。这种定义见之于英美刑法理论，如"犯罪是一种能够继之以刑事诉讼并具有作为这些诉讼程序的必然结果中的一种结果的行为"；[1]或者可以根据犯罪的反社会性给其下定义。这是一种实质的犯罪定义，旨在说明立法者将某种行为规定为犯罪的实质根据，如"犯罪是反社会的行为或者社会侵害性的行为"[2]。或者可以结合犯罪的本质特征与法律特征给其下定义，如"犯罪是

---

〔1〕　［英］J. C. 史密斯、B. 霍根：《英国刑法》，李贵方等译，法律出版社2000年版，第26页。

〔2〕　［日］大塚仁：《犯罪论的基本问题》，冯军译，中国政法大学出版社1993年版，第1页。

一种特别危险的侵害法益的不法行为"。[1]另如，"犯罪乃是对社会主义国家或社会主义法律秩序有危害的、违法的、有罪过的、应受惩罚的作为或不作为"；[2]或者可以按照犯罪的成立条件给其下定义，如"刑法上的犯罪如果从成立条件来探讨这一形式概念时，所谓犯罪就是具备构成要件的、违法的、有责的行为"；[3]或"犯罪是符合构成要件、违法的、有责的行为"。[4]对照之下，正如立法上形式的犯罪定义，在对犯罪的理论定义中，有的是丝毫看不出犯罪构成与犯罪概念的关系；有的是体现出些许"迹象"，如"犯罪乃是对社会主义国家或社会主义法律秩序有危害的、违法的、有罪过的、应受惩罚的作为或不作为"；而有的则较为清晰地展示了犯罪构成与犯罪概念的关系，如从犯罪的成立条件所给出的犯罪定义便清晰地展示了犯罪构成与犯罪概念的关系：犯罪概念是犯罪构成的概括或浓缩，而犯罪构成则是犯罪概念的展开与具体。

来自苏联的"四要件整合式"犯罪构成更清晰地展示了犯罪构成与犯罪概念的关系，正如特拉伊宁教授指出，在俄罗斯的著作中，犯罪构成被解释得更为深刻——是作为客观和主观因素的总和，作了比较深刻的论述。而"那些形成犯罪概念本身的，外部和内部的突出特征和条件的总和，被称作犯罪构成"。[5]其言"特征和条件的总和"，便是犯罪构成要件或"构件"之"总和"，亦即犯罪成立条件的"总和"。当此"总和"（实为"有机整体"）便是犯罪构成本身时，则犯罪构成与犯罪概念的关系又得到了另一番描述，即作为犯罪构成的"组件"或"构件"的又是犯罪概念的要素或内涵所在。当然，前述描述的关系仍可回归到具体与被具体、展开与被展开上去。

对于犯罪构成与犯罪概念的关系，学者指出，犯罪构成独立于犯罪概念之外，但以犯罪概念为基础，两者是一种抽象与具体的关系[6]。又有学者指

---

〔1〕 ［德］李斯特：《德国刑法教科书》，徐久生译，法律出版社 2006 年版，第 8 页。

〔2〕 ［苏联］皮昂特科夫斯基等：《苏联刑法科学史》，曹子丹等译，法律出版社 1984 年版，第 23～24 页。

〔3〕 ［日］福田平、大塚仁：《日本刑法总论讲义》，李乔等译，辽宁人民出版社 1986 年版，第 38～39 页。

〔4〕 ［日］山口厚：《刑法总论》（第 2 版），有斐阁 2007 年版，第 23 页。

〔5〕 龙长海："德日、俄中犯罪构成理论哲学基础研究"，载《求是学刊》2010 年第 6 期，第 82 页。

〔6〕 马克昌主编：《犯罪通论》，武汉大学出版社 1999 年版，第 67～68 页。

出，犯罪概念与犯罪成立，是两个既有密切联系又有明显区别的不同范畴。犯罪概念，主要是回答什么是犯罪的问题。而犯罪构成是回答应该具备哪些要件犯罪才能成立。犯罪概念与犯罪成立的关系是抽象与具体的关系，犯罪概念是从宏观上来认识、确定某一社会现象所具有的犯罪本质特征；而犯罪成立则是从微观上来确定某一具体的危害行为是否具备了认定某种犯罪的要件，如果具备了这种要件，某种犯罪也就成立，即犯罪成立是具体衡量某一具体犯罪的规格和标尺，故犯罪成立在刑法理论中居于核心的地位[1]。其实，犯罪概念与犯罪构成之间所谓抽象与具体的关系，同时也是展开与被展开的关系。无论对犯罪构成持何种主张，如下是学者们的共识：在刑法学理论中，犯罪是基本范畴之一，它所解答的是"犯罪是什么"的问题，而犯罪构成则是解答"犯罪是如何成立"的问题。从"是什么"到"如何"，这是问题的延伸逻辑。由此，在刑法学理论中，犯罪概念先于犯罪构成，即前者是后者之"先导"，亦即没有犯罪概念，则没有犯罪构成。

我们不仅可以从犯罪概念的理论定义中看到犯罪构成与犯罪概念的关系，还可以从犯罪概念的特征之中看到两者之间的关系。学者指出："我国刑法理论的传统观点，将犯罪的基本特征概括为社会危害性、刑事违法性与应受刑罚处罚性三个特征。这种三特征说也可谓文理解释的结论，但其出发点仅限于揭示犯罪的特征，而没有考虑犯罪概念对于建构犯罪构成的作用。三特征说认为，犯罪的基本特征不同于犯罪构成，而其中的'刑事违法性'实际上是指行为符合犯罪构成。所以，三特征说也没有处理好犯罪特征与犯罪成立条件的关系。要考虑犯罪概念对建构犯罪构成的作用，就必须从论理上作实质的考察。显然，从实质的观点进行考察，只有具备以下两个条件，才能认定为犯罪：其一，发生了值得科处刑罚的法益侵害事实（法益侵犯性），此即客观违法性；其二，能够就法益侵害事实对行为人进行非难（可能性），此即主观有责性。"[2]如果立于大陆法系的刑法理论，则学者所说的犯罪的两个特征已经对应了"三元递进式"犯罪构成中的后两个成立要件。对比之下，中国传统刑法学中犯罪的基本特征与传统"四要件整合式"犯罪构成在犯罪成立条件上的对应是"隐晦"和"零碎"的：犯罪概念中的"社会危害性"特

---

〔1〕　李晓明主编：《中国刑法基本原理》，法律出版社2010年版，第238~239页。

〔2〕　张明楷：《刑法学》（第3版），法律出版社2007年版，第80页。

征可以较为明显地对应着犯罪构成中的"犯罪客体"要件，"刑事违法性"特征则不明显地对应着犯罪客观方面、犯罪主体和犯罪主观方面三大要件，而"应受刑罚惩罚性"特征则似乎对应着四大要件的"总和"即其"整体"，或曰"应受刑罚惩罚性"特征是"总和性"或"整体性"地对应着四大要件。但是，无论是从概念的定义，还是从概念的特征，犯罪概念应该能够体现出其与犯罪构成的关系。

在理论层面上，犯罪概念与犯罪构成之间的关系除了可用"抽象与具体"和"展开与被展开"来描述，还可围绕犯罪行为或犯罪现象予以另一番描述或概括。陈忠林教授指出，犯罪构成和犯罪概念是刑法总则理论中两个联系最紧密的概念。虽然它们都以犯罪现象为自己抽象的对象，但二者对犯罪行为的抽象有不同的内容和作用。首先，犯罪概念和犯罪构成是在不同层次上对犯罪现象的抽象。犯罪概念是刑法总则规定的适用于一切犯罪的概念，它以宏观的犯罪现象的整体为自己抽象的对象，故其是对犯罪现象最高层次的抽象，其抽象的结果是一切犯罪所共有的特点即犯罪的共性。而具体的犯罪构成则是刑法分则规定的各种具体犯罪的特征，每种犯罪构成只能说明该种犯罪的特点。相对于犯罪概念而言，各种犯罪构成是在微观的犯罪的种（或类）的层次上对犯罪行为进行的抽象，其抽象的结果说明的是各种犯罪之间的不同特点，说明的是各种犯罪行为的个性或特殊性。犯罪概念与犯罪构成不仅对犯罪行为抽象的层次不同，而且抽象的角度和深度也不一样。犯罪概念从犯罪行为的社会性质的角度抽象为一切犯罪行为所共有的不同于非犯罪行为的基础属性。而犯罪构成则是从犯罪行为的内部结构的角度，说明各种犯罪行为的构成要素各有什么特点。犯罪行为的社会性质是犯罪行为内在的东西，具有非直观性的特点，它们代表犯罪行为的共同本质，在认识论上属于理论认识范畴。相对于犯罪行为的基本属性而言，犯罪行为的结构具有外在、直观的特点，它们代表的是犯罪行为的形式，还属于感性认识的范畴。因此，犯罪概念和犯罪构成还分别代表了人们对于犯罪行为认识的不同深度[1]。虽然前述论断在字面上交代的是犯罪概念与犯罪构成的区别，但其实际上也是在进一步交代犯罪概念与犯罪构成的关系。正如陈忠林教授所言，既然犯罪概念和犯罪构成是从不同的层次、不同的角度和深度来考察和分析

---

[1] 陈忠林：《刑法散得集》，法律出版社 2003 年版，第 237~238 页。

同一个对象即犯罪行为或犯罪现象，则二者之间的所谓"区别"实质就是一种"互补关系"。而正是二者之间的"互补关系"和"抽象"与"具象""展开"与"被展开"的关系，才印证了"犯罪构成和犯罪概念是刑法总则理论中两个联系最紧密的概念"。

无论是从刑法立法上，还是从刑法理论上，犯罪构成与犯罪概念都存在着一种关系，只不过这种关系被展示或揭示的深浅程度不同，而其较为完满的表述应是：犯罪构成与犯罪概念之间是具体与抽象的关系，是具体与被具体的关系，是展开与被展开的关系，是"先导"与"延伸"的关系。犯罪构成与犯罪概念之间的关系最终是生成于两者之间共同的法治机能与使命。由犯罪构成与犯罪概念之间前述关系所决定，犯罪构成的建构必须照应犯罪概念包括犯罪概念的内涵与特征，因为正如日本刑法学者大塚仁教授指出："必须根据其逻辑性和实用性对体系进行评价。犯罪论的体系应该是把握犯罪概念的无矛盾的逻辑，并且是在判断具体犯罪的成否上最合理的东西"。[1]否则，犯罪构成也将在一种"数典忘祖"之中而显得不伦不类。

三、把握犯罪构成与犯罪概念关系的意义

既然犯罪构成与犯罪概念之间是具体与抽象、具体与被具体、展开与被展开、"先导"与"延伸"的关系，则把握两者之间的关系将有着两个方面的意义：在理论上，就犯罪构成本身而言，只有在照应与犯罪概念的前述关系中，犯罪构成本身才能在一种应有的"约束性"之下得到一种"自然的"生长与成长，或曰得到一种守住"根本"的生成与发展。联系中国传统的刑法理论，如果说属于犯罪概念问题的犯罪三大特征即严重的社会危害性、刑事违法性和应受刑罚惩罚性确实有其合理性和可取性，则照应犯罪三大特征的犯罪构成似乎应在要件顺序上作出犯罪客体→犯罪客观方面→犯罪主体→犯罪主观方面的理论安排，因为严重的社会危害性是靠犯罪客体予以直接承载，刑事违法性（形式的刑事违法性）是靠犯罪客观方面予以直接承载，而没有刑事责任能力的主体以及没有罪过的主体的行为都不应产生犯罪问题，故应受刑罚惩罚性是靠犯罪主体和犯罪主观方面予以直接承载，但应受刑罚惩罚性也构成对犯罪客体和体现犯罪客体的犯罪客观方面的上位性说明。联

---

〔1〕　〔日〕大塚仁：《刑法概说（总论）》，冯军译，中国人民大学出版社 2003 年版，第 107 页。

系以德日为代表的大陆法系的刑法理论，犯罪是该当构成要件、违法且有责的行为，这一犯罪概念直接将构成要件该当性、违法性和有责性显示为犯罪的基本特征，而犯罪构成则是将犯罪的基本特征直接予以铺排。这里，犯罪构成对犯罪特征的铺排，实即犯罪构成论对犯罪概念论的回应。可见，犯罪构成论的展开不能无视犯罪概念论，而在某种意义上，犯罪构成论就是犯罪概念的展开论。

就犯罪论本身而言，犯罪构成只是犯罪论中一个极其重要的组成部分而不是其全部。由于犯罪概念是犯罪论中的"先头部队"，故在照应与犯罪概念的关系之中展开犯罪构成，便是维系犯罪论本身内在一致性及其递进性的一种体现。由此，我们也看到了刑法理论上那个极为重要的问题，即为什么来自大陆法系的"三元递进式"犯罪构成至少到目前为止还取代不了来自苏联的"四要件整合式"犯罪构成，而在"公说公有理，婆说婆有理"之中"各行其是"和"各行其道"？因为犯罪构成不是一个孤立或"脱离关系"的刑法理论，而是要受到其他刑法理论的牵扯乃至"制约"，且首要的是作为"先头部队"的犯罪概念理论。由此，每一种犯罪构成论都有相应的犯罪概念论，而每一种"本土"的犯罪构成论必有相应的即"本土"的犯罪概念论。可见，犯罪构成的孰优孰劣与相互取代问题，来不得"一厢情愿"而必须照应刑法学犯罪论内在关系的牵扯乃至"制约"。以往的犯罪构成研究在"脱离关系"或"无视关系"中进行，或许是个较为严重的不足。在实践上，既然我们必须承认犯罪概念解答的是"犯罪是什么"的问题，即犯罪概念能够提供一种关于犯罪的"概括标准"，而犯罪构成解答的是"犯罪是如何成立"的问题，即犯罪构成能够提供一种"具体标准"，则在照应与犯罪概念的关系中把握犯罪构成，将更有助于在司法实践中对定罪问题作出司法认知与判明，正如陈忠林教授指出，虽然不能直接用作认定犯罪的标准，但犯罪概念是对犯罪行为的最高层次进行的最一般的抽象，它以犯罪行为的共同本质为自己特有的内容，对于司法实践中认定犯罪具有重大的指导意义，并且犯罪概念对司法实践认定犯罪的重大指导意义，还是通过勾连犯罪构成体现出来的，而这又正如陈忠林教授指出，我们对犯罪共同本质的认识——犯罪概念，对于我们分析、研究、确定犯罪构成又有着重大的指导意义。[1]实际上，"犯罪

---

〔1〕 陈忠林：《刑法散得集》，法律出版社 2003 年版，第 238~239 页。

如何成立"的话题，必然包含着"犯罪是什么"的话语。这就是陈忠林教授为何说犯罪概念"勾连"犯罪构成，且对认定犯罪"具有重大的指导意义"的缘由。既然如此，犯罪构成论的展开必须照应犯罪概念论，以免成为一种"蹈空论"。

以往的犯罪构成研究，是一种脱离犯罪构成与刑法学其他重要范畴的关系而进行的"孤立性"研究。无论是从刑法立法，还是从刑法理论，犯罪构成与犯罪概念的关系都可得到考察和揭示。照应其与犯罪概念的关系使得犯罪构成研究也成为一种"关系式研究"，而这对犯罪构成本身和刑法学犯罪论以及司法定罪的刑事实践都将颇有裨益。

第二节　犯罪构成与刑法典的关系

犯罪构成与刑法典的关系，是以往的犯罪构成理论鲜有关注的一个问题，而对此问题的解答更是犯罪构成论关系式研究的一项重要内容。

一、犯罪构成是对刑法典相关内容的"理论整合"

言犯罪构成是对刑法典相关内容的"理论整合"，意味着刑法典的相关规定为犯罪构成提供了"立法素材"，故犯罪构成不是游离于刑法典之外的随意的理论架构。

有教材指出，犯罪构成的理论，是刑法科学中极其重要的理论，是正确认定犯罪的理论基础，对于深刻地分析诸如共同犯罪、犯罪停止形态、一罪和数罪、刑法分则的体系等问题，都具有重要的指导意义。而严格按照我国刑法规定分析犯罪构成，则体现了社会主义的法治原则[1]。由于共同犯罪、犯罪停止形态、一罪和数罪、刑法分则的体系等问题，以及犯罪主体等问题，最终都是刑法典的问题，这就说明着犯罪构成与刑法典存在着某种关系。既然犯罪构成理论对刑法典"具有重要的指导意义"，且同时"严格按照我国刑法规定分析犯罪构成"，则说明犯罪构成是来自对刑法典本身内容的反映、概括、"整合"乃至一种理论架构。

刑法典的内容已经清楚地说明：除了对时效、任务和刑罚等内容的规定，

---

〔1〕　高铭暄、马克昌主编：《刑法学》（第 4 版），北京大学出版社、高等教育出版社 2010 年版，第 56 页。

刑法典所有关于犯罪的规定都与犯罪构成有关，因为那些关于犯罪的规定都可分门别类地归到犯罪构成的相关要件即"构件"之下。而即便是非罪化事由的规定，也可运用犯罪构成理论予以反面说明。在现行刑法典总则中，犯罪主体和犯罪主观方面已经有了明确规定，而第 13 条的规定又可以看成是包含着对犯罪客体的概括规定。而当更深入地看问题，在现行刑法典分则中，犯罪主体在总则中已经有了一般性规定的前提下又有一些特殊规定，即特殊主体或"身份犯"；犯罪主观方面在总则中已经有了一般性规定的前提下又有一些特殊规定，即犯罪目的或"目的犯"；犯罪客观方面，则是分则通过罪状落实为各种行为类型；至于犯罪客体，则更是在分则中有了丰富多彩的体现：或明确揭示犯罪客体，或指出犯罪客体的物质表现，或指出被侵犯的社会关系的主体，或指出对某种法规的违反，或通过对行为具体表现形式的描述表明某一犯罪客体[1]。当犯罪主体、犯罪客体、犯罪主观方面和犯罪客观方面的问题直接就是犯罪构成问题，则犯罪构成与刑法典的关系便有着一种类似于形体与影子的关系，正如在苏维埃刑法理论中，犯罪构成理论在特拉伊宁的专著中获得了奠基性的研究，而其著作的意义在于：刑法总则的所有制度实际上都同犯罪构成有关[2]。

这样，犯罪构成与刑法典的关系便可看成是理论与实践之间一种映现与被映现的关系，正如"修订的《刑法》实现了犯罪的法定化和刑罚的法定化。犯罪的法定化具体表现为：明确规定了犯罪的概念；明确规定了犯罪构成的共同要件；明确规定了各种具体犯罪的构成要件"。[3]言"明确规定了犯罪构成的共同要件"，是指现行刑法典明确规定了犯罪客体（以现行《刑法》第 13 条的规定为体现）、犯罪主体（以现行《刑法》第 17 条、第 18 条的规定为体现）、犯罪主观方面（以现行《刑法》第 14 条、第 15 条的规定为体现）和犯罪客观方面（以现行《刑法》对犯罪的故意、过失等范畴的规定为体现）；言"明确规定了各种具体犯罪的构成要件"，则指的是现行刑法分则对各种具体犯罪的犯罪客体、犯罪主体、犯罪主观方面和犯罪客观方面作出

---

〔1〕 高铭暄、马克昌主编：《刑法学》（第 4 版），北京大学出版社、高等教育出版社 2010 年版，第 58 页。

〔2〕 龙长海："德日、俄中犯罪构成理论哲学基础研究"，载《求是学刊》2010 年第 6 期，第 83 页。

〔3〕 高铭暄、马克昌主编：《刑法学》（第 4 版），北京大学出版社、高等教育出版社 2010 年版，第 29 页。

了"个别性"的明确规定。于是，若将现行刑法典总则和分则规定的内容统合起来，我们可有这样的发现：现行刑法典总则和分则都有犯罪构成的相关要件和要件要素的规定，而分则由于总则有了一般性规定而在犯罪构成的要件上没有（必要）面面俱到的同时，还在犯罪主体和犯罪主观方面的规定上体现出对犯罪构成要件，从而也是犯罪构成本身的一般与特殊的关系特征。

其实，形体与影子的关系或映现与被映现的关系，只是犯罪构成与刑法典关系的形象说明，而用刑法理论与刑法实践的关系来说明两者的关系则将显得更加深入，正如"1979 年我国第一部刑法典的颁布，再一次为刑法学的研究注入了强大的生机和活力，同时也使搁置已久的犯罪构成理论重新得到关注"。[1]前述论断对于我们把握犯罪构成与刑法典的关系不无启发，而此启发正如"犯罪构成理论作为定罪的法律依据，从来就是一种技术理论工具，但由于它承担着罪刑法定主义的机能，其所包含的内容必然不能超过法律文本规定的范围。为了给定罪提供一个统一的、可操作的技术工具，刑法学者从刑法文本具体规定中提炼出构成犯罪必备的共同要素，把这些要素整理归纳形成类概念并按照一定的逻辑顺序将这些类概念排列组合成一个相互联系、相互制约的有机整体，作为司法实践中定罪的标准，这就是犯罪构成理论体系"。[2]刑法典本身就是一种刑法实践即立法实践。可见，当刑法典"规定"着犯罪构成的内容或"构件"，而犯罪构成只是刑法典的一种"技术理论工具"，则犯罪构成与刑法典之间的关系，便可直接被视为刑法理论与刑法实践之间的关系。这才是对两者之间应有关系的高度描述。

二、刑法典相关内容是犯罪构成的"实践素材"

当我们说犯罪构成是来自对刑法典本身内容的反映、概括、"整合"乃至一种理论架构，或曰犯罪构成与刑法典之间是刑法理论与刑法实践的关系，便意味着刑法典本身是犯罪构成的"立法素材"。

当我们说刑法典本身即刑法典相关内容或相关规定是犯罪构成的"实践素材"时，我们可以找到有关立法例根据。例如，现行《墨西哥联邦刑法典》第 9 条规定："明知犯罪的构成要件或者可能避免构成要件结果的发生，而希望或者容忍实施法律规定的行为的，是故意犯罪。违反按照当时的情境和行

---

〔1〕　王勇："奠基阶段的传统犯罪构成理论研究"，载《当代法学》2010 年第 4 期，第 65 页。

〔2〕　陈璐："定罪体系化视野下犯罪构成理论研究"，载《河北法学》2010 年第 10 期，第 126 页。

为人的个人状况其应当而且能够履行的注意义务，因此发生了行为人未预见到或者虽然预见到但以为不会发生的构成要件结果的，为过失犯罪。"〔1〕其中，"构成要件"便是犯罪构成犯罪主观方面或犯罪主观要件的一种"立法素材"，而且是一种"积极的素材"。现行《墨西哥联邦刑法典》第15条又规定："具有下列事由的，阻却犯罪的成立：Ⅰ. 行为不是在行为人意志的支配下实施的。Ⅱ. 被证明缺乏犯罪的任何构成要件的。……Ⅶ. 由于精神错乱或者智力发育迟滞，行为人在实施行为时不具有理解其行为的违法性或者根据该理解来控制其行为的能力的。但是，如果行为人是故意或者过失地引起其精神错乱状态的，应当对其已经预见到或者能够预见到的构成要件结果承担刑事责任。……Ⅷ. 基于下列情况的不可避免的错误实施作为或者不作为的……Ⅹ. 构成要件的结果是由意外事件导致的。"〔2〕其中，"任何"二字表明"构成要件"是犯罪构成之主客观要件的一种"立法素材"，但其是一种"消极的素材"。现行《巴西刑法典》第20条规定："对法定的犯罪构成要件的认识错误阻却故意的成立，在法律有规定的情况下，可以按照过失犯罪追究刑事责任。"〔3〕现行《巴西刑法典》第14条规定："Ⅰ. 当法定的全部构成要件齐备时，为既遂犯罪；……"〔4〕而现行《巴西刑法典》第30条又规定："除非属于犯罪构成要件，否则不能将个人特征视为共同犯罪的情节和状况。"〔5〕可见，在现行《巴西刑法典》中，犯罪构成也是既有"积极的立法素材"，也有"消极的立法素材"，并且体现出从犯罪故意到犯罪的完成形态与共犯形态的较为广阔的立法空间。

另外，现行《俄罗斯联邦刑事法典》第8条规定："实行行为包含有本法典的全部犯罪构成特征的，应当认定为是刑事责任的承担基础。"〔6〕第29条规定："在行为人的实行行为中，如果包含有本法典规定的犯罪构成全部特征，则该犯罪行为应当认定为是完成犯罪。……"〔7〕第31条规定："行为人自愿放弃将犯罪行为实施完结，如果在其实行行为中实际上还包含有其他犯

〔1〕 陈志军译：《墨西哥联邦刑法典》，中国人民公安大学出版社2010年版，第7页。

〔2〕 陈志军译：《墨西哥联邦刑法典》，中国人民公安大学出版社2010年版，第9~11页。

〔3〕 陈志军译：《巴西刑法典》，中国人民公安大学出版社2009年版，第8页。

〔4〕 陈志军译：《巴西刑法典》，中国人民公安大学出版社2009年版，第6页。

〔5〕 陈志军译：《巴西刑法典》，中国人民公安大学出版社2009年版，第13页。

〔6〕 赵路译：《俄罗斯联邦刑事法典》，中国人民公安大学出版社2009年版，第8页。

〔7〕 赵路译：《俄罗斯联邦刑事法典》，中国人民公安大学出版社2009年版，第17页。

罪构成的，则应当承担刑事责任。"[1]可见，在现行《俄罗斯联邦刑事法典》中，犯罪构成的"立法素材"从刑事责任的基础到犯罪形态也有范围较广的体现。现行《德国刑法典》在"本法之用语"的第 11 条第 1 款规定："违法行为仅指：实现了刑法规定的构成要件的行为。"[2]而第 2 款规定："本法所谓之故意犯罪是指：故意实现犯罪构成要件，其中包括故意实施本法规定构成要件为前提的行为而过失引起了特别的结果。"[3]第 16 条规定："一、行为人行为时对法定构成要件缺乏认识，不认为是故意犯罪，但要对其过失犯罪予以处罚。二、行为人行为时误认为具有较轻法定构成要件的，对其故意犯罪只能依较轻之法规处罚。"[4]第 52 条规定："一、同一犯罪行为触犯数个刑法法规，或数个犯罪行为触犯同一刑法法规的，只判处一个刑罚。二、触犯数个刑法法规的，依规定刑罚最重的法规为准。所判刑罚不得轻于数法规中任何一个可适用法规的刑罚。"[5]其中，"刑法法规"的背后所对应的是犯罪构成。可见，在现行《德国刑法典》中，犯罪构成的"立法素材"大到违法行为成立犯罪行为，小到犯罪故意及认识错误乃至罪数形态，也有着空间较为广阔的体现。

通观言之，大陆法系的刑法典内容程度不同地在形式上体现出刑法典之于犯罪构成的"立法素材"关系，这一体现甚至是直接假借"构成要件"这一刑法典和犯罪构成所共用的专业术语。由此，没有罪之法定和刑之法定，便没有刑法典本身。而当我们把罪之法定分解为行为类型（相当于"构成要件"）、被侵害的权益（相当于保护客体）和主观罪过（相当于有责性）等方面的法定，则罪之法定便相当于犯罪构成之法定，或"降解"为犯罪构成要件之法定。由此，没有犯罪构成，便没有刑法典本身。但是，反过来，没有刑法典，也就没有犯罪构成，并且应该强调的是：先有刑法典，后有犯罪构成，因为尽管在刑法典形成过程中，立法者头脑里也会有犯罪构成的理论概念，但作为一种理论体系的犯罪构成应该是伴随着刑法典的逐步完善而逐步形成的。

---

〔1〕　赵路译：《俄罗斯联邦刑事法典》，中国人民公安大学出版社 2009 年版，第 18 页。

〔2〕　徐久生、庄敬华译：《德国刑法典》，中国法制出版社 2000 年版，第 45 页。

〔3〕　徐久生、庄敬华译：《德国刑法典》，中国法制出版社 2000 年版，第 45 页。

〔4〕　徐久生、庄敬华译：《德国刑法典》，中国法制出版社 2000 年版，第 48 页。

〔5〕　徐久生、庄敬华译：《德国刑法典》，中国法制出版社 2000 年版，第 59 页。

言"犯罪构成是对刑法典相关内容的'理论整合'"与言"刑法典相关内容是犯罪构成的'立法素材'"，实即犯罪构成与刑法典关系的"一体两面"或"一事二称"。

三、犯罪构成与刑法典关系的进一步引申与最终归结

犯罪构成与刑法典的关系可立于某种立场予以进一步引申，且可切入问题属性而作出最终归结。

（一）犯罪构成与刑法典关系的进一步引申

当把犯罪构成视为刑法典内容或相关规定的一种"理论整合"，而把刑法典内容或相关规定视为犯罪构成的一种"立法素材"，则可视为犯罪构成与刑法典之间关系的直接的、同时也是外在的描述或交代。但当前文已经用刑法理论与刑法实践的关系来点明犯罪构成与刑法典的关系时，则说明"理论整合"与"立法素材"的关系描述或交代是可以进一步引申的。在此延伸之中，犯罪构成并非完全被动地反映刑法典的内容或相关规定，而是能动地赋予了刑法典以司法活力，正如"我们今日所称之犯罪构成（即犯罪成立的条件体系），便是对人类千百年来隐形存在、秘而不宣的犯罪认知体系从理论上予以公开、显型、学理化的揭示和再造。而理论介入司法的格局一旦被社会接受和认同，便形成一种全新的'法治'模式。……正是凭借可以时时修正不断调适的理论，那些几年前、几十年前甚至一百年前制定的僵化文本（日本现行刑法典为 1907 年颁布）才能够不断释放能量并保持活力生机。犯罪构成便在这样的法治进程中产生、发展并渐成司法无法摆脱的认知犯罪的司法定式"。[1]犯罪构成不仅能动地赋予了刑法典以司法活力，而且直接促进着刑法典本身的完善。我国 1997 年刑法典较 1979 年刑法典从基本原则到具体罪刑规范实现了一次"里程碑式"的完善，则在此完善中，传统四要件犯罪构成论至少在"局部"发挥了理论牵引的作用，正如"不管我们是否承认，当代刑法的运作越来越依赖刑法理论特别是犯罪构成的理论"。[2]可见，犯罪构成对刑法典的能动的反作用不仅体现在刑法典的司法适用上，而且首先体现在刑法典的立法形成及其完善上。

犯罪构成与刑法典的关系还可引申到刑法的基本立场上去。当我们说前

---

〔1〕 冯亚东："犯罪构成本体论"，载《中国法学》2007 年第 4 期，第 89 页。

〔2〕 冯亚东："犯罪构成本体论"，载《中国法学》2007 年第 4 期，第 90 页。

者是后者的"理论整合"，而后者是前者的"立法素材"，则隐含着犯罪构成与刑法典在刑法的基本立场上是保持一致的，即犯罪构成应是刑法典基本立场的一种集中体现，正如"在定罪体系化问题域中，存在着诸多对立统一的范畴，例如主观与客观、形式与实质、事实与价值等，这些不同的范畴从一开始就统治着刑法典的基本立场，例如有学者认为我国 1979 年刑法典体现了主观主义倾向，而 1997 年刑法典则明显反映出向客观主义倾斜的态度等等"。[1]其实，我国刑法典的基本立场一直是体现马克思主义唯物辩证法的主客观相统一的立场。而所谓主观与客观、形式与实质、事实与价值等范畴对刑法典基本立场的"统治"，当然也是这些范畴对刑法典基本立场的一种"体现"，故当犯罪构成的"构件"最终也可被归入主观与客观、形式与实质、事实与价值等范畴时，或曰当犯罪构成实质上是主观与客观、形式与实质、事实与价值等范畴的有机结合体时，则犯罪构成便更加集中地"体现"着刑法典的基本立场。立于基本立场来讨论犯罪构成与刑法典的相互关系，或许是两者关系的一个极致高度。

（二）犯罪构成与刑法典关系之最终归结

犯罪构成与刑法典的关系还牵涉犯罪构成的问题属性，而通过对犯罪构成的问题属性给予一番客观的把握，也有助于明晰两者的关系。对于犯罪构成的问题属性，有学者梳理出三种具有代表性的观点：一是法定说，即"犯罪构成，就是依照我国刑法的规定，决定某一具体行为的社会危害性及其程度而为该行为构成犯罪所必需的一切客观和主观要件的有机统一"。[2]由法定说，可以推导出犯罪构成的三个特征："一是法定性，即犯罪构成是由刑法加以规定或包含的；二是统一性，即犯罪构成是一系列主客观要件的统一，这些法定条件既包括客观条件也包括主观条件，并且这些条件具有内在的联系，缺一不可；三是危害性，即这些法定要件都从不同的方面体现行为的社会危害性及程度。"[3]二是理论说，即"犯罪构成是一种理论体系，是一个较系统、较详尽地研究刑法条文中规定的构成犯罪的各种条件的理论概念。该学说

---

〔1〕　陈璐："定罪体系化视野下犯罪构成理论研究"，载《河北法学》2010 年第 10 期，第 127 页。

〔2〕　高铭暄、马克昌主编：《刑法学》（第 3 版），北京大学出版社、高等教育出版社 2007 年版，第 56 页。

〔3〕　沈志民："对我国刑法学中'犯罪构成'概念的反思"，载《河北法学》2010 年第 7 期，第 74 页。

是将犯罪构成理解为对刑法规定的犯罪成立条件进行概括和说明的理论"。[1]
三是兼有说，即"犯罪构成这个概念，应该具有双重属性，即法律性与理论性，在不同的情况下，它分别指犯罪构成理论与犯罪构成的法律表现"。[2]由兼有说，则"犯罪构成在不同的语境下分别指代不同的内容，但法律的犯罪构成与犯罪构成理论在本质上具有一致性"。[3]首先，犯罪构成与犯罪构成理论（体系）是有着当然的"法定性"即罪刑法定的"基因"的，而其"理论性"也当无疑问。陈忠林教授指出，犯罪构成是犯罪的法律结构[4]。由此，犯罪构成也是一种结构体或构造体。由此，犯罪构成是一个实体性与方法性、实践性与理论性融为一体的犯罪成立体系，而犯罪构成与刑法典的关系正隐含于此"融为一体"。易言之，犯罪构成与刑法典的关系是将实体性与方法性、实践性与理论性的相结合作为自己的最终归结。

正如我们所知，在中国刑法理论界就犯罪成立体系问题，已经形成了主张全盘引进大陆法系三元递进式犯罪构成、保留并改良来自苏联的传统四要件整合式犯罪构成、试用英美法系双层式犯罪构成的"三国鼎立式"的纷争局面。其实，当运用三种不同的犯罪构成对同一个刑事案件能够得出相同的结论，则意味着三种不同的犯罪构成各有其内在合理性与实践可行性，故难以通过所谓孰优孰劣而相互取代，进而形成"大一统"局面。这就意味着在不同法系乃至不同国度，自有各自的犯罪构成，所谓"到什么山唱什么歌"。当然，决定一个法系乃至一个国家能够生成并运行何种犯罪构成的因素是多方面的，而相应的刑法典的内容应被肯定为最主要的或具有决定性意义的因素。于是，研究犯罪构成与刑法典关系的意义便映现了出来：由于犯罪构成最终是要解决定罪问题包括罪与非罪、此罪与彼罪乃至一罪与数罪等，而犯罪毕竟是法定之罪，故犯罪构成如何构建必须尊重乃至遵从刑法典的内容，包括其所采用的专业术语以及具体条文背后的世界观与方法论，包括事实与价值是"二元分立"还是"二元合一"的、主观与客观是相互说明的还是

---

[1]　沈志民："对我国刑法学中'犯罪构成'概念的反思"，载《河北法学》2010年第7期，第74页。

[2]　李洁："法律的犯罪构成与犯罪构成理论"，载《法学研究》1999年第5期，第48页。

[3]　沈志民："对我国刑法学中'犯罪构成'概念的反思"，载《河北法学》2010年第7期，第74页。

[4]　陈忠林：《刑法散得集》，法律出版社2003年版，第241~242页。

"各自为阵"的。而只要承认在犯罪构成与刑法典两者之间，前者是后者的"理论整合"，而后者是前者的"立法素材"，且前者在后者所决定中又能动地反作用于后者的同时又体现出刑法的基本立场的一致性，且两者通过罪刑法定而在前者的问题属性中获得最终联结，则任何一种类型的犯罪构成的建构都应尊重乃至遵从已先存在的刑法典，即不能"数典忘祖。"这一点已被三种类型的犯罪构成在不同的法治传统与法治文化下"各有千秋"所证实，也被此三种类型的犯罪构成长期相争不下而最终"各安其事"的事实所证实。

犯罪构成与犯罪概念的关系讨论是刑法学理论"关系式研究"的一个具体尝试，且其能够助益定罪实践。在犯罪构成与刑法典的关系上，犯罪构成是刑法典内容的"理论整合"，而刑法典内容则是犯罪构成的"立法素材"。进一步地，犯罪构成与刑法典的关系直接体现犯罪构成的罪刑法定之"原则深度"，即"罪之法定深度"。继犯罪构成与犯罪概念的关系，在促进乃至强化"关系式研究"中，犯罪构成与刑法典的关系也是一个极好的例证。

第三节　犯罪构成与犯罪形态的关系

犯罪形态包括犯罪阶段形态等与犯罪构成也是有直接关联性的，但由此所形成的相关概念需予澄清。犯罪构成研究应照应其与犯罪形态之间的关系，同样是关系式犯罪构成论的一项内容。

一、修正犯罪构成的先予证伪

修正犯罪构成是国内学者所提出并坚持的一个刑法学概念，此概念是对应大陆法系刑法理论中"修正的构成要件"而形成的。国外学者指出，以单独犯且是既遂犯的形式所表示的构成要件是基本的构成要件，而未遂犯及共犯的构成要件，刑法和其他刑罚法规上都没有具体的表示。因此，将刑法总则的一般性规定和刑法各本条及其他特别刑罚法规所规定的基本构成要件加以综合考虑，就可以在逻辑上推导出未遂犯及共犯的构成要件[1]。于是，国内学者指出，基本的构成要件是关于既遂犯并且是单独犯的构成要件，未遂犯与共犯的构成要件则是以基本的构成要件为前提，基于实质的必要性与政

---

〔1〕〔日〕大塚仁:《犯罪论的基本问题》，冯军译，中国政法大学出版社1993年版，第57页。

策的理由而扩大处罚范围，就行为的发展阶段或复数行为者的参与形态进行的部分修正。这种修正作为一种一般规定，都设立在刑法总则中[1]。于是，基本的构成要件便过渡为基本的犯罪构成，正如所谓基本的犯罪构成，是指刑法条文就某一犯罪的单独犯的既遂状态所规定的犯罪构成。而所谓修正的犯罪构成，是指以基本的犯罪构成为前提，适应犯罪行为的各种不同犯罪形态，而对基本的犯罪构成加以某些修改变更的犯罪构成[2]。如何对待所谓修正的犯罪构成呢？

首先应当肯定的是，犯罪的未完成形态也是产生刑事责任的犯罪形态。而既然能够产生刑事责任，则犯罪的未完成形态便应先予具备完整的犯罪构成。同样，共犯形态包括教唆犯和帮助犯，也是产生刑事责任的犯罪形态。而既然能够产生刑事责任，则共犯形态同样应先予具备完整的犯罪构成。前述道理正如特拉伊宁教授曾指出："犯罪构成是法律中所描述的犯罪行为的诸因素的总和。缺少哪怕是法律中所规定的一个构成要素，整个犯罪构成就不能成立，因而也就排除了刑事责任。"[3]可见，若肯定刑事责任，则必肯定犯罪的未完成形态与共犯形态已经具有完整的犯罪构成，即其犯罪构成不存在所谓修正的问题。易言之，刑事责任性是犯罪的未完成形态与共犯形态具有完整犯罪构成的当然结论。

犯罪构成毕竟是"犯罪的"构成，而犯罪的未完成形态，正如犯罪的完成形态即犯罪既遂，也是"犯罪的"表现形态；同样，犯罪的教唆犯和帮助犯，正如犯罪的实行犯，也是"犯罪的"表现形态。于是，在事物的属种关系中，犯罪的未完成形态所具有的是完整的犯罪构成，而共犯包括教唆犯和帮助犯所具有的也是完整的犯罪构成。易言之，在是否具有完整的犯罪构成问题上，在"犯罪"之名下，犯罪的未完成形态与犯罪的完成形态即犯罪既遂享有同等的地位，而共犯形态与实行犯享有同等地位。同属于"犯罪的"形态，为犯罪的未完成形态和共犯形态具有自身完整的犯罪构成准备了"犯罪的"形态逻辑根据。还应当肯定的是，无论是犯罪的未完成形态，还是共犯形态，同样有着社会危害性或法益侵害性，只是其在社会危害性的轻重性

〔1〕 张明楷编：《外国刑法纲要》，清华大学出版社 1999 年版，第 79 页。
〔2〕 马克昌主编：《犯罪通论》，武汉大学出版社 1999 年版，第 93 页。
〔3〕 〔苏〕A. H. 特拉伊宁：《犯罪构成的一般学说》，薛秉忠等译，中国人民大学出版社 1958年版，第 247 页。

或曰在法益侵害的紧迫性上分别有别于犯罪的完成形态即犯罪既遂和实行犯即正犯罢了。不仅如此，仅就教唆犯而言，在教唆既遂时，教唆犯的社会危害性或曰法益侵害性并不亚于实行犯即正犯，因为毕竟教唆犯使得犯罪实现了"从无到有"。社会危害性或曰法益侵害性的自身存在，则为犯罪的未完成形态和共犯形态具有自身完整的犯罪构成准备了价值根据。当立于刑事责任性来说明犯罪的未完成形态与共犯形态具有完整的犯罪构成，是一种外在的说明，则立于"犯罪的"形态逻辑根据与价值根据来说明犯罪的未完成形态与共犯形态具有完成的犯罪构成，则是一种内在的说明。

在坚持所谓修正的犯罪构成者看来，预备犯与既遂犯不同的是它还没有具备构成犯罪的全部必要条件，即犯罪主体、犯罪主观方面的必要条件都有了，但犯罪客观方面的必要条件还没有齐备，亦即行为人还没有着手实施犯罪行为，特别是还没有造成危害社会的结果[1]。显然，当用行为人还没有"着手"实施犯罪行为，特别是还没有"造成"危害社会的结果来论证预备犯还没有具备构成犯罪的"全部"必要条件，故其所具有的只能是所谓修正的犯罪构成，则其便不自觉地将"犯罪"的犯罪构成在犯罪阶段形态的场合降格为"既遂犯"的犯罪构成，而在共犯形态的场合则降格为"实行犯"即"正犯"的犯罪构成。学者指出，犯罪构成所要回答的问题是，行为符合哪些要件才能成立犯罪，其标明罪与非罪的界限、此罪与彼罪的关系。犯罪的特殊形态，当然以行为符合犯罪构成为前提。显然，如果使用以既遂为模式的犯罪构成概念，只有犯罪既遂完全符合犯罪构成，而作为特殊形态的犯罪预备等，就不完全符合犯罪构成。于是，不得不承认犯罪的特殊形态符合"修正的犯罪构成"。如果使用成立犯罪的最低标准意义上的犯罪构成概念，则犯罪的特殊形态都完全符合犯罪构成。不言而喻，两种观点并无实质分歧，只是因为使用了不同意义的犯罪构成概念而得出了不同结论[2]。学者对犯罪构成分两种不同意义所形成的见解与其一上来就强调犯罪构成所要回答的问题是行为符合哪些要件才能成立犯罪，从而其标明罪与非罪的界限、此罪与彼罪的关系，形成了明显的自相矛盾或对问题的莫衷一是。既然成立犯罪意味着行为已经具备了完全的犯罪构成，则犯罪的特殊形态包括未完成形态和共

---

〔1〕　张尚鷟编著：《中华人民共和国刑法概论总则部分》，法律出版社 1983 年版，第 161 页。

〔2〕　张明楷：《刑法学》（第 5 版），法律出版社 2016 年版，第 331～332 页。

犯形态便因"成罪性"而当然已经具备了完全的犯罪构成。

意大利刑法理论中的"多主体的犯罪构成说"对我们审视共犯的所谓修正犯罪构成不无启发。帕多瓦尼教授指出，如果一定要说共犯行为具有"从属性"，则此"从属性"也不是共犯行为本身的从属性，而是处罚共犯行为的法律规范的从属性。适用有关共同犯罪的法律规定，必须以处罚单个主体的法律规范为前提，并以这种规范为基础来"扩张"它所规定的典型行为。有关处罚单个主体的法律规范与共同犯罪的规定相互结合，产生了一种新的实际上包含"多重主体的构成要件"。而对这种多主体的犯罪构成来说，除了其他条件，行为符合刑法分则规定的构成要件同样是其成立的前提之一。这种多主体构成要件说的优点在于，它用来解释刑法中的共同犯罪制度的理论与解释整个刑法制度的理论重新达到了协调一致的程度。这样，在分析共同犯罪的成立条件时，就完全可以运用适用于所有犯罪的统一模式，即将共同犯罪的构成也分为典型行为、客观违法性和罪过三部分。多主体的犯罪构成要件说最初源于强调共犯行为的"统一性"理论，即认为共同犯罪人的行为侵害的都是同一法益的观点。直到今天，理论界仍有一部分人坚持认为，有多少种参与共同犯罪的行为，就应该有多少种多主体的犯罪构成，其中的每一种行为都可以作为某一共同犯罪人承担不同于其他共同犯罪人的刑事责任的根据〔1〕。在前述论断中，所谓"典型行为"即实行行为或构成要件行为。于是，所谓"有多少种多主体的犯罪构成"便意味着实行犯即正犯有实行犯即正犯的犯罪构成，教唆犯有教唆犯的犯罪构成，帮助犯有帮助犯的犯罪构成，而不同角色的共同犯罪人的犯罪构成都"共享"即共有"典型行为（构成要件符合性）→（客观）违法性→罪过（有责性）"这一具有统一性的犯罪构成模式。而这一具有统一性的犯罪构成模式，又意味着共犯即教唆犯和帮助犯的犯罪构成是"自身完整"的，而无需形成于对实行犯即正犯的犯罪构成的修正，从而每一种共犯行为都有完整独立的刑事责任根据。当证伪了所谓修正犯罪构成，即当证成了犯罪的未完成形态和共犯形态都有着自身完整的犯罪构成，则犯罪构成与犯罪形态的关系便得到了初步的说明。

---

〔1〕 ［意］杜里奥·帕多瓦尼：《意大利刑法原理》（注评版），陈忠林译评，中国人民大学出版社 2004 年版，第 329~330 页。

二、犯罪构成与犯罪形态关系的进一步归结与附带辨正

无论是未完成形态的犯罪，还是共犯形态的犯罪，它们都完备了犯罪构成要件，从而都具有完备或完整的犯罪构成，故犯罪构成的"修正"一说实无必要。只不过在未完成形态的犯罪那里，其犯罪构成在部分要件即犯罪客观方面因行为没有实施彻底而不够"饱满"或"充足"而已；而在共犯形态的犯罪那里，其犯罪构成在部分要件那里即犯罪客观方面又因犯罪行为的协同加功需要而有所"扩展"而已。至于在犯罪的罪数形态那里，犯罪构成则发生着"复制"，而这一点从相关立法例中可见"端倪"。例如，现行《葡萄牙刑法典》第 30 条第 1 款规定："罪数，应当根据实际实施的构成要件定型的个数或者根据行为人的行为符合同一构成要件定型的次数来确定。"该条第 2 款规定："数次实施同一构成要件定型或者大体上保护同一法益的不同构成要件定型，但实行的方式在本质上相同而且是在可以相当地减轻行为人责任的同一外在状况的诱发下实行的，只构成一个连续犯。"[1]其中，所谓"构成要件定型"的背后是个罪的犯罪构成之定型；而所谓"构成要件定型的个数"的背后，则是个罪的犯罪构成的"个数"。于是，当犯罪构成具有"个数"的时候，则意味着犯罪构成便可以发生着"复制"。再如，现行《墨西哥联邦刑法典》第 7 条第 3 款规定："Ⅰ.在实现全部的构成要件的同时，犯罪即告完成并终了的，为即成犯。Ⅱ.在实现全部的构成要件后，如果犯罪的完成在时间上仍有延续的，为继续犯或者接续犯。Ⅲ.基于一个犯罪目的、实施数个行为、针对一个受害对象、触犯同一罪名的，为连续犯。"[2]所谓"实现全部的构成要件"，意味着成就了一个完整的犯罪构成，而完整的犯罪构成可以"复制"出连续犯等。

对于所谓修正犯罪构成，有学者指出，在我国的犯罪构成理论中，除有基本犯罪构成外，还有修正的犯罪构成。其中，修正犯罪构成一直为我国刑法理论界所推崇（当然它最早来源于日本），因为没有它似乎无法解释有些犯罪形态（如犯罪未遂）的成立与认定。但深入分析就会发现，一个犯罪应只有一个犯罪构成，而不可能由于犯罪形态的不同而导致同一犯罪具有不同的犯罪构成。既然犯罪既遂的构成要件与犯罪未遂的构成要件具有同一性，那

---

〔1〕 陈志军译：《葡萄牙刑法典》，中国人民公安大学出版社 2010 年版，第 12 页。
〔2〕 陈志军译：《墨西哥联邦刑法典》，中国人民公安大学出版社 2010 年版，第 6 页。

么我们不应当根据犯罪构成来区别犯罪的既遂与未遂，或者根据犯罪形态（即犯罪既遂与犯罪未遂）来反推基本的犯罪构成要件与修正的犯罪构成要件。犯罪构成或犯罪成立应当以刑法总则与分则规定的具体定罪标准来确定，而犯罪形态应当以刑法总则与分则对具体犯罪形态所要求的行为要素和结果要素为准来确定，从而科学区分犯罪构成或犯罪成立与犯罪形态。因此，犯罪构成或犯罪成立与犯罪形态之间实际上是没有任何关系的[1]。学者所言不无道理，但我们还可以这样看问题：犯罪形态是犯罪成立之后即行为具备完整的犯罪构成之后才产生的问题，故当我们讨论犯罪形态问题时，则等于肯定完整的犯罪构成已然存在了。这或许是对犯罪构成与犯罪形态没有关系的更加有力的说明。显然，这里所强调的犯罪构成或犯罪成立与犯罪形态没有关系，本意是指犯罪构成或犯罪成立与犯罪形态各有所指，各有所用，正如"犯罪构成与犯罪形态是性质不同的两回事：犯罪构成所讲的都是行为成为犯罪所需要的法定事实条件，不涉及行为成立犯罪之后呈现何种状态的问题；而犯罪形态是指行为成为犯罪之后的状态；犯罪构成理论和犯罪形态理论前后相继、紧密相连，构成理论在先，形态理论在后。研究犯罪构成理论是为了定罪，研究犯罪形态理论是为了量刑"[2]。前述论断道出了犯罪构成与犯罪形态的区别。而对此区别，就未完成形态的犯罪与完成形态的犯罪，有人认为，未完成罪与既遂罪的区别在于符合犯罪构成的事实的区别[3]；有人认为，犯罪预备、未遂和既遂状态表明行为处于不同的进程之中，使得彼此相通的犯罪构成在具体内容上有所不同。犯罪预备、犯罪未遂和犯罪既遂一样，都是具备犯罪构成全部要件的，只是犯罪构成要件的具体内容不同而已。而犯罪构成要件的不同内容，也正是划分犯罪预备、犯罪未遂和犯罪既遂的根据[4]；有人认为，未完成犯罪与既遂罪的犯罪构成要件均相同，区别仅在于犯罪构成要件的要素结构有所不同[5]；有人认为，"犯罪事实不同说、犯罪构成内容不同说、犯罪构成要素不同说虽然从不同的角度阐述了未完成罪与既遂罪的区别，但仍未走出犯罪构成区别说的窠臼，且显然违背了犯罪构成

---

[1] 李晓明主编：《中国刑法基本原理》，法律出版社 2010 年版，第 233~235 页。

[2] 李晓明主编：《中国刑法基本原理》，法律出版社 2010 年版，第 342~343 页。

[3] 张明楷：《刑法学》，法律出版社 1997 年版，第 248 页。

[4] 樊凤林主编：《犯罪构成论》，法律出版社 1987 年版，第 149 页。

[5] 肖中华：《犯罪构成及其关系论》，中国人民大学出版社 2000 年版，第 256 页。

唯一性的原则。未完成罪与完成罪的区别与犯罪构成没有关系，而在于两者对行为要素与结果要素的要求不同"〔1〕。犯罪构成与犯罪形态之间的区别肯定是有的，至于两者之间的区别是什么内容则是另外一回事。其实，前述关于犯罪构成与犯罪形态关系的论断都有道理，只是考察问题的深度不同，并可相互补充。

但在本著看来，说犯罪构成与犯罪形态没有任何关系可能也不尽妥当，因为毕竟犯罪构成或犯罪成立与犯罪形态都与犯罪有关。有学者指出，一个犯罪不可能有几个犯罪构成，将一个犯罪的构成要件分为犯罪预备的构成要件、犯罪未遂的构成要件、犯罪既遂的构成要件、犯罪中止的构成要件的做法，混淆了犯罪构成与犯罪形态的关系〔2〕。"混淆"一词说明着犯罪构成与犯罪形态之间并非没有关系，而只是不能将两者的关系混淆而已。

陈忠林教授指出，犯罪成立的基本条件同时也是理解犯罪预备、未遂、中止以及共同犯罪等犯罪表现形态和每一种具体犯罪构成的前提〔3〕。由于犯罪构成就是犯罪成立基本条件的结合体，故前述论断对于我们理解和把握犯罪的阶段形态和共犯形态不无启发，即犯罪的阶段形态和共犯形态都已经内具着犯罪构成，因为犯罪构成是说明犯罪成立的基本条件的结合体，而犯罪的阶段形态和共犯形态意味着犯罪已经成立了，从而犯罪的阶段形态和共犯形态是犯罪构成的一种外在映现。最终，我们对犯罪构成与犯罪形态的关系要得出的结论是：犯罪构成是犯罪形态包括犯罪的阶段形态、犯罪的共犯形态和犯罪的罪数形态的"筋骨"，而犯罪形态则是犯罪构成的"载体"。所谓"筋骨"，是指任何一种类型的犯罪形态包括犯罪的阶段形态、犯罪的共犯形态和犯罪的罪数形态之中都内含着完备的犯罪构成；所谓"载体"，是指任何一种类型的犯罪形态都是犯罪构成的存在依托，并且在犯罪的阶段形态和犯罪的共犯形态那里，犯罪构成分别是在形体上保持"自身架构"地有所"收缩"或"膨胀"，而在犯罪的罪数形态那里，犯罪构成则是在同质或异质的罪行中进行自身"复制"而已。对于犯罪构成与犯罪形态的"筋骨"与"载体"关系的认识，我们只需立于这样一个命题就不会发生动摇：犯罪的阶段

---

〔1〕　李晓明主编：《中国刑法基本原理》，法律出版社 2010 年版，第 233~235 页。
〔2〕　肖中华：《犯罪构成及其关系论》，中国人民大学出版社 2000 年版，第 344 页。
〔3〕　陈忠林：《刑法散得集（Ⅱ）》，重庆大学出版社 2012 年版，第 128 页。

形态、共犯形态与罪数形态，都是以犯罪已经成立为前提的。犯罪既然已经成立，则犯罪构成便已先于犯罪的阶段形态、共犯形态与罪数形态而"完整地"存在了，而随后的犯罪的阶段形态、共犯形态与罪数形态又不过是犯罪构成的具体的、特殊的"事后"体现而已。这里需要予以强调的是，在犯罪的阶段形态和共犯形态那里，相对于单独犯的既遂犯，犯罪构成所体现出来的是其自身的"一般"与"特殊"的关系而非"原则"与"例外"的关系，而"一般"与"特殊"的关系意味着犯罪构成的基本"架构"是完整而没有缺损的，进而不发生需要"修正"的问题。

　　行文至此，由犯罪特殊形态即犯罪未完成形态所引发的有关犯罪构成的说辞需予辨正。正如我们所知，之所以会有所谓修正犯罪构成这一说法，乃是因为刑法理论有意将单独犯的既遂犯的犯罪构成定格为所谓基本的犯罪构成。而在概念的对应逻辑之下，修正的犯罪构成是指刑法总则条文以基本的犯罪构成为基础并对之加以修正而就共犯、未遂犯等所规定的犯罪构成。而根据这一分类，刑法分则规定的犯罪以单独的既遂犯为模式；基本犯罪构成是由分则性条文规定而不是由总则与分则统一规定；分则先预设了"完整"的犯罪构成，总则后来又取消了其中的部分要件。[1]于是，在某种意义上，犯罪构成是成立犯罪的最低限度条件，而不是犯罪既遂的条件。但是，刑法理论也完全可以按照既遂模式研究犯罪构成，因为许多犯罪只有"既遂"才成立犯罪。而刑法理论以既遂为模式研究犯罪构成，并不意味着刑法规定的犯罪构成也以既遂为模式。因此，与其使用基本的犯罪构成与修正的犯罪构成的概念，不如承认不同意义上的"犯罪构成"概念，即可以将犯罪构成分为犯罪成立条件意义上的犯罪构成与犯罪形态（广义）条件意义上的犯罪构成（以既遂为模式）[2]。学者所谓"犯罪构成是成立犯罪的最低限度条件，而不是犯罪既遂的条件"，是值得肯定的，但其所谓"犯罪成立条件意义上的犯罪构成与犯罪形态（广义）条件意义上的犯罪构成（以既遂为模式）"，存在逻辑问题，即其明显违反了"同一律"，因为作为我们研究对象的犯罪构成是一个意义确定的概念，而不允许随意变换其"意义"。至于对犯罪构成另立他义而给表述带来的麻烦和累赘，自不用说。其实，所谓"犯罪形态（广

〔1〕 张明楷：《刑法学》（第3版），法律出版社2007年版，第104页。
〔2〕 张明楷：《刑法学》（第3版），法律出版社2007年版，第104~105页。

义）条件意义上的犯罪构成"本是犯罪形态的下位问题，而犯罪构成本是犯罪形态的"前位"问题，故我们似乎可用"犯罪形态条件"或"犯罪形态构造"等概念予以概括并展开。

第四节　对四要件犯罪构成批判的纠正与新疑虑的消除

列宁曾指出："最可靠、最必须、最重要的就是不要忘记基本的历史联系，考察每个问题都要看某种现象在历史上怎样产生，在发展中经过了哪些主要阶段，并根据它的这种发展去考察这一事物现在是怎样的。"[1]如今，对四要件犯罪构成应再予一番客观公允的考察。而对四要件犯罪构成的批判与新疑虑的纠正和消除，意味着要摒弃不应有的心理成见并应看到该犯罪构成的可取之处。出于论述的方便，在下文，犯罪构成与犯罪成立体系、犯罪成立模式或犯罪论体系取相通的意义。

一、对四要件犯罪构成应克制的两种成见

这里，两种成见是指三元递进式犯罪构成的"体系最优性"与四要件整合式犯罪构成的"专政意识性"。

（一）大陆法系三元递进式犯罪构成是犯罪成立的所谓"最优体系"

对于大陆法系犯罪成立的三元递进式犯罪构成，日本学者大塚仁认为，构成要件符合性、违法性及有责任体系以抽象的、一般的而且定型的构成要件符合性的判断为前提，对构成要件符合性得到肯定的行为再进行具体的、个别的违法性与有责性判断，这既符合思考、判断的逻辑性和经济性，又符合刑事裁判中犯罪的认定过程，故对该体系应当予以支持[2]。大塚仁教授的这一评价是基于犯罪构成的所谓科学评价标准作出的，即犯罪构成"必须根据其逻辑性和实用性进行评价。犯罪论的体系应该是把握犯罪概念的无矛盾的逻辑，并且是在判断具体犯罪的成否上最合理的东西"[3]。大塚仁教授以其自身提出的标准而对三元递进式犯罪成立体系所作的评价，不仅代表了大陆法系刑法理论对该犯罪构成占主导地位的高度认可，而且引发了中国刑法理

---

[1]　《列宁选集》（第4卷），人民出版社1960年版，第43页。
[2]　［日］大塚仁：《刑法概论（总论）》，冯军译，中国人民大学出版社2003年版，第107页。
[3]　［日］大塚仁：《刑法概论（总论）》，冯军译，中国人民大学出版社2003年版，第107页。

论界对该犯罪构成立竿见影式的青睐。这种青睐几乎是毫不掩饰地提出三元递进式犯罪构成是最优的犯罪成立体系。三元递进式犯罪构成对中国大陆刑法理论界几乎占据"半壁江山"的学者们的魅力，犹如"犯罪阶层体系（犯罪构成）可以算是刑法学发展史上的钻石，它是刑法学发展到一定程度的结晶，再透过它，刑法学的发展才能展现璀璨夺目的光彩"[1]但是，对于大陆法系三元递进式犯罪构成，学者指出，欧陆国家中除了德日之外，法国就没有采用这样的模式[2]；又有学者指出，我们最好不要武断地说这三种模式（中国犯罪成立的传统的四要件整合式、德日为代表的犯罪成立的三元递进式和英美犯罪成立的双层式）谁优谁劣、谁对谁错。我们应该根据某一个国家或者地区的社会和经济发展情况及其文化背景、法治建设整体水平来取长补短。我们只能适时地进行一些改良和完善，恐怕不能照搬照抄，同时应反对全盘否定[3]。另有学者指出，体系的唯一性并不一定是好事，有时会导致一种话语霸权，甚至会扼杀真理的诞生。世界本来就是多元的，任何理论本质上都仅仅是对事物的一个方面、一个侧面、一定程度的认识与感悟[4]。对于中国需要什么样的犯罪构成即犯罪成立模式，本著认为，维持论的"不可理喻"、改良论的"立场暧昧"和重构论的"信誓旦旦"在相互排斥中也相互牵引，因为对立面的存在便是自身的存在，对立面的发展便是自身的发展，毕竟科学与否、合理与否本来就是相对的。由此，只有能够克制三元递进式是犯罪成立的"最优体系"或"最优模式"这种成见，我们对四要件整合式犯罪构成即犯罪成立模式才能在冷静和中肯之中去评价其优劣，从而定夺其到底是否适合于我们的司法实践。而如果不假思索地将三元递进式犯罪构成定位在"最优"，则比较研究将失去应有的意义。

（二）四要件犯罪构成是带有"专政意识"的体系

来自苏联的犯罪成立四要件体系与大陆法系犯罪成立的三元递进式体系有着渊源关系，这是中国刑法理论界的一个共识，正如苏联的"四要件说"是在大陆法系的犯罪构成进行改造的基础上转化而成的——构成要件（该当性）被改造成为犯罪的客观要件，实质的违法性被改造为犯罪客体，有责性

---

〔1〕 许玉秀：《犯罪阶层体系及其方法论》，成阳印刷股份有限公司 2000 年版，第 1 页。

〔2〕 贾宇主编：《刑事违法性理论研究》，北京大学出版社 2008 年版，第 456 页。

〔3〕 贾宇主编：《刑事违法性理论研究》，北京大学出版社 2008 年版，第 456 页。

〔4〕 梁根林主编：《犯罪论体系》，北京大学出版社 2007 年版，第 196 页。

被分解为犯罪的主体和主观要件[1]。其中，"有责性"之所以能够被分解为犯罪的主体和主观要件，是因为"有责性是指就其行为对行为人的非难可能性，而要具有这种非难可能性，就要求行为人须达到一定年龄（责任年龄），具有辨认控制能力（责任能力），主观上具有故意或者过失（罪过）以及实施合法行为的期待可能性"。[2]

学者指出，整个大陆法系的理论，重理念；英美法系的犯罪构成，重经验；我们社会主义的犯罪构成，是重意识形态[3]。另有学者指出，以意识形态为背景支撑的中国刑法学，在犯罪构成理论的研究上，也已经不可能再做到从纯粹的理论角度去进行探讨和争鸣。事实上，苏联"四要件"犯罪构成理论的形成过程，本身就存在着极其严重的意识形态化的倾向。其对于德国等大陆法系国家犯罪构成的批判，正如陈兴良教授指出的那样："是以政治批判代替学术评论，是苏联特定的历史环境下才有的，它从一种政治偏见出发，妨碍了对大陆法系犯罪构成的科学认识。在此基础上建立起来的所谓主客观相统一的犯罪构成论，获得了政治上的正确性。"[4]这里，言"重意识形态"是指向以"社会主义的社会关系"来定义的犯罪客体，正如犯罪客体讲的是社会主义的社会关系，现在我们认为是权利，但是即使这样理解，把它放在犯罪评价最重要的位置，就会使得犯罪评价意识形态化，而这种情况下要对被告人作无罪辩护，基本上是不可能的[5]。在此，本著的疑问是，犯罪客体的以往解释难道不可以"与时俱进"地更换新的内容，即旧瓶装新酒？学者指出，三元递进式的犯罪构成实际上就是一种思维方法和分析工具，没有国别的区别，没有阶级的区分，也没有意识形态的区分。在我们采用以后，这个理论所包含的一些价值的判断和意识形态的判断我们可以完全本土化[6]。在本著看来，犯罪成立的传统四要件理论从苏联传到当代中国是否正说明了犯罪成立理论没有国别。而其"曾有"的落后的意识形态完全也可以与时俱进地予以淡化而未必要通过采用完全不同的另一套理论予以回避。易言之，

---

〔1〕　贾宇主编：《刑事违法性理论研究》，北京大学出版社 2008 年版，第 209 页脚注。

〔2〕　贾宇主编：《刑事违法性理论研究》，北京大学出版社 2008 年版，第 211 页。

〔3〕　贾宇主编：《刑事违法性理论研究》，北京大学出版社 2008 年版，第 426 页。

〔4〕　梁根林主编：《犯罪论体系》，北京大学出版社 2007 年版，第 118 页。

〔5〕　贾宇主编：《刑事违法性理论研究》，北京大学出版社 2008 年版，第 455 页。

〔6〕　贾宇主编：《刑事违法性理论研究》，北京大学出版社 2008 年版，第 506 页。

我们为什么不可以用对以往认为具有资产阶级色彩的德日犯罪构成的那种宽容来对待来自苏联的犯罪构成呢？在犯罪论问题上，我们有必要"谈社色变"和"谈苏色变"吗？

学者指出，犯罪构成理论所代表的犯罪构成，其背后（尤其是在其早期）体现的是革命时期的学术特征，是基于"垂直"维度政策推进的结果，是学术的意识形态化的遗留物。由此，我们就可以理解为什么我们的刑法理论中的犯罪构成可以直接中断，从德日的阶层式犯罪构成直接断裂转变成苏联的犯罪构成理论体系的原因了[1]。本著要指出的是，革命时期的理论未必就是在非革命时期不适用的理论，而在犯罪成立理论问题上，我们大可不必"谈社色变"和"谈苏色变"，正如一个现实的例子就是，被我国学者大加赞誉的三元递进式犯罪构成在德日法西斯主义盛行年代依然存在，是基本的定罪模式，但其却并未发挥保障人权作用。因此，犯罪构成体系只是一副皮囊，关键在于赋予什么样的灵魂'，而这个灵魂就是犯罪构成的价值取向[2]。这就说明：本来是好的东西完全有可能被"反用"，而曾经被"反用"的东西未必现在就不能用而将之盖棺定论或"一棍子打死"。对来自曾经是社会主义国家的苏联的四要件犯罪成立理论，我们是否也应本着这样的认识呢？况且，苏联的社会主义革命毕竟不同于德日法西斯主义的暴行！另外，四要件犯罪构成是形成于靠革命建立起来的社会主义的苏联，但是解体出来的实行另一套社会制度的俄罗斯不是照样沿用该体系吗？总之，"意识形态"不应成为我们厌弃、鄙视乃至仇视来自苏联的四要件犯罪构成的理由或借口，因为那毕竟是过去的东西，而我们不能把"意识形态"想象、夸张乃至强加给四要件犯罪构成。

二、对四要件犯罪构成新疑虑的消除

继对四要件犯罪构成评判的纠正，便是对四要件犯罪构成新疑虑的消除。

（一）对四要件犯罪构成新疑虑的内容表述

陈忠林教授指出，现有的犯罪构成理论存在着"基本逻辑错误""基本立场错误"和"基本前提错误"这三个方面的共同缺陷。于是，所谓"共同缺陷"使得四要件犯罪构成也遭受到同样的疑问。

---

〔1〕 梁根林主编：《犯罪论体系》，北京大学出版社 2007 年版，第 204 页。

〔2〕 梁根林主编：《犯罪论体系》，北京大学出版社 2007 年版，第 252 页。

就"基本逻辑错误"而言，按照三元递进式犯罪构成的逻辑，认定一个事实是否构成犯罪，应当按照"构成要件该当性""违法性"和"有责性"的顺序进行。在引进"目的行为论"作为自己的技术基础之前，主体的责任能力和行为的主观方面完全属于"有责性"要件的内容。这个体系要求在认定主观方面（"责任"）之前就认定行为客观方面（"构成要件"），这是任何一个人都不可能完成的任务。同时，无论是在事实上，还是在逻辑上，要认定行为人对事实的故意或过失，都只有在先认定行为人的责任能力之后才有可能。但是，在三元递进式犯罪构成理论中，行为人的责任能力这一犯罪成立必须具备的条件却被列入"责任"或"有责性"要件的组成要素，而按照三元递进式犯罪构成理论的逻辑，"责任"或"有责性"应该是最后一个被认定的犯罪成立条件。这便意味着人们在还未认定行为人的责任能力之前，就必须认定行为人（对事实的）故意或过失，这同样是任何一个人都不可能完成的任务。而按照四要件犯罪构成的逻辑，司法实践在认定犯罪构成的要件时，应先认定犯罪客体和犯罪客观方面，然后才是犯罪主体和犯罪主观方面要件。易言之，按照这个顺序，司法实践应在认定犯罪主观方面的内容之前先认定犯罪客观方面要件，而这在事实上也是任何一个人都不可能完成的任务[1]。可见，陈忠林教授将"先认定犯罪客观要件，后认定犯罪主观要件"视为三元递进式犯罪构成和四要件犯罪构成共同的"基本逻辑错误"，而这一"基本逻辑错误"实即"基本顺序错误"，以至于任何一个人都最终难以完成犯罪事实的认定。

就"基本立场错误"而言，现有的犯罪构成理论都混淆了依照刑事诉讼法查明事实真相的过程和根据刑法认定行为性质过程之间的界限。易言之，这些理论都是站在刑事诉讼法的立场而非刑法的立场来考虑认定犯罪的逻辑顺序问题。如果考察现有的犯罪构成理论的逻辑顺序，我们不难发现：这些理论都是按照查明案件事实的思路来论证、设计自己的逻辑体系。以四要件犯罪构成为例，其认定犯罪成立条件的顺序是犯罪客体、犯罪客观方面、犯罪主体和犯罪主观方面，而前述顺序被认为是符合司法实践中发现犯罪事实的顺序。这样的顺序即过程，的确是司法实践中最常见的发现案件事实、查明案件事实的过程，但其只能是一个适用刑事诉讼法的过程而非适用刑法的

---

〔1〕　陈忠林：《刑法散得集（Ⅱ）》，重庆大学出版社 2012 年版，第 134~136 页。

过程。而两个过程的区别在于：适用刑事诉讼法查明犯罪事实的过程，是一个根据诉讼法规定的程序逐步收集证据以还原案件事实的过程；适用刑法认定犯罪事实的过程，是以刑法的相关规定为标准判断已经根据证据还原的案件事实的法律性质的过程。在查明犯罪的过程中，一般以发现可能属于犯罪客体、犯罪客观方面、犯罪主体和犯罪主观方面的事实为顺序，是一个"由果及因"的过程；认定犯罪事实的过程，则是一个"由因及果"的过程，且必须以行为发动者（犯罪主体）为出发点。最终，这两个过程在逻辑上是不能相互混淆的。而现有的犯罪构成理论按照诉讼法查明犯罪事实的过程来设计适用刑法认定犯罪的逻辑，这也是司法实践根本不可能按照这些理论的逻辑顺序认定犯罪的重要原因[1]。可见，陈忠林教授将现有的犯罪构成理论包括四要件犯罪构成理论采用了刑事诉讼法查明犯罪事实的思维视为所谓"基本立场错误"，而这一"基本立场错误"实即"基本方法错误"，以至于司法实践"根本不可能"采用。

就"基本前提错误"而言，如果承认犯罪是一种行为，则我们必须承认：①犯罪行为无非是人类行为的一种表现形式；②犯罪行为的成立必须具备的基本条件或犯罪构成要件，无非是一般的人类行为必须具备的基本条件的一种特殊表现形式。因此，正确地界定行为及其构成要件的内容，是正确认定犯罪及其构成要件的前提和基础，而离开对行为及其构成要件的正确认识，我们根本不可能构建一个正确的犯罪构成理论体系。遗憾的是，到目前为止的所有犯罪构成理论，没有一个是建立在对行为及其构成要素的正确认识之上的。具言之，现行犯罪构成理论对行为本身的错误认识集中表现为这样一个公认的理论事实：到目前为止的犯罪构成理论，没有一个可以合理解释犯罪行为的存在范围。例如，作为理论通说的因果行为论将行为界定为"出于行为人意志和意识的身体动静"，但其不能解释与行为人身体动静没有直接关系的"不作为"为何可能是构成犯罪的行为，又为何非出于行为人意识和意志的下意识的习惯性动作也可能是构成犯罪的行为。至于目前德、日主流刑法理论认同的"目的行为论"，其问题更大：这种理论认为，行为是受"行为目的"控制的身体举动。若此，则只有"以作为为表现形式的直接故意行为"才可能是构成犯罪的行为，因为这种行为的内容才可能完全表现为受"行为

---

〔1〕 陈忠林：《刑法散得集（Ⅱ）》，重庆大学出版社 2012 年版，第 136~138 页。

目的"控制的身体举动。于是，其他能够构成犯罪的行为包括间接故意行为、过失行为以及一切表现形式为不作为的行为，都被排斥于犯罪行为之外。除因果行为论、目的行为论之外，社会行为论、人格行为论等非主流的行为理论都无法对所有犯罪作出合理解释。最终，现有的犯罪构成理论犯了如下错误：①错误地将"行为"作为犯罪行为内部的一个要素，从而在逻辑上导致了一个构成犯罪要素的外延都要大于整个犯罪构成外延的错误。具言之，现行的犯罪构成理论都将"行为"（"三元递进式"理论）或"危害行为"（"四要件"理论）作为犯罪成立的一个构成要件，最终都犯了"部分大于整体"的逻辑错误。②错误地将"违法性"和"犯罪客体"等人们对犯罪行为的社会属性的认识作为犯罪行为的构成要件本身，从而将犯罪构成变成一个不可能用来认定犯罪的体系。而之所以"违法性"和"犯罪客体"等将犯罪构成变成一个不可能用来认定犯罪的体系，乃因为不同的人因认知差异容易导致"违法性"和"犯罪客体"容易形成分歧，从而难具确定性，最终可能将刑法变成限制公民自由的工具。于是，任何犯罪构成理论，只要以"违法性"和"犯罪客体"等人们对犯罪性质的认识为构成要件，便在实践中遭遇两种命运：要么严格地坚持这个理论，使得司法实践正确地认定（对"犯罪客体""法益"有争论的）犯罪成为不可能；要么坚持按照法律的规定正确地认定犯罪，而将这种不可能认定犯罪的理论扔在一边[1]。可见，陈忠林教授将现有的犯罪构成理论包括四要件犯罪构成理论因"贬低"行为且陷入"部分大于整体"，同时通过"违法性"或"犯罪客体"而赋予犯罪构成以主观不确定性视为所谓"基本前提错误"，而这一"基本前提错误"同时是"基本逻辑错误"和"基本立场错误"，以至于要么不能被用来正确地认定犯罪，要么被扔在一边。

由于现有的犯罪构成理论包括四要件犯罪构成理论存在着"基本逻辑错误""基本立场错误"和"基本前提错误"这三个方面的共同缺陷，故陈忠林教授指出，在各国刑法理论中具有主流地位的犯罪构成理论中所包含的犯罪成立的条件都应该是犯罪成立的必要条件而非充分条件。易言之，即使现行的犯罪构成理论是一种标准，也只能是认定犯罪成立必要条件的标准而非充分条件标准。因此，要想在运用犯罪构成理论指导实践的过程中既能做到

---

〔1〕　陈忠林：《刑法散得集（Ⅱ）》，重庆大学出版社 2012 年版，第 138~143 页。

将"情节显著轻微，危害不大的，不认为是犯罪"，又能保持犯罪构成各要件内容的确定性，将犯罪构成理解为犯罪成立的必要条件而非认定犯罪的标准，可能是唯一正确的选择[1]。可见，陈忠林教授最终是否定犯罪构成包括四要件犯罪构成的犯罪认定标准地位的。

（二）对四要件犯罪构成新疑虑的消除

就所谓"基本逻辑错误"而言，在本著看来，陈忠林教授将"先认定犯罪客观要件，后认定犯罪主观要件"视为三元递进式犯罪构成和四要件犯罪构成的"基本逻辑错误"，实即主张"先犯罪主观要件，后犯罪客观要件"的犯罪成立认定思路，因为事实上是行为人先有主观活动，后才有在主观心理支配下的客观事实，且这里的客观事实包括通常所说的犯罪客观方面，也包括犯罪客体层面即刑法保护客体被侵害的事实。但很显然，陈忠林教授强调的是"发生学顺序"或"事实学顺序"，而作为犯罪成立认定标准的犯罪构成包括四要件犯罪构成可能要确立的是"司法学顺序"或"方法论顺序"。实际上，"先认定犯罪客观要件，后认定犯罪主观要件"并非"完全"或"绝对"不可能，因为行为的外在表现是受行为人的主观心理所支配的，故犯罪客观要件包括犯罪客观方面本是犯罪主观要件的一种外化，亦即前者是后者的一种"征表"或"证明"，从而所谓"任何一个人都不可能完成的任务"似有一种"不可知论"的消极。因此，所谓"基本逻辑错误"对犯罪构成包括四要件犯罪构成本身可能至少是"无伤大体"。

就所谓"基本立场错误"而言，在本著看来，陈忠林教授将"由果及因"的犯罪认定顺序或犯罪认定过程视为名为"基本立场错误"而实为"基本方法错误"，其仍是强调"先主观要件，后客观要件"的犯罪成立认定思路。而这里同样存在着犯罪成立认定顺序或过程即犯罪构成论是采"发生学顺序"或"事实学顺序"，还是采用"司法学顺序"或"方法论顺序"的问题。但是，陈忠林教授可能没有意识到，"由果及因"所对应的"先客观要件，后主观要件"的犯罪成立认定顺序，可能恰好暗合其对四要件犯罪构成论的见解和主张，因为陈忠林教授将犯罪主观要件视为四要件犯罪构成论的"集中体现其他犯罪构成要件"的"核心要件"，而"由果及因"所对应的"先客观要件，后主观要件"认定犯罪成立顺序或过程，或许正是把犯罪主观

---

〔1〕 陈忠林：《刑法散得集（Ⅱ）》，重庆大学出版社 2012 年版，第 144 页。

要件作为四要件犯罪构成论的"最终沉淀"即其"沉淀性要件"。因此，陈忠林教授所谓"基本立场错误"对犯罪构成包括四要件犯罪构成本身，同样可能"无伤大体"。实际上不妨可将犯罪构成运用中所采取的先后顺序或先后逻辑，视为就是刑事诉讼法所要求的发现和查明犯罪事实的先后顺序或先后逻辑，但这似乎不影响该先后顺序或先后逻辑在犯罪构成运用中的合理性甚或必要性，因为运用犯罪构成的过程就是对业已发现和查明的犯罪事实予以规范评价，即将犯罪构成与业已发现和查明的犯罪事实予以规范对接的过程，而这个过程显然不能是"无序"的。

就所谓"基本前提错误"而言，首先，在陈忠林教授所举事例中，因果行为论是能够解释"不作为"的，因为当把因果行为论视为"动静论"，则"不作为"可由"静"来对应，而当把因果行为论也视为具有一种"价值论"，则"不作为"是可以解释到"行为"中去的，即"不为而为"或"无为而治"。仍然是在陈忠林教授所举的事例中，目的行为论至少也是能够解释不作为犯的，因为至少故意的不作为犯实即"无为而为犯"。进一步地，就陈忠林教授所谓"基本前提错误"的第一点而言，将"行为"作为犯罪行为内部的一个要素，确有"部分大于整体"或至少是"部分等于整体"之虞，因为"行为"本是体现主客观因素的一个概念，但这一逻辑错误之虞本由现有的犯罪构成论的不当展开所致，故可予以完善或重新表述，如英美法系双层式犯罪构成论采用与"犯意"并列的"犯行"一词似乎不会引起"部分大于整体"或"部分等于整体"之虞。退一步看，由于在犯罪构成这一评价标准中已经内含着行为的相关性征包括有体性、有意性和有害性，故将行为本身硬塞进犯罪构成确实不妥，但得不出犯罪构成中存在行为的相关因素就意味着犯罪构成中存在行为本身，从而得出"部分大于整体"或"部分等于整体"的结论。其实，犯罪构成中的"行为"或"危害行为"已经不是作为犯罪的上位概念意义的那种"行为"了，但确实需要采用恰当的表述，以免"以辞害意"。而如果进一步看，当犯罪必定是危害行为，而危害行为必定是行为，即犯罪最初是行为，亦即行为是犯罪的"母体"，则行为与犯罪构成是评价对象与评价标准的关系，而在评价对象与评价标准的关系中，是本不应该或本不可能发生"部分等于整体"甚或"部分大于整体"的问题的。就陈忠林教授所谓"基本前提错误"的第二点而言，即"违法性"和"犯罪客体"具有评价性和主观性，从而具有不确定性，首先不能对之过于夸大，而问题的关键是犯罪构成本身是"形式和实质的结合体"和"事实与价值的结合体"，而非纯客观的东西。在人文社会科学领域，但凡成为标准的东西可能难免就是带有评价性和主观性的东西。于是，作为犯罪成立标准的犯罪构成不可避免地或本应带有价值评判性，而价值评判性又不可避免地或本应带有主观性，故其"因人而异性"恰恰需要通过最大限度地运用包括常识、常理、常情在内的社会通念予以最小化。因此，陈忠林教授所谓"基本前提错误"对犯罪构成包括四要件犯罪构成，依然可能是"无伤大体"。

就陈忠林教授基于"三个基本错误"所得出的最后结论而言，在本著看来，如果将犯罪构成视为认定犯罪成立的"必要条件标准"，则犯罪构成最终便不成为认定犯罪的标准，即犯罪构成不成为犯罪构成，因为作为标准的东西最终应能够起到区别或区分的作用，亦即既然承认犯罪构成是认定犯罪成立的标准，就应该承认其具有区分或区别罪与非罪即行为是否成罪的作用。易言之，如果认为犯罪构成只是犯罪成立的"必要条件"，便意味着在犯罪构成之外还要添加其他东西，然后由犯罪构成与所添加的其他东西共同构成犯罪成立的标准。于是，"最终的犯罪成立标准"可能因附加于犯罪构成的其他东西难以确定或莫衷一是而更加难以把握，从而"最终"难以成为犯罪成立的标准。因此，否认犯罪构成是犯罪成立的标准，又将有背离罪刑法定原则之嫌。由此，真正成为认定犯罪成立标准的犯罪构成本应是一种体现"充要条件关系"而非"充分条件关系"，更非"必要条件关系"的标准。进一步，只有最大限度地体现形式与实质、主观与客观、事实与价值相结合的犯罪构成，才能成为认定犯罪成立的标准，即体现"充要条件关系"的标准。而比较之后，虽不能断言四要件犯罪构成是"最适格"的犯罪成立认定标准即"最适格"的犯罪构成，但至少不是"最糟糕"的犯罪成立认定标准即"最糟糕"的犯罪构成，毕竟在现有的犯罪构成论中，四要件犯罪构成是"最具结合性"的犯罪构成论。最终，只要承认犯罪构成包括四要件犯罪构成是关于行为成立犯罪的一种"规格"，则不发生犯罪构成是行为成立犯罪的所谓"条件"包括所谓"必要条件"的问题，因为犯罪构成与犯罪行为的关系是认定或评价犯罪的"规格"即"标准"与运用此"规格"即"标准"所得到或形成的结果的关系。又当行为是否符合犯罪构成的判断，同时就是行为是否属于"情节显著轻微，危害不大的，不认为是犯罪"的判断，则似无必要将"无罪但书"作为将犯罪构成予以"纯事实化"与"纯客观化"之后的一种作为犯罪成立条件的"补救"。由此看来，对于犯罪认定的困境，可能出路还在于如何完善犯罪构成而非统统将之扔掉。至于司法实践中"看不到"犯罪构成理论的运用，可能正是犯罪构成被运用的一种"隐形体现"，因为就四要件犯罪构成理论而言，我们不能断言刑事个案中的司法者毫无"犯罪主体"或"犯罪主观方面"或"犯罪客观方面"或"犯罪客体"的意识或念头，而在以往的刑事司法实践中，"犯罪主体"或"犯罪主观方面"或"犯罪客观方面"或"犯罪客体"这些概念或其近似表达也是"散见"于刑事判决书中的。

三、四要件犯罪构成的可取性

当立于出罪功能、吸纳正当化事由、体系严固性和能够处理好与违法性和社会危害性的关系，则四要件犯罪构成的可取性是应得到充分肯定的。

（一）四要件犯罪构成同样具有出罪功能

对于四要件犯罪构成，学者指出，这一模式只有定罪规格的静态描述，而无定罪过程的动态引申。我国的"犯罪构成"概念与"构成要件"概念相混同，即对于犯罪行为的主观评价与客观评价、事实判断与价值判断、积极判断与消极判断、违法判断与责任判断、行为判断和行为人判断、抽象判断和具体判断，都在犯罪构成四要件的平面整合结构中一次性概括完成。在这样的概括性评价中，因缺乏应有的区分而致使超法规的违法阻却事由和阻却责任事由无法得到应有的关照和展开，从而形式违法性和实质违法性的冲突在这样的犯罪构成模式中必定难以得到合理有效的解决。这时，对于行为实质违法性的评价，即使有了法益这样的衡量标准，还是不能通过犯罪构成模式而在司法实践中予以有效解决[1]。该论断集中表达的是四要件犯罪构成的出罪功能较弱或很弱，其主要理由是该构成只具静态性而无动态性，只具一次性而无多次性，即该构成不具过程性。其实，四要件犯罪构成在实践中运用时并非一声令下，四要件就同时到齐，而是也有先后，只不过不同的运用者对四要件的运用顺序不一而已，因为对于定罪而言，一次评价是不可能的，无论是在犯罪成立的四要件整合式体系中，还是在犯罪成立的三元递进式体系中，抑或在犯罪成立的双层式体系中。当然，这并不是说四要件的运用顺

---

[1]　贾宇主编：《刑事违法性理论研究》，北京大学出版社 2008 年版，第 211 页。

序是随意而理论上又是不必讲究的。如此说来，至少在实践中，四要件犯罪构成的运用发生四次判断，而三元递进式犯罪构成只发生三次判断。可见，我们对四要件犯罪构成可能批判过头而对三元递进式犯罪构成可能赞美过头。既然四要件犯罪构成的实践运用发生着四次评价，并且一损俱损，则其人权保障功能难道真如群起而攻之的那样糟糕？学者指出，传统的模式必须摒弃，而任何反驳的理由都因为与人权保障相悖而无法立足[1]。在本著看来，犯罪成立的四要件犯罪构成人权保障功能到底怎样，很难说主张摒弃者不是在"墙倒众人推"之中有所迎合。

犯罪的认定过程显然是一个判断的过程，而正如前文所指出的，四要件犯罪构成所启动的是一个四次判断的过程，而三元递进式犯罪构成所启动的只是一个三次判断的过程。在此对比之下，我们似乎对此两种犯罪构成的功能已有所结论。至于我们应当反思和解构我国当下流行的耦合式的犯罪构成模式，重新建构一种既反映定罪规格，更反映定罪动态过程、体现刑事责任追究范围逐渐收缩、平衡社会保护和人权保障基本功能的犯罪构成模式[2]，由于无论是在犯罪成立的四要件整合式构成中，还是在其三元递进式构成中，抑或在双层式构成中，每个要件都有正反两个方面的判断，故犯罪成立的四要件体系难道不是在更多环节的判断中更有社会保护和人权保障的平衡功能吗？可以说，在犯罪成立的四要件整合式体系中，由于每个要件都有出罪与入罪的"双面"机能，故其较三元递进式体系在"构造"着更多的保障人权的机会。

客观地说，无论是在犯罪成立的三元递进式体系中，还是在其四元整合式体系中，抑或在双层式体系中，每一要件都有出罪与入罪两个相反的功能，因为对照每个具体的案件，每个要件要么符合，要么不符合，即符合与不符合必占其一。于是，为何对犯罪成立的四元整合式体系通常认为只具有"入罪功能"呢？原因正如犯罪构成是我国刑法规定的、决定某一行为成立犯罪所必需的一切主观要件和客观要件的有机统一体，其包括了犯罪成立所要求的一切积极要件[3]。可见，一个"所必需"或"所要求"与一个"积极"，

---

〔1〕 贾宇主编：《刑事违法性理论研究》，北京大学出版社 2008 年版，第 215 页。
〔2〕 贾宇主编：《刑事违法性理论研究》，北京大学出版社 2008 年版，第 219 页。
〔3〕 贾宇主编：《刑事违法性理论研究》，北京大学出版社 2008 年版，第 303 页。

表明将犯罪成立的"四元整合式"体系看成是只具有入罪功能便属"欲加之罪何患无辞"。殊不知，在犯罪成立的任一体系中，任一"所必需的要件"或"积极要件"都同时具有消极功能或反面功能，而所谓"消极要件"又都同时具有积极功能或正面功能，正如四要件犯罪构成体系都是在"入罪"，但实际上每个要件都具备出罪功能。从犯罪客体出发，某种行为如果没有侵犯任何社会关系或者只侵犯了其他部门法所保护的社会关系，就不能认为符合某一犯罪构成中的客体，此时便排除了犯罪的成立。某个行为构成某种犯罪必须满足该行为对刑法所保护的社会关系造成侵害的客观外在事实特征，如果该行为不符合该罪所要求的客观要件，则不成立犯罪。犯罪主体必须具备相应的条件才能要求行为人承担刑事责任，任何不具备犯罪主体要件的自然人和单位所实施的行为，都不是犯罪行为。我国刑法在定罪上的一个基本原则是"无罪过即无犯罪"，故如果不满足主观上的罪过形式，行为就不构成犯罪[1]。可见，当采用"一分为二"或"正反两面"的眼光，则我们便不会陷入四要件犯罪构成"只入罪"而"无出罪"的偏见，从而不会形成四要件犯罪构成没有人权功能的"不实之词"。这样看来，对"四要件整合式"体系只具有入罪功能的说法便有失客观、公允，因为在司法实践中，排除社会危害性的判断是在犯罪构成之内进行的，具言之，是在犯罪客体，同时也可在犯罪主观方面上作为"不符合"或"不具备"的情形来对待的。相比之下，至少在形式上，"四要件整合式"体系的出罪机会更多，因为不符合或不具备的可能或"机会"是存在于四个要件上，即在四要件的每个要件上都可能发生控辩对抗，但在三元递进式体系中，"不符合"或"不具备"的可能或"机会"只存在于三个要件上。坚持三元递进式犯罪构成理论的学者们大致有着这样的共识，即四要件犯罪构成的出罪事由都是建立在社会危害性观念之上，而大陆法系犯罪构成存在多元的出罪机制。这里要指出的是，"四要件整合式"构成将有四次"出罪机会"，因为"四要件整合式"构成本来就包含着四个要件即犯罪主体、犯罪主观方面、犯罪客体和犯罪客观方面，正如在俄罗斯刑法的犯罪构成四要件体系中，由于犯罪构成中任何一个必要要素或分体系（即要件）不存在，就会导致整个犯罪构成体系的瓦解，导致人的行为不存在犯罪构成，故其排除犯罪成立的例外因素必然是对各要素或各要件的否定，

---

〔1〕　钱叶六主编：《出罪事由的理论与实践》，法律出版社 2018 年版，第 19~20 页。

通过对组成要素或要件的否定证明行为不符合犯罪构成，进而否定行为的犯罪性。[1]但是，三元递进式构成却只有三次出罪机会。另外，言四要件整合式构成的出罪机制都是建立在社会危害性的观念上多少有点言过其实，因为至少在犯罪主体这一要件上出罪时只需考虑刑事责任能力状况。

对于四要件整合式犯罪成立理论，有人指出："这是一种反映定罪规格、不反映定罪过程、在结构上呈现出平面整合特征的犯罪构成模式，在功能上彰显的是刑法打击犯罪保护社会的功能，而很难平衡人权保障的客观需要。"[2]显然，"不反映定罪过程"表明该论断是抓住四要件整合式体系的静态性来质疑该体系的人权保障功能。但问题是，为何在其静态性面前，四要件整合式体系的打击犯罪和保护社会的功能却得到彰显了呢？似乎应该说，"四要件整合式"体系的静态性将保护社会的功能和保障人权的功能都予以窒息了。否则，其静态性也不值得作出那样的批评。

来自苏联的四要件整合式犯罪成立理论之所以被越来越多的学者"越来越深"地说成是只具有入罪功能而不具或难具出罪功能，根本原因在于该犯罪成立理论被认为只有封闭性而不具开放性，即该理论体系是对违法行为乃至合法行为向犯罪的"合围"而无"放逐"。前文已经不止一次强调，当无论是在犯罪成立的四元整合式体系中，还是在犯罪成立的三元递进式体系中，抑或犯罪成立的双层式体系中，每个要件在实践运作中都有"是"与"否"两种可能，即"符合"与"不符合"二者必居其一的选择，则传统的四元整合式的犯罪成立体系也不妨看成是具有开放性。决定传统四元整合式犯罪构成具有开放性的不仅是每个要件在实践中总会有"是"与"否"，即"符合"与"不符合"两种相反的可能，还特别在于作为四要件之一的犯罪客体的特殊功用。就犯罪成立的三元递进式体系而言，"由于行为符合构成要件就意味着行为具有形式违法性，因此，从犯罪成立角度而言，作为犯罪成立条件之一的违法性是指实质违法性，违法性的判断的最终标准不是法定的而是超法规的，不是形式的而是实质的"。[3]如果说违法性判断标准的超法规性赋予三元递进式体系以较强的"出罪功能"，则与三元递进式体系中的"违法性"

〔1〕 梁根林主编：《犯罪论体系》，北京大学出版社 2007 年版，第 258～259 页。
〔2〕 贾宇主编：《刑事违法性理论研究》，北京大学出版社 2008 年版，第 209 页。
〔3〕 贾宇主编：《刑事违法性理论研究》，北京大学出版社 2008 年版，第 314 页。

要件基本相对应的四元整合式体系中的"犯罪客体"要件，同样因其具有超法规性或更强的超法规性而使得该体系具有出罪功能或更强的出罪功能。学者指出："在罪刑法定成为刑法的基本原则后，类推定罪的危险已经消失，判断犯罪的成立与否有赖法律的明确规定，社会危害性不再具有'入罪'功能，社会危害性所代表的'超规范'判断只具有出罪功能，这种超规范机制的存在使得我国的犯罪构成体系不再是一个封闭的体系，而具有了开放性可能，也使得刑罚正当性的实现具备了基本途径。"[1]由于社会危害性以犯罪客体为集中体现，故社会危害性的"超规范"判断使得四元整合式犯罪成立体系具有开放性进而具有出罪功能，便等于说是犯罪客体使得该体系具有开放性，进而具有出罪功能。

接下来，有些貌似有理的论断是需予谨慎对待的。有人指出："人家的好处是，构成要件该当性主要是为检察官预设的，当检察官证明了某行为具备了构成要件该当性，这个时候就给行为人留下了不具有违法性辩护的空间。但是我国这个四要件理论中却没有这样的一个空间。"[2]另有人更为"深刻"地指出："大陆法系国家认定犯罪的三层次犯罪构成模式，首先是给控方指控犯罪提供了一个实体平台，即构成要件该当性，但构成要件不过是犯罪类型的'轮廓'或者观念上的'指导形象'，符合这个'指导形象'的事实还不一定是犯罪，因为在这种情况下，还有'违法阻却事由'和'责任阻却事由'的可能性。这正是辩方对控方进行反驳的两个实体平台。然而……以我国的犯罪构成作为定罪模式，其四个一般要件都是肯定性的、正面符合性要件，代表了控方立场即政府立场，体现了以社会保护为主的价值取向。这种被行政化了的司法活动不可能在犯罪构成的实体舞台上留给辩方表演空间和'诉讼话语权'。"[3]在本著看来，前述看法显然是忽视了中国传统犯罪构成中每个要件在实践中所客观存在的"不具备"这种情形，同时忽视了正当化事由的客观存在。不客气地讲，将四要件整合式体系中的每个要件说成是只有入罪功能的积极的、正面的要件，是"人云亦云"的片面之说。"主要"一词意味着在犯罪成立的三元递进式体系中，构成要件该当性本身就已经存

---

〔1〕 贾宇主编：《刑事违法性理论研究》，北京大学出版社 2008 年版，第 320 页。

〔2〕 贾宇主编：《刑事违法性理论研究》，北京大学出版社 2008 年版，第 456 页。

〔3〕 梁根林主编：《犯罪论体系》，北京大学出版社 2007 年版，第 228 页。

在辩护空间了，而在犯罪成立的四元整合式体系中，每个要件都存在着辩护空间，正如不法构成要件包括积极的构成要件与消极的构成要件，或正面的构成要件与反面的构成要件[1]。对于中国传统的犯罪构成，有学者指出："从价值论来看，由于其基本内容与俄罗斯刑法犯罪构成四要件体系一致，因此，我国犯罪构成体系不仅具有可罚行为类型化的特点，而且同样具备'原则—例外'模式与'规范—超规范'机制，那种认为我国犯罪构成体系封闭、辩护机制缺乏、体系内外矛盾的说法是对这种体系的错误认识。"[2]这一说法等于肯定了"四要件整合式"体系中每个要件的"两面性"，而此"两面性"意味着刑法的两个基本价值即保护社会和保障人权。而"正是学者对犯罪构成体系的误解和不当解释使该体系面临种种诘问，这显然不能成为推翻现行犯罪构成的理由"[3]。

在四要件整合式体系的机能上，本著作者也曾"崇洋媚外"，即"在我们一直接受的犯罪成立体系中，只有刑罚权的空间而无抗辩权的空间，故其价值也就用社会保护取代或排挤了人权保障。反观大陆法系的递进式犯罪成立体系和英美法系的双层式犯罪成立体系，其肯定犯罪成立的积极事由维系着刑罚权，而其否定犯罪成立的消极事由则维系着抗辩权，故在其犯罪成立体系之中刑罚权这一国家权力与抗辩权这一公民人权并行抗衡。于是，刑法的社会保护机能与人权保障机能都得到了发挥，而此两种机能所对应的刑法价值便得到了兼顾。相比之下，我们一直接受的犯罪成立体系在刑法的两种机能和两种价值上便显得顾此失彼了"[4]。但正如前文所指出，如果看到每个构成要件的正反"两面性"，则四要件整合式体系在刑法机能和价值上的"顾此失彼"是不存在的，或曰"顾此失彼"是被"虚构"或"妄想"出来的。

（二）四要件犯罪构成能够吸纳正当化事由

正当化事由在四要件犯罪构之外，是该犯罪构成的"病根"所在，但此"病根"是被"误诊"出来的。

在苏联和中国传统的犯罪构成中，正当行为论或排除社会危害性行为论是放在犯罪构成论之外即之后的。这种理论安排怎样呢？有人指出："在犯罪

---

〔1〕 贾宇主编：《刑事违法性理论研究》，北京大学出版社 2008 年版，第 460 页。
〔2〕 梁根林主编：《犯罪论体系》，北京大学出版社 2007 年版，第 262~263 页。
〔3〕 梁根林主编：《犯罪论体系》，北京大学出版社 2007 年版，第 262~264 页。
〔4〕 梁根林主编：《犯罪论体系》，北京大学出版社 2007 年版，第 270 页。

构成学说的范围内，不可能对正当防卫和紧急避险这两个问题作详细的研究，而在犯罪构成之外讨论排除犯罪的事由，这样的理论，始终存在不妥之处。"[1]于是，这种理论安排使得中国传统的犯罪构成越来越遭受非议，因为这种理论安排使得正当防卫等正当行为或排除社会危害性行为不得不用"外表上（形式上）符合犯罪构成"或"具有犯罪构成的表象"予以解释[2]，而这种解释又使得犯罪构成是犯罪成立的（唯一）规格或标准的命题陷入了自相矛盾，即"正当行为具备了犯罪构成，却不成立犯罪，或者说，正当行为不是犯罪，却具备了犯罪构成；正当行为具备犯罪构成，却不具有刑事违法性，或者说，正当行为不具有刑事违法性，却具备犯罪构成"。[3]其实，当对照一个具体案件时，由于每个要件都具有"符合"或"不符合"，"具备"或"不具备"两种相反的情形，即每个要件在一个具体案件中都有"肯定"或"否定"两个相反方面的评价，亦即每个要件可以进行消极的或排斥性的运用，故正当行为论或排除社会危害性行为论是可以安放到四要件体系之内的相应构成要件之下的，正如"只要正当行为在地位上处于犯罪成立条件之外，它就永远是立法阶段的理论，只有正当行为在地位上处于犯罪成立条件之内，才能成为符合司法规律的学说。因此，相应的解决措施就是要站在司法的角度，把正当行为问题移入犯罪构成，使其成为独立的排除性要件或消极要件，这样便能在发挥正当行为要件作用的情况下，还能与包括刑事违法性在内的现有犯罪论关系结构相协调"。[4]

接下来，正当行为论应放到四要件犯罪构成内部的什么具体位置呢？那就是犯罪客体论之下。由于正当行为论或排除社会危害性行为论也可以安放到该体系内部的犯罪主观方面论之下，故作为消极要件，正当行为或排除社会危害性并非仅仅从犯罪客体要件得到消极运用，从而其出罪功能较在三元递进式体系中的"违法性"要件下便显得更具"多方位性"，从而更加"强劲"。这里要指出的是，正当化事由论可以纳入四要件犯罪构成中，是由该体

---

〔1〕 贾宇主编：《刑事违法性理论研究》，北京大学出版社 2008 年版，第 303 页。

〔2〕 高铭暄主编：《刑法学》，法律出版社 1984 年版，第 162 页；陈明华主编：《刑法学》，中国政法大学出版社 1999 年版，第 176~177 页；赵秉志主编：《刑法新教程》，中国人民大学出版社 2001 年版，第 181 页。

〔3〕 贾宇主编：《刑事违法性理论研究》，北京大学出版社 2008 年版，第 104~105 页。

〔4〕 贾宇主编：《刑事违法性理论研究》，北京大学出版社 2008 年版，第 106 页。

系中的相关构成要件具有否定性判断即反面功能所决定的。而当把正当化事由顺理成章地安放到四要件构成之中，并令其居于适当位置，则正当化事由便适得其所。而此时，因把正当化事由安放在四要件犯罪构成之外所带来的理论体系的混乱，便自然消除。但是，我们不应将以往的刑法理论放错了正当化事由问题的位置作为否定四要件犯罪构成的理由，正如我们不应因饭洒到碗外而将碗摔碎。

意、法两国的犯罪构成对排除犯罪性事由的安排，对于中国的犯罪构成重新调整正当化事由的位置不无启发。在意大利的犯罪构成中，德日犯罪构成中的违法阻却事由被作为"排除犯罪的客观原因"而被安排为"犯罪客观要件所研究的内容之一"；在法国的犯罪构成中，德日犯罪构成中的违法阻却事由被作为"不负刑事责任的客观原因"而被安排为"排除该行为作为犯罪的'法有规定'要件"的消极条件，而责任阻却事由则被作为"无刑事责任的主观原因（不能归责的原因）"而被安排为"心理要件"的消极条件。由此，中国的犯罪构成也完全可以将正当化事由安排在犯罪成立的相应要件之下作为反面问题或消极问题而加以展开，以进一步强化对正面问题的论述，即将犯罪构成安排成一种带有"反证法"内容的犯罪成立理论体系。以往的中国刑法理论对正当化事由的理论安排明显是受刑法在总则中先规定犯罪条文而后规定正当防卫和紧急避险条文的立法安排所影响。但是，刑法的这种条文安排可以看成是出于立法本身的无奈甚或立法本身的技术所需。然而，犯罪构成可以或应该在不改变问题的实质或本来面目的前提下而对正当化事由作出符合自身规律的安排，从而使得犯罪构成自身变得丰满而自足。之所以"一方面我们说犯罪构成是认定犯罪成立的唯一标准，另一方面，我们又认为犯罪构成在特殊情况下又不能成为认定犯罪成立的唯一标准，这就难以自圆其说了"[1]，是因为我们本来能够但却没有做到在犯罪构成中为正当化事由让出位置。

学者主张："我个人的方案是把犯罪构成四要件中的犯罪客体开除出去，然后把正当行为作为一个消极要件或者说是排除性要件，纳入到现有的犯罪构成整体中来。"[2]其实，正当行为可以在四要件犯罪构成中的犯罪主观方面

---

〔1〕 贾宇主编：《刑事违法性理论研究》，北京大学出版社2008年版，第455页。
〔2〕 贾宇主编：《刑事违法性理论研究》，北京大学出版社2008年版，第451页。

和犯罪客体之下作为反面问题即消极要件加以论述，特别是可以放在犯罪客体之下作为反面问题即消极要件加以讨论，因为正当行为对正当利益的说明包含着对有无罪过的说明。而既然可以将正当行为作为犯罪主观方面，特别是犯罪客体的反面问题即消极要件加以讨论，则作为积极要件的犯罪客体是不能被"开除"出去的。说到底，四要件犯罪构成中的相关要件可以其消极面容纳正当化事由，以解决批评者所批评的问题。进一步地，将正当化事由或排除犯罪性事由以消极要件安放到四要件犯罪构成中将使其更具立体性，因为在此构成中既有"正面"，也有"反面"。

通过对刑法学教科书体例安排即内容排序稍加对比便可发现，大陆法系三元递进式犯罪构成之所以没有四要件犯罪构成那样的"只有入罪而无出罪"的封闭性"病根"，是因为他们的教科书在讨论"违法性要件"过程中顺便就引入了正当化事由问题，以作为对"违法性要件"的反面论述。由此，四要件犯罪构成论难道不可以至少在"犯罪客体"要件的论述中而同样将正当化事由问题作为反面论述的内容吗？四要件犯罪构成的否定论者有一种人为的设定：人家三元递进式犯罪构成论即三元递进式犯罪构成中的"违法性"可有反面的内容即"合法性"，而我们的四要件犯罪构成中的"犯罪客体"不可有反面的内容即"正当化事由"。用"只许州官放火，不许百姓点灯"来比喻前述区别，是最形象不过的了。原来，三元递进式犯罪构成与四要件整合式犯罪构成"能"或"不能"容纳"正当化事由"，从而是否具有出罪功能，只是一场书本化的"文字游戏"而已。

（三）四要件犯罪构成具有体系严固性

大陆法系犯罪成立的三元递进式构成通常被国内学者认为是严密而牢固甚至"固若金汤"的。但是，从刑法理论的演变观察，违法性的评价已渐顾及行为人的主观面如主观的违法要素。反之，责任的评价亦渐有斟酌客观面的必要如期待可能性的客观情事。于是，外部侧面为违法而主观侧面为责任的犯罪构成，已日渐崩溃。目前，学界虽仍以"违法为客观，责任为主观"作为架构犯罪构成的思考标准，但其内涵已发生重大改变。违法虽为客观，但并非判断对象的客观，而系判断标准的客观，亦即违法性的评价，应以社会上一般人为标准予以判断；至其判断的对象，除外部情事外，行为人的内部心理亦包含在内。至于责任虽为主观，亦非判断对象的主观，而系判断标准的主观，亦即责任的评价应以行为人主观的个人情事为标准而为判断，并不以内心的状态为限〔1〕。可见，大陆法系犯罪成立的三元递进式构成并非不用考问，因为至少当违法性要件已是主客观相统一时，则有责性要件似无存在必要了。之所以如此，又是因为有责性要件本来就是担负着针对主观方面的价值判断，而当违法性要件已经是主客观相统一时，则针对主观方面的价值判断已经完成。此时，"构成要件该当性—违法性—有责性"的"三元递进式"体系的严密性与稳固性难道不存在问题？学者指出，有部分犯罪，行为人的主观意思对于行为违法性的判断，也会影响其有无及强弱。例如，目的犯、倾向犯及表现犯等主观意思，因其足以影响违法性的有无及强弱的判断，遂将其称为主观的违法要素〔2〕。由此，在三元递进式构成中作为在后要件的有责性会回过头来影响乃至决定作为在前要件的违法性，即有责性要件和违法性要件可以在三元递进式构成中互换位置，亦即"构成要件该当性—违法性—有责性"的三元递进式构成并非一以贯之而"固若金汤"。

另外，在三元递进式构成中，作为首要一环的构成要件该当性已经越来越被强调不仅仅是纯粹客观的记述性要件，而是同时包含了故意、过失、目的、倾向和心理过程等主观内容，甚至包含了规范的要素，因为构成要件毕竟是犯罪行为的类型化或定型。可见，构成要件该当性分别与违法性和有责性这后两个要件之间是否也存在着纠缠不清的重复或交合而非干脆利索的阶段递进。此时，可能会有人强调：构成要件中的主观内容是心理事实性的，而有责性中的主观内容是规范性的。但是，事实性和规范性只不过是从不同角度对同一存在的考察而已。于是，定罪过程就不再是我们以往所认为或想象的那样，即从互不勾连的这一个要件走向那一个要件，而是在"我中有你，你中有我"的共同推进中走向终点。相比之下，四要件犯罪构成似乎有着"眉毛胡子一把抓"的局促，但"眉毛胡子一把抓"可能正是定罪过程的真实写照。不论在中国还是其他国家的刑法规定中，"犯罪构成"都不是一个法律用语。其实，犯罪构成是刑法规定的犯罪成立必须具备的基本条件的理论形态，而犯罪构成理论是刑法学理论按照一定的体系对刑法规定的犯罪成立必须具备的基本条件进行系统归纳和分类的结果〔3〕。于是，在四要件犯罪构

---

〔1〕 贾宇主编：《刑事违法性理论研究》，北京大学出版社 2008 年版，第 90 页。
〔2〕 贾宇主编：《刑事违法性理论研究》，北京大学出版社 2008 年版，第 90~91 页。
〔3〕 陈忠林：《刑法散得集（Ⅱ）》，重庆大学出版社 2012 年版，第 128 页。

成之中，四要件相互渗透、相互包含且以犯罪主观方面为核心[1]，故该体系是讲究严密性的，且其严密性从根本上是来自主客观相结合中各要件之间的相互转化，正如在犯罪构成理论研究中，我们只有运用好辩证法才能够揭示出犯罪构成各个要件之间存在着的相互"转化"之关系，阐明各个要件"形式与内容"的关系和具体内涵[2]。显然，在三元递进式构成中，构成要件该当性与违法性之间无法相互"转化"，而违法性与有责性之间更无法相互"转化"。既然无法相互"转化"，则其严固性便存在问题。在此，本著要强调的是，就定罪过程而言，严密性先于所谓的阶段性，而严密性中自然隐含着阶段性。相比之下，当中国四要件犯罪构成被说成是"整合（耦合）"时，则其严密性和稳固性便未必低于三元递进式构成了。

对于大陆法系犯罪成立的三元递进式构成中的违法性要件，学者指出，仅仅从字面解读"违法性"，就会产生疑问：已经具备了该当性的行为必然具备违法性，何必单独列出使之成为犯罪构成体系的中坚，从而将违法性作为犯罪构成要件降低了违法性的地位[3]。这一疑问牵扯到三元递进式构成的体系性问题。学者指出，构成要件该当性在逻辑上是前置于形式的违法性的，正因为形式的违法性与构成要件该当性之间具有这种表里关系，形式的违法性就不是犯罪成立的一个独立条件。于是，作为犯罪成立条件之一的违法性是指实质的违法性[4]。按照学者的说法，在三元递进式构成中，作为首要一环的"构成要件该当性"表明形式违法性，而作为第二环的"违法性"即实质违法性，故从形式到实质，所谓"先入罪后出罪"，该构成似在人权保障上显示出体系严密。但问题是，由于构成要件是刑法规定的构成要件，故"构成要件该当性"所表明的当然是形式的刑事违法性。但是，作为第二环的"违法性"实际上是一般意义上的实质违法性，故在一般意义上将违法性分为形式和实质来剖解三元递进式构成表面上没有问题而实际上有问题，而这个问题就是三元递进式构成的严密性问题。当三元递进式构成中有些要件可以互换位置说明着该构成存在一定程度的混乱性，则违法性在对该构成的解释

---

〔1〕 陈忠林："论犯罪构成各要件的实质及辩证关系"，载陈兴良主编：《刑事法评论》（第6卷），中国政法大学出版社2000年版，第358~370页。

〔2〕 梁根林主编：《犯罪论体系》，北京大学出版社2007年版，第139页。

〔3〕 贾宇主编：《刑事违法性理论研究》，北京大学出版社2008年版，第138页。

〔4〕 贾宇主编：《刑事违法性理论研究》，北京大学出版社2008年版，第43~44页。

中违反"同一律"，则说明着该构成存在着一定程度的断层性，而此断层性在相当程度上说明三元递进式构成的严密性和稳固性可能并非相当一部分学者所宣扬的那样。

在犯罪成立的三元递进式构成中，构成要件该当性与违法性的关系存在着两者相互独立、前者是后者的认识根据和前者是后者的存在根据三种观点，且"存在根据说"被接受得较为普遍。这说明在该构成中，要件之间的关系早已有了争执，特别是当把构成要件该当性说成是违法性的存在根据，因为当构成要件该当性已经是违法性的存在根据时，则要违法性这一要件还有何意义？由此，结合前文已经分析的三元递进式构成的体系性问题，则该构成的体系性即严密性与稳固性问题难道不是越挑越多？相比之下，在犯罪成立的四要件整合式构成之中，至少各个要件之间不存在着三元递进式构成的那样的争执，而这在相当程度上"反证"了四要件整合式犯罪构成有着相当程度的严密性和稳固性。

对于犯罪构成的科学性问题，日本刑法学者大塚仁教授曾指出："必须根据其逻辑性和实用性对体系进行评价。犯罪论的体系应该是把握犯罪概念的无矛盾的逻辑，并且是在判断具体犯罪的成否上最合理的东西。"[1]以此观照，大陆法系三元递进式犯罪成立体系未必比四要件整合式犯罪成立体系更加科学，因为其深藏"内伤"。在四要件犯罪构成的严固性之下，行为之于犯罪构成该入的出不去，该出的进不去，故刑法的保护社会和保障人权功能得到了兼顾。

（四）四要件犯罪构成能够处理好其与违法性和社会危害性的关系

首先是四要件整合式犯罪构成与违法性的关系问题。学者指出："我国刑法学仿照苏俄刑法学，在犯罪概念中讨论刑事违法性，在犯罪构成要件中违法性是缺位的。在犯罪客体—犯罪客观方面—犯罪主体—犯罪主观方面形成的耦合式的犯罪构成体系中，并没有涉及违法性问题。在大陆法系犯罪构成中讨论的违法阻却事由是放在犯罪构成之外加以讨论的。"[2]没有将违法性作为一个独立要件放在犯罪构成之中，这是传统四要件犯罪构成即犯罪成立理论遭受的批驳之一。但问题是，传统四要件犯罪构成中到底有无违法性的地

---

〔1〕　[日]大塚仁：《刑法概论（总论）》，冯军译，中国人民大学出版社2003年版，第107页。

〔2〕　贾宇主编：《刑事违法性理论研究》，北京大学出版社2008年版，第54~55页。

位，或该如何体现违法性问题。在本著看来，在传统四要件犯罪构成中之所以没有违法性这一独立要件，是因为四要件的有机整体在说明着刑事违法性，即违法性问题已经被具体为刑事违法性而处在四要件的整体说明之中。将违法性问题作为犯罪成立要件的问题与将违法性作为犯罪成立要件整体说明的问题，是两个不同层次的问题，因为前者是在一般意义上讨论违法性，后者则是在特殊意义即犯罪成立意义上讨论违法性，且在一般意义上的违法性已经有了作为四要件之一的犯罪客体来作对应讨论。易言之，四要件犯罪构成已经通过其与刑事违法性的说明和被说明、体现和被体现的关系解答了其与违法性的关系问题。可见，违法性没有成为一个独立要件便难以再构成否定四要件犯罪构成的理由。

再就是四要件犯罪构成与社会危害性的关系问题。学者指出："在苏俄刑法学的犯罪构成体系中，在功能上类同于大陆法系犯罪构成中的实质违法性的社会危害性并没有作为犯罪构成要件加以确立，由此形成了犯罪概念与犯罪构成之间的一定程度的脱节。"[1]这是以社会危害性来纠问四要件犯罪构成。在本著看来，由于犯罪概念与犯罪构成之间存在着抽象与具体的关系，故作为犯罪概念内涵之一的社会危害性到了犯罪构成那里便"具象"为具体的犯罪构成要件，即如同刑事违法性，社会危害性所得到的是犯罪构成要件的整体说明。社会危害性在犯罪概念中作为一个独立的内涵存在而没有在犯罪构成中作为一个独立的要件存在，这正是犯罪概念与犯罪构成之间抽象与具体关系所决定的，其所体现的不是所谓"脱节"而是一种"紧密"。学者指出，在大陆法系刑法学中，对于构成要件与合法化事由的关系，是采用"规则—例外"关系加以说明的。但在苏俄和我国刑法学中，排除社会危害性是在犯罪构成体系之外进行判断的，它虽然也是一种例外，却会使犯罪构成形式化，引发社会危害性与犯罪构成之间的紧张[2]。另有学者指出，构成要件的判断是形式违法性的判断，是将不符合刑法规定的行为首先排除在调控范围之外（法无明文不为罪）以实现罪刑法定主义的要求，达到一般公正的诉求；而违法性阶层的判断是实质违法性的判断，它解决的是具有了形式违法性但不具有实质违法性的行为的出罪问题，由此实现了个别公正。而将违

---

〔1〕 贾宇主编：《刑事违法性理论研究》，北京大学出版社 2008 年版，第 55 页。
〔2〕 贾宇主编：《刑事违法性理论研究》，北京大学出版社 2008 年版，第 58 页。

法性阶层作为成立犯罪的一个要件和环节，也解决了在现有的四要件模式之下符合了犯罪构成、满足了成立犯罪的终局标准但却因为不具有社会危害性（=实质违法性）的行为的出罪解释问题[1]。前述论断显然是将四要件犯罪构成形式化而造成在四要件犯罪构成之外讨论社会危害性，从而社会危害性与犯罪构成即犯罪成立体系之间的紧张便被"引发"了，正如将社会危害性视为一种实质判断，这种实质判断就是自外于犯罪构成的"。而将社会危害性这种实质判断放在犯罪构成之外，就会使犯罪构成形式化，从而出现二元的犯罪判断标准的冲突，这一冲突的根源盖源自犯罪混合概念本身形式特征与实质特征的分立[2]。但实际上，当把社会危害性即"应受刑罚惩罚的社会危害性"看成是四要件的"殊途同归"即四要件的整体说明，则所谓社会危害性与四要件的犯罪构成即四要件犯罪成立体系之间的"紧张"便是不存在的。

说明和被说明的关系不仅消解了四要件犯罪成立体系与社会危害性之间的所谓"紧张关系"，而且此两者之间的说明和被说明的关系包含着前者对后者有着质与量两个方面的说明。学者指出，刑法中的犯罪是立法者对诸多具有社会危害性的行为中有严重社会危害性的行为犯罪化的结果。在某一行为犯罪化后，该行为的社会危害性程度已经在刑法中被量化了，即犯罪的社会危害性是有量化标准的社会危害性，达不到量化标准的有社会危害性行为，不可能构成犯罪[3]。其实，"应受刑罚处罚性"不仅是对社会危害性"量"的要求，更是对社会危害性"质"的要求。易言之，我们可把"应受刑罚处罚性"看成是对社会危害性的一种说明。由于"应受刑罚处罚性"是靠四要件全方位说明的，故四要件犯罪成立体系便通过"应受刑罚处罚性"而与社会危害性之间形成了说明和被说明的关系，或曰社会危害性最终是靠四要件犯罪成立体系来说明的。在四要件犯罪成立体系与社会危害性之间这种说明和被说明的关系之中，四要件犯罪成立体系同样具有出罪机能，因为作为说明物的社会危害性本身具有超规范性而为行为的非犯罪化提供了超规范空间，正如俄罗斯刑法所确立的犯罪构成四要件体系同样具有超规范判断机制存在的空间。在法律上，《俄罗斯联邦刑事法典》第 14 条犯罪的法律概念从社会

---

〔1〕 贾宇主编：《刑事违法性理论研究》，北京大学出版社 2008 年版，第 189～190 页。

〔2〕 梁根林主编：《犯罪论体系》，北京大学出版社 2007 年版，第 43～44 页。

〔3〕 贾宇主编：《刑事违法性理论研究》，北京大学出版社 2008 年版，第 222 页。

危害性角度对值得刑罚处罚的行为的根本特点作了实质化的规定。在犯罪构成上，犯罪是符合犯罪构成四要件的行为，犯罪构成是体现行为社会危害性的行为构成，而社会危害性被公认为行为的社会属性，而非规范属性，这就为行为的非犯罪性判断提供了超规范的空间，这种超规范判断典型地体现在对情节轻微行为的非犯罪化上[1]。由此，作为被四要件整体说明的社会危害性的超规范性催生了四要件犯罪成立体系对人权保障的开放性。可见，中国以往的刑法学理论对排除社会危害性理论的安排不妥应予调整，而不是用理论上的错误安排所产生的"紧张关系"来否定四要件犯罪构成本身。

总之，以其中没有违法性这一独立要件和没有社会危害性这一独立要件或社会危害性在犯罪成立体系之外，来指责犯罪成立的传统四要件论，是没有充足说服力的。由此，不善于处理概念间的相互关系而容易否定存在一定关系的概念本身，便是中国刑法理论的一个"躁急"表现。

（五）四要件犯罪构成切合定罪过程

"以事实为根据，以法律为准绳"是一项普遍的司法原则。该项司法原则意味着任何一种性质的司法裁判，无论是民事裁判，还是行政裁判，抑或刑事裁判，都是事实判断与价值判断的结合。作为刑事裁判的一项具体内容，定罪也是事实判断与价值判断的结合，即"以犯罪事实为根据，以刑事法律为准绳"。但是，四要件犯罪构成正是因其将事实判断和价值判断融为一体来解决定罪问题，才遭到欢呼三元递进式体系的学者们的诟病。而这些学者们之所以无法接受或容忍四要件犯罪构成对事实判断和价值判断的融合，又是因为他们将犯罪成立问题看成是纯粹规范学的问题，而三元递进式体系才是符合纯粹规范学要求的。犯罪认定的问题本原是怎样的呢？

三元递进式构成又何尝不是在事实判断的基础上进一步进行价值判断来完成定罪问题呢？正如对于构成要件符合性的判断是一种事实判断[2]，或从一定顺序上看，主观要件和客观要件都属于事实判断，只要是事实符合了实定法上的构成要件，我们就完成了第一层次的判断[3]。这就说明犯罪成立的认定首先起步于事实判断。还有学者就"阻却构成要件的同意"问题所持的

〔1〕梁根林主编：《犯罪论体系》，北京大学出版社2007年版，第261页。

〔2〕贾宇主编：《刑事违法性理论研究》，北京大学出版社2008年版，第244～248页。

〔3〕贾宇主编：《刑事违法性理论研究》，北京大学出版社2008年版，第459页。

看法也进一步说明了犯罪成立的认定首先起步于事实判断，即只要同意人对此类犯罪（侵入住宅、强制性交等）的同意有事实上之认识或了解即可，则构成要件该当与否之问题仍为事实上之问题，并未进入违法性评价〔1〕。可见，犯罪认定并非纯而又纯的规范判断。学者指出，刑事违法性的问题说到底是与存在主义和规范主义的思维方式密切相关的〔2〕。在本著看来，犯罪构成问题说到底也是与存在主义和规范主义密切相关的，因为犯罪构成问题只不过是刑事违法性问题的一种体现而已。三元递进式体系先有事实判断，后有价值判断，是存在主义与规范主义的二元并存，而四要件整合式体系更是如此，正如我国犯罪构成是事实判断与价值评价的合取。然而，细细分析起来，每个构成要件的分析，事实上还是沿着从事实判断到价值判断的进路进行，只不过事实与价值、事实判断与价值判断的界限不是那么分明而已〔3〕。另有学者指出，德日体系中其违法性、责任性虽是在构成要件之外，这是其坚持构成要件是客观、中性、记述的必然结果。而当把三阶段也看成是一个犯罪构成，则这种体系也同我国一样是将价值判断作为事实评价的一部分的〔4〕。看来，中外犯罪成立体系都是事实判断和价值判断的结合是难以否认的，但将价值判断包含到事实判断之中可能错乱了这两种判断的应有关系，即事实判断先于价值判断而构成后者的基础。

学者指出，大陆法系递进式犯罪成立条件理论具有层次性、立体性，通过构成要件该当性、违法性、有责性三个层次的判断，将事实判断和价值判断、形式判断和实质判断分开进行，层层分析、层层排除，最终达到对犯罪的认定。该理论既体现了罪刑法定原则的要求，实现了保障人权的目的，又恰当、准确地反映了认定犯罪的思维过程。而我国耦合的犯罪构成理论则有平面化的特点，四个要件之间既具有密切的联系，缺少其中一个则另一个就不能存在，而且事实判断和价值判断、形式判断和实质判断是一次完成的，从而限制了犯罪成立条件理论人权保障功能的发挥〔5〕。其实，对照着大陆法系犯罪成立的三元递进式体系说传统四要件整合式体系将事实判断和价值判

〔1〕 贾宇主编：《刑事违法性理论研究》，北京大学出版社2008年版，第332页。
〔2〕 许玉秀：《当代刑法思潮》，中国民主法制出版社2005年版，第8~28页。
〔3〕 曾粤兴：《刑法学方法的一般理论》，人民出版社2005年版，第351页。
〔4〕 文海林：《刑法科学主义初论》，法律出版社2006年版，第512页。
〔5〕 梁根林主编：《犯罪论体系》，北京大学出版社2007年版，第61~62页。

断、形式判断和实质判断"一次完成"并不客观或言过其实，因为按照人类的思维规律，在"一次"之中人们只能对事物进行或完成一个判断，而既然说四要件犯罪构成既有事实判断，又有价值判断，既有形式判断，又有实质判断，则怎么会是"一次"进行或完成呢？事实上，说四要件犯罪构成将事实判断和价值判断、形式判断和实质判断"一次完成"，是困惑于该体系中的四要件排序不明。

言四要件犯罪构成切合着定罪过程，不仅是因为其将事实判断和价值判断融为一体本身就是对刑事司法规律的反映，而且因其所反映的定罪过程事实上也存在着位阶性。学者指出，我国刑法的犯罪构成体系具有平面性，各个构成要件之间具有依存性，故其只有排列上的顺序性而不存在逻辑上的位阶性。但大陆法系的犯罪构成体系，各个构成要件之间存在位阶关系：构成要件该当性是第一要件。在具备形式违法性的基础上，再进行实质违法的判断，且认定违法阻却事由。如果行为具备实质违法性，则进一步对责任要件加以认定[1]。其实，当说四要件犯罪构成具有顺序性，便等于承认其也具有所谓位阶性，只不过其位阶性有别于三元递进式体系的位阶性罢了。至于"我国的犯罪构成模式急切需要立体思维方法作为指导"[2]，当用"整合"一词来描述传统四要件犯罪构成，则等于已经肯定其具有立体性，但其立体性被对三元递进式体系的过度推崇不公平地遮蔽了。

在四要件犯罪构成的定罪过程问题上，本著作者曾经有过偏激的说法，即"由于主客观相统一原则本身是一个科学的原则，故以此原则为认识论基础的'四大要件同时具备而犯罪即告成立'的论断也就被长期普遍接受。此'同时具备'就是主观要件和客观要件的'同时具备'，就是在人们的认识活动的一瞬要把主观因素和客观因素'同时'作为认识对象。正是此'同时具备'把犯罪成立认定由一个过程压缩成一个点，因为'同时具备'喝令四大要件争先恐后，蜂拥而至。而在这个点上，构成犯罪的客观因素和主观因素就像用事先搅匀了鸡蛋的面浆摊煎饼那样，分不清哪是面粉，哪是蛋清和蛋黄。于是，犯罪的成立体系不再是个立体而是个受到超强度挤压的薄片，而

---

〔1〕　梁根林主编：《犯罪论体系》，北京大学出版社 2007 年版，第 47 页。

〔2〕　梁根林主编：《犯罪论体系》，北京大学出版社 2007 年版，第 225～226 页。

挤压所凭借的正是主客观相统一原则。"[1]本著作者起初的看法是，在该构成之中的定罪不存在"过程性"。其实，如果是把"同时具备"表述为"先后具备"，则该体系之下的定罪也必然是一个逐步递进的过程。对于四要件犯罪构成的定罪过程，本著作者还曾经另有说法，即"从我们的犯罪构成的理论建构上，四大要件的'同时具备'确实在理论说法上意味着四大要件的'一损俱损'……'一损俱损'在理论上做起来不费吹灰之力，而在实践上却恰恰相反，因为任何一个办案者都不愿半途而废：找到了第一要件，就想找到第二要件；找到了第二要件，就想找到第三要件；找到了第三要件，当然就要'眼红'第四个要件。除了司法审判环节的无罪当作有罪是这种'模糊规则'的恶果，就连侦查环节的刑讯逼供也常常是该'模糊规则'的产物，即犯罪构成理论在实践中催生的'模糊规则'是刑讯逼供的实体根源，而这是研究刑讯逼供的人尚未注意的。犯罪构成理论在实践中催生的'模糊规则'酿成了多少冤假错案！"[2]其实，办案人员由第一个要件向第四个要件一路找过去，正说明该体系是在"向前推进"中认定犯罪的。而即便是存在着定罪的"眼红"，则其在大陆法系三元递进式体系中同样存在或更加存在，因为在"构成要件该当性—违法性—有责性"的体系中，构成要件该当性本来就是作为违法类型而存在的，而违法性在多数情况下免不了有责性。

四要件犯罪构成的前述可取性，即四要件犯罪构成同样具有出罪功能、四要件犯罪构成可以吸纳"正当化事由"抑或"非罪化事由"、四要件犯罪构成具有体系严固性、四要件犯罪构成能够处理好其与违法性和社会危害性的关系和四要件犯罪构成切合着定罪过程，是存在着一定程度的递进关系的。具言之，之所以四要件犯罪构成同样具有出罪功能，是因为四要件犯罪构成可以吸纳"正当化事由"；之所以四要件犯罪构成具有体系严固性，不仅是由四要件的相互关系所决定的，而且也得到了其能处理好与违法性和社会危害性关系的进一步说明。而四要件犯罪构成切合着定罪过程，又使得对四要件犯罪构成可取性的论证完成了"从逻辑到实践"。

---

[1]　梁根林主编：《犯罪论体系》，北京大学出版社 2007 年版，第 271 页。

[2]　梁根林主编：《犯罪论体系》，北京大学出版社 2007 年版，第 271~272 页。

第五节　对四要件犯罪构成的内序确定与核心重申

在肯定四要件整合式犯罪构成的可取性之后，便是对此犯罪构成的内序确定与核心重申。

一、四要件犯罪构成的内序确定

学者指出，现有犯罪构成要件的排列并不是没有任何逻辑导向和主观意图的。先考虑客观要件、后考虑主观要件，或者将犯罪主体作为犯罪构成的第一要件而将犯罪客体作为犯罪构成的最后要件的排列顺序，看似信手拈来，但每一种排列顺序都体现了论者的良苦用心[1]。这里，"良苦用心"意味着四要件犯罪构成的内部排序问题本身至少是被掂量的。

（一）四要件犯罪构成内部排序的争执

以往的中国刑法理论确实不太考究四要件犯罪构成的内部排序即犯罪成立要件的排序问题，但并非未加注意。如今，四要件犯罪构成即犯罪成立要件的排序问题确实需要理论上给出一个明确而合理的说法，因为司法实践中对犯罪成立要件的运用还是要讲先后之分的，而该犯罪构成应在司法实践中得到自觉的运用。于是，四要件犯罪构成的内部排序问题在理论上就变得重要起来。

学者指出，我国一元化、封闭式的犯罪构成理论至少具有以下特征：①犯罪构成是主观要件与客观要件的统一；②犯罪构成是事实评价与规范评价的统一；③犯罪构成是形式违法性与实质违法性的统一；④犯罪构成是刑事违法性与社会危害性的统一；⑤犯罪构成是客观危害与个人责任的统一。看来，犯罪构成的功能实在太多了，所以需要剥离构成要件的功能而将其纯粹化、事实化，这样在事实之外再进行违法性判断和价值判断[2]。中国传统的犯罪构成理论即四要件犯罪构成之所以被说成存在那么多的"统一"，显然是与该体系未注重要件排序直接相关，即四要件犯罪构成的"不足"可集中体现为该构成没有"递进性"。另有学者指出，我国四要件犯罪构成理论和大陆法系三元递进式犯罪构成理论要评价一个行为是不是犯罪，就好像是两个做饭的

---

〔1〕　黎宏："我国犯罪构成体系不必重构"，载《法学研究》2006年第1期，第35页。

〔2〕　贾宇主编：《刑事违法性理论研究》，北京大学出版社2008年版，第453页。

人要炒一锅回锅肉：把猪肉、蒜苗、油、味精同时放在一起，炒出来的是一种味道；而先后将猪肉、蒜苗、油、味精等放进去，炒出来的则是另一种味道〔1〕。看来，四要件犯罪构成的内部顺序问题是无法回避的。

四要件犯罪构成该如何进行内部排序呢？对来自苏联的中国传统四要件犯罪构成，曾有如下排序：犯罪主体—犯罪主观方面—犯罪客观方面—犯罪客体。这一体系的最精练解释是，犯罪人在罪过的支配下实施了一定的行为甚或造成了一定的危害结果，以最终侵害了一定的客体。显然，这一排序在逻辑上挑不出什么问题，但这是一个"发生学"或"事实学"的排序，其符合犯罪发生的规律，但不符合司法定罪的规律，因为其想一下子就揪住犯罪人或罪犯，即有先入为主亦即"由人到事"之嫌。学者指出，不管是三元递进式理论还是四要件理论，抑或英美法系的双层次理论，那些判断犯罪的要素并无差异，即故意、违法、责任、主体这些都是要的，但关键是这些要素如何排列，这完全是个逻辑问题〔2〕。由此，决定四要件犯罪构成排序的逻辑是怎样的呢？

学者提出，四要件的排列顺序应当是客观要件、主观要件、客体、主体。客体评价的价值取向是出罪功能，相当于违法性判断，主体判断旨在进行有责性判断〔3〕。而若以行为自身形成过程和发展规律为依据，则四要件的犯罪构成应排列为"犯罪主体要件—犯罪主观要件—犯罪客观要件—犯罪客体要件"；而若以犯罪的认定和处理过程为依据，则其应排列为"犯罪客观要件—犯罪主体要件—犯罪主观要件—犯罪客体要件"。此两种排列分别从不同角度、不同侧面揭示了犯罪成立四要件之间的逻辑顺序，两者并行不悖，且不可相互取代〔4〕。另有学者赞同以犯罪的认定和处理为依据的犯罪构成排序，即在传统的犯罪构成模式内，司法刑法学应当采取"犯罪客观方面—犯罪主体—犯罪主观方面—犯罪客体"的逻辑体系，因为这种犯罪构成模式试图回答下述在刑事司法中具有普遍意义与内在逻辑的四个问题，即发生了什么，是谁所为，因何而为，危害何在。这种逻辑体系与认定犯罪的传统实践具有更高的契合性〔5〕。还有学者指出，规范学决定了不一定按行为路线来研究行

---

〔1〕 贾宇主编：《刑事违法性理论研究》，北京大学出版社 2008 年版，第 458 页。

〔2〕 贾宇主编：《刑事违法性理论研究》，北京大学出版社 2008 年版，第 458 页。

〔3〕 贾宇主编：《刑事违法性理论研究》，北京大学出版社 2008 年版，第 458 页。

〔4〕 赵秉志："论犯罪构成要件的逻辑顺序"，载《政法论坛》2003 年第 6 期，第 21 页。

〔5〕 梁根林主编：《犯罪论体系》，北京大学出版社 2007 年版，第 221 页。

为，而是按照适用规范的需要来研究行为；适用规范是一个从客观到主观的过程，故刑法学应当按照从客观到主观的顺序来安排犯罪构成体系[1]。可见，前述主张都是立于某一方面或某一角度来讨论犯罪构成的"内序"问题。但陈忠林教授主张，对于犯罪构成，应"根据犯罪行为的发生机制和实践认定犯罪的逻辑，重新安排认定犯罪的逻辑顺序"[2]，即糅合不同方面或角度来安排犯罪构成的"内序"。

（二）四要件犯罪构成内部排序的本著见解

陈忠林教授指出，只要坚持现有犯罪构成理论本身的逻辑顺序，任何犯罪构成理论都不可能指导司法实践认定案件事实[3]。其言"任何犯罪构成理论"应是指已有的犯罪构成理论。在本著看来，学者将立于两个不同的角度对四要件犯罪构成所作的两种不同排序，即"犯罪主体要件—犯罪主观要件—犯罪客观要件—犯罪客体要件"和"犯罪客观要件—犯罪主体要件—犯罪主观要件—犯罪客体要件"予以并行，其存在问题较为明显：一是因为既然这两种排序存在着差别，则对于犯罪成立的认定就只能择用其中一种。因此，两种排序"并行不悖且不可相互取代"终究给人以模棱两可，无所适从之感；二是因为将对犯罪成立的认定过程与犯罪的实际发生过程对立起来多少有点违背主观见之于客观的认识论规律。易言之，陈忠林教授将"犯罪行为的发生机制和实践中认定犯罪的逻辑"结合起来确定犯罪构成"内序"的主张是值得重视的。在此，本著不仅认同陈忠林教授的主张，而且在其基础上提出：确定犯罪构成的排序还应考虑司法效率性，即将司法效率性作为衡量犯罪构成科学性的一个标准。当然，这里所说的司法效率性包括或首先突出出罪的司法效率性。如此，则四要件犯罪构成内在排序应是犯罪主体—犯罪客体—犯罪客观方面—犯罪主观方面。对此排序，本著作如下交代：由于犯罪是行为人作用于社会的一种活动，故"犯罪主体—犯罪客体"契合着犯罪的发生过程即犯罪的发生机制；由于不具有犯罪主体要件而无需再进行犯罪客体以后各要件的判断，或虽具有犯罪主体要件，但无犯罪客体要件而无需犯罪客观方面要件以后各要件的判断，故"犯罪主体—犯罪客体"在契合

---

[1] 刘志远：《二重性视角下的刑法规范》，中国方正出版社 2003 年版，第 111 页。

[2] 梁根林主编：《犯罪论体系》，北京大学出版社 2007 年版，第 190 页。

[3] 陈忠林：《刑法散得集（Ⅱ）》，重庆大学出版社 2012 年版，第 133 页。

着犯罪发生过程或犯罪发生机制的同时还具有司法出罪的高效率性。对照之下，大陆法系三阶层体系便显现出低效性，因为在其"有责性"环节，当以行为人不具刑事责任能力即无犯罪主体资格而最终作无罪认定时，则在其前两个环节所作的"构成要件该当性"和"违法性"的识别工作将白白浪费；由于犯罪客体总是可以展现一定的行为表现和行为过程，又由于犯罪主观方面是发生在过去的无声无形的心理活动而对其考察认定主要借助犯罪实施的客观表现这扇"窗口"，故"犯罪客体—犯罪客观方面—犯罪主观方面"契合着犯罪成立的认定逻辑或认定规律。由此，本著对四要件犯罪构成的要件排序体现了犯罪的发生过程或发生机制、犯罪成立认定的实践逻辑和犯罪认定包括司法出罪的效率性融为一体。需要强调的是，在本著的排序中，犯罪主观要件仍然体现着"其他犯罪构成要件的集中体现"与"核心要件"的犯罪构成地位。

陈忠林教授指出，如果指导司法实践认定犯罪的犯罪构成理论存在缺陷，必然会对认定犯罪产生负面影响，从而对公民的基本人权构成威胁。因此，如何在保留现有合理因素的基础上扬弃现行犯罪构成理论的缺陷，不仅始终是各国刑法理论面临的重大课题，也是促使各国犯罪构成理论始终处于不断发展、改造、重构过程中的动因[1]。对四要件犯罪构成的内部重新排序体现了对犯罪构成的"螺旋上升式"学术思维。而在本著的排序之下，通过将正当化事由甚或非罪化事由、期待可能性等特殊问题合乎逻辑地"分门别类"，则四要件犯罪构成将日渐丰满起来，而此日渐丰满正是四要件犯罪构成论的发展、改造和重构。需要强调的是，四要件犯罪构成是可以进行内部的重新排序或调序的，即其内部的重新排序或调序不影响其自身的完整性，甚至能够强化其自身的完整性，但三元递进式犯罪构成不能进行内部的重新排序或调序，因为其内部的重新排序或调序可能会导致其本身的瓦解或颠覆。

二、四要件犯罪构成的核心重申

当如陈忠林教授指出，在四要件犯罪构成中，四要件相互渗透、相互包含且以犯罪主观方面为核心[2]，则该构成是讲究"严密性"的，且其"严

---

〔1〕 陈忠林：《刑法散得集（Ⅱ）》，重庆大学出版社 2012 年版，第 129 页。

〔2〕 陈忠林："论犯罪构成各要件的实质及辩证关系"，载陈兴良主编：《刑事法评论》（第 6 卷），中国政法大学出版社 2000 年版，第 358～370 页。

密性"从根本上来自主客观相统一之中各要件的相互转化。

陈忠林教授指出:"在犯罪构成理论研究中,我们只有运用好辩证法才能够揭示出犯罪构成各个要件之间存在着的相互'转化'之关系,阐明各个要件'形式与内容'上的关系和具体内涵。"[1]由此,我们所能得到的启示如下:首先,四要件犯罪构成中的犯罪主体与犯罪客体本是主客体的关系,而这一关系具有对立统一性,且此对立统一关系可描述为"主体客体化"和"客体主体化"。显然,"主体客体化"或"客体主体化"就是一个相互转化的过程。其次,四要件犯罪构成中的犯罪主体与犯罪主观方面是"衍生"与"被衍生"的关系,即犯罪主体"衍生"出犯罪主观方面。再次,犯罪主观方面与犯罪客观方面也构成了"衍生"与"被衍生"的关系,即犯罪主观方面"衍生"出犯罪客观方面。最后,犯罪主体、犯罪主观方面和犯罪客观方面共同"衍生"出犯罪客体。显然,从犯罪主体到犯罪主观方面再到犯罪客观方面最终到犯罪客体,这又是一个连环性的"转化过程";而若倒过来看,这一连环性的"转化过程"又是一个连环性的"展现过程"和"证明过程"。于是,四要件犯罪构成的内在体系性便得到了各要件之间"动态转化"和犯罪主体与犯罪客体这两极之间"对立统一"的完整的结构性说明,而相较于以往的所谓"主客观相统一",这一说明堪称对四要件犯罪构成更加深刻的说明。

继以两极之间"对立统一"和从前至后"动态转化"所予以的内在体系性和结构性的说明,四要件犯罪构成的核心要件问题便自然引申出来,正如陈忠林教授指出,犯罪主观要件是犯罪构成要件的集中体现:①犯罪主观要件是唯一直接包含了全部构成要件的构成要件;②犯罪主观要件对于行为其他方面的特征成为犯罪构成要件有着决定作用,包括决定客观要件存在的范围、决定行为的客观性质和决定客体要件的成立;③司法实践中认定犯罪的过程实际上就是查明犯罪主观要件内容的过程[2]。这里,"包含"和"决定"隐含着犯罪主观要件是在与其他犯罪构成要件的关系中显现其犯罪构成"核心要件"的地位的,此又如陈忠林教授指出,说明犯罪构成的主观要件包括行为人对于自己行为的认识状态和控制状态两个方面的内容,也就揭示了

---

[1] 梁根林主编:《犯罪论体系》,北京大学出版社 2007 年版,第 192 页。

[2] 陈忠林:《刑法散得集》,法律出版社 2003 年版,第 271~274 页。

犯罪构成的主观要件和其他要件之间的内在联系：①犯罪行为中所包含的行为人的认识状态和控制状态是犯罪主体实施犯罪行为时对于自己行为的认识能力和控制能力的运用状况，或是体现在犯罪行为中的犯罪主体的认识能力和控制能力，故犯罪构成的主观要件是主体要件的具体化。没有犯罪构成的主体要件，就没有犯罪构成的主观要件。没有犯罪构成的主观要件所包含的具体内容，行为人对于自己行为的认识能力和控制能力也不能成为犯罪构成的主体要件，即没有犯罪构成的主观要件，就没有犯罪构成的主体要件。②犯罪构成的主观要件要以犯罪对象的特征、犯罪方法手段为自己的认识内容和控制对象，故犯罪构成的主观要件不能脱离犯罪构成的客体要件和客观方面要件而存在。③由于犯罪构成的主观要件以一定的对象特征和行为的客观属性为自己的认识内容和控制内容，故每一犯罪构成都不可能有内容与其他犯罪构成完全相同的主观要件[1]。这里，虽然"犯罪构成的主观要件不能脱离犯罪构成的客体要件和客观方面要件而存在"，但犯罪构成的客体要件和客观方面要件又是继主观要件对主体要件的"现实化"而对主观要件的"现实化"。当客体要件和客观方面要件对主观要件的"现实化"意味着主观要件对客体要件和客观方面要件的决定作用，则主观要件便在犯罪构成中显现出一种"承上启下"的作用，而此"承上启下"的作用便烘托出主观要件在犯罪构成中的"核心要件"地位。由此，我们可对犯罪主观要件在四要件犯罪构成中的地位予以一番形象描述：犯罪主观要件是四要件犯罪构成的"渊薮"，犯罪主观要件是四要件犯罪构成的"主宰"。由于不具备相应的犯罪主体资格，单纯的心理事实便不是规范意义上的罪过，即难以成为犯罪主观要件，而犯罪客观方面和犯罪客体又是在前后相继中构成了对犯罪主观要件的"展现"和"说明"，故犯罪主观要件又是四要件犯罪构成中能够得到"最集中说明"的要件。而此"最集中说明性要件"即"决定性要件"，与"渊薮"和"主宰"表达着相同的主旨即"词异而义同"。对四要件犯罪构成核心要件的问题讨论与结论得出，是对其内在体系性和结构性的进一步深化，而这一深化更使得以往对四要件犯罪构成予以"主客观相统一"的描述显得"浅薄"。

　　陈忠林教授指出，由于人们思维规律的一致性，面对各国刑法关于犯罪

---

〔1〕　陈忠林：《刑法散得集》，法律出版社 2003 年版，第 260~261 页。

成立必要条件基本相同的规定，各国犯罪构成理论对这些条件也作了大致相同的归纳和分类。尽管在不同的理论体系中，这些分类有不同的名称，但这些貌似不同的称谓却包含着大致相同的基本内容。例如，三元递进式犯罪构成理论中的"构成要件"，其最初的含义是构成犯罪行为的纯客观事实，这显然是一个与四要件理论中的"犯罪客观方面"可以相互替代的范畴；又如，三元递进式犯罪构成理论中的"违法性"，其以形式上"与法律的矛盾"或"与整体的法秩序相对立"而实质上以"侵犯合法利益"为内容，故其与我国刑法理论中的"犯罪客体"也无实质差别；再如，三元递进式犯罪构成理论中的"责任要件"或"有责性"包含责任前提和责任条件两大内容，其与我国刑法理论中的"犯罪主观方面"具有基本相同的内涵[1]。于是，在内序确定和核心重申之后，又正如陈忠林教授指出的，我国刑法理论界通行的四要件体系也包含了刑法关于犯罪成立必须具备的全部条件，这个理论体系同样也能从逻辑上非常清楚、充分地说明符合该体系构成条件的行为构成犯罪的理由。而运用该体系认定犯罪是任何一个具有中国刑法基本知识的人都可以完成的工作[2]。可见，四要件犯罪构成的内序确定与核心明确问题，不仅是四要件犯罪构成论本身的问题，而且也是直接事关定罪的司法实践问题。

本章小结

犯罪构成的外在关系即犯罪构成与其他相关问题的关系，而对犯罪构成外在关系的客观考察与描述直接有助于我们对犯罪构成本身的理解和把握。犯罪构成的外在关系包括犯罪构成与犯罪概念的关系、犯罪构成与刑法典的关系和犯罪构成与犯罪形态的关系。在犯罪构成与犯罪概念的关系上，刑法立法中可见"迹象"，即犯罪构成与犯罪概念的关系可从刑法立法上得到形式层面的体现，或是实质层面的体现，或是形式与实质相结合层面的体现。而在刑法理论维度上，犯罪构成与犯罪概念的关系是"具体"与"被具体""展开"与"被展开"，从而是"具体"与"抽象"的关系，且犯罪概念可视为犯罪构成的"先导"，而犯罪构成是犯罪概念的"延伸"。犯罪构成与犯罪

[1]　陈忠林：《刑法散得集（Ⅱ）》，重庆大学出版社 2012 年版，第 132~133 页。
[2]　陈忠林：《刑法散得集（Ⅱ）》，重庆大学出版社 2012 年版，第 132 页。

概念的关系讨论是刑法学理论"关系式研究"的一个具体尝试，且其能够助益定罪实践。在犯罪构成与刑法典的关系上，犯罪构成是刑法典内容的"理论整合"，而刑法典内容则是犯罪构成的"实践素材"。进一步地，犯罪构成与刑法典的关系直接体现犯罪构成的罪刑法定之"原则深度"，即"罪之法定深度。在犯罪构成与犯罪形态的关系上，应先澄清所谓"修正的犯罪构成"，即无论是未完成犯罪形态，还是共犯形态，都对应着完整的犯罪构成，故"修正的犯罪构成"是一个似是而非的概念，即犯罪构成本身就是"完整"而无需"修正"的。以前述澄清为基础，犯罪构成与犯罪形态的关系可作出如下描述：犯罪构成问题先于犯罪形态问题；犯罪构成是犯罪形态的"筋骨"，犯罪形态是犯罪构成的"载体"。

在恰当把握犯罪构成外在关系的基础上，四要件犯罪构成问题需要重新审视。客观公允地对待四要件犯罪构成须先克制两种"成见"：一是大陆法系三元递进式犯罪论体系是犯罪成立的"最优体系"；二是四要件整合式犯罪构成是带有"专政意识"的犯罪成立体系。接下来，我们还应消除因"基本逻辑错误""基本立场错误"和"基本前提错误"而对犯罪构成所形成的新的疑虑，且应赋予犯罪构成以"司法学顺序性"或"方法论顺序性"。进一步地，四要件犯罪构成的出罪功能、对正当化事由的吸纳性、其自身的严固性及其对定罪过程的切合性，都应得到肯定。再进一步地，当把认定犯罪的方法逻辑和司法效率结合起来，则四要件犯罪构成的"内序"应确定为"犯罪主体—犯罪客体—犯罪客观方面—犯罪主观方面"。最终，四要件犯罪构成应重申的"核心要件"，当然是"犯罪主观方面（要件）"。而这是由"犯罪主观方面（要件）"与其他犯罪构成要件的相互关系所决定的。

第四章

犯罪主体与犯罪客体

第一节　犯罪主体的必要性

犯罪主体是否犯罪构成的必备要件所涉及的是犯罪主体构成要件的地位即其必要性问题，而此问题可谓由来已久且未达成共识。

一、犯罪主体构成要件地位的异议与回应

对犯罪主体构成要件地位的再肯定，意味着要耐心听清异议之声，并给予一番有力回应。

（一）犯罪主体构成要件地位的异议

学者指出，犯罪主体是否为犯罪构成的必备要件，这个问题在苏联和我国均存在着争论。认为犯罪主体不是犯罪构成要件的理由是：判断一个人的行为是否构成犯罪，决定性的因素是行为而非犯罪主体本身。这一观点的理论依据是马克思所说的"对于法律来说，除了我的行为以外，我是根本不存在的，我根本不是法律的对象"。其法律依据是我国《刑法》第13条对犯罪所下的定义。按照这一定义，犯罪的本质特征即社会危害性，是通过行为而非犯罪主体自身表现出来的。此外，还有学者从其他角度论证、支持上述观点：①犯罪是一种危害社会的行为。犯罪构成就是那些能把犯罪行为与其他行为区别开来的事实特征的总和，其所要研究的是行为，所要解决的问题是某行为是否具有社会危害性并达到应受刑罚处罚的程度。犯罪主体并不反映某人所实施的行为的性质，主体条件甚至与行为的危害社会性质没有直接联系。犯罪主体应当在犯罪构成确立之后才能认定，故犯罪主体实际上应当是"人（具有刑事责任能力）+犯罪行为"，即犯罪主体就是罪犯。②在刑事法

律关系中，犯罪行为是产生刑事法律关系的依据，犯罪主体应当是担负刑事责任的犯罪人。而某人是否要担负刑事责任，从根本上要看他是否实施了符合犯罪构成的行为。③罪过的成立必须以行为人具有刑事责任能力为前提条件，没有犯罪主体条件也就不可能具备犯罪构成主观方面的要件。但更为重要的是，犯罪构成主观方面一旦成立，犯罪主体必定成立，亦即犯罪主体这一要件被犯罪构成主观方面这一要件的内容所包容。因此，没有必要把犯罪主体作为犯罪构成的一个独立的、与主观方面并列的要件[1]。前述异议不仅"引经据典"，而且还有不同角度的展开，故犯罪主体构成要件地位似乎"岌岌可危"，但事实又如何呢？

（二）对犯罪主体构成要件地位异议的回应

犯罪主体的构成要件地位问题是犯罪构成的首要和基本问题，故对犯罪主体构成要件地位的异议自然引起回应。学者指出，首先要全面、客观、历史地理解马克思的论述。1841年12月24日，普鲁士当局颁布的《新书报检查令》规定：凡是对政府措施具有不良倾向的见解、言论，或作品因热情、尖锐和傲慢而带有有害倾向时，即应禁止其发表。根据这一规定，当时许多对当局不满的进步刊物将会遭到禁止。为了揭露、批判《新书报检查令》的反动实质，维护广大被压迫者应当享有的言论、出版自由，马克思于1842年撰写了《评普鲁士最近的书报检查令》一文，指出："这样一来，作家就成了最可怕的恐怖主义的牺牲品，造成了怀疑的制裁。……凡是不以行为本身而以当事人的思想方式作为主要标准的法律，无非是对非法行为的公开认可。……我只是由于表现自己，只是由于踏入了现实的领域，我才进入受立法者支配的范围。对于法律来说，除了我的行为以外，我是根本不存在的。我根本不是法律的对象。"可见，在马克思的这段论述中，行为是与思想方式相应的，其含义是：法律不能制裁人的思想方式（倾向）。而只有当思想方式外化为物质的行为，"踏入现实的领域"时，"我才进入受立法者支配的范围"。马克思的这段论述并未涉及"犯罪主体"问题，故不能由此得出结论，即马克思主张犯罪是一种脱离人本身的抽象的行为。其次，对行为性质的认定离不开对行为主体情况的分析。不可否认，犯罪是一种危害社会的行为，但并非所有危害社会的行为都是犯罪。只有当这种行为是由具备一定条件的人故意或

---

[1] 马克昌主编：《犯罪通论》，武汉大学出版社1999年版，第254~255页。

过失实施，且达到一定危害程度时，才能认为是犯罪。犯罪是人的应受惩罚的行为，但行为总是由人实施，而作为刑罚的承受者只能是人。因此，在行为人实施了一定的危害社会行为的前提下，决定该行为是否以犯罪论处以及以何种犯罪论处，便不能不考虑行为人的具体情况。再次，主客观相统一是我国犯罪构成理论的重要原则，犯罪主体与犯罪主观方面、犯罪客体、犯罪客观方面一样，是犯罪构成不可缺少的一个要件。犯罪主体和犯罪主观方面有着密切的联系，但两者的含义以及在犯罪构成中的作用有着彼此独立的意义。因此，认为犯罪主体不是犯罪构成要件的学者，是将两者混为一谈而忽视了两者之间的差别。犯罪构成的主观方面一旦成立，犯罪主体就会成立。这种关系说明了犯罪构成诸要件彼此之间紧密的联系性。不仅如此，没有犯罪客体或没有危害社会的行为，犯罪主体和犯罪主观方面同样无从谈起。但是，不能认为犯罪主体被犯罪构成主观方面的要件所包容，并否认犯罪主体作为犯罪构成的独立的、与主观方面并列的要件。最终，犯罪主体是犯罪构成中不可缺少的要件，而将犯罪主体与犯罪主观方面混为一谈，以犯罪主观方面取代犯罪主体在犯罪构成中的地位，或认为犯罪主体只是某些犯罪的选择要件，是错误的[1]。前述相关论述是对犯罪主体构成要件地位异议的回应。

　　在本著看来，前述回应仍停留于肤浅或让人觉得"隔靴搔痒"的程度。首先，马克思的论断确实并未涉及"犯罪主体"问题，但以此并不能对假借马克思论断所作出的异议构成有力反驳，因为马克思的论断毕竟突出了"行为"本身，即一个人受法律支配的起因是其行为，从而一个人受刑法支配的起因是其犯罪行为。实际上，当行为只是犯罪成立的起因或缘起，而犯罪成立的起因或缘起不等于犯罪成立的全部，故行为只能在犯罪成立所对应的犯罪构成中对应局部要件，从而不足以排斥犯罪主体在犯罪构成中的应有地位。而当"对行为的人"定罪较"对人的行为"定罪更具现实意义，因为"对人的行为"定罪似将惩罚作为价值指向且有思维的"客观偏向"，而"对行为的人"定罪则有将惩罚和预防兼顾作为价值指向且有思维的"主客观结合"，则犯罪主体的犯罪构成要件意义便更应得到肯定。其次，对行为性质的认定确实离不开行为主体情况的分析，亦即在行为人实施了一定的危害社会行为的前提下决定该行为是否以犯罪论处以及以何种犯罪论处，确实不能不考虑

---

〔1〕　马克昌主编：《犯罪通论》，武汉大学出版社 1999 年版，第 255~257 页。

行为人的具体情况，但犯罪主体的情况对行为定性的影响实际上是通过犯罪主体赋予其他要件以规范属性来实现的，如只有对达到法定年龄且具有刑事责任能力的人实施了非法剥夺他人生命的行为，其行为故意才能被评价为规范性故意，从而行为才具有故意杀人罪的性质，故此影响实即"决定"，而此"决定"作用足以使得犯罪主体能够匹配犯罪构成的一个要件。再次，在指出犯罪主体与犯罪主观方面具有紧密关联性的同时又强调二者的区别与各自独立性，也是没有问题的，但还应进一步指出，就犯罪主体与犯罪主观方面的相互关系而言，是前者决定后者而非后者决定前者，因为没有犯罪主体便没有犯罪主观方面，亦即不具有犯罪主体身份之人的心理活动不成为犯罪主观方面的内容，或曰没有犯罪主体便无罪过可言。而正是在犯罪主体决定犯罪主观方面之中，犯罪主体似乎更有资格成为犯罪构成的一个要件。因此，所谓犯罪构成主观方面一旦成立而犯罪主体必定成立，亦即犯罪主体这一要件被犯罪构成主观方面这一要件的内容所包容，便无声地将犯罪主体与犯罪主观方面的原有关系模糊甚或颠倒了。最后，就"主客观相统一"这一理由而言，其只是直接描述犯罪主观方面与犯罪客观方面的相互关系，并不能直接说明犯罪主体的必备构成要件地位。实际上，在"主客观相统一"之外似乎还有"主客体相结合"，而"主客体相结合"便能够直接说明犯罪主体的必备构成要件地位。

肯定犯罪主体的必备构成要件地位，也是四要件犯罪构成论对三元递进式犯罪构成论的内在紊乱所形成的一种"自省"。正如我们所知，将故意、过失作为主观的构成要件要素是当下三元递进式犯罪构成论的共识甚或"定论"，但三元递进式犯罪构成论同时又不得不将责任能力问题留在"有责性"中。由于责任能力是罪过形式的前提，即只有先存在责任能力，后才有故意或过失罪过，故在三元递进式犯罪构成论中，责任能力还应往"构成要件"前面放，但"构成要件"前面已经无处可放，才回过头来放在"有责性"中，这显然将责任能力与罪过形式的先后关系措置为一种"本末倒置"，即先确定行为人有无故意或过失罪过，再看行为人有无责任能力，而本来是应先确定行为人有无责任能力，后再看行为人有无故意或过失的罪过形式。可见，四要件犯罪构成论单设犯罪主体要件而为责任能力问题找到"理论容身"之处，而这又与在犯罪主观要件那里安放故意、过失罪过等内容形成犯罪构成体系内的一种前后呼应。

二、犯罪主体构成要件地位的再异议与再回应

对犯罪主体构成要件地位的异议之声需予耐心再听，且给予再一番的有力回应。

（一）犯罪主体构成要件地位的再异议

又有学者指出，任何犯罪都离不开一定的主体，即犯罪由人实施。但是否把犯罪主体作为犯罪构成要件，则仍然是一个值得研究的问题。大陆法系犯罪构成理论并无我们通常所说的犯罪主体这一犯罪构成要件。犯罪主体的内容被分解为两部分：①在构成要件该当性中论述行为的主体。由于构成要件该当性只是犯罪成立的第一个要件，故只要实施了构成要件该当的行为，便具备了行为主体这一要件。②在有责性中论述责任能力。将犯罪主体纳入犯罪构成要件，即使是苏联著名刑法学家特拉伊宁也持有不同观点，他认为责任能力不应放在犯罪构成的范围内解决，但通说仍将犯罪主体作为犯罪构成要件。我国刑法理论也将犯罪主体列入犯罪构成，通常的排列顺序是犯罪客体→犯罪客观方面→犯罪主体→犯罪主观方面；而个别学者甚至将犯罪主体列为犯罪构成的首要要件，并按照犯罪主体→犯罪主观方面→犯罪客观方面→犯罪客体的顺序排列，但我国学者也对作为犯罪构成要件的犯罪主体提出怀疑：或者从"行为构成"与"行为人构成"的区分上论证犯罪构成应当是"行为构成"，而将犯罪主体作为犯罪构成要件的是"行为人构成"，故不应包括犯罪主体；或者从刑事责任基础与刑事责任条件上论证犯罪构成是刑事责任的基础，而犯罪主体是刑事责任的条件；或者把行为人的刑事责任年龄和刑事责任能力视为阻却刑事责任事由而非犯罪构成的事由。可见，对于犯罪主体的构成要件地位的否定理由各有不同。于是，学者进一步指出，根据我国通行的犯罪构成理论，将犯罪主体作为犯罪构成要件同样也会引起逻辑上的矛盾：到底是犯罪主体先于犯罪行为而独立存在，还是符合犯罪构成的犯罪行为先于犯罪主体被评价？如果是犯罪主体作为犯罪构成的一个要件先于犯罪行为而独立存在，则每一个达到刑事责任年龄、具备刑事责任能力的人都是犯罪主体；如果是符合犯罪构成的犯罪行为先于犯罪主体而被评价，则不具备刑事责任能力的人也有可能实施犯罪行为。这是一个两难推理，且将犯罪主体是犯罪构成要件的观点推向尴尬的境地。于是，理论出路在于：把主体和责任能力相剥离，以消解犯罪主体这一犯罪构成要件。这里的主体

是行为主体，属于行为的不言而喻的逻辑前提，而这里的责任能力与罪过相联系，属于罪责，即刑事责任的范畴[1]。前述异议不仅采用了"比较法"思路，而且深入到所谓"逻辑矛盾"与"理论尴尬"，其对犯罪主体的犯罪构成要件地位的否定似乎更加"有力"，但事实又如何呢？

（二）对犯罪主体构成要件地位异议的再回应

首先，大陆法系犯罪构成理论对犯罪主体的内容分解，无论是在构成要件该当性中论述行为主体，还是在有责性中论述责任能力，都是对犯罪主体的犯罪构成地位即犯罪论体系地位的"肯定"而非"否定"。实际上，大陆法系三元递进式犯罪构成的自身构造决定了犯罪主体只能"隐姓埋名"，但"隐姓埋名"并不意味着犯罪主体本身不存在。易言之，犯罪主体在三元递进式犯罪构成中所获得的是一种"隐蔽性存在"和"隐蔽性地位"。

其次，当犯罪主体是刑事责任的条件，而刑事责任是依托或生成于犯罪构成的完备，则犯罪主体也是犯罪构成的一个"条件"，正如陈忠林教授指出的，世界各国的犯罪构成理论大致都以四个方面的构成要素组成，且首要的要素是"决定犯罪主体刑事责任能力的条件（如刑事责任年龄、精神障碍、聋哑等生理缺陷及特定身份等）"[2]。而当犯罪构成是关于犯罪成立条件的认知体系，则犯罪构成的一个"条件"便使得犯罪主体成为犯罪构成的一个必备要件。至于犯罪构成到底是"行为构成"还是"行为人构成"，则因犯罪构成应是主客观相结合的构成，同时也应是"回顾过去"和"前瞻将来"相结合的构成，故以所谓"行为构成"而排斥犯罪主体的构成要件地位至少是显得过时了。

再次，犯罪主体与犯罪行为孰先孰后的问题设定与逻辑矛盾的断言，是个"伪思路"和"伪论证"，因为我们本不应设定一个犯罪主体与犯罪行为孰先孰后这样一个"水平方向"的问题。相反，由于犯罪行为必须先是符合犯罪构成的行为，故我们应在"上下方向"上来思考和解答问题。于是，当解答犯罪成立条件的犯罪构成是一个"居上范畴"，犯罪成立条件则作为"居下概念"而构成犯罪构成要件，则犯罪主体便作为犯罪成立的其中一个条件而当然构成犯罪构成的一个要件。又当四要件整合式犯罪构成是一种

---

〔1〕 陈兴良：《本体刑法学》，商务印书馆 2001 年版，第 210~215 页。
〔2〕 陈忠林：《刑法散得集（Ⅱ）》，重庆大学出版社 2012 年版，第 130 页。

"描述性构成"，则前述对犯罪主体是犯罪构成要件的地位论证，便是一种"法教义学论证"，亦即犯罪主体的犯罪构成要件地位是"教义刑法学"的应有结论。

最后，基于主客体对应的哲学逻辑，如果否定犯罪主体的犯罪构成要件地位，则将走向否定犯罪客体的犯罪构成要件地位，从而犯罪构成只剩下犯罪主观方面和犯罪客观方面，即只剩下英美法系双层式犯罪构成中"犯意"与"犯行"并肩的局面，而这终将是对犯罪构成本身的瓦解。

犯罪主体是否犯罪构成要件，或许正如陈忠林教授指出，意大利刑法学界认为，在现代刑法学中，犯罪首先是一个以"人"为主体的事实[1]。当然，这里的"人"首先是指自然人，再后来便包含法人。而对于"行为的前提条件"所包含的行为人的身份或个人特征、行为物质客体的时空或法律特征等，帕多瓦尼则认为，前述情况应该分别是"犯罪主体"和"犯罪的行为客体（我国刑法中的犯罪对象）"所研究的内容[2]。实际上，所谓"必备要件"尚未彻底交代犯罪主体的犯罪构成论地位。陈忠林教授指出，根据马克思主义关于人的本质的基本原理，人总是处于一定的社会关系中进行各种具体活动（行为）的人，故人既是一定社会关系的主体，又是以一定的方式进行各种活动的主体。这里，主体所处的社会关系是主体的本质，而主体所进行的活动则是主体的存在和表现形式，且主体所处的社会关系的性质决定主体行为（活动）的性质。犯罪行为是主体（犯罪主体）在一定的社会关系中所进行的活动，它是犯罪主体的存在和表现形式。犯罪行为的特殊本质实际上就是犯罪主体的特殊本质。犯罪构成的各个要件只是犯罪主体要件的存在和表现形式。我们要揭示犯罪构成各要件的实质及其辩证关系，首先就必须分析犯罪构成主体要件的内容，揭示犯罪主体所处的社会关系。于是，我们把犯罪构成的主体要件当作研究各构成要件实质和辩证关系的逻辑起点[3]。这里，所谓"逻辑起点"不仅点明了犯罪主体之于犯罪构成的"必备要件"地位，以及犯罪主体为犯罪构成所不可或缺，而且点明了犯罪主体之于犯罪构成的"首要要件"地位。

---

〔1〕　陈忠林：《意大利刑法纲要》，中国人民大学出版社 1999 年版，第 85 页。

〔2〕　陈忠林：《意大利刑法纲要》，中国人民大学出版社 1999 年版，第 97 页。

〔3〕　陈忠林：《刑法散得集》，法律出版社 2003 年版，第 243 页。

在陈忠林教授看来，犯罪主体要件之于犯罪构成是一种"标志"，正如由于犯罪构成的主体要件只存在于犯罪行为中，没有犯罪行为就没有犯罪构成的主体要件，而犯罪行为的存在意味着全部犯罪构成要件的存在。因此，犯罪构成的主体要件能否成立，要取决于其他犯罪构成要件的成立。反过来，犯罪构成主体要件的成立也标志着整个犯罪构成的成立[1]。这里，"整个犯罪构成的成立标志"将犯罪主体的犯罪构成论地位烘托至"最高点"。而陈忠林教授又指出，犯罪主体只可能是承担刑事义务的人，故犯罪构成的主体要件又是从主体角度区别犯罪行为和其他行为的标志[2]。这里，所谓"从主体角度区别犯罪行为和其他行为的标志"，或可是对犯罪主体的犯罪构成之"必要要件"与"首要要件"地位的最深刻说明。

第二节　刑事责任能力

刑事责任能力是犯罪主体论的核心内容。刑事责任能力问题的讨论大致包含刑事责任能力的基本概念（基本定义与属性）、刑事责任的本质与地位等内容。

一、刑事责任能力的基本定义与属性

刑事责任能力的基本概念可从刑事责任能力的定义与刑事责任能力的属性予以展开。

（一）刑事责任能力的定义

在刑事责任能力概念的讨论中又牵扯出行为能力甚或动作能力的概念，进而是相关概念关系的讨论[3]。先就行为能力与动作能力的概念关系而言，在本著看来，行为能力必然体现为动作能力，但动作能力不等于或并非就是行为能力，因为动作能力至多是一个事实性概念或物理性概念，而行为能力则是一个规范性概念或价值性概念。当法律责任能力以行为能力为基础，即若无行为能力则无法律责任能力，故作为法律责任能力一种具象的刑事责任能力便应以行为能力为最初出发点而形成自己的定义。具言之，当刑事责任

---

〔1〕　陈忠林：《刑法散得集》，法律出版社 2003 年版，第 248~249 页。
〔2〕　陈忠林：《刑法散得集》，法律出版社 2003 年版，第 247 页。
〔3〕　陈兴良：《本体刑法学》，商务印书馆 2001 年版，第 317~319 页。

存在着一个从形成到落实的过程，则刑事责任能力的定义也要对应前述过程。又当刑事责任的形成是缘起于犯罪行为本身的实施，即其被犯罪行为所引起，而刑事责任的落实又体现为刑事责任的"承受"，则刑事责任能力便先后指向犯罪行为的实施即刑事责任的引起和刑事责任的"承受"。于是，我们可得：刑事责任能力，是指实施犯罪行为并承受刑事责任的行为能力。需要强调的是，前述刑事责任能力的定义之所以将中心词落定在"行为能力"而非"责任能力"，是因为不仅"承受刑事责任"已经表明"行为能力"即"责任能力"，而且"行为能力"能够与"实施犯罪行为"即"犯罪能力"形成直接对应。当然，承受刑事责任的能力包括承受罪名的能力和承受刑罚的能力，也是一种"行为能力"，即行为人在刑事法律关系中的一种能力。可见，关于刑事责任能力定义的"行为能力说"与"承担责任能力说"[1]，是本不应形成分歧的，即"行为能力说"不应忽略承担刑事责任的能力也是一种"行为能力"，即其不应将刑事责任能力的内容仅局限于"辨认和控制能力"[2]，而"承担责任能力说"也不应忽略作为基本前提的"犯罪能力"。当实施犯罪行为的行为能力即犯罪能力，而承受刑事责任能力的能力又包括承受罪名的能力和承受刑罚的能力，则刑事责任能力便存在着犯罪能力与刑罚能力的前后相继，且最终通过承受罪名和承受刑罚得到切实体现的"能力结构"，正如陈忠林教授指出，意大利刑法学界的多数人认为，刑事责任能力不仅是刑罚能力，而且是"罪过能力"；没有刑事责任能力，就没有罪过；如果没有罪过，自然就没有犯罪。因此，将刑事责任能力仅仅视为刑罚能力的理论，或认为罪过可以独立于刑事责任能力的观点，已被超越[3]。这里，所谓"罪过能力"即犯罪能力，亦即实施犯罪时的行为能力。于是，刑事责任能力不仅是刑罚能力，而且或首先是"罪过能力"即犯罪能力，即其为此两种能力的结合体。

（二）刑事责任能力的属性

刑事责任能力是法律责任能力的一种具象，故其具有法律责任能力的一般属性即法律责任能力性。责任能力是一个人因违法而承担法律责任的能力，

---

〔1〕　马克昌主编：《犯罪通论》，武汉大学出版社 1999 年版，第 243 页。
〔2〕　马克昌主编：《犯罪通论》，武汉大学出版社 1999 年版，第 248 页。
〔3〕　陈忠林：《意大利刑法纲要》，中国人民大学出版社 1999 年版，第 242 页。

是一种法律能力，而法律能力即资格或法律资格〔1〕。由此，刑事责任能力即刑事法律责任能力便是刑事法律资格，而刑事法律资格可视为对刑事责任能力属性的另一种描述。而如果从刑法的惩罚正义和预防功利看问题，则刑事责任能力既是一种道义责任能力，也是一种社会责任能力。于是，道义性与社会性也可视为刑事责任能力的内在属性。其中，刑事责任能力的道义性又隐含着刑事责任能力的"意志自由性"，因为刑事责任能力所首先包含的犯罪能力是行为人的"恶的意志自由"的一种体现或"证明"，而其最终包含的承担刑事责任能力包括领罪能力和受刑能力又是在"否定之否定"即"肯定"之中"曲折"地体现或"证明"行为人的"恶的意志自由"，正如黑格尔指出，罪犯受刑罚处罚"诚然是外在暴力所加的，但真正讲来，这处罚只是他自己的犯罪意志的表现"。〔2〕黑格尔甚至认为刑罚处罚是罪犯自由意志的要求，即"不仅犯罪的本性，而且犯人自己的意志都要求自己所实施的侵害应予扬弃"。〔3〕当然，前述"意志自由"只能是相对的意志自由，从而刑事责任能力的"意志自由性"是一种"相对的意志自由性"。由此，"恶的意志自由性"和"相对意志自由性"即"相对恶的意志自由性"，可视为刑事责任能力一种较为内在或更加深潜的属性，从而刑事责任能力可视为"相对恶的意志自由能力"。

将刑事责任能力视为"相对恶的意志自由能力"，即赋予刑事责任能力以"相对恶的意志自由"属性，是与刑事责任论和"责任刑法"观念相吻合的，正如"只有这样的自由的行为，可以主观地归责于行为人；只有在这样的场合，行为人对行为才是有责的。普芬道夫将行为理解为自由意志的产物，使自由意志占据归责中心的观点，对其后的学说产生了很大影响"。〔4〕于是，"责任归属以'意志自由'为前提。尽管在哲学上有许多争论，但实际上，意志自由的设定毫无疑问地进入了我们日常世界的相互作用和机制体制之中。例如，我们总是对他人行为的意图，而不只是对其后结果作出愤恨或感激的

---

〔1〕 ［奥］凯尔森：《法与国家的一般理论》，沈宗灵译，中国大百科全书出版社1996年版，第101~102页。

〔2〕 ［德］黑格尔：《小逻辑》，贺麟译，商务印书馆1980年版，第292页。

〔3〕 ［德］黑格尔：《小逻辑》，贺麟译，商务印书馆1980年版，第310页。

〔4〕 ［日］堀内捷三："责任论的课题"，载［日］芝原邦尔等编：《刑法理论的现代的展开——总论I》，日本评论社1988年版，第172~173页。

反应"。[1]因此，"当人的意志能够选择为或者不为该种行为时，意志的作用便是使人的行为受到称赞或者责难的唯一原因"。[2]最终，相对于民事责任能力和行政责任能力，刑事责任能力是一种"最具否定性"的法律责任能力，而此种法律责任能力的"否定性"即恩格斯所言的"对社会秩序最明显、最极端的蔑视"[3]。这里，"最具否定性"便是对刑事责任能力属性的最深刻描述，且其蕴含着刑事责任能力的刑事法律资格性、道义性与社会性以及道义性所进一步所隐含的"相对恶的意志自由性"。

二、刑事责任能力的本质与地位

对刑事责任能力的本质解答是对刑事责任能力基本概念交代的继续，并引申着刑事责任能力的刑法学理论地位。

(一) 刑事责任能力的本质

对于刑事责任能力本质问题的分歧，学者作出如下概括，即道义责任论认为，意思决定能力或犯罪能力是刑事责任能力的本质；而社会责任论则认为，刑罚能力即刑罚适应能力或刑罚适应性是刑事责任能力的本质[4]。对于我国刑法学者所提出的刑事责任能力是行为人犯罪能力和承担刑事责任能力的统一[5]，学者又指出，所谓承担刑事责任能力就是刑罚能力，但如何理解犯罪能力与刑罚能力的统一，即两者能否统一以及统一的基础是什么，确实是一个十分复杂的问题。在一般情况下，有犯罪能力则有刑罚能力，反之亦然，并且犯罪能力决定刑罚能力。既然如此，责任能力直接表述为犯罪能力即可而无需加上刑罚能力。更何况在某些特殊情况下，犯罪能力与刑罚能力可能分离，即行为时有犯罪能力而行为后无刑罚能力，即犯罪能力与刑罚能力难以统一。由此，刑事责任能力的本质就是犯罪能力，即行为者实施有责之行为的能力[6]。首先，虽然犯罪能力与刑罚能力有时即在某些情况下相分

---

[1] [德] 格尔德·克莱因海尔、扬·施罗德主编：《九百年来德意志及欧洲法学家》，许兰译，法律出版社 2005 年版，第 345 页。

[2] [美] 乔治·恩德勒等主编：《经济伦理学大辞典》，李兆雄、陈泽环译，上海人民出版社 2001 年版，第 540 页。

[3] 《马克思恩格斯全集》（第 2 卷），人民出版社 1957 年版，第 416 页。

[4] 陈兴良：《本体刑法学》，商务印书馆 2001 年版，第 320 页。

[5] 赵秉志：《犯罪主体论》，中国人民大学出版社 1989 年版，第 26 页。

[6] 陈兴良：《本体刑法学》，商务印书馆 2001 年版，第 320~321 页。

离，即有犯罪能力而无刑罚能力，但不影响刑事责任能力是行为人犯罪能力和刑罚能力（承担刑事责任能力）的统一这一命题的成立，因为犯罪能力与刑罚能力有时即在某些情况下相分离对应着一种"实然"，而刑事责任能力是行为人犯罪能力和刑罚能力（承担刑事责任能力）的统一则对应着一种"应然"。显然，当犯罪能力是刑事责任能力的一项有机构成内容，则将刑事责任能力的内容等同于刑事责任能力的本质，便违背事物逻辑。再就是，既然在刑事责任能力中犯罪能力决定刑罚能力，则刑罚能力便是一种延伸性能力，而延伸性能力更能说明刑事责任能力，从而说明其在刑事责任能力中的重要地位，正如刑事责任能力是犯罪能力与承担责任能力的统一，但归根结底是承担责任的能力〔1〕。易言之，当刑罚能力在某种意义上较犯罪能力更为重要，因为刑罚能力更能将刑事责任能力落到实处，则刑罚能力在刑事责任能力中的地位至少不低于犯罪能力，而不只是对犯罪能力具有一种"补充性"〔2〕。于是，犯罪能力与刑罚能力的统一基础问题，恰恰隐含着作为二者结合体的刑事责任能力的本质性问题。

刑事责任能力是犯罪能力和受刑能力的有机结合，这是对刑事责任能力内容的结构性描述；刑事责任能力是招致刑事不利后果的能力，这是对刑事责任能力内容的概括性描述。而前述结构性描述或概括性描述，都不是对刑事责任能力本质的揭示。于是，可作为刑事责任能力本质表述的，便是刑法规范违反性能力或刑事违法性能力，理由是作为刑事责任能力本质的东西须符合如下两个基本要求：其一，刑事责任能力是从"引起"刑事责任到"承受"刑事责任的一种"过程性能力"，故刑事责任能力本质的描述应能够对应此"过程性"；其二，刑事责任能力的本质是一种"根植"于作为刑事责任能力内容的"引起能力"即犯罪能力和"承受能力"即受刑能力且"高于"前述内容的内在规定性。由于刑法规范的违反性包含着对"罪"的规范违反性和对"刑"的规范违反性，或刑事违法性有着"罪"与"刑"两个层面的内容，且对"罪"的规范违反性和对"刑"的规范违反性具有前后相继性，从而体现出一种规范违反的"过程性"，故刑法规范违反性能力或刑事违法性能力符合前述两项基本要求而可作为刑事责任能力本质的适合表述。易言之，

---

〔1〕 马克昌主编：《犯罪通论》，武汉大学出版社 1999 年版，第 244 页。
〔2〕 刘艳红主编：《刑法学》（上），北京大学出版社 2016 年版，第 133 页。

刑法规范违反性能力或刑事违法性能力既能概括犯罪能力，也能概括刑罚能力，而前述"概括"便是"统一"，且"统一的基础"便是刑法规范违反性或刑事违法性。将刑法规范违反性能力或刑事违法性能力作为刑事责任能力的本质，正如陈忠林教授指出，刑事义务的主体本能够按照刑法的要求不去实施为刑法所禁止的行为[1]。这里，陈忠林教授所说的"刑事义务"自然包括主体本能够按照刑法的要求去实施为刑法所命令的行为。对于犯罪主体的认识内容，陈忠林教授又指出，其包括"行为人对于自己行为性质的认识""行为人对于自己行为结果的认识"和"行为人对于自己行为发展过程的认识"。其中，"行为人对于自己行为发展过程的认识"意味着行为人明知危害社会的结果是自己的行为所引起的，即行为人知道自己行为发展的过程就是危害社会的结果发生的过程。而过失行为人的认识状况，特别是疏忽大意过失行为人的认识状况应该具备前述三项内容，而不是已经具备了这三项内容[2]。前述论断对于我们理解和把握刑事责任能力的本质不无启发，并且刑事责任能力的本质中包含着"危害能力"，而刑法规范违反性能力或刑事违法性能力不过是对其予以规范性转述而已。

（二）刑事责任能力的地位

对于刑事责任能力地位问题的分歧，学者作出如下概括：责任前提说认为，责任能力是一种能够独立进行判断的人格能力，其不以犯罪行为为转移。责任前提说把责任与责任能力分开，即责任是以责任能力为前提，亦即无责任能力则无责任。这一说法在逻辑上能够成立。责任要素说则认为，责任能力虽然是犯罪主体的一种人格属性，但其不是与具体行为无关的责任前提，而是针对具体行为的责任要素。无责任能力的人所实施的行为，在刑法上不得判断为犯罪行为，故责任能力是责任要素[3]。于是，学者表明了自己的见解，即应当从犯罪行为的实施过程和犯罪构成的体系特征来把握刑事责任能力的地位问题。从犯罪行为的实施过程，先有责任能力之人，后有主观罪过支配下之犯罪行为，故责任能力在前。但我们并不是要解决责任能力与犯罪行为孰先孰后的问题，而是要从构成要件结构考虑应将责任能力置于何种地

---

〔1〕　陈忠林：《刑法散得集》，法律出版社 2003 年版，第 245 页。

〔2〕　陈忠林：《刑法散得集》，法律出版社 2003 年版，第 257 页。

〔3〕　陈兴良：《本体刑法学》，商务印书馆 2001 年版，第 321~322 页。

位的问题，故责任要素说更为合理〔1〕。首先，学者主张从犯罪构成的体系特征来把握刑事责任能力的地位问题，可谓切中问题要害，而结论是刑事责任能力在不同犯罪构成中的地位存在着如下区别：在四要件整合式犯罪构成中，刑事责任能力不仅是"犯罪主体要素"，而且是犯罪主体的根本性要素或核心性要素，因为刑事责任年龄等具体规定都是围绕刑事责任能力而展开的，正如刑事责任能力是犯罪主体中的核心问题，直接决定犯罪主体的成立与否以及犯罪主体承担刑事责任的轻重程度〔2〕。肯定刑事责任能力的"犯罪主体要素"地位，等于肯定刑事责任能力地位的"责任前提说"，而"责任前提说"正如日本学者大谷实指出的："责任能力应该解释为成为针对每个行为决意的非难可能性的前提的一般人格能力，是对每个行为加以非难可能性判断之前就存在的必要的前提条件，在这个意义上说，责任前提说是正确的。"〔3〕而在三元递进式犯罪构成中，刑事责任能力当然属于"有责性要素"即责任要素，正如日本学者大塚仁指出："刑法中的责任判断，是针对符合构成要件的违法的具体行为、以对实施该具体行为的行为人进行人格非难为内容的。所以，视为责任的要素是妥当的。"〔4〕至于在英美双层式犯罪构成中，刑事责任能力暗含在处于下一层的"排除合法辩护"要件中，且可对应犯罪主体要素而不对应责任要素，因为作为责任要素的"犯意"是居于该犯罪构成的上一层而与"犯行"合成了"犯罪本体"。

我国《刑法》第 17 条之一规定："已满七十五周岁的人故意犯罪的，可以从轻或者减轻处罚；过失犯罪的，应当从轻或者减轻处罚。"学者指出，这一规定并不是因为已满 75 周岁的人的责任能力减少，而是基于人道主义与刑事政策的理由（特殊预防的必要性减少）〔5〕。其实，当已满 12 周岁不满 16 周岁者是一个方向的限制刑事责任能力人，则已满 75 周岁者便是另一个方向的限制刑事责任能力人，因为一个人步入老年阶段便是步入"心智衰减"，从而刑事责任能力步入衰减阶段，其刑事责任能力如同已满 12 周岁不满 16 周岁者，都属于"欠满"状态。易言之，单纯基于人道主义或刑事政策，难以

〔1〕 陈兴良：《本体刑法学》，商务印书馆 2001 年版，第 322~323 页。
〔2〕 马克昌主编：《犯罪通论》，武汉大学出版社 1999 年版，第 242~243 页。
〔3〕 ［日］藤木英雄、板仓宏编：《刑法的争点》，有斐阁 1987 年版，第 72 页。
〔4〕 冯军：《刑事责任论》，法律出版社 1996 年版，第 122 页。
〔5〕 张明楷：《刑法学》（第 6 版），法律出版社 2021 年版，第 411 页。

为已满 75 周岁者犯罪从宽处罚的规定，从而其刑事责任能力本身的强弱提供更加深刻的理由。由此，刑事责任能力的理论地位可得到另一番说明。

陈忠林教授指出，犯罪构成的主体要件是犯罪行为所包含的，从主体角度说明犯罪行为的特殊本质，一般包括主体的刑事责任年龄和刑事责任能力。而在有的犯罪构成中还要求主体具备一定的身份。由于主体的刑事责任年龄和特定的身份都是用来说明主体的刑事责任能力，故主体的刑事责任能力是犯罪构成主体要件的核心[1]。由于刑事责任能力不仅存在有无问题，而且存在强弱问题，又由于刑事责任能力强弱问题同时也是通过处罚轻重来体现的刑罚论问题，故刑事责任能力的理论地位可从"犯罪构成主体要件的核心"扩大到包括刑罚论在内的整个刑法学理论予以考察和把握。由于刑事责任能力的有无及其强弱直接决定犯罪的有无，进而决定处罚的有无及其轻重，故刑事责任能力不仅是"犯罪构成主体要件的核心"即犯罪构成的"逻辑起点"的"核心"，而且是刑罚论的最基本的"主体性前提"，正如陈忠林教授指出的，刑事责任能力是行为人承担刑事义务的条件（资格），且刑事责任能力与刑事义务存在着内在联系[2]。犯罪构成的"逻辑起点"的"核心"与刑罚论的"主体性前提"，是对刑事责任能力刑法学理论地位的集中描述。

第三节　人工智能犯罪主体化批判

人工智能能否成为犯罪主体即刑事责任主体，是犯罪主体论应予面对和解答的具有新科技时代特色的重要问题。

一、人工智能犯罪主体化的民法主体资格与刑事司法实践障碍

人工智能犯罪主体化的民法主体资格障碍与刑事司法实践障碍，是对人工智能犯罪主体化障碍的事实层面的初步交代。

（一）人工智能犯罪主体化的民法主体资格障碍

所谓民法主体资格障碍即人工智能在民法上的法律人格争议给人工智能犯罪主体化所设置的障碍，是人工智能犯罪主体化所面临的首要障碍。最初，民法的主体只是自然人，即自然人才有人格；其后，法人被民法承认有人格。

---

〔1〕　陈忠林：《刑法散得集》，法律出版社 2003 年版，第 243~244 页。

〔2〕　陈忠林：《刑法散得集》，法律出版社 2003 年版，第 244~247 页。

结合中国民法：除了自然人和法人有主体资格，非法人组织也有主体资格，故认定智能机器人也有主体人格是迟早的事情[1]，正如既然可以将行为、归责、责任等概念扩张到法人领域，则也有可能将其运用到机器人身上[2]。另有学者立于著作权法论证人工智能的民法主体性。具言之，《著作权法》第11条、第16条、第19条、第21条均表述为"法人或其他组织"。"法人"与"其他组织"并列，意味着"其他组织"不是"法人"，但其可以成为中国著作权法上的权利人，如词典的编辑委员会等。因此，人工智能也可以解释为上述法条中的其他非法人实体[3]。而历史地看，法律可以承认非法人组织（比如合伙）享有一定的法律地位，未来赋予智能机器人法律地位也未尝不可。如果赋予智能机器人电子人格，并令其对其行为承担法律责任，则人们现在担心的很多责任问题都可以得到较好的解决[4]。既然主体范围处于不断的扩张状态中，则有确立"电子人"的法律制度空间[5]。

人工智能能否犯罪的主体化问题，其前提在于人工智能是否具有民法主体资格，而是否具有民法主体资格又始终与"人格"紧密联系，正如赋予人工智能以民事人格等于赋予其公民身份，如果机器人被赋予公民身份，它就拥有了选举权与被选举权[6]。但一个明显的事实是，法人和非法人组织都有"人"这一构成因素，故"人"这一构成因素促使人格被赋予法人和非法人组织是符合事物逻辑的，正如公司法人在构造上是自然人与财产的混合体，主体能力源于自然人[7]，而事实则是人工智能这一机器里面恰恰没有"人"这一构成因素。因此，法人和非法人组织具有民事人格，并不能推出人工智能迟早会具有民事人格，进而这一思路——经由人工智能的民事主体化走向人工智能的刑事主体化即其犯罪主体化——便行不通。

---

〔1〕 杨立新："人工智能机器人的民法地位与自动驾驶汽车的交通事故责任"，载 http://www.fx-cxw. org/index. php/Home/Miaowen/artIndex/id/15969/tid/6. html，2018 年 7 月 1 日访问。

〔2〕 储陈城："人工智能时代刑法归责的走向——以过失的归责间隙为中心的讨论"，载《东方法学》2018 年第 3 期，第 29 页。

〔3〕 梁志文："论人工智能创造物的法律保护"，载《法律科学（西北政法大学学报）》2017年第 5 期，第 163 页。

〔4〕 司晓、曹建峰："论人工智能的民事责任：以自动驾驶汽车和智能机器人为切入点"，载《法律科学（西北政法大学学报）》2017 年第 5 期，第 173 页。

〔5〕 郭少飞：" '电子人' 法律主体论"，载《东方法学》2018 年第 3 期，第 43 页。

〔6〕 互联网法律研究中心：《2017 年度互联网法律年鉴》，2017 年，第 251 页。

〔7〕 郭少飞：" '电子人' 法律主体论"，载《东方法学》2018 年第 3 期，第 43 页。

人工智能是否具有民事人格即民法主体地位，与其是否具有民事权利能力和民事责任能力直接相关联。在民法上，"法的人格者等于权利能力者"，而关于人或法人的规定则"表现了最抽象化层次的抽象的法人格"[1]，正如《德国民法典》以权利能力为核心概念进行主体人格的制度设计。在财产权领域，这种构架中的逻辑关系就是"经济人—权利能力—法律人"。在自然人人格场合，"法律人"的成立是通过权利能力将"生物人"自然本性与"法律人"的法律属性直接连接的。而在法人人格场合，由于权利能力扮演"团体人格"的角色而形成"团体—权利能力—法律人"的逻辑关系，故法人与同为"法律人"的自然人在某些方面享有人格利益[2]。至于机器人，由于它没有自身的目的，且为人类设计者所设计，其行为与人类有目的、有意识的行为性质完全不同。同时，机器人没有自身积累的知识，其知识都是特定领域且都是人类输入，即其不具备人之心性和灵性，故其与具有"人类智慧"的自然人和自然人集合体不能简单等同，故受自然人控制的机器人尚不足以取得独立的主体地位[3]。因此，将机器人视为"人"，赋予其相应的主体资格，难以在现有的民法理论中得到合理的解释，因为民法意义上的人，须具有独立之人格（权利能力），该主体既包括具有自然属性的人（自然人），也包括法律拟制的人（法人）[4]。除了因包含"人"的因素，法人之所以在民法中被赋予主体资格，还因其具有独立的责任能力，正如有些组织（如宗教社团）需要永续存在，需要在法律上有资格持有和处理财产，并对损失进行清算[5]。至于学者所建议的强制保险制度和赔偿基金制度[6]，最终都是让"人"来承担责任，而非人工智能本身独立承担责任。这便使得人工智能因无"法律责任之实"无而"法律主体之名"，正如人工智能的发展尚未对

〔1〕 〔日〕北川善太郎：《日本民法体系》，李毅多、仇京春译，科学出版社1995年版，第56页。

〔2〕 吴汉东："人工智能时代的制度安排与法律规制"，载《法律科学（西北政法大学学报）》2017年第5期，第131页。

〔3〕 吴汉东："人工智能时代的制度安排与法律规制"，载《法律科学（西北政法大学学报）》2017年第5期，第131页。

〔4〕 吴汉东："人工智能时代的制度安排与法律规制"，载《法律科学（西北政法大学学报）》2017年第5期，第131页。

〔5〕 Colin R. Davies, "An Evolutionary Step in Intellectual Property Rights—Artificial Intelligence and Intellectual Property", *27 Computer Law & Security Review*, 617（2011）.

〔6〕 司晓、曹建峰："论人工智能的民事责任：以自动驾驶汽车和智能机器人为切入点"，载《法律科学（西北政法大学学报）》2017年第5期，第171~173页。

传统民事法律主体理论提出颠覆性的挑战，即不宜将人工智能规定为民事主体，理由在于：一方面，智能机器人是人类创造出来的，其产生之初即作为民事法律关系的客体；另一方面，智能机器人尚不能独立享有权利、承担义务[1]。在民法法理上，享受权利和承担义务相对应，且享受权利和承担义务又分别对应着权利能力和行为能力，但如果欠缺行为能力，则法律责任主体地位便难以形成，正如面对当代人为的全球生态危机，人类有责任恢复自然生态平衡，故必须承认自然界的权利。但是，自然界权利主体的权利伸张和落实，必须由人类来代理，即人是自然界这种特殊的权利主体的代理者。之所以如此，又是因为自然界及其所包含的其他生命体没有人类的自然意识和自觉行为，即其不具有实现主体权利的行为能力[2]。在"一体化法教义学"思维下，人工智能的犯罪主体化缺失主体资格的"民法供给"。这里，还是要对假借自然界权利主体（包括动植物等）来支撑人工智能的民事权利主体地位给予必要的响应：由于人类是自然界有生命体的一部分，故在人类之外提出其他生命体权利，从而提倡"非人类中心化"，也是有一定的道理的。但人类并非人工智能的一部分，且人工智能并非与人类同属于位次更高的某种生命体类属，故人工智能不可能通过与自然界其他存在物的模拟而获得权利主体地位。当人工智能在作为前置法的民法中的主体地位尚存疑问时，人工智能在刑法领域的犯罪主体化便面临着前置法障碍即民法障碍。

纵观民法学领域对人工智能问题的研究，人工智能的权利能力只是得到了初步承认，但人工智能仍然存在着更为重要的行为能力问题，且此问题尚未形成初步结论。在刑法学领域，人工智能的行为能力问题最终就是其刑事责任能力问题。而即便有了责任主体资格的"民法供给"，人工智能仍未必能被刑事责任主体化即被犯罪主体化。而按照"违法性二元论"，人工智能即便能够成为民事违法主体，也不能成为刑事违法主体即犯罪主体。

（二）人工智能犯罪主体化的刑事司法实践障碍

我们可采用反证法，即假设人工智能能够成为犯罪主体，刑事司法实践将会如何？当人工智能能够成为犯罪主体，则其完全刑事责任能力与限制刑事责任能力在司法实践中如何区分？这里涉及技术标准的问题，而技术标准

---

[1] 王利明："人工智能时代对民法学的新挑战"，载《东方法学》2018年第3期，第5页。

[2] 刘文燕、刘滨："生态法学的基本结构"，载《现代法学》1998年第6期，第103~104页。

的问题就是科学性与合理性的问题，因为技术问题也存在"暗箱"。实际上，摆在完全刑事责任能力与限制刑事责任能力区分问题前面的，是有刑事责任能力与无刑事责任能力的区分问题。学者指出，以是否具有辨认能力和控制能力，人工智能可以被划分为弱人工智能与强人工智能：弱人工智能虽然可以在设计和编制的程序范围内进行独立判断并自主决策，但没有辨认和控制能力，其实现的是设计者或使用者的意志；强人工智能具有辨认和控制能力，其有可能超出设计和编制的程序范围，进行自主决策并实施相应行为以实现其自身的意志[1]。"强"与"弱"的区别具有不可克服的技术模糊性，从而带来犯罪主体与非犯罪主体的混淆，亦即即使承认人工智能是犯罪主体，也存在着罪与非罪的个案实践问题。学者根据智能的深浅程度将人工智能分为普通人工智能（计算机）、弱人工智能和强人工智能。其中，强人工智能能够或应被赋予犯罪主体地位或予以刑事责任主体化[2]。由此，我们可提出的一个疑问便是：当弱人工智能相较于普通人工智能，也可视为强人工智能，则弱人工智能不也可以或应该被赋予犯罪主体地位或予以刑事责任主体化吗？当所谓强人工智能成为刑事责任主体，则所谓弱人工智能岂不至少是限制刑事责任主体吗？

　　当人工智能能够成为犯罪主体，则人工智能的故意犯罪与过失犯罪如何区分？无论是人工智能的故意犯罪，还是其过失犯罪，都逻辑地存在着犯罪心理事实问题，而犯罪心理事实分为显意识和潜意识两大方面，且包含着认识因素、情感因素、意志因素，故犯罪心理事实最终在内容上是主观的，属于精神范畴[3]。但是，人工智能能够形成犯罪心理事实吗？如果能，则我们又如何对人工智能的犯罪心理事实恰当地"拿捏"出犯罪故意与犯罪过失，进而恰当地"拿捏"出直接犯罪故意与间接犯罪故意、过于自信的犯罪过失与疏忽大意的犯罪过失呢？进一步地，人工智能的过失犯罪认定又会涉及如何认定"人工智能应该预见自己的行为会发生危害社会的结果而没有预见"或"人工智能已经预见自己的行为会发生危害社会的结果但轻信能够避免"，

---

〔1〕　刘宪权："人工智能时代的'内忧''外患'与刑事责任"，载《东方法学》2018 年第 1 期，第 135~136 页。

〔2〕　刘宪权："人工智能时代的'内忧''外患'与刑事责任"，载《东方法学》2018 年第 1 期，第 134~142 页。

〔3〕　陈兴良：《刑法哲学》，中国政法大学出版社 1997 年版，第 31~44 页。

还会涉及如何确定人工智能应该预见的标准，即人类标准，还是人工智能标准，抑或人类与人工智能的混合标准。而当是人工智能标准，则是人工智能的个别化标准，还是其平均化即一般化标准？当人工智能能够成为犯罪主体，则人工智能的不作为犯罪如何认定？这里涉及人工智能的作为义务谁来确定和如何确定，即采用人工智能标准，还是人类标准，抑或人工智能与人类的混合标准。而当是人工智能标准，则是人工智能的个别化标准，还是其平均化即一般化标准？当人工智能能够犯罪主体化，则如何认定人工智能的过失不作为犯罪，将更是一个扑朔迷离的刑法实践难题。

紧接着，当人工智能能够成为犯罪主体，则可以逆推人工智能也可以成为正当化事由的主体，进而人工智能的活动能否以及如何认定为正当防卫、紧急避险和被害人损害承诺等。人工智能能否以及如何适用期待可能性理论？当人工智能能够成为犯罪主体，则其危害行为能否以及如何适用"信赖原则"，亦即人工智能能否以及如何信赖自然人或其他人工智能实施适法行为？当人工智能能够成为犯罪主体，则其危害行为如何适用刑事政策？当人工智能能够成为犯罪主体，则是否存在人工智能利用自然人的间接正犯？当人工智能能够成为犯罪主体，且可实施共同犯罪，则在主体都是人工智能的共同犯罪中，如何区分主从犯？而在主体部分是人工智能部分是自然人的共同犯罪中，又如何区分主从犯？更为甚者，当犯罪集团概念中的"三人以上"可以包括强人工智能产品[1]，则面对着"人工智能犯罪集团"，又如何划分主从犯？另外，在主体全部或部分是人工智能的共同犯罪中，是否存在胁从犯以及如何认定？最终，作出主从犯认定的是自然人法官还是"人工智能法官"？当人工智能能够成为犯罪主体，则原本可适用于自然人主体的自首、坦白、立功、累犯等量刑制度和减刑、假设等行刑制度，能否以及如何适用于所谓犯罪人工智能？进一步地，当人工智能的民事主体化隐含着人工智能也能成为刑事审判主体，则我们可以想象但能否接受一个（群）人工智能对另一个（群）人工智能进行刑事审判？在刑事领域，人工智能只能是量刑的一种应用工具[2]，但正如法官的职责就是"审判别人的良心"，人工智能能够

---

〔1〕 刘宪权："人工智能时代的'内忧''外患'与刑事责任"，载《东方法学》2018年第1期，第142页。

〔2〕 季卫东："人工智能时代的司法权之变"，载《东方法学》2018年第1期，第128~130页。

做到"审判别人的良心"吗？

实际上，人工智能犯罪主体化的刑事司法实践障碍，还包含着刑事诉讼法上的障碍。具言之，当人工智能能够成为犯罪主体，则拘留、逮捕、监视居住、取保候审等原本适用于自然人主体的强制措施是否以及如何适用于犯罪嫌疑人工智能？当人工智能能够成为犯罪主体，则人工智能如何能够自行辩护或委托自然人（律师）为其辩护人以行使辩护权利，甚至一个犯罪嫌疑人工智能能否以及如何委托一个无犯罪嫌疑的人工智能为其辩护？当人工智能能够成为犯罪主体，则其如何提起上诉和申诉？等等。

前述刑事司法实践障碍是无法跨越的，因为跨越意味着我们将不再拥有现代意义的，以人为中心的刑事法律制度和刑事法律体系，亦即我们将不再拥有现代刑事法治文明。

二、人工智能犯罪主体化的责任能力障碍

责任能力障碍是对人工智能犯罪主体化障碍的事实层面的进一步交代。人工智能犯罪主体化的责任能力障碍包括犯罪能力障碍与受刑能力障碍两个层面。

（一）人工智能犯罪主体化的犯罪能力障碍

在刑法教义学上，犯罪能力是指行为人辨认和控制自己犯罪行为的能力。学者有点夸张地指出，比起自然人，强人工智能拥有"更强"的控制能力与可培养的辨认能力，而辨认能力和控制能力又与认识因素和意志因素具有密切联系[1]。但是，对于强人工智能故意或过失的主观罪过判断，应与对自然人的主观罪过判断有所区别：认定自然人的主观罪过通常以一般人的认识能力作为基本标准并结合行为人自身的特殊情况，因为自然人形成对事物的认识是靠学习和生活经验积累；而强人工智能形成对事物的认识是靠程序、算法和深度学习，故其认识水平被局限于特定领域而缺乏对社会生活的整体认识，从而其是非善恶的判断标准也就异于常人[2]。对应着自然人主体的"一般人的认识能力"和"行为人自身的特殊情况"，是否存在并能够解决"一

---

〔1〕 刘宪权："人工智能时代的'内忧''外患'与刑事责任"，载《东方法学》2018年第1期，第139~140页。

〔2〕 刘宪权："人工智能时代的'内忧''外患'与刑事责任"，载《东方法学》2018年第1期，第139~140页。

般人工智能的认识能力"和"人工智能自身的特殊情况"问题呢？"不是靠生活经验的积累"和"缺乏对社会生活的整体认识"表明该学者的自相矛盾，而"似乎"又流露出该学者在人工智能的刑事责任能力即其犯罪主体化问题上底气不足。至于所谓随着人工智能技术的提高，以大数据学习为基础的人工智能存在较大的发展空间，故其接近于人类法律人的水平指日可待[1]，"接近"不等于"达到"；而若"达到"了，则人工智能便不再是人工智能而是"人"。因此，诸如人工智能将具有"人类"那样的认知能力，从而具有责任能力包括刑事责任能力，显然是个伪命题。文学家史铁生说："比如说人与机器人的区别，依我想，就在于欲望的有无。科学已经证明，除去创造力，人所有的一切功能机器人都可以仿效，只要给它输入相应的程序即可，但要让机器人具有创造力，则从理论上也找不到一条途径。要使机器人具有创造力，得给它输入什么呢？我想，必得是：欲望。欲望产生幻想，然后才有创造。欲望这玩意儿实在神秘，它与任何照本宣科的程序都不同，他可以无中生有变化万千，这才使一个人间免于寂寞了。输入欲望，实在是上帝为了使一个原本无比寂寞的世界得以欢腾而作出的最关键的决策。"[2]其实，人类的欲望并非"上帝"输入的，而是人类自己给自己输入的。机器人在人类面前只能是其实现欲望的"工具"。文学界的论断颇具启发性：对于人类的一些功能或能力，人工智能只能按照"给定程序"去"仿效"，但由于不可能像人类那样具有"欲望"和"创造力"，故人工智能便不可能像人类那样具有"责任能力"或不可能具有"人类那样的责任能力"，从而不可能像人类那样具有"主体地位"或不可能具有"人类那样的主体地位"。

学者指出，事实认定属于法律规则中的"行为模式"要素，而如何从"证据"到"证据性事实"的推论，再到实体法行为模式中的"要素性事实"的推论，这对人工智能而言难度极高，因为大数据的深度学习也达不到人类对于外在世界的认识能力，且其不能解决法律实施过程中的道德性、利益均衡性或者目的性问题[3]。法律人工智能在司法中的认知缺陷充分说明人工智

---

〔1〕 吴旭阳："法律与人工智能的法哲学思考——以大数据深度学习为考察重点"，载《东方法学》2018年第3期，第20页。

〔2〕 史铁生：《史铁生散文集》，中国社会出版社2012年版，第40页。

〔3〕 吴旭阳："法律与人工智能的法哲学思考——以大数据深度学习为考察重点"，载《东方法学》2018年第3期，第22~23页。

能在刑事责任主体上的认知能力缺陷。人工智能的犯罪主体化意味着与人类刑法相并列的"机器人刑法"或"人工智能刑法",因为人工智能毕竟不具有人类的认知能力,即人工智能毕竟不是"人"。但正所谓"法不强人所难",刑法更不应"强机器人所难"。

意志自由是责任刑法的本质性要素,故似乎无法肯定机器人的责任。拟制是技术的提出是基于合目的性,故将机器人的自由意志作为一种拟制予以引入,也只有在满足实际生活的必要性时才具有可能,而目前这种必要性还无法获得认同。但意志自由在实务上几乎无需顾虑,且人类的自由对于国家来说也只是必要的拟制而已,故机器人可以有行为和责任[1]。然而,即便人类自由可以拟制,但拟制只可以转嫁到包含着"人"的成分的组织体如法人甚或国家,而不能转嫁到人工智能,因为作为人类的产品,人工智能不包含"人"的成分,亦即人类与人工智能是主体与工具的关系,而非整体与部分或系统与元素的关系。责任甚至可以说是一种"社会虚构",但若无此"社会虚构",则社会将无法存续,而结果、责任和刑罚,若无意志自由这一假设,也将成为无法存续的制度[2]。学者指出,刑法上的责任和意志自由即便是一种拟制,在社会生活中也具有现实基础[3]。但是,即便自然人的自由意志是基于规范的要求而作出的法律虚拟,也不能直接肯定人工智能的意志自由也是法律虚拟,因为人工智能意志自由的虚拟须有一定的社会基础,但在目前,人类和人工智能之间的主观交流和探讨的基础尚不存在,故将自由意志拟制论导入机器人领域,尚不可行[4]。之所以主观交流和探讨的基础尚不存在,根本原因还在于:人工智能毕竟是人工智能而不具有作为人工智能创造者的人类那样的认知能力,即"只有人才能理解人"[5]。缺失认知能力,便意味着缺失"道德能力"而难以成为"道德主体"和责任主体,正如斯密在《道德情操论》中解释的那样,谨慎是下述两个方面的结合:一方面是"理智和

---

〔1〕 储陈城:"人工智能时代刑法归责的走向——以过失的归责间隙为中心的讨论",载《东方法学》2018年第3期,第30~31页。

〔2〕 [日]高桥则夫:《刑法总论》(第3版),成文堂2016年版,第334页。

〔3〕 [日]佐伯千仭:《刑法における期待可能性の思想》(下卷),有斐阁1949年版,第614页。

〔4〕 储陈城:"人工智能时代刑法归责的走向——以过失的归责间隙为中心的讨论",载《东方法学》2018年第3期,第34~35页。

〔5〕 [美]伯顿·史蒂文森主编:《世界明言博引词典》,周文标等编译,辽宁人民出版社1990年版,第604页。

理解力"这两种质量；另一方面是"克己自制"的质量[1]。"理智和理解力"蕴含着认知能力，而"克己自制"又蕴含着"道德能力"。

人工智能的道德责任与法律责任，即其法律主体问题与道德主体问题同源同构[2]。这又牵扯出道德主体的要素理解。有人认为，道德主体的要素包括自我意识、理解道德原则的能力等，而"自我意识"是最基本的要素[3]；也有人认为，道德主体的要素包括判断对错的能力、思考道德规则的能力、依据思考作出决策的能力等[4]。但在总体上，道德主体应有意志自由，有理解力、思辨力、判断力等理性能力以及行动力等实践能力。由此，婴儿、植物人、智力低下者就不是道德主体，而是道德关怀对象或道德受动者[5]。实际上，只要缺失意志自由以及相应的理解力、思辨力、判断力等认知能力，亦即缺失适格或真正意义的辨认能力和控制能力，人工智能就不能成为"道德主体"和责任主体，从而至少不能成为刑事责任主体。至于学者指出，能够在设计和编制的程序范围外实施行为的智能机器人在意识和意志上与自然人"几乎"相同，即其拥有属于"自己的独立的"辨认能力和控制能力，亦即拥有了刑事责任能力，故其完全可以成为独立的刑事责任主体[6]，"几乎"相同不等于"完全"相同，从而所谓人工智能的辨认能力和控制能力即其刑事责任能力的"自己性"和"独立性"仍然"不充足"或"不饱满"，即有"亏损"。人工智能的意志自由、"道德能力"与责任能力乃至犯罪能力即刑事责任能力来不得夸大乃至想象，因为所谓人工智能的认知能力、"道德能力"和责任能力，实即作为人工智能创造者的人类自身的认知能力、"道德能力"和责任能力，正如亚里士多德曾指出的，"人类所不同于其他动物的特

---

〔1〕 Amartya Sen, *On Ethics and Economics*, Harvard University Press, 1987, pp. 22~23.

〔2〕 储陈城："人工智能时代刑法归责的走向——以过失的归责间隙为中心的讨论"，载《东方法学》2018年第3期，第47页。

〔3〕 See Richard A. Watson, "Self-consciousness and the Rights of Nonhuman Animals and Nature", *Environmental Ethics*, Vol. 1, 1979, pp. 99~129.

〔4〕 See Paul Taylor, *Respect of Nature: A Theory of Environmental Ethics*, Princeton University Press, 1986, p. 14.

〔5〕 储陈城："人工智能时代刑法归责的走向——以过失的归责间隙为中心的讨论"，载《东方法学》2018年第3期，第48页。

〔6〕 刘宪权、朱彦："人工智能时代对传统刑法理论的挑战"，载《法治论丛（上海政法学院学报）》2018年第2期，第47~48页。

性，就在于他对善恶和是否合乎正义以及其他类似观念的辨认"。[1]人工智能能够辨认善恶和作出是否合乎正义的判断吗？犯罪意图是道德上的邪恶思想与法律上犯罪思想的紧密结合，而"没有犯罪意图的行为，不能构成犯罪"[2]。没有犯罪意图即没有犯罪意志，而没有犯罪意图即犯罪意志的人，便不构成犯罪人即犯罪主体。于是，当犯罪的本质是"意志之罪"[3]，而欠缺认知能力、"道德能力"和责任能力即欠缺"意志能力"，则人工智能便不存在犯罪意志，从而难以成为犯罪主体。法律人格在其历史发展过程中起源于伦理性，又最终超越于（而非脱离）伦理性；伦理性在一定层面上仍是其深层基础，故完全彻底抛弃伦理性这一本源很可能会让法律人格迷失方向和丧失进一步发展的动力[4]。在刑法领域，人工智能的非犯罪主体化，才是符合事物逻辑的，因为犯罪主体化向人工智能"强加"了一种"道德能力"和责任能力，正如机器人"加载"道德的目的并不是使机器人成为独立的物种，真正平等地参与社会生活，而是控制人工智能技术发展所致的系统性风险[5]。于是，具备"独立意志""人工道德"的机器人，应对自身行为及其所造成的后果负责[6]。在本著看来，不让也不能让机器人"平等地参与社会生活"而只是出于"控制风险"，恰好说明了对机器人"道德能力"和"道德主体"的"强加"，机器人并不具有原本以"人"为指涉对象的"意志"和"道德"。学者指出，立于刑法角度，侵害智能机器人财产权利的行为，如盗窃、诈骗、抢夺智能机器人财产的，可构成相应财产犯罪，但由于智能机器人没有肉体也没有生命权、人身自由权等人身权利，故抢劫智能机器人财产的行为不应构成抢劫罪，而仍属于抢夺罪或者盗窃罪的范畴[7]。按照前述看法，诈骗智

---

〔1〕 ［古希腊］亚里士多德：《政治学》，吴寿彭译，商务印书馆1965年版，第8页。

〔2〕 ［英］J. W. 塞西尔·特纳：《肯尼刑法原理》，王国庆等译，华夏出版社1989年版，第28页。

〔3〕 龚群："意志之罪：恶的根源——奥古斯丁恶理论的伦理意义"，载《南昌大学学报（人文社会科学版）》2016年第3期，第1~6页。

〔4〕 马骏驹、刘卉："论法律人格内涵的变迁和人格权的发展——从民法中的人出发"，载《法学评论》2002年第1期，第35页。

〔5〕 刘宪权："人工智能时代机器人行为道德伦理与刑法规制"，载《比较法研究》2018年第4期，第42页。

〔6〕 刘宪权："人工智能时代机器人行为道德伦理与刑法规制"，载《比较法研究》2018年第4期，第43页。

〔7〕 刘宪权："人工智能时代机器人行为道德伦理与刑法规制"，载《比较法研究》2018年第4期，第53~54页。

能机器人财产的行为，也不能定诈骗罪，而只能定盗窃罪。智能机器人不能"被抢劫"和"被诈骗"等，反过来正好说明：智能机器人在"认知能力"上就不具备成为"刑事被害人"的资格，而不具备刑事被害人的资格又说明智能机器人同时不具备"刑事加害人"即犯罪主体的资格。总之，人工智能的犯罪主体化遭遇着犯罪能力障碍，而此障碍又将具体体现为"道德障碍"和"伦理障碍"。

在人工智能能否犯罪主体化的问题上，陈忠林教授也持否定的态度，但其有不同的理由：从人工智能的发展态势看问题，人工智能将来会具有像人那样甚或超过人的犯罪能力，故一旦承认人工智能的犯罪主体地位，则将出现人工智能统治人甚至消灭人的局面或悲剧，故正如陈忠林教授在 2018 年 11月 24 日互联网法律大会（杭州）会议间隙所表达的看法，即人工智能的犯罪主体化不是"能与不能"的问题，而是"应不应该"的问题。而本著则认为，人工智能的犯罪主体化不是"应不应该"的问题，而是"能与不能"的问题，因为一旦人工智能将来具有相应的犯罪能力，则其犯罪主体化也是不可阻挡的，同时也是"合情合理合法"的，正如"能者多劳"所说明的那样。但是，"人下棋败给了机器人"或"机器人诊断病情的精确性高于医生"所带给我们的是"机器人（人工智能）比人类还能"的假象，因为机器人（人工智能）永远摆脱不了程序设定性和数据给定性，而程序设定性和数据给定性则决定于人类。

（二）人工智能犯罪主体化的受刑能力障碍

人工智能能否犯罪主体化的问题，还应联系人工智能的刑罚问题即其受刑能力问题。学者的构想是，适用于人工智能的刑罚可以有三种，分别为删除数据、修改程序、永久销毁。删除数据、修改程序、永久销毁构成了专门适用于人工智能的刑罚阶梯，体现了处罚的层次性，且可与人工智能行为的社会危害性及其"人身危险性"产生对应关系[1]。学者所构想的人工智能的刑罚都是对人工智能予以"物理性改变"而非"心理性塑造"，这恰好为学者在使用"人身危险性"这一概念时对之加双引号所印证。当刑罚不能让主体产生心理效果，则主体便因不具有受刑能力而不成为犯罪主体。当认为机

---

〔1〕 刘宪权："人工智能时代的'内忧''外患'与刑事责任"，载《东方法学》2018 年第 1 期，第 142 页。

器人具有主体资格，则其承担责任的财产又来自何处? [1]将前述疑问转移到刑事领域，当人工智能能够成为犯罪主体，则对其能否适用财产刑? 进一步地，如果人工智能能够成为犯罪主体，则对其能否适用资格刑? 当前述问题难以回答或答案是否定的，便意味着人工智能的犯罪主体化将面临刑罚适用问题，而刑罚适用问题又回过头来说明刑罚配置即法定刑本身的问题。财产刑和资格刑的不可适用性说明对人工智能所设想的删除数据、修改程序和永久销毁这三种法定刑是不切实际的。而对于人工智能，法定刑的不切实际正好说明了人工智能犯罪主体化的不切实际。

虽然必须把机器人当人看 [2]，但在刑事领域，"必须把机器人当人看"最好是把机器人作为财产犯罪等立法的保护对象而非惩治对象，亦即最好把人工智能作为犯罪对象而非犯罪主体对待。至于如果问题的讨论不再局限于"自主意识"，则可赋予智能机器人以人性化和人格化 [3]，若无"自主意识性"，则无"人性"可言，而法律责任主体包括或特别是刑事责任主体便缺失作为主体的先决条件，于是主体的刑罚便成了"无源之水"。和人类的处罚相模拟，对机器人进行"处罚"，更像是科幻的主题，因为要想变更机器人的举止，最简单的方法是更改程序。而即使在程序更改无法奏效时，仍不需要刑罚 [4]。不需要刑罚，意味着刑罚对人工智能不具有可适用性，意即人工智能不宜或不必要作为刑罚的受体，从而人工智能也就不宜或不必要作为犯罪与刑事责任的主体。可见，能否及如何承受刑罚，构成了对人工智能犯罪主体化的倒逼性拷问，而十分明显的结论是：如果人工智能犯罪主体化，则刑事责任将被消解或虚置。至于适用于智能机器人的刑罚即删除数据、修改程序设计、永久销毁也使我们在人工智能时代对犯罪的智能机器人适用刑罚具有可能性 [5]，我们可以说：删除数据、修改程序设计、永久销毁这三种"刑罚"对所谓"犯罪人工智能"或"犯罪机器人"实在难以想象其"社会意义

---

〔1〕 王利明："人工智能时代对民法学的新挑战"，载《东方法学》2018 年第 3 期，第 8 页。

〔2〕 封锡盛："机器人不是人，是机器，但须当人看"，载《科学与社会》2015 年第 2 期，第 1~8 页。

〔3〕 孙占利："智能机器人法律人格问题论析"，载《东方法学》2018 年第 3 期，第 15~17 页。

〔4〕 储陈城："人工智能时代刑法归责的走向——以过失的归责间隙为中心的讨论"，载《东方法学》2018 年第 3 期，第 30 页。

〔5〕 刘宪权、朱彦："人工智能时代对传统刑法理论的挑战"，载《法治论丛（上海政法学院学报）》2018 年第 2 期，第 51 页。

性"与"实在效用性"。由此，在人工智能造成损害的场合，根本就不存在刑事意义上针对人工智能本身的"处罚空隙"问题。当所谓人工智能"自行"实施严重危害社会的行为，我们应把这一事态视为人类的设计、生产、管理或使用行为的一种延续性后果。此时，我们可以根据实际情况分别作出处置：或是对设计、生产、管理或使用者追究故意或过失犯罪的刑责，或是对之通过"可允许的危险"和"期待可能性""社会相对性"等理论予以无罪处理。可见，人工智能的"（刑事）处罚空隙"本来就是个伪命题，正如刑法应对完全自控型机器法益侵害的可能路径有两种：一是因为无法对完全自控型机器人进行抓捕与处罚，故让制造者、贩卖者以及使用者来承担责任；二是在医疗、护理、道路交通等和人的生命息息相关（即便是再小的失误也不能够被允许）的领域中，如果将自控型机器作为刑法禁止对象，则会使得尖端技术可能给人类社会带来的利益被消解掉。因此，活用道路交通安全法等公法或者民法中的赔偿性规定更为妥当[1]。可见，"（刑事）处罚空隙"构不成人工智能犯罪主体化的充足理由。

学者指出，伴随而来的可预测性、可解释性、因果关系等问题将使得证明产品缺陷责任等既有侵权责任变得越来越困难，也使得被侵权人的损害难以得到弥补，故严格责任、差别化责任、强制保险和赔偿基金、智能机器人法律人格等都是潜在的法律方案，但选择何种方案取决于利益平衡[2]。在本著看来，机器人损害的可预测性、可解释性、因果关系等问题，最终是如何解决的问题，即解释学的问题，故被侵权人的损害不是能否弥补的问题，而是如何弥补的问题。而所谓"利益平衡"最终是"人类"的"利益平衡"。于是，人工智能损害的可预测性、可解释性、因果关系等问题，实质是对人工智能的人类行为包括人工智能设计、生产、管理和使用行为的损害的可预测性、可解释性、因果关系等问题，所以被人工智能损害的责任实质就是人类行为的损害责任。因此，人工智能的民事责任能力和民事责任主体地位就是虚幻和虚置的。由民事领域延伸至刑事领域，则人工智能的刑事责任能力和刑事责任主体地位即其犯罪主体地位同样是且更加是虚幻和虚置的。之所

---

〔1〕 储陈城："人工智能时代刑法归责的走向——以过失的归责间隙为中心的讨论"，载《东方法学》2018年第3期，第36~37页。

〔2〕 司晓、曹建峰："论人工智能的民事责任：以自动驾驶汽车和智能机器人为切入点"，载《法律科学（西北政法大学学报）》2017年第5期，第166页。

以如此，乃因为人类自身能够切实担负起人工智能的损害责任包括民事责任、行政责任和刑事责任。在某种意义上，我们可将人工智能与人类之间的关系视为代理与被代理的关系，而按照代理的法理，代理者的责任应转归被代理者。而即便是人工智能基于"深度学习"而在人类"预设范围"之外造成了损害，那也可适用"监督过失"理论而让人类承担相应的监督过失责任。人类自身承担起人工智能损害所引发的法律责任包括刑事责任，正是对人工智能不具有受刑能力的一种"救济"。进一步地，人工智能的犯罪主体化将受到刑法谦抑性的排斥，而刑法谦抑性的排斥包含着刑罚谦抑性的排斥：人工智能既然不具有受刑能力，则应当然排斥刑罚，从而人工智能不应犯罪主体化。于是，是否具有受刑能力决定人工智能可否犯罪主体化，便有着"以刑制罪"的特殊意味。"以刑制罪"在这里能够得到一番特别的诠释或补证，正如只有当立法机关认为有必要运用刑罚加以制裁，危害行为才能成为刑法上的犯罪，即刑罚反过来又成了犯罪的必要条件，亦即刑罚反过来决定了犯罪[1]，同时也决定了犯罪主体。

学者指出，刑罚的目的是预防犯罪，包括特殊预防与一般预防，这两种预防功能在机器人身上皆得以奏效[2]。机器人具有感知刑罚痛苦的能力，并且能够在犯罪的快感与刑罚的痛感之间进行理性权衡，以调整以后的行为。而一般预防的功能则体现得更为充分，因为机器人具有意识和意志，会学习，能思考，故此机器人完全可以从彼机器人犯罪受刑的经历中受到威慑与教育，从而不断在自己的"大脑"中塑造或加深符合人类社会规范的价值观[3]。正如我们所知，机器人的活动终究靠的是程序默认和数据输入，其永远带有机械物理性，而"深度学习性"也永远摆脱不了机械物理性。其所谓犯罪的"快感"与刑罚的"痛感"，到底从何而来？由于犯罪快感与刑罚痛感分别对应着"犯罪收益"与"犯罪成本"，故所谓犯罪快感与刑罚痛感的理性权衡，正是人类才具有的犯罪经济学行为。

〔1〕 赖华子、胡东平："论刑罚观决定犯罪观——基于刑罪关系的点线面考察"，载《南昌大学学报（人文社会科学版）》2014年第6期，第84页。
〔2〕 刘宪权："人工智能时代机器人行为道德伦理与刑法规制"，载《比较法研究》2018年第4期，第51~52页。
〔3〕 刘宪权："人工智能时代机器人行为道德伦理与刑法规制"，载《比较法研究》2018年第4期，第51~52页。

主张人工智能犯罪主体化的学者指出，机器人绝不可能获得完全的、不受限制的、与自然人平等的主体地位。众多科幻电影、未来学家早已警告人们：人工智能若不受控制地发展下去，将会灭绝人类。而即便不会使人类灭绝，人类也绝难接受与机器人共同治理社会、分享资源的局面。正是基于保护人类、维护人类利益的理由，机器人的伦理地位只能是也至多是限制性主体地位，这一原则应始终予以贯彻，并在法律制度中予以体现，即在智能机器人的法律人格、法律权利与责任等问题上应秉持承认与限制的基本立场〔1〕。人工智能的限制性主体地位问题，最终应放到人工智能犯罪的"天然能力"层面上予以讨论，而灭绝人类仍是一种带有"科幻性"的说辞，不能作为法律问题的现实根据。当学者指出人工智能因受自身特点的限制即"基于自身的特点"而只能实施自然人主体所能实施的部分犯罪时，则学者是自相矛盾的：既然人工智能将越发"无所不能"甚至将超越乃至能够"毁灭"人类，则人工智能的刑事责任能力包括犯罪能力至少应不低于人类。若此，则人工智能为何不能实施自然人主体所能实施的全部犯罪呢？当我们将人工智能夸张得"无所不能"乃至"超越人类"，则对自然人能够实施的犯罪而言，人工智能只存在着能否全部实施而非能否部分实施的问题。而当肯定人工智能只能部分实施自然人所能实施的犯罪，则等于否定人工智能能够实施自然人所能实施的全部犯罪。如果人工智能也是一类特别的限制性刑事责任能力主体，则其限制性应出于刑事责任能力本身的"事实状态"，还是出于对其破坏性乃至"毁灭性"的人为想象乃至"恐惧妄想"？

三、人工智能犯罪主体化的刑事法治障碍

对人工智能犯罪主体化刑事法治障碍的说明，可从"人工智能司法"那里去开辟路径。

（一）人工智能犯罪主体化刑事法治障碍的证据制度折射

从证据制度，我们可以迂回看到人工智能犯罪主体化将有害于刑事法治。在司法领域，"人工智能司法"是"人工智能万能"甚或"人工智能超能"的观念体现，这首先将在证据采信上直接危害法治，而若联系刑事司法，便是直接危害刑事法治。

---

〔1〕 刘宪权："人工智能时代机器人行为道德伦理与刑法规制"，载《比较法研究》2018 年第 4 期，第 44~45 页。

"法定证据制度"是近代学者对罗马教会刑事证据制度的一种称谓[1]，要求每一种证据的证明价值都由法律明文确定，即法官不能根据内心确信和良知意识来认定证据的证明价值。易言之，刑事案件只要存在符合法定证明力要求的证据，法官即应作出有罪判决[2]。"法定证据制度"是一种形而上学的证据制度，限制了法官的理性。由于任何法律专家系统软件都意味着作出一种纯粹的法律实证主义预设，自然法、权利保障、天理人情、有教少诛之类的思辨性要素都会被排除在人工智能的判断标准之外。这就如同"法定证据制度"将法官的"自由心证"排除在证据判断规则之外。人工智能在证据采信上只注意统一规范化，而忽视了证据判断所需要的经验法则、逻辑规则和理性良心等要素，故其必然走入"法定证据制度"的误区而无法实现实质的司法公正[3]。正如成为证人的条件之一是"应当具备辨别是非、正确表达能力"，机器人应被排除在证人范围之外[4]。司法人工智能之所以不能成为证人包括刑事诉讼的证人，原因在于其不具备辨别是非、正确表达的能力，而前述能力正是单纯的数据逻辑运行之外的个性化、情理化的思辨能力与陈述能力。个性化、情理化的思辨能力和表达能力是证据制度的实质正义的基因所在，而法律人工智能恰恰不具有前述能力。将法律人工智能作为证据采信即证据事实和案件事实的认定主体以及将之作为诉讼包括刑事诉讼证人，将危害刑事法治。而将之作为法律责任主体包括刑事责任主体，也将危害法治包括刑事法治。

（二）人工智能犯罪主体化刑事法治障碍的司法制度架构折射

从司法制度架构上，我们可迂回看到人工智能犯罪主体化将有害于刑事法治。假若司法人工智能可以实现判决自动生成，虽负有审核人工智能预判结果的义务，但在案件数量激增或办案期限等压力下，司法人员难以保证自身不会对人工智能产生依赖，从而导致其办案能力逐渐退化而终成为人工智

[1] 施鹏鹏："法定证据制度辨误——兼及刑事证明力规则的乌托邦"，载《政法论坛》2016年第6期，第121页。

[2] [法]贝尔纳·布洛克：《法国刑事诉讼法》，罗结珍译，中国政法大学出版社2009年版，第79页。

[3] 程凡卿："我国司法人工智能建设的问题与应对"，载《东方法学》2018年第3期，第120~121页。

[4] 互联网法律研究中心：《2017年度互联网法律年鉴》，2017年，第252页。

能"奴役"的对象。而一旦这种现象普遍出现，司法工作的核心将被颠覆，因为人工智能的算法将成为司法工作的主导，司法数据库也会成为案件审理的主要"场所"，对人工智能的过度依赖将导致现代法治的制度设计分崩离析。之所以如此，乃因为司法工作者是连接国家公权力和公民私权利的纽带，是代表司法机关维护司法公正和权威的直接行动者，而任何判决的作出都必须经历对抗性辩论和证明的洗礼，且经历充分的法律推理和审议。然而，对人工智能的过度依赖将会打破这种合理架构，因为司法工作者的核心作用将被人工智能取代，严密的工作制度在"算法绑架"下失去作用，现代法治制度也会因为过度依赖人工智能而全面解构[1]，正如司法工作者的"自由心证"在整个审判过程中无足轻重，法庭审理流于形式，法庭辩论、上诉审、专家酌情判断的意义都会弱化，最终导致法官的物象化、司法权威的削弱、审判系统的解构，甚至彻底的法律虚无主义[2]。"人工智能万能"或"人工智能超能"的迷信，将在刑事领域导致"刑法虚无主义"。

J. C. 史密斯（J. C. Smith）指出，"计算机可以或应该更换法官"的见解是基于笛卡尔的"灵体二元论"和"莱布尼茨的谬误"，即智力可以独立于人体而存在和所有的人类思想都可以通过一种通用的语言来表达的错误[3]。因此，虽然法官正在使用这些法律人工智能量刑系统说明他们作出的量刑决定，但其仍应保有自由裁量权[4]。易言之，人工智能只是辅助和服务法官办案，而非替代司法裁决、淘汰办案法官[5]，因为司法裁判的过程不仅仅是给出结论的过程，更是以一系列合乎逻辑的声明或通过引用相关的法源得出结论的过程，只有结果无法"服众"。由此，深度学习算法的"黑箱性"天然地与法律决策的"透明性"要求相冲突[6]。面对法律信息这一掺杂着主体性、主观性、特殊性的意识形态混合体，人工智能发现规律、提炼标准、形

---

〔1〕 程凡卿："我国司法人工智能建设的问题与应对"，载《东方法学》2018 年第 3 期，第 122 页。

〔2〕 季卫东："人工智能时代的司法权之变"，载《东方法学》2018 年第 1 期，第 133 页。

〔3〕 See J. C. Smith, "Machine Intelligence And Legal Reasoning", *Chicago-Kent Law Review*, 1998 (5)：324.

〔4〕 See Christopher Slobogin, *Risk Assessment*, *The Oxford Handbook Of Sentencing And Corrections*, Oxford Universriy Press, 2012, p.200.

〔5〕 何帆："我们离'阿尔法法官'还有多远?"，载《浙江人大》2017 年第 5 期，第 47 页。

〔6〕 左卫民："关于法律人工智能在中国运用前景的若干思考"，载《清华法学》2018 年第 2 期，第 119 页。

成模式，进而预测未来判决，无疑极具挑战性与困难性[1]。联系刑法司法领域，法律人工智能的法理困境即刑事司法制度架构的困境，从而是法律人工智能的刑事法治困境，因为在刑事司法领域，人工智能同样难以具有法律决策的"透明性能力"，而对掺杂着意识形态的法律信息，人工智能同样难以具有"发现能力""提炼能力""形成能力"和"预测能力"。正是由于前述能力力所不逮，人工智能的刑事法治也会力所不逮。从人工智能之于司法制度架构宗旨的背离性或反叛性中，我们能够看到人工智能犯罪主体化之于刑事法治的背离性或反叛性，因为人工智能容易在"黑箱"中被"滥竽充数"，从而遮蔽真正的刑事责任者。

（三）人工智能犯罪主体化刑事法治障碍的"数据集权"折射

从"数据集权"上，我们可迂回看到人工智能犯罪主体化将有害于刑事法治。人工智能的核心在于"算法"，而"算法"的设计决定着人工智能的"行为"。但对于普通人和大多数立法者、执法者和司法人员，"算法"是一个"暗箱"，人们只能看到结果而无法看到运作过程，故制定相关规则来约束"算法"设计者的行为，在发生可疑后果时要求程序员用自然语言来解释"算法"的设计原理，并且追究相关责任，是一种治本之法[2]。既然无法看到"运作过程"，而程序员的"算法"原理解释也可以是一种"暗箱"，故人工智能司法无法摆脱"程序正义"和"实体正义"的问题，正如即便未来的人工智能极其发达、高超，甚至比人类还聪明，它在刑事司法领域也必须有明确的禁区，除非人类法治文明对刑事法治的要求或相应标准发生了颠覆性的改变。智慧标准化在刑事司法领域具有总体可行性，但涉及刑事实体法的适用，须有所限制或特别慎重[3]。这就意味着我们必须谨防互联网时代体现在人工智能上的"数据集权"[4]。人工智能在司法领域的"数据集权"乃至"资料专制"，是对其法定证据制度的畸形承载和司法制度架构拆离的形象说明或真相揭示。从人工智能的"数据集权"乃至"资料专制"中，我们能够集中看到人工智能犯罪主体化的刑事法治危害。具言之，在人工智能犯罪主

---

〔1〕 左卫民："关于法律人工智能在中国运用前景的若干思考"，载《清华法学》2018 年第 2 期，第 116 页。

〔2〕 互联网法律研究中心：《2017 年度互联网法律年鉴》，2017 年，第 252~253 页。

〔3〕 互联网法律研究中心：《2017 年度互联网法律年鉴》，2017 年，第 249 页。

〔4〕 互联网法律研究中心：《2017 年度互联网法律年鉴》，2017 年，第 178 页。

体化的场合，"数据集权"乃至"资料专制"即犯罪主体的傀儡化，而犯罪主体的傀儡化即刑事法治的傀儡化。

四、人工智能犯罪主体化的"人类中心化"障碍

"人类中心化"障碍是对人工智能犯罪主体化障碍的价值层面的进一步交代。这里所说的"人类中心化"障碍，将从人类认知理性和社会学两个层面予以展开。

（一）人工智能犯罪主体化的人类认知理性障碍

人类认知理性障碍，是指作为人类产品的人工智能不可能达到人类自身所具有的认知理性而难以犯罪主体化。智能机器人法律人格问题的争论是"人类中心主义"和"去人类中心主义"的伦理之争，是"人类沙文主义"的质疑从环境法领域向人工智能法领域的转移。在强人工智能阶段，甚至在弱人工智能的中后期，"去人类中心主义"将可能成为新的伦理理念，而"人类中心主义"和"人类沙文主义"这一类标签也会再现于人与智能机器人关系的论争之中[1]。人们对环境法律关系的主体是否仅限于"人"，迄今未能达成一致意见，而未达成一致意见意味着"人类中心主义"在环境法领域不会轻易被消解，或轻易被"非人类中心主义"所取代。

"人类中心化"在人工智能领域同样不会被消解，更不会被取代，因为人工智能领域同样存在谁是实践主体和谁是实践手段、谁是被服务者和谁是服务者的问题，而问题的答案是清楚的。即便人工智能取代人类或超越人类，其所提供的解决方案也不大可能让人类满意，而只有当人工智能能够基本解决事实认定和正当性问题，其才能"与人类相差无几"，"去人类中心主义"才有可能[2]。人类永远是"贪心不足"的，所以永远是"被服务者"；所谓"与人类相差无几"，实即人工智能与人类还有差距，即不可能"等于"人，而永远是作为人类的实践手段而存在，根由在于：人工智能不可能"达到"人类的认知理性，"去人类中心主义"只可"接近"而无法"达到"，亦即无法"等同"或"变成"人。于是，在刑法领域，人工智能若要通过犯罪主体化来消解"人类中心主义"，必须具备一个前提，即人工智能"达到"了人类的认知理性。

---

[1] 孙占利："智能机器人法律人格问题论析"，载《东方法学》2018年第3期，第14~15页。

[2] 吴旭阳："法律与人工智能的法哲学思考——以大数据深度学习为考察重点"，载《东方法学》2018年第3期，第24页。

纵观人类刑法史，刑法曾经历并非完全以人类为中心的时期，即以动物或者物体作为责任主体的时期，但于启蒙时期到来之后即消失，因为动物或者其他物体不具有自由和理性能力，且其并非国家中的市民。刑法进入人类中心时代标志着刑法文明的巨大进步[1]。所谓“非市民”即不具有自由和理性能力，亦即不具有认知理性能力。动物或者其他物体的犯罪主体化之所以在刑法史上昙花一现，究其原因在于：动物或者其他物体不具有人类的认知理性，正所谓“人是有器官的智慧”，“人是万物之尺度”[2]，如莎士比亚曾言，“人是宇宙的精华，万物的灵长”[3]；而“那些最具特色、最有生命力的成功之作往往只产生在难得而又短暂的灵感勃发的时刻”[4]。但人工智能所生成的内容都是应用算法、规则和模板的结果，不能体现创作者独特的个性[5]。生命科学领域的科学家表示，人类的心智具有多种智慧如情绪能力等。人类还拥有天马行空的想象力与创造力，而这些都是人工智能不具备的，也是人类独有的财富[6]。在科学的迷茫之处，在命运的混沌之点，人唯有乞灵于“自己的精神”[7]。人工智能存在可供我们乞灵的“自己的精神”吗？认知理性能力的欠缺使得人工智能不可能取得与人类并列甚至高于人类的地位，即不可能取代“人类中心化”。在刑事领域，人工智能的“非人类中心化”地位意味着人工智能不可能“被犯罪主体化”。拉伦茨指出，没有理性的东西只具有一种相对的价值，即只能作为手段，因此叫作“物”；而有理性的生灵才叫作“人”，因为人依其“本质”即为“目的”本身，而不能仅仅作为手段来使用[8]。拉德布鲁赫又指出，人之所以为人，并不是因为他是一种

---

〔1〕　储陈城：“人工智能时代刑法归责的走向——以过失的归责间隙为中心的讨论”，载《东方法学》2018 年第 3 期，第 33~34 页。

〔2〕　[美]伯顿·史蒂文森主编：《世界明言博引词典》，周文标等编译，辽宁人民出版社 1990年版，第 602 页。

〔3〕　[英]威廉·莎士比亚：《莎士比亚喜剧悲剧集》，朱生豪译，译林出版社 2010 年版，第329 页。

〔4〕　[奥]斯蒂芬·茨威格：《人类的群星闪耀时：十四篇历史特写》，舒昌善译，读书·生活·新知三联书店 2015 年版，序言第 1 页。

〔5〕　王迁：“论人工智能生成的内容在著作权法中的定性”，载《法律科学（西北政法大学学报）》2017 年第 5 期，第 148 页。

〔6〕　张漫子：“人工智能 2.0 与人类命运”，载《读者》2017 年第 11 期，第 49 页。

〔7〕　史铁生：《史铁生散文集》，中国社会出版社 2012 年版，第 41 页。

〔8〕　[德]卡尔·拉伦茨：《德国民法通论》（上册），王晓晔等译，法律出版社 2003 年版，第46 页。

有肉体和精神的生物，而是因为人展现了一种自我目的。为了证明人类群体可以具备法学人格，我们不需要证明人类在生物学上是相同的客观实体、组织，而需要证明"自我目的"在人类群体当中和在人类个体上的体现是一致的〔1〕。人工智能的"目的"不在"人工智能"自身，而最终是在"人"，亦即人工智能并无"自我目的"。缺失"自我目的"是难以成为作为理性存在的人的，或曰至少难以成为"理性人"，从而难以具有法律人格和法学人格。

（二）人工智能犯罪主体化的社会学障碍

人工智能犯罪主体化问题追问着刑法领域的"人类中心化"，而"人类中心化"本是社会学话题。在社会系统中，人类与"电子人"皆属社会活动的参与者，生成人机关系、人际关系和"电子人际"关系。而在人机关系影响下，人际关系呈现别样的特点即不确定性和受动性。于是，在宏观的社会结构、社会关系，中观的家庭结构、家庭关系，微观的人机关系中，人工智能表现出强烈的非完全受支配的特性。因此，应承认并确立"电子人"主体地位，以有效响应社会主体多元、结构多层、关系多样、系统有序的需求〔2〕。但我们必须认清一点：人工智能只是改变社会生活关系的手段，故人工智能并不因此而成为社会生活关系的主体。如果赋予智能机器人以法律人格，传统法律的调整对象将演变为三种社会关系：人与人之间的社会关系、人与智能机器人的社会关系、智能机器人之间的社会关系〔3〕。"社会关系"隐含着人工智能是社会主体，但只要承认人工智能是人类的产品且最终受人类的控制，则人与人工智能之间的所谓社会关系和人工智能相互之间的所谓社会关系，终究是人与人之间的社会关系。

在人工智能时代，"电子人"的文化价值与意义凸显，具有主观能力的"电子人"能够观察认知环境，作出价值判断，开展社会活动，塑造"电子人"群体精神，形成自有文化即"电子人文化"。而在文化意义上，人工智能重塑人们的生活方式、生活进程，参与人们的精神生活，形构新型社会文化。从远期看，人工智能形成文化自觉，构建自主的"电子人文化"，与人类文化

〔1〕 ［德］G. 拉德布鲁赫：《法哲学》，王朴译，法律出版社2005年版，第134页。

〔2〕 郭少飞："'电子人'法律主体论"，载《东方法学》2018年第3期，第46~47页。

〔3〕 孙占利："智能机器人法律人格问题论析"，载《东方法学》2018年第3期，第11页。

共生交融，为承认和确立"电子人"主体奠定了文化心理、文化观念和文化制度基础[1]。但我们必须认清一点：人工智能只是重塑社会文化的手段，故人工智能并不因此而成为社会文化的主体。社会关系和社会文化的主体地位蕴含着法律主体地位，而法律主体地位又蕴含着犯罪主体地位。至少在刑法领域，对于社会关系和社会文化的影响，无论多么巨大，都不足以得出人工智能犯罪主体化这一结论，因为人工智能本身并非主体，而是主体的工具。人工智能犯罪主体化意味着刑法失去了"中心"，因为刑法不可能存在人工智能与人类这两个"中心"。

所谓人工智能的威胁实即人工智能对人类社会的威胁。人工智能犯罪主体化是人工智能威胁论在刑事领域的无声流露。人工智能威胁论形成于以下代表性论断：人工智能一旦脱离束缚，将以不断加速的状态重新设计自身，而人类由于受到漫长的生物进化的限制，无法与之竞争，将被取代[2]；人工智能是人类文明存亡的最大威胁，是人类有史以来最好也是"最糟糕的发明"[3]。由于人工智能一旦脱离人类的控制，就有可能主导世界并消灭人类，故必须限制人工智能在社会领域的全面运用[4]。否则，人类在不久的将来注定会生活在"技术知识的囚室"[5]。有人认为这是一个伪命题，因为人工智能机器人有再了不起的技术，也仍然不是人，而是机器、产品。假如机器人使人类或残或死，将之判刑后送到监狱还得通电，那么它还是物[6]。况且，无论技术多么先进，机器人都是为人类服务的[7]。总之，"人类中心化"障碍将在刑事领域拒斥人工智能的犯罪主体化。"人类中心化"本来就寄寓着主客关系。在法学领域，我们无需质疑"人类中心化"，因为法学终究乃价值学，而价值又

---

〔1〕　郭少飞："'电子人'法律主体论"，载《东方法学》2018年第3期，第47页。

〔2〕　[英]霍金："人工智能的崛起可能是人类文明的终结"，载腾讯科技：http://tech.qq.com/a/20170427/018205.htm，2018年7月9日访问。

〔3〕　[美]马斯克："它是人类文明最大威胁"，载腾讯科技：http://tech.qq.com/a/20171219/028271.htm，2018年7月9日访问。

〔4〕　江晓原："人类必须正视人工智能的威胁"，载澎湃新闻：http://www.thepaper.cn/newsDetail_forward_1781389，2018年7月9日访问。

〔5〕　[德]乌尔里希·贝克、[英]安东尼·吉登斯、[美]斯科特·拉什：《自反性现代化——现代社会秩序中的政治、传统与美学》，赵文书译，商务印书馆2001年版，第74页。

〔6〕　杨立新："人工智能机器人的民法地位与自动驾驶汽车的交通事故责任"，载中国法学创新网：http://www.fxcxw.org/index.php/Home/Miaowen/artIndex/id/15969/tid/6.html，2018年7月1日访问。

〔7〕　互联网法律研究中心：《2017年度互联网法律年鉴》，2017年，第251~252页。

是事物满足人类需要的功用。于是，要进一步强调的是，"去人类中心化"最终就是"无中心化"，而"无中心化"意味着人类自身的消解。

人工智能的犯罪主体化意味着"以人为本"的颠覆，而作为事物之"本"的东西只能是一元的，而非多元的。未来学家库兹韦尔的奇点理论认为，技术的加速发展会导致"失控效应"，即人工智能将超越人类智能的潜力和控制，迅速改变人类文明〔1〕。奇点带来的失控可能是人类与机器人共生，亦可能是人类完全被奴役甚至灭绝。为了避免人类的灭绝，也为了人类的共同利益，限制机器人是必然的共识〔2〕。然而，在这个理论中，灭绝人类的并不是人工智能而是"人类"自身，所以为了保护人类而将人工智能犯罪主体化，是"舍本取末"。人类认知理性障碍和社会学障碍共同说明："人类中心化"在刑法领域排斥人工智能犯罪主体化；人工智能犯罪主体化的社会学障碍是其人类认知理性障碍的延伸，因为主体的社会性本来就是其认知理性的异化。

随着科技的发展，我们需要认真思考科技与法治、技术与人的尊严等基础性问题。法学的使命不是赞赏科技发展带来辉煌的成就。最终，科技发展要基于人的尊严和宪法共识。在当代这样一个价值多元化、科技发展具有不确定性的世界面前，我们要更加珍惜人类文明的价值，更加强化宪法的价值共识——人类共同体的价值和人的尊严的价值。只有这样，才能够让人类继续生活在自由、幸福而有尊严的社会中，确保人类永远主宰未来，而不会被技术所主宰〔3〕。人类文明和尊严可以作为否定人工智能犯罪主体化的终极理由，而此理由最终仍可归属于"人类中心化"范畴。史铁生说："神若存在，神便可见、可及，乃至可做，难免人神不辨，任何人就都可能去做一个假冒伪劣的神了；神若不存在，神学即成扯淡，神位一空，人间的造神运动便可顺理成章，肃贪和打假倒没了标准。这可如何是好？我理解那书（刘小枫：《走向十字架上的真》）中的意思是说：神的存在不是由终极答案或终极结果

---

〔1〕 刘宪权："人工智能时代机器人行为道德伦理与刑法规制"，载《比较法研究》2018 年第 4 期，第 47 页。

〔2〕 刘宪权："人工智能时代机器人行为道德伦理与刑法规制"，载《比较法研究》2018 年第 4 期，第 47 页。

〔3〕 韩大元："当代科技发展的宪法界限"，载《法治现代化研究》2018 年第 5 期，第 1~12 页。

来证明的，而是由终极发问和终极关怀来证明的，面对不尽苦难的不尽发问，便是神的显现，因为恰是这不尽的发问与关怀可以使人的心魂趋向神圣，使人对生命取了崭新的态度，使人崇尚慈爱的理想。"[1]如果将人工智能能否成为犯罪主体这一问题来对应神是否存在这一问题，则前一问题也可借由"终极发问和终极关怀"来解答，而"终极发问"的对象和"终极关怀"的对象最终应是"人"或"人类"本身，而非"人工智能"。

接纳人工智能的主体地位，意味着迟早要接纳人工智能的刑事责任主体地位，亦即迟早接纳人工智能犯罪主体化。在人工智能能否犯罪主体化的问题上，我们也可说"万事皆有可能"。但是，人工智能是否最终犯罪主体化以及何时犯罪主体化，则需要的是一种"现实可能"而非"抽象可能"甚或"想象可能"。"现实可能"的前提是：人工智能已经具备了以认知理性为基础的刑事责任能力，且刑事责任能力包含受刑能力。但是，当人工智能被夸大或想象为"无所不能"甚至"比人还能"，则现有的刑法体系将由规制"（法）人"的体系被颠覆为规制人工智能的诡异体系。而在这样的刑法体系面前，"人将不人"，人将失去主体性地位，最终失去"尊严"。这里，主体性地位和"尊严"意味着人的"存在"与"解放"，正如马克思曾指出："通过实践创造对象世界、改造无机界，人证明自己是有意识的类存在物。"[2]而海德格尔又曾指出："作为形而上学的哲学之事情乃是存在者之存在，乃是以实体性和主体性为形态的存在者之在场状态。"[3]由此，当今人类社会所面临的最大问题仍然是作为主体的"人"的自身的"解放"问题[4]。或许，主体性地位、人的"尊严"，甚至人的"存在"与"解放"，是回答人工智能能否犯罪主体化的最深刻理据。而人工智能犯罪主体化问题的争论，或可借用马云在阿里巴巴第二届"全球 XIN 公益大会"上的一句话作为终结，即"人类有心，机器只有芯片"。

可以肯定的是，互联网、大数据、人工智能不仅可以构成法学包括刑法

---

〔1〕　史铁生：《史铁生散文集》，中国社会出版社 2012 年版，第 135 页。

〔2〕　［德］马克思：《1844 年经济学哲学手稿》，中共中央马克思、恩格斯、列宁、斯大林著作编译局译，人民出版社 2000 年版，第 57 页。

〔3〕　［德］海德格尔：《面向思的事情》，陈小文、孙周兴译，商务印书馆 1996 年版，第 89 页。

〔4〕　吴飞："共情传播的理论基础与实践路径探索"，载《新闻与传播研究》2019 年第 5 期，第 60 页。

学研究的方式、方法，而且可以构成法学包括刑法学的研究对象。虽然人工智能的发展正在和仍将影响着法治实践和法治理论，正如我们要充分认识和拥抱科学技术对社会生产和生活带来的结构性、革命性的影响〔1〕，但人工智能能否给刑法立法和刑法理论带来结构性、革命性的影响，则取决于人工智能能否取得等同于人的主体地位。再进一步，人工智能科研机构的纷纷成立和人工智能学术研讨会的竞相召开，使得人工智能的法律问题成为中国法学界的一道"绚丽风景"，且人工智能法学成了当下中国法学的最大玄学。讨论人工智能犯罪主体化的意义不在于中国刑法学理论的未来繁荣，而在于中国刑法学理论的当下稳步发展，因为这将抑制中国刑法学理论脱离实际或夸大实际的焦躁与冒进，同时增强些许沉静与扎实。更进一步，在中国刑法学领域，美其名曰"未来法学"的学术创新不小心就会蜕变为对当下理论的"耽误"或不作为，甚至是带有"历史虚无主义"的抛弃或破坏。人工智能的犯罪主体化问题真正关乎"中国刑法学向何处去"。而究竟"中国刑法学向何处去"，应立足于刑法自身的制度逻辑和人类社会生活本身的发展逻辑。我们正身处"人类命运共同体"，而在将来，或许会形成"人类与人工智能命运共同体"，甚至"人工智能命运共同体"。而到那时，再谈人工智能犯罪主体化也"为时不晚"。抑制人工智能的犯罪主体化，能够"倒逼"中国刑法学"苦练内功"以求得"自然生长"。需要指出的是，虽然刑法立法和刑法理论可以甚或应该具有一定的前瞻性和"想象力"，但不能脱离社会生活的现实基础。前述认识的意义，或许要比人工智能能否犯罪主体化的讨论要大或大得多。中国刑法学需要想象力，但脱离"事理""法理"和"公理"的逻辑演绎，体现出来的恐怕就不是想象力，而是一种"幻想力"或"科幻力"。当以异于常人的想象力从事法学研究，研究者的判断力也会一并"异于常人"：概念附会、伪问题替代真问题、政策论替代教义论等一系列现象表明，一贯理性的法律人也会丢掉人类智力本该坚守的常识，人工智能法学研究中的如此反智化现象，令人深思并需要警醒〔2〕。而深思与警醒可以抑制"法学泡沫"。

---

〔1〕 王利明："人工智能时代对民法学的新挑战"，载《东方法学》2018年第3期，第9页。

〔2〕 刘艳红："人工智能法学研究的反智化批判"，载《东方法学》2019年第5期，第125页。

第四节　犯罪客体的必要性

与主客体的对应关系相对应，犯罪客体论可视为与犯罪主体论的一种对应性理论。而作为犯罪客体论的首要问题，犯罪客体是否必要这一问题可从多个角度予以解答。

一、犯罪客体必要性是主客体对应的哲学结论

犯罪客体不必要说有各种论调：或曰犯罪构成包括犯罪主体要件、犯罪主观要件和犯罪客观要件三大类别，犯罪客体不是、不应当视为犯罪构成要件之一[1]；或犯罪客体充满政治意识形态，应从犯罪成立条件中去除[2]；或犯罪客体是政治需要而非法律的产物，刑法作为一种规范表现不应有犯罪客体存在的空间，而刑法要保护的社会利益可以体现在刑事立法的原则性规定中，犯罪客体不应再具有独立的评价功能[3]；或把犯罪构成四要件中的犯罪客体开除出去，然后把正当行为作为一个消极要件或者是排除性要件，纳入现有的犯罪构成整体中来[4]。首先，对犯罪客体通过"政治需要"而将其"意识形态化"是一种情绪化的见解，甚至是对四要件犯罪构成彻底推翻或全盘否定的变相流露。而所谓"刑法要保护的社会利益可以体现在刑事立法的原则性规定中"，意即犯罪客体就是"在刑事立法的原则性规定中"。但即便刑事立法的规定对犯罪客体有所体现，不仅不影响犯罪客体在犯罪构成中的应然地位，因为犯罪构成不同于刑法规定本身，且犯罪构成正是对刑法规定的犯罪成立条件的理论概括或提炼，而且正如在犯罪构成体系构造方面，将刑法的明文规定及隐含精神转化为较为统一精密能够广泛运用的客体要件理论，以使分析思路缜密而有序。而在司法实际运用方面，又将理论化的客体要件尽可能回复为刑法之明文规定，以显司法决断之威权并有据。对这种规范—理论—事实之往复循环过程的科学说明，既是刑法解释学的不凡使命，

---

[1] 肖中华：《犯罪构成及其关系论》，中国人民大学出版社2000年版，第155页。

[2] 陈兴良："犯罪客体的去魅——一个学术史的考察"，载《政治与法律》2009年第12期，第90页。

[3] 杨兴培："'犯罪客体'非法治成分批评"，载《政法论坛》2009年第5期，第119页。

[4] 贾宇主编：《刑事违法性理论研究》，北京大学出版社2008年版，第451页。

显学者的聪明智慧，同时也为司法快速、简洁、准确处理案件所必需[1]。于是，犯罪客体应否在犯罪构成中有其地位，应予以哲学层面的解答。

很显然，按照客体与主体的哲学逻辑对应，当否定犯罪客体，便等于否定犯罪主体，进而否定处于犯罪主体与犯罪客体之间的其他犯罪构成要件即犯罪主观方面和犯罪客观方面。这样，整个犯罪构成将被瓦解。进一步地，在哲学上，人类活动是主客体之间相互作用的过程。于是，当否定客体，则等于否定人类活动本身。而当把犯罪视为一种"负能量"的人类活动，则否定犯罪客体便等于否定犯罪本身（no object, no crime.）。可以想见的是，当偷越国边境罪、脱逃罪和战时自伤罪等可视为犯罪主体与犯罪对象的"二合一"，即犯罪主体同时就是犯罪对象，则"有的犯罪没有犯罪对象"的立论便难以立足，亦即"所有的犯罪都有犯罪对象"。又当犯罪对象是犯罪客体的载体，犯罪对象是外在和形式而犯罪客体是内在和实质，则事物的外在和内在与形式和实质之间的范畴对应关系，便通过"所有的犯罪都有犯罪对象"来进一步支撑犯罪客体的必要性，即"所有的犯罪都有犯罪客体"的立论。易言之，犯罪客体的必要性即"所有的犯罪都有犯罪客体"与"所有的犯罪都有犯罪对象"，这两个立论具有一致性。因此，当承认犯罪客体的必备性同时又提出"有的犯罪没有犯罪对象"，则将陷入自相矛盾。当然，所谓"有的犯罪没有犯罪对象"会走向"有的犯罪没有犯罪客体"，而"有的犯罪没有犯罪客体"最终会回过头来肯定"所有的犯罪都有犯罪客体"。可以进一步想见的是，犯罪客体否定论还可以假借犯罪对象与犯罪客体的重合性甚至犯罪客体与犯罪对象无异来否定犯罪客体，正如犯罪客体就是犯罪侵害的对象，没有必要将之作为犯罪构成共同要件[2]；或如犯罪客体与犯罪对象具有重合性，故犯罪客体的存在不必要[3]。在本著看来，犯罪对象是犯罪客观方面中的一个具体内容，属于经验范畴或现象范畴，而犯罪客体则属于价值范畴或实质范畴，故两者不可相互取代，更不能用犯罪对象取代犯罪客体。

当犯罪客体已经存在或得以形成，则说明已经有了犯罪主体、犯罪主观

---

[1] 冯亚东："犯罪概念与犯罪客体之功能辨析：以司法客观过程为视角的分析"，载《中外法学》2008 年第 4 期，第 589 页。

[2] 张文："犯罪构成初探"，载《北京大学学报（哲学社会科学版）》1984 年第 5 期，第 49~50 页。

[3] 陈兴良："犯罪构成的体系性思考"，载《法制与社会发展》2000 年第 3 期，第 46~66 页。

方面和犯罪客观方面，正如犯罪客体具有事实判断与价值评价双重功能[1]。由此，犯罪客体可视为犯罪构成中的一个"沉淀性要件"或"终局性要件"，而此"沉淀性"或"终局性"在四要件犯罪构成的"一极"上与犯罪主体在四要件犯罪构成的"另一极"上形成主客体对应，从而说明犯罪客体之于四要件犯罪构成的"不可或缺性"。学者指出，在不同法系的犯罪构成理论中，规范评价是必不可少的一个要素。我国犯罪构成理论中的犯罪客体要件相当于大陆法系犯罪构成理论中的违法性。犯罪客体要件不但具有规范评价机能，而且具有出罪机能。任何不要犯罪客体要件或将犯罪客体要件与其他犯罪构成要件合并的犯罪构成理论，都将有严重的缺陷[2]。在本著看来，不要犯罪客体或将犯罪客体与其他犯罪构成要件合并不仅会给犯罪构成带来"严重缺陷"，甚至会导致犯罪构成的瓦解。而这又将得到主客体的并存对应关系即哲学高度的说明，即没有犯罪客体便意味着没有犯罪主体，没有犯罪主体便意味着没有犯罪主观方面，而没有犯罪主观方面又意味着没有犯罪客观方面，即没有犯罪心理支配下亦即作为犯罪心理外化的客观行为及其所造成的结果。回过头来，我们还得肯定犯罪客体的犯罪构成要件地位，而不能"把犯罪构成四要件中的犯罪客体开除出去"。

二、犯罪客体必要性是"社会关系法"的当然结论

犯罪客体是传统四要件犯罪构成的四大要件之一，是用"社会关系"作为中心词给予定义的。但用"社会关系"来界说犯罪客体的情形是不同的：当用"社会关系"来界说犯罪客体，便是直接的。如在盗窃罪中，盗窃行为侵犯了被害人的财物所有权，而所有权所体现的是财产关系，进而财产关系是社会关系；又如在故意杀人罪中，杀人行为侵犯了被害人的生命权，而生命权所体现的是人身关系，进而人身关系是社会关系。当用"社会关系"来界说犯罪客体，便是间接的。如在盗伐林木罪的场合，就林木所有权而言，如果林木是私人的林木，则"社会关系"可以被用来直接解说盗伐林木罪的犯罪客体，而如果林木是国家所有或集体所有，则盗伐林木的行为通过"国

---

〔1〕 彭文华："犯罪客体：曲解、质疑与理性解读——兼论正当事由的体系性定位"，载《法律科学（西北政法大学学报）》2014年第1期，第89页。

〔2〕 李希慧、童伟华："'犯罪客体不要说'之检讨——从比较法的视角考察"，载《法商研究》2005年第3期，第21页。

家"或"集体"而侵犯了作为"国家"或"集体"的每一个成员的财产权及其所体现的财产关系和社会关系。如果立于净化环境等环境权益，则盗伐林木的行为将侵犯被伐林木所能惠及范围内的每一个社会成员的环境权益，从而使得行为人与其他社会成员间的应有社会关系状态被破坏。而在国外立法所规定的没有直接被害人的公然猥亵罪中，公然猥亵行为所侵犯的是所谓的"公序良俗"。此处的"公序良俗"便是一种社会关系，但公然猥亵行为是通过伤害"公序良俗"所覆盖范围内的每一个社会成员的"公序良俗情感"而破坏了行为人与其他社会成员之间的应有关系状态。再如危害国家安全罪，行为人所侵害的是行为人对国家的忠诚义务，但由于国家安全维系着一国之内每一个成员的利益所在，故行为人是通过亵渎其对国家的忠诚义务而使得行为人与其他社会成员的应有关系状态被破坏。可见，在所谓无被害人犯罪的场合，用"社会关系"界说犯罪客体通常是间接的。当犯罪客体在具体的个罪中或被表述为某种制度如司法监管制度，或被表述为某种安全如交通运输公共安全，或被表述为某种权益如生命权益或健康权益，或被表述为某种秩序如公共场所秩序等，我们应将之视为作为界定犯罪客体中心词的"社会关系"的具体存在样态。当然，作为界定犯罪客体中心词的"社会关系"或有直接的私人性，或有社会公共性，或有国家整体性，故犯罪也就相应地有了侵犯国家的犯罪、侵犯社会的犯罪和侵犯私人的犯罪这样的犯罪类型区分。

犯罪毕竟是发生在社会中的犯罪，故用"社会关系"来界说犯罪客体是有着客观根据的，而社会或"社会关系"永远是犯罪"挥不去的影子"。用"社会关系"来说明犯罪客体，意味着刑法问题在根子上就是社会问题，而刑法学则永远亮现出社会学的底色。用社会关系来界说犯罪客体，能够使得我们辨清诸多刑法学概念或命题。如有学者指出犯罪只能发生在"社区"之中而具有"社区危害性"，但如强奸、抢劫和杀人等犯罪却可以事实地发生在山谷里、树林里或河流边等处所，而这个时候用社会关系来界定的犯罪客体便可对发生在前述场所的不法行为作出说明，即发生在前述场所的不法行为仍然侵害了人与人之间健康正当的社会交往关系，从而同样具有社会危害性。因此，对犯罪的考察在规范上便不是地理空间的事实性考察，而应是社会交往的规范性考察。于是，犯罪可以视为社会交往中的一种"负能量"，而刑事责任的追究恰是通过一种"正能量"来填补犯罪已经造成的"能量空缺"。犯罪客体必要性是社会学乃至行为学的当然结论。

当然，用"社会关系"来界定犯罪客体，意味着要回应"法益论"。但是，正如陈忠林教授指出，如果任何"法益"都是"社会关系"，则在"社会关系"前面加上"刑法所保护的"这样的限定论，难道不比可能为一切违法行为所侵犯的"法益"更能准确地界定犯罪所侵犯的"法益"吗？而某一类犯罪所侵犯的共同法益和某种犯罪所侵犯的具体法益与我国刑法理论中犯罪的"同类客体"和"直接客体"是内涵完全相同的概念〔1〕。不仅如此，四要件犯罪构成中的犯罪客体概念因限制以"刑法所保护的"而更显现出犯罪构成理论本身的严谨性和刑法的谦抑性。

学者指出，将法律关系纳入刑法所保护的社会关系之列，能够完成在四要件体系内对正当事由之出罪加以合理诠释的重任，这是赋予犯罪客体以新内涵的积极意义。将法律关系纳入刑法所保护的社会关系之列，使得犯罪客体具备了事实判断与价值评价的双重功能〔2〕。可见，对犯罪客体的必要性问题解答采用"社会关系法"，且将"法律关系"作为"刑法所保护的社会关系"的内容，既能使得我们的答案符合经济基础与上层建筑之间的辩证关系，又能使得我们的答案具有视域更加宽广、内涵更加深刻的"法教义学性"。

三、犯罪客体必要性是犯罪客体解释力的当然结论

犯罪客体的解释力首先体现在四要件犯罪构成的内部。学者指出，当犯罪构成从犯罪成立的意义上来定义时，犯罪客体是犯罪构成中反映和说明犯罪本质特征的必要要件，即无犯罪客体则无犯罪。犯罪客体具有一定的法定性，它是客观实在的、反映犯罪社会危害性的价值要件。许多犯罪的直接客体需要通过犯罪客观要件、主观要件和主体要件来概括，但当犯罪直接客体已被确立下来，则其便具有反制作用，即其可以限制对犯罪客观要件、主观要件和主体要件的实质解释。于是，价值要件（犯罪客体）和事实特征要件（犯罪客观要件、主体要件和主观要件）存在着一个"互为反制定律"〔3〕。所谓"犯罪直接客体需要通过犯罪客观要件、主观要件和主体要件来概括"，已经隐含着犯罪客体对四要件犯罪构成其他构成要件的解释力；而所谓犯罪客

---

〔1〕　陈忠林：《刑法散得集（Ⅱ）》，重庆大学出版社 2012 年版，第 133 页。

〔2〕　彭文华："犯罪客体：曲解、质疑与理性解读——兼论正当事由的体系性定位"，载《法律科学（西北政法大学学报）》2014 年第 1 期，第 96 页。

〔3〕　欧锦雄："为犯罪客体的构成要件地位辩护"，载《法治研究》2014 年第 5 期，第 16 页。

体"对犯罪客观要件、主观要件和主体要件的实质解释"，则是直接表明犯罪客体对四要件犯罪构成其他构成要件的解释力。

在某种意义上，由于四要件犯罪构成是犯罪成立的"规格"或"标准"，故犯罪客体在四要件犯罪构成内部的解释即其对犯罪成立的解释力。继而其对犯罪成立的解释力，便是犯罪客体对犯罪形态包括犯罪阶段形态、共犯形态和罪数形态的解释力。

首先，犯罪客体能够解释犯罪阶段形态。具言之，犯罪的阶段形态就是犯罪客体由危险到实害的不断"加剧"形态。而在用犯罪客体来对应性地考察犯罪的阶段形态时，我们不妨可作出这样的联想或想象：在犯罪既遂面前，犯罪客体仿佛是一位女性已经遭受了一次最为严重的"性侵"即强奸既遂，而她此时的境地最尴尬或命运最糟糕：名声已经坏到极点，实难再做人或再活人；在犯罪预备或犯罪未遂或犯罪中止面前，犯罪客体仿佛是一位女性只是受到了一次强制猥亵，而她此时的境地还不算最尴尬或命运还不算最糟糕：名声只是一般或中度受损，厚着脸皮还能勉强做人或活人。在前述联想或想象中，我们可将犯罪客体与犯罪阶段形态作如下对应性感悟：在犯罪既遂面前，犯罪客体已经达到了"成熟"状态，而在犯罪预备或犯罪未遂或犯罪中止面前，犯罪客体尚处于"萌芽"或"成长"状态。

其次，犯罪客体能够解释共犯形态。具言之，共同犯罪就是犯罪客体的多人"共同加害"或"共同加功"，且实行犯是对犯罪客体的"近距离加害"或"近距离加功"，而教唆犯和帮助犯则是对犯罪客体的"远距离加害"或"远距离加功"。至于承继共犯，可视为对犯罪客体的"承继加害"或"承继加功"。又至于片面共犯，便可视为对犯罪客体在"我知你，你却不知我"中的"共同加害"或"共同加功"。

最后，犯罪客体能够解释罪数形态。由于罪数形态包括一罪与数罪，故犯罪客体对罪数形态的解释应区别一罪与数罪分而论之。就数罪而言，其可视为对数个不同性质的犯罪客体的"加害"或"加功"。就一罪而言，诸如继续犯和连续犯，其可分别视为对同一法益的"继续加害"或"继续加功"和"连续加害"或"连续加功"；诸如竞合犯，若是想象竞合犯，则为犯罪客体的想象竞合，如射杀仇人未中而将仇人边上的一个无辜者打死，便是故意杀人罪（未遂）中的生命权与过失致人死亡罪的生命权这两个性质相同的犯罪客体的竞合，而若是法规竞合犯，则为犯罪客体的法规竞合，如盗窃枪支罪便是盗窃罪的财产权与盗窃枪支罪的公共安全兼财产权的竞合；若为结果加重犯，或为同一客体的"加重侵害"或"加重加功"，如造成重伤的故意伤害罪，或为"轻客体"转变为"重客体"，如造成死亡的故意伤害罪；若为吸收犯，则为同一客体的"侵害加功"的吸收，如非法制造枪支后又予以事后持有；若为牵连犯，则为"手段性客体"与"目的性客体"的牵连，如出于杀人目的的盗窃枪支，或"原因性客体"与"结果性客体"的牵连，如走私废物的行为随后又造成了环境污染，或如盗窃文物后出于隐藏又破坏了文物。

学者指出，在实然的层面上，当前的罪数理论并没有真正贯彻犯罪构成的罪数标准；在应然的层面上，犯罪构成也不应当成为罪数的判断标准。罪数的判断标准应当是犯罪客体的重合性。若多个犯罪构成是在对同一客体的同一次侵犯过程中实现的，则此多个犯罪构成的客体具有重合性，属于一罪形态；反之，则此多个犯罪构成不具有重合性，属于数罪形态。据此，法条竞合犯、结果加重犯、吸收犯属于一罪形态，应从一罪处断；连续犯、想象竞合犯、牵连犯属于数罪形态，应数罪并罚[1]。尽管在具体结论上或许可有商榷之处，但前述论断则道出了犯罪客体对罪数问题的解释力。

当首先对犯罪成立本身，进而对犯罪阶段形态、共犯形态和罪数形态都能给予一种解释或体现出一种解释力，且犯罪阶段形态、共犯形态和罪数形态又都内含着犯罪构成，则犯罪客体便先经犯罪成立，后绕道诸多犯罪形态而体现其之于四要件犯罪构成的"不可或缺性"即"必要性"或"必备性"。由于解释性即教义性所在，而四要件犯罪构成又是关于犯罪成立的"教义学构成"，故直接体现教义性的犯罪客体为四要件犯罪构成所"不可或缺"，即其具有之于四要件犯罪构成的"必要性"或"必备性"。

学者指出，以法益之独特价值和功能否定平面犯罪论体系中的犯罪客体，或者以犯罪客体之独特价值和功能否定阶层犯罪论体系中的法益，是不合适的[2]。正如所谓"刑法要保护的社会利益可以体现在刑事立法的原则性规定中，一旦刑事立法确定后，犯罪客体不应再具有独立的评价功能"，对四要件犯罪构成中的犯罪客体要件否定论，正是法益论对四要件犯罪构成的"不妥

---

〔1〕　庄劲："犯罪客体重合性罪数标准的倡导"，载《中国刑事法杂志》2006年第2期，第23页。

〔2〕　彭文华："法益与犯罪客体的体系性比较"，载《浙江社会科学》2020年第4期，第54页。

之论"，亦即法益论对四要件犯罪构成是否应有犯罪客体这一要件问题难以形成"他山之石可以攻玉"。特别是当我们承认犯罪构成包括四要件犯罪构成应是客观与主观、形式与实质、事实与价值的结合体，则实质和价值所对应的层面应为犯罪构成所"不可或缺"或为其所"必需"或"必备"，而这一为犯罪构成所"不可或缺"或为其所"必需"或"必备"的层面在四要件犯罪构成中即犯罪客体，其与三元递进式犯罪构成中的违法性要件可谓"异曲同工"。

第五节　犯罪客体的分层与分类

犯罪客体的分层与分类是两个不同的问题，而学者往往将两者混淆了。

一、犯罪客体的分层

犯罪客体的分层是采用一种角度而对犯罪客体予以一种上下方向的描述或展开。

（一）犯罪客体的内容分层

在内容上，由于一般客体较之同类客体具有抽象性，同类客体较之一般客体和直接客体分别具有具象性和抽象性，而直接客体具有直接的具象性，故把一般客体、同类客体和直接客体作为犯罪客体的分类是不够恰当的，而当把此三个概念放在一起，则应视为犯罪客体的"分层"，正如一般客体是指我国刑法所保护的社会关系的整体，是从哲学"一般""特殊""个别"的基本范畴出发而将我国犯罪客体划分为三个层次中的一个组成部分，揭示了刑法所保护的社会关系的最高层次即社会关系的整体[1]。对于一般客体、同类客体和直接客体的并列，之所以宜将其视为犯罪客体的分层而非所谓分类，是因为此三个概念是"根据犯罪客体所包含的社会关系的范围不同"而形成的[2]，但此三个概念与其说是"包含"，毋宁是"对应"的社会关系本来是"大中套小"或类似于数学中的全集与子集的关系，而不是水平方向上的并列或并存关系。

有必要特别指出的是，在犯罪客体的内容分层上，作为一个概念问题，居于犯罪客体内容分层最高层次的所谓"一般客体"，或许改称为"总客体"

---

〔1〕 马克昌主编：《犯罪通论》，武汉大学出版社1999年版，第114页。

〔2〕 马克昌主编：《犯罪通论》，武汉大学出版社1999年版，第113页。

更为适合，因为同类客体相对于其所统括的直接客体也可视为"一般客体"。由于从一般客体或"总客体"到同类客体再到直接客体存在着层层分解的关系，而从直接客体到同类客体再到一般客体或"总客体"则存在着层层递升的关系，故犯罪客体的内容分层在一定程度上映现着犯罪客体的内在结构性。

（二）犯罪客体的社会结构分层

由于国家是社会的代表，而社会又是公民个人的聚合，故犯罪客体不仅可以作出国家层面的犯罪客体、社会层面的犯罪客体和个人层面的犯罪客体的分层，而且前述三个层面的分层也存在着一定程度的相互涵射或包容关系。犯罪客体的前述分层是对应刑法法益保护分层的，即国家层面的犯罪客体对应着国家法益保护，社会层面的犯罪客体对应着社会法益保护，而个人层面的犯罪客体对应着个人法益保护。犯罪客体的社会结构分层，直接映现着犯罪客体的内在结构性。

犯罪客体的分层性对应着犯罪客体的结构性，而犯罪客体的结构性又映现着刑法分则的体系性及其完备性。

二、犯罪客体的分类

犯罪客体的分类是采用某种标准而对犯罪客体予以一种水平方向的描述或展开。

（一）犯罪同类客体的分类

犯罪的一般客体或"总客体"是难以进行分类的，但犯罪的同类客体是能够进行分类的，而这为以往的刑法理论所忽略。可以肯定的是，我国现行刑法分则的十章名称即"章名"从"危害国家安全罪"到"军人违反职责罪"，便对应着犯罪同类客体的一种分类，且分类所采用的标准是"法益类型"。当然，某一犯罪同类客体的内部，又可采用稍加具体的"法益类型"而作出"小类型分类"，正如现行刑法第三章"破坏社会主义市场经济秩序罪"和第六章"妨害社会管理秩序罪"的内在结构所显示的那样。

通常所谓"国家法益的犯罪""社会法益的犯罪"和"个人法益的犯罪"隐含着犯罪同类客体的分类。而犯罪同类客体的分类以及同类客体内部的再分类，是刑法立法科学性的一个重要体现，因为犯罪同类客体的分类以及同类客体内部的再分类，直接体现着刑法分则结构的严谨性和完整性。但是，犯罪同类客体的分类并非一成不变，因为刑法立法原本就应观照社会生活的发展变化。

（二）犯罪直接客体的分类

犯罪的直接客体可以按照其在犯罪中的地位作用、侵犯社会关系的多寡、侵犯社会关系的载体形式和社会关系所侵犯的状况而作出相应的分类[1]。但在犯罪直接客体的分类中，复杂客体还存在着我们未曾深入讨论的具体问题，而这些具体问题至少包括复杂客体的复杂性到底如何描述、复杂客体中主要客体与次要客体的区分标准是什么、随机客体或随附客体与可能客体的概念是否应予澄清或重新表述。

首先，复杂客体的复杂性需予进一步的描述。以往的刑法理论对复杂客体的复杂性几乎未作深入描述，而只是在强调其客体数量的同时暂且交代一下主要客体与次要客体或顺带提及一下所谓"随机客体"或"随附客体"，即复杂客体是指某种犯罪行为同时侵犯两种或两种以上具体的社会关系，即有两个或两个以上的直接客体。对于复杂客体，通常要区分主要客体和次要客体。另外，在复杂客体中还有一种特殊的情况，即所谓的随机客体或随附客体[2]。现今，复杂客体的复杂性应予以深切把握。

在本著看来，复杂客体的复杂性应从其内含的具体客体之间的相互关系而作进一步的把握，且此相互关系包括手段与目的之关系和原因与结果之关系。而正是手段与目的之关系或原因与结果之关系使得复杂客体形成一种复杂性，从而复杂客体所内含的具体客体便可形成手段性客体与目的性客体或原因性客体与结果性客体的概念对应。手段性客体与目的性客体的概念对应，例如抢劫罪，其手段行为对应着手段性客体即公民的健康生命权，而其目的行为对应着目的性客体即公私财产权；又如强奸罪，其手段行为对应着手段性客体即公民人身权利中的健康生命权，而其目的行为对应着目的性客体即公民人身权利中的"性自主权"。原因性客体和结果性客体的概念对应，例如贪污罪，国家财产所有权是原因性客体，而公职行为的廉洁性则是结果性客体，即行为人因利用职务之便非法占有公共财产即国家财产而导致公职行为的廉洁性被亵渎；再如生产、销售有毒有害食品罪，国家对食品安全的管理

---

〔1〕 马克昌主编：《犯罪通论》，武汉大学出版社 1999 年版，第 116~121 页。

〔2〕 马克昌主编：《犯罪通论》，武汉大学出版社 1999 年版，第 116~118 页；《刑法学》编写组编：《刑法学》（上册·总论），高等教育出版社 2019 年版，第 104 页。

制度是原因性客体，而公众的健康生命权是结果性客体，即行为人因违反了国家的食品安全管理制度而导致对公众健康生命权的侵犯。当"手段"中包含着"目的"之"因子"或"结果"中包含"原因"之"因子"，则复杂客体中的手段性客体与目的性客体或原因性客体与结果性客体的关系，也是一种"包含"与"被包含"的关系。而正是因其所内含的手段性与目的性的关系或原因性与结果性的关系最终即"包含"与"被包含"的关系，复杂客体的复杂性才真正得以显现。这里要进一步指出的是，诸如抢劫罪和强奸罪等复行为犯即复合犯，其复杂客体的复杂性即由"手段性客体"和"目的性客体"所结成的构造性，恰好对应其由"手段行为"与"目的行为"所结成的行为本身的复杂性和构造性。易言之，诸如抢劫罪和强奸罪等复行为犯即复合犯的行为本身的复杂性和构造性，蕴含其犯罪客体的复杂性和构造性。

其次，复杂客体中主要客体与次要客体的区分标准需予明确。复杂客体中主要客体与次要客体的区分标准，可从形式和实质两个层面予以把握：一是在形式层面上，复杂客体中主次要客体的区分通常应观照或对应相关犯罪的章节归属。如抢劫罪被规定在"侵犯财产罪"一章，则其主要客体是公私财产所有权而非公民健康生命权；又如贪污罪被规定在"贪污贿赂罪"一章，则其主要客体是公职行为的廉洁性或国家廉政制度而非国家财产所有权。具体罪名的章节归属基本上能够直观地反映出复杂客体中的主次要区分，且能够为犯罪既未遂认定提供一种立法依据。例如，无论是抢劫罪的基本犯，还是其加重犯，都应立于目的行为来讨论犯罪的既未遂。易言之，若行为人由于"意志以外的原因"没有实现财产目的，则都应论以抢劫罪的犯罪未遂。而这并不产生放纵犯罪和违背罪责刑相适应原则的问题，因为犯罪未遂是"可以"而非"应当"或"必须"比照既遂犯从轻或者减轻处罚，即其处罚所实行的是"得减主义"。二是在实质层面上，复杂客体中主次要客体的区分还应观照或对应犯罪的自然发展过程，特别是其"主流性质"。例如，生产、销售有毒有害食品罪，其"主流性质"是对公众健康生命的危害，故其主要客体应是作为目的性客体的公众健康生命权而非食品安全管理制度本身，从而其章节安排本应考虑"危害公共安全罪"一章的某个位置，且应将其归入"卫生类危害公共安全罪"一节[1]。可见，复杂客体中主次要客体的实质性

---

[1] 马荣春："刑法典分则体系性的类型化强化"，载《法治研究》2020年第4期，第136~151页。

区分，有时会与观照或对应既有规定的形式性区分形成相互脱节，但前者对增强刑法分则体系的科学性即其结构完备性是必不可少的。

此外，由复杂客体问题所衍生出来的相关概念应予澄清或重新表述。一是所谓"随机客体"或"随附客体"甚或"随意客体"。学者指出，"随意客体"是指应当受到刑法保护而在实施某种犯罪时不一定受到侵犯的社会关系。"随意客体"有两种表现形式：其一，刑法在其他条款中单独加以保护，而在实施本条或本条第1款所规定的犯罪时不一定受到侵犯的社会关系。例如，《刑法》第238条之非法拘禁罪。非法拘禁是指行为人用强制方法剥夺他人人身自由，故造成被害人重伤、死亡并不是非法拘禁罪之必然结果，即没有造成人身伤亡，非法拘禁仍不失为一种犯罪。但是，如果造成人身伤亡，则刑法便要对他人的生命、健康权予以单独保护，即通过《刑法》第238条第2款作出致人重伤、死亡的特别规定。其二，刑法应当保护而在该条文中并无明确规定，但遭受到侵犯的某种社会关系。例如寻衅滋事罪，对他人的健康或财产造成了损害，虽然刑法关于寻衅滋事罪的条文中并未单独规定，但刑法仍要保护，但他人的健康权或财产权仍不失为"随意客体"〔1〕。现今，仍有教材指出，"随机客体"是指某一具体犯罪侵害的复杂客体中可能由于某种偶然的情形而出现的客体，也称"随意客体""选择客体"。"随机客体"也属于复杂客体的一种，但其与主要客体、次要客体不同的是，主要客体、次要客体是某些犯罪的必备要件，而"随机客体"仅仅是选择要件，即其可能出现也可能不出现。"随机客体"往往是加重刑事处罚的依据〔2〕。在本著看来，所谓"随附客体"或"随机客体"甚或"随意客体""选择客体"，是指在某些犯罪中可能受到侵害，也可能不会受到侵害的犯罪客体。但当立于犯罪客体是犯罪行为所侵犯的社会关系这一界定，且这一界定是具有"当下已然性"即"实然性"意涵的界定，则"随附客体"等说法便自相矛盾，因为当所谓"随附客体"或"随机客体"甚或"随意客体"等被犯罪行为所"已然"侵犯时，则"已然"地存在着复杂客体，而所谓的"随附客体"或"随机客体"甚或"随意客体"等便不存在"可能被侵犯"或"被选择侵犯"的问题。可见，我们不应在复杂客体之中再抛出所谓"随附客体"或"随机客

---

〔1〕 马克昌主编：《犯罪通论》，武汉大学出版社1999年版，第117~118页。

〔2〕 《刑法学》编写组：《刑法学》（上册·总论），高等教育出版社2019年版，第104~105页。

体"甚或"随意客体"等概念。

实际上，在所谓"随机客体"等说法所对应的场合，所谓"随机客体"等，往往是另一个本该予以数罪并罚的行为所直接侵犯的客体。例如，在拐卖行为实施过程中，如果被以往的刑法理论称之为"随机客体"的客体受到了侵犯，则是因行为人又实施了另一种犯罪行为，如行为人另外实施了强奸行为而侵犯了被害人的"性自主权"这一客体，或行为人另外实施了杀人行为而侵犯了被害人的生命权这一客体。更为荒诞的是，所谓"随附客体"或"随机客体"甚或"随意客体"等可能在原本只有单一客体的犯罪中都有所存在，如行为人在强奸行为实施完毕之际又"杀人灭口"，则难道生命权利是"性自主权"的所谓"随附客体"或"随机客体"甚或"随意客体"吗？又如行为人在杀人行为实施完毕之际又"乘机劫财"，则难道财产权利是生命权利的所谓"随附客体"或"随机客体"甚或"随意客体"吗？可见，所谓"随机客体"等是关于复杂客体的一个"似是而非"的概念，也是一个"逻辑随意"的概念。

二是所谓"可能客体"。学者按照犯罪行为对刑法所保护的社会关系的作用状况而将犯罪客体分为所谓"现实客体"与"可能客体"。其中，"现实客体"，是指犯罪行为对刑法所保护的社会关系造成了实际损害，如把人杀死了，则生命权利便成为"现实客体"；而"可能客体"，是指犯罪行为对刑法所保护的社会关系未造成实际损害，而只是使其受到威胁而已，如未把人杀死，则生命权利便是"可能客体"。对于以犯罪的既未遂来划分"现实客体"与"可能客体"的做法，学者进一步指出，这种划分标准显然不够准确，因为在危险犯和阴谋犯等犯罪形态中，犯罪行为对客体的侵犯虽未达到"实际损害"的程度而仍构成犯罪既遂，则此时的客体显然不能称为"现实客体"，即仍然是"可能客体"。易言之，在危险犯、行为犯和阴谋犯等犯罪形态中，即使是"可能客体"，但犯罪仍有可能构成既遂[1]。在本著看来，正如前文在对所谓"随机客体"等剖析中指出，犯罪客体是一个具有"已然性"意涵的概念，但所谓"随机客体"等是指"有可能"甚或"偶然"被侵犯的客体，而当尚未受到侵犯（实际损害或威胁）时，则犯罪客体尚不成其为犯罪客体。因此，犯罪客体这一概念不能将"可能性"作为自己的一种意涵，从

---

〔1〕 马克昌主编：《犯罪通论》，武汉大学出版社1999年版，第120~121页。

而犯罪客体不可再以所谓"现实性"与"可能性"来作出进一步的区分。由此，对于所谓"可能客体"所指向的问题，毋宁将"（被）威胁客体"作替换性表述更为适宜，且与"（被）威胁客体"相对应的是"（被）损害客体"，正如提出所谓"可能客体"的学者对犯罪客体的定义，即犯罪客体是指我国刑法所保护而被犯罪行为所侵害或威胁的社会关系[1]。实际上，所谓"可能客体"已经使得相关见解陷入了自相矛盾，即当犯罪既遂，则犯罪客体却仍然可能是"可能客体"，但犯罪客体的已然侵犯（实际损害或威胁）本来就是犯罪既遂的实质性标志。可见，所谓"可能客体"，连同所谓"随机客体"等，都是违背刑法教义学的不严谨概念。

我国刑法分则体系大致呈现如下特点：一是在分类上，我国刑法分则原则上以犯罪的同类客体为标准；二是在排列上，我国刑法分则大体上依据犯罪的危害程度大小以及犯罪之间的内在联系对各类罪中的具体犯罪由重到轻，将最严重的个罪放在首位；三是在归类上，我国刑法分则基本上以犯罪侵犯的主要客体为依据[2]。我国刑法分则体系的前述特点直接映现着犯罪客体的分层与分类，而犯罪客体的分层与分类又回过头来直接说明我国刑法分则的体系性及其合理性。因此，犯罪客体的分层与分类直接事关刑法分则立法的科学性，而这可视为"犯罪客体必要论"的一种延伸性说明。

犯罪客体的分层与分类，是社会关系结构的直接反映，并受到社会分工的深刻影响。因此，犯罪客体是经济基础决定上层建筑在刑法领域的生动体现。

第六节　犯罪客体对违法性本质的包含

在四要件犯罪构成中，犯罪客体在某种意义上是一个"结果性要件"或"终局性要件"，其能够回溯性地集中说明犯罪行为的违法性所在，故违法性本质问题便成了犯罪客体论的内容包含。

一、对结果无价值论之于一元行为无价值论"优势"的剖解

本著对结果无价值论的剖解，首先切入其在一元行为无价值论面前所自

---

〔1〕　马克昌主编：《犯罪通论》，武汉大学出版社 1999 年版，第 113 页。
〔2〕　《刑法学》编写组编：《刑法学》（下册·各论），高等教育出版社 2019 年版，第 3~4 页。

称的优势来进行。

（一）　对结果无价值论之于一元行为无价值论"优势"的初步剖解

学者指出，结果无价值论有着如下优势：①刑法目的具有明确性，即刑法不会干预没有侵害、威胁法益的行为，故结果无价值论不至于推行伦理而有利于保障国民自由；②结果无价值论的违法性及其影响要素非常清晰，正如结果无价值论的功绩在于明确了违法判断的内容及违法要素的范围，必须由该刑罚法规所预定的规制目的、保护目的予以限定[1]；③由于其是客观地判断违法性，故结果无价值论同时有利于实现法益保护和贯彻责任主义。④结果无价值论可妥当处理违法阻却事由、未遂犯、共犯等难题[2]。如何看待结果无价值论所自称的前述优势呢？

学者所谓结果无价值论的第一点优势似乎有着这样的隐含：行为无价值论偏重使用刑法推行伦理，以至于对没有侵害、威胁法益的行为也会干预。显然，前述隐含难以成立：首先，行为无价值论绝不会单纯借口伦理目的而对没有法益侵害、威胁的行为也予以干预。不仅如此，由于是行为侵害、威胁法益，故行为无价值论将行为作为违法性的评价客体当然蕴含着保护法益的刑法目的。其次，即使行为无价值论强调刑法的伦理保护，那也是因为刑法本来就是"最低限度的道德"，况且行为无价值论也没有在维护伦理和保护法益之间"顾此失彼"，而伦理和法益也并非截然对立。

学者所谓结果无价值论的第二点优势似乎有着这样的隐含：既然行为无价值论都承认结果无价值论的"功绩"，则行为无价值论等于承认结果无价值论有着相对于行为无价值论的所谓优势。实际上，行为无价值论对结果无价值论"功绩"的肯定，只能说明结果无价值论确有值得肯定之处，但并不是说结果无价值论就有着可以取代行为无价值论的优势。违法性内容清晰固然重要，但违法性的形成也应是违法性的题中之义，而至少这一点结果无价值论没有回应或有所回避。相反，行为无价值论不仅可对违法性的形成予以回应，而且在论及违法性时并不排斥法益危害的结果，其只不过是将行为本身作为问题的"着眼点"罢了。至于行为后续的法益危害结果，那是进一步体现行为无价值的问题，正如结果无价值论所承认，刑罚法规的目的既有"规

---

〔1〕　［日］井田良：《犯罪论的现在与目的的行为论》，成文堂 1995 年版，第 147 页。
〔2〕　张明楷：《刑法学》（第 6 版），法律出版社 2021 年版，第 142 页。

制目的"，也有"保护目的"。显然，"规制目的"和"保护目的"分别将"行为"和"法益"作为问题指向。而在某种意义上，"规制"是反面，"保护"是正面，但由于"无规制即无保护"，即"有规制才有保护"，或"规制是为了保护"，抑或"保护正需要规制"，故"规制"与"保护"是手段和目的、途径和目标的关系，故最终是"规制"前置于"保护"。由于手段和途径里面分别有着"目的"与"目标"的"因子"，故着眼于行为便是着眼于违法性本质的问题整体，从而行为无价值论便有着渗透整个犯罪论的逻辑可能。

学者所谓结果无价值论的第三点优势，仍然潜藏着问题的思维局限。易言之，纵使赋予违法性判断以客观性而将有责性的判断建立在违法性基础上，从而同时有利于实现法益保护和贯彻责任主义，但这仍然是局限于作为犯罪论体系的一个要件即"违法性"亦即犯罪论体系的局部来考察或讨论问题。相反，当目光扩大至整个犯罪论体系，从而是立于犯罪论体系的理论整体来考察或讨论违法性问题，则违法性本质理论应形成新的表述。

至于学者所谓结果无价值论的第四点优势，具言之，所谓结果无价值论可以妥当处理违法阻却事由难题，即结果无价值可以反面说明正当防卫特别是紧急避险等缘何成为违法阻却事由，亦即正当防卫特别是紧急避险等之所以成为违法阻却事由，是因其结果有价值或结果正价值；所谓结果无价值论可以妥当处理未遂犯难题，意即由于没有出现行为人追求或希望的结果，故成立未遂犯，即之所以成立未遂犯，是因为无价值或负价值结果没有出现；所谓结果无价值论可以妥当处理共犯难题，意即如果行为人共同造成了结果无价值，则行为人能够成立共犯关系且达致共犯既遂状态，而如果不是共同造成了结果无价值，则部分行为人的行为将成立共犯未遂或共犯脱离。但前述所谓难题已经是以行为成立犯罪作为根本前提，而行为成立犯罪即意味着行为已经具有严重的违法性，则难道严重的违法性是只靠所谓结果无价值来说明吗？显然，学者所谓结果无价值论的第四点优势在所讨论的问题上已经偏离了基本前提。

（二）对结果无价值论之于一元行为无价值论"优势"的进一步剖解

学者又对行为无价值论提出如下疑问：①将违反社会伦理秩序作为违法性根据的行为无价值论明显不当，因为这容易以刑法的名义强迫他人服从自己的伦理观念。而刑法在违反他人意志、给他人法益造成了重大侵害或者危险时才予以适用。②将缺乏社会相当性作为违法性根据的行为无价值论，这仍然是法律道德主义的观点，而在日益复杂的社会生活中，人们根本无法知道某种行为是否具有社会相当性，即社会相当性概念具有极大的不明确性而有损法的安定性。③将违反行为规范作为违法性根据的行为无价值论，也值得商榷。首先，不能认为刑法的目的只是保护法规范的有效性；其次，虽然将法益保护作为刑法目的，但行为无价值论所称的行为规范并不明确。如果说违法性的根据或实质是违反了刑法中的行为规范，则只是一种形式的违法性论。如果说违法性的根据或实质是违反了保护法益所需要遵守的刑法规范之外的行为规范，就会导致违反其他法律或日常行为规则的行为，都会成为刑法上的违法行为而扩大处罚范围。④在行为无价值论那里，仅由于行为人具有犯罪故意的行为而被评价为违法行为，容易形成违法的主观化乃至道德化，容易扩大处罚范围。易言之，行为无价值论之所以将故意作为违法要素，不仅因为故意能够征表行为人的反规范态度，还因为许多行为在外表上属于无害行为，只有加入行为人的故意内容，才能得出行为无价值论的结论[1]。如何看待学者的前述论断呢？

学者所谓行为无价值论将违反社会伦理秩序作为违法性根据明显不当，则难道刑法上的违法性只有法定犯即行政犯那样的违法性，即犯罪只有法定犯或行政犯而无自然犯或伦理犯吗？正如将当今德、日刑法学中的行为无价值与社会伦理违反等量齐观的说法是不够准确的[2]。学者所谓刑法只有在违反他人意志、给他人法益造成了重大侵害或者危险时才予以适用，其无法回答将动物作为对象的猥亵罪的违法性问题，因为在将动物作为猥亵对象的犯罪场合，并不存在所谓"他人法益"问题，但行为无价值论所采用的社会伦理或社会相当性观念对之却有说服力或解释力。易言之，结果无价值论无法解释将动物作为猥亵对象的犯罪，而一旦其将对公序良俗的侵犯也说成是一种结果，则结果无价值论便使得结果无价值论中的"结果"成为莫衷一是或"面目全非"的东西，即其将"结果"，同时也是将"法益"变成一种"泛精神化"的东西。可见，结果无价值论没有"普遍的解释力"。相反，行为无价值论可具有对将动物作为猥亵对象犯罪的解释力。由此，一种理论或命题是

---

〔1〕　张明楷：《刑法学》（第 5 版），法律出版社 2016 年版，第 111~112 页。

〔2〕　陈璇："德国刑法学中的结果无价值与行为无价值二元论及其启示"，载《法学评论》2011 年第 5 期，第 73 页。

否妥当，最终取决于其解释力上的"周延性"，而解释面越宽，其便越有"周延性"和妥当性。当然，行为无价值论并非排斥不应被结果无价值论所"精神泛化"的"结果"，因为该"结果"可以构成行为无价值论的一种"补充"，即该"结果"来"补充"行为无价值论以共同说明结果犯和结果加重犯的成立以及诸如故意杀人罪等故意犯既遂的成立。

学者以"法律道德主义"言行为无价值论将缺乏社会相当性作为违法性的根据也不妥当，则难道刑法不应维护"最低限度的道德"吗？学者所谓社会相当性概念具有极大的不明确性而有损法的安定性，显属于夸大其词，而无论社会生活如何地日益复杂或发展变化，人们总可以达成交往共识，而常识、常理、常情便是我们共同拥有的生活法则和智识资源，正如刑法应守护的是包含"市民的隐私神圣不可侵犯"等规范在内的、定着于社会中的规范〔1〕。可见，当学者所谓违反刑法中的行为规范属于形式的违法性论，便显然是误解或曲解了刑法中的行为规范，因为此规范即刑法规范，而刑法规范本应是形式和实质的结合体，且其中的实质正如社会侵害性并非抽象意义上的对人类社会永久利益的违反，而只有当其与从各个具体性、历史性的现实国家秩序中总结得出的特定社会的存在方式相矛盾时，才具有违法的实质〔2〕。

学者所谓如果违法性的根据或实质是违反了其他法律或日常行为规则的行为，则将扩大处罚范围，这显然是对行为无价值论的一种假设性强加，因为行为无价值论所指的行为应是刑法中的行为即入刑的行为，即其并未丢弃刑法的谦抑性与"补充性"。如果结果无价值论可以如此强加行为无价值论，则行为无价值论难道不可以说结果无价值论的"结果"仅仅是违反其他法律的结果吗？行为无价值论真的会将客观上没有侵害法益危险的行为通过故意而将其"催化"为犯罪行为吗？学者所谓行为无价值论容易形成违法的主观化乃至道德化而容易扩大处罚范围，或通过加入故意的内容而使得外表上的无害行为具有违法性，显然是先通过"泛化"行为无价值论的"行为"，然后再回过头来予以批判。

行文至此，如果将对结果无价值论的辨析结合起来，则结果无价值论将

---

〔1〕 ［日］松宫孝明："'结果无价值论'与'行为无价值论'的意义对比"，张晓宁译，载《法律科学（西北政法大学学报）》2012年第3期，第195页。

〔2〕 ［日］佐伯千仞：《四订刑法讲义（总论）》，有斐阁1981年版，第172页。

法益保护作为刑法目的的唯一界定，从而得出违法性本质是结果无价值，显然失之偏颇，因为法益保护只是刑法目的的一个层面而非其全部。由此，结果无价值论并未在一元行为无价值论面前显示出所谓优势。

（三）对结果无价值论之于一元行为无价值论"优势"的再一步剖解

学者还从总体上直击行为无价值论所存在的基本问题：首先是评价基准问题，即"无价值"主要存在三种观点（行为无价值论的三个发展阶段）：其一，行为"无价值"是指行为违反社会伦理秩序；其二，行为"无价值"是指行为缺乏社会相当性；其三，行为"无价值"是指行为违反法规范或保护法益所需要遵守的行为规范。其次是评价对象问题，即将行为无价值理解为纯粹的"意图无价值"或"犯罪企图"[1]。可见，行为无价值中的"行为"是指行为本身以及行为人的主观内容，亦即行为无价值论主张故意是主观的违法要素，故行为无价值论被称为"人的违法论"[2]。首先，对于评价基准问题，正如学者所概括的"三个发展阶段"，即从违反社会伦理秩序到缺乏社会相当性再到违反法规范，行为无价值论的评价基准不仅实现了前后包容，因为社会相当性蕴含着社会伦理性，而法规范又蕴含着社会伦理性和社会相当性。可见，行为无价值论有着对结果无价值论意旨的蕴含，因为作为行为无价值论评价基准最后一个发展阶段的违反法规范即违反了保护法益所需要遵守的行为规范，而其中作为行为规范修饰语的"保护法益"正是结果无价值论所主张的。由此，在评价基准上，行为无价值论不仅不与结果无价值论冲突或矛盾，而且包容着结果无价值论。对于评价对象问题，与其说行为无价值论是将行为本身作为评价对象，毋宁是将行为的主观内容即主观的违法要素作为评价对象。但是，被行为无价值论作为评价对象的主观内容及主观的违法要素在故意之外还有过失，即过失也是行为无价值论的评价对象。唯有如此，行为无价值论才能被称为完整的"人的违法论"。而当我们将评价基准和评价对象结合起来，则行为无价值论对违法性本质问题所采用的是一种内外结合即主客观相结合的判断标准，即社会伦理秩序或社会相当性甚或法规范违反性对应着违法性的外在标准，而故意或过失则对应着违法性的内

---

[1]　[德]冈特·施特斯特拉腾、洛塔尔·库伦：《刑法总论Ⅰ——犯罪论》，杨萌译，法律出版社2006年版，第109页。

[2]　张明楷：《刑法学》（第6版），法律出版社2021年版，第143页。

在驱动。显然，行为无价值论的违法性判断标准通过其构造性而容纳了结果无价值论的判断标准。而之所以如此，乃因为"结果本来就是行为所造成的"。可以这样揣测，学者从总体上直击行为无价值所存在的基本问题也有显示结果无价值论优势的含蓄动机，但前述分析说明：结果无价值论在一元行为无价值论面前的优势仍未得到显示。

综上，学者所谓结果无价值论的"优势"并非真正在对应一元行为无价值论的"劣势"中形成，而是将自身视为"先验的正确"所形成的说辞。由此，学者所谓结果无价值论的"优势"值得拷问，且更不能将结果无价值论的所谓优势转换为一元行为无价值论的"劣势"，或从结果无价值论的所谓优势中"影射"出一元行为无价值论的"劣势"。

二、对结果无价值论之于二元行为无价值论"优势"的剖解

结果无价值论不仅自称其具有相对于一元行为无价值论的优势，还自称其具有相对于二元行为无价值论的"优势"。

（一）对结果无价值论之于二元行为无价值论"优势"的初步剖解

在批评一元行为无价值论之后，学者又指出，二元行为无价值论也存在疑问：①二元行为论将违反义务的行为无价值与作为客观事态的结果无价值这两种异质的要素统合为一个违法概念，存在理论矛盾。②根据二元论，如果同时考虑结果无价值和行为无价值，则违法性的范围应当更加窄于结果无价值论，但二元论所认定的违法范围有时宽于结果无价值论。例如，彻底的结果无价值论认为偶然防卫没有造成任何不法结果而不具有违法性，但二元论则认为偶然防卫成立犯罪未遂甚至成立犯罪既遂。对此，二元论只考虑了行为无价值。③杀人未遂的成立以发生致人死亡的危险为前提，故未遂犯也具有结果无价值，即杀人未遂的成立不能成为二元论的根据。④刑法根据行为方式、样态将侵害相同法益的犯罪规定为不同罪名，并不说明立法者注重行为无价值，因为将侵害相同法益的行为规定为不同犯罪，是由刑法的性质所决定的，即刑法只是将社会生活中经常发生的、类型化的行为挑选出来规定为犯罪。罪刑法定原则决定了刑法必然要将各种犯罪进行分类，即使是侵害相同法益的行为，为了避免构成要件过于抽象与概括，也必须尽可能进行分类，否则罪刑法定原则就不可能得以实现。因此，根据行为样态对犯罪进行分类，是为了贯彻罪刑法定原则，而不意味着行为无价值。中国、日本等

国刑法没有根据杀人方法、样态规定多个具体故意杀人罪的立法事实，也否定了立法者注重行为无价值的观点〔1〕。如何看待结果无价值论对二元行为无价值论所提出的前述疑问呢？

在本著看来，二元论确实存在问题。首先，所谓二元论将违反义务的行为无价值与作为客观事态的结果无价值这两种异质的要素统合为一个违法概念，等于是说二元论提出了两个违法性概念，因为两种异质的要素根本不可能被统合。再就是，当考虑的因素越多，则一种理论能够形成的界定便越窄，但对偶然防卫问题，二元行为无价值论是将违法性是否存在以及犯罪阶段形态问题一并予以考虑，即其是从行为无价值出发，同时又顾及结果无价值，故其实质上对违法性的把握仍是窄于结果无价值论。二元行为无价值论在偶然防卫问题上是通过行为无价值与结果无价值的兼顾而从行为中挑选出犯罪的。当然，其逻辑理路可能另需安排，因为正如"既要考虑……又要考虑……"所显示，二元论实即"并列论"或"拼凑论"甚或"两张皮论"。不过，即便杀人未遂的成立不能成为二元论的例证，但也不能成为结果无价值论的例证，而学者将致人死亡的危险等同于结果无价值论的"结果"，难免有对结果无价值论的"结果"予以概念泛化之嫌。在行为无价值论与结果无价值论的对立中，杀人未遂的成立只能或更能成为行为无价值论的例证。至于刑法根据行为方式、样态将侵害相同法益的犯罪规定为不同罪名并不能说明立法者注重行为无价值，则难道是说明立法者注重结果无价值？既然是侵害相同法益即具有相同的结果无价值，则按照结果无价值论，刑法有必要根据行为方式、样态而将侵害相同法益的犯罪规定为不同罪名吗？罪刑法定原则能支撑结果无价值论而否定行为无价值论吗？罪刑法定原则是承认犯罪的区别与分类的，而犯罪的区别与分类首先说明的是行为人不同的主观恶性与人身危险性，从而说明行为人不同的规范违反意识，亦即对社会秩序和法秩序不同的"蔑视"态度，故罪刑法定原则反倒是更加倾向于支撑行为无价值论。毕竟，罪刑法定原则首先指向"罪之法定"，而"罪之法定"即成罪行为之法定而非"结果法定"。至于中日等国刑法没有根据杀人方法、样态规定多个具体故意杀人罪的立法事实，也否定了立法者注重行为无价值的观点，须知：英美刑法中不仅有"一级谋杀""二级谋杀"的杀人罪分类，而且有"谋杀"与"故杀"

---

〔1〕　张明楷：《刑法学》（第 5 版），法律出版社 2016 年版，第 112~113 页。

的杀人罪分类。

（二） 对结果无价值论之于二元行为无价值论"优势"的进一步剖解

继直接批判二元行为无价值论，学者正面提出结果无价值论具有保障国民自由的前提下实现特殊预防与一般预防的"优势"：①结果无价值论认为，违法评价以结果无价值为必要，故理当以结果回避可能性为前提：如果行为人按照法的期待行事，结果就不会发生；倘若行为人按照法的期待行事，结果仍然发生，就不能将结果归责于行为。倘若行为人履行义务仍未回避结果，通过刑罚来强制义务履行就完全无意义。②社会生活是复杂的，行为规则不完整且模糊不清。当今风险社会中特殊的、不正常的情境越发普遍，故禁止结果或禁止实施发生结果的行为更为有效。③刑法的颁行本身就会产生一般预防效果。况且，处罚过失致人死亡罪也有利于预防故意杀人罪，而处罚盗窃罪也有利于预防抢劫罪等。此外，结果无价值论主张对违法性进行事后判断，也只是指法官对行为的违法性进行事后判断；而当行为人在行为时认识到或可能认识到行为发生法益侵害结果，就能够产生反对动机，从而抑制行为。易言之，法官将刑法作为裁判规范予以适用，并不影响一般人将刑法作为行为规范对待，故结果无价值论与刑法的告知机能、提示机能并不冲突。④将故意、过失作为责任要素，意味着责任与犯罪预防也有关联。在故意责任中，特殊预防的必要性大，处罚更严重。反之，过失责任轻，特殊预防的必要性小，处罚更轻缓。即使是一般预防的必要性，也可能在责任中予以考虑。例如，故意责任重于过失责任，意味着刑罚更注重对故意犯罪的一般预防[1]。如何看待学者所说的结果无价值论的预防"优势"呢？

对于学者所说的第一点，倘若行为人按照法的期待行事而结果仍然发生，则不能将结果归责于行为，这也是行为无价值论的当然结论，因为符合法的期待行为当然是行为无价值论肯定的行为。但如果违法评价以结果无价值为必要，则意味着只有出现负价值的结果，才能评定违法，这将导致一般预防被拖后甚至丧失意义，因为负价值的结果业已出现。对于学者所说的第二点，学者夸大行为规则的不完整性和模糊性，实有怀疑刑法规范之疑。实际上，正是无视规则，才更容易造成法益侵害。禁止实施发生结果的行为不是承认行为无价值论包容结果无价值论了吗？对于学者所说的第三点，由于过失致

---

〔1〕 张明楷：《刑法学》（第 5 版），法律出版社 2016 年版，第 114 页。

人死亡罪是结果犯，盗窃犯也是数额型的结果犯，故所谓处罚过失致人死亡罪也有利于预防故意杀人罪，或处罚盗窃罪也有利于预防抢劫罪，意即奉行结果无价值论有利于跨越罪种之别而实现犯罪的一般预防。但是，由于结果是行为造成的，故结果无价值的一般预防效果即使可以跨越罪种之别，则也可将此效果归于行为无价值。当结果无价值是行为无价值的延后说明，则行为无价值的一般预防效果更能提前产生。至于所谓法官将刑法作为裁判规范予以适用并不影响一般人将刑法作为行为规范对待，但由于刑法规范的行为规范机能先于裁判规范机能，故结果无价值论即使与刑法的告知机能、提示机能并不冲突，但难道不是将其告知机能、提示机能予以延迟发挥了吗？对于学者所说的第四点，首先，行为无价值论并不否认甚至更加认可责任与犯罪预防的关联性。至于是否故意责任决定特殊预防的必要性大小，进而决定刑罚的轻重，且故意责任重于过失责任意味着刑罚更注重对故意犯罪的一般预防，其所说明的正是行为无价值论而非结果无价值论，因为故意抑或过失原本是行为无价值论而非结果无价值论的首要关注。

（三）对结果无价值论之于二元行为无价值论"优势"的再一步剖解

结果无价值论还通过行为无价值论的哲学根基问题而含蓄表达其优势所在。学者指出，规则功利主义的地位十分尴尬，缺乏内在一致的理论体系：如果规则功利主义强调，人们无论如何都必须遵守违反就会造成法益侵害的规则，便成为义务论者，但义务论与刑法的自由保障机能相冲突。如果规则功利主义否认自己是义务论，时刻用行为的结果为行为规则辩护，则其便转向了行为功利主义（结果无价值论）；如果违背某一规则比遵守这项规则会产生更好的效果，规则功利主义有可能按照行为功利主义来辩护[1]。于是，行为无价值论的所谓地位尴尬可描述如下：由于行为无价值论和结果无价值论分别与规则功利主义和行为功利主义相对应，而规则功利主义和行为功利主义又相对立或相冲突，故行为无价值论和结果无价值论相对立或相冲突。又当规则功利主义出于否认自己是义务论而转向了行为功利主义或借用行为功利主义来为自己辩护，则规则功利主义所对应的行为无价值论便因"转向"或"借用"结果无价值论而缺乏内在一致性，从而使得自身的地位显得十分尴尬。

首先，规则功利主义可以或能够甚或应该承认义务论，但承认义务论并

---

[1]　张明楷：《刑法学》（第 6 版），法律出版社 2021 年版，第 146 页。

不导致与刑法的自由保障机能相冲突，因为刑法所保障的自由本来只限于公民在刑法所没有干预领域的自由，而即便在刑法所干预的领域，公民原本就承担守法或尊重法益之义务。况且，在刑法所欲干预的领域，往往先由民法、行政法等前置法予以调整，而刑法则是作为"保障法"和"补充法"而存在，即其受谦抑性的精神制约。总之，承认义务论与刑法的自由保障机能并不必然矛盾或冲突，而是相辅相成或相互说明。由此，行为无价值论并不与刑法的自由保障机能相冲突，而掺杂着结果无价值考量的二元行为无价值论，也并不必然与刑法的自由保障机能相冲突。其实，义务与自由即义务与权利自始就是对应而非对立且可相互转化的，故义务论和自由论是不相冲突或矛盾的，从而所谓规则功利主义和行为功利主义也是不相冲突或矛盾的，正如规则功利主义所强调，法益侵害是违反规则的通常结果，因为规则本来就是为法益而存在的。因此，所谓规则功利主义既可能过于限制国民的行动自由，也可能不利于保护法益，亦即行为无价值论既可能过于限制国民的行动自由，也可能不利于保护法益[1]，便带有很大的臆想性。至于通过行为规则实现法益保护目的过于间接而不现实，则难道遵守行为规则不是法益保护目的的直接实现以致要等到法益已经招致侵害再来谈法益保护目的的实现吗？如果二元行为无价值论可以在规则功利主义和行为功利主义之间往返或"相互转借"，则至少其所对应的刑法自由保障机能不会太糟糕，而问题的关键是二元行为无价值论在规则功利主义和行为功利主义之间的往返或"相互转借"是否"为赋新词强说愁"？反过来，如果肯定二元行为无价值论中原本的行为无价值可以通过排斥"结果归罪"而同样能够响应刑法的自由保障机能，则二元行为无价值论所对应的刑法自由保障机能或许还要强于结果无价值论。

综上，正如并未显示其相对于一元行为无价值论的所谓优势，结果无价值论也未显示其相对于二元行为无价值论，更未显示其相对于新行为无价值论的所谓优势，因为新行为无价值论通过其所内含的"行为的法益侵害导向性"而呼应了结果无价值论。相反，结果无价值论在显摆自身所谓优势的同时，却把自身的劣势暴露了出来。既然结果无价值论所批评的行为无价值论的所谓不足或劣势难经推敲，甚至是无意中"衬托"出行为无价值论的长处或优势，且其显摆的自身优势至少不是真正的优势甚至是劣势，则结果无价

---

〔1〕 张明楷：《刑法学》（第6版），法律出版社2021年版，第146页。

值论最终便难以取代行为无价值论包括二元行为无价值论甚至新行为无价值论。但是，剖解结果无价值论的"优势"并不等于本著要提倡行为无价值论包括二元行为无价值论甚或新行为无价值论。于是，违法性本质的话题仍需继续。

三、二元行为无价值论的剖解

二元行为无价值论甚或新行为无价值论成了当下刑法学语境中违法性本质问题的主导性理论，但其也存有疑问。

（一）二元行为无价值论的初步剖解

如今的不法概念讨论的是如何避免极端的立场，即不能仅以行为不法或仅以结果不法作为不法概念的基础，并承认行为不法与结果不法是不法中具有同等地位、相互并存的两个要素[1]。这种二元论是德国理论界在对一元结果无价值论和一元行为无价值论这两个极端进行反思和扬弃之后做出的立场抉择，故一直居于通说地位[2]。即便避免了行为无价值论与结果无价值论的两个极端，则二元论本身就是逻辑自洽的吗？

"同等地位、相互并存"意味着当下国内外通行的二元论实即"并存论"或"拼凑论"甚或"两张皮论"，正如结果无价值与行为无价值具有相对独立性：一方面，行为无价值具有独立于结果无价值的内容，因为行为无价值还具有独立于结果无价值的社会道德评价内容；另一方面，也不应将结果无价值并入行为无价值，使之成为后者的一个隶属成分[3]。所谓"独立于"和"不应并入"即意味着二元论的"并列性"或"拼凑性"，而本著所要提倡的是以结果无价值为补充的行为无价值论。因有别于传统的一元行为无价值论，也有别于当下流行的二元行为无价值论甚或所谓新行为无价值论，故以结果无价值为补充的行为无价值论暂且称为新新行为无价值论。

学者指出，二元论的二元之间即相互关联，又相互独立，即具有相对独立性。而结合中国学者对于结果无价值与行为无价值的争论，可从德国刑法

---

〔1〕　Maurach / Zipf, Strafrecht AT, Teilbd. 1, 8. Aufl., 1992, S. 215.

〔2〕　陈璇："德国刑法学中的结果无价值与行为无价值二元论及其启示"，载《法学评论》2011年第5期，第65页。

〔3〕　陈璇："德国刑法学中的结果无价值与行为无价值二元论及其启示"，载《法学评论》2011年第5期，第72页。

学的二元论中得到的启示包括：在二元论中，结果无价值与行为无价值并非截然分离的两个概念。相反，二者应以法益侵害和结果归责为纽带建立起紧密的内在联系。由于我国学者长期以来将行为无价值与社会伦理规范违反相等同，故习惯于认为结果无价值与行为无价值是不法中毫无关联的二元。但德国当代刑法学中二元论所展示的情形却并非如此：一方面，由于行为无价值必须以法益侵害为根据，故其成立以行为在客观上具有引发结果无价值的现实可能性为必要；另一方面，必须防止将偶然发生的结果也纳入不法，故只有可归责于行为的结果才能成立结果无价值。总之，作为德国刑法学通说的二元论绝非对历史上出现的一元结果无价值和一元行为无价值的简单折中和调和[1]。在本著看来，二元论仍然带有一元结果无价值和一元行为无价值简单折中或调和的痕迹，且与所谓行为无价值的法益侵害化趋势、结果无价值与行为无价值并非截然分离、行为无价值日益受到结果无价值的影响之谓形成自相矛盾，且其自相矛盾最终形成于二元论的二元之间的"相互独立"，因为"相互独立"即"相互并列"，从而"各行其是"，最终二元论即"并列论""拼凑论"和"两张皮论"甚或"自相矛盾论"。可见，二元论仍然存在着逻辑自洽的问题，正如学者又指出，这种力图对结果无价值和行为无价值实现并重与兼顾的二元论，其总体特点是：以行为无价值的法益侵害化和去道德化为基础，二元对于不法的判断缺一不可，同时二元既相互联系又相对独立[2]。在本著看来，"兼顾"的说法是没有问题的，但"并重"的说法仍有问题，因为"并重"意味着相互并列和平起平坐，从而造成在行为无价值的法益侵害化和去道德化这一说法上的自相矛盾。又当行为无价值论原本被视为伦理秩序维护论，则"并重"的说法终将使得二元论变成"并列论"或"拼凑论"甚或"两张皮论"和最终的"自相矛盾论"。这里要指出的是，陷入"并列论"或"拼凑论"，从而是"两张皮论"，最终是"自相矛盾论"的二元论，不仅是二元行为无价值论，而且是二元结果无价值论，正如二元结果无价值论是以法益侵害及危险的结果无价值为核心，以行为无价值为必要的违法论。行为侵害法益的危险之行为无价值与法益侵害及危险之结果无价

---

[1] 陈璇："德国刑法学中的结果无价值与行为无价值二元论及其启示"，载《法学评论》2011年第5期，第67~74页。

[2] 陈璇："德国刑法学中结果无价值与行为无价值的流变、现状与趋势"，载《中外法学》2011年第2期，第386~387页。

值关系密切，但行为无价值、结果无价值相互独立[1]。"相互独立"直接否定了结果无价值的"核心"和行为无价值的"必要"一说，从而形成了机械的"并列论"或"拼凑论"，从而是"两张皮论"和最终的"自相矛盾论"。当看穿了二元论的"并列论"或"拼凑论"乃至"两张皮论"，则我们应坚持以结果无价值为补充的行为无价值论，亦即以结果无价值为补充的行为无价值论应是违法性本质问题的基本立场。

二元行为无价值论，轻者可言其属于"并列论"或"拼凑论"甚或"两张皮论"，重者可言其属于"自相矛盾论"。学者指出，虽然人们支持的大多是二元行为无价值论，而这一理论因其折中色彩浓厚不至于得出太过极端的结论，但其付出了重大代价。其中，由于需要将对立的内容相折中，其不可避免地陷于逻辑上的自我矛盾：行为无价值论经常宣称自己也是客观不法论者，因为行为样态的无价值本身属于客观不法论的内容；有时却又忍不住向主观不法论靠拢，因为故意犯罪中的意志无价值分明应归入主观不法论的范畴。二元行为无价值论的根本缺陷在于，为维持统一的不法论的表象而试图将相互对立的内容相折中[2]。所谓"为维持统一的不法论的表象而试图将相互对立的内容相折中"，意即二元行为无价值论最终属于"自相矛盾论"。既然"并列论"导致"自相矛盾论"，则出于避免自相矛盾，就必须持一种折中的主观论，即一种强调法益侵害对于不法的去道德化的行为无价值论，对我国刑法的不法理论而言应属合理的选择。换言之，有必要强化客观主义的约束，在肯定主观要素对于不法的独立价值的同时，坚持法益侵害在不法构建中的基础性地位[3]。在本著看来，既然法益侵害最终源自主观不法，即"有害性"最终是由"有意性"所导致，故应坚持主观不法在不法建构中的基础性地位，而将法益侵害作为必要的补充。可见，避免自相矛盾的不法本质论，应是以结果无价值为补充的行为无价值论。

（二）二元行为无价值论的进一步剖解

学者指出，行为反价值论与结果反价值论的对立点可简列如下：①犯罪

---

[1] 杜宣：《二元结果无价值论》，法律出版社 2018 年版，第 331 页。

[2] 劳东燕："刑法中的客观不法与主观不法——由故意的体系地位说起"，载《比较法研究》2014 年第 4 期，第 86~87 页。

[3] 劳东燕："刑法中客观主义与主观主义之争的初步考察"，载《南京师大学报（社会科学版）》2013 年第 1 期，第 77 页。

或违法的本质是"违反规范"还是"侵害法益"；②在成立犯罪之际，是否应将重点放在行为的故意、动机与目的等"主观要素"之上；③犯罪的重点是"行为"还是"结果"〔1〕。于是，如果认为国民须遵循一定的价值基准实施行动，而刑法的任务是维持社会伦理，便是"行为反价值论"；反之，如果认为刑法的存在是为了保护作为个人生存基础的生命、身体、自由、财产，则是"结果反价值论"〔2〕。这里，当我们必须承认刑法在保护公民的生命、身体、自由、财产的同时，还保护国家安全、公职行为的廉洁性和公序良俗即社会伦理等，则结果无价值论难以全面说明违法性本质，因为刑法规定的犯罪行为并非全部是结果无价值的行为，也并非只是侵犯公民个人法益的行为。易言之，结果无价值论只能从部分犯罪来论说违法性本质，而不能从全部犯罪来统一说明违法性本质。这就意味着社会伦理和社会相当性也可以用来说明违法性本质，而行为无价值论不仅可从社会伦理和社会相当性上说明违法性的本质，而且可以同时从法益侵害上来说明违法性本质，因为法益侵害的结果原本就是行为所造成的。况且，被行为无价值论所着重强调的"规范违反"中的"规范"原本就保护法益，正如行为无价值论的批评者也承认，行为无价值论将对法益的保护包含在对社会伦理的心情价值的保护之中〔3〕。可见，行为无价值论和结果无价值论不应是相互对立而是谁包含谁的问题。而一旦谁包含了谁，我们就把前一个"谁"视为违法性的最终本质。如果这样看问题，则能够说明违法性最终本质的应是行为无价值论而非结果无价值论，但这里的行为无价值论需要结果无价值的补充。至于在成立犯罪之际，当然应将重点放在行为的故意、动机与目的等"主观要素"之上，从而犯罪的重点应是"行为"，因为结果的问题最终是基本犯成立所要求的客观处罚条件问题或是结果加重犯成立所要求的升格条件问题。而当基本犯和结果加重犯终究是行为的基本犯和结果加重犯，则结果无价值论最终还是"附着于"行为无价值论来说明问题。大多数学者都认为，行为无价值不仅包括故意等

---

〔1〕〔日〕松宫孝明："'结果无价值论'与'行为无价值论'的意义对比"，张晓宁译，载《法律科学（西北政法大学学报）》2012年第3期，第196页。

〔2〕〔日〕平野龙一：《刑法的机能性考察》，有斐阁1984年版，第16页；〔日〕平野龙一：《刑法总论I》，有斐阁1972年版，第49页。

〔3〕闫二鹏："共犯处罚根据之我见——以结果无价值为中心的思考"，载《甘肃政法学院学报》2008年第6期，第109页。

主观要素，而且还包含客观要素：其一，从行为论，现代刑法理论对于行为的概念应当综合目的和因果这两个方面来加以把握。对于以行为为基础进行评价的行为无价值而言，其完整的内容也必然包括了主客观两个方面。其二，行为在客观上所具有的法益侵害可能性是行为无价值不可或缺的内容[1]。当所谓客观要素不仅包含结果无价值论所强调的法益实害，而且包含法益侵害的可能性即法益危险，则当下的行为无价值论是包容结果无价值论的违法性本质论，正如刑法规范首先是指引人们不做什么、要做什么的行为规范，而结果无价值（法益侵害）必须在行为无价值（违反行为规范）的框架内才具有意义[2]。由此，我们可提出以结果无价值为补充的行为无价值论即新新行为无价值论。

学者指出，"行为反价值"存在双重含义：一是"志向反价值"，意即指向恶结果即"结果反价值"的意思是恶的。于是，"结果反价值"被称为"事态反价值"。二是"行为反价值"是"作为犯罪既遂要件的结果"以外的成立要素的统称，意即实现指向恶结果的意思举动是恶的[3]。可见，行为无价值与结果无价值能够结合在一起来说明违法性本质。由此，行为无价值论与结果无价值论应是相互补充而非相互并列，更非相互对立关系。进一步地，违法性本质问题的理论应采以结果无价值为补充的行为无价值论，而这一行为无价值论显然不同于行为无价值与结果无价值并列的所谓二元论。至于一元行为无价值论基本上被抛弃，即二元行为无价值论成为与结果无价值论相对抗的理论，而二元行为无价值论认为，行为无价值和结果无价值是违法性判断的两个基本性范畴，但是行为无价值具有优先地位，法益保护的实现包含于社会伦理秩序的实现之中[4]，本著赞同法益保护的实现包含于社会伦理秩序的实现之中一说，因为蕴含着社会伦理秩序的刑法规范对行为人而言是行为规范，对被害人而言则是保护规范，故法益保护与社会伦理秩序维护便构成"一体两面"。但是，行为无价值与结果无价值并列的二元论是存在逻辑

---

[1]　陈璇："德国刑法学中的结果无价值与行为无价值二元论及其启示"，载《法学评论》2011年第5期，第67页。

[2]　Hans Welzel, Das neue Bild des Strafrechtssystems, 4. Aufl, 1961, S29ff., S27ff.

[3]　[日]松宫孝明："'结果无价值论'与'行为无价值论'的意义对比"，张晓宁译，载《法律科学（西北政法大学学报）》2012年第3期，第196页。

[4]　周光权："行为无价值论之提倡"，载《比较法研究》2003年第5期，第31页。

问题的。

四、新新行为无价值论的正面证成

前文对结果无价值论和二元行为无价值论乃至新行为无价值论的剖解，已经在"以破为立"中而对新新行为无价值论即以结果无价值为补充的行为无价值论予以间接证成，但新新行为无价值论仍需要予以正面证成。

（一）新新行为无价值论的正面初步证成

学者指出，围绕着法益概念在行为无价值论中的地位问题，有从属说和独立说的对立。首先是法益侵害从属于规范违反的主张。雅科布斯认为，刑法保护法益只是现象，惩罚侵害法益行为意在证明规范的有效性以促进国民认同和尊重规范乃至忠诚于法律，才是问题实质。由此，法益是用来说明行为本身违法性程度的工具，从而建构这样的行为无价值论：刑法并不一般化地保护抽象的利益，而是保护利益背后的规范关系。这样，自然就引出了规范违反说的命题，即任何关于犯罪实质的理论包括法益侵害说，都与行为规范及其破坏有关。这样一来，法益侵害性并不具有独立的存在价值，是被作为决定"行为性质"的要素来看待，是刑法规范所设定的客观标准，是评价行为的规范前提。例如，要考察强奸罪的规范是否被违反，就需要同时考察被害人被强奸的事实是否存在。再就是法益与行为相互独立的观点。多数行为无价值论者认为，即便重视行为的规范违反性，也可得出行为和结果相互独立、同等重要的结论。两者相互独立的理由在于：行为规范只能约束人的行为，而结果是行为着手之后根据一定的因果流程才发生的损害，不是行为规范所能够禁止或者控制。两者同等重要的理由在于：一方面，如果承认通过特定行为方式、手段造成法益损害才具有违法性，则可认为行为和结果处于同等重要地位，从而只有同时肯定行为无价值和结果无价值，才能得出违法的结论；另一方面，虽然行为人着手实行并在着手当时作出了一个违反行为规范的决定，但在有无结果时违法性会有所不同，故不能认为法益侵害从属于规范违反[1]。如何看待前述学说呢？

这里，法益侵害与规范违反的关系应被上升到行为无价值与结果无价值的关系层面，即行为无价值与结果无价值之间是从属的还是相互独立的关系？

---

[1] 周光权："行为无价值论的法益观"，载《中外法学》2011年第5期，第952~953页。

可以看出，学者所概括的法益侵害从属于规范违反的主张，是在对应行为无价值与结果无价值的关系问题，但其所概括的法益与行为同等重要和相互独立说，则是发生了问题偏离。实际上，法益与行为之间本来就不应或没有必要发生关系问题讨论，更罔论所谓"同等重要和相互独立"，因为法益本是行为的作用对象，而法益危险乃至法益实害是行为的作用结果，故法益与行为之间原本不存在"同等重要和相互独立"一说。易言之，行为和结果可以在不法中引起各自地位和相互关系的讨论。由此，在法益侵害与规范违反的关系上，本著赞成从属说，即法益侵害从属于规范违反，亦即法益侵害作为一种客观事实，其只构成评价行为的规范前提，即其只是判断规范违反的一种事实资料，正如被害的事实如果不存在，则强奸罪的规范对行为人自然不能适用。于是，与法益侵害从属于规范违反相对应，结果无价值从属于行为无价值，从而结果无价值论从属于行为无价值论。当"从属于"意味着主从关系或主辅关系而非同等重要和相互独立关系，则违法性本质的理论应采用新表述即以结果无价值为补充的行为无价值论。

学者指出，我国的结果无价值论只不过是更侧重法益保护的行为无价值二元论而已，真正的结果无价值论事实上不存在，也行不通[1]。既然如此，且其既不愿意等同于一元行为无价值论，也不愿意等同于二元行为无价值论，则侧重法益保护的结果无价值论不如变成行为无价值论的"补充论"，即在以结果无价值为补充的行为无价值论中找准自己的位置以"适得其所"，正如行为无价值二元论认为犯罪是违反规范进而造成法益侵害的行为，其本质是行为规范违反，行为人的意思决定了违法性的有无及其程度，离开主观要素，无法界定行为及其性质[2]。从字面上，当把"违反规范"和"法益侵害"并列，二元行为无价值论确有行为无价值与结果无价值"并列论"或"拼凑论"乃至"两张皮论"的嫌疑。但当又强调"其本质是行为规范违反"，则二元行为无价值论中的"违反规范"和"法益侵害"便实质地存在着一种主从关系或主辅关系。实际上，当犯罪事实支配包含着法益危险乃至法益实害的支配，而支配者正是"违反规范"的犯罪意志，则"违反规范"和"法益侵害"的主从关系或主辅关系，从而"规范违反"这一本质，便得到了更加

---

〔1〕　周光权："行为无价值论与犯罪事实支配说"，载《法学》2015 年第 4 期，第 66 页。

〔2〕　周光权："行为无价值论与犯罪事实支配说"，载《法学》2015 年第 4 期，第 58 页。

深刻的说明。"规范违反"和"法益侵害"的主辅关系，还可联系刑法的使命或任务予以深化。具言之，绝大多数犯罪都会使法益遭受实际损害，故言刑法要保护已然遭受犯罪侵害的法益，没有任何实际意义。于是，行为无价值论主张：刑法保护未来的、其他的、一般人的法益。规范的存在自身不是目的，维持规范有效性，预防未来发生法益侵害才是目的，正所谓"项庄舞剑，意在沛公"！这里的法益保护是以积极的一般预防为导向的法益保护，而不是对已然受到犯罪侵害的具体法益的保护[1]。可见，法益保护蕴含在规范维护里，故以结果无价值为补充的行为无价值论应被提倡。当出于名实相副，宜将二元行为无价值论修正为以结果无价值为补充的行为无价值论。

"规范违反"与"法益侵害"，从而行为无价值与结果无价值，不仅存在主辅关系，还有因果关系的意味。学者指出，对于在犯罪论体系中处于重要地位的实质违法性论问题，有重视"恶果"的结果无价值论和重视"通过'恶行'造成'恶果'"的二元行为无价值论的对立。合理的违法性论应该考虑某种身体动静如何通过对行为规范的违反造成法益损害，以建立一种"新行为无价值论"。而这种行为无价值论不会使处罚范围扩大化，同时仍然坚守客观违法性论立场[2]。在本著看来，二元行为无价值论和所谓新行为无价值论，其实并无根本区别，或曰没有实质区别，因为"通过'恶行'造成'恶果'"与"某种身体动静如何通过对行为规范的违反造成法益损害"，实质上是对应的："恶行"与"某种身体动静通过对行为规范的违反"相对应，即"某种身体动静通过对行为规范的违反"体现着"恶行"；"恶果"对应着"法益侵害"，即"法益侵害"是"恶果"的体现。于是，"造成"使得"通过'恶行'造成'恶果'"与"某种身体动静如何通过对行为规范的违反造成法益损害"形成了整体的、最终的对应，而此对应实即因果对应亦即形成了因果性。由此看来，二元行为无价值论与新行为无价值论"名异而实同"，因为这两种理论不过是从不同的角度分析或描述同一个事物而已。当有"因"才有"果"，且刑法的任务和刑罚的目的只有将"因"作为重点，即"对因下药"而非"对症下药"，才能得到更好的完成和实现，则在违法性本质上应将"因"所对应的行为无价值作为重点或"基础"，而"果"只作为说明规

---

[1] 周光权："行为无价值论的法益观"，载《中外法学》2011 年第 5 期，第 954 页。
[2] 周光权："新行为无价值论的中国展开"，载《中国法学》2012 年第 1 期，第 175 页。

范违反深浅，从而可谴责性深浅，最终是立法环节的"应罚性"深浅和司法环节的"需罚性"深浅的一种补充。

进一步地，对应结果原本是行为所造成即行为与结果之间本有的因果性，亦即二者是因果关系，结果无价值是行为无价值所造成的，即行为无价值与结果无价值也是因果关系。既然是因果关系，则行为无价值论与结果无价值论本不应对立或冲突。但结果无价值论通过将"结果"扩大为包含"结果的危险"而将行为无价值论的"行为"视为与"结果"甚或"结果的危险"完全无关的东西，从而虚构了行为无价值论与结果无价值论的对立或冲突。于是，在虚构的对立与冲突中，结果无价值论便陷入了夸张的法益论，而夸张的法益论使得结果无价值论不知不觉中走向了自己的反面，正如如果可以从"保护法益"中得出至高价值的话，则"结果反价值论"也可以对仅实施了预备行为甚至是仅意图实施犯罪的行为人进行处罚而将走向"等同于圣经的世界"[1]。因此，不仅行为无价值论与结果无价值论的对立或冲突应予消除，二元论也应纠正为"补充论"，即行为无价值是违法性本质的基本形态，而结果无价值只是对其补充而已，且此补充是体现与被体现意义上的补充，正如过失犯之所以是结果犯，乃因为过失犯的过失是较故意为轻的罪过形态，故需要通过法定结果的弥补而令其达到应予刑事处罚的罪量。而以行为犯为基本犯的结果加重犯，更能说明结果无价值论应作为行为无价值论的补充，而非与之并列即形成二元论。这里，"补充与被补充"，从而"体现与被体现"的关系，仍然对应着行为与结果，从而行为无价值与结果无价值之间的因果关系。最终，违法性本质问题的理论应采以结果无价值为补充的行为无价值论。

"规范违反"与"法益侵害"之间的主辅关系和因果关系，最终可走向"体用关系"和"道术关系"。而以结果无价值为补充的行为无价值论，可由此得到更进一步的把握。当行为无价值论和结果无价值论的各自主张都得到充分展示以后，则两种主张的对立可以最大限度地消除：行为无价值论离不开法益；结果无价值论必须重视规范。换言之，规范的最终目的是要保护法益，行为无价值论因为要守护固定在社会中的、原本是为了保护法益而设定

---

〔1〕　[日] 松宫孝明："'结果无价值论'与'行为无价值论'的意义对比"，张晓宁译，载《法律科学（西北政法大学学报）》2012年第3期，第200页。

的规范，其与结果无价值论强调重视法益保护之间从来就不是截然对立的思考进路[1]，并且刑法并不抽象地保护利益，而只是防止那些违反规范而制造并实现的法益侵害[2]。首先需要纠正的是，刑法要防止的也包括违反规范而有法益危险的情形。于是，所谓"行为无价值论离不开法益"，意味着行为无价值论不能断然排斥结果无价值，即应给予结果无价值以合适的位置；所谓"结果无价值论必须重视规范"，意味着结果无价值论应紧密联系行为无价值，但此"重视"不能体现为名为"并列"而实为"抗衡"。学者所谓"从来就不是截然对立的思考进路"暗含着规范与法益是"道"与"术""体"和"用"的关系，即二者并非"非此即彼"的关系，从而"规范违反"与"法益侵害"并非"非此即彼"的关系。当二元论有着"并列论"或"拼凑论"乃至"两张皮论"的痕迹，且"面和心不和"实即"非此即彼"，则能够体现逻辑自洽和实践合理性的违法性本质论应采以结果无价值为补充的行为无价值论。

（二）新新行为无价值论的正面进一步证成

以结果无价值为补充的行为无价值论，可从一元的行为无价值论所存在的问题予以证成。一元行为无价值论亦称为"一元的人的不法论"或"一元的、主观的人的不法论"，其只把"行为无价值"作为违法的实质内容或违法判断的基础，而"结果无价值"对于违法内容的设定来说并不具有独立意义，进而被放逐在违法之外，且被视为"客观的处罚条件"。一元行为无价值论是德国学者阿明·考夫曼在其导师德国刑法学大师威尔兹尔创立的"人的不法论"基础上发展、建构起来的[3]。结果无价值只有在人的违法行为（行为无价值）中才具有刑法上的意义[4]。而一元行为无价值论将行为无价值进行主观化并把结果要素排除在外，其论据有二：一是规范禁止的对象只能是行为（决意），结果不能成为禁止的对象，故结果始终存在于规范禁止的外部而无法进入不法的领域；二是结果的发生具有偶然性，即规范无法对结果进行规制，故在规范违反层面上既遂与未遂相同，即既遂与未遂具有同一

---

〔1〕 ［日］松宫孝明："结果反（无）价值论"，张小宁译，《法学》2013年第7期，第18~19页。

〔2〕 周光权："行为无价值论与犯罪事实支配说"，载《法学》2015年第4期，第66页。

〔3〕 郑军男："一元的行为无价值论及其批判——德日违法性理论考察"，载《吉林大学社会科学学报》2010年第2期，第51~52页。

〔4〕 ［德］威尔兹尔：《目的的行为论序说——刑法体系的新面貌》，福田平、大塚仁译，有斐阁1979年版，第43页。

的不法性，亦即在既遂犯中，行为遂行后发生的现实结果并不能增加引起结果发生的行为的无价值性程度。同样，在未遂犯中，结果的不发生也不能减少其行为的无价值性程度。最终，既遂与未遂在可罚性程度上并无差异，故没有理由将未遂进行从轻处罚[1]。从发生学上，结果是受行为本身所支配，故是否形成了结果以及形成了怎样的结果，至少能够说明行为的深度，从而说明规范违反的程度。因此，所谓既遂与未遂具有同一的不法性，至少在事物的量上或程度上难以立足。至于所谓既遂与未遂在可罚性程度上并无差异，故没有理由将未遂进行从轻处罚，更是难以立足。由此，一元行为无价值论确实存在偏颇或有极端之嫌。当结果之有无及其轻重能够征表规范违反程度之深浅，进而征表可罚性之轻重，则结果可附着于行为本身来征表违法性的本质。易言之，结果无价值与行为无价值可在一种"相互为用"的关系中来共同担当违法性本质的说明。但由于行为与结果之间本有的因果性所决定，且作为事物本质的东西往往具有一种"深层性"，故对应结果无价值与行为无价值"相互为用"关系的，应是以结果无价值为补充的行为无价值论，而非包含两项并列内容的二元行为无价值论。最终，以结果无价值为补充的行为无价值论可作为违法性本质的理论学说。

以结果无价值为补充的行为无价值论，不仅可通过刑法所规定的犯罪板块构成即自然犯或伦理犯与法定犯或行政犯，从而是伦理维护与法益保护的手段与目的予以论证，而且可通过过失犯的"违法性中心论"话题予以例证，正如信赖原则是"缓和过失法则的法理"，体现了新过失论的重要精神——以"行为无价值"为中心。在新过失论中，所谈及的以行为无价值为中心，指的是以行为无价值为中心，但同时兼顾结果无价值。在我国现阶段，既要坚持行为无价值的优先地位，也要发挥刑法的法益保护功能。这就要求我们在过失犯的处理上坚持新过失论，以"行为不法"为中心，同时考虑"结果不法"。而即使搁置我国刑法理论界关于违法性判断的争议，在过失犯的违法性判断上采取以行为无价值为中心，也是现代各国的通例[2]。前述论断所采用的"中心"一词可佐证以结果无价值为补充的行为无价值论。当然，违法性

---

〔1〕 ［日］曾根威彦：《刑事违法论研究》，成文堂1998年版，第137页。

〔2〕 喻海松："从'结果不法'到'行为不法'——信赖原则及其相关问题探析"，载《国家检察官学院学报》2004年第5期，第27页。

本质问题的"中心论"不同于作为当下通说的二元论，而行为无价值与结果无价值并列即地位同等的二元论是存在逻辑问题的。正如"一个中心两个基本点"，"中心"只能有一个即行为无价值，否则就不成其为"中心"。由此，作为"不法中心"的，只能在行为无价值与结果无价值之中选取一个，可谓"一山不容二虎"。于是，在违法性本质问题的"中心论"中，作为补充的结果无价值论只是一种"补充论"，即结果无价值对行为无价值只是起补充作用。但这里所说的补充作用，又有两种表现：一是添附作用，此种作用表现在结果加重犯中，即如果没有加重的结果无价值，则结果加重犯便难以成立；二是限制作用，此种作用表现为结果无价值限制过失犯或既遂犯的成立。结果无价值限制过失犯的成立，即如果没有结果无价值，则过失犯本身便难以成立；而结果无价值限制既遂犯的成立，如在偶然防卫中，行为人主观上有杀人的故意，故存在行为无价值。但结果无价值的欠缺只是针对故意杀人既遂而言，亦即故意杀人未遂的结果无价值依然存在。因此，盛行二元论的德国没有学者支持偶然防卫无罪说[1]。另如在被害人亲属于法警开枪击毙死刑犯之前而将死刑犯击毙泄愤的例子中，被害人亲属的行为应成立故意杀人未遂，而与之恰当对应的应是以结果无价值为补充的行为无价值论。当然，二元论支持有罪说并不说明二元论本身没有问题。这里要进一步指出的是，在故意犯的违法性判断中，也应甚或更应采用"行为无价值中心"，这不仅可为处罚未完成故意犯的立法事实有力佐证，也可为处罚伦理犯的立法事实有力佐证。而呼应"行为无价值中心"的新新行为无价值论即以结果无价值为补充的行为无价值论，是以所有犯罪包括故意犯和过失犯为考察对象而得出的违法性本质论。

　　无论是伦理犯还是行政犯，无论是故意犯还是过失犯，都是犯罪。于是，我们可联系马克思主义经典论断来证成以结果无价值为补充的行为无价值论。恩格斯曾指出："蔑视社会秩序最明显、最极端的表现就是犯罪。"[2]由于犯罪本身是行为，且具有可用"最明显、最极端"来描述的严重违法性，故刑法教义学语境中的行为无价值论本是主观违法性和客观违法性相结合的无价

---

〔1〕　陈璇："德国刑法学中的结果无价值与行为无价值二元论及其启示"，载《法学评论》2011年第5期，第70~71页。

〔2〕　《马克思恩格斯全集》（第2卷），人民出版社1957年版，第416页。

值论。其中，主观违法性可用"蔑视"作对应性理解，而客观违法性可用"表现"作对应性理解，且此"表现"的最直观表现便是危害结果。于是，以结果无价值为补充的行为无价值论可从马克思主义的经典论断中获得一种证成。详言之，既然犯罪是严重违法行为，而犯罪又是"蔑视社会秩序最明显、最极端的表现"，则违法性的本质问题便能够联系"社会秩序"予以考察和把握。而当社会秩序既包含着社会伦理秩序，也包含着社会法益秩序，且社会伦理秩序与社会法益秩序又可相辅相成，正如故意杀人、盗窃、诈骗和强奸等犯罪所对应的刑法规范将社会伦理秩序和社会法益秩序融为一体，且伦理犯与法定犯的区分又是相对的，亦即法定犯所对应的法益秩序随着时间的推移也会渐变为社会伦理秩序，则在违法性本质问题上，我们本不应将社会伦理秩序的维护和法益保护对立起来，因为社会伦理和法益本是可以相容于"社会秩序"之中的，且社会伦理护佑着法益，而法益也可嬗变为社会伦理，从而法益在社会秩序中可构成社会伦理的"补充"，进而结果无价值可构成行为无价值的"补充"。可以肯定的是，以结果无价值为补充的行为无价值论至少不至于完全抛开结果价值不管[1]。其实，在违法性本质问题上，对我们极有启发的还是恩格斯的那句"蔑视社会秩序最明显、最极端的表现是犯罪"。具言之，犯罪的违法性本质潜藏在对社会秩序的蔑视表现之中，而对社会秩序的蔑视表现直接的就是行为。至于行为所造成的结果，其不过是"表现中的表现"即"行为的表现"而已。最终，我们所应确立或采取的仍然是以结果无价值为补充的行为无价值论，且此可称为新新行为无价值论。当社会伦理不经立法挑选就成为刑法规范，当社会伦理和行为规范本来就是刑法规范的一种实质渊源，又当结果无价值又是刑法谦抑性的价值践行，则以结果无价值为补充的行为无价值论即新新行为无价值论，不仅坚决地抛掉一元行为无价值论即极端行为无价值论和一元结果无价值论即极端结果无价值论，而且也将刺穿各种名头的"二元论"甚至"多元论"。最终，以结果无价值为补充的行为无价值论即新新行为无价值论是一种相对或最为严谨，同时也是较为或最为务实的违法性本质论。而所谓偶然防卫与偶然避险均阻却违法等疑难问题，以结果无价值为补充的行为无价值论能够为司法实践提供可接

---

[1]　阎二鹏："共犯处罚根据之我见——以结果无价值为中心的思考"，载《甘肃政法学院学报》2008年第6期，第109页。

受的结论。

学者指出，行为无价值论与刑法主观主义、主观的违法性论、规范违反说、刑法的伦理化是否存在天然的"亲戚"关系，从而是行为无价值论还是结果无价值论更能坚持罪刑法定主义，实现法益保护，彰显人权保障和自由主义，限制刑罚的处罚范围，都需要认真、小心追问[1]。客观地说，行为无价值论虽然与刑法主观主义、主观的违法性论、规范违反说、刑法的伦理化存在所谓"亲戚"关系，但行为无价值论并非只是体现刑法主观主义立场，并非只是主观的违法性论，并非只是倡导规范违反说，也并非只是为着刑法的伦理化，因为行为无价值论的"行为"本身就是客观的，而其所造成的结果更是客观的。由于行为无价值论的"行为"本身就倡导违法行为的定型，故行为无价值论本身就是坚持罪刑法定原则的。进一步地，行为无价值论在坚持罪刑法定原则的同时，其也能够坚持罪责刑相适应原则，而只强调客观的结果无价值论却难以担当罪责刑相适应原则。可见，无论是结果无价值论对行为无价值论的以往批判，抑或新行为无价值论对二元行为无价值论的批判，还是二元行为无价值论对一元行为无价值论的以往批判，都是有意无意将行为无价值论与刑法主观主义、主观的违法性论、规范违反说、刑法的伦理化画等号来进行的，正如在违法性判断中考虑主观要素会导致主观归罪的结果[2]。仅就伦理性问题而言，在现代法治社会，承认刑法规范与社会伦理的内在联系并不会导致以刑法手段强制人们实施合乎道德要求的行为的结果，反可加强刑法规范的社会基础，增强公民对刑法规范的认同与信赖。[3]由此，我们不否认行为无价值论有着刑法主观主义、主观的违法性论、规范违反说和刑法伦理化的倾向或重视刑法维持社会伦理的机能[4]，但正因如此，我们才倡导以结果无价值为补充的行为无价值论，而非二元行为无价值论，因为"补充"实即"限缩"，而"二元"名为"并列"实为"各行其是"。

---

〔1〕 杜文俊、陈洪兵："二元的行为无价值论不应是中国刑法的基本立场"，载《东方法学》2009年第4期，第80~81页。

〔2〕 黎宏："行为无价值论批判"，载《中国法学》2006年第2期，第169页。

〔3〕 张军："犯罪行为评价的立场选择——为行为无价值理论辩护"，载《中国刑事法杂志》2006年第6期，第13页。

〔4〕 阎二鹏："共犯处罚根据之我见——以结果无价值为中心的思考"，载《甘肃政法学院学报》2008年第6期，第109页。

五、新新行为无价值论的体系性提升

从违法性本质的体系性，新新行为无价值论的体系性可获得初步证成，而从价值根据与理论构造，新新行为无价值论的体系性可获得进一步深化。

（一）新新行为无价值论体系性的初步证成

学者指出，如何处理行为无价值与结果无价值这两轴之间的关系，是二元行为无价值论不容回避的问题[1]。如果说在二元论包括二元行为无价值论和二元结果无价值论中，行为无价值和结果无价值是并列的，则等于回避两者的关系问题；如果说在二元论中，行为无价值和结果无价值是相互渗透的，则等于消解两者的关系问题，因为当采用"相互渗透"一说，则二元论便最终是一元论，正如二元结果论无价值论者也指出，二元行为无价值论本质已是一元行为无价值论，行为无价值二元论实已沦为空谈[2]。二元结果无价值论又何尝不是一元论而陷入二元论的空谈呢？行为无价值与结果无价值的关系到底如何把握以形成一种妥当解答违法性本质的理论呢？这需要采用一种体系性思维来解答问题。

无论是提出哪一种违法性本质理论，包括本著所提倡的以结果无价值为补充的行为无价值论即新新行为无价值论，或许都要面对违法性本质的"多中心论"。学者指出，应将刑法视为一个"多中心体系"，以类型化思路来解答不法论的问题。受限于概念式思维，学者们有意识地在不法论上各执一端：要么是为行为无价值论摇旗呐喊，要么是作为结果无价值论的拥趸。明确的立场定位对于推进我国刑法学中的学派之争有重要意义，且其也不可避免地落入为体系而体系的怪圈[3]。而刻意地将一种立场通过体系化的演绎贯彻到底，导致对体系性思考方式存在的弊端缺乏必要反省[4]。在本著看来，体系性应是理论的一种追求甚至是最高追求，或可把体系性视为理论成熟度的最高标志，甚至没有体系性就没有理论本身，故追求体系性本身没有错。而违

---

[1]　劳东燕："结果无价值论与行为无价值论之争的中国展开"，载《清华法学》2015 年第 3 期，第 73 页。

[2]　杜宣：《二元结果无价值论》，法律出版社 2018 年版，第 295 页。

[3]　［日］松宫孝明：《刑法总论讲义》，钱叶六译，中国人民大学出版社 2013 年版，第 275 页，"序言"第 1 页。

[4]　劳东燕："刑法中的客观不法与主观不法——由故意的体系地位说起"，载《比较法研究》2014 年第 4 期，第 86 页。

法性本质理论的体系性之所以不受待见，不是因为体系性本身出了问题，而是因为没有找到或形成真正的体系性，从而看不到体系性的意义或魅力，甚至厌倦体系性，正如现有的违法性各种理论学说都存在着"两张皮"或"自相矛盾"问题，正如新行为无价值论虽然在新规范违反说的基础上，试图吸纳法益侵害导向说，以使得自己的学说更为客观和全面，但由于新规范违反说和法益侵害导向说各自的问题以及从根本上彼此抵牾的天性，导致无法形成与结果无价值的有效对决[1]。违法性本质的"两张皮论"，又如对于结果无价值与行为无价值之间按照什么样的顺序进行判断且两者关系如何，一元的物的不法论（主张结果无价值）和一元的人的不法论（主张一元的行为无价值）都不存在烦恼，而在采用违法二元论的场合，这正是症结所在[2]。可见，如果对违法性本质采用"多中心论"，则其与"二元论"最终并无实质区别，且其或许可形成"三元（以上）论"。可见，建构体系性的不法论或违法性论确有必要。

实际上，在所谓"二元"或"多中心"之上，我们仍能找到一种"统摄"，而所谓体系性便存在或形成于此"统摄"和"被统摄"之中。还是让我们回到恩格斯的那句"蔑视社会秩序最明显、最极端的表现就是犯罪"中，当作为犯罪一大类型的自然犯即伦理犯和作为犯罪另一大类型的法定犯都属于"蔑视社会秩序最明显、最极端的表现"，则"蔑视社会秩序最明显、最极端的表现"便可将此两大犯罪类型"统摄"起来。于是，"蔑视社会秩序最明显、最极端的表现"所对应的负价值便可将此两大犯罪类型所各自对应的负价值"统摄"起来。由此，违法论的体系性不仅应该形成，而且能够形成。

但要赋予违法性本质以一种体系性，最终要解答好社会伦理道德与所谓法益，从而是伦理违反与法益侵害（危险）之间的关系。学者指出，将违法性的本质定位于社会伦理侵害有着如下合理性：①刑法是社会伦理的"底线"，而刑法只是惩罚严重冲击主流社会伦理观念的个别行为。②对自然犯而言，公众认同的刑法规范在很大程度上和社会道德规范有关，如制造并传播

---

[1] 贾健："新行为无价值论的困境与出路——兼与周光权教授商榷"，载《现代法学》2018年第6期，第122页。

[2] 付立庆："日本刑法学中的行为无价值论与结果无价值论之争及中国的选择"，载《江苏行政学院学报》2013年第1期，第135页。

淫秽物品、组织淫秽表演行为与刑法所试图确立并引导的"善良风俗"道德观相违背。对行政犯而言，当新的规范关系逐步得到公众认同，则通过保护规范关系以肯定某种主流的伦理价值，便能够间接保护法益。③在一个国家规范秩序混乱时，刑法首当其冲将违反伦理规范的行为作为处罚对象，以引导国民养成良好规范意识，对于社会秩序的建构意义重大[1]。又正如学者指出，按照当代社群主义，个人的人格、情感和个性等都是生成于社群之中抑或在与他人的社会交往中形成的，"我"和"你"不发生交往关系，就不会有人格的异质性、自主性以及个人发展过程中的可选择性与创造性，同时也就没有了友谊和感情。这种没有血肉、无差别的抽象个体在现实中并不存在[2]。因此，刑法虽然不应强制推行国家道义，但显然也不会保护一个没有"个性"的人格体，或者一个被法规范及其刑罚所驯服的"机器"。由此，真正值得我们思考的是如何去构建一个理论框架，使得刑法中的伦理判断规范化[3]。可见，伦理中有法益，法益中有伦理，而无论是伦理维护，还是法益保护，都要经由"谦抑性"而上升为刑法规范。但是，能将伦理和法益予以"统摄"的便是社会秩序，从而能将伦理违反与法益侵害（危险）予以"统摄"的便是恩格斯所说的"对社会秩序有着最明显、最极端表现的蔑视"即"秩序无（反）价值"。而"秩序无（反）价值"对伦理违反与法益侵害（危险）的"统摄"以及在此"统摄"之下伦理违反与法益侵害（危险）的相辅相成，便最终形成了违法性本质的体系性。

这里，对"秩序无（反）价值"这一违法性的最终根据有必要予以深化，以获得对违法性本质的体系性的更深把握。当行为无价值论被普遍视为"人的不法论"，则与行为无价值论相对立甚至是构成"另一个极端"的结果无价值论便属于"物的不法论"。又当违法性本质并非"表象问题"而是"实质问题"，则违法性本质的结果无价值论便捉襟见肘。易言之，当违法性的本质是一个"深层次"问题，则"人的不法论"较之于"物的不法论"便具有对应性。但有无一个概念又比违法性本质处于更深层次呢？这里，我们必须提出违法性根据概念，且违法性根据概念不同于违法性本质概念：前者

---

[1] 周光权："新行为无价值论的中国展开"，载《中国法学》2012 年第 1 期，第 177 页。

[2] Michael Sandel, *Liberalism and the limits of Justice*, Cambridge, 1982, p.150.

[3] 贾健："新行为无价值论的困境与出路——兼与周光权教授商榷"，载《现代法学》2018 年第 6 期，第 122 页。

回答违法性"如何形成"的问题，后者回答违法性"是什么"的问题。由此，违法性的根据不同于违法性的本质，即前者是后者背后的一个更深层次而得以被称之为"根据"的问题。当联系三元递进式犯罪论体系，则违法性根据是第二阶层即"违法性"背后的一个更深层次问题。由于前后三个阶层即"构成要件该当性""违法性"和"有责性"都是犯罪成立要件意义上的直接概念，故违法性根据须在先于刑法学的语境中去找寻，亦即不能对违法性根据直接赋予刑事违法性的属性。显然，前述思路是观照刑法乃整个法律体系中的"保障法"和"补充法"的体系性思路，正如违法性阶段上的"违法"不能依据"法益侵害"或"目的性"进行定义，而是高于"法益侵害"与"目的性"的正当化原理，并且也需要从以某种形式定着于社会的规范中去探求[1]。于是，恩格斯和迪尔凯姆便对"秩序无（反）价值"这一违法性根据提供了体系性深化的启示，亦即恩格斯的"蔑视社会秩序最明显、最极端的表现就是犯罪"和迪尔凯姆的"公共意识"将"重大分裂"视为犯罪[2]，便隐含着违法性根据问题的体系性思路，因为"最明显、最极端的表现"对应着"非最明显、最极端的表现"，而"重大分裂"对应着"非重大分裂"。于是，"社会中的规范"和"公共意识"隐含着刑法违法性是将社会秩序违反性作为初始源头，即"秩序无（反）价值"是刑法违法性的最终根据。除了对偶然防卫得出无罪的结论，对于被害人亲属于法警开枪击毙死刑犯之前而将死刑犯击毙泄愤的例子，结果无价值论也会得出被害人亲属私刑无罪的结论。由此，结果无价值论对法秩序的背叛将给予我们讨论违法性根据，从而是其本质问题以反面启示。而由"蔑视社会秩序最明显、最极端的表现就是犯罪"和犯罪是严重违法行为，我们可知：秩序无（反）价值是违法性的根据。这里，秩序（反）无价值有着两个层面的内涵：在主观层面上，秩序无（反）价值即"意志无（反）价值"，而这里的"意志无（反）价值"的通俗表达就是恩格斯所说的对社会秩序的"蔑视"。但要强调的是，这里的"意志无（反）价值"既存在于犯罪故意中，也存在于犯罪过失中。特别是在犯罪过失中，"意志无（反）价值"表现为"意志懈怠"，而这里所说

---

〔1〕 ［日］安达光治："关于社会相当性含义的简稿——以威尔策尔为中心"，载《立命馆法学》2010 年（327—328），第 20 页。

〔2〕 ［法］E. 迪尔凯姆：《社会学方法的准则》，狄玉明译，商务印书馆 1995 年版，第 87 页。

的"意志懈怠"或为"过于自信的过失"，或为"疏忽大意的过失"。在客观层面上，秩序无（反）价值即"状态无（反）价值"，而这里的"状态无（反）价值"或为危险状态，或为实害状态，其通俗描述便是恩格斯所说的"最明显、最极端表现"和迪尔凯姆所说的"重大分裂"[1]。但秩序无（反）价值中的"秩序"存在着体系性嬗变问题。具言之，这里的"秩序"不可能一下子就是刑法秩序，也不可能一下子就是前置法秩序，而只能是一般意义上的社会秩序。易言之，社会秩序的违反性是作为犯罪成立要件的违法性的源头所在，从而构成其根据所在。由此，我们可沿着如下逻辑顺序看问题：当社会秩序由前置法所"调整"，便形成前置法秩序；当前置法秩序由刑法所"保障"，便形成刑法秩序。可见，社会秩序违反性是作为犯罪成立要件的违法性的初始所在即根据所在。当蔑视社会秩序的"最明显、最极端表现"是犯罪即刑法违法，而其"非最明显、最极端表现"即前刑法违法亦即前置法违法，则刑法的谦抑性、"保障性"和"补充性"与"蔑视社会秩序最明显、最极端的表现就是犯罪"，便一道说明："秩序无（反）价值"便是作为犯罪成立要件的违法性的根据所在，即其在历经"前前置法秩序"到"前置法秩序"再到"刑法秩序"的嬗变中"结晶"出违法性的本质。而正是这一根据，将行为无价值与结果无价值统合起来，且催生了关于违法性本质的以结果无价值为补充的行为无价值论。违法性根据的体系性映现着违法性本质的体系性。

（二）新新行为无价值论体系性的进一步深化

在寻求违法本质体系性的过程中，二元论的有关面相需予透视。于其中，我们可获得对违法性本质更深的体系性把握。首先是"折中与调和论"面相。学者指出，在二元行为无价值论中，行为与结果不再是绝对分离的两端，两者通过客观归责理论而相互联系，行为是具有导致可归责之结果发生危险的行为，结果是能够客观归责于行为的结果，行为无价值、结果无价值同为不法内容，从而行为无价值论与结果无价值论的对立就得到了折中与缓和[2]。在二元论中，尽管行为无价值和结果无价值可同为不法内容，但二者却是在

---

〔1〕　[法] E. 迪尔凯姆：《社会学方法的准则》，狄玉明译，商务印书馆 1995 年版，第 87 页。

〔2〕　周啸天："行为、结果无价值理论哲学根基正本清源"，载《政治与法律》2015 年第 1 期，第 27 页。

并列意义上同为不法的内容。这便造成所谓折中与缓和陷入了"面和心不
和"，因为在并列关系中，虽然同处于"不法"这个屋檐下，但行为无价值论
仍可不管结果无价值，正如二元行为无价值论"在行为无价值和结果无价值
发生冲突的场合，违背其出发点，自觉或者不自觉地偏向了行为无价值的一
方，而将结果无价值作为一个点缀"[1]。既然行为是具有导致可归责之结果
发生危险的行为，而结果是能够客观归责于行为的结果，则行为无价值和结
果无价值应是在"补充和被补充"的意义上同为不法的内容。这是由行为与
结果的关系具有因果性所根本决定的。最终，也只有在"补充与被补充"的
关系中，不同的内容才是"团结"而非"涣散"的，故违法性的本质问题应
采以结果无价值为补充的行为无价值论。所谓内容"团结"而非"涣散"，
意味着违法性本质问题应形成体系性理论，而以结果无价值为补充的行为无
价值论即新新行为无价值论便堪当此理论。违法性本质的"折中与调和论"
应被"补充论"所取代以形成体系性。

再就是"中间路线论"面相。学者指出，结果无价值论与行为无价值论
的论战双方都表现出不断向中间路线靠拢的倾向。这意味着并不存在彻底的
结果无价值论或彻底的行为无价值论：所谓结果无价值论不过是更侧重法益
侵害的二元论，其与行为无价值论的真正区别仅在于是侧重法益侵害还是规
范违反。张明楷教授与黎宏教授虽一直以彻底的结果无价值论者自居，但在
诸多具体领域，并未将结果无价值论贯彻到底，而几乎就是二元行为无价值
论的主张。至于周光权教授晚近倡导的新行为无价值论，不仅要求同时考
虑新规范违反说与行为的法益侵害导向性说，而且将后者置于优先考虑的地
位[2]。可见，"向中间路线靠拢的现象"意味着二元行为无价值论与结果无
价值论乃至二元结果无价值论甚至新行为无价值论已经"名异而实同"，以至
于陷入陈兴良教授所言："学派之争是需要提倡的，但我们应避免'虚假的对
方'，以及'无谓的争论'。"[3]"中间路线"和"名异实同"意味着二元论
包括二元行为无价值论和二元结果无价值论以及新行为无价值论，并未形成

〔1〕 黎宏："行为无价值论批判"，载《中国法学》2006年第2期，第164页。

〔2〕 劳东燕："结果无价值论与行为无价值论之争的中国展开"，载《清华法学》2015年第3
期，第65~68页。

〔3〕 陈兴良："主编絮语"，载陈兴良主编：《刑事法评论》（第28卷），北京大学出版社2011年
版，第3页。

关于违法本质的明确体系，因为当伦理犯与法定犯并存时，前述诸论都始终摆脱不了"并列论"或"拼凑论"乃至"两张皮论"而最终难以达致逻辑自洽或体系自洽。相反，能够得到"秩序无（反）价值"作为"根据"来统摄的以结果无价值为补充的行为无价值论即新新行为无价值论便能够形成违法本质的体系性。违法性本质的"中间路线论"也应被"补充论"所取代以形成体系性。这里要特别指出的是，二元结果无价值论既然强调以结果无价值为"核心"而以行为无价值为"必要"，则其似乎也有"补充论"的意味，但在其违法性本质论中，"补充者"和"被补充者"是被其错位或主辅颠倒了，故其同样丢弃了"因"所对应的行为无价值才是刑法任务和刑罚目的得以根本完成和实现的根由所在。

潜藏在"折中调和论"和"中间路线论"背后的是违法性本质问题的哲学根基问题，故新新行为无价值论所对应的违法性本质的体系性需从哲学根基层面予以把握。学者将结果无价值论、行为无价值论在实质违法性层面上所体现出的道德哲学立场分别与行为功利主义、规则功利主义相挂钩。就这场"路线"之争的理论深化而言，将争论深化至哲学这一本体之中，无疑具有重大理论意义[1]。这里，我们能否通过哲学根基的内在联系来准确处理行为无价值与结果无价值的关系以进一步把握违法性本质的体系性呢？学者指出，行为功利主义与规则功利主义的最大不同，实际上只在于计算功利的标准不同：规则功利主义注重符合规则的"类"行为所生的长远效果，而行为功利主义注重具体行为一时一景的当下效果，亦即规则功利主义将计算功利的标准诉诸规则，希望通过对规则的遵守来给最大多数人带来长远的效益，而行为功利主义则将计算功利的标准定位于具体的个人，希望通过理性人的算计来达到最多的效益。可见，两者之间计算方式的差异源自如何看待"规则"与"理性人"这一对矛盾。规则功利主义者相信适用于一切人的普遍规则而不信任理性人的具体境遇抉择，行为功利主义者则否定规则的普遍存在而更为相信理性人具体境遇算计[2]。但是，行为功利主义与规则功利主义在本质上并无区别，因为行为功利主义与规则功利主义都坚守着"最大多数人

---

〔1〕　周啸天："行为、结果无价值理论哲学根基正本清源"，载《政治与法律》2015年第1期，第25~26页。

〔2〕　周啸天："行为、结果无价值理论哲学根基正本清源"，载《政治与法律》2015年第1期，第31页。

的最大幸福"的功利原理，两者都旨在增进社会的"最大幸福"（整体效益）。行为功利主义最为忠实地传承了边沁的古典功利主义思想，而规则功利主义也未脱离古典功利主义的思想框架。正因为两者都属于以后果判断行为善恶的后果论伦理学范畴，英国哲学家黑尔才能够在将道德思维分为直觉思维层面、批判思维层面和元伦理学层面的基础上，将直觉思维层面上所形成的直觉原则看作规则功利主义，将在道德冲突中所形成的具体行为选择看作行为功利主义，继而在直觉思维、批判思维两个层面上将两者统一起来。倘若两者本质相斥，则自然无法得到统一[1]。这里，虽然行为无价值论与结果无价值论被分别对应规则功利主义和行为功利主义，但由于规则功利主义和行为功利主义都属于后果论伦理学范畴，且相互之间存在"同一思想框架"内的"忠实传承"关系，故行为无价值论与结果无价值论便可结成一种体系性，而与此体系性相对应的并非二元行为无价值论乃至新行为无价值论，亦非二元的结果无价值论，而是新新行为无价值论即以结果无价值为补充的行为无价值论。当行为无价值论的道德哲学根基是道义论，结果无价值论的道德哲学根基是行为功利主义并兼顾规则功利主义[2]，则以结果无价值为补充的行为无价值论便是兼容行为功利主义和规则功利主义的道义论。

学者指出，体系性思考与贯彻固然必要，但对实务难题的关心与思考也必不可少。单纯的"为体系而体系"的学派之争，很难有持久的生命力，只有同时结合问题导向的思考，才能使学派之争历久弥新。除体系逻辑之外，解决方案本身在实务层面的妥当性与可接受性，也是理论展开时必须考虑的因素[3]。体系逻辑即体系性本身并非排斥解决方案的实务妥当性与可接受性，而真正的体系性与解决方案的实务妥当性与可接受性是相互映衬的。学者所谓"也必不可少"，只不过是强调学术研究应对理论的体系性和解决方案的实务妥当性和可接受性"两手都要抓，两手都要硬"而已。这里要进一步指出的是，解决方案本身在实务层面的妥当性与可接受性，可以进一步印证

---

〔1〕 周啸天："行为、结果无价值理论哲学根基正本清源"，载《政治与法律》2015年第1期，第31页。

〔2〕 周啸天："行为、结果无价值理论哲学根基正本清源"，载《政治与法律》2015年第1期，第25页。

〔3〕 劳东燕："结果无价值论与行为无价值论之争的中国展开"，载《清华法学》2015年第3期，第74页。

理论的体系性。而在违法性本质问题上，其不仅存在体系性问题，而且其体系性有赖于违法性根据与违法性本质的问题层次区分和违法性本质基本形态的关系把握。

秩序（反）无价值能够统摄行为无价值与结果无价值，而行为无价值和结果无价值构成了对秩序（反）无价值的直接说明与延伸说明。"秩序无（反）价值"是从根据层面对新新行为无价值论予以价值提升，而"补充与被补充"则是从理论构造层面对新新行为无价值论予以逻辑提升。于是，根据层面的价值提升和理论构造层面的逻辑提升"合成"了新新行为无价值论的体系性提升。而以往的违法本质论包括新行为无价值论甚或"多中心论"对违法性本质的体系性都有所忽略，但在名实相副之中达致体系性是任何一种理论学术的使命所在。

六、新新行为无价值论的最后说明

避开"中间路线"和体现以"物性"限制的"人性刑法论"，可构成新新行为无价值论的最后说明。

（一）新新行为无价值论避开了"中间路线"

行为无价值论与结果无价值论的对立及其各自内部的分歧，都是建立在或形成于割裂基本范畴的内在关系即行为与结果之间的因果关系或社会伦理、行为规范与刑法规范之间的层层相因关系。于是，行为无价值论与结果无价值论的对立及其各自内部的分歧，最终无非表明："一元论"是"各执一词"的学说，"二元论"甚或新行为无价值论是"摇摆不定"的学说。特别是"二元论"，无论是二元行为无价值论抑或新行为无价值论，还是二元结果无价值论，不过是想淡化一下"片面性"而已，但却又最终陷入了"并列论"或"拼凑论"即"两张皮论"甚或"自相矛盾论"。这里，对以往违法性本质理论的"自相矛盾性"，我们可作出如下刻画：二元论包括二元行为无价值论和二元结果无价值论，都是"二元的一元论"。具言之，二元行为无价值论中的"行为无价值"原本就是一元行为无价值论中的"行为无价值"，而二元结果无价值论中的"结果无价值"原本就是一元结果无价值论中的"结果无价值"。但"一元"就是"一元"，"二元"就是"二元"，怎可有"二元的一元"？这便意味着违法性本质论的"中间路线"并非真正处于"一元论"和"二元论"的"中间"，却是通过明修"中间路线"这一"栈道"而暗度到

"一元论"这一"陈仓"。这样看来，二元行为无价值论便实现了对结果无价值论的一种"暗度"甚或"投靠"，而二元结果无价值论只不过是对一元结果无价值论的一种"补正"而已，但经过补正的结果无价值论即二元结果无价值论与二元行为无价值论几无区别。

至于新行为无价值论，也难逃名为"中间路线"而实为"暗度陈仓"的理论命运，正如学者指出，与之前主张的行为无价值论相比，周光权教授如今提倡的新行为无价值论至少存在三方面的重要不同：①行为无价值与结果无价值这两轴的基本地位发生了重大的变化。其之前的行为无价值论是以行为无价值作为不法的主轴，而新行为无价值论则以结果无价值作为主轴。②作为两轴的行为无价值与结果无价值的关系发生了重要的调整。在其先前的理论框架中，行为无价值具有独立于结果无价值的内涵，以是否违反社会伦理规范为标准，后者则以是否存在法益侵害为标准；但在新行为无价值论中，行为无价值这一轴变得依附于结果无价值而不再具有独立于结果无价值的内涵。③在规范与构成要件的关系问题上，其早先的见解由于以违反社会伦理规范为基础，故不太重视构成要件的制约作用以及构成要件之于规范违反说的意义；而晚近的主张则特别强调规范与构成要件之间的关联性。总之，当周光权教授强调法益侵害导向性并使"规范"的含义落脚于行为规范时，他已向消弭结果无价值论与行为无价值论之对立的方向迈出了关键性的一步〔1〕。而这一步迈出的结局，正如周光权教授本人坦言："这一意义上的行为无价值论，其实与结果无价值论相比，除了方法论上的差异以外，其他方面的差异已经很小。"〔2〕可以说，当下盛行的二元行为无价值论乃至新行为无价值论以及二元结果无价值论，因实质上皆属于"并列论"甚或"两张皮论"而难以逻辑自洽和体系自洽。但是，新新行为无价值论仍是将行为无价值作为"基地"，在从根本上修正了一元行为无价值论后，其避免了二元论包括二元行为无价值论和二元结果无价值论乃至新行为无价值论的内在矛盾和"体系性涣散"，且将结果无价值论所倚重的结果无价值作为一种"补充性考量"，故其在"博采众长"之中仍然坚守着"行为无价值"这一主导性立场，从而其没

---

〔1〕 劳东燕："结果无价值论与行为无价值论之争的中国展开"，载《清华法学》2015 年第 3 期，第 71~72 页。

〔2〕 周光权："新行为无价值论的中国展开"，载《中国法学》2012 年第 1 期，第 179 页。

有最终陷入"中间路线"，也未陷入对其他主张的"理论投靠"。

当承认或正视行为与结果之间的因果性和社会伦理、行为规范与刑法规范之间的层层相因性，则违法性的本质问题便能够形成一种带有真正完整性和内在体系性的理论。言行为与结果之间的因果性，正如罗克辛教授指出："刑法中不存在没有行为不法的结果不法。"[1]由此，罗克辛教授进一步指出："为目的和因果之意义统一体的行为，其本质决定了，结果无价值也要以一定的方式进入到行为无价值中来。因为引起犯罪结果的发生必须是行为意志的内容，身体举动也必须是该意志的因果实现。"[2]言社会伦理、行为规范与刑法规范之间具有层层相因性，乃因为社会伦理本来就是一种社会行为规范，且其可视为刑法规范的"前身"，正如团藤重光指出："所谓违法不单单是形式上，而且从实质上违反全部法律秩序，这种从本质上违反的全部法律秩序，不外乎是对成为法律基础的社会伦理规范的违反。"[3]可见，如果说以往的行为无价值论与结果无价值论及其内部各种不同学说都是关于违法性本质的"不经之论"，则其皆可归因于一种"常识性的基本逻辑错误"。当克服此"常识性的基本逻辑错误"，且切合刑法实践，则在刑法学的"路线之争"中，我们应采用违法性本质的新新行为无价值论即以结果无价值为补充的行为无价值论，以最终避免"中间路线"。

（二）新新行为无价值论体现以"物性"限制的"人性刑法论"

在当下的违法性本质这一"路线之争"中，结果无价值论所自称的相对于一元行为无价值论和二元行为无价值论乃至新行为无价值论的理论优势，皆可步步剖解，从而其违法论本质论的"优势地位"难以维持。二元结果无价值论也不过是与二元行为无价值论乃至新行为无价值论"名异实同"的理论。而新新行为无价值论则是扬弃以往的所有违法性本质论，且坚守"行为无价值"这一主导性立场的最新违法性本质论，其可通过"秩序无（反）价值"这一违法性的初始根据和"补充与被补充"的内在理论构造而获得价值层面和逻辑层面的体系性。新新行为无价值论最终是用"物的不法论"来限

---

〔1〕　［德］克劳斯·罗克辛：《德国刑法学总论》（第1卷·犯罪原理的基础构造），王世洲译，法律出版社2005年版，第213页。

〔2〕　陈璇："德国刑法学中的结果无价值与行为无价值二元论及其启示"，载《法学评论》2011年第5期，第72页。

〔3〕　马克昌主编：《近代西方刑法学说史略》，中国检察出版社1996年版，第350页。

制"人的不法论"的违法性本质理论，从而有着刑法谦抑性的精神蕴含，进而能够从根本上影响刑法立法和刑法司法的基本动向与长远目标。当学者提出"人性民法"和"物性刑法"，则隐含着对"物性刑法"的批判[1]。但也许正好相反，我们可提出"人性刑法"，因为成立刑法中的犯罪毕竟要求行为具有主观罪过，而民法中却有"无过错责任"和"连带责任"的规定。于是，当坚守"行为无价值"的主导性立场，则新新行为无价值论便是限缩的，从而是谦抑的"人性刑法论"，即其将受"物性"限制的"人性刑法"赋为刑法的根本品性。

在违法性本质的新新行为无价值论中，行为无价值基本上对应着"客体威胁"，而作为补充的结果无价值则对应着"客体实害"。于是，作为犯罪客体论延伸的违法性本质的新新行为无价值论或"超新行为无价值论"，又构成了对犯罪客体论的进一步深化。

第七节　犯罪客体对非罪化事由的包含

学者指出，正当事由的出罪理由在于"没有侵犯犯罪客体"[2]。如果将正当（化）事由替换或扩充为非罪化事由，则非罪化事由的出罪理由同样在于"没有侵犯犯罪客体"。于是，非罪化事由成为犯罪客体论应包含的内容。非罪化事由是本著继排除社会危害性行为、违法阻却事由、合法抗辩事由和正当化事由之后所提出的一个概念，不仅其根据问题同样显示出"极为重要性"，而且非罪化事由具体类型中的特别问题也需要予以深入讨论。

一、非罪化事由的概念由来

非罪化事由，是通过回望排除社会危害性行为、违法阻却事由、合法抗辩事由和正当化事由而主张的一个概念。

（一）非罪化事由概念的回望

非罪化事由概念的回望，意味着要检讨以往先后被刑法理论使用的指向同一问题的相关概念，包括排除社会危害性行为、违法阻却事由与合法抗辩

---

〔1〕 刘艳红："人性民法与物性刑法的融合发展"，载《中国社会科学》2020年第4期，第114页。

〔2〕 彭文华："犯罪客体：曲解、质疑与理性解读——兼论正当事由的体系性定位"，载《法律科学（西北政法大学学报）》2014年第1期，第95页。

事由乃至正当化事由。

首先是排除社会危害性行为。学者指出，在苏联及我国刑法理论中，社会危害性是犯罪的本质特征，故正当防卫、紧急避险作为非罪行为，被称为排除社会危害性的行为。最初，排除社会危害性的行为被译为"免除行为社会危害性的情况"。后来，我国的某些刑法教科书开始采用"排除犯罪性的行为"这一概念以取代排除社会危害性行为，但这两个概念并无实质区别。由于在苏联及我国刑法理论中，社会危害性是犯罪的本质特征而非犯罪构成的一个要件，故排除社会危害性的行为是在犯罪概念或犯罪构成之后予以论述的[1]。排除社会危害性行为是来自苏联的中国传统刑法理论论述正当防卫等事由无罪性的主题性词汇。

其次是违法阻却事由。学者指出，在递进式犯罪构成体系中，违法性是评价性要件，即在一般情况下，该当构成要件的行为就被推定为具有违法性，推翻其推定而使其不具有违法性事由，就被称为违法性阻却事由。在递进式犯罪构成理论中，违法性阻却事由被理解为消极的构成要素，即其具有犯罪构成的体系性地位[2]。违法性阻却事由是大陆法系犯罪构成论语境中论说正当防卫等不成立犯罪的一个主题性词汇，而责任阻却事由则是大陆法系犯罪构成论语境中论说紧急避险等不成立犯罪的另一个主题性词汇。

再次是合法抗辩事由。学者指出，在英美法系刑法理论中，犯罪行为和犯罪意图是犯罪构成的本体要件，也是犯罪成立的一般要件。合法抗辩则是通过辩护而对本体要件予以否定，从而不构成犯罪的情形。将正当防卫、紧急避险等归为合法抗辩事由，与犯罪的本体要件互为补充，是英美法系的特点[3]。英美法系的犯罪构成可被描述为"双层式犯罪构成"，而合法抗辩事由使其呈现出"诉讼色彩"或"程序色彩"。

最后是正当化事由。对于排除社会危害性行为等三种称谓，学者指出，三者各有利弊，且都是各自的犯罪构成理论演绎的结果，故应将正当防卫、紧急避险等因具有正当理由而不构成犯罪的情形称为正当化事由。正当化相对于犯罪化而言，即其乃犯罪化的反面，亦即非犯罪化。正当化事由之所以

---

〔1〕 陈兴良：《本体刑法学》，商务印书馆 2001 年版，第 418~420 页。

〔2〕 陈兴良：《本体刑法学》，商务印书馆 2001 年版，第 417~418 页。

〔3〕 陈兴良：《本体刑法学》，商务印书馆 2001 年版，第 420 页。

在刑法中加以研究，乃因其与犯罪存在形式上的相似性而需要在定罪过程中予以排除。这种形式上的相似性，在大陆法系刑法理论中，是指具有构成要件该当性。这一思路以事实与价值的二元论为逻辑基础，即是否具备构成要件该当性是一种事实判断，而是否具备正当化事由则是一种价值判断。至于构成要件该当性与合法事由的关系，在大陆刑法理论中也被称为"原则－例外关系"。这种形式上的相似性，在苏联及我国刑法理论中被认为形式上似乎符合某种犯罪构成而实质上不具有社会危害性和违法性，故不构成犯罪，从而存在形式与实质的二元逻辑。英美法系刑法理论似乎没有采用形式与实质的分析框架，而是采用"一般与例外"的分析框架，即符合犯罪构成的本体要件，在一般情况下即为犯罪，除非存在正当防卫等合法抗辩事由，这是逻辑演绎的思路。因此，英美法系将合法抗辩的证明责任转嫁给被告人而使之具有"诉讼要件"的印记。可见，无论是事实与价值的分析框架或者形式与实质的分析框架，还是"一般与例外"的分析框架，都界定了犯罪与正当化事由的关系，是正确认识正当化事由的理论基础。而为了更为深刻地理解正当化事由，还可给出"肯定与否定"的分析框架。具言之，定罪是一种肯定性判断：行为符合犯罪构成即为犯罪。这一肯定判决所依据的是刑法的禁止性规范。应当指出，刑法中绝大多数规范是禁止性规范，这也正是刑法作为制裁法的特征之一。但是，刑法也存在个别允许规范，以限制禁止性规范的内容，而正当化事由就是此类允许规范。而正是在这个意义上，正当化意味着合法化[1]。最终，在说明行为因具有合理因素而不成立犯罪的问题上，学者主张以正当化事由这一概念来取代排除社会危害性行为、违法阻却事由和合法抗辩事由这三个概念。首先，正当化事由较排除社会危害性行为、违法阻却事由和合法抗辩事由肯定有其独到与深刻之处，但正当化事由也肯定有其局限，因为正当化事由与排除社会危害性行为、违法阻却事由和合法抗辩事由，其理论本意都是讨论无罪即行为不成立犯罪问题，但即便是正当化事由与行为不成立犯罪在问题指向上仍有一定"距离"，即不成立犯罪的行为仍然可能是非正当的，只不过其未达到"应受刑罚惩罚"的程度罢了。

（二）非罪化事由概念的主张

这里，有待我们去确证和接受的便是非罪化事由。但首先要予以纠正的

---

〔1〕 陈兴良：《本体刑法学》，商务印书馆 2001 年版，第 420~422 页。

是，刑法既是针对司法者的裁判规范，也是针对守法者的行为规范；而当立于行为规范，则刑法便意味着有三种规范类型，即禁止性规范、命令性规范和授权性规范。易言之，学者在行为规范的层面上将刑法视为绝大部分的禁止性规范和一小部分的允许规范，是存在偏颇的。接下来，无论是排除社会危害性行为，还是违法阻却事由，抑或合法抗辩事由乃至正当化事由，似乎都从事物的客观层面来讨论问题。如在大陆法系递进式犯罪构成理论中，除了正当防卫所对应的违法性阻却事由，紧急避险等所对应的责任阻却事由，也是使行为不成立犯罪的合理事由。应当承认，在说明行为因有合理因素而不成立犯罪的问题上，正当化事由较排除社会危害性行为、违法阻却事由和合法抗辩事由都显得较具全面性，但正当化事由这一概念也同时存在"飘忽之嫌"或"泛化之嫌"。而在本著看来，对因具有合理因素乃至不具有"应受刑罚惩罚性（程度）"的社会危害性而使得行为不成立犯罪的讨论属于犯罪论的反面内容，正如学者将正当化事由视为"犯罪化的反面"，故当刑法学犯罪论理当是一种"教义论"，则作为其反面内容的讨论以及所使用的概念也应具有"教义学色彩"。于是，"非罪化事由"不仅因具有"教义学色彩"而较正当化事由特别是排除社会危害性行为更具可取性，而且因其将缺乏期待性所能说明的责任阻却事由即主观因素的合理性也纳入无罪说理即"非（犯）犯罪化"的视野，同样更显可取性。

正如陈忠林教授所概括，在意大利刑法理论中有"排除犯罪的主观原因"和"排除犯罪的客观原因"之说：前者即"排除犯罪的主观原因"包含着"不可抗力"和"身体受强制"等[1]；后者即"排除犯罪的客观原因"包含着作为法定事由的正当防卫、紧急避险和作为超法规事由的权利人承诺等[2]。这里，"排除犯罪"即"非犯罪化"，其与"纳入犯罪"或"入罪"即"犯罪化"直接相对。当"非罪化事由"是由"非罪化"延伸出来的一个概念，而"非罪化"即"非犯罪化"又与"犯罪化"相对应，且当"非罪化"即"非犯罪化"不仅包括立法层面的"非罪化"即"非犯罪化"，而且包括原本或事实上对不属于犯罪行为的行为予以司法层面的"非罪化"或"除罪（出

---

〔1〕 陈忠林：《意大利刑法纲要》，中国人民大学出版社1999年版，第139~140页。

〔2〕 陈忠林：《意大利刑法纲要》，中国人民大学出版社1999年版，第156~197页。

罪）化"[1]，则"非罪化事由"不仅涵摄了以往所说的法定的"正当化事由"和超法规的"正当化事由"，而且可以回避所谓"正当化事由"在有的事项即紧急避险上的定性疑问，正如帕多瓦尼教授指出，法律秩序并不认为紧急避险纯粹只具有积极意义，或者说这种行为（完全）符合法律秩序的需要。而正是由于这个原因，不少人不赞成将其归入正当化原因之列[2]。更为甚者，有许多属于紧急避险的情况，如果不能直截了当地说就是"不道德"的话，说它们是"非道德的"一点不冤。正是由于这些情况的存在，如何解释紧急避险合法性的根据，就成了一个非常棘手的问题[3]。这里，先于紧急避险合法性根据的或许是紧急避险合法性本身问题，而在本著看来，立于被避险人并无法定义务而为避险人承受危险，紧急避险是可以被肯定具有非法性的，但其非法性在刑事层面又是可以"被容忍"的，即其具有刑事层面的"可被容忍性"，从而是一种更加地道的"非罪化事由"。可见，"非罪化事由"具有相对于"犯罪化"的"问题匹配度"和"法教义学高度"。最终，"非罪化事由"是对不常听闻的"排除犯罪性事由"的积极响应和直接提倡。

进一步地，非罪化事由最终可以分为两大类：阻却违法性的非罪化事由和阻却有责性的非罪化事由。正当防卫属于阻却违法性的非罪化事由，故其既不产生刑事责任，也不产生民事责任；紧急避险则属于阻却有责性而不阻却违法性的非罪化事由，故其免除了刑事责任而不能免除民事责任。

二、非罪化事由的根据

由于非罪化事由是承继或扬弃正当化事由所形成的概念，故本著对非罪化事由的根据论述将从正当化事由的根据予以切入。学者指出，在关于正当化事由的讨论中，正当化事由的根据是一个最为重要的问题[4]。由此，我们可将前述论断转换为：在关于非罪化事由的讨论中，非罪化事由的根据是一个最为重要的问题。

---

[1] 周国文：《刑罚的界限——Joel Feinberg 的"道德界限"与超越》，中国检察出版社 2008 年版，第 13 页。

[2] ［意］杜里奥·帕多瓦尼：《意大利刑法原理》（注评版），陈忠林译评，中国人民大学出版社 2004 年版，第 187 页。

[3] ［意］杜里奥·帕多瓦尼：《意大利刑法原理》（注评版），陈忠林译评，中国人民大学出版社 2004 年版，第 183 页。

[4] 陈兴良：《本体刑法学》，商务印书馆 2001 年版，第 423 页。

（一）正当化事由根据问题的诸说介评

正当化事由的根据也形成了诸多学说，包括法益衡量说、目的说和社会相当性说以及在前述基础上所形成的一元与多元论之争。对于法益衡量说，学者指出，法益衡量说着眼于利益权衡，认为正当防卫与紧急避险等正当化事由都是法益冲突的结果，而在法益冲突的情况下，应当进行法益比较，最终保全重要法益而牺牲次要法益，故其亦称为优越利益说。法益衡量说受到两点批判：一是过于注重法益侵害结果；二是难以说明正当防卫的合法性。第一点批评无关紧要，第二点批评则是直指要害，亦即法益衡量说能够解答紧急避险的正当化根据，但对正当防卫的根据说明则颇为牵强。法益衡量说使得正当化根据实证化具有可考量性，此即其优越之处，但并非所有正当化事由都可通过法益比较而正当化，故其存在局限性〔1〕。法益衡量说的局限性既然体现在其只能说明紧急避险正当化的根据，则其难以成为正当化事由的统一性根据。易言之，能够成为正当化事由根据的，应是能够说明包括紧急避险但不限于紧急避险正当化的东西。

对于目的说，学者指出，此说是在评判法益衡量说的基础上提出来的，其着眼于行为的价值而非结果的价值。这里的行为的价值又是通过一定的目的得以证明的，而这里的目的是指国家所承认的人类共同生活的目的。因此，根据目的说，为达到国家所承认的共同生活目的而采取的适当手段，就成为正当化事由的根据。目的说招致的批评也有两点：一是国家主义立场；二是标准本身的不明确。国家主义立场指的是目的说过于强调法秩序而忽视个人法益的保护，这当然是其片面性。目的说的主要缺陷在于其认定标准的模糊性而在实际适用上会导致司法擅断〔2〕。目的说的模糊性或不明确性最终源于"目的"本身的主观性，而将主观的东西作为正当化事由的根据是相当或极其危险的，因为其将导致正当化事由的范围及其认定的严重随意性。

对于社会相当性说，学者指出，社会相当性的观念是基于一种动态的、相对的立场而对正当化事由的根据加以把握。根据威尔泽尔的观点，社会生活是不断变动而非静态的，故在社会生活中只有对行动自由加以限制才能形成社会共同生活。但如果法律对所有法益侵害的行为都认为是客观的违法而

〔1〕　陈兴良：《本体刑法学》，商务印书馆2001年版，第423~424页。
〔2〕　陈兴良：《本体刑法学》，商务印书馆2001年版，第424~425页。

加以禁止，则社会生活就会停滞。因此，应当在历史形成的国民共同秩序内，将具有机能作用的行为排除于不法行为之外，并将此种不脱逸于社会生活的常见行为称为社会相当行为。社会相当性概念的提出，意味着把法益侵害分为两种：一是不具有社会相当性的实质上的违法行为；二是具有社会相当性的行为。而具有社会相当性的行为，即使存在法益侵害，也不在法律禁止之列。社会相当性说通过目的正当性、手段正当性和法益均衡性而使得社会相当性的判断标准具体化，从而避免社会相当性理论的模糊性与暧昧性[1]。可见，社会相当性说多少有点对法益衡量说和目的说之"兼容色彩"，亦即社会相当性说是一定程度的"综合说"。

在比较前述相关学说的基础上，学者最终指出，在正当化事由的根据问题上，还存在一元论与多元论之争。一元论试图将所有正当化事由统一于一定的根据，即正当化事由具有本质上的相通性而应在统一的原理下予以理解。尽管法益衡量说、目的说与社会相当性说在正当化事由根据的论证上各不相同，但试图统一正当化根据的努力是相同的，此谓一元论。多元论则认为，各种正当化事由在性质上有差别，故正当化根据应予个别地明确而难以用一个原理加以概括。上述一元论与多元论并非不能相容，一元论强调各种正当化事由的共性，而多元论则强调各种正当化事由的个性。其实，正当化事由的共性与个性是可以统一的，故在揭示正当化事由统一根据的基础上，仍可对各种正当化事由的特殊原理加以说明。但作为正当化事由的统一根据，必然要求具有相当的概括性。而社会相当性便具有这种概括性，从而可以成为正当化事由的统一根据[2]。首先，正当化事由的根据不同于作为正当化事由的诸如正当防卫、紧急避险等具体样态的"根据"，故多元论是一种混淆问题的理论。易言之，当正当化事由是一个"完整而确定的事物"，则正当化事由的根据便是一个"完整而确定的问题"。因此，对正当化事由的根据的界说应形成一个具有统一性或概括性，从而是在正当化事由的内部即在正当化事由的各种具体样态上具有"普适性"的命题。可见，多元论实即一种"不经之论"。相反，正当化事由的根据论应是一种"统一论"或"概括论"，从而是一种"普适论"。

---

〔1〕 陈兴良：《本体刑法学》，商务印书馆2001年版，第425~427页。
〔2〕 陈兴良：《本体刑法学》，商务印书馆2001年版，第427~428页。

（二）非罪化事由根据的引出

但是，当不具有社会相当性的目的不正当当然不会为社会所容忍，且不具有社会相当性的手段不正当同样也不会为社会所容忍，而不具有社会相当性的法益不均衡却能在一定范围和程度内为社会所容忍（如"特殊防卫"），则"社会容忍性"较"社会相当性"便能够更加全面地说明各种具体的正当化事由抑或"非罪化事由"的正当性所在。由于社会容忍性包含且超越了社会相当性，故在将"正当化事由"替换为"非罪化事由"之后，本著提出"非罪化事由的根据"这一问题，且该问题的答案是"社会容忍性"。于是，在行为因具有合理因素或不具有"应受刑罚惩罚性（程度）"的社会危害性而不成立犯罪的说明上，"社会容忍性"较"社会相当性"更具一种"深刻性"和"实质性"，从而更具一种"彻底性"。不可否认，"正当化事由"与"社会相当性"在概念色彩与主题意义上具有一种高度的一致性或"应和性"，但"非罪化事由"与"社会容忍性"不仅在概念色彩与主题意义上同样具有一种高度的一致性或"应和性"，而且更具一种"力道性"。恩格斯曾指出："蔑视社会秩序最明显、最极端的表现就是犯罪。"〔1〕这里，"最明显、最极端"表明社会对犯罪的"不可容忍性"。于是，在某种意义上，用"非罪化事由"来指称因具有某种合理因素或不具有"应受刑罚惩罚性（程度）"的社会危害性而不成立犯罪的事项或行为，且将"社会容忍性"作为其无罪性的根据，更能反面地显现刑法的谦抑性。陈忠林教授指出，"刑（法）罚不得已原则"是解释全部刑法理论的根本原则，即无论是罪刑法定原则、罪刑相适应原则、刑罚人道原则都必须以"刑（法）罚不得已原则"为根据、为核心、为限度才可能发挥保护全体公民基本人权的作用〔2〕。当"非罪化事由"也是刑法理论中的一个具体问题，则将"社会容忍性"作为"非罪化事由"的根据正是"刑（法）罚不得已原则"的反面运用与体现。陈忠林教授又指出，刑罚有着区别于行政制裁的两个特点：①刑罚完全以剥夺公民最基本的权利（人身、财产、政治权利，甚至生命）为内容；②刑罚以完全剥夺公民最基本的权利（终身监禁、没收全部财产、剥夺政治权利终身，甚

---

〔1〕　《马克思恩格斯全集》（第2卷），人民出版社1957年版，第416页。

〔2〕　陈忠林：《刑法散得集（Ⅱ）》，重庆大学出版社2012年版，第33页。

至死刑）为限度〔1〕。当"非罪化事由"最终即"非刑化事由"，而刑罚以剥夺公民最基本的权利为"内容"和"限度"，同时也是出于"迫不得已"即"忍无可忍"，正如刑事制裁只能作为"迫不得已"的"极端手段"〔2〕，则将"社会容忍性"作为"非罪化事由"的根据，便获得了最为深刻的"刑罚（学）根据"，因为刑罚所体现的是"作为整体的国家与孤立的个人之间的关系"，从而是"国家的法律制度与个人基本权利之间的关系"〔3〕。

可以想见的是，随着社会的发展，"社会容忍性"会衍生出丰富多彩的非罪化事由。"决斗"曾是西方历史上有过"社会容忍性"的非罪化事由，其既有"机会均等"的形式正义性，也有"能者取"的实质正义性。在价值多元化和"社会容忍性"的交互作用下，非罪化事由或许将出现更加复杂的类型或样态，如赌博等。

三、非罪化事由中的特别问题

非罪化事由中的特别问题，是指法定的非罪化事由和超法规的非罪化事由中一直存在特别争议或在"想当然"中被忽视的相关具体问题。

（一）防卫事由中的特别问题

防卫事由中的特别问题包括正当防卫的必要限度问题、防卫意识问题和防卫过当的罪过形式问题等。

首先是正当防卫的限度问题。防卫限度是正当防卫理论的核心〔4〕。对于正当防卫的必要限度问题，学者对以往的学说做了如下概括："基本相适应说"认为，正当防卫的必要限度是指防卫行为必须与不法侵害相适应，但相适应不意味着二者完全相等，而是指防卫行为所造成的损害从轻重、大小等方面来衡量大体相适应；"必需说"认为，应从防卫的实际需要出发进行全面衡量，将有效地制止不法侵害的客观实际需要作为防卫的必要限度，即只要防卫在客观上有必要，防卫强度就可以大于、也可以小于、还可以相当于侵害强度；"适当说"认为，防卫的必要限度是指防卫人的行为正好足以制止侵害人的不法侵害行为而没有对不法侵害人造成不应有的损害，并认为应将基

---

〔1〕　陈忠林：《刑法散得集（Ⅱ）》，重庆大学出版社 2012 年版，第 30 页。
〔2〕　陈忠林：《意大利刑法纲要》，中国人民大学出版社 1999 年版，第 8 页。
〔3〕　陈忠林：《刑法散得集（Ⅱ）》，重庆大学出版社 2012 年版，第 29~31 页。
〔4〕　陈兴良：《本体刑法学》，商务印书馆 2001 年版，第 450 页。

本相适应说与必需说结合起来进行判断[1]。针对前述学说，学者指出，正当防卫的必要限度应以制止不法侵害、保护法益的合理需要为标准，亦即只要是制止不法侵害、保护法益所必需，就是必要限度之内的行为。而是否"必需"，应通过全面分析案件得出结论。一方面，要分析不法侵害行为的危险程度、侵害者的主观内容以及双方的手段、强度、人员多少与强弱、在现场所处的客观环境与形势等；另一方面，还应权衡防卫行为所保护的法益性质与防卫行为所造成的损害后果，即所保护的法益与所损害的利益之间不能相差过大，即不能为了保护微小权益而造成不法侵害者重伤或死亡，而即使是非杀死侵害人就不能保护微小权益，也不能认为杀死不法侵害人是必需的[2]。可见，学者所主张或提倡的即"必需说"。

进一步地，学者指出，在司法实务中正当防卫必要限度认定应注意：其一，不能过分要求手段相适应，进而将正当防卫认定为防卫过当。例如，不法侵害人没有使用刀具等凶器而防卫人使用了刀具等，不能以造成不法侵害者伤害而认定防卫行为超过了必要限度。其二，在判断防卫行为是否超过必要限度时，不能仅将不法侵害已经造成的侵害与防卫人造成的损害进行比较，还必须对不法侵害行为可能造成的侵害与防卫人造成的损害相比较，因为不法侵害者可能而没有造成的侵害正是防卫人实施防卫行为的结果。因此，仅从法益衡量的角度，只要防卫人造成的损害没有明显超过不法侵害者可能造成的侵害，就不属于防卫过当。其三，不能忽视不法侵害者在被防卫过程中实施新的暴力侵害，不能仅将防卫行为及其造成的损害与不法侵害者先前的不法侵害进行对比，而应当将防卫行为及其造成的损害与不法侵害者原有的不法侵害、新的暴力侵害、可能继续实施的暴力进行比较。第四，不能误解《刑法》第 20 条第 1 款与第 3 款的关系，即不能认为只要不法侵害不属于《刑法》第 20 条第 3 款规定的情形，防卫行为造成了不法侵害者伤亡，就属于防卫行为超过必要限度。总之，并非凡是超过必要限度的都是防卫过当，而只是"明显"超过必要限度造成重大损害的，才是防卫过当[3]。所谓"新的暴力侵害、可能继续实施的暴力"进一步亮明学者所持的主张可归属于

---

[1]　张明楷：《刑法学》（第 6 版），法律出版社 2021 年版，第 275 页。
[2]　张明楷：《刑法学》（第 6 版），法律出版社 2021 年版，第 275 页。
[3]　张明楷：《刑法学》（第 5 版），法律出版社 2016 年版，第 211~212 页。

"必需说"。但在本著看来，正如"新的暴力侵害、可能继续实施的暴力"特别是"可能继续实施的暴力"，意味着"必需说"或可是一种"危险的必要限度说"，即"必需说"或过于倚重防卫人的法益保护而轻视了不法侵害人即被防卫人的法益保护，特别是在"为了保护国家、公共利益"的场合，"必需说"或可变成一种"政治功利说"。当防卫行为还有过当之说，则在防卫事项中还应同时顾及或保护原不法侵害人的合法权益，以实质地限制防卫权的行使。这便意味着防卫事项中防卫方与被防卫方的权益平衡。于是，正当防卫限度的以往学说都应予以重新审视。

"必需说"除了可能是一种"危险的必要限度说"，且其与"必要限度"几乎同义，因为"必要"即"必需"。"基本相适应说"和"适当说"几乎同义，二者对正当防卫必要限度的说明"隔靴搔痒"或流于空泛，其还没有"必需说"显得具有一定的具象性和操作性，只不过"必需说"带有一种"危险性"罢了。由于正当防卫必要限度的"度"意味或蕴含着"平衡"，故本著提出正当防卫必要限度问题的"双向双层平衡说"。具言之，正当防卫的必要限度问题是防卫人与被防卫人即不法侵害人之间就侵害与反侵害而形成的双方的法益都需要予以兼顾且达致平衡的问题。出于兼顾且达致前述平衡，由于"结果"是"手段"所造成，故正当防卫的必要限度尚需在防卫人与被防卫方之间进行切实的双层式把握：一是在"手段层"，防卫手段与不法侵害的手段要保持一种平衡即"手段平衡"，且这里的"手段平衡"不能停留于形式考察，而是有时需要辅以实质判断。例如，一个甚至练过武术的身强力壮者"徒手"对一个矮小瘦弱者发起不法侵害，后者被迫操起一根木棍予以对抗。这里，"徒手"与木棍的对比呈现出形式上的"手段不平衡"，但实质上或许正是"手段平衡"。由此，在正当防卫的限度条件上，防卫人在遭受不法侵害场景中的极度惊恐以及侵害方与防卫方的力量对比等因素，也需予以个案性把握。二是在"结果层"，防卫所造成的结果即防卫人对被防卫人所造成的损害与不法侵害的结果即被防卫人对防卫人所造成的侵害，也要保持一种平衡即"结果平衡"。但在这里，不法侵害的结果即被防卫人对防卫人所造成的侵害不仅包括被防卫人对防卫人已经造成的侵害，还包括具有"现实可能性"的新的乃至升级的侵害。进一步地，在对正当防卫必要限度的双层式把握中，"结果平衡"是"手段平衡"的自然延伸，故"结果平衡"便回过头来构成对"手段平衡"的进一步检验，正如"造成重大损害"正是"明显

超过必要限度"的事后性说明或回顾性检验。于是，《刑法》第 20 条第 2 款
中的"明显超过必要限度造成重大损害的"可以实质地转述为"明显超过手
段平衡和结果平衡造成重大损害"。这里，在"双向双层平衡说"中，"双
向"是考察正当防卫必要限度问题的一种"横向思维"，而"双层"则是考
察正当防卫必要限度问题的一种"纵向思维"。因此，"双向双层平衡说"可
视为正当防卫必要限度问题的一种"结构性学说"。学者指出，防卫限度是指
正当防卫保持其合法性质的数量界限[1]。这里，"界限"有"平衡"之意
味，但正如"兵来将挡水来土掩"，防卫限度不仅仅是所谓"数量界限"，同
时也是"质量界限"。而由"数量"和"质量"所有机构成的"度"需要在
一种"双向互动"中予以"双层式"把握，从而实现对正当防卫必要限度这
一标准的"结构性"运用。

　　我们所讨论的正当防卫的必要限度问题，对应着意大利刑法理论中所讨
论的"防卫与侵害的相称性"问题，而后者的讨论对于我们把握正当防卫的
必要限度问题不无启发。陈忠林教授指出，意大利刑法学界对"防卫与侵害
的相称性"存在三种不同的理解："手段相称说"认为，"防卫与侵害的相称
性"应理解为"侵害者使用的手段与防卫者使用的手段的对应关系"，或者
"防卫人使用的手段与他可选择的手段相适应"。"利益相称说"认为，"防卫
与侵害的相称性"应理解为"防卫行为所损害的利益应与不法行为所侵害的
利益相称"，即"不允许为拯救次要的利益而损害最重要的利益"。但这种观
点又认为，防卫与侵害利益之间是否"相称"，应具体情况具体分析（砍掉一
个杰出钢琴家的指头与砍掉一个退休老人的指头，意义显然不同）。而在特定
条件下，也允许防卫行为损害的利益大于防卫的利益（对严重侵犯性自由的
犯罪，可以杀死侵害人）。"综合评价说"认为，单独强调"手段相称"或
"利益相称"，都是"忽视了防卫和侵害本身的复杂性"的表现，从而都可能
引出荒谬的结论。易言之，对"对防卫与侵害的相称性"不能用某一个标准
"一概而论"，而应"对冲突的利益以及侵害和防卫行为的一系列构成要素进
行全面分析，然后才能得出正确的结论"[2]。"综合评价说"的主张，正如
帕多瓦尼教授指出，"防卫必须与侵害相适应"长期以来都被理解为"手段相

---

〔1〕　陈兴良：《本体刑法学》，商务印书馆 2001 年版，第 450 页。
〔2〕　陈忠林：《意大利刑法纲要》，中国人民大学出版社 1999 年版，第 168~170 页。

适应"，或被害人使用的防卫手段与他可选择的手段相适应。这种理解的荒谬之处在于：①这两种手段之间的比较，本来就是"防卫必要性"的内容；②使用手段和可选择的手段之间的关系与侵害和防卫之间的关系没有任何相似之处。另外，还有人将"相适应"解释为侵害者使用的手段与防卫者使用的手段之间的对应关系。按照这一观点，某人开枪打死用枪袭击其所养动物的人，就应该属于正当防卫；而某老人用手枪对付正准备用粗木棒猛砸其脑袋的彪形大汉，则要构成故意杀人，因为手枪对木棒属于"手段不相适应"。显然，这些结论都是荒谬的。长期以来，理论界一直坚持必须以相互冲突的利益作为比较的基准。这种理解认为，根据被侵害人的具体情况，即使防卫行为损害的利益大于防卫的利益，也可能属于防卫与侵害相适应的范畴。而如果侵害和防卫的利益性质不同，则可用法律对它们进行保护的方式和程度作为评价的标准。例如，对侵害财产的犯罪，不得用剥夺侵害人生命的方式来防卫。而对严重侵犯性自由的犯罪，则可以使用一切可能的防卫手段，直至杀死侵害人。因此，为了正确判断侵害和防卫之间是否相适应，必须根据《刑法》第52条的规定，对冲突的利益以及侵害和防卫行为的一系列构成要素进行全面分析，然后才能得出正确的结论〔1〕。可见，基于"复杂性"和"一系列构成要素"的"综合评价说"或"全面分析说"，有着正当防卫必要限度问题的"结构性"启发，但此"结构性"蕴含着防卫者与侵害者之间的"双向性"和从"手段"到"利益"的"双层性"。

其次是正当防卫的防卫意识问题。防卫意识是否必要，是正当防卫理论中的一个极为复杂的问题。对此问题，国外刑法理论就偶然防卫形成四种观点：一是偶然防卫没有防卫意识，但造成了结果，故成立犯罪既遂；二是在偶然防卫的场合，虽然行为无价值即行为人具有恶的故意，但结果正当，即缺乏结果无价值，故成立犯罪未遂；三是偶然防卫如同将尸体当作活人进行射击，虽有杀人故意且存在法益侵害危险，但无"违法的结果"，故成立犯罪未遂；四是偶然防卫缺乏结果无价值，即缺乏违法性，故不成立犯罪〔2〕。可见，行为无价值论彻底或坚决主张防卫意识必要说，结果无价值论则彻底或

〔1〕 ［意］杜里奥·帕多瓦尼：《意大利刑法原理》（注评版），陈忠林译评，中国人民大学出版社2004年版，第177~178页。

〔2〕 ［日］前田雅英：《刑法总论讲义》，东京大学出版会2006年版，第345~348页。

坚决主张防卫意识不要说，而将行为无价值和结果无价值一并主张者，便在行为无价值和结果无价值中较为重视结果无价值通过偶然防卫成立犯罪未遂来体现其主张"有限的防卫意识必要说"即"不完全的防卫意识不要说"。对防卫意识是否必要的问题，学者指出，行为无价值论本来应当认定偶然防卫成立犯罪既遂，但由于结论的不合理，故现在的行为无价值论一般认为偶然防卫成立犯罪未遂，理由是：偶然防卫没有造成法益侵害的结果，相反却保护了法益，属于结果有价值，但由于其行为无价值，故成立犯罪未遂。在行为无价值论看来，即使偶然防卫造成了保护法益的好结果，仍须禁止。然而，如果刑法禁止偶然防卫，就等于禁止保护法益的好结果。对于偶然防卫问题，应坚持结果无价值论以得出无罪的结论，理由在于：虽然行为人具有犯罪故意，但其行为没有侵犯刑法所保护的法益，而刑法还允许以造成损害的方式来保护另一法益。而从《刑法》第 20 条，防卫意识似乎是正当防卫的必要条件，但其并不意味着不具有防卫意识的行为就必然成立犯罪。易言之，即使认为偶然防卫不成立正当防卫，也不能因为它不是正当防卫就直接以犯罪论处。基于同样的理由，过失行为制止了不法侵害，也可成立正当防卫，如行为人擦枪时无意间触动了扳机而将正在实施杀人行为的不法侵害者打成重伤[1]。本来，结果就是行为造成的，即结果无价值本来就是行为无价值的派生。而如果立于价值论来考察犯罪，则犯罪首先是行为无价值，然后才是结果无价值。又当我们考察国内外的刑法立法之后，便可发现：刑法对犯罪的规定绝大多数体现的是行为无价值，而只有可被归入"结果犯"的规定才体现结果无价值。这样看问题，对于偶然防卫问题，我们至少应在行为无价值论与结果无价值论之间取个折中，即对偶然防卫论以犯罪未遂。因此，如果非要对偶然防卫得出无罪的结论，则最好避开结果无价值论。于是，对偶然防卫的无罪结论可能有两个途径：一是正如"偶然"所启示的那样，即将偶然防卫视为一种特殊的"意外事件"，正如前述"擦枪走火例"。本来，结果无价值论所强调的那些理由完全可以概括为偶然防卫"意外地"保护了法益；二是对《刑法》第 20 条中的"为了保护"作扩张解释，即"为了保护"包含着"意外保护"。但是，无论是"意外事件"，还是"意外保护"，都已经偏离了偶然防卫的问题讨论，因为所谓偶然防卫虽已不存在为了保护合法

---

〔1〕 张明楷：《刑法学》（第 5 版），法律出版社 2016 年版，第 206~209 页。

权益的防卫意识，但行为人毕竟还存在着"有意而为之"的心理事实。可见，前述"擦枪走火例"，原本就不适合作为讨论防卫问题的例子，因为无论是否需要防卫意识这一主观条件，防卫行为原本就是一种故意行为。这便使得学者"即使认为偶然防卫不成立正当防卫"与"也不能因为它不是正当防卫就直接以犯罪论处"的自相矛盾更加明显。

在本著看来，偶然防卫可分为有意的偶然防卫与无意的偶然防卫：前者即有意的偶然防卫，其例如父子之间早就有仇且做好杀父准备的儿子见父亲正在杀害母亲，便乘机杀害父亲；后者即无意的偶然防卫，其例子如甲在枪杀乙时，恰好丙出于杀害甲的意图而开枪杀死甲，从而在客观上使得乙免遭甲杀害。在前例中，如果以不需要儿子有防卫意识而主张偶然防卫也是正当防卫即无罪，首先是预防犯罪的刑事政策所不允许，因为这将激励有犯意者乘机或伺机实施犯罪。实际上，在有意的偶然防卫中，行为人无非是用客观上的保护法益来掩盖主观上的不法侵害，故行为无价值论是当然反对无罪论的。而在后例中，所谓偶然防卫不过是两个故意犯罪的并发而已，因为防卫意图是"决意制止"正在进行的不法侵害[1]。而无论是有意的偶然防卫，还是无意的偶然防卫，所谓客观上的"结果有价值"，轻者只能作为故意犯既遂之后的量刑情节，重者至多只能阻却故意犯的既遂而非阻却故意犯成立本身。显然，无论作为量刑情节，还是阻却故意犯既遂，都是先考量"行为无价值"而后考量"结果无价值"，即最终体现的是"以结果无价值为补充的行为无价值违法本质论"。偶然防卫问题的讨论实即防卫意识即防卫意图有无必要的讨论，而防卫意图对于正当防卫的成立具有十分重大的意义[2]。由于《刑法》第20条将"为了使国家、公共利益、本人或者他人的人身、财产和其他权利免受正在进行的不法侵害"作为正当防卫的主观要件，故所谓偶然防卫也是正当防卫的见解，便是一种背离"刑法教义学"的见解。

最后是防卫过当的罪过形式及其定罪问题。如果形成防卫过当，则行为人对过当结果的罪过形式，从而行为人对防卫过当所承受的罪名，也仍然是防卫理论中的一个有待进一步讨论的问题。对于防卫过当的罪过形式，正如学者的如下概括：①防卫过当既可以是过失，也可以是故意（包括直接故意

---

〔1〕 陈兴良：《本体刑法学》，商务印书馆2001年版，第436页。
〔2〕 陈兴良：《本体刑法学》，商务印书馆2001年版，第438页。

与间接故意)。具言之，在防卫强度违反了自我约束性而造成过当时，可以是过失与间接故意；在防卫行为违反了随时随地可以终止性的情况下，就是直接故意。②防卫过当既可以是过失，也可以是间接故意，但不能是直接故意。③防卫过当只能是间接故意，因为防卫人清楚地认识到自己的行为超过了防卫限度，但其仍然实施其过当防卫行为。④防卫过当只能是过失而不存在故意。⑤防卫过当只能是疏忽大意的过失[1]。针对前述主张或观点，学者指出，讨论防卫过当的责任形式必须明确三点：①刑法上的故意与一般生活意义上的"故意"不可等同，正当防卫的"故意"不是刑法上的犯罪故意，故不能认为防卫过当都是故意犯罪。②必须区分量的过当与典型的事前加害和事后加害。不能因为典型的事前加害和事后加害通常出于直接故意，就认定防卫过当也是直接故意。③只要行为人对过当结果具有认识与希望或放任态度，就成立故意的防卫过当；如果对过当结果仅有过失，则成立过失的防卫过当[2]。首先，防卫过当的主观心理与正当防卫本身的主观心理不可同日而语。进一步地，将防卫过当的责任形式限定在某一具体的罪过形式，如只能是间接故意或只能是疏忽大意的过失，显然是忽略了防卫过当罪过形式问题的复杂性。在防卫过当的形成过程中，防卫人的过当心理可因具体情境的不同而不同，故意或过失及其具体形态，都有其中一种可能性。在司法实践中，"于欢辱母杀人案"的终审判决，已经通过"故意伤害罪"确认了防卫过当的行为人对过当结果可形成故意罪过，从而对其行为可认定故意犯罪的罪名。防卫过当的罪过形式可以是故意包括直接故意与间接故意，这是由具体情境中的防卫行为的主观实际所决定的。如被害人手持一根又短又细的木棍无辜敲打行为人，而行为人出于"你今天把我打成轻伤，我就把你打成重伤"的想法操起一根又长又粗的木棍反击被害人，结果将被害人打成重伤。在前述事例中，行为人即防卫人对加重结果显然是持一种故意甚至是直接故意的罪过形式。前述分析可视为一种事实性分析。

对于防卫过当的罪过形式，我们还可予以一番规范性分析。《刑法》第20条的规定即"为了使国家、公共利益、本人或者他人的人身、财产和其他权利免受正在进行的不法侵害"是成立正当防卫所需要的"主观条件"或"意

---

〔1〕　张明楷：《刑法学》(第6版)，法律出版社2021年版，第283页。

〔2〕　张明楷：《刑法学》(第6版)，法律出版社2021年版，第283页。

识条件"。由立法的文字表述，防卫者在出于"为了使国家、公共利益、本人或者他人的人身、财产和其他权利免受正在进行的不法侵害"的同时，如果其对过当结果持放任甚或追求的态度，也未尝不可。易言之，当防卫者对过当结果持放任或追求的态度时，其主观心态仍可满足"为了使国家、公共利益、本人或者他人的人身、财产和其他权利免受正在进行的不法侵害"这一"主观条件"或"意识条件"。相比而言，在避险过当的场合，行为人即避险者对过当结果通常难以认定其有间接故意甚或直接故意的罪过形式，因为毕竟是在"不得已"的紧急状态下，行为人难有间接故意甚或直接故意的心理契机。实际上，过当结果越明显或越严重，则行为人即防卫过当者便越有可能形成间接故意乃至直接故意的罪过形式。最终，在防卫过当的罪过形式中，过失与故意都应得到肯定。毋庸置疑的是，在某个具体的防卫过当事件中，行为人的罪过形式只能是一种具体的罪过形式，而不可能是两种以上罪过形式的兼具。

接下来，便是防卫过当的定罪问题，而这一问题在以往的刑法理论中并未得到深入的讨论。在本著看来，防卫过当不一定非得定罪，因为虽然形成了防卫过当的局面即造成了过当的结果，但在客观上，防卫行为所造成的"总结果"中含有原本是正当防卫所对应的部分，而在主观上，不同的过当心理也是同时应予考量的必要因素。具言之，如果原不法侵害人对防卫人可能造成的是轻微伤，而防卫人对原不法侵害人只是造成了轻伤害，则无论对"总结果"是出于故意还是出于过失，防卫人都不应承担刑事责任，即不应被认定为犯罪，因为即便是出于故意，轻伤害的这一"总结果"理应"扣除"原不法侵害人对防卫人可能造成的轻微伤，则剩下的部分只能视为轻微伤，而故意造成轻微伤的不构成故意伤害罪，况且即便就是轻伤害，也远远不是"重大损害"。如果原不法侵害人对防卫人可能造成的是轻伤害，而防卫人对原不法侵害人造成的是重伤害，则应分而论之：如果防卫人是出于过失，则其不应承担刑事责任，即不应被认定为犯罪，因为重伤害"扣除"原不法侵害人对防卫人可能造成的轻伤害，则剩下的部分只能是轻伤害，而按照现行《刑法》规定，过失造成轻伤害的不负刑事责任；如果防卫人是出于故意，则其仍不应承担刑事责任，即仍不应被认定为犯罪，因为重伤害"扣除"原不法侵害人对防卫人可能造成的轻伤害，则剩下的部分仍是轻伤害，而按照现行《刑法》规定，故意造成轻伤害的应负刑事责任，但轻伤害仍不属于"重大损害"。如果原不法侵害人对防卫人可能造成的是重伤害，而防卫人对原不法侵害人造成的是致人死亡，也应分而论之：如果防卫人是出于过失，则其应承担刑事责任，即应被认定为犯罪，因为防卫人显然构成了过失致人死亡罪，且造成死亡属于"重大损害"；如果防卫人是出于故意，则其更应承担刑事责任，即更应被认定为犯罪，因为防卫人显然构成了故意杀人罪，且造成死亡属于"重大损害"同样无需强调。如果原不法侵害人对防卫人可能造成的只是轻微伤或轻伤害，而防卫人对原不法侵害人造成的是致人死亡，则"重大损害"愈加明显，从而防卫人更应承担过失致人死亡罪乃至故意杀人罪的刑事责任。实际上，当过当结果越明显或越严重，则防卫人越有可能是间接故意乃至直接故意，从而对防卫人追究故意杀人罪刑事责任的概率便越大。

（二）避险事由中的特别问题

避险事由中的特别问题包括紧急避险的生命限度问题和避险意识问题等。

首先是紧急避险的生命限度问题。能否牺牲一个人的生命以保护其他人的生命，是紧急避险理论中一个极为复杂的问题。生命型紧急避险在意大利刑法理论的"避险行为与拯救利益的相称性"话题中得到了部分学者的肯定，即"允许行为人为拯救自己的生命而牺牲他人生命"[1]。生命型紧急避险的肯定说，如日本学者大谷实认为："面临紧急状态的人，在为了避免该种危险，没有其他方法，只有牺牲他人利益的场合，只要所侵害的利益不大于所要保全的利益，从社会整体的立场来看，就应当说，该行为具有社会相当性，在法律上应当对该种行为予以肯定。"[2]可见，在肯定说看来，行为人牺牲他人生命拯救自己或别人性命，并未侵害社会整体法益，故可视为紧急避险。否定说，如高铭暄教授认为，一般情况下，不允许用损害他人生命或者健康的方法保护另一种合法权益[3]。马克昌教授认为某些人身权利（如健康、自由等）可以成为避险客体，但是生命权是绝对不能成为避险客体的[4]。这些学者主要是站在传统道德和生命伦理的角度，坚持不可将生命当作利用工具，亵渎生命的平等性和目的性。人的生命权不可侵犯，即使为了大多数人的生

〔1〕 陈忠林：《意大利刑法纲要》，中国人民大学出版社1999年版，第177～178页。

〔2〕 ［日］大谷实：《刑法总论》，黎宏译，法律出版社2003年版，第225页。

〔3〕 高铭暄主编：《刑法学原理》（第2卷），中国人民大学出版社1993年版，第245～246页。

〔4〕 马克昌主编：《犯罪通论》，武汉大学出版社1999年版，第794页。

命安全，也不能肆意将他人的生命作为牺牲对象。生命价值的独特性表现在生命价值间的不可比较、不可掂量，人的生命是唯一的、不可逆的，生命的代价无可补救，这一点适用于对每一条人命的认知即个体生命之间完全等价。在生命价值之间没有可比性，故人的生命必须受到普遍的、无条件的保护和最高的、极端的尊重[1]。可见，否定说主要担心生命权紧急避险行为会滥用为转嫁自身风险的手段。

对能否牺牲一人以保全他人问题，功利主义论持肯定回答，如倘若不允许以牺牲一个人的生命来保护更多人的生命，则意味着宁愿导致更多人死亡，也不能牺牲一个人的生命。这难以为社会一般观念所接受，也不符合紧急避险的社会功利性质。虽然所有的生命都是等价的，但也要区分不同情形进行综合判断[2]；又如为了保全一个人的生命而牺牲一个人的生命，当然不允许紧急避险，但为了保护多数人的生命而牺牲一个人的生命，则应该允许紧急避险[3]。对此问题，人性论持否定回答，如任何法益均可因紧急避险的介入而作出牺牲，唯有人的生命属于例外，因为人的生命是无差别的[4]；又如，以紧急避险为谋杀做辩护极大地违背了道德原则，且因衡量必要性和选择被害人而十分危险。至于允许为生命实行紧急避险意味着紧急避险人从牺牲他人生命中获益，这一反对的理由更有说服力[5]。对此问题，有一种可称为"社会团结义务论"的也持否定态度，即对生命的紧急避险不能正当化的原因并不在于所损害和所保护的生命法益之间的权衡，而在于其超出了理性人自愿承担的社会团结义务的限度，故无法基于理性人的普遍同意而成为合法行为[6]。这里，对保全生命的紧急避险的肯定论，有一个问题需要予以深思和警觉：如果把保全的生命的数量多于牺牲的生命的数量作为肯定保全生命的紧急避险的理由，是否潜藏着"多数人对少数人暴政"的思维？

前述等于提出了生命型紧急避险的正当性问题。这一问题首先在"二分

---

[1] 张谈生："论生命价值"，载《吉林广播电视大学学报》2009 年第 5 期，第 18 页。

[2] 张明楷：《刑法学》（第 5 版），法律出版社 2016 年版，第 221 页。

[3] 黎宏："紧急避险法律性质研究"，载《清华法学》2007 年第 1 期，第 47 页。

[4] ［德］汉斯·海因里希·耶塞克、托马斯·魏根特：《德国刑法教科书（总论）》，徐久生译，中国法制出版社 2001 年版，第 435 页。

[5] ［英］J. C. 史密斯、B. 霍根：《英国刑法》，李贵方等译，法律出版社 2000 年版，第 285 页。

[6] 王钢："对生命的紧急避险新论——生命数量权衡之否定"，载《政治与法律》2016 年第 10 期，第 95 页。

说"那里得到讨论并得到肯定。我国刑法理论对紧急避险采用紧急避险为"违法阻却事由说"这一通说，而德国刑法理论则采用二分说，即当避险行为是为保护较大法益而损害较小法益时，则其是违法阻却事由；而当避险行为所保护的法益与损害的法益价值相同时，则其为责任阻却事由；或紧急避险原则上是违法阻却事由，但不得已以牺牲生命保护生命、以伤害身体保护身体时，则是责任阻却事由[1]。总之，二分说支持在生命冲突时适用紧急避险，亦即避险对象的法益可以等于避险行为所保护的法益。二分说的理论基础产生于中世纪教会法的"紧急时无法律"的古老法律信条，也可以用在法益相冲突而无其他方法可以避免的情况下，这样的行为不能以"没有法益受到侵害，自然不能是犯罪"这样的理由来解释。虽然有学者指出，转嫁危险的行为"并不符合我国的传统道德观念"，且"从社会整体利益而言，把造成这种灾害的紧急避险说成是对社会有益的行为，自然是不合情理的"[2]，但传统道德观念不足以构成否定生命型避险行为可罚性的理由。

生命型紧急避险的正当性，似可从如下几个方面予以论证或补证。一是生命权益具有可衡量性。尽管生命的本质"是不可能用任何尺度进行比较的"，生命具有"至高无上性"，但这不必然得出在生命冲突场合不可以对权益进行衡量：在生命冲突时，尽管生命的价值是无限的，但若以一个生命为单位，则生命可以进行量的比较，即两个生命多于一个生命。于是，两个生命所代表的权益便多于一个生命所代表的权益，即在生命冲突时，权益比较是可行的。"权益对等否定论"之所以认为在"生命对生命"的冲突场合权益对等衡量的不可欲求，一是因其忽视了生命的显而易见的单元性或单位性，二是因其困惑于生命对生命比较的媒介物的难觅性[3]。生命具有单元性，由于两个利益中必然要损失一个，甚至可能二者皆失，保留其中一个，在法律的"账簿"上，至少可以说是"收支平衡"[4]。同时，赋予生命权益可衡量性也丝毫不会减损，甚至提升生命本身的价值。

其次是避险人无期待可能性。学者认为，在避险对象的法益等于受到保

---

[1]　参见张明楷：《刑法学》（第5版），法律出版社2016年版，第217页。

[2]　刘明祥："论紧急避险的性质"，载《法学研究》1997年第4期，第18页。

[3]　马荣春、周建达："紧急避险权益对等肯定论"，载《河海大学学报（哲学社会科学版）》2011年第4期，第69页。

[4]　[意]杜里奥·帕多瓦尼：《意大利刑法原理》，陈忠林译，法律出版社1998年版，第172页。

护的法益时，"不具备期待可能性"〔1〕。所谓无期待可能性是从行为人意志自由的角度，指行为人的心理遭受了强大的压力，导致其完全丧失了选择合法行为的自由与可能，故基于"法不强人所难"，不应对行为人予以谴责〔2〕。人性是脆弱的，有着趋利避害的本能，故当人处于生命危险无法可想的境地，无论任何人若处于与行为人相同的境遇除了自保行为而无他法时，期待行为人"舍生取义"是一般人根本做不到的。刑法作为所有法律的最后防护和社会防卫的关键屏障，不能仅仅通过暴力或重刑来发挥其预防犯罪的功效，更需要的是依靠尽可能的宽容、轻缓和充满道义的人性光辉来获得公众认同，加强守法的自觉性。"只有一部以人道主义为基础的刑法，才是一部真正具有正义内涵的刑法，才具有正当性和合理性的根据，才具有永久的生命力。"〔3〕用无期待可能性来审视生命型紧急避险的正当性问题，即立于人性来审视问题；而立于人性，即立于"法律不应强人所难"。霍布斯曾指出："如果一个人是由于眼前丧生的恐惧而被迫做出违法的事情，他便可以完全获得恕宥，因为任何法律都不能约束一个人放弃自我保全。"〔4〕当两个生命权发生冲突且情况紧急，无法寻求其他有效的方式在更低社会损害的基础上避险，该紧急危险，只得牺牲其中一个保全另一个时，若追究行为人的刑事责任，实即以过于高尚的道德品行要求人，将英雄主义的价值选择捆绑人性的求生本能，显然是过于"强人所难"，在生命的现实危险之前根本不可能得到所有人的一致遵守〔5〕。易言之，我们不能谴责或者惩罚那些没有其他合理选择余地而被迫牺牲他人生命的人。如果对这种行为以犯罪处理，既违背人的常情，又不可能实现刑法一般预防和特殊预防的目的，乃是以极高的道德标准作为决定是否适用刑罚的尺度的做法〔6〕。康德曾指出："法律惩罚的威吓不可能比此时此刻害怕失去生命的危险具有更大的力量。"〔7〕前述论断意味着禁止生

---

〔1〕 陈兴良：《本体刑法学》，商务印书馆 2001 年版，第 462 页；张明楷：《刑法学》（第 3 版），法律出版社 2007 年版，第 193 页。

〔2〕 张明楷："期待可能性理论的梳理"，载《法学研究》2009 年第 1 期，第 60 页。

〔3〕 刘远主编：《期待可能性》，北京大学出版社 2009 年版，第 229 页。

〔4〕 ［英］霍布斯：《利维坦》，黎思复、黎廷弼译，商务印书馆 1985 年版，第 234~235 页。

〔5〕 王政勋：《正当行为论》，法律出版社 2000 年版，第 296 页。

〔6〕 王政勋：《正当行为论》，法律出版社 2000 年版，第 269 页。

〔7〕 ［德］康德：《法的形而上学原理——权利的科学》，沈叔平译，商务印书馆 1991 年版，第 47 页。

命型紧急避险的法律是无力和无效的。

再次是生命型紧急避险最终仍符合正义观念。"国家的正义必须建立在相同的基础之上，就如同正义本身，也必须建立在法律之上。"[1]因为法律是维持社会秩序的手段和工具，其对利益的保护原则上应当是一视同仁而不得偏袒任何一方，除非基于特别的事由，否则法律不得突破该原则进行规制。由于生命等价，所以当一个生命与一个生命发生紧急冲突时，从法益衡量角度，如果保护法益和牺牲法益等价，并未造成更为严重的危害，认为不具有值得刑罚处罚的严重社会危害性也是合乎情理的。法律自然也不应该对这类行为给予否定性评价，因为法律没有任何正当理由去偏袒这一生命而轻视另一生命。否则，对生者就太不公平了，因为"他们要么死亡，要么受刑"[2]。如果这样，实质的公平被形式的公平所抹杀，这便很难获得普遍认同，正如"一个规则，如果以无法忍受的程度违反正义理念，它就是'制定法上的不法'；一个规则，如果根本不以实现正义为目的，它就'并非法律'。即使名称是法，但如果其中缺少正义理念，它就没有作为法的价值，而是单纯的暴力"[3]。吉米·边沁曾指出："刑罚，既是一种必要之恶，又是一种强制之恶，一种恐惧之恶。"[4]这里，生命型紧急避险的正义性可联系"刑罚之恶"予以深化。具言之，在紧急情况下，法律难以"生命"的名义有效地保护处于危险中的人，而当紧急情况消失后，却又以"生命"的平等来惩罚自救避险人，这才是法律的野蛮和不公。如果在生命冲突时，不适用紧急避险制度，对于生者来说太不公平，此时刑罚带来的恶，甚至是大于被判刑者的"犯罪行为"所带来的恶。肯定生命型紧急避险的正当性，所体现的是对人的生存本能的遵从，而当法律无力兼顾双方生命时，则平等或正义将在根本上无从谈起。《意大利刑法典》第54条第1款规定："出于非本人有意造成的，不可用其他方法避免的，严重损害个人的现实危险中拯救自己或他人的必要，而被迫实施行为的人，不受处罚。"帕多瓦尼教授指出，这里的"严重损害"有

---

〔1〕[德]安塞尔姆·里特尔·冯·费尔巴哈：《德国刑法教科书》，徐久生译，中国方正出版社2010年版，第33页。

〔2〕张明楷：《刑法格言的展开》，法律出版社2003年版，第40页。

〔3〕张明楷：《刑法分则的解释原理》，中国人民大学出版社2004年版，第1~2页。

〔4〕[英]吉米·边沁：《立法理论——刑法典原理》，孙力等译，中国人民公安大学出版社1993年版，第70页。

两个判断标准：一个是危险的性质（当处于危险中的利益具有头等重要性时，如生命，对这种利益的任何侵害都可以说是严重的损害）；二是危险的程度（如果危险中的利益有量化的程度差别，如相对健康而言，整条大腿伤残与一个脚趾受伤显然意义不一样）。于是，在发生海难时，凯奥为了拯救自己而将一个同伴从舢板扔进水里的行为，便属于不应当承担刑事责任的情况[1]。可见，否定生命型紧急避险的正当性，就是在肯定刑罚的多余的或过剩的恶，从而陷入一种非正义。

从生命是人格的基本要素，其本质是不可能用任何尺度进行比较的，故法秩序不允许将他人的生命作为实现任何目的的手段来看问题，则将牺牲一个人的生命作为手段来保全其他人的生命的避险是违法的。但如果不允许以牺牲一个人的生命来保护更多人的生命，即宁愿导致更多人死亡，也不能让一个人死亡，这难以为社会一般观念所接受，也未必符合紧急避险的社会功利性质。由于法秩序不允许将他人的生命作为任何其他目的的手段，故牺牲一个人以保全其他人的行为通常仍然是违法的，并且无辜的第三者仍然可以实行防卫。因此，只能认为避险者在前述行为中不具备有责性，即将其行为作为超法规的紧急避险处理。显然，前述超法规的紧急避险应严格限于被牺牲者特定化的场合，即对"不得已"的把握应更加严格。在被牺牲者已经特定化且必然牺牲，客观上也不可能行使防卫权时，略微提前牺牲该特定人以保护多人生命的，可认定为违法阻却事由[2]。在对"不得已"作出最为严格的限制之下，牺牲一个人以保全另一个人的行为，可视为构成责任阻却事由而作为超法规的紧急避险处理（似乎能够予以防卫）；在对"不得已"作出最为严格的限制之下，牺牲一个人以保全另两个以上人的行为，可视为构成违法阻却事由而同样作为超法规的紧急避险处理（似乎不能予以防卫）。如果在对"不得已"作出最为严格的限制之下而将牺牲一个人以保全另一个人的行为也视为成立紧急避险，则是否能够予以防卫便构成了牺牲一个人以保全另一个人的紧急避险与牺牲一个人以保全另两个以上人的紧急避险的一个重要区别。而在只能将牺牲一个人以保全另两个以上人的行为视为紧急避险，

---

〔1〕［意〕杜里奥·帕多瓦尼：《意大利刑法原理》（注评版），陈忠林译评，中国人民大学出版社2004年版，第183~185页。

〔2〕张明楷：《刑法学》（第5版），法律出版社2016年版，第221~222页。

则牺牲一个人以保全另一个人的行为不宜动辄论以间接故意杀人罪，而似应按照避险过当来处理，即论以过失致人死亡罪（当其避险过当出于过失时）或故意杀人未遂（当其避险过当出于间接故意）。例如，某女夜间行走，遇路边窜出某男欲行强奸。某女使用计策，乘某男弯身脱裤之机捡起木棍将其打昏而暂得逃身。某女投得一家并得老妪安排与其女同睡。入睡之前，某女听得对其欲行强奸之男正是老妪之子，母子二人正商量如何杀害自己，且老妪告诉其子某女在其妹床上的具体位置。某男依计而行。不料，母子密谋被某女听到后，某女便与其妹调换睡位，某男用榔头敲死的是其妹。某女便于母子慌乱之中乘机逃身。在前例中，由于尚不具备"不得已"条件，故不能在避险的话题下讨论问题，而对某女的行为可以论以（间接）故意杀人罪。在前例中，如果某女没有听到母子密谋，而是在躺下后突然面对某男持斧闯入其妹居室，则某女翻滚到其妹一侧或慌乱之中将其妹当作挡身牌而致其妹丧命，则按照前文分析，某女的行为似可认定为过失致人死亡或故意杀人（未遂）。由此，最为严格或尽可能严格的条件限制，便成了生命型紧急避险的最后一个，也是最为重要的问题，因为如果这个问题出了"问题"，则生命型紧急避险的正当性将最终被丢弃。这里，条件限制应当包括正在逼近的危险且并非"自招危险"即"行为人有意引起的危险"[1]。而至少在为保全一个人而牺牲一个人的场合，应该排斥"自招危险"。这里，"最为严格或尽可能严格的条件限制"是生命型紧急避险符合正义观念的当然内涵。

最后，生命型紧急避险的正义性还延伸出"场合限制"的问题。于是，意大利刑法理论中的"避险的必要性"便能给予我们启发。陈忠林教授指出，尽管按照《意大利刑法典》第 54 条的规定，拯救第三人的人身权利也应属于紧急避险，但意大利刑法学界一般认为，刑法典的这一规定"太过分"了，因为正当防卫是合法利益与非法利益之间的冲突，故允许拯救第三人的利益便理所当然，但在紧急避险中若不加限制，"实际上就会给行为人决定谁的合法利益应该牺牲这么一种荒唐的权力"。因此，意大利刑法学界一般都把紧急避险分为"拯救自己权利的紧急避险"和"拯救他人权利的紧急避险"。对于前者，只要具备紧急避险的其他条件，"避险的必要"便"不言自明"。但若是后者即"拯救他人的紧急避险"，"避险的必要性"就有明确的限制拯救

---

〔1〕　陈忠林：《意大利刑法纲要》，中国人民大学出版社 1999 年版，第 173～174 页。

范围的意义：①在危险包含的利益冲突不涉及本人的情况下，没有法定救助义务的人不能采取损害其中一个人的利益来拯救另一个人的利益（为拯救自己儿子或亲朋好友的生命，可以牺牲他人；但不能为救一个可给大笔报酬的企业家而将一个已救上舢板的人再扔入大海）；②如果冲突利益的一方与行为人关系密切，没有法定救护义务的行为人可优先或只拯救与自己密切相关的利益（发生交通事故后，行为人可先拯救或只拯救自己的亲属）[1]。由此，生命型紧急避险不适用于利益冲突不涉及自己且自己并无法定救助义务的场合，因为既然利益冲突不涉及自己且自己并无法定救助义务，则让一个人为他人牺牲，便无正义性可言。可见，前文所讨论的"场合限制"仍在生命型紧急避险的正义性讨论中。

至于紧急避险的避险意识问题。正如防卫意识是否为正当防卫所必需，避险意识是否为紧急避险即正当避险所必需，也是紧急避险理论所应作出妥当解答的问题。学者指出，主张正当防卫需要防卫意识，都会肯定紧急避险中的避险意识；主张正当防卫不需要防卫意识，均会否认紧急避险中的避险意识。但无论如何，故意引起危险后，以紧急避险为借口侵犯他人法益，是故意犯罪而非紧急避险。没有避险意识，其故意或过失实施的侵害行为符合紧急避险客观要件的，属于偶然避险，与偶然防卫的处理原则相同，即偶然避险属于紧急避险[2]。首先，正如正当防卫，无论是否需要避险意识这一主观条件，避险行为原本也是一种故意行为。但是，当紧急避险虽能阻却有责性而不能阻却违法性，则将故意或过失实施的侵害行为最终仍视为紧急避险，则其便不能再阻却有责性而生成罪责性即能够成立犯罪。因此，符合紧急避险客观要件的故意或过失侵害行为可成立故意犯或过失犯。至于符合紧急避险的客观要件，可作为故意犯既遂的阻却事由或过失犯成立的阻却事由，或可作为故意犯或过失犯的量刑情节。最终，紧急避险仍需要避险意识这一主观要件，正如避险行为作为一种有社会意义的行为，当然应该是人的有意识和意志的活动。根据主客观相统一的原则，只有在避险意识支配之下的行为，才谈得上是避险行为。如果只是由于偶然的巧合达到了避险的效果，就认为其行为不具有违法性，使得行为的性质发生了根本的变化，这是违反主客观

---

〔1〕 陈忠林：《意大利刑法纲要》，中国人民大学出版社 1999 年版，第 176~177 页。

〔2〕 张明楷：《刑法学》（第 6 版），法律出版社 2021 年版，第 292 页。

相统一原则的，不合情理〔1〕。正如成立正当防卫不需要防卫意识，成立紧急避险不需要避险意识，也是"结果无价值论"的一种极端体现。由于《刑法》第21条将"为了使国家、公共利益、本人或者他人的人身、财产和其他权利免受正在发生的危险"作为紧急避险的主观要件，故所谓偶然避险也是紧急避险的见解，也是一种背离"刑法教义学"的见解。

（三）业务事由中的特别问题

以往的刑法学理论因过多关注正当防卫和紧急避险而致使对作为超法规正当化事由的业务行为讨论较少。而今，在超法规的非罪化事由中，业务行为即业务事由仍有一些特别问题需要予以进一步讨论。

首先是正当业务行为的概念扩容。何谓正当业务行为？有教材指出，所谓正当业务行为，是指虽然法律、法规没有直接规定，但行为人根据其所从事的正当业务的要求所实施的在社会生活上被认为是正当的行为〔2〕。学者指出，正当业务行为，是指虽然没有法律、法令、法规的直接规定，但在社会生活上被认为是正当的业务上的行为。其中，业务是指基于社会生活中的地位而反复实施的行为，其包括记者的采访报道活动、职业性的体育活动、律师的辩护活动和医生基于事实的承诺或推定承诺的治疗行为〔3〕。于是，当店主出售斧头或菜刀或网络接入便利了犯罪，或银行职员知道客户犯罪意图而为其办理取款或转账，或出租车司机知道乘客有犯罪计划而将其载至犯罪现场，诸如此类的生活现象引起了所谓中立帮助行为的讨论〔4〕，则所谓中立帮助行为便与正当业务行为发生了勾连，因为营业行为、网络行为、金融行为和营运行为原本都属于正当业务行为。何谓中立帮助行为？我们可将中立帮助行为理解为虽然主观上明知且客观上便利他人犯罪，但因业务正当性而不可罚的行为〔5〕。可见，所谓中立帮助行为应放在正当业务行为中予以讨论其

---

〔1〕 钱叶六主编：《出罪事由的理论与实践》，法律出版社2018年版，第130页。

〔2〕 刘艳红主编：《刑法学》（上），北京大学出版社2016年版，第224页。

〔3〕 张明楷：《刑法学》（第6版），法律出版社2021年版，第311页。

〔4〕 陈洪兵："中立的帮助行为论"，载《中外法学》2008年第6期，第957页；陈洪兵："网络中立帮助行为的可罚性探究——以P2P服务提供商的行为评价为中心"，载《东北大学学报（社会科学版）》2009年第3期，第259页；陈洪兵："质疑经济犯罪司法解释共犯之规定——以中立帮助行为的帮助理论为视角"，载《北京交通大学学报（社会科学版）》2010年第3期，第105页；杜文俊、陈洪兵："论运输行为的中立性"，载《河南师范大学学报（哲学社会科学版）》2009年第6期，第171页。

〔5〕 马荣春："中立帮助行为及其过当"，载《东方法学》2017年第2期，第6页。

犯罪性问题，从而使得正当业务行为的概念得以扩容，即令正当业务行为理论得到进一步的丰富与发展。在本著看来，当与非罪化事由相联系，即将其视为非罪化事由的一种类型，则正当业务行为这一概念本身便有这样的意味：虽然业务行为本身有着对业务对方的损害性，但因社会生活的必要性而最终具有正当性，从而排除犯罪性。易言之，与非罪化事由相联系的正当业务行为实即正当业务损害行为。于是，当社会生活中出现了所谓中立帮助行为这一概念所描述的现象，则正当业务行为便可采用损害的特征标准而形成如下分类，即直接损害的正当业务行为和间接损害的正当业务行为：直接损害的正当业务行为即以往所说的正当业务行为，亦即业务行为人对业务相对人直接造成损害的正当业务行为；间接损害的正当业务行为，即所谓中立帮助行为。而在所谓中立帮助行为即业务中立帮助行为中，业务行为人并非直接损害业务相对人，而是以犯罪人为"中介"来间接地损害被害人。由于存在业务上的正当性且未超过必要限度，故所谓中立帮助行为才得以成为非罪化事由。但是，能够成为非罪化事由的中立帮助行为应将正当业务行为作为自己的"理论营地"，而非游离于正当业务行为之外以成为与正当业务行为并列的一种非罪化事由，毕竟中立帮助行为是业务中立帮助行为。由此，将所谓中立帮助行为纳入正当业务行为中予以非罪化考量，从而形成间接损害的正当业务行为而与直接损害的正当业务行为对应，便是对传统正当业务行为的概念扩容。进一步地，采用间接损害的正当业务行为这一概念，也可避免所谓中立帮助行为的"表述尴尬"，因为"中立"与"帮助"是本不相容的两个概念，即"中立"了还能是"帮助"，或"帮助"了还能是"中立"吗？如果承认所谓中立帮助行为可能走向过当，则中立帮助行为过当将更显现出中立帮助行为这一概念的"表述尴尬"，即"帮助"已经意味着"中立"并不"中立"，而"过当"便进一步表明"中立"是一种"伪中立"。

其次是业务行为过当的刑事责任。学者指出，业务行为即正当业务行为排除犯罪性的条件包括：①所从事的业务必须是合法的；②从事该项业务必须具有一定的持续性和固定性；③行为人的行为必须在其业务范围内；④从事业务的方法必须失当，不能超过必要限度[1]。其中，第④项条件隐含着业务行为过当的问题。业务行为过当问题，正如从业人员主观意图正当并且没

---

[1]　马克昌主编：《犯罪通论》，武汉大学出版社1999年版，第819~820页。

有超过必要限度，才能视为正当业务行为，而若行为超过从业限度，造成严重后果的，应当承担刑事责任[1]，或如每个从业人员都必须根据自己所从事的业务性质和业务需要而严格行事，即如果行为人违反操作规程和有关规定，或者超出保全某种合法权益的必要限度而造成不应有的损害，则不属于正当行为，即不能排除犯罪性[2]。业务行为过当是业务行为中一个客观存在的问题。按照前文的立论，即正当业务行为可分为直接损害的正当业务行为和间接损害的正当业务行为，则业务行为过当便可按照直接损害与间接损害的对应分别予以讨论。在本著看来，直接损害型的业务行为过当相对容易判断，而间接损害型的业务行为过当的判断则较具复杂性。

　　本著作者曾探讨过所谓中立帮助行为过当的两个层面且立于因果性理论对之予以深化。具言之，如果中立帮助行为超过主观限度，则将走向"主观过当"；而如果中立帮助行为超过客观限度，则将走向"客观过当"。由此，"主观过当"与"客观过当"便构成了中立帮助行为过当的两个层面。由于中立帮助行为过当是被已经或正在发生的关联犯罪所利用，故其可切入承继共犯而进入因果共犯论的讨论，并且关于共犯脱离的"因果关系遮断说"可给予我们启发。在"因果关系遮断说"看来，只有将脱离者当初的加功行为与结果之间的物理和心理的因果性予以遮断，才成立共犯脱离[3]。易言之，成立共犯脱离即成立因果关系遮断，而成立因果关系遮断，则取决于物理性因果关系和心理性因果关系都予以解除[4]。既然只有因果关系在物理和心理两个层面被遮断，才能成立共犯脱离，则相反：只有因果关系在物理和心理两个层面被链接，才能成立共犯承继。当我们将中立帮助行为过当视为关联犯罪的共犯承继，则中立帮助行为过当便可从共犯承继的因果关系中予以把握。具言之，当中立帮助行为与关联犯罪的行为人形成了心理性因果关系，则视为形成了中立帮助行为的心理过当即"主观过当"。在此，可将中立帮助行为与关联犯罪的心理性因果关系视为中立帮助行为"主观过当"的进一步说明；当中立帮助行为与关联犯罪的客观行为及其危害结果形成了物理性因

〔1〕　刘艳红主编：《刑法学》（上），北京大学出版社 2016 年版，第 224~225 页。

〔2〕　《刑法学》编写组：《刑法学》（上册·总论），高等教育出版社 2019 年版，第 206~207 页。

〔3〕　[日] 西田典之、山口厚、佐伯仁志编集：《注释刑法》（第 1 卷），有斐阁 2010 年版，第 861 页。

〔4〕　刘艳红：《实质犯罪论》，中国人民大学出版社 2014 年版，第 351 页。

果关系，则视为形成了中立帮助行为的物理过当即"客观过当"。在此，可将中立帮助行为与关联犯罪的物理性因果关系视为中立帮助行为"客观过当"的进一步说明。由此，心理过当即"主观过当"与物理过当即"客观过当"便"合成"了整体的中立帮助行为过当，而此整体的中立帮助行为过当便体现为中立帮助行为与关联犯罪形成了承继共犯式的"因果链"。于是，当未能与关联犯罪形成因果关系即"因果链"，则中立帮助行为仅仅构成关联犯罪及其因果关系的一个"外在条件"；当能够与关联犯罪形成因果关系即"因果链"，则中立帮助行为便陷入中立帮助行为过当，而此过当意味着行为人在原本的中立帮助行为所对应的法益与其所促进或加功的关联犯罪所侵害的法益之间已经舍弃了"中立立场"。而当舍弃了"中立立场"，则除非出于特别预防的需要而将中立帮助行为过当予以正犯化，中立帮助行为过当应按照因果共犯论追究共犯责任[1]。可见，当把所谓中立帮助行为改称为间接损害型正当业务行为，则在表述上颇觉"绕口"的"中立帮助行为过当"问题便可上升为业务行为过当问题予以讨论。显然，间接损害型业务行为过当的刑事责任在责任结构上不同于直接损害型业务行为过当，因为直接损害型业务行为过当可直接形成自己的"正犯性"，而间接损害型业务行为过当往往因其与关联犯罪的关联性而形成一种"共犯性"。

这里，意大利刑法理论的共犯可罚性根据学说，对我们审视间接损害性业务行为过当与关联犯罪的共犯性问题，不无启发。首先是共犯可罚性实质根据说。陈忠林教授指出，对于没有直接造成法益损害的共犯处罚根据，从意大利刑法理论中可以找到三点理由：一是从道义和理性角度，应归咎于个人的不仅是那些其本身行为直接造成的结果，也包括行为人在追求自己的目的时已经（或能够）预见，并有能力防止的那些外部条件与自己的行为相互结合而产生的结果。而在主体已经或能够预见到自己的行为能够决定或便利他人实施的直接侵害法益的行为时，主体就应为他人实施的侵害法益的行为承担责任。二是从行为与心理的角度，多个人合作与分工，不仅能够使得犯罪的实施更为容易，而且也能满足个人在联合行动中获得价值共享、责任分担的心理需要。更为甚者，犯罪越严重（如恐怖组织），行动上的分工合作与心理上的相互支持就显得愈发重要。三是从共犯之间心理与行为结果间联系

---

[1]　马荣春："中立帮助行为及其过当"，载《东方法学》2017年第2期，第11~16页。

的角度，在共同犯罪所形成的一个对其他意志具有决定作用的"优势意志"能够使得共犯的行为相互补充，共同指向同一结果，从而形成一个唯一的共同行为。于是，各个共犯的行为就失去了独立的意义而成为一个统一行为的有机组成部分。正因如此，每个共犯应对自己有预见、能防止的共同行为的整个结果负责〔1〕。无论是从道义和理性角度，还是从行为与心理的角度，抑或从共犯之间心理与行为结果间联系的角度，间接损害性业务行为过当与关联犯罪的共犯性都可得到说明，毕竟行为人能够甚至已经预见且能够防止其业务行为促成关联行为造成直接的法益侵害。

最后是共犯可罚性形式根据说。陈忠林教授指出，意大利刑法理论对共犯处罚形式根据所形成的主要学说包括"同等原因力说""从属性说""多主体说"和"犯罪竞合说"。其中，"同等原因力说"现已几乎无人支持。"从属性说"似乎更加符合罪刑法定原则，但因"从属性"的认定困难和作为共犯成立前提的"完整的典型行为"有时并非一人所完成，故其支持者似乎也不多。"多主体说"不要求单独存在一个完全符合分则规定的实行行为，而是以多个共同犯罪人的行为相加必须符合单个主体的犯罪构成为核心，包容一切决定或有利于共同犯罪及其结果发生的行为。于是，一切参与共同犯罪的行为，不论是帮助行为、教唆行为，还是实行行为，也不论实行行为是一个人单独完成还是不同的共同犯罪人分别完成，则每一个共同犯罪人的行为都是符合共同犯罪构成要件的行为。最终，运用"从属性说"认定共犯行为的困难似在"多主体说"面前都能迎刃而解。至于"犯罪竞合说"，由于其将共同犯罪说成是由多个主体所实施的多个犯罪即"多个犯罪的竞合"，故其能够对《意大利刑法典》中共同参与犯罪的人为何可能构成不同犯罪和共同参与人又为何承担不同的刑事责任等规定作出合理解释〔2〕。在本著看来，除了"同等原因力说"和"犯罪竞合说"，"从属性说"和"多主体说"能够从不同的角度，从而不同的深度来解释间接损害性业务行为过当与关联犯罪的共犯性。当然，"多主体说"较"从属性说"更能解释间接损害性业务过当行为与关联犯罪的共犯性，因为正如陈忠林教授指出，帕多瓦尼教授所赞同的"多主体构成要件说"实际上是一种兼容共犯独立性说和从属性说的理论，该

---

〔1〕　陈忠林：《意大利刑法纲要》，中国人民大学出版社 1999 年版，第 219 页。
〔2〕　陈忠林：《意大利刑法纲要》，中国人民大学出版社 1999 年版，第 220~223 页。

说无疑居于通说地位[1]。

（四）承诺事由中的特别问题

在非罪化事由中，被害人承诺所受到的理论关注并不多，但被害人承诺中也有相关具体问题需予以特别考量。

首先是被害人承诺的事后性。被害人承诺理论是刑法学中关于违法阻却事由的一个传统性理论。而在承诺的时间问题上，我们一直接受的是"承诺至迟必须存在于结果发生时，被害人在结果发生前变更承诺的，则原来的承诺无效。事后承诺不影响行为成立犯罪（可能影响量刑）；否则国家的追诉权就会受到被害人意志的任意左右"。[2]由此，事后承诺能否成为被害人承诺在时间上的一种表现或存在形态？或曰能否以作出的时间为标准而在被害人承诺之下作出被害人事前承诺、被害人事中承诺和被害人事后承诺？这里，我们可以"先强奸后和奸"来论述问题。对于"先强奸后和奸"这种生活现象，有人指出不宜再定强奸罪，因为"这是由于妇女在受害后又发生和奸行为，表明其所受伤害不大，从保护该妇女隐私和稳定社会的角度出发，没有必要再追究行为人强奸罪的刑事责任"。[3]其实，用被害人承诺来对此种生活现象作出是否负强奸罪的刑事责任，将显得更加有力，而所谓"所受伤害不大"则恰好说明着被害人的承诺。但在这里，我们要突破被害人承诺在时间上的以往限定而使用被害人事后承诺这一概念，以使得被害人承诺理论在被害人承诺的分类上得到丰富。

除了"先强奸后和奸"这种生活现象可以用被害人承诺理论来予以定性分析外，刑事和解也可用被害人承诺理论予以考察。刑事和解也发生着被害人事后承诺，即发生着被害人在事后承诺其先前受到的加害。由此，刑事和解应分两种情况进行：若是刑事自诉案件的刑事和解，则可作无罪处理，因为刑事自诉案件的刑事和解可视为被害人完全承诺了其先前所受到的加害；若是刑事公诉案件的刑事和解，则可作量刑上的从宽处理，因为刑事公诉案件的刑事和解只能视为被害人承诺了犯罪的部分加害；而之所以这样说，又

---

[1] ［意］杜里奥·帕多瓦尼：《意大利刑法原理》（注评版），陈忠林译评，中国人民大学出版社2004年版，译者序第20页。

[2] 张明楷：《刑法学》（第6版），法律出版社2021年版，第300页。

[3] 高铭暄、马克昌主编：《刑法学》（第5版），北京大学出版社、高等教育出版社2011年版，第470页。

是因为构成刑事公诉案件的犯罪所加害的不仅仅是作为个体的被害人本人，还有社会这个大的"有机体"。

　　为何会有"事后承诺无效"这样的普遍主张呢？所谓"国家的追诉权会受到被害人意志的任意左右"这样的理由能够成立吗？当事后承诺出于一种真诚自愿，则事后承诺也最终表明不存在"值得保护的法益"，进而国家追诉权的行使便丧失了必要性与正当性。可见，以所谓"国家的追诉权会受到被害人意志的任意左右"，不足以否定事后承诺能够成立被害人承诺。当被害人事后承诺能够有力地解释或支撑刑事实践中的具体现象或制度，则其理当在被害人承诺的刑法理论中获得应有的地位，并使得既往的被害人承诺理论得到进一步的丰富与完善。

　　其次是假定承诺概念的虚幻性。在被害人承诺理论中，推定的承诺是一个常见概念，且其通常须具备以下条件：①被害人没有现实的承诺；②推定被害人知道真相将承诺；③一般是为了被害人的一部分法益而牺牲其另一部分法益，但所牺牲的法益不得大于所保护的法益；④必须针对被害人有处分权的个人法益实施行为[1]。在推定的承诺这一概念之外，我们还可看到所谓假定的承诺这一概念。所谓假定的承诺（假定的同意），一般是指在医疗过程中，医生没有充分向患者履行告知说明义务，即没有得到患者的承诺，便实施相关的医疗行为。但事后查明，即使医生不向患者履行告知说明义务，患者也会同意该医疗行为。例如，外科医生甲在给患者乙做肩胛骨手术时不小心将钻针折断并遗留在乙的体内，只有再次手术才能取出钻针。但是，甲隐瞒了这一事实，向乙谎称第一次手术引起了并发症，需要第二次手术才能完全康复，故获得了乙的同意。在德国，相当多的学者认为，由于医生没有履行告知说明义务，故其侵害了患者的自我决定权，从而这种假定的承诺不足以阻却第二次手术行为的违法性。但有判例认为，由于患者知道真相后原本会同意，故同意的表述并不重要，即医生的行为并不违法。还有少数学者认为，医生的行为仅成立犯罪未遂，因为在假定的承诺场合，行为人原本能够取得被害人的承诺，而被害人在事先原本能够作出承诺，故被害人实际上并不存在法益关系的错误，且医生实施的医疗行为完全符合患者的目的，客观

─────────────

〔1〕　张明楷：《刑法学》（第6版），法律出版社2021年版，第301页。

上也保护了更为优越的法益，故应阻却行为的违法性〔1〕。首先，对前例持应阻却行为违法性的见解本身，是值得肯定的。但在前例中，所谓"被害人在事先原本能够作出承诺"也正是推定的承诺所内含的一个条件。实际上，在推定承诺的场合，推定承诺的行为实施时正是事实上没有获得法益被损者的同意或承诺。而事后查明即使医生不向患者履行告知说明义务，患者也会同意医疗行为，这正是推定承诺所要求的条件即"推定被害人知道真相将承诺"的一种具体表现。于是，若行为人实际取得被害人的承诺，则将形成的局面直接是被害人承诺，罔论"推定的承诺"，又何谈所谓"假定的承诺"？因此，所谓"假定的承诺"所针对的情形仍然可为"推定的承诺"所涵射或统括，从而所谓"假定的承诺"不应在"推定的承诺"之外另立概念。或许，所谓"假定的承诺"是"推定的承诺"的一个"特例"而非"例外"。总之，在"被害人的承诺"和"推定的承诺"之外另立"假定的承诺"，是不妥的，因为虽然"推定"与"假定"一字之差，但"假定的承诺"容易搅混问题，且这一概念本身也是含混不清或不知所云，正如帕多瓦尼教授指出，"推定的同意"不同于"假定的同意"。"假定的同意"，是指行为人认为存在权利人同意，但事实上纯属虚无的情况。因此，"假定的同意"不排除可罚性（过失重罪）〔2〕。最终，"假定的承诺"这一概念至少是不必要的概念，正如医生基于患者的承诺或推定的承诺，采取医学上所承认的方法，客观上伤害患者身体的治疗行为，可谓正当业务行为〔3〕。这里，"正当业务行为"意味着有了"被害人的承诺"和"推定的承诺"就足够了。

再次是被害人承诺代理。被害人承诺代理也应该且能够成为被害人承诺事由中的一个特别问题。学者指出，被害人承诺虽然原则上只能由法益主体做出，但在某些情况下也可能发生代理承诺。就财产处理而言，只要存在民法上的有效授权，就可以代理承诺。在涉及医疗行为时，如果儿童或者丧失意志决定能力的人不能作出承诺时，其监护人或者法定代理人可以作出承诺〔4〕。当然，也会有人否认被害人承诺代理。而德国刑法理论认为，如果法益的承

〔1〕 张明楷：《刑法学》（第6版），法律出版社2021年版，第303页。
〔2〕 ［意］杜里奥·帕多瓦尼：《意大利刑法原理》（注评版），陈忠林译评，中国人民大学出版社2004年版，第164~165页。
〔3〕 张明楷：《刑法学》（第5版），法律出版社2016年版，第236页。
〔4〕 张明楷：《刑法学》（第5版），法律出版社2016年版，第224页。

担者缺乏必需的理解能力，有照管权人可以为他给出同意[1]。代理本是民法理论中的一项重要制度，其旨在扩大主体的活动范围和弥补部分主体行为能力不足的缺陷。而现实生活中，对于缺乏刑事责任能力和暂时失去行为能力的人，如果不允许其接受代理，其正当权益可能会处在危险之中。典型的情况是，父母代理未成年子女接受医疗手术的行为。这类行为在本质上就是一个被害人承诺代理行为，虽然原本含有民事因素，但代理的内容包含对于身体健康法益的放弃，应当认定为"经代理的被害人承诺"。显然，在这种情况下，允许被害人接受代理是非常有必要的。同时也应当认识到，如果不允许监护人进行承诺代理，则无法对原本可得承诺而将其排除出刑法规制范围的行为进行出罪论证。例如，超市保安在得到同行父母的代理承诺之后，对于儿童的身体进行搜查的行为，应当认定为阻却违法性。如果不承认监护人承诺代理的有效性，则超市保安的行为无论如何都无法被认定为得到承诺而排除不法。可见，被害人承诺代理确有其存在的理论价值和实践意义[2]。

在本著看来，能够成为非罪化事由的被害人承诺代理，意味着被害人承诺是合法有效的承诺，而被害人承诺代理是合法有效的代理，亦即能够成为非罪化事由的被害人承诺代理是合法有效的被害人承诺和合法有效的代理所有机构成。于是，正如得被害人承诺（包括事实承诺和推定承诺）的行为可以成为非罪化事由，被害人承诺代理行为也可以成为非罪化事由。得被害人承诺的行为是通过"阻却违法性"而成为非罪化事由，而以被害人承诺为基础的被害人承诺代理，也是通过"阻却违法性"而成为非罪化事由。进一步地，被害人承诺代理无效行为是被害人承诺代理行为的反面，其内含着被害人承诺本身无效和代理行为的无效，正如在器官捐献中或是绑架案件中，无刑事责任能力的未成年人的承诺当然无效，监护人也不能代理承诺[3]。于是，又正如得被害人承诺行为过当或可产生刑事责任问题，被害人承诺代理无效行为也可产生刑事责任问题，正如在器官捐献案中，监护人代理未成年

---

　　[1]　[德]克劳斯·罗克辛：《德国刑法学总论》（第1卷·犯罪原理的基础构造），王世洲译，法律出版社2005年版，第374页。

　　[2]　马荣春、张万："被害人承诺无权代理研究"，载《扬州大学学报（人文社会科学版）》2020年第1期，第74~76页。

　　[3]　[德]克劳斯·罗克辛：《德国刑法学总论》（第1卷·犯罪原理的基础构造），王世洲译，法律出版社2005年版，第375页。

人承诺器官捐献的行为可以成立故意伤害罪；而在绑架案中，监护人代理未成年人承诺"撕票"的行为可以成立故意杀人罪。可以想见的是，在被害人承诺无效代理的场合，可能承担刑事责任的除了无效承诺代理人，还包括无效承诺的相对人。不仅如此，在对被害人法益的侵害中，无效承诺代理人和相对人或可成立共犯关系。而之所以无效承诺代理人和相对人可能在无效代理中承担刑事责任乃至共犯责任，又是因其行为不能实现或难以形成"违法性阻却"。

复次是承诺行为的过当性。承诺行为的过当性是以往刑法理论所未关注的问题。无论是在事实承诺即通常所谓"被害人承诺"的场合，还是在推定的被害人承诺的场合，都可能发生承诺行为即得承诺行为的过当性问题。对承诺行为过当问题，我们应分财产损害和人身损害予以类似于防卫过当的分别处置。如果承诺行为过当所造成的是不应有的财产损害，则应对不应有的财产损害部分，一是考量其价额是否达到财产犯罪即是否达到故意毁坏财物罪的入罪标准，且同时考量得承诺者的主观心理。具言之，如果得承诺者是出于过失，则无论不应有的财产损害价额有多大，都应论以无罪；如果不应有的财产损失未达故意毁坏财物罪的入罪标准，则无需考察得承诺者的主观心理，当然应论以无罪；如果不应有的财产损失已达故意毁坏财物罪的入罪标准，且得承诺者出于故意包括直接故意和间接故意，则应论以故意毁坏财物罪。如果承诺行为过当所造成的是不应有的人身损害，则应对不应有的人身损害部分，也是在考量其不应有的人身损害部分是否达到人身犯罪入罪标准的同时，再考量得承诺者的主观心理。具言之，如果得承诺者对承诺者本可造成的是轻微伤，而得承诺者对承诺者只是造成了轻伤害，则无论对不应有的人身损害部分是出于故意还是出于过失，得承诺者都不应承担刑事责任，即不应被认定为犯罪，因为即便是出于故意，轻伤害的这一"总结果"理应"扣除"得承诺者对承诺者本可造成的轻微伤，则剩下的部分只能视为轻微伤，而故意造成轻微伤的不构成故意伤害罪。如果得承诺者对承诺者本可造成的是轻伤害，而得承诺者对承诺者造成的是重伤害，则应分而论之：如果得承诺者是出于过失，则其不应承担刑事责任，即不应被认定为犯罪，因为重伤害"扣除"得承诺者对承诺者本可造成的轻伤害，则剩下的部分只能是轻伤害，而按照现行《刑法》规定，过失造成轻伤害的不负刑事责任；如果得承诺者是出于故意，则其应承担刑事责任，因为重伤害"扣除"得承诺者对承诺者本可造成的轻伤害，则剩下的部分仍是轻伤害，而按照现行《刑法》规定，故意造成轻伤害的应负刑事责任。如果得承诺者对承诺者本可造成的是重伤害，而得承诺者对承诺者造成的是致人死亡，也应分而论之：如果得承诺者是出于过失，则其应承担刑事责任，即应被认定为犯罪，因为得承诺者显然构成了过失致人死亡罪；如果得承诺者是出于故意，则其更应承担刑事责任，即更应被认定为犯罪，因为得承诺者人显然构成了故意杀人罪。如果得承诺者对承诺者本可造成的只是轻微伤或轻伤害，而得承诺者对承诺者造成的是致人死亡，则得承诺者更应承担过失致人死亡罪乃至故意杀人罪的刑事责任。实际上，当过当结果越明显或越严重，则得承诺者越有可能是间接故意乃至直接故意，从而对得承诺者追究故意杀人罪刑事责任的概率便越大。

最后是承诺行为的认识错误。无论是在事实承诺即通常所谓"被害人承诺"的场合，还是在推定的被害人承诺的场合，都有可能发生承诺行为的认识错误问题。承诺行为的认识错误可分为两种情形：一是"无"与"有"的认识错误，即被害人承诺事实上不存在或难以形成推定的被害人承诺，但行为人误认为被害人承诺存在或能够推定被害人承诺。例如，被害人并未承诺行为人斩掉其一个手指，但行为人误认为被害人有所承诺而斩掉其一个手指；二是"轻"与"重"的认识错误，即行为人误将被害人轻的损害承诺当作重的损害承诺。例如，被害人只承诺行为人斩掉一只手的其中一指，但行为人出于错误认识而斩掉其整只手。对于承诺行为的认识错误，大致有两种可能的方案，要么按照"意外事件"处置，要么按照过失犯罪处置。

（五）政令事由中的特别问题

政令事由中的特别问题包括行政许可事由中的特别问题和律令行为中的特别问题。

首先是职务行为与正当防卫的关系问题。学者指出，法令行为是指基于成文法律、法令、法规，作为行使权力或者承担义务所实施的行为。由于法令行为是法律本身所允许乃至鼓励的、形成法秩序一部分的行为，故其是合法行为而非犯罪行为。但有的法令行为从形式上与某些犯罪的客观行为具有相似之处，故将法令行为作为违法阻却事由[1]。由于在"法令"之外还有"法律"和"法规"，故本著将法令行为改称为律令行为。在律令行为中，职

---

[1]　张明楷：《刑法学》（第6版），法律出版社2021年版，第307页。

权（职务）行为是一种类型，从而职权（职务）行为与正当防卫的关系问题就成了政令事由中的一个特别而复杂的问题。

这里，我们切入人民警察的正当防卫问题展开讨论。1983 年 9 月 14 日最高人民法院、最高人民检察院、公安部、国家安全部和司法部《关于人民警察执行职务中实行正当防卫的具体规定》，将人民警察的职务行为与正当防卫问题联系起来。学者指出，在没有充分展开对法令行为的研究且旧刑法没有规定特殊正当防卫的情况下，上述规定的缺陷或许并不明显。但在现行刑法之下，仍然将人民警察制止犯罪的行为作为正当防卫处理，便存在疑问：①正当防卫不是法律义务而只是违法阻却事由。但职务行为是一种法律义务，即不实施职务行为则是违法的失职行为，故将警察制止犯罪的行为称为正当防卫，有可能导致其不履行制止犯罪的职责。可见，前述司法解释将正当防卫规定为警察的义务便缺乏妥当性。②警察面对不法侵害时，首先应当实施警告，而在不得已的情况下，才实施由轻到重的损害行为，亦即公民的正当防卫不以补充性（不得已）为要件，而警察为制止违法犯罪实施的杀伤行为应以补充性（不得已）为要件。对警察制止违法犯罪的行为适用正当防卫的规定，必然导致不当侵害违法犯罪人的合法权益。③防卫人对事前预见的不法侵害行为能够进行正当防卫，但警察在事先知道有人会实施不法侵害行为的情况下应当采取预防措施，而不是待他人实施不法侵害时进行正当防卫。否则，将违背职责甚至构成犯罪。④对于公民实施正当防卫所采取的手段，法律不作任何限制，但警察并非面对任何违法犯罪都可以使用随身携带的器械。⑤作为违法阻却事由，只要防卫行为符合正当防卫的前提条件与限度条件，便成立正当防卫，且防卫人对必要限度内的伤害结果并无救助义务，但警察的职务行为造成违法犯罪人伤害的，必须及时抢救，故如果对警察的职务行为适用正当防卫的规定，或可导致警察不履行抢救等义务。⑥警察的行为必须符合严格的必要性与比例性要件，其比正当防卫造成不法侵害人伤亡的条件更为严格。而在现行刑法规定了特殊正当防卫的情况下，如果仍然对警察制止违法犯罪的行为适用正当防卫的规定，将会导致只要警察遇到正在进行的严重危及人身安全的暴力犯罪，便可一律开枪将不法侵害人击毙。⑦根据《人民警察法》《军事设施保护法》等规定，完全可将警察、军人执行职务的行为作为法令行为合法化而无须适用正当防卫的规定。因此，对警察执行职务的行为不宜再适用正当防卫的规定，至少不能一概适用正当防卫的规定，尤其是不能适用特殊正当防卫的规定。这就意味着警察并非绝对不能实施正当防卫，即警察为了防卫自己的生命、身体、财产法益等完全可能进行正当防卫。但在可以通过职务行为正当化的情况下，应当以职务行为为根据排除犯罪的成立，而不能一概以正当防卫为根据排除犯罪的成立[1]。由上可见，学者对警察的职务行为与正当防卫的关系所持的是一种"折中"乃至完全"回头"的见解，因为当警察出于制止违法犯罪而造成不法侵害者伤亡时，通常存在两种"背景"，即或是不法者正在侵害其他人的生命、身体或财产，或是不法者正在侵害警察本人的生命、身体（"袭警"）或财产。实际上，当把警察出于避免不法者对自己的人身或财产造成侵害而采取制止手段视为正当防卫，则可把警察出于避免不法者对他人的人身或财产造成侵害而采取制止手段同样视为正当防卫，因为前者不过是"为己防卫"而后者不过是"为他防卫"罢了。这样，警察的职务行为又回到"完全的正当防卫"而非"局部的正当防卫"或"有时的正当防卫"上去了。正因如此，本著才指出学者的见解是一种"折中"乃至完全"回头"的见解。

本来，正当防卫所对应的是公民的权利，而警察的职务行为所对应的是公权力，故用正当防卫来解说警察为制止违法犯罪而致违法犯罪者伤亡的正当化即无罪性，便有"风马牛不相及"之嫌。易言之，对于警察为制止违法犯罪而致违法犯罪者伤亡的正当化即无罪性，不应也不能通过所谓正当防卫甚至特殊正当防卫予以解说，应是直接通过（职权）职务行为的正当性即无罪性予以解说。而（职权）职务行为正当性即无罪性的根据或可从"法益衡量说"那里去找寻。最终，警察为制止违法犯罪而致违法犯罪者伤亡的正当化即无罪性问题，便应放在作为非罪化事由的"政令事由"中予以讨论。

其次是行政许可行为非罪化根据的表述。学者指出，不少犯罪以"未经……许可""未经……批准"为成立条件。例如，《刑法》第339条第2款前段规定："未经国务院有关主管部门许可，擅自进口固体废物用作原料，造成重大环境污染事故，致使公私财产遭受重大损失或者严重危害人体健康的，处五年以下有期徒刑或者拘役，并处罚金。"显然，如果进口固体废物的行为得到了国务院有关主管部门的许可，则即使造成了环境污染事故或者严重危害人体健康，也不能成立擅自进口固体废物罪。再如，《枪支管理法》第30

---

〔1〕 张明楷：《刑法学》（第5版），法律出版社2016年版，第233~234页。

条规定："任何单位或个人未经许可，不可运输枪支。需要运输枪支的，必须向公安机关如实申报运输枪支的品种、数量和运输的路线、方式，领取枪支运输许可证件。……"显然，经过有权机关的许可运输枪支的，不可能成立非法运输枪支罪。问题是，获得行政许可的行为是阻却构成要件符合性，还是阻却违法性[1]。在德国刑法理论中，行政许可即官方批准既可能阻却构成要件符合性，也可能阻却违法性，但阻却构成要件符合性的为多数。易言之，当欠缺行政许可是构成要件要素，则获取行政许可便阻却构成要件符合性；若欠缺行政许可是一种专门的违法性要素，则获取行政许可便阻却违法性[2]。对于前述问题，学者在对行政许可作出相应分类的基础上分别予以解答，即行政许可分为两大类：一是控制性许可，即行为之所以需要获得行政许可，并非因为所有人都不得实施该行为，也非因为该行为本身侵犯其他法益，只是因为需要行政机关在具体事件中事先审查是否违反特定的实体法，故只要申请人的行为符合实体法的规定，便应许可；二是特别许可，即法律将某种行为作为具有法益侵犯性的行为予以普遍禁止，但又允许在特别例外的情况下赋予当事人从事禁止行为的自由。而在特别规定的例外情况下，当事人从事禁止行为实现了更为优越或至少同等的法益。于是，在控制性许可的场合，行政许可的作用主要是提高公信力证明与合理配置资源，故获取行政许可后实施的行为不可能符合犯罪的构成要件，即阻却构成要件符合性。例如，经过国家有关主管部门批准而设立商业银行、证券交易所、期货交易所等金融机构的行为，阻却擅自设立金融机构罪的构成要件符合性。而在特别许可的场合，行政许可的主要作用是控制危险，故获取行政许可后实施的行为仍然是一种符合构成要件的行为，但阻却违法性。例如，发行彩票的行为原本侵害了以劳动取得财产这一国民健全的经济生活秩序，但国家出于财政政策的考虑，允许特定的机关发行彩票，故经过行政许可而发行彩票的行为，便阻却了非法经营罪的违法性[3]。首先，无论是在正当化事由中，还是在本著所提倡的非罪化事由中，提出"构成要件符合性阻却"或"阻却构成要件符合性"问题是"偏题"或"跑题"的，因为非罪化事由原本指向的是已经"具

---

[1] 张明楷：《刑法学》（第5版），法律出版社2016年版，第236~237页。

[2] ［德］冈特·施特拉腾韦特、洛塔尔·库伦：《刑法总论Ⅰ——犯罪论》，杨萌译，法律出版社2006年版，第189~190页。

[3] 张明楷：《刑法学》（第5版），法律出版社2016年版，第237~238页。

有构成要件符合性（该当性）"的行为缘何正当化或无罪化，而我们解答问题的切入要么是"违法性"，要么是"有责性"。于是，当作出行政许可的分类且在不同的类型中存在着所谓"阻却构成要件符合性"与"阻却违法性"之别，则要么是行政许可的分类出了问题，要么是行政许可的分类本身并无问题，而是不同分类中的进一步推论出了问题。在本著看来，暂且不论将行政许可分为所谓"控制性许可"与"特别许可"的妥当性，学者言"控制性许可"中只形成"阻却构成要件符合性"，恐失妥当。这里，我们仍以设立商业银行等金融机构的行为为例。客观地看，设立商业银行等金融机构的行为本身无所谓侵犯法益的问题，但当未经行政许可而设立商业银行等金融机构侵犯了国家对金融机构的管理秩序，便意味着已经侵犯了法益，因为金融机构的管理秩序直接对应着金融法益。正如国家有关主管部门对金融机构设立的审核包括实体条件的内容[1]。由此，当逃避审核的设立行为往往包括实体条件不符的情形，则擅自设立金融机构的行为就不仅仅是侵犯单纯的"公信力证明"问题，而"提高合理资源配置"恰恰反面说明了不符合行政许可或行政审批的实质危害性和实质违法性。可见，所谓"阻却构成要件符合性（该当性）"只是问题的表象，而"阻却违法性"才是问题的实质。因此，在非罪化事由的讨论中，不宜再于"阻却违法性"和"阻却有责性"之外"节外生枝"出所谓"阻却构成要件符合性（该当性）"。

本章小结

对应着主客体的对应关系，消解犯罪主体就是消解或瓦解四要件犯罪构成本身，故犯罪主体的四要件犯罪构成地位可这样来描述：犯罪主体是四要件犯罪构成的"逻辑起点"，是四要件犯罪构成的"必要要件"和"首要要件"。

作为犯罪主体论的当然内容，刑事责任能力可作这样的定义：刑事责任能力，是指实施犯罪行为并承受刑事责任的行为能力。作为一种"相对恶的意志自由能力"，刑事责任能力具有"相对恶的意志自由性"这一属性。而刑事责任能力的本质是"刑法规范违反性能力"或"刑事违法性能力"，是由

---

[1]　张明楷：《刑法学》（第5版），法律出版社2016年版，第237页。

"犯罪能力"到"受刑能力"的"过程性能力"和"结构性能力"。刑事责任能力的刑法学地位可作这样的集中描述：刑事责任能力不仅是"犯罪构成主体要件的核心"即犯罪构成的"逻辑起点"的"核心"，而且是刑罚论的最基本的"主体性前提"。

由刑事责任能力向前走，因面临着民法主体资格障碍与刑事司法实践障碍，面临着责任能力（包括犯罪能力和受刑能力）障碍，面临着刑事法治障碍，面临着"人类中心化障碍"，故人工智能犯罪主体化主张应予否定。

与犯罪主体论相对应的是犯罪客体论。在四要件犯罪构成中，犯罪客体必要性是主客体对应的哲学结论，是"社会关系法"的当然结论，是犯罪客体解释力的当然结论。犯罪客体的分层与分类是两个不同的问题。犯罪客体可进行内容分层和社会结构分层：由"总客体"到"同类客体"再到"直接客体"，是犯罪客体的内容分层；而由国家层面的犯罪客体到社会层面的犯罪客体再到个人层面的犯罪客体，是犯罪客体的社会结构分层。犯罪客体的分层对应着犯罪客体的结构性，从而映现着刑法分则体系的体系性及其完备性。犯罪客体可进行同类客体层面的分类和直接客体层面的分类：犯罪客体的同类客体层面的分类是发生在"国家法益的犯罪""社会法益的犯罪"和"个人法益的犯罪"内部；犯罪客体的直接客体层面的分类，可采用数量多寡和载体形式等标准进行。特别是直接客体层面的分类所得出的复杂客体概念，应予以"手段性客体"与"目的性客体"或"原因性客体"与"结果性客体"的结构性把握。至于所谓"随机客体""随附客体"乃至"随意客体"以及所谓"可能客体"，是需予澄清的"伪客体"。

作为犯罪客体论的逻辑延伸，从而可构成犯罪客体论重要内容包含的是违法性本质论。在破解结果无价值论之于一元行为无价值论、二元行为无价值论的所谓"优势"和破解二元行为无价值论乃至新行为无价值论的所谓"优势"基础上，我们可提倡"新新行为无价值论"即"超新行为无价值论"。"新新行为无价值论"即"超新行为无价值论"避开了"调和折中论"和"中间路线论"，是以结果无价值为真正"补充"而非将结果无价值与行为无价值"并列"的行为无价值论。"新新行为无价值论"即"超新行为无价值论"坚守"行为无价值"的主导性立场，且以结果无价值为"补充"，故其将受"物性"限制的"人性刑法"赋为刑法的根本品性。在违法性本质的"新新行为无价值论"即"超新行为无价值论"中，行为无价值基本上对应着"客体威胁"，而作为补充的结果无价值则对应着"客体实害"。于是，作为犯罪客体论延伸的违法性本质的"新新行为无价值论"或"超新行为无价值论"，又构成了对犯罪客体论的进一步深化。

同样作为犯罪客体论的逻辑延伸，从而可构成犯罪客体论重要内容包含的是非罪化事由论。非罪化事由概念形成于对排除社会危害性行为、违法阻却事由、合法抗辩事由乃至正当化事由的概念包容与"扬弃"，其根据是"社会容忍性"。在非罪化事由中，正当防卫的限度问题、防卫意识问题、防卫过当罪过形式及其定罪问题需予特别的再考量，而我们可以得出的结论是：对正当防卫的限度，我们可采"双向双层平衡说"；对防卫意识，我们还是应采"防卫意识必要说"；对防卫过当罪过形式，除了肯定过失，故意也应得到肯定，且故意包括直接故意；对防卫过当的定罪，应区分具体情况分别予以罪与非罪、此罪与彼罪的个案处理。在非罪化事由中，紧急避险的生命限度问题、避险意识问题需予特别的再考量，而我们可以得出的结论是：对生命限度问题，生命型紧急避险具有正义性，但要予以"最严格限制"和"场合限制"；对避险意识，我们同样还是应采"避险意识必要说"。在非罪化事由中，业务事由中的正当业务行为的概念扩容和业务过当行为的刑事责任需予新的考量，而我们可以得出的结论是：对正当业务行为的概念扩容，我们应将以往所谓"中立帮助行为"纳入正当业务行为，以避免"中立帮助行为"这一概念因"中立"和"帮助"的词义互斥而带来的"不伦不类"；对于业务过当行为包括所谓"中立帮助行为过当"的刑事责任，我们应确立"主观过当"与"客观过当"相结合的责任结构，且分直接损害型业务行为过当与间接损害型业务行为过当来考察和认定刑事责任：直接损害型业务行为过当可形成直接的"正犯性"，而间接损害型业务行为过当则往往因其与关联犯罪的关联性而形成"共犯性"。在非罪化事由中，被害人承诺的事后性、承诺行为的过当性、被害人承诺代理和假定承诺代理概念、承诺行为的认识错误，需予特别的考量和澄清，而我们可以得出的结论是：对于被害人承诺的事后性，我们应接受"事后承诺"的正当性与合理性，从而是其有效性；对于承诺行为的过当性，我们也应分不同情形分别予以罪与非罪或此罪与彼罪的个案处理；对于被害人承诺代理，我们应承认其合法有效性，但被害人承诺代理行为过当，或可引起刑事责任，且代理人与相对人可形成"共犯关系"；对于假定承诺代理概念，这至少是一个多余的伪概念；对于承诺行为的认识错误，大致有两种可能的方案，要么按照"意外事件"处置，要么按照过失犯罪处置。在非罪化事由中，政令行为中的职务行为与正当防卫的关系问题、行政许可行为非罪化根据问题是需予特别考量的问题，而我们可以得出的结论是：对政令行为中的职务行为与正当防卫的关系，我们应该撇开正当防卫乃至特殊防卫，其无罪性或非罪化应直接通过职务行为本身的正当性予以解答；对行政许可行为的非罪化根据，其只能通过"阻却违法性"或"阻却有责性"而非"阻却构成要件该当性"予以说明或交代。

第五章

犯罪主客观方面之一：犯罪主观方面

第一节　罪过形式的"知欲构造"

以往的刑法理论一直使用"认识因素"和"意志因素"来论述罪过形式即故意、过失的内容及其相互区别。由于"知"和"欲"更加切合人们的心理活动过程与内容，故本著用其来考察罪过心理的深浅或轻重，从而对实现刑法的正当性便具有更加"深切"的意义。

一、"知"和"欲"的分类及其组合

对于罪过形式包括故意和过失，以往的刑法理论通常是用"认识因素"和"意志因素"予以"构造"的。现今，用"知"和"欲"来"构造"罪过形式将有着重要的理论意义与实践意义。由此，我们可从"知"和"欲"的分类及其组合开始。

（一）"知"的分类

以往刑法理论所使用的"认识因素"是指行为人对自己行为的性质及其所能造成的后果的理解与认识，即本著所谓"知"。这里，按照行为人对自己行为的性质及其所能造成的后果的理解与知晓的程度即"认识因素"的"成熟度"，我们可将"知"分为"强知"和"弱知"。通常所说的"明知"自己的行为必然发生危害社会结果的为"强知"，而"只知"自己的行为可能发生危害社会的结果的则为"弱知"。可见，以往的通行理论在定义直接故意时所采用的表述不尽妥当。学者指出，"犯罪的直接故意是指明知自己的行为会发生某种危害社会的结果，并且希望这种结果的发生的主观心理状

态"。[1]这是对犯罪的直接故意的代表性定义，且不妥之处在于：其所言"会"包含"必然"与"可能"，而"必然"与"可能"代表着人们对事物认知的不同程度即认知的"成熟度"有别，即"知必然"与"知可能"的区别；而其所言"明知"则应对应"知必然"即"强知"。进一步地，犯罪故意包括直接故意与间接故意和过于自信过失在罪过构造的"知"这一层面上最终可分属于"强知"和"弱知"这两类。

将"知"分为"强知"和"弱知"符合认识论。由事物的复杂程度或复杂性和人类本身的认知能力的局限性所决定，人类的认知水平总有局限性，而人与人之间也存在着对事物认知水平的差异性。对同一行为的性质及其所能造成的危害结果，不同的行为人在具体的情境中当然存在着认知差异，故将"知"分为"强知"和"弱知"符合认识论。

（二）"欲"的分类

以往刑法理论所使用的"意志因素"是指行为人对自己的行为所能造成的危害结果的心理态度，即本著所谓"欲"。由此，按照行为人对自己的行为所能造成的危害结果的态度的强弱，可将对应着"意志因素"的"欲"分为"强欲"与"弱欲"。于是，直接故意犯罪中的"希望意志因素"和间接故意犯罪中的"放任意志因素"可分别归为"强欲"和"弱欲"。

将"欲"分为"强欲"与"弱欲"符合心理学。在大陆法系的刑法理论中，有人只承认意欲存在有无问题而无强弱问题，但学者指出："人拥有对某种事、物、人有强弱差异的欲望，是每个人日常生活经验中稀松平常的事。夏天到了，我想去游泳，想去度假，我想得非去不可，否则全身不舒畅，否则精神不振；或者我虽然想去游泳、想去度假，但并非非去不可，不去也不觉得人不清爽，不去还是可以愉快休息，于是我们会说'我真的很想去游泳、很想去度假'，或者'我有点儿想去游泳、有点儿想去度假'，什么叫作很想？什么叫作有点儿想？不就是对游泳或度假这件事实现与否有不同的希望程度吗？"[2]可见，否认"欲"的强弱之分是符合人们的心理活动的。在犯罪故意中，作为所谓"意志因素"的"希望"和"放任"之间存在着"欲"的强弱之分，而就是在"希望"和"放任"内部也存在着"欲"的强弱之分。对

---

〔1〕 陈兴良：《刑法哲学》，中国政法大学出版社 1997 年版，第 168 页。
〔2〕 许玉秀：《主观与客观之间——主观理论与客观归责》，法律出版社 2008 年版，第 104 页。

"知"和"欲"作出强弱分类符合事物"度"的原理。

（三）"知"和"欲"的构造即"知欲构造"

在前文"知"和"欲"的分类基础上，我们可依据人们行为时的心理得到如下组合，即"强知强欲""弱知强欲""强知弱欲""弱知弱欲""有知无欲"和"无知无欲"。其中，"有知无欲"是一种"残缺"的"知欲构造"，而"无知无欲"则是一种反面的或消极的"知欲构造"。至于剩下的即"强知强欲""弱知强欲""强知弱欲""弱知弱欲"，则说明罪过形式包括过失的强度问题，正如帕多瓦尼教授指出的，故意是一个"有程度"的概念，而故意的强度则取决于主体的"情感态度"〔1〕。可见，"知欲构造"对我们重新考察和划分罪过形式提供了心理学的知识工具。

二、罪过形式的"知欲构造"分类

所谓罪过形式的"知欲构造"分类，是指采用"知欲构造"标准而对传统刑法理论中的罪过形式再作分类。

（一）"知欲构造"所生成的三种罪过形式

罪过形式是犯罪主观方面的基础性内容，而故意和过失是其两大分类。在此，我们可先将作为罪过构件的认知因素和意欲因素予以类型化，然后再组合出罪过形式的基本类型。首先，认知因素可类型化为"认知结果必然发生"和"认知结果可能发生"；意欲因素可类型化为"拒绝""接受"和"希望"。于是，我们可得"认知结果可能发生+拒绝=过于自信过失""认知结果必然或可能发生+接受=间接故意""认知结果必然或可能发生+希望=直接故意"。易言之，在前文对"知"和"欲"作出分类及组合的基础上，则"强知"或"弱知"可与"强欲"共同构造出犯罪的直接故意，"强知"或"弱知"可与"弱欲"共同构造出犯罪的间接故意，而"弱知"与"无欲"则"构造"出犯罪的过于自信过失。但仅就"强知"和"弱知"可与"强欲"共同构造出犯罪的直接故意而言，其有助于我们对故意分类问题的思考。具言之，对故意的种类，学者作出如下分类：一是确定故意与不确定故意，这是采用故意的认识内容的确定程度所作出的划分。其中，"意图"和"确知"就是确定的故意（直接的故意）："意图"是指行为人把犯罪结果作为目的的

---

〔1〕［意］杜里奥·帕多瓦尼：《意大利刑法原理》（注评版），陈忠林译评，中国人民大学出版社 2004 年版，第 224~225 页。

情形，不要求行为人认识到犯罪结果确实要发生；"确知"是指行为人认识到犯罪结果确实要发生的情形，不要求行为人以犯罪结果为目的。而未必故意、概括故意和择一故意就是不确定故意：认识到结果可能发生，并且不是积极希望结果发生，即发生结果本身不确定，但行为人认识到结果或许会发生，而且认为发生结果也没有关系，属于未必故意；认识到结果发生确定，但结果发生的行为对象不特定，即行为对象的个数以及哪个行为对象发生结果不确定，如向一群人投掷炸弹，属于概括故意；行为人认识到数个行为对象中的某一个对象确实会发生结果，但不确定哪个对象会发生结果的情形，如行为人知道自己的口袋里不是装着毒品就是枪支而予以持有，属于择一故意。二是预谋故意与突发故意，这是采用故意形成的时间为标准所作出的划分：前者是指行为人实施行为前就已经形成的故意，后者是指突然产生的故意并立即实施犯罪行为。这种区分没有实质意义。三是无条件故意与附条件故意。这是采用故意是否依附于一定的条件作为标准所作出的划分：前者是指不附加条件就实施实行行为的故意，而后者是指附加一定条件才实施实行行为的故意，如甲欲强奸乙，同时内心打算"如果乙不漂亮就不强奸"，但在发现乙并不漂亮后，甲放弃了暴力行为。甲的行为应认定为强奸中止；又如甲在与乙见面前准备了手枪，同时内心打算"如果乙拒绝自己的要求就杀害对方"，但在乙态度并不确定时，手枪走火而致乙死亡。甲的行为应认定为故意杀人预备与过失致人死亡的想象竞合犯。四是侵害故意与危险故意即侵害犯的故意与危险犯的故意。这是采用所希望或放任的结果的形态所作出的划分。五是直接的故意与间接的故意。这是采用故意的认识因素与意志因素这一标准所作出的划分[1]。如何看待学者对故意的前述分类呢？

首先，在学者所作的前述分类中，所谓确定故意，就是结果的发生和发生对象都是确定的故意；而结果的发生或发生对象有一项不确定即不确定故意。但应予注意的问题包括如下几个方面：一是将确定故意视为"直接的故意"并不妥当，因为被归入不确定故意中的概括故意和择一故意都强调"认识到结果确实会发生"，而且行为人对犯罪结果也是持希望的态度，尽管犯罪结果发生在哪个对象或多少对象上并不确定，故概括故意和择一故意也可视为或归入"直接的故意"。这便造成了学者对现有的确定故意与不确定故意的

划分"内在地"自相矛盾，且其自相矛盾又体现为：被归入不确定故意的未必故意，基本上就是对应着间接故意，而同样被归入不确定故意的概括故意与择一故意都可以或应该被视为直接故意。可见，尽管可以作出直接故意与间接故意的划分，但此划分与确定故意与不确定故意的划分存在着"划分层级"的问题。易言之，直接故意与间接故意的划分，本来是属于确定故意与不确定故意划分的"内部"的进一步的划分，即确定故意与不确定故意划分的"下一个层级"的划分。二是对于附条件故意问题，当条件成就而导致实行行为被放弃时，是否应该有成立犯罪未遂的可能，也值得进一步讨论。三是故意还可按照其他标准作出相应分类，如基本犯故意与加重犯故意等。由此，"强知"和"强欲"的结合完全能够说明概括故意和择一故意，而"弱知"和"强欲"的结合则完全能够说明未必故意。当"强欲"对应着对危害结果的"希望"或"追求"，则概括故意和择一故意便当然属于直接故意，而未必故意有时也属于直接故意，因为在特定的场合行为人对危害结果虽然没有把握，但仍然形成一种"强欲"即"希望"或"追求"其发生。由此，"明知不可为而为""癞蛤蟆想吃天鹅肉""异想天开"或"无可奈何花落去"等说法，能够形象地印证"知欲构造"对罪过形式的内在说明。

　　进一步地，"知欲构造"便显现出罪过形式的内在"层生性"与"等差性"。就犯罪故意的成立而言，低度的认识因素可与高度的意欲因素"匹配"出"故意"，而高度的认识因素也可与低度的意欲因素"匹配"出"故意"。这是因为在故意形成过程中，认识因素与意欲因素相互作用，即认知因素能够为意欲因素提供支撑或基础，而意欲因素能够为认识因素提供动力或刺激。学者指出，由于行为人在不同个案中对事态的过程和走向以及最终结果存在着认知深浅，即其认知因素存在着深浅之别，且其对事态的过程和走向以及最终结果存在着态度强弱之分，即其意志因素存在着强弱之别，故不仅故意与过失之间是回避可能性的高低度关系、责任的高低度关系和刑罚意义的高低度关系，从而是位阶关系而非对立关系[1]，而且直接故意、间接故意与过于自信过失之间也存在着前述高低度关系。而正是前述高低度关系，使得从直接故意犯罪到过于自信过失犯罪之间形成了"罪过形态阶梯"，从而呼应了

---

〔1〕　张明楷：《刑法学》（第5版），法律出版社2016年版，第281~282页。

贝卡里亚所形象描述的"罪刑阶梯"，亦即"罪责刑相适应"所对应的"罪责刑阶梯"，进而前述高低度关系可视为罪责刑相适应原则的事实性基础。由于罪责刑相适应是罪责刑关系的一种应然态，故前述高低度关系印证了一点，即罪责刑关系是犯罪本身的情状所决定的。

由"弱知"与"无欲"一起构造出犯罪的过于自信过失，我们可联想起发生在南京的那起骇人听闻的酒后驾车连续撞人案。在聊起该事件时，司法机关的一位友人语出惊人："本案应定故意犯罪，要不犯罪嫌疑人连续撞人怎么解释？"这便引出了不断重复的危害行为的罪过定性问题。诸如南京的这起酒后驾车连续撞人事件所引出的疑问是：在一起案件中，如果危害行为不断重复实施，则行为人一定是出于犯罪故意吗？学者指出，将不断重复行为认定为具有故意是非常欠缺说服力的。学者以丢烟蒂和煮汤为例来论证将不断重复行为认定为具有故意的不可靠性。在丢烟蒂这个例子中，学者指出："除非烟蒂一支接一支地丢，而这叫作一次丢了好几支，否则，每个行为既然个别的危险性不高，每个重复的个别行为不可能继受另一个行为的危险性，而产生危险累积增高的效果。这种行为重复会使过失危险变成故意危险的说法，似乎隐含着主观说的想法：行为人多冒几次险，对危险的认识会更深刻，虽然清楚认识危险，却仍决定行为，显系故意。其实，从主观说的立场，应该得出相反的结论：如果行为人经过数次行为，仍然相安无事，则更容易以为危险的确很低而失去戒心，而更能反证行为人没有故意。"[1]这个例子至少说明：在同一个地点所实施的多次丢烟蒂的行为即不断重复行为并不能认定行为人就有放火罪的故意，而在不同地点所实施的多次丢烟蒂的行为即不断重复行为就更不能认定行为人具有放火罪的故意。易言之，现实生活中，有的不断重复的危害行为至多认定行为人具有犯罪过失。而在煮汤的例子中，学者又指出："去年在慕尼黑时，经常把浓汤煮得溢出来。第一次因为没经验，火候和时间都没有把握好；第二次因为一时忘记上一次的不良经验；第三次因为电话突然响起来，忘记把火关小接个电话，灾难就发生了。洗了三次脏锅子和烧焦的炉面之后，第四次记住惨痛经验，站在炉子前面不敢离开，可是想起一件事不记下来怕会忘记，冲出厨房拿个纸笔，以为可以赶得及在汤溢出来之前关火或把锅子移开炉面，可恨估计错误；第五次再不敢离开，寸

---

〔1〕 许玉秀：《主观与客观之间——主观理论与客观归责》，法律出版社 2008 年版，第 131 页。

步不移，奈何突然间失了神，就在眼下，汤大剌剌地沸腾涌溢出来，不只五次，这五种类型不只重复一次，站在炉子面前想问题的情形最多。烧浓汤不管多小的火，只要沸腾了，就有溢出的危险，这绝对是个'适格的危险'，但每一次的危险都是独立的，不会因为结果每次都实现，就使得下一次的危险增高，而虽然不断犯错，也预见了危险，但没有一次对结果有任何不在乎或接受的心态，因为刷锅子既浪费力气、时间，也浪费金钱，汤少了不够喝，必须再煮一次，还要多买清洁剂，更严重的是，锅子刷多了，手会变丑。不只是不愿意结果发生，根本就痛恨结果，而且每一次都想防止结果发生，却都没成功。"[1]学者所谓"适格的危险"，是指足够重的危险或完全有可能发生实际结果的危险。学者以煮汤这一切身体验的例子再一次更加生动形象地证明：在现实生活中有的不断重复危害行为的场合，行为人排斥乃至"痛恨"危害结果的发生，而对行为人的主观方面至多认定为犯罪过失。

如果联系酒后驾车连续撞人这种场合，或联系不是酒后驾车但已排除或不能认定为故意杀人或故意危害公共安全的驾车连续撞人这种场合，则按照论者的看法，"每一次'肇事'都可以认定为重大过失，但绝非故意！"[2]学者以丢烟蒂和煮汤为例来论证有的重复实施的危害行为不能认定为犯罪故意而只能认定为犯罪过失，反映了人们在现实生活中的心理实际，故其有足够的说服力。其所举的实例及其所能说明的问题对于我们立于"知欲构造"来认定罪过形式不无启发：如果危害结果的发生终非行为人所"欲"，则诸如酒后驾车连续撞人这样的不断重复型危害行为便至多定性为犯罪过失。在南京的这起酒后驾车连续撞人事件中，酒后驾车容易造成危及行人人身安全乃至财产安全的交通事故，并且酒后驾车已为交通法规明文禁止，这些对于本起事件的行为人都属"已知"或"有知"，但本起事件的行人伤亡的惨痛结果则为行为人所不"欲"，因为我们在本起事件中找不到能够证明其有所"欲"的犯罪目的和犯罪动机。至于有人说，行为人喝酒后违章驾驶是故意，其对酒后危害已有预见可能发生，故可认定为间接故意。须知，在刑法上，无论是何种罪过形式，都是将行为人的主观心理与危害结果相联系来考察认定的，而对于法定犯，行为人违反作为前置法的某个行政法规本身虽然是故意，但

---

〔1〕许玉秀：《主观与客观之间——主观理论与客观归责》，法律出版社 2008 年版，第 131 页。

〔2〕许玉秀：《主观与客观之间——主观理论与客观归责》，法律出版社 2008 年版，第 131 页。

那不是罪过意义上的故意。至于对酒后危害已有预见，在无法证明行为人有所"欲"之下，我们只能认定其"轻信能够避免"而非"放任"，更非"追求"或"希望"。因此，发生在南京的那起酒后驾车连续撞人事件至多认定为过于自信过失即有认识过失，从而在定罪上，如果不定交通肇事罪，则只能定过失以危险方法危害公共安全罪。当然，本著对此案倾向认定为过失以危险方法危害公共安全罪。

在用"知"和"欲"共同构造出直接故意、间接故意和过于自信过失的基础上，有一个问题需要进一步讨论，即"强知"即"知必然"与"弱欲"即"放任"可否构造出犯罪的间接故意。所谓"强知"与"弱欲"可否"构造"出犯罪的间接故意，就是间接故意的"认识因素"可否是行为人认识到自己的行为"必然"发生危害社会的结果。对此，我国刑法理论普遍持否定观点，如具有代表性的说法是："犯罪的间接故意是指行为人明知其行为可能引起某种危害社会的结果并且有意放任这种结果的发生。"而"间接故意的认识因素只能表现为对自己的行为可能造成危害社会结果的明知，如果是明知必然，则无放任可言"。[1] 学者所谓"无放任可言"，是指"如果是明知必然，则为'希望'"即直接故意。难道"强知"即"知必然"真的不可与"弱欲"即"放任"共同构造出间接故意吗？答案不在文字逻辑，而在现实生活经验中。行为人是某粮库专司粮食晾晒的人员。一日当班时，行为人抬头见空中乌云滚滚，便忽然想起早起后挂在阳台处准备晾晒的名贵衣物。于是，行为人便置满场子的粮食于不顾而赶赴家中。当豆大的雨点开始稀疏地落到脸上时，行为人还在为是返回保护粮食还是回家保护衣物而矛盾。最终，行为人在心疼衣物之心理下一咬牙赶回了家，最终集体的粮食在倾盆大雨中损失了数千斤。在该例中，行为人对大雨将损失粮食可谓"强知"即"知必然"，但我们能将粮食损失数千斤这一结果谓之行为人"希望"这样的"强欲"吗？我们只能认定行为人所怀有的是"放任"这样的"弱欲"，即我们只能认定其所怀有的是间接故意。显然，在现实生活中，"强知"即"知必然"是可与"弱欲"即"放任"共同构造出犯罪的间接故意的。甚至，在具体的情境中，"强知"更能印证"弱欲"，所谓"无可奈何花落去"。

---

[1] 陈兴良：《刑法哲学》，中国政法大学出版社 1997 年版，第 170 页。

（二）"知欲构造"对疏忽大意过失的排斥

在中外传统刑法理论中，疏忽大意过失即所谓无认识过失是具体罪过形式的一种，与过于自信过失这种罪过形式相对。现今，当我们用"知"和"欲"来构造罪过形式，则直接产生疏忽大意过失在罪过形式中的去留问题。按照本著现在的认识，疏忽大意过失属于"无知无欲"，应认定其不是罪过的一种，亦即我们通常所说的应将疏忽大意过失犯罪从犯罪圈中排斥出去。如果这一观点能够成立，则再次说明了从"知""欲"分类及其组合即"知欲构造"提法的重要意义，因为"知"和"欲"可以被用来考察罪过形式，从而是在考察犯罪本身。而当这种考察能够起到划分罪与非罪的作用时，则"知""欲"及其组合即"知欲构造"的提法便在保障人权层面上显示了自身的理论意义。过于自信过失是由"弱知"即"知可能"和"无欲"即"信能免"所构造出来的，"弱知"和"无欲"仅仅能够"构造"出具有可罚性的犯罪成立的主观条件。对照之下，由"无知"和"无欲"所共同构造出来的所谓疏忽大意过失便在可罚性之下而无由成立犯罪了。由此，罪过可以划分为故意和过失，其中故意又可以划分为直接故意和间接故意，而过失则不能再划分为过于自信过失和疏忽大意过失，即过失只能是过于自信过失。其实，对行为可能造成的危害结果所采"轻信能够避免"，原本也是一种疏忽大意，即所谓过于自信过失原本就是一种疏忽大意过失。而这种发现也应归功于"知""欲"分类及其组合即"知欲构造"的提法。

（三）"知欲构造"对"双重罪过"的说明

"双重罪过"也是犯罪主观要件论中的一个具体且复杂的问题，其同样可得到"知欲构造"的说明。对于"双重罪过"问题，学者指出，这一概念应慎重对待，因为如人们常说，在重大责任事故罪中，行为人虽然对致人死亡的结果持过失心态，但其违反安全管理规定的行为可能是故意心态，故形成了对行为持故意心态、对结果持过失心态的双重罪过。实际上，单纯认识到行为违反有关安全管理规定，并非刑法上的故意。作为责任要素的故意不同于行为人犯罪时的实际心态，即不能将行为人犯罪时的实际心态作为责任要素[1]。而在环境责任事故犯罪中，为数不少的人认为，行为人对违反环境行政法规本身是出于故意，而对环境污染的后果是出于过失。于是，"双重罪

---

〔1〕　张明楷：《刑法学》（第5版），法律出版社2016年版，第265页。

过"这一概念便在行政犯领域存在着疑问。仅从字面上，"双重罪过"便指向一个行为所形成的复杂罪过心理结构。既然最终是一种罪过形态，则构成"双重罪过"的罪过都必须是责任要素意义上的。如果不作前述理解或把握，则"双重罪过"的概念及其所对应的理论将违背刑法责任主义原则。

以"双重罪过"的"因子"或构成要素本身都已经是刑法意义上的罪过即责任要素的罪过为前提，"双重罪过"的概念及其所对应的理论才具有逻辑自洽性与实践针对性。于是，若采用类型化思维，"双重罪过"可以是故意与过失的"双重罪过"，如故意伤害致人死亡的"双重罪过"。显然，此种类型的"双重罪过"是结果加重犯中的"双重罪过"；又如行为人举枪射杀仇人，却误中了仇人附近的第三者，由故意和过失所构造的"双重罪过"便形成于想象竞合犯的场合。"双重罪过"还可以是故意与故意的"双重罪过"，但这里所说的故意似乎只能一个是直接故意而另一个是间接故意。如出于抢劫的目的而暴力致被害人伤亡，行为人对劫取被害人财物是持"追求结果"的直接故意，而对致被害人伤亡则是持"放任结果"的间接故意。这里，"双重罪过"所形成的便是复行为犯的场合。但在"一揽子行为"，从而应予数罪并罚的场合，也可存在着双重罪过问题，且有时双重罪过是由直接故意和间接故意构造而成，如行为人明知被害人右手拿着手机，却带着伤害的故意棍击被害人拿着手机的右手，不仅造成被害人轻伤害，同时也毁坏了被害人的手机。显然，行为人对被害人的人身伤害所持的是直接故意，而对其财物的毁坏所持的是间接故意。而有时双重罪过是由直接故意与直接故意构造而成，如行为人一次同时走私普通货物和贵重金属，或如行为人出于报复的动机棍击被害人拿着手机的右手，无论是伤害被害人本身，还是毁坏被害人的财物，皆能让行为人出气。由此，两个直接故意的"双重罪过"对应着"一举两得"的故意心理。于是，这里要强调的是，在至少直接故意与直接故意的"双重罪过"的场合，对应着"一箭双雕"的事态，应对行为人论以数罪并罚，因为在直接故意与直接故意的"双重罪过"之下，行为人的行为具有"集约化"性质即"一揽子性质"。这里还需要强调的是，在故意与故意的"双重罪过"之场合，故意与故意的根本内容与性质是不同的，即如果根本内容与性质相同，则故意与故意便不能构造出"双重罪过"。如行为人出于生活压力而在"活着没意思"的心理下谋求妻子与自己一起死亡，故其在饭菜中拌入毒药，结果也放任了子女的中毒身亡。在这样的场合，行为人对妻子的死亡和对子女的死亡分别持故意杀人罪的直接故意和间接故意。由于这里的直接故意和间接故意根本内容和根本性质相同，故不能视为存在"双重罪过"。因此，对行为人只能论以故意杀人罪。可见，"双重罪过"将引起多种局面，包括结果加重犯、想象竞合犯、复行为犯和名为"一揽子行为"而实应数罪并罚等。至此，我们需要注意一种说法，即故意的基本犯+故意加重结果的情形，只能认定为数罪或者结合犯而不能是法定一罪的结果加重犯[1]。仅就出于抢劫而故意致被害人重伤或死亡的事件而言，前述说法是存在疑问的，因为前例显然成立抢劫罪的结果加重犯。这里，是否可由两个内容不同的故意与过失构造出"多重罪过"，这一问题似乎也是可证的，因为犯罪心理可以是简单的，也可以是很复杂的。

最终，"双重罪过"乃至"多重罪过"也可得到"知欲构造"的说明：当"每一重罪过"都是"知欲构造"的产物，则"双重罪过"乃至"多重罪过"便是两个或多个"知欲构造"的产物。不仅如此，在"双重罪过"乃至"多重罪过"的背后，所发生的是两个或多个"知欲构造"的相互交织而非平行叠加。进一步地，当一个"知欲构造"说明一重罪过，二个以上的"知欲构造"说明两重以上的罪过，则一重罪过与两重以上的罪过可视为采用"知欲构造"的数量标准而对罪过形式所作出的一种特殊分类。

三、罪过形式"知欲构造"的刑法意义

有助于在立法环节适度紧缩犯罪圈、有助于在司法环节提防"超新过失论""知欲构造"和有助于在定罪量刑上实现刑法的基本价值，是罪过形式"知欲构造"的刑法意义所在。

（一）"知欲构造"有助于在立法环节适度紧缩犯罪圈

国外刑法理论已有将无认识过失从刑事责任领域予以排除，即将我们通常所说的疏忽大意过失犯罪予以非犯罪化的主张，但其立脚点是缩小处罚范围的刑事政策[2]。但在本著看来，刑事政策往往并不能深刻地说明某种类型行为的入罪化或出罪化，而只有罪责原则才能够从根本上发挥说明作用。从心理事实上，疏忽大意过失犯罪即"无知无欲"犯罪，并不存在罪过心理，

---

〔1〕　宋盈："故意过失位阶关系研究——罪过位阶论的建构及倡导"，载《河南财经政法大学学报》2016 年第 3 期，第 53~54 页。
〔2〕　许玉秀：《主观与客观之间——主观理论与客观归责》，法律出版社 2008 年版，第 91 页。

以往所谓"应该预见"似乎是事后性的客观判断。由此，对无认识过失追究刑事责任，即将疏忽大意过失犯罪作为犯罪分类的一种，便违背罪责原则。而在相当程度上，对无认识过失即"无知无欲"的过失追究刑事责任，即将疏忽大意过失行为即"无知无欲"的过失行为列为犯罪的一种，是结果主义责任观的一种体现，或曰严格责任的一个"变种"，最终是"结果无价值论"的不当体现。可见，罪过形式的"知欲构造"能够从反面通过罪责原则来说明无认识过失应从刑事责任领域予以排除，即疏忽大意过失犯罪应予非犯罪化的深刻理由。

过失犯罪理论已经走过了旧过失论、新过失论和新新过失论即超新过失论的发展历程。旧过失论赋予过失犯罪的行为人以结果预见义务，新过失论赋予过失犯罪的行为人以结果避免义务，新新过失论即超新过失论则赋予过失犯罪的行为人以对危害结果的"畏惧感"且避免结果义务。由于"畏惧感"虚无缥缈，而将预见可能性抽象化使得预见义务上的要求更甚于旧过失论，几与严格责任无异[1]，故新新过失论昙花一现。旧过失犯理论倾向于对个人权利的保护，而当技术的深度社会化使得很多日常行为也都充满危险，则旧过失犯理论在宏观上具有扩大犯罪圈、影响技术应用的理论影响，故过失犯理论应予适应性调整。于是，新过失犯理论中注意义务的中心由结果预见义务转为结果避免义务，体现了过失责任的适度收缩，即只要行为人根据行政法规及行业行为标准，尽到结果避免义务，即便发生危害结果也不承担过失责任。因此，新过失犯理论对于风险技术社会较为适应[2]。由此，当我们必须或应该接受的是新过失犯理论，则意味着我们必须或应该接受的是有认识过失即过于自信过失，亦即"有知无欲"的过失，因为"有知无欲"能够从心理事实上说明"已经预见，但轻信能够避免"的罪过心理，从而迎合风险技术社会对过失犯罪理论和过失犯罪的立法和司法所提出的应然要求。而当我们应该或必须接受的是"有知无欲"的过失，则意味着我们应该排斥或拒受"无知无欲"的过失即疏忽大意过失亦即无认识过失。从这里，我们再次看到了"知欲构造"对犯罪圈适度收缩的主观说明作用。

---

〔1〕 方泉：《犯罪论体系的演变——自"科学技术世纪"至"风险技术社会"的一种叙述和解读》，中国人民公安大学出版社 2008 年版，第 235 页。

〔2〕 方泉：《犯罪论体系的演变——自"科学技术世纪"至"风险技术社会"的一种叙述和解读》，中国人民公安大学出版社 2008 年版，第 233 页。

通过"知欲构造"将原本的疏忽大意过失犯罪从犯罪圈中排斥出去，从消极层面上体现了"知""欲"分类及其组合即"知欲构造"的提法及其运用的刑法价值。

（二）"知欲构造"有助于在司法环节提防"超新过失论"

"知欲构造"还能够帮助我们甄别已有的过失犯理论。对于过失犯，刑法学中已经形成了旧过失犯论、新过失犯论和新新过失犯论。在危害结果已经形成的前提下，旧过失犯论强调行为人对结果的预见可能性。旧过失犯论与结果无价值具有"亲和性"。只要行为人对危害结果具有预见可能性，就可认定其行为成立过失犯罪，这便不当地扩大了过失犯的处罚范围。因此，旧过失犯论的阵营发生了分化：部分人采取了新过失犯论，另一部分人走向了修正的旧过失论。修正的旧过失论强调：只有具备发生构成要件结果的一定程度的实质危险的行为，才是符合过失犯构成要件的行为。在修正的旧过失犯论的强调中，是否存在过失犯的实行行为，是构成要件符合性的问题，而是否具有对危害结果的预见可能性，则是有责性问题。在危害结果已经形成的前提下，新过失犯论强调行为人对结果的回避义务。新过失犯论将结果回避义务作为客观的行为基准而设定客观的注意义务，使之成为违法的要素。可见，在新过失犯论所强调的是行为的规范违反说，故其亲近"行为无价值论"。新过失犯论以"被允许的危险理论"为其理论基础。在危害结果已经形成的前提下，新新过失犯论将旧过失论那里的预见可能性理解为并非具体的预见可能性，而是模糊的"不安感"或"危惧感"，亦即其所强调的是"抽象的预见可能性"〔1〕。如何评判以往的过失犯罪理论呢？

学者赞同修正的旧过失犯论，并强调结果回避义务和结果预见义务是过失犯罪的两个要件而非过失本身的两个要素：没有履行结果回避义务，是过失犯的客观构成要件；对结果具有预见可能性，是过失犯的责任要件〔2〕。当旧过失论易于扩大过失犯的处罚范围，则新过失论则是限缩过失犯的处罚范围，而新新过失论则是过于扩大过失犯的处罚范围。可见，从旧过失犯论到新过失犯论再到新新过失论，过失犯理论不仅走的是"回头路"，而且陷入了"有过之而无不及"，即当旧过失犯论是亲近"结果无价值论"，则新新过失

---

〔1〕　张明楷：《刑法学》（第5版），法律出版社2016年版，第284~286页。
〔2〕　张明楷：《刑法学》（第5版），法律出版社2016年版，第287页。

犯论则是"彻底（极端）的结果无价值论"，因为驾驶机动车就会有发生事故的"不安感"或"危惧感"，又如开发新药总会对药物未知的副作用产生"不安感"或"危惧感"。而所谓"不安感"或"危惧感"，既极难认定又极易认定，从而在实质上具有违反"责任主义"的严重危险。从旧过失犯论到新过失犯论再到新新过失犯论，过失犯罪理论基本对应着人类历史技术革命的发展轨迹，而新新过失犯论又基本上对应着"后现代主义阶段"。这让我们再一次看到了刑法理论发展的一个重要事实：重大刑法理论的发展演变总有重大的社会历史背景。我们似乎可以这么认为：新新过失犯论是刑事领域对"后现代主义"的一种微妙解构。但新新过失犯论根本不能适用于"后现代主义"所对应的社会发展阶段，因为"后现代主义"所对应的社会发展阶段是社会成员的联系越发频繁和紧密，从而其行为后果越发"责任连带"的阶段。易言之，新新过失犯论无法适应"后现代主义"所对应的社会发展阶段特质。在"后现代主义"所对应的社会发展阶段，刑事领域的"责任主义"对过失犯所作出的应是更加严格和谨慎的要求，而其要求在根本上排斥新新过失犯论。从某种意义上，新新过失犯论有着"安全刑法观"甚或"敌人刑法观"的危险倾向。新新过失犯论又称"超新过失犯论"，而"超新过失犯论"或许具有一种"言者无心，听者有意"般的讽刺意味，即"超新过失犯论"就是一种"超过失犯论"，亦即其将没有过失的心理状况作为存在心理过失来对待。

显然，旧过失犯论、新过失犯论和新新过失犯论即超新过失犯论，都是关于过失犯罪成立的理论。只要行为人没有履行或懈怠了对危害结果（处于行为人的具体的预见可能性之中）的预见义务，过失行为就成立过失犯。这是旧过失犯论的基本意旨。只要行为人对危害结果已经产生了模糊的"不安感"或"危惧感"，即形成了"抽象的预见可能性"而尚未形成"具体的预见可能性"，过失行为就成立过失犯。这是新新过失犯论即超新过失犯论的基本意旨。当作为中间阶段的新过失犯论使得过失犯的成立或认定显得较为严格或紧缩，则旧过失犯论使得过失犯的成立或认定显得较为宽松，而新新过失犯论便使之显得更为宽松了。虽然过失犯是结果犯，但过失犯的成立或认定仍应符合刑法责任主义原则。于是，当仅仅要求行为人对危害结果形成通过"不安感""危惧感"来表述的"抽象的预见可能性"，则新新过失犯论几乎完全抛掉了刑法责任主义原则而有"客观归罪"即"结果归罪"的严重嫌疑。可以这样认为，从"旧过失犯论"到"新过失犯论"意味着过失犯罪成立或认定的限缩，所对应的是在过失犯罪问题上公民自由的由"紧"到"松"或由"严"到"宽"；而"超新过失犯论"则矫枉过正，其将过失犯罪的成立或认定提到"旧过失论"之前，且其所谓"不安感"或"畏惧感"实即危害结果的"抽象的预见可能性"，故其对公民自由的干犯使得该理论本身堪称"不安论"或"畏惧（恐怖）论"，从而"超新过失犯论"是让人窒息的过失犯罪理论。

人文社会科学理论包括刑法学理论基本上是与社会发展的历史阶段保持着某种对应或呼应的。旧过失犯论、新过失犯论和新新过失犯论，似乎先后对应或呼应着传统农业社会阶段、现代工业社会阶段和当下的所谓风险社会阶段。而在当下的所谓风险社会阶段，安全隐患几乎处处可见甚至"危机四伏"。于是，以"不安感""危惧感"为主题词的新新过失犯论便饶有趣味地变成了"不安的过失犯论"或"危惧（恐怖）的过失犯论"。但是，无论如何，过失犯理论都不能沦为因过于"惊惧"或"危惧"而"惊慌失措的理论"，以至于走向抛掉刑法责任主义的"客观归罪论"或"结果归罪论"。可见，人们在科技革命所带来的社会生活快速乃至加速发展中可以有"过失"，但事关刑事究责的过失犯理论不可有"过失"，因为本来"处罚故意犯罪是原则，处罚过失犯罪是例外"。最终，新新过失犯论即超新过失犯论因丢掉了"知欲构造"而实质地违背了责任主义原则，因为"抽象的预见可能性"实即"不可能的预见可能性"，而"不可能的预见可能性"意味着行为人连"知"都没有，更遑论"欲"。

（三）"知欲构造"有助于在定罪量刑上实现刑法的基本价值

将罪过构造中的"认识因素"提升到"知"并予以强弱分类并非无聊的文字游戏，而是有助于把握行为人的主观恶性深浅，进而考察其人身危险性轻重，最终使得定罪量刑实现惩罚和预防，从而是"保护（社会）"与"保障（权利）"的"最大双赢"。而将原本的"意志因素"提升到"欲"并予以强弱分类更非无聊的文字游戏，而是在把握行为人的主观恶性深浅，进而考察其人身危险性轻重，最终使得定罪量刑更具有实现惩罚和预防作用，从而是"保护（社会）"与"保障（权利）"的"最大双赢"意义。总体而言，从直接故意到间接故意再到过于自信过失，行为人的主观恶性由深到浅，而其人身危险性则由重到轻。这是由"知"和"欲"的具体组合所决定的。

但在直接故意内部，在说明行为人主观恶性深浅和人身危险性轻重上，由"弱知"即"知可能"与"强欲"即"希望"或"追求"所构造出来的直接故意，要分别深于和重于由"强知"即"知必然"与"强欲"即"希望"或"追求"所构造出来的直接故意。这个说法似乎出人意料，但细想一下不无道理，因为由"弱知"即"知可能"与"强欲"即"希望"或"追求"所构造出来的直接故意在"骨子里"竟然有着好高骛远般的可怕"执着"；而在间接故意内部，在说明行为人主观恶性深浅和人身危险性轻重上，由"强知"即"知必然"与"弱欲"即"放任"所构造出来的间接故意，则当然分别深于和重于由"弱知"即"知可能"与"弱欲"即"放任"所构造出来的间接故意，因为"强知"即"知必然"时的"放任"才是更加"有意"、更加"确定"的"随它去了"。过于自信过失之所以在主观恶性和人身危险性上分别浅于和轻于故意，乃因其"有知无欲"说明着"无心插柳柳成荫"的不情愿和不接受心理。可见，在"知"和"欲"所构造的罪过形式中，"知"和"欲"并非机械拼接，即"知"最终要通过"欲"来说明行为人的恶性深浅和人身危险性的轻重，而罪过形式的构造性正是这样才得以形成和显现的。"知欲构造"既然有助于说明行为人的主观恶性深浅和人身危险性的轻重，则其在定罪环节就可以通过主观情节的轻重来直接影响犯罪的成立与否，而在量刑环节就可以在报应和预防两个层面上直接影响刑罚的轻重。因此，"知""欲"分类及其组合即"知欲构造"的提法，最终有助于刑法报应犯罪即正义价值和预防犯罪即功利价值的双层实现。

罪过形式的"知欲构造"分析，为违法性认识问题的讨论铺垫了一种事实基础。

第二节　刑事违法性认识

罪过形式只是"罪责性"的一种心理事实，而"知欲构造"只是对其进行结构性把握。但罪过形式问题须结合违法性认识才可能产生规范意义，且最终要经过期待可能性评价，才得以形成"罪责性"。

一、刑事违法性认识的国内外相关实践与理论介评

违法性认识是中外刑法理论中的一个共同话题，起初是就故意犯罪的成

立而提起和展开讨论的，但违法性认识问题远非一个是否影响故意犯罪成立的问题。

受罗马法"不知法律不赦"的影响，英美法系国家的刑事实践长期坚持"不知法律不免责"的原则，即行为人对行为的违法性认识与否并非故意犯罪成立的必要条件，理由包括：其一，该原则是维护公共政策的需要；其二，该原则是维护公共利益的需要；其三，该原则是有效实施刑法的需要。而英美法系的刑法理论予以赞同的理由包括：其一，具有辨认和控制能力的人皆应知晓法律。如果不知晓法律是免责事由而事实上又难以证明行为人是否知晓法律，则裁判将无法进行。其二，法秩序具有客观性，而当法律的客观含义与个人信念相对立时，则法律居于优先地位。实践的做法与理论的赞同使得"不知法律不免责"在英美国家一度成为"铁则"。但在进入20世纪后，美国的判例在基于相当理由完全不知晓法律存在以及行为人信赖有关权威机关的意见的场合对"不知法律不免责"的原则实行了例外，即否定故意犯罪的成立，其原因在于行政法的膨胀和行政权的扩大[1]。

大陆法系国家的刑法实践受罗马法"不知法律不赦"的影响似乎较小。《德国刑法典》第17条规定："行为人在行为时缺乏不法实行的认识的，如果该错误不可避免，则是无责任地行动；如果行为人可以避免该错误，则可以根据第49条第1款减轻处罚。"《日本刑法典》第38条第3款规定："即使不知法律，也不能据此认为没有犯罪的故意，但可以根据情节减轻处罚。"法国刑法虽然历来坚持"不知法律不免责"的原则，但其1994年《法国刑法典》第122—3条又变得很激进："能证明自己系由于其无力避免的对法律的某种误解，认为可以合法完成其行为的人，不负刑事责任。"而大陆法系国家的刑法理论在违法性认识问题上较英美法系国家可谓异说纷呈，主要有"违法性认识不必要说""违法性认识必要说""自然犯与法定犯区别说""违法性认识可能性说"和"责任说"等。

我国早期的刑法实践可以说是全面坚持"不知法律不免责"的原则，即行为人借口法律上的无知丝毫不影响故意犯罪的成立。至今，我们还未闻哪起案件系因行为人借口不知法律而论以过失犯罪或论以无罪。但我们的刑法理论并未呈现"大一统"的局面：有人全面坚持"不知法律不免责"的原

---

[1] 张明楷：《刑法学》（第5版），法律出版社2016年版，第318~319页。

则，即行为人对自己的行为有无违法性认识丝毫不影响故意犯罪的成立[1]。有学者全面坚持故意犯罪的成立须以行为人对自己行为的违法性认识为前提，因为犯罪故意中的认识本来就是指违法性认识而非社会危害性认识。由此，若行为人对自己的行为认识到了违法性，则成立故意犯罪；若行为人对自己的行为未认识到违法性但有认识可能，则成立过失犯罪；若行为人对自己的行为未认识到违法性且无认识的可能，则排斥罪过即论以无罪[2]；有学者认为，故意犯罪的成立只须行为人在自己行为的违法性和社会危害性之间认识其一即可[3]；有学者认为，行为人对自己行为的违法性认识不是犯罪故意的内容，但如果行为人确实不知法律，甚至认为自己的行为合法，则不能认定犯罪故意的成立[4]；还有学者认为，行为人对自己行为的社会危害性有认识而有意实施其行为，则借口不知法律不能排除犯罪故意，而如果行为人确系对自己行为的社会危害性和违法性皆无认识，则应排除犯罪故意[5]。

无论是中外的上述刑法实践，还是中外的上述刑法理论，当全面或绝对地坚持违法性认识是故意犯罪成立的前提条件或必要条件，即坚持"违法性认识必要说"，则所体现的是客观主义刑法理论以个人为本位的道义非难立场，即只有当行为人对自己行为的违法性有所认识时，追究其故意犯罪的责任才符合道义。这被视为走向了一个极端。而当全面或绝对地坚持违法性认识对于故意犯罪的成立完全不必要，即坚持"违法性认识不必要说"，则所体现的是主观主义刑法理论以社会为本位的社会防卫立场，即只要行为人对犯罪事实本身有所认识就足以表明其反社会的危险性。这被视为走向了另一个极端。至于"自然犯与法定犯区别说""违法性认识可能性说"和"责任说"，或是在折中，或是在修正，或是在补充。总之，每一种观点都是未对违法性认识进行区分而提出的。而之所以如此，又是各自的立场所决定的。值得注意的是，在国外的刑法实践中，违法性认识因素已经影响到刑罚的轻重了，而这一点国内刑法理论却至今未予以应有的注意。

---

[1] 杨春洗、杨敦先主编：《中国刑法论》，北京大学出版社1994年版，第108页。
[2] 冯军："论违法性认识"，载赵秉志主编：《刑法新探索》，群众出版社1993年版，第226页。
[3] 高铭暄主编：《刑法专论》（上编），高等教育出版社2002年版，第263页。
[4] 高铭暄主编：《中国刑法学》，中国人民大学出版社1989年版，第127页。
[5] 樊凤林主编：《犯罪构成论》，法律出版社1987年版，第109页。

二、刑事违法性认识的内容与分类

刑事违法性认识的内容与分类实即刑事违法性认识的对象问题，而通过对刑事违法性认识内容以往观点的介评，我们可对刑事违法性认识的对象问题提出新的界说。

（一）刑事违法性认识内容的观点介评

对刑事违法性认识的内容问题，或将违法性的认识理解为对前法律的规范违反的认识，即将"反条理的认识""反社会的认识""道德危害性的认识""违反作为法规范基础的国家、社会伦理规范的认识"视为违法性认识。这是"违法性一元论"的观点，其内容宽泛且不明确。或将违法性认识理解为"行为在法律上是不被允许的认识"或"行为被法所禁止的认识"，且其中的"法"或"法律"并不限于刑法。这也是"违法性一元论"的观点。这种观点所存在的问题是：其一，认为违法性认识包括违反民法、行政法等法律的认识，是有疑问的，因为只要行为人具有违反民法的认识，就肯定其刑事非难性；其二，我国刑法中的故意是一种要求行为人认识到法益侵害性的实质的故意，故如果将违法性认识理解为包括实质的违法性认识，则违法性认识就成为故意的内容而没有在"故意"之外讨论违法性认识的必要。或将违法性的认识限定为对刑法的禁止规范或评价规范违反的认识，但不包括刑罚可罚性和法定刑的认识。这是"违法性相对论"的观点，即当行为人认识到自己的行为违反民法、行政法而不能认识到自己的行为违反刑法时，刑法便不能过问。或将违法性的认识理解为可罚的刑法违反的认识，不仅包括刑法违反的认识，而且包括"可罚的刑法违反的认识"。由于刑罚具有一般预防功能，即刑罚威慑对于违法行为具有抑制功能，故对缺乏对自己行为的可罚性认识或认识可能性予以刑事非难，就是背离刑罚目地追究刑法责任。这是一种"可罚的刑法违反的认识说"，其将违法的效果也作为违法性认识的对象，故对法定刑的认识错误也可能成为违法性认识的错误。学者指出，上述第三、四种观点在司法实践上的区别意义并不大，因为刑法违反的认识与刑事可罚性的认识总是联系在一起的。由于行为人对法定刑的认识错误不应当影响其责任，故第三种观点可取，即违法性认识是对刑法的禁止规范或评价规范违反的认识，亦即违法性认识是对形式的刑事违法性的认识。而当我们说"违法性"是认识的对象时，并非指只要行为人认识到"抽象的禁止"就足够了，而是要求行为人认识到作为各构成要件的具体的违法。根据违法性认识的不可分性理论，即使甲对将珍贵文物私自赠送给外国人存在违法性的认识错误，但由于甲能够通过认识自己的行为属于盗窃来抑制其行为，故甲也应对非法向外国人赠送文物罪承担责任。根据违法性认识的可分性理论，行为人不是有责地实现"抽象的违法性"，而是有责地实现特定的构成要件，才能进行非难。易言之，行为人有责地实现了此构成要件，并不意味着已经或能够认识另一构成要件行为的违法性，故应当承认违法性认识的可分性。据此，如果行为人不可能认识到其私自将珍贵文物赠送给外国人的行为违反刑法，便只能承担盗窃罪的刑事责任[1]。如何对待学者所概括的四种观点及其本人所持或赞成的观点呢？

（二）刑事违法性认识内容与分类的新界说

如果将前述四种关于违法性认识对象即违法性认识内容的观点放在一起，则其便可视为形成了对于违法性认识对象即违法性认识内容的层层限缩。确实，第一种观点使得违法性认识对象即违法性认识内容过于泛化，从而使得传统四要件犯罪构成中的"故意"和大陆法系三元递进式犯罪构成中的"有责性"的成立过于泛化，进而存在容易使人陷入故意犯罪的危险；而第四种观点，至少在形式上又过于限制了违法性认识对象即违法性认识内容。可见，第一、四两种观点形成了违法性认识对象即违法性认识内容的两个极端化倾向。相对于第一种观点，第二种观点对违法性认识对象即违法性认识内容已经大有限缩，但其仍然没有在整个法制体系内部区分一般违法性认识与严重违法性认识即对犯罪的违法性认识，即其最终没有区分一般违法行为与犯罪即严重违法行为，从而忽略了刑法的"最后性""不得已性"和"谦抑性"。相比之下，第三种观点确实是可取的，但其遗漏了违法性认识还包括对刑法的命令规范的违反的认识。在违法性认识的不可分性与违法性认识的可分性之间，将违法性认识理解为对刑法规范违反的认识，其所对应的是违法性认识的可分性理论。至于学者将违法性认识最终说成是形式的刑事违法性的认识，其偏颇较为明显：对刑法规范包括禁止性规范与命令性规范的违反的认识，不可能仅仅是"形式上违反"的认识，因为禁止性规范与命令性规范原本就传达着价值信息即"该为"与"不该为"的实质性规范要求。而当违法

[1]　张明楷：《刑法学》（第5版），法律出版社2016年版，第317~318页。

性认识只能是形式的刑事违法性的认识，则其何以能够支撑传统四要件犯罪构成中的"故意"和大陆法系三元递进式犯罪构成中的"有责性"，从而其何以能够真正形成自己的刑法学理论地位？

违法性认识的内容还因故意犯与过失犯、自然犯与法定犯而有区别。就故意犯罪而言，又应分而论之：若是自然犯，则故意的成立仅要求实质的违法性认识，即仅要求行为人认识到自身行为违反了整体法秩序，且此认识的通俗化表达便是"无法无天""天理难容"之类的谴责性话语。此时，刑事违法性认识直接就是实质的违法性认识；若是法定犯，则故意的成立便首先要求形式的违法性认识，且此形式的违法性只要求行为人认识到自身行为违反了哪一个部门法而不需要去认识到违反该部门法的哪个法条，同时还自然延伸出行为人对违反前置法即行政法的实质危害的当然认识，尽管这里的实质危害认识不像自然犯那样明确具体。此时，刑事违法性认识便存在包含行政违法性认识的二重结构，而这恰好对应着行政犯违法性本身的"二重性"。但无论是故意的自然犯，还是故意的法定犯，一个完整的故意罪过的构造应是故意的心理事实和故意的规范评价的"结合体"。就过失犯罪而言，同样应分而论之：若是过于自信过失，则行为人在行为之时已经确实存在着违法性认识。在这一点上，过于自信过失与故意没有区别，而两者的区别仅在于意志因素的不同。但此处需要强调的是，过于自信过失中的违法性认识通常是抽象的违法性认识，因为当其中的违法性认识是明确的违法性认识时，则过于自信过失将演变为间接故意。至于疏忽大意过失，由于其事实上根本不存在认识因素，即没有"知欲构造"中的"知"，故其无法引起刑事违法性认识问题的讨论。而这再一次说明：疏忽大意过失应从罪过形式中予以排除。总之，违法性认识在故意犯罪与过失犯罪之间和在故意的自然犯与故意的法定犯之间，其存在和表现形式是有区别的。

在刑法学中，违法性认识指的是行为人在行为之时对其行为的法律性质、后果及其程度的了解、认知或预期。按照行为人本身法律素养的高低之别和身处行为情境中的心神状况，可将违法性认识分为明确的违法性认识和抽象的违法性认识。其中，明确的违法性认识通常存在着形式层面和实质层面的复杂心理构造，亦即行为人不仅对自身行为存在实质违法认识，而且存在形式违法认识。其中，所谓实质违法认识，指的是行为人对自身行为在法秩序面前的负价值认识。可见，实质违法性概念强调违法性认识的价值内容；所谓形式违法性认识，指的是行为人对自身行为对违反实定法本身的认识，且此认识大到行为人对自身行为违反哪个部门法有所认识，即对被刑法所保障的"前置法"还是刑法本身抑或两者兼而有之的认识，小到行为人对自身行为违反哪个或哪些法条有所认识。可见，形式违法性概念强调违法性认识的外在形态。在德国学者看来，"形式违法是指违反国家法规、违反法制的要求或禁止规定的行为，实质违法是指危害社会的行为"。[1]这对我们区分和理解形式违法性认识和实质违法性认识应有启发。相比之下，抽象的违法性认识指的是行为人对自身行为到底违反哪部法律及其具体条文无法实际认识或认识模糊这样的认识状态。可见，明确的违法性认识是违法性认识的高级或成熟形态，而抽象的违法性认识则是违法性认识的低级或粗浅形态。与明确的违法性认识和抽象的违法性认识相对应，违法性认识又可分为强违法性认识或违法性强认识和弱违法性认识或违法性弱认识。

三、刑事违法性认识对罪刑的影响

刑事违法性认识对罪刑的影响分为实质的违法性认识对罪刑的影响和形式的违法性认识对罪刑的影响。

（一）实质的违法性认识对罪刑的影响

实质的违法性认识对应于形式的违法性认识，而实质的违法性认识与形式的违法性认识的概念对应又派生自实质的违法性与形式的违法性的概念对应。最早提出实质的违法性与形式的违法性区分的是李斯特，即"形式违法是指违反国家法规、违反法制的要求或禁止规定的行为"。[2]这里首次提出了形式的违法性概念。而所谓实质的违法性，在李斯特看来，便是法益侵害性[3]。其后，越来越多的学者探讨形式的违法性和实质的违法性概念，如林山田所云："称形式或实质，乃用以表示系就法律之形式规定，或就行为之实质内涵而从事违法性之判断。"[4]至于实质的违法性，无论是李斯特曾经提出的法益侵害说，还是麦耶曾经提出的文化规范违反说，抑或今天刑法理论的多种提法，

---

〔1〕　[德] 李斯特：《德国刑法教科书》，徐久生译，法律出版社2006年版，第201页。
〔2〕　[德] 李斯特：《德国刑法教科书》，徐久生译，法律出版社2006年版，第201页。
〔3〕　[日] 大塚仁：《犯罪论的基本问题》，冯军译，中国政法大学出版社1993年版，第115页。
〔4〕　转引自米传勇："刑事违法论——违法性双层次审查结构之提倡"，载陈兴良主编：《刑事法评论》（第10卷），中国政法大学出版社2002年版，第8页。

皆可概括或提升为社会危害性。行文至此，本著采用如下视角：其一，不应笼统地谈论违法性认识问题，而应将违法性认识分为实质的违法性认识与形式的违法性认识分而论之；其二，不应将违法性认识问题仅局限于故意犯罪的场合予以狭论，而应同时将之置于过失犯罪的场合予以扩论；其三，不应将违法性认识问题仅局限于犯罪论，而应同时延及刑罚论。这三个视角首先是将违法性认识概念本身予以应有的深化，再就是将违法性认识问题的理论空间予以应有的拓宽。

在上述视角之下，本著对实质违法性认识的第一个见解是：实质的违法性认识即社会危害性认识并非仅是故意犯罪成立的一个要素，而同时也是过失犯罪的成立必须联系的一个因素。具言之，当行为人对自己行为的实质的违法性已经有了认识而仍有意实施其行为，则成立故意犯罪，包括直接故意和间接故意；当行为人对自己行为的实质的违法性已经有了认识但轻信其行为的危害结果能够避免，则成立过于自信过失犯罪。由于本著否定所谓疏忽大意过失，故不再将实质的违法性认识与之相联系。提出实质的违法性认识为犯罪成立的一个要素的理由是：其一，实质的违法性认识为成罪的一个要素是由犯罪的本质所决定的。恩格斯曾指出："蔑视社会秩序的最明显、最极端的表现就是犯罪。"[1]由前述论断可推出犯罪的本质——犯罪是对社会秩序最明显、最极端的蔑视，即"对社会秩序的极端蔑视性"是犯罪的本质。这里要顺便强调一下，将"对社会秩序的极端蔑视性"与"应受刑罚惩罚性"分别视为犯罪的本质与本质特征，才符合犯罪的应有逻辑。而当行为人对自己行为的实质的违法性即社会危害性没有认识，则其便无对社会秩序的"蔑视"甚或"极端蔑视"，即其行为无犯罪本质之谓，故犯罪本身也就无由成立，不论是故意犯罪，还是过失犯罪。其二，实质的违法性认识为成罪的一个要素是罪刑法定原则的要求。现行《刑法》第14条规定了故意犯罪，并将"明知自己的行为会发生危害社会的结果"作为要件之一，而其第15条又规定了过失犯罪，且将"已经预见"作为要件之一。这里，"明知"和"已经预见"实即对实质违法性认识的要求。而若不符合此要求，则行为便不成立故意犯罪或过失犯罪。其三，实质的违法性认识为成罪的一个要素是主客观相统一原则的要求。主客观相统一原则虽然未被刑法所规定而成为一项法定

---

[1]　《马克思恩格斯全集》（第2卷），人民出版社1957年版，第416页。

刑法原则，但其不亚于甚至凌驾于罪刑法定原则、罪责刑相适应原则和刑法面前人人平等原则，因为前一项原则即主客观相统一原则皆可包容或蕴涵后三项原则。按照主客观相统一原则的要求，无论是立法制罪，还是司法定罪，都应既避免只重客观结果而滑向"客观归罪"，又应避免只重意念活动而滑向"主观归罪"或"思想归罪"。而无论是在故意犯罪的场合，还是在过失犯罪的场合，对行为人都提出了一个实质的违法性认识的要求，最终都是主客观相统一原则的要求，因为行为人对行为的实质的违法性认识，实质上又是犯罪主观要件的"浓缩"或"沉淀"。

无论是从犯罪本质的角度考察实质的违法性认识之于成罪的作用，还是从罪刑法定原则和主客观相统一原则的角度考察实质的违法性认识之于成罪的作用，都可归拢一处：只有实质的违法性认识才能为借口不知法而又应予定罪提供主观方面的充分理由或道义基础。实质的违法性认识只有在成罪问题上才能充分体现其实质。当然，实质的违法性认识的深浅也可对刑罚轻重产生影响，而故意犯罪和过失犯罪的刑罚由重趋轻便是实证。

（二）形式的违法性认识对罪刑的影响

对应实质的违法性认识，形式的违法性认识是指行为人对自己的行为违背现行法律规定本身的知晓或认知。当实质的违法性认识是行为人对自己行为的价值判断或内在判断，则形式的违法性认识便是行为人对自己行为的事实判断或外在判断。

行为人对自己行为的实质的违法性认识与形式的违法性认识在通常情况下是并存的，且互为表里。而行为人对自己行为的实质的违法性认识与形式的违法性认识之所以有时并不并存，是与个体的法律素养高低等因素有关。在行为人对自己行为的实质的违法性认识与形式的违法性认识并存且互为表里的情况下，行为人对自己行为的形式的违法性认识不妨可视为其实质的违法性认识的"升级"。既然如此，则本著的第三个见解是：形式的违法性认识及其深浅既影响罪之成立，又影响刑之轻重。形式的违法性认识及其深浅影响罪之成立的适例，如《刑法》第251条对剥夺宗教信仰自由罪和侵犯少数民族风俗习惯罪的规定。按照该条规定，只有国家机关工作人员才能构成剥夺宗教信仰自由罪和侵犯少数民族风俗习惯罪的犯罪主体。为何如此规定？答案至少应当包括：国家机关工作人员对非法剥夺公民的宗教信仰自由或侵犯少数民族的风俗习惯的行为的形式违法性，实际上或应该较其他人有更加清醒或明确的认识，从而其有与其身份相当的不实施此类犯罪的期待可能性。易言之，一般百姓对非法剥夺公民的宗教信仰自由或侵犯少数民族的风俗习惯的行为的形式违法性即使有所认识，也未达到值得或必须动用刑罚的程度，而国家机关工作人员对非法剥夺公民的宗教信仰自由或侵犯少数民族的风俗习惯的行为的形式违法性认识，因其身份或"素质"便达到了值得或必须动用刑罚的程度。形式的违法性认识及其深浅影响罪之成立的适例，又如《刑法》第201条对偷税罪的规定。按照此条规定，因偷税被税务机关给予两次行政处罚又偷税，无数额限制，照样构成偷税罪。为何偷税被税务机关给予两次行政处罚又偷税构成偷税罪没有数额限制呢？答案至少应当包括：两次行政处罚必使偷税者对第三次偷税行为的形式违法性实际上或应该具有足够清醒或明确的认识了，其应受刑罚惩罚性已不亚于一次偷税数额便值得或必须动用刑罚的那种情形。形式的违法性认识及其深浅影响刑轻重的适例如《刑法》第65条对累犯的规定。按照此条规定，累犯应"从重处罚"。为何累犯要"从重处罚"？答案至少应当包括：累犯是受过刑罚宣告乃至刑罚执行之人，其对构成累犯行为的形式违法性实际上或应该有着更清醒或再明确不过的认识。既然如此，那就应该"从重处罚"，因为其社会危险性不仅没有减弱，反而有所加重。形式的违法性认识及其深浅影响刑罚轻重的适例，另如《刑法》第243条对诬告陷害罪的规定。按照此条规定，国家机关工作人员犯诬告陷害罪的，从重处罚。为何国家机关工作人员犯此罪的，便要"从重处罚"？答案至少应当包括：国家机关工作人员对诬告陷害行为的形式违法性实际上或应该较其他人有更加清醒或明确的认识，而"明知故犯"说明其社会危险性较为深重，故对其应予以不同于一般人的刑事责难。总之，刑法理论中的违法性认识不应仅局限于故意犯罪的场合来讨论。而在把刑法理论中的违法性认识分为实质的违法性认识与形式的违法性认识之后，违法性认识应被扩展到过失犯罪场合和刑罚论中予以讨论。实质的违法性认识即社会危害性认识也是过失犯罪的成立必须联系的一个因素。实质的违法性认识与形式的违法性认识通常互为表里。形式的违法性认识既影响罪之成立，又影响刑之轻重。

　　但是，实质的违法性认识与形式的违法性认识相互脱离的情形，即行为人对自己的行为有实质的违法性认识而无形式的违法性认识，也是存在的，正如当行为人对行为的社会意义与法益侵害结果具有认识，只是误认为自己的行为并不违反行政管理法规而不构成犯罪，或者误认为自己的行为仅违反行政法规而不被刑法所禁止，则是法律认识错误，不影响故意的成立。如行为人拒绝按照卫生防疫机构提出的卫生要求，对传染病病原体污染的污水、污物、粪便进行消毒处理，引起了甲类传染病传播的严重危险。行为人主观上也认识到了上述危险，但误认为自己的行为并未违反传染病防治法的规定。对此，应认定为法律认识错误，不阻却故意的成立[1]。可见，当行为人对自己的行为有实质的违法性认识而无形式的违法性认识，其行为照样成立故意犯罪。

四、刑事违法性认识的刑法学理论地位

在刑事违法性认识刑法学理论地位以往国内外主张的基础上，我们可对刑事违法性认识的刑法学理论地位作出恰当描述。

（一）刑事违法性认识刑法学理论地位的国内外主张

对于刑事违法性认识的理论地位问题，国内外形成了诸多学说。出于由维护公共政策的必要、维护公共利益的必要和刑法有效实施的必要所导引的"不知法律不免责"，英美法系刑法理论一直坚持故意的成立不要求违法性认识。"不知法律不免责"的理由是：具有辨认和控制能力之人，都应该知道法律。而当不知法律是免责事由，而事实上又难以证明行为人是否知法，则将导致裁判无法进行；法秩序具有客观性，当法律的客观含义与个人信念相互对立时，法律居于优先地位。但进入 20 世纪以后，"不知法律不免责"这一"铁则"出现了例外，即在基于相当理由而完全不知法律存在或信赖有关权威机关的意见的场合，且"不知法律"仅限于不知行政刑罚法规（行政刑罚），而能否成为抗辩事由，还有赖于法院的具体的、实质的认定。"不知法律不免责"这一"铁则"出现例外的原因包括：社会的复杂化与行政刑罚法律的膨胀以及行政机关决定权的扩大；信赖具有权限的行政机关的意见的人，与其说其具有违法意图，不如说其具有守法意思，故不能因为行政机关的意见的错误而将行为人认定为犯罪人[2]。"不知法律不免责"这一"铁则"及其所对应的故意的成立不要求违法性认识，反映出英美刑法理论极强的功利主义立场，但其"例外"又闪耀出责任主义的人性光辉。显然，作为"例外"的"不知法律可免责"是运用在双层式犯罪论体系的"排除合法辩护"

---

[1] 张明楷：《刑法学》（第 5 版），法律出版社 2016 年版，第 326 页。

[2] 张明楷：《刑法学》（第 5 版），法律出版社 2016 年版，第 318~319 页。

这一层，其所映现的是违法性认识的"责任要素"地位。

在大陆法系国家，对违法性认识的理论地位，则有如下学说：

第一，"违法性认识不要说"，即违法性认识不是故意要件，故即使不存在违法性认识，也不阻却故意和不影响犯罪的成立。同样，违法性认识的可能性也不是责任要素。该说的理论根据是：法是他律规范，受规范指令之人没有必要知道其行为的违法性；或假定国民都必然知法；或认为实质的故意概念中已经包含了违法性认识的内容。可见，"违法性认识不要说"要么是体现权威主义的法律观，要么是只为处罚而作出没有根据的拟制，要么混淆形式的违法性与实质的违法性。由于不懂或误解刑法，甚至为了遵守刑法而触犯了刑法，或虽然认识到自己的行为会发生社会危害性，但又有充分理由相信其行为不为刑法所禁止等现象完全可能存在，故"违法性认识不要说"是违反"责任主义"的"过度的必罚主义"〔1〕。若从"不知者不怪"这一朴素的观念出发，"违法性认识不要说"确实违反"责任主义"。

第二，"严格故意说"，即违法性认识是故意的要素，故违法性认识的错误阻却故意。而在实施过失行为的场合，行为人对违法性的认识错误存在过失，则作为过失犯处罚。但该说不能解释为何激情犯、确信犯和常习犯虽然欠缺违法性认识，却仍然要处罚甚至加重处罚，且其无法克服在行政犯中违法性认识的证明困难，即其难以达到行政管理的目的〔2〕。实际上，言激情犯、确信犯和常习犯欠缺违法性认识是不够客观的，因为激情犯、确信犯和常习犯的违法性认识常常是较为"麻痹"而已。而在实施过失行为的场合，行为人对违法性的认识错误存在过失，则作为过失犯处罚，这似乎表明"严格故意说"并不排斥违法性认识的可能性观念在过失犯中的应有价值，因为行为人对违法性的认识错误存在过失，意味着行为人存在着违法性认识的可能性，即不发生认识错误的可能性。

第三，"自然犯、法定犯区别说"，即将违法性认识作为法定犯的故意的要素，因为法定犯自身并非犯罪，将其作为犯罪是基于刑事政策的理由；而不必将违法性认识作为自然犯的故意的要素，系因自然犯的反社会性不依赖于法定的构成要件。但是，由于法定犯与自然犯区别的相对性，故将违法性

〔1〕　张明楷：《刑法学》（第5版），法律出版社2016年版，第319页。

〔2〕　张明楷：《刑法学》（第5版），法律出版社2016年版，第319页。

认识的需要与否依存于这种不明确的区别，显然不合理[1]。确实，由于法定犯与自然犯区别的相对性，故违法性认识之于自然犯和法定犯是否分别需要，也就具有了相对性。而既然是相对性，则可得出自然犯也需要违法性认识而法定犯也可不需要违法性认识的结论。易言之，违法性认识是否需要的问题将被法定犯与自然犯区别的相对性予以"淡出"。

第四，"限制故意说"，即故意的成立不要求现实的违法性认识，但要求违法性认识的可能性。易言之，即使行为人没有违法性认识，但有违法性认识的可能性，也不阻却故意；而当没有此可能性，则阻却故意即故意不成立。此说在"可能性的认识"中加入了"认识的可能性"这种过失的要素[2]。既然在"可能性的认识"中加入了"认识的可能性"这种过失的要素，则"限制故意说"容易造成故意与过失难分的局面，而"限制故意说"的此点问题是我们尚未注意的。

第五，"责任说"，即其将违法性认识的可能性解释为与故意相区别的责任要素，即违法性的错误与故意的成立无关。但当违法性认识错误不可避免时，则阻却责任；而有避免违法性认识错误的可能时，则只能减轻责任。"责任说"分为"严格责任说"与"限制责任说"：前者将正当化事由的错误（假想防卫）理解为违法性认识的错误（假想防卫成立故意犯罪），后者将正当化事由的错误理解为事实错误（假想防卫成立过失犯罪或意外事件）[3]。

在我国，对于违法性认识的讨论事实上限于对形式的违法性认识的讨论。而在是否需要违法性认识这一问题上，主要形成如下观点：一是坚持"不知法律不免责"的原则，即主张违法性认识不要说。这种观点显然不利于保障国民自由；二是犯罪故意中的认识只能是违法性认识而非社会危害性认识，因为要求违法性认识符合罪刑法定原则的基本精神。根据这种观点，行为人在实施行为时虽然没有认识到行为的违法性，但存在着认识可能性时，则成立过失犯罪。而在行为人没有，也不可能有违法性认识时，则不成立犯罪。这种观点可能导致对构成要件事实的认识（事实的故意）丧失应有的独立意义；三是认为，在行为的社会危害性与违法性之间，只要认识其中之一即可；

---

[1] 张明楷：《刑法学》（第5版），法律出版社2016年版，第319~320页。

[2] 张明楷：《刑法学》（第5版），法律出版社2016年版，第320页。

[3] 张明楷：《刑法学》（第5版），法律出版社2016年版，第320页。

四是认为，违法性认识一般不是犯罪故意的内容，但不能绝对化。这种观点实际上自相矛盾；五是认为，在行为人认识到自己行为的社会危害性时，不能因为其不知法而排斥故意的罪过，而在行为人确实没有认识到行为的违法性，也没有认识到行为的社会危害性时，则应排除犯罪故意。这种观点忽略了违法性认识的可能性的地位与作用。于是，在违法性认识的地位问题上，便形成了"故意要素说"与"责任要素说"这两种基本主张[1]。如何对待违法性认识刑法学理论地位的国内外前述主张或见解呢？

（二）违法性认识刑法学理论地位的恰当描述

针对前述国内外的学说观点或主张，学者提出如下立场：一是故意犯罪的成立不要求行为人现实地认识到形式的违法性，即不要求行为人现实地认识到自己的行为被刑法所禁止，理由是：首先，当行为人已经认识到自己行为的内容、社会意义和危害结果时，其对危害结果的希望或放任已经反映出其积极侵犯法益的态度，故将此种态度认定为故意，不会扩大故意犯罪的处罚范围；其次，既然刑法仅将法益侵害性的行为规定为犯罪，故认识到形式的违法性，就表明行为人认识到了实质的违法性；再次，当要求故意的成立以形式违法性的认识为前提，则司法机关一方面根据行为人对行为及结果的认识与意志来区分故意与过失，另一方面又要根据对形式违法性的认识来区分故意与过失，当两者发生冲突时，便难以认定责任形式；最后，在特殊情况下（如捕杀麻雀历来不为法律所禁止，人们历来不认为此行为是危害行为。后来，国家颁布法律禁止该行为，但行为人确实不知后来的法律禁止，也不可能明知自己的捕杀行为的社会危害后果），行为人的行为不成立故意犯罪，并非缺乏违法性认识，而是因为缺乏对行为的社会意义与危害后果的认识。二是违法性认识的可能性，是故意与过失之外的独立的责任要素，且是故意犯与过失犯都必须具备的责任要素。缺乏违法性认识的可能性意味着没有责任，故也可视为责任阻却事由。因此，应采"限制责任说"，即违法性认识的可能性是独立于故意、过失之外的，故意犯与过失犯共同的责任要素；缺乏违法性认识的可能性时，不阻却故意、过失本身，但阻却责任[2]。可见，"限制责任说"的"限制"，其含义很明了：通过"违法性认识的可能性"来

---

[1]　张明楷：《刑法学》（第5版），法律出版社2016年版，第320~321页。
[2]　张明楷：《刑法学》（第5版），法律出版社2016年版，第321~322页。

限制责任的存在与否，即当行为人对自己的行为具有"违法性认识的可能性"，才有责任即刑事非难性可言；当行为人对自己的行为事实上不存在或难以形成"违法性认识的可能性"，则无责任即刑事非难性可言。易言之，"违法性认识的可能性"是责任认定的必备要素。虽然我们必须承认，当行为人已经具有或形成了构成要件的故意或过失时，行为人"通常"也就具有了"违法性认识的可能性"甚或"现实的违法性认识"，但行为人的"违法性认识的可能性"甚或"现实的违法性认识"并非与其构成要件的故意或过失是绝对对应的关系，即"通常"并非"总是"，亦即完全存在着虽有构成要件的故意或过失，但无"现实的违法性认识"甚或"违法性认识的可能性"这种情形。因此，不能将"违法性认识"作为必备要素放在罪过那里，即不能将"现实的违法性认识"和"违法性认识的可能性"分别放在故意和过失那里。既然如此，那就只能将"违法性认识"放在"有责性"或"责任论"那里，且将其作为必备要素。但是，"违法性认识"放在"有责性"或"责任论"那里，且将其作为必备要素，显然是以阶层式犯罪论体系作为语境的。可见，"违法性认识"放在何处，取决于犯罪构成的"模式语境"。在传统四要件整合式犯罪构成那里，"违法性认识"只能放在"犯罪主观方面"即"罪过"那里，而在英美法系的双层式犯罪构成中，"违法性认识"只能放在"排除合法辩护"这一层面里。

违法性认识在不同的犯罪构成语境中有不同的表述：在传统四要件整合式的犯罪构成语境中，违法性认识在形式上是指刑事违法性认识，而在实质上是指社会危害性认识；在大陆法系三元递进式的犯罪构成语境中，违法性认识在形式上是指构成要件该当性认识，而在实质上则是指法益侵害性认识。在英美法系双层式犯罪构成语境中，违法性认识可能直接指涉"排除合法辩护"。"假如人没有意识到自己行为的社会危害性，就不能从道德上谴责他的行为。"[1]这便道出了违法性认识问题的重要性。易言之，当与传统四要件整合式犯罪构成相联系，则违法性认识便是由其犯罪主观方面即"罪过"所牵扯出来的一个问题；当与大陆法系三元递进式犯罪构成相联系，则违法性认识便是由其"有责性"要件所牵扯出来的一个问题；当与英美法系双层式犯

---

〔1〕 ［苏联］A. H. 特拉伊宁：《犯罪构成的一般学说》，薛秉忠等译，中国人民大学出版社 1958 年版，第 162 页。

罪构成相联系，则违法性认识便是由其下一层构成要件即"排除合法辩护"所牵扯出来的一个问题。陈忠林教授指出，刑法学中的违法性认识问题是一个直接关系罪过特别是故意成立的犯罪论问题，即违法性认识是故意的构成要素之一[1]。由此，罪过问题在刑法学中的重要性便衬托了违法性认识在刑法学理论中的重要性。我们甚至可以认为，违法性认识问题不仅关系到犯罪概念，而且关系到犯罪构成理论，甚至关系到整个刑法学理论。

第三节　期待可能性

犯罪主观要件的问题，最终是行为人有无罪责性的问题；而有无罪责性，又有待期待可能性的进一步检验。因此，期待可能性的讨论，应视为犯罪主观要件论的延伸内容。

一、期待可能性的本质与判断标准

期待可能性问题的论述可谓连篇累牍，但期待可能性的本质与判断标准却未得到深究。

（一）期待可能性的本质是（相对）意志自由

学者指出："期待可能性是一种超于可形式化的实质规范之外的理念，是刑法背后的道德和社会基础的沉积。"[2]这一论断显然不是在表述期待可能性的本质，因为其将期待可能性描摹成作为一种社会发展结果的理念。但是，"期待可能性不是罪过心理以外的独立构成要件，也不是罪过形式本身的构成要素。期待可能性无非是意志自由程度的外在形式，是评价行为人认识能力和意志能力大小的根据，是罪过心理产生的前提"[3]。而"期待可能性理论正是借助于相对的意志自由科学地说明了行为人是否应当承担刑事责任的原因。这是其获得强大生命力的最主要原因"[4]。在本著看来，能够被用来表述期待可能性本质的应该是一个能够从根本上告诉人们期待可能性究竟为何物

---

〔1〕　陈忠林：《刑法散得集（Ⅱ）》，重庆大学出版社 2012 年版，第 176 页。

〔2〕　陈兴良主编：《犯罪论体系研究》，清华大学出版社 2005 年版，第 360 页。

〔3〕　姜伟："期待可能性理论评说"，载《法律科学（西北政法学院学报）》1994 年第 1 期，第 26 页。

〔4〕　李立众、刘代华："期待可能性理论研究"，载《中外法学》1999 年第 1 期，第 33 页。

的概念，且其能够摆正期待可能性与罪过及刑事责任的概念关系。如此，则前述两个论断虽未表达但已隐含了期待可能性的本质问题，而本著在此将其明确提出：期待可能性的本质是（相对）意志自由。学者指出："自由是人们对外部世界、自然界和社会力量以及自身力量的支配，这种支配以对客观规律的认识和应用为前提。"[1]由此，期待可能性便是指行为人支配自己实施适法行为的可能性。由于支配行为是人的（相对）自由意志，故期待可能性便最终发端于意志自由，而这个作为发端的意志自由便构成了期待可能性最中坚、最内核的东西即其本质。正是由于刑事责任奠基于罪过，而罪过又源自自由意志，故当自由意志构成期待可能性的本质，才有下文期待可能性对刑事责任的"征表"而非"决定"一说。当把自由意志视为期待可能性的本质，则期待可能性本身与自由意志之间便构成了外壳与内核或表象与实质的辩证关系。

正确解答期待可能性的本质有助于促进刑法实践。具言之，由于刑法立法是设定刑事责任，而刑法司法是落实刑事责任，故在期待可能性征表刑事责任的前提之下，期待可能性将先后在刑法立法和刑法司法中发挥其作为"指标"的作用，从而将从正义和功利两个方面促进刑法实践。此可视为正确解答期待可能性本质问题的实践意义。

（二）期待可能性的判断标准

期待可能性的判断标准，是期待可能性理论中继期待可能性本质的一个当然的问题。对此问题，理论上形成了行为人标准说、平均人标准说和法规范标准说或国家标准说：行为人标准说忽略了法秩序要求，且无法说明确信犯的责任，因为确信犯认为自己的行为是正当的；平均人标准说没有考虑到对一般人可以期待而对行为人却不可期待的情况；法规范标准说或国家标准说忽略了期待可能性理论本来就是针对行为人的"人性弱点"而予以救济的理论本意，且在何种场合国家或法秩序予以期待仍然是个未明确的问题。其实，前述三种学说只是把握了期待可能性判断标准问题的不同侧面，但三者可以结合运用，因为行为人标准说、平均人标准说和法规范标准说或国家标

---

[1] 中共贵州省委高等学校工作委员会、贵州省教育厅组编：《马克思主义哲学原理》，高等教育出版社 2003 年版，第 43 页。

准说，分别侧重判断资料、判断基准和判断主体[1]。因此，结论只能是：站在法益保护的立场，根据行为人当时的身体的、心理的条件以及随附情况，通过与具有行为人特性的其他多数人的比较，判断能否期待行为当时的行为人通过发挥其能力而不实施违法行为[2]。在本著看来，只是强调"结合"行为人标准说、平均人标准说和法规范标准说或国家标准说，只是把握了期待可能性判断标准问题的不同侧面，实际上还显得不够：行为人标准说把期待可能性的有无判断完全依附于行为人的个人状况，实即过于夸大了行为人的"个体性"，这基本上造成了期待可能性有无判断的飘忽不定，从而行为人标准也终将不成为一种标准，而这显然会带来有责性认定的失出失入，即有不该定罪而定罪和该定罪而不定罪的两种危险倾向；而国家标准说并不只是表明国家是期待可能性的期待主体。由于国家是法秩序的代表且始终具有强烈的秩序维持倾向，故国家标准说隐含着提高或强化期待可能性而漠视"对人性弱点的关照"这么一种强势的价值取向。因此，国家标准说暗含着在期待可能性问题上与行为人标准说相对应的另一种极端性倾向，而此倾向便是重秩序维持而轻权利保障。于是，行为人标准说和国家标准说的两个极端便映衬出平均人标准说或一般人标准说的相对"中庸式"稳妥。

对于不具有期待可能性的生活行为，如果立法或司法硬是要表达某种期待，这便是"法强人所难"。而当此时，立法或司法将难以产生法的规范有效性与真正的权威性，因为此时的立法或司法陷入了形如"剃头挑子一头热"或"火叉一头热"的"一厢情愿"。期待可能性理论说明一点：任何立法和司法不应是以"圣人"为规制对象的"圣人立法"和"圣人司法"，而应是"民众立法"和"民众司法"。期待可能性应采用常人标准，即常识常理常情标准，因为法规范的遵守本来就是对一般人的期待，而法规范本身就是针对一般人的规范。期待可能性判断的常识常理常情标准，能够使得我们保持一种警醒：在风险社会的形势下，社会连带主义或社会整体主义有着将期待可能性的常人标准或平均人标准蜕变为国家标准的倾向，从而"罪责刑法"有走向"安全刑法"乃至"仇敌刑法"的可能。

---

[1] 张明楷：《刑法学》（第5版），法律出版社2016年版，第327页。
[2] ［日］山口厚：《刑法总论》，有斐阁2007年版，第251~252页。

二、期待可能性与刑事责任的关系

期待可能性与刑事责任的关系，不仅体现在期待可能性的有无征表刑事责任的有无，而且体现在期待可能性的大小征表刑事责任的轻重。

（一）期待可能性的有无征表刑事责任的有无

期待可能性的有无征表刑事责任的有无，可从多个角度得到说明。从人性或人权或人道的角度，之所以说期待可能性的有无征表刑事责任的有无，是因为如果强行让一个根本就没有实施合法行为可能性的人承担刑事责任，则无疑是违背了"法律不强人所难"。而当法律强人所难，那才是普遍推行的悖逆人性的大恶。从哲学的角度，有无期待可能性意味着有无意志自由，而无意志自由的行为是无论如何也产生不了刑事责任的；从刑法本体论的角度，有无期待可能性意味着有无罪过，而无罪过的行为也是无论如何产生不了刑事责任的，因为刑事责任是奠基于行为符合犯罪构成，而罪过又是犯罪构成的核心。既然期待可能性的有无征表刑事责任的有无，则首先为刑法立法在犯罪主体等方面作出妥当规定提供了理论依据，进而对刑法司法即定罪也提供了理论指导。

学者指出，根据规范责任论，即使认定了具有故意、过失的心理事实，也存在不能给予非难的情形[1]。由于"不能给予非难"意味着不能认定和追究责任，且其同时又暗含着缺乏适法行为的期待可能性，故在规范责任论看来，期待可能性应是责任的要素内容或不可或缺的因素之一，只不过此内容或因素通常存在而少数情况下不存在而已。由此，期待可能性的有无决定事实性的故意或过失是否成立规范意义上的罪过。正是在此意义上，期待可能性是规范意义上的罪过的内容，从而也是规范责任论的内容，或曰期待可能性决定规范意义上的罪过和规范的责任本身。于是，期待可能性的理论地位是在责任论那里。进一步地，期待可能性之于有责性本身，进而之于刑事责任首先不是"征表"而是"决定"，即"决定"之后再予"征表"。

（二）期待可能性的大小征表刑事责任的轻重

言期待可能性决定有责性，进而决定刑事责任的有无，意味着期待可能性又在"量"上影响着有责性和刑事责任，因为任何事物都有一个规模的问

---

[1] 张明楷：《刑法学》（第 5 版），法律出版社 2016 年版，第 242 页。

题。由此，期待可能性的大小问题便不能被我们所忽视。而在本著看来，期待可能性的大小征表着刑事责任的大小，进而征表着刑罚的轻重。现行《刑法》第 243 条第 2 款规定"国家机关工作人员犯诬告陷害罪的，从重处罚"，便是期待可能性的大小征表刑事责任的大小，进而征表刑罚轻重的适例。具言之，一般人或一般主体可被期待不去诬告陷害他人，而具有较高素养包括违法认识能力较强的国家机关工作人员更可被期待不去诬告陷害他人，即在不实施诬告陷害的违法犯罪上，国家机关工作人员具有更高的期待可能性或可被期待性。因此，国家机关工作人员一旦实施诬告陷害罪，则其便要承担与其期待可能性相当或相称的刑事责任和作为其刑事责任体现的刑罚。于是，"从重处罚"便成了刑事责任及刑罚与期待可能性相当或相称的现实体现。现行《刑法》第 238 条第 4 款规定"国家机关工作人员利用职权而犯非法拘禁罪的，从重处罚"，第 245 条第 2 款规定"司法工作人员滥用职权而犯非法搜查罪或非法侵入住宅罪的，从重处罚"等，都体现了期待可能性的大小对刑事责任及刑罚轻重的征表作用。

期待可能性对刑事责任的上述征表是一个方向即正向的，但期待可能性对刑事责任的征表还有另一个方向即反向的，即期待可能性降低，则刑事责任也便降低。现行《刑法》第 17 条"已满 14 周岁不满 18 周岁的人犯罪，应当从轻或者减轻处罚"的规定等，都可看成是期待可能性反向征表刑事责任大小的立法体现。需要予以强调的是，与正向征表一样，期待可能性对刑事责任大小的反向征表，也是期待可能性与刑事责任成正比关系的现实体现。期待可能性与刑事责任的量的关系，正如期待可能性程度之高低，与刑事责任之轻重成正比[1]。既然期待可能性的大小征表刑事责任的轻重，则首先为刑法立法落实罪责刑相适应原则提供理论依据，进而为刑法司法即量刑提供理论指导。

无论是征表刑事责任的有无，还是征表刑事责任的大小，期待可能性对刑事责任的征表的中介都是后文要论证的具有结构性的"罪责性"。本著之所以要讨论期待可能性对刑事责任的征表及其中介，用意在于：期待可能性的立法和司法运用并非有人担心的那样虚无和空洞乃至危险，而是可有实际掣肘和观照，从而在刑法实践中闪射出她的理论魅力。

---

[1]　姜伟："期待可能性理论评说"，载《法律科学（西北政法学院学报）》1994 年第 1 期，第 25 页。

三、期待可能性在刑法立法中的运用

既然期待可能性征表着刑事责任以及作为刑事责任体现的刑罚，则其可以或应该被用来完善刑法立法中的诸多问题。

（一）期待可能性之于正当行为的立法完善

某些正当行为之所以成为正当行为而不应负刑事责任，是因为行为人在行为当时不具有期待可能性，故立于期待可能性，则我国刑法中的防卫制度和避险制度似应给予相应的完善。

在防卫问题上，我国现行《刑法》第 20 条第 2 款规定："正当防卫明显超过必要限度造成重大损害的，应当负刑事责任，但是应当减轻或者免除处罚。"但是，现行《德国刑法典》第 33 条规定："防卫人由于惶恐、害怕、惊吓而防卫过当者，不负刑事责任。"现行《瑞士联邦刑法典》第 33 条规定："……防卫过当者，法官依自由裁量减轻其刑，因过于激愤或惊慌失措而防卫过当者不罚。"我们知道，定罪免罚仍然是在负刑事责任。由此，我们或应思考：同样是防卫过当，为何出于"狼狈""恐怖""惊愕""惶恐""害怕""惊吓"等精神非常状态而上述国外刑法就规定"不罚之"乃至"不负刑事责任"呢？因为在"狼狈""恐怖""惊愕""惶恐""害怕""惊吓"等精神非常状态下，防卫人已经不再具有使防卫不过当的期待可能性或可被期待性，故应"不罚之"乃至"不负刑事责任"。当我们应立于期待可能性而对国外刑法有所借鉴，则我国的当今刑法似应对防卫过当再予追加规定："如果防卫过当确系精神极度紧张造成，则不负刑事责任。"在某种意义上，确系"精神极度紧张"而防卫过当却不负刑事责任者，也可视为一种"特殊防卫"。当然，"精神极度紧张"是形成于事实上正在发生不法侵害的情境中，因为不以不法侵害正在发生为情境的"精神极度紧张"所走向的或是"假想防卫"或是"意外事件"。

另外是对避险问题，我们的理论还在普遍坚持：牺牲一人以保全他人难以构成紧急避险，即生命型紧急避险应通过定性为故意杀人而予禁止，正如从法的见地来看，即使是在紧急状态下，也不能允许侵害作为人格的基本要素的生命[1]。但是，也有极少数人认为，在紧急场合，由于生命是等价的，

---

[1]〔日〕阿部纯二："紧急避险"，载〔日〕阿部纯二、板仓宏等编：《刑法基本讲座》（第 3 卷），有斐阁 1994 年版，第 97 页。

故用牺牲生命的方法保全生命应当没有违法性[1]。而在本著看来，在紧急场合，用牺牲生命的方法保全生命可以或者应该立于期待可能性而视其为正当行为，并在刑法立法上明确将其予以刑事免责，因为求生是人的第一和最高本能，而在一个人面临没有其他选择的生命危难时，我们不能期待其为了他人生命而舍弃自己生命，即其不具有保全他人而牺牲自己的期待可能性或可被期待性[2]。

（二）期待可能性之于犯罪主体的立法完善

从正面理解，期待可能性是实施合法行为的可能性或可被期待性；从反面理解，期待可能性是不实施违法乃至犯罪的可能性或可被期待性。而当此种可能性或可被期待性的主体范围随着主客观条件而大小不定时，则犯罪主体的范围必然受到影响。如此，则现行刑法在相关犯罪的规定上便存在着犯罪主体的疏漏。如现行《刑法》第 167 条规定："国有公司、企业、事业单位直接负责的主管人员，在签订、履行合同的过程中，因严重不负责任被诈骗，致使国家利益遭受重大损失的，处三年以下有期徒刑或者拘役……"该条规定的是签订、履行合同失职被骗罪，其存在的问题之一是：从加强国有财产保护的角度，国有公司、企业、事业单位直接负责的主管人员在签订、履行合同的过程中因严重不负责任被诈骗而致使国家利益遭受重大损失，当然应制罪制刑。但是，国有公司、企业、事业单位中直接从事合同的签订或履行的其他直接责任人员在签订、履行合同的过程中因严重不负责任被诈骗而致使国家利益遭受重大损失，与这些单位中直接负责的主管人员在签订、履行合同的过程中因严重不负责任被诈骗而致使国家利益遭受重大损失，在质上并无不同而同样应予制罪制刑，因为自身的素质和职责说明了国有公司、企业、事业单位中直接从事合同的签订或履行的其他直接责任人员同样有着签订、履行合同不失职被骗的期待可能性或可被期待性。因此，国有公司、企业、事业单位中直接从事合同的签订或履行的其他直接责任人员也应纳入签订、履行合同失职被骗罪的犯罪主体。易言之，其他直接责任人员也应纳入签订、履行合同失职被骗罪的犯罪主体，是由期待可能性所说明或征表的。而在此前提下，基于国有公司、企业、事业单位直接负责的主管人员在签订、

---

〔1〕 ［日］平野龙一：《刑法总论Ⅱ》，有斐阁 1975 年版，第 244 页。

〔2〕 马荣春：《刑法完善论》，群众出版社 2008 年版，第 64~68 页。

履行合同的过程中具有较一般直接责任人员为高的不因失职而被骗的期待可能性，故可对其签订、履行合同失职被骗的罪行另款规定"从重处罚"。

立于期待可能性来弥补犯罪主体疏漏的再一适例便是剥夺宗教信仰自由罪和侵犯少数民族风俗习惯罪的现行立法。现行《刑法》第251规定："国家机关工作人员非法剥夺公民的宗教信仰自由和侵犯少数民族风俗习惯，情节严重的，处二年以下有期徒刑或者拘役。"该条规定的是剥夺宗教信仰自由罪和侵犯少数民族风俗习惯罪，且其犯罪主体只局限于国家机关工作人员。一个明显的问题是：公民的宗教信仰自由和少数民族的风俗习惯事关一个国家或地区的社会和谐。而在创建和谐社会的时代重任面前，任何一个具有刑事责任能力人的剥夺公民宗教信仰自由或侵犯少数民族风俗习惯的行为，只要达到了应受刑罚惩罚的程度，皆应予以刑事规制。在本著看来，随着社会的发展和国家宗教政策与少数民族政策的不断贯彻与深入，我们应先肯定具有刑事责任能力的一般人已经具有不剥夺他人宗教信仰自由或不侵犯少数民族风俗习惯的期待可能性，而国家机关工作人员的此种期待可能性则更高，即其不剥夺他人宗教信仰自由或不侵犯少数民族风俗习惯更可被期待。如此，则现行立法应在将剥夺宗教信仰自由罪和侵犯少数民族风俗习惯罪的犯罪主体扩大到一般主体的基础上，对国家机关工作人员特别规定"从重处罚"。当作出如上完善，则国家的宗教信仰政策和少数民族政策将更加深入人心而社会将更加和谐。

（三）期待可能性之于"从重处罚"的特别规定

上文在立于期待可能性论述相关犯罪的主体疏漏时已经强调：对期待可能性较高的主体实施相关罪行应作出"从重处罚"的规定。上文的强调显然是基于期待可能性的高低与刑事责任的轻重成正比的认识。而如果直接立于期待可能性来审视现行刑法对相关犯罪的罪刑配置问题，则煽动民族仇恨、歧视罪的现行规定便是适例。现行《刑法》第249条规定："煽动民族仇恨、民族歧视，情节严重的，处三年以下有期徒刑、拘役、管制或者剥夺政治权利……"在本著看来，相对于"妨害社会管理秩序罪"一章所规定的聚众型扰乱社会管理秩序的具体犯罪，煽动民族仇恨、民族歧视犯罪是在更大范围和更深的程度上震动着一个国家或地区的稳定。对此犯罪而言，国家机关工作人员具有较一般人为高或更高的不去实施的期待可能性或可被期待性，故煽动民族仇恨、民族歧视罪的立法应作出国家机关工作人员犯此罪行应"从重处罚"

的特别规定。侮辱国旗、国徽罪的现行规定可以作为立于期待可能性来审视现行刑法对相关犯罪的罪刑配置问题的又一适例。可见，对期待可能性较高的犯罪主体实施相关罪行规定"从重处罚"，实即罪责刑相适应原则的体现，因为犯罪主体的期待可能性较高意味着犯罪主体的主观恶性较深及其人身危险性较重。

（四）期待可能性之于"宽免处罚"的特别规定

在现实的社会生活中，有些犯罪的发生体现着行为人较一般人有着较小或较弱的不去实施相关犯罪的期待可能性或可被期待性，而行为人的期待可能性或可被期待性在这些犯罪中的体现又呈现着明显的"类型性"，故刑法立法应尊重这种"类型性"的事实而作出"从轻处罚""减轻处罚"或"免除处罚"的特别规定。前述所说的有些犯罪或相关犯罪至少包括伪证罪、窝藏罪、包庇罪和掩饰、隐瞒犯罪所得、犯罪所得收益罪。在前述犯罪中，当行为人与作为"上游犯罪"的行为人有着直接的亲属关系，则应认为其不实施前述犯罪的期待可能性或可被期待性在亲情面前"合乎人性"地有所减弱，故对前述犯罪作出"从轻处罚""减轻处罚"或"免除处罚"的特别规定便可体现出可视为刑法根基的人性。当然，刑法在对前述犯罪作出"从轻处罚""减轻处罚"或"免除处罚"的特别规定时应严格限定亲属关系的范围，以避免期待可能性被滥用。《日本刑法典》第105条规定："犯人或者脱逃人的亲属，为了犯人或者脱逃人的利益而犯前两条之罪的，可以免除刑罚。"这里，"前两条之罪"即《日本刑法典》第103条和第104条规定的窝藏罪和妨害证据罪。《日本刑法典》的前述规定与中国古代曾经有过的"亲亲相隐"制度相似，对我国当今刑法对所谓"容隐犯罪"应作出从宽处罚的规定应有所借鉴。

总之，期待可能性在刑法立法中的运用并非要求直接用"期待可能性"这样的用语而在刑法典中创立条文，而是在规定刑事责任或进行罪刑搭配时应充分且慎重考量期待可能性问题，因为期待可能性毕竟是刑事责任的征表。

四、期待可能性在刑法司法中的运用

这里所说的期待可能性在刑法司法中的运用，是指审判人员在司法裁量中应充分且慎重考量期待可能性来定罪量刑。

（一）期待可能性在刑法司法中运用的两个环节

由于刑事案件的司法裁量包括定罪和量刑两个环节，故期待可能性的刑法司法运用便包括期待可能性在定罪中的运用和期待可能性在量刑中的运用。

由于罪刑法定原则应得到彻底贯彻，故这里所说的期待可能性在定罪上的运用，是指期待可能性应在罪与非罪上得到反向运用即"出罪"运用。现行《刑法》第13条的规定："……依照法律应当受刑罚处罚的，都是犯罪，但是情节显著轻微危害不大的，不认为是犯罪。"该犯罪之"但书"规定在实践中长期以来并未得到应有的运用。如今应是充分且慎重联系期待可能性来解决个案中的罪与非罪问题的时候了，即如果个案中的行为人的期待可能性足以使得个案属于"情节显著轻微危害不大的"，则应宣告无罪，如对于婚后因受虐待而外逃与他人结婚的，或婚后因自然灾害流落他乡而与他人结婚的，或婚后因丈夫长期杳无音信而迫于生活艰难而与他人结婚的，可用期待可能性来阻却重婚罪的罪刑成立。

期待可能性在量刑上的运用，是指在遵守罪刑法定原则的前提之下，审判人员在量刑时应充分且慎重考量客观存在着的行为人的期待可能性因素。显然，结合行为人的期待可能性来考量量刑，实质上就是审判人员在"从轻处罚""减轻处罚"或"免除处罚"间的自由裁量，或在一般处罚与"从重处罚"间的自由裁量，而只要是出于"良心"且在紧密把握行为人的期待可能性的强弱程度，则此自由裁量的结果便应被视为公正的。

（二）期待可能性在刑法司法运用中的关联因素

当期待可能性在刑法司法中运用的两个环节解答了期待可能性的刑法司法运用空间问题，则期待可能性在刑法司法运用中的关联因素将解答其在刑法司法运用中的事实基础问题，因为作为行为人行为之时的一种责任状态，期待可能性并非凭空存在并凭空得到评价。在本著看来，期待可能性在刑法司法运用中的关联因素即其得以被考察和评价的事实基础是广泛存在的，且在个案中有具体表现，期待可能性在刑法司法运用中的关联因素可大致分为两类：一类是已经被刑法明文关注的行为人的有关因素，如行为人的国家机关工作人员身份等；另一类是虽然尚未被刑法明文关注，但于个案中确实在说明着行为人的期待可能性的有着各种类型表现的情节或情由。期待可能性在刑法司法运用中的关联因素的后一类型，可以表现为被害人的过错如被害人对行为人的虐待或凌辱，因为诸如被害人对行为人的虐待或凌辱等被害人的过错人为地降低了行为人不去侵害被害人的期待可能性或可被期待性。2003 年 1 月 17 日发生于河北省宁晋县苏家庄乡东马庄村的杀人案便具有此类情节或情由。本案被告人刘某霞是在遭受丈夫长达 10 余年的暴力虐待之下才实施了杀夫罪行。在本案中，被害人对被告人的长期暴力虐待降低了被告人不实施杀夫罪行的期待可能性或可被期待性，故应以故意杀人罪对被告人从宽处罚。对该案，有人主张用正当防卫来解决被告人的刑事责任问题[1]，但在本著看来，当把该案被告人看成是综合征人，则期待可能性理论更可以派上用场，正如我们审视不完全精神病人与聋哑人、盲人的期待可能性一样。期待可能性在刑法司法运用中的关联因素的后一类型，还可表现为一定的包括来自被害人的犯罪诱因，如轰动全国的"许霆案"。在该案中，银行自动取款机的巨大技术差误降低了行为人许霆不去非法占有银行钱款的期待可能性或可被期待性。或许正是由于这个原因，社会公众才普遍觉得该案一审判刑过重。

结合上文对期待可能性的刑法立法运用和司法运用，本著在此要强调的是：与其把期待可能性说成是"评价行为人认识能力和意志能力大小的根据"，毋宁将其视为"评价行为人认识能力和意志能力大小的指标"。当然，对于期待可能性的判断标准，如果立于法治公众认同，则应采用"平均人标准说"。

五、期待可能性的刑法学理论地位

期待可能性的刑法学理论地位可先切入不同的犯罪构成论予以初步定位，然后在责任论中予以最终定位。

（一）期待可能性刑法学理论地位的初步定位

对期待可能性的刑法学理论地位，一是故意、过失的构成要素说，即如果欠缺期待可能性，则阻却故意或过失责任[2]；二是与责任能力、故意或过失并列的第三种责任要素说，即独立责任要素说[3]；三是"故意或过失是原则，期待可能性是例外要素"的"原则—例外说"，即责任能力与故意或过失

---

〔1〕 李华："'受虐妇女综合症'——女性主义对传统意义正当防卫的挑战"，载《中华女子学院学报》1999 年第 4 期，第 19 页。

〔2〕 [日] 板仓宏：《新订刑法总论》，劲草书房 1998 年版，第 297~298 页。

〔3〕 [日] 大塚仁：《刑法概说》（总论），有斐阁 1986 年版，第 418 页。

这两种责任要素与期待可能性是前提和结论的关系，亦即当具备前两种要素，就可推定行为人具有实施适法行为的期待可能性，但若有例外，便可突破此推定[1]；四是"可罚的阻却、减少责任说"，即在没有期待可能性的场合，如同没有责任能力的场合，并不是没有责任，只是没有可罚的责任。不仅如此，而且在期待可能性减少的场合，可罚的责任减少，故其位置应置于责任阶段[2]。对于前述主张，我们先可予以如下回应："故意、过失构成要素说"把期待可能性置于故意、过失的内部予以考察，这显然是过于夸大期待可能性与故意、过失的关联性而忽视了期待可能性的独立品格，故有所不妥；"独立的责任阻却事由说"先肯定责任能力与故意或过失一道决定责任的存在，而后又以缺乏或不存在期待可能性而否定责任的存在，这多少有自相矛盾或"过河拆桥"之嫌；"与责任能力、故意、过失并列的责任要素说"以有责性为论域来考察期待可能性是可取的，因为有责性毕竟最终决定于作为期待可能性本质的意志自由，但该说对期待可能性于有责性中的前后位置含糊不清，即对期待可能性的理论归位解答得不够彻底。现在，当我们把自由意志视为期待可能性的本质，而罪过又是奠基于自由意志，故在大陆法系三元递进式犯罪构成中，期待可能性当然应"落户"于"有责性"；在中国传统的四要件整合式犯罪构成中，期待可能性当然应"落户"于犯罪主观方面；而在英美双层式犯罪构成中，期待可能性当然应"落户"于"排除合法辩护"。而无论是"落户"于"有责性"，还是"落户"于犯罪主观方面，抑或"落户"于"排除合法辩护"，都可归结为"落户"于"罪责性"。需要说明的是，前文所谓"落户"实即都是期待可能性以"反面内容"而获得犯罪构成论的一种体系性地位。

（二）期待可能性刑法学理论地位的最终定位

对于前文所列关于期待可能性刑法学理论地位的主张，我们还可作出另一番回应：第一种主张明显不妥，因为本身具有一定模糊性的期待可能性会导致故意、过失认定的飘忽不定，甚至被全面瓦解；第二、三两种主张，实即同一种主张，因为所谓"独立责任要素"意味着期待可能性有"存在"与"不存在"即"二选一"的情形，且当不存在时，则显然是"例外要素"。由

---

〔1〕 ［日］佐伯千仞：《四订刑法讲义》（总论），有斐阁1981年版，第283~284页。
〔2〕 ［日］中山敬一：《刑法总论Ⅱ》，成文堂1999年版，第648页。

于在行为人具备前两种要素的情况下，行为人一般或大多具有实施适法行为的期待可能性，且期待可能性本身的运用需要予以严格的限制，故"原则—例外"说即第三种主张似乎相对可取。但问题是，当缺乏期待可能性，则行为人便不可能具有规范意义上的故意或过失，或曰当存在期待可能性，则行为人始具规范意义上的故意或过失。因此，期待可能性应视为规范的故意、过失而非纯心理事实的故意、过失的构成要素。当我们说在具备故意、过失要素的情况下，行为人通常具有实施适法行为的期待可能性，而不具有期待可能性只是"例外"，所指向的是期待可能性的存在状态或"机率"，并非客观描述期待可能性与规范的故意、过失之间的对应关系。当规范的故意、过失已经形成，则行为人的（被）期待可能性便已经存在；当规范的故意、过失没有形成，则行为人的（被）期待可能性便未存在。易言之，期待可能性与规范的故意、过失之间是——对应的存在关系。学者指出，回避可能性是故意与过失的"基础概念"，故故意与过失之间是回避可能性的高低度关系，从而是责任的高低度关系，最终是"位阶关系"[1]。"基础概念"意味着回避可能性为规范的故意、过失所不可或缺且包含在规范的故意、过失之中。当期待可能性与回避可能性意蕴相通，且前者以后者为"内容实体"，则期待可能性也可视为规范的故意、过失的"基础概念"，为规范的故意、过失所不可或缺且包含在规范的故意、过失之中。而当把期待可能性视为规范的故意、过失而非纯心理事实的故意、过失的构成要素，则期待可能性便是"罪责性"而非罪过形式中的一个要素，从而其在责任论中构成了一个"基础概念"，但其在责任论中的具体位置，正如马克昌教授曾指出，期待可能性应当放在责任论上，这一点德日学者的意见是一致的。至于在责任论内部如何安排，在责任能力、违法性意识可能性和期待可能性都是责任要素的前提下，应将期待可能性放在责任能力和违法性意识可能性之后[2]。由于在违法性意识可能性之前，还存在着心理事实意义上的故意或过失，故期待可能性在责任论居于一种类似于"殿后"或"最后把关"的地位。最终，对于期待可能性的刑法学理论地位，最有说服力的或许是第四种主张即"可罚的阻却、减少责任说"，因为该说不仅强调期待可能性既能影响"罪责性"的有无，也能说明

---

〔1〕　张明楷：《刑法学》（第5版），法律出版社2016年版，第282页。

〔2〕　马克昌：《比较刑法原理（外国刑法总论）》，武汉大学出版社2002年版，第503页。

"罪责性"的大小，且其在责任论中具有"最后的相对独立"地位。

期待可能性的讨论为"罪责性"的构造性讨论作了最后一环的理论准备。

第四节　罪责性的要素增减与构造性

罪责性的讨论是罪过形式的"知欲构造""违法性认识"和"期待可能性"讨论的继续。长期以来，我国刑法学一直将罪责性问题简单等同于罪过形式（故意与过失）问题，从而导致罪责性理论没有得到应有的拓展与深化。由于罪责性是刑事可罚性不可或缺的最后性要件，故仍有对之予以深入研究的必要。

一、犯罪动机应上升为法定的罪过要素

可以肯定，犯罪动机也是个案主观事实的构成部分。客观地说，犯罪动机与罪过形式两相比较，前者更能从根基上影响定罪量刑，因为动机是人的主观中最原始，从而也是最深刻的层面。这便牵扯出犯罪动机的法定罪过要素地位问题。

（一）犯罪动机应上升为法定罪过要素的初步论证

西晋著名律学家张斐曾言："夫刑者，司理之官；理者，求情之机；情者，心神之使……论罪务本其心，审其情，精其事，近取诸身，远取诸物，然后乃可以正刑。"（《晋书·刑法志·张斐律表》）其中，"刑"即刑名，亦即定罪量刑的法律规定；"理"即刑法中的礼义原则；"心"即犯罪动机；"情"即动机产生的犯罪心理特征，大致相当于今天刑法理论中的罪过形式即故意和过失；"事"即行为本身；"近取诸身"即听取口供并观察罪犯的心理变化；"远取诸物"即取得物证。在张斐所提出的这个综合审案原则中，犯罪动机沿着由"心"到"情"，由"情"到"事"而直接影响着个案事实即案情的起始和原貌，并可最终"正刑"。一个"务本其心"启发着我们：在当今的刑法司法实践中，犯罪动机的考察是个案事实认定工作中的一项"要务"。犯罪动机的刑法司法意义用所谓"影响定罪量刑"来表述是直观和表面的，而内在的根据则是：当作为个案事实的起始即其"本源"，犯罪动机能够说明当今犯罪学和刑法学都在热切而艰难关注的主观恶性和人身危险性问题。日本著名刑法学家团藤重光曾说："犯罪行为是行为者人格的现实化以及主体

的现实化，而不仅仅是社会危害性的表征而已……吾人亦认为最重要者系犯罪行为及其背后之潜在的人格体系。"[1]这里的人格体系便"隐寓"着人身危险性，而对于人格体系及其所"隐寓"的人身危险性，犯罪动机更具有直接的说明或"证据作用"。汉代巨儒董仲舒对犯罪提出："本其事而原其志，志邪者不待成，首恶者罪特重，本直者其论轻。"（《后汉书·刑法志》）可见，其主张了犯罪动机对处刑的影响。《意大利刑法典》第 61 条把"出于卑劣的或无聊的理由实施行为"作为普通加重情节[2]，这是以立法肯定了犯罪动机对量刑的影响。前述关于犯罪动机的主张或实践，都可以将犯罪动机与主观恶性以及人身危险性的关联性作为立论依据。

同样属于犯罪主观方面的内容，虽然犯罪动机对定罪量刑的作用已被关注，但理论界和实务界还是将故意与过失这两种罪过形式作为青睐对象。然而，犯罪动机在刑法司法实践中的地位和运用应该能够得到更加切实的关照。有一篇微型小说讲了这样一个故事，大致内容如下：渝东有一个叫六尺凹的穷山沟。此地四面环山，坡陡地瘠，十年九旱。能够称得上是交通的便仅仅是在垭口有一条山道与外界相连，生活、生产资料全靠肩挑背驮，村民苦不堪言。由于自然环境恶劣，此地是越来越贫。当有一天叫"有子"的村长拿着一张红头文件进村宣布要全村搬迁，两类人有两种反应：当听说要搬去的地方平坦，有水、有车、有电影看，孩子们是欢呼雀跃，而大人们包括一位有权威的村老即村长的父亲则用眼睛瞪孩子们，并说搬走了就是寄人篱下，是做"奴仆"和当"下人"。"挑一挑水得花半天工夫，填肚皮的就常年是红苕洋芋，乡场赶场要天黑才回，这村有啥好？"在"有子"村长气得双肩发抖时，村民们也大怒了。很快，"有子"村长以自己无能为由向乡里辞去了职务。但不久，在村里无他人胜任，乡里派人又不愿来的局面下，"有子"又顶了村长一职。那一年，又遇大旱。日头整整晒了六个月，村里唯一的那口井早已干枯，山头焦了，房子像在冒烟，有的人家已经卖掉了牛羊。就在那一天，"有子"请来了电影队。当晚在村头的晒坝上放映的是《少林寺》。"有子"把瞎眼的老人都背来了，说听听也好。"有子"还挨家挨户搜查，说村里难得来一趟电影队。就在村民们沉浸在电影的精彩中时，整个村子燃起了通

---

〔1〕　洪福增："刑事责任之理论"，载《台湾刑事法杂志》1982 年第 4 期，第 39 页。

〔2〕　黄风译：《意大利刑法典》，中国政法大学出版社 1998 年版，第 23 页。

天大火。即使有村民奔回去，也是干站着，因为饮水都成了极端困难。三天后，县里和乡里都来了人，说这个鬼地方，搬吧。村民们终于踏上了通往山外的那条小道，生活在了有平地、有水、有公路，孩子上学不用走很远的一个城郊的地方。半月后，"有子"入监，说是他放了火。后来，"有子"还从牢中捎出话来："坐几年牢，值!"[1]这是一个短小精悍，但却很感人的文学故事。当生活中确实发生了这样的故事，我们的刑事司法到底应该如何处置？我们自然是被行为人的动机所感动，但对行为人以放火罪量刑时却只能将其动机作为酌定情节对待。酌定情节意味着可以酌定也可以不酌定，而即使酌定了，最终的量刑结果仍显得很重。事实上，在以往的刑事司法实践中，犯罪动机充其量是作为酌定量刑情节对待的。这便意味着司法裁判没有对行为人的动机所反映出来的人格状态或人格事实予以尊重。塞万提斯在其《堂·吉诃德》中曾说"没有动机，也就没有罪恶"。[2]这句话对于我们认识犯罪动机在刑法实践包括刑法立法中的地位和作用，应有所触动乃至"震撼"。在刑法司法中探求、考察和准确评价犯罪动机，并以此来斟酌定罪量刑，是符合刑罚的目的性和规律性的，因为刑罚的真正作用对象不是已成过去的罪行本身，也不是存活着的罪犯肉体本身，而是罪犯的犯罪人格即人身危险性，即刑罚只有去塑变罪犯的犯罪人格即其人身危险性而令其向良性转化，这才符合刑罚的作用规律并达到了刑罚的改善目的。

在犯罪主观方面的内容中，犯罪动机的问题不可回避。学者指出，按照传统观点，只有直接故意犯罪才有动机一说。易言之，如果认为动机是犯罪性动机，或是刺激犯罪人积极实施犯罪行为以达到犯罪目的的内心起因，似乎只有直接故意犯罪才存在犯罪的动机。而如果认为动机不是犯罪性动机，只是事后回答行为人基于何种心理而实施了犯罪行为，则除了疏忽大意的不作为犯罪（忘却犯）以外，其他犯罪都有动机[3]。在本著看来，就每一种具体的罪过形式而言，最能说明行为人的主观恶性及其人身危险性的，已经不再是行为人主观罪过中的意志内容，而是作为犯罪起因的动机。在此，"动机中的人"是最真实的人，而这里的最真实的人包括最危险的人和最善良的

---

〔1〕 王熙章："走出六尺凹"，载《金山》2009 年第 4 期，第 21~22 页。

〔2〕 [美] 伯顿·史蒂文森主编：《世界名言博引词典》，周文标等编译，辽宁人民出版社 1990 年版，第 1066 页。

〔3〕 张明楷：《刑法学》（第 5 版），法律出版社 2016 年版，第 301 页。

人。《德国刑法典》第 46 条所规定的"量刑的基本原则"就包含了"动机"这一内容[1]；《日本刑法典》第 48 条所规定的刑罚适用的"一般基准"也包含了"动机"这一内容[2]；《俄罗斯联邦刑事法典》第 63 条所规定的"加重刑罚的情节"同样包含"动机"这一内容，即《俄罗斯联邦刑事法典》第 63 条第 1 款规定："下列情节，应当被认定为是加重刑罚的情节：……（6）出于政治、思想观念、种族、民族或者宗教仇恨或怨恨等动机，或出于对某类社会团体的仇恨或怨仇动机而实施犯罪的；……"[3]至于《巴西刑法典》第 61 条将"出于卑鄙或者下流的原因"作为"加重处罚情节"之一，[4]且其第 65 条将"出于社会的或者道德的价值观念而实施犯罪的"作为"减轻处罚情节"之一[5]，也可视为将"动机"作为刑罚裁量的法定因素即法定情节。前述立法正是行为动机与行为人的主观恶性及其人身危险性的关联性的一种证明。在本著看来，动机不仅是过失犯罪的内心起因，而且影响过失犯罪行为人行为当时对义务的"过失度"，故动机本身如何也将说明过失犯罪行为人的主观恶性的深浅和人身危险性的轻重。具言之，如果行为人行为当时正沉浸在一种善良或"高尚"的动机中，而此动机减弱了行为人对义务的"过失度"，则其主观恶性相对为浅和人身危险性相对为轻；如果行为人行为当时正身陷在一种庸俗或"卑劣"的动机中，而此动机强化了行为人对义务的"过失度"，则其主观恶性相对为深和人身危险性相对为重。在此，我们可用"心有旁骛"来形象地描述动机之于过失犯罪及其行为人的主观恶性和人身危险性的关系。对于故意犯罪而言，犯罪动机就更能说明行为人的主观恶性与人身危险性了。因此，刑法责任理论应重视对"动机"问题的研究，甚至应讨论"动机犯"问题，正如学者指出，"特定的动机是犯罪的责任要素"，即"作为责任要素的动机"[6]。由此，我们对"动机"在犯罪主观方面的地位和影响能够作出这样的大致把握：属于犯罪主观方面的"动机"可分为作为责任要素的动机和作为非责任要素的动机：前者是影响犯罪成立的要素即

---

〔1〕　徐久生、庄敬华译：《德国刑法典》，中国法制出版社 2000 年版，第 56~57 页。

〔2〕　张明楷译：《日本刑法典》，法律出版社 1998 年版，第 109~110 页。

〔3〕　赵路译：《俄罗斯联邦刑事法典》，中国人民公安大学出版社 2009 年版，第 33~34 页。

〔4〕　陈志军译：《巴西刑法典》，中国人民公安大学出版社 2009 年版，第 25~26 页。

〔5〕　陈志军译：《巴西刑法典》，中国人民公安大学出版社 2009 年版，第 27 页。

〔6〕　张明楷：《刑法学》（第 5 版），法律出版社 2016 年版，第 301 页。

成罪要素，我们可称为"动机犯"的构成要件要素，即我们可称为成罪要素的动机，亦即定罪动机；后者是影响刑罚轻重的要素即量刑要素，我们可称为作为量刑要素的动机，亦即量刑动机。徇私枉法罪、枉法裁判罪和徇私舞弊不移交刑事案件罪，便是"动机犯"的适例。

（二）犯罪动机应上升为法定罪过要素的进一步论证

基于前述，犯罪动机的问题应上升到刑法立法层面予以进一步探究。不仅前文所列举的《德国刑法典》《日本刑法典》《俄罗斯联邦刑事法典》和《巴西刑法典》的有关规定是"动机立法"的具体例证，而且国外的"动机立法"还另有具体体现。如《瑞士联邦刑法典》第 63 条规定："法官根据行为人的罪责量刑；量刑时要考虑到被告的犯罪动机、履历和个人的关系。"第 64 条规定："行为人因下列各项原因之一而行为的，法官可对其从轻处罚：……出于值得尊敬的动机；……"[1]《德国刑法典》第 46 条规定："……法官在量刑时，应权衡对犯罪人有利和不利的情况。特别应注意下列事项：犯罪人的犯罪动机和目的，……"[2]这些规定是明确对犯罪动机问题作了立法。《日本刑法典》第 66 条规定："有值得酌量的犯罪情节时，可以减轻处罚。"[3]这一规定中虽然没有出现"犯罪动机"这个概念，但可被认为是隐含着犯罪动机对量刑影响的立法，因为犯罪动机无论是高尚的，还是卑劣的，都是"值得酌量的"。然而，"动机立法"应分善良机和卑劣动机或安全动机和险恶动机而对称进行，以体现"动机立法"的全面性与科学性。动机何以影响刑法立法？边沁将动机分为四种：纯社会动机——善行；半社会动机——对名誉的酷爱、友谊的愿望和宗教信仰；反社会动机——与社会格格不入；个人动机——感官享受、权力欲望、金钱嗜好和自我保护愿望。在边沁看来，"上述动机都不存在一般意义上的好或坏，但它们的区别可以提高或降低行为的道德标准。纯社会动机和半社会动机可称为保护动机，它们本身谈不上是否正当，但可以成为减轻罪过、减少刑罚必要性的理由。反社会动机和个人动机可称为诱惑动机，它们本身并没有罪过，但它可能成为加重罪过的手段"。[4]边沁之所以反对将动机区分为"好"和"坏"，是因为"任何动机的

---

〔1〕 徐久生译：《瑞士联邦刑法典》，中国法制出版社 1999 年版，第 25 页。

〔2〕 徐久生、庄敬华译：《德国刑法典》，中国法制出版社 2000 年版，第 56~57 页。

〔3〕 张明楷译：《日本刑法典》，法律出版社 1998 年版，第 26~27 页。

〔4〕 马克昌主编：《近代西方刑法学说史》，中国人民公安大学出版社 2008 年版，第 80 页。

产生，或是由于求乐的缘故，或是由于避害的缘故"[1]，而求乐避害乃人之本能。然而，在本著看来，动机或许由于出自人之本能而难以作出"好"与"坏"的区分，但可作出"危险"与否以及"危险"大小的区分，正如"当犯罪是出自特殊的动机而这种动机又不常见时，那么，惊恐也就很有限；如果这种犯罪是出自普通的、频繁的、有影响的动机的话，惊恐就大，因为更多人会发现他们生活在危险之中"。[2]实际上，在边沁所划分出的四种动机中，后两种动机较前两种动机显然容易置他人于"危险"之中。于是，他人的生活危险就转换成了有动机者的危险即其人身危险性。而用人身危险性比用道德标准不仅更能说明应受刑罚惩罚性，而且具有刑罚目的即预防犯罪的前瞻性。犯罪动机是实施犯罪行为时的心理事实或心理真实，并且其所征表的人身危险性也是一种人格状态或人格事实，故刑法立法对特定的犯罪动机予以反映即进行"动机立法"，无疑是刑法立法科学性的一个体现。

犯罪动机是社会生活动机的一种特殊表现。当其引起的结果产生刑事责任，我们便将其称为犯罪动机。因此，犯罪动机中的动机并非本来或根子上就是具有罪恶性。"大义灭亲"和"安乐死"等我们常听说的案件可以被归入边沁所划分的"纯社会动机"的案件中去，而对于为扶贫而去贪污这样的"纯社会动机"案件，我们还闻所未闻。但是，社会生活是纷繁复杂的，故"纯社会动机"的案件还会以这样或那样的面目出现在我们的生活中。其实，在边沁所说的"纯社会动机"和"半社会动机"的场合中，行为人对危害结果的发生在心理事实即罪过形式上往往要么是间接故意，要么是过失。若立于罪责刑相适应和刑罚目的，则应将这两类犯罪动机作为法定量刑情节对待，或曰在量刑情节的刑法立法中应该有犯罪动机的内容或一席之地。

基于上文论述，则我们的现行刑法典至少可以甚或应该在今后的完善中弥补犯罪动机对于量刑影响的规定。该规定的条款位置暂可考虑安置为第61条的第2款，且似可这样表述："出于为他人的正当利益或国家、公共利益的动机而犯罪的，可以（或应该）从轻、减轻或免除处罚。"这里，需要面对并解答可能有的一个疑问，即第61条中已经有了"情节"的规定，而犯罪动机完全可以放在"情节"里面予以考虑，则还有针对犯罪动机而作出专款甚或

---

〔1〕　马克昌主编：《近代西方刑法学说史》，中国人民公安大学出版社 2008 年版，第 80 页。

〔2〕　马克昌主编：《近代西方刑法学说史》，中国人民公安大学出版社 2008 年版，第 80 页。

专条规定的必要吗？前文已经指出，在我国以往的刑事司法实践中，犯罪动机是被作为酌定犯罪情节对待的，这与犯罪动机在量刑中的应有地位和作用严重不相称。因此，为匹配犯罪动机在量刑中的应有地位和作用，就犯罪动机问题作出明确的"立法指示"在成文法的传统中是很有必要的。总之，动机反映着一种人格状态或人格事实，故"动机立法"便是刑法立法科学性的一个当然问题。

二、疏忽大意过失应排斥到法定罪过形式之外的补证

本著在前文已经通过"知欲构造"得出结论，即疏忽大意过失不应成为过失罪过的一种形式，即应否定其作为一种过失罪过形式的立法规定与过失论的地位，但前文的见解或主张还有必要从另换视角予以补证。

科学技术使得社会发展迈进了一个全新的阶段，同时使得各种风险充斥于生活的每个角落。事实证明，社会公众对风险的容忍度也在随着社会的发展而逐渐提高，而刑法中"被容忍的危险"便是证明。当过分强调风险，对本可容忍的过错锱铢必较，则人们将难以全身心地投入生产生活中去，从而社会发展将受阻。更何况，促使行为人实施过错行为的诱因是复杂的，故当将过错全部归咎于行为人并对其动用刑罚，则刑罚的负面效应就会被无限放大，从而最终影响到整个社会的长远发展。英美法系国家也奉行大陆法系国家"以处罚故意犯罪为原则，以处罚过失犯罪为例外"。事实上，在作为英美法系的典型代表的英国的刑法中，过失犯罪是一种为数甚少的"例外"。而在理论上，甚至有学者如特纳、威廉姆斯等人大胆提出，刑法中所谓的罪过形式只应当包括故意（含"明知"）和轻率两种，而不应当将过失纳入其中[1]。大陆法系和英美法系诸多国家在对待过失犯罪的问题上已呈现出一种愈渐宽和的态度，甚至英国的众多刑法学者已大胆提出了"过失不应当被纳入罪过"的论调。这在相当程度上可以视为对社会发展的一种无声的响应。显然，在社会发展的"大势所趋"下，我国刑法立法和刑法理论还继续主张疏忽大意过失的罪责性，便可视为"立法和理论的过失"了。社会发展引导刑法走向谦和与文明是时代前进之必然，也是刑法发展之必然。而刑法发展之必然应将疏忽大意过失的非罪过化作为一个亮点。

---

〔1〕 储槐植、杨书文："英国刑法中的'轻率'"，载《比较法研究》2000年第4期，第427页。

"慎刑""恤刑"的刑罚思想在中国古代社会早已存在，现代刑法之潮流也在引导世界刑法文明逐步走向谦和。在此种"大势所趋"下，我们着实没必要为对疏忽大意过失表现出抓住不放的态度。实际上，疏忽大意过失的刑事判例少之又少。这也在相当程度上说明将疏忽大意过失作为一种罪过形态的牵强。因此，疏忽大意过失到了不应该被我们的刑法立法和刑法理论"疏忽"的时候了。但我国以往的刑法理论未能从根本上论证疏忽大意过失之罪责性，而刑法的以往规定又缺乏现实妥适性，故疏忽大意过失之罪责性问题值得反思。相比之下，大陆法系和英美法系的诸多国家在理论和实践上体现出了对过失犯罪亦即犯罪过失的理性宽和与谦抑。由于"应当预见"标准之模糊性与社会发展的特殊需要以及人性自由排斥着疏忽大意过失之罪责性，故疏忽大意过失之"非罪过化"势在必行。"明知不可为而为""好高骛远"等，能够说明直接故意的认识因素内容；"无可奈何花落去"等，能够说明过于自信过失的罪过心理。从"希望"或"追求"到"放任"再到"轻信能够避免"，意志因素的顺次变化说明着行为人的主观恶性与人身危险性的顺次变化，故刑事责任从直接故意犯罪到间接故意犯罪到过于自信过失犯罪的顺次变换，便不难理解。但是，疏忽大意过失是否应成为一种罪过形式，应值得我们认真考究。而在摒弃疏忽大意过失的理由中，或许最重要的一条在于：疏忽大意过失这种罪过形式直接关联着人性的自由，进而关联着社会文明的发展进步。易言之，在刑法理论上，我们应对疏忽大意过失持何种态度，人性与社会文明的关系将是一个极其重要的视角。

但是，社会之充分发展和长远发展是以人性自由的最大程度的解放为前提的，而所谓人性自由即人权。现如今，人们越来越能尊重他人之自由或权利，并对他人的行为在过失导致危害结果之后能够报之以由人及己的宽容。于是，在相当意义上作为社会公众利益表达的刑法更应表现出应有的尊重和宽容。与其他法律一道，刑法也应该或更应该尊重公民合理的人性自由并宽容公民在社会生活中的过失行为，从而在社会的充分发展和长远发展中通过"有所不为"而"有所为"。疏忽大意过失充其量只是行为人的一种心理瑕疵，而罪过却是刑法对严重危害社会的行为人所作出的一种严苛的否定性评价，故不管从行为人的主观恶性还是其人身危险性，疏忽大意过失都难以担得起"罪过"二字。于是，当我们的刑法立法和刑法理论将疏忽大意过失予以非罪过化处理，则意味着在快节奏和多风险的社会生活中，我们的生活喘息和生活情绪将变得轻松一点。由此，疏忽大意过失的罪过化问题，便构成了人性自由即人权问题和社会发展问题的一个"聚焦"。学者指出，自由虽不是社会进步的唯一要素，却是社会进步的"最根本要素"，且被穆勒叫作"前进精神"或"进步精神"[1]。由此，在疏忽大意过失的罪责性问题上，我们的刑法立法和刑法理论也应体现出"自由精神"，从而是"前进精神"或"进步精神"。

在此，我们还可从刑法理论中的信赖原则与危险分配理论来审视疏忽大意过失这种罪过形式的存在必要性与合理性。信赖原则，是指当行为人合理信赖被害人或第三人将采取适当行为，如果由于被害人或第三人的不适当行为而造成了危害结果，则行为人对此不承担责任。信赖原则的适用条件是：①行为人不仅信赖他人将采取适当行为，且其信赖具有社会生活上的相当性；②存在着信赖他人将采取适当行为的具体条件和状况。当适用信赖原则时，便不仅意味着排除了行为人的结果回避义务，也意味着排除了行为人的结果预见义务。因此，当适用信赖原则时，便意味着对行为人便不再适用期待可能性理论，因为这里的信赖意味着期待可能性完全是针对被害人或第三者的期待可能性。而与信赖原则有密切关系的是所谓危险分配理论。危险分配理论，其实质是注意义务分配理论，且在行为人与他人之间，注意义务的分配存在着"此消彼长"的法则。而如果说信赖原则与危险分配理论关系密切，则可以理解为：危险分配理论隐含着"部分的信赖原则"的运用，即当他人部分地承担了注意义务，则意味着行为人对之给予了部分的信赖。在风险社会的背景下，信赖原则和危险分配理论越发显示出必要性与合理性，从而使得疏忽大意过失越发显得"不合时宜"，因为"信赖"和"危险分配"意味着危险的发生是在可被众人已经预见之下，而危险的当事人所应尽的是实害结果避免之责，故强调疏忽大意过失即"应该预见"便与"信赖"和"危险分配"相悖。立于风险社会，"命运共同体"实即"注意义务共同体"。而注意义务的"共担"逻辑地包含着注意义务的分配，并派生着在"共同危险"面前的相互信赖。因此。强调疏忽大意过失即"应该预见"，便最终与社会生活的"进步精神"相悖。

由于信赖原则和危险分配理论是以社会发展及其所需要的人性自由为深

---

[1] 陈正云：《刑法的精神》，中国方正出版社1999年版，第209~210页。

刻背景，故立于信赖原则和危险分配理论来审视疏忽大意过失这种罪过形式的必要性与正当性，便有着社会发展和人性自由层面的理论深刻性。实际上，在信赖原则和危险分配理论所对应的社会历史阶段，信赖原则就是一种人性原则，而危险分配也是对人性的呵护与关照。由于信赖原则和危险分配理论都反映了社会发展和人性自由的需要，故立于信赖原则和危险分配理论来讨论疏忽大意过失这种罪过形式的去留，便是立于社会发展与人性自由这一视角的题中之义。由此，刑法立法和刑法理论应在疏忽大意过失的罪过形式问题上体现其"社会进步"之精神，或担当其"社会进步"之责任。

以前文过失犯罪论的发展、演变为观照，则疏忽大意过失应被排斥出罪过形式之外。显然，疏忽大意过失基本上对应着旧过失犯，即行为人没有或怠于履行危害结果的预见义务。但是，今天的社会生活早已远离旧过失论所对应的那个时代，而今天的社会生活又不能"窒息"在新新过失论的"不安感"或"畏惧感"甚或"恐怖感"之中，从而新过失论能够与今天的社会生活保持基本对应，或曰新过失论能够基本适应今天的社会生活。由于新过失论强调危害结果的避免义务，而危害结果的避免义务又是以行为人对危害结果已经有所预见为前提，故与今天的社会生活保持基本相适应的过失罪过形式应是过于自信过失，而不应包括疏忽大意过失。

三、罪责性的构造性

当罪责性包含但不等于故意、过失罪过形式，则意味着罪责性有着自身的构造性问题。

（一）罪责性的构造性的初步论证

无论是传统四要件整合式犯罪论体系中的犯罪主观方面要件，还是大陆法系三元递进式犯罪论体系中的有责性要件，还是英美法系双层式犯罪论体系中作为"犯罪本体"要素之一的犯意要件，都在宣示罪责性之于犯罪成立的不可或缺性。而"主客观相统一"则是罪责性之于犯罪成立不可或缺性的中国式表达。然而，我们以往对罪责性的理解和认识是"平面"的或"线性"的。其实，罪责性是一种"主观系统"，其有着一直被我们忽视的构造性。而只有将罪责性视为一种"主观系统"，且对之予以构造性把握，罪责性才能在犯罪成立中真正起到不可或缺的作用，且其作用包括防止"客观归罪"。其实，刑事法治文明发展到今天，"主观归罪"已经完全不可能，但

"客观归罪"却可能很"活跃"，而"客观归罪"的"活跃"所说明的是罪责性的地位被不当低估，罪责性的内容被遗漏，罪责性的构造被盲视。这就意味着对于罪责性问题，我们应避免一种可能有的惯性认识，即故意与过失这两种罪过形式就是罪责性本身。客观地看，罪过形式毕竟是"罪过的形式"。这里，我们可将罪过形式视为罪责性即罪责的存在载体或依托[1]，即罪过形式只是行为人实施行为时的心理事实而已，亦即罪过形式只具有事实性而尚未具有规范性，更遑论刑事评价性。因此，有了罪过形式，未必罪责性本身就已经存在或形成。于是，罪责性的形成尚需其他要素，而这里的其他要素首先应是"违法性认识"或"违法性认识的可能性"，因为当一般违法行为也有法益侵害性，则犯罪的本质不应是法益侵害，而应是"刑法规范蔑视"，正如恩格斯所言，"蔑视社会秩序最明显、最极端的表现，就是犯罪"[2]。其中，"违法性认识"是针对故意罪过而言，"违法性认识的可能性"是针对过失罪过而言。但是，"违法性认识"或"违法性认识的可能性"只是使得我们向罪责性走近了一步，即"罪过形式+违法性认识或违法性认识的可能性≠罪责性"，因为当个案中虽已形成了"罪过形式+违法性认识（可能性）"的情形，但行为人仍然存在"不得不实施违法行为"而值得予以"规范宽恕"的无奈。因此，在"罪过形式+违法性认识或违法性认识的可能性"之后还需增加一个要素，而这个要素即"期待可能性"：当行为人具有适法行为的"期待可能性"，即行为人可被期待实施适法行为，则其终于形成罪责性；当行为人不具有适法行为的"期待可能性"，即行为人不可被期待实施适法行为，则其最终仍未形成罪责性。易言之，"罪过形式+违法性认识（可能性）+期待可能性=罪责性"。由此我们可以看出，罪责性是有自身构造的，而其构造正如大陆法学犯罪论体系的"三元递进"，即罪责性的构造可以描述为"罪过形式→违法性认识（可能性）→期待可能性=罪责性"。在罪责性的前述构造中，罪过形式是罪责性得以形成的事实基础即心理基础，即如果没有罪过形式本身，罪责性便无从谈起；违法性认识或违法性认识的可能性是罪责性得以形成的规范可能，即只有行为人存在违法性认识或违法性认识的可能性，罪责性才有进一步形成的可能，但不必然形成；而期待可能性则是罪责性得

---

〔1〕 申会克、马荣春："论罪过概念及其构造性"，载《海峡法学》2018年第3期，第94页。

〔2〕 《马克思恩格斯全集》（第2卷），人民出版社1957年版，第416页。

以形成的最后把关，即行为人是否具有实施适法行为的可能性将决定罪责性是否最终形成，正如德国著名刑法学家李斯特指出的，如果不再"指望"行为人实施适法行为，就不能责备他的违法行为，即其行为就不能算"有责"[1]。运用罪责性形成的"三元递进性"思维，我们便能够对三元递进式犯罪论体系作出重新诠释，即可消解"构成要件"中"规范故意"与"非规范故意"的争执，从而使得"有责性"要件能够沿着"罪过形式（故意、过失）→违法性认识（可能性）→期待可能性"而得到有层次性的切实说明。

　　将违法性认识及其可能性视为罪责性的要素，等于回应了违法性认识是否为故意成立所必需这一素来已久的争执。而本著的回应是：应将违法性认识是否为故意成立所必需这一话题，置换为违法性认识及其可能性是否为罪责性形成所必需这一话题。于是，我们仍有必要将法定犯问题作为讨论的切入。实际上，法定犯的罪责性不仅需要行为人具有违法性认识，而且行为人的违法性认识是形成于作为前置法的行政法的事先宣示，且如果没有特殊事由，如刚回国的行为人对国内已经颁行的某部行政法规尚未知晓等，这里的违法性认识是可以普遍推定的。至于自然犯即伦理犯，行为人的违法性认识是形成于作为一个正常人的生活知识积累，故其罪责性的形成并非是否需要违法性认识及其可能性的问题，而是违法性认识及其可能性原本就已形成或存在的问题。但对于法定犯来说，违法性认识只是行为人罪责性形成的前提条件而非罪责性本身。易言之，法定犯的行为人在具有或形成了违法性认识之后，尚需对其行为的社会危害性有所认识且存在期待可能性，其罪责性才最终形成。正如污染环境罪，当行为人只认识到其排放行为违反了环保法规本身，还不能言其形成了污染环境罪的罪责性。而只有当其对排放行为危害社会有所认识且其不存在期待可能性，才能言其形成了污染环境的罪责性。又如在国内销售未经国家药品主管部门批准的来自印度等国的抗癌药案件。由于这类药相对于国内药品真正属于"物美价廉"，故当涉案行为人虽然具有违法性认识即对其销售行为为药品管理法规所不允许有所认识，但其却认为甚或坚信其行为是在"造福"消费者即购买者，亦即其不认为其行为具有社会危害性且其不存在期待可能性，则行为人是否具有销售假药罪的罪责性，就值得谨慎讨论了。按照前述认识，即违法性认识及其可能性只是罪责性形

---

〔1〕　［德］李斯特：《德国刑法教科书》，徐久生译，法律出版社 2006 年版，第 254 页。

成的前提条件，而只有对社会危害性有所认识且存在期待可能性，才能形成法定犯的罪责性，则销售外国抗癌药的前述案件，最终应认定行为人不具有罪责性，从而不成立销售假药罪。司法实践中，对此类案件予以缓刑处置，相当程度上印证了对法定犯罪责性问题的疑问，也流露了对法定犯罪责性的结构性或构造性问题的"朦胧意识"。可见，对法定犯的罪责性作层次性把握，直接关涉法定犯司法实践的个案正当性。对法定犯罪责性及其构造性的探究，能够使得罪责性问题得到最全面、最集中的说明，并对比出违法性认识是否为故意成立所必需这一老话题的视界狭窄。

（二）罪责性的构造性的进一步论证

正如前文所论，除了心理事实（故意、过失）和违法性认识及其可能性，期待可能性也是罪责性的一个要件。前述三项要件在一种"递进性"中有机构造了罪责性本身。但要进一步指出的是，心理事实是罪责性中的事实性层面，违法性认识及其可能性和期待可能性则是罪责性中的规范性层面，并且违法性认识及其可能性是立于行为人角度所形成的规范性层面，而期待可能性则是立于常人角度所形成的规范性层面。于是，前述三个层面构成了从事实到价值，从个别到一般的罪责性的认知逻辑，从而最终体现罪责性的严整性和构造性。由此，罪责性与罪过形式、违法性认识及其可能性和期待可能性之间是集合概念与组成部分的关系或上位范畴与下位概念的关系。

以心理事实、违法性认识及其可能性和期待可能性为基本要件的罪责性的构造性，其本身是一种"知欲构造"。本著前文讨论过罪过形式的"知欲构造"，即直接故意、间接故意和过于自信过失，都存在着"知欲构造"，即都是由"知"（认识因素）和"欲"（意志因素）构造而成[1]。这里，不仅可把认识因素按照行为人认识程度的深浅分为"强知"（明知行为必然发生危害结果）和"弱知"（明知或已经预见行为可能发生危害结果），同时可以把意志因素按照行为人欲求的轻重程度而分为"强欲"（希望或追求危害结果）、"中欲"（放任危害结果）和"弱欲"（轻信能够避免危害结果）。于是，"强知"或"弱知"（明知行为可能发生危害结果）与"强欲"便构造出直接故意，"强知"或"弱知"（明知行为可能发生危害结果）与"中欲"便构造出

---

[1] 马荣春、徐晓霞："论罪过形式的'知欲构造'——兼论酒后驾车连续撞人事件的罪过定性"，载《河北法学》2010年第8期，第186~191页。

间接故意，"弱知"（已经预见行为可能发生危害结果）与"弱欲"便构造出过于自信过失。由于"无知无欲"，故疏忽大意过失应被排斥在罪过形式之外。这里要强调的是，当本著提出"强知"或"弱知"（明知行为可能发生危害结果）与"中欲"可构造出间接故意，便意味着在间接故意中，认识因素可以是行为人认识到危害结果"必然"发生。这是唱传统理论的反调。但在义务冲突的场合，犯罪的间接故意是可以形成于行为人认识到危害结果"必然"发生之中的。

其实，不仅作为罪责性要件之一的罪过形式存在着"知欲构造"，而且作为一个整体或系统的罪责性也存在着"知欲构造"：作为罪责性第一阶要件的心理事实即罪过形式和第二阶要件的违法性认识及其可能性，对应着"知"；作为第三阶要件的期待可能性，则对应着"欲"，并且期待可能性所对应的"欲"可作这样的理解：当行为人具有实施适法行为的期待可能性，即其辜负了社会对之所寄予的刑法规范期待，便意味着其将法益侵害作为自己的犯罪欲求。罪责性之所以成为罪责性且可予以刑事责难，最终因其具有"知欲构造"，而"欲"则是其刑事可责难性的关键因素所在，或曰刑事可责难性这一矛盾中的"主要方面"，正如犯罪的本质是"意志之罪"[1]。

进一步地，我们不能将作为犯罪成立要件的罪责性视为伴随着犯罪行为的结束就消逝的一段心理活动。实际上，罪责性是一个完整的心理过程，且此心理过程形成于由"知"到"欲"的"跌宕起伏"。而正是在此"跌宕起伏"中，罪责性形成了一个动态复杂的心理系统，且形成了复杂的"知欲构造性"与"三元递进性"。在本著看来，作为罪责性第一心理阶段的"知"既包含事实层面的内容，即纯心理事实的"知"，也包含规范层面的内容，即规范判断或价值判断的"知"，亦即违法性认识及其可能性。作为罪过第二心理阶段的"欲"既包含事实层面的内容，即纯心理事实的"欲"即行为人对"知"中某种结果的最终态度，也包含规范层面的内容，即规范判断或价值判断的"欲"。而作为罪责性第二心理阶段的规范判断或价值判断的"欲"，其本质就是"刑法规范蔑视"。在此，我们可将法益侵害视为罪责性"知欲构造"中"欲"的外在体现，而"刑法规范蔑视"则是其内在实质。

---

〔1〕 龚群："意志之罪：恶的根源——奥古斯丁恶理论的伦理意义"，载《南昌大学学报（人文社会科学版）》2016年第3期，第1~6页。

罪过形式、违法性认识及其可能性和期待可能性，一道在"递进性"之中构造了罪责性。"知欲构造性"和"三元递进性"是对罪责性的构造性的双重描述。罪责性的构造性有力地说明：不仅犯罪构成本身是一个具有递进性的认知系统，而且作为其要件之一的罪责性也是一个具有递进性的认知系统。在通过"知欲构造性"与"三元递进性"来描述罪责性之后，刑法学中的责任理论将得到前所未有的拓展与深化。需要进一步强调的是，对"罪责性"形成"构造性"即"递进性"思维，对三元递进式犯罪论体系而言，能够作出对该体系的重新诠释，即可消解"构成要件"中"规范故意"与"非规范故意"的争执。这可视为"罪责性"的"构造性"即"递进性"思维的微观意义。而符合刑法的谦抑精神和保障权利的价值内核，可视为其宏观意义。罪责性的讨论又是对罪过形式的"知欲构造""违法性认识"和"期待可能性"讨论的总结。

第五节　犯意转化

犯意转化是"罪责性转化"，故犯意转化又是对"罪责性"讨论的继续而将犯罪主观要件论推向深入。犯意转化是一个理论意义和实践意义都相当重要的理论课题而应予更加深入的研究。

一、犯意转化的基本类型

由于较少受到关注，犯意转化的基本类型尚未见条理的归纳或概括。犯意转化包括过失向故意的犯意转化、故意向故意的犯意转化这两种基本类型。

（一）过失向故意的犯意转化

以往的刑法理论只是稍显较多地关注故意向故意的犯意转化，正如犯意转化是指行为人在犯罪行为的过程中改变犯罪故意而导致此罪与彼罪的转化[1]。由于故意和过失是基本的罪过形式，故当犯意转化发生在基本的罪过形式之间或其内部，便形成了犯意转化的基本类型，且其基本类型首先包括过失向故意的犯意转化。

学者指出，犯意转化不仅表现为此故意向彼故意的转化，也可表现为此

---

[1]《刑法学》编写组编：《刑法学》（上册·总论），高等教育出版社2019年版，第172页。

种罪过向彼种罪过的转化，即过失向故意转化，是指行为人过失地导致某种法益产生危险状态或者发生基本结果，有能力采取措施却拒不采取乃至实施积极行为，导致了危险状态现实化或发生更严重结果的情形。此种犯意转化，需要先后存在过失和故意罪过，且在其支配下先后实施过失行为与故意行为[1]。而对过失向故意的犯意转化，我们可作出如下定义：过失向故意的犯意转化，是指伴随着前行为向后行为的推进，行为人的犯罪过失向犯罪故意发生演化。对于过失向故意的犯意转化，学者指出，过失向故意的转化即行为人的过失行为导致对某种法益产生危险，但故意不消除危险，而是希望或放任结果发生。例如，行为人不慎将烟头扔在仓库里，具有发生火灾的危险，行为人能够及时消除危险，但其转念又想通过造成火灾陷害仓库保管员而故意不消除危险，从而导致火灾发生。这便是由一般过失转化为犯罪故意，对其行为应认定放火罪而非失火罪。又如甲系乙聘请的家庭保姆，负责处理家务和照顾乙两岁多的儿子丙。某日下午 5 点半左右，甲给丙喂桂圆时，不料桂圆核卡住丙喉咙而无法吐出，甲随即将丙送往附近药店救治。但甲怕承担责任，向药店工作人员隐瞒了丙被桂圆核卡住喉咙的事实。返回乙家后，甲又向赶来的 120 急救医护人员隐瞒真相，致使医护人员无法采取针对性急救措施而延误抢救时机。丙被送往某市儿童医院，经抢救无效于同日晚十点半因异物吸入、窒息、脑疝、多器官功能衰竭而死亡。甲将有核的桂圆喂给丙吃，导致桂圆核卡住丙的喉咙而无法吐出时，就对丙的生命产生了危险。如果甲对医护人员说出真相仍未能避免死亡结果发生，甲成立过失致人死亡罪。但本案的甲因为怕担责任而没有说出真相，虽然其并不希望死亡结果发生，但对结果持放任态度，应认定为间接故意的不作为犯罪即不作为的故意杀人罪。[2]基于同样理由，过失行为虽然已经造成了基本结果即成立基本的过失犯，但在能够有效防止加重结果发生的情况下，行为人具有防止加重结果发生的义务却故意不防止的，对加重结果成立故意犯罪。例如，司机甲于黑夜在车辆较少的道路上违反交通法规过失将三人撞成重伤后，便下车察看情况，本可将三人送往医院抢救，但想到被害人死亡也无所谓，便立即逃走，三名被害人后来全部死亡。当三名被害人是濒死的重伤，则行为人的行为本身就能成

---

[1] 张开骏："犯意和对象变化的犯罪认定"，载《当代法学》2015 年第 3 期，第 68 页。

[2] 张明楷：《刑法学》（第 5 版），法律出版社 2016 年版，第 297~298 页。

立交通肇事罪。而当行为人将三名被害人送往医院，就可以救助其生命而被告人故意不救助的，则"可能"另成立不作为的故意犯罪[1]。前述是学者对过失向故意的犯意转化所作的例证。

当学者所举的前述具体个案能够例证过失向故意的犯意转化，则我们可总结或概括出过失向故意的犯意转化的基本特征：一是在事物的时空上，犯意转化是发生在犯罪行为的继续发展过程中，即转化后的犯意或新的犯意亦即故意并非形成于另一个或又一个行为过程；二是在事物的价值上，前后犯意即转化前的过失和转化后的故意有着同质或包容的法益指向，亦即作为整个犯罪过程发展阶段的转化前的行为和转化后的行为有着同质或包容的法益侵害性。于是，前述两个基本特征便隐含着过失向故意的犯意转化的判断标准，而此判断标准就是犯意转化和另起犯意的甄别标准。这里，我们可将第一个特征即时空特征所隐含的标准视为过失向故意的犯意转化的外在标准或形式标准，而将第二个特征即价值特征所隐含的标准视为过失向故意的犯意转化的内在标准或实质标准。于是，符合前述标准的便是过失向故意的犯意转化，否则便可能是另起犯意。如在前述丢烟头的事例中，当行为人出于陷害的目的又在危险区内扔了一个烟头而造成了更大的火灾，则行为人的行为便不属于犯意转化而属于另起犯意，从而应按照失火罪和放火罪予以数罪并罚，因为"又扔了一个烟头"开启了另一个或又一个行为过程，而出于陷害目的的故意则支配了该独立的行为过程。又如在前述交通肇事的事例中，当行为人对被害人死亡的"无所谓"不是表现为消极的逃逸而是表现为积极地将被害人弃置于路基之下等而使得被害人难以得到及时救助，则行为人的行为同样不属于犯意转化而属于另起犯意，从而应按照交通肇事罪和故意杀人罪予以数罪并罚，因为"积极地将被害人弃置于路基之下等"又开启了另一个或又一个独立的行为过程，而对被害人死亡的"无所谓"所对应的间接故意则支配了该独立的行为过程。在前述经过假想的两个事例中，虽然失火罪与放火罪具有同质的法益侵害性，或交通肇事罪所对应的公共安全法益侵害性与故意杀人罪所对应的公民生命法益侵害性具有包容性，但在时空上，后一个犯意即故意及其所支配的法益侵害性与前一个犯意即过失及其所支配的法益侵害性并非处于同一个行为发展过程，即其不具备过失向故意的犯意转

[1] 张明楷：《刑法学》（第5版），法律出版社2016年版，第297~298页。

化的第一个或首要特征，亦即其不符合过失向故意的犯意转化的第一个或首要标准即"同一时空"标准。于是，在过失向故意的犯意转化的场合，由于是转化后的犯意即故意主导或支配了犯罪行为的发展走向并决定了行为过程的最终结局，故应按转化后的犯意即故意的具体内容来作出犯意转化的责任认定。如在前述出于陷害目的而故意不消除火灾危险的例子中，对行为人的行为应最终认定为放火罪；而在前述撞伤人后却见死不救的例子中，对行为人的行为应最终认定为交通肇事罪的结果加重犯。

　　接下来，在过失向故意的犯意转化的场合，前后犯意所指向的法益关系有两种情形即同质关系（如前述丢烟头案和保姆喂食桂圆案）和包容关系（如前述交通肇事弃被害人于不顾案），且以同质关系为常见。前后犯意所指向的法益关系具有同质关系的情形，还可形成于渎职犯罪中。正如我们所知，刑法理论对滥用职权罪和玩忽职守罪的区别围绕着罪过形式问题一直存在着较多分歧，而通行的观点，正如学者指出的，故意实施的违背职责的行为是滥用职权罪，而过失实施的违背职责的行为是玩忽职守罪，亦即玩忽职守罪是过失犯罪，而滥用职权罪是与之对应的故意犯罪，但故意与过失是位阶关系而非对立关系[1]。但针对玩忽职守罪的主观方面只能是过失的通行观点，较早有不同的声音，或曰玩忽职守罪的主观方面既可以出于故意，也可以出于过失，故在司法实践中，我们就必须注意要把那种明知故犯的行为，也纳入玩忽职守罪的范围[2]；或曰间接故意也可构成玩忽职守罪，并且间接故意的玩忽职守罪，罪犯的主观恶性程度较过失的玩忽职守罪更大[3]。随后，仍间或有学者提出，玩忽职守罪可以是出于间接故意。具言之，在现实生活中，某些担负职责的国家机关工作人员明知自己不履行职责的行为会给国家和人民利益造成重大损失，但仍然严重不负责任，放弃职守或背离职守而放任危害结果的发生，此时其主观上则表现为间接故意[4]。在本著看来，出于间接故意的玩忽职守罪应该得到肯定，如国家机关工作人员某甲在夜间值班时发现有人正在盗窃本单位财物，但其贪生怕死而任由犯罪分子将本单位财物窃

---

〔1〕　张明楷：《刑法学》（第5版），法律出版社2016年版，第1250页。

〔2〕　张保尔："对玩忽职守罪主观要件的再认识"，载《政治与法律》1988年第2期，第55页。

〔3〕　丁凌波："间接故意也可构成玩忽职守罪"，载《中南政法学院学报》1987年第1期，第96~97页。

〔4〕　张光辉："玩忽职守存在间接故意罪过形态"，载《检察日报》2014年8月20日。

走，致使国家财产遭受重大损失。前例中某甲的行为构成玩忽职守罪无疑，但其主观方面显然不是过失而是间接故意。由此，玩忽职守的行为在主观方面不仅可由过失向间接故意转化，甚至可由过失向直接故意转化。于是，诸如前述某甲放任国家财产遭窃仍应认定为玩忽职守罪而最终难以形成真正的犯意转化，而由过失转化而来的直接故意将使得玩忽职守行为演变为滥用职权行为，即使得玩忽职守罪演变为滥用职权罪，从而形成真正意义上的犯意转化。如某国家机关工作人员在办理某单位或个人石油勘察许可证申请过程中先是粗心大意，但就在制作许可证时一下子想起申请单位正是自己亲友的任职单位或申请个人就是自己的亲友，于是便"睁一只眼闭一只眼"而将许可证制作齐全且交于不符合条件的申请单位或个人。在前例中，行为人的主观罪过由过失转化为间接故意。显然，前例仍然只能认定该国家工作人员的行为构成玩忽职守罪。而如果该国家工作人员出于讨好或巴结的目的而授意申请单位或个人伪造申报条件且随后将非法办理的许可证交于申请单位或个人，则其行为便在一种直接故意之中构成滥用职权罪。显然，滥用职权罪与玩忽职守罪所指向的法益具有同质性，而过失向直接故意的转化能够使得玩忽职守罪向滥用职权罪发生转化。由此也可见，认为滥用职权罪的罪过不包括直接故意[1]，是存在局限的；而将滥用职权罪的罪过形式只限于过失，更是让人难以接受的[2]。

进一步地，由于本著否定疏忽大意过失这种过失罪过形式，故过失向故意的犯意转化可分为过于自信过失向间接故意的犯意转化、过于自信过失向直接故意的犯意转化，而将间接故意作为"中介"的犯意转化，则是过失向故意的犯意转化的一种"曲折形态"。例如，在前述丢烟头的事例中，出于过失丢了烟头之后，行为人虽已想到可能会发生火灾，但接着出于陷害他人而放任火灾的发生，进而又出于更加强烈的陷害动机而希望火灾发生。于是，行为人便更加"坚定"地不消除先前过失行为已经带来或造成的火灾危险。显然，过失向故意的犯意转化属于由轻而重的犯意转化，故对行为人的责任认定及其主观恶性和再犯危险性评价仍应以最终的罪过内容为考察材料。

---

〔1〕 储槐植、杨书文："复合罪过形式探析——刑法理论对现行刑法内含的新法律现象之解读"，载《法学研究》1999年第1期，第49~56页。

〔2〕 蒋铃："滥用职权罪罪过形式的深度检讨"，载《云南大学学报（法学版）》2013年第2期，第91页。

（二）故意向故意的犯意转化

学者指出，犯意转化的第一种情况是，行为人以此犯意实施犯罪的预备行为，却以彼犯意实施犯罪的实行行为，或曰在犯罪预备阶段是此犯意而在犯罪实行阶段却是彼犯意。如行为人在预备阶段具有抢劫故意，表现为准备抢劫工具，但在进入现场后发现无人在场，于是实施了盗窃行为。在这种情况下，通常认为应以实行行为吸收预备行为，但事实上可以根据重行为吸收轻行为的原则认定犯罪；犯意转化的第二种情况是，在实行犯罪的过程中犯意发生改变，从而导致此罪与彼罪的转化。这种犯意转化应限于两个行为所侵犯法益具有包容关系的情形。如行为人在伤害他人过程中改变犯意而意图杀死他人，或在实施杀害行为过程中，由于某种原因改变犯意而认为造成伤害即可，故其停止侵害行为。又如，行为人见他人携带装有现金的提包便起抢夺之念，但在抢夺过程中转化为使用暴力而将被害人打倒在地，抢走提包[1]。显然，学者所分述的犯意转化的两种情况是专指故意向故意的犯意转化，虽其在犯意转化的类型上存在着"以偏概全"，但故意向故意的转化应视为犯意转化的主要类型或通常表现。由此，故意向故意的犯意转化，是指伴随着前行为向后行为的推进，行为人先前所怀揣的一种故意向另一种故意发生演化。

过失向故意的犯意转化和故意向故意的犯意转化所形成的基本分类，可视为采用了犯意内容这一标准。进一步地，作为犯意转化一个基本类型的故意向故意的犯意转化又可作出更加具体的类型划分。由学者所列的犯意转化的两种情况，即第一种情况是行为人在犯罪预备阶段是此犯意但在实行阶段是彼犯意，而第二种情况是行为人在实行犯罪的过程中将此罪犯意改变为彼罪犯意，我们还可想到的一种情形是：在犯罪预备阶段，行为人将此罪犯意改变为彼罪犯意，即犯意转化的发生时空还可以是犯罪预备阶段。如在犯罪预备阶段，行为人原先是为伤害被害人做准备，后改变为为杀害被害人做准备，或行为人原先是为杀害被害人做准备，后改变为为伤害被害人做准备。由此，故意向故意的犯意转化便在发生时空上形成三个基本类型，即犯罪预备阶段的犯意转化、犯罪实行阶段的犯意转化和犯罪预备阶段与犯罪实行阶段之间的犯意转化。显然，我们这里对故意向故意的犯意转化所作的前述分类采用的是一种时空标准。由此可见，当下教材对犯意转化作出两个类型的

---

[1]　张明楷：《刑法学》（第5版），法律出版社2016年版，第266~267页。

描述即犯罪预备阶段与犯罪实行阶段之间的犯意转化和犯罪实行阶段的犯意转化[1]，是存在局限的。学者指出，犯意或对象的变化，当然限于变化前后行为人已实施了相应行为，不管是预备行为还是实行行为[2]。这就说明：在犯罪预备阶段是可能发生犯意转化的，亦即犯意转化可能存在犯罪预备阶段的犯意转化。另外，我们还可采用"轻重变化"标准而将犯意转化再分为由轻而重的犯意转化和由重而轻的犯意转化，且进一步引发出后文要讨论的犯意转化的"责任方案"问题。

由于行为对象通常是法益的直接载体，故行为人对行为对象的故意往往对应着对法益的故意即对法益的犯意。由此，行为对象便可构成犯意转化的一种切入点，或行为对象可以构成犯意转化的一种依托。又由于行为对象虽有现象层面的差异但可有价值层面的共性，故故意向故意的犯意转化又可按照行为对象是否同一为标准即行为对象标准而作出两个分类，即同一行为对象上的故意向故意的犯意转化和不同行为对象之间的故意向故意的犯意转化。实际上，故意向故意的犯意转化的对象标准也有时空标准的意味，因为同一行为对象或不同行为对象原本就是一种时空性存在，其道理正如刑法的空间效力包含属人管辖原则[3]。

这里要强调的是，正如过失向故意的犯意转化，故意向故意的犯意转化也会出现"曲折"的形态，如在"性动机"的支配下行为人先是出于强奸的目的实施强奸行为，接着又出于对被害人不好嫁人或难以面对家人的怜悯而放弃了强奸行为，转而出于猥亵的目的而实施强制猥亵行为。但在实施强制猥亵行为时，出于"机会难得"等得失心理，行为人又恢复其强奸目的而最终实施强奸行为。或在"性动机"的支配下行为人先是出于猥亵的目的实施强制猥亵行为，接着又出于"机会难得"等得失心理而形成强奸目的且对被害人实施强奸行为。而在实施强奸行为时，行为人又出于对被害人不好嫁人或难以面对家人的怜悯而恢复其猥亵目的，便最终实施强制猥亵行为。当然，在前述情形中，对行为人的责任认定及其主观恶性和再犯危险性评价仍应以最终的罪过内容为考察材料。可见，在故意向故意的"曲折"形态中，可形

―――――――――

〔1〕《刑法学》编写组：《刑法学》（上册·总论），高等教育出版社 2019 年版，第 172~173 页；张明楷：《刑法学》（第 5 版），法律出版社 2016 年版，第 266~267 页。

〔2〕张开骏："犯意和对象变化的犯罪认定"，载《当代法学》2015 年第 3 期，第 58 页。

〔3〕陈兴良：《本体刑法学》，商务印书馆 2001 年版，第 124 页。

成二次犯意转化，如行为人对被害人先谋划的是实施招摇撞骗罪，后又转为打算对其实施诈骗罪，而在进入实行阶段后，行为人对被害人则实施了合同诈骗罪。

最后，与在过失向故意转化场合前后犯意所指向的法益具有同质或包容关系不同，故意向故意转化场合前后犯意所指向的法益只具有包容关系。而无论是过失向故意的犯意转化，还是故意向故意的犯意转化，犯意转化又都可以分为两类，即由轻而重的犯意转化亦即"犯意升高者"和由重而轻的犯意转化亦即"犯意降低者"，而"升高"或"降低"正是作为犯意转化"奠基"的"法益包容性"的一种"弦外之音"。

二、犯意转化与另起犯意和行为对象转换的甄别

当我们在讨论犯意转化时将其与另起犯意和行为对象转换问题放在一起的，则就意味着此三个概念确需甄别。

（一）犯意转化与另起犯意的甄别

犯意转化的问题讨论必然涉及犯意转化与另起犯意的关系把握。学者指出，犯意转化与另起犯意具有区别，前者是此罪转化为彼罪，故不会实行数罪并罚；后者是在前一犯罪已经既遂、未遂或中止后，又另起犯意实施另一犯罪行为，故当实行数罪并罚。具言之，犯意转化与另起犯意有三个重要区别：①行为在继续过程中，才有犯意转化问题；如果行为已经终了，则只能是另起犯意。例如，甲以强奸故意对乙实施暴力之后，因为乙正值月经期而放弃奸淫，便另起犯意实施抢劫行为。由于抢劫故意与抢劫行为是在强奸中止之后产生的，故甲的行为成立强奸中止和抢劫二罪。②同一被害对象才有犯意转化问题；如果针对另一不同对象，则只能是另起犯意。例如，A以伤害故意举刀砍B，适逢仇人C出现在现场，A转而杀死C。A的行为针对不同对象，应成立故意伤害与故意杀人二罪。再如，甲为了入户抢劫乙的财产而准备了工具，但在前往乙家的途中发现很容易窃取丙的财物，在窃取丙的财物后放弃抢劫乙的财物的，盗窃行为属于另起犯意实施的行为，应认定为抢劫预备阶段的中止与盗窃既遂；对前者免于处罚，对后者单独定罪量刑。倘若甲并未放弃抢劫而只是等待时机，在着手前被查获的，则要对抢劫预备与盗窃既遂实行数罪并罚。③在两个法益具有包容关系时，才可能存在犯意转化，而如果没有包容关系，则应认定为另起犯意。例如，A先对B实施伤害

行为，导致 B 昏迷。此时，A 发现 B 戴有首饰便见财起意而将 B 的首饰转移为自己占有。A 的行为属于另起犯意，成立故意伤害罪与盗窃罪，实行数罪并罚。[1] 前述是学者对犯意转化与另起犯意的区别所作的例证。

首先，犯意转化的"转化"当然意味着是在行为的继续发展过程中，而"另起犯意"的"另起"当然意味着另一个或又一个独立的行为过程，故学者所指出的犯意转化与另起犯意的第一点区别可视为二者的时空之别，且这一区别当无疑问。其次，当前后行为所侵犯的法益不具有包容关系时，则当然不可能形成犯意转化，从而学者所指出的犯意转化与另起犯意的第三点区别可视为二者的法益之别，且这一区别亦当无疑问。至于学者所说的第二点区别，即将犯意转化的对象条件限定在"同一对象"即原先的被害对象，仍是当下刑法理论对犯意转化的一种通行认识，正如犯意转化是针对同一被害对象存在的，而另起犯意既可以针对同一犯罪对象也可以针对另一不同对象[2]。然而，我们或许会遇到这样的个例：A 与 B、C 兄弟俩都有仇，但对 C 仇恨更深。某日，当 A 正以伤害的故意砍 B，恰逢 C 也随后出现在现场，故 A 便转而以杀人的故意砍 C 且致 C 死亡。前述可能发生的个例与 A 正以伤害的故意砍 B，但 A 越砍越气而索性将 B 砍死这一也有可能发生的个例，有何实质区别呢？这里，虽然 B、C 兄弟俩是两个不同的被害个体，但在规范评价上都属于"他人"，而"他人"的法益之间是完全可以形成包容关系的。因此，似乎不应将是否针对所谓"同一对象"作为犯意转化与另起犯意的一个区别乃至重要区别，而这将引起下文要讨论的犯意转化与行为对象转换关系的讨论。这样看来，犯意转化与另起犯意的区别似应只归纳为两点：一是是否发生于前行为的继续发展过程中，即如果发生于前行为的继续发展过程中，便为犯意转化，而若开启了另一个独立的行为过程，则为另起犯意；二是前后行为所侵犯的法益是否具有包容关系，即如果前后行为所侵犯的法益具有包容关系，便为犯意转化，而若不具有包容关系，则为另起犯意。在前述两点区别中，第一点区别可视为对应着一种时空标准，且此时空标准实即外在标准或形式标准；而第二点区别可视为对应着一种价值标准，且此价值标准实即内在标准或实质标准。由于前述两点区别必须同时存在才能区别开犯意转化和

---

[1] 张明楷：《刑法学》（第 5 版），法律出版社 2016 年版，第 267 页。

[2] 《刑法学》编写组编：《刑法学》（上册·总论），高等教育出版社 2019 年版，第 173 页。

另起犯意，故前述两种标准的相互结合才是犯意转化与另起犯意的完整的甄别标准。易言之，发生在前行为的继续发展过程中且前后法益具有包容关系的，便为犯意转化；相反，则为另起犯意。

实际上，犯意转化与另起犯意的区别也可作出如下重新概括并予以引申：一是犯罪过程是否具有同一性，即分别体现犯意转化和另起犯意的行为是否属于前后相继的同一犯罪过程；二是被侵犯的法益是否具有相通性或可过渡性。于是，前述两点区别派生出犯意转化和另起犯意的又一点即第三点区别，即是否一罪的区别：犯意转化对应着罪数认定的一罪，而另起犯意则对应着罪数认定的数罪。如果前述三点区别是用"是"来回答，则属于犯意转化；而如果其中有一项是用"否"来回答，则属于另起犯意。可见，犯意转化的特点或成立条件隐含在一个"转"字里，而另起犯意的特点或成立条件则隐含在一个"另"字里。而当此"另"字反复得到体现，则犯意转化与另其犯意便更易区别。例如：行为人潜入某女大学生宿舍欲行窃。当其发现该宿舍没有值得其盗取的财物而刚要离开时，住在该宿舍的一名女生恰好开门进宿舍。于是，在短暂的僵持后，行为人强令该女生脱光衣服让其"一饱眼福"。在该女生羞怯地背对着行为人时，行为人偶然发现该女生还手带一块价值不菲的手表。于是，行为人又喝令该女生摘下手表。随后，行为人拿着手表逃离现场。显然，在前例中，行为人的行为发生两次另起犯意，而应按照盗窃罪（未遂）、强制猥亵罪和抢劫罪予以数罪并罚。可见，犯意转化的"转"字意味着"承继的一个"，而另起犯意的"另"字意味着"独立的另一个"。

进一步地，犯意转化可视为一种"犯意绎演"，故其刑事责任应注重当下；而另起犯意，则可视为一种"犯意新演"，故其刑事责任应"旧账新账一起算"。易言之，与另起犯意引起两个行为实体和责任实体而应予数罪并罚不同，犯意转化最终只剩下一个行为实体和责任实体而只能按一罪论。可见，恰当甄别犯意转化与另起犯意，直接有助于我们对犯意转化问题的进一步理解。

（二）犯意转化与行为对象转换的甄别

由于"转化"与"转换"几乎同义，故犯意转化与行为对象转换也需予以一番甄别。学者指出，行为对象转换，是指行为人在实行犯罪的过程中有意识地将原先设定的行为对象转换到另一行为对象上。例如，甲原本打算抢劫他人名画而侵入住宅，但入室后抢劫了手提电脑。在这种情况下，由于行为对象的转换依然处于同一犯罪构成之内，且法益主体没有变更，故成立入户抢劫的既遂，而非入户抢劫的未遂与普通抢劫既遂。再如，乙原本打算盗窃 A 的财物便侵入了 A、B 合住的房间，但侵入房间后仅盗窃了 B 的财物。虽然法益主体不同，但由于财产法益并非个人专属法益，故仅认定为一个盗窃既遂即可。但是，如果行为对象的转换导致个人专属法益的主体变化，则属于另起犯意。例如，甲为了强奸 A 女，在 A 女的饮食中投放了麻醉药。事后，甲发现 A 女与 B 女均昏迷，且 B 女更美丽，于是仅奸淫了 B 女。甲的行为成立对 A 女的强奸中止和对 B 女的强奸既遂。又如，乙为了抢劫普通财物而对 X 实施了暴力，在强取财物时，当发现 X 的提包内不仅有财物而且有枪支，乙便使用强力仅夺取了枪支。乙的行为成立抢劫中止与抢劫枪支既遂（数罪并罚）。[1] 稍加分析，我们便可发现，在所谓行为对象转换的背后，学者是立于法益侵犯的转换来分析和处置问题的。具言之，在行为对象转换的场合，如果存在诸如性自主权这样的专属法益侵犯的转换，则为另起犯意，从而应数罪并罚；如果存在财产法益这样的非专属法益侵犯的转换，则非为另起犯意，但也非属犯意转化。以法益的专属性而将行为对象转换排斥于犯意转化之外，是以往刑法理论回答行为对象转换问题的一种通行立场或主张。

本来，专属法益与非专属法益的对应有其合理性和必要性，但通过专属法益与非专属法益的对应而对行为对象转换作出两类处置，并不具有妥当性，或至少其妥当性并不明显，因为即便专属法益在某种意义上较非专属法益更加重要，但其似乎只能说明法益侵害性的轻重有别，而与犯意转化或另起犯意这类犯罪主观活动的变化本身压根就没有关联性。易言之，即便承认所谓专属法益，但专属法益并不因行为对象转换而形成另起犯意，从而引起数罪并罚。例如，甲出于索债而在某日上午将张三骗来予以非法拘禁。临近中午，甲让张三的妻子李四来顶替张三接受非法拘禁。临近傍晚，甲又让张三的儿子张五来顶替张妻李四继续接受非法拘禁。在前例中，人身活动自由是公民的专属法益，且张三、李四、张五是不同的行为对象，但只能认定甲构成一个罪即非法拘禁罪而不可能，也不必要通过另起犯意，且以数罪并罚来解答问题。于是，在学者所举的具体事例中，为何甲放弃奸淫 A 女而选择奸淫 B，甲可成立强奸中止与强奸既遂，而甲侵入住宅后放弃抢劫名画而选择抢劫手

---

[1] 张明楷：《刑法学》（第 5 版），法律出版社 2016 年版，第 267~268 页。

提电脑，却不可以成立抢劫中止与抢劫既遂？这里，当名画的价值大于或远远大于手提电脑，则行为人放弃抢劫手提电脑而选择抢劫名画，则学者又是否会改变看法呢？实际上，在学者所举的行为对象转化的四个具体事例中，前三个事例都属于不同行为对象之间同等法益侵犯的转换，即前两个事例都属于不同行为对象之间财产法益侵犯的转换，而第三个事例则属于不同行为对象之间性自主法益侵犯的转换。但第四个事例则属于不同行为对象之间不同等却依然具有包容性的法益侵犯的转换，因为枪支在对应着财产法益的同时还对应着公共安全法益。如此，则学者为何将第三、四两个事例归为一类而作另起犯意对待？当然，提出前述疑问并不意味着本著主张应将行为对象转换统统作为另起犯意处置。在本著看来，在行为对象转换的场合，应一分为二地看待或处置问题：如果行为对象转换只引起同等法益侵犯的转换（前述第一、二、三事例），则其首先不存在另起犯意的问题，同时也不引起犯意转化的问题，或至少没有必要引起犯意转化的问题，因为此时的行为对象转换丝毫不影响定罪问题包括犯罪的阶段形态和罪数形态，正如行为目标转换即"故意转换"，是指行为人在实施一个构成要件行为时，有意识地把自己对一个对象进行攻击的目标设定转移到另一个目标上去的情况。例如，当有人为了盗窃一个价值连城的铃铛而闯入他人的住所，但后来仅拿走了其他东西，则认定一个未遂的入室盗窃和一个既遂的普通盗窃还是仅仅认定单一的既遂的入室盗窃，便成了一个问题。于是，司法判决总是宣称，故意指向的改变是不值得注意的，因为这种案件能够被看成是一种"有意识的行为差误"，而这种有意识的行为对象转换，完全是为原来的计划服务的[1]。所谓"不值得注意"和"为原来的计划服务"意味着同一个构成要件行为的对象转换不影响故意的认定和该构成要件行为所对应的罪名的成立，从而不发生数罪并罚的问题，即前述行为目标转换或"故意转换"所指向的个例应认定为单一的入室盗窃既遂，因为同一个构成要件行为的对象转换对构成要件本身丝毫没有形成影响，正如故意完全相同、对象变化时，由于行为性质相同且在同一构成要件之内，罪名不变，故将对象变化前后的行为作概括的整体评价而仅

---

〔1〕 ［德］克劳斯·罗克辛：《德国刑法学总论》（第 1 卷·犯罪原理的基础构造），王世洲译，法律出版社 2005 年版，第 342~343 页。

认定为一罪，未尝不可（尤其是对象所属的主体也完全相同时）[1]。但如果行为对象转换所对应的是虽不同等但具包容性的法益侵犯的转换，则其所引起的实质上并非另起犯意而仍然是犯意转化的问题，因为行为对象的转换即新的行为对象的选择是发生在行为的继续发展过程中，且新行为对象所对应的法益包容了原行为对象所对应的法益。可见，持专属法益主体转换不可能形成犯意转化的学者，其基本逻辑是：当侵犯不同主体的专属法益，则只能数罪并罚，正如聚众斗殴致一人重伤的，应以故意伤害罪论处，而同时致数人重伤的，应以数个故意伤害罪实行数罪并罚[2]。由学者的立场推论，聚众斗殴致一人死亡的，应以故意杀人罪论处，而同时致数人死亡的，应以数个故意杀人罪实行数罪并罚。而既然只能数罪并罚，便不可能形成犯意转化。但学者有所忽略的是：在同一犯罪过程中，当不同主体的专属法益之间具有包容性，行为人转换行为对象即法益主体所形成的乃是法益侵害性包容的局面，则为何不能形成犯意转化呢？除了前述 A 将对 B 的伤害故意转化为对 B 的兄弟 C 的杀害故意这一事例，还有可能发生 A 将对双方有仇的 B 的猥亵故意转化为对随后出现在现场的 B 的姐妹 C 的强奸故意，诸如此类的事例以犯意转化论处又有何不可呢？可以认为，借由专属法益而将行为对象转换排斥于犯意转化之外而论以数罪并罚，是"过度法益论"的一种体现。而"过度的法益论"所体现的是学者所指出的片面的"对象理性思维"，即法益理论的思维特点就是单纯以保护对象为关注点[3]。因此，在本著看来，"过度的法益论"所体现的是片面的"保护理性思维"，而片面的"保护理性思维"使得法益论忽略了手段的正当性与和比例性。于是，以专属法益为由而将行为对象转换一律予以数罪并罚，便构成了"过度的法益论"片面的"保护理性思维"的一个切实体现。这里要指出的是，在形成犯意转化的场合，已经不存在"同一个构成要件行为"，如在出于抢劫普通财物而开始实施暴力，但在发现被害人的提包内另有枪支时仅夺取了枪支的例子中，行为人开始的暴力行为是抢劫罪的构成要件行为，而随后的暴力夺取行为则是抢劫枪支罪的构成要件行为，但前后构成要件行为也存在着一种包容关系，且此种包容关系

---

〔1〕 张开骏："犯意和对象变化的犯罪认定"，载《当代法学》2015 年第 3 期，第 58 页。
〔2〕 张明楷：《刑法学》（第 5 版），法律出版社 2016 年版，第 1063 页。
〔3〕 陈璇："法益概念与刑事立法正当性检验"，载《比较法研究》2020 年第 3 期，第 62~64 页。

可借助"法规竞合"或"法条竞合"予以描述。可见，客观中肯地辨析行为对象转换问题，是对犯意转化的更进一步深化。

在对犯意转化与另起犯意和行为对象转换予以甄别之余，为进一步澄清犯意转化这一概念，我们还有必要将犯意转化置于主客观相对应或主客观相结合之中予以一番考察。学者指出，如果心存的犯意或行为对象，仅是行为人的计划或意欲，在尚未实施时就发生变化，并在新的犯意或对象情况下才实施相关行为，或者反过来，即在变化之前实施了相关行为，变化之后没有实施任何行为，都无讨论犯意或对象变化的意义，因为它们不会影响犯罪认定。理由在于，仅有意欲的犯意或对象而缺乏行为，则不存在客观违法，也就免谈主观责任。比如，A 本欲伤害他人，但在未付诸实施时即改为杀人故意并实施暴力行为。不管被害人最终是生或死，仅成立故意杀人罪一罪。尽管 A 曾有伤害故意，但没有在此罪过心理支配下实施行为（哪怕是预备行为），则不存在故意伤害罪的客观不法，也就没有余地讨论所谓犯意变化对犯罪认定的影响。再如，B 欲杀害他人，但在未付诸实施时即改为伤害故意并实施暴力行为。不管被害人最终是生或死，仅成立故意伤害罪一罪，同样没有必要讨论所谓犯意变化对犯罪认定的影响[1]。可见，无论是过失向故意的犯意转化，还是故意向故意的犯意转化，都是行为人的犯罪心理活动变化与外在举止活动并行或"齐头并进"的过程，或曰行为人的犯罪心理活动变化线与行为人的外在举止运动变化线"相互呼应"或"共振"的过程。易言之，犯意转化是主客观相对应或主客观相结合的犯罪变化过程，亦即犯意转化是一个动态的主客观相结合构造。

三、犯意转化的责任方案

犯意转化的责任处置是犯意转化问题的最终落脚。犯意转化的责任处置已经提出了多种解决方案。

（一）"想象竞合犯方案"的否定

对于所谓犯意转化的第一种情况，学者指出，在这种情况下，应以实行行为吸收预备行为，但事实上对此还难以一概而论：一方面，抢劫预备行为严重而盗窃行为并不严重时，以后者吸收前者明显不当；另一方面，因为抢

---

〔1〕 张开骏："犯意和对象变化的犯罪认定"，载《当代法学》2015 年第 3 期，第 58~59 页。

劫预备行为严重而仅以抢劫预备论处，则没有评价盗窃既遂部分，导致评价不充分。因此，对这种行为应当认定为想象竞合犯，从一重罪处罚。[1]在本著看来，运用想象竞合犯理论来处置学者所谓犯意转化的第一种情况，并不合适，因为正如学者本人指出的，想象竞合犯也称想象的数罪、观念的竞合、一行为数法，是指一个行为触犯了数个罪名的情况。[2]显然，在学者所谓犯意转化的第一种情况中，由于先后存在着抢劫和盗窃这两种不同的犯意，且此两个不同的犯意分别对应或支配不同的行为即抢劫行为（抢劫预备行为也是抢劫行为）和盗窃行为，故学者对所谓犯意转化的第一种情况按照想象竞合犯论处的最终主张，明显与想象竞合犯的行为数量特征即"一个行为"不相符合。可见，想象竞合犯理论并不匹配学者所谓犯罪转化的第一种情况。不仅如此，按照想象竞合犯从一重罪处罚却走向了学者所反对的"评价不充分"，亦即使得学者自己陷入一种自相矛盾。而这里要特别指出的是，当学者在所举例子中强调，抢劫预备行为严重而盗窃行为并不严重时以后者吸收前者明显不当，其有坚持罪责刑相适应原则之意味，但问题是：在犯意转化的场合，行为人的罪责轻重及其再犯危险大小应在一种动态性之中向前考量且应以行为人后来的主观内容和实际危害为考察材料，即应将犯意转化后的行为人作为究责对象，因为只有这样，处罚才因具有事实针对性而具有正当性和有效性。可见，罪责刑相适应原则和刑罚个别化原则并不支持犯意转化的"想象竞合犯方案"。而按照学者的主张，在犯意转化的场合，如果还以转化前的故意与行为来定性犯意转化的个案，则犯意转化的提法便失去了实际意义。

（二）"并行评价方案"的否定

"并行评价方案"是学者在逐一评判其他方案的基础上所提出的。这里，被学者用来引出讨论的是如下三个具体事例：①甲在故意伤害他人的过程中，改变犯意杀死他人；②乙在抢夺他人装满现金的提包的过程中遭遇抵抗，进而对他人使用暴力强取财物；③丙在杀害他人的过程中改为伤害故意，继而施加伤害，没有致人死亡即停止。学者郑健才认为，犯意升高者，从新意（变更后的意思）；犯意降低者，从旧意（变更前的意思）。刘宪权教授认为，

---

〔1〕 张明楷：《刑法学》（第5版），法律出版社2016年版，第266页。

〔2〕 张明楷：《刑法学》（第5版），法律出版社2016年版，第482页。

例①和例②对行为人只需以"高位犯罪"的既遂论处，例③以"高位犯罪"的中止认定，但将"低位犯罪"作为犯罪中止的"造成损害"因素加以考虑[1]。前述主张的共同点是对行为人一律认定为犯意高的罪名一罪。于是，甲、乙应分别定为故意杀人罪和抢劫罪，丙仍认定为故意杀人罪，但其不妥之处在于：以犯意的高低论罪，缺乏法理依据；在犯意降低的场合，先前的高犯意之罪有可能成立中止，而后来的低犯意之罪通常是既遂，此时仍以高犯意的中止犯定罪，存在罪刑失衡之虞[2]。对于犯意转化，另有学者主张一律以变化后的新犯意认定为一罪[3]，但这一主张也有不妥：忽视了变化前的犯意和犯行，特别是例③犯意降低情形也完全可能是前罪成立中止、后罪成立未遂，此时仍以低犯意的轻罪认定也会造成罪刑失衡；以轻罪包含评价重罪，违背了刑法理论和司法实务的通识。于是，学者提出了带有折中色彩的方案。具言之，就上述三个例子而言，在行为人针对同一对象的犯罪过程中，存在前后两种犯意，犯意变化前后均实施了相应行为，而不同犯意支配下的两个行为的性质不同，即均具有客观不法和主观责任，故理应进行单独的刑法评价，即成立两罪且应实行并罚。这样评价和处断既是对罪行危害性的充分评价，体现刑法的法益保护机能和罪刑均衡原则，对于行为人也不存在过分苛责和侵犯人权的问题。至于变化之前的犯罪性质，应根据所处的行为阶段和犯意变化原因而定。由此，甲成立故意伤害罪（中止）和故意杀人罪（既遂），乙成立抢夺罪（未遂）与抢劫罪（既遂），丙成立故意杀人罪（中止）和故意伤害罪（既遂），都实行并罚[4]。此即学者的"并行评价方案"。

　　学者指出，"并行评价方案"具有很大的合理性：其一，它是在尊重犯罪事实基础上的刑法充分评价，即对变化前后之行为的更大的否定性评价和对行为人更大的非难谴责，故其刑法的法益保护机能、社会秩序维持机能以及刑法规范效力的确证与刑法对社会公众的行为规范指引，都更加积极和有效。其二，在犯意和对象变化情形中，对变化前后的犯意和犯行进行独立的刑法评价，即分别认定犯罪且实行并罚，这样的"并行评价"的思考方式和操作

办法具有直观性和便利性，且避免了"犯意转化""另起犯意""对象转换"等概念术语纠缠带来的理论困扰。其三，"并行评价"积极的一面是，在刑事和解不断被推广应用，被害人权益越来越受到重视的时代背景下，其为司法机关增加了督促被告人寻求谅解、积极赔偿以实现刑事和解的筹码，从而为保护被害人权益争取了主动权。其四，英美法系国家或地区的刑事案件动辄数项、十几乃至数十项罪名的指控，虽与大陆法系可能存在思维方式差异，但其理论思维和司法操作显然不是空穴来风、随心所欲，其犯罪评价和认定的合理性应被我们认真对待和借鉴。总之，"并行评价"具有刑事理性，能够指导和统一司法实践[1]。对"并行评价方案"的合理性，学者还作了进一步的补充或强调：其一，以数罪进行评价和处断，乃是针对前后两种犯意及其支配下的性质不同的两种行为，分别进行独立评价，而不是对此犯意和行为评价后，再纳入彼犯意和行为中评价一次，故不存在重复评价的问题。其二，前后两个行为侵害的法益即使存在包容关系，也并非完全相同，以一罪论处恰是没有充分评价，这是一罪论的弊端。其三，在犯意升高的场合，以较重的后罪吸收前罪，即以新犯意的后罪定罪处罚还算"自然"，但当犯意降低时，无论是比较前后罪之轻重，还是最后以重的罪认定，都会显得不"自然"。而唯有单独评价，分别定罪且实行并罚，才既符合法理，也更加妥当、自然。其四，刑事司法不应依赖缺乏法理和有失公正的简便，应接纳依据法理和有利公正的"繁琐"[2]。如何看待"并行评价方案"呢？

在学者的论断中，所谓更大的否定性评价和更大的非难谴责，都是其"刑法充分评价"的一种转述。"刑法充分评价"当然能够带来诸如更加积极有效的法益保护机能和刑法规范效力确证等效果，但"并行评价方案"是否在犯意转化的场合造成了"评价过度"而在实践效果上适得其反或至少打了折扣？在本著看来，答案是肯定的。学者所谓"并行评价方案"能够避免"犯意转化""另起犯意""对象转换"等概念术语纠缠带来的理论困扰而具有司法操作的直观性和便利性，其难免有回避问题甚或混淆问题之嫌，因为犯意转化截然有别于另起犯意，而行为对象转换虽不必然但可能是犯意转化。学者所谓"并行评价"能为司法机关增加督促被告人寻求谅解、积极赔偿以

---

〔1〕 张开骏："犯意和对象变化的犯罪认定"，载《当代法学》2015 年第 3 期，第 62 页。
〔2〕 张开骏："犯意和对象变化的犯罪认定"，载《当代法学》2015 年第 3 期，第 62 页。

实现刑事和解的筹码，从而为保护被害人权益争取了主动权，如果刑法评价本身是不客观和公道的，则通过督促刑事和解以增强被害人的权益的正当性与合理性又何在呢？学者所谓英美法系的多项指控的做法值得我们认真对待和借鉴，这一说辞显属牵强附会。而在学者进一步补充或强调的所谓合理性中，所谓"并行评价方案"不存在重复评价的问题，实有"欲盖弥彰"之嫌，因为既然是转化了，则被转化者消弭于转化者之中，故作为我们评价材料的应是转化后的犯意及其所支配的行为。由此，对被转化者还不依不饶的"并行评价"难道不是"重复评价"吗？学者所谓一罪论没有充分评价，则"并行评价"难道不是"重复评价"或"叠加评价"，从而"过度评价"吗？对于学者所谓按新犯意定罪难以让人感到"自然"，则我们能用一种感觉来论述按新犯意定罪的妥当性吗？学者所谓刑事司法不应依赖缺乏法理和有失公正的简便而应接纳依据法理和有利公正的"繁琐"，其言本身无错，但"并行评价"这一"繁琐"符合法理和有利公正吗？最终，"并行评价方案"貌似最为合理可取，但其存在问题甚至多于其他方案。

（三）"从新意方案"的再主张

"从新意方案"能够得到从刑法基本法理到刑法基本原则以及运动刑法观的系统性说明或支撑。

首先，"从新意方案"符合刑法基本法理。犯意转化责任的"并行评价方案"提出者，着意强调其方案符合法理，甚至当符合法理，则其方案即使"繁琐"也不要紧或有必要。这里，学者所指涉的所谓法理到底是什么呢？从其所谓唯有单独评价，分别定罪且实行并罚，才既符合法理，也更加妥当、自然，我们可知学者的所谓法理不过是数罪并罚的刑法理论而已。在本著看来，刑法法理本应符合实际问题的事实真相，即刑法法理本应是实际问题的事实真相的观念反映，故犯意转化的责任方案只有在对接实际问题的事实真相中才有符合刑法法理可言。作为刑法生活事实中的一个实际问题，犯意转化的真相就藏于"转化"二字之中。"转化"意味着事物发展前后之间的内在的承继与演进，而非某种"既定"或"既成"，亦非不同事项在时空上的"并起"，故"想象竞合犯方案"不符合犯意转化的事实真相，因为"同时符合"意味着该方案没有辨识或辨识不了犯意转化的事实真相，同时"并行评价方案"也不或更不符合犯意转化的事实真相，因为其所主张的"独立评价，而数罪并罚"更是通过"先后符合"将犯意转化混同于另起犯意，从而将一罪一罚混同于数罪并罚。由"转化"所造成的最终的一个犯意支配最终的一个行为事实，意味着犯意转化只对应着一个刑法事实，从而只对应着一个犯罪构成，最终对应着一罪一罚，即"从一到一"。而这就是犯意转化责任方案应遵循的基本刑法法理。但在以往的责任方案中，只有"从新意方案"遵循了前述由刑法事实决定犯罪构成，进而由犯罪构成来说明罪名和罪数的法理，但该方案却没有得到深入论证；而该方案之所以没有得到深入论证，或许与"从新意"的当然性认知有关。实际上，在"并行评价方案"中，所谓符合法理是最为重要的理由，因为这一理由是其他理由的根基，但数罪并罚的法理暴露出该方案对犯意转化事实真相的盲视或偏离，从而数罪并罚的法理在"并行评价方案"那里被运用得"适得其反"，因为其"重复评价"或"叠加评价"即"过度评价"背反了一罪一罚的刑法法理。而之所以"重复评价"或"叠加评价"即"过度评价"应予避免，是因为在犯意升高的场合，我们应该关注的只是后来的主观恶性更深和再犯危险性更大的行为人，而非将先前的主观恶性较浅和再犯危险性较小的行为人与后来的主观恶性更深和再犯危险性更大的行为人予以"重复关注"。此处，"重复关注"夸大了"恶人之恶"；而在犯意降低的场合，我们应该关注的只是后来的主观恶性变浅和再犯危险性变小的行为人，而非将先前的主观恶性较深和再犯危险性较大的行为人与后来的主观恶性变浅和再犯危险性变小的行为人予以"重复关注"。此处，"重复关注"忽略了"恶人变轻"的事实。由此可见，法理、事理和情理是相辅相成和相互渗透的，而"从新意方案"至少又是较好地体现了法理、事理和情理的相辅相成和相互渗透。

其次，"从新意方案"符合刑法基本原则。这里所说的刑法基本原则又首先是指刑法责任主义原则。具言之，在"犯意降低"这样的犯意转化的场合，"重犯意"通常是对应着预备行为阶段，而"轻犯意"通常是对应着实行行为阶段。虽然对犯罪的刑法评价是就整个行为过程所作出的评价，但国外"处罚预备犯是例外"的立法例已经表明刑法评价的重点是犯罪的实行行为，因为相比之下，能够较深体现行为人的主观恶性与再犯危险性的是实行行为而非预备行为。因此，对于"犯意降低者"仍应"从新意"，是刑法责任主义原则的题中之义，或曰符合刑法责任主义原则。刑法责任主义暗含着一种无声的强调，即"行为之时"的主观罪过以及行为人的再犯危险性是刑事非难的对象，但"行为之时"是由"预备行为之时"和"实行行为之时"所构成，而在犯意转化的场合，我们又只能在"预备行为之时"和"实行行为之时"的主观罪过以及行为人的再犯危险性这两者之间选取其一作为犯意转化场合定罪量刑的主观事实基础。由于是"新意"而非"旧意"支配了在时空上接近刑事非难的不法行为，即"实行行为之时"比之于"预备行为之时"更具有体现行为人主观恶性及其再犯危险性的"当时性"或"现时性"，故从刑事责难的"报应性"和"预防性"出发，我们应选取行为人"实行行为之时"的主观罪过及其再犯危险性作为评价材料，即对于"犯意降低者"，仍应"从新意"，而"从新意"则是刑法责任主义原则的充分体现。至于在"犯意升高者"的场合，"从新意"更是刑法责任主义原则的直接体现。

"从新意方案"另符合罪责刑相适应原则和刑罚个别化原则。正如学者所举的具体事例所印证，犯意转化的第一种情况也体现着转化前后两个行为所侵犯的法益具有包容关系，正如抢劫转化为盗窃。接下来的重要问题是，在犯意转化的场合，如何最终追究行为人的刑事责任。对于"犯意升高者，从新意（变更后的意思）"这一方案或主张，应无疑问，因为"犯意升高者"对应着行为人最终的主观恶性和再犯危险性，故这一方案，无论是从刑事处罚的正当性，还是刑事处罚的目的性和有效性，都具有相当的合理性。但对于"犯意降低者，从旧意（变更前的意思"）这一方案，本著予以否定，即"犯意降低者，仍应从新意（变更后的意思"），理由仍然在于：在犯意转化的场合，行为人的罪责轻重及其再犯危险性大小应在一种动态性之中向前考量且应以行为人后来的主观内容和实际危害为考察材料，即应将犯意转化后的行为人作为究责对象，因为只有这样，处罚才因具有事实针对性而具有正当性和有效性。实际上，在犯意转化的场合，无论是"犯意升高者"，还是"犯意降低者"，正如行为人的罪责轻重及其再犯危险性大小应在一种动态性之中向前考量且应以行为人后来的主观内容和实际危害为考察材料，即应将犯意转化后的行为人作为究责对象，只有"从新意"，才能真正地体现或落实罪责刑相适应原则和刑罚个别化原则。正如在学者所举的丙本欲杀死他人的例子中，当行为人虽然没有致死被害人但其却以特别残忍手段造成被害人严重残疾的，依法（《刑法》第 234 条）可判死刑，而若按照故意杀人罪的中止犯处理，对行为人的量刑只能在"十年之下"，因为按照《刑法》第 24 条的规定，对于中止犯，造成损害的，"应当"减轻处罚。这里，"犯意降低者，从旧意（变更前的意思"）明显背离了罪责刑相适应原则，也同时背离了刑罚个别化原则。

恩格斯曾指出："蔑视社会秩序最明显、最极端的表现就是犯罪。"[1]在犯意转化的场合，行为人对社会秩序的蔑视程度只是在转化后而非转化前才具有最终的形成性和真实性，故"从新意方案"从刑法责任主义原则、罪责刑相适应原则和刑罚个别化原则那里获得的支撑又可从马克思主义经典论断那里寻求一种加固。而雅科布斯又曾指出，正是责任与目的的联系给刑罚和刑罚分量提供了本质意义，即其决定着刑罚的归属和归属的分量[2]。当转化后的新犯意才对应着既成和真实的责任，从而与刑罚的目的特别是特殊预防的目的才能形成真实的联系，则"从新意方案"对刑法责任主义原则、罪责刑相适应原则和刑罚个别化原则的契合性便可从"刑罚的归属和归属的分量"中得到一种映现。

最后，"从新意方案"符合运动刑法观。正如前文指出，在犯意转化的场合，无论是"犯意升高者"，还是"犯意降低者"，行为人的罪责轻重及其再犯危险性大小应在一种动态性中向前考量且应以行为人后来的主观内容和实际危害为考察材料，即应将犯意转化后的行为人作为究责对象，而"犯意升高者"和犯意降低者"都"从新意"，符合运动刑法观。运动刑法观是日本著名刑法学家团藤重光将万物流动原理引入刑法学所形成的一种刑法观，即"犯罪和刑罚的关系也绝不是静止的、固定不变的现象"[3]。由于"新意"及其所支配的行为是行为人的主观恶性、客观危害及其再犯危险性的当下说明，且"当下"又是"过往"的演变和沉淀，故"从新意"在符合动态刑法观之中体现或实现着刑事究责因具有针对性而具有的正当性和有效性。相比之下，对犯意转化的"犯意降低者"却"从旧意"即"从旧意方案"，总免不了"算旧账"的气量狭小而有违刑法的谦抑精神。而对犯意转化的"并行评价方案"也因抓住"旧意"不放而同样显得气量狭小而有违刑法的谦抑精神。易言之，在犯意转化的场合，我们应"既往不咎"或"不咎旧意"而"只咎新意"。实际上，无论是犯意转化责任处置的"从旧意方案"，还是其"并行评价方案"，都体现着一种"沉湎过去"的刑法思维，而这种"沉湎过

〔1〕《马克思恩格斯全集》（第 2 卷），人民出版社 1957 年版，第 416 页。

〔2〕 ［德］格吕恩特·雅科布斯：《行为 责任 刑法——机能性描述》，冯军译，中国政法大学出版社 1997 年版，第 6 页。

〔3〕 马克昌主编：《近代西方刑法学说史略》，中国检察出版社 1996 年版，第 353 页。

去"的刑法思维实即一种僵滞思维，从而背反着运动刑法观。而在犯意转化的场合，无论是立于主观层面的"行为人之恶"，还是立于客观层面的"行为之恶"，无论是"从旧意方案"抑或变相的"从旧意方案"，还是实为数罪并罚的"并行评价方案"，都体现一种"走不出过去"的保守且同时是"报复"的陈腐刑法思维，而此刑法思维正是运动刑法观所要扬弃的。而无论是"从旧意方案"抑或变相的"从旧意方案"，还是实为数罪并罚的"并行评价方案"，都忽略了犯意转化意味着行为人在时空延长线的人格塑变[1]，而对犯意转化的责任处置应采用一种发展变化的眼光来看待犯罪人。于是，当运动刑法观蕴含着动态的罪责刑相适应和动态的刑罚个别化，故言"从新意方案"符合运动刑法观便是对"从新意方案"符合罪责刑相适应原则和刑罚个别化原则的一种深化。

需要进一步强调的是，"从新意方案"对于犯意转化的"犯意降低者"有着"犯意自觉降低"的无声要求，即当适用"从新意方案"时，犯意降低是出于犯罪中止所对应的一种"自觉"而非"无奈"，因为出于"无奈"的犯意改变只有犯意转化之表或犯意转化之名而无犯意转化之里或犯意转化之实，故其不属于犯意转化。如当行为人在实施强奸过程中觉得自己已因喝酒过多而陷入"性无能"，便由强奸故意转变为强制猥亵故意，且在后一故意的支配下对被害人实施强吻、扣摸阴部或搓捏乳房等行为。相反，如当行为人在实施强奸过程中觉得强奸得逞会造成被害人日后难以嫁人或无法面对家人，便由强奸故意转变为强制猥亵故意，且在后一故意的支配下对被害人实施强吻、扣摸阴部或搓捏乳房等行为，则应视为犯意转化而适用"从新意方案"。"从新意方案"对"犯意降低者"的"自觉性要求"，进一步体现了该责任方案对刑法责任主义原则、罪责刑相适应原则和刑罚个别化原则的体现或信守。

犯意转化是故意认定和罪数认定中的一个实际问题。继犯意转化的基本类型和犯意转化与另起犯意及其与行为对象转换的甄别，我们最终可得：犯意转化，是指在同一犯罪过程中，行为人将对同一行为对象的此犯意转化为在法益指向上具有同质性或包容性的彼犯意，或将对某一行为对象的此犯意在另一行为对象上转化为法益指向具有包容性的彼犯意的犯罪主观活动变化。进一步地，犯意转化可从犯意的基本内容和发生的具体空间而作出基本类型

―――――――――

〔1〕 马荣春：《罪刑关系论》，中国检察出版社 2006 年版，第 80~81 页。

和更加细致的划分。当采用时空同一性和法益同质（包容）性相结合的判断标准，则犯意转化与另起犯意可谓泾渭分明，而行为对象转换虽未必是但可能是犯意转化。而是否专属法益并不说明行为对象转换是否属于另起犯意。最终，在犯意转化的场合，无论是"犯意升高者"，还是"犯意降低者"，采用犯意转化责任的"从新意方案"，不仅符合刑法基本法理，不仅能够得到从刑法责任主义原则到罪责刑相适应原则和刑罚个别化原则的高度支撑，而且能够得到运动刑法观的观念提升。特别是在过失向故意的犯意转化的场合，"从新意方案"更显示其合理性与可行性，而这一点是所有其他解决方案所忽略的。但是，出于"无奈"的犯意改变不属于犯意转化，故不适用"从新意方案"。

第六节　"主观的超过要素"之否定

由于"主观的超过要素"最终牵涉罪责性问题，故"主观的超过要素"同样是对"罪责性"讨论的继续而将犯罪主观要件论进一步推向深入。

一、"客观的超过要素"的先行解读

从字面上，"客观的超过要素"与"主观的超过要素"本是两个"相反"的问题。但在国内，可以说是"客观的超过要素"的研究带动了"主观的超过要素"的研究，并且"主观的超过要素"的研究在很大程度上可看成是对"客观的超过要素"的研究的一种"跟风"或"模仿"。尽管大陆法系刑法理论已有现成的"主观的超过要素"这一概念，但讨论"主观的超过要素"不能将"客观的超过要素"弃置一边，正如学者在讨论"主观的超过要素"时强调："在此简单讨论客观超过因素的基本内涵，目的是更好地从平行理论角度衬托出主观超过因素的理论意义。"[1]

"客观的超过要素"是张明楷教授首创的一个刑法学概念。张明楷教授是在讨论刑法中的"故意"问题时提出"客观的超过要素"这一概念的。张明楷教授指出，"故意"的成立并不要求行为人认识到所有的客观事实，而那些超过了行为当时"故意"的认识范围的客观事实或要素就被称为"客观的超

---

〔1〕　董玉庭："主观超过因素新论"，载《法学研究》2005 年第 3 期，第 63 页。

过要素"。"客观的超过要素"首先存在于结果加重犯之中，即加重结果就是"客观的超过要素"。当然，"客观的超过要素"还另有存在[1]。在张明楷教授看来，能够被确定为"客观的超过要素"的，需要具备以下条件：第一，该客观要素虽为犯罪成立必不可少，但要求该要素只是为了控制处罚范围；第二，该要素并非构成要件的唯一要素，而将某种结果确定为"客观的超过要素"时，则该结果只是可能发生的结果，且必须存在其他结果；第三，若将某种结果确定为"客观的超过要素"，则该犯罪的法定刑必须较低，且明显轻于对结果具有"故意"的犯罪；第四，成立该犯罪事实上只要求行为人对"客观的超过要素"具有预见可能性，但又不能将该犯罪确定为过失犯罪。总之，不得随意扩大"客观的超过要素"的范围，这是责任主义原则的要求[2]。可见，所谓"客观的超过要素"即"超过主观的客观要素"，亦即没有主观对应的客观要素，抑或脱离了主客观相统一的客观要素。

由张明楷教授对"客观的超过要素"的前述交代，本著认为：首先，当出现了"客观的超过要素"，则说明导致了"客观的超过要素"的行为便具有严重的社会危害性或严重的法益侵害性，亦即"客观的超过要素"使得导致了"客观的超过要素"的行为本身具有可罚的社会危害性或可罚的法益侵害性，或曰具有可罚的罪质。因此，"客观的超过要素"相对于"客观的超过要素"发生之前的行为之时的心理状态属于"超过"即不在行为当时行为人"明知"的主观认识中，但在行为成罪所需要的社会危害性或法益侵害性的程度上则并未"超过"；再就是，"客观的超过要素"毕竟是"犯罪构成要件要素"，而"犯罪构成要件要素"意味着"超过"只是犯罪构成内部的"局部超过"而非"超过"整个犯罪构成。可见，所谓"客观的超过要素"并未破坏犯罪构成的完整性及其内在统一性，正如张明楷教授指出，行为人对"客观的超过要素"仍然有着预见可能性，而当预见可能性至少说明着行为人业已存在过失时，我们便可说"客观的超过要素"最终没有"超过"作为犯罪构成四大要件之一的犯罪主观要件，而在大陆法系刑法理论中则最终没有"超过"作为"三元递进式"犯罪成立体系中的"有责性"要件。"客观的超过要素"对应着大陆法系刑法理论中的"客观处罚条件"，而对此"客观处

---

[1]　张明楷：《刑法学》（第 4 版），法律出版社 2011 年版，第 241 页。

[2]　张明楷：《刑法学》（第 4 版），法律出版社 2011 年版，第 242 页。

罚条件"，大陆法系有观点认为，所有的"客观处罚条件"，都是构成要件要素，因为所有的"客观处罚条件"，实际上都是使违法性的程度增高的要素，因而是构成要件的要素。但这种观点实际上否认了"客观处罚条件"[1]。在本著看来，只有身处犯罪构成或犯罪成立体系的完整性及其内在统一性中，"客观的超过要素"才能稳固而有力地发挥其限缩处罚范围即犯罪成立范围或犯罪成立机会的作用。也正因如此，我们才没有必要把"客观的超过要素"看成是犯罪构成或犯罪成立体系之外的所谓"客观的处罚条件"，正如张明楷教授指出，如果将"客观处罚条件"作为犯罪成立的条件之一，则"客观的超过要素"则属于"客观处罚条件"[2]，但还是要维护犯罪构成是认定犯罪的唯一法律根据的原理而不采用"客观处罚条件"的概念[3]。其实，犯罪构成的所有要件以及所有的要件要素都是犯罪成立的条件，则"客观的超过要素"没有必要在犯罪构成或犯罪成立体系之外以所谓"客观的处罚条件"作为自己的归属。而当以犯罪构成或犯罪成立体系为归属时，其才能够在犯罪构成或犯罪成立体系的完整性及其内在统一性之中"适得其所"。

如果作一总结，则张明楷教授所提出的"客观的超过要素"，是指将事后即行为实施完了之后所发生或形成的某种结果拿过来对照着行为人在行为当时的"故意"内容而形成的一个概念，而所谓"超过"，其实际意涵是指后来的某种结果不在行为人当时已经"明知"的认识之中。因此，张明楷教授所提出的"客观的超过要素"可以另作表述，即"超过主观的客观要素"。在本著看来，由于"客观的超过要素"的"超过"仍然发生在犯罪构成或犯罪成立体系的内部，故犯罪构成或犯罪成立体系的完整性仍然得到了维持。由于行为人对"客观的超过要素"最低要求着预见可能性，即行为人对"客观的超过要素"至少要求着具有过失罪过，故"客观的超过要素"仍然维持着犯罪构成或犯罪成立体系内部的一种相互统一性，从而仍然体现着主客观相统一原则。可见，张明楷教授的"客观的超过要素"理论正是在维持犯罪构成或犯罪成立体系的完整性及其内在统一性和遵循主客观相统一原则的根本前提下显示其对犯罪成立范围的限缩作用，从而也是刑法的人权保障功

---

〔1〕　张明楷：《刑法学》（第4版），法律出版社2011年版，第448页。

〔2〕　张明楷：《刑法学》（第4版），法律出版社2011年版，第242页。

〔3〕　张明楷：《刑法学》（第4版），法律出版社2011年版，第241页。

能的。

对张明楷教授的"客观的超过要素"的前述解读，将构成对"主观的超过要素"的辨析对照，因为无论是"客观的超过要素"，还是"主观的超过要素"，都是将一个因素与另一个因素作"对照"或"参照"而形成的概念。由此，我们也可将张明楷教授的"客观的超过要素"作为其"主观的超过要素"的一种理论对照或理论参照。

二、"主观的超过要素"的质疑

对"主观的超过要素"，首先应弄清其本身的含义且应切入此概念的生发处作回溯性考察，接着我们能够获得的发现是："主观的超过要素"既走向了对犯罪构成的理论偏离，又陷入了司法实践困窘。

（一）"主观的超过要素"的本身含义

张明楷教授在探讨"客观的超过要素"问题时就已经指出："德国、日本刑法规定的伪造货币罪都是目的犯，要求行为人主观上以'行使为目的'，但客观上又不要求行为人已经行使了伪造的货币，因此，'以行使为目的'就是超过构成要件客观要素范围的主观要素。德国学者 A. Hegler（黑格勒）将它称之为超过的内心倾向，亦称主观的超过要素。"[1]可见，"主观的超过要素"完全是个"舶来品"。对于这个"舶来品"，中国刑法理论界或有学者指出，犯罪主观方面与客观方面统一性问题的探讨隐含着一个理论前提，即在罪过的界限内，每一个主观要素必有一个客观要素与之对应，每一个客观要素必有一个主观要素与之对应。但是主观方面的内容较为复杂，比如目的犯中的犯罪"目的"就是一种单纯的主观要素，并无客观要素与之对应。因此，如果我们对主客观方面相统一的分析离开了罪过的界限，那么主客观就会出现难以统一的情形，而罪过之外的主观要素因为没有与之相对应的客观要素而成为超过因素，理论界也称之为"主观的超过因素"[2]；或有学者指出，按照主客观相统一原则，故意或过失的内容与犯罪构成要件之客观要素的内容须是一致的，但我国刑法规定了"以牟利为目的""以使他人受到刑事追究为目的"等多种目的犯，但这些目的犯的"目的"在客观要素中没有与之相对应的内容，故诸如"目的"等主观要素就是"主观的超过要素"。而"主

---

〔1〕　张明楷："'客观的超过要素'概念之提倡"，载《法学研究》1999 年第 3 期，第 27 页。

〔2〕　董玉庭："主观超过因素新论"，载《法学研究》2005 年第 3 期，第 63 页。

观的超过要素”，就是指在犯罪构成的诸要素中，没有客观要素与之对应的那些超出“故意”内涵之外的主观要素[1]。显然，“主观的超过要素”，是指目的犯的“目的”、倾向犯的“心理倾向”和表现犯的“心理过程”等特殊的犯罪主观活动对“故意”的超过，即不在“故意”之内。而在目的犯的场合，所谓“主观的超过要素”可作这样的理解：行为人先有无特定“目的”的犯罪“故意”，后来又产生或形成了特定的犯罪“目的”。由于特定的犯罪“目的”也是一种犯罪主观，故“主观的超过要素”便强调着一种犯罪主观对另一种犯罪主观的“超过”，即一种犯罪主观不在另一种犯罪主观之内，或曰一种犯罪主观不是另一种犯罪主观所包含的内容。对于“主观的超过要素”，甚至有学者提出，如果说“为他人谋取利益”是受贿罪独立于受贿“故意”之外的超过的主观要素，再承认独立于受贿“故意”之外的“非法占有目的”这一“超过的主观要素”，则表明受贿罪实质是存在着“一元故意，双重超过的主观要素”的主观要素结构[2]。这一提法是对“主观的超过要素”的“强化”与“推进”，即不仅存在“主观的超过要素”，而且“超过的主观要素”还有着并非单一的主观内容。这便使得被“超过”的“故意”越发显得贫乏乃至内容空洞，以致没有存在意义，从而使得“超过的主观要素”似乎还能够呈现出“超超过”的色彩。

由上可见，“主观的超过要素”有两点较为明显的强调：一是“主观的超过要素”是一种主观内容或活动对另一种主观内容或活动的“超过”，二是在“主观的超过要素”中，“超过的主观要素”没有客观事实与之对应。没有客观事实的对应，是肯定“主观的超过要素”者一致的说法，正如主客观的相统一实际上是有条件、有范围的，超出了这个范围，主客观往往是“不统一”的，无论是“客观的超过要素”还是“主观的超过要素”，都将“独立”地对犯罪的成立起到至关重要的作用[3]。其言“不统一”和“独立”也似在表明：在“主观的超过要素”的场合，“超过的主观要素”可以没有，甚或应该没有客观事实与之对应，这才叫真正的“超过”。显然，“主观的超过要素”与“客观的超过要素”有着如下不同：在“客观的超过要素”中，是后

---

〔1〕 张伟：“论刑法中的‘主观的超过要素’”，载《河南公安高等专科学校学报》2008 年第 2 期，第 73 页。

〔2〕 胡敏：“论受贿罪的主观超过要素”，载《河北法学》2009 年第 1 期，第 195 页。

〔3〕 董玉庭：“主观超过因素新论”，载《法学研究》2005 年第 3 期，第 63 页。

来的客观事实即某种结果对先前的犯罪"故意"的"超过"，但后来的客观事实即某种结果至少有着预见可能性即过失的"主观对应"；而在"主观的超过要素"中，是后来的特定心理活动对先前的犯罪"故意"的"超过"，但作为"超过"的特定心理活动却没有客观事实与之对应，即没有"客观对应"。

（二）"主观的超过要素"理论原生处的究问

"主观的超过要素"直接形成于大陆法系的刑法理论，且其"胚胎"是所谓特殊的主观构成要件要素即特殊的主观违法要素。于是，考察"主观的超过要素"得从其理论原生处入手。

学者指出，大陆法系刑法理论中存在着"主观违法要素"这一概念。对于"主观违法要素"，大陆法系刑法理论所形成的论断几乎俯拾皆是，如日本学者大塚仁所言："主观性违法要素的观念，从本世纪初开始通过德意志学者们的努力逐渐被认识到了。梅兹格加以总结后指出，主观性违法要素包含目的犯中的目的、倾向犯中的内心倾向、表现犯中的内心状态。"[1]又如日本学者野村稔所言："所谓特别的主观的违法要素，也叫作超过的主观的违法要素，包括目的犯的目的，倾向犯罪的主观倾向，表现犯的内心状态和记忆。"[2]于是，学者作了总结，即"主观的超过因素"在大陆法系刑法理论中基本被认为是主观违法要素，并且是一种较特殊的主观违法要素。在大陆法系刑法理论中存在一般的主观违法要素和特殊的主观违法要素，前者包括故意和过失，后者即"主观的超过要素"或"超过的主观因素"。大陆法系刑法理论认可"主观的超过要素"作为主观违法要素有一个发展过程。大陆法系刑法理论早期的构成要件理论一般认为构成要件只限于客观的、记述性的因素。"违法是客观的，责任是主观的"，是当时的基本观念。这种构成要件理论既然把"主观的超过因素"排除在构成要件之外，因此它自然不能承认"主观的超过要素"作为主观性违法要素。后期，越来越多的学者认为构成要件应是类型化的违法，而构成要件既然是违法类型，则决定这种类型的一切要素当然应成为构成要件，并且这些要素也自然是违法性要素。这种观点认为"主观的超过要素"是主观违法要素。第二次世界大战以后，此种观点得到很多支持。

---

[1] ［日］大塚仁：《犯罪论的基本问题》，冯军译，中国政法大学出版社1993年版，第130页。

[2] ［日］野村稔：《刑法总论》，全理其、何力译，法律出版社2001年版，第109页。

可见，"主观的超过要素"是一种主观违法要素，同时也是犯罪构成要件中的主观构成要素[1]。

对于"主观的超过要素"，有响应者指出，大陆法系的学者们后来发现有些因素虽然属于行为人的主观因素，但对行为的违法性以及违法性的程度存在着重大的影响。基于这一发现，黑格勒和迈尔都提出，目的犯中的"目的"等只要存在于行为人的内心就够了，它不是责任要素，而是违法性要素[2]。而从大陆法系刑法理论的构成要件与违法性的关系来看，构成要件是违法行为的类型。于是，在违法性中通常需要考虑两个问题：一是违法性的有无，二是违法性程度的大小。主观违法要素是法定的违反法律规范的要素，故其当然具有评价违法性有无的作用。同时，主观违法要素可以表现行为人内心违法的态度和恶性，故其当然也具有反映行为人违法程度的作用。由此，主观违法要素理论为人们认识违法性提供了新的路径，即可以通过人的违法观和目的行为论来具体评价行为的违法性[3]。响应者显然是把大陆法系刑法理论中的"主观的违法要素"作为其赞成"主观的超过要素"的一个依凭。

在本著看来，当我们能够肯定目的犯中"目的"等可以表现行为人内心违法的态度和恶性，具有反映行为人违法程度的作用，甚至为人们认识违法性提供了新的路径，则我们将要进一步肯定的是：被黑格勒和迈尔肯定为"违法性要素"的目的犯中的"目的"等，终究是"反映或表现违法性的要素"，而不是"违法性"本身，正如梅茨格尔强调，除了目的犯中的"目的"之外，倾向犯中行为人的主观倾向、表现犯中行为人的心理经过或者状态也是"主观的违法要素"。由此，目的犯中的"目的"等并不存在于大陆法系刑法理论的三元递进式犯罪成立体系的第二个环节即"违法性"之中。于是，我们可以看出"主观的超过要素"的生成逻辑：由于目的犯的"目的"等特殊的主观活动内容也是违法性要素，故其应放在"违法性"中予以论说；放在"违法性"中予以论说，便要将其与"构成要件"这一行为类型中的"故意"区别对待，而区别对待使得"构成要件"中的"故意"被定性为一般的主观构成要件要素，"目的"等主观活动内容则被定性为特殊的主观构成要件

---

〔1〕 董玉庭："主观超过因素新论"，载《法学研究》2005年第3期，第65页。

〔2〕 ［日］大塚仁：《刑法概说（总论）》，冯军译，中国人民大学出版社2003年版，第307页。

〔3〕 张伟："论刑法中的'主观的超过要素'"，载《河南公安高等专科学校学报》2008年第2期，第73~74页。

要素。当"目的"等与"故意"被作出"一般"与"特殊"的人为分殊，且被置于不同的论题即"构成要件"和"违法性"之下，则"目的"等主观活动内容自然就被冠以"主观的超过要素"。可见，"主观的超过要素"的原生逻辑所存在的问题是：首先，被称为"主观的超过要素"的"目的"等虽然能够影响"违法性"，但"违法性"还有一个层面即"客观违法性"亦即客观的法益侵害性，故即使行为人心存"目的"等主观活动而客观上无法益侵害，则三元递进式犯罪成立体系中的第二环即"有责性"要件最终还是不存在或不成立的；再就是，"目的"之类的所谓"主观的超过要素"虽然能够影响"违法性"，但其不是在"违法性"之中即作为"违法性"本身来施加影响，而是身处"构成要件"这一行为类型中，以"故意"作为"据点"或"大本营"来施加影响的。"主观违法要素"中的"要素"应被理解为"违法性"的素材或迹象，而不是"违法性"本身。因此，"主观违法要素"，并且是"特殊的主观违法要素"，通过"主观构成要件"，并且是"特殊的主观构成要件"，使得"目的"之类的所谓"主观的超过要素"在其被提出之初就是个"怪胎"。

试图通过特殊的主观构成要件要素来确立"主观的超过要素"的理论地位，最终招致了逻辑被动。在本著看来，当把"目的"等"主观的超过要素"视为特殊的主观构成要件要素，那它就作为一个种概念而与另一个种概念即一般的主观构成要件要素同属于主观构成要件，亦即一般的主观构成要件要素与所谓特殊的主观构成要件要素都是主观构成要件的内容。由此看来，"目的"等"主观的超过要素"即所谓特殊的主观构成要件要素并未"超过"主观构成要件，即仍在主观构成要件之内。回到被视为特殊的主观构成要件要素的"目的"等"主观的超过要素"与被视为一般的主观构成要件要素的"故意"这两者的关系上来，"目的"等"主观的超过要素"与"故意"之间分明是一种证明与被证明或体现与被体现的关系，而"故意"与"目的"等"主观的超过要素"之间又分明是一种派生与被派生或包含与被包含的关系。由此，当某种行为是在某种"目的"等"主观的超过要素"的驱使之下，则该行为肯定是"故意"行为，甚至是直接"故意"行为。而当把行为限缩为犯罪，便存在着犯罪"目的"等"主观的超过要素"与直接故意犯罪的对应。可见，被视为特殊的主观构成要件要素的"目的"等"主观的超过要素"不要说"超过"主观构成要件，就连"故意"都没有"超过"。而若放在大陆法系刑法理论的三元递进式犯罪成立体系中，我们说"主观的超过要素"即所谓特殊的主观构成要件要素没有超过"构成要件"中的"故意"。显然，以特殊的主观构成要件要素也难以使得"主观的超过要素"在超过"故意"的同时又不要求客观事实的对应之下，还能获得一种合理性。

"主观的超过要素"的逻辑被动还另有体现。学者指出，美国刑法不像大陆法系刑法把"主观超过因素"与"故意"厘定得十分清楚。大陆法系刑法理论把"主观超过因素"完全排除在"故意"的内容之外，而美国刑法虽然承认"主观超过因素"的存在，但是理论上已经把这种"主观超过因素"和"故意"结合在一起，称之为"特别故意"，而这里的"特别故意"实际上是"主观的超过要素"与一般心理状态的"共同体"。美国刑法之所以形成此种理论格局，与其经验型刑法理念是分不开的，即在经验的层面上，"主观的超过要素"与一般心理状态同为主观要素，结合起来加以考察可能更具可操作性。英国刑法与美国刑法对"主观超过因素"的态度基本类似，只不过英国刑法理论把这种进一步意图和基本犯意结合而形成了"特殊的犯意"。例如，盗窃过程中永久剥夺财产所有人财产的意图就是这种进一步主观意图，即"主观的超过要素"〔1〕。在本著看来，学者针对英美刑法理论中所谓"主观的超过要素"与"故意"关系的说法，已经不再像论说大陆法系刑法理论中的相应问题那么有"底气"，而其采用"心理状态的共同体""进一步意图和基本犯意结合"而成的"特殊的犯意"，可能更多说明的不是"主观的超过要素"对"故意"的"超过"，而是"主观的超过要素"仍在"故意"之内。在"主观超过要素"与"故意"的关系上，英美的"经验型刑法理念"或许才能贴合事物的真相。至于盗窃罪的"永久剥夺财产所有人财产的意图"，不是"故意"的"意志因素"即"知欲构造"中的"欲"，又是何物？

（三）"主观的超过要素"对犯罪构成的理论偏离

响应"主观的超过要素"者指出，与"主观的超过要素"相对应的首先是大陆法系刑法理论中的一般的主观构成要件要素，其次才是客观的构成要件要素，故"主观的超过要素"不是在三要件层面上的概念，而是在犯罪成立之主、客观要素层面上的概念，即"主观的超过要素"这一概念在大陆法系刑法理论之构成要件该当性、违法性和有责性三阶段中都有相应的反映。

---

〔1〕 董玉庭："主观超过因素新论"，载《法学研究》2005 年第 3 期，第 67 页。

"主观的超过要素"是我国刑法学中构建在刑法框架上的、以大陆法系刑法理论中的"主观违法要素"理论为基础的概念，具有主观要素类型化等作用[1]。在本著看来，一旦"主观的超过要素"在大陆法系刑法理论之构成要件该当性、违法性和有责性三阶段中都有相应的反映，则意味着"主观的超过要素"似乎就像"灵魂"一样"超越"或"超过"了大陆法系刑法理论三元递进式犯罪成立体系的前后所有要件，即三元递进式犯罪成立体系的前后所有要件都成了"主观的超过要素"的"超过"对象，或曰都构成了"主观的超过要素"这一概念形成的一种"参照系"。而这时，"主观的超过要素"到底是何物？是形式和实质已经结为一体的刑事违法性？还是直接等同于犯罪？既然"主观的超过要素"以"主观违法要素"理论为基础，则一旦其将犯罪成立的前后所有要件都"超过"了，则还能有所谓"类型化"的作用吗？显然，学者所说的"主观的超过要素"意指从下到上即空间的纵向上的"超过"，并且"超过"者与被"超过"者之间似乎有一种从具体到抽象的意味。而张明楷教授所提出的"客观的超过要素"，指的是从左到右即时间的横向上，后来发生了行为人先前只具有预测可能性的某种结果，而对此结果，我们对行为人不作"故意"的要求。由此，"主观的超过要素"与"客观的超过要素"这两者之间还能够"异曲同工"吗？

前文已经指出，特殊的主观构成要件是响应"主观的超过要素"的一个依凭，即在国外学者看来，"故意"在形式上被定义为与客观事实相关，但特殊的主观构成要件特征却被定义为其指向的对象不在客观构成要件里。它可能存在于完成特定事实的意志里，但这些事实在客观构成要件之外[2]。于是，本著从国外学者的本意来对一般的主观构成要件要素与特殊的主观构成要件要素即"主观的超过要素"作出如下区别：一般的主观构成要件要素靠客观构成要件中的"客观事实"即客观构成要件所要求的"客观事实"本身（相当于四要件犯罪构成中的犯罪客观方面）即可证明，而"目的"等特殊的主观构成要件要素即"主观的超过要素"要靠客观构成要件中的"客观事实"形成之后才形成的事实，可称之为"随附事实"，方可得到证明。如果这

---

〔1〕　张伟："论刑法中的'主观的超过要素'"，载《河南公安高等专科学校学报》2008年第2期，第74页。

〔2〕　[德]冈特·施特拉腾韦特、洛塔尔·库伦：《刑法总论Ⅰ——犯罪论》，杨萌译，法律出版社2006年版，第136页。

样解读，则会形成这样的局面：犯罪构成要件（要素）不是在犯罪构成或犯罪成立体系内部得到证明，或曰不是在犯罪构成或犯罪成立体系内部相互得到证明，而是要用犯罪构成或犯罪成立体系之外的某种事实予以证明。这样一来，犯罪构成或犯罪成立体系的完整性及其内在统一性就被撕裂或肢解，从而犯罪成立即定罪中的主客观相统一也就被撕裂或肢解。

学者指出："统一的主客观要件之本质并非要件的简单齐备，是齐备的要件之间相互联系、相互制约。"[1]没有了客观事实的对应，如何"相互联系、相互制约"呢？"主观的超过要素"对主客观相统一原则的背离是显而易见的。这样一来，不仅作为犯罪构成要件之一的犯罪主观要件包括犯罪"目的"等"主观的超过要素"实际上无从得到证明，而且对犯罪主观要件包括犯罪"目的"等"主观的超过要素"的认定就变成了一种"莫须有"，而且也从根本上侵蚀着犯罪构成要件的定型性，从而也在实质上背离了罪刑法定原则的明确性要求，正如响应者指出，"主观的超过要素"的具体范围是不确定的，而这种不确定主要源于"主观的超过要素"之"超过性"如何。而另一方面，"主观的超过要素"是没有客观要素与之对应的主观要素，即其是一种超过行为要件的主观要素，但有多少种超过行为要件的主观要素是刑法学者难以确定的，并且从德日刑法理论发展趋势来看，"主观的超过要素"的范围是在逐渐扩大的[2]。学者在探讨受贿罪"为他人谋取利益"的内涵时指出："无论是'主观说'还是'客观说'，都是在现有构成要件基础上所作出的不同解释方式，都是在承认该构成要件基础上的司法认定。"而如果"超越了该构成要件之外的理解方式，不是对要件的解释，而是实实在在已经消解了该构成要件"。因此，"在'为他人谋取利益'仍然存在于受贿罪构成要件的前提下，我们对其进行的学术探究是对罪刑法定原则的自觉遵守，是厘清受贿罪成立要件的关键所在"[3]。此言对我们把握"主观的超过要素"问题应有启发："超过"只能指向发生或形成的"先后"问题，绝不可能是失去"对立统一"中的某种对应；而如果失去了某种对应，则所谓"超过"者本身也

---

〔1〕 董玉庭："主观超过因素新论"，载《法学研究》2005 年第 3 期，第 62 页。

〔2〕 张伟："论刑法中的'主观的超过要素'"，载《河南公安高等专科学校学报》2008 年第 2 期，第 74 页。

〔3〕 陈伟："受贿罪中'为他人谋取利益'的内涵界定"，载《理论学刊》2012 年第 9 期，第 95~96 页。

将不复存在。可见，就犯罪成立或犯罪构成而言，失去对应甚或完全"空洞"的"超过要素"将难以在"构成要件"中自称"构成要件要素"；而以这样的"超过要件"作为构成要件要素，并且还是特殊的构成要件要素，意味着挖犯罪构成或犯罪成立体系的"墙角"，其对犯罪构成或犯罪成立体系的理论偏离是不言而喻的。

"主观的超过要素"再向前迈步，就难免会暴露其意想不到的自相矛盾。学者指出，"主观的超过要素"概念本身将其范围作为认定概念的重要标准。与"主观的超过要素"相对的是客观要素，但并非所有的没有客观要素与之对应的主观要素都可称为"主观的超过要素"。从"主观的超过要素"的作用角度，其具有类型化的作用，故不是类型化的主观要素就不能成为"主观的超过要素"。从行为无价值论的立场出发，"主观的超过要素"的范围必然较广，而只有从结果无价值的客观违法性出发，"主观的超过要素"才是一种例外的、没有客观要素与其对应的、类型化的要素。因此，"主观的超过要素"应是一个结果无价值视野下的概念，其具体范围应从结果无价值角度加以判断[1]。当把"主观的超过要素"归结为结果无价值视野下的一个概念，则"客观的超过要素"在结果无价值视野下又作何诠释或解读呢？本来"行为无价值"就是与"结果无价值"相对的，本来"主观的超过要素"就是行为无价值论即主观主义立场的特有命题，则用结果无价值的视野来限定"主观的超过要素"的范围是否陷入了一种自相矛盾呢？作为结果的东西即客观事实最终是由主观活动所造成或导致的，故当没有客观事实作为对应，则"主观的超过要素"怎么能够进入结果无价值的视野呢？实际上，将"主观的超过要素"拉进结果无价值的视野，或许流露了一种无言的隐忧：没有客观事实予以对应的"主观的超过要素"，其类型化的"性能"何以能够形成？而"主观的超过要素"的"类型化"性能的难题，是其对犯罪构成或犯罪成立体系的理论偏离的又一切实体现或说明。

（四）"主观的超过要素"的实践困窘

"主观的超过要素"在实践中的人权危险，是需要特别予以正视的。实践中的人权危险是"主观的超过要素"对犯罪构成或犯罪成立体系理论偏离的

---

〔1〕张伟："论刑法中的'主观的超过要素'"，载《河南公安高等专科学校学报》2008年第2期，第75~76页。

当然后果。"主观的超过要素"不要求客观事实的对应，但我们说客观是反映主观的，或主观是靠客观来反映的，则没有客观事实对应的"主观的超过要素"如何进行司法认定？而"莫须有"的认定是否又有"主观归罪"，从而侵夺人权之嫌呢？或许被质问者会提出"主观的超过要素"的认定所依据的是构成要件之外即犯罪构成之外的某种事实，而这样一来，犯罪构成或犯罪成立体系还能是定罪的一种规格或标准吗？构成要件还能起到"定型化"的作用吗？须知，犯罪构成或犯罪成立体系及其中的"构成要件"，都是人权的盾牌。

学者指出，在刑法主观主义者看来，刑法对犯罪行为的评价，其本质是对行为人人身危险性的评价，任何一个影响人身危险性大小的因素都不能忽视，而"主观超过因素"确实在某种意义上影响了行为人的人身危险性，自然应在犯罪构成条件中给予充分的重视[1]。而"主观的超过要素"与罪过相比，由于其没有相对应的客观要素，所以不确定性更大，而过多考虑"主观的超过要素"无疑会增大刑法操作的任意性，特别是在刑法中没有明文规定"主观的超过要素"的情况下，随意在解释学中增加"主观的超过要素"作为构成要件的内容，极有可能使罪名的规范界限发生误差。例如，在强奸罪的主观构成要素中增加"奸淫的目的"，就很可能不恰当地扩大或缩小强奸罪的打击范围。另外，过多增加"主观超过因素"，其目的无非是强调犯罪行为的反伦理、反道德的属性，结果可能更容易导致刑法与道德的界限不清。这些都与现代刑法的法治精神背道而驰[2]。在本著看来，如果试图通过"主观的超过要素"来抬高人身危险性在定罪中的地位，那是极其"危险"的，因为"主观的超过要素"不要求客观事实的对应，便意味着人身危险性的认定就成了一种"捕风捉影"。实际上，"主观的超过要素"不仅在实践中存在着人权危险，而且"主观的超过要素"本身的认定就是一个非常棘手的司法难题。学者指出，"主观超过因素"由于没有与之对应的客观要素，对其认定比对罪过的认定存在更大的困难。例如，对于财产犯罪中"非法占有目的"的认定，实践中经常出现混乱的局面，不但司法者对此"主观的超过要素"存在与否的认定具有随意性，而且律师也经常在这个问题上做文章，原因就

---

〔1〕 董玉庭："主观超过因素新论"，载《法学研究》2005年第3期，第68页。
〔2〕 董玉庭："主观超过因素新论"，载《法学研究》2005年第3期，第68页。

是对此类主观事实缺乏稳定的判断标准[1]。为了克服"主观的超过要素"司法认定的困境，值得特别注意的原则包括弱化口供原则、强化推定原则和强化证伪原则[2]。由于"主观的超过要素"的认定极其困难，几乎没有直接的证据，但只要坚持弱化口供、强化推定、强化证伪的认定原则，深藏在行为人内心深处的"主观的超过要素"并非不能把握[3]。在本著看来，洞察"深藏"在行为人内心深处的"主观的超过要素"不可能像科学研究那样慢慢悠悠，甚至时作时休。既难以认定，且勉强认定又有侵夺人权之险，这便使得"主观的超过要素"陷入了司法实践的困窘。

三、对"主观的超过要素"所指向问题的回应

在肯定"主观的超过要素"者看来，目的犯的"目的"、倾向犯的"内心倾向"和表现犯的"内心过程"，都是"主观的超过要素"。将目的犯的"目的"作为"主观的超过要素"已经使得问题变得很复杂，而将倾向犯的"内心倾向"和表现犯的"内心过程"也扩充到"主观的超过要素"中来，则问题就更加复杂了，因为"内心倾向"和"内心过程"本来就极具抽象性而无从把握。

（一）对目的犯的"目的"问题的回应

在肯定"超过的主观要素"者看来，目的犯的"目的"是一种典型的"主观的超过要素"。具言之，目的犯，即除"故意"之外，还须有一定"目的"的犯罪。当前，学界对这一"主观的超过要素"的争议是围绕实现"目的"是否还依赖实行行为之外的其他行为而展开。目的犯存在两种形式：一种是断绝了的结果犯，一种是缩短的二行为犯。断绝了的结果犯，是指犯罪"目的"根据犯罪行为人的行为本身或作为附带现象，由行为人自己来实现而不需要新的其他行为[4]；而缩短的二行为犯，是指行为人必须在实现构成要件之后还要以自己的行为促成超过客观构成要件结果的发生[5]。在断绝了的

---

〔1〕　董玉庭："主观超过因素新论"，载《法学研究》2005 年第 3 期，第 77 页。

〔2〕　董玉庭："主观超过因素新论"，载《法学研究》2005 年第 3 期，第 77～79 页。

〔3〕　董玉庭："主观超过因素新论"，载《法学研究》2005 年第 3 期，第 79 页。

〔4〕　[日] 木村龟二主编：《刑法学词典》，顾肖荣等译校，上海翻译出版公司 1991 年版，第 159 页。

〔5〕　[德] 汉斯·海因里希·耶赛克、托马斯·魏根特：《德国刑法教科书（总论）》，徐久生译，中国法制出版社 2001 年版，第 384 页。

结果犯情况下，构成要件行为由追求超越客观构成要件的外在结果来予以补充，该外在结果在行为发生之后便可自动形成，故结果的形成在客观上就能表明"目的"的实现。而缩短的二行为犯则不同，行为人在完成实行行为、发生法定结果之后，行为人的目的不能因为本罪的完成而实现，还需依赖行为人或者第三人实施超出该罪构成要件行为的其他行为。因此，学者又将这两类目的犯称为直接目的犯与间接目的犯，或分离的结果犯罪与短缩的两个行为之犯罪〔1〕。显然，肯定"超过的主观要素"者"有意"在犯罪的"故意"之外设定目的犯的"目的"。其实，拿"断绝了的结果犯"和"缩短的二行为犯"来说事，已经走向了另一个话题即目的犯的"目的"如何"实现"甚至如何"证明"的问题。这与目的犯的"目的"是否或应否在犯罪的"故意"之外已经毫不相干。其实，在断绝了的结果犯的场合，当构成要件的行为由结果来补充，而结果在行为发生后就可以自动形成以表明"目的"之实现，则已经说明在此场合下，被称为"主观的超过要素"的"目的"并非没有客观事实的对应。因此，当学界对"主观的超过要素"的争议是围绕着实现目的犯的"目的"是否还需要依赖实行行为之外的其他行为，只能说明学界还在抓住一个根本性的问题不放："主观的超过要素"到底应不应该有客观事实与之对应？

走私淫秽物品罪和受贿罪已经是肯定"主观的超过要素"者信手拈来的罪例，故在此有必要予以特别的回应。就我国现行《刑法》第 152 条规定的走私淫秽物品罪而言，如何把握"以牟利或者传播为目的"与走私的"故意"之间的关系呢？在本著看来，作为一种"故意"行为，走私有着多种多样的"目的"，包括"自我欣赏"的目的，也包括牟利或者传播的目的。于是，"以牟利或者传播为目的"是走私的"故意"的一种形态，即在走私的"故意"之内，亦即没有"超过"走私的"故意"。由于"以牟利或者传播为目的"的"故意"的走私淫秽物品行为具有值得刑罚处罚的可罚性，故刑法立法便对其予以罪刑规制。这里用得着"超过的主观要素"而将简单问题复杂化吗？再回到受贿罪的所谓"一元故意，双重超过的主观要素结构"问题上来。现行《刑法》第 385 条规定："国家工作人员利用职务上的便利，索取

---

〔1〕 张伟："论刑法中的'主观的超过要素'"，载《河南公安高等专科学校学报》2008 年第 2 期，第 74 页。

他人财物的，或者非法收受他人财物，为他人谋取利益的，是受贿罪。"其实，将"为他人谋取利益"和"非法占有目的"说成是受贿"故意"的"双重超过的主观要素"即"双重主观的超过要素"，明显是对受贿罪立法的误读，而此误读同时严重背离了罪刑法定原则。首先，"非法收受他人财物"是与"索取"相并列的受贿罪行为类型，而即使采用"非法占有目的"这一说法，则"非法占有目的"也是"非法收受他人财物"和"索取他人财物"所能直接说明的，即"非法占有目的"并未"游离"于"非法收受他人财物"或"索取他人财物"这一行为事实本身。至于"为他人谋取利益"，是指已经谋取或正在谋取或允诺谋取这三种情形之一，而这三种情形之一都不是主观要素，而是有行为外在表现的客观要素。幸亏第 385 条没有采用"为他人谋取不正当利益"，因为如果采用了这一表述，或许将有二次"超过"或连环"超过"一说，即"为他人谋取利益"是对受贿罪的"故意"的"超过"，而"为他人谋取不正当利益"又是对"为他人谋取利益"的"超过"。

我们所一致认为的目的犯，是刑法条文或罪状表述中出现"目的"的故意犯罪，故目的犯的"目的"具有"法定性"当无争议。需要强调的是，将刑法条文或罪状表述中出现"目的"字样的故意犯罪称为目的犯是以往刑法理论的一种"约定俗成"，强调其"法定性"并不排斥没有被称为目的犯的故意犯罪中的"目的"存在，但两者的区别是：目的犯中的"目的"直接决定着目的犯本身是否成立，而没有被称为目的犯的故意犯罪中的"目的"则直接决定着犯罪的既遂与否，即两者的存在意义是不同的。有学者指出："直接故意本身有一定的目的，这一目的是在构成要件之内的，法律不加规定并不影响这种目的的存在。但目的犯的目的却并非如此，它是由法律专门规定的。"[1]目的犯的"目的"由法律专门规定，并不意味着"目的"不在犯罪构成要件之内，反而更是在犯罪构成要件之内。由此，目的犯的"目的"可以看成是对目的犯的"故意"内容的一种"法定"，同时也是限定，而这不仅不是对目的犯的"故意"的一种"脱逸"或"游离"，反而是一种"锁定"。目的犯的"目的"何来对目的犯的"故意"的所谓"超过"？在个案中，目的犯的"目的"借助案情包括被告人的供述可直接予以认定，哪有必要用"断绝了的结果犯"和"缩短的二行为犯"把问题搞得"扑朔迷离"或

---

[1] 陈兴良：《本体刑法学》，商务印书馆 2001 年版，第 380 页。

"云遮雾罩"？实际上，当肯定"主观的超过要素"者指出，作为目的犯的一种，断绝了的结果犯，其犯罪"目的"存在于犯罪行为人的行为本身，特别是在其"实现"上不需要新的"其他行为"，而结果的形成就已经外在地表明"目的"的实现，则意味着"主观的超过要素"实际上存在着客观对应，而其客观对应首先是行为本身，然后是后生结果。因此，在目的犯的个案实践中，"目的"根据个案事实即可认定。而在个案事实可资认定目的犯的"目的"的背后，所隐藏的是这么一个"真相"：目的犯的"目的"并未"超过"目的犯的"故意"，且目的犯的"目的"有着实实在在的客观对应。

学者指出："在这些关于财产犯罪主观方面的描述中，实际上并没有明示犯罪故意与犯罪目的的关系，导致犯罪目的到底是犯罪故意之内的内容还是犯罪故意之外的要素并不清楚。"〔1〕而"不从主观超过客观的角度分析犯罪的主观方面，往往容易导致忽略主观方面内部各个要素之间的关系，特别是犯罪故意与犯罪目的的界限可能变得模糊不清"。〔2〕故意犯罪的"目的"包括两种情形：一是目的犯的"目的"，这是一种"法定目的"；一是目的犯以外的故意犯罪的"目的"，即"超法定的目的"或"超规范的目的"。在本著看来，在对财产犯罪主观方面的描述中之所以没有明示犯罪"故意"与犯罪"目的"的关系，正是因为财产犯罪的犯罪"目的"是一种"超法定的目的"或"超规范的目的"，而财产犯罪的"超法定的目的"或"超规范的目的"是一种符合"常识"的犯罪"目的"，是一种靠"当然解释"来把握的犯罪"目的"，故无需予以明示。可见，这类犯罪的犯罪故意与犯罪"目的"的关系业已清楚，而将之"弄清楚"也不至于得出"目的"在"故意"之外即"目的"超过"故意"的结论。学者又指出，主观主义的刑法经常出现这样的问题：许多犯罪在客观方面相同或基本相同，罪过内容也相同，甚至犯罪性质也相同，但只要行为人的"目的"（或动机）不同，就评价为不同的犯罪。这就说明"主观的超过要素"在刑法主观主义的犯罪构成体系中地位十分重要。正因为如此，主观主义的刑法不但对法律明确规定的"主观的超过要素"态度坚决，而且经常在解释学领域扩大"主观的超过要素"的范围，

---

〔1〕 董玉庭："主观超过因素新论"，载《法学研究》2005年第3期，第64页。
〔2〕 董玉庭："主观超过因素新论"，载《法学研究》2005年第3期，第64页。

把刑法未规定的"主观的超过因素"解释成犯罪构成的要素[1]。在本著看来，之所以"刑法未规定"，就是因为本来就"含有"而"无需"规定；而所谓"解释"，对犯罪构成或犯罪成立体系而言，不是"从外往里"解释，而是"从里往外"解释。

犯罪"动机"比犯罪"目的"更能说明主观违法性，更能反映行为人的人身危险性，若肯定"主观的超过要素"，则是否还要将"动机犯"纳为一员呢？

（二）对倾向犯的"内心倾向"问题的回应

在肯定"超过的主观要素"者看来，倾向犯的"内心倾向"也是一种"主观的超过要素"，正如由于犯罪"故意"是对客观要素认识的追求，把此等主观倾向包含在"故意"之中自然不妥，唯一的办法是把主观倾向作为"主观的超过要素"而独立于"故意"之外[2]。

倾向犯，是指行为表现出行为人的"内心倾向"的犯罪，只有具有这种"内心倾向"时才能认为行为符合犯罪构成要件[3]。倾向犯与目的犯有很大的不同，故学界对倾向犯能否成立"主观的超过要素"存在很大的争议：主观主义者认为，主观倾向对行为人行为的性质起决定性作用，可以用来判断违法性的存在；客观主义者认为，只要行为人的行为导致了结果的发生就可以认定犯罪，主观倾向对于定罪没有实质的影响[4]。如对于强制猥亵罪，客观主义者就认为该罪不是处罚行为人违反抑制性欲义务的犯罪，而是以被害人的性自由为保护法益的犯罪，故只要行为人具有侵害他人性自由的一定行为，并且行为人本人也具有该种认识，则无论行为人的"内心倾向"如何都应当成罪。此外，"内心倾向"不同于"明确的意图"，将其导入到讲求明确的法律中明显不妥[5]。就现行刑法规定的强制猥亵妇女罪而言，学者指出，要求本罪主观上具有寻求刺激或满足性欲的"内心倾向"，或许意在区分猥亵行为与非罪行为的界限和猥亵罪与侮辱罪的界限，但从事实上就完全可以区

---

〔1〕　董玉庭："主观超过因素新论"，载《法学研究》2005年第3期，第68页。

〔2〕　董玉庭："主观超过因素新论"，载《法学研究》2005年第3期，第75页。

〔3〕　张明楷编：《外国刑法纲要》，清华大学出版社1999年版，第84页。

〔4〕　张明楷：《法益初论》，中国政法大学出版社2000年版，第398页。

〔5〕　张伟："论刑法中的'主观的超过要素'"，载《河南公安高等专科学校学报》2008年第2期，第75页。

分猥亵罪与侮辱罪的界限，从而区分猥亵行为与非罪行为的界限。将寻求刺激或满足性欲的"内心倾向"作为强制猥亵妇女罪的主观成立条件，无疑将不当缩小或不当扩大处罚范围，还会导致与侮辱罪的不平衡，且有违反罪刑相适应原则之嫌[1]。前述认识已经足以说明将"内心倾向"作为"主观的超过要素"的弊端所在。而在本著看来，在犯罪成立的主观要件中，对所谓"倾向犯"的"内心倾向"的强调是不必要，也是不可能的。如果说强制猥亵妇女罪有着所谓寻求刺激或满足性欲的"内心倾向"，则强奸罪不是更有这种"内心倾向"吗？侮辱罪和诽谤罪是否有着别样的"内心倾向"呢？而即便确实存在着相应的"内心倾向"，则个案事实即类型化了的个案行为本身难道说明不了吗？在强制猥亵妇女罪的个案诉讼中，"内心倾向"形成了一种证明活动了吗？"内心倾向"参与了犯罪构成或犯罪成立体系的实际运行了吗？

学者指出，"主观倾向"的意义在于说明行为之违法性及其强弱，对于倾向犯而言，如果缺乏"主观倾向"，就无法判断行为是否具有违法性。例如，同样是触摸妇女肉体，只有当行为人是以获得性刺激为"主观倾向"，则该触摸才是违法的。而当行为人是以医疗或看病为"主观倾向"，则对妇女肉体的触摸自然谈不上违法[2]。又如，客观上同样是捏摸妇女乳房，当不考查"主观倾向"，则无法判断该行为是否违法，因为合法行为中同样可能捏摸妇女乳房，如医生的诊断行为。只有捏摸妇女乳房是在刺激性欲时，才是强制猥亵妇女罪规定的违法行为[3]。其实，当行为人是在实施医疗行为，则可直接通过"非犯罪化事由"即"正当业务行为"来排除行为的违法性，何需一个抽象的"主观倾向"即"内心倾向"？当排除了"非犯罪化事由"，一个具有刑事责任能力之人故意触摸妇女肉体或捏摸妇女乳房，还用怀疑性刺激的"主观倾向"即"内心倾向"吗？将"内心倾向"作为相应犯罪成立的主观要件要素，有无必要，又何以可能呢？学者已经承认，在目前的刑事立法例上很少有刑法典明文规定此"主观倾向"即"内心倾向"，而倾向犯基本上都是刑法解释学的态度[4]。这是否印证"主观倾向"即"内心倾向"作为"主观的超过要素"在实践和理论两个层面的"困境"？

---

[1] 张明楷：《刑法学》（第4版），法律出版社2011年版，第786页。

[2] 董玉庭："主观超过因素新论"，载《法学研究》2005年第3期，第73~74页。

[3] 董玉庭："主观超过因素新论"，载《法学研究》2005年第3期，第74页。

[4] 董玉庭："主观超过因素新论"，载《法学研究》2005年第3期，第74页。

（三）对表现犯的"内心过程"问题的回应

何谓表现犯？表现犯是实施的行为只有表现行为人的内心状态才成为犯罪的，如伪证罪[1]。表现犯中重要的并不仅仅是实施的行为，而是当行为表现出行为人特定的"心理状态"或"心理过程"，则行为违法性才能确定[2]。于是，在肯定"超过的主观要素"者看来，表现犯的"内心过程"也是一种"主观的超过要素"。

表现犯是指行为表现出行为人内心的、精神的经过或状态的犯罪。如果不将外部事情与行为的精神经过或状态进行比较，就不能正确判断其违法性与构成要件符合性[3]。此中的争论是围绕心理经过是否应与外在事实相印证而展开的。以伪证罪为例，伪证罪的成立需要行为人有"虚假的陈述"，而如何认定存在"虚假的陈述"有两种观点：其一，客观说，即行为人的陈述与客观事实不符就是"虚假的陈述"；其二，主观说，即只有将证人的外部陈述和内心记忆相比较之后才能确定其是否为"虚假的陈述"。于是，对于证人作了违反自己记忆的陈述，但是所陈述的内容恰好和客观真实的内容一致这么一个事件，主观说肯定有罪，因为当证人违反记忆作陈述就已经有了使法院错误裁判的恶意与危险，而客观说当然否认有罪。肯定"主观的超过要素"者认为，主观说具有一定的合理性。任何一个国家的法庭都只能要求证人将其所看、所听到的情况真实地陈述出来，至于所看、所听到的情况是否为真实的客观事实，证人是无法决定的。"虚假的陈述"只是指证人做出了与其记忆不相符的陈述；当该陈述是与客观事实相符合，则依据行为无价值理论对其进行处罚明显不妥。因此，成立伪证罪，仅仅具有"虚假的陈述"还不够，该陈述还必须违反客观事实[4]。显然，所谓伪证罪的"心理过程"问题所形成的是是否伪证的判别问题，同样与"主观的超过要素"问题毫不相干。这里要进一步指出的是，当行为人作出与自己的记忆相反的陈述，即违背自己的记忆而作陈述，则行为人已有伪证的"故意"了。而当作出的陈述还要求必须违反客观事实时，便意味着成立伪证罪对伪证的"故意"又多了一层

---

〔1〕　[日] 大塚仁：《犯罪论的基本问题》，冯军译，中国政法大学出版社 1993 年版，第 130 页。

〔2〕　董玉庭："主观超过因素新论"，载《法学研究》2005 年第 3 期，第 75 页。

〔3〕　张明楷编：《外国刑法纲要》，清华大学出版社 1999 年版，第 84 页。

〔4〕　张伟："论刑法中的'主观的超过要素'"，载《河南公安高等专科学校学报》2008 年第 2 期，第 75 页。

限制。可是，"违反客观事实"是有意虚伪陈述之后才能确定的一种事实状态，则学者难道不是无意之中跌进"客观的超过要素"之中了吗？实际上，伪证罪的"心理过程"与伪证罪的"故意"是同一个问题指向，根本就不发生"超过"与"被超过"的问题，正如伪证罪的成立要求有陷害他人或者隐匿罪证的意图，但只要行为人明知自己作了虚假陈述，就可以认定其具有前述意图[1]。这就正如倾向犯的"内心倾向"靠个案事实即行为本身可得到直接说明，表现犯的"内心过程"靠个案事实即行为本身也可得到直接说明，否则就不叫"表现犯"了。同样，在认定诸如伪证罪之类的表现犯时，"内心过程"这种虚无缥缈的主观要件要素即所谓"主观的超过要素"对犯罪构成的实际运行参与是不必要，也是不可能的。

显然，无论是目的犯的"目的"，还是倾向犯的"内心倾向"，抑或表现犯的"心理过程"，都可以看成是主观主义立场所发出的声音。而当把它们说成是"主观的超过要素"，则是把它们各自对应的故意犯罪的"故意"作为所谓"超过"的对象的。但实质上，"目的""内心倾向"和"内心过程"不仅不是对"故意"的超过，反而是对"故意"的具体。可见，"主观的超过要素"不必"超过"犯罪的"故意"，也不能"超过"犯罪的"故意"。而即使对目的犯的"目的"等所谓"主观的超过要素"有深入研究的必要，那也要将"故意"作为问题的"上位"，从而使得"故意"理论得到不断深化，正如英美刑法理论中的"特别故意"概念的形成。这里需要强调的一点是，目的犯的"目的"、倾向犯的"内心倾向"和表现犯的"内心过程"虽为大陆法系刑法理论的主观主义立场所着力强调，只能说明主观主义立场对犯罪成立的主观要件的格外重视及对主观要件认识的不断深化，以体现主观主义立场的理论侧重，但主观主义立场不至于或不应该将"目的""内心倾向"和"内心过程"这些特殊的主观要件要素即所谓"主观的超过要素"在犯罪构成中的"根须"予以斩断或铲除，而此处的"根须"即"故意"。在此，要特别指出的一点是，"主观的超过要素"或许典型地说明着刑法学中主观主义立场在"侧重"之中的一种"偏狭"，而此"偏狭"集中为割裂"主客观相统一"。学者指出："无论主观主义抑或客观主义在犯罪认定的问题上都主张主客观相统一，两者的区别是主观主义重视犯罪的主观要素，而客观主义

---

[1] 张明楷：《刑法学》（第4版），法律出版社2011年版，第952页。

则重视犯罪的客观要素。"[1]显然，主观主义立场往往违背"主客观相统一"，因为无论是期待可能性的判断标准问题，还是过失犯罪中的结果预见可能性的判断标准问题等，往往是"主观说"先提出，也就先被否定，取而代之的是其他学说，而即便是在具体问题上以"主观说"为"标准"而以客观说为"参考"，也有别于纯粹的主观主义立场[2]。

四、"主观的超过要素"的最后归结

实际指向、对主客观相统一原则的背离与法治危险，可作为"主观的超过要素"的最后归结。

（一）"主观的超过要素"的实际指向

在提出"客观的超过要素"之后，张明楷教授也赞成所谓"主观的超过要素"，正如只要行为人以牟利或者传播为目的走私淫秽物品即可构成走私淫秽物品罪，而不要求有牟利或传播的客观事实。再如，只要司法工作人员出于徇私动机追诉明知是无罪的人，即可构成徇私枉法罪，而不是要求有徇私的客观事实。这种目的与动机，是某些犯罪的责任要件要素，却是主观的超过要素[3]。而张明楷教授在探讨"客观的超过要素"问题时就已经指出，德国、日本刑法规定的伪造货币罪都是目的犯，要求行为人主观上"以行使为目的"，但客观上又不要求行为人已经行使了伪造的货币，故"以行使为目的"就是超过构成要件客观要素范围的主观要素即主观的超过要素[4]。由于倾向犯和表现犯在张明楷教授那里也是没有得到认可的，故在所谓"主观的超过要素"理论中，"不要求有与某种主观内容（包括目的和动机）相对应的客观事实"，真正强调或指向的是某种主观内容（包括目的和动机）不要求进入"被最终实现"的状态，而已经实施的行为却作为"心灵的窗口"而与之形成客观对应，亦即所谓"主观的超过要素"实即没有"被最终实现"的主观要素，而非完全没有客观行为事实与之对应的主观要素。

（二）"主观的超过要素"对主客观相统一原则的背离

对于"主观的超过要素"，需要强调如下三点：一是关于"主观的超过要

---

〔1〕　董玉庭："主观超过因素新论"，载《法学研究》2005年第3期，第68页。
〔2〕　张明楷：《刑法学》（第4版），法律出版社2011年版，第265～266页。
〔3〕　张明楷：《刑法学》（第4版），法律出版社2011年版，第273～274页。
〔4〕　张明楷："'客观的超过要素'概念之提倡"，载《法学研究》1999年第3期，第27页。

素"之"不适合论域"问题。所谓"主观的超过要素"的"不适合"是相对于"主客观相统一原则"而言的。易言之，当国外刑法学理论也有坚持"主客观相统一原则"，则其同样显得"不适合"。而本著所讨论的"主观的超过要素"之"不适合"最终并不存在"国界"或"国别"问题，也无涉犯罪论体系之别。二是有人会提出"主客观相统一原则"的所谓"例外"而质疑本著的论证问题。在刑事领域，"主观归罪"和"客观归罪"早已因其危害而被历史否定，并催生且强化了"主客观相统一原则"。当有人提出在刑事领域"可能"会存在着主观心理与客观事实的"不对应"，甚至"完全"存在着"参差不齐"的"不对称"状态而试图将"主客观相统一原则"予以"例外化"，则其是对"主客观相统一原则"的曲解或误读。在刑事领域，单纯的主观心理和单纯的客观事实都不会与"主客观相统一原则"沾边，而"主客观相统一原则"下的主观心理与客观事实可以"不对称"即可以或通常是"先主观后客观"，因为行为事实是在主观心理发动和支配下方可形成，但该原则之下的主观心理与客观事实必然或"必须"是"相对应"的。易言之，质疑者在审视"主客观相统一原则"时必须区分主观心理与客观事实之间是"对称"还是"对应"关系，而"主客观相统一原则"所要求的是"对应关系"而非"对称关系"，因为"不对称"才是事件的真相。否则，将导致对"主客观相统一原则"的盲目否定。三是有人会提出倾向犯的"内心倾向"和目的犯的"目的"无法被"故意"所涵盖的问题。作为最基本的刑法理论"常识"，犯罪目的不仅是犯罪故意而且是犯罪直接故意的"最直接说明"。可想而知，当人为地缩小"故意"的内涵空间，则有"目的"等主观因素不超出"故意"之理？总之，对"主客观相统一原则"，我们应予以理性的"尊重"而非动辄予以"解构"。

（三）"主观的超过要素"的法治危险

无论是"客观的超过要素"，还是"主观的超过要素"，既然"超过"，就存在一个什么"超过"什么的问题，即存在一个"超过"与"被超过"的相互对照或互为"参照系"的问题。在张明楷教授所提出的"客观的超过要素"的场合，诸如丢失枪支不报罪的事例，对于"发生严重后果"，我们是以丢失行为本身为一个"时点"而针对行为人当时没有"明知"的认识这种心理状态才使用"超过"一词的。易言之，"客观的超过要素"强调的是在后的客观要素对在前的主观心理的"超过"，其真正所指即客观要素在时间上是发生或形成在行为本身之后，并且是行为当时的行为人所未"明知"的（但行为人存在着预见可能性）。由此，"客观的超过要素"可以扩充为"超过主观的客观要素"。当这样理解问题，则"主观的超过要素"是否强调的是主观心理对客观要素的"超过"呢？而当与"客观的超过要素"作对应的理解，则主观心理对客观要素的"超过"是否意指客观要素发生"在前"，而相应的心理活动包括"目的""内心倾向"和"内心过程"这些"主观的超过要素"发生"在后"呢？即是否可将"主观的超过要素"扩充为"超过客观的主观要素"呢？而当这样来理解问题，则发生"在后"的相应的心理活动本身却要成为一种定罪要素，故当这种主观要素没有客观要素予以对应，则其又到底是限缩处罚范围，还是扩大处罚范围呢？是否走向"主观归罪"和背反罪过与行为同在的责任主义原则呢？例如，甲强奸乙，乙的母亲受刺激心脏病复发身亡。难道是把甲对乙的母亲身亡的心理态度作为所谓"主观的超过要素"，从而将乙的行为定性为强奸罪的结果加重犯吗？当然，如果甲的强奸行为导致乙羞愧自杀，则可以将甲的行为以《刑法》第 236 条第 3 款第 5 项定性为强奸罪的结果加重犯，但这里适用的则是"客观的超过要素"而非所谓"主观的超过要素"。可见，当与"客观的超过要素"作一种对应性理解，则"主观的超过要素"便是一个"危险的概念"，因为"客观的超过要素"与"主观的超过要素"是一对具有对立关系的概念，故当我们肯定"客观的超过要素"具有限缩处罚范围的作用时，则"主观的超过要素"便无疑具有扩大处罚范围的危险。由此要作进一步强调的是，用来影响处罚范围的"超过性要素"只能是"客观的超过性要素"而不能是"主观的超过性要素"，因为"客观的要素"具有明确性和具体性，故其符合罪刑法定原则的精神要求，而"主观的要素"则常常具有模糊性和抽象性，更何况是具有"超过性"的"主观的要素"。而当不作与"客观的超过要素"对应性的理解，则"主观的超过要素"将是一个没有丝毫"创意"的概念，因为仅就目的犯而言，此时的"主观的超过要素"实即目的犯的"法定目的"之外的其他目的和动机包括高尚的动机，而当此时，相应的目的犯本身"当然"不能成立。

　　几乎可以肯定，"主观的超过要素"多少有点是对"客观的超过要素"的一种"跟风"或模仿，但此命题却没有与"客观的超过要素"相对称或"相辉映"的趣旨。本著将"主观的超过要素"定论为"一个不适合的域外刑法学命题"，其"不适合"之处有二：一是与犯罪构成的理论不适合；二是与刑法司法实践需要不适合。其实，这里的"不适合"已经说得较为"委婉"了，而若说得过激一点，则"主观的超过要素"似乎是"超过"得没有着落了，因为随着被不断"响应"，"主观的超过要素"已经从对"故意"的"超过"发展到对"行为要件"的"超过"，直至对犯罪构成的"整体"的"超过"。

前文对所谓"主观的超过要素"的三点归结是"层层相因"的：由于将"主观的超过要素"视为没有客观对应的主观要素，故其背离了主客观相统一原则，从而存在着法治危险。

本 章 小 结

罪过形式的"知欲构造"是一种心理学建构：首先，故意与过失中的认识因素可用"知"来对应，其意志因素可用"欲"来对应；接着，"知"可分为"强知"与"弱知"，而"欲"可分为"强欲"与"弱欲"。最后，"知"和"欲"可进行不同的组合。于是，"强知强欲""弱知强欲""强知弱欲""弱知弱欲"可用来揭示和说明不同类型的犯罪故意，而"有知无欲"则可用来揭示和说明过于自信过失。至于"无知无欲"，其可说明疏忽大意过失不应成为一种具体的过失罪过形式。"知欲构造"可使得"双重罪过"乃至"多重罪过"得到更加深刻的诠释和展开。"知欲构造"有着适度紧缩犯罪圈、提防"超新过失论"，从而在定罪量刑上助益实现报应正义和预防功利的法治价值。

刑事违法性认识包含形式的违法性认识与实质的违法性认识：形式的违法性认识是指对违反实定法本身的认识，是一种外在的违法性认识；实质的违法性认识是指对行为的社会危害性或法益侵害性的认识，是一种内在的违法性认识。刑事违法性认识是否必要和如何必要，应按照自然犯与行政犯的区别予以相应的交代：对于自然犯，故意的成立只要具备实质的违法性认识即可；对于行政犯，故意的成立首先要求具备形式的违法性认识，而实质的违法性认识应视为形式的违法性认识的"当然结论"。与违法性认识这一概念同时使用的，是违法性认识的可能性这一概念。而在形式的违法性认识层面上，无论是违法性认识，还是违法性认识的可能性，都不要求行为人认识到自己的行为背离了哪一个具体的法条甚至其具体内容。刑事违法性认识不仅通过影响故意或过失的成立而影响犯罪本身的成立，而且通过违法性认识的能力高低或强弱程度而影响刑罚的轻重。就刑法学理论地位而言，违法性认识不仅关系到犯罪概念，而且关系到犯罪构成理论，甚至关系到整个刑法学理论，即其具有整个刑法学的"体系性地位"。

期待可能性的本质是相对意志自由，其判断标准应为运用常情常理常识的"常人标准"。通过罪责性、期待可能性不仅可以征表刑事责任的有无，而且可以征表刑事责任的大小。在正当行为、犯罪主体、从重处罚和宽免处罚等方面，期待可能性都能促进刑法立法的完善；而在罪与非罪、是否从重处罚以及如何从宽处罚等方面，期待可能性也有助于促进刑法司法。能够最终说明罪责性的有无及其大小，从而在责任论中具有"最终"的相对独立地位，这是对期待可能性刑法学理论地位的真正定位。

在罪责性的话题中，国外的立法实践与刑法理论说明：犯罪动机应上升为法定的罪过要素。当立于社会进步与人性发展的历史必然，疏忽大意过失应被排斥到法定罪过形式之外，而这是过失犯理论的逻辑必然。罪责性具有一种可以体现出"递进性"的构造性，且可描述为"罪过形式→违法性认识（可能性）→期待可能性＝罪责性"。

犯意转化是罪责性讨论的继续。犯意转化可分为过失向故意的犯意转化和故意向故意的犯意转化。其中，由于疏忽大意过失应被否定，故过失向故意的犯意转化只能是过于自信过失向故意的犯意转化，而以"间接故意"为中介的过失向故意的犯意转化，则是其"曲折形态"。故意向故意的犯意转化在发生时空上包括三个基本类型即犯罪预备阶段的犯意转化、犯罪实行阶段的犯意转化和犯罪预备阶段与犯罪实行阶段之间的犯意转化；而在轻重变化上即采用"轻重变化"标准，故意向故意的犯意转化又包括由轻而重的犯意转化和由重而轻的犯意转化。犯意转化有别于另起犯意和行为对象转换。在否定"想象竞合犯方案"和"并行评价方案"之后，对犯意转化的责任应采用"从新意方案"，因为此方案符合刑法的责任主义原则、罪责刑相适应原则和刑罚个别化原则，且符合"运动刑法观"。

"主观的超过要素"是罪责性讨论的再继续。"主观的超过要素"与"客观的超过要素"形成了概念对应，但由大陆法系中的"主观违法要素"得不出所谓"主观的超过要素"，因为"主观的超过要素"是没有客观事实对应的一种主观因素，故其是一个背离主客观相统一原则的"夸张概念"。"主观的超过要素"名义上是在犯罪构成论中讨论，但其却"超过"，从而偏离了犯罪构成理论。"主观归罪"是"主观的超过要素"的实践困窘。无论是目的犯的"犯罪目的"，还是倾向犯的"内心倾向"，抑或表现犯的"心理过程"，都是可以获得客观事实对应的犯罪心理因素。由于背离了主客观相统一原则而容易走向"主观归罪"，故"主观的超过要素"有着侵害人权的法治危险。

FANZUIZONGLUN DE XINZHANKAI

犯罪总论的新展开

（下册）

马荣春◎著

中国政法大学出版社

2022·北京

目　录

—— CONTENTS ——

第六章

犯罪主客观方面之二：犯罪客观方面

第一节　犯罪行为的基本特征与结构划分

犯罪行为的基本特征与结构划分是犯罪客观方面讨论的起步，即其构成了犯罪客观方面其他问题的逻辑铺垫。

一、犯罪行为的基本特征

犯罪行为的基本特征即刑法学教材通常所谓危害行为的基本特征。对危害行为即犯罪行为的基本特征，刑法学教材对其进行了不同的概括，或称危害行为具有有体性、有意性和有害性三个基本特征[1]，或称危害行为具有有害性、有意性和刑法禁止性三个基本特征[2]。其中，前一种概括可谓"旧三特征说"，而后一种概括可谓"新三特征说"。显然，危害行为即犯罪行为基本特征需要规整且给出新的结构性分解。

（一）犯罪行为的事实特征

所谓犯罪行为的事实特征，是指"旧三特征说"中的有意性和有体性，即有意性和有体性有机构成了犯罪行为的事实特征。其中，"有意性"这一特征，其不仅包括故意，也包括过失，甚至包括更深层次的违法性认识和期待可能性。而对于"有体性"这一特征而言，应将其理解为"身体动静"而非仅仅是"身体之静"，一是因为积极的"作为"与消极的"不作为"是危害行为的两种现象性样态，二是因为"身体动作"只停留在对危害行为的物理学描述，而"身体动静"则具有社会学价值评价的意味。对于"梦游"这种

---

〔1〕　刘艳红主编：《刑法学》（上），北京大学出版社 2016 年版，第 104~105 页。
〔2〕　《刑法学》编写组编：《刑法学》（上册·总论），高等教育出版社 2019 年版，第 109~112 页。

现象而言，虽然存在"有体性"甚或"有害性"，但其首先缺失"有意性"，故其在根本上难以成为犯罪行为。于是，"有意性"排斥着"客观归罪"，而"有体性"排斥着"主观归罪"，从而"有意性"和"有体性"结合就是主客观相统一性的结合。由于人的外在身体动静是由内在心理所支配，即前者是后者的外在体现或展示，故从"有意性"到"有体性"便构成了犯罪行为事实特征由内而外的体现。

犯罪行为的有体性在身份犯中有着一番特别的意涵。身份犯中的"身份"是指影响定罪量刑的身份。如果身份影响定罪，则此身份为定罪身份，且由于这里的影响定罪即意味着某种犯罪成立与否，故定罪身份又称构成身份；如果身份影响量刑，则此身份为量刑身份。由于量刑身份影响量刑有轻重两个方向，故量刑身份又称加减身份：国家机关工作人员对于诬告陷害罪属加重身份，司法工作人员对于非法拘禁罪和非法搜查罪亦属加重身份；对于"亲属相盗"行为，具有一定范围内的亲属关系会使得行为人或不受处罚或受到从宽处罚，故从宽处罚这种情形便使得一定范围内的亲属关系构成了减轻身份（在不受处罚的情形之中，一定范围内的亲属关系可以视为一种消极意义上的构成身份，即定罪身份）。在定罪身份即构成身份的场合，所谓身份决定了事物的特质所在，故成为定罪身份即构成身份；而在量刑身份即加减身份的场合，所谓身份代表着行为人对适法行为期待可能性的高低，从而代表行为人的主观恶性与人身危险性的深浅，故成为量刑身份，即加减身份。但严格地说，量刑身份中的加重身份实为从重身份，而减轻身份实为从轻身份。可见，身份犯的身份意味着一种"能量"：如果身份是一种构罪身份或加重处罚身份，其便是一种"负能量"；如果身份是一种阻却定罪的身份或从宽处罚的身份，其便是一种"正能量"。对于身份犯，身份寄托着"期待可能性"，代表着主观恶性与人身危险性，故身份犯最终体现着罪责刑相适应原则，并同时体现着刑法的谦抑精神。如果身份犯的身份是一种影响刑事责任轻重的身份，刑事责任的"常态"相当于"价值"，而特定的身份则对应着某种价格，故量刑身份或加减身份之于刑事责任的关系可予以"政治经济学"的把握，而定罪身份或构成身份似乎也可予以"政治经济学"的解读。最终，身份犯是通过身份影响犯罪是否成立和刑事责任的轻重来体现犯罪行为的事实特征与价值特征的。因此，身份是身份犯的"有体性"，从而是"有害性"的一种特殊体现。

（二）犯罪行为的价值特征

与犯罪行为的事实特征形成结构性对应的是犯罪行为的价值特征。犯罪行为的价值特征包括犯罪行为的有害性与"刑法禁止性"，即犯罪行为的"有害性"与"刑法禁止性"有机地构成了犯罪行为的价值特征。其中，"有害性"以"有体性"和"有意性"为经验基础或事实基础，其包括"实害"和"威胁"两种样态。"有害性"排斥着将无社会危害性或法益侵害性的行为予以犯罪化，且蕴含着刑法学因果关系理论中的"相当因果关系"。而"刑法禁止性"则构成了犯罪行为"有害性"的规范性外现。诸如正当防卫等非罪化事由，虽然存在"有意性"和"有体性"，但缺失至少是"应受刑罚处罚"的"有害性"，进而缺失"刑法禁止性"。于是，"刑法禁止性"意味着犯罪行为的有害性是具有"应受刑罚处罚的有害性"。这便有着如下进一步的意味：具有引起或形成危害结果或法益侵害的现实可能性的行为只是"有可能"成为犯罪行为，而非必然是犯罪行为，即从行为到有害行为是"第一次限缩"。当具有社会危害或法益侵害的行为形成了"应受刑罚惩罚性"的质地，其仍然只是"有可能"成为犯罪行为，因为摆在我们面前的首先是作为刑法"帝王原则"的罪刑法定原则，亦即罪刑法定原则要从具有"应受刑罚惩罚性"的质地的行为中挑选出刑法文本中的犯罪，或曰在罪刑法定原则的"旨意"下，只有被刑法明文的那些具有引起或形成危害结果或法益侵害的现实可能性的行为，最终才能成为犯罪，此即"第二次限缩"。易言之，具有引起或形成危害结果或法益侵害的现实可能性的行为要成为犯罪，还必须经受一次"法的定型"，即罪刑法定。而只有在经过此第二层限缩之后，无论是公民自由，还是刑法在整个法制体系中，才能"适得其所"。于是，从"有害性"到"刑法禁止性"，便构成了犯罪行为价值特征由内而外的体现。

（三）犯罪行为基本特征的构造性把握与引申

当犯罪行为有了事实特征与价值特征时，事实特征与价值特征便合成了犯罪行为的实体性构造，而此实体性构造是一种层层递进或逐次提升的构造：因为有了"有意性"，才有了"有体性"；因为有了"有体性"，才有了"有害性"；因为有了"有害性"，才有了"刑法禁止性"。可见，"有意性"是犯罪行为的"内核"或根基性因素，且其构成了犯罪行为的"内在动因"。

犯罪行为在从"有意性"到"有体性"再到"有害性"的"递进性"中所形成的"构造性"及其"实行性"基本特征，可在原因自由行为的可罚性问题中得到集中而生动的体现或例证。原因自由行为，是指具有责任能力的行为人，故意或者过失使自己一时陷入丧失责任能力的状态，并在该状态下实施了符合构成要件的违法行为。使自己陷入丧失责任能力状态的行为，即原因行为；在该状态下实施的符合客观构成要件的违法行为，即结果行为。由于行为人可以自己决定自己是否陷入上述状态，故曰原因自由行为。[1]原因自由行为由原因行为和结果行为构成。其中，原因行为既体现着"有意性"，又体现着"有体性"；而结果行为既体现着"有体性"，又体现着"有害性"。同时，结果行为及其结果为行为人在原因行为即自由行为阶段的刑事责任能力所设定，从而原因行为与结果行为使得"实行性"得到了符合"责任主义"的贯通，所谓原因行为甚至可被视为提前的实行行为或具有"提前的实行性"。[2]于是，原因自由行为的可罚性便集中而生动地体现了犯罪行为基本特征的结构性和犯罪行为自身的结构性。学者指出，在"人·意思·行为·结果"的要素中，新的学说对罪责的评价重心略作前移，违法性评价推及行为、责任评价推及行为人的态度，甚至推及行为人的人格，重视评价行为人不合规矩的"行为"和行为人不守规矩的"态度"[3]。前述论断中的"意思""行为"和"结果"分别对应着"有意性""有体性"和"有害性"。于是，原因自由行为可罚性的根据，最终可得到犯罪行为的"有意性""有体性"和"有害性"这三个事实特征和价值特征，从而是其"实行性"的"原初性说明"，且此说明是一种"主客观相结合"和"事实性与价值性相结合"的结构性说明。犯罪行为的前述构造进一步映现着犯罪构成，且"有意性"映现着犯罪主观要件在整个犯罪构成中的"核心要件"或"关键要件"地位，进而在一种层次递进中蕴含着以保护社会和保障权利为内容的刑法价值构造或功能构造。

马克思曾指出："对于法律来说，除了我的行为以外，就是根本不存在的，我根本不是法律的对象"，而"行为是人同法律打交道的唯一领域"。[4]于是，马克思的"我只是因为我的行为，我才进入法律的领域而与之打交道"

---

〔1〕 张明楷：《刑法学》（第5版），法律出版社2016年版，第307页。

〔2〕 马荣春、任贵："原因自由行为可罚性根据新论"，载《东南法学》2016年第1期，第22~23页。

〔3〕 曲新久主编：《刑法学》，中国政法大学出版社2008年版，第103~104页。

〔4〕 《马克思恩格斯全集》（第1卷），人民出版社1956年版，第16页。

的论断〔1〕，可从危害行为即犯罪行为实体性构造及其层次性内涵予以解读和体悟。而对犯罪行为基本特征及其构造的理解和把握，最终应遵循或运用罪刑法定原则。犯罪行为的基本特征不仅形成了主客观相统一的构造，而且形成了形式与实质相结合的构造。而就在前述构造里，我们可隐约地看到犯罪构成，甚至是犯罪构成对非罪化事由的反面逻辑隐含，同时可隐约地看到犯罪的阶段形态、罪数形态和共犯形态，因为这些犯罪形态只不过是犯罪行为基本特征的不同形态或样态而已。

二、犯罪行为的结构划分

犯罪行为的结构划分是在实行行为与非实行行为的对应中进行的，即犯罪行为可分解为实行行为与非实行行为，亦即犯罪行为可分解为实行犯罪行为和非实行犯罪行为。

（一）犯罪的实行行为

犯罪的实行行为即构成要件行为，亦即刑法分则条文予以定型的紧迫危险行为。由此，实行行为，是指因具有法益或社会危害的现实危险性，从而被刑法所定型的犯罪行为。这里，之所以将"犯罪行为"作为实行行为定义的中心词，是因为帮助行为、教唆行为和预备行为也是犯罪行为。于是，实行行为便在犯罪行为体系中形成了自己的核心地位，从而构成某种"出发"，因为没有实行行为，便无所谓帮助行为、教唆行为和预备行为。由此，实行行为派生着共犯理论和犯罪阶段形态理论：因身边"徘徊"着帮助行为或教唆行为，实行行为引申着共犯理论；因以预备行为为"前奏"，故实行行为引申着犯罪阶段形态理论。可以认为，法益或社会危害的紧迫危险性和定型性既是实行行为实行性的两个构成要件，也是其两个特征：法益或社会危害的紧迫危险性是其事实特征，而定型性则是其法律特征。实际上，所谓刑法上的定型性是实行行为实行性的规范反映，而实行行为的实行性即"紧迫危险性"。于是，单纯劝说他人乘坐飞机而巧遇空难，或单纯劝说他人野外散步而巧遇雷击，或单纯劝说他人进城游玩而巧遇山体滑坡等"谋杀"难以构罪，更罔论故意杀人既遂，便可得到解释，即相应的劝说行为不具有实行性和法的定型性。当然，如果已经在飞机上安装了定时炸弹，然后再劝说被害人乘

---

〔1〕《马克思恩格斯全集》（第 1 卷），人民出版社 1956 年版，第 16 页。

坐飞机，结果被害人死于因炸弹爆炸而引起的飞机坠毁，则行为人的行为不能再论以无罪，而应论以爆炸罪。

犯罪的实行行为对应着犯罪行为的实行性，而犯罪行为的实行性是犯罪行为的共同性即"共犯性"和"阶段形态性"的"营地"或"出发点"。但犯罪行为的实行性可以通过相应的分类而进一步显示出其丰富性。

（1）复合实行性与非复合实行性。所谓复合实行性，是指存在于诸如强奸罪、抢劫罪等复合犯即复行为犯中的实行性，且其体现为同属于实行行为的手段行为和目的行为的实行性，即手段实行性与目的实行性的相结合或相复合；所谓非复合实行性，是指存在于诸如故意杀人罪等实行行为构造单一犯罪即单行为犯中的实行性，且其体现为实行性的直线式的"平铺直叙"。当复行为犯与单行为犯是采用实行行为的构造性这一标准而作出的犯罪分类，则单行为犯的实行性外在地表现为具有确定性质与意义的身体动静的一次完成或反复实施，而复行为犯的实行性则外在地表现为手段行为与目的行为的前后相继。进一步地，在单行为犯的场合，实行行为在性质与意义的"单纯"之中一次形成或反复"积累"而成就单行为犯本身；而在复行为犯的场合，手段行为和目的行为在相互说明和相互依存即在一种"结合"或"化合"之中"合成"了复行为犯本身。复行为犯的行为构造生动地传达着关于人们日常生活行为的规范指引，如抢劫罪的复行为犯构造传达着"君子爱财，取之有道"的规范指引，而强奸罪的复行为犯构造则传达着"强扭的瓜不甜"的规范指引。而前述规范指引正是社会常情、常理、常识。进一步地，复行为犯即复合犯的实行性引申着复行为犯即复合犯的复杂客体性。

（2）徐实行性与非徐实行性。所谓徐实行性，是指存在于徐行犯中的实行性。徐行犯是指本来可以即时达到预期目的的犯罪，但行为人有意采取徐缓方式陆续完成的情形，即徐行犯是行为人把本来可以一举完成的行为有意地分成数次来完成而使得犯罪具有徐行性[1]。徐行犯的例子如行为人本可一次毒死被害人，但其选择多次少量下毒而最终毒死被害人。可见，所谓徐实行性，是指实行性的重复性和积累性。所谓非徐实行性，是指即时完成或实现的实行性，或曰实行性的即时完成性抑或即时实现性。

（3）基本实行性与加重实行性。所谓基本实行性，是指存在于基本犯中

---

〔1〕 陈兴良：《本体刑法学》，商务印书馆 2001 年版，第 599~600 页。

的实行性，如在未造成被害人重伤以上结果的抢劫犯罪中手段行为所对应的实行性，或如"数额较大"的盗窃罪所对应的实行性，再如"情节严重"的虐待被监管人罪所对应的实行性；所谓加重实行性，是指存在于加重犯中的实行性，如在造成被害人重伤以上结果的抢劫罪中手段行为所对应的实行性，或如"数额巨大"的盗窃罪所对应的实行性，再如"情节特别严重"的虐待被监管人罪所对应的实行性。基本实行性与加重实行性的对应，能够表征行为人主观恶性的深浅与再犯危险性的大小。

（4）转化的实行性与非转化的实行性。所谓转化的实行性，是指存在于转化犯和犯意转化中的实行性。转化犯中的实行性，如转化性抢劫中的实行性即由盗窃、诈骗或抢夺所转化来的抢劫实行性，或如刑讯逼供中致人重伤或死亡所转化来的故意伤害或故意杀人的实行性；犯意转化中的实行性，又包括犯意升高中的实行性如强制猥亵故意转化为强奸故意中的实行性和犯意降低中的实行性如强奸故意转化为强制猥亵故意中的实行性。无论是转化犯中的实行性，还是犯意转化中的实行性，都是发展变化的实行性。而实行性的发展变化所表征的，是主观恶性和再犯危险性的深浅或大小变化。所谓非转化的实行性，是指存在于非转化犯和非犯意转化中的实行性，其为一种相对稳定的实行性。

（5）故意犯的实行性与过失犯的实行性。故意犯的实行性，在形式上可以理解为"构成要件行为的开始性"，而在实质上可以理解为"法益紧迫危险的制造性"。过失犯也存在实行性问题，但如何认定过失犯的实行行为，理论上有"过失阶段说""过失并存说"和"折中说"。以交通肇事为例，"过失并存说"认为，导致结果发生的多个过失行为都是实行行为；"过失阶段说"认为，只有"不注视前方"这一最后的不注意行为才是实行行为；"折中说"认为，一般而言，只有直接导致结果发生的行为才是实行行为，但如果该行为与其他行为之间具有关联性，则应一体地认定为实行行为。例如，如果饮酒与超速都非直接原因，只要注视前方就可以回避事故，则只有不注视前方才是实行行为。反之，如果不注视前方是醉酒引起的，则应将两者一体地认定为实行行为[1]。在本著看来，从过失犯是结果犯，而结果犯的结果是行为

---

〔1〕〔日〕西田典之：《日本刑法总论》，刘明祥、王昭武译，中国人民大学出版社 2007 年版，第 212~213 页。

危险点滴积累且经由"量变到质变"，故过失并存说是相对合理的学说，但准确的表述似乎应为"过失积累说"或"过失延伸说"等。

（6）直接实行性与间接实行性。所谓直接实行性，是指直接实行犯即直接正犯的实行性；而所谓间接实行性，是指间接实行犯即间接正犯的实行性。直接实行性相对容易理解和把握，倒是间接实行性理解和把握起来较显困难。有学者指出："间接正犯，是指利用适法行为人、无责任能力者，或者无故意者来实行自己的犯罪的情况。"〔1〕该说法还没有将利用有故意者等情形概括进去，故不能算做对间接正犯的完整定义，因为概念的定义应全面揭示概念的内涵和外延。对于间接正犯是指利用他人达到自己目的或完成自己犯罪的一种犯罪这一表述，在大陆法系刑法理论的共犯从属性说那里，是可以看作间接正犯的定义的，因为间接正犯的所有情形都能被这一表述所概括；而在本著看来，这一表述只能算作对间接正犯的表述而已，因为在共同犯罪场合也存在利用他人达到自己目的的情形，而间接正犯又不能算作共同犯罪。因此，对间接正犯应做如下定义："间接正犯是指利用他人达到自己的目的而又不构成共同犯罪的犯罪。"本著对间接正犯的定义，是以不承认共犯本质是行为共同，即不承认共犯本质的"行为共同说"为前提，因为"行为共同说"不仅在与"完全犯罪共同说"相反的方向上导致共犯成立范围的无限扩张，也直接带来间接正犯本身责任范围的不当扩张或隐蔽性加重。由此，"间接性"可视为间接正犯的特征本身，且对其"间接性"可从现象与价值层面予以把握。显然，间接正犯是与直接正犯相对应的一个概念：直接正犯是指行为人直接实施构成要件行为即实行行为的情形，而间接正犯则是指行为人利用他人实现犯罪的情形。直接正犯这一概念所描述的，是行为人与被害法益之间的正面而直接对立的冲突状态，故名之为直接正犯；而间接正犯所描述的是，由于被利用者介入利用者与被害者之间而使得利用者与被害者之间的冲突关系所呈现的不是"直接对立"的面貌，而是在遮蔽或遮挡之中有所隐现，故名之为间接正犯。简言之，所谓间接正犯因被利用者的介入而使之在被害法益面前显得"间接"，正如我们时常将正犯者本人说成是"幕后者"。利用人作为犯罪工具的间接正犯较之利用刀枪等实物作为犯罪工具的直接正犯，其法益侵害性更加具有隐蔽性，因为被利用者的行为介入在一定程度上会干扰我

---

〔1〕　［日］木村龟二主编：《刑法学词典》，顾肖荣等译校，上海翻译出版公司1991年版，第335页。

们的刑事评价视线，故间接正犯理论仍有其存在的实践必要性，而非盲目地对其全盘否定。由于被利用者的中间介入或中间遮挡而使得利用者成为"幕后者"，是对间接正犯"间接性"特征的现象层面的把握。由于被利用者的中间介入或中间遮挡而使得法益侵害的源头即法益加害被遮蔽，是对间接正犯"间接性"特征的价值层面的把握。间接正犯毕竟是正犯。而间接正犯的正犯性以往是利用"工具理论"进行说明的，即被利用者如同刀枪棍棒一样是利用者的工具。但是，由于被利用者毕竟是人，故现在用来说明间接正犯的正犯性的通说理论是"犯罪事实支配说"，即之所以间接正犯具有正犯性，是因为正如直接正犯和共同正犯一样，其支配了犯罪事实，支配了构成要件的实现[1]。通过"犯罪事实支配说"来说明间接正犯的正犯性，当然较之"工具理论"显得更加深入。但是，间接正犯之所以应被追究正犯责任，是因其行为与法益侵害之间能够形成因果性，而被利用者正是被裹挟在间接正犯者所设定的"因果流"中。可见，"因果性理论"似乎又比"犯罪事实支配说"更能说明间接正犯的正犯性。最终，间接正犯的实行性，可沿着"工具论"到"支配论"再到"因果论"予以步步深入的说明：在"工具论"中，间接正犯的实行性即行为人对被利用者的"利用性"；在"支配论"中，间接正犯的实行性即行为人对被支配者的"支配性"；在"因果论"中，间接正犯的实行性即行为人借助被利用者所形成的法益侵害的"原因设定性"。

（二）犯罪的非实行行为

与犯罪的实行行为相对应的，是犯罪的非实行行为。犯罪的非实行行为可从两个层面予以细分：从单独犯的层面讲，犯罪的非实行行为即预备行为；从共犯的层面讲，犯罪的非实行行为包括教唆行为和帮助行为。于是，预备行为对实行行为的从属性或依附性，便在单独犯层面显示出作为整体犯罪行为的一种结构性；而教唆行为和帮助行为对实行行为的从属性或依附性，便在共犯层面显示出作为整体的犯罪行为的一种结构性。当我们将预备行为和教唆行为与帮助行为归结为非实行行为，则我们对非实行行为之于实行行为的从属性或依附性应予以一种相对性的理解或把握，即非实行行为之于实行行为的从属性或依附性只是相对而非绝对的，因为预备行为可以"实行化"即"预备行为实行化"，从而预备犯可以"正犯化"即"预备犯正犯化"，而

---

〔1〕　张明楷：《刑法学》（第5版），法律出版社2016年版，第401页。

共犯行为也可以"实行化"即"共犯行为实行化"，从而共犯可以"正犯化"即"共犯正犯化"，如帮助信息网络犯罪活动罪、资助危害国家安全犯罪活动罪等。

非实行行为之于实行行为的相对性，同时也印证了实行行为之于非实行行为的相对性，即实行行为与非实行行为互现相对性，且此相对性又可作如下展开：一是实行行为相对于非实行行为包括帮助行为、教唆行为和预备行为具有实行性。这里的相对性似乎可称之为"比较的相对性"；二是原本的非实行行为包括帮助行为、教唆行为和预备行为可由非实行行为上升为具有实行性即构成要件性的行为，如《日本刑法》所规定的伪造预备罪，便是将伪造犯罪的预备行为上升为实行行为即构成要件行为，亦即予以"独立犯罪化"；又如我国现行《刑法》所规定的协助组织卖淫罪，便是将组织卖淫罪的帮助行为上升为实行行为即构成要件行为，亦即予以"独立犯罪化"；再如我国现行《刑法》所规定的为他人提供书号出版淫秽书刊罪，便是将提供书号的帮助行为上升为实行行为即构成要件行为，亦即予以"独立犯罪化"。这里的相对性似乎可称之为"提升的相对性"，而在此"提升的相对性"中，犯罪行为的实行性的相对性在根本上取决于法益的重要性或法益侵害的严重性。因此，我国现行《刑法》将原本属于组织卖淫罪的帮助行为的协助行为单独予以犯罪化，即将其由犯罪的帮助性提升为犯罪的实行性，其妥当性值得斟酌，因为协助组织卖淫罪本来作为组织卖淫罪的共犯处置已经颇为恰当。

三、犯罪行为基本特征与结构划分的延伸性问题解答

犯罪行为基本特征与结构划分的延伸性问题解答，包括犯意表示与不当言论的合理解答、不能犯与迷信犯的合理解答。

（一）犯意表示与不当言论问题的合理解答

1. 对犯意表示问题的合理解答

《唐律·贼盗律》规定："诸口陈欲反之言，心无真实之计，而无状可行者，流二千里。"可见，我国古代就有惩罚犯意表示的司法实践。现代刑法实践中，也有将"企图""图谋"等当作犯罪加以惩处的情况。犯意表示应作为继犯罪行为的基本特征和结构划分之后的一个实际问题予以讨论。

应予肯定的是，犯意表示是"有意性"与"有体性"的结合物。以往的刑法理论曾讨论过犯意表示是否属于行为的问题。学者指出，犯意表示就是

行为人以口头、文字或其他方法将主观上业已形成的犯意表露于外部的一种行为，并使外界受到一定影响，或使之发生一定变化[1]。但又有学者指出，思想、言语、行为既有密切联系又互有区别，分属三个不同层次，既不能截然割裂开来，也不能画等号。而言论和行为之间自然不能等同，但刑法规定的禁止性言论应属于行为的范畴[2]。显然，前者认为所有的犯意表示都是一种行为，后者至少认为一般的犯意表示不是行为，且犯意表示是否属于行为则取决于刑法是否作出了禁止性规定。在本著看来，犯意表示应被肯定为属于一种行为，而这可由犯意表示是"有意性"与"有体性"的结合体予以说明。首先，犯意表示具有"有意性"。其次，犯意表示具有"有体性"。按照《现代汉语词典》的解释，"表示：〈动〉表达、显示"[3]。可见，犯意表示在语言学上是一个主谓词组，而主谓词组的谓语部分不是说明状态就是说明动作。显然，犯意表示这一主谓词组的谓语部分是说明动作，即犯罪意念的表达或显示，或表达、显示犯罪的意念，亦即"犯意表示是将主观上业已形成的犯罪意念表达或显示于外部，且犯意表示之方法通常有三：①以语言表示；②以文字表示；③以举动表示"[4]。于是，当犯意表示采用口头方法，则必有嘴巴张动这一动作；当犯意表示采用文字方法，则必有手写这一动作；当犯意表示采用肢体语言，则必有肢体动作。既然犯意表示中的"表示"是动作，而犯意表示中的"犯意"本身就是一个表达主观内容的概念，则犯意表示就是一种"有意动作"。因此，从语言学和行为学上最终应肯定犯意表示本身是一种行为而不受刑法是否作出禁止性规定所限。

至于学者否认犯意表示是行为，正如犯意表示虽然也是一种言论，但其只是犯罪意图的单纯流露，一般情况下不会使外界受到一定的影响或发生一定的变化[5]，我们应这样看问题，即犯意只要被表示或流露出来而为他人所知，必然会使他人产生一定反应，而他人的反应同时就意味着"使外界因而受到一定的影响，发生一定的变化"。如果仅以影响和变化没有达到明显或严重程度而否认影响和变化本身的存在，进而否认犯意表示本身是一种行为，

〔1〕　张尚鹫：《中华人民共和国刑法概论总则部分》，法律出版社 1983 年版，第 157 页。

〔2〕　徐逸仁："论犯罪预备同犯意表示的区别"，载《政治与法律》1992 年第 6 期，第 35 页。

〔3〕　中国社会科学院语言研究所词典编辑室编：《现代汉语词典》，商务印书馆 1994 年版，第 66 页。

〔4〕　张灏：《中国刑法理论及实用》，三民书局 1981 年版，第 182 页。

〔5〕　徐逸仁："论犯罪预备同犯意表示的区别"，载《政治与法律》1992 年第 6 期，第 35 页。

则是不客观的。实际上，否定者往往对犯意表示是否属于行为作了偏狭的理解，正如言论和行为的差异正如"说"和"做"的差异一样，而"口说"虽然从广义上可纳入行为的表现之一，但其与"做"尚有相当距离[1]。学者虽然承认犯意表示从广义上可纳入行为之中，但还是以所谓"相当距离"而予以狭义看待。本著认为，在探讨犯意表示是否应予制罪配刑这一问题时，我们应遵循如下逻辑：犯意表示是否应予制罪配刑，要看犯意表示是否属于严重危害社会的行为；犯意表示是否属于严重危害社会的行为，要看犯意表示是否属于危害社会的行为；犯意表示属于是否危害社会的行为，要看犯意表示是否属于行为。因此，犯意表示应从最一般的意义上或从广义上对待。虽然言论和行动之间确实常常存在一定"距离"，但此"距离"仍然是行为与行为之间的"距离"。因此，我们不能把犯意表示先设定为纯粹的意念，然后假借犯意表示与"做"之间还有一定距离来逆推犯意表示不属于行为。否认犯意表示是行为，实际上是陷入了这样的小心翼翼：如果承认犯意表示是行为，则在理论上容易滑入犯意表示即犯罪行为的泥潭，从而在实践上容易导致惩罚思想犯的危险。显然，这种小心翼翼大可不必，因为犯意表示是否应予制罪配刑，还要考察其社会危害性如何。最终，当犯意表示是"有意性"与"有体性"的结合物，则犯意表示属于行为的结论是难以推翻的。

犯意表示不仅因其是"有意性"与"有体性"的结合体而成为一种行为，且其往往也存在或轻或重的"有害性"，即其往往具有或轻或重的社会危害性。而在犯意表示是否存在"有害性"或社会危害性问题上，也当然存在分歧。学者指出，单纯的犯意表示和犯罪的预备行为有相同点，即在主观上都有犯罪的故意，在客观上都有不同程度的表现，但两者之间存在本质区别，即单纯的犯意表示，从客观表现和主观意图上，都不是为实行犯罪创造条件，其对于社会关系未产生实际危害，也不具有社会危害性[2]。或有学者指出，犯意表示只是行为人犯罪意图的单纯外露，不会对社会造成任何危害[3]。但另有学者指出，鉴于犯意表示对社会的危害性较小，各国刑法理论原则上主张不予处罚[4]。显然，犯意表示没有任何危害性与其危害性较小完全是两回

---

[1] 徐逸仁："论犯罪预备同犯意表示的区别"，载《政治与法律》1992年第6期，第35页。
[2] 高铭暄主编：《刑法学》，法律出版社1984年版，第176页。
[3] 徐逸仁："论犯罪预备同犯意表示的区别"，载《政治与法律》1992年第6期，第36页。
[4] 张尚鷟：《中华人民共和国刑法概论总则部分》，法律出版社1983年版，第158页。

事。笼统认为犯意表示没有社会危害性是不客观的，理由如下：

（1）既然承认犯意表示和犯罪预备行为"在客观上都有不同程度的表现"，则只要承认犯罪预备行为具有社会危害性，就应承认犯意表示一般也具有社会危害性，因为从哲学上作为主观的东西一旦见之于客观，则说明其已作用于客观。犯意表示和犯罪预备行为在社会危害性上的区别不是有无社会危害性的问题，而是社会危害性孰轻孰重的问题。正因为一般的犯意表示在社会危害性上通常远轻于犯罪预备行为，故刑法通常将犯罪预备作为犯罪对待而将犯意表示作为非犯罪对待。只要承认犯意表示在客观上有一定程度的表现，就要承认犯意表示是一种行为，接着就要承认犯意表示具有社会危害性，而其程度如何则另当别论。在犯意表示是否具有社会危害性的问题上，我们还应注意：不能因为犯意表示的空间范围狭小而认为其不存在社会危害性，因为犯意表示的空间范围大小在事实上影响着其社会危害性的大小。总之，犯意表示的社会危害性的有无与大小是两个不同的判断，而犯意表示没有社会危害性显然是个伪命题。

（2）认为犯意表示"对于社会关系未产生实际危害"值得商榷。这里，只需举一个例子足可说明问题，如黑社会头子张三扬言要将某一居民住宅楼炸成废墟，众人闻听之后惶恐不安。我们说，伤悲、盛怒和惶恐等情绪都有害健康。难道在上例场合，众人的惶恐不是实际危害吗？再者，社会危害性概念中的"危害"应作"危及"与"损害"理解，即"危害"有"危及"与"损害"两种状态，故否认犯意表示的社会危害性是无法立足的，并且对犯意表示的社会危害性还应作进一步的把握：当犯意表示以日记等方式停留在未为他人知晓阶段，则犯意表示的社会危害性体现在犯意表示者的人身危险性上；当犯意表示以扬言等方式进入他人知晓阶段，则犯意表示的社会危害性不仅体现在犯意表示者的人身危险性上，也体现在因其表示而引起的社会惶恐等实际危害上，尽管此时的实际危害还不是犯意表示者意欲直接侵害的法益的实际损害。因此，犯意表示不仅有社会危害性的问题，还有一个社会危害性轻重即程度的问题，从而刑法对犯意表示不予制罪配刑才不是绝对的，正如"若某人将其犯意存在于内心，法律固不能加以制裁；若仅表示其犯意，但未采取实际的行动，除有时其情况应构成恐吓罪外，法律因其仅为个人之意思，亦以不予处罚为原则，但有下列二种情形因其有犯意表示，而对国家社会发生较大危险者，则为例外也。①阴谋……②凶犯组织……"〔1〕这里，当"对国家社会发生较大危险者"，则其已经不是单纯的犯意表示了。而学者所谓"实际的行动"即为犯罪作准备的行动亦即与实行行为相对应的预备行为。于是，我们应将是否实施了预备行为作为犯意表示与犯罪预备的根本界限，而此界限正是"有体性界限"。

犯意表示说明犯意已经形成，而只有"纯粹的犯意形成过程，在任何情况下都没有刑法意义"〔2〕。最终，我们对犯意表示问题的结论应是：犯意表示是通过"有意性"与"有体性"的结合而"通常"具有危害性，即"通常"存在"有害性"的行为，故对其适用"保安处分"也不是没有可能，但由于其还不是犯罪预备行为，故最终不具有犯罪性即"应受刑罚惩罚性"。于是，我们将犯意表示排斥在犯罪圈之外，可视为刑事政策的要求。

2. 对不当言论问题的合理解答

从字面上，不当言论似乎较犯意表示更应被视为犯罪行为基本特征与结构划分的引申性问题而应予以讨论。首先，我们应肯定言论本身的行为性，即言论本身也是一种体现"有意性"与"有体性"的行为现象，亦即言论本身也是"有意性"与"有体性"相结合的产物。再就是，我们应肯定不当言论本身的"有害性"，且此"有害性"或是道德层面的，或是法律层面的，否则不当言论的"不当性"将成空穴来风。于是，"有害性"将进一步引起不当言论是否具有刑事可罚的讨论，而结论自然是：并非不当言论都是不具有应受刑罚处罚性的行为，更非凡不当言论都是具有应受刑罚处罚性的行为，亦即有的不当言论能够引起刑罚处罚，即其具有应受刑罚处罚性，而这取决于不当言论"有害性"的"质量"。最终，应受刑罚处罚的不当言论即"言论犯罪"。

进一步地，不当言论的"罪行性"将有如下具象性体现：或是实行性即正犯性犯罪行为，如侮辱罪或诽谤罪、诬告陷害罪或伪证罪，再如传授犯罪方法罪，甚如煽动分裂国家罪和煽动颠覆国家政权罪这样的"煽动型犯罪"；或是共犯性犯罪行为，如通过言语教唆所构成的教唆犯，或如通过言语激励

---

〔1〕 张灏：《中国刑法理论及实用》，三民书局1981年版，第182~183页。

〔2〕 [意] 杜里奥·帕多瓦尼：《意大利刑法原理》（注评版），陈忠林译评，中国人民大学出版社2004年版，第305页。

所构成的（精神）帮助犯。可见，不当言论的"罪行性"是"有意性""有体性"和"有害性"的"恶性质变"。

（二）不能犯与迷信犯问题的合理解答

1. 不能犯问题的合理解答

从字面上，不能犯既然"不能"，则不能犯便无实质危害性，故不具有应受刑罚惩罚性，正如不能犯有时被称为不可罚的不能犯，而"不可罚"意在强调"不能犯是不可罚的"，亦即"不能犯是不构成犯罪的"，而并不意味着存在"可罚的不能犯"[1]。从概念上，不能犯似乎并非一个复杂的理论问题，但是学者论述的关于不能犯的三种情况却让我们难以区别未遂犯与不能犯，从而使得不能犯问题显示出相当的复杂性。学者所说的不能犯的三种情况包括：一是"方法不能"，即行为人虽然具有实现犯罪的意思，但其采用的方法不可能导致结果的发生，如本欲毒杀他人，但事实上投放了白糖；二是"对象不能"，即行为人具有实现犯罪的意思，但其行为所指向的对象并不存在，如将稻草人当作仇人开枪射杀；三是"主体不能"，即行为人具有实施身份犯的意思，但其并不具备特定身份而不可能成立身份犯，如行为人误认为自己是国家工作人员而收受"贿赂"。不能犯的本质是缺乏实现犯罪的危险性，故不可能成立犯罪；而未遂犯是具有侵害法益的紧迫危险的行为。于是，不能犯的学说基本上是有关如何区分未遂犯与不能犯的学说[2]。但是，有些学者在讲述不能犯未遂的问题时，将行为人本欲使用砒霜杀人但因发生认识错误使用了砂糖而未得逞作为"手段不能犯未遂"的例子，将行为人以为是人而实际上是物而开枪作为"对象不能犯未遂"的例子。通过将有些学者对不能犯未遂所举的例子和对不能犯所举的例子作一对比，我们发现：有些学者并未将不能犯未遂与不能犯真正地区别开来，从而未将未遂犯与不能犯真正地区别开来，因为不能犯未遂毕竟属于未遂犯，甚至是一个内在矛盾的概念。而学者所说的不能犯的第三种情况即"主体不能犯"似乎才真正能够堪称不能犯，且主体不能犯又似乎对应着可称之为"积极的违法性认识错误"的"幻觉犯"。当然，"主体不能犯"所对应的"幻觉犯"只是不构成"幻觉中的主体身份"所对应的犯罪，但仍可构成其他犯罪，如虽不构成贪污罪，

---

〔1〕　张明楷：《刑法学》（第5版），法律出版社2016年版，第352页。

〔2〕　张明楷：《刑法学》（第5版），法律出版社2016年版，第352页。

但可构成盗窃罪或诈骗罪或侵占罪等。另外，学者的说法也似乎不能将不能犯与迷信犯区别开来，因为迷信犯也"缺乏实现犯罪的危险性"。由此看来，不能犯的问题复杂性将超出我们的直觉。

联系犯罪行为基本特征与结构划分，学者所概括的不能犯的三种情形即"方法不能犯""对象不能犯"和"主体不能犯"都已具备了"有意性""有体性"，故虽不具备犯罪既遂所对应的"有害性"，但又因具备了"实行性"而最终成立犯罪未遂。

2. 迷信犯问题的合理解答

诸如未当着"被害人"的面利用"针扎纸人"的方式意欲杀人的行为，便是迷信犯。在迷信犯中，因行为人的行为不符合客观规律或生活法则，故其行为在根本上难以产生或产生不了对法益的危险性，更遑论紧迫危险性，或曰其在根本上难以产生或产生不了社会危害性或现实的社会危害性。可见，所谓迷信犯是指其行为因不符合客观规律或生活法则而根本就不可能实现或达致既遂的行为。迷信犯之所以根本不可能实现或达致既遂，原因在于行为人的行为不符合客观规律或生活法则。而这正构成了迷信犯与不能犯（未遂）的根本区别所在。在此，我们可作出这样的表述：迷信犯是根本产生不了法益侵害性或社会危险性的行为。正因如此，迷信犯的行为难以形成构成要件行为或犯罪客观方面行为的定型性，从而难具实行性。这就从根本上解释了为何迷信犯不负刑事责任。可见，个案行为是否具有犯罪构成符合性的判断，首先是行为定型符合性的判断，而此判断又是运用经验法则或客观规律所作出的判断。

迷信犯不负刑事责任的问题，还需从哲学层面予以把握。按照马克思主义的理论，只有认识、掌握乃至利用客观规律的时候，人类才有"真正的自由"可言。而若远离客观规律，人类的行为便是盲目的，从而时时或处处碰壁。这就好像一个人追求另一个人，只有摸透了对方喜怒哀乐的心理规律，才有可能让对方接受自己，甚至才有可能让对方顺从己意或实现对对方的"摆布"，即在对方面前才有"自由"可言。由于不符合客观规律和生活法则，故迷信犯的行为人在事件中是"不自由的人"，因为只有认识和利用客观规律或生活法则的人，才在事件中拥有真正的"自由"。而这正印证了迷信犯至少没有现实的法益危险性或现实的社会危害性。既然在迷信犯的场合，行为人是"不自由的人"，则刑法无需过问，或曰刑法过问属"杞人忧天"，因为既然在迷信犯的场合，行为人因对法益或社会秩序根本"奈何不得"，则其在刑法面前便根本"不足为虑"。对迷信犯，刑法所要体现的与其说是谦抑性，不如说是必要性。进一步地，无论是对迷信犯不予过问，还是对单纯劝说他人去野外散步而致他人巧遇雷电身亡或单纯劝说他人乘坐飞机而致他人巧遇坠机身亡不予过问，都从反面体现了刑法的"科学性"。当然，前述对迷信犯予以哲学层面与刑法科学层面的把握，最终还要回过头来说明其"实行性"问题。由于没有"实行性"，故迷信犯虽具备了"有意性"和"有体性"，但因最终缺失"有害性"而难以生成"有罪性"。

当然以"针扎纸人"来"杀人"为例讨论迷信犯是有特定场合的，即"杀人者"未当着"被害人"的面。但若当着被害人的面"针扎纸人"，则可构成侮辱罪；或明知被害人身患心脏病不能遭受刺激而当面"针扎纸人"，则可能构成过失致人死亡罪或间接故意杀人罪；而若有意利用被害人身患心脏病不能遭受刺激而当面"针扎纸人"，则构成直接故意杀人罪也不是不可能。显然，在前述"针扎纸人"的行为构成侮辱罪或过失致人死亡罪或故意杀人罪的场合，"针扎纸人"不仅具备了"有意性""有体性"和"有害性"，而且也具备了"实行性"和"刑法定型性"。

第二节　犯罪行为"基本方式竞合"的破解与澄清

在早先的刑法理论中，作为与不作为被视为行为的两种基本方式，但后来有学者提出所谓作为与不作为的竞合，并以税收犯罪作为例证[1]。随后，又有学者从"持有型犯罪"来论证所谓作为与不作为的竞合即所谓第三种行为方式[2]。如今，仍然有教材坚持所谓作为与不作为的竞合，且此竞合即"持有"[3]。

一、作为与不作为竞合的实证性破解

所谓作为与不作为的竞合，可切入"司机闯红灯""抗税"和"医生撤除生命维持装置"予以破解。

---

〔1〕　高铭暄主编：《中国刑法学》，中国人民大学出版社1989年版，第99页。
〔2〕　储槐植："三论第三犯罪行为形式'持有'"，载《中外法学》1994年第5期，第87~96页。
〔3〕　《刑法学》编写组：《刑法学》（上册·总论），高等教育出版社2019年版，第112页。

（一）从"司机闯红灯"破解作为与不作为的竞合

有学者指出，作为与不作为的区别并非绝对，而是存在着作为与不作为的竞合，即一个行为从一个角度看是作为，而从另一个角度看则是不作为。例如，汽车司机在十字路口遇到红灯，仍然向前行驶而致人死亡。不应当向前行驶而向前行驶（不应为而为），属于作为；应当刹车而不刹车（应为而不为），则属于不作为。由此，如果能够肯定作为犯罪，就不必考察行为是否符合不作为犯罪的成立条件。换言之，应当独立地考察作为犯的成立与不作为犯的成立，通常首先判断行为是否符合作为犯的成立要件；在行为不符合作为犯的成立要件时，再判断行为是否符合不作为犯的成立要件。在法益侵害结果事实上由作为与不作为共同造成时，则不能仅判断作为[1]。

就司机闯红灯事例的前述论述而言，学者所存在的问题是：作为与不作为本是行为的两种基本形式，从而作为与不作为应分别对应着两个行为本身，即在司机闯红灯事例中应分别对应着两个行为事实。但是，摆在我们面前的只是有待我们考察定性的"闯红灯"这么一个行为事实。显然，所谓作为与不作为的竞合实际上构造了两个行为事实。于是，不应当向前行驶而向前行驶即"不应为而为"与应当刹车而不刹车即"应为而不为"，这两者的关系该如何处理？在本著看来，应当刹车而不刹车即"应为而不为"是对不应当向前行驶而向前行驶即"不应为而为"这一行为事实的性质评价，而不是这一行为事实之外的又一行为事实。同样，不应当向前行驶而向前行驶即"不应为而为"，也不是或更不是应当刹车而不刹车即"应为而不为"之外的又一行为事实。显然，两者之间是行为事实本身与行为事实评价的关系，而非两个行为事实的关系。两个行为事实的"虚构"必然走向所谓作为与不作为的竞合，且必然陷入"自找麻烦"的境地：应当独立地考察作为犯的成立与不作为犯的成立，而通常首先判断行为是否符合作为犯的成立要件；在行为不符合作为犯的成立要件时，再判断行为是否符合不作为犯的成立要件。而在法益侵害结果事实上由作为与不作为共同造成时，则不能仅判断作为。其实，在司机闯红灯的事例中，法益侵害结果就是由不应当向前行驶而向前行驶即不应该闯红灯而闯红灯的行为所直接造成，即由"作为"直接"单方"造成，而不存在所谓"由作为与不作为共同造成"。在司机闯红灯的事例中，只

[1]　张明楷：《刑法学》（第4版），法律出版社2011年版，第149页。

有避免所谓作为与不作为竞合的"似是而非"，才可以真正"不必考察行为是否符合不作为犯罪的成立条件"。本著在此要进一步指出的是，如果在司机闯红灯的事例中坚持存在着所谓作为与不作为竞合，则大多数乃至全部犯罪都可说成是作为与不作为的竞合，如故意杀人罪可以说成是不该杀人而杀人（不该为而为）与该克制杀人却不予克制（该为而不为）的竞合，又如强奸罪可以说成是不该强奸而强奸（不该为而为）与该克制强奸却不予克制（该为而不为），再如诬告陷害罪可以说成是不该诬告陷害而诬告陷害（不该为而为）与该封住嘴巴而不封住嘴巴（该为而不为）。倘若如此，则学者可能会在刑法学的某个具体问题上"不经意间"陷入一种自相矛盾，如其坚持"持有型犯罪"中的"持有"的行为方式属于作为[1]。虽然其在展开理由时强调"刑法规定持有型犯罪时，旨在禁止人们持有特定物品，进而禁止人们利用特定物品侵害法益，而不是命令人们上缴特定物品"[2]，但在用"不该持有而持有"（正如"不该闯红灯而闯红灯"）即"不该为而为"来审视"持有型犯罪"的同时，再用"该上缴特定物品而未上缴特定物品"（正如"该刹车而未刹车"）即"该为而不为"作另番解读，又有何不可？易言之，在"持有型犯罪"的"持有"行为方式上，学者未必不是由"持有"属于作为又走向"持有"属于作为与不作为的竞合。倘若如此，作为与不作为的区分将变得毫无意义。

需要注意的是，作为刑法评价对象的只能是行为事实包括其所造成的某种状态，且刑法评价只能进行一次而不可重复或多余，而对该行为事实所作出的价值评判无论是用"该为而不为"来显示其正面性（当行为违反了命令性规范），还是用"不该为而为"来显示其反面性（当行为违反了禁止性规范），都不应该再成为刑法评价的对象。马克思曾指出："对于法律来说，除了我的行为以外，我是根本不存在的，我根本不是法律的对象。我的行为就是我同法律打交道的唯一领域，因为行为就是我为之要求生存权利、要求实现权利的唯一东西，而且因此我才受到现行法的支配。"[3]马克思的前述论断对于我们把握刑法评价的对象极有启发。

---

〔1〕　张明楷：《刑法学》（第4版），法律出版社2011年版，第162页。

〔2〕　张明楷：《刑法学》（第4版），法律出版社2011年版，第162页。

〔3〕　《马克思恩格斯全集》（第1卷），人民出版社1956年版，第16页。

（二）从"抗税"破解作为与不作为的竞合

在坚持存在所谓作为与不作为的竞合下，有些学者又指出，作为与不作为可能结合为一个犯罪行为。例如，抗税是逃避纳税义务的行为，故其包括了不作为，但根据《刑法》规定，以暴力、胁迫方法拒不缴纳税款的是抗税，而上述手段行为只能表现为作为，故抗税行为同时包含了作为与不作为。有学者认为作为是违反禁止性义务法规，不作为是违反命令性义务法规，即凡是不应为而为的即作为，而凡应为而不为的即不作为。因此，作为与不作为是对立关系，一个犯罪行为不可能同时包含作为与不作为[1]。诚然，作为表现为违反禁止性规范，不作为表现为违反命令性规范，作为与不作为确是对立关系。但是，第一，这种对立关系只是就一般意义而言，构成要件完全可能要求行为人以违反禁止性规范的行为方式（作为）实现不履行义务的效果（不作为）；第二，对立关系仅就单一行为而言，但许多犯罪包括了复数行为（在法律上仍然是一个犯罪行为），而复数行为中完全可能同时包含了作为与不作为；第三，如果将抗税罪视为单纯的不作为，容易导致司法机关忽视对"暴力、胁迫方法"的认定，从而扩大处罚范围。而即使在刑法没有明文规定的情况下，某些犯罪事实上也可能出现作为与不作为的结合。例如，值班医生不仅拒绝抢救患者，而且撤除了患者身上的生命维持装置。医生不抢救（不作为）与撤除装置（作为）两个行为都与死亡结果之间具有因果关系。因此，作为与不作为的结合应该得到承认[2]。

就抗税事例的论述，有些学者之论述所存在的问题是：抗税到底是几个行为？当学者使用所谓"手段行为"这一概念，便在无形之中为抗税构造了两个行为即"手段行为"和"目的行为"，且"目的行为"所指向的便是"不履行纳税义务"。其实，在抗税事例中，以暴力、胁迫方法所表现出来的"抗"与不履行纳税义务并非两个行为之间的关系，而是行为事实与行为事实的评价之间的关系，即评价与被评价之间的关系。正是由于发生了以暴力、胁迫方法所表现出来的"抗"的行为事实，并由此形成了不履行纳税义务的评价，故最终才有了所谓"抗税"一说。正如在汽车司机闯红灯的事例中，应该刹车是附着于闯红灯行为事实的正面评价，而在抗税事例中，不履行纳

---

[1] 陈兴良：《本体刑法学》，商务印书馆 2001 年版，第 259~260 页。

[2] 张明楷：《刑法学》（第 4 版），法律出版社 2011 年版，第 149~150 页。

税义务则是对以暴力、胁迫方法所表现出来的"抗"的行为事实的反面评价，正如抗税罪的实行行为应是单一的，而暴力、威胁行为只不过是拒不缴纳税款的行为的表现形式，即暴力、威胁行为并不具有独立意义[1]。所谓"表现形式"与本著所说的"事实评价"可谓相辅相成，且"表现形式"侧重于对事件的外在考察，而"事实评价"则侧重于对事件的内在考察；所谓"不具有独立意义"，正说明暴力、威胁行为要有所"表现"和有所"说明"。至于学者指出，暴力、威胁方法本身并不等于拒不缴纳税款，拒不缴纳税款并不必然表现为以暴力、威胁方法拒不缴纳，而只有在作为的暴力、威胁与表现为不作为的拒不缴纳税款相结合时才成立抗税。[2]在本著看来，虽然暴力、威胁方法本身并不"等于"拒不缴纳税款，但其可以构成拒不缴纳税款这一"不法目的"的"手段"；虽然拒不缴纳税款这一"不法目的"并不"必然"表现为采用暴力、威胁方法，但其"可以"表现为采用暴力、威胁方法。而抗税罪正是在"不法目的"和"不法手段"的"相结合"中方得以成立，但此处的"相结合"并非两个客观行为方式的"相结合"，更非两个客观行为事实的"相结合"。因此，在抗税事例中，就行为事实而言，只存在一个行为事实，而非所谓"手段行为"和"目的行为"两个行为事实。

　　为了说明抗税事例中到底有几个行为的问题，我们可来讨论一下：当行为人出于不纳税的目的而对税收工作人员使用暴力，并致税务工作人员重伤或死亡时，则对行为人的行为如何定性？本著作者在为本科生和研究生授课中常常听到的反应是：一部分学生很快或几乎不假思索地将采用暴力、胁迫的方法视为"手段行为"，并同时将不纳税或不履行纳税义务视为"目的行为"，从而用"手段行为"与"目的行为"这两个行为来构造一个手段与目的型的牵连犯，故提出应以故意伤害罪或故意杀人罪作最终定性。其实，以故意伤害罪或故意杀人罪作最终定性是妥当的，但罪数形态上的理论路径不是所谓牵连犯，而是想象竞合犯，因为牵连犯是形成于两个以上行为事实的场合，即存在两个以上行为事实的场合才有牵连犯一说。但在我们所讨论的前述事例中，实际上只存在着一个行为事实即对税收工作人员使用暴力，而不纳税或不履行纳税义务并非"目的行为"，其只是作为主观活动存在的"目

---

〔1〕　陆诗忠："复行为犯之基本问题初论"，载《现代法学》2007年第6期，第171页。

〔2〕　张明楷：《刑法分则的解释原理》（上），中国人民大学出版社2011年版，第512页。

的"本身，是对行为人对税收工作人员使用暴力这一行为事实的主观说明，亦即对税收工作人员使用暴力，是服务于不纳税或不履行纳税义务这一主观"目的"的一个行为事实且只是一个行为事实，故两者仍然存在于行为事实与对行为事实法律评价的关系之中。在诸如为了杀人先造枪而后用枪去杀人的事例中，造枪是一个行为事实，而用枪杀人又是一个行为事实，这里便存在着两个行为事实之间的手段与目的关系，从而形成手段与目的型的牵连犯，但在我们讨论的对税收工作人员使用暴力以图不纳税或不履行纳税义务的事例中，并不存在两个以上的"行为事实"，故牵连犯无从谈起。当牵连犯无从谈起，便意味着不存在着两个以上的行为事实；而当不存在着两个以上的行为事实，则所谓作为与不作为的竞合便失去了"事实根据"。当所谓作为与不作为的竞合"被迫"指向一个行为事实时，则所谓作为与不作为的竞合实质上便属于"一个事物的两个方面"，而就"一个事物的两个方面"构造出所谓作为与不作为的竞合，即将"一个事物的两个方面"构造成"两个不同的事物"。

以抗税罪为例所提出的所谓作为与不作为竞合的主张，有时会"不经意间"在其他问题上暴露出"破绽"，而这又可迂回说明该主张本身所存在的问题。如有学者指出，与抗税罪有点类似但却不同的是扰乱无线电通讯管理秩序罪。1997 年《刑法》第 288 条第 1 款规定："违反国家规定，擅自设置、使用无线电台（站），或者擅自占用频率，经责令停止使用后拒不停止使用，干扰无线电通讯正常进行，造成严重后果的……"一种观点认为，该罪的实行行为由"违反国家规定，擅自设置、使用无线电台（站），或者擅自占用频率"的行为与"经责令停止适用后拒不停止使用"的行为两部分构成，前者是作为，后者是不作为[1]。这样的解释具有一定的合理性。不过，由于"拒不停止使用"是作为与不作为的竞合（从不执行停止使用的命令角度，是不作为；从继续使用的角度，是作为，但二者不是结合关系，而是竞合关系），也可能将本罪解释为作为的持续犯，即不管是"擅自设置、使用无线电台（站），或者擅自占用频率"，还是"拒不停止适用"，都是一种持续的作为[2]。在本著看来，将扰乱无线电通讯管理秩序罪视为"违反国家规定，擅自设置、

---

[1] 陆诗忠："复行为犯之基本问题初论"，载《现代法学》2007 年第 6 期，第 171 页。

[2] 张明楷：《刑法学》（第 4 版），法律出版社 2011 年版，第 512~513 页。

使用无线电台（站），或者擅自占用频率"的所谓"作为"与"经责令停止适用后拒不停止使用"即所谓"不作为"的"两个行为"所构成，并不具有合理性，因为"擅自设置、使用无线电台（站）"与"擅自占用频率，经责令停止使用后拒不停止使用"，通过"或者"一词而在形式逻辑的"相容性选择关系"中共同构成了"违反国家规定"的表现，即此两者与"违反国家规定"之间同样构成了表现与被表现、说明和被说明的关系，从而同样构成了行为事实与行为事实评价的关系。将"拒不停止使用"视为作为与不作为的竞合，仍然存在着将行为事实本身与行为事实评价相等同的问题，而将扰乱无线电通讯管理秩序罪理解为一种持续犯即继续犯，正好说明将行为事实本身与行为事实评价相等同，因为持续犯即继续犯恰好是"不法行为"与其所造成的"不法状态"同时延续，且"不法状态"是"不法行为"的一种说明或表现，而非另一个"不法行为"。这样看来，至少在行为构造上，抗税罪与扰乱无线电通讯管理秩序罪并无不同，因为后者是违反"国家规定"，而前者也是违反"国家（税收）规定"。可见，对扰乱无线电通讯管理秩序罪所谓持续犯即继续犯的理解，或许在一种"歪打正着"中说明了抗税罪确实不宜视为所谓作为与不作为的竞合犯。至于学者担忧"将抗税罪视为单纯的不作为，容易导致司法机关忽视对"暴力、胁迫方法"的认定，从而扩大处罚范围"，其担忧并无必要，因为抗税罪的一个"抗"字已经意味着抗税罪本非"单纯的不作为"，而"暴力、胁迫方法"自然在"抗"字的意涵之内。

（三）从"医生撤除生命维持装置"破解作为与不作为的竞合

再就值班医生拒绝抢救患者且撤除患者身上的生命维持装置事例来说，表面上看，拒绝抢救和撤除装置是前后相继的不作为与作为两个行为事实，而实质上看，撤除装置是以一种外在积极的方式来背弃救死扶伤的作为义务。易言之，作为先前消极表现的拒绝抢救和作为后来积极表现的撤除装置都以背弃救死扶伤的作为义务为共同走向，并且作为后来积极表现的撤除装置可以看成是作为先前消极表现的拒绝抢救在行为性质上的一种"固化"。如果先是值班医生本人单纯的不予以抢救，而后过来一个身份普通即对患者本无救死扶伤义务的仇人撤除装置，则前者是不作为犯，而后者是作为犯，但此种情况下也形成不了所谓作为与不作为的竞合，因为行为主体是两个不同的主体，而行为事实则是两个不同的行为事实。因此，在我们讨论的事例中，拒绝抢救和撤除装置应视为一个完整的行为事实，且以背弃作为义务作为共同的，同时也是完整的"精神实质"。

为了更深入地理解问题，我们还可讨论一下这样的事例：出于仇视社会的心理，消防队员甲面对着熊熊大火先是袖手旁观，后往火中投掷易燃易爆物品。毫无疑问，先前的袖手旁观因背离了其灭火的法定义务而构成放火罪，其后向火中投掷易燃易爆物品更是背离了其灭火的法定义务而构成放火罪，即背离灭火的法定义务是前后连贯的"精神实质"。于是，先前的袖手旁观和其后的投掷易燃易爆物品，便在刑法规范违反性上具有了下文所说的"一致性"或"同质性"，从而也就具有了下文所说的"相容性"或"兼容性"。我们以往已经普遍接受了一个刑法学命题，即以不作为的方式来实施通常以作为的方式所实施的罪行便构成所谓不真正不作为犯。由此，值班医生撤除维持生命装置是否启发我们形成另一个刑法学命题，即以作为的方式来实施通常以不作为方式所实施的罪行即可谓不真正作为犯？需要强调的是，到目前为止，在不作为犯上，刑法理论只作出了真正不作为犯与不真正不作为犯，而在作为犯上，则尚无真正作为犯与不真正作为犯的概念对应。不真正不作为犯与不真正作为犯似乎因"不真正"而可以"互通"，但两者亦存在区别：不真正不作为犯最终是以命令性规范为基点，而不真正作为犯则是以禁止性规范为基点。

有学者已经承认从违反禁止性规范与命令性规范的角度，作为与不作为确是对立关系，但同时强调许多犯罪包括了复数行为（在法律上仍然是一个犯罪行为），而复数行为中完全可能同时包含了作为与不作为。这样，学者便将作为与不作为的对立关系即违反禁止性规范与违反命令性规范的对立关系"局限"在犯罪行为是单数行为的场合，而作为与不作为的竞合关系即违反禁止性规范与违反命令性规范的竞合关系，便可形成于犯罪行为是复数行为的场合，但其所举的事例却并非犯罪行为是复数行为。犯罪行为是复数行为的例子很多，如抢劫罪是由使用暴力、胁迫或其他方法这一"手段行为"与从被害人身上获取钱财这一"目的行为"复合而成，强奸罪是由使用暴力、胁迫或其他方法这一"手段行为"和与被害人发生性行为这一"目的行为"复合而成。而在前述所列举的犯罪行为是复数行为的场合，作为复数行为组成部分或整个犯罪行为构成部分的个别行为或阶段性行为却都是违反禁止性规范的作为，以抢劫罪为例，即不该使用暴力、胁迫或其他方法而使用，同时不该从被害人身上获取钱财而获取，即都是"不该为而为"。犯罪行为是复数行为，但复数行为中一个是作为，而另一个是不作为的事例，到底是什么或有哪些？实际上，在犯罪行为是复数行为的场合，或许正是由于作为复数行为组成部分或整个犯罪行为构成部分的个别行为或阶段性行为在所违反刑法规范的类型或刑法规范违反性上，具有"一致性"或"同质性"，从而是"相容性"或"兼容性"，才得以复合成一个完整的犯罪行为。可见，作为（犯）与不作为（犯）这两种本来是触犯具有对立关系的刑法规范的犯罪样态是不可能，也不必要竞合到一起的。若此，则在犯罪行为是复数行为的场合，作为组成部分或构成部分的那些行为要么都是作为，要么都是不作为，而我们现在似乎只能举出都是作为的例子，如抢劫罪、强奸罪等。当学者强调许多犯罪包括了复数行为，而这些复数行为"在法律上仍然是一个犯罪行为"，是否巧合着这些复数行为在所违反刑法规范的类型或刑法规范的违反性上具有"一致性"或"同质性"，从而具有"相容性"或"兼容性"？

二、作为与不作为竞合的规范性澄清

作为与不作为的竞合，可切入刑法规范的分类逻辑和刑事责任逻辑而得到澄清。

（一）作为与不作为竞合违背了刑法规范的分类逻辑

坚持所谓作为与不作为的竞合直接牵涉刑法规范分类问题。按照刑法规范的内容，除了诸如正当防卫和紧急避险这样的授权性刑法规范，刑法规范便剩下了禁止性刑法规范与命令性刑法规范。禁止性刑法规范指向作为型犯罪，命令性刑法规范指向不作为型犯罪。坚持所谓作为与不作为的竞合等于"不经意间"在刑法规范的划分中提出了第四种类型，即命令性与禁止性混合的刑法规范。而这第四种刑法规范将使得禁止性刑法规范与命令性刑法规范都没有存在的必要，进而使得刑法规范只剩下授权性刑法规范和命令性与禁止性混合的刑法规范。而这里要进一步指出的是，刑法规范除了是裁判规范外，同时也是行为规范，并且首先是行为规范。除了授权性刑法规范，禁止性刑法规范和命令性刑法规范都是对人们的行为提出强硬要求的规范，则所谓命令性与禁止性混合的刑法规范将令人们"无所适从"，因为"不该为而为"与"该为而不为"的同时"发号施令"将令人们进退两难，或曰使得人们不知如何安排自己的行为或确定自己的行为内容。而所谓命令性与禁止性混合的刑法规范将带给人们"无所适从"，也正是所谓作为与不作为的竞合带给人们"无所适从"。显然，刑法规范的分类理论是不接受所谓作为与不作为的竞合的。

意大利刑法理论的有关论断，对于我们审视作为与不作为的竞合问题应有启发。帕多瓦尼教授指出，就行为概念的分类功能而言，显然无法找到一个能同时包括作为与不作为（这两种行为的不同类型）的行为概念。因为就形式而言，前者表现为积极的外部活动，而后者则是一种规范性的判断，说明某人没有按照所负义务的要求实施特定的行为。从自然科学的角度讲，不作为这种行为没有关注客观的表现形式。由于这两种行为在性质上的差异，根本就不可能找到一个能够同时概括二者的上位概念，因为作为与不作为的上位概念必须以二者的共同因素为内容，但作为与不作为之间根本就无共同的自然因素可言。事实上，与其说行为概念能够发挥一种分类的功能，不如说它只是描述了作为与不作为的一种"性质"（如"重量"是物体可感觉的性质，但不能以其作为物体分类的标准）。而从这个意义上，作为与不作为都是行为，因为它们都是人类的某种举止。人类特定的举止是作为与不作为共同的参照系：就作为而言，该人类的举止是被禁止的对象（作为的实质是违反了不得实施某种举止的义务）；就不作为而言，其参照系是"命令指向的内容"（不作为的基础是违背了某种行动的义务）。重要的是，在上述两种情况下都存在"一种行为人选择其他行为的可能性"。就作为而言，这种可能性表现为行为人必须有选择不实施该行为的可能性；就不作为而言，这种可能性表现为行为人必须有按照其义务的要求实施行为的可能性。而正是这种行为人实施非刑法禁止行为的可能性，使作为与不作为具有了"人类举止"这一共同特征[1]。

在本著看来，在前述论断中，从自然科学的角度得出作为与不作为无法共有一个上位概念，结论是对的，但途径或方法是错的，因为从自然科学的角度，作为人类行为自然表现或物理表现的"举止"既有"举"，又有"止"，故当把作为与不作为分别对应"举"和"止"，则自然科学的视角便将行为和作为行为自然表现或物理表现的"举止"相互混淆。但是，前述论断采用"禁止"和"命令"来进一步讨论作为与不作为，应得到肯定，因为

---

〔1〕 ［意〕杜里奥·帕多瓦尼：《意大利刑法原理》（注评版），陈忠林译评，中国人民大学出版社 2004 年版，第 119~120 页。

这意味着"自然科学思维"被切换到"规范学思维"上来。具言之，不仅不作为应视为对行为的规范性评价，正如不作为这种可能性表现为行为人必须有按照其义务的要求实施行为的可能性，即不作为的基础是违背了某种行动的义务，而且作为也应视为对行为的规范性评价，正如作为这种可能性表现为行为人必须有选择不实施该行为的可能性，即其是被禁止的对象，亦即作为的实质是违反了不得实施某种举止的义务。于是，作为与不作为能否共有一个上位概念，不应从自然科学或物理学的角度而应从规范学的角度作出判断。正如前文所论，由于没有哪一种刑法规范在禁止人们做什么的同时又命令人们做什么，即作为行为规范的刑法禁止性规范与刑法命令性规范是"不相容"的，故禁止性与命令性竞合的刑法规范是不存在，也是不应该或不可能存在的，从而所谓作为（犯）与不作为（犯）的竞合是不存在，也是不应该或不可能存在的。

由于"持有型犯罪"是所谓作为（犯）与不作为（犯）竞合这一概念的一个"生长点"，故意大利刑法理论对"持有型犯罪"的有关论断仍对我们有所启发。帕多瓦尼教授指出："持有本身就是一种行为，即一种以作为自己的东西而持有的意图而保留某种物品的行为。对于刑法典第 707 条和 708 条所处罚的事实，即有特定记录的人持有变造、伪造并不能说明用途的钥匙、撬门入室的工具，或持有不能说明来源的贵重物品，有人认为存在两种行为：除了持有本身是一种行为（作为）外，不能说明用途或来源也是一种行为（不作为）。不过，后者本身并不是一种不作为，因为它并没有违反任何法律义务，而只是没有遵守一种要求（如果用途或者来源被查明，即使行为人没有提供解释也应免除处罚）。"[1] 其实，"没有遵守一种要求"是对不该持有而持有的一种说明，而非在持有之外又生出另一个行为。可见，作为（犯）与不作为（犯）竞合之谓是将"持有"本身由一个行为"撕裂"为两个行为，从而形成了作为（犯）与不作为（犯）的虚假竞合。显然，作为（犯）与不作为（犯）的虚假竞合，实则为刑法禁止性规范与刑法命令性规范的虚假竞合。

这里要进一步强调的是，所谓作为与不作为的竞合所存在的刑法规范分

---

〔1〕〔意〕杜里奥·帕多瓦尼：《意大利刑法原理》（注评版），陈忠林译评，中国人民大学出版社 2004 年版，第 121 页。

类问题与过度类型化思维[1]，存在着相当的关联性，即所谓作为与不作为的竞合遥相呼应着类型化理论。但到目前为止，刑法过度类型化思维所对应的相关观点或主张都是"第三种"观点或主张，都是名为"竞合"而实为"混合"的观点或主张，都是误读或曲解了"不典型"的观点或主张。在本著看来，被我们引进的类型化理论强调要注重事物或现象的量即"多或少"，但并非要丢掉"是与不是"。由此，目前国内刑法学界的刑法过度类型化思维或许存在着对被引入的类型化理论的误读或曲解。所谓作为犯与不作为犯的"竞合犯"，骨子里也是在作为犯和不作为犯这两种"典型"之"外"强调"不典型"。最终，对"不典型"的过分夸大使得"类型"完全变成概念之"外"而非概念之"下"或概念之"中"的"类型"，从而概念完全被抛弃，进而类型化思维变得"游刃有余"乃至"海阔天空"。

本著暂且可给出的一个论断是：当作为（犯）与不作为（犯）各自都代表着一种独立且相互对立的行为方式类型，则所谓作为与不作为的竞合在所违反刑法规范的不"同质"，而从不"相容"或不"兼容"之中能否成为第三种独立的行为方式类型，确实有点让人观望乃至"担忧"。当"动中有静，静中有动"且"运动是绝对的而静止是相对的"使得对持有型犯罪的行为方式问题讨论暴露出"物理学"思维"只重表象而不见实质"的问题时，则"规范学"思维便成为我们考察刑法学中行为方式问题时应予择取的理性思维，且"规范学"思维及此思维下的刑法评价和刑事责任的考量，已经使得所谓作为与不作为的竞合可能有失"谨慎"。实际上，当把偷税和抗税视为作为与不作为的竞合时，则不经意间是将物理学标准和规范学标准混同在一起。具言之，在所谓作为与不作为竞合的场合，作为对应着物理学标准，而不作为则对应着规范学标准。至于有学者指出，非此即彼的概念式思维将无法解释刑法上的抗税罪，即抗税罪是拒不缴纳税款的行为，其本质是"不作为"，但拒不缴纳税款所采用的暴力、胁迫就是一种"作为"，故抗税罪就是同时包含作为和不作为的犯罪[2]，当学者对抗税罪予以"本质上"的强调，便意味着其已经立于规范学的角度看问题；而当其又强调暴力、胁迫方法时，则

---

[1] 马荣春："警醒刑法学中的过度类型化思维"，载《法律科学（西北政法大学学报）》2012年第2期，第40~49页。

[2] 齐文远、苏彩霞："刑法中的类型思维之提倡"，载《法律科学（西北政法大学学报）》2010年第1期，第71~72页。

意味着其又立于物理学的角度看问题。既然物理学角度所看到的是事物的表象，而规范学角度所看到的是事物的实质，则抗税罪显然应归属于不作为犯，且此不作为犯较逃税罪这一不作为犯的"强度"较大而已。由此，概念式思维对抗税罪的规范学归类毫无影响。可见，因夸大"不典型"而最终完全抛弃概念的同时，通过犯罪行为方式的"竞合"所体现出来的"过度不典型"，存在将刑法规范类型抛弃一边的风险。

（二）作为与不作为竞合违背刑事责任逻辑

所谓作为与不作为的竞合问题，最终还要回到刑事责任这个最根本性问题上予以考证，即把刑事责任作为对所谓作为与不作为竞合问题考证的最后一个方位。所谓作为与不作为的竞合，实质就是作为犯与不作为犯的竞合，即作为犯与不作为犯在所谓作为与不作为竞合场合的并存。如此一来，我们面临着什么呢？或曰所谓作为与不作为的竞合犯的犯罪人面临着什么呢？作为犯的犯罪人因违反刑法的禁止性规范而要承担刑事责任，不作为犯的犯罪人因违反刑法的命令性规范而要承担刑事责任，则所谓作为与不作为的竞合犯的犯罪人是否要承担两种或两次刑事责任呢？而当所谓作为与不作为的竞合犯只存在着一个行为事实，则所谓作为与不作为的竞合犯的犯罪人要承担两种或两次刑事责任又是否意味着"重复评价"呢？如此一来，则大多数犯罪乃至全部犯罪是否都要形成两种或两次刑事责任或被作出"重复评价"？学者指出，作为与不作为两者之关系，则有如 X 与非 X，而相互对立排斥。一个行为经由刑法评价，假如被认定是作为，则不可能同时又被认定为不作为；反之，亦同[1]。又有学者指出，作为是违反禁止性义务法规，不作为是违反命令性义务法规；不应为而为的就是作为，应为而不为的就是不作为，作为与不作为是一种对应关系，一个犯罪行为不可能同时包含作为与不作为[2]。在本著看来，所谓"同时又被认定为"即指"重复评价"。而这里要特别提请注意的是，发生在所谓作为与不作为竞合中的"重复评价"与我们以往所说的那种"重复评价"还不完全相同：我们以往所说的那种"重复评价"，是指就行为事实的部分或"片段"作"重复评价"，如对行为人在离开杀人现场时拿走死者身上的财物定性为抢劫罪，就是将暴力手段评价了两次；而

---

〔1〕　林山田：《刑法通论》（上册），三民书局 2000 年版，第 146 页。

〔2〕　陈兴良：《本体刑法学》，商务印书馆 2001 年版，第 259~265 页。

发生在所谓作为与不作为竞合中的"重复评价"，则是"全盘性"的"重复评价"，即将作为犯的行为事实"全盘"地评价为不作为犯，或将不作为犯的行为事实"全盘"地评价为作为犯。可见，学者所担忧的"如果不将抗税罪视为作为与不作为的竞合，则有扩大处罚范围之险"，在所谓作为与不作为竞合中可能变成"加重处罚分量"，从而造成"刑罚过剩"之险。而这种危险在所谓作为与不作为竞合的逻辑下可以扩及大多数犯罪乃至全部犯罪。显然，刑事责任理论也是不接受所谓作为与不作为的竞合的。

作为与不作为竞合违背刑法规范分类逻辑与刑事责任逻辑，最终都违背了刑事人权逻辑。由所谓作为（犯）与不作为（犯）的竞合，笔者不免有如下感慨：在"理论协调"与"理论平衡"中提出概念或命题，或许才会让学说显得更加"稳健"。

第三节　犯罪对象的必存性、新样态及其对犯罪客体的体现

"有的犯罪没有犯罪对象"这一说法仍然值得讨论，而犯罪对象如何体现犯罪客体则更鲜有思考。

一、犯罪对象的必存性

国内刑法学理论较早就流行一种占主导地位的观点，即"有的犯罪没有犯罪对象"，如犯罪对象不是每个犯罪成立的必备条件[1]。现今，我们仍可看到"有的犯罪没有犯罪对象"这个提法，如犯罪对象不是任何犯罪都不可缺少的，它仅仅是某些犯罪的必要条件[2]。"有的犯罪没有犯罪对象"这个提法形成于偷越国边境罪、脱逃罪、妨害国境卫生检疫罪和非法集会、游行、示威罪等"难以"找到合适犯罪对象的例子中[3]。难道"有的犯罪真的就没有犯罪对象"吗？

（一）犯罪对象的必存性是逻辑类比的结论

在物理学上，作用是指一个物体向另一个物体施加力的影响的物理现象。

---

〔1〕　马克昌主编：《犯罪通论》，武汉大学出版社1999年版，第134页。

〔2〕　《刑法学》编写组编：《刑法学》（上册·总论），高等教育出版社2019年版，第102页。

〔3〕　《刑法学》编写组编：《刑法学》（上册·总论），高等教育出版社2019年版，第102页。

在该物理现象中，施力物体叫作用者，被施力物体叫被作用者。没有被作用者，也就没有作用者，从而也就没有作用这一物理现象本身。作为人类行为之一的犯罪，也是一种作用，这是一种人类主观见之于外界客观的作用。在这种作用中也有作用者和被作用者：作用者是指自然人或法人这两类犯罪主体，被作用者则是指具有各种具体样态的犯罪对象。如物理学上无作用对象就无作用现象本身，刑法学或犯罪学上无犯罪对象也就无犯罪现象本身，故从作用与作用对象的对应关系，有犯罪必有犯罪对象。这里是运用逻辑学上的类比方法来分析犯罪对象问题。

（二）犯罪对象的必存性是本质与表象、内容与形式辩证关系的结论

犯罪客体，无论是指社会关系而言，还是指法益而言，都具有无形性的特征。但是，犯罪客体是通过其有形存在而为我们所感知和把握的，即犯罪客体是通过其有形存在而得以表现的。而犯罪客体借以表现的有形存在是什么呢？这就是犯罪对象。犯罪对象是犯罪客体的现实载体，这是刑法理论界的通识。因此，不可能是有的犯罪客体需要犯罪对象表现，而有的犯罪客体则不需要犯罪对象表现，即不可能是有的犯罪"只有犯罪客体而无犯罪对象"。

犯罪对象与犯罪客体的关系，实际上相当于哲学中表象与本质的关系：不存在无本质的表象，也不存在无表象的本质。犯罪对象是犯罪客体的外化方式，因而也就是犯罪客体的表象。犯罪客体就像毛发根生于皮肤那样隐含于犯罪对象之中，是犯罪对象的"神经"所在，亦即犯罪客体是犯罪对象的本质。犯罪对象与犯罪客体互为表里。马克思在《关于林木盗窃法的辩论》一文中把"所有权"这一犯罪客体比喻为"林木"这一现象的"国家神经"。"林木"这一犯罪对象必然体现着作为"国家神经"的"所有权"这一犯罪客体，而作为"国家神经"的"所有权"这一犯罪客体又必然要借助于"林木"这一犯罪对象来体现自己，正如陈忠林教授指出，在马克思的论述中，林木的损失是"罪行可以感觉的那一面"，罪行对所有权的侵害是"罪行的实质"。辩证唯物主义的认识论告诉我们，事物"可以感觉的那一面"和"实质"是同一事物的两个不可分割的侧面。事物"可以感觉的那一面"是事物的存在形式，事物"实质"只有通过其"可以感觉的那一面"才能表现出来，所以刑法所保护的社会关系不可能脱离具体的犯罪对象而存在[1]。可

见，犯罪行为对犯罪客体的侵害必须通过犯罪对象这个中介物，亦即犯罪行为是通过作用于犯罪对象来达到对犯罪客体的侵犯的。之所以如此，还因为犯罪对象受犯罪行为的作用是具体的，犯罪客体受犯罪行为的侵犯是抽象的，人们认识和把握犯罪的社会危害性必须经由从具体到抽象再从抽象到具体的思维过程。因此，犯罪对象与犯罪客体只能是一一对应，同时并存的，正如陈忠林教授指出，刑法所保护的社会关系不可能脱离具体的犯罪对象而存在，因为只有通过犯罪对象的具体特征才能揭示和认定犯罪所侵犯的社会关系，故任何犯罪都有犯罪对象[1]。这里，"刑法所保护的社会关系"即犯罪客体。可见，那种"有的犯罪没有犯罪对象的情形之下，行为对客体的侵犯并未通过'中介'进行，而是直接与社会关系发生作用的"认识[2]，显然是否定了犯罪对象与犯罪客体固有的对应并存关系，并陷入自相矛盾：持这种认识的人首先肯定犯罪对象是犯罪客体的外在表现或现实载体，但坚持在没有犯罪对象的犯罪中"行为对客体的侵犯并未通过某种'中介'进行，而是直接与社会关系发生作用"却又是在说犯罪客体可以没有或可以不要外在表现或现实载体。由此，否定犯罪对象，也就是否定犯罪客体，从而也就是否定犯罪现象本身。最终，从犯罪对象与犯罪客体的对应并存关系来看，有犯罪，必有犯罪对象，而若没有犯罪对象，则无犯罪本身。这里是运用了哲学上表象与本质或形式与内容的关系原理来分析犯罪对象问题。

（三）犯罪对象的必存性是人类活动对象性原理的结论

犯罪是一种人类活动或人类行为。"有的犯罪没有犯罪对象"，这种观点的哲学错误不仅违背了马克思主义关于表象与本质、形式与内容的关系原理，而且违背了马克思主义关于人类活动的对象性原理。马克思曾指出："正是通过对象世界的改造，人才实际上确认自己是类的存在物。"[3]"人则把自己的生命活动本身变为自己的意志和意识的对象……换言之，正是由于他是类的存在物，他才是有意识的存在物，也就是说，他的生命本身对他来说才是对象。"[4]"另

[1] 陈忠林：《刑法散得集》，法律出版社 2003 年版，第 249~256 页。

[2] 马克昌主编：《犯罪通论》，武汉大学出版社 1999 年版，第 126 页。

[3] [德] 马克思：《1844 年经济学哲学手稿》，中共中央马克思、恩格斯、列宁、斯大林著作编译局译，人民出版社 2000 年版，第 51 页。

[4] [德] 马克思：《1844 年经济学哲学手稿》，中共中央马克思、恩格斯、列宁、斯大林著作编译局译，人民出版社 2000 年版，第 50 页。

一方面，作为自然的、有形体的、感性的、对象性的存在物……他的情欲的对象是作为不依赖于他的对象而在他之外的存在物；但这些对象是他需要的对象。"[1]"非法对象的存在是一种（根本不可能有的）怪物。"[2]而"假定有这样一个存在物，它本身既不是对象，又没有对象，这样的存在物首先将是一个唯一的存在物，在它之外没有任何东西存在着……而非对象的存在，这是非规定的，非感性的，只是思想出来的，亦即只是虚构出来的存在物，即抽象之产物"。[3]马克思还曾指出："如果没有借以进行劳动的对象，劳动便不能生存。"[4]马克思的上述论断至少能使我们获得这样的认识：人类活动是有意识的、能动的活动，必有活动对象；凡是存在物，必然都是人类活动的对象，包括人类自身的生命活动本身。犯罪行为作为人类行为的一种，与人类活动构成了一般与特殊的关系。按照"适用于一般的必适用于特殊"的逻辑规则，人类活动有其对象，则犯罪也必有其对象。若"有的犯罪没有犯罪对象"，则等于说"有的人类活动没有活动对象"甚或"所有的人类活动都没有活动对象"。这显然不符合马克思主义关于人类活动的对象性原理。在犯罪对象与人类活动对象之间，只不过是由于犯罪与人类活动之间构成一般与特殊的关系，故同样也构成一般与特殊的关系罢了。有人可能会说，用马克思关于劳动与劳动对象对应关系的论断引证犯罪与犯罪对象的对应关系显属风马牛不相及。其实不然，马克思关于劳动与劳动对象的对应关系的论断，正是马克思关于人类活动与人类活动对象对应关系论断的合乎逻辑的结论，因为劳动也是人类活动的一项内容，也与人类活动构成一般与特殊的关系。由于犯罪与劳动同属人类活动，故犯罪与犯罪对象也必构成对应关系。易言之，我们可把人类活动与人类活动对象的对应关系从劳动与劳动对象之间转移到犯罪与犯罪对象之间。于是，受马克思的"如果没有借以进行劳动的对象，劳动便不能生存"论断的启示，我们可以模仿出另一个论断："如果没有

---

〔1〕［德］马克思：《1844年经济学哲学手稿》，中共中央马克思、恩格斯、列宁、斯大林著作编译局译，人民出版社2000年版，第120页。

〔2〕［德］马克思：《1844年经济学哲学手稿》，中共中央马克思、恩格斯、列宁、斯大林著作编译局译，人民出版社2000年版，第121页。

〔3〕［德］马克思：《1844年经济学哲学手稿》，中共中央马克思、恩格斯、列宁、斯大林著作编译局译，人民出版社2000年版，第121页。

〔4〕［德］马克思：《1844年经济学哲学手稿》，中共中央马克思、恩格斯、列宁、斯大林著作编译局译，人民出版社2000年版，第46页。

借以进行犯罪的对象，犯罪便不能生存"。这里是从马克思主义关于人类活动的对象性原理来分析犯罪对象问题的。

（四）犯罪对象的必存性是犯罪对象概念本身的结论

之所以有人认为"有的犯罪没有犯罪对象"，这与如何理解犯罪对象本身密切相关。什么是犯罪对象？"犯罪对象是指犯罪行为直接施加影响的具体的人或物"，这是刑法学界传统的、公认的观点。[1] 而"犯罪对象是指犯罪分子在犯罪过程中对之施加影响的并通过这种影响使某种客体受侵犯的具体的人或物"[2]，则是一个修正性的定义。由于犯罪对象是犯罪客体的载体，故用"人或物"作为犯罪对象定义项的中心词或最后落脚是没有问题的。于是，当从诸如偷越国边境犯罪、脱逃犯罪等场合中"找不到"适合作各该犯罪的犯罪对象的人或物，也就"没有"犯罪对象了。

正如刑法学理论所普遍接受的那样，犯罪对象是外在可观的，是犯罪客体的实际载体；而犯罪客体是内在抽象的，是犯罪对象的内在"精神"或内在价值。可见，当从犯罪对象与犯罪客体的形式与实质的相互依存关系出发，则有犯罪客体，必有犯罪对象，因为当有的犯罪没有犯罪对象，则犯罪客体依托于谁？所谓"皮之不存毛将焉附"？因此，在犯罪对象与犯罪客体二者同在的逻辑下，我们应该而且能够找到"有的犯罪没有犯罪对象"所指向场合中的犯罪对象。概言之，脱逃罪与偷越国边境罪的犯罪对象可以一并看成是"犯罪人自身"：无论是脱逃罪，还是偷越国边境罪，我们都可以认为犯罪人是通过对"自身"进行一番物理作用即物理运动而意图使得"自身"脱离合法空间状态，从而使得合法空间状态所对应的某种秩序受到破坏。具言之，就脱逃罪而言，当犯罪人将"自身"受制于围墙、电网等实物所形成的空间内，则"犯罪人自身"所体现出来的是受合法监管的人身状态，其时犯罪人还在尊重着监管秩序；而当犯罪人有意置"自身"于围墙、电网等实物所形成的空间之外，则"犯罪人自身"所体现出来的是不受合法监管的人身状态，其时犯罪人便已经事实地破坏了监管秩序，或曰使得监管秩序受到了事实上的"蔑视"。可见，在脱逃罪的场合，当犯罪人通过对"自身"的"运动"而使得"犯罪人自身"的处境发生了合法与非法之间的变化，则监管秩序这

---

〔1〕 马克昌主编：《犯罪通论》，武汉大学出版社 1999 年版，第 123 页。
〔2〕 马克昌主编：《犯罪通论》，武汉大学出版社 1999 年版，第 123 页。

一犯罪客体便逻辑地形成了。而当此时，我们应该不难理解"犯罪人自身"就是脱逃罪的犯罪对象，而"犯罪人自身"便负载着国家对被依法看押人的监管秩序。就偷越国（边）境罪而言，对犯罪对象问题的说明则与对脱逃罪的说明，其道理相同：犯罪人通过对"自身"的"运动"而使得"犯罪人自身"的处境发生了合法与非法之间的变化时，国（边）境管理秩序这一犯罪客体便逻辑地形成了。以偷越国（边）境罪为例，"找不到"犯罪对象不足为奇，因为界碑、界桩、国境线毕竟不适合作该罪的犯罪对象。但是，"找不到"只是"难找"，而"难找"并不等于"没有"。在偷越国（边）境犯罪这种场合，行为人通过积极作为实现自身从国（边）境内到国（边）境外的身体位移，进而使得国家对国（边）境管理秩序这一客体受到扰乱，故在此场合，行为人自身便是国家对国（边）境管理秩序这一客体的现实载体，即其自身便构成了犯罪对象。而在脱逃犯罪这种场合，行为人自身也就是犯罪对象，因为行为人破坏戒具也罢，翻越牢墙也罢，最终作用的对象还是其自身，并通过使其自身游离不受监控状态而实现对国家司法监管秩序这一客体的侵犯。偷越国（边）境罪和脱逃罪的犯罪对象问题，实质上如同战时自伤罪，即战时自伤罪的行为人通过伤害自己，使自己由适应作战状态变为不适应作战状态，从而实现对军人参战秩序这一客体的侵犯。因此，我们在把握犯罪行为所作用的人时，不要遗漏了犯罪人自身，即犯罪对象定义中的"人"应包括犯罪人自身。这里是从犯罪对象概念的理解来分析犯罪对象问题。

　　至于妨害国境卫生检疫罪，当其表现为入境人员未经许可而擅自上下交通工具，则其同样是通过"自身运动"而破坏被依法管制状态，从而是将行为人自身作为犯罪对象；又如非法集会、游行、示威罪，依然表现为行为人使"自身"进行非法运动而使"自身"成为犯罪对象。而无论是脱逃罪，还是偷越国（边）境罪，还是妨害国境卫生检疫罪（入境人员擅自上下交通工具等），抑或非法集会、游行、示威罪，都与战时自伤罪一样，"犯罪人自身"就是犯罪对象。只不过在战时自伤罪的场合，犯罪主体与犯罪对象实现了"二合一"。而在前述所讲的脱逃罪、偷越国（边）境罪和战时自伤罪等场合，犯罪对象问题或许用一句"自己搞自己"便全然明了。学者指出，如果将行为对象限定为物理的存在，则并非犯罪都有行为对象；如果认为对象不限于物理的存在，则任何犯罪都有行为对象[1]。显然，学者对有的犯罪是否可以没有犯罪对象这一问题，是模棱两可的。有的犯罪是否可以没有犯罪对象这一问题，应予以规范学或法教义学而非物理学的把握，而结论应该是：所有的犯罪都应该有犯罪对象。易言之，犯罪对象是犯罪的充分必要前提，即有犯罪必有犯罪对象，无犯罪对象必无犯罪。

（五）犯罪对象的必存性是犯罪对象的犯罪构成表现的必然结论

关于犯罪与犯罪对象的对应关系，苏联学者："所谓'无对象的犯罪'根本不存在。各种犯罪构成之间的区别不在于：在一些犯罪构成中规定有侵犯对象的犯罪，而在另一些犯罪构成中没有规定有侵犯对象的犯罪。它们之间的区别仅仅在于：一些犯罪构成中的侵犯对象有明显的表示，而在另一些犯罪构成中，对于侵犯的对象，仅仅有所暗示。"[2]之所以有些犯罪构成之所以要明示犯罪对象，如奸淫幼女罪，是罪名特定化所需。但是，没有明示犯罪对象并不意味着没有犯罪对象，而犯罪对象的暗示恰恰是犯罪对象存在的另一种证明或另一种存在方式。无论犯罪构成对犯罪对象是明示，还是暗示，每一个犯罪总是有相应的犯罪对象。这里是从犯罪对象在犯罪构成中的存在方式来分析犯罪对象问题的。

最终，犯罪对象或应变换表述。学者指出，在我国刑法理论中，存在犯罪客体与犯罪对象的区分，即犯罪客体是指刑法所保护而为犯罪所侵害的一定的社会关系，而犯罪对象则是指犯罪行为直接作用或影响的作为社会关系主体或物质表现的人或物。可见，我国刑法理论中的犯罪客体类似于大陆法系刑法中的法益，而犯罪对象则类似于行为客体[3]。由于犯罪对象原本指涉经验事实，而犯罪客体指涉价值评价，故我国刑法理论中与犯罪客体形成经验事实与规范评价的概念宜为"行为对象"。

若认为"有的犯罪没有犯罪对象"，则显然是在破坏犯罪行为——犯罪对象——犯罪危害这个犯罪客观方面的固有体系，因为犯罪对象在犯罪客观方面中就像一个桥梁连接着犯罪行为和犯罪危害。犯罪对象作为"桥梁"或"中介"连结犯罪行为和犯罪危害与犯罪对象连结犯罪行为和犯罪客体，在本

---

[1] 张明楷：《刑法学》（第5版），法律出版社2016年版，第164页。

[2] [苏] H. A. 别利亚耶夫、M. N. 科瓦廖夫主编：《苏维埃刑法总论》，马改秀、张广贤译，群众出版社1987年版，第103页。

[3] 陈兴良：《本体刑法学》，商务印书馆2001年版，第265~266页。

质上是一致的，因为前者连结的是犯罪行为的具体作用，后者连结的是犯罪行为的抽象侵犯。最终，从犯罪论的体系上也必有结论：有犯罪，必有犯罪对象。

二、犯罪对象的新样态

到目前为止，传统刑法理论仍将犯罪对象局限在"具体的人或物"，而"具体的人或物"包括"具体的人"和"具体的物"两种情形。正是受"具体的物"的局限，像偷越国边境罪和脱逃罪等反而"找不到"犯罪对象了。随着社会的发展，特别是随着高科技的迅猛发展，犯罪对象的传统定论已经明显落伍，因为犯罪对象出现了新的成员，即与"具体的物"相对的"无形物"。

与"具体的物"相对的"无形物"构成犯罪对象的新成员，已经得到了网络虚拟财产犯罪的现实与法制实践的说明。网络虚拟财产有广义和狭义之分。广义的网络虚拟财产，是指在网络空间以"比特"方式存在的一切财产，包括腾讯 QQ 软件在内的一切计算机软件和"电磁记录"；而狭义的网络虚拟财产，是指存在于网络虚拟空间而为游戏玩家所掌控的游戏资源，包括其在网络虚拟环境或虚拟空间中积累的游戏装备、游戏金币、游戏角色和游戏账号等。

针对网络虚拟财产的违法行为的犯罪化，意味着网络虚拟财产这种"无形物"在刑法理论上无可阻挡地成为犯罪对象的新成员。随着网络技术和生物技术的进一步发展，作为科技发展"成果"的"无形物"将有更加丰富多彩的存在形态，而针对"无形物"的犯罪也将五花八门。针对"无形物"的犯罪现状及其发展趋势要求刑法理论必须作出反应，而对犯罪对象必须作出新的理论概括便是其中之一。"无形物"成为犯罪对象的新成员是高科技时代犯罪呈现新"景象"的理论必然和实践必然，而考察这一新成员，是刑法理论对犯罪现实和法治实践的必要回应。可见，在新形势下，作为犯罪对象的一个门类的"物"应该去除"具体的"限制。有学者指出："随着传统社会向风险社会的转变，犯罪的情势也在发生着巨大的变化。如犯罪的危害对象越来越广泛，犯罪的危害越来越具有紧迫性。"[1]可以预见，随着社会发展所带来的犯罪现象的发展，犯罪对象也将展现出越来越丰富的形态。这就需要我

---

〔1〕　利子平、石聚航："刑法社会化初论"，载《南昌大学学报（人文社会科学版）》2010 年第 5 期，第 60 页。

们的刑法理论及时地作出对犯罪对象的描述和概括。

三、犯罪对象对犯罪客体的体现

犯罪对象如何体现犯罪客体应是犯罪对象问题的一个基本内容，这便需要解答犯罪对象体现犯罪客体的前提和犯罪对象体现犯罪客体的途径两个实际问题。

（一）犯罪对象体现犯罪客体的前提

为什么同是犯罪对象的人在有的场合体现了人民民主专政的政权和社会主义制度这一犯罪客体，在有的场合体现了公共安全这一犯罪客体，在有的场合体现了公民人身权利、民主权利这一犯罪客体，在有的场合体现了国家机关正常活动这一犯罪客体？而为什么同是犯罪对象的物在有的场合体现了公共安全这一犯罪客体，在有的场合体现了公私财产所有权这一犯罪客体，在有的场合体现了工农业生产正常活动这一犯罪客体？这是由犯罪对象在具体场合中与各该场合的其他相关因素的联系性所决定的。正是这种联系性决定了同一犯罪对象在此场合只能体现此犯罪客体，在彼场合只能体现彼犯罪客体，如轮胎存放于仓库而与仓库保管发生联系时，则轮胎便可构成财产罪的犯罪对象而体现财产权这一犯罪客体，但当轮胎已被安装于汽车上而与交通行驶发生联系时，则轮胎便可构成危害公共安全罪即破坏交通工具罪的犯罪对象而体现公共安全这一犯罪客体。当然，这种联系性又是一种必然的联系性，因为"对象必然是存在于某一规定里面，而不是自在和自为存在着"。[1] 正是这种必然的联系性构成了犯罪对象体现犯罪客体的前提。如果没有这一前提，犯罪对象便失去了体现犯罪客体之可能。易言之，犯罪对象的这种联系性决定了可能的或潜在的犯罪客体。再易言之，如果犯罪对象没有这种联系性，我们便无法确定犯罪客体为何物。

（二）犯罪对象体现犯罪客体的途径

在表述犯罪行为对犯罪对象的作用时，或曰"直接作用"[2]，或曰"直接施加影响"[3]，或曰"损害包括使犯罪对象的形态或其所处位置、状态和

---

〔1〕［苏〕列宁：《哲学笔记》，中共中央马克思、恩格斯、列宁、斯大林著作编译局译，人民出版社 1974 年版，第 23 页。

〔2〕高铭暄、马克昌主编：《刑法学》，中国法制出版社 2013 年版，第 117 页。

〔3〕马克昌主编：《犯罪通论》，武汉大学出版社 1999 年版，第 125 页。

过程的改变"[1]。暂且不管诸如此类的话是否准确精当，但有一点可以肯定：这些说法只是单纯停留于犯罪行为对犯罪对象的作用的考察，而未深入说明犯罪对象究竟是以何种途径来体现犯罪客体。在这一问题面前，持第一种说法的人也许会说"犯罪对象是通过被犯罪行为的作用来体现犯罪客体"，持第二种说法的人也许会说"犯罪对象是通过被犯罪行为直接施加影响来体现犯罪客体"，持第三种说法的人也许会说"犯罪对象是通过被犯罪行为的损害包括被犯罪行为改变形状、位置、状态和过程来体现犯罪客体"。但陈忠林教授注意到犯罪对象体现犯罪客体的途径问题，并直接提出："犯罪对象的特征和犯罪行为所侵犯的社会关系的统一性还表现在犯罪行为对任何刑法所保护的社会关系的侵害，都必须通过犯罪对象特征的影响或改变体现出来……因此，我们说犯罪行为对刑法所保护的社会关系的侵犯只能通过犯罪对象特征的影响或改变体现出来。"[2]此可称为"对象特征影响或改变说"。本著认为，犯罪对象体现犯罪客体的途径的表述应符合两个要求：一是概括性；二是准确性。由于"直接作用"和"直接施加影响"只是单纯表明犯罪行为对犯罪对象的影响或作用而未包含影响或作用的结果，故其不具有所要求的准确性，从而不能将"被直接作用"和"被直接施加影响"作为犯罪对象体现犯罪客体的途径的表述。由于犯罪对象形状、位置的改变只能存在于特定的犯罪类型中，如故意毁坏公私财物罪中往往发生犯罪对象形状的改变，盗窃罪中往往发生犯罪对象的位置的改变，但概括不了其他犯罪类型中犯罪对象遭受犯罪行为的影响，故犯罪对象形状、位置的改变也因不具有概括性而不能作为犯罪对象体现犯罪客体的途径的表述。而"犯罪对象的损害"同样因存在于特定的犯罪中如故意伤害罪而不具有概括性，故亦不能作为犯罪对象体现犯罪客体的途径表述。至于"对象特征影响或改变说"同样不太适宜作为犯罪对象体现犯罪客体的途径的表述，因为"特征"是指"作为事物特点的征象或标志"[3]，但至少在部分犯罪类型中不存在犯罪对象的特征即犯罪对象的特点的征象或标志被影响或改变的问题，如盗窃 10 000 元现金，这 10 000 元

---

〔1〕　马克昌主编：《犯罪通论》，武汉大学出版社 1999 年版，第 125 页。

〔2〕　陈忠林："论犯罪构成各要件的实质及辩证关系"，载陈兴良主编：《刑事法评论》（第 6 卷），中国政法大学出版社 2000 年版，第 347~348 页。

〔3〕　中国社会科学院语言研究所词典编辑室编：《现代汉语词典》，商务印书馆 1994 年版，第 1235 页。

现金的什么征象或标志被改变了呢？相比之下，采用"状态影响或改变"作为犯罪对象体现犯罪客体的途径的表述，似乎更为可取。"状态"是指"人或事物表现出来的形态"[1]，于是，犯罪行为无论是直接作用于犯罪对象，还是直接施加影响于犯罪对象，都必然影响或改变犯罪对象的先前状态，损害也罢，形状、位置改变也罢，对象特征影响或改变也罢，都是状态变化的具体体现，或都伴随着状态变化。另外，采用"状态影响或改变"这一表述可避免问题的形式化而具有实质意义，如《刑法》第434条规定的战时自伤罪，行为人自伤造成伤筋断骨之类的伤害在表面上是使犯罪对象——行为人自身身体完整性发生变化，实质上是使犯罪对象——行为人自身先前的适应作战状态丧失而形成自伤后不适应作战的状态。

犯罪对象与相关因素的联系性与犯罪对象在犯罪行为作用下的状态改变性，"合成"了犯罪客体。

第四节　犯罪行为的危害结果

特拉伊宁认为，犯罪结果是一切犯罪构成的必要条件，即"客体和结果是彼此不可分离的，没有作为构成要素的客体，便没有犯罪。同样没有作为构成要素的结果，也没有犯罪。因此，如果承认客体是构成的必要要素，但却否认结果具有这种意义，那么就要陷入不可调和的内在矛盾中"[2]。前述论断道出了犯罪结果的重要理论地位，但以往的中国刑法学理论对犯罪结果的研究并不充分。

一、危害结果的分层论与分类论辨析

对犯罪结果即危害结果分层论与分类论的辨析，能够为犯罪结果即危害结果的重新定义和分类做好铺垫。

（一）危害结果的分层论辨析

在交通肇事罪中，行为人违章驾驶机动车辆的行为是"故意"的，肇事

---

〔1〕　中国社会科学院语言研究所词典编辑室编：《现代汉语词典》，商务印书馆1994年版，第656页。

〔2〕　〔苏〕A.H.特拉伊宁：《犯罪构成的一般学说》，薛秉忠等译，中国人民大学出版社1958年版，第115~116页。

行为产生的第一层结果就是法律规范所保护的交通秩序遭到破坏，第二层结果是具体被害人的伤亡。当认为交通肇事罪具有两个犯罪结果，则此两个犯罪结果就有一定的层次性。这种层次性，一方面从行为作用对象来看，这两个犯罪结果不是针对同一层面的对象而发生，即交通秩序被破坏是行为针对交通秩序这一作用对象而产生的，而具体被害人的伤亡是行为针对具体被害人而产生的；另一方面，从行为对对象的作用进程来看，这两个犯罪结果的发生有一定的顺序性或因果性，即破坏交通秩序发生在前，具体被害人伤亡发生在后。交通秩序被破坏是不是犯罪结果的判断，取决于采用什么样的犯罪结果理论。犯罪结果理论在犯罪结果的概念范围上有"狭义说"和"广义说"之分。我国传统刑法理论认为，犯罪根据其是否要求以结果为构成要件分为实害犯、危险犯和行为犯。实害犯要求一定的实害结果为成立犯罪的条件，而危险犯只要求出现构成要件所要求的危险，行为犯只要求行为人完成构成要件所要求的行为。因此，实害犯存在犯罪结果，而危险犯和行为犯均不存在犯罪结果。传统刑法理论实际上是将犯罪结果等同于实害结果，即其属于"狭义说"[1]。前述论断明确提出了犯罪结果即危害结果的广狭义问题，即犯罪结果究竟应采广义的概念还是应采狭义的概念。

学者接着指出，再以《刑法》第 144 条生产、销售有毒、有害食品罪为例，根据犯罪结果与犯罪行为因果关系的远近，其第一层犯罪结果就是有毒有害食品产生并得以交易，第二层犯罪结果是严重食物中毒事故，第三层犯罪结果是严重人身伤亡危害。这三个层次结果的定罪和量刑意义不同，有的决定定罪问题，有的对量刑产生作用。而在《刑法》第 330 条妨害传染病防治罪中，第一层犯罪结果根据条文的分项罗列顺序分别为：供应的饮用水不达标；已经污染的污水、污物等未消毒处理；携带传染病病毒的人从事了禁止从事的工作；预防、控制措施没有执行。该罪第二层犯罪结果是甲类传染病（因行为人的行为）已经传播或者有传播严重危险，第三层犯罪结果是其他严重后果。行为人对上述第一层犯罪结果一般是明知而希望发生或者放任的，对第二、三层犯罪结果是过失或者放任。因此，若将第一层犯罪结果作为定罪的犯罪结果，则应认为该罪是故意犯罪；若将第二、三层犯罪结果作为定罪的犯罪结果，则可认为该罪是放任故意犯罪或者过失犯罪或者是复合罪

---

[1]　张晓华、潘申明："犯罪结果分层与罪过形式的确定"，载《法学》2007 年第 11 期，第 112 页。

过形式〔1〕。所谓"第一层犯罪结果""第二层犯罪结果"乃至"第三层犯罪结果"，已经亮明了学者的广义犯罪结果观。

该论者的犯罪结果概念甚至是"最广义"的犯罪结果概念，即其赞同犯罪结果概念范围的"最广义说"，亦即一切犯罪都有犯罪结果〔2〕：①在犯罪构成要求有实害结果时，犯罪所造成的实际的物质性侵害就是犯罪结果；在犯罪构成要求有危险结果时，犯罪行为所产生的危险状态就是犯罪结果；在犯罪构成仅要求完成一定行为时，这种行为对该犯罪所体现的法益的侵害和影响就是犯罪结果。②犯罪结果不但是对具体对象所产生的侵害后果，也包括对"抽象对象"所产生的侵害后果。③犯罪结果甚至可以理解为犯罪行为在各个角度、各个层面对各种作用对象所产生的具体的或者抽象的危害结果，故犯罪结果可以认为是以犯罪行为为中心，对外扩散的各种具体的损害和抽象的影响。若把犯罪行为比喻成一颗投入水中的石子，则犯罪结果就是这颗石子所形成的"涟漪"。④在未遂犯罪中，行为未遂对各种相关事物所造成的作用和影响也是犯罪结果，犯罪的预备、中止等也一样〔3〕。在本著看来，具体危险犯的危险结果较实害犯的实害结果是一种"较远的结果"，抽象危险犯的抽象危险结果较具体危险犯的具体危险结果也是一种"较远的结果"，而其较实害犯的实害结果则是一种"更远的结果"。至于犯罪的未完成形态，所对应的则是一种"可能的结果"，且此"可能的结果"是一种未实现的结果，从而也可以视为一种危险形态的结果。而当我们如前述这样看待或理解犯罪结果，则正如学者所指出的，犯罪结果甚至可以理解为犯罪行为在各个角度、各个层面对各种作用对象所产生的具体的或者抽象的危害结果，从而犯罪结果是以犯罪行为为中心，对外扩散的各种具体的损害和抽象的影响，其状如石子投入水中所荡起的"涟漪"。显然，"各个角度、各个层面"和象"涟漪"般地"对外扩散"，意味着犯罪结果概念被"泛化"或"稀释"了，正如所谓"抽象的危害结果"滑向了"可能的危害结果"，而"可能的危害结果"又进一步滑向了"不确定的危害结果"。

对于犯罪结果即危害结果概念的分层次理论，有学者对该理论的形成进

---

〔1〕 张晓华、潘申明："犯罪结果分层与罪过形式的确定"，载《法学》2007 年第 11 期，第 113 页。

〔2〕 张明楷：《刑法学》（第 2 版），法律出版社 2003 年版，第 162~164 页。

〔3〕 张晓华、潘申明："犯罪结果分层与罪过形式的确定"，载《法学》2007 年第 11 期，第 113~114 页。

行了如下概括：根据犯罪行为与犯罪结果之间因果关系的远近，可将犯罪结果分成不同层次，观念上可以将犯罪结果划分为核心的犯罪结果、内层的犯罪结果、中层的犯罪结果、外层的犯罪结果。这就是"犯罪结果分层说"〔1〕。实际上，"犯罪结果分层说"已经将犯罪结果即危害结果"泛化"或"稀释"到犯罪行为即危害行为本身的地步了。例如，学者将有毒、有害食品产生并得以交易视为生产、销售有毒、有害食品罪的所谓"第一层面犯罪结果"，但很显然，有毒、有害食品的生产、销售或交易正是生产、销售有毒、有害食品罪的危害行为本身；再如，学者将供应的饮用水不达标或已经污染的污水、污物等未消毒处理或携带传染病病毒的人从事了禁止从事的工作或预防、控制措施没有执行视为妨害传染病防治罪的所谓"第一层面犯罪结果"，这里，供应的饮用水不达标即供应了不达标的饮用水，已经污染的污水、污物等未消毒处理即未消毒处理已经污染的污水、污物等，前述两种行为类型正如携带传染病病毒的人从事了禁止从事的工作或预防、控制措施没有执行即没有执行预防、控制措施，都是妨害传染病防治罪的危害行为本身。这种将犯罪结果和犯罪行为本身相混淆的做法，正如德国学者麦兹格所说："犯罪之结果指一切客观构成要件之实现，因之，结果包括行为人之身体动作及由此所引起之外界结果……如杀人罪之结果为行为人扣枪机发射子弹，使被害人被子弹命中而死亡。扣枪机为行为人之身体动作、子弹之发射、命中及被害、人之死亡均为外界结果。"〔2〕可见，麦兹格已经将犯罪结果与犯罪行为本身相混淆，但另一位德国学者迈耶指出：为"刑法上之结果系外界结果，即动作以外之结果，其系发生于行为客体之上，如有生命者之身体、他人之动产或放火之目的物，亦即构成要件该当行为在行为客体所引起之外界有形状态。因之，一切在法律上重要之事实变动均可视为结果，但此须发生于行为客体之上。身体动作因系身体之活动，是其先于外界结果而存在"。〔3〕

　　"犯罪结果分层说"将犯罪结果即危害结果"泛化"或"稀释"成犯罪行为即危害行为的做法，已经使得其对犯罪结果即危害结果的理解和把握陷入了逻辑错乱。例如，学者所谓生产、销售有毒、有害食品罪的"第二层犯

---

〔1〕　张晓华、潘申明："犯罪结果分层与罪过形式的确定"，载《法学》2007 年第 11 期，第 114 页。
〔2〕　转引自蔡墩铭：《刑法基本理论研究》，汉林出版社 1980 年版，第 68 页。
〔3〕　转引自蔡墩铭：《刑法基本理论研究》，汉林出版社 1980 年版，第 69 页。

罪结果"是严重食物中毒事故，而"第三层犯罪结果"是严重人身伤亡危害。显然，严重中毒事故是靠人身伤亡来切实说明或以之为切实体现的，即人身伤亡与严重食物中毒事故之间是说明与被说明、体现与被体现的关系，而非"二层犯罪结果"之间的关系，因为"二层犯罪结果"之间的关系实即具有时空并列关系的"两个犯罪结果"之间的关系甚或"两种犯罪结果"之间的关系。再如，学者将甲类传染病（因行为人的行为）已经传播或者有传播严重危险视为妨害传染病防治罪的所谓"第二层犯罪结果"，而将其他严重后果视为此罪的所谓"第三层犯罪结果"。显然，甲类传染病的实际传播是甲类传染病传播危险的现实化，而其他严重后果可能或包含人身伤亡，其可视为甲类传染病实际传播的进一步"后果化"。可见，从传播危险到实际传播再到可能或包括人身伤亡的其他严重后果，是妨害传染病防治罪的危害行为在不同时空条件中所形成的相应样态，而非同一个妨害传染病防治罪的危害行为所形成的"三个并存的犯罪结果"乃至"三种并存的犯罪结果"。当学者将犯罪结果划分为核心的犯罪结果、内层的犯罪结果、中层的犯罪结果、外层的犯罪结果，则"核心的犯罪结果"不是"内层的犯罪结果"，抑或"中层的犯罪结果"不是"内层的犯罪结果"吗？对于同一个犯罪的同一个危害行为而言，其所对应的危害结果即犯罪结果是"最终确定"而非"可能的几种状态的并存"。

"犯罪结果分层说"将犯罪结果即危害结果"泛化"或"稀释"成犯罪行为即危害行为的做法及其逻辑错乱，进一步造成了学者的自相矛盾，正如学者所言，在不同层次的结果中，有的对定罪有决定意义，有的对量刑有意义，也有的对定罪和量刑都没有意义。对定罪有意义的犯罪结果我们姑且称之为"定罪性犯罪结果"，相对应的其他两类我们可以称为"量刑性犯罪结果"和"其他结果"。划分定罪性犯罪结果、量刑性犯罪结果和其他结果，可以帮助我们确立这样一个认识：只有定罪性犯罪结果才能决定罪过形式；量刑性犯罪结果不能用来判断个罪的罪过形式，只能在量刑时作为确定法定刑幅度的决定要素，或者作为量刑情节；而"其他结果"既不能用来确定罪过形式，也不能用于量刑，所以"其他结果"不属于犯罪结果的范畴[1]。在前述论断中，"其他结果"是犯罪结果中居于某个层次的结果，即"其他结

---

〔1〕 张晓华、潘申明："犯罪结果分层与罪过形式的确定"，载《法学》2007年第11期，第114页。

果"实即"其他犯罪结果"，其本是犯罪结果的一种表现或存在形态，亦即"其他结果"本属于犯罪结果的范畴。本来，犯罪结果必定是与刑事责任有关联性的一个概念，而当说有一种结果既不能用来确定罪过形式，也不能用于量刑，则其还能是所谓"犯罪结果"吗？前述自相矛盾是"泛化"或"稀释"犯罪结果概念的一个不自觉或不经意的结果，正如学者又指出，犯罪结果是犯罪行为对各方面、各层次事物所产生的具体的或者抽象的影响和作用。犯罪结果之所以作为犯罪的结果，是因为它与犯罪行为存在因果关系。但事物是普遍联系的，特定的事物与事物之间的因果关系只是世界上无限因果关系中的一个片断，如果将因果链无限拉长，导致因果关系的泛化，人们就没有办法确定事物发生的原因，因果关系理论也就对人们的抽象思维失去了指导意义。同样在刑法上，犯罪行为与犯罪结果之间的因果关系必须根据法律或者观念来限定，只有属于人们观念上的因果关系范围内的结果，才能被看作是犯罪行为所引起的犯罪结果〔1〕。遗憾的是，该论者在"犯罪结果分层说"上不经意间拉长了"因果链"，从而造成了对犯罪结果的"泛化"或"稀释"。

"犯罪结果分层说"所存在的前述问题，在根子上可归因于其对犯罪结果所采取的定义，即犯罪结果是犯罪行为在各个角度、各个层面对各种作用对象所产生的具体的或者抽象的危害结果。这里，"各个角度、各个层面"已经意味着"犯罪结果分层说"对犯罪结果即危害结果概念及其内容的"莫衷一是"了。

（二）犯罪结果的分类论辨析

犯罪结果亦称危害结果，是刑法学中一个重要的基本概念，其与犯罪行为、因果关系及犯罪未遂一系列问题密不可分。然而，犯罪结果的概念莫衷一是：或认为，犯罪结果是犯罪行为对犯罪客体已经造成的物质性损害，即犯罪行为对客体造成的精神性损害排除在犯罪结果概念之外，此即"物质性损害说"；或认为，犯罪结果不仅是犯罪行为对犯罪客体已经造成的物质性损害，而且还可以是精神性损害，将这两种损害统称为实际损害，此即"实际损害说"；或认为，犯罪结果不仅包括上述"实际损害"，而且包括即将发生一定实际损害的危险状态，此即"现实危害与具体危险说"；或认为，上述危

---

〔1〕　张晓华、潘申明："犯罪结果分层与罪过形式的确定"，载《法学》2007年第11期，第114页。

险状态中，既有具体危险又有抽象危险，但损害只限于物质性损害，不包括
精神性损害，此即"物质性损害与危险状态说"。前述观点的主要分歧在于：
第一，犯罪结果是否仅限于物质性损害；第二，犯罪结果是否仅限于已经发
生的实际损害；第三，危险性犯罪结果是否包括抽象危险结果[1]。学者是如
何回应前述分歧的呢？

对于犯罪结果是否仅限于物质性损害即物质性犯罪结果，学者予以肯定
的理由如下：第一，尽管非物质性损害具有无形性，但无形性并不等于不存
在，而只要是客存在的事实就可以被认识和量化，且随着科学技术的发展和
人们对非物质性损害认识程度的加深，这种量化必将逐渐精确化；第二，正
是由于非物质性损害可以被量化且必须被量化的，故完全应该承认非物质性
损害也是犯罪结果的一种表现形式[2]。实际上，当承认还有侮辱罪、诽谤罪
等精神性犯罪乃至风俗性犯罪时，就必须承认非物质性的犯罪结果。

对于犯罪结果是否仅限于已经发生的实际损害即现实性损害结果，学者
指出，我国刑法中的犯罪结果不能局限于现实性损害，还应该包括危险状态。
犯罪行为对刑法所保护的社会关系造成现实性损害时产生实害结果，犯罪行
为使刑法所保护的社会关系处于即将受到实际损害的危险状态时就产生危险
结果[3]。实际上，正如刑法立法所规定，当必须承认危险犯这种犯罪类型
时，就必须承认危险性犯罪结果即危险结果，如日本学者团藤重光指出："大
多数犯罪把侵害法益的实害或者危险作为犯罪构成要件的内容，这叫实质犯。
其中，把对法益产生现实侵害作为构成要件的叫实害犯，只将发生侵害的危
险作为构成要件的叫危险犯。"[4]

对于危险性犯罪结果即危险结果是否包括抽象危险结果，学者指出，所
谓具体危险结果，是指符合构成要件的危险行为产生的使法律保护的社会关
系受到高度威胁的状态，是具体危险犯构成要件中的犯罪结果。这种危险结
果在我国《刑法》分则条文中有明确规定。所谓抽象危险结果，是指符合构

---

〔1〕 鲜铁可："犯罪结果概念辨析"，载《法律科学（西北政法学院学报）》1994年第6期，第
39页。

〔2〕 鲜铁可："犯罪结果概念辨析"，载《法律科学（西北政法学院学报）》1994年第6期，第
40~41页。

〔3〕 鲜铁可："犯罪结果概念辨析"，载《法律科学（西北政法学院学报）》1994年第6期，第
43页。

〔4〕 ［日］团藤重光：《刑法总论》，创文社1980年版，第116页。

成要件的危险行为产生的使法律所保护的社会关系受到一般威胁的状态，是抽象危险犯构成要件中的犯罪构成[1]。而早期的刑法学者对抽象危险有三种解释：一是"立法理由的危险"；二是"被抑制的危险"或"拟制的危险"；三是"一般的危险"[2]。实际上，所谓"具体危险"与"抽象危险"只是法益侵害的危险所存在的样态与认定方法有别，正如"成立具体危险时，受保护的客体已经面临侵害的高度威胁，而成立抽象危险犯时受保护的客体只需在较低程度上受到一定的威胁"。[3]或如"盖抽象的危险犯之危险，其抽象化程度较具体的危险为高，其发生侵害法益之可能性，则较具体的危险为低"。[4]既然只是法益侵害的危险所存在的样态与认定方法有别，而抽象危险犯又是一种法定的犯罪类型，则理应承认抽象危险的犯罪结果。所不同的是，抽象危险犯的因果关系认定较为简单或直接，因为危害行为实施之日即抽象危险形成之时。

最终，对于犯罪结果的分类，学者又得出结论，即我国刑法中的犯罪结果不仅有物质性损害的结果，还有精神性损害的结果。这种损害既可以是现实性的实害，又可以是客观存在的趋近于现实损害的危险状态。在这一危险状态中既有危险性程度高的具体危险，又有危险性程度相对较低的抽象危险[5]。显然，学者在前面所作出的是对犯罪结果的分类，即犯罪结果可以分类为物质性犯罪结果和精神性犯罪结果、现实性犯罪结果和危险性犯罪结果，而危险性犯罪结果又可进一步分类为具体危险性犯罪结果和抽象危险性犯罪结果。这里，物质性犯罪结果和精神性犯罪结果的对应，可视为按照"内容"即采内容标准而对犯罪结果所作的一种分类，而现实性犯罪结果和危险性犯罪结果的对应与具体危险性犯罪结果和抽象危险性犯罪结果的对应，可视为按照"情状"即采情状标准而对犯罪结果所作的一种分类。

在犯罪结果的分类上，还有一种假借康德、黑格尔乃至马克思主义理论

---

　　[1]　鲜铁可："犯罪结果概念辨析"，载《法律科学（西北政法学院学报）》1994年第6期，第43页。

　　[2]　[日]山口厚：《危险犯的研究》，东京大学出版会1982年版，第191~201页。

　　[3]　[日]冈本腾："抽象危殆犯的问题性"，载（日）《法学》第38卷第2号（1974年），第145页。

　　[4]　陈朴生：《刑法专题研究》，三民书局1988年版，第45页。

　　[5]　鲜铁可："犯罪结果概念辨析"，载《法律科学（西北政法学院学报）》1994年第6期，第44~70页。

的"高调"。学者指出，犯罪行为必然引起犯罪结果，但犯罪结果是否包括损害客体的可能性，这正是对犯罪结果下定义最有争论的问题。颇有突破性的观点要数"犯罪结果包括可能性损害"〔1〕，这一"创见"可作进一步的论证。首先，犯罪结果同万事万物一样，是矛盾的统一体，其蕴含着损害客体的现实性和损害客体的可能性两种发展态势。马克思主义认为，现实是指一切有内在根据的、合乎必然性的存在，事物的这种特性叫现实性。可能是指包含在事物之中的预示事物发展前途的种种趋势。在马克思主义诞生之前，康德也指出了事物发展有现实性和可能性两种趋势，并提出了现实的可能性和抽象的可能性理论。黑格尔发展了康德的理论，并对现实的可能性和抽象的可能性加以区别。黑格尔认为现实的可能性是由事物的内容和实际条件决定为可能的，而抽象的可能性只是逻辑上不矛盾（如月球可能落到地球上）。尤其重要的是，黑格尔把现实性同必然性、合理性联系起来，反对对现实性作庸俗的理解（如理解为现存的），提出"凡是合乎理性的东西都是现实的；凡是现实的东西都是合乎理性的"，〔2〕这里的理性等同于规律性。黑格尔的上述理论无疑有助于我们正确理解现实性和可能性。马克思和恩格斯吸取了康德和黑格尔的理论精华，科学阐述了现实性与可能性的含义及二者之间对立统一辩证的关系，"可能"可以向"现实"转化，"现实"又可向"新的可能"转化，"可能"是未展开的"现实"，而"现实"是已经充分展开和实现了的"可能"。因此，我们在承认犯罪结果包含损害客体的现实性内容时，又不能忽视其包容损害客体的可能性的一面。其次，根据马克思主义原理，事物的可能性可进一步区分为现阶段可以实现的可能性（可称实际可能性）和将来阶段才可以实现的可能性（可称非实际可能性）。前者在现实中具有实现的充足根据和必要条件，只要不发生外来阻力，就可合乎规律地发展为现实；后者虽在现实中存在一定根据，但根据不充分或根据尚未展开，或者缺乏实现的必要条件，如果不补充其他根据和条件，这种可能性不能合乎规律地转化为现实。损害客体的可能性是具有转化为损害客体的现实性的发展趋势，将这种趋势规定为犯罪结果只能限于实际可能性，因为只有实际可能性已经接近对客体的现实损害，其社会危害性才能达到犯罪的程度。这也是由"行

---

〔1〕 段立文："试论我国刑法上犯罪结果的概念"，载《法学研究》1992 年第 6 期，第 6 页。

〔2〕 肖前主编：《马克思主义哲学原理》（上册），中国人民大学出版社 1994 年版，第 214 页。

为的社会危害性达到的一定程度，才构成犯罪"这一犯罪的本质特征所决定的。由此，犯罪结果既包括损害客体的现实性（现实性结果），也包括损害客体的实际可能性（可能性结果）。再次，可能性结果又可划分为两种情形：一是损害客体的实际危险；二是损害客体的实际威胁。前者可称为危险结果，后者可称为威胁结果。最后，可将犯罪结果定义为：犯罪结果，是指犯罪行为对刑法所保护的客体造成的损害现实性和损害实际可能性，后者又包括损害危险和损害威胁两种事实状态。根据这一定义，可以得出结论：犯罪结果与犯罪行为和犯罪客体密切相关，同样也是成立犯罪不可缺少的客观要件。没有犯罪结果的犯罪是不存在的，否则就是真正的主观归罪[1]。如何看待前述"犯罪结果包括可能性损害"及其可能的进一步论证呢？

在本著看来，由康德、黑格尔乃至马克思主义关于事物现实性与可能性的理论，我们并不能得出学者论证的结论——犯罪结果可以在实害结果和危险结果之外还包括所谓"可能结果"即"威胁结果"。具言之，在刑法学领域，与"实害结果"相对应的"危险结果"已经是表明"实害可能性"的一个概念，且其已经包含两种可能性即由具体危险犯所对应的"具体可能性"和抽象危险犯所对应的"抽象可能性"。可见，所谓"可能结果"即"威胁结果"是在具体可能性"和"抽象可能性"之外再设立某种可能性，而此种可能性是不存在的，即此种可能性便不再"可能"了，亦即此种可能性是一种"莫须有的可能性"。这里，"危险结果"难道不是"威胁结果"吗？对于所谓"可能结果"即"威胁结果"而言，最致命的问题在于：如果存在所谓"可能结果"即"威胁结果"，则犯罪行为即危害行为与犯罪结果即危害结果之间的因果关系即刑法因果关系如何认定或证明？实际上，所谓"可能结果"即"威胁结果"将导致犯罪结果是一种"无限结果"，正如帕多瓦尼教授指出，一个行为可能引起"无限的后果"，但只有其具有法律价值时，才可能成为刑法中的结果[2]。可以肯定的是，在"实害结果"和"危险结果"之外另立所谓"可能结果"即"威胁结果"，恰恰可能走向论者所反对的"主观归罪"。所谓"可能结果"即"威胁结果"导致学者最终走向了一个"常识

---

〔1〕　但伟、宋启周："犯罪结果概念新探"，载《中国刑事法杂志》1999年第1期，第24~26页。

〔2〕　［意］杜里奥·帕多瓦尼：《意大利刑法原理》（注评版），陈忠林译评，中国人民大学出版社2004年版，第132~133页。

性错误"，即犯罪结果也是成立犯罪不可缺少的客观要件，但没有犯罪结果，行为可成立犯罪的未完成形态。

在"实害结果"与"危险结果"之外的所谓"可能结果"或"威胁结果"，使得学者陷入了一种不经意的自相矛盾。学者指出，犯罪行为还可能引起多方面的结果（或后果），不一定都是犯罪结果，而不是犯罪结果的便只能是"一般性结果"。因此，对于犯罪结果与犯罪行为引起的一般性结果应严格加以区别，而一些论著对犯罪结果的研究走入误区通常与此有关，且那种认为犯罪结果只是指犯罪行为引起的实际损害的观点更是如此[1]。学者所谓"一般性结果"，隐含着要避免将犯罪结果"湮灭"于事物的"普遍联系"中的强调，正如其进一步指出，就犯罪现象而言，有犯罪行为必有相应的犯罪结果。反之，出现了犯罪结果，也肯定存在引起它的犯罪行为，没有犯罪结果的犯罪行为是孤立而难以存在的。某种结果被认定为犯罪结果，这意味着引起它的行为是犯罪行为，反之亦然。至于那些法律条文没有明确犯罪结果的犯罪，其犯罪行为不是没有引起犯罪结果，只是危害行为的性质十分严重，或者犯罪结果非常明显，加上立法技术上的考虑，才没有也没必要把犯罪结果都表述出来，事实上立法精神已经贯彻了因果关系的法则[2]。但是，真正的因果关系法则即"孤立简化法则"，正如恩格斯指出："为了了解单个的现象，我们就必须把它们从普遍的联系中抽出来，孤立地考察它们，而且在这里不断更替的运动就显现出来，一个为原因，另一个为结果。"[3]这里，"孤立简化法则"能够保证犯罪结果是"犯罪行为的结果"。在哲学上，原因和结果这一对哲学范畴都指的是"已然现象"，而所谓因果关系正是"现象"与"现象"之间"引起"与"被引起"的关系。当"可能结果"即"威胁结果"连一种"现象"都不是，则何来的"被引起的现象"，从而何来的犯罪结果？且当已呈"已然性"即具有"现实性"的"一般性结果"都不是犯罪结果，则纯粹是一种"可能性"且同时是一种"未然性"的所谓"可能结果"即"威胁结果"，怎可是犯罪结果？

进一步要指出的是，虽然前文所介绍和评析的犯罪结果的分层有失妥当，

---

〔1〕 但伟、宋启周："犯罪结果概念新探"，载《中国刑事法杂志》1999 年第 1 期，第 24 页。

〔2〕 但伟、宋启周："犯罪结果概念新探"，载《中国刑事法杂志》1999 年第 1 期，第 24 页。

〔3〕 《马克思恩格斯选集》（第 3 卷），人民出版社 1995 年版，第 550 页。

但犯罪结果的分层与犯罪结果的分类本又是不矛盾的，因为犯罪结果的分层本可视为在自上而下的方向上对犯罪结果予以划分，而犯罪结果的分类本可视为在自左而右的方向上对犯罪结果予以划分。于是，当把犯罪结果的分层与犯罪结果的分类相结合，我们在现实性犯罪结果之下便可得出现实的物质性犯罪结果和现实的精神性犯罪结果，而在危险性犯罪结果之下便可得出具体危险的物质性犯罪结果和抽象危险的物质性犯罪结果。但很显然，我们在精神性犯罪结果之下很难得出具体危险的精神性犯罪结果和抽象危险的精神性犯罪结果，因为无论是具体危险的精神性犯罪结果，还是抽象危险的精神性犯罪结果，都意味着精神层面的法益尚未受到侵犯，故尚无"结果"之说。

二、犯罪结果的重新定义与分类

在犯罪结果理论的进一步发展或深化中，犯罪结果需要予以重新定义，且予以相应的分类。而前述犯罪结果分层理论与分类理论所存在的问题，正说明对犯罪结果予以重新定义和分类的必要。

（一）犯罪结果的重新定义

正如特拉伊宁指出，《苏维埃刑法总则教科书》"特地对行为和因果关系分别作了阐述，但却完全没有分析犯罪结果的概念，因此使人不了解行为和因果关系是通过什么联系起来的，行为所造成的是什么"。[1] 所谓"完全没有分析犯罪结果的概念"，意味着还未得出一个完整的对犯罪结果的定义；而所谓"使人不了解行为和因果关系是通过什么联系起来的，行为所造成的是什么"，又进一步意味着已有的犯罪结果概念极其模糊。

被大陆法系刑法学者称为狭义的犯罪结果论得到了一些学者的支持，如日本的植松正认为，犯罪结果是"犯罪行为引起的外界变动"[2]。所谓"犯罪行为引起的外界变动"，已经将犯罪结果与犯罪行为本身予以明确区分。林山田认为，行为所造成之外界变动必须对于刑法条款所保护之法益业已构成损害或有造成损害之虞，或对于刑法条款所诫命之义务有所违背而具有刑法重要性者，始为行为结果[3]。所谓"对于刑法条款所保护之法益业已构成损

〔1〕 ［苏］A. H. 特拉伊宁：《犯罪构成的一般学说》，薛秉忠等译，中国人民大学出版社 1958 年版，第 114 页。

〔2〕 ［日］植松正：《再订刑法概论（总论）》，劲草书房 1984 年版，第 128 页。

〔3〕 林山田：《刑法通论》，三民书局 1986 年版，第 82 页。

害或有造成损害之虞"，所对应的是作为犯的犯罪结果；所谓"对于刑法条款所诫命之义务有所违背"，所对应的是不作为犯的犯罪结果；而所谓"具有刑法重要性者"实即"刑法意义"。但林山田又进一步限定了犯罪结果的范围，认为刑法中的结果一般仅指客观可见之实害与危险，若为客观不可见之结果，则不属于刑法所称之行为结果，故其只包括实害结果和危险结果两种〔1〕。这里，所谓"不属于刑法所称之行为结果"，即"不属于犯罪结果"或"刑法中的危害结果"。而对林山田所说的犯罪结果之"可见性"可作如下理解：实害犯的实害结果是可见的，即具有"可见性"，具体危险犯的危险结果也是可见的或具有"可见性"，而抽象危险犯的危险结果则是"隐现"的，因为此危险结果是伴随着行为的实施而被"直觉"的。于是，将犯罪结果视为"犯罪行为引起的外界变动"，在宽泛的意义上能够成立。而蕴含着"可见性"的"外界变动"对我们的启发是：犯罪行为通过什么造成"外界变动"和怎样造成"外界变动"。此启发正好呼应了特拉伊宁对教科书尚"使人不了解行为和因果关系是通过什么联系起来的，行为所造成的是什么"的批评。

在苏联的刑法理论中，有学者认为，刑法上的结果，不仅应理解为对象的变化，还应理解为社会关系的变化〔2〕；或有学者认为，犯罪结果是从统治阶级的观点看，受刑法所保护的社会关系的有害变化，这些变化是因犯罪主体的犯罪的作为或不作为而产生的〔3〕；另有学者认为，由于犯罪人的作为和不作为而造成的刑事法律所规定的侵害客体的变化是危害社会的结果〔4〕。可见，在苏联的刑法理论中，"对象的变化"和"社会关系的变化"，意味着犯罪结果是与物理或经验层面的犯罪对象和规范与价值层面的社会关系即犯罪客体相联系的一个概念，正如苏联刑法学界基本认为犯罪结果是侵害行为引起客体（对象或社会关系）的有害变化，但对这种有害变化是否包括对客体损害的危险性和可能性则存在较大争论〔5〕。犯罪结果是犯罪的结果即刑法所欲遏制的危害结果，而犯罪是刑法所规制的危害行为，故犯罪结果必定是危

---

〔1〕 林山田：《刑法通论》，三民书局 1986 年版，第 83 页。

〔2〕 ［苏］H. Q. 库兹涅佐娃：《犯罪结果与刑事责任》，苏联国家法律文献出版社 1958 年版，第 19 页。

〔3〕 高铭暄主编：《中国刑法学》，中国人民大学出版社 1989 年版，第 20 页。

〔4〕 ［苏］H. A. 别里亚耶夫、M. N. 科瓦廖夫：《苏维埃刑法总论》，马改秀、张广贤译，群众出版社 1987 年版，第 130~131 页。

〔5〕 但伟、宋启周："犯罪结果概念新探"，载《中国刑事法杂志》1999 年第 1 期，第 21 页。

害行为即犯罪行为发生作用过程的一种结局，这便当然形成"通过什么"和"指向什么"的问题。因此，联系行为对象即犯罪对象和保护客体即犯罪客体来形成犯罪结果的定义，才是切合事物规律的应有思路。由此，我国以往的刑法理论对犯罪结果的论断都不是对犯罪结果采用一种严格而完整的定义。具言之，或认为，犯罪结果是危害行为对客体的损害；或认为，犯罪结果包括危害行为对客体的损害以及现实危险；或认为，犯罪结果是一种特定的事实现象；或认为，对危害结果应作广义和狭义两种理解。广义的犯罪结果，是指由危害行为所引起的一切对社会的损害包括直接结果和间接结果；狭义的犯罪结果，是指刑法规定作为某种犯罪构成要件的危害结果，亦即犯罪行为对某罪直接客体造成的危害。此外，还有学者指出，犯罪结果是犯罪行为侵害我国刑法所保护的社会关系的客观表现形式，即犯罪客体的表现形式等[1]。其中，所谓"事实现象"和"侵害我国刑法所保护的社会关系的客观表现形式"，只是描述了犯罪结果的经验层面或现象层面，而其他见解则又仅仅描述了犯罪结果的规范层面或价值层面。

基于犯罪对象即危害对象与犯罪客体在犯罪构成理论中的对应关系，我们可以得出：犯罪结果是犯罪行为作用于犯罪对象而引起的体现对犯罪客体侵害的相应变化。在前述定义中，"作用"是对犯罪结果的物理或现象层面的描述即经验或事实性描述，"侵害"则是对犯罪结果的事理或实质层面的描述即规范或价值性描述；而"变化"则包括使法益受到"实害"和使法益受到"威胁"（具体危险和抽象危险）。针对以往犯罪结果的定义所存在的问题，有人提出，危害结果是危害行为作用于犯罪对象，引起或可能引起的具有刑法意义的客观事实现象[2]。这一定义有值得肯定之处，但既然是犯罪结果，则"刑法意义"便显得泛泛而谈，且需联系犯罪客体予以进一步明确的表意。

对犯罪结果的重新定义，尚须回应能否联系犯罪客体来定义犯罪结果的有关论断。具言之，将犯罪结果理解为犯罪行为对我国刑法所保护的社会关系的损害的观点已占主导地位[3]。这一观点的产生，同没有正确理解犯罪结果与犯罪客体的关系有关。犯罪结果与犯罪客体是两个不同的概念。犯罪结

---

〔1〕 但伟、宋启周："犯罪结果概念新探"，载《中国刑事法杂志》1999年第1期，第21~22页。

〔2〕 徐祝："论我国刑法中危害结果的概念"，载《云南大学学报（法学版）》2003年第4期，第65页。

〔3〕 高铭暄主编：《刑法学》，法律出版社1984年版，第122页。

果作为犯罪行为所引起的客观结果，表示的是行为的现象特征，故不能直接决定行为的性质；而犯罪客体指的是刑法所保护而为犯罪行为所侵犯的社会关系，所表示的是行为的法律性质，故其具有决定犯罪的分类、反映不同罪质的独特属性。尽管犯罪结果与犯罪客体有上述不同，但两者作为有机统一的犯罪构成要件的内容有着内在的联系：一方面，犯罪客体的性质决定着犯罪结果的性质，即有什么样的犯罪客体，就有什么样的反映犯罪客体性质的犯罪结果；另一方面，犯罪结果是认定犯罪客体存在的客观根据之一，即通过犯罪结果认识犯罪客体，这是透过现象抓住本质的一个重要步骤。由于犯罪结果与犯罪客体的关系是一种互为前提、相互依存的关系，故将犯罪结果看成是对刑法所保护的社会关系的损害的观点不妥[1]。犯罪结果与犯罪客体在表意和是否决定行为性质上的不同，不足以构成"不能联系犯罪客体来定义犯罪结果"的理由。实际上，当肯定犯罪结果与犯罪客体互为前提和相互依存，便意味着"联系犯罪客体来定义犯罪结果"的逻辑可能。

学者为其否定"联系犯罪客体来定义犯罪结果"提供如下理由：

（1）无法恰当地区别犯罪结果与犯罪客体的关系。刑法所保护的社会关系遭到犯罪行为的侵害，意味着该种社会关系从单纯的社会关系转化为刑法意义上的犯罪客体。如果将被犯罪行为所侵害的社会关系称为犯罪客体，同时又将犯罪行为对社会关系的损害看作是犯罪结果，则对具体犯罪来说，侵害社会关系与社会关系损害的意义是相同的。这无疑是在犯罪结果与犯罪客体之间画上了等号。

（2）混淆了犯罪结果与犯罪客体的功能。社会关系的侵害与否涉及人们对行为性质的评价，必须通过理性认识和分析方可把握。说犯罪行为对刑法所保护的某种社会关系造成了损害，这是基于理性认识和分析，是对犯罪行为法律性质的说明，属于犯罪客体本身所要解决的问题。而犯罪结果所要解决的是犯罪行为所引起的客观现象的属性，可以通过感官的作用加以认定。如果将犯罪结果看作是犯罪行为对社会关系的损害，则无疑是将犯罪结果置于"决定"行为性质的位置，这显然混淆了其与犯罪客体的功能。

（3）犯罪结果作为一种客观存在的现象，只有存在与不存在之分，没有

---

[1] 叶俊南："犯罪结果概念研究——兼论犯罪结果与相关概念关系"，载《中国法学》1996年第1期，第81~82页。

损害与不损害之别。所谓"损害"，是人们基于事物表象而对事物性质所作的一种否定性评判而非现象本身。我们说强奸罪对女性的性权利造成了损害，这是基于行为人强行与女性"发生了性交"（犯罪结果）这一现象而对该罪性质所作的否定评判。如果把性权利的损害当作犯罪结果，就等于否定了"发生了性交"这一真正的犯罪结果在犯罪中的作用，从而也就无法区别强奸罪的不同犯罪形态，故将犯罪结果定义为"对……的损害"的任何观点，都不能成立。

（4）把犯罪结果看作是对社会关系的损害。首先，会得出自相矛盾的结论，即一方面承认任何犯罪都会侵犯社会关系，犯罪结果是犯罪行为对社会关系造成的损害，但另一方面又认为缺乏犯罪结果"在许多情况下仍然可以构成犯罪[1]，显然，前后解释的矛盾不言自明。其次，将犯罪结果定义为对社会关系的损害，会使人们对犯罪结果的认识趋于简单化，无助于对犯罪结果的深入研究，也不利于定罪量刑。总之，将犯罪结果定义为犯罪行为对社会关系所造成的损害在理论上说不通，对实践无益[2]。如何看待前述立论呢？

对于第一点理由，"侵害"使得社会关系演变为犯罪客体，其所直接说明的是犯罪客体是如何形成的，但犯罪客体的形成当然是行为具有危害性且产生危害结果（实害结果和危险结果）的一种体现，而犯罪结果不仅说明犯罪客体是否得以形成，而且说明犯罪客体所对应的社会关系被侵害得怎么样。因此，联系犯罪客体来定义犯罪结果，并不意味着将犯罪结果与犯罪客体画上等号。

对于第二点理由，由于人们对事物的感性认识是其理性认识的前提或基础，而理性认识是感性认识的发展和升华，故联系犯罪客体来定义犯罪结果不仅不存在颠倒犯罪结果与犯罪客体的地位和混淆二者功能的问题，而且直接符合人们对事物的认识规律。

对于第三点理由，强调现象本身只有"存在"与"不存在"之分无错，但现象可予以评价，而犯罪结果正如"犯罪"二字直接表明的那样，是对犯

---

〔1〕　高铭暄主编：《刑法学》，法律出版社 1984 年版，第 12~123 页。

〔2〕　叶俊南："犯罪结果概念研究——兼论犯罪结果与相关概念关系"，载《中国法学》1996 年第 1 期，第 82~83 页。

罪行为所造成事态的一种负面评价，否则犯罪结果便不成为犯罪结果，也无法与犯罪行为形成一种法教义学上的对应。至于"发生了性交"，这是表明性权利这一客体遭受了实然侵害的行为，而不宜将其直接视为所谓犯罪结果。

对于第四点理由，所谓传统观点自相矛盾的说法属于强加，因为在缺乏犯罪结果但"在许多情况下仍然可以构成犯罪"这一说法中，所谓犯罪结果应是指实害结果，故不妨碍危险结果仍使许多情况下犯罪照样成立。而所谓将犯罪结果定义为对社会关系的损害，会使人们对犯罪结果的认识趋于简单化或无助于对犯罪结果的深入研究且不利于定罪量刑，恰恰相反，联系犯罪客体定义犯罪结果是研究犯罪结果的一个有益方向，且在理论上说得通。当然，定义犯罪结果另需联系犯罪对象，且应对犯罪结果作出类型化的描述。显然，我们不能因为对犯罪结果作出其他展开就来否定联系犯罪客体来定义犯罪结果的有益方向，从而对犯罪结果的认识趋于简单化或无助于对犯罪结果的深入研究且不利于定罪量刑，便成了一种"危言耸听"。最终，联系犯罪客体定义犯罪结果仍应得到肯定。

在重新定义犯罪结果时，还需回应联系犯罪对象问题。学者指出，刑法理论界关于犯罪结果的一系列争议，也同不能正确认识犯罪对象尤其是犯罪对象与犯罪结果的关系有关。犯罪对象是犯罪行为所指向的、并能在行为作用下发生变化的客观事物，其有两层基本含义：其一，犯罪对象是犯罪行为所指向的客观事物。任何对象都是行为化的对象，故离开了犯罪行为，犯罪对象就不可能存在。其二，犯罪对象是能够在行为作用下发生变化的客观事物。这是犯罪对象存在的意义所在，亦即不能引起变化的客观事物就无存在的意义，当然也就不能作为犯罪对象。这里，犯罪行为作用于犯罪对象所引起的变化现象，就是我们所说的犯罪结果。犯罪对象的上述含义，使犯罪对象、犯罪行为、犯罪结果三者紧密联系在一起，并使犯罪对象与犯罪结果的关系清晰可辨：犯罪对象是犯罪行为与犯罪结果之间发生联系的桥梁与纽带，即没有犯罪对象，犯罪行为就会失去方向，犯罪结果也就不能产生；犯罪结果是犯罪行为作用于犯罪对象所造成的一种变化现象，犯罪结果只有借助于犯罪对象才能体现自己的存在。因此，犯罪对象的内容、范围、存在形式、功能相应地决定了犯罪结果的内容、范围、存在形式及功能，故离开犯罪对象，犯罪结果的认定就失去了依据。犯罪结果与犯罪对象的这一对应关系，为我们通过研究犯罪对象认识犯罪结果提供了新的途径与思路[1]。确实，定义犯罪结果不能不联系犯罪对象，正如犯罪对象是犯罪行为与犯罪结果之间的"桥梁"与"纽带"。不仅如此，"桥梁"与"纽带"还意味着"所有犯罪都有犯罪对象"。但是，将犯罪结果描述成犯罪行为作用于犯罪对象所造成的一种变化现象，这只是对犯罪结果的"自然描述"或"现象性交代"，而犯罪结果概念需要通过"规范描述"或"价值交代"予以提升。

犯罪结果需要联系犯罪对象与犯罪客体予以定义，且此定义为：犯罪结果是犯罪行为作用于犯罪对象而引起的体现对犯罪客体侵害的相应变化。正如犯罪结果的基本内涵是犯罪行为对刑法所保护的人或物的存在状态的改变[2]，其中，"刑法所保护的人或物"将犯罪客体与犯罪对象一并予以隐含。陈忠林教授指出，犯罪结果是犯罪行为对犯罪对象特征——犯罪客体的"可以感觉的那一面"的影响和改变[3]。前述论断本可直接作为犯罪结果的完整定义，且其将犯罪对象和犯罪客体直接作为犯罪结果的定义要素。

（二）犯罪结果的重新分类

在物质性犯罪结果与精神性犯罪结果、实害性犯罪结果和危险性犯罪结果这些传统的犯罪结果分类中，精神性犯罪结果即非物质性犯罪结果，而非物质性危害结果的常见表现形态有：一是人格、名誉受损，主要存在于损害商业信誉、商品声誉罪、侮辱罪、诽谤罪等犯罪中；二是智力成果被侵犯，主要存在于侵犯知识产权犯罪中；三是社会风尚被妨碍的危险状态，主要存在于组织卖淫罪、介绍、容留、引诱他人卖淫罪等罪中；四是社会道义、伦理被破坏的危险状态，主要存在于侮辱尸体罪、聚众淫乱罪等罪中；五是国家职务的廉洁性被侵犯，主要存在于贿赂犯罪等罪中[4]。实害性犯罪结果和危险性犯罪结果可分别视为成熟（高级）形态的犯罪结果和不成熟（低级）形态的犯罪结果，而危险性犯罪结果除了可作抽象的危险性犯罪结果和具体的危险性犯罪结果这样的进一步细分，还可作法定的危险性犯罪结果（危险

---

〔1〕　叶俊南："犯罪结果概念研究——兼论犯罪结果与相关概念关系"，载《中国法学》1996 年第 1 期，第 83~84 页。

〔2〕　徐德华："犯罪结果与大陆法系客观处罚条件——以我国刑法第 129 条规定为视角的考察"，载《社会科学家》2008 年第 11 期，第 75 页。

〔3〕　陈忠林：《刑法散得集》，法律出版社 2003 年版，第 265 页。

〔4〕　彭文华："危害结果概念：反思与重构"，载《中国刑事法杂志》2010 年第 8 期，第 63 页。

犯的危险性犯罪结果）和非法定的危险性犯罪结果（犯罪未完成形态的危险性犯罪结果）这样的进一步细分。接下来，犯罪结果还可采用新的标准予以新的分类。

当采用表现形态这一标准，犯罪结果可分为有形的犯罪结果和无形的犯罪结果：前者即有形的犯罪结果，通常对应物质性犯罪结果和实害性犯罪结果；后者即无形的犯罪结果，通常对应精神性犯罪结果和危险性犯罪结果。其中，危险性犯罪结果还可包括"持有型犯罪"所对应的不法状态[1]。

当采用结果形成的时序标准，犯罪结果可分为原生的犯罪结果和次生的犯罪结果。例如，行为人诈骗他人财物引起被害人自杀身亡，被害人的财物损失是原生的犯罪结果，被害人自杀身亡是次生的犯罪结果。再如，行为人杀害被害人，被害人的父母因丧子绝望而自杀身亡，被害人的身亡是原生的犯罪结果，被害人父母的自杀身亡是次生的犯罪结果。显然，在通常情况下，次生的犯罪结果只能作为量刑情节对待。需要强调的是，原生的犯罪结果与次生的犯罪结果的概念对应，较直接的犯罪结果与间接的犯罪结果的概念对应，显得更加贴切，因为一个"生"字更能说明犯罪结果是"犯罪的结果"，而直接的犯罪结果与间接的犯罪结果的概念对应面临着"直接因果关系"与"间接因果关系"对应的哲学疑问[2]。学者指出，从与犯罪行为的关系上看，犯罪结果只包含直接结果而很难包括间接结果，因为犯罪对象是犯罪行为直接作用的人或物，而通常只有属于构成要件的直接结果，才完全符合犯罪对象侵害说对犯罪结果界定，但非构成结果、量刑结果与间接结果则往往难以完全符合这样严格的要求。例如，甲将乙杀害，乙的母亲得知后悲伤过度死亡[3]。这里，"非构成结果、量刑结果与间接结果"宜转述为"次生性结果"。

当采用犯罪的行为构造标准，则犯罪结果可分为单一的犯罪结果和复合的犯罪结果。所谓单一的犯罪结果形成于继续犯、连续犯和集合犯等场合，如非法拘禁罪只形成身体活动自由被非法侵夺这一单一的犯罪结果，或如行

---

[1] 彭文华："危害结果概念：反思与重构"，载《中国刑事法杂志》2010 年第 8 期，第 63 页。

[2] 马荣春："论刑法因果关系"，载《南昌大学学报（人文社会科学版）》2007 年第 2 期，第 81 页。

[3] 张纪寒、周新："论犯罪结果的本质"，载《中南大学学报（社会科学版）》2011 年第 6 期，第 102 页。

为人连续杀人只形成生命法益被非法侵夺这一单一的犯罪结果，再如非法行医罪只形成公共卫生被危害这一单一的犯罪结果；所谓复合的犯罪结果又可细分为必然复合的犯罪结果与或然复合的犯罪结果：前者如抢劫罪、强奸罪等复合犯的犯罪结果，是"手段性结果"和"目的性结果"的必然性复合，而后者如牵连犯的犯罪结果，是"手段性结果"和"目的性结果"或"原因性结果"和"结果性结果"甚或"手段性结果""目的性结果"和"结果性结果"的或然复合。显然，在复合的犯罪结果中，"手段性结果"或"结果性结果"在通常情况下也是作为量刑情节对待，而这里所说的量刑情节或是指加重量刑情节，如抢劫罪、强奸罪等复合犯的"手段性结果"，或是指从重量刑情节，如走私废物罪等牵连犯的污染环境等"结果性结果"。

当采用对结果的主观态度这一标准，犯罪结果可分为故意的犯罪结果与过失的犯罪结果：前者可细分为直接故意的犯罪结果和间接故意的犯罪结果；而后者则指过于自信的犯罪结果。由于本著否定疏忽大意的过失这种罪过形式，故本著也就否定疏忽大意的犯罪结果。

最终，当采用对刑事责任的影响这一标准，犯罪结果可分为定罪结果和量刑结果：所谓定罪结果，是指决定犯罪是否成立的犯罪结果；所谓量刑结果，是指直接影响量刑的犯罪结果，其通常是"加刑结果"。按照结果在刑法中的不同作用，意大利刑法理论将结果分为三类：①作为构成要件的结果，即缺乏之则犯罪构成就不完整的那种结果；②作为加重情节的结果，即作为加重处罚根据的那种结果；③作为处罚条件的结果，即立法者出于刑事政策的考虑而规定对于某些犯罪的可罚性具有决定性意义的那种结果〔1〕。其中，作为构成要件的结果即定罪结果，作为加重情节的结果即量刑结果或"加刑结果"，而作为处罚条件的结果最终即某些犯罪的定罪结果。

需要强调的是，物质性犯罪结果和非物质性犯罪结果的分类或区分只有相对性，因为这两种犯罪结果可以相互转化，如精神伤害会引起被害人的形体消瘦或身患疾病，又如商品声誉、商业信誉损害会带来经济损失。

三、犯罪结果的本质及其理论地位

犯罪结果的本质及其理论地位问题，是对其重新定义和分类问题的继续。

---

〔1〕［意］杜里奥·帕多瓦尼：《意大利刑法原理》（注评版），陈忠林译评，中国人民大学出版社2004年版，第133~135页。

（一）犯罪结果本质论的辨析

对犯罪结果的本质，学者概括并分析了犯罪结果单一本质说和犯罪结果双层本质说。具言之，犯罪通过何种介质造成犯罪结果，理论界有人选择犯罪客体，有人选择犯罪对象，形成了与犯罪客体相联，或与犯罪对象相关的，不同本质的犯罪结果学说。我国刑法理论上关于犯罪结果的争鸣，通常围绕犯罪客体与犯罪对象展开，主要是犯罪客体侵害说、对象客体侵害说与犯罪对象侵害说之间的对立。犯罪客体侵害说的共同之处在于将犯罪结果与犯罪客体关联起来，这也是目前犯罪结果通说的视角，其又包括共同客体侵害说和直接客体侵害说，前者将犯罪结果诠释为对犯罪共同客体的侵害，后者将犯罪结果理解为对具体犯罪直接客体的损害[1]。在本著看来，犯罪客体侵害说中的所谓共同客体侵害说和直接客体侵害说，不过是对犯罪客体侵害予以不同层面的描述而已，即前者是对犯罪客体侵害的一种"泛泛而谈"，而后者则是将犯罪客体侵害予以一种较为具体的交代。对象客体侵害说认为，"犯罪结果是指犯罪行为通过影响犯罪对象而对犯罪客体造成的法定现实损害及具体危险的事实。"[2]其与犯罪客体侵害说的差别在于：在犯罪行为与犯罪客体之间加上了犯罪对象，犯罪通过犯罪对象侵害了犯罪客体。根据人们对犯罪客体与犯罪对象关系的解说不同，对象客体侵害说又分为两种：①犯罪对象具体说，认为犯罪对象是具体的人或者物，所以有一部分犯罪没有犯罪对象；②犯罪对象抽象说，认为"这里的犯罪对象并不是我国刑法学通说的犯罪行为所指向的人或物，而应该是犯罪行为指向的、体现刑法保护的权利义务关系的、刑法禁止改变的人或物的存在状态"[3]。抽象的犯罪对象，与犯罪客体在实质上具有相同的属性，所以"犯罪客体与犯罪对象是统一的，它统一于具体的犯罪存在中"[4]。因此，所有的犯罪都有犯罪对象，即"任何行为，都是对象化的行为，没有对象指向的犯罪行为是根本不存在的"[5]。在

---

〔1〕 张纪寒、周新："论犯罪结果的本质"，载《中南大学学报（社会科学版）》2011 年第 6 期，第 99 页。

〔2〕 李杰：《犯罪结果论》，吉林大学出版社 1994 年版，第 26 页。

〔3〕 吴念胜、廖瑜："论犯罪结果的构成要件地位"，载《社会科学家》2009 年第 11 期，第 70~73 页。

〔4〕 李杰：《犯罪结果论》，吉林大学出版社 1994 年版，第 26 页。

〔5〕 叶俊南："犯罪结果概念研究——兼论犯罪结果与相关概念关系"，载《中国法学》1996 年第 1 期，第 82~87 页。

本著看来，所谓犯罪对象具体说即"对象—客体说"，即经由从犯罪对象到犯罪客体的路径来论说犯罪结果。当然，犯罪对象具体说关于"有的犯罪没有犯罪对象"的见解值得推敲。而所谓犯罪对象抽象说，实为"对象与客体合一说"，因为所谓"刑法保护的权利义务关系"或"刑法禁止改变的人或物的存在状态"正是保护客体即犯罪客体。可见，犯罪对象抽象说最终应划归犯罪客体侵害说中。犯罪对象侵害说认为犯罪结果是侵害犯罪对象造成的损害事实[1]。具言之，社会关系是抽象存在，而犯罪对象是具体事实，所以危害行为所作用的对象只能是现实生活中实实在在的体现某种法益的人或者物，这种对体现法益的具体人或物的侵害所引起的现实损害就是危害结果[2]。在本著看来，犯罪结果即危害结果不通过具体的作用点断难形成，但犯罪结果即危害结果"起步"但不"停留"于犯罪对象，即其需要某种引申或提升，正如学者对人或物予以"体现某种法益"的修饰或强调。

对于以往的犯罪结果本质说，学者指出，这种以犯罪客体为媒介的思考方法是错误的。犯罪客体侵害说认为，犯罪结果是犯罪行为侵害犯罪客体所形成的事实状态，其实是将事实与评价的关系颠倒，即由于犯罪行为造成了或者即将造成侵害事实，所以在价值观念上评价为侵害了某种犯罪客体，而不是侵害了某种犯罪客体，从而造成了损害事实状态，即先有事实，才有对事实的评价。这不仅与犯罪的认定过程是一致的，且与对犯罪的评价必须基于犯罪客观事实的刑法观念也是一致的[3]。这里，应以犯罪对象为"媒介"来思考犯罪结果，但并非意味着不能或不应联系犯罪客体来进一步提升犯罪结果。实际上，当以犯罪对象为"媒介"，犯罪客体就成了我们思考的"方向"，而这里的犯罪客体当然是犯罪的直接客体即具体个罪的犯罪客体。有学者又指出，犯罪对象抽象说将犯罪对象不再作为具体的人或者物，而是秩序、作用等社会关系。这样的做法，不仅没有弄清犯罪结果的本质，反而背离了犯罪对象的本来面目，混淆了犯罪对象与犯罪客体，且开启了犯罪对象与犯

---

[1]　张纪寒、周新："论犯罪结果的本质"，载《中南大学学报（社会科学版）》2011年第6期，第100页。

[2]　葛立刚："论危害结果在犯罪构成中的地位"，载《黑龙江省政法管理干部学院学报》2010年第7期，第56~58页。

[3]　张纪寒、周新："论犯罪结果的本质"，载《中南大学学报（社会科学版）》2011年第6期，第100页。

罪客体之间随时转换的通道，导致的直接后果就是罪名适用的不正确〔1〕。犯罪对象抽象说确实存在混淆犯罪对象与犯罪客体之嫌，即其没有注意事物的表象与事物的实质的区别。

对于以往的犯罪结果本质说，学者概括性地指出，选择犯罪对象作为中介，则不足以涵盖全部具有刑法意义的结果，而扩大犯罪对象的范围，不仅违背了犯罪对象的科学性，又容易导致与犯罪客体的混同；选择犯罪客体作为中介，则对社会关系的侵害与犯罪对象的损害都可以理解为犯罪结果，这就是双层本质犯罪结果说的理论基础〔2〕。在本著看来，选择犯罪对象作为中介来界说犯罪结果，本身没有错，剩下就是如何"提升"犯罪结果的问题。所谓"扩大犯罪对象的范围"，实际上是不需要"扩大"的，因为没有犯罪对象则无犯罪本身，关键是如何理解和找寻具体场合中的犯罪对象。而所谓"选择犯罪客体作为中介"，正如前文指出的，犯罪客体不是被选择为"中介"，而是应被选择为"方向"。

在剖析以往犯罪结果单一本质说的基础上，学者又指出所谓犯罪结果双层本质说所存在的问题。有学者指出，为了破解犯罪结果的尴尬境地，通行的刑法学教科书将犯罪结果进行广义与狭义的划分：广义的犯罪结果"是指由行为人的危害行为所引起的一切对社会的损害事实"，而狭义的犯罪结果"是对直接客体所造成的损害事实"，即狭义的犯罪结果"是指作为犯罪构成要件的结果"，亦即"应当立足狭义的角度去理解危害结果"〔3〕。其中，广义的犯罪结果成了一个内涵缥缈的概念，其法律意义几乎为零〔4〕。犯罪结果理论之所以陷入困境，与人们习惯从犯罪的社会意义来理解犯罪结果密切相关。与犯罪客体关联的犯罪结果说之所以是学界的通说，一方面因为与犯罪对象相联的犯罪结果概括力不强；另一方面人们通常认为犯罪之所以是犯罪，关键在于对社会的侵害，而不在于造成的外界变动。而将犯罪结果划分为价

---

〔1〕 张纪寒、周新："论犯罪结果的本质"，载《中南大学学报（社会科学版）》2011 年第 6 期，第 101 页。

〔2〕 张纪寒、周新："论犯罪结果的本质"，载《中南大学学报（社会科学版）》2011 年第 6 期，第 102 页。

〔3〕 张纪寒、周新："论犯罪结果的本质"，载《中南大学学报（社会科学版）》2011 年第 6 期，第 102 页。

〔4〕 张纪寒、周新："论犯罪结果的本质"，载《中南大学学报（社会科学版）》2011 年第 6 期，第 102 页。

值意义上的结果与自然意义上的结果的做法，则明确指出了犯罪结果蕴含的价值评价内容。这样来划分犯罪结果，明确了犯罪在价值意义上的否定评价也是犯罪结果，但问题在于对自然意义上的犯罪结果，只承认构成结果，非构成结果将无处安顿。非构成结果既不是价值意义上的结果，也不是构成要件中的结果。可见，将犯罪结果分为价值意义上的结果与构成结果是不周延的。因此，将犯罪结果从性质上进行价值与事实两分，不管从思想方法上是否行得通，在划分的技术层面上肯定不符合分类的逻辑要求。如果要践行依性质进行的犯罪结果分层，将犯罪结果划分为价值意义上的犯罪结果与包含构成结果和非构成结果的事实结果，从技术上看才是周延的。但在刑法理论上，犯罪结果进行价值与事实两分的思考方法是否科学，依然值得深思[1]。严格来讲，广义的犯罪结果与狭义的犯罪结果所形成的概念对应，并不形成所谓犯罪结果本质问题的双层次说，因为这对概念只是因强调结果的范围大小而形成，并不直接关乎犯罪结果的所谓本质，故此两个概念的对应不是犯罪结果的本质分层问题，而是犯罪结果的一种"分类"，须知事物的"分层"与"分类"有本质区别。于是，只承认构成结果而使得非构成结果无处安顿，实质上就不是犯罪结果本质论所带来的问题。从事实到价值和从现象到实质，是人们认知事物的基本路径。但要强调的是，对犯罪结果从性质上进行价值与事实的两分，并非对犯罪结果的"分类"问题，而是对犯罪结果的"分层"问题。显然，对犯罪结果的"分类"与"分层"是两个不同的问题："分类"影响我们对犯罪结果数量的认知，而"分层"是对确定的犯罪结果予以内在结构性的把握，且正是其结构性的某一个"层面"构成了犯罪结果得以宿居的"本质"。

犯罪结果的结构性反对将作为完整概念的犯罪结果"分裂"为两种不同的结果且予以进一步的虚妄推演，正如当价值结果与事实结果都归属于犯罪结果，则两者之间必然存在共同本质，但此共同本质并不存在。事实结果是犯罪造成的损害事实与危险状态，即犯罪行为惹起的因果意义上的现象，是犯罪事实的组成部分。价值意义上的犯罪结果通常认为是对社会关系的侵害，而犯罪客体则是刑法理论对社会关系的概括，所以价值意义上的犯罪结果就

---

〔1〕　张纪寒、周新："论犯罪结果的本质"，载《中南大学学报（社会科学版）》2011年第6期，第102~103页。

是对犯罪客体的侵害。作为思维产物的犯罪客体，需要借助客观存在的人或事物判别其性质，故确认犯罪客体要以犯罪的事实要素为基础，而且对犯罪价值的评判不是对犯罪事实的简单概括，需要结合人类社会的伦理道德观念进行判断，即在犯罪事实之外还要加上社会观念与人的智慧进行价值上的判别，以确定其在逻辑思维中的分类。在犯罪客体中，除了人身权、财产权等依附于具体事物的客体之外，还存在国家安全、公共安全、社会主义市场经济秩序等不依附于具体事物的抽象客体，这些抽象客体较之具体客体，更难用简单的事实来证明其内涵，往往是以"不符合""不存在"为判断标准。这更为清楚地显示出，犯罪客体表达的是犯罪整体上的社会价值。由此，犯罪客体侵害与大陆法系的违法性判断具有相通性，都是从社会政治意义与伦理道德角度来把握与评价犯罪。因此，所谓犯罪客体侵害并非以犯罪行为为原因，即从因果意义上惹起的另一个现象或者事实，而是对犯罪的社会价值判断，即价值结果是评价意义上的结果。可见，犯罪客体侵害与事实结果共同之处仅仅是表面上都是犯罪行为惹起的存在，即两者并无内涵与性质上的共同之处。当两者同为犯罪结果，犯罪评价与犯罪事实就混为一谈，从而导致犯罪评价的随意性[1]。首先要指出的是，所谓"国家安全、公共安全、社会主义市场经济秩序等不依附于具体事物的抽象客体较之具体客体难用简单的事实来证明其内涵，而往往是以'不符合''不存在'为判断标准"，前述被称为抽象客体的客体实即同类客体，而同类客体的认定当然较直接客体具有抽象性，但绝不至于没有"具体依附"而只能予以是否"符合"、是否"存在"的判断。接着要点明的是，所谓两种结果即价值结果与事实结果之所以没有内涵和性质上的共同之处即共同"本质"，乃因为所谓两种结果并非并列意义上的两种结果，而是作为一个确定概念的犯罪结果的两个层面即事实层面和价值层面或现象层面和实质层面。当把所谓两种结果即价值结果与事实结果分别视为犯罪结果的两个层面，则其两个层面皆由犯罪行为所惹起，从而构成"事实惹起"或"现象惹起"和"价值惹起"或"实质惹起"。

进一步地，犯罪结果的本质问题应在"层次性"和"结构性"而非"片面性"或"扁平化"中予以把握，而前述把握意味着犯罪结果的本质最终不

---

〔1〕 张纪寒、周新："论犯罪结果的本质"，载《中南大学学报（社会科学版）》2011年第6期，第103页。

应是一种纯事实性或现象性的客观存在，正如刑法是以危害行为作为核心要件进行规范的，故由危害行为引起的危害结果必然具有刑法意义和价值[1]。学者指出，将犯罪结果的本质定位为客观世界的损害，则犯罪结果是犯罪引起的客观现象；将犯罪结果定位为犯罪对人类社会的意义，则犯罪结果的本质是对犯罪客体的侵害。于是，对犯罪结果本质的争议便是将犯罪结果定位为客观事实与犯罪的社会意义之间的对峙，同时也是犯罪结果事实性与抽象性的对立，从而犯罪结果的本质如何确立取决于将犯罪结果的基点放在犯罪的表现意义上还是在犯罪的评价意义上。从表面上，作为外界变化的事实结果不是犯罪构成的必要要件，故人们倾向于将犯罪结果与犯罪客体关联起来，从而犯罪结果的本质应该放在评价意义上。但对于人类社会最初的认识而言，只有避免有害于生存的外界变化结果，才能获得更多的发展与进化机会，故结果最初的涵义只能是外部世界的改变。而随着文明程度的提高，将引起外部世界有害结果的行为予以犯罪化，演变成为人类共同采取的社会控制手段，故犯罪结果的本来意义就是犯罪造成的损害性外界变化。刑法作为重要的社会控制手段历经变化，最终还是以防止外在的恶而非内心的恶为目标。因此，犯罪结果的自然属性也是犯罪结果本来的面貌，而且犯罪结果要成为高纯度的、具有区分功能的刑法概念，在本质定位上只能包含一种性质的犯罪结果。而将犯罪结果的内容单纯化，也是不少刑法学人努力探求与论证的，因为这样的犯罪结果才可能成为刑法上有意义的概念。只有犯罪结果内涵性质同一、外延清晰，才能成为在法律上有意义的概念，这样的犯罪结果就只能是表现意义上的犯罪结果[2]。犯罪结果既然可先后从"自然"与"社会"两个层面赋予含义，而"自然"与"社会"又是两个不仅不冲突，而且存在递升关系的层面，则犯罪结果的本质为何一定要倒回"自然意义"呢？当倒回"自然意义"，则犯罪结果还有必要称为"犯罪结果"即"犯罪的结果"吗？强调犯罪结果的概念区分功能是没错的，但犯罪结果的概念区分功能不是体现在区分犯罪结果与犯罪客体上，而是体现在区分犯罪结果与非犯罪结果上，且这里的非犯罪结果包括一般违法行为所造成的结果和非罪化事由所对应的

---

[1]　彭文华："危害结果概念：反思与重构"，载《中国刑事法杂志》2010年第8期，第61页。

[2]　张纪寒、周新："论犯罪结果的本质"，载《中南大学学报（社会科学版）》2011年第6期，第103~104页。

"正当结果"。所谓人类社会最初接受的结果概念只将外部世界的改变作为涵义，但这也不妨碍赋予结果概念以"社会意义"，因为最初的人类社会毕竟也是"人类社会"，正如杜尔马诺夫指出的，危害结果不仅是对象的变化，而且也是社会关系的变化〔1〕。至于刑法最终还是以防止外在的恶而非内心的恶为目标，这恰恰说明赋予犯罪结果以"社会意义"的必要性，因为"外在的恶"较"内心的恶"更加具有"社会意义"。又至于所谓内涵性质同一、外延清晰的犯罪结果才是有法律意义的概念，从而其只能是"表现意义上的犯罪结果"，有着"内涵性质同一性"和"外延清晰性"即"表现性"的意味，但"表现性"往往即"表相性"，而"表相性"非"本质性"，所谓"通过现象看本质"，并且"表现性"和"表相性"的概念往往不是"法律意义的概念"。这里，"表相性"与"本质性"的关系实即形式与内容的关系，正如犯罪结果是形式与内容的统一。这是由犯罪结果属于事实范畴所决定的，是符合马克思主义哲学基本原理的。犯罪结果的这种统一性表现在：内容必须通过形式表现出来，没有形式就不可能有内容；形式不能没有内容，离开内容，形式就成为毫无法律意义的东西〔2〕。学者所谓危害结果是形式与内容的统一，暗含着应在一种结构中把握犯罪结果及其本质。

有学者还立于"虚"与"实"的关系来主张犯罪结果的本质是"客观世界的损害"或"外部世界的改变"，而所谓"客观的损害事实与危险状态"又是其对"客观世界的损害"或"外部世界的改变"的具象性表达而已。有学者指出，犯罪结果的功能是以结果这种外部表现形式为视角来说明犯罪客体受到的侵害，从而为准确评价犯罪奠定基础。因此，犯罪结果不是犯罪客体侵害本身，只是进行犯罪客体侵害评价的事实材料。而将犯罪结果的本质定位为客观的损害事实与危险状态，为犯罪的价值评判留下了空间，也为价值评价找到了坚实的事实支撑。作为价值评价的犯罪客体的抽象性脱胎于犯罪结果、犯罪行为等客观要素的具体性，亦即犯罪结果是"实"，而犯罪客体是"虚"。但是，犯罪客体的"虚"并不是缥缈无骨的虚无，而是发轫于客观要素，由包括犯罪结果在内的客观要素聚合、升华而成。没有犯罪客体的

---

〔1〕 ［苏］H. Q. 库兹涅佐娃：《犯罪结果与刑事责任》，苏联国家法律文献出版社 1958 年版，第19 页。

〔2〕 肖渭明："论刑法中危害结果的概念"，载《比较法研究》1995 年第 4 期，第 402 页。

"虚"，不能超越事实的表象，寻求犯罪的本质；没有犯罪结果等事实要素的"实"，"虚"的犯罪客体就可能张牙舞爪侵夺人权。是犯罪结果等事实要素的"实"托起了犯罪客体的"虚"；犯罪客体的"虚"必须根植于事实要素的"实"。在犯罪的认定上"虚""实"必须结合，但在犯罪的理论上，"虚""实"必须分开[1]。既然犯罪结果的功能是以结果这种外部表现形式来说明犯罪客体受到的侵害，则在"说明"与"被说明"的关系之中可联系犯罪客体来"反说明"犯罪结果的性状或性质。尽管犯罪结果是犯罪客体侵害评价的事实材料，但成为犯罪结果者应能评价出犯罪客体侵害，故犯罪结果与犯罪客体是事实与价值的关系，是"依托"与"被依托"的关系，正如学者所谓"犯罪结果为价值评价提供了坚实的事实支撑"，也正如学者所谓"犯罪客体发轫于犯罪结果在内的客观要素"。对于一项事物而言，由于没有"实"就没有"虚"，而没有"虚"就没有"实"，故"虚"与"实"本是不应分开的。于是，在"虚"与"实"的并存与相互说明中，只有"虚"所对应的"一面"或"层面"才能堪当事物的所谓"本质"，因为"实"是外在具象和经验描述，而"虚"是内在抽象和价值凝定。至于学者所谓"没有犯罪结果等事实要素的'实'，'虚'的犯罪客体就可能张牙舞爪侵夺人权"，这是将"人权"作为犯罪结果的"实"的一面构成犯罪结果本质的理由，但此理由确显牵强，因为即便我们联系犯罪客体来界说犯罪结果的本质并得出犯罪结果就是犯罪行为对犯罪客体的侵害，则犯罪对象以及其他犯罪客观要素的现实性与具体性，也能够限制犯罪客体的"张牙舞爪"。

在本著看来，犯罪结果的界定既要与犯罪对象相联系，又要与犯罪客体相联系，且当与犯罪对象相联系，则犯罪结果得到的是一种经验或现象层面的描述，而当与犯罪客体相联系，则犯罪结果所得到的是一种实质或价值层面的描述。学者指出，犯罪行为对犯罪对象造成的损害事实与危险状态是犯罪结果，但无论是刑法理论还是司法解释，对于犯罪结果的理解与运用早已不限于对犯罪对象造成的损害[2]。所谓"早已不限于对犯罪对象造成的损害"，意味着对犯罪结果的理解和运用可以朝着犯罪客体的方向，从而最终实

---

〔1〕　张纪寒、周新："论犯罪结果的本质"，载《中南大学学报（社会科学版）》2011年第6期，第104~105页。

〔2〕　张纪寒、周新："论犯罪结果的本质"，载《中南大学学报（社会科学版）》2011年第6期，第102页。

现对犯罪结果概念层次性与结构性的把握，即犯罪结果是经验性或现象性与实质性或价值性的结合体。而正是在此层次性和结构性中，由于犯罪行为作用于犯罪对象所造成的"状态变化"是经验或现象层面的东西，故对保护客体的侵害即犯罪客体本身的形成便是犯罪结果的本质所在。易言之，如果没有对犯罪客体的侵害，便无犯罪结果可言，或曰脱离犯罪客体的所谓犯罪结果，便只是一般意义即事实或经验层面的结果，亦即犯罪对象受到作用的"状态变化"本身。有人提出，把犯罪结果理解为犯罪行为对刑法所保护的人或物的存在状态的改变，并将"犯罪结果发生说"作为犯罪既遂标准具有理论和实践上的可行性[1]。其中，"刑法所保护的人或物"便有联系犯罪客体来理解犯罪结果的意味。这里，马克思主义的经典论断对于我们审视和解答犯罪结果的本质问题，极有启发，即"蔑视社会秩序最明显、最极端的表现就是犯罪"[2]。可以肯定的是，没有一定的犯罪结果，便无犯罪成立可言。而当犯罪结果可视为"蔑视社会秩序"的一种现实表现或事实证明，则犯罪结果便当然与"社会秩序"发生联系。又当犯罪客体是"社会秩序"的一种法言法语，则犯罪结果便当然与犯罪客体发生联系。于是，作为价值抽象的犯罪客体的侵害性便可作为犯罪结果的本质表述。这里要进一步提请注意的是，是否承认或接受犯罪客体的侵害性是犯罪结果的本质，与是否正视犯罪结果本身的"价值性"和"评价性"有一种无声的紧密相关；而是否正视犯罪结果本身的"价值性"和"评价性"，还要将犯罪结果和与之具有因果关系的犯罪行为联系和对照起来，但犯罪行为除了"有体性"和"有意性"，还有"有害性"，而"有害性"必定是一个表达"价值性"和"评价性"的概念。

最终，对犯罪结果本质问题的解答，又能回应前文对犯罪结果概念的定义，即联系犯罪客体是赋予犯罪结果内涵不可或缺的一个方面，亦即只有联系犯罪客体，对犯罪结果的定义才是全面完整的。

（二）犯罪结果的理论地位

学者指出，犯罪结果一直被认为是犯罪论中的小问题，但无论是刑法理

---

〔1〕 徐德华："再论犯罪既遂标准——以对犯罪结果的重新解读为切入点"，载《学术探索》2008年第4期，第67页。

〔2〕《马克思恩格斯全集》（第2卷），人民出版社1957年版，第416页。

论研究，还是司法实践都不可避免地要与之正面遭遇。对之进行确认与评价，有助于解开与犯罪结果相联的立法、定罪、量刑与处罚的诸多问题。在犯罪构成客观方面，在故意与过失的认识内容中，在犯罪形态的划分中，在错误论、因果关系与罪数中，都不得不直接或间接地考虑犯罪结果问题。因此，犯罪结果的身影投射在了几乎所有重要的刑法领域[1]。前述论断意味着犯罪结果有着极其重要的刑法学理论地位。但其刑法学理论地位重要到何种程度呢？

对于危害结果在犯罪构成中的地位，以往的刑法理论形成三种基本观点。一是认为，危害结果是一切犯罪构成所必备的条件[2]；二是认为，危害结果不是犯罪构成中的必备要素，而是非共同要件[3]；三是认为，若广义地理解，则危害结果是犯罪客观要件中的共同要件，而若狭义地理解，则危害结果只是某些犯罪即结果犯的构成要件[4]。第三种观点是我国刑法学当前的通说观点，但或许由于危害结果的刑法地位是一个纯粹的理论问题，我国刑法学者对此问题的研究表现得不够积极[5]。"必要要件"或"共同要件"是否为危害结果犯罪构成地位问题的直接指涉。

学者指出，在犯罪构成语境下，犯罪结果只能是犯罪行为作用于体现刑法保护的权利义务关系的、刑法禁止改变的人或物的存在状态而引起或可能引起的变化现象，是自然意义上的犯罪结果。犯罪构成中需要这种逻辑结果确定犯罪行为的性质，需要它和犯罪对象一起来说明犯罪行为对刑法保护的人或物的存在状态的改变，从而揭示出行为的社会属性。犯罪结果是犯罪构成的必要要素[6]。这里首先要指出的是，既然是刑法中使用的犯罪结果概念，则其应是"价值意义"和"规范意义"上的犯罪结果概念，而不宜再有所谓"自然意义"的犯罪结果概念。言"犯罪结果是犯罪构成的必要要素"，是能够成立的，因为结果犯自不必说，即便是在犯罪未完成形态的场合，危险结

---

〔1〕　张纪寒、周新："论犯罪结果的本质"，载《中南大学学报（社会科学版）》2011年第6期，第99页。

〔2〕　高铭暄、马克昌主编：《刑法学》，北京大学出版社、高等教育出版社2000年版，第80页。

〔3〕　曲新久主编：《刑法学》，中国政法大学出版社2009年版，第84页。

〔4〕　高铭暄、马克昌主编：《刑法学》，北京大学出版社、高等教育出版社2000年版，第80~81页。

〔5〕　聂慧苹："论危害结果在犯罪构成体系中的地位与功能"，载《当代法学》2011年第4期，第47页。

〔6〕　吴念胜、廖瑜："论犯罪结果的构成要件地位"，载《社会科学家》2009年第11期，第70页。

果也是犯罪结果，正如危害结果是一切犯罪构成的必要要素，只不过既遂犯罪具备的是现实的危害结果，而未遂犯罪具备的是可能的危害结果，即尚未发展为现实危害结果[1]。可见，犯罪结果的刑法学理论地位首先应在犯罪构成中予以确立。学者指出，犯罪是对法益的侵害或者侵害危险的行为，犯罪的本质属性决定任何犯罪必然导致危害结果，这决定了危害结果是犯罪构成的必备要件。但犯罪的本质和危害结果的概念决定了只有为主观故意所认识的危害结果才能纳入犯罪构成体系，不存在不被主观故意认识却影响犯罪定罪量刑的客观超出要素[2]。立于犯罪的本质和危害结果的概念肯定犯罪结果在犯罪构成论中的地位是值得肯定的，否定影响定罪量刑的客观超出要素也是值得肯定的，而偏颇在于"只有为主观故意所认识的危害结果才能纳入犯罪构成体系"，因为出于主观过失的危害结果自然是过失犯的必备构成要件要素。因此，无论是故意犯罪还是过失犯罪，或无论是完成形态的犯罪还是未完成形态的犯罪，犯罪结果都是其必要的，从而是共同的构成要件要素。易言之，犯罪结果不是犯罪成立的要素，就是犯罪既遂的成立要素，甚或结果加重犯的要素，正如李斯特曾经指出的，"任何犯罪均以某种结果为前提"[3]按照《现代汉语词典》，"结果，是指在一定阶段，事物发展所达到的最后状态。"[4]于是，没有行为当然没有犯罪，而没有现实的危害结果或可能的危害结果也同样没有犯罪[5]。马克思主义认为，整个世界是一个互相联系的整体，事物之间以及事物内部各要素之间相互影响、相互制约。任何现象都会引起其他现象的产生，任何现象的产生都是由其他现象所引起。一种事物或现象总会引起的另一事物或现象的变化或状态，被引起的事物或现象的变化和状态就是结果[6]。任何犯罪都是引起加害行为对立面发生变化或形成某种状态的"现象"，故肯定犯罪结果是任何犯罪的必备和共同构成要件要素地位，是有马克思主义哲学根据的。

---

[1] 肖渭明："论刑法中危害结果的概念"，载《比较法研究》1995年第4期，第405页。

[2] 聂慧苹："论危害结果在犯罪构成体系中的地位与功能"，载《当代法学》2011年第4期，第47页。

[3] [德]李斯特：《德国刑法教科书》，徐久生译，法律出版社2006年版，第180页。

[4] 中国社会科学院语言研究所词典编辑室编：《现代汉语词典》，商务印书馆1983年版，第557页。

[5] 肖渭明："论刑法中危害结果的概念"，载《比较法研究》1995年第4期，第388页。

[6] 《马克思恩格斯选集》（第4卷），人民出版社1994年版，第370页。

进一步地，犯罪结果在犯罪构成中的地位并非犯罪结果仅仅是犯罪客观方面的一个无需强调"必要"和"共同"的要素，而是应通过前后勾连来全方位地考察和确认犯罪结果在作为整体的犯罪构成即整个犯罪构成论中的地位。当犯罪结果首先是犯罪客观方面中说明犯罪行为乃至犯罪时间、地点等特别要素的结果，然后是犯罪主体在主观活动支配下的结果，最终是说明犯罪客体的结果，则犯罪结果虽然是犯罪客观方面中的一个寻常要素，但其在整个犯罪构成论即作为整体的犯罪构成中已经是一个"四通八达"的要素，从而构成一个"基底性概念"。再进一步讲，当犯罪结果本身的轻重又直接影响刑事责任的轻重且体现为刑罚的轻重，则犯罪结果的刑法学理论地位已经不能局限于犯罪论予以考察和描述，而应扩大到刑罚论，即应在整个刑法学中予以考察和描述。由此，犯罪结果的刑法学理论地位似乎不宜再用"概念"一词而应用"范畴"一词予以描述。如果说"应受刑罚惩罚性"是刑法学理论的最高范畴[1]，则犯罪结果便是刑法学理论的"最基底范畴"，因为当"应受刑罚惩罚性"最具有"汇聚性"和"提升性"，则犯罪结果便最具有"勾连性"和"说明性"，正如犯罪结果是构筑科学的刑法理论体系的一个基本概念，也是司法实践中不容回避的一个现实性的课题[2]。所谓"科学的刑法理论体系的一个基本概念"，意味着应在整个刑法学而非仅仅是犯罪论，更非犯罪构成论中来考察和确认犯罪结果的理论地位，正如刑法中的危害结果，乃指刑法规定的，危害行为引起的，对定罪量刑具有意义和价值的损害或者危险状态[3]。既然对量刑也有意义和价值，则犯罪结果也可在刑罚论，从而是在整个刑法学中体现其应有的理论地位。

第五节　犯罪行为的因果性

犯罪行为的因果性问题即犯罪行为与犯罪结果之间的因果关系问题，亦即以往所谓刑法因果关系问题。出于论述方便，下文的"刑法因果关系"作

〔1〕 马荣春："论应受刑罚惩罚性的犯罪论地位——从犯罪特征到犯罪成立条件"，载《中国刑事法杂志》2010年第1期，第17~23页。

〔2〕 徐祝："论我国刑法中危害结果的概念"，载《云南大学学报（法学版）》2003年第4期，第65页。

〔3〕 彭文华："危害结果概念：反思与重构"，载《中国刑事法杂志》2010年第8期，第58页。

为犯罪行为因果性的代称。陈忠林教授曾形象地指出，刑法学中的着手理论与因果关系理论和不作为犯理论都是刑法学上的"哥德巴赫猜想"。可见，刑法因果关系的问题讨论仍然有着相当重要的理论与实践意义。

一、刑法因果关系的理论地位与"孤立简化法则"的重申

（一）刑法因果关系的理论地位

"我国对刑法因果关系的研究始于50年代初期，当时讨论的重点主要是如何把马克思主义哲学的因果关系原理运用到刑法理论中来。同时，受到苏联刑法学界的影响，在必然因果关系和偶然因果关系的问题上，开始形成了不同的主张。"[1]这一总结说明了因果关系问题在我国刑法理论中受到普遍重视，因为刑法因果关系问题被普遍认为是犯罪构成要件即犯罪客观方面的问题。但还有一部分学者认为因果关系不是犯罪构成的要件，因为行为的主客观二方面及主客观二方面间的相互联系都受着因果律的支配。[2]这一总结又表明：我国刑法理论界对刑法因果关系的理论地位即其是否犯罪构成要件形成了争执。

学者指出，因果关系在犯罪论中的地位，理论上有着不同的观点：或认为，当能够认定行为与结果之间的事实关系，则只需解决行为人能够对什么样范围的结果负担责任，故因果关系论是不必要的；或认为，因果关系应放在前构成要件的行为论的中心地位上；或认为，因果关系问题是构成要件该当性的问题。其中，第三种观点是现在的通说[3]。这一总结表明刑法因果关系在刑法理论中的地位问题更加复杂：或干脆不要刑法因果关系理论，即没有必要对刑法因果关系展开研究，或将其置于行为中心论上，或将其置于构成要件该当性论中，且后者为通说。

对于刑法因果关系的理论地位，我国刑法理论界较早就有人提出"危害结果在任何犯罪中都不是构成要件要素"[4]。这一提法意味着刑法因果关系在任何犯罪中都不是构成要件要素，即至少不应在犯罪构成要件中讨论刑法因果关系的理论地位问题。另有学者予以较为深入的论证，即刑法因果关系

〔1〕 马克昌主编：《犯罪通论》，武汉大学出版社1999年版，第206~207页。

〔2〕 高铭暄、赵秉志主编：《新中国刑法学五十年》（上册），中国方正出版社2000年版，第50页。

〔3〕 赵秉志主编：《外国刑法原理（大陆法系）》，中国人民大学出版社2000年版，第109~110页。

〔4〕 高铭暄、马克昌主编：《刑法学》，北京大学出版社、高等教育出版社2000年版，第65页。

的地位是指在犯罪构成中的地位，而在任何犯罪中，刑法因果关系都不是构成要件要素。首先，在具体犯罪的客观要件中，危害行为、行为对象、危害结果都从不同角度反映行为的危害程度，而因果关系只是危害行为与危害结果之间的一种客观的、自然的联系；其次，研究刑法因果关系，主要是为了解决已经发生的危害结果由谁的行为造成，这种因果关系只是在行为与结果之间起一种桥梁作用，而一旦认定了危害行为与危害结果，因果关系本身便不再起作用；最后，在一个具体的案件里，如果已经具有危害行为与危害结果，二者之间当然具有因果关系。因此，刑法学需要研究因果关系，但不宜将其视为犯罪客观方面的一个构成要件要素[1]。可见，国内刑法学界对刑法因果关系的犯罪构成要件要素地位的否定论也是一种"强有力的声音"。刑法因果关系在刑法理论中的问题归属即其理论地位该何去何从呢？

刑法因果关系问题是刑法学理论不能回避的一个问题。之所以"刑法学需要研究因果关系"，是因为因果关系的重要性在一向被认为刑法理论不发达的英美法系也受到了关注，即如美国学者弗莱彻所言："在刑法学中不可回避的概念至少有十二对。这就是：实体和程序、刑罚和处遇、主体和客体、人为原因与自然事件、犯罪和犯罪人、故意和过失、正当防卫和紧急避险、有关的错误和无关的错误、未遂和既遂、实行和共谋、正义和合法性。"[2]其中，"人为原因"所表明的就是刑法因果关系。既然刑法因果关系问题有着相当的重要性，则其必有相当的理论地位。果真在犯罪构成要件那里没有刑法因果关系的地位，则其"栖身"何处？

我国现行《刑法》第14条第1款规定："明知自己的行为会发生危害社会的结果，并且希望或放任这种结果发生，因而构成犯罪的，是故意犯罪。"第15条第1款规定："应当预见自己的行为可能发生危害社会的结果，因为疏忽大意而没有预见，或者已经预见而轻信能够避免，以致发生这种结果的，是过失犯罪。"第16条规定："行为在客观上虽然造成了损害结果，但是不是出于故意或者过失，而是由于不能抗拒或者不能预见的原因所引起的，不是犯罪。"可见，现行《刑法》第14条和第15条是从正面确认了因果关系，而

---

〔1〕　张明楷：《刑法学》（第2版），法律出版社2003年版，第182~183页。

〔2〕　[美]乔治·P.弗莱彻：《刑法的基本概念》，蔡爱惠等译，中国政法大学出版社2004年版，第2页。

第 16 条则是从反面确认了因果关系。现行《刑法》第 14 条和第 15 条从正面确认因果关系分别是通过因果关系的存在之于犯罪的完成或既遂和犯罪本身的成立来体现的，而第 16 条对因果关系的反面确认是通过否定犯罪本身的成立来体现的。可见，无论是立于犯罪本身的成立，还是立于犯罪的完成或既遂，因果关系所起的作用或所具有的意义足以使之堪当一种犯罪本体关系。

国内学者曾指出，刑法因果关系在犯罪构成中是一个重要的选择要件，即在"形式犯罪"（即不要危害结果作为构成要件的犯罪）中，我们可以不考虑危害行为与危害结果之间的因果关系，在犯罪预备、未遂和中止等行为中，我们也可以不考虑刑法因果关系。但在过失犯罪和某些以"情节严重"为其犯罪构成的犯罪中，因为犯罪构成规定了一定的危害结果为必要条件，所以危害行为与危害结果之间的因果关系自然成为犯罪构成的必要要件[1]。这是中国刑法理论联系犯罪构成来肯定刑法因果关系理论地位的代表性论断。但刑法因果关系的犯罪构成选择要件地位，正如日本刑法学者大塚仁指出，因果关系是在犯罪的实行行为与犯罪结果之间存在的必要关系，是决定构成要件符合性的重要因素。犯罪被分为举动犯和结果犯。在举动犯中只要以实行行为的形式进行了刑法所需要的一定举动就可以直接成立，没有必要特别考虑其因果关系的问题。但是，在结果犯中即在构成要件上需要发生一定犯罪性结果的犯罪中，就必须在实行行为与犯罪性结果之间存在因果关系。论及因果关系的问题时，应当视之为画定构成要件符合性的一个要素[2]。当刑法因果关系是"决定"犯罪构成符合性的重要因素，则其便可"寓于"构成要件符合性中，但按照大塚仁的见解，刑法因果关系只是"寓于"结果犯的构成要件符合性中，此即中国刑法学理论中刑法因果关系是犯罪构成选择要件的见解。在本著看来，刑法因果关系即犯罪行为的因果性的刑法学理论地位问题，其答案应在"因"即危害行为和"果"即危害结果里去寻找。当危害行为即犯罪的"坯基"，且构成传统四要件整合式犯罪构成中犯罪客观方面或大陆法系三阶层递进式犯罪构成中构成要件该当性或英美法系双层式犯罪构成中"犯行"的"依托"，而危害结果即犯罪结果不仅包括实害结果，而且包括"威胁结果"，从而为一切犯罪所必需。学者指出："因果关系乃指行

---

〔1〕 樊凤林主编：《犯罪构成论》，法律出版社 1987 年版，第 65 页。

〔2〕 ［日］大塚仁：《犯罪论的基本问题》，冯军译，中国政法大学出版社年 1993 年版，第 96 页。

为与结果间必要之原因与结果之连锁关系。结果必须与行为具有此等因果关联，始能构成犯罪，行为人方负犯罪既遂之刑事责任。否则，结果与行为之间如无原因与结果之连锁关系，则行为人自不负刑事责任。"〔1〕可见，刑法因果关系即犯罪行为的因果性，便在危害行为和危害结果即犯罪结果的"簇拥"而成为犯罪构成的"必备要件"和"共同要件"。当然，这里的犯罪构成包括未完成形态的犯罪构成和共犯形态的犯罪构成。实际上，当学者提出"一旦认定了危害行为与危害结果，因果关系本身便不再起作用"，恰恰说明了刑法因果关系即犯罪行为因果性的无声作用，因为若无刑法因果关系即犯罪行为的因果性观念，则何来危害行为与危害结果关系认定的实践？学者似乎并不是在否定刑法因果关系的地位，而只是觉得没有必要特别强调这一问题，但肯定和明确刑法因果关系的刑法学理论地位仍有必要：当把刑法因果关系即犯罪行为的因果性视为犯罪构成的"必备要件"和"共同要件"，将使得犯罪构成客观方面或构成要件该当性或"犯行"的内容更加紧密和完整。

本著作者曾否定刑法因果关系的犯罪构成地位，且用"前构成要件的行为中心"来界定刑法因果关系的刑法学理论地位〔2〕。现今看来，脱离犯罪构成且用狭窄的眼光来对待危害结果即犯罪结果概念，从而用狭窄的眼光来看待刑法因果关系概念，最终用狭窄的眼光来看待刑法因果关系的刑法学理论地位，是欠妥的。

（二）刑法因果关系"孤立简化法则"的重申

作为一种方法论，国内刑法学界很早便有人强调"孤立简化法则"也应被运用到刑法因果关系的研究中来，正如唯物辩证法认为一切自然现象和社会现象都是普遍联系和相互制约的，但我国刑法中的因果关系也只是研究行为人的社会危害性行为和危害结果这一对现象，不需要也不可能追根溯源研究无穷尽的因果性链条〔3〕。但是，"孤立简化法则"并未普入人心，其体现是还有相当多的人长期认可所谓刑法偶然因果关系或刑法间接因果关系。

对于所谓刑法偶然因果关系，较早有学者将其概括为四种类型：

一是危害行为与自然力竞合型，即"危害行为造成某一后果，又与自然

---

〔1〕　林山田：《刑法通论》，三民书局1986年版，第83页。

〔2〕　马荣春："再论刑法因果关系"，载《当代法学》2010年第3期，第41~42页。

〔3〕　高铭暄、赵秉志主编：《新中国刑法学五十年》（中册），中国方正出版社2000年版，第494~495页。

力相竞合，产生了另一偶然结果。"〔1〕于是，危害行为与后一结果之间就构成了刑法偶然因果关系。该种类型的例子如甲、乙二人在一个冬天的傍晚于收工途中在旷野玩闹。当甲向乙小腿踢了一脚，乙倒在地上"哎哟"不止。甲以为乙装样子吓唬他，便不加理睬，径直回到家里，也未告知任何人。乙因小腿骨折，不能行走，又遇当夜大风降温，天气异常寒冷，故冻死野外。有学者认为："乙被冻死这一结果对于甲踢乙一脚来说，可能出现，可能不出现，可能这样出现，可能那样出现，乙被冻死对于甲踢乙一脚具有偶然性，它们之间是偶然因果联系。"〔2〕

二是危害行为与正当行为竞合型，即"危害行为与正当行为相竞合，产生了一种偶然性结果。"〔3〕于是，危害行为与危害结果之间就构成了刑法偶然因果关系。例如，李某骑自行车带着朋友王某进城，因前面有一辆减速慢行的汽车挡路（正当行为），李某打算从左侧超过汽车，当自行车刚往左一拐，正好与迎面开来的汽车相撞，李某被撞伤，王某被轧死。学者认为：汽车的撞轧是王某死亡的决定性原因，两者之间是必然因果关系，但"王某的死亡结果对于李某的行为来说，可能发生也可能不发生，可能这样发生，也可能那样发生。李某的行为决定了王某死亡的偶然性，它们之间是偶然因果关系。"〔4〕

三是两个危害行为同时交叉型，即"一个危害行为产生了一个危害结果，在该行为尚未结束，危害结果尚未定型时，与另一危害行为巧遇，两者相互作用，又产生了另一危害结果。"〔5〕于是，前一危害行为与后一危害结果之间就构成了刑法偶然因果关系。例如，专业户张某在市场卖瓜，把卖的钱装在一个布袋里。当他给一买主称瓜时，布袋被王某抢夺去。张某立即追赶。在将要抓住王某时，后面有赵某的汽车违章快速开来（另一个危害行为），王某为了逃脱，随即穿越马路想用汽车阻拦张某的追赶。张某索回钱物心切，只注意盯住王某而未发现后面有汽车开来，他刚一拐弯，被赵某的汽车撞轧而死。学者认为："王某的行为……不是张某死亡的决定因素。王某的行为与张

---

〔1〕 李光灿、张文、龚明礼：《刑法因果关系论》，北京大学出版社1986年版，第123页。

〔2〕 李光灿、张文、龚明礼：《刑法因果关系论》，北京大学出版社1986年版，第123~124页。

〔3〕 李光灿、张文、龚明礼：《刑法因果关系论》，北京大学出版社1986年版，第124页。

〔4〕 李光灿、张文、龚明礼：《刑法因果关系论》，北京大学出版社1986年版，第125页。

〔5〕 李光灿、张文、龚明礼：《刑法因果关系论》，北京大学出版社1986年版，第125页。

某死亡之间是偶然因果关系。"〔1〕

四是两个危害行为先后衔接型，即"一个危害行为造成一种危险状态，与另一危害行为竞合，产生了另一个结果"〔2〕于是，前一危害行为与后一危害结果之间就构成了刑法偶然因果关系。例如，甲在车辆繁多的马路上殴伤乙之后扬长而去，乙起来向前走了几步便跟跄倒地，恰逢丙的车速过快，刹车不住，将乙轧死。有学者认为：丙的车速过快，将乙轧死，其行为与乙死亡之间是刑法必然因果关系。甲的行为使乙的生命危险状态得以继续，故与乙死亡之间构成刑法偶然因果关系〔3〕。

于是，曾有权威教材指出："某种行为本身不包含产生某种危害结果的必然性（内在根据），但是在其发展过程中，偶然又有其他原因加入其中，即偶然地同另一原因的展开过程相交错，由后来介入的这一原因合乎规律地引起了这种危害结果。这种情况下，先行行为与最终之危害结果之间的偶然联系，即称为偶然因果关系。"〔4〕现今，仍有权威教材还在坚持所谓刑法偶然因果关系，即"刑法上的因果关系最本质的问题是必然性还是偶然性的问题。某种危害结果由某人的行为内在地、合乎规律地产生，行为与结果的这种联系，就是必然因果关系；某行为不包含产生某种结果的内在根据，但在其发展中偶然与另一个必然因果过程交叉，由后一原因合乎规律地引起该结果，其最初的行为（即第一因果过程中的行为）不是最后结果（即第二因果过程的结果）的决定性的必然原因，而是非决定性的偶然原因，就是偶然因果关系。所以，必然因果关系与偶然因果关系是刑法上因果关系的两种表现形式"〔5〕。正是在所谓刑法偶然因果关系还有相当市场的背景下，考察因果关系的"孤立简化法则"的重申才相当必要，因为所谓刑法偶然因果关系不仅关涉因果关系的最基本哲学问题，更关涉定罪量刑的司法实践问题。当然，反面衬托"孤立简化法则"重要性的，还有所谓刑法间接因果关系问题。

"孤立简化法则"的重申有助于维系因果关系的哲学本性。在哲学上，因

---

〔1〕 李光灿、张文、龚明礼：《刑法因果关系论》，北京大学出版社 1986 年版，第 125～126 页。

〔2〕 李光灿、张文、龚明礼：《刑法因果关系论》，北京大学出版社 1986 年版，第 126 页。

〔3〕 李光灿、张文、龚明礼：《刑法因果关系论》，北京大学出版社 1986 年版，第 126 页。

〔4〕 高铭暄、马克昌主编：《刑法学》（第 2 版），北京大学出版社、高等教育出版社 2005 年版，第 86 页。

〔5〕 《刑法学》编写组编：《刑法学》（上册·总论），高等教育出版社 2019 年版，第 127～128 页。

果关系是指一种现象与另一种现象之间在一定条件下的引起和被引起的关系。这种关系以直接的必然性或以偶然性为虚像的必然性为本性。因此，刑法因果关系是不需要表述为刑法必然因果关系，也是不能表述为所谓刑法偶然因果关系的[1]。于是，有关论断需予辨析，即哲学上所指的一般因果关系与刑法上所指的因果关系存在着显著区别，即在哲学上因果关系只有一种必然因果关系形式，而刑法上因果关系却有两种即必然因果关系和偶然因果关系[2]。此即将刑法因果关系分为刑法必然因果关系和刑法偶然因果关系的"二分法"，而"二分法"比较灵活，但缺乏理论根据。但持"二分法"的人总是强调哲学上的因果关系是一回事，刑法上的因果关系又是一回事[3]。在本著作者与他人对刑法因果关系的讨论中也会听到刑法因果关系有其自身特殊性的说辞，而此说辞也想试图得出所谓刑法偶然因果关系甚或刑法间接因果关系的结论。在本著看来，哲学因果关系与刑法（学）因果关系确有不同或区别，但其只能是抽象与具体或一般与个别的区别，而绝不应是后者对前者在哲学原理上的"突破"乃至"僭越"，只要还承认哲学是关于世界观和方法论的一般科学。于是，当全面而深入地落实"孤立简化法则"，则所谓"必然"造成最终结果的"介入原因"就被"孤立"出去而成为条件，于是所谓"偶然原因"或"间接原因"即有待定罪量刑的先前行为又回到本来就是"必然原因"或"直接原因"的位置上，进而所谓刑法偶然因果关系甚或刑法间接因果关系便被"简化"成刑法因果关系，其"必然性"或"直接性"便"天生"其中。

"孤立简化法则"的重申还意图避免刑法偶然因果关系甚或刑法间接因果关系之说给司法实践所带来的困惑与危害。在所谓刑法偶然因果关系，同时也是刑法间接因果关系的坚持者看来，"不仅必然因果关系可以作为担负刑事责任的客观基础，而且偶然因果关系在一定条件下也可以作为担负刑事责任的客观基础"[4]。这种"二分法"观点会给审判实践增加不少麻烦，因为究

---

〔1〕 马荣春："论刑法因果关系"，载《南昌大学学报（人文社会科学版）》2007年第2期，第81~86页。

〔2〕 高铭暄、赵秉志主编：《新中国刑法学五十年》（中册），中国方正出版社2000年版，第501页。

〔3〕 高铭暄、赵秉志主编：《新中国刑法学五十年》（中册），中国方正出版社2000年版，第531页。

〔4〕 高铭暄、赵秉志主编：《新中国刑法学五十年》（中册），中国方正出版社2000年版，第522页。

竟何为原因何为条件，理论上有多种学说，具体掌握也颇为困难。而按"二分法"，困难会更大，因为现在要划分三种因素，即"必然因果""偶然因果"和"条件"[1]。在本著看来，如果全面而深入地实行"孤立简化法则"，则"介入原因"包括所谓刑法偶然因果关系中的"偶然原因"和所谓刑法间接因果关系中的"间接原因"都将被"孤立"出去而成为刑法因果关系的"条件"。于是，所谓刑法偶然因果关系就被"简化"成不用强调"必然性"还是"偶然性"的刑法因果关系，而所谓刑法间接因果关系就被"简化"成不用强调"直接性"还是"间接性"的刑法因果关系。

接下来，"孤立简化法则"的落实是怎样避免刑法偶然因果关系之说给司法实践所带来的危害的呢？学者指出，既然我们可以把两个必然因果环节的"巧遇"或"衔接"称为偶然因果关系，则可把更多的必然因果环节的"巧遇"或"衔接"称为偶然因果关系。而脱离"简化""孤立"原则来谈因果关系，便潜伏着扩大犯罪因果关系的危险[2]。这是刑法偶然因果关系否定论者通常要抓住的最得力的理由，因为刑法因果关系通常被认为是刑事责任的客观基础，故言刑法偶然因果关系扩大犯罪因果关系，即言扩大刑事责任的客观基础的范围，进而与刑法的主客观相统一原则和刑法谦抑原则相悖。偶然因果关系否定论者完全有可能在如下案例中讲述其理由：店主张三明知被告人李四常常酒后驾车而将酒卖于李四，李四终因酒后驾车而造成了一起重大交通伤亡事故。按照偶然因果关系论的说法，李四酒后驾车是张三卖酒的直接结果和重大交通伤亡事故的必然原因，则张三买酒是重大交通伤亡事故的偶然原因而与之构成刑法偶然因果关系。由于偶然因果关系也是负刑事责任的客观基础，故也可令张三对李四的交通肇事犯罪负刑事责任。当然，对刑法间接因果关系的实践危害，也可形成类似的说理。

在本著看来，刑法偶然因果关系否定论者的理由当然是有力的，可谓切中要害。但是，如果要把否定所谓刑法偶然因果关系的理由都表述为提倡所谓刑法偶然因果关系的危害，则其危害还远远不限于"扩大犯罪因果关系"即扩大刑法因果关系，而是还有我们未曾注意的其他形形色色的危害，因为

---

〔1〕　高铭暄、赵秉志主编：《新中国刑法学五十年》（中册），中国方正出版社2000年版，第527~528页。

〔2〕　高铭暄、赵秉志主编：《新中国刑法学五十年》（中册），中国方正出版社2000年版，第525页。

所谓刑法偶然因果关系这一概念中的"原因"会在实践中受到两种不同的对待：一是刑法偶然因果关系这一概念中的"偶然原因"终究是原因而与"必然原因"无异，从而刑法偶然因果关系与刑法必然因果关系无异；二是刑法偶然因果关系这一概念中的"偶然原因"实为"条件"，从而刑法偶然因果关系只不过是"条件关系"罢了。以往的偶然因果关系否定论者只是注意到刑法偶然因果关系这一概念中的"原因"所受到的前一种对待而忽视其可能受到的第二种对待。具言之，在刑法偶然因果关系第一种类型的例子中，若想通过两个因果关系的竞合或连接而把甲的行为视为乙的死亡的偶然原因，则等于是人为地把天气降温这一"外在条件"抬高至"原因"的地位，而甲的行为这一所谓的偶然原因也就实质地降低到了乙的死亡这一结果的"条件"上去了。按照刑法理论，"条件"不构成刑事责任的客观基础，而如果审判人员认定甲的一脚行为系"打闹玩耍"而无罪过，则甲将被作无罪处理，但对甲定过失致人死亡罪才合乎情理法。可见，刑法偶然因果关系论在该例中容易造成有罪判作无罪；在刑法偶然因果关系第二种类型的例子中，由于把李某的行为与王某的死亡之间的刑法因果关系人为地降至刑法偶然因果关系，也就人为地削弱了李某的行为对王某死亡结果的原因力而使得原因力绝大部分转移到汽车司机的正当行为上，故容易导致量刑偏轻。可见，刑法偶然因果关系论在该例中容易造成将同一性质的犯罪作出重罪轻判；在刑法偶然因果关系第三种类型的例子中，由于把王某的行为与张某的死亡视为刑法偶然因果关系，便人为地减弱了王某的行为之于张某死亡的原因力，而若再将王某的行为即王某穿越马路借汽车阻挡张某追赶视为服务于先前的抢夺行为，则王某的后继行为及其所引发的结果很有可能仅被视为先前抢夺行为所构成的犯罪的一个加重情节而已。若此，王某将被论以抢夺罪一罪，而该例案情已经至少说明对王某应论以（转化型）抢劫罪。可见，刑法偶然因果关系在该例中容易造成将重罪判作轻罪。在刑法偶然因果关系第四种类型的例子中，当把甲的行为与乙的死亡之间视为刑法偶然因果关系，就容易在乙的死亡上认定甲的罪过为过失而对甲的行为定性为过失致人死亡罪，但该例案情说明将甲的行为按故意伤害罪的结果加重犯处理较为妥当。当然，如果应对刑法偶然因果关系第三、四两种类型例子中的司机追究刑事责任，则同样要实行"孤立简化法则"，即分别将王某和甲的行为"孤立"出去作为另一个因果过程的发生"条件"。可见，刑法偶然因果关系论在该例中容易造成此罪与彼罪的误判。当然，我们也可把刑法偶然因果关系在学者所建构的四个类型场合所存在的实践危害，转述为刑法间接因果关系在相应场合所存在的实践危害。而"孤立简化法则"之所以可避免刑法偶然因果关系和刑法间接因果关系的前述实践危害，乃因为"孤立简化法则"能够将"原因"和"条件"予以清晰区分。

二、犯罪行为因果性的三组属性

犯罪行为因果性即刑法因果关系的本有属性包括条件性与相对性、构造性与相当性、交织性与竞合性。

（一）刑法因果关系的条件性与相对性

条件性与相对性描述着刑法因果关系的形成过程。这是刑法因果关系首要的一组或一对属性。在刑法学中，所谓刑法间接因果关系和刑法偶然因果关系，一直是个未被足够关注而有待澄清的问题。而在刑法理论研究和刑法司法实务中，仍有相当一部分人还在使用刑法间接因果关系和刑法偶然因果关系这两个概念来分析和解决有关具体问题。这说明了使用这两个概念来分析和解决问题的人在所谓刑法间接因果关系和刑法偶然因果关系所对应的实际问题面前仍然存在认识局限，或至少说他们还没有"透过现象看本质"。其实，在所谓刑法间接因果关系或刑法偶然因果关系的场合，因果关系作为一种已成事实的现象之间的关系即现象关系，哪有"间接"和"偶然"之说？所谓"间接"和"偶然"所指向的本是在因果关系形成过程中的因素介入，且这里的因素介入包括自然事件和第三人的行为，而第三人的行为又包括违法行为与合法行为。于是，这里的介入因素应看成是无需或不应强调"间接性"和"偶然性"的刑法因果关系形成过程中的"外在条件"或"假借条件"，而此"外在条件"或"假借条件"在有的场合可以理解为刑法因果关系得以形成的"环境因素"。在刑法学中，将所谓刑法间接因果关系和刑法偶然因果关系场合中"介入因素"作为刑法因果关系在其形成过程中的"外在条件"或"假借条件"，是符合"凡因果关系都是一定条件下的因果关系"即"因果关系的条件性"这一最基本的哲学原理的。

提出并坚持"一定条件下的刑法因果关系观"，有助于我们恰当地解决司法个案中的实际问题。如抢劫犯在获取被害人的财物后便夺路而逃。在被害人紧追不舍之下，抢劫犯便有意将被害人引向一条正有车辆来往的国道，以图阻止被害人的继续追赶。在抢劫犯刚跨越该国道之后，被害人由于"索财心切"而在跨越该国道时不慎被车撞死。此例便当然牵扯出抢劫犯是否承担抢劫罪加重犯的刑责问题，而此便是抢劫犯的行为与被害人死亡之间是否存在因果关系问题。如果站在辩护的角度提出被害人事实上是被车撞死的，则直接流露了用车辆行驶来掐断或割断抢劫犯的行为与被害人死亡之间因果关系的企图。但被害人是在抢劫犯"引导"的过程中被车撞死，同样是一个不可忽视的事实。我们该如何看待被害人被车撞死和被害人是在被抢劫犯"引导"过程中被车撞死这两个事实呢？于是，"一定条件下的刑法因果关系观"即"刑法因果关系条件观"便可发挥理论指导作用。在前例中，车辆的撞击是抢劫犯的"引导"行为与被害人死亡之间的因果关系得以形成的"外在条件"或"假借条件"。在前例中，我们甚至可以认为是车辆的撞击这一"外在条件"或"假借条件"成就了抢劫犯的"引导"行为与被害人死亡之间的因果关系。如果这样看问题，则判定抢劫犯在前例中承担抢劫罪加重犯的刑责，便毫无认识障碍。况且，抢劫犯对于其引导被害人穿越马路的后果，不说存在间接故意，至少也是存在过失。在此，我们也可附带地考察一下车辆司机的刑事责任问题。具言之，如果车辆司机是照章驾驶，则其当然没有刑责问题；如果司机也存在违章驾驶，则可认定司机的行为与被害人死亡之间也存在因果关系，而抢劫犯"引导"被害人的行为便同样是此因果关系得以形成或成就的"外在条件"或"假借条件"。于是，按照交通肇事罪的定罪标准来追究司机的刑事责任，也应毫无认识障碍。由此，我们便无需或不应将司机的行为假借成所谓"介入因素"，从而将抢劫犯的行为与被害人死亡之间的因果关系说成是所谓刑法间接因果关系或刑法偶然因果关系；我们也无需或不应将抢劫犯的行为假借成所谓"介入因素"，从而将司机的违章行为与被害人死亡之间的因果关系说成是所谓刑法间接因果关系或刑法偶然因果关系。易言之，我们在考察抢劫犯行为的刑法因果关系问题时，司机的行为便是"条件"，而我们在考察司机行为的刑法因果关系问题时，抢劫犯的行为同样是"条件"。可见，在刑法学中，考察刑法因果关系问题采用"一定条件下的刑法因果关系观"即"刑法因果关系条件观"，符合"世界是普遍联系的"基本哲学原理和因果关系考察的"孤立简化法则"。就前例而言，司机的行为不能说与抢劫犯行为的因果关系问题没有联系，但其应被"孤立简化"出去作为"条件"发生联系。同样，抢劫犯的行为也与司机行为的因果关系问题存在联系，但其也应被"孤立简化"出去作为"条件"来发生联系。被"孤立简化"出去作为"条件"来对待，意味着没有被"孤立简化"出去即留存下来的因素所生成的因果关系便具有了相对性。

接续前文论述，不仅刑法学中的因果关系问题即刑法因果关系问题应在"一定条件下"加以认识和运用，而且"条件"和"原因"也是相互转化的，即在此刑法因果关系中，原因就是原因，条件就是条件，但此刑法因果关系中的原因可构成彼刑法因果关系中的条件，而此刑法因果关系中的条件可构成彼刑法因果关系中的原因。"原因"和"条件"的相互转化，也是"世界是普遍联系的"这一哲学原理的一种"真相"。需要强调的是，就前例而言，认定司机的行为构成交通肇事罪而抢劫犯的行为构成抢劫罪的结果加重犯，不发生将被害人死亡结果拿来运用两次而形成所谓"重复评价"的问题，因为抢劫犯的抢劫行为在延伸过程中介入了第三者的违法行为即司机的违章行为，而司机的违章行为在延伸过程中又介入了抢劫犯的抢劫行为。于是，抢劫犯的抢劫行为与司机的违章行为在一种"合力"即在所谓"多因一果"中造成了最终的危害结果即犯罪结果。由此，对于最终的作为一个整体的危害结果虽然不能予以数学上的精确分割，但可以在观念上认为一部分是抢劫犯造成的，而另一部分是肇事司机造成的。秉持"一定条件下的因果关系观"即"因果关系条件观"和"原因条件相互转化观"以及"孤立简化法则"，我们便能清晰解答在有"介入因素"场合刑法因果关系的认定问题。

"一定条件下的刑法因果关系观"即"刑法因果关系条件观"能够消除刑法间接因果关系和刑法偶然因果关系长期带给我们的"误以为真"或"想当然"。具言之，造成刑法因果关系具有"间接性"的那些因素，其实质也不过是"条件"而已。稍加对照，我们可发现，刑法偶然因果关系的"偶然性"与刑法间接因果关系的"间接性"，此两者之间存在着某种"对应性"，而此"对应性"的背后所存在的，不过是把"条件"的作用和地位予以模糊罢了。在哲学上，必然性与偶然性是描述事物发展趋势即"可能性"的一对范畴，类似于英语语法中的"将来时"，而因果性是描述事物发展"既成性"即"现实性"的一个范畴，类似于英语语法中的"过去时"和"现在完成时"，故"刑法因果关系是不需要表述为必然刑法因果关系的，也是不能表述为所谓偶然刑法因果关系的"[1]。同样，刑法因果关系是不需要表述为刑法直接因果关系的，也是不能表述为所谓刑法间接因果关系的。易言之，刑法因果关系就是刑法因果关系。

由于"一定条件性"意味着"相对性"，故"一定条件下的刑法因果关系观"即"刑法因果关系条件观"，便蕴含着"相对的刑法因果关系观"即"刑法因果关系相对性观"。在前述抢劫犯引导被害人穿越国道被车辆撞死的例子中，抢劫犯的引导行为与被害人死亡之间的因果关系在司机违章行为所对应的"条件关系"面前具有相对性。同样，司机违章行为与被害人死亡之间的因果关系在抢劫犯的引导行为所对应的"条件关系"面前也具有相对性。可见，这里的"相对性"可以使得刑法因果关系得到不同角度的考察和认定，从而恰当地解决行为人的刑事责任认定问题。但要强调的是，刑法因果关系的条件性并非意味着刑法因果关系就是条件关系，因为在诸如行为人出于让仇人死亡的目的而劝说仇人去森林里散步，因为在森林里散步会偶遇雷击，结果仇人碰巧遭遇雷击身亡这样的场合，劝说行为与仇人死亡之间只存在"条件关系"，而不存在刑法因果关系。

通过辨析刑法必然因果关系与刑法偶然因果关系、刑法直接因果关系与刑法间接因果关系的概念对应，来提炼刑法因果关系的条件性与相对性，无疑有着极其重要的实践意义。正如我们所知，世界是普遍联系的，而刑法学中所讨论的因果关系即刑法因果关系便只是世界普遍联系的一种形态而已。但由于刑法学中危害行为与危害结果之间的因果关系问题即刑法因果关系问题直接事关刑事责任的客观基础或在客观层面上直接事关刑事责任的追究范围或追究程度，故此因果关系需要予以特定化。这是罪刑法定原则和责任主义原则的根本要求。而所谓特定化，就是要从世界普遍联系中将作为刑事责任基础的因果关系"割裂"或"孤立"出来。易言之，所谓特定化，就是运用"孤立简化法则"将与危害结果发生关联的"普遍联系"紧缩到系由行为人实际支配的那一部分，即该部分能够体现行为人的"有意性"与"有体性"，从而能够体现行为人的主观恶性与人身危险性。于是，在刑法因果关系的论域中，如果运用"孤立简化法则"，则所谓"偶然原因"和"间接原因"就是被"简化"出去的"条件"，即所谓刑法偶然因果关系和刑法间接因果

---

[1] 马荣春："再论刑法因果关系"，载《当代法学》2010年第3期，第43页。

关系，实际上仍然是"条件关系"，而"孤立"下来的才是真正的刑法因果关系。易言之，"孤立简化法则"勾画的是"条件关系"与"因果关系"所编织出来的事物客观联系网。所谓刑法偶然因果关系和刑法间接因果关系，实质上就是"条件关系"，其最终滑向的是"普遍联系"，从而容易丢弃危害行为的"有意性"与"有体性"，即容易丢弃危害行为本身，从而刑法因果关系有可被随意拉伸之险。由此，所谓刑法偶然因果关系和刑法间接因果关系，容易产生两种危险倾向：一是容易扩大过失犯罪的成立范围，因为在刑法偶然因果关系和刑法间接因果关系所提供的过于广阔的客观基础上，过失罪过较故意罪过的认定更具飘忽性；二是容易扩大共犯成立范围，因为刑法偶然因果关系和刑法间接因果关系与关于共犯本质即共犯成立范围的"行为共同说"有着某种"天然的暗合"。而形成或确立刑法因果关系的条件性观念即"一定条件下的刑法因果关系观"，便可避免前述两种危险倾向。

刑法因果关系条件性和相对性观念的实践意义，还体现在能够防止"因果关系中断说"的不当运用。正如我们所知，在刑法学的因果关系理论中，针对"倘若没有前者，就没有后者"的"条件说"所带来的扩张因果关系范围之弊，"条件说"理论本身进行了积极的限缩并发展出"因果关系中断说"[1]。"因果关系中断说"的不当运用，体现在这样的例子中，即狱警甲向在押犯乙提供监舍钥匙，后乙打开监舍的门并在他人帮助下得以脱逃。事后查明：狱警甲提供监舍钥匙仅仅是在押犯乙逃离整个监区的众多条件之一。在这种场合，若按照"因果关系中断说"，他人的帮助就会被视为中断了提供钥匙的渎职行为与在押人员脱逃所对应的危害后果之间的因果关系。但我们显然不能否认提供钥匙的行为足以构成相应的渎职犯罪即私放在押人员罪。于是，"因果关系中断说"便暴露出理论缺陷，而问题的症结正好在于：所谓起到中断作用的自然事件或者第三者的行为本来仍然是相应犯罪因果关系得以形成的"外在条件"或"假借条件"，从而所谓起到"中断"作用的自然事件或者第三者的行为不仅不是"中断"了因果关系，反而是"帮助"甚至"成全"了因果关系。因此，在所谓因果关系中断的场合，"中断"是"表象"，而"帮助"或"促成"是"实质"。就提供监舍钥匙以让在押人员脱逃的前例而言，如果介入了他人向脱逃者提供帮助的因素，则可认为：他人向脱逃者提供帮

---

〔1〕 张明楷：《刑法学》（第4版），法律出版社2011年版，第175~176页。

助这一因素介入，实质上是为提供监舍钥匙的行为与在押人员最终脱逃这一状态性危害结果之间形成因果关系提供了一个"条件"而已。就前例，我们可作出这样的想象：狱警甲向在押犯乙提供监舍钥匙让其得以走出监舍，这一事态就仿佛是一个人向前走，而他人对乙的后续帮助这一事态又仿佛是另一个人走过来，于是便形成了一个人与另一个人相伴并行的场面。而在此场面中，如果说另一个人走过来"中断"了先前那个人的继续前行，不就等于说狱警甲又将在押犯乙强行扭转至监舍吗？可见，对"因果关系中断说"的澄清，至少能够防止误将相关犯罪的既遂当作未遂处置。在所谓因果关系中断的场合，既然"中断"是"表象"而"帮助"或"促成"是"实质"，则我们可以更加深入地领会"透过现象看本质"的道理。

正如我们所知，"条件说"将所有与结果有联系的因素都视为原因，故其无限扩张因果关系范围的弊端显而易见。于是，"条件说"进行了积极的限缩，并发展出"因果关系中断说"。但是当因果关系进程中介入了某种自然事件或者第三者的行为，则何种程度才发生因果关系的中断，"因果关系中断说"语焉不详。再如私放在押人员罪，渎职行为人提供监舍钥匙仅仅是逃离监区的众多条件之一，若事后查明在押人员在打开监舍后，还会遇到多重障碍，则"因果关系中断说"不但没能有效去除"条件说"的弊病，反陷因果关系于愈加扑朔迷离的境地。于是，"直接关联性说"又粉墨登场。该说由德国帝国法院提出，强调刑法上的因果关系只能是行为人"直接造成"而非关联性所致，且这一"直接造成"被严格限定在犯罪实施者所造成的场合[1]。据此理论，对提供监舍钥匙的监管人员就不能以私放在押人员罪论处，但这一结论显然与公众认同严重悖离。面对公众的质疑，德国联邦最高法院不得不松动此种严格的因果关系立场，并肯定了结果由第三人行为最终造成时，先行为人的行为与此结果之间也形成因果关系。从前述私放在押人员罪的例子可以看出，所谓"结果由第三人行为造成"，实际上仍然是"第三人行为"作为一个外在条件或"假借条件"而"协助"或"配合"了"结果"的形成或出现。可见，"一定条件下的刑法因果关系观"不仅能够避免"条件说"的弊端，也能够弥补"因果关系中断说"和"直接关联性说"的不足，从而使得刑法因果关系问题能够得到既简单又恰当的解决。

---

[1] 张明楷：《刑法学》（第4版），法律出版社2011年版，第176~177页。

刑法因果关系条件性与相对性的概念提炼，最终还是试图在刑法学中区分"因果关系"与"条件关系（联系）"。而刑法学中"因果关系"与"条件关系（联系）"的区别在于：前者可为行为人所设定或掌控，其体现着行为人的意志自由，从而表征行为人的主观恶性与人身危险性，故其构成刑事责任的客观基础；后者只是为行为人设定或掌控因果关系提供一种客观"环境"或"场景"，其属于行为人意志之外的因素，故其难以构成刑事责任的客观基础，即其不具有被予以刑事评价的可能性。于是，刑法因果关系条件性与相对性的实践意义便得到了根本性的说明。由此，意大利刑法理论关于因果关系的条件说的论断，或可给予我们以重要启发，正如帕多瓦尼教授指出，条件理论亦称"条件等值说"，该理论求助于一种"若该事实不存在则结果是否同样会发生"的"排除思维法"：如果答案是否定的，则该事实就是结果的必要条件；如果所得结论相反，就可将该事实排除于原因之外。于是，人们可以说客观责任是与现代刑法制度根本相悖的反常现象，而只要从现行制度中清除有关规定，就完全可以运用条件说理论来解决刑法中的因果关系问题，因为它的不足可以通过正确判断"罪过"加以弥补。但是，条件理论的真正缺陷不在于它扩大了原因的范围，而是深藏于其运作机制的本身：运用"排除思维法"的前提，是人们必须事先就已经知道究竟条件具备何等的原因力，即知道这些条件如何作为原因（之一）而发挥作用；否则，条件理论就根本无法运用。例如，某甲在服了某乙给他的一种尚处于实验阶段的药后，因心脏病发作而死亡。在这里，显然就不能仅仅根据"排除思维法"而在还没有查明试验药的药性之前，便将某甲的死亡归咎于某乙的行为[1]。可见，因果关系的条件理论即"条件等值说"的运作缺陷不仅在于人为扩大原因范围，而且在于对因果关系的"超前认定"或对因果关系认定的"迫不及待"。于是，形成"一定条件下的因果关系观"，即将"条件"与"原因"相区别，便可收紧或把控好因果关系的认定，从而避免入罪的恣意性。

最后，我们可对刑法因果关系条件性和相对性予以哲学引申。有学者指出："我国传统理论秉承马克思主义辩证唯物主义偶然与必然因果关系学说，这种强行将哲学中的偶然与必然因果律纳入刑法因果关系视野的做法，非但

---

[1]　[意]杜里奥·帕多瓦尼：《意大利刑法原理》（注评版），陈忠林译评，中国人民大学出版社2004年版，第136~137页。

未能明确地回答刑法中的因果关系之内涵与外延，而且因为偶然与必然因果关系在区分上的或然性，导致对刑法因果关系的界定莫衷一是。"[1]前述论断将偶然因果关系与必然因果关系说成是马克思主义辩证唯物主义的理论建构或学说内容，很可能是对马克思主义辩证唯物主义的一种误解或强加，因为刑法偶然因果关系与刑法必然因果关系实际上是我国刑法学者们将马克思主义辩证唯物主义中的必然性、偶然性与因果关系即因果性机械拼凑出来的，但学者指出偶然因果关系与必然因果关系区分的或然性导致刑法因果关系界定的"莫衷一是"，是应予肯定的。这里，如果要做到干净利索地抛掉刑法间接因果关系和刑法偶然因果关系的说法，我们务必领会和掌握"条件"这一概念工具。而"间接"与"偶然"不过是对"条件"的误读，即刑法间接因果关系和刑法偶然因果关系不过是对"条件关系"的误读，正如把"条件联系"看作是偶然因果关系就是把原因和条件混为一谈[2]；又如所谓偶然因果关系就是条件与结果之间的关系，故所谓的偶然因果关系实际上就是"条件关系"[3]。因果关系只能在"一定条件下"存在，故应把"原因"和"条件"严加区别[4]。由此，我们可深切体会到哲学基本原理对我们解决刑法具体问题的世界观和方法论意义，而不是借口或妄言刑法因果关系问题的"特殊性"而在违背最起码的哲学常识或根本找不到哲学依据时使得刑法因果关系问题由本来并不怎么复杂而人为地变得"扑簌迷离"。至于刑法必然因果与刑法偶然因果关系理论认识到传统理论的缺陷，试图跳出原来必然性、偶然性的哲学概念进行一种创新值得肯定[5]，这种说法也有对哲学常识的"僭越"之嫌。中国的法学曾被中国的其他学科嘲笑为"幼稚的学科"。中国的法学被其他学科所嘲笑的"幼稚性"，主要是指中国的法学往往缺少对其他学科的动向、成果乃至"常识"的真正了解。所谓刑法必然因果关系与刑法偶然因果关系、刑法直接因果关系和刑法间接因果关系的概念对应，在某种程度上映现着中国刑法学尚存"幼稚"。刑法因果关系只能被视为哲学因果关系的一种具体样态。因此，刑法因果关系相关属性的把握不能逸出或违背哲学因

[1] 刘艳红：《实质犯罪论》，中国人民大学出版社2014年版，第147页。
[2] 陈兴良：《刑法哲学》，中国政法大学出版社1997年版，第80页。
[3] 张明楷：《刑法学》（第3版），法律出版社2007年版，第167~168页。
[4] 马克昌主编：《犯罪通论》，武汉大学出版社1999年版，第218页。
[5] 刘艳红主编：《刑法学》（上），北京大学出版社2016年版，第125页。

果关系相关属性的一般规定。而这里的一般规定包括因果关系的条件性与相对性。于是，当我们立于哲学因果关系的条件性和相对性，即凡因果关系都是"一定条件下"的"相对"的因果关系，则刑法因果关系应摒弃刑法直接因果关系与刑法间接因果关系的概念对应，或曰应取消刑法直接因果关系与刑法间接因果关系的说法。同时，刑法因果关系应摒弃刑法必然因果关系与刑法偶然因果关系的概念对应，或曰应取消刑法必然因果关系与刑法偶然因果关系的说法。对刑法因果关系条件性和相对性的讨论，还应继往开来，以充实和完善传统的刑法因果关系论。

（二）刑法因果关系的构造性与相当性

构造性是对刑法因果关系的内在结构描述，而相当性又是刑法因果关系构造性的延伸与映现。在以往的刑法理论中，刑法因果关系被视为一种纯客观的事实性关系，即危害行为与危害结果之间那种客观的即事实层面的引起和被引起或造成与被造成、导致与被导致的关系。现今看来，既然是刑法因果关系即"刑法中"的因果关系，则将其视为纯客观的事实性关系，便是有所缺失的，因为"刑法中"已经将因果关系置入一种"规范语境"，而"规范语境"就是"价值语境"。在本著看来，刑法因果关系是一种融事实性与价值性、主观性与客观性于一体的现象关系，而事实性与价值性、主观性与客观性的一体性或一体化，便是刑法因果关系的构造性。

在刑法因果关系的构造性中，主观性与客观性的一体性或一体化容易被理解，即便是在发生"因果关系错误"的场合。如张三以杀害的故意去掐李四的脖子。在李四呈现昏迷状态时，张三以为李四已经身亡，便扬长而去。孰料，猛兽随后前来将李四吃掉。在前例中，我们通常以因果关系错误不影响故意犯罪既遂的成立而将张三的行为认定为故意杀人罪既遂。至于猛兽的出现，这一介入的自然因素应视为张三的行为成就故意杀人罪既遂的刑法因果关系的"外在条件"。但是，我们也可这么看问题：李四的昏迷和其被猛兽吃掉在客观上应"打包"成张三行为的一种"总结果"，且李四的最终身亡仍符合或属于张三的"主观设定"，即为张三所"意欲"或"谋求"。可见，前例中刑法因果关系的主客观一体性或一体化仍然是明确的。再如，甲欲杀害乙，计划先用榔头打晕，然后将乙扔到河里淹死。甲用榔头击打乙，看到乙不动了，认为乙昏迷了，实际上已经死亡，便将乙扔到河里。在前例中，学者认为，甲的击打行为同时创设了故意杀人行为的危险、故意伤害行为的危险及过失行为的危险。故意杀人行为的危险因缺乏着手决意，尚未进入实行阶段，故死亡结果不能归属于该危险，甲构成故意杀人罪（预备）。故意伤害行为的危险因具有着手决意，进入实行阶段，该危险现实化为伤害结果，甲构成故意伤害罪（既遂）。过失行为危险现实化为死亡结果，甲构成过失致人死亡罪。后两项罪名形成结果加重犯（故意伤害罪致人死亡），与前罪想象竞合，最终仍以故意伤害罪致人死亡论处[1]。在前例中，行为人有杀人的故意，也有杀人的行为，且其所追求的他人死亡的结果已经形成，并且完全是在自己的加害行为中形成，故将行为人的行为定性为故意杀人罪既遂，可谓"合情、合理、合法"，正如帕多瓦尼教授指出，故意既遂的成立并不要求行为人对法律没有明确规定的实际因素也必须有准确的预见[2]。但为何学者所得出的是一个公众的"法常识"和"法感情"不能接受的结论呢？在本著看来，根本原因在于学者没有在主观性与客观性的一体性或一体化即"主客观相统一"中来把握刑法因果关系问题。在前例中，行为人的加害行为与被害人的死亡结果之间已经在客观上形成了刑法因果关系，或曰形成了刑法因果关系的"客观面"，但此"客观面"的形成始终是在行为人剥夺他人生命故意即杀人故意这一"主观面"的"计划"或"笼罩"之中。于是，"客观面"与"主观面"相结合所最终形成的应是故意杀人罪而非故意伤害罪的刑法因果关系。可见，刑法因果关系构造中的主观性与客观性的一体性或一体化，不仅能够说明是否成立犯罪既遂，而且能够进一步说明成立何种犯罪的既遂以及罪数形态。于是，主观性与客观性的一体性或一体化，更加有助于我们来把握行为人发生因果关系认识错误个案中的刑法因果关系问题。

接续前文论述，刑法因果关系构造中的主观性与客观性的一体性或一体化，不仅有助于消除关于刑法因果关系判断标准问题的主观说与客观说的分歧而将两者有机地统合起来，也有助于澄清似是而非的折中说。学者指出，相当因果关系说中的折中说在日本曾经占据支配地位，而客观说有逐步取代折中说之势[3]。本著要指出的是，主客观相统一能够更加科学完整地说明刑法因果关系的相当性，故客观说仍然是一种"偏颇的学说"。

---

〔1〕 柏浪涛："未遂的认定与故意行为危险"，载《中外法学》2018年第4期，第1033页。

〔2〕 ［意］杜里奥·帕多瓦尼：《意大利刑法原理》（注评版），陈忠林译评，中国人民大学出版社2004年版，第257页。

〔3〕 张明楷：《刑法学》（第5版），法律出版社2016年版，第177页。

在刑法因果关系的构造性中，事实性与价值性的一体性或一体化较难被理解。如张三点着李四的屋子，李四逃出后又返回屋子"救钱"。结果，李四被烧死。在该例中，我们可认为李四"为钱连命都不要"不具有价值相当性，从而不具有社会相当性，故李四的身亡难以与张三的放火行为之间形成刑法因果关系。但若李四是返回身"救人"而被烧死，则可认为李四的身亡与张三的放火行为之间形成了刑法因果关系，因为李四的行为此时便具有价值相当性，从而具有社会相当性，亦即李四被烧死相当于被李四救的人被烧死，而李四与被其救的人具有生命的等价性。可见，在前例中"救钱"和"救人"分别对应着不同的行为事实和价值判断，故事实与价值的一体性或一体化也是明确的。

进一步地，刑法因果关系构造性中事实性与价值性的一体性或一体化，牵扯出被害人的行为介入是否影响刑法因果关系的认定问题。而前述问题的结论只能是：被害人的行为介入"未必"影响刑法因果关系的认定。易言之，当被害人的行为介入只是一般的"不适当"的场合，被害人的行为介入并不影响刑法因果关系的认定即成立。正如学者指出，即便是能够肯定属于导致结果之直接原因的被害人的行为是不适当的场合，若被害人的行为处在从当初的行为人的行为来看可能预测的范围内，就可以理解为：当初行为人的行为就具有导致被害人的不适当的行为的危险，并且这种危险最终现实化成了结果。例如，作为戴水肺潜水指导者的被告人，在夜间潜水的指导中不慎走到了别处而离开了听课生。在被告人离开听课生期间，由于指导辅导者以及作为听课生的被害人的不适合行动而导致被害人溺死。在前述事例中，判例认为，被告人在夜间潜水的讲习指导中，不是注意听课生的动向，而是不慎离开了听课生，以致无法看护听课生。这样的行为本身，就是具有可能导致被害人溺死之结果的危险性行为。尽管指导辅导者以及被害人本人也存在不合适的行为，但被害人的行为属于被告人的行动所"诱发"，故不妨碍肯定被告人的行为与被害人死亡之间的因果关系[1]。在前例中，尽管被害人实施了不适合的行为，即介入了被害人的不适合行为，但被害人的生命安危仍然处于被告人的"管辖义务"范围内。这便使得被告人的不慎离开行为是"不正常"的，即其离开行为不具有"价值相当性"。于是，被告人的行为与被害人

---

〔1〕 〔日〕山口厚：《刑法总论》，付立庆译，中国人民大学出版社 2011 年版，第 61~62 页。

的死亡之间刑法因果关系的成立，最终不受影响。可见，在前例中，刑法因果关系构造性中事实与价值的一体性或一体化，也是明确的。

刑法因果关系的构造性问题，尚未被刑法理论予以明确的表述。有人指出，刑法中的因果关系不仅是一个事实问题，更重要的是一个法律问题，即对于刑法中的因果关系应从事实和法律两个方面加以考察。法律因果关系是在事实因果关系的基础上确定刑法因果关系。法律因果关系是以相对性为判断标准，由此形成相当因果关系说。认定法律因果关系的相当性，不宜采用"主观的相当因果关系说"和"客观的相当因果关系说"，而应以"折中的相当因果关系说"为妥[1]。所谓应从事实和法律两个方面加以考察，意味着刑法因果关系的认定应融事实性描述和规范评价性即价值性于一体；所谓应以折中说为妥，意味着刑法因果关系的认定应融主观性与客观性于一体。而事实性描述和规范评价性又各自都融合了主观性与客观性。正是在前述"融为一体"之中，刑法因果关系才得以形成一种稳固的构造性。这里要特别强调刑法因果关系的构造性所内含的价值性，其意味着对刑法因果关系的判断在作为事实判断的同时也是规范判断，正如学者在讨论刑法必然因果关系和刑法偶然因果关系的问题时指出的，此两种刑法因果关系都缺乏联系刑法目的的规范判断[2]。在英美的刑法实践中，因果关系的把握是先"事实因果关系"判断而后"法律因果关系"判断，且对承担刑事责任的因果关系确定是采用"近因原则"这一基本标准[3]。在刑法因果关系的构造性中，事实与价值的一体性或一体化能够实现"事实因果关系"与"法律因果关系"的有机结合或统合。

刑法因果关系构造性的提法，改变了我们对刑法因果关系平面化或扁平化的以往看法。特别是在刑法因果关系构造性中事实性与价值性的"一体性"或"一体化"，其所体现的是作为法学方法论的"一元论"，即将应然价值蕴含于实然事实之中的法学方法论。而主观性与客观性的"一体性"或"一体化"又呼应着事实性与价值性的"一体性"或"一体化"。有学者指出，社会生活原本存在意义，刑法规范是对社会生活现实的重塑，故离开社会生活，

---

〔1〕 刘艳红主编：《刑法学》（上），北京大学出版社 2016 年版，第 128 页。

〔2〕 张明楷：《刑法学》（第 5 版），法律出版社 2016 年版，第 175 页。

〔3〕 ［美］约书亚·德雷勒斯：《美国刑法精解》，王秀梅等译，北京大学出版社 2009 年版，第 167~174 页。

规范就无法理解，而离开规范，社会生活则缺乏足够的理性[1]。刑法因果关系的构造性及其所蕴含的事实性与价值性的"一体性"或"一体化"，能够赋予刑法因果关系的个案认定以"足够的理性"，而此"足够的理性"即足够的公平正义性，亦即"结果归责"的足够妥当性。特别是刑法因果关系构造中的价值性层面，正如目前学界的主流观点认为，刑法中的所有概念都是法学概念，服务于刑法学的特定目标。刑法上的因果关系也同样服从于归责的需要，因而可以有别于自然科学对于因果关系的理解[2]。由于"归责"是一种价值认知活动，故如果缺失了价值性这一层面，则刑法因果关系便无法满足"归责"的需要，从而对刑法因果关系的判定便停留在"自然科学"的层面，即只停留在事实因果关系的层面。因此，在刑法因果关系的构造性中，价值性层面不可或缺。

与刑法因果关系的构造性紧密相连的便是其相当性。正如我们所知，"相当因果关系说"是刑法因果关系理论中的一种学说，并且"相当因果关系"的相当性意味着实行行为具有引起构成要件结果的充分危险性，且该危险性已经实现（现实化）为构成要件结果[3]。显然，相当因果关系中的"相当性"意味着一种判断。但这是一种什么性质的判断呢？就被害人返回屋子"救钱"而被烧死与被害人返回屋子"救人"而被烧死这两种不同情况的放火行为与被害人死亡之间的因果关系问题，当我们说前者即被害人返回屋子"救钱"而被烧死不具有因果关系即因果性，而后者即被害人返回屋子"救人"而被烧死具有因果关系即因果性。这里便存在着因果关系相当性问题，且此处的相当性是价值相当性或社会相当性，而背后隐藏着期待可能性问题。易言之，对因果关系的判断或认定在某个层面，可以视为一种价值判断，而背后隐藏着期待可能性判断，但期待可能性回过头来说明的还是价值相当性。可见，刑法学中危害行为与危害结果之间的因果关系判断不是纯客观事实的判断，而是事实判断与价值判断融为一体的判断，并且价值判断最终将决定因果关系是否成立。而这将最终影响到刑事责任的轻重和刑罚的轻重。具言

---

〔1〕 王昭振："类型思维：刑法中规范构成要件要素存在的法理根据"，载《法制与社会发展》2009 年第 1 期，第 147 页。

〔2〕 徐凌波："心理因果关系的归责原理"，载《苏州大学学报（法学版）》2018 年第 4 期，第8 页。

〔3〕 ［日］山口厚：《刑法总论》，付立庆译，中国人民大学出版社 2011 年版，第 58 页。

之，就行为人放火而致被害人返回屋子"救钱"或"救人"而被烧死的事例而言，若被害人返回屋子"救钱"而被烧死，则其返回屋子的行为便不具有价值相当性，从而放火行为与烧死结果之间的因果关系被阻断即难以成立，最终对放火行为人只能在特定的法定刑幅度内酌情从重处罚；若被害人返回屋子"救人"而被烧死，则其返回屋子的行为便具有价值相当性或社会相当性，从而放火行为与烧死结果之间的因果关系便能够成立，最终放火行为人便可论以加重犯的刑责即科处加重犯之刑。实际上，在后一种情形下，逃出屋子又返身回去的人和屋子内待救的人都是人，故烧死逃出屋子又返身回去的人与烧死屋子内待救的人，实质无异。这就意味着我们可在一种价值相当性观念中来肯定放火行为与烧死结果之间因果关系的成立。

由前述被害人返回屋子的事例可见，危害行为与危害结果之间因果关系的判断或认定不可避免地带有价值相当性和社会相当性，且两者是相互说明的。而此处的相当性又在事实上体现为：当有介入因素，则其介入便属于介入正常，而当介入正常，则因果关系的形成便不受影响或被阻断。妻子为杀害丈夫，准备了有毒咖啡，打算等丈夫回家后给丈夫喝。在丈夫回家前，妻子去超市购物。但在妻子回家前，丈夫提前回家喝了有毒咖啡而死亡。对于前例，学者认为，只能认定为故意杀人预备与过失致人死亡的想象竞合犯[1]。在此例中，丈夫提前回家是正常的生活行为，即其应被视为被害人行为的"介入正常"，故妻子的行为与丈夫死亡之间的因果关系没有被阻断。易言之，丈夫提前回家饮用毒咖啡导致身亡所对应的因果关系，与妻子"亲手"将毒咖啡端给丈夫饮用导致身亡所对应的因果关系，两者具有价值相当性。因此，当妻子有杀人的故意，也有杀人的行为，且其希望被害人死亡的结果已经出现，故对其应论以故意杀人罪既遂，且论以故意杀人既遂合情、合理、合法。再如行为人将被害人塞进汽车的后备厢里致其无法逃出，并且开车行驶。之后，由于行为人将车停在路当口而造成了后面的车和该车发生了追尾，结果导致后备厢里的被害人死亡。即便直接的死因是后车追尾，但由于追尾事故并不鲜见，故能够肯定将他人监禁到后备厢这种无处可逃的场所的行为本身所具有的危险性，并且也能肯定这种危险性现实化为最终的死亡结果[2]。这

---

〔1〕 张明楷：《刑法学》（第 3 版），法律出版社 2007 年版，第 228~229 页。

〔2〕 ［日］山口厚：《刑法总论》，付立庆译，中国人民大学出版社 2011 年版，第 65 页。

里，"并不鲜见"意味着"介入正常"，故在汽车后备厢拘禁他人的行为与他人死亡之间的刑法因果关系依然得以形成，而"介入正常"的因素正是此刑法因果关系得以形成所假借的"条件"。由此可见，其他因素"介入正常"，则刑法因果关系便"形成正常"。而这里的"正常性"便意味着刑法因果关系的相当性。

但刑法因果关系的相当性，仍然是事实性与价值性相结合或融为一体的相当性，并且刑法因果关系的相当性是事实相当性为"表"，价值相当性为"里"的事实判断与规范判断融为一体的相当性。而由事实相当性和价值相当性融为一体的刑法因果关系的相当性，蕴含着刑法因果关系的"合法则性"。易言之，因果关系的"合法则性"是因果关系相当性的派生或延伸，从而构成了因果关系相当性的体现。而在本著看来，合法则的因果关系中的"合法则"，实即合事物发展的客观规律性，包含着可与事实相当性相对应的"合自然科学法则"和与价值相当性相对应的"合社会科学法则"。于是，意大利刑法理论中的"因果关系的包容性法则理论"或可提供启发，正如帕多瓦尼教授指出，要确定某一事实是否由行为所引起的结果，必须求助于能对结果进行原因性解释的"科学的包容法则"或者"原因一般化法则"，而在实践中，根据包容性法则来说明因果关系，实际上就是根据当时最好的科学和人类经验来说明行为是否是引起结果的原因。

当然，用这种方法来解释因果关系，并不排除运用的法则可能与某个人特有的知识相重合[1]。这里，所谓"最好的科学和人类经验"既包含"自然科学法则"，又包含"社会科学法则"。可见，在纷繁复杂的刑法因果关系理论中，合法则的因果关系学说可联系刑法因果关系的相当性与条件性而予以新的阐发，亦即"合法则的因果关系说"与"相当因果关系说"可相互说明，并且"合法则性"将"相当性"落到了实处。毕竟在相当因果关系的"相当性"问题上，目前还存在着主观说、客观说和折中说[2]。对于刑法中因果关系的认定，学者指出，认定因果关系，意味着将结果归属于某个实行行为。在实行行为合法则地造成了结果的场合，容易肯定因果关系。但在由

---

〔1〕〔意〕杜里奥·帕多瓦尼：《意大利刑法原理》（注评版），陈忠林译评，中国人民大学出版社 2004 年版，第 140~141 页。

〔2〕马克昌：《比较刑法原理（外国刑法总论）》，武汉大学出版社 2002 年版，第 209~210 页。

于存在介入因素而难以认定实行行为合法则地造成了结果的场合，则可以先采用条件关系的公式，再进一步判断结果是否实行行为的危险的现实化。当然，条件关系的公式与合法则的因果关系并非对立关系，即对某些现象，既可通过合法则的因果关系来肯定或否定因果关系，也可通过条件说来肯定或否定因果关系[1]。在本著看来，只有将"合法则"理解为"在一定条件下的合法则"，则条件关系的公式与合法则的因果关系才并非对立。而这又走向了"一定条件下的刑法因果关系观"。刑法因果关系的相当性还隐含着刑法因果关系的条件性，亦即刑法因果关系的相当性是"一定条件下的"相当性，从而刑法因果关系的相当性观念当然拒斥刑法必然因果关系与刑法偶然因果关系、刑法直接因果关系与刑法间接因果关系的错误概念对应。

但这里要进一步指出的是，提倡"一定条件下的刑法因果关系观"与刑法因果关系的"合法则性判断"，最终意在维持刑法因果关系及其相当性的客观性。不仅刑法因果关系的相当性存在着主观说，而且刑法因果关系本身就存在着主观说，即所谓"人类的因果关系理论"。在意大利刑法理论中，"人类的因果关系理论"将以下两点作为衡量行为与结果之间存在因果关系的标准：①行为是结果发生的必要条件之一；②行为人能够阻止结果发生，即结果属于行为人的认识能力与控制能力可支配的范围。这种"人类的因果关系理论"受到两个方面的责难：一方面，这个以条件说为标准之一的理论并没有克服条件说运用机制的缺陷，即其本身不可能解决是否具有原因力的问题；另一方面，如果在认定或排除因果关系时以行为人能否支配因果过程为标准，则有将因果关系问题与罪过问题相混淆的危险。由于行为人的认识能力与控制能力与主体的特性有关，而因果关系则应是从客观方面将某种结果"归咎"于具体的行为，故以主体的能力作为确定因果关系的标准，只能是一个典型的主观标准[2]。显然，当以主体的能力作为确定因果关系的标准，即采用"典型的主观标准"，则"人类的因果关系说"较条件说便存在更大的缺陷，因为主观标准将令刑法因果关系的认定更加不确定，从而其相当性也就容易变成一种"失当性"。

---

〔1〕 张明楷：《刑法学》（第5版），法律出版社2016年版，第185页。

〔2〕 ［意］杜里奥·帕多瓦尼：《意大利刑法原理》（注评版），陈忠林译评，中国人民大学出版社2004年版，第139~140页。

　　刑法因果关系融事实性与价值性判断于一体、融"合自然法则"与"合社会法则"于一体的相当性，在相当程度上映现着刑法因果关系的构造性。学者指出，严格的报应思想会走向条件说，亦即只要存在"如果没有此行为，便不会发生彼结果"这一关系，便试图对结果的归责不加限制，并施以基于刑罚的报应。但相当因果关系说的出现，正是为了将基于刑罚的报应情感限定在一定范围内[1]。可见，刑法因果关系的融事实性与价值性判断于一体、融"合自然法则"与"合社会法则"于一体的相当性，有着限制处罚范围而达致刑事正义的直接功能或价值担当。

　　融事实性与价值性判断于一体、融"合自然法则"与"合社会法则"于一体的相当性，能够破解刑法相当因果关系说的"危机"。第一行为人出于伤害故意而对被害人使用暴力且造成被害人颅内出血的致命伤。就在第一行为人扬长而去而被害人正处于昏迷状态，第二行为人前来又出于杀害故意而对被害人实施暴力且致其死亡。此即日本著名的"大阪南港案"。日本最高裁判所认为在第一行为人的暴力已经造成属于被害人死因的伤害之时，即使第二行为人的暴力提早了被害人的死期，但仍可肯定第一行为人的暴力与被害人的死亡之间存在因果关系，故原判认定第一行为人的行为构成伤害致死罪是正确的。由于相当性说是以因果进程的通常性为基准，而实务界是以行为对结果的贡献度为中心来具体探究因果关系，这便引出了"相当因果关系说的危机"这一话题。对所谓"危机"的质疑，相当性说作出了灵活的应对，或曰即便是介入了异常情况，但介入情况的作用相对轻微，即仍然是前一行为对结果具有决定性贡献，则也应肯定具有相当性；或曰只要在具有死因的同一性的范围内，仍应肯定具有相当性；或曰不应以"点"而应以"面"来看待介入情况，从而判断相当性。就前例而言，即便介入了第三者的行为，第三者所实际造成的死亡结果仍然在第一行为人所实施的致命的伤害行为的结果的范围之内，故仍应肯定相当性[2]。在前例中，"贡献度"既隐含着事实性，也隐含着价值性，而"同一性"隐含着不同罪过形式背后的客观一致性，且此客观一致性可与不同的罪过形式结合为不同罪名下的刑法因果关系。可见，在融事实性与价值性判断于一体、融"合自然法则"与"合社会法则"

---

〔1〕　〔日〕西田典之：《日本刑法总论》，王昭武、刘明祥译，法律出版社2013年版，第86页。

〔2〕　〔日〕西田典之：《日本刑法总论》，王昭武、刘明祥译，法律出版社2013年版，第90~91页。

于一体的相当性面前，刑法相当因果关系说的"危机"是不存在的。在刑法因果关系的相当性标准问题上，有学者提出"经验的相当性说"。具言之，无论是行为当时的危险，还是行为之后的危险（因果进程），只要属于经验法则上罕见或通常不可能出现的情况，均应否定存在因果关系。但这一判断应该以直至裁判当时所明确的所有情况为基础，从一般人的科学角度来进行。而何为经验法则上罕见的危险，何为经验法则上罕见的因果过程，这并非理论所能决定。然而，无论是多么罕见的危险，也无论是多么罕见的因果进程，只要行为人能够认识，就应被纳入考虑的范围。这属于以精炼的报应思想为基础的决断问题，立足于刑法的谦抑性思想，且此报应思想应止于经验的通常性的框架之内。易言之，有无相当性的判断，是从报应角度所作的规范性的归责判断。而这是理所当然的[1]。以直至裁判当时所明确的所有情况为基础并结合行为人的所有认识，且从一般人的科学角度运用"经验法则"来进行相当性的判断，即进行危险性和因果性的通常性的判断，以最终作出虽出于报应思想但受刑法谦抑性限制的规范性的归责判断，表明"经验的相当性说"在刑法因果关系相当性的把握上也有一种事实性与价值性一体性、"合自然法则"与"合社会法则"一体性的学术自觉。有因必有果，善因有善果，恶因有恶果，故刑法因果关系的相当性即刑法学中关于结果归责的"相关因果关系说"本身没有问题，而问题只在于如何展开相当性标准的内涵和如何实际运用相当性标准。

融事实性与价值性判断于一体、融"合自然法则"与"合社会法则"于一体的相当性，能够消解所谓"假定因果关系"争执。"假定因果关系"例子，如死刑执行人 A 奉命对杀人犯 C 执行死刑。就在 A 正要按下按钮以执行死刑之际，被害人的父亲 B 报仇心切，猛然一把推开 A 而抢先按下了按钮。本案的问题在于应否认定 B 的行为与 C 的死亡之间存在条件关系，即 B 的行为是否成立故意杀人既遂。按照"假定因果关系"，即使没有 B 的行为，A 终究也会按下按钮，故 B 仅成立故意杀人未遂。但通说认为，在前例中，不得采用"假定的因果关系"，即不得作"假定排除该行为，又会出现何种结果"的逻辑推演，从而应肯定 B 的行为与 C 的死亡之间存在条件关系而成立故意

---

〔1〕 ［日］西田典之：《日本刑法总论》，王昭武、刘明祥译，法律出版社 2013 年版，第 89 页。

杀人既遂。通说的做法同样过于"讨巧"[1]。"假定因果关系"的同样例子，如死刑犯乙下午 1 时被执行死刑。在执行人扣动扳机的瞬间，被害人的父亲甲推开执行人，自己扣动扳机击毙了乙。是否承认甲的行为与乙的死亡之间存在因果关系，理论上存在争议[2]。肯定说认为，由于事实上是甲的行为导致了乙死亡，故应当肯定两者之间的因果关系。作为刑法的评价对象，因果关系的有无应由事实的判断来决定，即应当采用自然科学的因果关系概念，而不能附加假定因素[3]。否定说认为，在前例中，不存在没有前者就没有后者的条件关系，亦即即使没有甲的行为，也将发生乙死亡的结果，故甲的行为与乙的死亡之间没有因果关系[4]。针对前例，学者指出，死刑犯是甲开枪打死的，即开枪行为合法则地引起了死亡结果。因此，即使不适用条件关系公式，也可以直接肯定因果关系。而如果采用具体的结果观，适用没有前者就没有后者的条件关系公式，也能肯定因果关系[5]。甲的行为在一种"合法则性"中引起了被害人死亡这一结果，说明甲的行为已经具备了刑法因果关系的事实性。虽然执行人最终也要依法按下按钮处死被执行人，但这只能说明甲的行为不属于"结果无价值"。又当甲本不享有对乙的"私刑权"，且故意杀人罪是行为犯，故应在价值上肯定甲的行为属于"行为无价值"。易言之，甲的行为同时具备了刑法因果关系的价值性。于是，事实性与价值性的一体化或一体性亦即两者的结合性，能够有力地说明前例中甲的行为已经成立故意杀人罪既遂所要求的刑法因果关系。由此，所谓"假定因果关系"争执应该能够得到消解。同时，刑法因果关系的相当性及其所蕴含的事实性与价值性的一体性、"合自然法则"与"合社会法则"的一体性，便发挥出解答刑法因果关系实际问题的理论工具作用。

（三）刑法因果关系的交织性与竞合性

交织性与竞合性是对刑法因果关系存在样态的描述，是对刑法因果关系属性问题的进一步延伸。

刑法因果关系的交织性是形成于共同犯罪且行为人存在角色分工的场合。

---

[1]　[日] 西田典之：《日本刑法总论》，王昭武、刘明祥译，法律出版社 2013 年版，第 80~81 页。
[2]　张明楷：《刑法学》（第 5 版），法律出版社 2016 年版，第 186 页。
[3]　[日] 平野龙一：《刑法总论 I》，有斐阁 1972 年版，第 135 页。
[4]　[日] 町野朔：《刑法总论讲义案 I》，信山社 1995 年版，第 156 页。
[5]　张明楷：《刑法学》（第 5 版），法律出版社 2016 年版，第 186 页。

这里，我们可切入渎职型共同犯罪予以讨论。在渎职犯罪案件中，我们经常会遇到涉案行为人是两个以上且存在着决策者、实施者、监管者的角色分工，亦即一个渎职犯罪案件是由决策者、实施者、监管者中两个以上不同角色的关联行为所形成的。这样，就形成了渎职犯罪因果关系的交织类型。有人就破坏土地资源的渎职犯罪提出要明确四个方面：一是对于决策者滥用职权、玩忽职守、徇私舞弊违法决策，严重破坏土地资源的，或者强令、胁迫其他国家机关工作人员实施破坏土地资源行为的，或者阻挠监管人员执法导致国家土地资源严重破坏的，应当区分决策者、实施者、监管者的责任大小，重点查处决策者的渎职犯罪；二是实施者、监管者贪赃枉法、徇私舞弊，隐瞒事实真相，提供虚假信息以影响决策者的正确决策，造成危害后果发生的，要严肃追究实施者和监管者的责任；三是实施者、监管者明知决策错误而不提出反对意见，或者不进行纠正、制止、查处，造成国家土地资源被严重破坏的，应当视其情节追究渎职犯罪责任；四是对于决策者、实施者和监管者相互勾结，共同实施危害土地资源渎职犯罪的，要依法一并查处。这样的规定对于认定决策者、实施者和监管者渎职犯罪的因果关系，区分责任大小和有效查处，意义十分重大[1]。所谓"应当区分决策者、实施者、监管者的责任大小""实施者、监管者明知决策错误而不提出反对意见，或者不进行纠正、制止、查处"和"决策者、实施者和监管者相互勾结，共同实施"等，都在说明渎职犯罪因果关系交织现象的存在，而此现象正是形成于决策者、实施者和监管者的不同地位和作用的行为与渎职犯罪"总危害结果"之间"各有千秋"的因果关联性。

在此，我们可将此类渎职犯罪案件视为渎职犯罪因果关系的结合体或"胶合体"。但在这里，我们应该进一步挖掘的是：具备决策者、实施者和监管者之中两种以上身份主体的渎职犯罪案件，可形成三种类型：共同作为型渎职犯罪、共同不作为型渎职犯罪、作为与不作为相结合型渎职犯罪。无论是前述哪种类型的渎职犯罪，每个行为人的渎职行为与整个案件的危害结果即"总结果"之间都存在着因果关系。而当我们考察每个行为人的渎职行为的因果关系，则其他涉案行为人的渎职行为便担当了"外在条件"或"假借条件"的角色。于是，当每个行为人的渎职行为的因果关系都能得到分别认

---

〔1〕 陈波：《反渎职侵权侦查实战要领》，中国检察出版社 2012 年版，第 467~468 页。

定，便形成了共同型渎职犯罪案件"多因一果"的因果关系局面。我们也可这样看问题，在涉及多人且又存在着决策者、执行者与监督者的复杂关系的渎职犯罪案件中，我们对每个具体角色的渎职行为的因果关系考察，则更要善于运用"条件"概念来逐一认定其渎职行为的因果关系，即当考察此一角色的渎职行为的因果关系时，则彼一角色或其他角色的渎职行为视为"条件"；而当考察彼一角色的渎职行为的因果关系，则此一角色的渎职行为视为"条件"。当通过这种"各个击破"的方法来逐一认定每个涉案人员的渎职行为的因果关系，则整个渎职犯罪个案的因果关系认定问题便得以最终解决。于是，在整个渎职犯罪个案中，所有角色的渎职行为的因果关系便捆绑成一个"总的因果关系"即"捆绑的因果关系"。显然，在涉及两种以上身份主体的渎职犯罪案件中，前述因果关系的把握思路便体现出"条件性"与"因果性"的概念互换思维，即当考察 A 行为的因果关系时，则 B 行为便是"条件"；而当考察 B 行为的因果关系时，则 A 行为变成了"条件"。可见，这里的"条件性"与"因果性"的概念互换思维所体现的是"条件性"与"因果性"的"相对性"观念，而这种"条件性"与"因果性"概念互换思维及其所体现的"条件性"与"因果性"的"相对性"观念，完全符合哲学上因果关系认定的"孤立简化法则"。并且，这里的"条件性"与"因果性"的概念互换性及其所体现的"条件性"与"因果性"的"相对性"，正如哲学上"原因"与"结果"的概念互换性与相对性，只不过前者是由因果认定的"孤立简化法则"所决定的，而后者则是由"世界是普遍联系的"哲学原理所决定的。

　　由渎职型共同犯罪上升到一般意义的共同犯罪上来，则由教唆犯、帮助犯和实行犯所合力实施的共同犯罪的因果关系也具有交织性，且这里的交织性是通过"条件性"和"因果性"的照应性或对应性而形成。特别是在犯罪集团即有组织犯罪中，当有的共犯集组织者、指挥者、实行者于一身，其组织、指挥、实行行为与集团犯罪的"总结果"之间的因果关系即因果性，便更加具有交织性。这里要强调的是，既然因果关系的交织性所指向的是共同犯罪且行为人存在角色分工的场合，则形成于此的"条件性"便有别于单独犯场合的因果关系的"条件性"，因为后者实际所指即"介入因素"，而此"介入因素"或是根本不可能发生刑法评价的自然因素，或是应另作评价即不能作共犯评价的人为因素。由此，共同犯罪因果关系的交织性进一步深化了刑法因果关系的条件性，或曰刑法因果关系的条件性在共同犯罪因果关系中得到了拓展。

因果关系的交织性是对应着共同犯罪特别是集团犯罪即有组织犯罪提出来的，故因果关系的交织性概念有助于我们在"分"与"合"的对立统一中客观合理地认定共同犯罪的因果关系及其所包含的每个共犯的因果关系，从而公平合理地认定每个共犯的犯罪既遂形态。例如，最高人民检察院 2008 年11 月 6 日发布的《关于加强查办危害土地资源渎职犯罪工作的指导意见》指出："实施人员、监管人员明知决策者决策错误，而不提出反对意见，或者不进行纠正、制止、查处，造成国家土地资源被严重破坏的，应当视其情节追究渎职犯罪责任。"针对前述"意见"，学者指出，要认定实施人员、监管人员的行为与结果之间具有合法则的条件关系或许相当困难，但采取"条件说"，则可能肯定事实的因果关系[1]。实际上，如果采用刑法因果关系交织性思维，且在"孤立简化法则"中运用"条件"与"原因"相互转化观念，则前述类型案件中的刑法因果关系问题是容易得到合理解决的，而不必求助于本来就饱受诟病的"条件说"。

刑法因果关系的交织性蕴含着刑法因果关系的系统性。具言之，在刑法因果关系的"因"中存在着若干成分即若干"因子"，而此若干"因子"便在交织成原因整体过程中形成了一种"原因系统性"，进而生成了刑法因果关系的"果"的整体性。因此，交织性的刑法因果关系，其形成过程如同"化学反应"。

与刑法因果关系的交织性紧密相连的是其竞合性。本著所说的刑法因果关系的竞合性，指向两种情形：一是所谓"二重的因果关系"，二是所谓"可替代的充分条件"。"二重的因果关系"又被称为"累积的因果关系"或"因果关系的择一竞合"即"择一的因果关系"。具言之，在复数独立的行为竞合使结果发生的场合中，这些行为中的每一个行为都能使同样结果发生或使结果同样发生。前述情形便存在"二重的因果关系"。例如，甲、乙两人独立将致死量的毒药投入丙的食物中，丙吃了食物的全部或一部分而死亡。在前例中，除去甲、乙哪一方的行为，结果仍会发生，但两人投入的毒药量加在一起比单独一个人的毒药会使得死亡时间提前[2]。可见，"二重的因果关系"

---

[1] 张明楷：《刑法学》（第 5 版），法律出版社 2016 年版，第 185 页。

[2] 马克昌：《比较刑法原理（外国刑法总论）》，武汉大学出版社 2002 年版，第 216 页。

存在于这样的场合：两个以上的行为分别都能导致结果的发生，但在行为人没有意思联络的情况下，竞合在一起导致了结果的发生。例如，甲与乙没有意思联络，都意欲杀丙，二人同时开枪，且均打中了丙的心脏。在前例中，针对有人认为由于没有甲的行为丙也会死亡，没有乙的行为丙也会死亡，故不符合条件关系公式而让甲、乙都承担未遂责任[1]，但实有不妥[2]。就前例而言，在"整体考察说"看来，应当对条件关系公式进行修正，即在数个行为导致一个结果的情况下，如果除去一个行为结果仍将发生，而除去全部行为结果将不发生，则全部行为都是结果发生的条件[3]。易言之，既然单独行为也能导致死亡结果的发生，两者合在一起倒并不存在条件关系，这一结论是不合适的。因此，"必要条件公式"必须加以修正[4]。首先要指出的是，前述论断中的"条件"并非前文所论述的因果关系条件性中的"条件"。接下来让我们这样来分析问题，即在前例中，当分开来看，若没有甲的行为，则乙的行为照样会导致丙的身亡，故甲的行为与丙的身亡之间没有刑法因果关系而成立故意杀人未遂。同样逻辑，若没有乙的行为，则甲的行为照样导致丙的身亡，故乙的行为与丙的身亡之间没有刑法因果关系而成立故意杀人未遂。这便造成了无人对他人死亡负责的局面。前述分析是基于"假设"，但事实是既有甲的行为，又有乙的行为。于是，按照"反言判断"逻辑，甲、乙的行为与丙的身亡之间都存在刑法因果关系，从而都成立故意杀人既遂。这里或许存在着推演逻辑上的"讨巧"，但这种"讨巧"却完全合乎公众的"法常识"和"法感情"。可见，"二重的因果关系"或"择一的因果关系"，实即"因果关系的重合"，亦即本著所说的刑法因果关系的竞合，且此因果关系的竞合在时空上是同步的，即具有"时空同步性"，故其可称为"同步的刑法因果关系竞合"。

　　本著所说的刑法因果关系竞合性所指向的另一种情形即所谓"可替代的充分条件"即"可替代的因果关系"。例如，A想杀死C，便在C准备穿越沙漠长途旅行的前夜，悄悄地溜进C的房间，并把C的水壶里的水换成无色无味的毒药。B也想杀死C，于同一夜里的晚些时候溜进了C的房间，并在C

---

〔1〕　[日] 町野朔：《犯罪论的展开 I》，有斐阁 1989 年版，第 127~136 页。

〔2〕　张明楷：《刑法学》（第 5 版），法律出版社 2016 年版，第 187 页。

〔3〕　张明楷：《刑法学》（第 5 版），法律出版社 2016 年版，第 187 页。

〔4〕　[日] 西田典之：《日本刑法总论》，王昭武、刘明祥译，法律出版社 2013 年版，第 80 页。

的水壶底钻了一个小洞。次日晨，C 出发。两个小时之后，C 在沙漠中想喝水，但水壶是空的。由于没有其他水源，C 在沙漠中脱水而死。对前例，如果以"抽象的结果观"来适用条件关系的公式，则 A 与 B 的行为都不是 C 死亡的原因，但这种结论难以被人接受。客观归责论以 B 没有在整体上恶化被害人的状况为由而仅仅将死亡结果归责于 A。但是，C 是脱水而死，这一结果是由 B 的行为合法则地造成的，故应当肯定 B 的行为与 C 的死亡之间具有因果关系。相反，A 的行为与 C 的死亡之间没有因果关系。此外，客观归责论的观点也不可能在刑事诉讼活动中得到贯彻，因为如果说 C 是 A 毒死的，就需要有被毒死的证据[1]。在学者看来，在前例中，A 的行为成立故意杀人未遂（甚至故意杀人预备），而只有 B 的行为成立故意杀人既遂。对于前例，我们首先必须尊重或正视的一个事实是：由于已经没有可饮用的水，故 C 因"脱水而死"的说法是不客观的，从而仅仅是 B 的行为与 C 的死亡之间具有因果关系的说法便无由成立。而当 A 和 B 都有杀人的故意，都有杀人的实行行为，且其欲求的他人死亡的结果都已经出现，则 A 和 B 的行为于情于理与法都应成立故意杀人既遂，即将 A 和 B 的行为都认定为故意杀人罪既遂，方符合公众的"法感情"。如果认为 A 的行为成立故意杀人未遂，则似乎是 A 的毒药"投了也白投"，但事实上却是 B 的行为"钻了也白钻"。因此，如果 A 和 B 两个人中有一人的行为成立未遂，那也似乎应该是 A 而非 B，正如"B 没有在整体上恶化被害人的状况"。在前例中，我们似可这样来看问题：B 的行为之于 A 的行为在客观上似乎产生了这样的效果，即"连毒药都不让你喝"，这一客观效果属于"巩固性效果"；A 的行为之于 B 的行为在客观上似乎产生了这样的效果，即"毒死总比渴死快"，这一客观效果也属于"巩固性效果"。前述 A、B 行为之间在客观效果上的相互巩固，不仅成就了对方行为的刑法因果关系即刑法因果性，也成就了自身行为的刑法因果关系即刑法因果性。易言之，当我们说 B 的行为效果是"钻了也白钻"，则等于肯定 A 的行为与被害人死亡之间形成了因果关系；而当我们说 A 的行为效果是"投了也白投"，则等于肯定 B 的行为与被害人死亡之间形成了因果关系。这样，A、B 二人的行为与被害人身亡之间的因果关系都应得到肯定，且此肯定是一种摆脱了现象性束缚的规范性或教义学的肯定。显然，前述刑法因果关系即

---

[1] 张明楷：《刑法学》（第 5 版），法律出版社 2016 年版，第 187 页。

刑法因果性的相互巩固是发生在刑法因果关系即刑法因果性的竞合中，亦即刑法因果关系即刑法因果性的竞合提供了刑法因果关系即刑法因果性相互巩固的机会。于是，在前述相互巩固和相互成就中，发生刑法因果关系即刑法因果性竞合的行为都成就了故意犯罪的既遂。就前例而言，由于 A 的行为实施在前，且其因果过程展开在前，而 B 的行为实施在后，且其因果过程展开在后，故前例所例证的"可替代的充分条件"所对应的是"中途的刑法因果关系竞合"。而"中途的刑法因果关系竞合"，似有田径运动中"接力赛"的色彩。而"接力赛"又形象地说明因果关系"一人既遂全部既遂"。在前例中，"可替代的充分条件"即"可替代的因果关系"中"可替代"直接隐含着一人的行为成立故意杀人未遂，而另一人的行为成立故意杀人既遂，甚至两个人的行为都成立故意杀人未遂，因为"可替代"即"可相互替代"。于是，同样按照"反言判断"逻辑，A、B 的行为与 C 的身亡之间都存在刑法因果关系，从而都成立故意杀人既遂。但前述被直接隐含的结论是令公众的"法感情"无法接受的。而刑法因果关系的竞合性观念则能较好地解答涉案行为人都成立故意杀人既遂。前述"大阪南港案"也可视为存在"刑法因果关系竞合"，且属于"中途的刑法因果关系竞合"。具言之，第一行为人对被害人使用暴力造成被害人致命伤对应着稍后实现的刑法因果关系，而第二个行为人的后续暴力造成被害人提前死亡对应着提前实现的刑法因果关系。但同样是加害行为与死亡结果之间的因果关系与伤害故意相结合，使得第一行为人的行为构成了故意伤害致死罪，而此因果关系与杀害故意相结合，使得第二行为人的行为构成了故意杀人罪既遂。

由上论述可见，无论是"同步的刑法因果关系竞合"，还是"中途的刑法因果关系竞合"，都指向同一行为对象即加害对象，从而都在同一危害结果即加害结果中"兵合一处"。因此，刑法因果关系的竞合不是刑法因果关系的斥离，而是刑法因果关系的强化，从而防止刑法因果关系的"落空"，最终防止结果犯或行为犯既遂的刑事责任的"落空"。但刑法因果关系的竞合并非"多因一果"那种情形。

条件性与相对性、构造性与相当性、交织性与竞合性，构成了对刑法因果关系从形成过程到存在样态及从里到外的揭示与说明，故前述三组属性丰富和完善了传统的刑法因果关系理论，同时能够使得刑法因果关系的个案司法更具实践理性。条件性与相对性、构造性与相当性、交织性与竞合性，此三组属性改变了我们以往对刑法因果关系"两点一线"式的认识，即刑法因果关系不仅是"线"，而且是"面"，甚至是"体"。最终，刑法因果关系理论应该且能够得到进一步的发展与丰富。

三、犯罪行为因果性的介入因素类型

前文在解答刑法偶然因果或刑法间接因果关系乃至刑法因果关系的"条件性"问题时，已经牵涉犯罪行为因果性即刑法因果关系的介入因素问题，这一问题需进一步讨论。

（一）介入因素的排斥类型

按照教材，介入因素在司法实践中主要包括三种类型：自然因素、他人行为以及被害人行为[1]。由此，自然因素被视为介入因素的一种类型。但有学者把行为人的行为也纳入介入因素。[2]另外，被害人的严重病患或特异体质也被列入介入因素。可见，介入因素形式繁多、异常复杂[3]。这意味着以往的介入因素概念混乱而不纯。

介入因素的排斥类型首先包括自然因素，即自然因素首先应从介入因素中排斥出去。以往的国内刑法因果理论将自然因素作为介入因素的首要类型，且是在构造刑法因果关系类型时提出来的。具言之，学者在构造刑法因果关系类型时提出了所谓刑法偶然因果关系，同时也是所谓刑法间接因果关系的"危害行为与自然力竞合型"，即"危害行为造成某一后果，又与自然力相竞合，产生了另一偶然结果"[4]。于是，危害行为与后一结果之间就构成了所谓刑法偶然因果关系，同时也是所谓刑法间接因果关系。例如：甲、乙二人在一个冬天的傍晚于收工途中在旷野玩耍。甲向乙小腿踢了一脚，乙倒在地上"哎哟"不止。甲以为乙装样子吓唬他，便不加理睬而回家，且未告诉任何人。乙因小腿骨折而形成轻伤害，不能行走又因当夜大风降温，天气异常寒冷，第二天人们发现乙时，乙已经冻僵死亡。学者认为："乙被冻死这一结果对于甲踢乙一脚，可能出现，可能不出现，可能这样出现，可能那样出现，

---

〔1〕《刑法学》编写组编：《刑法学》（上册·总论），高等教育出版社 2019 年版，第 132 页；刘艳红主编：《刑法学》（上），北京大学出版社 2016 年版，第 127 页。

〔2〕 张明楷：《刑法学》（第 5 版），法律出版社 2016 年版，第 190~193 页。

〔3〕 商凤廷："介入因素下客观归责理论之借鉴"，载《中国刑事法杂志》2015 年第 6 期，第 42 页。

〔4〕 李光灿、张文、龚明礼：《刑法因果关系论》，北京大学出版社 1986 年版，第 123 页。

乙被冻死对于甲踢乙一脚来说具有偶然性，它们之间是偶然因果联系。"[1]此即所谓"自然力竞合"即自然力介入。实际上，在所谓自然力竞合即自然力介入的场合，自然力本身不过是刑法因果关系即危害行为与危害结果之间引起与被引起关系得以形成的"外在条件"即"凭借"而已。在前例中，虽然我们可在问题的现象层面将被害人的死亡描述为"冻死"，但"冻"字恰恰映现了"死"这一结果得以形成的外在条件，而这一外在条件正是肯定而非否定被害人的最终身亡结果应归属于行为人先前的危害行为。于是，在前例中，由于过失的轻伤害不构成犯罪，故对甲的行为应在肯定结果归属的前提下认定为过失致人死亡罪。前例说明：由于自然力不是刑法规范的评价对象，或自然力不可能被追究刑事责任，正如刑法上的介入因素应指介入实行行为引起危险结果发展过程中能为刑法所独立评价的外部客观因素的总称，[2]故其根本就不在最终事关规范评价的介入因素的理论视野中。可见，将自然因素列为介入因素的一种类型，意味着自然因素能够中断已经出现的结果对于行为人已经实施的危害行为的归属性即两者之间的因果性，而这又意味着变相地对自然因素追究刑事责任，从而是让自然因素来不当地转移行为人的刑事责任。进一步地，在所谓自然因素介入的场合，正由于自然因素是外在条件，故危害行为与（最终）危害结果之间的关系就是刑法因果关系而根本无需强调"偶然"或"间接"，即不存在所谓刑法偶然因果关系或刑法间接因果关系，因为在哲学上，偶然性与必然性是描述事物发展趋势的一对范畴，且偶然性的背后是必然性，其指向"未然性"和"可能性"，而因果性是描述事物联系的一个范畴，其指向"已然性"和"现实性"即"实然性"，故因果性即因果关系是实现了的偶然性与必然性，[3]同时也是实现了的"直接性"与"间接性"。

　　所谓自然因素介入往往是通过与行为人行为的"捆绑"而得以混淆视听。例如，行为人实施先行行为造成一种结果，而后该结果与早已经存在的特殊自然情况相结合，并最终由自然情况引起了危害结果。先行行为中包含着和自然情况共同发生结果的现实可能性，应承认行为人的行为与结果之间存在

〔1〕　李光灿、张文、龚明礼：《刑法因果关系论》，北京大学出版社 1986 年版，第 123～124 页。

〔2〕　商凤廷："介入因素下客观归责理论之借鉴"，载《中国刑事法杂志》2015 年第 6 期，第 24 页。

〔3〕　马荣春："论刑法因果关系"，载《南昌大学学报（人文社会科学版）》2007 年第 2 期，第 82～86 页。

着因果关系。例如：某甲与某乙冬夜结伴行至郊外，二人发生争执，某甲将被害人的小腿骨打折后，扬长而去，某乙受冻死亡。从表面看被害人死亡的原因是自然力，但如果没有被害人受伤在前，也不至于最终身亡。而正是由于某甲的行为，某乙才处于一种被冻死的危险状态，故最终可认定行为人的行为和自然力共同造成了被害人死亡。[1]本著赞成对前例中结果归属的看法或主张，但"共同造成"是一个含混的说法。而如果能够把"共同造成"分解为自然因素造成和行为人造成，则自然因素造成所对应的只能是现象性和事实性描述，从而只能指向事实性因果关系；而行为人造成，则是价值性和规范性描述，从而指向规范性因果关系即刑法因果关系。但在规范性因果关系面前，与其相伴的事实性因果关系实质上不过是其得以形成的"外在条件"而已。进一步地，只有规范性因果关系才能契合客观归责论。于是，客观归责论反过来要求结果归属应采用规范性思维，从而将自然因素抽离出来作为"外在条件"对待。

在以往的刑法因果关系理论中，介入因素包含自然因素又隐含在因果关系错误的问题讨论中。例如，在荒郊野外，行为人甲以杀人的故意对被害人乙实施暴力致其昏迷。在误认为乙已经死亡后，甲扬长而去，结果乙被野兽叼走吃掉或被突发的洪水溺死。前例是因果关系错误即行为人计划的因果进程与实际发生的因果进程不相一致的一个适例。在事物的现象层面上，我们可以通过自然因素的介入来描述前例中的因果进程，但被害人的身亡仍可归属于甲的暴力行为，因为正如野兽的出现或洪水的到来，自然因素不仅没有破坏，反而是作为"外在条件"即"凭借"而"成就"了被害人的身亡之于行为人行为的归属性即被害人的身亡与行为人行为的因果性。前例再次说明：在所谓介入自然因素的场合，所介入的自然因素本身不过是结果得以形成的"外在条件"而已，而"外在条件"不仅"不影响"，反而"促成"结果之于前行为的归属性即前行为与结果之间的因果性。这里，与其将自然因素归为介入因素的一种类型，毋宁将自然因素对结果的客观影响视为形成了一种与"法律因果关系"相对的"事实因果关系"[2]，而以归责为指向的介入因素问题本应将"法律因果关系"作为逻辑对应，故自然因素本不应作为介入因

---

〔1〕 李莉辉："试论介入情况下的刑法因果关系"，吉林大学 2005 年硕士学位论文，第 13 页。

〔2〕 张绍谦：《刑法因果关系研究》，中国检察出版社 2004 年版，第 125 页。

素的一种类型，正如责任的确定最关键的不在于归因，而在于如何准确地确定行为人的责任，这属于价值判断和规范判断，而非因果关系的事实判断可以解决。而客观归责理论从根本上理清了归因与归责的关系，明确了因果关系判断最终目的是确定客观构成要件符合性，核心是如何归责，即在客观方面将某一结果归属于某一行为人行为〔1〕。可见，将自然因素排除在介入因素之外，是符合或响应客观归责理论的。

　　由前述事例可见，即便在表述上我们采用"自然因素介入"这一说法，但自然因素的所谓"介入"对结果归属或因果性即因果关系认定的影响，不仅不是"负面的破坏"，反而是"正面的促进"，从而正面地说明故意犯既遂及其加重犯成立或结果犯及其加重犯的成立，即所谓"自然因素介入"不发生对结果归属或因果性即因果关系成就的负面影响，更不发生中断作用。于是，在对应着刑法因果关系理论的"介入因素"中纳入自然因素这一类型，便毫无理论意义或学术价值，亦即"自然因素介入"终究是无的放矢。例如铁路扳道工因工作失误，未将道岔扳到位，如果列车通过就会发生出轨事故，但在火车未到达岔口前遭遇山体滑坡，扳道工的失误本身未实现法定的结果，无需负刑事责任〔2〕。在前例中，由于法定结果没有出现而当然应论以无罪，故根本没有必要牵涉介入因素话题。介入因素是否应该或有必要包含自然因素这一类型，最终要看介入因素的问题属性或问题指向。正如我们所知，介入因素所指向的是结果归属即确定危害结果与危害行为的因果性问题，而结果归属问题又是客观归责问题。当客观归责问题最终是价值评价即规范评价问题，则自然因素能否或应否成为介入因素的一个类型，答案明显是否定的，因为自然因素压根就不是刑法规范的评价对象即归责对象，正如介入因素在刑法上应具有独立的评价意义〔3〕。一个很明显的现象是，国内新旧刑法学教材在论述介入因素问题时，对自然因素这一所谓的介入因素类型往往一笔带过，而是着重讨论其他类型。这种现象似乎意味着自然因素本不应，也无必要成为介入因素的一种类型。

　　其次，介入因素的排斥类型包括被害人的严重病患或特异体质，即被害

---

〔1〕　商凤廷："介入因素下客观归责理论之借鉴"，载《中国刑事法杂志》2015年第6期，第37页。

〔2〕　商凤廷："介入因素下客观归责理论之借鉴"，载《中国刑事法杂志》2015年第6期，第26页。

〔3〕　商凤廷："介入因素下客观归责理论之借鉴"，载《中国刑事法杂志》2015年第6期，第24页。

人的严重病患或特异体质应从介入因素中被排斥出去。在以往的介入因素中，被害人严重病患或特异体质仍被列为一种类型。具言之，行为人实施先行行为时，被害人已患有严重疾病或特异体质，行为人的先行行为与该特殊情况相结合从而导致危害结果的发生，应承认行为人的先行行为与危害结果之间存在着因果关系。如在"某甲因琐事与某乙发生争执，某甲打了某乙左胸一拳，致其心脏夹层动脉瘤破裂，引起大出血，致心包填塞而死"的例子中，如果就挥拳行为本身观察，不足以致人死亡，但因某乙的疾病是行为当时已经存在的状况，某甲的行为才最终导致某乙死亡。正是某甲的行为使被害人发生死亡的可能性转化为现实性，但其行为和某乙身体的特殊情况一起引起死亡结果，故某甲的行为与被害人的死亡结果之间具有因果关系。至于行为人最终是否对被害人的死亡结果负刑事责任，还要结合行为人的主观心理状态[1]。在本著看来，虽然拳击他人胸部"不足以"导致他人死亡，但也"有可能"导致他人死亡，这要从加害者自身的体格状况、用力大小以及被害人的体格状况等因素予以综合评判。对于前例，本著赞成论者的最终结论，即行为人的先行行为与被害人的死亡结果之间具有因果关系且应结合行为人的主观心理状态来认定刑事责任。进一步地，如果行为人是出于杀人故意，则认定其行为成立故意杀人罪既遂；如果行为人是出于伤害故意，则认定其行为成立故意伤害罪（致人死亡）；如果行为人出于过失，则认定其行为构成过失致人死亡罪。但是，本著不赞同将被害人已患有严重疾病或特异体质也列为介入因素的一种类型，因为当加害行为具有法益侵害的高度危险时，正如自然因素，被害人的严重病患或特殊体质同样不过是加害行为引起危害结果的"外在条件"，而被害人的特殊体质并不是介入因素，而是行为时已经存在的既定条件[2]。由此，我们似应这样看问题，即便严重病患或特殊体质使得被害人不会活久甚至很快就死，但在严重病患或特殊体质顺应医学规律导致患者或特殊体质者死亡之前，加害行为虽然只是使得死亡结果提前到来，但也应视为加害行为造成了死亡，其道理正如在法警开枪前的一刹那，被害人的亲属将死刑犯击毙，死亡结果可归属于被害人亲属而令其承担故意杀人既遂之责。

事实上，当行为人实施加害行为时，如果被害人已患有严重疾病或有特

---

[1] 李莉辉："试论介入情况下的刑法因果关系"，吉林大学 2005 年硕士学位论文，第 12 页。
[2] 张明楷：《刑法学》（第 4 版），法律出版社 2011 年版，第 184 页。

异体质，则应视为加害行为作用于被害人的严重疾病或特异体质，从而导致患者或特异体质者死亡。此时，加害行为与被害人死亡之间的因果性已经明确形成，即被害人死亡结果之于加害行为的归属性业已明确。显然，在所谓"被害人严重病患或特殊体质的介入"场合，介入因素的概念同样空洞无用，因为即便不采用这一概念，加害患有严重病患或特异体质的被害人的个案，也可得到妥当处置。易言之，在这类个案中，被害人的严重病患或特异体质都是"一律地不影响"危害结果的归属。假如被害人的严重病患或特异体质能够影响危害结果的归属，则难道不会闹出"被害人患病或体质特异有错"的笑话？

学者指出，对辱骂、轻微推搡造成特异体质人伤亡的案件，首先从"条件说"判断，行为人的行为属于造成受害人伤亡的原因；其次依据规范保护目的，关于故意伤害或过失致人死亡的规范所限制的是行为人在通常情况下会造成一般人受伤或死亡后果的行为，不可能将辱骂和轻微推搡也包括在内。此类案件中的结果，一般应属于超出了规范保护目的，不应归责。但这里不包括行为人对受害人属于特异体质明知的情况，因为法规范是不会允许对特异体质者实施可能造成其伤害的刺激行为的[1]。法规范不会允许对任何体质或健康状况的人实施加害行为。对于明知是患有严重病患或特异体质的人实施辱骂、轻微推搡行为而导致死亡结果的，可以构成侮辱罪或过失致人死亡罪甚至故意杀人罪，而这仍应肯定患有严重病患或特异体质者的伤亡之于引起伤亡的辱骂、轻微推搡行为的归属性即二者之间的因果性。这再次说明：被害人的严重病患或特异体质毫不影响被害人的伤亡结果之于引起伤亡结果的行为的归属性即两者之间的因果性，从而"被害人严重病患或特殊体质的介入"着实没有用场。有人指出，介入因素可能使得原本无罪的行为构成犯罪，也可能使得有罪的行为不构成犯罪。其中的一种情况是行为人的行为本身情节较轻，并未达到犯罪成立标准，但由于受害人特异体质造成了严重后果，行为人的行为最终构成犯罪。如杨某义案：杨某义酒后到本村王某家，同王某夫妇发生口角、撕拽。王某将杨某义面部抓伤，杨某义朝王某肩膀上推了一下走开。杨某义离开后，王某出现不能说话、呕吐等症状，被家人送往医院治疗。2 日后，王某经抢救无效死亡。经法医鉴定：王某因在高血压病

---

〔1〕　商凤廷："介入因素下客观归责理论之借鉴"，载《中国刑事法杂志》2015 年第 6 期，第 42 页。

基础上突发高血压性脑出血而死亡。轻微外力、情绪激动等外界因素可以成为脑出血的诱发因素。检察院以故意伤害罪起诉，法院最终以过失致人死亡罪判处杨某义有期徒刑 3 年。此案中若非受害人属于特异体质，杨的行为不会构成犯罪[1]。这里，与其说是特异体质使得行为人的行为由不构成犯罪变成构成犯罪，毋宁是行为人的行为使得被害人的特异体质演变为相关犯罪的法定结果，即行为人的行为是将被害人的特异体质作为直接的作用对象，从而造成过失致人死亡罪的法定结果。可见，将被害人特异体质作为介入因素来分析问题，不仅毫无必要，也显得牵强附会。

在某种意义上，被害人自身的病患或特异体质也带有自然因素的色彩，故对介入因素不应包含被害人严重病患或特异体质的道理的说明，可视为对介入因素不应包含自然因素的说明的延伸。而将自然因素和被害人严重病患或特异体质排斥在介入因素之外，首先能够使得介入因素问题避免走回刑法因果关系理论"条件说"的老路，而是在相当因果关系说中寻求相对稳妥的解决方案，理由在于："相当说并非否定了条件说，而是以条件说所承认条件关系的存在为前提，进而论及相当性。"[2]进一步地，"相当因果关系是以事实上的结合关系这一条件关系为前提，在此基础上，对于应有多大范围的结果归属于行为这一点，进行规范性的归责判断"[3]。最终，"相当因果关系有某种归责的性质，而非全然的归因。从事实因果关系到法律因果关系，实际上是从归因到归责。"[4]可见，将自然因素和被害人严重病患或特异体质排斥在介入因素之外，是通过区分"归因"与"归责"来体现对客观归责论的符合，而相当因果关系只不过是对之符合客观归责论的进一步说明而已，正如"在有关刑法的评价对象方面，条件关系的有无在刑法的评价以前已经予以判断。与之相对，相当因果关系的有无是作为刑法的评价对象予以判断"[5]。所谓"在刑法的评价以前已经予以判断"，意味着"外在条件"不在以归责为目的的刑法因果关系的视野之内，正如"具体结果的发生，纵使也肇因于被害者的异常情况、体质或重大偏异的因果流程或第三人故意或过失行为的

---

〔1〕 商凤廷："介入因素下客观归责理论之借鉴"，载《中国刑事法杂志》2015 年第 6 期，第 26 页。

〔2〕 ［日］大塚仁：《犯罪论的基本问题》，冯军译，中国政法大学出版社 1993 年版，第 102 页。

〔3〕 ［日］西田典之：《日本刑法总论》，王昭武、刘明祥译，法律出版社 2013 年版，第 89 页。

〔4〕 陈兴良：《刑法的知识转型［学术史］》，中国人民大学出版社 2012 年版，第 393 页。

〔5〕 ［日］野村稔：《刑法总论》，全理其、何力译，法律出版社 2001 年版，第 138 页。

介入，对于因果的判断并无影响。把所有造成结果的条件都看作是等价的出发点，也使条件理论得到了等价理论的称号"[1]。有学者指出，德国学者没有明确使用"介入因素"这一概念，而是将其隐含在"异常因果流程"和"归责关系中断"等表述中；而日本学者则使用"介入事实"和"介入情况"这些概念。提法不同有损于专业性，故使用"介入因素"这一术语更显妥当。[2]但当排除了自然因素和被害人严重病患或特异体质，则介入因素应被限缩为介入行为。

最后，介入因素的排斥类型还包括行为人的行为，即行为人的行为也应从介入因素中被排斥出去。介入因素本不应包含行为人的行为，即介入因素本不应存在介入行为人的行为这一类型。学者指出，倘若行为人的前行为与后行为（介入行为）实际上是一个实行行为，则应将结果归属于该行为。例如，甲用石头反复击打被害人乙的头部，在乙没有任何反应之后，甲为了探明乙是否死亡，再次用木棒击打乙的头部。由于后行为与前行为属于同一个实行行为，故能将死亡结果归属于甲的一个杀人行为。但当行为人的前行为与介入行为不是一个实行行为，需要判断结果归属于前行为还是后行为。①故意的前行为具有导致结果发生的高度危险，后来介入了行为人的过失行为造成结果，应将结果归属于前行为。例如，甲以杀人故意对乙实施暴力，导致乙休克。甲以为乙已经死亡，为了毁灭罪证，将乙扔入水中溺死。这里，应将死亡结果归属于故意的前行为。②当故意的前行为具有导致结果发生的高度危险，后来介入了行为人故意实施的另一高度危险行为，若能查明结果是由前后哪个行为造成，则不存疑问；若不能查明结果发生的具体原因，则需判断前后哪一行为的危险性大，一般将死亡结果归属于危险性大的行为；如果两个行为的危险性相当，或许可将结果归属于后行为。例如，甲以杀人故意向被害人乙砍了几刀，导致乙丧失反抗能力后，为了毁灭罪证而对乙的住宅放火，但不能查明乙是被砍死还是烧死。这里，可以认定为故意杀人未遂与放火致人死亡。当然，如果前后行为分别为结果犯和结果加重犯，在能够将结果归属于结果犯时，就不将结果归属于结果加重犯。以上观点合适与否，还值得进一步讨论。③过失的前行为具有导致结果发生的高度危险，后介入

---

〔1〕　林钰雄：《刑法与刑诉之交错适用》，中国人民大学出版社 2009 年版，第 21 页。
〔2〕　王德政：《刑法因果关系判断中的介入因素》，法律出版社 2019 年版，第 14~15 页。

的故意或过失行为直接造成结果，应将结果归属于后行为。例如，甲过失导致乙重伤，为了逃避刑事责任，故意开枪杀死乙。这里，应以过失致人重伤罪与故意杀人罪并罚。④故意或者过失的前行为具有导致结果发生的高度危险，后介入的故意或过失行为并不对结果起决定性作用，应将结果归属于前行为。⑤后行为对结果的发生具有决定性作用，而前行为通常不会引起后行为，应将结果归属于后行为。⑥前后均为过失行为，两个过失行为的结合导致结果发生，应将两个过失行为视为构成要件行为[1]。如何看待学者的前述论述呢？

当行为人的前后行为是一个实行行为，从而应将结果归属于该实行行为，则将后行为称之为所谓介入行为人的行为，便毫无意义，亦即介入因素这一概念毫无问题针对性。至于学者按照主观心理状态和行为性质的不同而将所谓介入行为人的行为予以进一步的细化，最终也显示出介入因素概念不仅丧失了问题针对性，而且使得介入因素变成了一个"被错置"的概念。具言之，在学者所说的第一种情形及其所对应的具体事例中，后续行为即后来实施的毁灭罪证的行为显然不是"过失行为"，且其实质上不过是先前实施的高度危险行为即杀人行为的延伸而已，故将结果归属于行为人的高度危险行为即认定行为人的行为与死亡结果之间存在因果关系是当然的，而毫无必要将后续行为说成是所谓介入行为人的行为。实际上，将被害人扔入水中本身也是一种"高度危险的故意行为"。若此，则在学者所举事例中，行为人所实施的就是一个连续完整的高度危险行为，根本就没有必要采用介入因素这一概念，或曰根本就没有介入因素这一概念"介入"的必要。

在学者所说的第二种情形及其所对应的具体事例中，行为人先前的行为和后续的行为都是最终通向同一个结果的高度危险行为，故也应作完整的一体性评价而没必要借用介入因素概念。在该事例中，故意杀人未遂与放火致人死亡的"想象竞合性描述"即显得毫无必要，也有将简单问题复杂化的嫌疑。至于前后两个行为危险性大小的判断，更是"作茧自缚"。又至于当前行为与后行为分别为结果犯和结果加重犯，在能够将结果归属于结果犯时就没有必要将结果归属于结果加重犯，则当后行为与前行为的危险性相当甚或后行为的危险性大于前行为，则为何不可或不应将结果归属于后行为呢？学者

---

[1] 张明楷：《刑法学》（第5版），法律出版社2016年版，第192页。

设想的所谓介入行为人行为的第二种情形及其所对应的具体事例，合适与否确实值得深入讨论。而问题的根本或许正在于介入因素的"作茧自缚"。

在学者所说的第三种情形及其所对应的具体事例中，借用"另起犯意"便可使得问题得到妥善解答，而无需让"介入因素"介入进来将简单问题复杂化，正如日本学者大塚仁指出的："行为人实施了伤害被害人身体的过失行为之后，又由行为人自己实施想剥夺同一被害人生命的故意行为的情形，其各个行为本来分别是刑法的评价对象，不能把第二个故意行为看成是对基于第一个过失行为的指向结果发生的因果经过的事后介入行为。"[1]

在学者所说的第四种情形中，既然后实施的故意或者过失行为并不对结果起决定作用，即当然应将结果归属于前行为，则无引入"介入因素"的必要。在学者所说的第五种情形中，既然后行为对结果的发生具有决定性作用，且前行为通常不会引起后行为，则将结果归属于后行为便属当然，从而将后行为定性为"介入因素"便同样盲目和没有必要。至于在学者所说的第六种情形中，既然前后两个过失行为的结合导致结果发生，从而应将两个过失行为视为构成要件行为，则更无引入"介入因素"的必要。

由上论述可见，在学者所谓介入行为人行为的场合，"介入因素"不仅没有引入的必要，即其无用武之地，而且"介入因素"的牵强运用也在实质上违背了问题的根本逻辑。具言之，在存在介入因素的场合，我们所讨论和解决的终究是行为人行为的归责问题，即将危害结果归属于行为人行为的问题，亦即行为人的行为与危害结果的因果关系认定问题。显然，在所谓介入行为人行为的场合，行为人的行为无不最终实现了因果性。至于行为人后续的所谓介入行为或是前行为的延伸，或是另起犯意的行为，故最终的危害结果无论是归属于作为整体的行为，还是归属于被另起的犯意所支配的行为，都不存在任何障碍，从而结果归属问题最终都能得到解答，且不用通过"介入因素"这一概念。可见，"介入因素"在所谓介入行为人的行为的场合，至少是多余的。而当"介入因素"这一概念试图解答的是危害结果与行为人的行为之间的因果性问题，则充当介入因素的应落在行为人之外而非行为人自身，否则将遭到"自己介入自己"的逻辑诘问。由于介入因素对应着对行为人行为的规范评价，故所谓介入行为人的行为是违背问题法教义学属性的。同时

---

〔1〕　〔日〕大塚仁：《刑法概说（总论）》，冯军译，中国人民大学出版社2003年版，第197页。

可见，在所谓介入行为人行为的场合，"介入因素"的概念使用也隐蔽地存在着对造成危害结果的行为整体予以分割评价或重复评价的思维错误，亦即丢弃了对个案行为认定的整体性思维[1]，因为在所谓介入行为人行为的场合，所谓行为人的行为介入或是延伸或抬高乃至最终实现危害结果所对应的风险，或是另起犯意而从根本上制造并实现了该风险。

"自己介入自己"的逻辑诘问有着这样的隐含："行为人的行为介入"将使得介入因素概念变成一种违背自身逻辑和没有问题针对性的概念。这可借助对所谓"行为人基于同一故意而实施的第二个行为的介入"的剖析予以说明。有人提出，行为人实施先行行为后，基于同一概括故意又实施了针对同一对象、期望出现同一结果的介入行为，且由介入行为将结果由可能性转化为现实性。虽然在该场合中也涉及因果关系认识错误问题，但也可用介入因素解释该现象。例如：某甲意图杀害某乙，遂用绳子勒被害人某乙的颈部致其窒息。某甲见某乙不再反抗，误以为其已死亡，但又恐其未死亡，遂将某乙抛掷于江水中。法医鉴定：被害人属溺水而死。在该案中，某甲基于杀人的故意实施了第一个行为，虽然实施第二个行为时，其主观上对犯罪对象存在着因果关系认识错误，但由于前后行为出于同一概括故意，该结果的出现不违背行为人先行行为的意志，故应承认先行行为与介入行为共同与危害结果之间具有因果关系[2]。论者所举的事例充分说明：在所谓介入行为人基于同一故意的第二个行为的场合，第二个行为是前行为即第一个行为的有目的延伸，即第二个行为与前行为即第一个行为形成了基于同一故意的行为整体。而当被害人的死亡结果之于行为人的行为整体具有归属性，则所举事例的结果归属即因果关系认定问题，及犯罪的阶段形态问题，便可得到妥善解决。因此，无论被害人的死亡结果是前后哪个行为所造成，讨论死亡结果归属于前后哪个行为，已经毫无意义。而当被害人的死亡结果事实上是由前行为造成，则将第二个行为视为所谓介入因素即介入行为，便更无意义。可见，所谓介入行为人的行为已经使得介入因素概念变成了一种违背自身逻辑的没有问题针对的概念，从而介入因素概念确实需要从类型上予以"提纯"。

综上，包含着自然因素、被害人严重病患或特异体质和行为人的行为的

---

[1] 马荣春："犯罪行为认定的整体性思维"，载《法治社会》2020年第6期，第41~59页。

[2] 李莉辉："试论介入情况下的刑法因果关系"，吉林大学2005年硕士学位论文，第12~13页。

介入因素，将无法形成一个内容完整和逻辑自洽的概念。而经过"提纯"后，介入因素所应包含的类型只能是被害人的行为和第三者的行为。

（二）介入因素的应然类型

（1）介入因素类型应包括被害人的行为，即被害人的行为应成为介入因素的一种类型。学者指出，当被告人实施行为时介入了被害人的行为，导致了结果的发生，则应分不同情形予以妥当处理：①被告人实施的行为导致被害人不得不或几乎必然实施介入行为，或者被害人实施的介入行为具有通常性，即使该介入行为具有高度危险，也应当肯定结果归属。例如，甲点燃乙身穿的衣服，乙跳入水中溺死或心脏麻痹死亡，或甲对乙的住宅放火，乙为了抢救婴儿而进入住宅内被烧死，或甲在楼梯上对乙实施暴力，乙在急速下楼逃跑时摔倒，头部受伤死亡，或甲欲杀乙，在山崖边导致乙重伤昏迷后离去，乙苏醒过来后，刚迈了两步即跌下山崖摔死，均应将乙的死亡结果归属于甲的行为。②被告人实施的行为导致被害人介入异常行为造成了结果，但考虑到被害人的心理恐惧或者精神紧张等情形，其介入行为仍然具有通常性，应当肯定结果归属。例如，数个被告人追杀被害人，被害人无路可逃跳入水库溺死，或不得已逃入高速公路被车撞死，应将死亡结果归属于追杀行为。再如，A 向站在悬崖边的 B 开枪，B 听到枪声后坠崖身亡，或 A 瞄准湖中的小船开枪，船上的 B 为躲避而落水溺死，应将 B 的死亡归属于 A 的行为。③虽然介入了被害人不适当或者异常的行为，但如果该异常行为属于被告人的管辖范围之内的行为，仍将结果归属于被告人的行为。例如，在深水与浅水没有明显区分的游泳池中，教练员没有履行职责，不会游泳的练习者进入深水池溺死，练习者的死亡要归属于教练员的行为。④虽然介入被害人不当行为并造成了结果，但该行为是依照处于优势地位的被告人的指示而实施的，应将结果归属于被告人的行为。例如，非法行医的被告人让身患肺炎的被害人到药店购买感冒药治疗疾病，导致被害人没有得到正常治疗而身亡，应将被害人的死亡结果归属于被告人的非法行医行为。但是，如果被告人并非处于优势地位，被害人自我冒险导致结果发生，则不能将结果归属于被告人。例如，在寒冷的冬天，甲为了取乐将 100 元钱扔入湖中，乙为了得到 100 元钱跳入湖中溺亡，不得将乙的死亡归属于甲的扔钱行为（当然也能否定实行行为）。⑤被告人实施行为后，被害人介入的行为对造成结果仅起轻微作用，应当肯定结果归属。例如：甲伤害乙后，乙在医院治疗期间没有卧床休息，因伤情恶化而身亡，或乙在旅途中被甲打伤，乙为了尽快回到原居住地导致治疗不及时而身亡，应将乙的身亡归属于甲的行为。⑥如果介入了被害人对结果起决定性作用的异常行为，则不能将结果归属于被告人的行为。例如，甲杀乙，乙仅受轻伤，但乙因迷信鬼神而以香灰涂抹伤口，致毒菌侵入体内死亡。再如，加害行为引起被害人自杀身亡，不能将结果归属于加害行为。如甲毁损了乙的容貌后，乙自杀身亡的，不能将死亡结果归属于甲的行为。再如生气的妻子在寒冷的晚上不让丈夫进屋，丈夫原本可以找到安全场所，但为了表示悔意一直站在门外而被冻死。冻死的结果显然不是妻子不让丈夫进屋的危险的现实化（此时并无杀人的实行行为）[1]。如何看待学者对被害人行为介入所作的前述论述呢？

在本著看来，在学者所列举的第一种情形中，所谓"不得不"或"几乎必然"即介入被害人行为的"必然性"，其较之"通常性"更能肯定结果归属，即其更能肯定行为人的行为与危害结果之间的因果性。在学者所列举的第二种情形中，既然肯定被害人的心理恐惧或精神紧张等情形所具有的"通常性"，则不宜再将介入被害人的行为说成是"介入异常行为"，因为"异常性"与"通常性"会使得学者的表述自相矛盾。而实际上，诸如 A 瞄准湖中的小船开枪，船上的 B 为躲避而落水溺死，被害人所作出的是最正常不过的本能反应。在学者所列举的第三种情形中，既然深水与浅水没有明显区分，且教练员没有履行职责，则同样不宜再将练习者误入深水池的行为说成是"介入异常行为"，因为在肯定被害人的行为属于异常行为的同时，又肯定将结果归属于行为人，总有自相矛盾之嫌。在学者所列举的第四种情形中，既然被害人的行为是依照处于优势地位的被告人的指示而实施，诸如非法行医的被告人让身患肺炎的被害人到药店购买感冒药治疗疾病而导致被害人身亡，则对被害人的行为就不宜再予以"不当"乃至所谓"异常"的评价，或曰对被害人的行为再予以是"否妥"当乃至"正常"的评价便毫无意义。当然，在乙为了得到 100 元钱跳入湖中溺亡的例子中，被害人的行为是否"妥当"乃至"正常"的评价是有实际意义的，因为这确实直接关系到结果归属。在学者所列举的第五种情形中，既然被害人介入的行为对造成结果仅起轻微作用，则当然应肯定结果对于伤害行为的归属。在学者所列举的第六种情形中，

---

〔1〕 张明楷：《刑法学》（第 5 版），法律出版社 2016 年版，第 190~191 页。

诸如因迷信鬼神而以香灰涂抹伤口以致毒菌侵入体内造成身亡，便是典型的被害人行为"介入异常"，且其对最终结果确实起了决定性作用，从而当然阻断最终结果之于前行为的归属。至于丈夫为了表示悔意一致站在门外而被冻死，或可视为学者例证不当，因为正如学者所言，此时并无杀人的实行行为，而当没有实行行为，则介入因素的讨论便失去了问题依托。

在学者所列举的能够被概括为被害人行为正常介入的情形之外，另有其他情形，如被害人的生活化行为。例如：妻子为杀害丈夫，准备了有毒咖啡，打算等丈夫回家后给丈夫喝。在丈夫回家前，妻子去超市购物。但在妻子回家之前，丈夫提前回家喝了有毒咖啡而死亡。由于妻子还没有着手实行的意思，只能认定该行为同时触犯了故意杀人预备与过失致人死亡罪，从一重罪处罚[1]。在前例中，妻子不仅仅是"准备"了毒咖啡，且已"放置"了毒咖啡。由于同居一室的紧密生活关系使得妻子的"放置"毒咖啡行为与亲手将毒咖啡递给丈夫的行为，具有同等的法益侵害紧迫性，故妻子的"放置"毒咖啡行为已经是投毒型故意杀人犯罪的实行行为，从而应认定妻子的行为已经成立故意杀人罪既遂。[2]前例所引发的应是结果归属即刑法因果关系认定，从而是介入因素问题。在前例中，学者所谓妻子的行为触犯了故意杀人预备，意即不能将丈夫的死亡结果归属于妻子的杀人行为。但事实是，在杀人的故意支配下，妻子已经实施了杀人的实行行为，且妻子希望或追求的危害结果业已出现或形成，故将妻子的行为认定为故意杀人既遂完全符合故意杀人罪的犯罪构成，亦即将妻子的行为认定为故意杀人既遂所体现的是饱满的刑法规范评价。对于前例，为何会有故意杀人预备与过失致人死亡竞合，从而"择重处罚"的诡异主张呢？根本原因在于到底如何看待作为被害人的丈夫"提前回家"这一行为介入。无需讨论，更无需争论的是，丈夫提前回家是相对于妻子的犯罪计划所形成的说法，但丈夫回家本身是最正常不过的生活化行为了。因此，丈夫"提前回家"根本不会或不应影响丈夫死亡结果之于妻子投毒行为的可归属性即两者之间的因果性。可见，在前例中，学者因也倡导"正常介入"不影响结果归属而不经意间陷入了自相矛盾。在事物的价值判断上，言被害人行为的介入正常，意味着所介入的被害人行为具有

---

〔1〕　张明楷：《刑法学》（第5版），法律出版社2016年版，第277页。
〔2〕　马荣春："犯罪行为认定的整体性思维"，载《法治社会》2020年第6期，第51~52页。

正当合理性。

被害人行为的正常介入不仅不影响诸如故意杀人等故意犯既遂及其加重犯成立或结果犯及其加重犯的成立，而且也影响到罪数认定。例如韦某强奸案：韦某驾驶摩托车外出，当晚在一中学附近看到被害人李某独行，即上前搭讪，后将被害人李某强行带至一桥洞下欲实施强奸，因遭到李某反抗而未果。被害人李某在反抗过程中滑落河中，被告人韦某看到李某在水中挣扎，逃离现场，致李某溺水死亡。该案中韦某是出于强奸的故意，在实施强奸过程中，介入被害人滑落水中的因素，影响了因果流的发展，造成被害人死亡的后果，最终法院以韦某构成强奸罪与故意杀人罪数罪并罚。[1]在前例中，所介入的被害人逃离落水行为是被告人的强奸行为直接导致的正常介入行为，即其身亡结果是被告人的强奸行为直接导致即为强奸行为的直接后果，从而被害人行为具有对加害行为的从属性，故对前例应论以强奸罪的结果加重犯，而非强奸罪与故意杀人罪的数罪并罚。在前例中，虽然故意杀人罪的认定也肯定了被害人死亡的结果归属，但却违背了被害人行为介入系由被告人行为直接造成的事实真相，从而存在分割评价或重复评价之嫌。可见，被害人行为的正常介入不仅不影响某些故意犯既遂及其加重犯的成立，也不影响结果犯及其加重犯的成立，而且能够防止不当的数罪并罚。

由上论述可见，介入被害人的行为可区分为"正常介入"与"非正常介入"：前者肯定结果对被介入行为的归属性，即其肯定被介入行为与结果之间的因果性；后者否定结果对被介入行为的归属性，即其否定被介入行为与结果之间的因果性。易言之，在介入被害人行为的场合，应一致地认为：当个被害人的行为属于"正常介入"，则应肯定结果对于加害人即行为人行为的归属，即应肯定加害人即行为人的行为与结果之间的因果性；当被害人的行为属于"非正常介入"，则应否定结果对于加害人即行为人行为的归属，即应否定加害人即行为人的行为与结果之间的因果性。但不应在强调被害人的行为属于"异常"的同时，仍肯定结果对于加害人即行为人行为的归属，即仍肯定加害人即行为人的行为与结果之间的因果性，因为这将造成自相矛盾。由此要强调的是，所谓被害人行为的正常介入，意味着被害人的行为介入具有

---

〔1〕 商凤廷："介入因素下客观归责理论之借鉴"，载《中国刑事法杂志》2015年第6期，第25~27页。

事物规律的必然性和事物价值的正当合理性。而这可视为被害人行为介入正常性的判断标准，且具有事物规律的必然性和事物价值的正当合理性分别对应着判断标准的事实层面和价值层面。

（2）介入因素类型应包括第三者的行为，即第三者的行为应成为介入因素的一种类型。学者指出，在结果的发生介入了第三者行为的案件中，也要区别不同情形解答结果归属问题：①与前行为无关的介入行为导致结果发生，不得将结果归属于前行为。在因果关系断绝的场合，虽然甲投放毒药的行为具有导致死亡结果的高度危险，但事实上是乙的开枪行为导致了丙的死亡，故只能将丙的死亡归属于乙的行为。②当被告人的伤害行为导致被害人死亡的高度危险，介入医生或他人的过失行为而未能挽救伤者生命，依然应将死亡结果归属于伤害行为。但如果被告人的伤害行为并不具有致人死亡的高度危险，医生或他人的严重过失导致被害人死亡，不得将死亡结果归属于伤害行为。③被告人实施危险行为后，通常乃至必然会介入第三者的行为导致结果发生，应肯定结果归属。例如，被告人突然将被害人推倒在高速公路上，或者在道路上将被害人推下车，导致被害人被随后的其他车辆轧死，应将被害人的死亡结果归属于被告人的行为。再如，甲将爆炸物扔到乙的身边，乙立即踢开爆炸物，导致附近的丙被炸死，应将丙的死亡结果归属于甲的行为。④被告人实施危险行为后，介入了有义务防止危险现实化的第三者的行为，如果第三者能够防止但没有防止危险，不能将结果归属于被告人的行为。例如，甲伤害乙后，警察赶到了现场。警察在将乙送往医院的途中车辆出故障，导致乙失血过多死亡，不得将乙的死亡结果归属于甲的行为。⑤被告人的前行为与第三者的介入行为均对结果的发生起决定作用，应将结果归属于二者。例如，甲与乙分别向丙开枪，都没有击中要害部位，但由于两个伤口同时出血，导致丙失血过多死亡。对此，应将死亡结果同时归属于甲乙的行为。再如，甲刺杀了儿童丙后逃离，丙的母亲乙发现后能够救助而不救助，导致丙因失血过多死亡，应将丙的死亡结果同时归属于甲的作为与乙的不作为〔1〕。如何看待学者的前述论述呢？

在学者所说的第一种情形中，既然所介入的第三者的枪杀行为独立于被介入的行为即投毒行为，且直接造成了结果，则该结果当然不具有对被介入

---

〔1〕　张明楷：《刑法学》（第 5 版），法律出版社 2016 年版，第 191~192 页。

行为即前行为的归属性。在学者所说的第一种情形中，第三者行为的介入具有替代性介入的性能，故其能够阻断结果对于被介入行为的归属性。

在学者所说的第二种情形中，既然被告人的伤害行为导致了被害人死亡的高度危险，则体现为医生或他人过失的第三者行为便不具有替代性介入的性能，故被害人死亡结果应归属于先前的伤害行为。而之所以不得将死亡结果归属于并不具有致人死亡高度危险的伤害行为，乃因为体现为医生或他人严重过失的第三者行为具有替代性介入的性能，从而死亡结果应归属于具有致人死亡高度危险的第三者行为。在学者所说的第三种情形中，所谓"通常"乃至"必然会"介入第三者的行为导致结果发生，当然意味着第三者的行为属于"介入正常"或"正常介入"，故当然可将结果归属于前行为。于是，在第三种情形之中，被害人的死亡对于随后车辆的司机而言便属于意外事件，或对于将爆炸物踢开者而言便属于紧急避险。

在学者所说的第四种情形中，学者所举的例子有失妥当，因为车辆出故障是类似于自然因素的正常现象，其不能作为第三者行为介入的适例。易言之，对于学者所举的例子，与其说是介入了第三者的行为，毋宁是介入了车辆故障这一自然因素，但自然因素本不应被列为介入因素的类型之中。在学者所举的例子中，如果不将死亡结果归属于甲的行为，则意味着死亡结果另有归属，甚至可以归属于警察的行为，但警察毫无过错或过失。虽然警察的行为属于无过失行为而不可能对死亡结果承担刑事责任，但"另有归属"却使得甲逃避了相应的刑事责任。由此，不将死亡结果归属于甲的行为，在正义观念面前是说不过去的。倘若出现交通堵塞，不将死亡结果归属于甲的行为，则不仅是在正义观念面前说不过去，也多少显得荒唐。这里，交通堵塞也是类似于自然因素的正常现象，故同样不牵涉介入因素的问题。在学者所说的第四种情形中，必须是警察有罪过包括过失的行为，才可作为适例，而不应用车辆故障来代替警察的罪过行为。

在学者所说的第五种情形中，甲乙的行为形成了一种"原因合力"，故结果可归属于作为"原因合力"中每一股的各个行为。在第五种情形中，我们也可这样来形象地理解问题：甲、乙的行为形成了相互性介入，即甲行为介入到乙行为的因果流程中，而乙行为也介入到甲行为的因果流程中，从而"相互成就"，即在一种"互帮互助"或"同流合污"中"成就"最终结果对各自行为的归属性即因果性。

在前文论述的基础上，我们可对第三者行为的介入作出如下概括：第三者行为的介入可分为正当性介入和非正当性介入，而后者又可分为替代性介入和非替代性介入。当第三者行为属于正当性介入，则其毫不影响结果对于被介入行为的归属性，正如前文第三种情形中，之所以应将死亡结果归属于先前的加害行为即将被害人推下车的行为或扔爆炸物的行为，就因为第三者行为的介入即正常驾驶行为或紧急避险行为具有正当性。第三者行为介入属于正当性介入而毫不影响结果归属的例子，又如一女青年夜晚行走，突遇一名持刀歹徒行凶。女青年奋力挣扎，然后拼命向一村庄逃跑，犯罪分子在后面追赶。女青年见到一家农户大门未关，便推门而入，不料门后有一老人，被突然打开的门撞倒而亡。虽然看上去老人的死亡是由于女青年故意推门撞倒所致，但推门入内完全是紧急情况下的避险举动，行为人对这种行为没有选择性，完全是由于犯罪行为自然引起，是为其所支配的被动性行为，故死亡结果的真正原因力仍然在于犯罪分子穷追不舍的犯罪行为。这种"中介"行为所起的作用事实上是将原行为的原因力向前延伸，使其持续引起其他结果的产生，故当然不能中断前行为与后结果之间的事实因果关系，而这种事实因果关系肯定是刑法因果关系[1]。在前例中，另一被害人的身亡结果仍可归属于歹徒，因为造成这一结果的直接行为属于正当介入，且其已构成了前行为的有机构成部分或自然延伸。因此，在前例中，认定歹徒的行为构成故意杀人既遂并无疑问。而当歹徒的犯罪目的在于财物或性欲满足，则认定其行为构成抢劫罪或强奸罪的加重犯，也并无疑问，尽管被害法益形成了主体分离。

当第三者行为介入属于非正当性介入中的替代性介入，则其阻断结果对于被介入行为即先前危害行为的归属性，前文第一种情形中甲投放毒药后而乙则开枪把丙打死和第二种情形中医生或他人的严重过失导致被害人死亡，便是例证。而当第三者行为介入属于非正当性介入中的非替代性介入，则其不阻断结果对于被介入行为即先前危害行为的归属性，前述第二种情形中先前的加害行为导致被害人死亡的高度危险而医生或他人只具有轻微过失，第五种情形中甲乙分别向丙开枪和甲刺杀婴儿后母亲视而不见，便是例证。

属于非正当性介入中的非替代性介入，还可联系重叠的因果关系予以进一

---

[1] 张绍谦："论刑法因果关系的介入和中断"，载《郑州大学学报（哲学社会科学版）》1999年第5期，第68页。

步的讨论。所谓重叠的因果关系，是指单独不能导致结果发生（具有导致结果发生的危险）的两个以上相互独立的行为，合并在一起造成了危害结果[1]。可见，重叠的因果关系也可理解为累积的因果关系。例如：某甲意图毒害某丙，即在被害人杯中放了毒药。但因对此毒药缺乏了解，导致放入杯中的剂量不足以致人死亡。恰逢此时，乙也想毒杀丙，也往杯中投入不足以致死的同样剂量的同种毒药。由于两人所投毒药相加的总量达到了致死剂量，终于致丙死亡。此案中，在甲的行为与丙的死亡之间介入了乙的行为，但实质上甲的行为本身单独不具有造成丙死亡的原因力，纯粹是由于乙在甲的行为的基础上又实施的独立的追加行为，造成了丙死亡，而这一行为与甲没有任何关系，故可以认为甲的行为与丙的死亡根本就不存在事实上的因果关系，当然也就不存在中断问题，应由乙独立对丙死亡承担既遂责任，而甲只承担杀人未遂的责任[2]。对于学者在前例中所表达的看法或主张，我们能够产生的疑问是：既然第三者的行为与原行为形成了"原因合力"以至于造成结果，且第三者的行为与原行为都单独不足以造成结果，则何以认定原行为只成立故意杀人的未遂而介入行为即第三者的行为能够成立故意杀人的既遂？难道仅仅是第三者的行为靠近死亡结果而符合"近因说"？既然学者采用"原因合力"一说，则何以断言第三者的行为即介入行为与前行为即被介入行为"没有任何关系"？如果我们摆脱机械的时空先后观念而将乙的行为视为被甲的行为所介入，则无论乙是否明知其投毒量是否足以致死被害人，难道不可以有相反的结论，即乙仅成立故意杀人的未遂而甲却成立故意杀人的既遂吗？如此分析，则是否最终造成无人对被害人身亡负责的局面？在前例中，当甲出于杀人故意实施了投毒杀人的行为，且其追求或希望的危害结果业已出现，则将其行为在刑法规范上评价为故意杀人既遂是没有问题的。这就意味着被害人的死亡结果可归属于甲的行为，而所介入的乙的行为之所以不影响该结果的归属，乃因为乙的介入行为构成了甲的行为与被害人死亡结果成就因果性，从而在规范上成就既遂犯所假借的"外在条件"。同样道理，当乙出于杀人的故意实施了投毒杀人的行为，且其追求或希望的危害结果业已出现，则

---

　　[1]　张明楷：《刑法学》（第5版），法律出版社2016年版，第187页。
　　[2]　张绍谦："论刑法因果关系的介入和中断"，载《郑州大学学报（哲学社会科学版）》1999年第5期，第70页。

将其行为在刑法规范上评价为故意杀人既遂也无问题。这就意味着被害人的死亡结果也可归属于乙的行为，而所介入的甲的行为之所以不影响该结果的归属，乃因为甲的介入行为同样构成了乙的行为与被害人死亡结果成就因果性，从而在规范上成就既遂犯所假借的"外在条件"。可见，"相互介入"形成正面介入的局面，有时就是结果归属重叠即因果关系认定重叠的局面。

实际上，第三者的行为介入所形成的结果归属重叠即因果关系认定重叠的局面，可借助片面共犯即片面共同实行犯予以进一步说明。具言之，前例中的甲乙二人可视为片面共犯即片面共同实行犯，而片面共犯即片面共同实行犯意味着同一结果可对各共犯人的行为予以结果归属，即可认定同一结果与各共犯人的行为之间都存在因果性。这就进一步说明：性质相同的第三者行为与前行为即被介入行为在"原因合力"中造成危害结果后，则危害结果可同时归属于第三者行为即介入行为和前行为即被介入行为。而在"原因合力"中，每一个性质相同的"因子"对结果因"缺一不可"而都具有决定作用。这就意味着就先后投毒杀人事例而言，介入者哪怕在 100 克致死量中只投入 1 克，死亡结果照样可对其投毒行为予以归属，即照样可认定其仅仅 1 克的投毒行为与死亡结果之间形成了因果性。当然，哪怕被介入者在致死量中只投入很少一部分，死亡结果同样可对其投毒行为予以归属，即同样可以认定其少量的投毒行为与危害结果之间的因果性，而这是由共同实行犯的性质所决定的。由此，所谓"决定性作用"是相对而非绝对的。至于介入因素在"原因合力"中的比例大小，所对应的应是量刑情节问题。可见，在前例中，只有承认介入因素并将之与因果关系理论恰当结合，才能将类似于前例中的危害行为与危害结果的关系视为重叠的因果关系，从而客观、公允地解答各行为人故意犯既遂的客观基础即结果归属或因果关系认定问题。

需要说明的是，在竞合的因果关系场合，不发生介入因素问题的讨论，或没有必要形成介入因素的话题，因为竞合的因果关系即因果关系"择一竞合"的情形，是指在行为人没有意思联络的情况下，两个以上原本都能导致结果发生的行为竞合在一起，导致了结果的发生。例如：A 向 C 的咖啡杯里投入致死量的毒药。其后，B 也投入了致死量的毒药。结果，C 喝了咖啡而中毒身亡[1]。可见，在竞合的因果关系场合，结果归属并行不悖，清晰明了。

---

〔1〕　［日］西田典之：《日本刑法总论》，王昭武、刘明祥译，法律出版社 2013 年版，第 80 页。

（三）介入因素问题的实践应对

介入因素问题实即结果归属问题，而结果归属问题实即刑法因果关系即犯罪行为因果性认定问题，故介入因素问题须予妥当实践应对。

（1）介入因素问题应奉行"一定条件下的因果法则"即"孤立简化法则"，以防止刑法因果关系认定发生偏差。

前文论述集中说明：无论是在介入被害人行为的场合，还是在介入第三者行为的场合，当结果归属于被介入行为不受影响，则介入者便构成了被介入者成就其与结果之间因果性的一种"外在条件"或"假借"，即被介入者正是凭借介入者这一"外在条件"而导致了最终的结果。显然，这里的"外在条件"或"假借"截然不同于作为刑法因果关系理论的"条件说"中的"条件"。具言之，"条件说"是通过"没有相应行为的话，恐怕就不会发生结果"这一公式来判断刑法因果关系的一种理论学说，其所指的因果关系原本是一种纯粹的事实关系[1]。于是，在"条件说"之下，"条件"即"原因"，或"条件关系"即"因果关系"，故"条件说"又被称为"等价说"或"同等说"[2]。但在存在介入因素即介入行为的场合，将介入者视为被介入者的"外在条件"正是试图通过区分"条件"与"原因"来把握适格的原因或因果性，以最终妥当解决结果归属即因果关系认定问题。前述认识可得到哲学普遍联系原理和因果关系"孤立简化法则"的有力说明[3]。于是，对于行为人实施加害行为后，被害人当场未死亡，但在医院救治过程中发生了细菌感染、误诊、医疗事故等情况，行为人是负既遂还是未遂责任这一疑问，[4]如果采用因果关系的"孤立简化法则"即"一定条件下的因果关系观"，则将细菌感染、误诊、医疗事故等情况视为"外在条件"，则作出被害人死亡结果之于行为人行为的归属即肯定两者之间的因果关系，便无观念上的障碍。

有人指出，我国在刑法因果关系理论研究初期深受苏联刑法因果关系理论的影响，且以哲学上的因果关系理论为基础，故一直围绕着"必然因果关系"与"必然、偶然因果关系"展开争论。而在只承认必然因果关系理论看

---

〔1〕［日］山口厚：《刑法总论》，付立庆译，中国人民大学出版社 2011 年版，第 51 页。

〔2〕张明楷编：《外国刑法纲要》，清华大学出版社 1999 年版，第 118 页。

〔3〕马荣春："再论刑法因果关系"，载《当代法学》2010 年第 3 期，第 42~46 页。

〔4〕商凤廷："介入因素下客观归责理论之借鉴"，载《中国刑事法杂志》2015 年第 6 期，第 26 页。

来，在有介入因素的场合中，若先行行为不是必然地引起结果，则不能肯定先行行为与结果之间的联系是刑法因果关系[1]。刑法因果关系理论不仅存在着"必然因果关系"抑或"必然、偶然因果关系"的争论，而且存在着"直接因果关系"抑或"直接、间接因果关系"的争论。在本著看来，若在必然因果关系的场合再提介入因素，则介入因素便被摆放到了必然因果关系得以形成的"外在条件"的位置上。至于在承认偶然因果关系的场合中将先行行为与结果之间的关系表述为"包含着发生危害结果的偶然性的行为，在一定条件下促使另一行为或自然力发挥作用，使得偶然性变为现实性，从而间接引起危害结果的一种内在的、合乎规律的联系"，[2]由于偶然性背后隐藏着必然性，而另一行为或自然力实质上正是偶然性变成必然性的"外在条件"或"假借"，故刑法因果关系终究是必然的因果关系。但由于因果关系是事物联系和发展的偶然性与必然性的最终实现或现实化，故刑法因果关系不宜通过"直接"或"间接""必然"或"偶然"再予以修饰。实际上，当出现介入因素，只能意味着被介入的行为与介入因素和危害结果之间形成了"多重联系"或"多方面联系"，而被介入行为与危害结果之间的联系并非所谓"间接联系"或"偶然联系"。实际上，当肯定先行行为对危害结果仍起着支配作用，则所谓"在介入因素的参与、影响下"只能被视为先行行为即被介入行为与危害结果之间的因果性得以形成的"外在条件"，从而先行行为即被介入行为与危害结果之间的因果联系实质上仍然是直接的因果联系或无需强调"直接"或"偶然"的因果联系。这就直接意味着结果归属也是直接的结果归属或无需强调"直接"或"偶然"的结果归属。

进一步地，所谓刑法间接因果关系或刑法偶然因果关系是这样构成的：当出现了介入因素且插入被介入者与（最终）结果之间，则由于被介入者与（最终）结果之间的时空距离被拉大，故被介入者与（最终）结果之间的因果关系即因果性便是所谓"间接"的，从而有了所谓刑法直接因果关系与刑法间接因果关系的对应。又当如果没有介入因素的出现，则结果不一定形成或出现，故被介入者与结果之间的因果关系即因果性便是所谓"偶然"的，从而有了所谓刑法必然因果关系与刑法偶然因果关系的对应。无形之中，刑

---

[1]　李莉辉："试论介入情况下的刑法因果关系"，吉林大学2005年硕士学位论文，第21页。

[2]　侯国云：《刑法因果新论》，广西人民出版社2000年版，第208页。

法间接因果关系或刑法偶然因果关系论者便将存在介入因素的场景"虚构"成"两个（多个）行为阶段"和"两个（多个）因果关系链"。显然，当我们对介入因素所牵涉的因果关系即结果归属问题进行前述分类性的把握并遵守"凡因果关系都是一定条件下的因果关系"这一因果关系的哲学法则，则所谓刑法间接因果关系及其与所谓刑法直接因果关系的对应、所谓刑法偶然因果关系及其与所谓刑法必然因果关系的对应，便成为"不经之论"。既然作为结果犯及其加重犯和特定故意犯既遂及其加重犯客观基础的危害行为与危害结果之间的因果关系即危害结果之于危害行为的归属性，本身就是直接的和必然的，则用所谓刑法间接因果关系或所谓刑法偶然因果关系来解说结果犯及其加重犯和特定故意犯既遂及其加重犯的结果归属即因果关系认定问题，便至少与刑法的谦抑性"精神不和"。而没有"凡因果关系都是一定条件下的因果关系"这一哲学因果观念的"介入论"，便陷入了"多个因果论"，同时也陷入了因果关系论中的"条件说"。最终，这样的"介入论"便陷入了连自然因素乃至被害人的健康状况都要去抓扯一把的"混杂论"。

接下来，大凡介入因素可分为两大类：一是与被介入者有直接关联性的介入因素即从属性介入因素，如行为人实施纵火行为，被害人从屋子逃出后又返回冲进屋子"救人"，或如行为人强奸被害人，被害人为了逃避而跌入河中淹死。与被介入者有直接关联性的介入因素，对应着被害人行为的介入。二是与被介入者没有直接关联性的介入因素即非从属性介入因素，如被害人受伤后入院救治，但医生的医疗过失行为导致被害人最终身亡，或如行为人刺杀婴儿，母亲见状后视而不见，导致婴儿失血过多身亡。与被介入者没有直接关联性的介入因素，对应着第三者行为的介入。而凡是介入因素不影响结果之于被介入者归属即被介入者与结果之间因果关系认定的场合，之所以结果归属或因果关系认定不受影响，乃因为：如果是属于有直接关联性的介入，则介入因素的出现和（最终）结果原本在整体上就可视为被介入者所造成的结果，即可将二者"打包"为被介入者的"总结果"。如在被害人返身进屋"救人"的例子中，被害人返身进屋的冒险行为及其被烧死的结果可以整体上或"打包"视为发生在前的纵火行为的一种"总结果"；又如在监督过失的场合，被监督者的过失及其直接造成的结果可被"整体"地视为监督者过失的"总结果"。这里，"打包"不过是对"总结果"的形象说法而已。此时，毫无必要使用所谓刑法间接因果关系或刑法偶然因果关系概念来解答问题，因为此时的因果关系即结果归属本身就是直接的和必然的。如果是属于非直接关联性的介入，则介入因素便可视为加速或巩固被介入者与其原本能够引起或"质变"出的结果得以形成因果关系即因果性的"外在条件"。此时，仍无必要使用所谓刑法间接因果关系或刑法偶然因果关系概念来解答问题。而这恰好能够得到"凡因果关系都是一定条件下的因果关系"这一哲学常识的说明。实际上，"一定条件下的因果论"即区分"条件"和"原因"的相当因果关系论，而相当因果关系论能够使得介入因素得到合理的限缩和把持，从而摒弃所谓刑法间接因果关系和刑法偶然因果关系的"混淆视听"，最终能够客观、公允地解答结果归属即刑法因果关系的认定问题。"一定条件下的因果法则"，便是介入因素问题应该奉行或坚守的因果法则。

（2）介入因素问题应警惕两个因果论，以防止对刑法因果关系认定发生偏差。

在介入因素问题的讨论中，我们首先要警惕的是作为一种刑法因果关系理论的所谓"近因说"。实际上，无论是在与被介入者有直接关联性的因素介入场合，还是在与被介入者无直接关联性的因素介入场合，之所以结果归属即被介入行为与（最终）结果之间的因果关系即因果性未被阻断，根本原因在于：被介入行为即便遇到了介入因素，其仍然潜行在介入因素的背后而一直作用到（最终）结果的出现或形成，且其发挥着一种"幕后决定力"的作用。当然，被介入行为与介入因素即介入行为可形成"共同决定力"，因为二者可以形成共同实行行为。但由于介入因素往往接近结果，这里便引发了对"近因说"的警惕。按照"近因说"，与结果发生相接近的因素才能承担刑事责任[1]。这就意味着结果只能归属于所谓"近因"，但"近因"的认定却没有明确的标准或规则，且易受法律政策等因素的左右[2]。这又意味着按照"近因说"所进行的结果归属即因果关系认定难免具有"政策任性"。实际上，通过"近因说"来解答介入因素所引起的结果归属即因果关系认定问题，其所采用的是一种时空距离标准，而这一标准往往会遮蔽事物联系的因果真相。

〔1〕 张明楷：《刑法学》（第5版），法律出版社2016年版，第178页。

〔2〕 ［美］H. L. A. 哈特、托尼·奥诺尔：《法律中的因果关系》，张绍谦、孙战国译，中国政法大学出版社2005年版，第84页。

"近因说"所存在的问题可借助监督过失的话题予以说明。有人指出，在监督过失中，由于介入了被监督者的行为，使得因果关系的判断变得更为复杂[1]。具言之，就监督过失而言，由于监督过失行为与危害结果之间有被监督者的行为介入，监督过失行为与危害结果之间表现为一种间接关系，即间接因果关系[2]。于是，监督人不是直接对被监督人的过失行为所引起的危害后果承担刑责，而是对自己的监督过失引发的直接后果即被监督人的过失行为承担刑责[3]。对被监督人的过失行为所引起的危害后果不直接承担刑责，而是对被监督人的过失行为本身承担刑责，这意味着被监督人的过失行为所引起危害后果即最终的危害结果难以归属于监督者的过失行为即其监督过失。在监督过失场合，我们也可以说监督者的过失引起或促成了被监督者的过失，从而引起了最终的危害结果，但实际上，被监督者的过失形成之时并非监督者的过失消除之日，而是监督者的过失一直伴行着被监督者的过失直至（最终）结果的出现或形成。试想，在（最终）结果的出现或形成之前，监督者能够克服自身的过失而令被监督者的过失得以被消灭于萌芽状态或被中途消除，则还能出现或形成（最终）结果吗？显然，在监督过失场合，被监督者的过失行为虽然可视为介入行为，且其呈现出"近因"的面貌，但其所造成的危害结果仍具有对监督过失行为的归属性，因为如果否定这一归属性，则监督过失理论将变得空洞而无实际意义。之所以如此，又是因为监督过失也是被作为过失犯来讨论的，而过失犯本身就是以法定结果的出现或形成为根本构成要件。于是，"凡因果关系都是一定条件下的因果关系"这一因果法则，还能够避免泛化或混杂的介入论假借"近因说"来论述存在介入因素场合的结果归属即因果关系认定问题。按照"近因说"，距离结果较近或最近的因素往往就是决定性因素，从而"近因"与结果之间就是直接和必然的刑法因果关系。而在存在介入因素的场合，当介入因素介入得越晚即其越接近结果，则其便越有直接原因和必然原因的迹象，从而被介入者与结果之间便越有所谓刑法间接因果关系和刑法偶然因果关系的迹象，但当介入因素本

〔1〕 童德华、马嘉阳："刑法中监督过失的适用条件及归属限制"，载《社会科学动态》2020年第6期，第18页。

〔2〕 易益典："论监督过失理论的刑法适用"，载《华东政法大学学报》2010年第1期，第78~79页。

〔3〕 彭凤莲："监督过失责任论"，载《法学家》2004年第6期，第62页。

身至少应相对地视为外在条件时，则结果的真正因子却在距离结果稍远或较远的被介入者那里，即被介入行为与结果之间的因果性所显现的是一种"远程性"，亦即结果之于被介入行为的归属性便显现出一种"远程性"。可见，"凡因果关系都是一定条件下的因果关系"这一因果法则，也能够克服或弥补"近因说"的不足，从而使得刑法因果关系认定即结果归属得到更加稳妥的把握。

在讨论介入因素问题的过程中，"概率论"是另一个应予警惕的因果论调。例如，介入因素发生的概率高低和是否异常，是一个重要的判断标准。概率由高至低其数值存在由 1~0 的区间。概率为 0 的，是完全的不可能；概率为 1 的，就是不可避免；在这中间就有 0.1~0.9 的程度之分，不同的数值就决定着可能性的程度。这就是日常生活中常说的极不可能、很不可能、不可能、有可能、很有可能、极有可能等现象。概率能够影响人们对于因果联系的认识，并且影响人们的主观罪过形式，从而间接地对刑事责任产生影响。介入因素出现的概率低，超出社会观念的范围，则属于异常；若其出现的概率高，在社会观念的范围之内，则属于非异常。介入因素属于异常，则使得先行为造成结果的发展链条被打断。反之，介入因素属于非异常，介入因素不打断先行为与危害结果之间的发展链条。如病人注射青霉素过敏不属于异常现象，但护士在操作时未按规定给病人做试敏，则属于异常现象。因此，如果护士不按规定而疏忽了给伤者做试敏以致于造成伤者死亡，则加害行为与伤者死亡便难以形成因果关系链[1]。首先，论者所说的介入因素发生的概率高低与是否异常，实际上是一回事。所谓概率能够影响人们对于因果关系联系的认识且影响人们的主观罪过形式，从而间接地对刑事责任产生影响，似有道理，但是事物在0~1或1~0之间的概率判断是极具模糊性的，因为正如从极不可能、很不可能、不可能到有可能、很有可能、极有可能所模糊过度的那样。不同于劝说被害人乘坐飞机偶遇空难或劝说被害人野外散步偶遇雷击不可能构成故意杀人罪，在前例中，如果怀有杀人故意的行为人确实是想侥幸假借护士的过失而先致被害人伤害，后果真的由于护士的过失而出现了行为人所希望的被害人死亡结果，则难得不可以认定行为人的行为构成故意杀人既遂，而护士仅构成医疗事故罪吗？在前述假设中，护士的医疗过失

---

〔1〕　李莉辉："试论介入情况下的刑法因果关系"，吉林大学 2005 年硕士学位论文，第31~32页。

行为构成了行为人的行为成就故意杀人罪既遂的一种"凭借"。可见，这里所说的概率问题仍然是将介入因素对被介入因果过程的影响判断交于一种模糊不定的主观标准，即行为人或事后评判者依据概率预见不到的，即属于异常介入，从而影响结果归属即因果关系认定；而若行为人或事后评判者依据概率能够预见到的，即属于正常介入，从而不影响结果归属即因果关系认定。

显然，在"概率论"的认知中，介入因素的概率直接决定必然性或偶然性的大小：概率越高，则介入因素的必然性便越大，而偶然性便越小；概率越低，则介入因素的必然性便越小，而偶然性便越大。于是，这里的偶然性可以达到阻断结果之于被介入行为的归属。但是，在出于伤害的故意而致伤被害人的场合，会有各种或多种可能性而将伤害的结果引向更加严重的状态即终身残疾甚或死亡。因此，这种可能演化而来的更加严重的结果对于行为人来说至少是出于"应该预见"的认知状态。实际上，"概率论"至少有一半的机会就是"偶然论"，而"概率论"和"偶然论"在相当程度上就是一种"主观论"，正如行为人将被害人打伤，被害人在送往医院时被车撞死这一事后存在的偶然因素，甲的行为与乙死亡结果之间没有因果关系[1]。在哲学上，偶然的背后隐藏着必然，而诸如火灾之类的所谓偶然现象或偶然事件也常常令人始料未及，如墙倒屋塌、地陷路断、断电停气等。易言之，除了死于送医途中的车祸，被害人也可死于医院的墙倒屋塌，医院火灾，或死于正在手术时的突然断电等。于是，当各种偶然现象或偶然事件常常令人始料未及，则将行为人已经造成的危害引向最终结果的因素就不能再强调偶然性了。又当先前的行为是造成最终结果的"内因"，而所谓偶然现象或偶然事件，与其说是"外因"，毋宁是"条件"，则以事后的偶然现象或偶然事件来阻断最终结果对先前行为的归属即先前行为与最终结果之间的因果性，便是不符合事物情理的。

实际上，在以事后的偶然现象或偶然事件来阻断最终结果对先前行为的归属即先前行为与最终结果之间因果性的背后，所隐藏的是一种主观标准。具言之，所谓偶然现象或偶然事件既是行为人没有预见，更免谈明知，也是包括司法者在内的事后评判者既未预见，更免谈明知的。这样一来，事后的介入因素能否或应否阻断结果之于前行为的归属即二者之间的因果性，便取

---

[1]　赵秉志主编：《中国刑法案例与学理研究·总则篇（上）》，法律出版社 2001 年版，第 353 页。

决于对事后介入因素的偶然性认知。于是，当这种主观标准极具个性化与随意性，从而极具非确定性，则结果归属即因果关系认定便极具个性化与随意性，从而极具非确定性。最终，其所带来的个案结论包括罪与非罪、基本犯还是加重犯，抑或故意犯的既、未遂，便形成了正当性和公平性问题。除了容易陷入"主观论""概率论"，还容易陷入"现象论"，但对是否"异常"或"正常"的评判恰恰不能停留在事物的现象层面，此如日本学者指出："即便介入情况非常罕见，但如果该介入情况为行为所'支配''诱发'，介入情况的异常性也便得以缓和，而转化为通常性。"[1]前述论断，可得到如下判例的印证，即 X 驾车过失撞飞路人 A，将 A 撞到自己的汽车车顶，而 X 在并不知情的情况下继续行驶。坐在副驾驶位置的 Y 觉察后将 A 拽倒于路上，最终造成 A 死亡。日本最高裁判所的二审判决认为，由 X 驾车碰撞所引起的上述冲击，会招致 A 死亡，这在经验法则上当然可以预想到，进而判定 X 的行为与 A 的死亡之间具有相当因果关系[2]。可见，在评判介入因素的情态时，我们不能用是否"罕见"来代替或等同于是否"异常"。可见，在存在介入因素的场合，"概率论"对结果归属的解答不仅是乏力的，而且还可能添乱。

　　介入因素问题中的两个因果论警惕，是对其应然因果法则立场的延伸，二者构成对介入因素问题因果论立场的共同说明。在此要指出的是，无论是所谓刑法必然因果关系与刑法偶然因果关系的对应，还是所谓刑法直接因果关系与刑法间接因果关系的对应，抑或关于刑法因果关系的"概率论"，都在说明：虽然哲学是世界观与方法论，但中国刑法学理论界一直借口刑法因果关系问题的特殊性而对因果论的基本哲学常识视而不见或不屑一顾，而此视而不见或不屑一顾乃至"学科傲慢"已经显示出对中国刑法学发展——特别是对中国刑法学的哲学思辨性提升——方法论层面的危害。须知，逻辑性包括哲学逻辑性是社会科学最基本和最重要的学术属性。

　　将自然因素、被害人严重病患或特异体质和行为人的行为排斥出去，只保留被害人的行为和第三者的行为，才符合介入因素的问题逻辑。在介入被害人行为的场合，解答结果归属的标准是"介入正当性"，即被害人行为的正

---

〔1〕［日］西田典之：《日本刑法总论》，王昭武、刘明祥译，法律出版社 2013 年版，第 89~90 页。

〔2〕［日］松原芳博：《刑法总论重要问题》，王昭武译，中国政法大学出版社 2014 年版，第 61 页。

常介入不阻断结果对于被介入行为的归属；在介入第三者行为的场合，解答结果归属的标准是"介入正当性"。而当第三者行为介入属于非正当性介入，其又分为替代性介入和非替代性介入：前者阻断结果之于被介入行为的归属性，后者不阻断此归属性，即非替代性介入不影响结果对于被介入行为的归属，且可通过重叠的因果关系和片面共同实行犯得到进一步的说明。"介入正常性"和"介入正当性"，都是对介入因素的价值判断。奉行"一定条件下的因果法则"能够摒弃所谓刑法间接因果关系和刑法偶然因果关系的理论困扰，从而有助于解决介入因素所引起的结果归属即因果关系认定问题，且能够同时警惕"近因说"和"概率论"的理论纷扰。但是，解决介入因素场合中的结果归属即刑法因果关系认定问题，只意味着解决了特定故意犯既遂及其加重犯成立和结果犯及其加重犯成立的客观基础问题，因为"以'行为之危险的现实化'来理解因果关系的时候，必须考虑行为人对介入因素的预测可能性"[1]。当行为人对介入因素是明知的，则将形成故意罪过；当行为人对介入因素具有预测可能性，则将形成过失罪过。而如果行为人根本不存在预测可能性，则其行为将成立意外事件。

四、犯罪行为因果性的两个时空类型

犯罪行为因果性的两个时空类型即刑法因果关系的两个时空类型，包括提前的刑法因果关系和延后的刑法因果关系。

（一）提前的刑法因果关系

有学者在讨论刑法中的因果关系错误时指出，"结果的提前发生"是指提前实现了行为人所预想的结果。例如，甲准备在乙吃安眠药熟睡后将其绞死，但乙由于吃安眠药过量而死亡。要认定这种行为是否成立故意犯罪既遂，关键在于行为人在实施第一行为时是否已经着手实行。对于上例，可以认定行为人已经着手实行犯罪，故应认定为故意杀人既遂。又如，妻子为杀害丈夫准备了有毒咖啡，打算等丈夫回家后给丈夫喝。在丈夫回家前，妻子去超市购物。但在妻子回家前，丈夫提前回家喝了有毒咖啡而死亡。由于妻子还没有着手实行杀人行为，只能认定为故意杀人预备与过失致人死亡的想象竞合犯[2]。学

---

[1] ［日］山口厚：《从新判例看刑法》，付立庆、刘隽译，中国人民大学出版社 2009 年版，第 10 页。

[2] 张明楷：《刑法学》（第 3 版），法律出版社 2007 年版，第 228~229 页。

者的论断当然有自己的道理，但其结论是否最终妥当，要考虑两个方面：一是其结论是否与案件事实本身相符合。妻子杀害丈夫原本就是追求丈夫死亡的结果，"过失致人死亡"能符合妻子在本案中的罪过心理事实吗？二是其结论是否符合罪责刑相适应原则。而对前述两个方面的考虑，便牵涉刑法理论中较为复杂的因果关系问题。在此，本著提出提前的因果关系这一新概念，并将之作为对学者所讨论问题的一种分析或解答工具。在刑法理论中，因果关系问题已经形成了诸多概念，包括简单因果关系与复杂因果关系、必然因果关系（直接因果关系）与偶然因果关系（间接因果关系）[1]，还有假定的因果关系、二重的因果关系和重叠的因果关系[2]。当然，随着研究的深入，刑法因果关系还可对应着因果关系的具体问题而形成相应的新概念。于是，提前的因果关系这一因果关系的新概念便对应着因果关系的一个新问题。而本著所说的提前的因果关系，是指行为人已经实施了犯罪的预备行为，但其预备行为假借行为人认识以外的因素而合乎规律地导致行为人所欲求的危害结果提前形成或发生，即在行为人的"因果关系计划"的"时间"之前出现危害结果，从而形成的因果关系。

提前的因果关系的构成不同于提前的因果关系的形成，其要交代的是符合什么条件，才会有提前的因果关系一说。本著所说的提前的因果关系的构成可作如下展开：

（1）行为性。刑法因果关系是犯罪行为与犯罪结果之间的因果关系，故提前的因果关系的行为性要件当无疑问，亦即如果没有行为性，则提前的因果关系便无从谈起。但要强调的是，作为提前的因果关系首要构件的行为只能是犯罪的预备行为。易言之，只有犯罪的预备行为所引起的因果关系才可能被称之为提前的因果关系。其实，所谓提前的因果关系中的"提前"，原本是相对于行为人"因果关系计划"中的"结果"的形成或出现时间而言的，但同时又意味着该"结果"向犯罪行为提前对应，而这里的犯罪行为只有被限定为犯罪的预备行为，才能形成提前对应的状态。由于犯罪的实行行为是该当犯罪客观构成要件的行为，故实行行为与行为人所欲求的危害结果之间

---

〔1〕　高铭暄、马克昌主编：《刑法学》（第4版），北京大学出版社、高等教育出版社2010年版，第87~88页。

〔2〕　张明楷：《刑法学》（第3版），法律出版社2007年版，第168~170页。

便不存在所谓提前的因果关系一说。则我们把提前的因果关系的行为性合理地限定在犯罪的预备行为，则可以明显地看出对前述妻子毒杀丈夫案论以故意杀人未遂与过失致人死亡的所谓想象竞合犯的非妥当之处，因为如果割裂开来看，则妻子准备有毒咖啡的行为只能定性为故意杀人预备。而用提前的因果关系这一概念来"整体地"考察"全案"，便可在肯定因果关系之后作出故意杀人既遂的结论。

（2）结果性。同样因为刑法因果关系是犯罪行为与犯罪结果之间的因果关系，故提前的因果关系的结果性要件当无疑问，亦即若无结果性，则提前的因果关系便同样无从谈起。当然，提前的因果关系中的结果就是行为人"因果关系计划"中的结果，即行为人在实施犯罪的预备行为时所欲求的结果。

（3）提前性。提前的因果关系这一概念正是由于行为人所欲求的危害结果即行为人"因果关系计划"中的结果提前形成或出现才得以形成。提前的因果关系的提前性意味着行为人"计划中"的因果关系的"计划结果"在时间上缩短了与作为原因的危害行为的因果对应。

（4）意外性。从广义上，提前的因果关系也属于刑法中的"因果关系错误"，因为毕竟提前的因果关系也是没有按照行为人"因果关系计划"所形成的因果关系。但是，提前的因果关系不仅不违背行为人的犯罪意志，反而更加符合行为人的犯罪意志或曰更加符合行为人的犯罪欲求，几可谓"得来全不费工夫"。可见，"意外性"即"因果关系错误"不仅不影响行为人的行为成立犯罪既遂，反而可以看成是"加速"了行为人的行为成立犯罪既遂。若以前述构成要件为对照，则在行为人计划先安放炸弹后引爆杀人，而未及行为人引爆便由其他原因而造成引爆身亡的场合，或在行为人以杀害的故意而在受害人住处泼洒汽油，未及行为人亲手点燃而由受害人因抽烟而点燃身亡的场合，便存在着或形成了提前的因果关系。

由上论述可见，虽然提前的因果关系给人一种"缩短的因果关系"的印象，但其终究是因果关系，故只要此因果关系得以"成就"即得以形成，便不会影响以结果为犯罪既遂要件的故意犯罪的既遂。而由提前的因果关系的如上构成要件可以看出，相对于犯罪行为实行终了而犯罪即行完成即危害结果即行出现或形成的"即成犯"，则提前的因果关系所对应的犯罪便可看成是"速成犯"或"早熟犯"。

（二）延后的刑法因果关系

在司法实践中，已经有这样的刑事案件发生：行为人以杀人的故意对被害人予以施害，但当场所造成的是被害人的重伤。由于被害人先前已经是重度高血压或重度糖尿病等疾病的患者，故被害人在重伤加剧高血压或糖尿病等疾病之下终于在加害行为实施完毕一段时间之后才身亡。对于此类刑事案件，在对前述妻子毒杀丈夫案持故意杀人预备与过失致人死亡的想象竞合犯的学者看来，似乎应定性为故意杀人未遂与过失致人死亡的想象竞合犯。但在主观上，行为人对被害人的死亡明明是怀有追求的心态，过失致人死亡的定性显然不符合此类案件中犯罪主观方面的事实真相，即不符合此类案件中行为人的主观罪过事实，而对故意杀人未遂与过失致人死亡的想象竞合"择重处罚"，也未必符合罪责刑相适应原则。由此，对应着危害结果在行为人"计划"之前而提前形成或出现的情形，在此类刑事案件所对应的场合因果关系问题能够或应该得到怎样的表述或提炼呢？既然刑法中存在着提前的因果关系问题，便对应性地存在着延后的因果关系问题，因为对于行为人的"因果关系计划"来说，其计划中的结果不仅可以出乎意料地提前到来，也可以是出于"无奈"地"姗姗来迟"。延后的因果关系与提前的因果关系相对应，在时间维度上描述了因果关系的现实情态。因此，延后的因果关系得以代表因果关系的另一个新问题，而其本身得以成为与提前的因果关系相对应的又一个因果关系新概念。而在本著，延后的因果关系，是指行为人已经实施了犯罪的实行行为即客观构成要件行为且并未当场造成行为人所欲求的危害结果，即没有按照行为人的"因果关系计划"的时间出现危害结果，但由于其行为"借助"受害对象自身的相关因素而合乎规律地导致了该危害结果延后出现，或由于行为人实施了"同质性"后续行为而导致了该危害结果延后出现，从而形成的因果关系。

同样，延后的因果关系的构成不同于延后的因果关系的形成，其要交代的是符合什么条件，才会有延后的因果关系一说。本著认为，延后的因果关系的构成可作如下展开：

（1）行为性。正如提前的因果关系，延后的因果关系有着当然的行为性。易言之，若无行为性，则延后的因果关系便同样无从谈起。但与提前的因果关系的行为性不同的是，延后的因果关系的行为性只能体现为犯罪的实行行为即客观构成要件行为，因为在延后的因果关系的场合，如果认为因果关系的行为性可以体现为犯罪的预备行为，则犯罪的预备行为隔着犯罪的实行行为而与最终危害结果搭配出来的"远距离的因果关系"，将有着扩大刑法因果关系的危险，从而直接导致定罪量刑的失准。

（2）结果性。同样因为刑法因果关系是犯罪行为与犯罪结果之间的因果关系，故延后的因果关系的结果性要件亦当无疑问，亦即若无结果性，则延后的因果关系便同样无从谈起。当然，延后的因果关系中的结果同样是行为人"因果关系计划"中的结果，只不过是"迟来的结果"而已。

（3）延后性。延后的因果关系这一概念正是由于行为人所欲求的危害结果延后形成或出现才得以形成。延后的因果关系的延后性，意味着行为人"因果关系计划"中的"计划结果"在时间上延长了与作为原因的危害行为的因果对应。

（4）意外性。从广义上，延后的因果关系同样属于"刑法因果关系错误"，因为毕竟延后的因果关系同样是没有按照行为人"因果关系计划"所形成的因果关系。但是，延后的因果关系同样不仅不违背行为人的犯罪意志，反而也是符合行为人的犯罪意志或犯罪欲求，几可谓"功夫不负有心人"。同样，"意外性"即"因果关系错误"不影响行为人的行为成立故意犯罪既遂。

由以上论述可见，虽然延后的因果关系给人一种"延长的因果关系"的印象，但延后的因果关系终究同样是因果关系，故只要此因果关系得以"成就"亦即得以形成，便同样不会影响以结果为犯罪既遂要件的犯罪的既遂。而由延后的因果关系的如上构成要件可以看出，相对于犯罪行为实行终了而犯罪即行完成即犯罪危害结果即行出现或形成的"即成犯"，延后的因果关系所对应的犯罪便可看成是"慢成犯"或"晚熟犯"。若以前述构成要件为对照，则在行为人追杀被害人，被害人渡河而逃中由于不习水性而溺水身亡的场合，便存在着或形成了延后的因果关系。

（三）提前刑法因果关系与延后刑法因果关系的疑难排解

刑法中提前的因果关系，并不意味着行为人所欲求的危害结果提前发生或形成，就一定存在着因果关系；刑法中延后的因果关系，也并不意味着行为人所欲求的危害结果推后发生或形成，也一定存在着因果关系。由此，在行为人所欲求的危害结果提前或延后发生的场合中，哪些情况存在着或能够认定因果关系，而哪些情况又不存在或不能认定因果关系呢？

在本著看来，就提前的因果关系而言，如果行为人认识之外的介入因素使得行为人已经实施的犯罪行为即犯罪的预备行为合乎规律地产生了行为人所欲求的危害结果，则便存在着或能够认定因果关系即提前的因果关系。如前文所提到妻子毒杀丈夫为例，毒药能够毒死人是一种规律，而丈夫的提前到家使得妻子准备好毒药的行为合乎规律地产生了被害人死亡的结果即行为人所欲求的结果，故能够或应该认定因果关系即提前的因果关系。仍就以妻子毒杀丈夫为例，即便是被害人的孩子在不知情之下将妻子拌入毒药的饮品端起让被害人喝而致其身亡，亦能够或应该认定妻子的杀人预备行为与被害人死亡结果之间存在着因果关系即提前的因果关系，因为在这种情况下，妻子准备好毒药这一行为仍然通过毒药能够毒死人这一规律而导致了其所欲求的被害人死亡的结果。就甲准备使乙吃安眠药熟睡后将其绞死，但未待甲实施绞杀行为时，乙由于安眠药过量而死亡这种情况，由于安眠药能够致人死亡也是一种规律，故甲使得乙过量吃下安眠药的行为导致了甲所欲求的乙死亡的结果，同样存在着因果关系即提前的因果关系。同理，炸药能够炸死人也是一种规律，故当行为人未及引爆亲手安放的炸药而由于其他原因引爆炸死被害人，同样能够或应该认定行为人安放炸药的行为与被害人死亡结果之间存在着因果关系即提前的因果关系。但是在这样的一种场合，即行为人出于报复杀害而购置了一把尖刀即其实施了故意杀人罪的预备行为，被害人在去公安机关报案途中遭遇交通肇事而身亡，诸如准备尖刀之类的故意杀人预备行为并不具有导致他人死亡的客观规律性，故尽管交通肇事致被害人死亡仍然是行为人所欲求的结果，但行为人的此类预备行为与被害人的死亡之间难以或不应认定存在因果关系即提前的因果关系。同理，行为人已经做好了故意杀人的准备即实施了故意杀人罪的预备行为，被害人闻听之后迫于精神压力而自杀身亡。在此场合中，同样难以或不应认定犯罪的预备行为与结果之间存在着因果关系即提前的因果关系。

可见，在提前的因果关系的场合，必须是行为人的行为本身具有产生或导致行为人所欲求的危害结果的规律性即我们通常所说的现实可能性，方可认定因果关系即提前的因果关系；否则，因果关系即提前的因果关系便难以或不应认定，即提前的因果关系难以"成就"。那么，刑法理论之所以应肯定提前的因果关系，是因为因果关系实质上是一种规律性关系，而在提前的因果关系的场合，事物的规律性并未被改变，即提前的因果关系仍然是在合乎规律性中得以"成就"。在提前的因果关系的场合，虽然行为人所实施的只是犯罪的预备行为，但其行为在与其他偶然的但却实际存在的因素的结合中，"合乎规律"地使得与其"因果关系计划"中"同质"的危害结果提前发生或形成，故其仍然成立因果关系。但是，如果行为人的行为即其犯罪预备行为与最终结果之间客观上所存在着的只是一种条件联系而非因果关系，如受害人出于精神压力而自杀或报警途中遇车祸身亡，则难以或不应认定因果关系即提前的因果关系。

就延后的因果关系而言，我们可分两种情况予以讨论：一是因受害对象自身的相关因素而形成的延后的因果关系。此种情况的例子如行为人即加害人以杀害的故意加害于受害人，行为当时只是造成受害人轻伤或重伤，但由于受害人已经是血友病患者，故导致受害人在受伤一段时间之后因失血过多而身亡；再如加害人以杀害的故意加害于受害人，行为当时只是造成受害人轻伤或重伤，但由于受害人已经是脑梗、乙型糖尿病、重度高血压等多种严重疾病患者，故导致受害人住院数月之后才身亡。在前述情况下，受害人的最终死亡是行为人当初即在"因果关系计划"中所欲求的危害结果，而此危害结果之所以得以最终发生或形成，乃是因为行为人已经实施的实行行为即构成要件行为"借助"受害对象自身的相关因素"合乎规律"所致，亦即受害对象自身的相关因素构成了行为人的实行行为"合乎规律"地产生"因果关系计划"中的"结果"的"外在条件"，故能够或应该肯定行为人的行为与最终危害结果之间的因果关系即延后的因果关系。

二是因行为人的后续行为而形成的延后的因果关系。此种情况的例子随手可得，如行为人以杀害故意加害受害人，但当时只是造成受害人休克，于是行为人以为受害人已经死亡便将受害人抛至水中，以图隐匿罪迹，而受害人最终是溺死于水中；再如行为人以杀害的故意加害受害人，但当时只是造成受害人休克，于是行为人以为受害人已经死亡便将受害人扔至井中，以图隐匿罪迹，而受害人最终是于井中冻死。在前述情况下，行为人的先前行为或第一行为并未造成"因果关系计划"中的危害结果，而是后续行为即第二行为造成了"因果关系计划"中的危害结果。但是为何能够或应该认定行为人的行为与危害结果之间仍然存在着因果关系并称之为延后的因果关系呢？因为在前述情况下，行为人尽管实施了后续行为即第二行为，但其后续行为即第二行为在服务于先前行为即第一行为的同时，仍然具有着导致或造成先前行为即第一行为所谋求的"因果关系计划"中的"结果"的现实可能性，故其后续行为即第二行为便与先前行为即第一行为"连为一体"，并与最终危害结果之间形成了因果关系即延后的因果关系。在因行为人的后续行为而形成的延后的因果关系场合，因果关系之所以依然能够成立或应予认定，是由行为人的后续行为即第二行为在主客观两个方面与先前行为即第一行为具有"同质性"所决定的，而这里所说的"同质性"包含两层同时存在的内涵：一是先后两个行为有着共同的目的指向；二是后续行为即第二行为仍然有着造成或产生第一行为即先前行为所欲造成或产生的危害结果的现实可能性。若以此作为参照，则行为人以杀害故意加害受害人而受害人当场并未身亡，但受害人在去医院就医途中遇车祸身亡，或行为人以杀害故意加害受害人而受害人当场并未身亡，但受害人因医生的医疗事故行为或故意的医疗行为而身亡，都不存在或难以认定延后的因果关系，从而不能认定行为人的行为构成故意杀人既遂，因为后续事件与行为人的行为显然没有"同质性"。

正如前文指出，在提前的因果关系和延后的因果关系的场合，都发生着"因果关系错误"，而当我们仍然肯定其为因果关系的具体样态，则意味着犯罪既遂不受影响，正如学者指出，因果关系发展的具体样态不是故意的认识内容，因为只要行为人认识到行为的内容与社会意义及其危害结果，就能说明行为人对法益的保护所持的背反态度。因此，指向同一结果的因果关系发展过程中的错误，在客观构成要件的评价上并不重要，因为既然行为人具有实现同一结果的故意，现实所发生的结果与行为人所实施的行为也具有因果关系，就必须肯定行为人对现实所产生的结果具有故意，故成立故意犯罪既遂[1]。提前的因果关系和延后的因果关系是因果关系样态的新表述，有助于丰富刑法中的因果关系理论包括"因果关系错误"理论。但要强调的是，"因果关系错误"不影响因果关系成就或是形成于犯罪目的所对应的犯罪结果最终实现的场合，或是行为造成了加重结果的场合。具言之，在刑法因果关系错误问题上，我们可概括出若干类型：一是因果关系未形成而误认为因果关系形成的错误。如行为人以为被害人已经被自己掐死而离去，结果被害人遇救得活。可见，在该种类型中刑法因果关系未得以成就。二是因果关系是那样形成而误认为是这样形成的错误，如行为人以为被害人已经被自己掐死，但被害人实际死于被行为人扔入河中，或行为人以为被害人已经被自己掐死

---

〔1〕 张明楷：《刑法学》，法律出版社 2007 年版，第 227 页。

而离去，但被害人死于被野兽吃掉或被山洪或泥石流卷走。在介入自然因素而发生因果关系错误的场合，如果对行为论以犯罪未遂，则等于是将行为人本应负有的责任部分地转嫁于自然因素，即令自然因素变相地担负刑事责任，或变相地将自然因素视为犯罪主体。这显然有问题。可见，在该种类型中，刑法因果关系的成就最终不受影响。三是行为人计划形成某种因果关系，但实际上却形成了另一种因果关系，如行为人抱着伤害的故意用刀捅被害人的大腿，但出乎意料地伤及动脉血管而致被害人失血过多身亡。可见，此类因果关系错误常常伴随着刑法学中的事实错误中的"打击错误"。可见，在该种类型中，基本犯行为与加重结果之间仍然形成了刑法因果关系。

（四）提前刑法因果关系与延后刑法因果关系进一步引申

这里，能够让我们切入讨论的还是"旅行谋杀案"：甲想杀死乙，便在乙准备进行穿越沙漠长途旅行的前夜悄悄溜进乙的房间，把乙水壶里的水换成无色无味的毒药。丙也想杀死乙，便于同一天夜里晚些时候溜进乙的房间在乙的水壶底部钻了个小洞。次日，乙出发，但他没有发现水壶上的小洞。两小时后，乙在沙漠中想喝水，但水壶是空的。由于没有其他水源，乙最后在沙漠中渴死。对于此例，权威教材否定甲的投毒行为与乙的死亡之间存在因果关系而肯定丙的壶底钻洞行为与乙的死亡之间存在因果关系[1]，即内的壶底钻洞行为"中断"了甲的投毒行为与乙的死亡结果之间的因果关系，从而甲的行为只成立故意杀人罪未遂而丙的行为完全成立故意杀人罪既遂。其实，在此例中，我们可把甲的行为视为"能犯未遂"，则丙的行为更可视为"不能犯未遂"。于是，这里要强调的是，学者认为此例中乙因"脱水"而死，故其死亡结果系丙的行为"合法则"地造成的，这一点是不客观的[2]，因为只有当被丙钻洞漏掉的是可饮用的水，才可言其行为"合法则"地造成了危害结果。于是，如果可认为甲的行为与乙的死亡之间未形成因果关系，则更可认为丙的行为与乙的死亡之间未形成因果关系。这样，甲的行为和丙的行为都成立故意杀人未遂，从而造成无人对乙的死亡承担故意杀人罪既遂的刑事责任，而这显然是不合适的。对照之下，甲的投毒行为本来就具有故意杀人罪的构成要件该当性，而丙的钻洞行为本不具有故意杀人罪的构成要件该当

---

〔1〕 张明楷：《刑法学》（第5版），法律出版社2016年版，第186页。

〔2〕 张明楷：《刑法学》（第5版），法律出版社2016年版，第186页。

性，但在两者都具有追求死亡结果发生的共同主观故意之下，认定甲的行为成立故意杀人未遂，显得更加不合适。实际上，当我们用刑法学中的因果关系错误理论来审视甲的行为的因果关系问题，我们也能得到肯定答案，即若按照因果关系的错误理论，丙的壶底钻洞行为对甲的投毒行为的因果关系的效果，犹如甲在怀揣杀人的故意将乙掐晕后却误以为乙死亡，便扬长而去，而结果是猛兽将乙吃掉。这里，因果关系的错误并不影响故意杀人罪既遂的成立，而故意杀人罪既遂的成立当然意味着因果关系的成就。那么，问题到底出在哪里？在此例中，如果我们从事件的发展进程来看问题，则我们可将甲的投毒行为和丙的钻洞行为分别描述为"投了也白投"和"钻了也白钻"，而正是"投了也白投"衬托了丙的行为成就了故意杀人罪既遂所需要的因果关系，且"钻了也白钻"又反过来衬托了甲的行为成就了故意杀人罪既遂所需要的因果关系，亦即甲、丙的行为与乙的死亡之间都成就了因果关系。易言之，当认为甲的行为和丙的行为与乙的死亡之间，只有其中之一成就了因果关系甚或两者都未成就因果关系，显然是把一个完整的案件分解为两个独立的案件予以"分割考察"。而当我们规范地考察问题，则"钻了也白钻"恰好说明了甲的投毒行为足以成就了因果关系，而"投了也白投"又恰好说明了丙的钻洞行为足以成就了因果关系。这里，若甲误将能够饮用的水当作毒水去替换壶里原本就是能够饮用的水，即乙最终死于被渴死，则甲的行为似乎成立故意杀人未遂；若丙未将壶底钻透或虽钻透但未滴完，即乙最终死于被毒死，则丙的行为似乎也成立故意杀人未遂。但在前例中，无论是甲误将能够饮用的水当作毒水去替换壶里原本就是能够饮用的水，还是丙未将壶底钻透或虽钻透但未滴完，只要最终发生了丙被渴死或毒死的结果，则仍然适用"因果关系错误不影响故意既遂的成立"，因为立于规范评价，此处"因果关系错误不影响因果关系的成立"。而之所以如此，就前例而言，系因人能够"合法则"地被毒死，人在沙漠中也能够"合法则"地被渴死。学者将前例作为"合法则的因果关系"中"可替代的充分条件"的一个适例[1]，而在此处，"可替代的充分条件"正好说明将饮用水换成毒水和在壶底钻洞的行为都能成就故意杀人罪既遂所需的因果关系。于是，我们这里可提出一个"因果关系巩固"概念。而在此例中，我们可认为丙的钻洞行为巩固了甲的投

---

〔1〕　张明楷：《刑法学》（第5版），法律出版社2016年版，第186页。

毒行为与乙的死亡之间的因果关系，而甲的投毒行为同样巩固了丙的钻洞行为与乙的死亡之间的因果关系。这里所说的"因果关系巩固"的道理，正如甲用足以致死的剂量去投毒杀乙而丙又在甲的投放量上再添加一定剂量，或丙用足以致死的剂量去投毒杀乙而甲又在丙的投放量上再添加一定剂量，而不同之处只在于：甲投毒、丙壶底钻洞案中的"因果关系巩固"呈现的是"消极的"或"反面的"面相，而前述甲、丙都投放毒药的场合中，"因果关系巩固"呈现的是"积极的"或"正面的"面相。至于客观归责论以丙没有在整体上恶化被害人的状况为由而将死亡结果仅归责于甲，学者表示不予赞同[1]。正如我们所知，在客观归责论看来，只有行为"制造"了不被法允许的危险，而且该危险是在符合构成要件的结果中实现时，才能将结果归属于行为人[2]。投放毒药和使他人无水可喝都能够"制造"不被法所允许的对他人生命的危险，且此危险已经在故意杀人罪的构成要件里得以实现来看问题，则可将前例中乙的死亡结果既归属于甲，也归属于丙，从而使得他们的行为与乙的死亡结果之间的因果关系都得到肯定。

在前述"旅行谋杀案"中，丙的壶底钻洞行为延后于甲的以毒换水行为，而甲的以毒换水行为提前于丙的壶底钻洞行为，故在某种意义上，丙的行为可能造成的结果相对于甲的计划可谓"结果的延后实现"，而甲的行为可能造成的结果相对于丙的计划可谓"结果的提前实现"。无论是"提前的因果关系"还是"延后的因果关系"，都是"因果关系错误"，但正如行为人以为已经掐死被害人但被害人死于后来的洪水来袭或饿兽出现，此"因果关系错误"属于"正和吾意"或"此乃天意"，则"因果关系巩固"可从"提前的因果关系"和"延后的因果关系"所对应的"因果关系错误"中引申出来。于是，刑法学中"因果关系巩固"的概念形成了与"因果关系中断"的概念对应，从而丰富了刑法因果关系理论。

第六节　不纯正不作为犯的义务来源

所谓不纯正不作为犯，是指通过不作为来实现本可通过作为来实现的犯

---

[1]　张明楷：《刑法学》（第5版），法律出版社2016年版，第186页。
[2]　王鑫磊："帮助犯研究"，吉林大学2014年博士学位论文，第131页。

罪。不纯正不作为犯罪的义务来源问题，可视为犯罪客观方面中的一个较为重要和复杂的问题。

一、不纯正不作为犯作为义务的来源与"保证人"范围

不纯正不作为犯作为义务的来源，将解答的是不纯正不作为犯的作为义务缘何而成。而"保证人"范围则是对不纯正不作为犯作为义务来源问题的继续。

（一）不纯正不作为犯作为义务的来源

首先是不纯正不作为犯作为义务的身份来源。不纯正不作为犯作为义务的身份来源，指的是因具有某种身份而使得不纯正不作为犯的行为人身负某种作为义务，且此义务是形成于法警身份。之所以法警应当开枪而故意不开枪致使死刑犯逃脱而构成不纯正不作为犯罪即不作为的私放在押人员罪，是因为法警负有依法执行死刑命令的法令义务；之所以当消防员接到火警而不出警，或虽然出警但在火灾现场观望而任由火情发展，则消防员构成不纯正不作为犯罪即不作为的放火罪，是因为消防员负有灭火的职业义务，且此职业义务形成于消防员的身份；之所以当医生面对患者而有意不施救，或有意延缓施救导致患者身亡，则医生构成不纯正不作为犯罪即不作为的故意杀人罪，是因为医生负有"救死扶伤"的职业义务，且此职业义务形成于医生的身份；之所以当母亲有意不给孩子喂食而致其饿死，则母亲构成不纯正不作为犯罪即不作为的故意杀人罪，是因为母亲负有养活孩子的抚养义务，且此抚养义务形成于母亲的身份。前述业务（职业）身份或法定监护人身份，直接赋予相应的身份者在个案情境中的作为义务。

再就是不纯正不作为犯作为义务的行为来源。不纯正不作为犯作为义务的行为来源，指的是因行为人已经实施的行为即先行行为而使得不纯正不作为犯的行为人身负某种作为义务。之所以对保姆带主人的孩子在水边玩致使孩子落水，保姆有能力和有条件施救而不施救最终造成孩子溺亡，对保姆应认定不纯正不作为犯罪即不作为的过失致人死亡罪，是因为保姆将孩子带至水边玩这一先行行为而使其负有对孩子安全的注意义务；之所以一个成年人带邻居家小孩去河里游泳，但因成年人在河边抽烟或大小便而分散注意力，最终造成孩子溺亡，则对成年人同样应认定不纯正不作为犯罪即不作为的过失致人死亡罪，同样是因为成年人将孩子带去游泳这一先行行为而使其负有对孩子安全的注意义务。前述行为人带孩子去水边玩或去河里游泳，都是生活化，同时也是正当化的先行行为。可见，作为先行行为的正当化生活行为能够使得行为人在个案情境中负有相应的危险注意和危险避免义务。

但是，在这样的场合，即保持不正当男女关系的甲男与乙女在发生性行为过程中，当性行为导致甲男已现生命之危，而乙女不仅能予救助而不救助，而且出于害怕丢人的原因将甲男丢弃在路边或不易得到他人救助之处，则对乙女的行为如何定性？可以直接肯定的是，甲男与乙女的不正当性行为本身只是一个道德问题，或一般违法行为（当甲男与乙女为有妇之夫和有夫之妇，则其婚外性行为便违反了婚姻家庭法关于夫妻之间应履行"相互忠诚义务"之规定），而毫无犯罪性可言，但乙女对甲男的弃置且致其身亡的行为似应认定不纯正不作为犯罪即不作为的过失致人死亡罪甚或不作为的间接故意杀人罪。若此，则不正当或具有一般违法性的生活行为，也可以先行行为的面相而赋予行为人在个案中对某种危害结果的注意义务和避免义务。

（二）不纯正不作为犯的"保证人"范围

学者指出："保证人地位是不纯正不作为犯行为主体的身份，只有居于保证人地位的保证人的不作为，才能在刑法没有将犯罪行为类型化时，成为刑法评价对象。"[1]于是，"保证人"便成为不纯正不作为犯的基本问题。

有学者将所谓前行为保证人类型构想出八种组合并加以透彻的剖析。前行为保证人类型的八种组合如下：第一种，故意作为侵害法益+故意不作为，所侵害的法益不同。如放火烧他人的房子，起火之后发现原以为已经外出的房子所有人竟然在家并大喊救命，为怕暴露行踪，眼睁睁看着被害人被大火吞噬。第二种，故意作为侵害法益+过失不作为，所侵害的法益不同。如甲以迷药将妻乙迷倒，以避免乙知悉甲会见秘密访客，原拟于访客走后叫醒乙，唯与访客畅谈投机相约出外饮酒而忘记妻乙尚在昏迷中，因为甲逾时未叫醒乙，乙因而一命呜呼。第三种，故意作为侵害法益+故意不作为，所侵害的法益相同。如甲举刀欲杀乙，乙躲闪摔入水池中，甲明知乙不会游泳，心想天助我也，扬长而去，乙因而溺死。第四种，故意作为侵害法益+过失不作为，所侵害的法益相同。如甲经常等在实验室工作甚久的乙而不能关门提早休息，某日心情郁闷不想守门，乃将乙锁在实验室中，乙恰因家有急事欲提前离去，

---

〔1〕 许玉秀：《主观与客观之间——主观理论与客观归责》，法律出版社 2008 年版，第 218 页。

见状推门，甲不予理会，打算出去逛两个小时后再回来开门，谁知路上遇到老朋友，相约去朋友处聊天，竟忘了时间，见东方微白才想起乙而赶回来开门。第五种，过失作为+故意不作为，所侵害的法益不同。如甲抽完烟蒂丢在厨房垃圾筒，突然燃烧起来，甲正想提水灭火，见智障幼儿乙正走向垃圾筒，乃转身离开房子，火势后经邻居扑灭，但厨房全毁，乙亦被烧死。第六种，过失作为+过失不作为，所侵害的法益不同。如同样用第五种的例子，如果甲见有烟自垃圾筒冒出来，以为即将消逝，因此也未阻止乙走向垃圾筒，但当幼儿靠近时，火舌突然冒出来，火势猛烈，甲欲出手相救已来不及，乙严重灼伤，脸部变形。第七种，过失作为+故意不作为，所侵害的法益相同。如图书馆管理员误将甲锁在馆内，虽然后来发现甲，但为教训甲乃决定多关甲半天；第八种，过失作为+过失不作为，所侵害的法益相同。如甲跑步不小心撞倒乙，乙掉落水池，甲误以为乙乃其所熟识的丙，丙善泳，因此继续慢跑，未救助落水的乙，乙因而溺死[1]。

　　构想前述八种组合的学者指出，在第一种组合中，前行的故意放火行为所发生的作用，不仅及于建筑物，也及于被害人的生命。虽然故意所及的范围原本仅及于烧毁建筑物，但是放火行为客观上的因果流程却及于人的生命，这个放火致死的因果流程中并没有任何人的行为介入，亦即没有其他原因力介入。所唯一变化的是，甲的犯意增加，即增加了一个让乙死亡的希望，这个意志只是假借了已经存在的因果力量而得以实现。消极地利用已经存在的因果作用以满足行为人主观存在的欲望，原本就是不纯正不作为犯典型的行为构造。在行为人所利用的是自己前行为的因果力量时，即使前行为造成不止一个法益或不止一种法益受到侵害，因果流程皆只有一个，故整个犯罪构造是两个故意、两个法益受侵害，如果借由前行为保证人类型论罪而论以两罪，即故意放火和故意不纯正不作为杀人，则显然对因果流程作了两次评价，而两次评价便是过度评价。这种过度评价在第二种组合中更加明显[2]。在第二种组合中，单一因果流程的情况更明显，乙确因甲下迷药致死而主观上有过失，但难以说明具有"利用既存的因果流程"这样的归责基础，而所谓"过失不作为"这后半段犯罪事实中只是"过失"和"法益受侵害"。至于

---

〔1〕　许玉秀：《主观与客观之间——主观理论与客观归责》，法律出版社2008年版，第300~301页。

〔2〕　许玉秀：《主观与客观之间——主观理论与客观归责》，法律出版社2008年版，第301~302页。

"过失不作为"，其对因果流程的作用则是"无作用"，自然无法再接受另一次评价[1]。

在第三种组合中，前行为所要侵害的是生命，前行为所引起的一连串因果作用最终造成了死亡结果，如果认为这里有两段因果流程，前一段没有造成死亡结果，成立杀人未遂，后一段溺水是另一段独立的因果流程，应成立不纯正不作为杀人既遂，则产生互相矛盾：如果因果流程可以切断，则如何说明行为人必须因为前行为而对后面一段因果流程负排除的保证人义务？乙自行躲闪掉入水中的"他人所制造的因果流程"，甲如果不是居于保证人地位，如何能因甲有要乙死亡的意欲，即认为甲的故意可以和这一段因果流程以及所造成的法益受害结果相结合？第四种组合和第三种组合为同一类，甚至单一的因果流程更明显，也只有单一法益受害，甲的过失不作为，不过是过失未为中止行为，而真正发生作用力的仍然是前行的故意作为。因为有前行故意作为，而将没有作用的过失不作为拟制为有作用的作为，则岂不是任何一个作为犯皆同时成立一个不纯正不作为犯[2]？

在第五种组合中，和其他各类组合相同，都有一个单一的因果流程，而和第一种组合一样，仅凭行为人主观上的故意，即切入过失作为所造成的单一因果流程之中，这其中被归责的只是不抢救的故意，因为这个不作为的故意而使因果流程的特质改变，甚至被切成两段。第七种组合的问题与第五种组合相同[3]。

在第六种和第八种组合中，前后两个过失的对象固然不同，一个是制造因果流程，亦即制造风险作用层面的过失，一个是对风险流程的评估错误，但是一旦将这两个过失拆开，则前段过失行为成为未遂，而只能就后段过失行为论罪。于是，前行为保证人类型对这类组合而言非但不能解决问题，反而是在制造问题。故意和过失对犯罪流程的作用必定是全面性、连续性的，包括对风险的制造和风险的实现，否则故意行为必然未遂，而且有行为人个人意志的介入，即为中止未遂，而过失行为将因不能发生结果而不必处罚[4]。如何评价学者对"保证人"地位所构置的八种组合及其所提出的相应的见

---

[1] 许玉秀：《主观与客观之间——主观理论与客观归责》，法律出版社 2008 年版，第 301~302 页。
[2] 许玉秀：《主观与客观之间——主观理论与客观归责》，法律出版社 2008 年版，第 303 页。
[3] 许玉秀：《主观与客观之间——主观理论与客观归责》，法律出版社 2008 年版，第 302~303 页。
[4] 许玉秀：《主观与客观之间——主观理论与客观归责》，法律出版社 2008 年版，第 303 页。

解呢？

本著只承认在学者所构置的第八种组合中可形成"保证人"的问题，且"保证人"的作为义务源自"跑步"这样的正当化生活行为。剩下的，在前六种组合中，前行为即所谓先行行为都已经是直接具有法益侵害或社会危害性的行为，而所谓后行为即后续行为只不过是对前行为即所谓先行行为的延伸而加剧着前行为即所谓先行行为的法益侵害性或社会危害性罢了。我们应把所谓前后行为视为一个完整的个案事实或行为过程，则前行为与后行为的分割，将前行为人设定为"保证人"不仅是没有必要的，而且是违背事实真相的。而在第七种组合即行为人直接利用职务侵犯他人身体自由的行为中，其直接具有利用职务的非法拘禁性质，故学者在此组合中的"保证人"设定，同样不仅没有必要，而且违背事实真相。于是，学者在前七种组合所存在的问题，我们可作出两个层面的归纳：一是一个因果流程被"分割"或"虚构"成两个因果流程，两次评价及其所导致的"过度评价"由此而生。之所以说发生着"过度评价"，是因为本来并没有完整的两个主客观要素兼备的行为存在，而"分割"或"虚构"因果流程恰恰是"虚构"了完整的两个主客观要素兼备的行为。显然，两次评价及其所导致的过度评价实质是"分割评价"，且"分割评价"正是从"分割"一个因果流程开始的。二是作为"分割评价"的"后遗症"，除了在理论上将导致任何作为犯同时就是不纯正不作为犯的荒谬，在实践上将导致"评价过度"，即通过制造危险和防止危险的双重身份而使行为人受到双重的非价评价，从而受到双重的"过度制裁"。

有学者指出，既然依据前行为保证人类型的法理所拟制出来的不作为，在归责流程中或毫无意义，或和结果加重犯互有重叠，则前行为人保证人类型犯在归责类型上即显得不重要，且并非无法替代[1]。在本著看来，不纯正不作为犯中的"保证人理论"不能全盘否定，但其适用范围应受到合理限制。

二、不纯正不作为犯先行行为的应然排斥

前文论述已经有所结论，即不道德行为或一般违法行为能够成为不纯正不作为犯的先行行为。由此，不纯正不作为犯的先行行为将排斥哪些呢？

（一）不纯正不作为犯的先行行为排斥合法行为

从"法感情"或"法直觉"出发，合法行为不应构成不纯正不作为犯的

---

〔1〕　许玉秀：《主观与客观之间——主观理论与客观归责》，法律出版社2008年版，第304页。

先行行为，但有学者将合法行为肯定在前行为即先行行为之中，如"只要足以产生某种危险，就可以成为不作为的义务来源，而不必要求先行行为具有违法的性质"[1]。但是，将合法行为作为不纯正不作为犯的前行为即先行行为，则意味着合法行为使刑法所保护的社会关系或法益处于危险状态。由此，合法行为还能说是合法行为吗？而如果合法行为伴有如此危险，则合法行为在实质上不就变成了违法行为乃至严重违法行为即犯罪了吗？只要我们承认刑法是前置法的"保障之法"或"后盾之法"，则说合法行为尚伴有使刑法所保护的社会关系或法益处于受损之险，则在法理逻辑上是讲不通的。稍作推敲，在被认为是合法行为构成前行为即先行行为的场合，所谓合法行为无一不是违法行为，如保姆将小孩带至水塘边玩。保姆的责任是安全地看护小孩，故当其确实是"安全"地看护小孩时，我们便说其行为是合法的。但当其将小孩带至水塘边而置小孩于危险境地时，则其行为便不合法了。我们当然不能说保姆将小孩置于危险境地是保姆安全地看护小孩所致，即我们当然不能说违法行为是合法行为所致。在诸如此类的场合，如果把合法行为说成是危险的源头，则是将违法的实质强行塞进合法的形式之中而使合法和违法这对截然对立物混为一体，以致合法即违法，违法即合法。把合法行为视为不纯正不作为犯的前行为即先行行为之一，等于说一个人实施合法行为而竟有可能陷入刑事责任，这是令人惊惧的。因此，合法行为不仅不可能，也不应该构成不纯正不作为犯的所谓前行为即先行行为。

（二）不纯正不作为犯的先行行为排斥不作为

不纯正不作为犯的前行为即先行行为是否包括不作为，这个问题源于德国帝国法院的一个判例。该判决对于因长期违反自动申报义务而未申报所得致财政当局税收短少的案件，认为行为人在法规改变不在其自动申报之后，虽然后续之不作为并非违反义务的不作为，但因前面违反义务的不作为造成财政当局以为行为人无所得，故未要求其申报所得致使税收短少，行为人有防止这种因为自己前行违反义务的不作为造成税收短少结果发生的义务，故行为人继续未自动申报所得的不作为，是违反作为义务的不作为，而不是不

---

〔1〕 陈兴良："论不作为犯罪之义务"，载陈兴良主编：《刑事法评论》（第3卷），中国政法大学出版社1998年版，第215页。

违反义务的不作为[1]。学者指出，前行的不作为逃漏税，已违反法律上的义务而造成与虚报税捐一样的逃漏税捐的效果，确已成立逃漏税捐的不纯正不作为犯，但前行不作为与后行的不作为并非同一个不作为，而是不同的不作为，后行的不作为因为法律不再要求人民自动申报财产，而是经要求方有申报义务，故无违反义务的不作为存在，不能因为法律规定改变致人民获得好处，却只因其过去有不法行为，即剥夺其享受法律变更带来优惠的权利[2]。学者的分析不无道理，而在本著看来，所谓前行的不作为要么成立纯正的不作为，要么成立不纯正的不作为，而所谓后行的不作为只是所谓前行的不作为的继续或延长而已，并且是对所谓前行的不作为的"纯正"或"不纯正"的性质巩固。而严格来说，正如本著用"所谓"暗示的那样，这时分前行不作为和后行不作为是不恰当的，因为没有作为作参照，则不作为的提法是没有意义的，况且不作为是"零"或"无"，而"零"或"无"是无法再分的，或再分是没有意义的。实际上，若将不纯正不作为犯的前行为即先行行为视为包括不作为，则意味着先把一个完整的不作为分隔成前后两段，然后又把前段的不作为"构置"为后段的不作为的所谓前行为即先行行为，从而其"分割评价"和"重复评价"的迹象甚是明显，以至于最终造成了不应有的"数罪并罚"局面。

（三）不纯正不作为犯的先行行为排斥直接故意犯罪行为

　　直接故意犯罪的行为人对危害结果的发生持希望态度，即行为人正是为了追求危害结果的发生才去实施该行为。当其实施的行为有造成危害结果发生的风险或实际造成了危害结果时，正符合行为人对结果的期待。可见，如果在行为人追求危害结果发生时，反而要求行为人负担防止危害结果发生的作为义务，并且如不履行该义务便成立不作为犯罪，那么就会形成行为人"积极追求危害结果出现"与法律要求行为人"防止该危害结果出现"的自相矛盾，进而会得出行为人实施直接故意犯罪行为成立一罪和行为人没有防止其"积极追求的危害结果的出现"成立另一罪的悖论。例如，甲与乙素有矛盾，某日甲持刀刺伤了乙，甲见乙倒在血泊中却无动于衷扬长而去，乙因失血过多而死亡。事后查明，甲仅具有伤害故意，而无杀人意图。此时，甲

---

[1]　许玉秀：《主观与客观之间——主观理论与客观归责》，法律出版社 2008 年版，第 298 页。
[2]　许玉秀：《主观与客观之间——主观理论与客观归责》，法律出版社 2008 年版，第 299 页。

应该成立故意伤害致人死亡的结果加重犯。但是，若因甲在刺伤乙后便负有救助乙的作为义务，但甲未履行救助义务导致乙死亡，而将甲认定为故意伤害罪和不作为的故意杀人罪，则将引起数罪并罚。

可见，若将故意伤害行为视为"先行行为"，进而要求行为人负担防止受害人死亡的义务，而若行为人不履行该义务则成立不作为的故意杀人罪，则刑法中故意伤害致人死亡的结果加重犯就没有存在的余地了。但按照"肯定说"，所有没有履行"防止死亡结果出现义务"的故意伤害行为，因其没有履行该作为义务而造成被害人死亡的，均可认定成立不作为的故意杀人罪，这样的结论难免荒唐。再如，甲为了抢劫财物而持刀将乙捅伤，乙倒地不起。按照故意犯罪可以成为作为义务来源的观点，此时甲还不能逃跑，因为他负有救助乙的义务，若不履行该义务而导致乙死亡，则甲便又成立不作为的故意杀人罪。

上述结论显然存在着明显的矛盾：逃避刑事追究则又会构成"不履行救助义务"的不作为犯罪，而"履行救助义务"则也可能会受到刑事责任追究，因为救助可能未果。上述矛盾也与刑法理论中所认可的"犯罪后逃避刑事责任追究的行为属于事后不可罚的行为"相悖。犯罪后立即逃走的行为是事后不可罚的行为，而如果将直接故意犯罪行为认定为先行行为，即让行为人负担故意犯罪后救助受害人的作为义务，且在其不履行该作为义务时又成立新的不作为犯罪，则会得出犯罪后逃走属于不可罚的无罪行为和犯罪后逃走属于不履行救助义务的犯罪行为这一对"既有罪又无罪"的矛盾结论。

此外，我国刑法将抢劫致人重伤、死亡规定为抢劫罪的结果加重犯，并没有将在抢劫过程中致人受伤的行为规定为先行行为，从而要求行为人承担救助受害人的义务，也没有在行为人未实施救助行为导致受害人死亡时，将其规定为成立不作为的故意杀人罪。本来，与犯罪后逃避刑事责任追究相比，让行为人承担"防止危害结果发生或扩大"的义务更不具有期待可能性。因此，应当否认直接故意犯罪可以成为先行行为，即在直接故意犯罪后，只能让行为人承担相应的刑事责任，而不可能再要求行为人履行不具有期待可能性的防止危害结果发生或扩大的作为义务。

先行行为包括直接故意犯罪行为的观点还存在着分割因果流程和重复评价的定罪思维错误。有学者指出，如果能够将犯罪行为认定为作为犯，就没有必要将其认定为不作为犯罪[1]。例如，A 故意导致 B 重伤，明知不及时抢救 B 就会死亡，仍然不抢救，最终导致 B 死亡。学者认为，在上述例子中，如果否认 A 的作为义务，则 A 只能承担故意伤害致人死亡的责任，只有承认 A 导致 B 重伤的先行行为，A 负有救助 B 的作为义务，才能肯定 A 的行为成立不作为的故意杀人[2]。但这种观点值得讨论。有学者将上述例子所描绘的现象，形象地称之为"故意作为侵害法益＋故意不作为，所侵害的法益不同。"[3]此时，造成 B 死亡结果出现的原因只有一个，即 A 的故意伤害行为，而并无其他原因力的介入。如果将 A 致 B 重伤的行为认定为先行行为，从而将 A 不救助 B 的行为认定为不履行救助义务的行为，进而认为 A 成立作为的故意伤害罪和不作为的故意杀人罪，让其承担从一重罪处罚或数罪并罚的责任，则"显然对因果流程做了两次评价，即过度评价"。[4]具言之，若认定 A 成立作为的故意伤害罪和不作为的故意杀人罪，则是将 A 伤害 B 进而导致其死亡的整体因果流程分割成两个：A 伤害 B 为一个因果流程，A 伤害 B 后放任其死亡结果的出现为另一个因果流程。然而，上述两个因果流程都出现了"A 伤害 B"这一造成 B 死亡的原因力，或者说第二个因果流程是以"A 伤害 B"为基底的，故若认为 A 成立作为的故意伤害罪和不作为的故意杀人罪，则对"A 伤害 B"这一导致 B 死亡的原因进行了重复评价。因此，对于 B 死亡结果的出现，只能从整体上来把握，既肯定其与 A 的伤害行为密不可分，即认为 A 故意重伤 B 的行为导致了 B 死亡结果的出现，故 A 应当承担故意伤害致人死亡的责任。

可见，正是由于犯罪是一个过程，故应当从整体把握犯罪的进程，而不应该将犯罪进程人为进行"切割"，更不应该在将犯罪进程进行"切割"后又人为地创设"作为义务"，并以此为依据让行为人承担本身并不存在的作为义务，进而又得出不履行该义务构成不作为犯罪的荒谬结论。再比如，甲欲杀害乙，在海滩边将乙打成重伤致其昏迷，甲误以为乙已经死亡，故离去，但乙因海水涨潮而被淹死。毫无疑问，乙的死亡结果可归属于甲的重伤行为，而不能在对因果流程进行分割的基础上，认为是甲未履行救助义务才造成了

---

〔1〕　张明楷：《刑法学》（第 5 版），法律出版社 2016 年版，第 148 页。
〔2〕　张明楷：《刑法学》（第 5 版），法律出版社 2016 年版，第 156 页。
〔3〕　许玉秀：《主观与客观之间——主观理论与客观归责》，法律出版社 2008 年版，第 300~303 页。
〔4〕　许玉秀：《主观与客观之间——主观理论与客观归责》，法律出版社 2008 年版，第 300~303 页。

乙的死亡结果，从而认定甲另成立不作为的故意杀人罪；更不能在对因果流程进行分割的基础上，认为甲的行为成立故意杀人罪（未遂）与过失致人死亡罪的想象竞合或成立故意杀人罪（未遂）与过失致人死亡罪的数罪并罚。可见，上述两个例子中，分别导致 B 与乙死亡的行为仅有一个，因果流程亦仅有一个，故直接认定 A 成立故意伤害致人死亡的结果加重犯、甲成立故意杀人罪即可，而不应该在对因果流程人为地进行分割，进而重复评价的基础上，认定行为人又成立不作为犯罪。

综上，对于直接故意犯罪而言，当行为人积极追求危害结果发生时，却同时又让其负担防止危害结果发生或扩大的作为义务，这样的要求不仅苍白无力且徒劳，而且有违刑法义理。于是，否认直接故意犯罪可以成为作为义务来源，不仅不会放纵犯罪，而且能够从整体上把握犯罪事实，即不再将后续事实与先前犯罪事实割裂，从而避免了将后续事实另外认定为不作为犯罪而使行为人的行为受到重复评价的局面，最终避免了对行为人一个行为的"一罪双罚"乃至"一罪多罚"。

（四）不纯正不作为犯的先行行为排斥间接故意犯罪行为

间接故意犯罪，也应当否认其能构成不作为犯罪的作为义务来源，即其不应属于不纯正不作为犯罪的先行行为。

例如，甲欲自杀，故在一瓶可乐中放入足以致人死亡的毒药，然后前去公园找一处风景优美之地欲行自杀。待其到公园后，感念父母年迈无人照料，遂放弃自杀，且将装有毒药的可乐放置于公园长椅后离去。于是，我们可设想不同情形予以层层深入的讨论，并得出间接故意犯罪可否成为不纯正不作为犯罪的作为义务来源，即其可否属于不纯正不作为犯罪的先行行为。

一种情形是，如果甲走后不久，觉得不应该将毒可乐放置于长椅上，使他人发生误饮危险，于是急忙将毒可乐取回并倒入垃圾桶中。甲将毒可乐倒入垃圾桶的行为，能否被认定为属于履行"先行行为引起的作为义务"的行为呢？对此应当持否定回答。具言之，先行行为引起的作为义务是指行为人先前实施的某种行为，使某种合法权益处于遭受损害或有遭受损害的严重风险的状态，由此产生的该行为人所应负担的积极阻止损害结果发生的作为义务。若行为人的先行行为引起了法益遭受侵害的危险，则该行为人就应该负有消除这一危险的作为义务，即"先行行为引起的作为义务的思想基础在于，谁创设法益侵害的危险，谁就应该防止该危险现实化"[1]。因此，应当认为"使刑法保护的具体法益面临紧迫的危险，是先前行为成为作为义务来源的实质根据"[2]，即先行行为必须是使法益具有遭受侵害的重大风险的行为，并且该风险应当是先行行为直接导致的。换言之，只有当行为人因其先行行为直接导致了法益具有遭受侵害的紧迫危险时，该行为人才负有阻止危险发生的作为义务。而在此例中，在甲将毒可乐倒入垃圾桶时，此时并无人饮用或准备饮用毒可乐，即并无法益遭受侵害的紧迫危险出现。既然甲放置毒可乐的行为并没有引起法益遭受侵害的危险，则甲也就不存在消除危险的作为义务。因此，甲将毒可乐倒入垃圾桶的行为不属于履行"先行行为引起的作为义务"的行为。

较深一层的情形是，当甲返回时看到小朋友乙正拿着毒可乐将要喝到口中，立即将毒可乐夺回倒入了垃圾桶。由于此时已经出现了法益遭受侵害的紧迫危险，甲防止了危害结果的发生，故应将甲的行为认定为犯罪中止，同样不能认为甲的行为属于"履行防止危害结果发生的作为义务"的行为。若认为在犯罪过程中，自动放弃犯罪或者自动有效地防止犯罪结果发生的行为，是"履行先行行为引起的作为义务"的行为，则刑法中规定的犯罪中止再无立足之地。换言之，原本是鼓励在犯罪过程中自动放弃犯罪或自动有效地防止犯罪结果发生的犯罪中止，将被强制性的作为义务所取代。更为荒谬的是，若在犯罪过程中也有"先行行为引起的作为义务"的存在余地，则先行行为引起的作为义务不仅会在"犯罪前""犯罪后"出现，也会在"犯罪中"出现，甚至在犯罪过程中"先行行为引起的作为义务"无时不在，无处不在。若出现犯罪过程中"先行行为引起的作为义务"无时不在、无处不在的局面，则必将导致不作为犯无时不在，无处不在，随之而来的必然是犯罪认定的混乱与罪责刑失衡。易言之，如果承认无论是在犯罪过程中还是在犯罪前、犯罪后都存在"先行行为引起的作为义务来源"，那么犯罪中止将不复存在，并且在犯罪未遂或犯罪既遂成立的同时，"先行行为引起的作为义务"也会随之而来，进而在行为人不履行该义务时不作为犯也将随之成立。

---

[1] 尚勇："'先行行为引起作为义务'的限定"，载《西南政法大学学报》2018年第3期，第38页。

[2] 张明楷："不作为犯中的先前行为"，载《法学研究》2011年第6期，第145页。

此外，即使将征表行为人人身危险性降低的犯罪中止与行为人在犯罪过程中"应当负担的作为义务"相比较，也难以认为在犯罪过程中让行为人负担"作为义务"比承认犯罪人成立犯罪中止更具优势：就鼓励犯罪人放弃犯罪而言，若认定自动放弃犯罪或者自动有效地防止犯罪后果发生的行为成立犯罪中止，则应当免除或减轻处罚；而若认定放弃犯罪或者自动有效地防止犯罪后果发生的行为，是先行行为引起的作为义务，则对于行为人"履行义务"的行为，不应该有减轻或免除处罚的鼓励性措施。另就犯罪认定而言，若行为人未自动放弃犯罪或者未自动有效地防止犯罪后果发生而造成了危害后果的，则直接认定为作为犯罪即可，并不需要先认定行为人未履行作为义务，再认为其成立不作为犯罪，即"先行行为引起的作为义务"在此并无必要。

总之，无论是就鼓励犯罪人放弃犯罪而言，还是就犯罪认定而言，在犯罪过程中自动放弃犯罪或者自动有效地防止犯罪结果发生的，认定为成立犯罪中止比将该行为认定为履行作为义务的行为，具有更显著的优势。因此，在犯罪过程中，自动放弃犯罪或自动有效防止犯罪结果发生的，应当认定成立犯罪中止，而不应该认为该行为属于"履行先行行为引起的作为义务"的行为。易言之，在犯罪过程中，根本没有"先行行为引起的作为义务"的存在余地。因此，在上例中，甲自动有效防止危害结果发生的行为，应当认定成立犯罪中止，而不应视为属于"履行先行行为引起的作为义务"的行为。

再进一层的情形是，当甲返回时小朋友乙已经喝了毒可乐，甲在乙喝过毒可乐后及时将乙送往医院救治，使乙脱离了生命危险，则甲的行为仍属于犯罪中止。如果造成了乙身体损伤，则甲可能成立（间接）故意伤害罪或（间接）故意杀人罪的中止，此时同样没有"作为义务"存在的空间。如上所述，在犯罪过程中，于危害结果发生前阻止危害结果的出现或虽然造成了一定的损害结果，但行为人通过自己的努力阻止了更严重的危害结果出现的，应当认定成立犯罪中止，即不应该在此进行"作为义务"问题的讨论。

可是，如果甲看到乙喝毒可乐而放任不管，最终造成了乙身体损伤或死亡的危害后果，甲的放任行为应该如何评价呢？是否应该认定甲的放任行为成立不作为犯罪呢？若将甲的行为分为放置毒可乐和因放任毒可乐被乙饮用而负有救助义务两个阶段考察，则甲因未实施救助义务而造成乙身体损伤或死亡，将会被认定为成立不作为犯罪。但是，甲的一系列行为都发生于间接故意犯罪的过程中，故应当整体考察甲的行为。从甲放置毒可乐到放任乙喝毒可乐的这一过程，都是间接故意犯罪逐渐成立的过程，如果仅有甲放置毒可乐的行为，而无放任乙喝毒可乐并最终造成了乙身体损伤或死亡的危害后果，则甲的间接故意犯罪最终无法成立。无论是甲放置毒可乐还是任由乙喝毒可乐，甲的主观心态一直是放任危害结果的发生，即对危害结果的发生一直保持漠视态度。正是由于甲放置毒可乐并放任乙饮用毒可乐而不闻不问，才会有乙受到伤害或死亡的危害后果，即甲的间接故意犯罪才得以成立。可见，对于甲放置毒可乐并放任乙饮用毒可乐的行为，不应该对其进行分割考察，更不应该在分割考察的基础上得出甲成立不作为的故意伤害罪或故意杀人罪的结论，而是应当从整体上将其行为直接认定为（间接）故意伤害罪或（间接）故意杀人罪。如果在此之后甲实施了防止更严重后果出现的救助行为，应当认为是犯罪后的悔罪表现，即可将其作为量刑情节对待，而同样不能认定为"履行作为义务"的行为。

综上，对于间接故意犯罪甚或是所有犯罪而言，无论是犯罪过程中，还是犯罪既遂后，都没有"先行行为引起的作为义务"的存在空间。可见，在认定间接故意犯罪时，应当从整体上把握其成立过程，切不可将其成立过程分割为不同阶段，并在此基础上人为构造"作为义务"，进而要求行为人承担该"无中生有"的作为义务。总之，先行行为不应该包括间接故意犯罪，即间接故意犯罪也不能成为不作为犯罪的作为义务来源。

（五）不纯正不作为犯的先行行为排斥过失犯罪行为

过失犯罪要求危害结果的现实发生，既然危害结果已经发生，就再无"防止危害结果"发生的可能。危害结果已现实发生，也就意味着此时行为人的过失犯罪已经成立，等待行为人的只能是刑事责任的承担。同样地，在行为人过失犯罪成立后，也不能要求行为人承担因过失犯罪行为引起的防止危害结果扩大的作为义务。如果要求过失犯罪行为人承担"防止危害结果扩大"的作为义务，这就相当于在要求行为人承担过失犯罪刑事责任的基础上，又同时要求行为人承担防止危害结果扩大的作为义务，并且这一义务最终指向的是另一个刑事责任，即当过失犯罪行为人不履行防止危害结果扩大的义务时，又将成立新的不作为犯罪。易言之，过失犯罪成立也就意味着危害结果发生，等待行为人的只能是对过失犯罪刑事责任的承担。此时，无论过失犯罪行为人是否实施防止危害结果扩大的行为，都不影响其过失犯罪的已然成立，而仅仅是对量刑产生影响。如果行为人实施了防止危害结果扩大的行为，则证明行为人悔罪态度好，可以从轻处罚；如果行为人不仅没有实施防止危害结果扩大的行为，反而对危害结果的扩大持追求或放任态度，则应该在量刑范围内从重处罚。但是无论如何，都不应该在割裂过失犯罪的整体过程的基础上，又通过对行为人过失犯罪所造成的危害结果假借所谓的"作为义务"而进行重复评价，进而在行为人不履行该"作为义务"时，得出行为人还需再承担不作为犯罪责任的结论。可以肯定的是，在把过失犯罪所造成的危害结果进行切割后创设的"作为义务"，进而当行为人不履行该"义务"时得出成立不作为犯罪的结论，其实质是在对过失犯罪所造成的危害结果进行重复评价的基础上，又使行为人承担"不履行防止危害结果扩大义务"的不作为犯罪责任，即使得过失犯罪行为人承担"重复责任"或"重叠责任"。

可见，在过失犯罪成立后，甚至是所有犯罪成立后，要求行为人负担防止危害结果扩大的义务，在逻辑上十分荒谬，同时也将使得犯罪包括故意犯罪和过失犯罪陷入"罪刑无穷尽也"的怪圈：当某一行为构成犯罪并造成危害结果时，行为人不仅需要承担相应的刑事责任，而且在危害结果出现的同时又要承担防止危害结果扩大的义务，并且如不承担该义务造成危害后果扩大时，则又成立不作为犯罪；而在成立不作为犯罪后，防止"已经扩大的危害后果再扩大"的作为义务又开始发挥作用，如还不履行该义务，则再次成立不作为犯罪，依次类推，循环不止。易言之，如果肯定"犯罪行为能够成为先行行为"，即犯罪行为能够成为不作为犯罪的作为义务来源，则将会出现作为义务的"环环相生"，从而使得行为人的刑事责任"源源不断"，进而造成行为人命运"险象环生"的局面。因此，不仅应当否认行为人过失犯罪后负有履行"防止危害结果扩大"的作为义务，而且应当否认所有犯罪后负有履行"防止危害结果扩大"的作为义务。

综上所述，过失犯罪也不应该成为不作为犯罪的作为义务来源，即过失犯罪不应属于不纯正不作为犯罪的先行行为。在过失犯罪已经成立，即危害结果已现实发生的情况下，除非刑法明文规定将过失犯罪行为人不履行作为义务造成更严重后果出现的作为结果加重犯予以处罚，如交通肇事后逃逸加重处罚的规定，行为人在犯罪后未实施防止危害结果发生或扩大行为的，均不能成为行为人另构他罪的原由。如果行为人实施了防止危害结果扩大的行为，则可在量刑中予以考量。

本章小结

犯罪行为的基本特征包含事实层面和价值层面，即其可分为事实特征与价值特征。其中，犯罪行为的事实特征包含"有意性"与"有体性"，而价值特征则包含"有害性"和"刑法禁止性"。事实特征与价值特征的有机结合赋予犯罪行为以构造性，且以"有意性"为"内核"，而原因自由行为成为犯罪行为构造性的生动例证。以对法益或客体的关系状况为标准，犯罪行为可在结构上划分为实行行为与非实行行为两个层面，即犯罪行为的行为性包含实行性与非实行性两个层面。其中，犯罪行为的实行性可以体现为复合实行性与非复合实行性等；犯罪行为的非实行性，包括预备行为的非实行性和共犯行为的非实行性。

作为犯罪行为基本特征和作为行为本身结构划分的延伸性问题，犯意表示和不当言论、不能犯与迷信犯等都应得到妥当解答。犯意表示和不当言论都有"有意性"和"有体性"，且其存在程度不同的"有害性"，故其是否入罪取决于刑事政策；不能犯虽有"有意性"和"有体性"，但没有"有意性"所对应的那种现实的危害性，故最终属于犯罪未遂；而迷信犯虽有"有意性"和"有体性"，但无"有害性"，故其最终属于"非罪"。

通过剖析一些学者在"司机闯红灯""抗税"和"医生拆除生命维持装置"例子中的说辞，所谓作为（犯）与不作为（犯）的竞合，在事实层面上是将"一个事物的两个方面"构造成"两个事物"，从而违背事实真相；在刑法规范层面上，所谓作为（犯）与不作为（犯）的竞合构造了不可能，也不应该存在的"第四种行为类型"，从而所谓作为（犯）与不作为（犯）的竞合有悖于保障权利和保护社会的刑法基本价值。作为（犯）与不作为（犯）的竞合是"过度类型化思维"的一种体现。

犯罪对象的必存性是逻辑类比的结论，是本质与表相、形式与内容辩证关系的结论，是人类活动对象性原理的结论，是犯罪对象概念本身的结论，是犯罪对象的犯罪构成表现的结论。除了"具体的人或物"，具有现代科技特质的"无形物"是犯罪对象的新样态。与犯罪客观方面中其他时空因素的联系构成了犯罪对象体现犯罪客体的前提，而通过对合法状态的影响或改变则构成了犯罪对象体现犯罪客体的途径。

联系犯罪对象和犯罪客体来定义犯罪结果是明确犯罪结果概念的逻辑必然，故我们可得的定义是：犯罪结果是犯罪行为作用于犯罪对象而引起的体现对犯罪客体侵害的相应变化。犯罪结果可作出物质性犯罪结果与精神性犯罪结果、实害性犯罪与危险性犯罪结果等分类。"可能结果"或"威胁结果"是一个莫衷一是的概念，其扰乱了犯罪结果分类的应有逻辑。由犯罪客体所体现出来的侵害性是犯罪结果的本质，从而犯罪结果是刑法学理论的"最基底范畴"，其理论地位在犯罪论和刑罚论中都有所体现。

犯罪行为因果性问题即以往所谓刑法因果关系问题。当采用"一定条件下的因果关系观"，即采用"孤立简化法则"，则所谓刑法偶然因果关系与刑法间接因果关系都是关于刑法因果关系的"伪概念"。作为"一定条件下的因果关系观"和"孤立简化法则"的延伸，犯罪行为的因果性即刑法因果关系具有条件性与相对性、构造性与相当性、交织性与竞合性这三组属性。作为"一定条件下的因果关系观"和"孤立简化法则"的再延伸，介入因素问题是犯罪行为因果性即刑法因果关系理论必须讨论的内容。由此，自然因素、被害人的严重病患或特异体质和行为人的行为，应从犯罪行为因果性即刑法因果关系的介入因素中排斥出去，即只应讨论"被害人的行为介入"和"第三者的行为介入"，且采用"正当性标准"或"正常性标准"来判断犯罪行为因果性即刑法因果关系是否受到影响。除了奉行"孤立简化法则"，在判断介入因素是否影响犯罪行为因果性即刑法因果关系时还应谨防"近因说"和"概率论"的不当干扰。犯罪行为因果性即刑法因果关系还有两种特殊的形成样态，即"提前的犯罪行为因果性"或"提前的刑法因果关系"和"延后的犯罪行为因果性"或"延后的刑法因果关系"。刑法因果关系错误也是刑法因果关系理论需予深入讨论的内容，而刑法因果关系错误可分为"影响"刑法因果关系成立和"不影响"刑法因果关系成立两种情形。同时，在刑法因果关系错误的场合，可提炼"因果关系巩固"这一概念来与"刑法因果关系中断"形成对应，以进一步丰富和完善刑法因果关系理论。

不纯正不作为犯罪的义务来源包括"保证人"也是犯罪客观方面论中的一个重要问题。合法行为根本不可能成为不纯正不作为犯罪的义务来源，不作为也不宜成为不纯正不作为犯罪的义务来源。犯罪行为包括故意犯罪和过失犯罪，更不应成为不纯正不作为犯罪的义务来源。能够成为不纯正不作为犯罪义务来源的，只能是生活化行为（正当的和不正当的）和一般违法行为。最终，不纯正不作为犯中的"保证人理论"不能全盘否定，但其适用范围应受到合理限制。

下 篇
犯罪形态

第七章

犯罪形态之一：共犯形态

第一节　行为共同说的法教义学否定

"黑暗之章"生动地说明着共犯理论的复杂性。而直接关涉共犯成立范围的共犯本质问题是共同犯罪的首要问题和根本问题，故须予以深入解答。

一、共犯本质界说

行为共同说与犯罪共同说对于共犯本质问题的争论，首先要解释的即是共犯本质概念本身，然后再对共犯本质作进一步表述。关于共同犯罪的本质，国外刑法理论主要有两种见解：一是看重各人客观行为共同的"行为共同说"，即共同犯罪就是数人共同实施行为以实现各自的犯罪，即"数人数罪"；二是看重犯罪构成主客观要件相同的"（部分）犯罪共同说"，即共同犯罪就是数人共同实施其所共同追求的特定犯罪，即"数人一罪"[1]。国内刑法理论也逐渐形成了前述两种见解相争的学术格局。

（一）共犯本质的初步肯定

在行为共同说的赞同者看来，共同犯罪在本质上和单人犯罪并无区别，不同之处在于犯罪主体的多寡，故共同犯罪的"共同"当然是客观上的共同违法行为而无需考虑主观上的共同故意[2]。显然，赞同者将客观违法的共同性或共同的客观违法性视为共犯本质。这里，我们需要对共犯本质概念本身予以明确。在本著看来，共犯本质"源于"犯罪的本质，这是犯罪与共同犯罪之间概念的属种关系所决定的。犯罪的本质是什么呢？"蔑视社会秩序最明

---

[1]　黎宏："共同犯罪行为共同说的合理性及其应用"，载《法学》2012 年第 11 期，第 113 页。

[2]　郭妍、贾宇："行为共同理论之提倡"，载《国家检察官学院学报》2016 年第 2 期，第 105 页。

显、最极端的表现就是犯罪"[1]，马克思主义的这一论断是将主客观两个方面结合起来界说犯罪的，即"蔑视"是犯罪的主观面，而"表现"则是犯罪的客观面。其中，犯罪的主观面便是我们探寻犯罪本质的方向所在。在马克思主义那里，"蔑视"即行为人对法秩序亦即刑法秩序的一种"恶"的态度，即轻视或无视刑法规范的态度。此态度，若联系犯罪论体系，便存在于我们常说的"罪责（性）"，而这里的"罪责（性）"即犯罪的本质所在。具言之，犯罪的本质是犯罪这一事物得以形成时便具有的东西。就三要件递进式犯罪论体系而言，当先后具有或符合构成要件该当性、违法性和有责性，行为才成立犯罪，进而才有犯罪而言。

那么，犯罪的本质是生成于哪一个阶层呢？当然不是"构成要件该当性"，因为"构成要件该当性"只反映犯罪的表面，即"构成要件该当性"只是对犯罪成立所作出的"第一道工序"的形式判断；也不是"（客观）违法性"，因为一般违法行为也通常具有客观违法性。于是，犯罪的本质应生成于"有责性"即"罪责性"，因为"有责性"即"罪责性"是行为经过阶层式犯罪论体系最后筛选的"犯罪定性"，亦即在"有责性"即罪责性这一本质生成时，犯罪本身得以成立。但这里需要进一步指出的是，现有的犯罪共同说实际上是将"共同故意"视为共犯的本质。而今看来，将"共同故意"或"故意共同"视为共犯本质是不妥的，因为对于故意问题，刑法理论界已经逐渐达成了"构成要件的故意"这一共识，而"构成要件的故意"到了"有责性"阶层那里已经不能再被无色地称为"故意"了，而是具有规范价值色彩的"罪过性"或"罪责性"。易言之，"构成要件的故意"尚是一种心理事实上的故意，其还不具有规范性，故不能将其视为同样具有规范性的共犯本质问题的"奠基"。可见，若将"共同故意"或"故意共同"视为共犯本质，则仍然是滞留于"构成要件"阶层来讨论共犯本质问题，而"构成要件"阶层尚远离犯罪成立的最后一个阶层即"有责性"阶层。显然，若将"共同故意"或"故意共同"视为共犯本质，则等于是先于犯罪成立或犯罪本身来讨论犯罪本质，这便存在着逻辑颠倒问题。将"罪责共同性"视为共犯本质，已经规范地含化了"故意共同性"。

有学者指出，传统的犯罪概念是一种广义的犯罪概念，而在实践中完全

---

〔1〕《马克思恩格斯全集》（第2卷），人民出版社1957年版，第416页。

存在一种狭义的犯罪概念，即当行为客观上具有法益侵害性时，就是一种犯罪，只不过如果行为人不具备故意或过失或没有达到法定责任年龄，最终不以犯罪论处[1]。实际上，学者把犯罪概念的广狭义问题弄反了，即行为只是在客观上具有法益侵害性所对应的是广义的犯罪概念，而另将具备故意或过失且具有刑事责任能力作为构成要素所对应的是狭义的犯罪概念，因为概念的内涵越多，其外延越小，从而其越容易成为狭义概念。这里，若将客观的违法性视为犯罪的本质，按照学者的思路，等于是将一个广义概念作为狭义概念的本质。因此，在阶层式犯罪论体系那里，"构成要件（该当性）"和"（客观性）违法性"都不是犯罪本质的栖身之处，而只有"有责性"才是犯罪本质的住所。但从"有责性"中召唤出来的犯罪本质应被称为罪责性，因为只有罪责性才能明确汇聚对"构成要件该当性"和"（客观的）违法性"的一体评价。把罪责性视为犯罪的本质，与将应受刑罚处罚性视为犯罪的本质特征，所形成的是对犯罪的互为表里的一种认识与考察。既然罪责性而非所谓客观违法性是犯罪的本质所在，则罪责的共同性或共同的罪责性便是共犯的本质，而此处的罪责的共同性或共同的罪责性，是指对包含法益秩序的社会秩序的"共同极端蔑视性"。

（二）共犯本质的进一步提醒

实际上，客观的行为共同说较主观的行为共同说只是将"行为共同"由"前构成要件阶段"向后放置于"构成要件阶段"予以论说问题，这似乎使得"行为共同"变成了"构成要件行为"共同或实行行为共同，但其明显产生的问题有两个：一是"行为共同"只是"构成要件行为"或实行行为的一种外在"相似性"，故其容易破坏"构成要件行为"或实行行为的定型性，从而违背罪刑法定，如甲乙分别以强奸和猥亵的故意共同对丙实施暴力，而强奸罪与强制猥亵罪的构成要件行为即实行行为有着各自的"定型性"；二是"构成要件"层面的共同原本只是实行行为的共同，但行为共同说已经将教唆、帮助等非实行行为也一并扯进了"行为共同"，故导致其在"构成要件"层面提出"行为共同"的自相矛盾。而无论是对"构成要件行为"或实行行为的定型性的破坏，还是"行为共同"的口径冲突，皆可在"有责性"层面来寻找和论说共犯本质问题予以避免。将共犯本质视为"行为共同"，无异于

事物本身还未形成就先肯定事物的本质已经存在。将共犯本质视为先于共犯本身就已存在的这种做法会造成共犯成立范围的不当扩大。具言之，如果将客观违法性的共同性及作为其表征的"行为共同性"视为共犯本质，则一般违法行为将与犯罪行为构成共同犯罪，同时犯也将构成共同犯罪；而假设将构成要件该当性的共同性或共同的构成要件该当性视为共犯的本质，则正当防卫等正当化行为将与犯罪行为构成共同犯罪。客观地说，若向后看，客观的行为共同说较主观的行为共同说确实大大限制了共犯成立的范围或机会，但"构成要件"离"有责性"还有相当距离，故沿着阶层式犯罪论体系向前看，客观的行为共同说在共犯成立范围或机会上却还远远没有实现应有的限制，从而相较于犯罪共同说，其有"开历史倒车"的嫌疑。

共犯本质到底是什么？针对这一问题，我们似可从行为共同说那里获得反面启发。行为共同说经历了从主观主义到客观主义的理论演变。以牧野英一为代表的主观主义的行为共同说，认为犯罪的本质在于行为人对于法规范背后的伦理秩序的主观反动，故其将共犯理解为基于共同的行为而完成犯罪，即其理解共犯的关键在于"共同行为"，且其"共同行为"的共同性不要求特定犯罪的共同性，而只需"前构成要件的、前法律行为"的共同性[1]。由于将共同犯罪的共同性从主客观两个方面都作出了"前构成要件"即脱离构成要件的极端化理解，甚至使得讨论的问题丢掉了规范性，故主观主义的行为共同说当下被客观主义的行为共同说所取代。在以山口厚等为代表的客观主义的行为共同说看来，共同犯罪是指数人共同实施了符合构成要件的违法行为，而非共同实施特定的犯罪。其所理解的共同犯罪的"共同行为"，是数人之间就实行行为具有意思联络的、能够相互利用补充的行为，从而不要求数人之间有共同实现犯罪的意思联络。这便导向共同犯罪就是数人根据共同行为即利用他人行为来实现各自的犯罪，最终便是"数人数罪"[2]。主观的行为共同说与客观的行为共同说的主要区别，可以概括为：一是"行为共同"的存在样态有别，前者的"行为共同"是"前构成要件行为"即"自然行为"的共同，而后者的"行为共同"则是"构成要件行为"即实行行为的共同；二是主观恶性的深度有别，前者的主观恶性只是对法规范背后伦理秩

---

〔1〕 张明楷：《刑法的基本立场》，中国法制出版社 2002 年版，第 255~259 页。

〔2〕 黎宏：《刑法总论问题思考》，中国人民大学出版社 2007 年版，第 468 页。

序的反动心理的暴露即所谓"跃动"，而后者的主观恶性则是通过"共同实行"而非"共同实现"以"实现自己的犯罪"。显然，从主观的行为共同说到客观的行为共同说，随着"行为共同"的形成处所有别，主观恶性也由抽象走向明确，且"行为共同"本身也形成了深浅不同的存在状态。

但是，由于共同犯罪必然先存在"行为共同"，即先存在"行为共同"，才可能形成共同犯罪，故"行为共同"只是共同犯罪本身的成立，进而是共犯本质问题的一个先决条件。显然，我们不宜将共犯的先决条件等同于共犯本质本身。客观的行为共同说是将主观的行为共同说对共犯的"共同性"的考察由"前构成要件"阶段即犯罪论体系之外放置于犯罪论体系之内的"构成要件"阶段，但其仍不能得出"行为共同"就是共犯本质的结论，因为只有经过"有责性"阶段的肯定性评价，犯罪本身自始成立，进而才有犯罪本质和共犯本质问题的生成空间和话语机会。在此，我们能够清楚地认识到一点：即便按照递进式犯罪论体系，犯罪这一概念也非纯客观的违法性行为或法益侵害行为这么一个广义的概念，而是一个由主观要件和客观要件合成的狭义的概念，因为犯罪是"符合构成要件该当性的，违法且有责的行为"。

提出或赞同共犯本质是"行为共同"无疑是混淆甚至偷换论题概念的做法，即不应把"符合构成要件该当性的，违法且有责的行为"所对应的犯罪概念混淆甚至偷换成"客观违法行为"所对应的犯罪概念，亦即不应把原本规范学意义上的犯罪概念混淆或偷换成这一概念的一个构成要件。不宜将"客观违法行为"以及作为其表征的"构成要件该当性"的行为视为犯罪的本质，便意味着不宜将"共同的客观违法行为"以及作为其表征的"共同的构成要件该当性"视为共犯的本质。我们不否认"行为共同"在共犯成立中的应有作用与合理地位，但我们却难以得出"行为共同"就是共犯本质的结论。行为共同说并未通过"本质"一词来界说"行为共同"与共犯的关系，而客观的行为共同说将共同犯罪最终说成是"数人数罪"，似乎已经意味着"行为共同"离共犯本质还很远很远。日本学者指出："行为共同说，与其名称相应，是行为层次的问题。"[1]从"前构成要件"即"自然行为"的行为共同到"构成要件行为"即"实行行为"的行为共同，行为共同说着力解答并有所发展的正是共同犯罪的"行为层次"问题，故行为共同说所提出的行

---

〔1〕 ［日］金泽文雄：《刑法的基本概念再检讨》，日本冈山商科大学出版会 1999 年版，第 179 页。

为共同远非共同犯罪的本质问题，因为"行为层次"问题仍然属于共同犯罪得以成立的一个"条件"问题，其距犯罪本质和共同犯罪的本质还很遥远。

有人指出，之所以在我国刑法中的必要共同犯罪与德日刑法中的必要共犯是否可适用总则共犯规定的问题上存在很大区别，是因为两者的内涵和外延有别，即德日刑法中的必要共犯是一个前犯罪判断的概念，其仅从行为的自然意义上区分共犯类型而不考虑那些必要的参与行为最终是否成立犯罪，故德日刑法中的必要共犯完全有可能最终只存在单独犯罪而非共同犯罪的情形[1]。其实，按照行为共同说，必要共犯和任意共犯都是在构成要件层次上的前犯罪判断的概念，其最终都有可能只存在单独犯罪即单独犯。我们应该肯定的是，共同犯罪即共犯与单独犯罪即单独犯都是后犯罪判断的概念，即两者是在犯罪成立前提下的概念对应，亦即两者是处于"行为已经成立犯罪"的问题层次上。

于是，如果我们肯定单独犯是处于"行为已经成立犯罪"的问题层次上，则行为共同说无形之中将共犯与单独犯由同一问题层次强行地分置于不同的问题层次，而这里的问题层次即犯罪成立过程的不同阶段。可见，行为共同说明显存在着犯罪尚未成立就来谈论犯罪类型的逻辑颠倒问题。学者在论述共同犯罪的有关问题时指出，二人以上的意思联络不应当限于犯罪故意的联络，只要就共同实施构成要件的违法行为具有一般意义的意思联络即可[2]。"不应当限于犯罪故意的联络"意味着共犯故意的联络既可以是犯罪故意与犯罪故意的联络，也可以是犯罪故意与一般违法意思的联络，还可以是一般违法意思与一般违法意思的联络。由于只体现一般违法意思的行为只能是非罪行为，"不应当限于犯罪故意的联络"暗含着将非罪视为犯罪，从而有着将非罪与犯罪视为共同犯罪，甚或将非罪与非罪拼凑成共同犯罪的逻辑嫌疑。可见，行为共同说在讨论问题的前提上是暗含着学术"硬伤"的，即不应当在犯罪还未成立的时候就来讨论作为种概念的共同犯罪。

最后，"归因"与"归责"的关系是我们面对共犯本质问题必须要把握好的关系。学者指出，"犯罪共同说"的致命缺陷是忽视了共犯规定本身只是

---

[1] 熊亚文："必要共同犯罪概念及其功能问题研究——一个域外概念的中国化思考"，载《河南财经政法大学学报》2016年第3期，第77页。

[2] 张明楷：《刑法学》（第4版），法律出版社2011年版，第365页。

基于一个客观归因原则的事实，故在共同关系的判断中混入了作为主观责任要素的故意内容，结果是将客观归因和主观归责混为一谈。无论是"犯罪共同说"还是"行为共同说"，其和条件说、原因说或者相当因果关系说等因果关系的判断原则一样，本来只是一个客观归因原则。而"犯罪共同说"恰好在考虑共犯各人客观作用的时候又考虑行为人是否与其他人之间具有共同故意，故其在对共犯人的客观归因判断中混入了与客观危害无关的主观意思内容，当然难言妥当[1]。所谓将客观归因和主观归责混为一谈，或许是行为共同说对犯罪共同说杀伤力最大的一个说辞。但是，如果将现行刑法对共同犯罪与共同过失犯罪的规定拿来作一对比，我们便可得出一个结论：犯罪共同说是包含着客观归因的主观归责，正如中国古代对共同犯罪问题便早已有了"造意为首"的规定。行为共同说正是由于丢弃主观责任因素而单纯地强调行为的客观连结，才致使其不当地扩大了共犯的成立范围或成立机会。

当应把"罪责共同"即"对社会秩序极端蔑视性共同"视为共犯本质，我们便可进一步判别行为共同说与犯罪共同说在是否违反刑法基本原则和刑法责任原则等问题上的孰是孰非。

二、行为共同说违背刑法基本原则及其实定法障碍

刑法基本原则和刑法关于共同犯罪的现行规定，构成了共犯本质的行为共同说的规范障碍。

（一）行为共同说违背刑法基本原则

这里所说的刑法基本原则包括罪刑法定原则、罪责刑相适应原则和适用刑法人人平等原则。

行为共同说首先违背罪刑法定原则。在共犯本质问题上，行为共同说被认为不能和我国《刑法》第 25 条相协调，从而有违罪刑法定原则。对此，行为共同说的赞同者作出回应，即当把第 25 条的共同犯罪的"二人以上共同故意犯罪"解释为"二人以上共同去故意犯罪"即加一个"去"字，则不仅可以弥补成文法理论的不自洽和还原共同犯罪理论解决客观违法问题的本原，且可贯彻客观的违法概念以解决诸多实践难题。另外，对行为共同说的质疑是受传统犯罪论体系影响的必然结果，而四要件平面耦合的犯罪论体系的重

---

[1]　黎宏："共同犯罪行为共同说的合理性及其应用"，载《法学》2012 年第 11 期，第 114 页。

大缺陷使得犯罪共同说对行为共同说的批评失去了基础[1]。

实际上，犯罪也罢，共同犯罪也罢，都是行为人将内心犯意外化为客观行为，都是采取一种行动，都会发生一个"去"字。这里，仅仅通过在对《刑法》第 25 条共同犯罪的理解中增加一个"去"字而得出共同犯罪的本质即行为共同，显然是太牵强了。如果我们将对第 25 条作"犯罪共同说"的解释视为符合罪刑法定原则，则与之相对立的"行为共同说"又怎么可能符合罪刑法定原则呢？至于假借四要件平面耦合的犯罪论体系的所谓重大缺陷来指摘犯罪共同说对行为共同说的批评失去了基础，也显得很牵强且有"株连"之嫌，因为主张三要件递进式犯罪论体系的德日刑法理论中也有关于共犯本质的犯罪共同说，且其犯罪共同说也与行为共同说存在着分歧。四要件平面耦合的犯罪论体系的所谓"重大缺陷"，不足以被用来指摘犯罪共同说对行为共同说的批评，也不足以在"王顾左右而言他"之中来遮盖行为共同说对罪刑法定原则的背离。也许行为共同说在三要件递进式的德日犯罪论体系中并不违背罪刑法定原则，但其在我国的刑法立法面前是否违背罪刑法定原则，则似乎应注意"到什么山唱什么歌"。

但在三要件递进式的犯罪论体系中，行为共同说也是违背罪刑法定原则的。在行为共同说看来，对于一起共同犯罪案件，不仅可以最终宣告部分共犯（先被假定为犯罪人）最终为无罪之人，而且在都宣告有罪的前提下可认定不同罪名。于是，当认定不同罪名意味着共犯行为侵害不同法益，而不同法益又通常是由作为犯罪定型的构成要件所对应，则行为共同说便因违背构成要件所昭示的犯罪定型而最终背离罪刑法定原则，正如犯罪共同说理论源于客观主义刑法理论，其理论要旨在于构成要件的定型性，即以特定犯罪的存在为前提，故共犯当然是二人以上共同对同一法益实施侵害的犯罪[2]。当然，这里的"同一法益"可以是在诸如杀害与伤害"重合"中的"同一法益"。

将共同犯罪的本质说成是行为共同，意味着共同行为即可构成共同犯罪。这将造成如下局面：一个有刑事责任能力者和一个无刑事责任能力者去共同实施对于具有刑事责任能力者才可构成犯罪的某项行为，则先将二者视为共

---

〔1〕 郭妍、贾宇："行为共同理论之提倡"，载《国家检察官学院学报》2016 年第 2 期，第 104 页。

〔2〕 ［日］小野清一郎：《犯罪构成要件理论》，王泰译，中国人民公安大学出版社 2004 年版，第 511 页。

同犯罪，即没有刑事责任能力者也犯了罪，接着在对有责任能力者与无责任能力者的"捆绑评价"中对有刑事责任能力者作出罪刑评价，最后再对先被"假定犯了罪"的无刑事责任能力者宣告无罪。但是，按照我国刑法的实然规定，没有刑事责任能力者的所作所为是根本构成不了犯罪的，故行为共同说在前述局面中所造成的"犯罪假设"明显违背了罪刑法定原则。

行为共同说对罪刑法定原则的违背，还可作更进一步的分析。现在主张行为共同说的学者都认为，行为共同说讨论的问题既然是共同犯罪的问题，则当然不能离开犯罪的构成要件，即共同的行为必须是符合构成要件的实行行为。只不过这一行为，始终是从各个共犯人自己的观点出发来看待的实行行为，故这里的共同的行为可能分别是不同犯罪的实行行为。易言之，只要行为人实施了共同的实行行为，就可成立共同犯罪，而不要求是同一或特定的犯罪，即"数人数罪"是这一学说的本质特征[1]。我们首先能够看出的问题是，按照行为共同说，只要行为人共同实施构成要件行为即共同实施实行行为，就能成立共犯。可见，行为共同说视野中的共犯便只限于共同正犯，即其将教唆犯和帮助犯的共犯类型排斥在共犯之外，这使得行为共同说在不当扩大共犯成立范围的同时，又在共犯类型上不当缩小了共犯成立范围，即使得共犯的成立范围呈现了"此起彼伏"的诡异局面。

更加重要的是，行为共同说强调共同犯罪的共同是构成要件行为即实行行为的共同，但构成要件是具体或特定犯罪的行为类型，故构成要件行为即实行行为也是具体或特定的。显然，当行为共同说又言共同的行为可能分别是不同犯罪的实行行为即不同的构成要件行为，这便等于否定了共同的行为必须是符合构成要件的行为即实行行为。在行为共同说看来，二人以上不论是共同实现特定的犯罪，或是仅仅以"共同的行为"实现"各自的意图"，都成立共犯[2]。当把二人以上共同实现特定的犯罪视为共同犯罪，行为共同说与犯罪共同说是没有分歧的，但将仅仅以"共同的行为"实现"各自的意图"也视为共同犯罪，则行为共同说与犯罪共同说便产生了分歧。而我们由此可以发现的问题是，出自"各自意图"的所谓"共同的行为"所呈现的只是外形上的"相似性"，而实则形成的是不同构成要件符合性即不同实行行为性，

---

〔1〕　刘艳红主编：《刑法学》（上），北京大学出版社 2016 年版，第 260 页。
〔2〕　［日］大谷实：《刑法讲义总论》，成文堂 2007 年版，第 403 页。

如甲乙分别以强奸和抢劫的故意共同加害丙。这里，外在暴力这一共性的"加害"便是行为共同说所说的"共同的行为"，但强奸和抢劫所具有的是完全不同的"实行行为性"即不同的"构成要件符合性"。由于行为共同说那里潜藏的不同的"实行行为性"即不同的"构成要件符合性"实际上瓦解了构成要件行为即实行行为的定型性，故其在一种较为明显的自相矛盾中背离了构成要件所赋予的犯罪行为的类型化或定型性，从而在根本上背离了罪刑法定原则。

再就是行为共同说违背罪责刑相适应原则。在前文指出的，由行为共同说完全可能造成的"犯罪假设"→"捆绑评价"→宣告无罪的个案中，无责任能力者被变相地或事实地作为真正的共犯对待，且被作为真正适格的（共同）犯罪人的责任轻重的认定对照。而正是在此认定对照中，真正适格的（共同）犯罪人的刑事责任被变相地和不合理地有所"蒸发"，从而本来是单独犯的刑事责任变成了共犯的责任（当涉案人员包括一个有刑事责任能力者而另一个无刑事责任能力者），即由本应承担事件的全部责任变成了只承担部分责任，或本来是主犯的责任变成了从犯的责任（当涉案人员包括一个无刑事责任能力者而另两个以上有刑事责任能力者），即由本应承担较重的刑事责任变成了承担较轻的刑事责任。而此局面，都是肇始于对涉案的无责任能力者的"犯罪假设"，其所带来的便是明显违背罪责刑相适应原则。行为共同说违背罪责刑相适应原则，另有体现。按照行为共同说，在某甲、某乙分别出于杀人、伤害的故意共同对某丙施加暴力致其死亡的场合，甲、乙应当先后构成故意杀人罪和故意伤害致死罪的共同正犯[1]。在前述场合，按照部分犯罪共同说，甲、乙只在轻罪的位置即"重合部分"成立一次共同正犯关系便可恰当解决乙的刑事责任问题，而甲最终承担的是单独犯的刑事责任；但按照行为共同说，甲、乙将在重罪和轻罪两个位置成立二次共同正犯关系，即出于轻罪故意的乙还要在不具有重合性质的重罪即故意杀人罪位置而与甲成立共同正犯关系。比较而言，在两次共同正犯关系中，甲构成乙的轻罪故意的共同正犯，并不最终导致甲的刑事责任的不当加重；而乙构成甲的重罪故意的共同正犯，将"隐秘"地导致乙的刑事责任的不当加重。可见，行为共同说在前述场合有违背罪责刑相适应原则之嫌。

---

〔1〕 黎宏："共同犯罪行为共同说的合理性及其应用"，载《法学》2012年第11期，第115页。

"行为共同说"与罪责刑相适应原则的抵牾，还体现在间接正犯问题上。关于共犯本质的"行为共同说"不仅在与"完全犯罪共同说"相反的方向上导致共犯成立范围的无限扩张，也直接带来间接正犯本身责任范围的不当扩张或隐蔽性加重。如学者举例指出，甲令 6 岁的儿童窃取邻居桌上的价值7000 元的手机，应认定甲的行为成立盗窃罪，且盗窃数额为 7000 元。而值得研究的情形是：乙令 10 岁的 X 进入某办公楼盗窃财物。X 正欲进入办公楼时遇到了 10 岁的 Y。于是，二人合意进入办公楼共同盗窃，结果 X 窃取了一部价值 8000 元的手提电脑，Y 则窃取了一部价值 3000 元的手机。由于共同犯罪是违法形态，故 X 与 Y 在违法层面构成共同正犯；又由于对共同正犯采取"部分实行全部责任原则"，故应将被害人价值 11 000 元的财产损失归属于 X 的行为；又由于乙应当对被利用者 X 的法益侵害结果承担责任，故乙犯盗窃罪的数额为 11 000 元而非 8000 元。在前述场合，既不能否认乙的利用行为与被害人 11 000 元财产损失之间具有因果性，也不能否认乙对该财产损失结果缺乏故意[1]。在前述场合即前例中，如果客观地看问题，则应将乙的利用行为与被害人 8000 元的财产损失之间视为形成了因果性，而被害人 3000 元财产损失的因果性因在该损失与 Y 的行为或至多与 X、Y 的共同行为之间去寻找，因为乙的利用行为即其令 X 进入某办公楼盗窃财物的行为，只是为 Y 的行为与被害人 3000 元财产损失因果性的形成"无意之中"提供了一个"条件"而已。显然，将 Y 的行为与被害人 3000 元财产损失的因果性，说成是属于乙的利用行为与被害人所有财产损失的因果性，因不客观而对乙不公平。另外，将乙对被害人 3000 元财产损失也视为存在故意，同样是不客观的，因为乙在对 X 进入某办公楼盗窃财物作出命令行为时还未曾料到 X 会遇到 Y，更未曾料到 X 会与 Y 合意共同盗窃。

而学者的所谓"不能否认"属于一种对行为人罪过形态的事后逆推，且其事后逆推显然是不具有客观性的，甚至是一种"莫须有"。而这显然违背刑法责任主义原则，因为按照刑法责任主义原则，追究一个人违法行为的刑事责任必须是行为人在"行为之时"具有刑事责任能力，同时必须是行为人在"行为之时"具有某种罪过。由于所谓共同犯罪是违法形态而非犯罪形态的背后是共犯本质的"行为共同说"，故在前述场合即前例中，学者将 X 与 Y 视为

---

[1]　张明楷：《刑法学》（第 4 版），法律出版社 2011 年版，第 366~367 页。

所谓共同正犯。又由于将乙视为 X 与 Y 二人合意行为即所谓共同正犯行为的间接正犯，故学者最终便将 X 与 Y 二人合意行为即所谓共同正犯行为的法益侵害总结果"一股脑儿"堆积到乙的头上。由此可见，在间接正犯的场合，共犯本质的"行为共同说"将使得间接正犯者不堪刑事责任之重，因为就前例而言，乙的行为对 Y 的行为及其所造成的危害结果既未形成物理因果性，更未形成心理因果性，"行为共同说"有明显的随意编织"因果关系网"之险。而我们也由此再次看到了"行为共同说"的实践危险，且此危险正是定罪量刑正当性的危险，从而最终是权利保障的危险。显然，前述危险是"行为共同说"使得间接正犯的处罚违背罪责刑相适应原则所带来的。

当违背了罪刑法定原则和罪责刑相适应原则或罪刑均衡原则，行为共同说也就违背了适用刑法人人平等原则，因为当行为共同说将两个有责任能力者的共同故意行为和将一个有刑事责任能力者与一个无刑事责任能力者的没有共同故意的共同行为都视为共同犯罪，则将造成有刑事责任能力者对刑事责任承担的不平等，同时造成无刑事责任能力者在有刑事责任能力者面前承受社会名誉的不平等，即"凭什么将我是一个无刑事责任能力者说成是共同犯罪人（尽管是暂时的假设）？"易言之，行为共同说存在着违背公众的犯罪观念和一般情理的问题，正如按照行为共同说，数个无责任能力者共同侵害法益也可成立共同犯罪，这明显与我国民众的犯罪观念相悖，因为在一般民众看来，无责任能力者的侵害法益行为是出于病态反应或年幼无知，其与主观恶性应予谴责和惩罚的犯罪存在质的区别，故将无责任能力者的行为认定为犯罪或将其评价为犯罪人，十分不合情理[1]。

行为共同说违背刑法基本原则，隐含着行为共同说在我国将遇到实定法障碍。

（二）行为共同说的实定法障碍

刑法理论应该且能够引导刑法立法，但刑法理论须先尊重现行有效的刑法立法。行为共同说试图通过将我国现行《刑法》第 25 条解释为"二人以上共同故意去犯罪"，即在现有条文中添加一个"去"字，以求得一种自圆其说，实是意图突破现行的实定法障碍。行为共同说能否突破现行的实定法障

---

[1] 刘明祥："不能用行为共同说解释我国刑法中的共同犯罪"，载《法律科学（西北政法大学学报）》2017 年第 1 期，第 63 页。

碍，要看实定法即现行刑法本身是怎样的，而如果实定法即现行刑法本身"固若金汤"，则行为共同说非要抱着"不到南墙不回头"的态度吗？我们必须承认，我国刑法对共同犯罪的规定是以对犯罪的规定为基础或前提的。结合现行《刑法》第 14、15、16、17、18 条的规定，我们可以得出这样的结论：构成我国刑法所规定的犯罪的行为，须是具有刑事责任能力者的具有法定故意或过失的危害行为，亦即刑事责任能力性、法定罪过性和社会危害性是行为构成犯罪的不可或缺的条件。而我国现行《刑法》第 13 条对"犯罪"所作出的"依照法律应当受到刑罚处罚的"要求，应当包括行为人应具有刑事责任能力（包括达到刑事责任年龄）的内容。《刑法》第 13 条对于我们早就争论的犯罪本质特征问题已经给出了答案，即应受刑罚处罚性是犯罪的本质特征。显然，应受刑罚处罚性包含着刑事责任能力（包括刑事责任年龄）的要求。而应受刑罚处罚性对刑事责任能力（包括刑事责任年龄）的要求，就是犯罪成立本身对之所提出的要求。于是，作为犯罪种概念的共同犯罪也不可或缺前述三项条件，包括刑事责任能力性和法定罪过性。易言之，构成共犯的行为人在参与共同犯罪时都必须是具有刑事责任能力且具有法定罪过的人。这里的法定罪过本来包括故意或过失，但由于《刑法》第 25 条第 2 款作出了"二人以上共同过失犯罪，不以共同犯罪论处"的规定，故共同犯罪的法定罪过便只是故意这种罪过形式了。在这里，我们要特别注意第 25 条第 2 款，该条该款不仅明确排斥了共同过失行为是共同犯罪，而且反面地强调着构成共同犯罪须具有"共同故意"这一主观要件。

由此，我们可以形成这样的认识：一个无刑事责任能力者与另一个或另二个以上有刑事责任能力者共同实施对具有刑事责任能力者而言才构成犯罪的行为，不能将无刑事责任能力者的所作所为与有刑事责任能力者的所作所为视为共同犯罪，因为无刑事责任能力者尽管对其所作所为有所认识甚至也是有所"放任"或"希望"，但其只是心理事实上的故意而非规范意义上的故意，从而难与有责任能力者的故意构成共同故意；一个具有刑事责任能力者带着与另一个或另二个以上有刑事责任能力者内容完全不同的故意参与到与后者的共同作案中，也不能将前者与后者的所作所为视为共同犯罪，因为虽然都是规范意义上的罪过，但因内容完全不同而同样无法构成共同故意。由此看来，行为共同说在现行《刑法》第 25 条第 1 款中所添加的一个"去"字并不能使得该条该款的解释增加如下内容：构成共同犯罪即共犯者可以是

"去的"无刑事责任能力者，或"去的"具有完全不同故意内容的人。易言之，我国现行《刑法》第25条第1款并不能通过添加一个"去"字而将之解释为：凡是"去的人"，都构成共同犯罪即共犯，或曰凡是"去的人"，都对共同犯罪"见面有一份"。看来，行为共同说不承认其在我国的实定法障碍，是不现实的。

行为共同说的响应者指出，现行《刑法》第25条第1款"共同故意犯罪"的规定，既可以理解为"共同故意"犯罪，也可以理解为"共同"的故意犯罪，前者强调"主观上"的共同故意，后者强调"客观上"的共同行为。由现行《刑法》第25条第2款"二人以上共同过失犯罪的，不以共同犯罪论处"，通常认为过失行为是"无意识"的，不同过失行为人之间难以形成主观上的共同，故"共同过失犯罪"显然是指"客观上"的"共同"的过失行为。于是，应将《刑法》第25条第1款中的"共同"与第2款中的"共同"同样予以"客观上"的把握。事实上，我国刑法理论通说一方面强调共同犯罪人之间必须存在"意思疏通"，另一方面又广泛地肯定"片面帮助犯"的成立，便存在矛盾。由于我国刑法明文否定共同过失犯罪，而共犯仅限于"共同"的故意犯罪，只要客观上存在"共同的行为"，在构成要件框架内就可以肯定共犯的成立，而无需故意完全相同，无需限于特定的某一个犯罪，无需证明"主观上"是否存在相互的"意思疏通"，亦即可以肯定"片面共同正犯"和"片面帮助犯"的成立。因此，行为共同说在我国没有实定法上的障碍[1]。

在本著看来，既然现行刑法排斥共同过失犯罪是共同犯罪而强调共同犯罪是共同故意犯罪，亦即在现行刑法立法之下共同犯罪即共同故意犯罪与共同过失犯罪是对立的，则当肯定共同过失犯罪是"客观上"的共同行为，便等于肯定共同故意犯罪是"主观上"的共同行为。至于论者通过"片面共同正犯"和"片面帮助犯"来肯定在构成要件框架内成立共犯无需故意完全相同和无需行为人之间的"意思疏通"，我们应这样看问题：无需故意完全相同意味着可以"部分相同"，即有重合部分，但不至于"完全不同"。实际上，共犯之间的"犯意联络"或"意思疏通"是完全犯罪共同说对共同犯罪的现行立法即现行《刑法》第25条第1款的学理解释，即共同犯罪的共同故意是

---

〔1〕 陈洪兵：《共犯论思考》，人民法院出版社2009年版，第58~59页。

指共犯之间的犯意要"相同"且"相通"或"互通"，但随着完全犯罪共同说在"片面共犯"的个案现实面前显现出局限性，则共同犯罪理论便可以或应该放弃"犯意相通"或"犯意互通"的要求，而只强调共犯行为在客观上相互连结且在主观内容上"有所相同（重合）"。犯罪共同说的前述自我调整或修正仍然在字面或文义解释上符合现行《刑法》第 25 条第 1 款，亦即将第 25 条第 1 款的"共同故意"解释为共犯之间"犯意相同"且"犯意相通"或"犯意互通"是符合第 25 条第 1 款的，而将其解释为"犯意相同"也是符合第 25 条第 1 款的，只不过前一个解释显得过窄而后一个解释较为适中而已。由此，我们可以形成这样一种认识：刑法解释应在条文的文义射程之内"与时俱进"。再回到行为共同说上来，按照行为共同说，如果共犯的成立只需在构成要件框架内发生或实施"共同的行为"即可，则共同过失致人死亡的行为也是发生在过失致人死亡罪的构成要件框架内，难道共同过失致人死亡是现行刑法所认可的共同犯罪吗？可见，行为共同说怎么都清除不了摆在其面前的实定法障碍，而其所清除不了的实定法障碍正是罪刑法定原则的"障碍"，但罪刑法定原则这一"障碍"应该予以清除或能够清除得了吗？

对于我国现行《刑法》第 25 条第 1 款的规定，又有学者指出，这个规定完全可以从另一个角度来解读，即二人——不管其有无达到刑事责任年龄，是否具有刑事责任能力——以上共同实施危害行为，便成立共犯，但最终受到处罚的只限于行为人具有刑事责任能力且出于故意的场合，故"行为共同说"不违反我国刑法有关共同犯罪的规定[1]。在本著看来，如果将共同犯罪和共同故意分别视为犯罪和故意的种概念，而刑法所规定的犯罪和故意又分别是具有刑事责任能力者的行为和规范意义上的故意，则前述解释便是背反刑法体系性解释的，也是背反刑法教义学的。论者所谓"完全可以"似有掩盖"底气不足"之嫌而毋宁说是"完全不可以"。学者指出，行为共同说也与我国刑法的规定不相符合，因为刑法先明确规定何谓共同犯罪，接着规定对共同犯罪人如何处罚，明显是从"完全意义上"（即成立犯罪的意义上）使用"犯罪"一词[2]。在本著看来，行为共同说之所以与我国刑法规定不

〔1〕　黎宏："共同犯罪行为共同说的合理性及其应用"，载《法学》2012 年第 11 期，第 115 页。

〔2〕　刘明祥："不能用行为共同说解释我国刑法中的共同犯罪"，载《法律科学（西北政法大学学报）》2017 年第 1 期，第 63 页。

相符，是因为我国刑法是先规定"犯罪"，后规定"共同犯罪"的。由于先被规定的作为属概念的"犯罪"是"完全意义（即犯罪成立意义）"上的，故后被规定的作为种概念的"共同犯罪"也只能是"完全意义（即犯罪成立意义）"上的。而共同犯罪也只能是完全意义（即犯罪成立意义）上的，意味着被称为共同犯罪人即共犯首先都必须是具有刑事责任能力者。如此看来，横亘在行为共同说面前的仍然是共同犯罪的现行实定法障碍。

行为至此，有关共同犯罪的论断对我们考察问题是有所启发的，即我国刑法中的必要共同犯罪概念源自德、日刑法中的必要共犯概念，但融入我国刑法共同犯罪理论体系的必要共同犯罪概念却与德、日必要共犯概念存在本质区别：必要共同犯罪是一种后犯罪判断的、刑法学意义上的实体性概念，它内含两个以上的犯罪者；而必要共犯是一种前犯罪判断的、技术意义上的功能性概念，它仅指行为在自然意义上的主体复数性。因此，二者处于完全不同的层次。易言之，我国刑法中的必要共同犯罪概念的内涵和外延都要小于德、日刑法中的必要共犯概念，其实际上仅相当于"纯正的必要共犯"概念的内涵和外延[1]。前述论断隐约可见行为共同说在我国的实定法中的障碍。具言之，我国刑法规定的共同犯罪包括必要的共同犯罪和任意的共同犯罪，都是后犯罪判断的、刑法学意义上的实体性概念，即行为人都构成犯罪的共同犯罪。既然行为共同说是在前犯罪判断的构成要件层次上讨论问题，其与我国刑法立法和刑法理论是在后犯罪判断的层次上讨论问题，便形成了问题层次的完全不同且有"本质区别"，则行为共同说在我国的推行怎么能不遇到实定法障碍？行为共同说在我国的实定法障碍体现为一个从事刑事审判的基层法官的如下反问："既说部分共犯最终不作犯罪处理或宣告无罪，则还言其与另一部分共犯构成共同犯罪干什么？"

由行为共同说的实定法障碍和罪刑法定原则障碍，本著顺便指出的是：立法包括刑法立法不是"嘲笑的对象"强调的是应加强立法包括刑法立法解释而非动辄立法批判与立法完善，但随意的立法解释也会实质地构成对立法包括刑法立法的"嘲笑"。

---

〔1〕 熊亚文："必要共同犯罪概念及其功能问题研究"，载《河南财经政法大学学报》2016年第2期，第77~78页。

三、行为共同说违背刑法责任原则

行为共同说违背刑法基本原则且遇到实定法障碍，隐含着行为共同说违背刑法责任原则。而行为共同说违背刑法责任原则，可从多方面加以说明。

（一）从"构成要件"的位置来说明行为共同说违背刑法责任原则

学者指出，在共同犯罪的场合，共犯者以他人的行为作为自己行为的延伸，进而实现自己预期的犯罪，故其虽然在参与人数上区别于单独犯罪，但本质上仍然是行为人个人的犯罪[1]。行为共同说的赞同者据前述论断提出，在数人共同实施犯罪，将他人的行为作为自己的行为延伸以达成自己犯罪的场合，就可成立共同犯罪，但罪名可不相同。只有这样，才符合刑法责任原则，即行为人只能对自己存在故意或过失且不存在适法行为期待的行为承担个人责任。而在甲和乙分别以杀害和伤害的故意共同加害丙并致丙身亡的例子中，按照行为共同说，乙因没有杀人故意而只能成立故意伤害（致人死亡）罪，并未扩大处罚范围。只有将乙也认定为故意杀人罪，才能说行为共同说扩大了处罚范围，但行为共同说不会得出这样的结论，故认为行为共同说会扩大处罚范围并无根据[2]。可见，行为共同说已经形成了内部分歧，因为在有的持行为共同说的学者看来，甲和乙可成立二次共同正犯关系，即乙还要作为故意杀人罪的共同正犯被考察一次，而这便无形中或"隐秘"地加重了其在故意伤害罪名下的刑事责任，或曰其无形中或"隐秘"地承担了故意杀人罪的部分刑事责任。实际上，就甲和乙分别以杀害和伤害的故意共同加害丙并致丙身亡的例子而言，行为共同说通过不会得出乙成立故意杀人罪的结论来强调其并未扩大处罚范围，实即强调其并未扩大责任范围，亦即其并未违反责任主义原则。这只是其尚未认识到问题的一个牵强说辞，甚至是一个欲盖弥彰的说辞。恰恰相反，当行为共同说将考察共同犯罪的"共同性"的目光由主观的行为共同说的"前构成要件"即"自然事实"而非"规范事实"的"行为共同"，后移至客观的行为共同说的"构成要件"即"规范事实"的"行为共同"，且不再延伸至包含着罪过内容的"有责性共同"或"罪责性共同"，则其容易扩大共同犯罪的处罚范围，即容易扩大共同犯罪的责任范围，从而违背刑法责任原则，因为对于共同犯罪的成立问题，行为共

---

〔1〕　黎宏：《刑法总论问题思考》，中国人民大学出版社 2007 年版，第 479 页。

〔2〕　郭妍、贾宇："行为共同理论之提倡"，载《国家检察官学院学报》2016 年第 2 期，第 106 页。

同说显然是"游弋"在"行为共同"或"构成要件共同"这一较为广泛的客观基础上，而其严重缺少的正是包含着罪过内容的"有责性共同"或"罪责性共同"这一主观要素的限制。对照之下，是犯罪共同说才不会扩大共同犯罪的责任范围，从而不会违背刑法责任原则。共同犯罪的认定必须走完"构成要件该当性→违法性→有责性"的全程即"共同的构成要件该当性→共同的违法性→共同的有责性"，才能使得共同犯罪的成立范围，从而共同犯罪的责任范围受到最为严格和最为合理的限制。而行为共同说抛掉包含着共同故意的"有责性共同"或"罪责性共同"，其所导致的是共同犯罪认定的人为"提前"，从而是共同犯罪人为的"泛化"即"不当扩大化"。

由此，我们可作一个形象的比喻，共同犯罪的真正的共同性形成于阶层式犯罪论体系的哪个阶段，就仿佛是磅秤的游码，该游码越是偏左即离阶层式犯罪论体系的末端越远，则意味着对共同犯罪的成立限制越小，而该游码越是偏右即离阶层式犯罪论体系的末端越近，则意味着对共同犯罪的成立限制越大。可见，"构成要件"正是该游码偏左或偏右的起点，亦即共同犯罪成立范围的伸张点。于是，这里要进一步指出的是，国内行为共同说的赞同或坚持者几乎无一例外或异口同声地强调，大陆法系的刑法理论就是将共同犯罪的共同落定在"客观违法"的共同。诸如此类的腔调似乎又是在强调，在共犯本质问题上，大陆法系的刑法理论怎么说，我们中国的刑法理论就怎么说。本来，行为共同说也是大陆法系刑法理论关于共犯本质的一派学说，其对共同本质的认识或许有其自身的道理，但必有其局限。因此，将之用来强裁共同犯罪的实定法及其所对应的共同犯罪理论，甚至在无形之中强行割裂犯罪与共同犯罪在规范学或教义学层面上的属种关系，这样所形成的必然是一种"蛮横的"或"霸道的"理论。

（二）从责任主体的角度来说明行为共同说违背刑法责任原则

由前论述可知，行为共同说将共同犯罪即共犯成立的认定人为地予以"泛化"即"不当扩大化"，实际上就是将共同犯罪的"共同性"人为地予以提前，并且是提前到"有责性"即"罪责性"之前，故其对责任主义原则的背离性显而易见。如行为共同说的响应者指出，已满 13 周岁的人与已满 16 周岁的人共同轮奸妇女，只有认定共犯才能适用《刑法》第 236 条中"二人以上轮奸"的加重法定刑；又如 15 岁少年邀约 16 岁的少年为其盗窃望风，只有认定为共犯，才能对望风者适用从犯的刑罚。前述两例，若不认定为共同犯罪，则将导致处罚结论的不合理[1]。其实，前述两例不难解答：我国《刑法》第 236 条关于轮奸的规定显然是共同犯罪加重犯的规定，而加重犯是以基本犯为基础。但按照我国刑法关于刑事责任的一系列规定，基本犯的适格主体都必须是达到法定刑事责任年龄且具有刑事责任能力者。因此，当强奸罪基本犯的主体已经排斥了未达法定刑事责任年龄者，则作为强奸罪加重犯的轮奸犯罪是不应在犯罪主体上又将未达法定刑事责任年龄者收纳进来的。易言之，《刑法》第 236 条"二人以上轮奸"中的"人"不能任意扩大解释到包括"不满 14 周岁的人"，亦即不满 14 周岁的人与已满 14 周岁的人共同轮奸妇女这样的事件自当不产生刑法规定的"轮奸"共同犯罪而需要加重处罚的问题。至于此类事件中的已满 14 周岁者，直接论以强奸罪的基本犯即可。对于 15 周岁少年邀约 16 周岁的少年为其盗窃望风，在刑法上同样不发生共同犯罪问题。由此可见，行为共同说对于不是共同犯罪的事件硬要通过所谓"行为的共同"或"共同的行为"而视之为共同犯罪，或直接使得本来的单独犯承担共犯且是主犯或同时是加重犯的责任，或直接使得本来的单独犯承担共犯且是从犯的责任。显然，行为共同说的罪责刑不相适应的问题显而易见，从而其对责任主义原则的背离性也十分明显。

若从责任主体的角度来审视行为共同说所存在的问题，则行为共同说还会遇到"部分实行全部责任"这一原则障碍。正如我们所知，"部分实行全部责任"这一原则指的是，在共同正犯中，由于所有的共同犯罪人都是实行犯，其行为相互联系、相互配合，形成一个有机整体，故共同犯罪中的因果关系，是讨论作为有机整体的共同行为与危害结果之间的因果关系。而在共同正犯中，无论是由所有正犯的行为还是其中部分正犯的行为导致危害结果，也无论能否查清具体由谁导致，所有的正犯都要对其承担刑事责任。按照行为共同说，共同正犯可以包括没有刑事责任能力者。但是，没有刑事责任能力者自然不承担刑事责任。这便与强调所有正犯不仅要承担刑事责任，而且要承担既遂的刑事责任的"部分实行全部责任"原则相矛盾。于是，"部分实行全部责任"原则便构成了行为共同说的又一障碍。由于最终涉及没有刑事责任能力者是否承担刑事责任的问题，故"部分实行全部责任"这一原则障碍最终仍然是罪刑法定原则障碍和责任主义原则障碍。

---

[1]　陈洪兵：《共犯论思考》，人民法院出版社 2009 年版，第 38～39 页。

（三）从责任的整体性与个别性关系来看行为共同说违背刑法责任原则

行为共同说自称恪守责任主义原则，便当然要指摘犯罪共同说违背了责任主义原则。如既然共同犯罪的立法与理论要解决的是将违法事实归属于哪些人的问题即数人行为的客观归责问题[1]，则在数人对法益侵害都有物理或心理的因果性时，则参与行为都是法益侵害的原因，从而就能肯定数人之间在违法层面成立共同犯罪，但并不意味着共犯各人都要承担相同的责任，因为"违法可以连带，责任必须个别"是现代责任主义刑法不可动摇的根本。但共同犯罪理论并不是因为团体犯罪恶性重大而要将团体责任归责于所有人，是要解决数人共同实施犯罪的场合，对众人相互利用、相互补充的行为造成的法益侵害后果，如何在客观上分配责任的问题，故犯罪共同说有将违法与责任混为一谈，从而违背责任主义之嫌[2]。我们必须清楚的是，虽然数人对法益侵害都有物理或心理的因果性时应肯定参与行为都是法益侵害的原因，从而在此场合有可能成立共同犯罪，但绝不意味着"在这个时候"就已经成立了共同犯罪，因为成立了共同犯罪是以成立了犯罪为前提，而成立了犯罪必须经过"有责性"的肯定判断。可见，行为共同说对共同犯罪成立即共犯责任的认定在无视犯罪本身必须先行成立中显得"操之过急"，从而违背责任主义原则的并非其所批判的犯罪共同说，而就是行为共同说自身。于是，有些关于共同犯罪的论断需要我们予以谨慎辨析。如犯罪共同说从"集体犯罪""参与者的一体性""犯罪团体"等角度来理解"共同关系"，虽然强调各行为人就行为整体各自承担责任，但立足点仍然在实施整体的犯罪；行为共同说则认为共同犯罪是各个行为人为了实现自己的犯罪而利用他人的行为，立足点始终在自己的犯罪，故行为共同说更符合现代刑法的个人责任原则，即其坚持的是"彻底的个人主义原则"[3]。行为共同说最终将共同犯罪视为"数人数罪"，而"数人数罪"最终要分解为"一人一罪"，正如行为共同说将立足点放在共同犯罪是共犯各人始终在为自己而犯罪，故行为共同说的共同犯罪的"责任分配"实际上就是机械的责任对应或"责任派对"。相比之下，虽然犯罪共同说将立足点放在整体的犯罪，但其并非将出于共同故意的

---

〔1〕 张明楷：《刑法学》（第4版），法律出版社2011年版，第348页。

〔2〕 郭妍、贾宇："行为共同理论之提倡"，载《国家检察官学院学报》2016年第2期，第101~106页。

〔3〕 刘艳红主编：《刑法学》（上），北京大学出版社2016年版，第261页。

共同行为的责任整体重复地认定在共犯各人的头上，也非将此责任整体平均地认定在共犯各人的头上，而是在对共犯各人的客观违法与主观有责的比较权衡中进行着有差别的，符合"分配正义"的真正的"责任分配"。行为共同说坚持现代刑法责任主义原则的"彻底性假象"遮盖着一种基本事实：行为共同说将共同犯罪变成了不同性质的单独犯罪在时空上的一种机械汇集，即不同性质的单独犯罪的"乌合之罪"或"杂合之罪"，从而使共同犯罪的理论变得毫无意义，因为行为共同说不仅放弃了共同罪过即共同故意，甚至其所提出的共犯可以成立不同的罪名又意味着共犯行为可以是不同的实行行为即构成要件行为，从而是共犯行为具备不同的法益侵害指向。有人指出，从整体还是个别的角度来考察共犯是犯罪共同说与行为共同说的实质区别[1]。正如我们所知，共同犯罪和单人犯罪是犯罪的一种分类，共同犯罪在犯罪机理上当然地具有一种"整体性"，而在"整体性"中对共犯各人的刑责予以比较权衡即"个别化"的认定，这恰恰是在真正地落实责任主义原则。可见，行为共同说是在无视犯罪分类中恰恰背离了责任主义原则。

（四）从连带责任来看行为共同说违背刑法责任原则

共同行为说自称符合个人责任原则，尚另有说辞，即按照个人责任原则，行为人只能对自己的罪过行为负责而不能对他人的行为承担连带责任。在共同犯罪的场合，部分犯罪共同说虽然在最终结果上也能得出行为人只能对自己参与的行为承担责任的结论，但行为共同说贯彻这个原则比部分犯罪共同说更为彻底。按照部分犯罪共同说，对于两个以上无共同犯意者，拟制性地认为二者之间具有重合，然后要求各个参与人在重合范围内承担责任，这便是让没有某种犯意者因为他人的原因而要承担其本身并不具有的刑事责任，如让不具有伤害意思的杀人罪犯同时还要作为故意伤害罪的正犯承担刑事责任。尽管在最终结论上，行为人所承担的责任可能并不比自己实际所犯罪行更重，但终究还是违反了个人不能因为他人的行为而承担连带责任的责任原则。相反地，在行为共同说中就不存在这种因为拟制重合而引起的理论僵硬问题[2]。这里首先要指出的是，在杀害与伤害故意重合的场合，犯罪共同说与行为共同说都承认成立共犯，前者是通过在重合范围内成立共犯来解决问

---

〔1〕 刘艳红主编：《刑法学》（上），北京大学出版社 2016 年版，第 260~261 页。

〔2〕 黎宏："共同犯罪行为共同说的合理性及其应用"，载《法学》2012 年第 11 期，第 114 页。

题，而后者则是通过"二次共犯"来解决问题。可见，不说"连带"问题罢了，要说这一问题，行为共同说更是问题多多。进一步地，既然行为共同说认为部分犯罪共同说在最终结果上也能得出行为人只能对自己参与的行为承担责任的结论，则其凭什么说行为共同说贯彻个人责任原则比部分犯罪共同说"更为彻底"呢？至于行为共同说所言部分犯罪共同说可以让不具有伤害意思的杀人罪犯同时还要作为故意伤害罪的正犯承担刑事责任，这种"拟制重合"的做法只是为了恰当解决伤害故意行为人的刑事责任而采取的临时性"拉郎配"，并非让有杀人故意者承担两次责任或两个责任，即并非让有杀人故意者在承担故意杀人责任之外又承担故意伤害责任，因为重罪故意者的轻罪共同正犯的责任最终被抵销在重罪单独犯的责任之中，从而使得"部分实行全部责任"原则得到了一种"拉郎配式"或暂时拟制性的运用[1]。但按行为共同说，轻罪故意者却在"二次共犯"中"隐秘"地承担重罪故意犯罪的部分责任，而这一"隐秘"承担的责任实质也是"连带责任"。可见，在贯彻个人责任原则上，似乎是犯罪共同说显得"更加彻底"。实际上，在犯罪共同说认为成立共同犯罪的场合，行为共同说也都予以承认，而行为共同说认为成立共同犯罪的场合，犯罪共同说有的不承认，即行为共同说因丢弃主观因素而使得共同犯罪的成立范围或口径大于犯罪共同说。由此，对共同犯罪的成立是限制多了才更符合责任主义原则，还是限制少了才更符合该原则呢？答案应该是前者，而前者多予限制所凭借的正是主观因素，即必须"相同（包括重合）"而不必"互通"的共同故意。

（五）从刑事公平来看行为共同说违背刑法责任原则

行为共同说对犯罪共同说"违背"责任主义的指责，还会绕到刑事公平那里去。如行为共同说的响应者指出，在甲、乙分别出于杀人和伤害的故意而共同射击丙的场合，若能证明丙是由甲射死，则不作为共同犯罪处理也要让甲单独构成故意杀人罪的既遂，即也要有人对死亡结果担责，而乙或承担故意伤害未遂的责任或作无罪处理，前述处理结果显然不够公平，因为若甲与乙同样出于伤害的故意一起射击丙，结果也是甲射死丙，则甲、乙构成故意伤害（致死）罪的共犯。前案中甲出于杀人的故意时，乙或承担故意伤害

---

[1] 马荣春、任贵："对决、批判与'新生'：共犯成立范围理论的一次清理"，载《河南财经政法大学学报》2016 年第 3 期，第 69 页。

未遂的责任或作无罪处理；而后案中，当甲出于伤害的故意时，乙却要承担故意伤害（致死）罪的刑事责任，其结局便是：即便乙实施的是同样的行为，其合作伙伴是出于杀人的故意还是出于伤害的故意，会导致截然不同的处理结果，这显然不公平。而更为严重的是，甲、乙各自出于杀人的故意和伤害的故意而共同向丙开枪射击，但不能查清谁的子弹射死丙，按照完全犯罪共同说，处理结果只能是：甲构成故意杀人罪未遂，乙构成故意伤害罪未遂，即无人对死亡结果负责，则被害人恐怕"死不瞑目"。其不公平性至为明显：甲、乙如果都出于伤害的故意而共同对丙开枪射击，根据"部分实行全部责任"的原则，即便不能查清谁射出的子弹致死了丙，也不影响对甲、乙都追究故意伤害（致死）罪的刑事责任；而在甲出于更为严重的杀人故意而共同开枪射击时，结果反而是其仅承担杀人未遂的责任，而乙也只是承担故意伤害未遂的责任，即无人对死亡结果负责，这无论如何都让人无法接受。可见，完全犯罪共同说存在着"不能容忍"的缺陷[1]。

在本著看来，论者的批判是通过将犯罪共同说适用于其所举事例的结论假想来进行的。对于甲、乙分别出于杀害和伤害的故意来射击丙且由甲射死了丙这样的事例，犯罪共同说一定得出甲成立故意杀人既遂而乙成立故意伤害未遂或论以无罪，从而乙对死亡结果不负责吗？对于甲、乙分别出于杀害和伤害的故意来射击丙且无法查清谁射出的子弹致丙身亡这样的事例，犯罪共同说一定得出甲成立故意杀人未遂而乙成立故意伤害未遂，从而无人对死亡结果负责吗？犯罪共同说完全可以这样来处理问题：对于前一事例，甲成立故意杀人既遂毫无疑问，而乙既有伤害的故意又有伤害的行为，且其伤害的目的或"意图"通过甲的行为得以实现，则按照"因果关系错误不影响故意既遂的成立"，乙成立故意伤害（致死）并无观念和制度上的障碍；对于后一事例，甲、乙分别怀有杀害和伤害的故意且分别实施了杀害和伤害行为，且其杀害和伤害的目的或"意图"都得到了实现，则按照"因果关系不清不影响故意既遂的成立"，甲、乙分别成立故意杀人既遂和故意伤害（致死），也无观念和制度上的障碍。两相对照，在前述事例中，犯罪共同说始终仅仅抓住涉案行为人的"意图"实现来认定是否成立共同犯罪及其阶段形态，而行为共同说仅仅抓住加害行为的"外在相似性"来急于认定是否成立共同犯

---

[1]　陈洪兵：《共犯论思考》，人民法院出版社 2009 年版，第 39~40 页。

罪及其阶段形态，两种学说对待责任主义的态度差别是能够看得出来的。可见，所谓不公平性是学者从犯罪共同说那里"假想"甚或"强加"出来的，而所谓不公平的"结局"，则是学者"虚构"出来的，从而被害人的"死不瞑目"和完全犯罪共同说的"不能容忍的缺陷"则是学者"煽情"出来的。实际上，在学者所举的事例中，致死原因不明所涉及的并非直接关涉共同犯罪成立问题而是犯罪阶段形态的认定问题，这一问题当由刑法因果关系理论作出与时俱进的解答。而犯罪共同说并不排斥"因果关系错误不影响故意既遂的成立"和"因果关系不清不影响故意既遂的成立"。可见，是行为共同说而非犯罪共同说容易导致共犯问题上的处罚不公平。

（六）行为共同说违背刑法责任原则的总结性说明

行为共同说的响应者还进一步指出，对于甲、乙各自出于杀人、伤害的故意而共同射击丙且由乙致丙身亡的例子，完全犯罪共同说会认为甲、乙成立故意杀人罪的共同正犯，而乙因仅有伤害的故意，按照《日本刑法》第38条第2款，"实施了本应属于重罪的行为，但行为时不知属于重罪的事实的，不得以重罪处断"，故乙以故意杀人罪的罪名而在故意伤害（致死）罪的法定刑内科刑。但罪名是对行为性质的评价，是科刑的基础，故将定罪与科刑相分离，且让没有杀人故意的人承担故意杀人的罪名有违责任主义原则。于是，完全犯罪共同说要么完全否认共同正犯的成立而导致处罚不均衡甚至"处罚空隙"，要么肯定出于轻罪故意的人也成立重罪的共同正犯，后一种处理在当下日本基本没有支持者。而在当下日本，基本上是部分犯罪共同说与行为共同说的对立[1]。对于甲、乙各自出于杀人、伤害的故意而共同射击丙且由乙致丙身亡的例子，论者认为完全犯罪共同说会将甲、乙视为故意杀人罪的共同正犯。这里，完全的犯罪共同说到底是"日本的"完全犯罪共同说，还是"中国的"完全犯罪共同说？按照"中国的"完全犯罪共同说，只有故意内容相同且"相通"或"互通"即发生"犯意联络"或"意思疏通"，才能成立共同犯罪，故"中国的"完全犯罪共同说不会对前例得出甲、乙成立故意杀人罪共同正犯的结论；而在日本，既然《日本刑法》第38条第2款规定"实施了本应属于重罪的行为，但行为时不知属于重罪的事实的，不得以重罪处断"，则"日本的"完全犯罪共同说也不会轻易地背立法而动，即将前例视

---

[1] 陈洪兵：《共犯论思考》，人民法院出版社2009年版，第43页。

为甲、乙成立故意杀人罪的共同正犯，因为在故意杀人的罪名之下科以"伤害致死"的刑罚几乎与按照故意杀人既遂论责没有区别。于是，完全犯罪共同说到底是如何对前例得出甲、乙成立故意杀人罪的共同正犯这一结论？论者似乎是在玩"莫须有"。对于前例，完全犯罪共同说完全可以这样处理问题：甲出于杀害的故意实施了杀害行为，且其杀人目的或"意图"借助乙的行为得以实现，其行为完全符合故意杀人既遂的构成要件，故应对之论以故意杀人既遂。这里，对于甲的行为，同样适用"因果关系错误不影响故意既遂的成立"；而乙构成故意伤害（致人死亡）毫无疑问。

可见，完全犯罪共同说通过"构成要件行为"的定型化而严格遵守罪刑法定原则。这里要指出的是：无论是犯罪共同说，还是行为共同说，谁严格遵守了包括罪刑法定原则在内的刑法基本原则，谁才是严格遵守了责任主义原则，亦即包括罪刑法定原则在内的刑法基本原则是检验共同犯罪学说是否遵守责任主义原则的一种"高标准"即"原则标准"。至于论者所说的"处罚空隙"，如果是由遵守罪刑法定原则造成的，则此"处罚空隙"便是"法定空隙"，因为罪刑法定原则本来就是为保障公民自由而设置"行为空隙"即"自由空隙"的。再就部分犯罪共同说与行为共同说的对立是日本当下的对立这一说法而言，我们似应这样看问题：无论是在日本还是在中国，在完全犯罪共同说主张成立共同犯罪的场合，也会被行为共同说视为成立共同犯罪，因为完全犯罪共同说与行为共同说只是在共同犯罪成立范围或口径上存在大小之别且后者的范围或口径远远大于前者。因此，无论在日本还是在中国，完全犯罪共同说事实上只是被发展了而非被"一棍子打死"的学说，而其被发展的体现便是部分犯罪共同说的补充而非替代；无论在日本还是在中国，共同犯罪理论的发展不能借贯彻责任主义原则之名而行背离责任主义原则之实，并且是否真正地贯彻责任主义原则，不能仅凭一面之词，而是应将包括罪刑法定原则在内的刑法基本原则作为"高标准"即"原则标准"予以检验。

由于刑事责任的根由永远是在包含着罪过内容的罪责上，故指向共犯本质问题的行为共同说所暗含的便是一种危险化的"泛普遍联系"思维倾向。于是，行为共同说更应联系风险社会来作出一番考察，因为风险社会更是一个"普遍联系的世界"。联系风险社会，我们可对行为共同说的责任主义问题作出如下预估：一方面，由于"行为共同"实际上强调的是不同主体的行为在"相互利用"之中的一种客观关联，而人类行为在风险社会时代更容易形成客观关联，故行为共同说在风险社会时代更容易扩大共同犯罪的成立范围或增加共同犯罪的成立机会。这里要特别提请注意的是，当下国内的行为共同说大多同时又是坚持结果无价值论，故在共同行为引起法益侵害结果时，则共同行为说与结果无价值论的交互为用便当然地使得此类共同行为成立共同犯罪。显然这里也存在着"动辄成立共犯"即"泛共犯化"的危险倾向。进一步地，当行为共同说放弃（部分）共同故意所对应的"罪责共同"，甚至只具有一般违法意思的行为与具有犯罪故意的行为都可被连结成共同犯罪，则意味着行为共同说在因果关系问题上容易滑向"没有前者就没有后者"的"条件关系说"。但正如我们所知，"条件关系说"因其泛化因果关系，从而泛化刑事责任范围而在刑法因果关系理论中"昙花一现"。

于是，行为共同说也有着泛化因果关系，从而泛化刑事责任范围的危险倾向。而这一倾向实质就是违反责任主义原则的倾向。虽然行为共同说最终将共同犯罪视为"数人数罪"且更加明确地标榜责任主义原则，但共同犯罪始终是通过行为共同体刑事责任的"分配"来落实责任主义原则，从而扩大共同犯罪的成立范围就是扩大行为共同体刑事责任的"分配不公"的机会，故行为共同说本身就是一种"风险理论"，即对责任主义原则有着"阳奉阴违"的危险的理论，或曰对责任主义原则容易"作为过头"的一种理论；另一方面，当行为共同说最终将共同犯罪视为数人数罪，则其对共同犯罪标榜责任主义无非意味着：对共同犯罪的究责，不过是若干单独犯的究责在一个名为共同犯罪案件中的"并案式"处理。这表面上是在恪守责任主义原则，而实际上不仅使得共同犯罪的概念及其理论变得毫无意义，而且是对责任主义原则的一种"消极怠工"。这里，我们必须正视一点：共同犯罪和单独犯罪都应奉行或恪守责任主义原则，但两者的方式应有所区别，即前者应是在一种比较权衡的思维中来落实责任主义原则，因为共同故意下的共同行为所产生的是共同责任，而后者则是在罪、责、刑的直接对应中来落实责任主义原则，因为单个故意下的单个行为所产生的是单个责任。若对前述不予正视，则不如干脆取消共同犯罪的概念及其理论，因为共同犯罪不应是"数人数罪"的"乌合之众"或"乌合之罪"。

由罪刑法定原则障碍和实定法障碍出发，我们还应进一步看到，行为共同说不符合或违背了规范责任论，因为在规范责任论看来，不应把不具刑事责任能力者的心理事实等同于规范意义上的主观罪过，也不应把内容完全不同的罪过所支配的行为"模糊"为同样具有规范性的同一构成要件行为即同一实行行为。

四、行为共同说自称合理性及其对犯罪共同说批判的破解

不仅行为共同说自称合理性应予破解，而且行为共同说对犯罪共同说的评判也应予以破解。

（一）行为共同说自称合理性的破解

行为共同说在"虚构"犯罪共同说的种种不足乃至"致命缺陷"的同时，便自称其有若干合理性。如行为共同说的响应者指出，犯罪共同说要求行为人具有实现特定犯罪的"共同故意"，但事实上各参与人通常并无明确的意思，即便有也难以证明，而表现在客观上的实行行为却是可视、直观的，故容易认识、证明。如司法实践中伴随着"我们教训教训那小子"等吆喝的案件中，各行为人到底是出于杀人故意，还是伤害故意，抑或是暴行故意，难以明确。按照部分犯罪共同说，首先得确定各自的具体故意，然后考虑在构成要件的重合部分成立共同正犯，这常比较困难。于是，行为共同说便有了解决数人共同作案时故意不明确问题的"相当的合理性"〔1〕。在本著看来，行为共同说似乎通过有意夸大故意的不明确来达致其所谓合理性的立论。就其所举诸如"我们教训教训那小子"之类数人共同作案而个人故意"不明确"的个例而言，尽管确有发生，但也不是共同犯罪作案的多数，即便是诸如此类的个案，证明各行为人的具体故意也并非难不可及。退一步说，即便在"我们教训教训那小子"之类的共同作案中个人故意实在难以"明确"，而其所引起的是犯罪主观事实的认定问题，且可通过"疑罪从轻"来解决。我们在这里应看到的更严重的问题是：模糊乃至回避共同作案中共同故意的认定，实际上就是在违背责任主义原则而有客观归罪之嫌。自然，行为共同说所自称的在解决共同作案的故意问题上的合理性便难以立足。

又如行为共同说的响应者指出，由于将行政违法行为未加认真整理就纳入刑法典而导致刑法典象"大杂烩""杂货铺"，故部分犯罪共同说在我国会遭遇适用困难。如我国的诈骗犯罪、走私犯罪等根据犯罪对象、犯罪方式的不同设置了一系列罪名，以至于造成适用困难。合同诈骗罪与集资诈骗罪、

〔1〕　陈洪兵：《共犯论思考》，人民法院出版社 2009 年版，第 51~52 页。

票据诈骗罪是否存在构成要件的重合，由于在日本同属于诈骗罪的一个构成要件，故不存在构成要件上重合的苦恼，但在我国若坚持部分犯罪共同说，构成要件是否重合则是不容回避的问题；又如，走私贵重金属罪与走私假币罪是否存在构成要件上的重合，也面临同样的问题。若采行为共同说，只要是共同实施诈骗行为、共同实施走私行为，就可以认为存在"共同的实行行为"，从而能够肯定共犯的成立。这是"行为共同说"的又一点"合理性"，即根据"行为共同说"有利于抽象的事实错误的处理[1]。

显然，响应者所提出的是个"抽象的事实错误"即"不同犯罪构成间的错误"而非"法规竞合"的问题。法定符合说主张"抽象的事实错误"阻却故意的成立或仅成立故意犯罪未遂，而如果犯罪是同质的，则在重合的限度成立轻罪的故意犯既遂[2]。在响应者所举的例子中，压根就不存在着两个不同性质的行为如故意杀人与故意伤害在某个限度内如"伤害"限度内形成"重合"的问题。又正如我们所知，"法规竞合"所牵涉的是刑法中的罪数认定问题，而"事实的错误"包括"抽象的事实错误"所牵涉的是刑法中故意的认定问题。可见，用"法规竞合"问题来说明"行为共同说"的所谓"相当的合理性"，便存在"混淆问题"之嫌。响应者所谓有助于发生了"抽象的事实错误"的共犯处理，实际上存在着我们应看到的另一个较为严重的问题，即无视构成要件行为的"定型性"，从而违背罪刑法定原则，因为当只要是共同实施诈骗行为、共同实施走私行为，就可以认为存在"共同的实行行为"，从而能够肯定共犯的成立，则问题是在什么范围内或什么部位上成立共犯。而当成立共犯的范围和部位是随意的甚至是二次重复的，则责任主义原则也就实质地被违反了。

再如行为共同说的响应者指出，采用"行为共同说"能够在肯定成立共同正犯的前提下将结果归责于各行为人，这是行为共同说的第三点合理性。如行为人各自出于杀害和伤害的故意而共同对被害人施加暴行并致其死亡，无论是谁的行为导致死亡结果，只要肯定成立故意杀人罪的共同正犯，根据"部分实行全部责任"原则，就能让出于杀人故意的行为人承担故意杀人既遂的责任；又如，行为人各自出于强奸和抢劫的故意而共同对被害妇女施加暴

---

〔1〕　陈洪兵：《共犯论思考》，人民法院出版社 2009 年版，第 52～53 页。

〔2〕　张明楷：《刑法学》（第 4 版），法律出版社 2011 年版，第 254～255 页。

力并致其受伤，不管谁的行为致伤被害人，行为人均应承担强奸（致伤）罪和抢劫（致伤）罪的刑事责任[1]。其实，对于行为人各自出于杀害和伤害的故意而共同对被害人施加暴行并致其死亡的事例，部分犯罪共同说已经能够在较为妥当的定罪量刑中而将共同行为的结果归责于各行为人。对于行为人各自出于强奸和抢劫的故意而共同对被害妇女施加暴力并致其受伤这样的事例，由于不存在能够用法定罪名表述出来的"重合部分"，故在完全犯罪共同说之下分别定罪量刑并恰当运用刑法因果关系，最后照样可以将共同致害的结果归责于各行为人。

　　行为共同说还自称符合客观主义刑法观，即自称的又一个合理性。具言之，现今的行为共同说的核心是，共同犯罪是各个共犯人为实现各自的目的而相互利用对方或者团体力量的一种现象，对参与这种团体的个人而言，在实现各自犯罪的形态上，可以是分工合作，可以是共同进行，也可以是激励、教唆等精神上的支持配合。从各个参与者将他人的行为或者共同行为的事实作为自己行为的一部分，用以实现自己犯罪目的的角度，其与通常的单独犯没有两样，和客观主义刑法观并不冲突[2]。在本著看来，行为共同说是否符合刑法客观主义的判断应选取一个真正的标准，即应立于构成要件行为的定型性予以判断。既然主观主义的行为共同说因完全偏离了客观主义的犯罪构成论，即完全偏离了特定犯罪的构成要件行为的定型性而被客观主义的行为共同说所取代，则客观主义的行为共同说应在提倡特定犯罪的构成要件行为的定型性中来讨论共同犯罪的成立问题，但其并未做到这一点，正如学者所谓共犯"与通常的单独犯没有什么两样"已经完全抛掉了特定犯罪的构成要件的定型性，从而客观主义的行为共同说不仅不是"符合"，反而是"背离"了刑法客观主义。在行为共同说看来，共犯不过是犯罪的一种类型，故其必然要受到犯罪构成的制约，即共犯的实行行为必须符合具体犯罪构成的实行行为的要求，只不过共犯的这种实行行为是从各个共犯人自己犯罪的立场来看待的[3]。"从各个共犯人自己犯罪的立场"，似乎说明所谓客观主义的行为共同说又回到了主观主义的行为共同说。显然，行为共同说所称的客观主

---

〔1〕　陈洪兵：《共犯论思考》，人民法院出版社 2009 年版，第 53 页。
〔2〕　黎宏："共同犯罪行为共同说的合理性及其应用"，载《法学》2012 年第 11 期，第 114 页。
〔3〕　黎宏："共同犯罪行为共同说的合理性及其应用"，载《法学》2012 年第 11 期，第 115 页。

义是一种"泛客观主义"或"泛客观联系主义"。

只强调共同犯罪在行为层面即大陆法系犯罪论体系的"构成要件"上的共同，并提出"在主观责任上没有要求"，不正说明行为共同说违背责任主义吗？可见，通过"虚构"或"夸大"犯罪共同说的不足或缺陷即"非妥当性"亦即"非现实适应性"来"虚构"自身的"妥当性"或"现实适应性"亦即"合理性"，这是行为共同说的一个稍加细究便可看出问题的"做派"。通过考察，我们可以发现：行为共同说自称其合理性所依据的，是其"能够解决"甚至"较好地解决"相关问题。但其对相关问题的解决总是存在着违背罪刑法定原则和责任主义原则问题，而犯罪共同说包括完全犯罪说和部分犯罪共同说完全能够较好地解决相关问题。通过考察，我们可以发现：行为共同说将之视为共犯本质的"行为共同"只是共同犯罪成立的部分条件而非全部条件。当立于"行为共同"这一条件向远处看还有那么多事关共同犯罪成立的问题令人眼花缭乱，则行为共同说所采取的实即模糊问题甚至回避问题的学术态度，并固步自封于"客观的行为共同"或"行为共同的外在性"。因此，至少在我国的实定法即现行刑法面前，行为共同说是一种"鸵鸟理论"，其不合理性可以得到多方面的说明。

（二）行为共同说对犯罪共同说批判的破解

行为共同说的赞同者提出，犯罪共同说强调共同故意会导致自相矛盾。例如，甲和乙分别以杀害和伤害的故意一起向丙开枪并致丙身亡，但不知谁的子弹致丙身亡。由于甲和乙没有共同的故意，故二人不能成立共同犯罪，而只能各论各罪。由于不知是谁的子弹致丙身亡，根据存疑时有利于被告人原则，故对甲和乙只能分别认定故意杀人罪（未遂）和故意伤害罪（未遂）。在前述场合，由于两人知道共同实施侵害法益的行为，故二人的故意内容虽不同，但根据行为共同说也能成立共同犯罪，只不过甲最终成立故意杀人罪而乙成立故意伤害（致人死亡）罪[1]。实际上，在前述场合，对甲和乙只能分别认定故意杀人罪（未遂）和故意伤害罪（未遂），这是学者误解犯罪共同说和误用"存疑时有利于被告人原则"所得出的结论。正如我们所知，犯罪共同说理论已经通过部分犯罪共同说修正了传统的完全犯罪共同说。按照部分犯罪共同说，在前述场合，甲和乙可在杀人故意与伤害故意的重合部

〔1〕 郭妍、贾宇："行为共同理论之提倡"，载《国家检察官学院学报》2016年第2期，第105页。

分即伤害故意部分先成立故意伤害罪的共同犯罪而使乙的刑事责任先得到认定，然后再在"突起部分"而令甲承担一种"升级责任"以最终使甲的刑事责任得到认定。至于不知谁的子弹致丙身亡，其所引起的是因果关系问题，丝毫不影响犯罪共同说对前述场合定罪问题的恰当解答。至于"存疑时有利于被告人原则"，并不适用于前述场合，因为甲和乙分别追求丙的死亡结果和伤害结果，这一点毫不"存疑"，而因果关系的客观不明可视为一个量刑斟酌因素。可见，犯罪共同说对前述场合的定案结论可与行为共同说完全一样或"殊途同归"，但行为共同说的说理很牵强，或至少不比犯罪共同说显得高明。既然"共同犯罪"是行为共同说和犯罪共同说在前述场合都采用的一个说辞，则在"共同的法益侵害行为"与"重合的共同侵害故意"这两者之间，哪一个能够使得"共同犯罪"显得更加清晰真切呢？似乎是"共同的法益侵害行为"显得有点虚无缥缈，而"重合的共同侵害故意"能够揭开"共同的法益侵害行为"的真相。

部分犯罪共同说也被行为共同说批判为违反责任主义[1]。这里，先对有关部分犯罪共同说的说辞予以必要纠正，即现在持犯罪共同说的学者一般主张部分犯罪共同说[2]。这一说法似乎意味着犯罪共同说已经用部分犯罪共同说取代了完全犯罪共同说，而实际情况是，完全犯罪共同说仍然是犯罪共同说的基本主张，部分犯罪共同说只是完全犯罪共同说的"补充"而已。接着，本著要论证的是：部分犯罪共同说在我国是有实定法根据即符合罪刑法定原则，并符合责任主义原则的。具言之，在刑法总则部分，我国现行《刑法》第 25 条第 1 款所规定的"共同故意"可以理解为故意的内容有"共同的"部分，亦即我们所说的"重合的"部分。前述理解或解释应在"共同故意"的文义射程之内，即其最多属于"扩张解释"；而在刑法分则部分，有三种立法现象值得我们注意：一是法条竞合现象；二是转化犯现象；三是可以故意杀人罪与故意伤害罪、强奸罪与强制猥亵罪为例证的，体现重客体包含轻客体的重罪包含轻罪现象。前述三种立法现象，无论是在竞合的部分，还是在转化的基础部分即先行行为部分，还是在被包含的部分，都有共同故意的形成空间和规范评价空间。在部分犯罪共同的场合，重罪故意或特别故意者的行

---

[1] 郭妍、贾宇："行为共同理论之提倡"，载《国家检察官学院学报》2016 年第 2 期，第 100 页。

[2] 刘艳红主编：《刑法学》（上），北京大学出版社 2016 年版，第 260 页。

为可以被用来观照或对照轻罪故意或一般故意者行为的作用大小及其在共同部分的地位轻重，从而更容易对之予以"个别化"的责任认定。可见，部分犯罪共同说不仅有着实定法依据即符合罪刑法定原则，而且更加务实地恪守和落实责任主义原则。这里，部分犯罪共同说可视为对完全犯罪共同说恪守和落实责任主义原则的"拾遗补缺"。

行为共同说的赞同者还会通过其他有关定罪的问题来指摘犯罪共同说。如对于 18 岁的甲教唆 15 岁的乙盗窃，由于乙因未达到盗窃罪的刑事责任年龄而无犯罪故意，即其与甲没有共同的犯罪故意，故只能各论各罪。这样，乙因未达到盗窃罪的刑事责任年龄而无罪，甲因没有实行行为也无罪。对此，之前的解决方案是甲成立盗窃罪的间接正犯，但间接正犯的原理是规范障碍说，而乙作为甲的工具难说没有知觉，故认定甲成立盗窃罪的间接正犯并不妥当；又如，行为人明知是不满 16 周岁的人的盗窃所得而予以收购，或者明知是盗窃所得的赃物但价值不够 1000 元而予以窝藏，就不成立赃物犯罪[1]。对于前例，间接正犯理论已经较好地解答了问题，而行为共同说的赞同者仅以乙对自己的所作所为"有知觉"来质疑间接正犯理论的妥当性，只能说明其对间接正犯理论本身存在着一定的"知识欠缺"，因为间接正犯本来就存在着"利用未达刑事责任年龄的人实施犯罪"这一情形[2]。况且，未达刑事责任年龄者的"知觉"并非规范意义上的故意。既然未达刑事责任年龄者不存在对刑法规范的认识和违反问题，故利用其实施犯罪者间接地构成了正犯是不存在规范障碍的。而行为共同说对该例的处理是：先认定（实为假定）乙和甲构成盗窃罪的共同犯罪，接着在对照乙的实际地位和客观作用中解决甲的罪刑问题，最后再宣告乙无罪。由于未达刑事责任年龄者不存在对刑法规范的认识和违反问题，故行为共同说对该例的处理才真正存在"规范障碍"；就后例而言，其所涉及是对赃物犯罪的"赃物"本身的刑法解释问题而根本不涉及共同犯罪，故行为共同说在该例中显然是"无的放矢"。

再如，在甲和乙分别以强奸和抢劫的故意共同加害于丙且由甲的行为导致丙身亡的例子中，按照犯罪共同说，甲和乙因不具有共同的犯罪故意而不成立共同犯罪，只能分别构成强奸罪和抢劫罪。前述结论忽略了甲和乙共同

---

〔1〕 郭妍、贾宇："行为共同理论之提倡"，载《国家检察官学院学报》2016 年第 2 期，第 104 页。
〔2〕 陈兴良：《本体刑法学》，商务印书馆 2001 年版，第 541 页。

实施实行行为的事实。根据部分犯罪共同说，甲、乙成立共同犯罪的范围止于共同的暴行行为（在日本成立共同暴行罪，在我国没有重合罪名）。对于超过部分，甲对强奸致死的后果负责并成立强奸罪的加重犯，而乙则对自己的劫取钱财行为负责并成立抢劫罪的加重犯。前述结论一来不能贯彻其理论，二来有违责任主义。而如果依照行为共同说，可以认为甲、乙在实施各自的目的行为时彼此之间存在着相互利用的关系，即甲以强奸的故意加害丙并利用了乙的抢劫行为而共同实施暴行，且最终由自己的行为致死被害人。因此，甲、乙成立共同犯罪，且乙的行为是甲的行为的一部分即甲的行为得以成功的一个条件，亦即其与丙的身亡之间具有条件说意义上的因果关系。而乙以抢劫的故意加害丙且利用了甲的强奸行为，即甲的行为也是乙的行为成立既遂的条件，故乙也应当对丙的死亡结果承担刑事责任。

可见，行为共同说更加广泛地贯彻了"部分实行全部责任"的法理[1]。按照行为共同说，前例中甲、乙的行为分别成立强奸罪和抢劫罪的结果加重犯，其结论与部分犯罪共同说的结论并无区别。这里要首先指出的是，行为共同说借用部分犯罪共同说来论说前例并得出与其自身相同的结论，是不妥的，因为既然我国刑法没有规定共同暴行罪，则在部分犯罪共同说看来，强奸罪与抢劫罪是不存在"犯罪重合"即"重合部分"问题的。易言之，部分犯罪共同说并不适用于前例。于是，行为共同说对前例的结论与完全犯罪共同说"到底"有无区别呢？所谓按照犯罪共同说，甲和乙因不具有共同的犯罪故意而不成立共同犯罪，只能分别构成强奸罪和抢劫罪即强奸罪和抢劫罪的基本犯，这只是行为共同说在前例中强加或虚构给完全犯罪共同说的一个结论，然后对之进行批判。实际上，完全犯罪共同说对前例完全可以作出这样的推论：由于甲、乙具有不同的犯罪故意，故其不能成立共同犯罪而只能先分别成立强奸罪和抢劫罪即强奸罪和抢劫罪的基本犯；又由于丙的身亡结果至少同时为甲、乙所放任，且此结果中都凝结了甲、乙行为的原因力，故甲、乙应对此结果共同负责，从而甲、乙最终分别成立强奸罪和抢劫罪的结果加重犯。可见，在前例中，完全犯罪共同说可与行为共同说得出完全相同的两个案结论。但是，这种局面是说明完全犯罪共同说与行为共同说两者皆可取吗？实际上，当行为共同说在前例中强调甲、乙在实施各自的目的行为

---

[1]　郭妍、贾宇："行为共同理论之提倡"，载《国家检察官学院学报》2016年第2期，第107页。

时彼此之间存在相互认识和利用关系，且各自的行为都是对方行为既遂的条件，从而与丙的身亡结果之间都存在因果关系，这只能说明甲、乙对加重结果共负责任。又当行为共同说强调甲、乙是实施"各自的目的行为"，则在前例中行为共同说走的难道不是完全犯罪共同说的路子吗？

对行为共同说自称合理性及其对犯罪共同说的批判的破解，是对行为共同说违背刑法基本原则及其实定法障碍并最终背反刑法责任原则的论证的继续和深入。而行为共同说之所以违背刑法基本原则，遇到实定法障碍，从而背反刑法责任原则，且其自称的合理性及其对犯罪共同说的批判得以破解，都在根本上肇始于行为共同说偏离了"罪责性共同"这一共犯本质，而"罪责性共同"意味着：共犯主体都必须是具有罪责能力的人，即都必须是具有刑事责任能力（包括达到刑事责任年龄）的人；共犯行为必须是在具有内容相同（重合）的罪过支配之下所实施的。

五、对行为共同说法教义学否定的归结

在行为共同说的共犯本质之下，当有的涉案行为人有刑事责任能力而有的行为人无刑事责任能力时，则共同犯罪就是一般违法行为与被称为严重违法行为的犯罪的一种"混合体"；当所有的涉案行为人都具有刑事责任能力，则共同犯罪就是"数人数罪"的"乌合之众"。由于"乌合之众"最终要"作鸟兽散"，故共同犯罪最终就是一人一罪，即共同犯罪最终变成单人犯罪。可见，行为共同说不是共同犯罪的一种建构理论，而是在无视犯罪分类中打着"（彻底的）责任主义"旗号的瓦解理论。行为共同说的所有理论被动与实践谬误，最终可归结为一点：其将已经凝结了构成要件该当性、违法性与有责性的犯罪概念降格为作为犯罪概念本身的一个构成要素的客观违法性，从而"犯罪共同"被降格为"行为共同"。但犯罪必定是行为，而行为未必是犯罪，从而"犯罪共同"必定是"行为共同"，而"行为共同"未必是"犯罪共同"。在民事领域，侵权可以连带或共同，责任也就可以连带或共同。而在刑事领域，之所以强调"违法可以连带，责任必须个别"主要是基于对人权保障的考虑。行为共同说无视犯罪论体系的末端还有一个对于犯罪成立具有决定性意义的要件即"有责性"要件，便将客观违法性的共同径行认定为共同犯罪。可见，行为共同说是在共同侵权即"行为层次"的平台上来论说共同犯罪及其刑事责任的，其学术随意性较为明显。如果共犯的本质或共

犯的成立范围采用共同行为说，则刑法立法对共同犯罪的规定何不取消"共同犯罪"而代之以"共同行为"？行为共同说将"行为共同"视为共犯本质，则其如何面对本质是一个事物"独有的内在规定性"这一哲学命题〔1〕，因为民法上的共同侵权也是"行为共同"。

刑法学命题的妥当性是形式合理性与实质合理性的有机统一，且以"逻辑正确性"与"实践适切性"作为两个相互结合的判断标准〔2〕。这里，行为共同说终究事关共犯本质，从而事关共犯成立范围的一种刑法学命题，故其也要接受妥当性检验，而检验的结论是：行为共同说并不妥当。有学者指出，按照行为共同说，在有责任能力者和无责任能力者共同实施违法行为的场合，只认定有责任能力者"单方面"与无责任能力者构成共同犯罪。于是，一个怪论就出现了：某人"单独"与一个不可能成立共同犯罪的人构成共同犯罪〔3〕。所谓怪论，就怪在"单独"与"共同"的自相矛盾上，而此自相矛盾是行为共同说非妥当性的直观体现。

学者指出，我国传统的部分犯罪共同说偏重从整体角度来考察共同犯罪，难以对一些呈现整体特征的犯罪形式做出妥当理解。"行为共同说"则偏重从个体的角度来理解共同犯罪，不仅秉承刑法责任原则，而且妥当地对各种借助他人实施犯罪行为做出合理的限定和说明，故以行为共同说替代犯罪共同说，有其必要性与合理性〔4〕。在本著看来，行为共同说对犯罪共同说所批判的问题，或许正是行为共同说自身的问题，如行为共同说将共同犯罪视为由若干单独犯所"乌合"起来的"数人数罪"，则相对于单独犯的共同犯罪还有何"整体性"可言？从整体角度来考察是否更有利于落实个人责任原则？因为整体考察在比较权衡之中包含着"刑罚个别化"的思维过程，正如我们常说"个人的发展离不开集体的发展"或"个人只有在集体中才能得到更好的发展"。既然共同犯罪实质地有别于单独犯罪，则其定罪量刑的考察思维自然有别于单独犯罪而不应是单独犯罪定罪量刑思维在同一个时空或场合中的

---

〔1〕　马荣春："对决、批判与'新生'：共犯成立范围理论的一次清理"，载《河南财经政法大学学报》2016 年第 3 期，第 70~71 页。

〔2〕　马荣春："论刑法学命题的妥当性"，载《东方法学》2016 年第 1 期，第 9~15 页。

〔3〕　刘明祥："不能用行为共同说解释我国刑法中的共同犯罪"，载《法律科学（西北政法大学学报）》2017 年第 1 期，第 64 页。

〔4〕　黎宏："共同犯罪行为共同说的合理性及其应用"，载《法学》2012 年第 11 期，第 117 页。

机械重复，否则共同犯罪的概念及其与单独犯罪的对应还有何意义？至于行为共同说替代犯罪共同说的必要性与合理性如何，要看犯罪共同说在理论逻辑上是否还能保持通畅，其在解答实际问题时是否还"管用"？法律实践包括刑事法律实践也有一种逻辑惯性，其多少讨厌哪些"似是而非"的"新理论"或"新学说"的纷扰。学术可以"自由"，但法律实践的理论不可"随意"。行为共同说的响应者言辞凿凿，似乎犯罪共同说和行为共同说分别只是我国与国外即大陆法系的学说。

于是，在中国的刑法理论因"传统"而"守旧"，国外的刑法理论因"国外"而"先进"的思维定势之下，行为共同说正如学者所言即"逐渐转强"。但国外即大陆法系的刑法理论中一直存在着犯罪共同说与行为共同说的学术对峙。如今看来，行为共同说称自身具有相当的合理性并称犯罪共同说具有相当的乃至"致命的缺陷"，是言过其实了：行为共同说自称的"相当的合理性"背后，或许才是"致命的缺陷"；犯罪共同说被行为共同说危言耸听的"致命的缺陷"的背后，或许正是"相当的合理性"。是否遵守刑法基本原则和符合责任主义原则，或许不是判别犯罪共同说与行为共同说的最后标准，而是要看哪一种学说符合最基本的问题真相及其所对应的实践逻辑，这也是理论学说的"问题意识"。客观地说，我们的刑法实践尚未对外来的貌似先进的理论形成"如饥似渴"，而更多需要的是对传统刑法理论与时俱进的适当改造与灵活运用。既然刑法立法不是嘲笑的对象，则将现行刑法立法作为实定法根据的传统共同犯罪理论，也不是外来的且仍存在诸多疑问的行为共同说嘲笑的对象。

在共犯本质问题上，对行为共同说的法教义学批判显属"以破代立"。而在"以破代立"的行文过程中，共犯本质的"罪责共同性"命题的正面理据便隐现于字里行间。但在对行为共同说作出较为全面深入的法教义学批判之余，即将之"破"后，对共犯本质的"罪责共同性"的正面、集中补证将使得这一命题立得更牢。具言之，只要承认共同犯罪与单人犯罪存在本质区别，且共同犯罪的"共同性"绝非单人犯罪在时空上的"机械拼凑性"和刑事责任上的"各扫门前雪"，而是犯罪发生过程的"内在因果性"和刑事责任上的"复合整体性"，则共犯本质应以犯罪本质为生发基础，且能够对共同犯罪这一有别于单人犯罪的特殊现象作出根本性的，从而也是结构性的说明。罪责共同性是对"故意共同"这一心理事实的规范性评价，其将"故意共同"

所对应的行为人之间的"心理因果性"予以蕴含。又由于"心理因果性"构成了客观行为之间"意义联系"的必要纽带，故罪责共同性是对共同犯罪发生过程性和内在结构性的总和性或"最集中"的说明，从而罪责共同性堪当共犯本质。罪责共同性是立于犯罪"已经"成立的观念来说明共犯的成立，较之"前构成要件行为的共同""构成要件行为的共同"和"违法性的共同"，其对共犯的成立范围限缩最紧，从而对刑法责任主义和权利保障把持得最紧。这更能说明：罪责共同性堪当共犯本质。而凡是行为共同说认为不好解答的那些问题，或可由犯罪共同说借助"罪责共同性"来解答，或可由刑法其他理论来解答。

但当行为共同说在共犯成立范围亦即共犯本质上走向了一个极端，甚至完全丢弃了共犯之为共犯本身的"内在规定性"，正如不仅故意内容不同的可成立共同犯罪，故意犯甚至与意外事件者，均可成立共同犯罪[1]，则传统的完全犯罪共同说因要求共犯之间必须存在"意思沟通""意思联络"或"意思疏通"[2]，其有走向另一个极端的嫌疑，因为在片面共犯包括片面正犯、片面帮助犯和片面教唆犯的场合，共犯之间虽然没有"意思沟通""犯意联络"或"意思疏通"，但内容相同的犯意促成了共犯行为之间的利用和被利用、促进和被促进的客观关系，故按照共同犯罪论责才更容易落实罪责刑相适应原则，亦即更容易落实责任主义原则。而这就要求传统的犯罪共同说在把持罪过内容相同的同时放弃"意思沟通""犯意联络"或"意思疏通"，但不能放弃共犯行为之间的相互利用和相互促进这一客观条件即"物理因果性"，因为当"意思沟通""犯意联络"或"意思疏通"与共犯行为之间的相互利用和相互促进即"物理因果性"都被放弃了，则同时犯也就变成了共同犯罪。易言之，在主观上把持罪过内容相同且在客观上把持共犯之间存在相互利用、相互促进或相互补充关系即"物理因果性"的同时，放弃或不必强求"意思沟通""犯意联络"或"意思疏通"，即在主观上只求"故意相同（重合）"而非"故意相通"，这是传统的完全犯罪共同说应作出的必要修正。将对传统的完全犯罪共同说的前述修正与部分犯罪共同说整合起来，我们可得到新犯

---

［1］ 陈洪兵："'二人以上共同故意犯罪'的再解释——全面检讨关于共同犯罪成立条件之通说"，载《当代法学》2015年第4期，第32页。

［2］ 高铭暄、马克昌主编：《刑法学》（第5版），北京大学出版社、高等教育出版社2011年版，第65页。

罪共同说。新犯罪共同说符合共犯成立范围亦即共犯本质的理论逻辑和实践逻辑，并能够恰当地解答行为共同说所欲解答的问题。

第二节　共犯本质的再反思与再证成

由于共犯本质问题在共犯论中的特殊重要性，故共犯本质需予再反思与再证成，以作为对共犯本质问题的再深入。

一、行为共同说的自相矛盾

行为共同说的自相矛盾既有一般法理逻辑的体现，也有刑法具体理论问题的体现。

（一）行为共同说自相矛盾的一般法理逻辑体现

学者指出，共同犯罪的立法与理论所要解决的问题是，将不法事实归属于哪些参与人的行为，故共同犯罪是不法形态[1]。正如人是动物，共同犯罪当然是不法形态，但共同犯罪在本质上是什么形态呢？若将"共同不法"视为共犯本质，则"共同犯罪是二人以上共同实施的犯罪"便可置换为"共同犯罪是二人以上共同实施的不法"。于是，犯罪便"等于"不法，但犯罪与不法存在质量区别，而忽略两者的质量区别导致行为共同说即事实共同说，即共同犯罪就是数人共同实施了行为[2]。由于犯罪是行为而行为未必是犯罪，故行为共同说对共犯本质问题的说法丢掉了事物的内在与本质，进而走向一种"泛化"，最终一般违法行为和无刑事责任能力者的行为都被裹挟到共同犯罪中去了。可见，混淆犯罪与不法，从而将无刑事责任能力者与有刑事责任能力者在共同行为事件中的地位不加以规范性区分，这是行为共同说明显存在的逻辑问题。而前述逻辑问题，必然导致行为共同说的自相矛盾，正如行为共同说指出，如果正犯的行为侵害了法益，但共犯对该法益侵害缺乏责任，正犯与共犯虽然在不法层面属于共同犯罪，但共犯并不成立犯罪[3]。这里，"属于"但"并不成立"便是一种明显的自相矛盾，且此自相矛盾是形成于偷换"犯罪"这一概念：共同犯罪是犯罪的种概念，故当犯罪不成立，则怎

---

〔1〕　张明楷：《刑法学》（第5版），法律出版社2016年版，第381页。
〔2〕　张明楷：《刑法学》（第5版），法律出版社2016年版，第393页。
〔3〕　张明楷：《刑法学》（第5版），法律出版社2016年版，第408页。

能成立共同犯罪？显然，当学者说"并不成立犯罪"，其是在"责任"即"有责性层面"使用犯罪概念，即犯罪是不法且有责的行为；而当其说"属于共同犯罪"，则其又是在"不法层面"即"违法性层面"甚至是"构成要件层面"使用犯罪概念。可见，学者是在偷换概念即违背形式逻辑的"同一律"中来论证行为共同说。

学者指出，采取行为共同说并不违反我国刑法的规定，即行为共同说具有立法上的根据，即不存在立法上的障碍，亦即不与立法相矛盾[1]。行为共同说是否违反我国刑法的规定，或是否存在刑法立法上的障碍，或是否与刑法立法相矛盾，应看行为共同说是如何处理共同犯罪与犯罪的关系。按照我国刑法规定，犯罪是有责任能力者的故意或过失的刑事违法行为。由于共同犯罪是犯罪的种概念，故共同犯罪必然具有犯罪的"基质"，即作为共犯"一员"的各行为人也必须具有刑事责任能力性和主观罪过性，从而在共同的责任能力性中形成共同的主观罪过性即"罪过共同性"。而行为共同说正是从共同犯罪中抽掉了犯罪的"基质"，从而割裂了犯罪与共同犯罪之间的属种关系，亦即在行为共同说那里，共同犯罪中的"犯罪"与作为共同犯罪上位概念的"犯罪"已经不是同一概念，即其偷换了"犯罪"概念。因此，立足于我国刑法对犯罪的规定和犯罪与共同犯罪之间的属种关系，行为共同说明显存在刑法立法的规范障碍，而行为共同说言其不存在此障碍正是避开了我国刑法对犯罪的规定和犯罪与共同犯罪之间的属种关系，其所采用的路径是对现行共同犯罪条文予以近似"文字游戏"的直接解读。

当我国刑法规定的主犯、从犯、胁从犯都是刑事责任主体，且其主观方面都具有共同故意，则行为共同说便是"逃避"我国的立法障碍。于是，在"逃避"我国实定法障碍强行解释我国共同犯罪的实定法，行为共同说的自相矛盾便在所难免。共同犯罪当然指向"共同行为"，但共同犯罪并非"共同行为"的无条件直接等同，故当立于"行为共同说"来讨论共犯成立范围即共犯本质问题，则刑法立法不如干脆取消"共同犯罪"这一概念而直称"共同行为"罢了。

在本著看来，只有立足于我国刑法对犯罪的规定和犯罪与共同犯罪之间的属种关系，共犯本质问题才能秉持一种"紧缩思维"，而此"紧缩思维"

---

[1] 张明楷：《刑法学》（第5版），法律出版社2016年版，第394页。

正是一种权利保障的思维，因为扩大共犯成立范围的思维实即扩大惩罚范围的思维。回过头来，行为共同说只解决了将共同的不法事实"归属"于哪些人的问题，而未真正或最终解决将共同的不法事实"归责"于哪些人的问题。这里，将共同的不法事实"归属"于哪些人与将共同的不法事实"归责"于哪些人，是两个不同的问题。显然，只有解决将共同的不法事实"归责"于哪些人的问题，才真正或最终解决了共犯认定即共犯成立问题，而解决这一问题的理论只能是关于共犯本质论的罪过共同说即犯罪共同说而非行为共同说。于是，共同犯罪不仅是"共同不法"或"不法共同"形态，更是"共同罪过"或"罪过共同"形态。

（二）行为共同说自相矛盾的具体理论问题体现

首先，对向犯被传统刑法理论视为必要共犯的一种类型。而对向犯中又包括只处罚一方行为的情形即片面的对向犯。对于片面的对向犯，如贩卖淫秽物品牟利犯罪，能否直接根据刑法总则的规定将购买者作为共犯（教唆犯或帮助犯）处罚的问题，学者认为"立法者意思说"具有妥当性，即在具有对象性质的 A、B 两个行为中，立法者仅将 A 行为作为犯罪类型予以规定时，表明立法者认为 B 行为不可罚，故若将 B 行为以教唆犯或帮助犯论处，则不符合立法意图[1]。在片面对象犯的场合，既然 B 行为不可罚即不成立犯罪，则无共同犯罪之谓，更无"必要共同犯罪"即"必要共犯"之说。既将片面的对向犯视为必要共犯的一种具体情形，又言立法者视其中一方不可罚即不成立犯罪，行为共同说显然陷入了自相矛盾。行为共同说的自相矛盾还体现在对聚众犯罪的说法上，如聚众犯罪是否属于共同犯罪要依具体案情而定。例如，我国《刑法》第 291 条规定的聚众扰乱公共场所秩序、交通秩序罪，只处罚首要分子而不处罚其他参加人。因此，当首要分子只有一人，就是一人以聚众方式犯罪而无共同犯罪可言，故聚众犯罪不一定是共同犯罪[2]。行为共同说既将聚众共同犯罪视为必要共犯的一种，又言其"不一定"是共同犯罪，其自相矛盾在这里更加明显，因为按照形式逻辑的矛盾律，在判断一个确定的事物的性质时，"是"与"不是"不能同时存在。行为共同说之所以在对象犯和聚众犯罪问题上自相矛盾，根本原因还在于：当面对犯罪这一

---

〔1〕 张明楷：《刑法学》（第 5 版），法律出版社 2016 年版，第 386~387 页。

〔2〕 张明楷：《刑法学》（第 5 版），法律出版社 2016 年版，第 388 页。

概念时，行为共同说是立于三阶层递进式犯罪论体系的最后一阶即"有责性"层面；而当面对共同犯罪这一概念，行为共同说又不自觉地前移至该犯罪论体系的前一个（第二个）阶层即"违（不）法性"阶层，甚至是第一个阶层即"构成要件"阶层。但恰恰是行为经历了第二个阶层的肯定判断时尚不成立犯罪，而是经历了第三个阶层的肯定判断才成立犯罪。

其次，行为共同说的自相矛盾形成于间接正犯问题上。学者指出，以自己的身体动静直接实现刑法分则规定的构成要件行为的是正犯，其他的参与者都是共犯，故刑法规定对正犯以外的共犯进行处罚，是对处罚范围的扩大即刑罚扩张事由。由于间接正犯是利用他人实施犯罪行为，故为共犯，但这一结论又不妥当。于是，限制的正犯概念面临着间接正犯的难题，但行为共同说可以解决这一难题[1]。显然，在间接正犯的场合，利用和被利用所形成的是客观事实层面的"行为的共同"和价值判断层面的"不法的共同"，故将"行为的共同"和"不法的共同"视为共同本质的行为共同说必然走向"间接正犯就是共犯"的结论，而这一结论自相矛盾，正如学者所言"这一结论又不妥当"。应当承认，在间接正犯的场合，能够成立间接共同正犯，但这是形成于利用者相互之间；也能够形成帮助犯与间接正犯的共犯关系，如甲帮助乙利用丙实施某种犯罪；还能够形成教唆犯与间接正犯的共犯关系，如甲教唆乙利用丙实施某种犯罪。显然，利用者与被利用者之间是无法形成共犯关系的，除非取消间接正犯理论。可见，无论在表述上怎样"迂回"，在依然承认间接正犯理论的前提下推行行为共同说，自相矛盾自难避免。

最后，在犯罪事实支配理论上，行为共同说也自相矛盾。学者指出，行为人具有犯罪的故意时，才会支配犯罪事实，但对犯罪事实的支配并非以行为人具有犯罪的故意为前提。由于共同犯罪是不法形态，而故意是责任要素，故即使行为人主观上没有故意，但其客观行为依然可能支配了犯罪事实[2]。正如我们所知，按照犯罪事实支配理论，正犯是犯罪事实的核心角色和犯罪过程的关键人物，而在行为支配、意思支配和功能性支配这三种场合，支配者通常是正犯甚至主犯，支配者当然有犯罪故意。"具有犯罪的故意时，才会支配犯罪事实"肯定了主观故意是支配事实形成的前提，而"对犯罪事实的

---

[1] 张明楷：《刑法学》（第 5 版），法律出版社 2016 年版，第 390 页。
[2] 张明楷：《刑法学》（第 5 版），法律出版社 2016 年版，第 392 页。

支配并非以行为人具有犯罪的故意为前提"又是在否定这一前提。正如我们所知，在犯罪事实支配的三种场合，支配者皆有通过支配他人而实施或实现犯罪的主观故意。可见，行为共同说在与犯罪事实支配理论相左之中陷入了自相矛盾，而这一矛盾是由行为共同说在"行为共同"层面或最多在"违法性共同"层面就急于设定共同犯罪所致。

综上，行为共同说的自相矛盾所流露出的是对共犯成立的"迫不及待"，即对共犯成立的条件或门槛的降低，故其所谓能够"合理地全面认定"共同犯罪且未扩大处罚范围，从而行为共同说比犯罪共同说更具合理性一说[1]，难经推敲。对应着犯罪必定是违法而违法未必是犯罪，共同犯罪必定是共同违法而共同违法未必是共同犯罪，"共同犯罪就是共同犯罪"，这本是无可争议的命题。至于共同犯罪存在哪些具体形态，则是另外一个话题。"行为共同说"的"自相矛盾"的根由在于：随意改变"共同犯罪"的"犯罪"意涵而不当扩大"共同犯罪"的成立范围。因此，"行为共同说"所自我夸耀的所谓"方法论上的捷径"，实为一条"斜径"。然而，行为共同说却在"貌似"能够解决犯罪共同说"似乎"不能解决的相关问题的"忽悠"中逐渐风行。而在造成这种局面的过程中，行为共同说除了没有来由地直接将犯罪的共同落定在"行为共同"并予以展开，同时令大传统共同犯罪理论甚至其他如间接正犯理论的"乏力"或"无能"。于是，我们不得不对行为共同说的"创新"心生疑问。

二、行为共同说的理论反叛

行为共同说的理论反叛包括对因果共犯论、共犯从属性论和共犯处罚根据论的反叛。

（一）行为共同说对因果共犯论的反叛

在因果共犯论看来，成立共犯关系不仅要求各共犯人的行为之间形成物理的因果性，而且要求形成心理的因果性。在行为共同说内部，有的学者片面甚至极端强调行为本身的共同而无需考虑各行为人之间是否发生主观联系，更罔论共同罪过；而有的学者提出，至少在"意思联络"方面，不要求数人必须具有共同实现犯罪的意思联络，只要就实施行为具有"意思联络"就可

---

[1] 张明楷：《刑法学》（第 5 版），法律出版社 2016 年版，第 394 页。

以成立共同犯罪[1]。由此，完全不要主观联系的共犯主张，等于完全抛弃成立共犯本应要求的心理因果性；只要求就实施行为具有"意思联络"的共犯主张，最终也将导致心理因果性的可有可无。若放弃心理因果性或视心理因果性可有可无，则将导致物理因果性"蜕变"为间接正犯、同时犯等场合"纯巧合性"或"纯偶然性"的事实联系，从而共犯关系将无限制地随意成立，最终共犯关系名存实亡。而在前述"蜕变"过程中，因果共犯论将被彻底抛弃或叛离。学者指出，起先犯罪共同说与行为共同说的实质分歧在于行为主义与行为人主义的对立、客观主义与主观主义的对立。

而今，不少学者站在客观主义立场采取行为共同说[2]。学者所举的例子，如只要就共犯的处罚根据采取因果的共犯论或惹起说，就应当支持行为共同说。之所以处罚共犯，是因为共犯通过介入其他共犯者的行为而导致构成要件的结果，共犯具有固有的违法性与责任[3]。这里，虽然隐蔽但可发现的是，"固有的违法性与责任"等于不要因果性："固有的违法性"等于不要共犯之间的物理因果性，而"固有的责任"等于不要共犯之间的心理因果性。顺便要强调的是，将行为主义与行为人主义的对立、客观主义与主观主义的对立视为犯罪共同说与行为共同说的实质分歧，是有问题的：完全可以不要主观联系或视主观联系可有可无，可以印证行为共同说是客观主义和行为主义；但犯罪共同说既要求行为人之间的物理因果性即有因果联系的共同行为（客观共同），也要求行为人之间的心理因果性即有因果联系的共同罪过（主观共同）。

可见，将犯罪共同说归结为主观主义和行为人主义，显然是片面的。由于犯罪共同说对共犯成立的要求包含且"高于"行为共同说，故犯罪共同说应被视为行为主义与行为人主义的"融合"而非"对立"、客观主义与主观主义的"融合"而非"对立"。行为共同说只要求行为人之间的物理因果性而轻视或无视行为人之间的心理因果性，显然是对因果共犯论的反叛。当然，这里所说的反叛是立于共犯关系成立的层面来展开论述的，而行为共同说对因果共犯论的反叛尚可留待下文立于共犯处罚根据层面展开论述。

---

[1]　张明楷：《刑法学》（第5版），法律出版社2016年版，第393页。
[2]　张明楷：《刑法学》（第5版），法律出版社2016年版，第394页。
[3]　[日] 山口厚：《刑法总论》，有斐阁2016年版，第317~318页。

（二）行为共同说对共犯从属性论的反叛

当行为共同说肯定或默认共犯的"固有的违法性与责任"，则等于在共犯属性问题上变相地坚持共犯独立性说，但对于共犯的属性，学者所明确坚持的又是共犯从属性说[1]。于是，行为共同说便构成了对其所坚持的共犯从属性论的反叛，且此反叛是体现在具体问题的立场或主张上。如学者在讨论间接正犯问题时指出，未达到法定年龄的人与达到法定年龄的人共同犯罪时，并非后者均为间接正犯。只有当后者支配了犯罪事实时，才能将其认定为间接正犯。例如，18 周岁的甲唆使 15 周岁的乙盗窃他人财物的，不是间接正犯而是教唆犯。15 周岁的乙因为缺乏有责性而不承担责任[2]。构成间接正犯需要形成犯罪支配事实，这一强调是没有问题的。但就学者所举的例子而言，当最终点明 15 周岁的乙因为缺乏有责性而不承担责任，只是甲作为教唆犯来承担责任，则学者在共犯属性问题上便"不自觉"地陷入了自相矛盾：肯定甲构成教唆犯意味着肯定乙构成正犯，而当正犯不承担责任，则按照共犯从属性包括教唆犯从属于正犯[3]，作为教唆犯的甲的责任从何而来？所谓"皮之不存毛将焉附"。当否定正犯的责任并同时肯定教唆犯的责任，是否又明白地走向了学者所反对的共犯独立性说呢？所谓"未达到法定年龄的人与达到法定年龄的人共同犯罪"，显然是行为共同说的直接说辞。

可见，行为共同说在共犯属性问题上的自相矛盾"不经意间"形成于对间接正犯问题的论述中。行为共同说在共犯从属性问题上的自相矛盾即其对共犯从属性论的反叛。实际上，在"未达到法定年龄的人与达到法定年龄的人共同犯罪"所对应的实际问题中，如果学者看到或尊重的不是"共同犯罪"而是"共同违法"，或许其能够避免自相矛盾，即避免对共犯从属性论的反叛。对照之下，似乎立于"罪过共同"即"有责性共同"包括行为人都具有责任能力和行为时主观罪过内容至少"部分地"相同（"部分犯罪共同说"），则共犯从属性说才能更好地得到坚持，因为"违法层面的共同"，甚至"构成要件（该当性）层面的共同"只是一种机械的"现象共同"，而"罪过共同"即"有责性共同"恰好通过共犯之间物理因果性与心理因果性

---

[1] 张明楷：《刑法学》（第 5 版），法律出版社 2016 年版，第 408~414 页。

[2] 张明楷：《刑法学》（第 5 版），法律出版社 2016 年版，第 405 页。

[3] 张明楷：《刑法学》（第 5 版），法律出版社 2016 年版，第 408~414 页。

而凝结成一种"价值共同"。

正如我们所知，狭义的共犯包括教唆犯和帮助犯相对于正犯即实行犯到底具有独立性还是从属性，抑或独立性和从属性兼具？刑法理论对共犯的属性问题素有争议。学者指出，只要承认犯罪的本质是侵犯法益，刑法的目的是保护法益，就难以采取共犯独立说[1]。如果犯罪的本质并非侵犯法益，因为民事违法行为和行政违法行为也侵犯法益，而对于以动物为对象的猥亵罪又不存在所谓法益侵犯，则"难以采取共犯独立性"即采取共犯从属性就无法立论了。在本著看来，共犯从属性还是应立于因果共犯论予以立论。而行为共同说正是在认可因果共犯论的同时又撕裂了因果共犯论，即将因果共犯论中完整的因果性即由物理因果性和心理因果性"合成"的因果性缩小为"单纯"的物理因果性，才导致对因果共犯论的反叛，进而共犯从属性有着被自己动摇的不自觉的危险。可见，行为共同说对共犯从属性论的反叛，隐含着行为共同说对因果共犯论的反叛，因为当行为共同说丢掉了因果共犯论中的心理因果性，即放弃共同行为人之间的"主观共同"，则其便不自觉地走向共犯独立性说。

（三）行为共同说对共犯处罚根据论的反叛

行为共同说将共犯处罚根据学说概括为三种：一是责任共犯说认为，由于共犯者将正犯引诱至责任与刑罚中，或由于共犯使得正犯者堕落，故共犯也应受罚。根据责任共犯论，共犯的成立以正犯的行为具有构成要件该当性、违法性和有责性为前提（极端从属性说）；二是不法共犯说（违法共犯论）认为，由于共犯者诱使正犯者实施了符合构成要件的不法行为，或者以某种援助行为促进了不法的正犯行为（行为无价值），故其应受处罚。根据不法共犯论，共犯的成立要求正犯的行为具有构成要件符合性和违法性，即如果正犯行为是违法的，则共犯行为也是违法的，亦即承认违法的连带性；三是惹起说（因果共犯论）认为，共犯的处罚根据在于通过介入正犯的行为引起了法益侵害（构成要件该当事实），即直接引起法益侵害的是正犯，介入正犯行为间接引起法益侵害的是共犯，故正犯与共犯的差异在于引起法益侵害的样态不同[2]。当学者在共犯的本质问题上坚持"不法的共同"即"不法共犯

---

〔1〕　张明楷：《刑法学》（第5版），法律出版社2016年版，第411页。

〔2〕　张明楷：《刑法学》（第5版），法律出版社2016年版，第407页。

论"，而在共犯的处罚根据问题上，其又明显主张因果共犯论[1]，则其又有自相矛盾或莫衷一是之虞，因为共犯的本质中蕴含着共犯的处罚根据，而共犯的处罚根据引申着共犯的本质。于是，学者在共犯本质问题上坚持不法共犯论是否背反其在共犯的处罚根据上又坚持因果共犯论？如果不发生背反，则不法共犯论是否便等同于因果共犯论？而如果不法共犯论等同于因果共犯论，则学者是否还有必要在不法共犯论之外另提因果共犯论？

对于共犯的处罚根据问题，学说上向来有责任共犯论和因果共犯论两种不同主张。其中，责任共犯论以团体责任为基础，基于人的违法观和行为无价值论之立场，强调共犯使得正犯"陷于责任或刑罚"[2]，且以"共同意思主体说"为其有力的学说。责任共犯论过于强调人的主观善恶，其将共犯的处罚依附于正犯的行为无价值，忽视对法益侵害客观效果的考察，容易出入人罪。易言之，责任共犯论过于看重共犯各参与人之间的主观意思联络而忽视对各参与人对共同犯罪的作用的考察，正如共犯者将自己的意思与有责的正犯者的意思"相结合"[3]，从而不当地扩大了共犯的处罚范围；相反，因果共犯论以个人责任为基础，基于物的违法观和结果无价值之立场，从正犯惹起对法益的侵害或者威胁中寻求处罚的根据，而之所以处罚共犯，皆因正犯的行为引起了法益侵害的后果[4]。正如刑法的根本任务在于保护法益，共犯的处罚根据应从正犯惹起的法益侵害中寻求，故因果共犯论将正犯产生结果乃至犯罪的完成之间的因果性作为共犯处罚的出发点，是恰当的[5]。因果共犯论立足于近代刑法的个人责任原理，以共犯与正犯的法益侵害行为及其结果之间的因果关系这一客观要素为基点，更有利于限制共犯的成立范围，有利于发挥刑法的人权保障机能，故其成为共犯处罚根据的刑法理论通说[6]。在共犯处罚根据，同时也是共犯本质和共犯成立范围问题上，责任共犯论即使不可取，但其所强调的各参与人之间的"共同意思"或"主观意思联络"仍

〔1〕 张明楷：《刑法学》（第5版），法律出版社2016年版，第407~430页。

〔2〕 [日]川端博：《刑法总论二十五讲》，余振华译，元照出版公司2008年版，第364页。

〔3〕 [日]高桥则夫：《共犯体系和共犯理论》，冯军、毛乃纯译，中国人民大学出版社2010年版，第398页。

〔4〕 [日]大谷实：《刑法讲义总论》，黎宏译，中国人民大学出版社2008年版，第364页。

〔5〕 [日]西田典之：《共犯理论的展开》，成文堂2010年版，第243页。

〔6〕 刘艳红：《实质犯罪论》，中国人民大学出版社2014年版，第349~350页。

有其实际意义而应被共同犯罪理论所接受。

在此，我们不妨说，责任共犯论那里的"共同意思"或"主观意思联络"，正是因果共犯论那里的心理因果性。在本著看来，不法共犯论即违法共犯论也不可取，因为不法共犯论在共犯成立的认定步骤中没有等到犯罪本身认定的"尘埃落定"，就在各参与人的主观联系可同可异甚至可有可无之中来认定共犯，故不法共犯论所抓住的仅仅是因果共犯论那里的物理因果性。而正是仅仅抓住物理因果性失之片面，故其所主张的共犯成立范围便有着无限扩张的趋势和危险，因为在"世界是普遍联系"中，人们的生活行为在客观上也容易或越发是"普遍联系"的。如果说责任共犯论不当地扩大了共犯的成立范围，则不法共犯论至少并未将共犯的成立范围缩小多少，因为两相对照，前者是在偏重主观（"共同意思"或"主观意思联络"）之中忽视客观，而后者是在偏重客观（共同的构成要件事实即行为事实或不法事实）中忽视主观。如果再说得严重一点，由于"过失"和"间接故意"在人们的生活行为中时常存在，故不法共犯论使得共犯的成立机会似乎大于责任共犯论。由此，便可由责任共犯论与不法共犯论的各自局限对比出因果共犯论的相对可取，因为因果共犯论是对责任共犯论与不法共犯论的"扬弃"与"综合"。

行为共同说对因果共犯论和共犯处罚根据论的反叛，还可联系"共犯脱离问题"来加以说明。"共犯脱离"即共犯关系的脱离，是指同时消除已经实施的共犯行为与结果之间的物理因果性与心理因果性[1]；另有学者是从"因果关系的遮断"来证成共犯关系的脱离，且其"因果关系的遮断"是指物理和心理两个层面的"因果关系的遮断"[2]。从物理因果性与心理因果性的"同时消除"或"同时遮断"所导致的"共犯脱离"中，我们能够反面地和更加深入地认识和把握：物理因果性与心理因果性的"同时连结"，为共犯关系形成所不可或缺。于是，当因果共犯论所强调的因果性既包含物理因果性，也包含心理因果性，即此因果性是物理因果性与心理因果性的"结合体"，则用因果共犯论来说明共犯处罚根据，同时也是共犯成立范围和共犯本质的共犯理论，便是犯罪共同说的共犯理论而非行为共同说的共犯理论。"共犯脱离"能够反面地说明：行为共同说因反叛因果共犯论及其所包含的心理因果

---

〔1〕　张明楷：《刑法学》（第5版），法律出版社2016年版，第448页。

〔2〕　刘艳红：《实质犯罪论》，中国人民大学出版社2014年版，第344~370页。

性而反叛共犯从属性论和共犯处罚根据论。

行为共同说对共犯处罚根据论的反叛"沉淀"着对因果共犯论和共犯从属性论的反叛。最终，行为共同说的理论反叛也是自相矛盾的一种体现。

三、罪过共同说的证成

罪过共同说的证成，可从共犯关系成立落定在何处和刑法责任原则的落实予以展开。

（一）罪过共同说的共犯认定"节点"支撑

当物理因果性与心理因果性结合为因果共犯论，则由因果共犯论来说明共犯处罚根据，同时说明共犯成立范围的共同犯罪理论，便依然是将"罪过（责）共同性"或"有责性共同"视为共犯的本质，而犯罪共同说所要求的"行为共同"和"罪过（责）性共同"即"有责性共同"，便分别在物理的因果性和心理的因果性那里找到了"素材"。正如学者指出，帮助行为与正犯结果之间是否具有因果性（尤其是心理的因果性）与帮助者有无故意，是两个不同的问题，即心理因果性不以共同故意为前提。如乙只是单纯描述仓库门窗破损、无人看守、容易被盗的事实，却强化了甲的盗窃犯意，从而实施了盗窃行为，则乙的行为与甲的行为结果之间具有心理的因果性，但乙没有帮助故意。这再一次说明，在不法层面理解和认定共同犯罪，是完全妥当和可行的[1]。显然，在前例中，学者认为，乙因其行为与甲的行为结果具有心理的因果性而成立共犯即帮助犯，但乙又因没有帮助故意而最终不成立犯罪。实际上，乙在没有帮助故意之中的"单纯描述"行为与甲的行窃行为，根本不存在所谓"共同的不法"。如果乙有帮助的故意，而甲在不知情之中利用了乙的帮助，则乙构成片面帮助犯。可见，在前例中，学者是通过"虚构"所谓"共同的不法"或"不法的共同"而为行为共同说在此发声。在前例中，乙最终不成立犯罪，意味着乙回过头不成立共犯即帮助犯。这恰好说明共同故意对共犯成立的不可或缺性。在前例中，乙没有帮助故意系因乙未与甲进行"意思联络"，或乙也未在甲不知情之中有意给于甲帮助即"片面帮助"，从而共同故意也就没有形成。

可见，心理因果性在"双面故意"即"犯意沟通"或"片面的故意"中

---

〔1〕 张明楷：《刑法学》（第5版），法律出版社2016年版，第424页。

才能够上升为共同故意。由于"责任（有责性）"是"不法"的延伸，因为"不法（性）"与"责任（有责性）"分别对应着三阶层递进式犯罪论体系的第二阶和第三阶，故"罪过（责）共同性"或"有责性共同"便已经蕴含了"不法的共同"即"不法共同性"。于是，"罪过（责）共同性"与"不法共同性"，到底哪一个适合作为共犯的本质，要看哪一个对犯罪问题的说明具有"最终性"或"终局性"，而答案显然是前者。易言之，共犯本质问题应由犯罪共同说予以解答，亦即如果没有形成"罪过（责）共同性"，则无共同犯罪可言。至于甲、乙二人分别以伤害和杀害的故意共同加害丙，或者分别以强奸和强制猥亵的故意共同加害丙等事例，按照刑法理论的共识（"部分犯罪共同说"），可在"重合部分"如"伤害"或"强制猥亵"的部分成立共犯关系，而这仍然说明行为人在"重合部分"存在着"罪过（责）共同性"，亦即仍然是犯罪共同说的运用和印证。犯罪共同说意味着：即使存在"不法共同性"，甚至是完全的"不法共同性"，如"非法剥夺他人生命"体现了故意杀人罪和过失致人死亡罪的完全的"不法共同性"，也不成立共同犯罪。可见，行为共同说与犯罪共同说并非"并列"中的分歧或对立，而是"延伸和被延伸"中的分歧或对立，即对共犯的成立是"向前看"还是"向后看"的问题。显然，对共犯的成立，行为共同说是"向前看"和"提前看"，从而是"急着看"，而罪过共同说即犯罪共同说则是"向后看"和"拖后看"，从而是"等等看"。

行为共同说与犯罪共同说的争论，是一场关于共犯本质，从而事关共犯成立范围的争论。毋庸置疑，不同学说之优劣或是否可取的最终评判标准应为是否合理地限制共犯成立范围，以更好地保障权利。显然，在犯罪论体系的链条上，共犯成立的时点或"节点"越靠后，则共犯成立的范围便越受限制，从而权利便越能得到保障。相反，共犯成立的时点或"节点"越靠前，则共犯成立的范围便越发扩张，从而权利便越难得到保障，同时惹出"属于共同犯罪"但又"不成立犯罪"的麻烦。既然"有责性"是三元递进式犯罪论体系认定犯罪最后的，也是"最保险"的一环，则共同犯罪的认定为何不落定在这一环？易言之，既然采信共犯从属性，为何不选择共犯对正犯的"极端从属性"？这里，所谓"极端"，应被视为对共犯成立范围的最为严格的限定，从而对应着对权利最大限度的保障。正如我们所知，在共犯从属性问题上，共形成四种学说。其中，"最极端从属性说"即"夸张从属性说"认为，正犯的行为除了具备构成要件该当性、违法性与有责性之外，还要具备一定的可罚条件，共犯才得以成立，而这一主张明显不当[1]。由于具备构成要件该当性、违法性与有责性时，行为便得以成立犯罪，从而共同犯罪即共犯关系便有了生成空间，故"最极端从属性说"即"夸张从属性说"实际上使得共同犯罪即共犯关系无从成立。可见，"最极端从属性说"即"夸张从属性说"不是对共犯从属性的肯定学说，而是对之否定的学说。学者所谓"明显不当"，正在于此。正如"真理向前再迈一步便是谬误"，"最极端从属性说"即"夸张从属性说"的"明显不当"回过头来说明的，正是"极端从属性说"妥当之处和可取之处，而"极端从属性说"可让我们取出的应是共犯本质的"罪过（责）共同性"命题。显然，共犯本质的"罪过（责）共同性"命题，是将犯罪成立的最后一环或最后一个阶层作为共犯认定即共犯成立的"节点"。

（二）罪过共同说的刑法责任原则支撑

审视行为共同说和犯罪共同说，始终不能偏离刑法责任主义原则。刑法对责任主义原则的体现是多方面的，包括刑事责任能力的规定、故意与过失犯罪的规定等。在共犯的处罚问题上，刑法同样体现着责任主义原则。如我国《刑法》第26条第3款规定："对组织、领导犯罪集团的首要分子，按照集团所犯的全部罪行处罚。"对此规定，学者指出，除了对自己直接实施的具体犯罪行为及其结果承担责任外，犯罪集团中的首要分子还要对集团所犯的全部罪行承担责任，即还要对其他成员按该集团犯罪计划所犯的全部罪行承担责任，因为这些罪行是由首要分子组织、策划、指挥的。但集团成员超出集团犯罪计划而独自实施的犯罪行为，不属于集团所犯的罪行，首要分子对此不承担责任[2]。其中，"集团犯罪计划"是犯罪集团首要分子处罚规定对责任主义原则的直观体现。但在犯罪集团首要分子处罚规定体现刑法责任主义原则之背后，所潜行的也是因果共犯论思维。其中，"组织""策划""指挥"对应着物理的因果性，而"集团犯罪计划"则对应着心理的因果性。显然，若无心理的因果性，则共犯关系特别是主犯难以形成，从而共同犯罪不复存在。我国《刑法》第29条第1款规定，"教唆不满十八周岁的人犯罪的，

---

[1] 张明楷：《刑法学》（第5版），法律出版社2016年版，第414页。
[2] 张明楷：《刑法学》（第5版），法律出版社2016年版，第451页。

应当从重处罚"。刑法之所以这样规定，可以作出如下理解：教唆不满十八周岁的人犯罪，其心理因果性较教唆已满十八周岁的人犯罪者更强。实际上，对应着构成要件该当性→违法性→有责性，共犯关系是形成于共同的构成要件该当性（构成要件该当性共同）→共同的违法性（违法性共同）→共同的有责性（有责性共同）。于是，物理因果性对应着共同的构成要件该当性和共同的违法性，而心理因果性则对应着共同的有责性。

在具体个罪问题上，行为共同说会时常走向自己的反面，即走向犯罪共同说及其所包含的"罪（过）责共同性"即"有责性共同"。如非国家机关工作人员与国家机关工作人员"共同故意"实施诬告陷害行为时，构成该罪的共犯；对国家机关工作人员应从重处罚，而对非国家机关工作人员不能适用该规定从重处罚[1]。其中，"共同故意"就是对"罪（过）责共同性"即"有责性共同"的一种"不自觉"的肯定。而之所以对国家机关工作人员和非国家机关工作人员分别予以"从重处罚"和"平常处罚"，乃因其"有责性"或"罪责性"深浅有别。又如 2000 年 6 月 30 日最高人民法院发布的《关于审理贪污、职务侵占案件如何认定共同犯罪几个问题的解释》指出："公司、企业或者其他单位中，不具有国家工作人员身份的人与国家工作人员勾结，分别利用各自的职务便利，共同将本单位财物非法占为己有的，按照主犯的犯罪性质定罪。"另有 2003 年 11 月 13 日最高人民法院发布的《全国法院审理经济犯罪案件工作座谈会纪要》指出："对于在公司、企业或者其他单位中，非国家工作人员与国家工作人员勾结，分别利用各自的职务便利，共同将本单位财物非法占有的，应当尽量区分主从犯，按照主犯的犯罪性质定罪。司法实践中，如果根据案件的实际情况，各共同犯罪人在共同犯罪中的地位、作用相当，难以区分主从犯的，可以贪污罪定罪处罚。"

有学者指出，前述两个解释值得商榷，不仅因为主从犯有时难以区分，而当主从犯难以区分时也应按照"存疑时有利于被告"来解决问题。事实上，在公司、企业或者其他单位中，不具有国家工作人员身份的甲与国家工作人员乙相勾结，分别利用各自的职务便利，共同将本单位的财产非法占为己有时，甲与乙都同时触犯了贪污罪和职务侵占罪，但应按贪污罪的共犯论处，因为一般公民与国家工作人员相勾结伙同贪污的都成立贪污罪的共犯，则不

---

〔1〕 张明楷：《刑法学》（第 5 版），法律出版社 2016 年版，第 443 页。

具有国家工作人员身份的公司、企业人员，更应与国家工作人员构成贪污罪的共犯[1]。按照"举轻以明重"，学者针对两个解释的看法是客观可取的。但我们也可从学者的见解中看出一点：所谓"应按贪污罪的共犯论处"暗含着矛盾的主要方面这一矛盾论哲学思维。具言之，贪污行为的不法性及其有责性构成了伙同贪污现象中矛盾的主要方面，从而形成了问题的最终性质或主要性质。而潜藏在最深处的，则是伙同贪污的主观共同即"有责性共同"，且此主观共同是由具有国家工作人员身份者的贪污行为居于矛盾的主要方面所"凝结"而成。按照行为共同说，在形成共犯关系之后，各行为人的行为可定不同的罪名，而"应按贪污罪的共犯论处"又显然是对认定不同罪名的否定。于是，在伙同贪污的事例中，行为共同说似乎是在"不自觉"地承认犯罪共同说及其所内含的"罪（过）责共同性"即"有责性共同"。可见，只要坚守刑法责任主义原则，共同犯罪的刑法理论就必须抓住"罪（过）责共同性"即"有责性共同"，而心理因果性只不过是共同犯罪主观要件即"罪（过）责共同性"或"有责性共同"的切实说明而已。

四、行为共同说的应然归属

学者提出共同犯罪的认定方法是：以不法为重心、以正犯为中心、以因果性为核心。具言之，首先，在不法层面认定正犯，之后，将结果或者危险客观归属于正犯；其次，判断哪些参与人的行为与正犯结果具有因果性，若有因果性，即可肯定为不法层面的共犯；再次，分别判断各参与人的责任，进而确定各人罪名；最后，按照我国刑法关于主犯、从犯、胁从犯、教唆犯的处罚原则分别量刑。前述任何一个步骤都没有必要提出和回答"谁和谁成立共同犯罪""共同犯罪犯的什么罪"这样的问题，故即使不使用"共同犯罪"的概念，也完全可以处理数人共同参与犯罪的现象[2]。在某种意义上，从"以不法为重心"到"以正犯为中心"再到"以因果性为核心"的"三心思路"，可以视为认定共同犯罪的务实之路。虽然"三心思路"中的任何一个步骤都没有必要提出和回答"谁和谁成立共同犯罪""共同犯罪犯的什么罪"这样的问题，但这样的问题是无声地伴随着由三个步骤所对应的认知过程，并最终凝结在"因果性"这一"核心"中。其中，"心理因果性"正是共同

---

[1] 张明楷：《刑法学》（第5版），法律出版社2016年版，第442页。
[2] 张明楷：《刑法学》（第5版），法律出版社2016年版，第483~486页。

犯罪本质即共同罪过性得以最终形成的"胚胎"。可见，对照"构成要件该当性"→"违法性"→"有责性"的三元递进犯罪论体系，共犯本质即"罪（过）责共同性"或"有责性共同"。由此，在共同犯罪的认定步骤中，应当作为"重心"的应是"有责性"而非"不（违）法性"。

学者自称行为共同说能够合理地全面认定共同犯罪，且未扩大处罚范围，故行为共同说比部分犯罪共同说更具有合理性[1]。如果对照构成要件该当性→违法性→有责性这一递进式犯罪论体系，则行为共同说是在"违法性"环节即通过"违法性共同"即"不法的共同"，甚至是在"构成要件该当性"环节即通过"构成要件共同"即"行为（事实）的共同"就"迫不及待"地认定共犯关系的成立。正如我们所知，在行为共同说中，学者推行二阶层犯罪论体系，并指出：完全意义上的犯罪包含符合构成要件的不法与责任两个层面，故对共同犯罪应当采取行为共同说[2]。既然学者将共同犯罪即犯罪共同视为不法层面的问题即"不法的共同"，则立于"完全意义上的犯罪"，对共同犯罪应当采取"责任共同说"即"有责性共同说"，亦即应将共同犯罪即犯罪共同视为"责任"或"有责性"层面的问题，从而走向"罪过共同说"，即回转到犯罪共同说。

行为共同说的自相矛盾意味着行为共同说有时会"不经意间"走向自己的反面，即"不经意间"走向犯罪共同说及共犯本质的"罪过（责）共同"命题。如学者在讨论共同正犯时指出，即使只是分担了一部分实行行为的正犯者，也要对共同的实行行为所导致的全部结果承担正犯的责任。其中，"全部责任"既不是指主观责任，也不是指作为法律后果的刑事责任，而是指对结果的客观归属。由于我国刑法分别对主犯、从犯、胁从犯规定了处罚原则，并不意味着否认区别对待与罪责自负的原则。而在坚持"部分实行全部责任原则"的前提下，对各共犯人应区别对待，故各共犯人只能在自己有责的范围内对共同造成的不法事实承担责任[3]。显然，学者所说的"在自己有责的范围内"即"共同故意的范围内"，且"共同故意的范围内"与"共同造成的不法事实"恰好形成口径一致的对应。实际上，也只有通过"共同故意"

---

[1] 张明楷：《刑法学》（第5版），法律出版社2016年版，第394页。
[2] 张明楷：《刑法学》（第5版），法律出版社2016年版，第393页。
[3] 张明楷：《刑法学》（第5版），法律出版社2016年版，第395页。

即"主观共同"来限定或对应"不法事实的共同"，才能更加准确地解决共犯结果的客观归属。于是，学者是在"不经意间"肯定了犯罪共同说。

行为共同说将共犯本质，从而是共犯成立范围落定在"违法性"层面即"违法性共同"，甚至在"构成要件层面"即"行为共同"，仿佛是在解决共同犯罪问题上"另立中央"，其所造成的"四分五裂"的局面即共犯认定扩大化局面，是可想而知的。而只要将共犯成立与权利保障的刑法价值以及服务于这一价值的责任主义原则紧密联系，则行为共同说该知道何去何从。本来，犯罪即行为，而犯罪共同便包含着行为共同，但缘何行为共同说带着"行为共同"走出"犯罪共同"的"大本营"而"哗变"了呢？行为共同说向犯罪共同说的应然回转，即回归共同犯罪理论的"大本营"，并非强求行为共同说要消失在共同犯罪理论中，因为并非任何一种人文社会科学的理论都可以"一棍子打死"。由于犯罪首先是行为，而共同犯罪首先是共同行为，故行为共同说应在不与罪过（责）共同说即犯罪共同说的相互对立中，且在不破坏实行行为定型性的前提下，发挥共犯成立的"行为基础"即划定"共同行为"的作用，而非对共同犯罪认定即共犯成立一下子作出"跨越式认定"。这样，在共同犯罪理论中，行为共同说和罪过（责）共同说即犯罪共同说在共同犯罪认定即共犯成立上至少可以"相辅相成"。共犯论被称为犯罪论的"黑暗之章"。当共犯本质问题得以澄清，则其将不再"黑暗"。

学者指出，犯罪的本质是"意志之罪"[1]。由此，共同犯罪的本质便是"共同意志之罪"，而"共同意志"即共同罪过（罪责），故在共犯本质问题上，还是应当坚持犯罪共同说。但"行为共同说"对共同犯罪的说明总给人"一盘散沙"的感觉，因为共同犯罪必为共同行为，而共同行为未必是共同犯罪。易言之，"行为共同说"已经通过"稀释"共同犯罪的"犯罪"的原有内涵，即将其"降格"为"不法"，从而在"悄然"违背形式逻辑的"同一律"中来讨论共同犯罪的成立范围即共犯本质问题。行为共同说将"行为共同"视为共犯本质，则其无法面对本质是一个事物"独有的内在规定性"这一哲学命题[2]，因为民法上的共同侵权也是"行为共同"。可见，行为共同

---

〔1〕 龚群："意志之罪：恶的根源——奥古斯丁恶理论的伦理意义"，载《南昌大学学报（人文社会科学版）》2016年第3期，第1~6页。

〔2〕 马荣春："对决、批判与'新生'：共犯成立范围理论的一次清理"，载《河南财经政法大学学报》2016年第3期，第70~71页。

说把真正意义的共同犯罪变成了"数人数罪"的"乌合之罪"，从而行为共同说不再是共同犯罪的建构理论而是共同犯罪的瓦解理论。行为共同说已经不当扩大了共犯的成立范围，甚至使之"漫无边际"。而在人工智能被强行"拟制"为犯罪主体后，行为共同说最终将为我们"建构"怎样的一种共同犯罪理论？因此，行为共同说应立于共同犯罪理论的建构使命而作出"自省"，且将罪过共同说即犯罪共同说作为理论归属。

在宏观上，行为共同说在犯罪与行为的规范关系层面上存在着偷换概念的自相矛盾，且在如何对待我国刑法的实定法规定上存在着自相矛盾；在微观上，行为共同说在对向犯、聚众犯、间接正犯和犯罪事实支配等具体刑法理论问题上存在自相矛盾。对于因果共犯论、共犯从属性论和共犯处罚根据论，行为共同说存在着理论反叛，且其理论反叛相互说明。犯罪成立的"最后环节性"为罪过共同说提供了共犯认定的"节点支撑"，责任主义为罪过共同说提供了刑法责任原则支撑。行为共同说应在不与罪过共同说的相互对立之中，且在不破坏实行行为的定型性的前提下发挥共犯成立的"行为基础"作用，而非对共同犯罪即共犯成立一下子作出"跨越式认定"。最终，行为共同说应走向罪过共同说即犯罪共同说。

第三节 共犯形态的三个追认

在共犯理论的进一步深化中，共同过失正犯、罪过混合的共同犯罪和"片面共犯"应该得到追认。

一、共同过失正犯的追认

共同过失犯罪一直未得到我国立法的确认和我国刑法理论的普遍认可。而今，共同过失犯罪问题应予进一步探讨。

（一）共同过失犯罪共犯化的理论证成

首先，主客观相一致原则能够支撑共同过失犯罪。共同犯罪的传统理论对应着现行立法，即共同过失犯罪不是共同犯罪，应当分别定罪，且原因在于共同过失犯罪作为单独犯罪的社会危害性程度轻于共同故意犯罪[1]。但从

---

〔1〕 陈兴良：《共同犯罪论》（第3版），中国人民大学出版社2017年版，第403~404页。

主客观相一致原则出发，我们应将共同过失犯罪视为共同犯罪。

传统理论认为，共同过失犯罪是二人以上过失行为的并发且无犯意联系，故其社会危害性无异于单独过失犯罪[1]。可见，单独过失犯罪的并发是共同过失犯罪共犯否定论的主要理由。然而，否定论难以经受生活实例的检验。例如，点火烧荒植树曾是林区的一项生产作业。某日，师傅甲与刚从林业学校毕业的徒弟乙在事发地点正要从事烧荒作业。当观察了风向和风力后，乙说："马上点火可能不太安全。"甲听后看着隔火带说："应该没有什么大问题。"乙接着说："您说没有什么大问题就没有什么大问题。"甲最后说："那你就点吧。"乙听后便开始点火，孰料大火烧毁大片林木。在前例中，甲的"应该没有什么大问题"所对应的是过于自信的过失，且麻痹了乙的"马上点火可能不太安全"，以致于乙也形成"应该没有什么大问题"这一同样是过于自信的过失。反过来，乙的"您说没有什么大问题就应该没有什么大问题"又强化了甲的"应该没有什么大问题"。可见，师徒二人的过于自信在相互强化和巩固中形成共同过失。由前例可见，过失的罪过之间可以特殊的方式发生主观联络，即进行"此时无声胜有声"的相互默认、强化和巩固，从而过失的行为人之间便形成了违反注意义务的共同过失心理。易言之，各行为人不仅对自己的行为疏于注意，而且对行为本身具有客观关联性的同案行为人的行为也疏于注意，即未予以必要的提醒或劝阻，以致于形成了共同的不注意。于是，共同过失犯罪的主观基础便得以具备。前例同时说明：过失罪过之间积极的相互认同或相互巩固，或一个积极促成而另一个被动认同，是过失罪过之间发生"主观联络"的两种表现。可见，在共同过失犯罪中，行为人之间发生着过失犯罪意识的联络与互动而形成共同不注意的过失心理[2]，正如帕多瓦尼教授指出，过失重罪中的共同行为是一种对结果发生具有原因力的过失行为的竞合形式。而过失行为人间相互合作的意识和意志，是将这些过失行为联系起来的心理因素[3]。这里，所谓"过失行为人间相互合作的意识和意志"，意味着过失行为人间的一种"心理因果性"。进一步地，两个

---

[1] 陈兴良：《共同犯罪论》（第 3 版），中国人民大学出版社 2017 年版，第 404 页。

[2] 童德华："共同过失犯初论"，载《法律科学（西北政法学院学报）》2002 年第 2 期，第58 页。

[3] ［意］杜里奥·帕多瓦尼：《意大利刑法原理》（注评版），陈忠林译评，中国人民大学出版社 2004 年版，第 340 页。

以上过失行为便在一种"心理因果性"中构成了最终危害结果的共同原因，即"因行为人进行合作的意识和意志而成为共同行为"[1]。由此，立于有机统一的行为整体而将共同过失犯罪视为共同犯罪，完全符合主客观相统一原则。学者指出，应区别行为的原因力大小来对共同过失犯罪各行为人量刑，而在无法区别原因力大小时，应考虑过失层次和过失种类[2]。实际上，考虑原因力大小和过失层次时，则是在无声地进行着统一定罪量刑，从而无声地奉行着主客观相统一原则，最终默认着"共同过失犯罪是共同犯罪"。

罪责刑相适应原则能够支撑共同过失犯罪。学者指出，对共同过失犯罪，应根据行为符合的犯罪构成确定各行为人所犯之罪[3]。由于共同过失犯罪并非单独犯罪，故分别定罪便可能造成罪名各异，从而造成量刑不公。同时，分别定罪量刑除了对各个行为人在共同过失犯罪中的罪过大小等不加考量，而且会把同一危害结果所对应的全部刑事责任不加分解地重复施加于各行为人。可见，分别定罪量刑明显与罪责刑相适应原则相悖，而只有将共同过失犯罪视为共同犯罪，才能符合该原则，因为只有在共同犯罪中，各行为人的责任大小才能得到比较性的考量。至于罪过大小，应立于具体案情且结合各行为人的注意能力及注意义务作出认定，如在前述点火烧荒例中，师父的过失大于徒弟的过失。可以想见的是，对于前述点火烧荒一例，法官对作为师父的甲和作为徒弟的乙通常不会裁量等重之刑，即法官通常对甲、乙二人裁量差别之刑，以体现罪责刑相适应原则。而法官的通常做法会自觉不自觉地将前例作为共同犯罪对待，因为差别之刑是以作用和地位的比较作为基础的，而作用和地位的比较又是共同犯罪的实践思维。共同过失犯罪必采共同犯罪思维，否则将导致处罚失衡，因为对同一个违法事实，当两人以上都有过失，则按照一个过失对待，或可能放纵犯罪，或可能使人不当受罚。例如甲令乙超速行驶而导致行人死亡，必须借助共犯理论来解决甲是否受罚以及甲、乙责任大小问题[4]。

---

[1]　[意]杜里奥·帕多瓦尼：《意大利刑法原理》（注评版），陈忠林译评，中国人民大学出版社2004年版，第340页。

[2]　李昌林："论共同过失犯罪"，载《现代法学》1994年第3期，第35页。

[3]　李昌林："论共同过失犯罪"，载《现代法学》1994年第3期，第35页。

[4]　童德华："共同过失犯初论"，载《法律科学（西北政法学院学报）》2002年第2期，第56页。

有学者指出，共同过失的每个行为人只对共同造成的危害结果负部分责任而非全部责任[1]。前述论断引出一个无法解答的问题：当共同造成的危害结果是一个相当于"不可分物"的整体，则如何将作为一个整体的危害性进行分割，然后来对应每个行为人的责任？在共同过失犯罪的场合，每个行为人的责任只能是共同造成的危害结果所对应的"责任中的责任"，且其轻重只能依据每个行为人在共同行为与共同结果的"因果性"中的分量予以衡量。唯有如此，才能在体现"主客观相统一"中落实罪责刑相适应原则。而前述做法所体现或采用的只能是共同犯罪思维。学者指出，在交通肇事罪等过失犯罪的司法实践中，共同过失问题已经无法回避，因为否认共同过失犯罪，则责任轻重的划分便缺乏合理依据[2]。总之，主客观相统一原则和罪责刑相适应原则要求我们的刑法立法和刑法理论追认"共同过失犯罪是共同犯罪"。

（二）共同过失犯罪共犯化的合理限缩

从语义上，我国《刑法》第25条第2款"二人以上共同过失犯罪，不以共同犯罪论处"，便从立法上否定了共同过失犯罪，也否定了过失帮助犯、过失教唆犯和过失共同正犯。然而，如果从罪刑法定原则看问题，该条该款中的"按照所犯的罪分别处罚"只能是按照刑法分则的罪名分别处罚。由于刑法分则又是以实行犯即正犯的单独犯作为罪刑标本，且刑法分则并未规定"帮助罪"和"教唆罪"，故前述规定便可理解为只排斥了过失帮助犯和过失教唆犯。于是，我们应将共同过失犯罪限缩为共同过失正犯。

学者指出，过失共同正犯在解释论上还是能够成立的[3]。而可能的论证是：当能够把违反注意义务的行为本身视为过失犯的直接实行行为，则共同违反注意义务的行为便是过失犯的共同直接实行行为。于是，当肯定违反注意义务的行为之间形成了心理因果性，则肯定过失共同正犯便无问题。而在所谓"过失帮助"或"过失教唆"的场合，之所以难以肯定过失的共同犯罪，关键在于心理因果性难以认定，正如我们会反问："帮助"或"教唆"怎么可能是出于"过失"呢？因此，从心理因果性的难以认定出发，另外考

---

〔1〕 姜伟："共同过失与共同混合罪过"，载《法学评论》1994年第3期，第15页。

〔2〕 曾粤兴："我国刑法立法的回顾与展望"，载《法治研究》2019年第6期，第93页。

〔3〕 张明楷：《刑法学》（第5版），法律出版社2016年版，第400页。

虑处罚过失犯罪本来就应秉持"例外思维"，或刑法的谦抑性在过失犯罪问题上应更显谨慎，故只肯定过失的共同正犯为宜。

共同过失正犯不仅在解释论上能够成立，而且能够得到存在论的说明或证成，即共同过失正犯这种共犯现象是一种不能否认的客观存在。例如：甲乙二人利用一个树干上的废瓷瓶作为目标比赛枪法。两人共用一支步枪轮流射击，均未击中废瓷瓶，却击中了行人，但无法查明是谁击中的。对于这样的事例，应肯定过失的共同正犯[1]。又例如：甲、乙二人骑着自行车朝着同一方向并排前行，但二人一边前行一边我推你一下或你拽我一下，导致前方同方向行走的一位老人被其中一个人的车前轮撞倒在地而不治身亡。再例如：某单位司机车载着本单位局长前往某地参会。为怕迟到，局长命令司机加速。司机说："车已超速，开太快会有危险。"局长说："再开快一点，不会轻易出事。"于是，发生交通肇事，导致行人一死多伤。在共同故意犯罪的场合，之所以成立共同犯罪，不仅因为共犯行为之间在客观上形成了物理因果性，而且共犯心理之间在主观上也形成了心理因果性。易言之，物理因果性与心理因果性相互结合，能够说明共同故意犯罪的成立。而在诸如前文所列举的共同过失犯罪的场合，涉案行为人之间不仅在客观行为上同样能够形成物理因果性，在主观心理上同样能够形成心理因果性，即同样作为罪过形式的过失之间能够形成相互默认或强化或助长的心理影响关系。

由此，物理因果性与心理因果性的交互存在，不仅能够说明共同故意犯罪的成立，也能够说明过失共同犯罪的成立，或曰过失共同犯罪也存在作为共同犯罪的因果性机理。而只有作出前述理解，因果共犯论才能得到更加全面的贯彻。两相比较，在共同故意犯罪的场合，心理因果性的形成及其对共同行为的支配或推动作用往往是"明示"的，而在共同过失犯罪的场合，心理因果性的形成及其对共同行为的支配或推动作用往往是"默示"的，即形成的是"此时无声胜有声"或"无需言传"的状态。在学者看来，当违反客观注意义务的行为即实行行为，且行为人之间具有共同实施危险行为的意思，便可肯定共同过失正犯。而共同过失正犯肯定说现在已经属于支配性地位的学说。肯定共同过失正犯的理由在于：相互助长对方的疏忽会相互增加对方行为的危险性，这就形成了与对方过失行为及其结果之间的心理因果性。因此，

---

[1]　张明楷：《刑法学》（第5版），法律出版社2016年版，第399页。

判例肯定了"共同义务"的案件[1]。从"相互助长对方的疏忽"和"与对方行为及其结果的心理因果性"中，我们能够得出共同过失正犯应该是"犯罪共同说"的逻辑定论。

在共同过失正犯的场合，行为人支配危害结果的能量大小对应着过失罪过的轻重。例如：行为人徐某某与李某某一起带着年仅 11 岁的高某某（徐某某邻居家的孩子）到某一石塘里游泳。到达石塘边后，徐某某先到附近一隐蔽处解大便，而李某某则是脱光衣服坐在石塘边抽烟。当看到高某某正在脱衣服，李某某便提醒高某某"只在边上洗，不要去深水处"，高某某当即答应。由于石塘坡陡，高某某无法自控，便滑向深水处。当李某某看到高某某在水中挣扎的瞬间，便大喊一声"小孩掉水里了"，随即跳进水中捞救。徐某某闻讯赶来，但徐某某与李某某捞救未果而致高某某溺亡。在前例中，在水塘边抽烟的李某某，由于能够看到被害人的一举一动，故其相对于事发时到一边去大便的徐某某，可谓具有较大的支配危害结果的能力，从而其避免危害结果发生的义务和过失罪过都显得较重。在前例中，徐、李二人的先行行为引起了"保证人义务"。因此，在对二人都认定过失致人死亡罪的罪名之下，对李某某的量刑应适当重于徐某某。而在诸如工程师与一般技术人员或车间主任与一般工人为主体的业务共同过失的场合，之所以工程师或车间主任应较一般技术人员或一般工人承担较重的过失责任，乃因为行为人支配危害结果的能量大小对应着过失罪过的轻重。

在共同过失正犯的场合，"部分实行全部责任"原则也可适用，因为在此场合同样形成了物理因果性与心理因果性。"部分实行全部责任"原则意味着：在共同犯罪的场合，实行犯行为的既遂责任具有对其他共犯的"扩散"或"波及"效应，而共犯之间的物理因果性与心理因果性的相互结合正是其"扩散"或"波及"的基础或依托。由于同样存在此基础或依托，"部分实行全部责任"原则便同样能够适用于过失共同正犯场合。由此，无论是就共同故意犯罪而言，还是就共同过失正犯而言，心理因果性都可视为"中枢神经"，不仅因为共犯行为的客观面是由其主观面所支配和决定，而且一旦抛开心理因果性，则物理因果性便只有"物理"的性质。心理因果性是共犯共同

---

〔1〕 ［日］西田典之：《日本刑法总论》，王昭武、刘明祥译，法律出版社 2013 年版，第 345～346 页。

承受刑事否定评价的深层因素或最终因素，且心理因果性为共犯共同承受刑事责难提供了道义或伦理基础。物理因果性与心理因果性是"因果共犯论"的两个基本范畴，但心理因果性的特殊地位尚未被予以充分的认识和重视。于是，心理因果性对共同过失正犯的说明或证成，又有着更为根本的意义，因为这一范畴能够使得我们看到：在共同过失正犯的场合，涉案行为人的过失罪过之间也是能够在"互联""互通"中结成共同罪过即共同过失。

（三）共同过失正犯的立法建议

在高科技所带来的高风险和多风险时代，共同过失正犯将越来越成为一种普遍的事实存在，而这将得到"义务共同体"理论的说明或证成。详言之，身处高风险和多风险时代，在具体的个案情境中，各行为人不仅负有对自己行为发生危害结果的注意义务，也负有防止自己行为促成他人行为发生危害结果的注意义务，故共同犯罪的立法和理论应"与时俱进"地认可共同过失正犯，正如1930年《意大利刑法典》第113条规定："在结果是由多个人的合作引起时，对其中的每个人都按法律为该罪规定的刑罚处罚。"于是，共同过失犯罪的立法似应包含如下内容：一是行为人负有防止危害结果发生的共同注意义务；二是行为人共同实施了违反共同注意义务的行为并导致危害结果的发生；三是行为人在共同违反共同的注意义务时都存在过失罪过。进一步地，我国《刑法》共同犯罪的条文似可作出如下设计（暂不考虑罪过混合的共同犯罪和"片面共犯"）：

第二十五条（第一款）共同犯罪包括共同故意犯罪和共同过失犯罪。

（第二款）共同故意犯罪是指二人以上共同故意参与犯罪，共同过失犯罪是指二人以上违反共同注意义务而共同过失实施犯罪。

（第三款）共同犯罪的，应共同承担刑事责任，并按照行为人在共同犯罪中的作用和地位进行处罚。

共同过失正犯应该是共同犯罪的一种形态，这是共同犯罪事实对刑法立法和刑法理论所要求的一种追认，且能够得到"因果共犯论"的说明或证成。《意大利刑法典》第113条规定："数人协力为过失犯罪时，各科以规定之刑。"此如陈忠林教授指出，意大利刑法学界认为过失犯罪中的重罪也有共同犯罪的形式[1]。1935 年《中华民国刑法》第 47 条规定："二人以上，于过失罪，有共同过失者，皆为过失正犯。"前述立法例，可资我们借鉴。有学者早年指出，作为立法论，肯定过失的共同正犯的主张具有合理性，但由于共同犯罪仅限于故意犯罪的观念在中国根深蒂固，故上述立法论要被人们接受且被立法采纳，尚需耐心等待[2]。共同犯罪仅限于故意犯罪的观念之所以在中国根深蒂固，不能不说不受刑法理论根深蒂固的影响，而刑法理论的根深蒂固又形成于"缺少发现"。因此，我们的共同犯罪理论需要更新观念，而立法欠缺并不妨碍理论研究，且理论研究为立法铺垫了理性基础[3]。可见，将共同犯罪限定在共同故意犯罪并不妥当，因为刑法学命题的妥当性是其形式层面的形式逻辑正确性和实质层面的生活实践适切性的复合体即"有机统一体"或"有机结合体"[4]，但传统命题因将"共同犯罪"和"共同罪过"分别等同于"共同故意犯罪"和"共同故意"而犯了属概念等于种概念的形式逻辑错误，且其因忽略共同过失犯罪等共同犯罪类型而显现出与犯罪实际和生活实践的相互脱节。

顺便要强调的是，以得到立法确认为前提，在共同过失正犯的司法实践中，共同过失正犯仍可区分主从犯，这是罪责刑相适应原则所提出的要求。

二、罪过混合共同犯罪的追认

罪过混合共同犯罪也应是共同犯罪的一种形态。这同样是共同犯罪事实对刑法立法和刑法理论所要求的一种追认，且同样能够得到"因果共犯论"的说明或证成。

（一）罪过混合共同犯罪共犯化在教唆行为与实行行为之间的证成

故意与过失这两种罪过形式能够结成共同罪过，从而能够形成共同犯罪这一结论，是得自对有关教唆犯的一个特殊问题的考察。例如，当警察甲丢失了枪支，警察乙却以"报告了就要受处分"而劝说甲不要报告，以致于导致了严重后果。若将丢失枪支不报罪确定为过失犯罪，便难认定乙成立教唆

---

[1]　[意] 杜里奥·帕多瓦尼：《意大利刑法原理》（注评版），陈忠林译评，中国人民大学出版社 2004 年版，译者序第 22 页。

[2]　张明楷："共同过失与共同犯罪"，载《吉林大学社会科学学报》2003 年第 2 期，第 46 页。

[3]　童德华："共同过失犯初论"，载《法律科学（西北政法学院学报）》2002 年第 2 期，第 56 页。

[4]　马荣春："论刑法学命题的妥当性"，载《东方法学》2016 年第 1 期，第 2 页。

犯，但不将乙作为丢失枪支不报罪的教唆犯处罚，又明显不当，故应将丢失枪支不报罪确定为故意犯罪[1]。这里引发两个问题：一是丢失枪支不报罪是否为过失犯罪；二是教唆犯是否只成立于教唆故意犯的场合。将前述两个问题结合起来，则形成的新问题是，教唆犯能否通过教唆过失行为即过失犯罪而成立。在传统的共同犯罪理论中，教唆犯是教唆他人故意实施某种行为，亦即在过失犯的场合不成立教唆犯。前述丢失枪支事例是否能够被引证：教唆过失犯是否能够成为教唆犯的一种。本来，共同过失犯罪能够成立共同犯罪仅仅是少数人的观点[2]，现在又提出故意与过失能否成立共同犯罪，岂不是"危言耸听"或"冒天下之大不韪"？

理论应该被实践所决定，而非理论"强裁"实践。于是，我们还得从丢失枪支不报罪是何种罪过形态的犯罪来解答问题。对于丢失枪支不报罪的责任形式即罪过形态，或只能是故意，或只能是过失，或可以是间接故意和过失。只能是故意的理由是：不及时报告显然是故意，即故意不及时报告。但是，行为与结果都是故意的认识因素，只考虑对行为本身的认识而不考虑对结果的认识与意志内容，可能与刑法关于故意的规定相冲突。于是，丢失枪支不报罪系故意犯罪的理由可作如下补强：首先，行为人明知丢失枪支不及时报告会导致有关国家机关不能及时知道枪支丢失而使得枪支继续处于失控状态，并且希望或放任这种结果发生；其次，将此罪的责任形式确定为故意有利于处理共同犯罪案件，因为如果认为此罪只能由过失构成，则唆使不报告的人就难以共犯论处[3]。

可见，丢失枪支不报罪的责任形式是故意的认识，是将不及时报告本身的故意视为此罪的故意，从而是将不及时报告本身即"裸的不及时报告"亦即"纯粹的不及时报告"作为惩罚对象，但刑罚所针对的从来不是已成过去的行为本身，而是行为背后的与危害后果相联系的主观罪过。因此，若离开"造成严重后果"这一构成要件要素，则不及时报告本身的主观活动是不能作为规范评价对象的。而当必须与"造成严重后果"这一构成要件要素相联系，则能够作为规范评价对象的不及时报告的主观内容，便只能是过失，因为面

---

〔1〕　张明楷：《刑法学》（第5版），法律出版社2016年版，第262页。

〔2〕　冯军："论过失共同犯罪"，载高铭暄等：《西原春夫先生古稀祝贺论文集》，法律出版社、成文堂1997年版，第162~172页。

〔3〕　张明楷：《刑法学》（第5版），法律出版社2016年版，第716~717页。

对着"三年以下有期徒刑或者拘役"的刑事恶果，我们还说行为人是希望或放任危害结果的发生，显然违背人"趋利避害"的"本性"。易言之，将此罪的责任形式认定为故意包括直接故意，是违背常情、常理、常识的。在此，我们可以这样来设问：如果不及时报告是出于对造成严重后果的希望或放任，则丢失枪支不报的行为难道不可以构成以危险方法危害公共安全罪吗？当我们应该从事物的情理上将丢失枪支不报罪的责任形式认定为过失，且对教唆者不予以教唆犯的处罚又不适合，则我们就必须突破故意与过失不能构成共同犯罪的传统观念。易言之，对共同犯罪的共同罪过，我们不能再局限于共犯人都是出于内容相同的故意且相互沟通，而是应立于行为人的罪过之间是否形成了"心理因果性"来重新把握"共同罪过"而非共同故意。而在不报、谎报安全事故的犯罪中，也可由故意的教唆行为与过失的实行行为结成罪过混合的共同犯罪，正如在安全事故发生后，教唆或帮助负有报告职责的人员不报或谎报情况，贻误事故抢救，情节严重的，构成本罪共犯[1]。这样看来，虽然过失教唆犯难以成立，即"过失教唆"怎么看都是一种词性不相容的搭配，因为"教唆"是一种地地道道的故意行为，但教唆过失犯是能够成立的。

故意的教唆与过失的实行之间所结成的罪过混合的共同犯罪，即教唆过失犯。而教唆过失犯还可形成"承继共犯"的类型。按照最高人民法院2000年11月10日发布的《关于审理交通肇事刑事案件具体应用法律若干问题的解释》的规定，交通肇事后，单位主管人员等指使肇事人逃逸而致使被害人因得不到救助死亡的，应以交通肇事罪的共犯论。如正当甲交通肇事后在肇事现场去留不决时，恰被好友乙看见，且乙当即唆使甲逃离，以致于被害人得不到救助而身亡。可以肯定的是，交通肇事后，单位主管人员、机动车辆所有人、承包人或者乘车人以及前述人员以外的其他人指使肇事人逃逸，致使被害人因得不到救助而死亡的，都应构成交通肇事罪加重犯的教唆犯。由于交通肇事罪的加重犯仍然是过失犯，故虽然前述人员的教唆行为出自故意，但其只能与交通肇事者构成交通肇事罪加重犯这一最终的过失犯的共犯。于是，前述事例属于教唆过失犯的"承继共犯"类型。

显然，在故意的教唆和过失的实行之间结成罪过混合的共同犯罪，将引

---

〔1〕 张明楷：《刑法学》（第5版），法律出版社2016年版，第732页。

起教唆过失犯能否成立的问题。学者指出："由故意的教唆加功于他人的过失犯的场合，应当认为是对过失犯的教唆。"[1]其实，在故意的教唆和过失的实行结成罪过混合的共同犯罪场合，教唆故意与实行过失之间是能够形成共同犯罪所要求的"共同罪过性"这一主观要件的，正如教唆的处罚根据在于，其是介入正犯而引起了构成要件该当事实。因此，若没有和正犯一样的认识、预见，就不能肯定教唆的故意[2]。就前述所举教唆他人丢失枪支不报和教唆（指使）他人交通肇事后逃逸等事例而言，教唆者和被教唆者虽然存在故意与过失之别，但二者对被教唆者的实行行为的法益后果完全能够形成共同的"认识"或"预见"，亦即教唆故意与实行过失之间能够形成法益侵害的"认识交集"或"认识重叠"。而这正是被教唆者接受教唆的心理原因和根本原因所在。显然，教唆故意与实行过失之间所形成的"共同罪过性"，正是故意的教唆与过失的实行所结成的罪过混合共同犯罪的"心理因果性"所在。

故意的教唆与过失的实行之间能够结成罪过混合的共同犯罪，能够得到"共犯从属性论"的说明。具言之，既然教唆故意与实行过失之间通过"心理因果性"而形成"共同罪过性"，则故意的教唆与过失的实行是在"有责性"环节形成罪过混合的共同犯罪。易言之，故意的教唆与过失的实行结成罪过混合的共同犯罪，采用的是关于共犯从属性的"极端从属性"立场，而只有立于该立场，共犯的成立才能收到最为严格的限制。但是，在故意的教唆与过失的实行所结成的罪过混合的共同犯罪中，共同犯罪的罪名最终取决于过失的实行所对应的罪名，且故意教唆者的刑责不低于过失实行者，即前者可论以主犯或与后者同为主犯，毕竟故意所对应的主观恶性与再犯危险性本来重于过失。

（二）罪过混合共同犯罪共犯化在实行行为与实行行为之间的证成

前文通过教唆过失犯来例证罪过混合的共同犯罪应成为共同犯罪的一种形态。而教唆过失犯的例证说明：有一种罪过混合的共同犯罪，是狭义共犯（教唆犯）和正犯（实行犯）在不同的罪过形式中结成了共同犯罪。但是，罪过混合的共同犯罪尚可另有例证。如在食品监管渎职罪中，两个以上的行为人之间可以在故意与过失之中结成共同犯罪。具言之，按照我国现行《刑

---

[1]　马克昌：《比较刑法原理（外国刑法总论）》，武汉大学出版社2002年版，第713页。
[2]　[日]山口厚：《刑法总论》，付立庆译，中国人民大学出版社2011年版，第320页。

法》第 408 条之一的规定，食品监管渎职罪是指负有食品安全监督管理职责的国家机关工作人员，滥用职权或者玩忽职守，导致发生重大食品安全事故或者造成其他严重后果的行为。其中，"或者"意味着"滥用职权"和"玩忽职守"可以结成食品监管渎职罪的共同犯罪，如某一食品监管部门的一把手或负责人滥用职权，指令或授意该部门某一具体岗位上的另一名公职人员对某个食品安全监管事项"睁一只眼闭一只眼"，以致发生重大食品安全事故或者造成其他严重后果。当滥用职权犯罪的罪过形式是故意（包括直接故意和间接故意）[1]，而玩忽职守犯罪的罪过形式是过失[2]，则由"滥用职权"和"玩忽职守"所结成的食品监管渎职罪的共同犯罪，便是故意与过失所结成的食品监管渎职罪的共同犯罪。"滥用职权"和"玩忽职守"所结成的食品监管渎职罪的共同犯罪这一例证说明：有一种罪过混合的共同犯罪，是故意正犯与过失正犯在不同的罪过形式中结成了共同犯罪。

故意正犯与过失正犯在不同的罪过形式中结成共同犯罪，不仅可能发生在诸如食品监管渎职罪等具体的渎职犯罪中，而且可能发生在其他性质的犯罪中。而这里所说的其他性质的犯罪指的是责任事故类犯罪等。如现行《刑法》第 137 条规定，建设单位等违反国家规定，降低工程质量标准，造成重大安全事故的，对直接责任人员，处 5 年以下有期徒刑或者拘役，并处罚金。正如我们所知，前述规定即"工程重大安全事故罪"的规定。按照前述规定，工程重大安全事故罪的犯罪单位主体可以分别是建设单位、设计单位、施工单位、工程监理单位的直接责任人员，但实际上，在工程重大安全事故犯罪中，有时甚至经常存在两类以上分别对应建设、设计、施工和工程监理的责任主体的情况。而在存在前述两类以上责任主体的情况下，涉案责任主体可因对工程质量等专业认知深浅有别而形成对事故隐患所对应的危害后果深浅有别的"价值态度"即"意志因素"，且这里的"价值态度"即"意志因素"轻者是"过于自信"，重者完全可以是"间接故意"，甚至可能是直接故意，如行为人暗中出于"报复社会"的动机而实施相关行为。可见，否认诸如工程重大安全事故罪等事故类犯罪存在故意包括间接故意和直接故意，即将此类犯罪的主观方面仅限于过失，是不客观的。于是，出于"过于自信"的涉

---

〔1〕 张明楷：《刑法学》（第 5 版），法律出版社 2016 年版，第 1245~1247 页。

〔2〕 张明楷：《刑法学》（第 5 版），法律出版社 2016 年版，第 1248 页。

案人员和出于"故意"的涉案人员之间便可结成罪过混合的共同犯罪，且同样是故意正犯与过失正犯所结成的共同犯罪。毋庸置疑，当故意正犯与过失正犯在渎职类犯罪和责任事故类犯罪中结成了罪过混合的共同犯罪，共同犯罪的罪名最终仍然是渎职类犯罪和责任事故类犯罪的具体罪名。但是，故意正犯通常应论以主犯，这是故意所对应的主观恶性和再犯危险性相对重于过失所决定的。

在故意行为与过失行为可否构成共同犯罪的问题上，陈忠林教授指出，意大利刑法学界持肯定意见者似乎占据上风，但不能适用同一条文定罪处罚，而只能适用与各自罪过形态相应的分则规范分别处理。例如，如果某甲在注射剂中投毒而护士某乙在注射时因疏忽大意而没有注意到注射剂已由无色透明变为红色浑浊的情况，结果造成病人死亡。此例中，某甲承担故意杀人的刑事责任，而对某乙只能按过失犯罪处理。在不同罪过形态的共同犯罪中，故意利用他人过失犯罪行为的人，当然要参照共同犯罪来处理，但过失地参与他人故意实施犯罪的行为，则必须在过失行为本身就能构成犯罪的情况下才能按其行为实际构成的犯罪处罚[1]。在本著看来，正如重故意和轻故意可以在重合部分即轻故意内成立共犯关系且可恰当地分别论责[2]，而在前例中，医生和护士先在过失部分成立共犯关系以妥当解决护士过失责任的轻重，然后再对医生单独论以故意罪责。这也体现的是"部分犯罪共同说"的思路。陈忠林教授指出，意大利刑法学界同时也承认某些（个）共同犯罪人的故意行为与另一些（个）主体的过失行为混合而成的共同犯罪形式[3]。由此，所谓"混合"或有"部分共同"之蕴。

（三）罪过混合共同犯罪共犯化在帮助行为与实行行为之间的证成

在诸如食品监管渎职罪等渎职犯罪和工程重大安全事故罪等责任事故类犯罪中，除了故意的教唆行为与过失的实行行为、此故意的实行行为与彼过失的实行行为之间能够结成罪过混合的共同犯罪，是否还有其他形式或类型的罪过混合的共同犯罪呢？前文指出，由于"教唆"是一种地地道道的故意

---

〔1〕 陈忠林：《意大利刑法纲要》，中国人民大学出版社 1999 年版，第 239~240 页。

〔2〕 马荣春、任贵："对决、批判与'新生'：共犯成立范围理论的一次清理"，载《河南财经政法大学学报》2016 年第 3 期，第 69 页。

〔3〕 ［意］杜里奥·帕多瓦尼：《意大利刑法原理》（注评版），陈忠林译评，中国人民大学出版社 2004 年版，译者序第 22 页。

行为，故过失教唆犯难以成立，但教唆过失犯能够成立。基于类似的道理，"帮助"是一种地地道道的故意行为，故过失帮助犯难以成立，但帮助过失犯能够成立。由此，处于间接故意乃至直接故意的帮助行为与过失的实行行为之间，是能够在诸如食品监管渎职罪等渎职犯罪和工程重大安全事故罪等责任事故类犯罪中结成罪过混合的共同犯罪的。具言之，在诸如食品监管渎职罪等渎职犯罪和工程重大安全事故罪等责任事故类犯罪中，有的涉案人的行为在客观上只起帮助作用，即其只身处帮助犯的地位，但其主观罪过却是间接故意乃至直接故意，而另有涉案人的行为在客观上起着实行作用，即其身处实行犯即正犯的地位，但其主观罪过却是过失。于是，出于故意的帮助行为与出于过失的实行行为在前述犯罪中便结成了罪过混合的共同犯罪。进一步地，在帮助故意和实行过失所结成的罪过混合共同犯罪中，帮助犯的罪责轻重不亚于实行犯，同样因为故意所对应的主观恶性与再犯危险性本来重于过失。

　　故意的帮助与过失的实行之间能够结成罪过混合的共同犯罪，也能够得到"共犯从属性论"的说明。具言之，既然帮助故意与实行过失之间也通过"心理因果性"而形成"共同罪过性"，则故意的帮助与过失的实行也是在"有责性"环节形成罪过混合的共同犯罪。易言之，故意的帮助与过失的实行结成罪过混合的共同犯罪，同样采用的是关于共犯从属性的"极端从属性"立场。但是，在故意的帮助与过失的实行所结成的罪过混合的共同犯罪中，共同犯罪的罪名最终也取决于过失的实行所对应的罪名，而故意帮助者的刑责不低于过失实行者，即前者可论以主犯或与后者同为主犯。

　　对于故意的实行行为与过失的实行行为、故意的帮助行为与过失的实行行为能够在诸如食品监管渎职罪等渎职犯罪和工程重大安全事故罪等责任事故类犯罪中结成罪过混合的共同犯罪，我们所遇到的观念障碍在于：在渎职类和责任事故类犯罪中，共犯行为怎么能够出于间接故意乃至直接故意？这里，我们或许能够从罪过性的"知欲构造性"那里获得答案。具言之，作为刑事责任主观要件的"罪过性"是存在"知欲构造"的，即由"知"（认识因素）和"欲"（意志因素）构造而成[1]。在此，我们不仅可按照行为人认识程度而将认识因素分为"强知"（明知行为必然发生危害结果）和"弱知"

---

[1] 马荣春："论罪过形式的'知欲构造'——兼论酒后驾车连续撞人事件的罪过定性"，载《河北法学》2010 年第 8 期，第 186~191 页。

（明知或已经预见行为可能发生危害结果），而且可按照行为人对结果的欲求程度而把意志因素分为"强欲"（希望或追求危害结果）、"中欲"（放任危害结果）和"弱欲"（轻信能够避免危害结果）。于是，"强知"或"弱知"与"强欲"便构造出直接故意，"强知"与"中欲"便构造出间接故意，"弱知"与"弱欲"便构造出过于自信的过失。由于"无知无欲"，故疏忽大意的过失应被排斥在罪过形式之外[1]。可见，在渎职类和责任事故类犯罪中，有的行为人在"先知后欲"中形成间接故意乃至直接故意是完全有可能的，而诸如工程重大安全事故罪等罪的主观方面只能是过失的看法，未免过于简单化[2]。易言之，正是间接故意乃至直接故意的可能存在，导致渎职类犯罪和责任事故类犯罪的复杂性超乎我们的想象。

　　学者早年将罪过混合说成是"共同混合罪过"，并指出"共同混合罪过"是指二人以上的行为人分别由故意和过失共同造成某种危害结果的情形。根据意思共同说，"共同混合罪过"的故意和过失之间不可能形成主观意思联络，不属于共同犯罪；根据行为共同说，"共同混合罪过"的数人的行为相互作用造成一个危害结果，可以视为共同犯罪。各国刑事立法并未对"共同混合罪过"的性质予以明确规定。由于我国刑法把共同犯罪限定为"二人以上共同故意犯罪"，故可以推定"共同混合罪过"不是共同犯罪[3]。其实，成立共同犯罪始终需要两个基本要件，即"共同罪过"这一主观要件和"共同行为"这一客观要件。于是，当"犯罪共同说"并非"意思共同说"，亦非"行为共同说"，而是"意思共同说"与"行为共同说"的"结合说"，则罪过混合共同犯罪因具备了前述两个要件而得以成为共同犯罪，便是"犯罪共同说"的当然结论。最终，我们能够走向的结论是：故意与过失也能成立共同犯罪，因为在特定的情境中，故意与过失之间也能形成主观活动之间的因果关系即所谓"心理因果性"。这就意味着故意与过失两种罪过形式混合的共同犯罪应得到承认。易言之，故意与故意之间能够结成共同罪过而形成共同犯罪，过失与过失之间也能够结成共同罪过而形成共同犯罪，故意与过失之

---

　　〔1〕　马荣春、朱俊岑："论罪过性的要素增减与构造性"，载《河南财经政法大学学报》2019 年第 6 期，第 68 页。

　　〔2〕　张明楷：《刑法学》（第 5 版），法律出版社 2016 年版，第 731 页；刘艳红主编：《刑法学》（上），北京大学出版社 2016 年版，第 70 页。

　　〔3〕　姜伟："共同过失与共同混合罪过"，载《法学评论》1994 年第 3 期，第 15 页。

间依然能够结成共同罪过而形成共同犯罪，只要能够得到"心理因果性"的最终说明或证成，而"物理因果性"在罪过混合共同犯罪的场合本来也是存在的。学者早就指出，否认共同过失犯罪可以构成共同犯罪，必然否认一方过失犯罪与另一方故意犯罪可以构成共同犯罪[1]。现今看来，共同过失犯罪和罪过混合共同犯罪，都是可以证成的。而当学者不承认罪过混合共同犯罪是共同犯罪，又恐与其将罪过混合共同犯罪与间接正犯相混淆有关，即共同混合罪过在实质上是故意一方利用过失一方，似乎更符合间接实行犯（间接正犯）的特征[2]，但正如前文所举唆使他人不要上报丢失枪支事例所说明的那样，在罪过混合共同犯罪的场合，行为人之间是发生犯意联结的，即存在"心理因果性"，而在间接正犯的场合，即便被利用者存在自身的罪过，但利用者即间接正犯本人与被利用者是没有发生犯意联结的，即不存在"心理因果性"。可见，学者混淆了罪过混合共同犯罪与间接正犯。

之所以共同过失犯罪与罪过混合的共同犯罪被刑法立法和刑法理论忽略即不被其承认，根本原因在于：无论是从1979年走过来的现行《刑法》，还是传统的刑法理论，都将作为共同犯罪主观要素的"共同罪过"缩小在"共同故意"，但问题在于：罪过是属概念，故意是与过失并列的种概念，从而共同罪过是属概念，共同故意是种概念。于是，现行《刑法》和传统刑法理论所犯的一个明显的逻辑错误便是：属概念等于种概念。进一步地，在"简单的共同犯罪"和"复杂的共同犯罪"这一概念对应中，共同犯罪的复杂性只是对共同犯罪的一种客观现象性描述；而罪过混合的共同犯罪却让我们看到了以往所忽略的共同犯罪的另一种复杂性，即作为共同犯罪主观要件的"共同罪过性"的复杂性。

三、"片面共犯"的追认

"片面共犯"同样是犯罪事实对刑法立法和刑法理论所要求的一种追认，且同样能够得到"因果共犯论"的说明或证成。

（一）"片面共犯"共犯化的原则支撑

"片面共犯"是指参与同一犯罪的人中，一方认识到自己是在和他人共同实施犯罪行为，而另一方却无此认识的情形。"片面共犯"是相对于"全面共

---

〔1〕 陈兴良：《共同犯罪论》（第3版），中国人民大学出版社2017年版，第398页。

〔2〕 姜伟："共同过失与共同混合罪过"，载《法学评论》1994年第3期，第16页。

犯"或"双面共犯"，亦即"完全犯罪共同"或"完全共犯"而言的。在传统的共同犯罪理论中，共同故意犯罪的行为构造是：行为在客观上相互配合，而在行为人的主观方面则是犯意即故意相同且相通。对照之下，"片面共犯"的行为构造是：行为在客观上相互配合，但行为人的主观方面则是犯意即故意相同而不相通。仅就犯罪主观方面而言，"完全犯罪共同"对共同故意的要求是：①行为人都有故意；②行为人的故意内容相同；③行为人的故意形成了相互交流或"交通"。而在"片面共犯"的场合，共同故意只具备：①行为人都有故意；②行为人的故意内容相同；③行为人的故意在"不知情"之中得到"单方响应"，即故意不相通。于是，"片面共犯"可能存在三种情况：一是片面共同正犯，即实行的一方没有认识到另一方的实行行为；二是片面教唆犯，即被教唆者没有意识到自己被教唆的情况；三是片面帮助犯，即实行的一方没有认识到另一方的帮助行为[1]。在片面共犯问题上，似乎越来越多的人正在走出"片面共犯"不是共同犯罪的局限。

　　"片面共犯"的共犯化将得到怎样的原则支撑呢？我们可从"片面共犯"的其中一种类型入手。例如：张三追杀李四被王五看见，王五也想致仇人李四于死地。于是，王五在张三不知情的情况下扔了一块石头将李四绊倒，结果使得张三得以追上李四且将李四砍死。如何处置前例？显然，在前述片面共犯的适例中，张三和王五的行为都应定性为故意杀人罪。如何量刑呢？如果不把前述片面共犯的适例作为共同犯罪对待，则对张三按故意杀人罪的既遂犯论处而判张三死刑，也未尝不可，只要张三没有任何从宽情节；但若对王五的行为也按故意杀人罪的既遂犯单独究责，则显然不当加重了王五的罪责，因为被害人死亡的结果实际上被等量地重复评价到张三和王五的行为危害程度上。于是，在对王五也定故意杀人罪的前提下，我们自然会观照张三的地位和作用来斟酌王五的罪责轻重。而此时，我们已经自然地将片面共犯视同双面共犯了。通过前述片面共犯的适例可以看出，如果我们不将片面共犯作为共同犯罪对待，则定罪量刑的实际结果无异于将只有一个危害结果，且有主从犯之分的一起犯罪将被割裂为具有相同结果的两起犯罪。这里，重复评价和分割评价的问题较为明显。可见，是否承认片面共犯关系到罪责刑相适应原则的贯彻或落实。于是，罪责刑相适应原则要求将"片面共犯"视

---

　　[1]　张明楷：《刑法学》（第5版），法律出版社2016年版，第435页。

为共同犯罪。当然，为罪责刑相适应原则所支撑的"片面共犯"也包括片面正犯即片面实行犯和片面教唆犯。

（二）"片面共犯"共犯化的因果共犯论支撑

片面正犯即片面实行犯在德日不被普遍认可，而是普遍将之作为片面帮助犯对待，亦即承认片面正犯的人只是少数[1]。在国内刑法学界，承认片面正犯的也是少数，正如已故的马克昌先生认为，所谓片面共同正犯在实际生活中很难发生，而即使发生了，也依单独实行犯论处而无必要承认片面共同正犯[2]。持类似观点的还有陈兴良教授[3]、黎宏教授[4]，甚至有人将片面正犯作为间接正犯处理[5]。相对而言，在"片面共犯"中，片面帮助犯容易被接受为共犯，片面正犯即片面实行犯较难被接受为共犯，而片面教唆犯最难被接受为共犯。

共同犯罪的因果关系包括物理因果关系和心理因果关系。当肯定共同犯罪的物理因果性，则片面共犯也可以共同引起法益侵害而成立共同犯罪。由于暗中教唆、帮助他人犯罪乃至片面共同实行的现象确实存在，故应一并承认片面帮助、片面教唆与片面实行[6]。实际上，既然片面帮助犯已经得到国内外刑法学人的普遍承认，则要重点讨论的便是片面实行犯和片面教唆犯。

无论是在片面帮助犯的场合，还是在片面教唆犯的场合，抑或在片面共同正犯的场合，行为人之间至少存在着行为层面的物理因果性，而知情一方的"知情"便是前述物理因果性的一种"强化剂"。客观地说，在"片面共犯"的场合，"不知情者"给于"知情者"的是一种心理因果性，而后者在"心理因果性"中给于前者的则是一种物理因果性，或曰后者将前者所给于的"心理因果性"转化为给于前者的"物理因果性"。因此，将"片面共犯"视为共同犯罪在根本上仍然符合共同犯罪本身的行为机理。由于知情一方的行

〔1〕 林亚刚、何荣功："片面共同正犯刑事责任的探讨"，载《法学评论》2002 年第 4 期，第 20~21 页。

〔2〕 马克昌："共同犯罪理论中若干争议问题"，载《华中科技大学学报（社会科学版）》2004 年第 1 期，第 16~34 页。

〔3〕 陈兴良：《共同犯罪论》（第 2 版），中国人民大学出版社 2006 年版，第 104 页。

〔4〕 黎宏：《刑法总论问题思考》，中国人民大学出版社 2007 年版，第 493 页。

〔5〕 赵秉志："'片面共犯'不构成共同犯罪"，载《检察日报》2004 年 7 月 8 日；肖中华："片面共犯与间接正犯观念之破与立"，载《云南法学》2000 年第 3 期，第 53 页。

〔6〕 张明楷：《刑法学》（第 5 版），法律出版社 2016 年版，第 435 页。

为对不知情一方的行为形成了物理因果性，而知情一方的"知情"又对应着一种故意罪过，故至少将知情一方作为共犯对待仍然符合刑法的责任主义即责任原则。这里，我们首先重点讨论片面正犯即片面实行犯。毋庸置疑，在片面正犯的场合，"知情者"对"不知情者"以"实行行为"所作出的"给力"即其给于"不知情者"的"实行协力"，已经形成了两者行为之间的物理因果性。同时，"不知情者"的所作所为对"知情者"激发出犯意，又意味着两者之间形成了心理因果性。但必须客观对待的是，一如片面帮助犯，片面正犯场合的心理因果性是"单向"而非"双向"的。不过，这里的"单向性"仍然起着"发动"或"强化"行为的心理作用，其与"双向性"的犯意沟通或"犯意联络"并无实质区别。前述"单向性"的心理因果性所对应的是一种所谓"片面合意"，亦即一方基于对另一方实施的危害行为及其导致的危害结果具有认识，而单方面地将自己的犯罪故意与他人的犯罪故意相联系，从而既"意向"犯罪对象，又"意向"他方的犯罪行为[1]。"片面合意"依然属于"共同故意"。于是，当物理因果性与心理因果性兼备，则片面正犯就被赋予了共同犯罪的发生机理，故应被视为共同犯罪，即应视"知情者"与"不知情者"形成共犯关系。

再就是，让我们来讨论片面教唆犯。片面教唆犯似乎最难被视为共犯，但这里仍以甲将乙的妻子与丙通奸的照片和一支手枪放在乙的桌子上，乙发现后即产生杀人故意并将丙杀死为例，我们不能断言：乙在看到照片和手枪时绝对意识不到有人在"暗示"他该去干什么，因为放在桌子上的照片和手枪不可能是"从天而降"的。只不过由于一下子陷入心理激愤状态，故乙对他人的"暗示"不会想得太多。这里所说的"暗示"实即"教唆"。可见，在片面教唆犯的场合，知情者的行为不仅对不知情者的行为形成了物理因果性，而且多多少少也形成了心理因果性。我们甚至可以认为，在前例所对应的片面教唆犯的场合，心理因果性的效果甚至大于面对面的教唆，或曰产生了"此时无声胜有声"的教唆效果。既然物理因果性和心理因果性二者兼具，则将片面教唆犯视为共犯，便能够得到因果共犯论的有力支撑。可见，如果片面帮助犯和片面共同正犯能够或应该被视为共犯即共同犯罪，则片面教唆犯更能够或更应该被视为共犯即共同犯罪。

---

〔1〕　李敏："论片面合意的共同犯罪"，载《政法论坛》1986 年第 3 期，第 3 页。

是否承认片面共犯，关键在于如何认识共同犯罪的因果性。在发生了结果的共同犯罪中，正犯行为直接引起结果，而教唆与帮助行为通过正犯行为引起结果。当只强调共同犯罪的物理因果性，则片面共犯也可谓共同引起法益侵害而成立共同犯罪。而当强调共同犯罪的心理因果性即相互沟通、彼此联络所产生的心理影响，则片面共犯"似乎"不符合共同犯罪的特征，从而仅对知情的一方适用共犯的处罚原则[1]。

实际上，"片面共犯"有三种情形：一是片面共同实行犯，如乙欲对丙实施强奸，与丙有仇的甲便在乙不知情下将丙打伤而致使乙顺利地强奸了丙；二是片面教唆犯，如与乙及其妻子都有仇的甲将乙的妻子与他人通奸的照片与一把枪在乙不知情下放了乙的桌子上，乙发现后用枪将其妻打死；三是片面帮助犯，如甲正在追杀丙，与丙有仇的乙在甲不知情的情况下于暗中设置障碍将丙绊倒，使得甲顺利地杀害了丙。可见，在"片面共犯"的场合，事先不知情的被加功一方在面对另一方暗中加功的客观"效应"时，能不产生"天时地利人和"的犯意强化乃至犯意激励？实际上，在"片面共犯"的场合，行为人之间也存在心理因果性，只是其存在方式与"双面共犯"有别而已。在"双面共犯"的场合，行为人之间的心理因果性表现为各自都具体知道对方是谁，其心理的相互影响是直接借助于语言包括肢体语言；而在"片面共犯"的场合，被加功的一方往往并不明确或具体知道暗中加功一方的存在，但其心理的相互影响是直接借助于暗中加功的"客观效应语言"。易言之，在"片面共犯"的场合，行为人之间的心理因果性是"笼罩"在共同犯意的"曲折"形成乃至"此时无声胜有声"中，其与"双面共犯"的共同故意即各方都知道对方是谁且对方是在与己方共同实施犯罪，有着"异曲同工"之妙。

日本学者指出，肯定片面共犯的见解是只通过物理的因果性而肯定共犯的成立，而否定说则从相互的意思联络而形成的心理因果性属于共犯的成立要件来否定片面共犯。但是，帮助行为也可能是不介入正犯的心理而通过对正犯行为的物理促进而和构成要件结果之间形成因果关系，亦即没有理由认为心理因果性不可或缺，故能够肯定"片面帮助"。而当肯定"片面帮助"，则有肯定"片面共同正犯"的可能[2]。当能够肯定"片面帮助（犯）"

---

〔1〕 张明楷：《刑法学》（第5版），法律出版社2016年版，第435~436页。

〔2〕 ［日］山口厚：《刑法总论》，付立庆译，中国人民大学出版社2011年版，第350~352页。

"片面共同正犯"，则更能够肯定"片面教唆（犯）"。但正如前文所分析，在"片面共犯"的场合，并不欠缺行为人之间的心理因果性，只不过此心理因果性是"单向"而非"双向"罢了。因此，"片面共犯"只有物理因果性而无心理因果性[1]，这一说法才是"片面"的。当承认"片面共犯"的心理因果性，则等于承认"片面共犯"已经具备了共犯的发生机理，故最终应承认"片面共犯"的共犯化。

（三）"片面共犯"的类型化

立于因果共犯论及其所包含的心理的因果性和物理的因果性，片面帮助犯、片面实行犯和片面教唆犯都能够成立。于是，我们可将片面帮助犯、片面实行犯和片面教唆犯视为"片面共犯"的基本类型。但由于现实生活中的"片面共犯"可能有着更加复杂的表现，故在采用作用分工的标准而对"片面共犯"作出片面帮助犯、片面实行犯和片面教唆犯这样的分类后，我们仍可采用其他标准对"片面共犯"作出相应的分类。如按照主体单复，我们可将"片面共犯"分为主体单一的"片面共犯"与主体复数的"片面共犯"：所谓主体单一的"片面共犯"，是指知情的一方仅为一人的"片面共犯"。如张三追杀李四被王五看见，在张三不知情下，王五出于让张三弄死李四的想法在李四逃经的地方扔了一块石头将李四绊倒，最终使得张三杀死李四；所谓主体复数的"片面共犯"，是指知情的一方为二人以上的"片面共犯"。如甲追杀乙被丙、丁看见。在甲不知情下，丙、丁出于让甲弄死乙的想法在乙逃经的路两边各拉绳端而将李四绊倒，最终使得甲杀死乙。可以想见的是，在主体复数的"片面共犯"的场合，作为知情一方的两个以上行为人之间也可以进行性质不同的分工，如甲追杀乙被丙、丁看见。在甲不知情下，丙教唆丁在乙逃经的地方扔了一块石头而将乙绊倒，最终使得甲杀死乙。当然，在前例中，丙属于教唆他人帮助而非实行犯罪，故最终对其论以帮助犯为宜，且其刑责应重于丁。再如按照构造的复杂程度，我们可将"片面共犯"分为简单的"片面共犯"和复杂的"片面共犯"：所谓简单的"片面共犯"，即片面的帮助犯、片面的实行犯和片面的教唆犯；所谓复杂的"片面共犯"，是指在片面帮助犯、片面实行犯和片面教唆犯中，有两种以上并存于同一案的情形。显然，对"片面共犯"作出类型化把握是罪责刑相适应原则的要求。

---

〔1〕 ［日］西田典之：《日本刑法总论》，王昭武、刘明祥译，法律出版社2013年版，第318页。

这里要再予强调的是，在"片面共犯"的场合，无论是片面帮助犯，还是片面正犯即片面实行犯，抑或片面教唆犯，双方行为人之间不仅存在着物理层面的因果性即物理因果性，而且存在着心理层面的因果性即心理因果性，尽管此心理因果性是"单向"的。而当"部分犯罪共同"发生了法益侵害的"重合"和"超出"，则"片面共犯"仍然是发生在同一法益侵害之内。于是，"片面共犯"名为"片面"，但在行为的因果性上并不"片面"，或曰在"犯罪客观方面""犯罪客体"和"犯罪主观方面"并不"片面"，从而在"构成要件该当性""违法性"和"有责性"上并不"片面"，故将之视为共同犯罪并不为过。肯定"片面共犯"是共犯，不是对共同犯罪理论的割裂而是对其"丰富"。将"片面共犯"视为共同犯罪，将使得"行为共同说"在"片面共犯"问题上变成一种"无病呻吟"。

无论是对共同过失正犯的追认，还是对罪过混合共同犯罪的追认，抑或对"片面共犯"的追认，"犯罪事实决定论"只是一种"现象学视角"，而"因果共犯论"则是一种"规范学视角"或"法教义学视角"。但是，在共犯本质问题上，对共同过失正犯、罪过混合共同犯罪和"片面共犯"的共犯追认，所坚持的仍然是"犯罪共同说"而非"行为共同说"的立场，因为共同过失正犯、罪过混合共同犯罪和"片面共犯"之所以能够成为共同犯罪，除了行为之间的"物理因果性"这一客观要素，最终还有行为人之间的"心理因果性"这一主观要素，尽管这一主观要素相较于共同故意犯罪的"心理因果性"属于"不典型"。而此"不典型"，正是共同犯罪所要求的"心理因果性"的适当扩张，从而将具有"共同罪过性"的共同过失正犯、罪过混合共同犯罪和"片面共犯"追认为共犯，应是"犯罪共同说"而非"行为共同说"的逻辑结论，因为"行为共同说"是只有"行为共同"就行，而"罪过共同"可有可无的"反共犯本质说"[1]。当立于"犯罪共同说"将共同过失正犯、罪过混合共同犯罪和"片面共犯"追认为共犯，则又是在共犯问题上全面坚持刑法的"责任主义"原则。

刑法立法与刑法理论对共同过失正犯、罪过混合共同犯罪和"片面共犯"的共犯追认，是共同犯罪的一种"类型化"：刑法立法对共同过失正犯、罪过

---

〔1〕 马荣春："行为共同说的法教义学批判"，载《法律科学（西北政法大学学报）》2018年第5期，第81~94页。

混合共同犯罪和"片面共犯"的追认，是共同犯罪的一种"立法类型化"；刑法理论对共同过失正犯、罪过混合共同犯罪和"片面共犯"的追认，是共同犯罪的一种"理论类型化"。而共同过失正犯、罪过混合共同犯罪和"片面共犯"的共同犯罪化，最终说明：刑法立法和刑法理论不能"强裁"犯罪实际，而是犯罪实际决定刑法立法和刑法理论。对共同过失正犯、罪过混合共同犯罪和"片面共犯"的共犯论追认，是对共犯理论的深化。由于共犯本质即"罪过共同"最终要求的是一种"心理因果性"，故对包括片面共犯在内的共犯形态的追认，是对共犯本质即"罪过共同论"的进一步深化。

共同过失正犯、罪过混合共同犯罪和"片面共犯"的共犯论追认，是对共犯论的丰富与发展。而我国《刑法》共同犯罪的立法可以扩充和整合如下：

第二十五条（第一款）共同犯罪包括共同故意犯罪、共同过失犯罪和罪过混合的共同犯罪。

（第二款）共同故意犯罪是指二人以上共同故意参与犯罪，共同过失犯罪是指二人以上违反共同注意义务而共同过失实施犯罪，罪过混合的共同犯罪是指由故意和过失所结成的共同犯罪。

（第三款）出于相同的犯罪目的，一人在他人不知情之时给予他人犯罪以帮助或者教唆，或者与他人共同实行犯罪的，以共同犯罪论。

（第四款）共同犯罪的，应共同承担刑事责任，并按照行为人在共同犯罪中的作用和地位进行处罚。

第四节 承继共犯

承继共犯即"继承的共犯"，这一概念所描述的是在犯罪发展过程中所发生的犯罪主体由一而二或更多即"主体增员"的情形。

一、承继共犯成立问题的学说概述与讨论再起

承继共犯问题形成了"肯定说""否定说"和作为"折衷"的"中间说"。由于尚未达成共识，故承继共犯问题应再起讨论。

（一）承继共犯成立问题的学说概述

学者指出，承继共犯包括承继共同正犯问题的实质在于，后行为人除对

自己加入后的行为与结果负责外，是否还应对其加入之前的行为人的行为及其结果负责。如甲以杀人的故意向丙连捅数刀而未果。此时，甲的朋友乙正好路过，甲邀请乙共同完成杀人任务。随后，乙与甲共同向丙连捅数刀而致丙身亡。事后查明，丙死于乙加入之前的甲的杀人行为；又如甲以抢劫的故意对丙实施暴力并致丙昏迷，这时甲的朋友乙碰巧经过，乙基于"合意"共同从丙身上取走财物。如果肯定承继共同正犯，则前例和后例中乙要分别承担故意杀人既遂和抢劫罪既遂的责任；如果否定承继共同正犯，则前例和后例乙要分别承担故意杀人未遂和盗窃罪的责任〔1〕。前述事例所引出的两种不同处理必然对应着承继共犯包括承继共同正犯责任问题的"肯定说"与"否定说"，甚至还有在前述两种处理方案之间作出"折中"的"中间说"。

"承继共犯肯定说"承认即肯定承继共犯包括承继共同正犯的成立。就承继共同正犯，"承继共犯肯定说"认为，在基于"合意"的前提下，后行为人即后实行行为人不仅要对介入后的行为和结果承担责任，而且还要对"介入前"的先行为人即被承继者的行为及其结果承担共同正犯的责任。该说的学者代表在日本为木村龟二〔2〕；"承继共犯否定说"不承认即否定承继共犯包括承继共同正犯的成立，亦即即便在基于"合意"的情况下后行为人介入了先行为人的行为，但由于后行为与先行为及其造成的结果或状态之间不存在"因果性"，故难以成立承继共犯包括承继共同正犯。该说在日本的学者代表为山口厚〔3〕；"承继共犯中间说"限缩承继共犯包括承继共同正犯的成立范围，认为在后行为人基于"合意"而介入先行为人的行为即先行为，如果先行为的效果持续到后行为介入之后而被后行为所利用，则可认定后行为人与先行为人成立承继共犯包括承继共同正犯〔4〕。该说在日本的学者代表为平野龙一〔5〕。

承继共犯问题在国内外刚开始是被"聚焦"在承继共同正犯问题上予以讨论。国内学者较早指出，对承继共同正犯问题的处理，应区分单一犯与复合犯分别考察。在单一犯中，后行为人虽然是在实施犯罪过程中介入的，仍

---

〔1〕 陈洪兵：《共犯论思考》，人民法院出版社 2009 年版，第 152 页。
〔2〕 陈洪兵：《共犯论思考》，人民法院出版社 2009 年版，第 155~158 页。
〔3〕 陈洪兵：《共犯论思考》，人民法院出版社 2009 年版，第 158~164 页。
〔4〕 ［日］平野龙一《刑法总论Ⅱ》，有斐阁 1975 年版，第 382~383 页。
〔5〕 陈洪兵：《共犯论思考》，人民法院出版社 2009 年版，第 164~172 页。

应对全部犯罪承担共同正犯的刑事责任。而在结合犯、牵连犯等复合犯的情况下，后行为人如果是在所结合之罪或所牵连之罪实施完毕以后介入的，则只对其介入之罪承担共同正犯的刑事责任[1]。之后，国内有学者指出，当后行者认识先行者行为的性质和状况，并以"共同实行的意思"而中途介入且利用先行者的行为所致效果持续存在的情况，单独实行或与先行者共同实行犯罪的，则后行者应就整个犯罪成立共同正犯。因此，"承继共犯全部肯定说"或"承继共犯全部否定说"均属不妥，而"承继共犯部分肯定说"即"中间说"是可取的[2]。"承继共犯部分肯定说"即"中间说"在国内得到了部分学者的赞同[3]，并被予以深浅不同的把握，即如学者指出，在前例的场合，即使查明致命伤是由先行为人造成，后行为人也应承担杀人既遂的责任；而在后例的场合，后行为人也应承担抢劫罪共同正犯的责任，因为后行为人存在着对先行为的认识和积极利用。但在后例的场合，后行为人所利用的只是因先行为人的暴力而使得被害人不能反抗的状态，故先行为人若造成死伤结果，则属于"过剩结果"，从而后行为人与先行为人将难以成立抢劫致死伤罪的共同正犯[4]。但有学者指出，在后行者介入后被害人才死亡的，介入的原因是必须考虑的，因为即便死亡结果是由先行为者引起的，但后行者若有实行行为，则说明其主观上具有希望或放任结果的意思，其加入的行为就表现了他的"行为价值"。于是，根据"部分实行全部责任"原则，后行者也应对死亡结果负责[5]。这显然是承继共犯最为积极的学说。可见，在承继共犯包括承继共同正犯的成立问题上，国内刑法理论界基本上形成了"承继共犯肯定说"与"承继共犯部分肯定说"即"中间说"的非截然对立的分歧，且承继共犯包括承继共同正犯即承继共同实行犯在国内是得到普遍性承认的，只不过承认的广度和深度有别而已。

从国内外关于承继共犯即承继共同正犯成立的论争来看，"承继共犯中间说"可称为"承继共犯限缩说"，故"承继共犯中间说"同时就是"承继共犯部分肯定说"或"承继共犯部分否定说"。

---

〔1〕 陈兴良："共同犯罪论"，载《现代法学》2001年第3期，第54页。

〔2〕 马克昌：《比较刑法原理（外国刑法总论）》，武汉大学出版社2002年版，第693~694页。

〔3〕 陈家林：《共同正犯研究》，武汉大学出版社2004年版，第243页。

〔4〕 陈家林：《共同正犯研究》，武汉大学出版社2004年版，第243~244页。

〔5〕 童德华："正犯的基本问题"，载《中国法学》2004年第4期，第150页。

（二）承继共犯成立问题的讨论再起

就承继共同正犯，日本的"承继共犯肯定说"展开了如下理由：其一，后行为人即承继者了解先行为人即被承继者的意思且对"既成事实"加以利用，故其对于"行为全体"存在"共同意思"；其二，单纯一罪不可分，既然数人存在意思联络而共犯一罪，则理应对全体犯罪成立共同正犯，这符合"犯罪共同说"；其三，在发生正犯承继的场合，就"犯罪全体"成立共同正犯符合"共犯成立上的一体性"，而"共犯处罚上的个别性"可以另作考虑；其四，共同正犯重要的是基于"共同的行为计划"而进行具体的分工合作，而不是参与分工的"时间先后"；其五，后行为人即承继者出于"正犯者的意思"而"有意识"地"利用"既成的犯罪事实，这应视为形成了"新的共同行为"，故对"全体犯罪"承担责任属于"理所应当"[1]。

日本的"承继共犯否定说"展开了如下理由：其一，实际上具有可分割性的犯罪很多，故"一罪不具有可分割性"只是一种借口；其二，让后行为人即承继者对自己参与之前的行为及其结果承担责任，即使是基于事后的"意思联络"而"共同实行犯罪"，也违背刑法中的"个人责任原则"和"行为责任原则"；其三，即便后行为人即承继者对已经发生的事实即"既成事实"存在着"认识"和"容忍"，但让后行为人即承继者对自己所不能左右的结果负责，这是"心情刑法"的体现；其四，由于后行为人即承继者对介入之前的事实不可能存在着作为正犯的"行为支配"，故肯定其对先行为成立共同正犯明显违背"日益精致化的犯罪支配理论"；其五，一个人只能对与自己存在因果关系的事实承担责任，而一个人的行为只可能与发生在后的事实形成因果性，故让后行为人即承继者承担先行行为的结果的责任，即令其与先行为人即被承继者成立共同正犯，显然违背了"因果共犯论"[2]。

对于"承继共犯否定说"的批判或质疑，本著站在"承继共犯肯定说"的立场作出如下初步解释以作为对"承继共犯否定说"的一种"反批判"和"反质疑"。对于第一点批判或质疑，"承继共犯肯定说"似可这样解释：只要存在着一个"具有不可分割性"的犯罪，就不应以另外还存在着"具有可分割性"的犯罪来否定承继共同正犯的成立，因为"承继共犯肯定说"毕竟

---

〔1〕 陈洪兵：《共犯论思考》，人民法院出版社 2009 年版，第 155~156 页。

〔2〕 陈洪兵：《共犯论思考》，人民法院出版社 2009 年版，第 156 页。

没有将所有的犯罪都肯定为"具有不可分割性"的犯罪。对于第二点批判或质疑，"承继共犯肯定说"似可这样解释：后行为人即承继者因对自己参与之前的行为及其结果起到"强化"和"巩固"作用，故令其承担责任并不违背刑法中的"个人责任原则"和"行为责任原则"。对于第三点批判或质疑，"承继共犯肯定说"似可这样解释：既然后行为人即承继者对已经发生的事实即"既成事实"存在着"认识"和"容忍"，则说明后行为人即承继者已经有了说明其主观恶性和人身危险性的"犯罪心情"，从而所谓"心情刑法"并无针对性。对于第四点批判或质疑，"承继共犯肯定说"似可这样解释：当后行为人即承继者对已经发生的事实即先行为及其结果的利用有着"巩固"和"强化"的效果，则可将其视为一种变相的"犯罪支配"而符合一种"更加精致化的犯罪支配理论"。况且，针对共犯责任评价的"犯罪支配论"应联系"最终危害结果"或"最终法益损害"，才能体现出"犯罪支配论"的本意和用途。对于第五点批判或质疑，"承继共犯肯定说"似可这样解释：当后行为人即承继者对自己参与之前的行为及其结果有意加以"利用"，而此"利用"又起着"强化"和"巩固"作用，则可肯定"因果性"。"承继共犯肯定说"对"承继共犯否定说"可作出的如上初步"反批判"或"反质疑"，当然可以"局部"地视为"承继共犯部分肯定说"即"中间说"的初步"反批判"或"反质疑"。可见，"承继共犯肯定说"与被赞同者说成是"有力"的"承继共犯否定说"的对峙或相持不下，说明日本刑法理论界对于承继共犯包括承继共同正犯的成立问题，尚未达成较为一致的共识。

"承继共犯肯定说"与"承继共犯否定说"的前述国外理论交锋，意味着承继共犯包括承继共同正犯的成立问题仍未在境外得到解决。而在国内，学者指出，"肯定说"和"否定说"都只是研究承继性共犯应否对被承继性共犯先行造成的结果负责，而不研究应否对自己的利用行为负责，这是不正确的，即应当跳出承继性共犯对被承继性共犯造成的结果应否负责的争论不休的怪圈，以建立承继性共犯应对自己的"利用行为"负责的理论基础[1]。前述强调显然是对"承继共犯肯定说"的进一步肯定，并指出了新的"理论侧重点"即"利用行为"或"行为利用"。但在当下，国内仍有"承继共犯（全面）否定说"，且其是对日本的"承继共犯（全面）否定说"的翻版。

---

〔1〕 侯国云："论继承性共犯"，载《政法论坛》2006年第3期，第112页。

"承继共犯否定说"真的如国内个别声音响应得那般"有力"，并能妥善地解决我国的刑事司法实践问题吗？

二、"承继共犯否定说"问题的类型化展示

承继共犯否定说所存在的问题，可从单行为犯、复行为犯和结果加重犯等具体问题中予以展示。

（一）"承继共犯否定说"在单行为犯中的问题展示

单行为犯是指诸如故意杀人罪、故意伤害罪等构成要件行为属单一构造的犯罪。对于单行为犯，持"承继共犯否定说"的学者指出，日本有判例认为，先行为人出于杀人的故意对被害人施加重大暴行后，后行为人参与进来仅实施了轻微暴行，事后查明致命伤是先行为造成的，后行为人还是要承担故意杀人共同正犯的责任。国内有学者赞同此判例，即只要后行者有积极利用的意思，就应当对之前的行为承担责任。但是，既然致命伤是先行为人造成的，只要没有证据证明后行为提前了被害人的死亡时间，就不能认定后行为与被害人的死亡结果具有因果性，故后行为人顶多承担故意杀人未遂的责任，甚至可能成立"不能犯"[1]。在本著看来，在前述场合，只要是基于"合意"，先行为与后行为便"捆绑"成一个行为整体，而与此行为整体所对应的死亡结果便是每个参与者的所愿所求，从而构成每个参与者所欲所为的结果，故让后行为人承担故意杀人既遂的共同正犯的责任并无不当，而死亡结果在客观上为谁直接造成的区别，完全可以体现在责任个别化上。或许赞成者强调后行者对先行为负责不够恰当，但不妨其结论的正当性。而"承继共犯否定说"的故意杀人未遂乃至"不能犯"的结论与后行为人的主客观犯罪事实不符，且背离了罪刑法定原则和罪责刑相适应原则。

在单行为犯的场合，"承继共犯否定说"又指出，事后无法查明致命伤是发生在后行为人介入之前还是之后，后行为人只与先行为人就介入后的事实成立杀人罪的共同正犯，但由于不能排除致命伤发生在介入之前的可能性，即便适用"部分实行全部责任"的归责原则，也不能得出后行为人承担杀人既遂的责任。而先行为人无论如何都要承担故意杀人既遂的责任。又如先行为人出于伤害的故意实施部分暴行后，后行为人加入进来共同实施暴行致被

---

[1] 陈洪兵：《共犯论思考》，人民法院出版社 2009 年版，第 174 页。

害人受伤，事后不能查明伤害结果是发生在后行为介入之前还是之后。那么，后行为人同样只对介入后的阶段成立伤害罪的共同正犯，故结局也只能是先行为人一人承担故意伤害既遂的责任，而后行为人仅承担伤害未遂的责任。而在能够查明伤害结果发生在介入之前，则更应得出这种结论[1]。在本著看来，在前述场合，既然致命伤或伤害结果无法查明是在后行为介入前还是介入后，则说明造成致命伤或伤害结果的可能性在后行为介入前和介入后都有可能存在；而既然都有可能存在或都有存在的可能性，则为何要让先行为人承担既遂的责任而让后行为人承担未遂的责任呢？难道唯一的原因仅仅是因为先行为就是先行为吗？可见，"承继共犯否定说"对前述场合的问题处理显得十分牵强。而当其指出即便适用"部分实行全部责任"的归责原则，也不得让后行为人承担既遂罪的责任，则已经不加掩饰地暴露其在归责立场上的"自相矛盾"。另外，"承继共犯否定说"对前述场合的问题处理在我国当下还面临着伤害罪是结果犯而不可能发生所谓"伤害未遂"的问题，而在日本，对于先行为人和后行为人先后以暴行的故意共同加害被害人而造成伤害的，"同时伤害的理论"已经能够较好地处理问题而无需将简单问题复杂化。实际上，日本"同时伤害"的立法和理论"暗许"着故意伤害的承继共同正犯的成立，因为这里的"同时"不应被局限在"时点"上，而应被理解为同一个"时段"。

（二）"承继共犯否定说"在复行为犯中的问题展示

复行为犯是指诸如抢劫罪和诈骗罪等构成要件行为属复杂构造的犯罪。这里所说的构成要件行为属复杂构造，是指构成要件行为即实行行为是有两个以上自然行为所构成，而这些自然行为之间在性质上存在着手段和目的或原因和结果的关系。

对于后行为人利用先行为造成的被害人不能反抗的状态而共同取财的行为，国内有学者指出，后行为人在知情后所参与的行为，其性质是由先行为所决定的。在先行为人以抢劫故意实施了暴力手段的场合，后行为人知情后参与实施的取财行为，便是抢劫行为的一部分而非独立的盗窃行为，故后行为应认定为抢劫罪[2]。还有学者指出，在先行为人以抢劫的故意实施暴力之

---

〔1〕　陈洪兵：《共犯论思考》，人民法院出版社 2009 年版，第 174~175 页。

〔2〕　张明楷：《刑法学》（第 3 版），法律出版社 2007 年版，第 329 页。

后，后行为人基于"意思沟通"而以共同抢劫的意思参与劫财行为的实施或者帮助，二人就构成承继的共同犯罪，即后行为人是抢劫罪的承继性共犯而先行为人是抢劫罪的被承继性共犯[1]。另有学者指出，甲实施暴力压制乙的反抗后，丙介入利用这种状态而取得财物的，丙只要对此前的行为有认识和积极利用的意思，就应当与甲成立抢劫罪的共同正犯。而如果先行为人在实施暴力时致被害人重伤或死亡，则后行为人所利用的只是被害人不能反抗的状态，而死伤的结果属于"过剩的结果"，故后行为人也应当与前行为人成立抢劫罪的共同正犯[2]。这将引起"承继共犯否定论"怎样的反应呢？

首先，国内的"承继共犯否定说"指出，"肯定说"认为，后行为人知情后参与实施的取财行为是抢劫行为的一部分而非独立的盗窃行为。那么，若是先行为人因实施暴力行为太累而打算就地睡一觉后再取走被害人的财物（假定被害人已经被捆得结结实实）。这时，偶经此地的过路人没有和先行为人打招呼就"自作主张"地取走了被害人的财物，则按照"肯定说"的逻辑，若是承认片面共同正犯，则路人的行为便不是盗窃罪的单独正犯而是抢劫罪的片面共同正犯。这恐怕不能让人接受。其次，无关的人单单利用被害人不能反抗的状态（如酩酊大醉而不省人事）取走财物构成盗窃罪，而为何一与先行为人进行共同抢劫的"意思沟通"，则后行为就"陡然"变成了抢劫罪的实行行为的一部分而不再是盗窃罪的实行行为了呢？再次，把利用被害人不能反抗的状态与引起这种状态同等看待，就没有理由否定先行为造成被害人死伤时，后行为人参与取财可成立抢劫致死伤罪的共同正犯。复次，根据"部分实行全部责任"原则，让后行为人对先行为所造成的死伤结果负责，即让后行为人与先行为人成立承继共同正犯，由"肯定说"是可以导出这样结论的，但"肯定说"实际上是反对这种结论的。最后，之所以抢劫罪的刑罚评价远远重于盗窃罪，是因为前者还侵害了人身法益。而在被害人已经被压制住反抗后，后行为人的参与取财行为已经不可能再威胁被害人的人身法益，故让后行为人承担抢劫罪的责任属于过剩的、不当的刑罚评价，违背罪刑相适应原则和罪刑法定原则[3]。如何看待"承继共犯否定说"的前

---

[1] 侯国云："论继承性共犯"，载《政法论坛》2006年第3期，第110页。

[2] 陈家林：《共同正犯研究》，武汉大学出版社2004年版，第243~244页。

[3] 陈洪兵：《共犯论思考》，人民法院出版社2009年版，第176~177页。

述反应呢？

"承继共犯否定说"对"肯定说"的前述多层次质疑貌似有理有据，但细究起来也难经推敲：首先，先行为人因实施暴力行为太累而打算就地睡一觉后再取走被害人的财物，恰逢偶经此地的过路人没有和先行为人打招呼就"自作主张"地取走了被害人的财物。学者所设想的这一事例与其所质疑的问题根本就不是一回事，即毫无针对性。学者能一定得出其所设想的所谓"片面共同正犯"的结论吗？如果偶能得出此结论，那也不能说明"承继共犯否定说"自身的正确性。其实，"承继共犯肯定说"一直没有放弃对先行为人与后行为人之间的"合意"的强调，这就是为何无关的人单单利用被害人不能反抗的状态取走财物构成盗窃罪，而一与先行为人进行共同抢劫的"意思沟通"就变成了抢劫罪实行行为的一部分，从而成立抢劫罪的理由。"单单利用"既无共同的故意，也无共同的行为，为何不另定盗窃罪呢？基于"合意"的利用即"相互的利用"既有共同的故意，也有共同的行为，为何不成立抢劫罪的共犯包括共同正犯呢？难道一定要"单单利用"与"相互利用"作同样的处置，才合乎正义吗？其次，单纯的利用即"单单地利用"或"自作主张地利用"被害人的不能反抗的状态，确实不能等同于"引起"被害人的不能反抗状态，但基于"合意"的利用亦即"相互地利用"被害人的不能反抗状态与"引起"被害人的不能反抗状态，作刑法评价上的"价值等置"处理又有何不可呢？可见，对于"承继共犯否定说"的第二、第三两点批判或质疑可一并作出回应。最后，让后行为人对先行为所造成的死伤结果负责，即让后行为人与先行为人成立承继的共同正犯，未必就是"承继正犯肯定说"在"部分实行全部责任"原则面前自相矛盾的结论，因为当我们把后行为人的参与取财视为最终"成就"了先行为人的抢劫致死伤罪，则让后行为人在抢劫致死伤罪的"大场景"中承担共犯责任，逻辑上是讲得通的。正如第二次世界大战后追究德日主要战犯的刑事责任一样，在犯罪的"大场景"中再予以个别化论责，这也不违反"责任主义"原则。因此，"部分实行全部责任"的实际运行逻辑进路是：部分实行—全部责任—个别落实。因此，即便是对诸如先行为人已经导致了被害人死亡，而后行为人基于"合意"加入进来"单线"或与先行为人"双线"继续实施构成要件行为即实行行为的剩余部分等场合承认承继共犯即承继共同正犯，也不违背"部分实行全部责任原则"。这可以一并回应"承继共犯否定说"最后一点所谓让后行为人承担与先行为人同罪名乃至共同正犯的责任而有违罪刑相适应原则和罪刑法定原则的质疑。实际上，后行为人客观上只是参与取财的行为在主观上也一定程度地"加剧"着被害人的精神恐惧，即"加剧"着先行为人已经造成的人身法益伤害。如果这样客观地看问题，则"承继正犯肯定说"何来的违背罪刑相适应原则和罪刑法定原则？

国内持"承继共犯否定说"的学者还进一步指出，先行为人实施欺诈手段已经使得被害人陷入错误，而后行为人基于"合意"，单独或共同领受陷入错误的被害人的财物，这样的事件如何处理是"肯定说"和"中间说"（"部分肯定说"）攻击"否定说"的撒手锏，因而也最让"否定说"头痛，因为在抢劫过程中参与取财的情形，单独评价属于违背被害人意志的转移占有，行为性质属于盗窃，但在被害人陷入错误而主动交付财物的情形，单独评价又不构成任何犯罪，而不构成任何犯罪又被认为不符合一般人的法感情。"否定说"开出的"药方"是：一是"无罪"。这一"药方"所导致的"处罚空隙"是坚持罪刑法定原则的必要代价；二是被害人转移财物之前，诈骗行为还没有既遂，故参与领受陷入错误认识的被害人财物，属于诈骗罪的帮助犯；三是成立"侵占脱离占有物罪"的共同正犯。在持"承继共犯否定说"的学者看来，即便导致了看似不能容忍的"处罚空隙"，也不能放弃立足于"因果共犯论"的"否定说"的立场。那么，如果不是直接从陷入错误的被害人手中受领现金，而是在被害人已经将钱款打入先行为人指定的银行账号后，后行为人按照先行为人的指示提出钱款的，除非事先存在约定，否则不仅应排除诈骗罪共犯的成立，还应排除不作为诈骗罪与侵占罪的成立，而成立掩饰、隐瞒犯罪所得、犯罪所得收益罪[1]。在先行为人与后行为人存在"合意"或有"约定"的前提下，学者还能起码承认后行为成立先行为所对应罪名的共犯即帮助犯，但延伸出来的问题便是如何定性后行为人在抢劫或诈骗等场合的参与取财行为。而当学者虽然没有但是应当将之视为先行为所对应"复行为犯"的实行行为的一部分，则其就要被自身承认先行为所对应罪名的共犯即承继帮助犯而推向承认先行为所对应罪名的承继共同正犯即承继共同实行犯。于是，在"否定说"所开出的"药方"中，"侵占脱离占有物罪"的承继共同正犯暗含着对先行为人与后行为人之间就"侵占"即抢劫或诈骗等

---

〔1〕 陈洪兵：《共犯论思考》，人民法院出版社 2009 年版，第 177~179 页。

罪实行行为所形成的共犯关系即"共同实行关系"的隐蔽认可。实际上，"无罪"所带来的"处罚空隙"和将先行为所对应之罪的共同正犯"降格"为帮助犯或另定其他轻罪所带来的"处罚不足"，说明违反罪刑法定原则和罪刑相适应原则的不是"承继共犯肯定说"，而恰恰是"承继共犯否定说"。由此，所谓"罪刑法定原则的代价"不应是"承继共犯否定说"自证其身的理由，而如果不付出"罪刑法定原则的代价"，则一种刑法理论不是显得更加稳当吗？再者，付出"罪刑法定原则的代价"，并不是坚持"因果行为论"立场本身的必然结果，而是"不当地"坚持"因果行为论"立场的必然结果。

（三）"承继共犯否定说"在结果加重犯中的问题展示

故意伤害罪是典型的结果加重犯。在先行为人出于伤害的故意而对被害人实施部分暴力后，后行为人参与进来共同实施暴行而致被害人死亡。这里要分致死被害人的行为是先行为还是后行为查清和查不清两种情况予以分别讨论。学者指出，当不能查清致死被害人的行为是先行为还是后行为，"肯定说"和"中间说"都可能因为认定承继共同正犯的成立而主张先行为人与后行为人均承担故意伤害致死的责任。对此，"否定说"不予认同，理由是：当不能排除致命伤发生在后行为人介入之前，则根据"存疑时有利于被告人"原则，只能让先行为人承担故意伤害致死的责任，而后行为人仅承担故意伤害或故意伤害未遂的责任[1]。对于"否定说"的问题处置，国内有学者表示忧虑：只在伤害的限度内成立共同正犯或"同时犯"而让后行者不负伤害致死的罪责，就会导致无人对死亡结果负责；在二人有犯意联系时应成立共同犯罪，且死亡结果是在后行为人介入后才形成而必须予以考虑；即便死亡结果是由先行为所引起，但后行为说明了后行为人存在着希望或放任死亡结果的主观欲求，其加入行为就表明了"行为价值"所在，故根据"部分实行全部责任"原则，后行为人也应对死亡结果负责[2]。学者对于前述"忧虑"给予如下回应：一是在不能查明死亡结果是谁的行为造成时，先行为人自然"责无旁贷"地对死亡结果负责，根本就不会出现"无人对死亡结果负责"的局面；二是由于不能排除死亡结果是由先行为人造成的可能性，故不能适用"部分实行全部责任"原则而将死亡结果归责于后行为人；三是认为"加

---

〔1〕　陈洪兵：《共犯论思考》，人民法院出版社 2009 年版，第 179 页。

〔2〕　童德华："正犯的基本问题"，载《中国法学》2004 年第 4 期，第 150 页。

人的行为表现了他的行为价值"，其想表明的"行为无价值立场"更不能被赞同，且"行为无价值"论者也不会将因果不能查明的情形归责于行为人[1]。

在本著看来，由于同样不能排除死亡结果是由后行为人造成的，故同样不能适用"部分实行全部责任"原则而将死亡结果归责于先行为人。同时，"存疑时有利于被告人"原则也应同样适用于先行为人而不能令其承担故意伤害致死的罪责。这里，先行为人"责无旁贷"地对死亡结果负责的根据到底在哪里呢？至于"行为无价值"的说辞则显然表明学者已将问题扯远，因为"否定说"与"肯定说"所争执的是"结果归责"问题。同时需要再次强调的是，在前述情形中，"同时伤害"的理论可以较好地处置问题，而"同时伤害"的理论在相当程度上认可着"承继共犯肯定说"，从而认可承继共同正犯的成立。

对于后一种情形，即事后查明致命伤是发生在后行为人介入前，学者提出，后行为人仅对介入后的阶段成立共同正犯，故后行为人仅承担故意伤害或故意伤害未遂的责任，而先行为人单独承担故意伤害致死的责任[2]。在本著看来，致命伤未必就一定对应着致命的实际结果，而在前述场合，被害人的最终死亡可以视为先行为所造成的致命伤在后续伤害行为的"强化"或"加剧"之下最终变成实际的死亡结果，亦即被害人最终的死亡结果里面仍然"沉淀"着后行为的一部分原因力，或曰被害人最终的死亡结果并不具有让哪一个人担责的"可分性"，故让后行为人也承担故意伤害致死的责任完全符合事物情理。至于致命伤是先行为所造成，这可在主从犯的角色划分或"责任个别化"中予以认可或体现。因此，"承继共犯肯定说"仍可"自圆其说"，而"承继共犯否定说"仍然面临着故意伤害罪是"结果犯"的"实定法障碍"。

（四）"承继共犯否定说"在事后抢劫共犯中的问题展示

国内持"承继共犯否定说"的学者指出，关于事后抢劫的共犯，在国外主要有将事后抢劫理解为身份犯和理解为结合犯两种解决路径。由于我国没有共犯与身份犯的规定，故其倾向于按照复行为犯来处理问题。设例：甲到丙家实施盗窃。甲盗窃完成后出门时刚好丙下班回家，于是，甲携带财物仓

---

〔1〕 陈洪兵：《共犯论思考》，人民法院出版社 2009 年版，第 179~180 页。
〔2〕 陈洪兵：《共犯论思考》，人民法院出版社 2009 年版，第 180 页。

皇逃走，而被害人奋起直追。此时，碰巧甲的朋友乙路过，甲便边跑边吆喝乙"给我放倒他"。乙果然将丙打趴下并致丙轻微伤。最终，甲得以顺利逃走。"肯定说"和"中间说"均可能肯定事后抢劫承继共犯的成立[1]。但"否定说"认为，后行为人不可能承继已经结束的盗窃行为，故后行为人只应承担暴行罪的正犯的责任[2]。对前述事例，国内有学者指出，先将事后抢劫理解为"结合犯"，再按照承继的共犯路径解决问题难以适用于我国，因为我国刑法没有规定暴行罪和胁迫罪，故事后抢劫至少不是典型的"结合犯"。在前述事例中，根据"承继共犯否定说"，虽然乙能在日本承担暴行罪、胁迫罪的刑事责任，但在我国意味着不承认任何刑事责任，故缺乏合理性。乙在表面上所参与的是暴力行为，但其行为是甲事后抢劫的一部分，故乙的行为并非独立的行为[3]。国内"承继共犯否定说"的学者指出，如果仅仅因为后行为人认识到先行为人正受物主追赶且与先行为人形成"合意"，就构成事后抢劫的共犯，则所评价的是"行为无价值"而非"结果无价值"。同时，在前述讨论的事后抢劫的场合，先行为是侵犯财产法益而后行为即参与行为所侵犯的是人身法益。先行为和后行为本质上都是参与了抢劫过程中的"部分行为"而侵害了抢劫罪所保护的"部分法益"，即都只与抢劫罪的"部分事实"具有因果性，故后行为人只能就参与后的阶段成立共犯，而不应就抢劫犯罪整体成立共犯。而且，即便我们不将参与事后抢劫的行为作为整体事后抢劫的共犯处理，也不会发生"处罚空隙"，因为尽管暴行、胁迫在我国不构成犯罪，但对后行为完全可论以"窝藏罪"。而若造成了轻伤以上的结果，便按想象竞合犯处理即可。总之，在事后抢劫的场合，没有参与盗窃、诈骗、抢夺的后行为人不能承担事后抢劫的共犯的刑事责任，而只能根据情况承担窝藏罪、伤害罪、杀人罪等罪责[4]。如何看待学者的前述论断呢？

在本著看来，首先，在事后抢劫即我们通常所谓的"转化性抢劫"的场合，正如我们所讨论的事例，虽然甲已经盗窃得手，但其被物主丙发现后的仓皇逃走行为可以视为盗窃犯罪事实的一种延长。而在延长中，乙对丙的暴力加入便直接起到"巩固"或"强化"甲的延长的盗窃行为的作用，并最终

〔1〕 陈洪兵：《共犯论思考》，人民法院出版社2009年版，第180~181页。
〔2〕 [日]浅田和茂：《刑法总论》，成文堂2005年版，第454页。
〔3〕 张明楷："事后抢劫的共犯"，载《政法论坛》2008年第1期，第93页。
〔4〕 陈洪兵：《共犯论思考》，人民法院出版社2009年版，第181~183页。

使得先前的盗窃事件"升格"即"转化"或"性变"为抢劫。如果这样看问题，则乙以暴力行为的承继便直接发生了对正在进行或正在延长的盗窃行为的相互作用并令其最终发生"转化"即"性变"，从而"因果性"在这里应当得到承认。而仅此一点，"承继共犯否定说"在事后抢劫即"转化性抢劫"的场合便难以成立。相反，事后抢劫即"转化性抢劫"似乎更能说明承继共犯包括承继共同正犯的可成立性。其次，持"承继共犯否定说"的国内学者将一个完整的事后抢劫即"转化性抢劫"予以人为的割裂，然后通过部分实行行为与部分法益侵害进行机械对应，从而最终作出否定承继共犯即承继共同正犯的立论，这也是存在明显问题的，因为这一理论看到了"合意"的存在而不予认可，看到了自身都坚持的"复行为犯"的实行行为的内在结构性即"共同实行性"和"紧密连结性"而不予认可，即看到了共同犯罪的实际存在而不予认可。特别明显的是，持"承继共犯否定说"的国内学者在我们讨论的前述事例中明白承认后行为人的暴力加入行为是整个事后抢劫即"转化性抢劫"基于"合意"的实行行为的一部分，但其最终结论却"背道而驰"。于是，这里特别要作出的类似强调便是：在诸如先行为人实施了暴行，而后行为人基于"合意"参与取财的场合，先行为人首先侵害了被害人的人身法益，但后行为人的取财行为在侵害了被害人的财产法益的同时，也一定程度地侵害了被害人的人身法益即至少"加剧"被害人的惊恐，而此人身法益的侵害是先行为人身法益侵害的"雪上加霜"，正如我们可以想象出来的被害人的惊恐："妈呀，又来了一只狼！"

转入事后抢劫即"转化性抢劫"的场合，先行为人首先侵害了被害人的财产法益，但后行为人的暴力行为在侵害了被害人人身法益的同时，也一定程度上甚至根本性地侵害了被害人的财产法益，因为正是此后行为才使得先前的盗窃、诈骗、抢夺犯罪的"果实"得到切实有效的"保护"。可见，在"复行为犯"承继共同正犯的场合，我们很难说承继者即后行为人只是侵害了部分法益或阶段性法益，而是实质上侵害了"复行为犯"的"整体法益"或"法益整体"，故从法益侵害角度仍应肯定承继共犯即承继共同正犯，正如持"承继共犯否定说"的学者指出，从法益保护主义立场出发，共犯处罚的根据只能是侵害法益。狭义共犯（教唆犯和帮助犯）的处罚根据是通过介入正犯的行为间接地侵害法益，而共同正犯是共同侵害法益，这是"因果共犯论"

的立场，如今已经成为德日通说〔1〕。这里要特别提醒的是，"承继共犯否定说"应慎用"行为无价值"乃至"心情无价值"来扣"承继共犯肯定说"的帽子，因为我们应该肯定"共同犯罪无价值"，而"共同犯罪无价值"包含着"共同犯罪故意无价值"和"共同犯罪行为无价值"，且这里的"共同犯罪行为无价值"又包含"共同正犯行为无价值""从犯行为无价值"和"教唆犯行为无价值"。至于"承继共犯否定说"提出对事后抢劫即"转化性抢劫"场合的后行为论以窝藏罪、伤害罪或杀人罪，则是其全盘否定承继共犯包括承继共同正犯难以回头的个案结论。

（五）"承继共犯否定说"在继续犯中的问题展示

持"承继共犯否定说"的国内学者指出，国内外刑法理论通常认为，因为继续犯既遂后不法行为、不法状态和构成要件符合性都在"持续"，故"事后参与"即中途加入成立承继的共同正犯没有疑问。但值得研究的问题有两点：一是我国司法解释规定非法剥夺他人自由达 24 小时以上的，才能立案侦查。那么，先行为人已经非法拘禁他人 23 小时，后行为人参加进来拘禁 2 小时就案发，先行为人无疑成立非法拘禁罪，而后行为人参与非法拘禁刚 2 小时能否成立非法拘禁罪？对此，尽管根据"部分实行全部责任"原则，无需每个人都完成所有的实行行为，但将参与 2 小时的非法拘禁行为评价为达到了值得科处刑罚的程度还是存在疑问的，故对后行为人参与后的非法拘禁时间远远不足 24 小时的，不宜定罪处罚；二是我国非法拘禁罪、绑架罪中都有致人死伤的规定，而在什么范围内成立承继共同正犯，与死伤结果的责任承担有关。如甲非法拘禁丙并对丙使用暴力。在感到疲惫后，甲打电话叫来乙共同看管、虐待丙。后来，丙受伤，但不能查明伤害结果是发生在乙介入前还是介入后。甲、乙成立非法拘禁罪的共犯没有问题，但由于伤害结果不能排除发生在乙介入之前，故只有对甲一个人按照《刑法》第238条的规定以转化犯追究故意伤害罪的刑事责任，而对乙单独以非法拘禁罪追究刑事责任〔2〕。如何看待学者的前述论断呢？

在本著看来，在继续犯的场合没有强调中途加入者即承继者只在加入后才与先行为人成立共同正犯，而是可以与先行为人成立承继共同正犯，这是

〔1〕　陈洪兵：《共犯论思考》，人民法院出版社 2009 年版，第 197 页。

〔2〕　陈洪兵：《共犯论思考》，人民法院出版社 2009 年版，第 183~184 页。

"承继共犯否定说"的国内学者"难得一见"的让步，因为该学者一直强调后行为既不可能与先行为造成的结果或状态具有"因果性"，也不可能与先行为本身具有"因果性"，故而断难成立承继共犯包括承继共同正犯。但就前述事例而言，不应贸然否定乙2小时非法拘禁行为的可罚性，进而否定乙与甲成立非法拘禁罪的承继共同正犯，因为如果是乙单独作案仅2小时，则可对乙的行为作出罪处理，但乙承继甲的行为而共同作案就不同了：乙的加入行为可因对甲的行为的"强化"或"巩固"作用而使得甲的行为具有可罚性的同时，也使得乙自己的行为同时或一并具有可罚性。至于非法拘禁时间的长短所说明的可罚性的强弱，可在处罚个别化时予以体现。

易言之，乙单独非法拘禁他人2小时与乙在与他人共同作案中非法拘禁他人2小时，应区别对待而非一视同仁。如果不予区别对待，则甲、乙在共谋之后先后投入致死量的80%和20%的毒药来毒杀被害人的事件，则甲只能论以故意杀人罪既遂而乙论以无罪？这才显然是"无法让人接受"的。实际上，在诸如非法拘禁等继续犯的场合，即便后续行为是加入者基于"合意"的单人行为，但先行为与后行为具有完全的"同质性"，而正是先行为与后行为前后相继的"量"的积累才达到刑罚可罚性，故先行为与后行为都应在"共同责任"中论责，而非机械的"分割评价"或"拆卸评价"，否则会导致该罚的不罚即"放纵犯罪"。这里，我们甚至可以想象：甲、乙都知道非法拘禁他人达24小时才构成非法拘禁罪。于是，甲、乙商量，先由甲非法拘禁丙23小时，后由乙非法拘禁丙不要达到24小时，这样二人都可逃脱非法拘禁罪的追责。可见，否定继续犯的承继共犯即承继共同正犯，将导致无人对犯罪负责的局面。就前述事例而言，如果因非法拘禁他人仅2小时而未达24小时，则对乙不罚，那么甲非法拘禁他人23小时也未达24小时，则对甲同样也应不罚。这显然更加"无法让人接受"。"承继共犯否定说"的国内学者虽然在此作出"难得一见"的让步，但其对问题的最终处理还是存在着较为明显的问题。而这是否意味着对其让步的一种微妙的"于心不甘"？因此，对于学者所指出的所谓第一点"问题"，学者自己对问题的认识和处理还是存在着"问题"。对于学者所谓的第二点"问题"，既然发生在非法拘禁过程中的伤害结果发生在乙介入前还是介入后查不清，则两种可能都存在。于是，当伤害结果发生在乙介入后这种可能性也不能排除，则为何不可认定乙成立转化犯而论以故意伤害罪的责任且让甲只承担非法拘禁罪的责任呢？所谓"存疑有利于被告人"原则应"机会均等"地适用！可见，"承继共犯否定说"对行为"因果性"的片面强调造成了"机会不均等"的刑事不正义。

（六）"承继共犯否定说"在"犯罪实质终了前参与"中的问题展示

学者指出，德国刑法理论中存在着犯罪既遂后实质终了之前是否能够成立承继共同正犯的热烈讨论。如甲在丙的房屋前边放火已经达到独立燃烧的放火既遂程度。这时，朋友乙经过，又"应邀"在丙的房屋后边放了一把火。于是，国外刑法理论上有成立放火罪的帮助犯和放火罪的"同时犯"的主张[1]。对于前例，学者指出，原则上应认为犯罪既遂后不可能成立共犯而可能成立的是"妨害司法罪"，故首先应否定成立放火罪的共犯。而作为放火罪的"同时犯"处理，通常不存在问题[2]。又如学者指出，犯罪既遂后不可有承继的共犯，即在犯罪行为实质性完结之后，不可能成立承继共同正犯与承继帮助犯。如 A 窃取他人财物既遂后被被害人追击，B 帮助 A 摆脱追击以使其最终获得财物，则 B 只有可能成立"窝藏罪"[3]。在本著看来，将前述事例中乙或 B 的行为认定为"妨害司法罪"，至少在当下的现行刑法中找不到任何"实定法根据"，亦即无法将前述事例中乙或 B 的行为归入"妨害司法罪"现行立法规定的任何一种行为类型，这正如学者通过"可能"一词流露出以"妨害司法罪"定性的"无把握"或"不自信"。至于将乙的行为定性为甲的放火罪的"同时犯"，其存在问题更加明显。正如我们所知，所谓"同时犯"，是指两个以上的行为人没有共同的犯罪故意而同时在同一场所实行同一性质的犯罪，如甲、乙在没有"意思联络"或"共谋"之下从不同方向同时射杀他们共同的仇人丙。可见，"同时犯"是指两个以上性质相同的犯罪在同一时空下的"机械并发"或"巧合并发"。

在国内的"承继共犯否定说"看来，既然先行为已经既遂，则"应邀"的后行为便失去了成立承继共犯即承继共同正犯的"机会"，但既然先行为已经既遂，则"同时犯"的成立不也同样失去"机会"了吗？我们似乎应该这样看问题：虽然先行为已经成立放火罪既遂，但先行为所对应的犯罪事实尚在延伸，而正是在此延伸阶段，后行为得以与前行为成立承继共同正犯。这

---

〔1〕　[日] 照沼亮介：《体系的共犯论与刑事不法论》，弘文堂 2005 年版，第 285～288 页。

〔2〕　陈洪兵：《共犯论思考》，人民法院出版社 2009 年版，第 184 页。

〔3〕　张明楷：《刑法学》（第 4 版），法律出版社 2011 年版，第 389 页。

里，"邀请"可以视为先行为人旨在希望后行为人将其犯罪事实予以延伸或拉长，而"应邀"可以视为后行为人允诺将先行为人的犯罪事实予以延伸或拉长。而当这样看问题，则尽管先行为已经成立犯罪既遂，但其仍与"应邀"的后行为连结为"一体"，且此"一体"是包含了先行为和后行为的"一体"。假如将前述讨论的事例认定为"同时犯"，则在甲先非法拘禁丙24小时而成立非法拘禁罪后，又让乙基于"合意"再非法拘禁丙24小时，则乙成立甲的非法拘禁罪的"同时犯"？可见，无视"合意"所对应的共同犯罪故意和基于"合意"的共同犯罪行为包括共同实行行为，是"承继共犯否定说"所存在的"一以贯之"的问题。由此，本著要强调的是：在有关刑法问题的论争之中，先要尊重事实本身，而后才谈得上理论建构。但基于"合意"的共同行为与出于"己意"的单独行为必定有所区别，这是一个必须予以尊重的事实。在司法领域，我们一直奉行"以事实为根据"，而在法学领域，我们也应奉行"以事实为根据"。

三、对"承继共犯否定说"的问题归结

对"承继共犯否定说"所存在问题的具体展示，必须予以归结才能获得对其宏观的与更加清醒的认识，同时也能显示出对承继共犯包括承继共同正犯问题的中肯态度。

（一）"承继共犯否定说"的"自相矛盾"

国内对承继共犯持全面否定观点的学者指出，"否定说"认为，后行为人对介入后的共同行为承担责任，对于介入前的事实由于不可能具有"因果性"影响，故不应承担责任。若将"否定说"贯彻到底，由于后行为与先行为产生的结果没有自然的"因果性"，则不仅共同正犯，而且帮助犯的责任也不应承担[1]。当帮助犯的责任也不应承担，则问题的走向是什么呢？学者指出，立于"全面否定说"，不仅承继共同正犯，而且承继帮助犯也应否定。这样，在诈骗、恐吓使得他人陷入错误或恐惧状态后参与取得财物的场合，只要没有事前的意思沟通，虽然本来应得出"无罪"的结论，但从"侵占脱离占有物罪"作为基本犯的立场来看，成立"侵占脱离占有物罪"的共同正犯也是可能的[2]。在本著看来，当被害人陷入错误或恐惧状态后的取得财物行为是

---

〔1〕 陈洪兵：《共犯论思考》，人民法院出版社2009年版，第158页。

〔2〕 ［日］浅田和茂：《刑法总论》，成文堂2005年版，第421～422页。

由后行为人单独实施，则依然认定后行为成立某种共同正犯，便意味着还是承认了先行为与后行为之间的共犯关系即"共同实行关系"，即还是承认了先行为及其所造成的某种结果或状态与后行为之间的"捆绑"关系，而这与否定先行为与后行为的"因果性"便形成了一种"隐藏"的"自相矛盾"。

"承继共犯否定说"过于偏激的否定也会"殃及自身"。有学者指出，只要后行为与先行为及其结果不具有因果性，无论承继共同正犯还是承继帮助犯，均不能成立[1]。在学者看来，对承继共同正犯根本不能适用"部分实行全部责任"原则，因为在承继共同正犯的场合缺失"部分实行全部责任"所要求的"因果性"。但在本著看来，否定"因果性"会导致"承继共犯全部否定说"陷入"鲜为人知"的尴尬：在先行为人出于抢劫故意而对被害人先实施暴力的场合，后行为人基于"合意"加入进来以借被害人处于被压制状态而实施"取财"行为，且"取财"行为仅由后行为人单人实施并且得逞。在前述场合，在持"承继共犯否定说"的学者看来，后行为与先行为及其所造成的结果或状态没有"因果性"，而学者正是假借没有"因果性"而否定承继共犯的成立。但问题是，没有"因果性"为何仅影响对后行为的定性而不影响对先行为的定性呢？于是，在学者看来，既然没有"因果性"可以或也应当对先行为产生影响，则意味着先行为或只成立抢劫罪犯罪未遂，或只在造成被害人死伤时成立故意伤害罪或故意杀人罪，或只在没有造成被害人死伤时成立"暴行罪"，因为被害人财产法益受损这一结果与先行为之间没有"因果性"。当强调"部分实行全部责任"的适用以存在"因果性"为前提，则当"因果性"不存在，"部分实行全部责任"既不适用于后行为，也当然不适用于先行为，故才有前述令"承继共犯否定说"尴尬的结论。可见，"承继共犯否定说"否定"承继共犯肯定说"，也是在否定自身，且体现为"自相矛盾"。

学者指出，在德国帝国法院时代，有判例认为，共同正犯之间的"意思联络"未必一定要事先存在，即使在犯罪实行过程中产生，也应对全体犯罪承担责任。但与此相对，多数判例认为，该当构成要件的行为终了后，"共同实行"是不可能存在的，即使认识到了已经实现的刑罚加重事由，也不存在要求"意思合一"的共同正犯成立的基础，故应否定后行为人对参与前的事

---

[1]　陈洪兵：《共犯论思考》，人民法院出版社 2009 年版，第 173～174 页。

实成立共同正犯。但是，对于帮助犯的成立则存在例外，即只要正犯行为没有既遂或者没有实质终了，对全体犯罪都有成立帮助犯的可能。如他人已经侵入住宅后还帮助搬运财物的，不是成立普通盗窃罪的帮助犯，而是成立入室盗窃这种"加重盗窃罪"的帮助犯。同样，即使他人的放火行为因已独立燃烧而形成放火既遂，但只要还在继续燃烧，认识到这一点而不灭火的，构成不作为放火罪的帮助犯[1]。

在本著看来，前述关于承继共犯问题的学说既可归属于"部分肯定说"，也可归属于"部分否定说"。由于承继共同正犯问题的重要性和复杂性分别重于和大于承继帮助犯，故将其归属于"部分否定说"便显得更为妥当。这里，让我们就"部分否定说"肯定承继的帮助犯来进一步讨论问题。既然当被承继者的正犯行为还没有既遂或没有实质终了时，中途帮助行为能够成立承继共犯即承继帮助犯，则"加功力度"更大的中途一起实行的行为即中途加入的实行行为，也理当或更理当成立承继共犯，而此承继共犯便是承继共同正犯即承继共同实行犯。由此，"部分否定说"显然应遵守"举轻以明重"的归责法则。可见，"部分否定说"在不应否定承继共同正犯和肯定承继帮助犯问题上有着明显的"自相矛盾"。同时，当共犯的因果关系有着横向与纵向交织的关系构造，则"部分否定说"在否定承继共同正犯和肯定承继帮助犯时，似有肯定共犯因果关系的纵向性而否定因果关系的横向性，即肯定因果关系的延长而否定因果关系的拓宽之"顾此失彼"。又当"部分否定说"也承认共犯因果关系的纵横交织的关系构造或共犯因果关系的拓宽性与延长性的"二维性征"，则其"顾此失彼"之嫌同时也是"自相矛盾"之嫌。

"承继共犯否定说"另外还存在着一个鲜为人知的"自相矛盾"，即在关于共犯成立范围的"完全犯罪共同说""部分犯罪共同说"与"行为共同说"的论争中，国内"承继共犯否定说"的学者在彻底赞同或支持来自日本的"承继共犯否定说"的同时，却在彻底主张或赞同"行为共同说"[2]。当"完全犯罪共同说"因过分强调故意内容的完全相同和故意之间的"双向意思疏通"而不当缩小了共犯的成立范围，则"部分犯罪共同说"因认可故意内容不同但存在性质重合，且不需要故意之间的"双向意思疏通"也可成立共

---

〔1〕 ［日］照沼亮介：《体系的共犯论与刑事不法论》，弘文堂 2005 年版，第 249~252 页。

〔2〕 陈洪兵：《共犯论思考》（第 4 版），人民法院出版社 2009 年版，第 2~62 页。

犯，从而带来共犯成立范围的应然扩大；而"行为共同说"认可只要行为在"构成要件的行为"部分形成共同关系便可成立共犯，故其将共犯成立范围扩得最大，甚至都有背离共犯本来面目的危险。于是，我们可发现"承继共犯否定说"与共犯成立范围的"行为共同说"在同时赞同或坚持之中的"自相矛盾"：在承继正犯的场合，当承继者加入后，承继者的加入即后行为与被承继者的先行为便形成了在"构成要件的行为"部分的共同关系，如甲已经开始实施挖掘堤坝的行为，而乙在明知甲的所作所为后便中途加入而与甲一起继续实施挖掘行为，或如甲正在实施暴力取财行为，而乙路经时基于"合意"而共同对被害人继续实施暴力取财行为，则赞同或坚持"构成要件的行为"共同便可成立共犯的"行为共同说"，应当顺乎自身逻辑地承认共犯即共同正犯的成立，但国内的个别学者反而是彻底地否定共同正犯的成立。莫非共同正犯的成立不能发生在实行行为有先有后的场合而只能发生在实行行为同时开始或同时"着手"的场合，或实行行为虽然有先有后但"合意"只能是在先行实行行为之前形成的场合？如果是这样要求，则两个实行行为的"合意"形成时间的早晚对共同正犯的成立影响，竟有着如此这般的"天壤之别"吗？对前述疑问，我们可作类比性破解：甲先投资经营，乙中途投资加入，甲、乙照样成立民法上的"合伙关系"，而此种类型的"合伙关系"是合伙行为的一种常态。承继共犯包括承继共同正犯就如同"中途合伙"或"承继合伙"。因此，我们最好将学者的"自相矛盾"看成是"不经意"的。日本学者对承继共同正犯的批评包括：若肯定承继共同正犯而将其与事前已经形成共同犯行意思的"本来的共同正犯"同样看待，则存在明显的困难[1]。

在本著看来，关键是就哪个方面"同样看待"：如果就刑事责任的轻重"同样看待"，则似乎有点困难，因为"事前的合意"似乎说明着较重的主观恶性与人身危险性；若就成立共同正犯的关系"同样看待"，则不存在丝毫的困难，因为承继共同正犯与事前已经形成"合意"的可谓"原本的共同正犯"，也只是在"合意"形成时间和实行行为形成"共同性"的时间有先后之别罢了。

（二）"承继共犯否定说"的原则违背

"承继共犯部分否定说"在否定承继共同正犯的同时而对承继帮助犯的成

---

〔1〕 ［日］曾根威彦：《刑法的重要问题》，成文堂 2005 年版，第 353 页。

立予以承认，即如他人已经侵入住宅后还帮助搬运财物的，不是成立普通盗窃罪的帮助犯，而是成立入室盗窃这种"加重盗窃罪"的帮助犯；或如即使他人的放火行为因已独立燃烧而形成放火既遂，但只要还在继续燃烧，认识到这一点而不灭火的，构成不作为放火罪的帮助犯。在本著看来，在他人已经侵入住宅后还帮助搬运财物的，不应仅仅成立入室盗窃这种"加重盗窃罪"的帮助犯，而是应成立入室盗窃这种"加重盗窃罪"的承继共同正犯，因为"帮助搬运财物"不同于仅仅是望风等辅助行为，而是作为盗窃罪实行行为的"窃取"行为的极其重要构成部分；至于在他人的放火行为因已独立燃烧而形成放火既遂而还在继续燃烧中，该灭火而不灭火的，如消防人员，也不应仅仅成立放火罪的帮助犯，而应成立放火罪的正犯。又当先行的放火者与后行的消防人员达成同谋，如双方商量好，当着火以后，由消防人员谎称没有接到火灾报警或中途借故停下消防车，则消防人员难道不是成立不作为的承继共同正犯即不作为的承继共同实行犯？在前例"帮助搬运财物"的场合，当"帮助搬运财物"这一承继行为可以视为"加功"于被承继者即先行者的实行行为即"窃取"行为，以使得此"窃取"行为得以最终实现目的和达到对财产法益的实际侵害，则将"帮助搬运财物"这一承继行为与被承继者的正犯行为即"窃取"行为之间视为存在一种"因果性"，又有何不可？

在前述诸如消防人员该灭火而不灭火的场合，消防人员的有意消极不为使得已经燃起的火势越来越猛烈，以致于最终造成合谋者所欲求的火灾结果，则将消防人员的有意消极不为与先行者的放火行为及其已经造成的火灾结果视为存在一种"因果性"，同样有何不可？又如"承继共犯否定说"指出，在先行为人实施欺诈行为使得被害人陷入错误后，在与先行为人进行意思沟通的基础上，后行为人从陷入错误认识的被害人那里接受交付的财物，只成立诈骗罪的帮助犯（"伴随的帮助"）[1]，但如我们所知，诈骗罪的行为构造是："行为人实施欺骗行为—对方（受骗者）产生（或继续维持）错误认识—对方基于错误认识处分财产—行为人或者第三者取得财产—被害人遭受财产损害。"[2]可见，"取财"行为本是诈骗罪的实行行为，故在上述诈骗犯罪的场合，后行为人理当成立诈骗罪的承继共同正犯。我们发现，正因为

---

〔1〕 ［日］曾根威彦：《刑法的重要问题》，成文堂 2005 年版，第 355 页。
〔2〕 张明楷：《刑法学》，法律出版社 2011 年版，第 889 页。

"承继共犯部分否定说"在前述三例的场合对"因果性"的"盲视"乃至有意拒绝承认，承继共同正犯便被否定，进而被"降格"为承继帮助犯。于是，"承继共犯部分否定说"在对前述两例问题的处理中便将罪责刑相适应原则丢弃了。

国内否定承继共犯的学者指出，日本在大审院时代有一个非常著名的判例：妻子发现丈夫形迹可疑便尾随而去。在与丈夫汇合后，丈夫明确告诉妻子，刚才因抢劫已经把被害人杀死，便要求妻子协助取走财物。于是，妻子把手中的蜡烛递给丈夫，二人共同取得被害人财物后回家。日本大审院认为，妻子认识到丈夫抢劫杀人的事实还协助取得财物，不是构成抢劫罪的帮助犯，也不是构成盗窃罪的帮助犯，而是构成抢劫杀人的帮助犯。该判例虽然被日本教科书广泛采用，但也遭到了广泛的批评。如日本学者平野龙一指出，妻子认识到了丈夫杀人的事实，就要承担抢劫杀人帮助犯的责任，无非认为妻子与丈夫有着同样值得非难的人格态度，而其背后可能根据的是罪名必须同一的"完全犯罪共同说"。但是，不管具有怎样值得非难的人格态度，让行为人承担与自己的行为没有因果关系的事实的责任也没有理由。而国内也有学者批评认为，被害人已经死亡，妻子的行为没有进一步侵害被害人生命法益的可能性，故杀人这一行为应从对妻子的定罪评价中予以排除。同理，由于被害人已经死亡，对被害人人身法益的进一步侵害也应被排除，故也不成立抢劫罪。这样，妻子的行为事实上仅仅是加功于正犯对财产法益的侵害而已，故最终仅应成立盗窃罪。上述批判意见应予以赞同：既然被害人已经死亡，妻子的行为不仅仅与被害人死亡的结果没有因果关系，而且与暴力侵害的事实也没有因果关系。而单单与取得被害人财物的行为具有因果关系，故后行为人不应对抢劫杀人或者抢劫罪承担责任，而只应是对盗窃罪（以"肯定死者的占有"为前提）承担责任[1]。如何评判对前例的正反两种见解呢？

在本著看来，我们不妨运用"因果共犯论"来分析前例，但所得出的结论仍然是肯定承继共犯。具言之，我们可以认为妻子的行为与丈夫已经造成的死亡结果之间没有因果关系，我们也可以认为妻子的行为与丈夫已经实施的即成过去的暴力行为之间没有因果关系，但妻子不仅递上蜡烛且与丈夫共同取走被害人财物的行为，却与被害人的财产法益受害之间存在着不可否认

---

[1]　陈洪兵：《共犯论思考》，人民法院出版社2009年版，第156~157页。

的因果关系，而当取财行为是抢劫罪作为"复行为犯"即"复合犯"的实行行为的"行为构造"的一部分，则妻子的行为在不构成抢劫杀人罪的共犯之后，就一定是走向"盗窃罪"吗？妻子的行为理当至少构成抢劫罪的基本犯的承继共同正犯。而如果在本案中妻子仅仅是实施了"递上"蜡烛的行为，则妻子的行为便理当构成抢劫罪的基本犯的承继帮助犯。同时，需要指出的是，所谓"以肯定死者的占有为前提"本来就是一个非常牵强附会的前提。

仍就前例来讨论问题，日本学者大塚仁指出，对于抢劫罪，先行为所产生的被害人被抑制反抗的效果在后行为参与之后仍然持续存在的场合，例外地让后行为人对先行为也承担责任[1]。立于这种主张，在抢劫致人死伤这种场合，后行为人参与取财，虽然后行为人不对他人死伤结果承担责任，但也意味着利用了被害人的被抑制反抗的状态。但学者曾根威彦认为，抑制反抗的状态产生于后行为人加入之前，故其对后行为人不应具有因果性影响[2]。"承继共犯否定说"试图通过否定后行为与前行为及其结果包括某种状态的"因果性"而得出后行为只成立盗窃罪或"侵占脱离占有物罪"这类结论。但事实是，先行为已经造成的被害人被抑制反抗状态在一种"合意"中与后行为即"取财"行为发生了紧密的"捆绑"，而这种捆绑由于发生在一种"合意"中，从而令其无异于后行为人自己实施暴力致使被害人处于被抑制反抗的状态，而后再实施"取财"。因此，即便后行为人不对先行为所造成的死伤结果承担责任，即不承担抢劫罪结果加重犯的责任，但也应承担抢劫罪基本犯的承继共同正犯的责任。从前例我们可以看出，"承继共犯否定说"会导致将一起主观上和客观上都有所关联的完整的共同犯罪案件分割成互不关联的两个独立个案，而这里分明存在着"分割评价"以致于定罪失准，从而真正地违背"责任主义"原则。

日本否定承继共犯的学者指出，强调"单纯一罪性"而应对全体犯罪承担责任，这是"过于形式化的思考"，但从实质上看，按照"肯定说"的处理结论导致后行为人承担了"过酷的责任"，故欠缺"妥当性"[3]。在本著看来，强调"单纯一罪性"而就犯罪整体论责，这是承继共犯概念所指向的

〔1〕 [日]大塚仁：《刑法概说（总论）》，有斐阁1997年版，第280页。
〔2〕 [日]曾根威彦：《刑法的重要问题》，成文堂2005年版，第355页。
〔3〕 [日]曾根威彦：《刑法的重要问题》，成文堂2005年版，第354页。

犯罪事实本身所决定的，故否定承继共犯包括承继共同正犯的成立才是"过于形式化的思考"。而诸多实例已经说明，"承继共犯否定说"的"过于形式化的思考"，即割裂承继共犯概念所指向的共同犯罪事实整体性的思考，或使得承继共犯中的正犯被论以从犯，或使得承继共犯中的正犯被论以另一轻罪的单独犯，从而走向了"过酷责任"的反面即"过轻责任"或"过纵责任"，即最终背离了罪责刑相适应原则。相反，承认承继共犯包括承继共同正犯，便等于对承继共犯所指向的共同犯罪事实所作出的是"共犯评价"，而"共犯评价"所避免的是作为"降格评价"的"分割评价"和"单独评价"，故符合罪责刑相适应原则。

四、"承继共犯肯定说"与"承继共犯否定说"的症结解开

当"承继共犯肯定说"与"承继共犯否定说"的对立主要是形成于双方对共犯关系中的"因果性"问题和"部分实行全部责任"原则的把握有别，则"承继共犯肯定说"与"承继共犯否定说"的症结解开便于此开始。

（一）共犯关系中"因果性"问题的恰当把握

日本持"承继共犯否定说"的学者指出，立于"因果共犯论"的立场，则应否定承继共犯的成立，理由在于：要肯定共犯的成立，必须与该当构成要件的全部事实具有"因果性"，并且仅与该当构成要件的部分事实具有"因果性"还不够。因此，既然后行为人对加功前的事实不具有"因果性"，则只能要求其对加功后的事实负责，而采用"因果共犯论"不可能得出其他结论而只能得出承继共犯不成立的结论。[1]就承继共同正犯问题，日本另有学者指出，否定承继共同正犯的理由在于：其一，成立共同正犯必须是共同实行的意思和共同实行的事实同时存在，后行为人对于先行为不具有共同加功的意思；其二，基于共同意思实施的后行为不可能与先行为及其结果具有"因果性"；其三，不应让后行为人对其没有加功的先行为承担责任。[2]这里的"加功"一词所反复强调的还是所谓"因果性"问题，即行为人不应对与自己的行为既无物理的"因果性"，也无心理的"因果性"的事实承担责任。国内的"承继共犯否定说"更加彻底地指出，固然从"犯罪支配论"角度看，后行为人不可能对先行为及其结果具有功能性支配作用，故否定承继共

---

〔1〕　〔日〕山口厚：《刑法总论》，有斐阁 2007 年版，第 350~351 页。
〔2〕　〔日〕曾根威彦：《刑法的重要问题》，成文堂 2005 年版，第 353~355 页。

同正犯的成立是可能的，但该主张并不彻底；罗克辛等学者虽持承继共同正犯否定论，但却认为成立帮助犯因为不需要对犯罪事实具有支配作用，故可以肯定承继帮助犯的成立。但从"因果共犯论"立场出发，不管是否对犯罪事实具有支配作用，只要不具有"因果性"，就不能予以共犯处罚，至于是成立正犯还是共犯也是在肯定共同犯罪之后才需要进一步讨论的问题[1]。总之，"承继共犯否定说"应是"因果共犯论"的"必然归结"[2]。看来，在"承继共犯肯定说"所指向的场合，国内学者不仅否认承继共犯包括承继共同正犯的成立，甚至连共同犯罪本身都要予以否定了。只因如此，其可称为"彻底的承继共犯否定论者"。

从国内外的论争来看，"因果行为论"是"承继共犯否定说"攻击"承继共犯肯定说"的致命性武器。由此，"承继共犯肯定说"只要不愿退场，则其必须面对"因果行为论"且能"抗摔打"。学者指出，根据"因果共犯论"，不应让行为人对与自己的行为没有"因果性"的事实承担责任，所以后行为人不可能与先行为人就参与之前的行为及其结果成立"共犯关系"，不应承担共犯责任，故"肯定说"不应得到支持[3]。乍看上去，"承继共犯否定说"言辞凿凿足以让我们不再支持"承继共犯肯定说"，因为"确实"不应让行为人对与自己的行为没有"因果性"的事实承担责任，但在"承继共犯肯定说"所指向的场合，是断然不存在后行为对先行为及其结果的"因果性"问题吗？

在本著看来，在先行为还没有产生相应结果或状态的场合，后行为的介入要么是完全"承接"先行为即实行行为而作"单线延长式行进"，如先行为人已经开始挖掘河堤，后行为人介入后先行为人便停下歇歇而由后行为人单人挖掘至河堤开裂泄水，以致造成重大水害，要么是后行为人与先行为人"并肩作战"而使得实行行为作"双线缠绕式行进"，如在先行为人已经开始挖掘河堤后，后行为人介入进来，接着后行为人便与先行为人一起挖掘至河堤开裂泄水，以致造成重大水害。在前述两个"要么"的情形中，我们本来都不用讨论后行为人的行为与先行为人所已造成结果的"因果性"问题，因

---

〔1〕 陈洪兵：《共犯论思考》，人民法院出版社 2009 年版，第 164 页。

〔2〕 陈洪兵：《共犯论思考》，人民法院出版社 2009 年版，第 185 页。

〔3〕 陈洪兵：《共犯论思考》，人民法院出版社 2009 年版，第 158 页。

为在前述情形中，先行为即被承继行为与后行为即承继行为都是法益侵害的共同致因，这已经体现了"因果共犯论"。这里，我们当然可以认为后行为人与先行为人成立"决水罪"的承继共同正犯即承继共同实行犯。如当后行为人"出力多"而"贡献大"，则在承继共同正犯之中而将其认定为主犯又有何不可？如果"承继共犯否定说"一定抓住在前述场合后行为与先行为的"因果性"问题不放，则"承继共犯肯定说"也可作出迂回解释：在前述所举决水的场合，如果我们将先行为人的先行开挖所已造成的决堤危险权且视为一种特殊的结果，则后行为人的"单人作战"或"并肩作战"便可视为"巩固"和"强化"了这一特殊结果而令其最终演变为现实的水害这一"兑现"了的结果。于是，当我们可将这里的"巩固"和"强化"视为一种作用，则提出后行为与先行为在"暗结"着一种因果关系即"因果性"，也不是没有道理。在先行为还没有产生相应结果的场合，"承继共犯肯定说"既可以"无需"讲"因果性"问题，也可以"退一步"来讲"因果性"问题。

在先行为已经产生某种结果或状态的场合，情况又会怎样呢？这里要分两种情形即"单线延长行进式"的承继共犯和"双线缠绕行进式"的承继共犯，予以分别讨论。在"单线延长行进式"的承继共犯中，如果先行为已经产生了某种不能再严重化的结果或状态，如已经造成被害人死亡，或致使被害人陷入了完全的错误或精神完全被压制的状态，后行为人基于"合意"而参与实行如取得财物，则后行为便直接指向先行为所谋求的法益损害如财产法益损害。而当此时，后行为可以视为对先行为目的的一种"兑现"，从而"曲折地"体现出一种"因果性"。如果先行为已经产生了仍有可能再严重化的结果或状态，如已经造成被害人轻伤害或重伤害，或尚未使得被害人陷入完全的错误或精神尚未被完全压制的状态，则基于"合意"的后行为可以视为在"加剧"先行为已经造成的结果或状态中以试图"兑现"先行为的预设目的或预设法益损害。而当此时，先行为与后行为之间的"因果性"便显得更具"曲折性"。在"双线缠绕行进式"的承继共犯中，如果先行为已经产生了某种不能再严重化的结果或状态，则基于"合意"的后行为便是通过"促进"或"强化"先行为的继续实施而与先行为形成一种"因果性"，进而共同地形成着与最终法益损害的"因果性"；如果先行为已经产生了仍有可能再严重化的结果或状态，则基于"合意"的后行为便是在"加剧"此等结果或状态并"促进"或"强化"先行为的继续实施中体现出更加复杂的"因果性"，且此"因果性"便融汇在先行为与后行为的行为整体与最终法益损害之间的"因果流"中。

在"承继共犯否定说"看来，"因果性"毕竟是向着"将来"进行的，故只要立于"因果共犯论"即"惹起说"，"全面否定说"应是一以贯之的立场[1]。言"因果性"向着"将来"是没有问题的，但在"因果性"的形成过程中，原因的作用在共犯之间可以是纵向的，也可以是横向的，前者如教唆犯引起被教唆者形成犯意，而被教唆者随后再去直接侵害法益，后者如通过提供帮助或共同实行而"促进"或"强化"实行行为以求法益受害。因此，仅用"惹起说"来限定"因果共犯论"便使得"因果共犯论"难以全面、客观地"扫描"承继共犯场合中因果关系的全部面相。可见，在承继共犯的场合，"承继共犯否定说"对"因果性"问题的把握体现出表面性和机械性。"承继共犯否定说"强调共犯的处罚根据在于引起了该当构成要件的事实，即教唆犯和帮助犯是通过介入正犯行为而间接地引起该当构成要件的事实，而共同正犯则是共同引起该当构成要件的事实[2]。应当肯定，在承继共犯概念所指向的场合，这种"间接引起"和"共同引起"的事实是"自然"存在的，故"因果性"不应被"盲视"，或"因果性"问题不应被遮盖。难道仅因为承继共犯包括承继共同正犯与被承继者的"合意"形成在后，就可以否定这种"因果性"吗？

在持"承继共犯否定说"的国内学者看来，利用先行为造成的状态与参与引起这种状态的先行为等同起来，是"承继共犯肯定说"和"承继共犯部分肯定说"即"中间说"的"致命错误"[3]。在本著看来，基于"合意"的利用行为与被利用者的"因果性"应被理解为一种"相互作用性"，而此"相互作用性"即"因果性"应在刑法评价上作出"价值判断"，即作出"价值等置"处理，而非"纯自然"或"纯物理"的"事实判断"，亦即"基于'合意'的利用=引起（惹起）"。易言之，"利用"是否基于"合意"应有着"质"的区别：非基于"合意"的利用，就是"纯自然的利用"或"纯物理的利用"；而基于"合意"的利用，则在价值上相当于"惹起"。"承继共

---

〔1〕 ［日］浅田和茂：《刑法总论》，成文堂2005年版，第421页。

〔2〕 ［日］山口厚：《刑法总论》，有斐阁2007年版，第350页。

〔3〕 陈洪兵：《共犯论思考》，人民法院出版社2009年版，第185页。

犯否定说"明白指出，事实上"单纯利用"反抗抑制状态取得财物的，难以评价到抢劫罪的"强取行为"中去[1]。当基于"合意"的利用并非"单纯利用"，则基于"合意"的利用反抗抑制状态取得财物这样的承继行为，是可以评价到抢劫罪中而成立承继共同正犯。可见，即使避开"因果性"问题，事件也能得到合乎逻辑的解决。如果这样看问题，则"承继共犯肯定说"与"承继共犯否定说"或许能够或应该在"因果性"问题上消解分歧而走向共识。

（二）"部分实行全部责任"原则的恰当把握

学者指出，共同正犯的"部分实行全部责任"原则决定了共同正犯必须是各行为人在"共同实行一定犯罪的意思下"分担实行行为，相互利用、补充对方的行为，使各行为人的行为成为一个"整体"而实现犯罪。因此，成立共同正犯，要求二人以上主观上有"共同实行的意思"（"意思联络"），客观上有"共同实行的事实"（"行为的分担"）。其中，"共同实行的意思"，只要求存在于"行为时"，不要求事前同谋，也不要求行为人一起商谈；"共同实行的事实"，是指二人以上的行为人共同实施了某种犯罪，各行为人的行为，无论是分别来看还是作为整体来看，都具有"实现"犯罪的现实危险性[2]。在本著看来，既然不要求"共同实行的意思"形成于"事前同谋"或"一起商谈"而只须形成于"行为时"，则包括"共同实行的意思"形成于先行为人开始着手之后的实行行为的"半途"之中；既然共同正犯的实行行为可以表现为"分担"，则不仅包括"同时分担"，即构成"并进的共同正犯"[3]，也包括"先后分担"，即构成"承继的共同正犯"[4]。可见，承继共同正犯完全符合"部分实行全部责任"原则的内在要求。因此，承继共同正犯不仅不违背，反而完全符合"部分实行全部责任"原则。这里要顺便指出的是，既然"部分实行全部责任"原则的落实既要求"共同实行的意思"（"意思联络"），也要求"共同实行的事实"（"行为的分担"），则"全部责任"既不是指"主观责任"，也不是指"客观责任"，而是指"主客观相统一责任"。

正如我们所知，在共同正犯中，即使一人的行为未遂，但由于其他人的

---

[1]　陈洪兵：《共犯论思考》，人民法院出版社 2009 年版，第 173 页。

[2]　张明楷：《刑法学》（第 4 版），法律出版社 2011 年版，第 361~362 页。

[3]　陈兴良：《本体刑法学》，商务印书馆 2001 年版，第 535 页。

[4]　陈兴良：《本体刑法学》，商务印书馆 2001 年版，第 535~536 页。

行为导致结果，则共同正犯的"全体成员"都负既遂责任。但对共同正犯的处罚也要贯彻"个人责任"原则，即如《德国刑法典》第 28 条第 1 款的规定："正犯的刑罚取决于特定的个人特征。"因此，共同正犯的"全体成员"通常并不会受到同样的处罚，而是根据个人的情况适用不同的刑罚[1]。此即"部分实行全部责任"原则。对于"部分实行全部责任"原则，正如学者指出，对共同正犯采取"部分实行全部责任"原则，并不意味着否认区别对待与罪责自负的原则，而各共犯人应在"自己有责的范围内"对"共同造成的违法事实"承担责任[2]。

在本著看来，在承继共同正犯的场合，后行为人有意利用先行为所造成的状态"巩固"或"强化"先行为已造成的结果并促成最终的事态包括最终的结果，便属于"自己有责的范围内"和属于"共同造成的违法事实"。因此，承继共同正犯貌似背离"部分实行全部责任"原则之名，而行的却是"部分实行全部责任"原则之实。实际上，当我们将承继者基于"合意"的利用在价值上视同"惹起"，则承继共同正犯在"部分实行全部责任"原则面前是根本不存在问题的，因为既然基于"合意"的利用在价值上应视同"惹起"，而承继者随后又继续分担实行行为，则承继者便逻辑地也对整个事态负责。于是，在诸如抢劫罪承继共同正犯的场合，当我们把后行为人的参与取财视为最终"成就"了先行为人的抢劫致死伤罪，则让后行为人在抢劫致死伤罪的"大场景"中承担共犯责任，逻辑上是讲得通的，正如第二次世界大战后追究德日主要战犯的刑事责任一样，在犯罪的"大场景"中再予以个别化论责，即在"全部责任"中予以个别化论责，这也不违反"责任主义"原则。因此，"部分实行全部责任"原则的实际运行逻辑进路是：部分实行—全部责任—个别落实。实际上，在前述进路中，"个别落实"是对"全部责任"的真正响应，而"全部责任"绝不意味着承继共同正犯的责任整体不加分解地让所有正犯人"等量"重复承担。因此，即便是对诸如先行为人已经导致了被害人伤亡，而后行为人基于"合意"加入进来"单线"或与先行为人"双线"继续实施构成要件行为即实行行为的剩余部分等场合承认承继共同正犯，也不违背"部分实行全部责任"原则。况且，正是由于死伤结果

---

〔1〕　马克昌：《比较刑法原理（外国刑法总论）》，武汉大学出版社 2002 年版，第 700~701 页。
〔2〕　张明楷：《刑法学》（第 4 版），法律出版社 2011 年版，第 361 页。

已由先行为造成，故后行为人在承继共同正犯中可认定为次要共同正犯即次要共同实行犯，亦即实行性的从犯。

实际上，在承继共同正犯的场合，"承继共犯否定说"提出并强调后行为与先行为及其结果的"因果性"问题，在相当程度上是没有实际意义的，因为承继共犯包括承继共同正犯只需强调对整个共同犯罪事实负责即可，而承继共犯包括承继共同正犯只须对整个共同犯罪事实负责，并不是由承继共犯包括承继共同正犯只须对整个共同犯罪事实分割负责的简单相加，否则共同犯罪就不是共同犯罪了，亦即承继共同正犯就不是承继共同正犯了。

可见，在承继共同正犯的问题上，有人认为承继者对其加入之前的行为或事态不负刑事责任，而只对其加入之后的行为或事态负刑事责任，这种认识实质上是用一种机械的和割裂的眼光来考察问题。在承继共同正犯的场合，承继者的行为与被承继者的行为并非二人并肩前行，而是"我中有你，你中有我"地向前发展，其情状犹如两条河流汇合而去。其实，在承继共同正犯的场合，加入行为不仅对其加入前的被加入行为起着一种"巩固"或"强化"效果的作用，而且对被加入者后来的行为起着"壮大"作用。因此，我们只应强调承继者也对整个事态负刑事责任，但我们仍应立足于承继者在整个事态中的地位和作用来把握承继者责任的大小。而在强调加入者应按照其在整个事态中的地位和作用而对整个事态担责时，便使得加入者对其加入之前的先行为不负责任的说法或命题变得没有实际意义，或曰成了一个假问题。如张三先是存有伤害故意而将李四致成轻伤，在刚离开现场后又产生杀人故意。于是，张三又返回身对李四实施杀害行为。此时，适逢李四的仇人王五路过，而王五也"应邀"加入到杀害李四的行列中来，最终共同将李四杀死。对王五的行为，我们显然应按照故意杀人罪既遂的共同犯罪予以论责。此时，强调王五对张三造成李四轻伤的结果不负刑事责任，有实际意义吗？

有学者举例指出，甲单独入室盗窃被发现后，便向被害人腹部猛踢一脚，被害人极力抓捕甲。此时，经过现场的乙知道真相后接受甲的援助请求，也向被害人的腹部猛踢一脚。最终，被害人因脾破裂流血过多死亡，但不能查明谁的行为导致被害人脾破裂。对先行为人的行为即甲的行为定性为抢劫罪的结果加重犯，当无问题。而承继者不对先行为人造成被害人脾破裂的行为负责，即承继者的行为只能论以抢劫罪的基本犯。而即便脾破裂由谁造成查不清，也只能作出前述处理，因为脾破裂"可能"是在乙加入之前而由甲所造成，而此时应适用"存疑有利于被告人原则"[1]。但是，正如本著反复强调，"存疑有利于被告人原则"应"机会均等"地适用。而若这样，则将导致无人对死亡结果负责。其实，在前述场合，承继者是加入或继承到抢劫罪的结果加重犯的形成过程中，故其应逻辑地一并认定为抢劫罪的结果加重犯。试想：如果没有承继者的加入行为，被害人或许因少了一股加害而不一定死于脾破裂。可见，在前述场合，强调承继者对加入前的行为即先行为不负责任，仍然没有实际意义。而在承继共同正犯的场合，言承继者对先行为不负责任，这种认识无形之中忽略了一个基本事实：在承继共同正犯的场合，共同犯罪已经不是长短不一的两根棍子捆绑在一起，而是两条水流汇聚到一起，故已经不再是那种机械可分的事态。其实，在承继共同正犯的场合，承继者是否应对加入前的行为即先行为负责，也许"发扬光大"这个词汇有助于我们理解问题，因为"发扬光大"意味着一种认可或接受，甚至加入前的先行为正是加入行为谋求特定犯罪目的的"既可欲又可求"的基础。而这种继受心理有点类似于当男女二人情投意合走向婚姻时，其中一方还在乎另一方在二人相识之前就欠下的债务吗？实际上，在承继共同正犯的场合，继承者的行为与被继承者的前后行为都达致了"你中有我，我中有你"的"结合"状态。

当强调承继共同正犯对整个事态负责，这才体现承继共同正犯终究也是共同犯罪的"本真"，而在对整个事态负责中，承继共同正犯的责任承担便含化了承继者对被承继者的责任性问题，故承继共同正犯对先行为的责任问题便没有必要专门另提。强调承继共同正犯只对整个事态负责，正是对"部分实行全部责任"原则的另样表述。学者指出，"附加的共同正犯"，是指为了确保犯罪既遂，二人以上共同针对同一对象或目标而实行犯罪的情形。如为了确保暗杀成功，10个杀手同时向同一名被害人开枪射击，被害人身中数弹身亡，但不能查明哪些杀手射中了被害人。在这种场合，所有的杀手都是故意杀人罪的共同正犯[2]。在前述事例中，当然不能依据所谓因果关系不清而对所有杀手都认定为故意杀人罪未遂。可以想见的是，如果是5个杀手先开枪射杀未中，恰逢又过来5个杀手，而此5个杀手立马"应邀"参与共同射杀，但仍然查不清被害人身中数弹分别为此10个杀手中哪些人所为，我们当

---

[1] 张明楷：《刑法学》（第4版），法律出版社2011年版，第857页。

[2] 张明楷：《刑法学》（第4版），法律出版社2011年版，第364页。

然也要对此 10 个杀手都认定为故意杀人罪既遂的共同正犯。于是，"因果性"问题的强调已经变得毫无意义，因为"部分实行全部责任"原则的落实已经根本无需个别认定"因果性"。甚至有时候，在承继共同正犯的场合，强调后行为与先行为及其结果的"因果性"不仅没有实际意义，而且更无可能。如在故意伤害这样的事件中，先行为人已经造成了被害人一定的伤害结果包括"轻微伤"，后行为人基于"合意"加入进来而与先行为人或自己单独继续伤害被害人，以致最终造成被害人轻伤害或重伤害或伤害致人死亡。在前述事例中，由于伤害结果的形成是一个"量变到质变"的过程，如何能分得清楚后行的加害行为与最终结果的多大部分存在因果关系即具有"因果性"？如先行为与后行为共同导致被害人多处受伤而失血过多死亡。但这里要提请注意的是：在承继共同正犯的场合，承继者在共同犯罪中的地位和作用未必轻于和小于被承继者即先行为人，因为关键要看承继者是带着怎样的"负能量""中途加入"。

"承继共犯否定说"的国内学者指出，我国刑法理论在承继共犯的一些基础性、常识性的问题上都"混乱不堪"，甚至不关注国外承继共犯理论在讨论解决哪些问题，故介绍、借鉴国外相关理论对深化我国承继共犯理论的研究有一定的意义[1]。应该肯定的是，介绍、借鉴国外相关理论对深化我国承继共犯理论的研究当然有"一定的意义"，而当我国刑法理论在承继共犯的一些基础性、常识性的问题上都"混乱不堪"时，则更有着"极大的意义"。但是，即便在日本尚有很大争议的"承继共犯否定说"不正是在一些基础性、常识性的问题上同样或更加"混乱不堪"吗？而其常识性问题包括我国现行刑法没有规定"侵占脱离占有物罪""暴行罪"和"胁迫罪"这样的常识，还包括故意伤害罪在我国刑法中是"结果犯"这样的常识。

真正解决中国问题的理论才是值得肯定的理论！本著在此要说的是，何谓"创新"？在与国外理论的争论中使得原有的，或许原本也是来自国外的某种理论能够在得到深化或重新申发中以较为妥善地解决我国的现实问题，这也是一种"创新"。在尊重承继者与被承继者之间的"合意"即尊重"共同犯意"和尊重两者之间相互利用、相互作用的"共同犯行"即尊重共同犯罪事实的基础上，恰当把握"因果责任论"或处理"因果性"问题，并重新展

---

〔1〕　陈洪兵：《共犯论思考》，人民法院出版社 2009 年版，第 184~185 页。

开"部分实行全部责任"原则，以最终妥善地解决承继共犯所对应的实践问题，这就是"承继共犯肯定说"的"新生"所在。但要感激的是："承继共犯否定说"在"论敌同时就是朋友"中启发着"承继共犯肯定说"，而后者的充实与完善可从中获益良多。因此，"承继共犯肯定说"以"承继共犯否定说"的存在为存在。这就是为何学说论争中应善于听取异议之声的原因所在。

进一步地，在"因果性"问题和"部分实行全部责任"原则面前，"承继共犯肯定说"与"承继共犯否定说"的论争说明了一种常见的学术现象：形成对立的两种学说往往是起步于共同的逻辑命题，但结论却迥然有异。这是为什么？"承继共犯肯定说"与"承继共犯否定说"的论争大致能够说明：对于作为各自起步的共同逻辑命题，最好作一种"老歌新唱式"的诠释和展开；如果做到这一点，很多学说对立或学说分歧则是原本不应该存在或能够消除的。

第五节　共犯脱离

共犯脱离这一概念所描述的是在共同犯罪发展过程中发生"主体减员"之情形。共犯脱离的讨论包含着共犯脱离的处罚方案、成立条件及其所对应的犯罪形态等内容。

一、共犯脱离处罚方案的学说

由于刑法未作明文规定，故共犯脱离的处理问题便付诸刑法理论，且在日本形成了四种代表性学说。

（一）处罚共犯脱离的"意思联络欠缺说"

"意思联络欠缺说"认为，共犯相互如同手足以共同实现违法行为，故共同加功的意思即"意思联络"是正犯行为共同性的重要因素，从而共同加功的意思即"意思联络"具有将所有共犯人纳为共犯全体的意义。因此，在共同犯罪实行过程中，如果欠缺"意思联络"即不再具有共同加功的意思，则不应再评价为"整体行为"或"全体行为"。于是，考虑到行为人即脱离者为阻止结果发生而做出的真诚努力，则应按照"中止未遂"的规定予以处理[1]。

---

〔1〕　〔日〕平野龙一、福田平、大塚仁编：《判例演习刑法总论》，有斐阁1973年版，第209~211页。

对该说，学者提出如下疑问：一是虽然在"犯罪共同说"看来，意思联络是共同正犯的要件，但"行为共同说"并非将"意思联络"视为共同正犯的要件。因此，为阻止结果发生是否作出真诚努力，本是中止犯成立与否的问题，故不应将共犯脱离与犯罪中止问题相混淆；二是应否对他人的行为及其结果负责应是客观上"因果性"有无的问题而与"意思联络"问题无关。因此，在共犯脱离的场合，行为人即脱离者没有另外处罚的余地而直接作为未遂犯与中止犯处罚〔1〕。在本著看来，"意思联络欠缺说"是处理共犯脱离问题的一种最具"主观性"的学说，即其意味着共犯脱离"最易"成立。但是，如果最终没有阻止共犯结果的发生，即便行为人即脱离者作出了所谓"真诚努力"，则对行为人即脱离者论以中止未遂似乎不符合"已经既遂"的客观事实，这似乎是"意思联络欠缺说"所存在的问题即其不足。然而，对"意思联络欠缺说"的前述疑问若完全无视主观因素而单纯从客观方面的"因果性"来决断问题，则似有问题处理的武断化倾向。

（二）处罚共犯脱离的"共犯关系脱离说"

"共犯关系脱离说"认为，在共同关系的场合，部分共犯人向其他共犯人表明脱离的意思而其他共犯人表示认可，则其他共犯人继续完成犯罪，也应视为其他共犯人在新的共犯关系或新的（共同）犯意的基础上实施的。由此，脱离者对原有的共犯关系的影响力业已消除，故因果关系遮断的主张才合理，亦即共犯脱离所导致的是解除脱离前的共犯关系，而以后所成立的是新的共犯关系或形成新的（共同）犯意。可见，物理的和心理的"因果性"立场未必妥当，因为其使得共犯脱离的成立非常困难〔2〕。对于该说，学者指出，只要能肯定从原有的共犯关系中脱离，而其他共犯人便形成了新的共犯关系或产生了新的（共同）犯意，故将以后的行为和结果不归责于脱离者便"基本上"是妥当的。但在否定因果关系遮断上，这一点就未必妥当了，因为肯定共犯关系脱离的根据只能从脱离行为是否切断与其他共犯人行为及其结果的"因果性"作出判断，而若否定"因果性"问题的存在，则难以肯定共犯关系的脱离。如果坚持因果关系遮断论而在实践中难以肯定共犯脱离，则所谓

---

〔1〕　陈洪兵：《共犯论思考》，人民法院出版社 2009 年版，第 193 页。
〔2〕　［日］大谷实：《刑法讲义总论》，成文堂 2007 年版，第 472 页。

的"共犯关系脱离说"也不会是另外一种局面〔1〕。在本著看来，"共犯关系脱离说"是处理共犯关系脱离问题的一种较具"主观性"的学说，即其强调脱离的意思表示及其被认可或被接受，而将共犯脱离后的行为置入新的共犯关系中予以处理。"共犯关系脱离说"意味着共犯脱离的"较易"成立。但是，立于脱离者脱离前的行为与脱离后其他共犯人的行为及其结果的因果关系是否"遮断"来考察共犯脱离能否成立，似有一定道理，且此处的因果关系是否"遮断"似乎应予以"物理"和"心理"两个层面的把握。

（三）处罚共犯脱离的"准障碍未遂说"

"准障碍未遂说"认为，作为一个不能撼动的前提，由于中止犯是关于未遂的规定即所谓"中止未遂"，故在共同正犯既遂的场合没有单独或另外成立中止犯的余地。但是，如果行为人即脱离者为了脱离而作出了真诚的努力，即便防止结果发生的中止努力以失败而告终，则在遮断了脱离前行为的影响力时，考虑主动放弃共同实行行为，则应当"准障碍未遂"处理。这样处理能够在比既遂轻而比中止重之间很好地调和脱离行为的处罚问题〔2〕。对该说，学者提出如下疑问：一是既然行为人基于共犯关系实施了实行行为，根据"部分实行全部责任"原则，则行为人即脱离者脱离前的行为与共同犯罪最终结果之间的"因果性"便不能否定，故没有作为预备罪或未遂犯考虑的余地。但由于"部分实行全部责任"原则适用于共犯关系成立的情形，即共同正犯基于共同实行的意思相互利用、相互补充实行犯罪，则当部分共犯人表明脱离的意思而其他共犯人也予以认可，便意味着原有的共犯关系已经解除，从而"部分实行全部责任"原则便失去了适用之基础，故在其他共犯既遂或整个共同犯罪最终既遂时，也还是应适用中止或未遂的规定而非只能作"准障碍未遂"处理〔3〕。二是将共犯脱离与共犯中止两个问题相混淆。在"遮断"了脱离前行为的影响力而切断了脱离前行为与整个共同犯罪既遂的结果的场合，所引发的是共犯脱离问题。而在中止行为不凑效即没有切断共犯行为与结果的因果关系的场合，单单是行为人为防止结果发生而作出了努力，所形成的是中止犯成立与否的问题〔4〕。三是即使发生了既遂的结果，如果

---

〔1〕 陈洪兵：《共犯论思考》，人民法院出版社 2009 年版，第 195~196 页。

〔2〕 ［日］大塚仁：《刑法概说（总论）》，有斐阁 2005 年版，第 330~333 页。

〔3〕 ［日］大谷实：《刑法讲义总论》，成文堂 2007 年版，第 471~474 页。

〔4〕 陈洪兵：《共犯论思考》，人民法院出版社 2009 年版，第 194~195 页。

"遮断"了因果关系，就是未遂，就有在未遂中考虑中止犯成立与否的余地，而从行为人作出防止结果发生的努力看问题，不作为中止犯处理而作为"准障碍未遂"对待也是存有疑问的。而在防止结果发生终告失败且没有"遮断"因果性的场合，本来就没有未遂或是中止的结论〔1〕。四是该说只对共同正犯脱离的情形作出结论而忽略了着手前的脱离，也是一个不足；五是该说没有抓住共犯脱离的本质，因为否定共犯人的责任只应着眼于否定行为与结果之间的"因果性"。当"因果共犯论"成为通说，解决共犯脱离问题逐渐转向"因果性"问题的解决〔2〕。在本著看来，对"准障碍未遂说"的质疑主要是围绕着"因果性"问题而展开。当脱离前行为与整个共同犯罪的既遂结果的"因果性"没有被"遮断"，则"准障碍未遂"处理似乎违背了共犯脱离的事实真相。可见，"准障碍未遂说"只考虑"真诚"却"无效"的努力，意味着共犯脱离的成立有着较为明显的牵强性。同时也可见，该说也夹杂着一点"主观性"，即对行为人即脱离者的主观努力的一种牵强的"同情"。总之，"准障碍未遂说"意味着共犯脱离的"牵强"成立。

（四）处罚共犯脱离的"因果关系遮断说"

日本学者指出，共犯的中途脱离必须与中止区别开来，且包括着手前的脱离和着手后的脱离。首先，在正犯着手前，如果被教唆者不接受教唆者说服其中止犯罪，即教唆者最终没有防止先前教唆所引起的结果，则无法适用中止犯的规定。但如果教唆者消除了先前教唆的效果，而被教唆者仍然是基于"己意"而将犯罪进行到底，仍可认为先前的教唆行为与被教唆者的犯罪实行之间没有因果关系而不承担罪责。其次，正犯基于被教唆而着手实行犯罪后，或者共同正犯者一起着手实行犯罪后，如果教唆者或部分正犯者只是单方脱离，则其对其他共犯人随后所实施的行为仍应承担责任；但若是一方的说服使得对方一度中止犯罪后，对方又基于"己意"而继续实施犯罪，脱离者仅对脱离前的行为承担中止犯的责任。在前述场合，脱离者之所以不对其他共犯人的实行行为担责，是因为脱离者的行为与其他共犯人的行为没有形成所谓"因果性"〔3〕。又有日本学者指出，从"因果共犯论"（"惹起

---

〔1〕 ［日］浅田和茂：《刑法总论》，成文堂 2005 年版，第 464 页。

〔2〕 陈洪兵：《共犯论思考》，人民法院出版社 2009 年版，第 195 页。

〔3〕 ［日］平野龙一：《刑法总论 II》，有斐阁 1975 年版，第 384~385 页。

说"）出发，共犯（包括教唆犯、帮助犯和共同实行犯）对与自己的行为欠缺因果关系的该当构成要件的事实不承担共犯责任。因此，如果后来除去了"促进效果"，即除去了与"随后的"该当构成要件的事实之间的因果关系，行为人即脱离者即被认为从原有的共犯关系中脱离，从而不承担其他共犯人"随后"所引起的该当构成要件的事实的责任。这种切断了共犯因果关系（"物理的因果性"以及"心理的因果性"）的现象，即共犯关系的脱离或共犯关系的消解。

那么，在共犯关系脱离的场合，若共犯关系的脱离形成在正犯或其他共犯着手犯罪之前，则不产生刑事责任，除非可能承担"预备罪"的责任；若共犯关系的脱离形成在正犯或其他共犯着手犯罪之后，则脱离者在未遂的限度内承担共犯责任，而基于"己意"脱离的，便成立中止犯〔1〕。前述主张从"因果共犯论"立场出发，认为在行为人即脱离者"遮断"或切断与其他共犯人的行为及其结果的因果关系时，便成立共犯脱离。此为日本处理共犯脱离问题的通说〔2〕。对该说，学者指出，共犯处罚根据只能是法益侵害：狭义共犯即教唆犯和帮助犯的处罚根据是通过介入正犯行为而间接地侵害法益，而共同正犯是共同直接侵害法益。既然共犯包括教唆犯、帮助犯和共同正犯的处罚根据在于侵害法益，或在于与该当构成要件的法益侵害事实之间具有"因果性"，则否定共犯的可罚性也应从否定共犯行为与法益侵害结果（包括威胁法益）之间的"因果性"着手。于是，如果行为人即脱离者的行为（包括作为与不作为）"遮断"或切断了与其他共犯人的行为及其结果的因果关系，则脱离者仅对脱离前的行为及其结果负责，从而仅承担未遂责任；如果脱离行为具有"任意性"，则成立中止犯。国内学者显然对"因果关系遮断说"持充分或完全肯定之态度〔3〕。在本著看来，"因果关系遮断说"一反"联络意思欠缺说""共犯关系脱离说"和"准障碍未遂说"的主观情绪而"决绝"地立于因果关系来把握共犯脱离的成立问题，以致于"共犯关系脱离说"言其让共犯脱离的成立"非常困难"，这可以视为"因果关系遮断说"已经抓住了处理共犯脱离问题的关键。虽然"因果关系遮断说"意味着共犯

〔1〕 ［日］山口厚：《刑法总论》，有斐阁 2007 年版，第 352 页。
〔2〕 陈洪兵：《共犯论思考》，人民法院出版社 2009 年版，第 197 页。
〔3〕 陈洪兵：《共犯论思考》，人民法院出版社 2009 年版，第 197~198 页。

脱离"最难"成立，但或许"越难"意味着"越严格"和"越妥当"。

综上，共犯脱离处理方案的学说不是解答共犯脱离是否可罚的问题，而是如何处罚的问题，因为毕竟曾经有了"共犯"的事实。但是，共犯脱离的"最易"成立与"最难"成立，似乎意味着关于共犯脱离的相关学说应相互"倾听"而非相互否定。

二、共犯脱离的成立要件

共犯脱离的成立要件包含"任意性""意思表示"和"阻止义务"等内容。

（一）共犯脱离的"任意性"

共犯脱离的"任意性"问题，是指共犯脱离的成立是否要求行为人即脱离者是出于本人的一种"任意"即是否出于"己意"。对此，有国内学者提出，在共犯脱离的场合，只要行为人基于"己意"中止共同犯罪，客观上脱离了共犯关系，即使其他共犯仍完成了犯罪，也应当论以"中止犯"，即依法对脱离者给予减轻或免除处罚[1]。这里，"只要……，也（就）……"的句式表明学者将"任意性"视为共犯脱离成立的"充分条件"。但有学者提出，共犯关系脱离，是指具有共犯关系的共犯人停止自己的行为，断绝自身行为与其他共犯所造成的结果的因果关系，并为阻止犯罪的实现作出了真挚努力的犯罪形态[2]。而与前述主张形成响应的是，共犯脱离不以"真挚努力"为"必要条件"。即便付出了"真挚努力"，只要未能消解既存的共犯关系，仍然不能成立共犯脱离[3]。可见，国内刑法理论对"任意性"之于共犯脱离的成立或许能够形成"充分条件"与"必要条件"乃至"充分必要条件"即"充要条件"之分歧。

从日本学者的论述中，共犯脱离的成立无须"任意性"，而若行为人具有"任意性"，则是进一步成立"中止犯"的问题[4]。学者在前述基础上提出，是否"遮断"了因果关系是一个客观判断的问题，而行为人是否具有"任意性"并不影响因果关系是否切断的判断。在答应为他人望风的行为人因为闹钟故障而未能前去望风的场合，尽管行为人的脱离行为不具有"任意性"，而

---

〔1〕　谢雄伟、张平："论共犯关系的脱离之根据"，载《学术界》2006年第3期，第101页。

〔2〕　赵慧："论共犯关系的脱离"，载《法学评论》2003年第5期，第87页。

〔3〕　金泽刚："论共犯关系之脱离"，载《法学研究》2006年第2期，第94页。

〔4〕　陈洪兵：《共犯论思考》，人民法院出版社2009年版，第199页。

是"意志以外的原因"所致，但客观上切断了与盗窃既遂结果的"因果性"。相反，即便具有"因果性"，若事实上并未切断因果关系，照样不能成立共犯脱离。如甲、乙二人共同将被害人捆绑起来后欲行强奸，乙因为被害人哀怨的眼神而决定放弃奸淫并劝阻甲放弃奸淫，但被甲当场打晕。行为人乙虽然具有"任意性"，但并未切断先前的共同捆绑行为与随后发生的奸淫结果的因果关系，故仍难成立共犯脱离[1]。可见，在"任意性"之于共犯脱离的成立问题上，学者是响应日本学者的"任意性不（必）要说"，即只要行为人即脱离者的先行为与其他共犯人的行为及其结果的因果关系即"因果性"在客观上被切断或被"遮断"，则足以成立共犯脱离。对照我国的刑法规定与刑法理论，若是形成于犯罪预备阶段，则共犯脱离会因具有"任意性"而成立犯罪中止，又会因没有"任意性"而成立犯罪预备；而若是形成于犯罪实行阶段甚或犯罪实行后阶段，则共犯脱离会因具有"任意性"而同样成立犯罪中止，又会因没有"任意性"而成立犯罪未遂。由此，若不考虑"任意性"，则共犯脱离便包含着犯罪预备、犯罪中止和犯罪未遂这三种未完成犯罪形态。

（二）共犯脱离的"意思表示"

共犯脱离的"意思表示"问题，是指共犯脱离的成立是否要求行为人即脱离者要对其他共犯人作出脱离的"意思表示"，甚至其"意思表示"要被其他共犯人所接受或认可。对此，学者通过具体判例来讨论共犯脱离的"意思表示"问题。例如，英国1975年发生了一个著名案件：X、Y、Z三人侵入老妇人A家实施抢劫，此三人实施了暴力并制服了A。X用携带的刀子切断了电话线后将刀递给Z。此时，老妇人的邻居B突然出现，X大吃一惊，便大喊一声"赶紧逃"，便与Y跳出了窗子。当Z也准备夺路而逃时却发现门已上锁，而B已冲将过来。于是，Z毫无犹豫地用X递给他的刀子捅向B并致B死亡。一审判决X也承担谋杀罪的责任。二审法院认为，X仅仅是吆喝一声"赶紧逃"就自顾自地从窗户跳出，难以成立有效的脱离。若成立有效的脱离，还需要表示撤回或有后悔的言行，故驳回上诉而维持原判。判旨认为，仅有放弃犯行的意思还不够，还须将放弃犯行的意思在"适当的时期"并且"明确地"传达给其他共犯人。日本也发生过一个著名的判例：A、B对C实施暴行伤害，在C不再抵抗之时，A对B说"我回去了"，便独自离开现场。

---

〔1〕 陈洪兵：《共犯论思考》，人民法院出版社2009年版，第199~200页。

A 走后，被害人 C 爬起来"负隅顽抗"，这让仍然在场的 B 十分生气。于是，B 将 C 暴打致死。事后不能查明 C 的致命伤是形成于 A 离开前还是离开后。日本最高法院认为，在 A 离开现场之时，B 对 C 继续实施暴力的危险并未消除。尽管如此，A 并未采取特别措施予以防止，而是离开现场任由事态发展，故不能说 A 与 B 当初的共犯关系已经消解，应认定 B 后来的暴行也是基于前述共谋。最终，日本最高法院判定 A 构成伤害致死的共同正犯[1]。

以英日的判例为参照，学者指出，是否向对方传达脱离的意思，对方是否了解甚至是否接受或认可，都不是"本质性的东西"。而"本质"在于是否切断了"因果性"。如 A、B、C、D 四人合谋抢劫银行。D 后来因为担心"掉脑袋"而没有前往犯罪现场。当其他三人电话催问 D 时，D 谎称堵车，而此时 D 正与网友喝茶。A、B、C 在没有 D 参加的情况下成功地实施了抢劫。行为人 D 并未向同伙明确表达脱离的意思而是谎称路上堵车。由于 D 并非首谋者，其不能赶到现场这一事实就能切断与其同伙间的心理联系和犯罪结果上的"因果性"。因此，D 的行为依然能够成立共犯脱离，且具有"任意性"，进而成立"中止犯"[2]。显然，在"意思表示"之于共犯脱离的成立问题上，学者所持的是"意思表示不（必）要说"。可见，在"任意性"和"意思表示"之于共犯脱离的成立问题上，学者始终撇开行为人即脱离者的"主观面"而仅坚持其"客观面"，即脱离者的先行为与其他人共犯人的行为及其结果的因果关系即"因果性"在客观上的被切断或被遮断。但当撇开"主观面"而仅从"客观面"就断言共犯脱离的成立，又言当具有"任意性"时便成立"中止犯"，则共犯脱离又变成了一个不包含"中止犯"即犯罪中止的未完成犯罪形态。而这便与学者对"任意性"之于共犯脱离成立问题的主张所隐含的结论形成了一种被遮蔽起来的"自相矛盾"。

（三）共犯脱离的"阻止义务"

共犯脱离的"阻止义务"问题，是指成立共犯脱离是否要求行为人即脱离者负有并有效履行阻止其他共犯人继续实施犯罪的义务。学者指出，理论上有观点认为，阻止犯罪只是成立共犯脱离的"充分条件"而非"必要条件"，成立共犯脱离的关键是消除前行为对随后其他共犯人行为的影响力。更

---

〔1〕　陈洪兵：《共犯论思考》，人民法院出版社 2009 年版，第 200~201 页。

〔2〕　陈洪兵：《共犯论思考》，人民法院出版社 2009 年版，第 203 页。

有学说认为，成立共犯脱离要求行为人即脱离者采取措施防止结果发生，且必要时通知被害人或警察以阻止犯罪。日本有个著名的"900日元案"：X与Y一起到A宅抢劫，被害人A可怜兮兮地对X、Y说："我家那位是穷教员。家中除7000日元公款外，就剩900日元了。"X当即表示公款不能要，便对Y说"我们走吧。"于是，X独自走出房间。大约3分钟之后，Y也走了出来，并对X说："你这种菩萨心肠成不了事情。我把900日元拿来了。"对此案，日本最高法院判定X构成强盗既遂的共同正犯。显然，判旨认为，X仅中止自己的犯行还不够，其还负有阻止同伙即其他共犯人继续实施犯罪的义务[1]。

对于共犯脱离的"阻止义务"问题，学者的看法或主张是，根据"个人责任原则"，每个人只对自己的行为负责而不负有阻止他人犯罪的义务。尽管脱离者曾与他人形成了共犯关系，但只要脱离行为切断了与其他共犯人的行为及其结果的因果关系，则不应因没有阻止他人犯罪而承担责任。换言之，只要切断了因果关系，则脱离人与原来其他共犯人之间的关系便与普通人之间的关系无异。由于法律并不要求一般性的阻止犯罪的义务，故脱离者也不负有阻止犯罪的义务。当然，在不阻止其他共犯人继续实施犯罪就不足以切断行为的因果性，如首谋者或教唆者在劝阻无效或者提供工具的帮助犯在收回工具无效时，通常就有必要以通知被害人或者警察的方式阻止犯罪，否则将难以切断与其他共犯人继续实施犯罪之间的"因果性"。

总之，不应一般性地科予脱离者阻止犯罪的义务，否则就是将单独犯的中止犯的成立标准适用于共犯脱离的判断，是对脱离者的过于苛刻的要求。于是，对如下具体事例应作出相应处理：甲男和乙男欲强奸丙女，乙男因丙女的苦苦哀求而决定放弃奸淫，并对甲男说"我们走吧"。在乙男独自离去后，甲男独自强奸了丙女。在该例中，由于乙男脱离之前的行为与甲男随后的奸淫行为不具有因果性，故乙男的行为应作为犯罪中止处理；A男和B男欲强奸C女。当发现C女正值月经期，B男自认倒霉后独自离去。后来，A男独自强奸了C女。在该例中，由于B男脱离前的行为与A男随后实施的奸淫行为没有因果关系，故其只能作为未遂犯处罚；D、E共谋越狱脱逃，但E因害怕被抓后受到重罚而打消了脱逃念头。而在大骂E"胆小鬼"后，D独自越狱逃跑。在该例中，E的脱离行为切断了与D脱逃行为的因果关系，成

---

[1] 陈洪兵：《共犯论思考》，人民法院出版社2009年版，第201~202页。

立共犯的脱离，加之具有任意性，故作为中止犯处理；M、N 共谋伤害 O。在实施暴行过程中，N 看到被害人可怜，便对 M 说"我们饶了他吧"，并试图阻止 M 继续对 O 实施暴行。于是，M 十分生气，并在打晕 N 后继续对 O 实施暴行。事后，O 被鉴定为重伤，但无法查明 O 的重伤是 N 被 M 打晕之前还是之后。在该例中，N 中止对被害人的暴行并劝阻 M 也停止暴行。尽管未能阻止 M 继续实施暴行，但 N 停止自己的行为本身就切断了与 M 继续实施暴行的因果关系，故其不应对脱离后的行为承担责任。尽管 N 对脱离前的行为与 M 成立共同正犯而应该适用"部分实行全部责任原则"，但不能排除重伤结果发生在 N 脱离之后由 M 的单独行为导致的可能性，故只能让 M 承担故意伤害重伤的责任，而 N 成立故意伤害的"中止犯"。若 N 脱离前是否发生轻伤也不能查明，则应按照《刑法》第 24 条"对于中止犯，没有造成损害的，应当免除处罚"的规定处理〔1〕。

在学者看来，成立"共犯脱离"的唯一条件就是脱离行为切断了脱离者的前行为与其他共犯人的行为及其结果的因果关系。成立共犯脱离后，脱离人只对脱离前的行为和结果负责，对脱离后的行为及其结果承担未遂或者中止犯的责任〔2〕。显然，当学者仅立于行为人即脱离者的前行为与其他共犯人的行为及其结果的因果关系来把握共犯脱离的成立问题，则其便归属于日本理论中的"因果关系遮断说"。可见，"因果关系遮断说"便"基本上"否定了共犯脱离中的"阻止义务"，而当其在个别场合肯定脱离者对其他共犯人继续实施犯罪的"阻止义务"，如首谋者或教唆者在劝阻无效或提供工具的帮助犯收回工具无效的情况下通知被害人或警察，也只是"因果关系遮断说"的一种具体运用而非一种"例外"。当学者对共犯脱离的成立持"因果关系遮断说"，其对共犯脱离问题的处理，便形成了脱离行为成立犯罪未遂或犯罪中止的个案结论。但正如前文指出，国内的"因果关系遮断说"还会逻辑地形成共犯脱离成立犯罪预备的个案结论，并且其不经意陷入了脱离行为在共犯脱离之内成立犯罪中止和在共犯脱离之外成立犯罪中止的"自相矛盾"。

这里要进一步指出的是，国内的"因果关系遮断说"在处理前述 M、N 对 O 共同实施暴行的事例时显得很牵强：一是对 N 的停止行为本身与 M 的继

---

〔1〕　陈洪兵：《共犯论思考》，人民法院出版社 2009 年版，第 202~203 页。

〔2〕　陈洪兵：《共犯论思考》，人民法院出版社 2009 年版，第 203 页。

续实施暴行因果关系切断的强调，没有实际意义，而有实际意义的是对 N 的停止行为本身与 M 的继续实施暴行所造成的结果之间因果关系的切断的强调，因为正如"伤害结果"是在脱离前还是在脱离后查不清所说明的那样，当 N 的停止行为本身与 M 的继续实施暴行所造成的结果之间的联系并未切断，则脱离者只能说脱离了"肉身"而没有脱离了"干系"。至于学者强调，由于不能排除重伤结果发生在 N 脱离之后由 M 的单独行为导致的"可能性"，故只能让 M 承担故意伤害重伤的责任，其对 N 的责任问题所体现的是"存疑时有利于被告人"的立场。但当同样不能排除重伤结果发生在 N 脱离前的"可能性"，则难道不应同样立于"存疑时有利于被告人"而让 M 也只承担故意伤害的责任吗？如此一来，将导致无人对共同暴行所造成的重伤结果负责的局面。二是在我国的刑法实践包括刑法立法中，故意伤害罪是结果犯，而结果犯哪有"中止犯"一说？因为在结果犯的场合，无结果则无罪，有结果则罪成。显然，用共犯脱离理论来解决前述共同暴行致害中的脱离问题时，在我国当下存在实定法障碍。这里，关于共犯脱离成立的"因果关系遮断说"遇到了因果关系或"因果性"无法查清或无法确定的难题，但此难题并不意味着"因果关系遮断说"本身的不可取，而是可以另寻"他途"：实际上，前述共同暴行致害问题，完全可另由"同时伤害"的理论予以妥善的解决。

前述对于共犯脱离成立条件问题的讨论仍然"聚焦"于因果关系或"因果性"，故其是对共犯脱离处罚方案问题讨论的继续或延伸。当共犯脱离的成立不要求脱离的"任意性"，不要求脱离的"意思表示"，而只要求脱离者的先行为与其他共犯人随后行为及其结果的"因果性"的切断，这样的共犯脱离学说便是关于共同犯罪本质学说的"行为共同说"的一种体现或运用，而此体现或运用暴露了"行为共同说"的自相矛盾。具言之，"行为共同说"使得共犯关系最易成立，从而使得共犯脱离也最易成立，即其使得共犯关系有着一番"好见好散"的意味，但此"好见好散"无意中反面印证了"行为共同说"并未丢掉或排斥作为共犯成立条件的"主观共同"。易言之，撇开"主观面"而仅从"客观面"即脱离者的先行为与其他共犯人的行为及其结果的因果关系被"切断"或"遮断"，就认定共犯脱离的成立，这与学者坚持"行为共同"的共犯本质论如出一辙，即既然共犯关系的成立无需"主观共同"，则共犯脱离即共犯关系的破裂也就无需"意思表示"，但当具有"任意性"时共犯脱离成立中止犯，这又意味着共犯关系的成立不能或缺"主观共同"即罪过共同性，因为"任意性"意味着脱离者对共犯关系的"主观走出"。

行文至此，共犯脱离与共谋共同正犯的关系问题，需要予以交代。在本著看来，共犯脱离与共谋共同正犯可谓"貌合神离"，因为在共谋共同正犯的场合，仅参与共谋者似有"脱离"之嫌，但两者的区别在于是否切断或"遮断"了因果性：因果性切断或"遮断"者，为共犯脱离；因果性未切断或"遮断"者，为共谋共同正犯。

四、共犯脱离的问题真相、理论修正与理论意义

共犯脱离的问题真相、理论修正与理论意义是相互关联且层层递进的三个问题。

（一）共犯脱离的问题真相

在共同犯罪理论中，共犯脱离与共犯承继是两个具有对应性的问题：共犯承继理论所讨论的是共犯关系的中途形成问题，而共犯脱离理论所讨论的是共犯关系的中途解体问题。但在本著看来，虽然共犯承继在物理性和心理性即在"纯粹事实性"上是中途才"形成"共犯关系，但由于共犯承继应立于法益侵害即事件的"价值性"而从事件整体来把握责任，故共犯承继对应着一种"中途形成"。这是共犯承继即承继共犯的问题真相。而在所谓共犯脱离的场合，"脱离"一词似乎意味着共犯关系的"解体"，而共犯关系的"解体"又似乎意味着共犯关系的"不复存在"。但脱离者与其他共犯人形成共犯关系毕竟是"曾经的事实"，故所谓共犯关系的脱离不是共犯关系的"解体"及其所导向的共犯关系的"不复存在"，而是共犯关系的"截短"。而这在一定程度上可以得到脱离者与其他共犯人仍然成立相同罪名的说明。由此，"共犯关系的截短"便构成了共犯脱离的问题真相。正因如此，在成立共犯脱离的场合，脱离者所承担的责任仍然是共犯的责任而非单独犯的责任，只不过其共犯责任之于既遂的共犯责任显得较轻而已。于是，共犯承继与共犯脱离便在"共犯关系的形成"与"共犯关系的截短"的对应中形成共同犯罪理论中的问题对应。

（二）共犯脱离的理论修正

共犯脱离绝非仅指脱离者单纯地或表面地不再与其他共犯人继续共同作案。如甲以抢劫的故意将乙、丙召集来，并对乙、丙二人说"我们兄弟三人

可通过抢来发财致富"。于是，在乙、丙二人以"要想富，走险路"作出积极响应后，甲、乙、丙三人便形成了一个抢劫团伙。但在共同实施了几起抢劫之后，甲提出"我不干了"，而乙、丙二人则说"你不干，我们俩人继续干"。于是，乙、丙二人继续实施抢劫共同犯罪。在前例中，甲属于"造意者"，其单纯的不再参与并未消除其单纯脱离前的行为对乙、丙随后行为的心理影响力，即其脱离前的行为并未消除与乙、丙随后行为的"心理因果性"，故难以认定甲的单纯的或表面的不再参与成立共犯脱离。因此，对共同犯罪而言，共犯脱离并非仅仅意味着脱离者在时间和空间上脱离了"肉身"，而是意味着在与其他共犯的随后行为及其结果上脱离了"干系"，即脱离者必须切断自身行为与其他共犯人随后行为及其结果的因果联系即"因果性"。当脱离者在与其他共犯的随后行为及其结果上脱离了"干系"，亦即脱离者行为与其他共犯人随后行为及其结果的因果联系即"因果性"被切断或被"遮断"，则无论是在表面上，还是在实质上，共犯脱离的成立都具有着事实性的说服力。在这一点上，关于共同脱离的"因果关系遮断说"是最有深度和力度的。

　　但是，当下的"因果关系遮断说"在采取"任意性不（必）要说"时矫枉过正。具言之，共犯脱离的成立与否应立于脱离者与其他共犯人随后行为及其结果的因果关系即"因果性"是否被切断或"遮断"作出结论，但脱离的"任意性"并非要予以排斥，亦即没有"任意性"也行，而有了"任意性"仍行或更行。于是，是否具有"任意性"可与因果关系即"因果性"的被切断或"遮断"分别组合成共犯脱离的不同情形：具有"任意性"与因果关系即"因果性"的被切断或"遮断"，组合成中止型的共犯脱离；而不具有"任意性"则与因果关系即"因果性"的被切断或"遮断"，组合成非中止型的共犯脱离包括预备的共犯脱离和未遂的共犯脱离。在前述组合下，个案中的共犯脱离或成立犯罪预备，或成立犯罪中止，或成立犯罪未遂。显然，前述组合将共犯中止纳入共犯脱离之中，而非在共犯脱离成立的基础上再附加一个"任意性"，即在共犯脱离之外认定共犯中止。可见，前述组合能够避免脱离者既是在共犯脱离之内成立中止犯又是在共犯脱离之外成立中止犯的"自相矛盾"，又能够避免"准障碍未遂"的理论尴尬，更能够使得共犯脱离理论显示出一种体系性和完整性。进一步地，前述组合将带来当下共犯脱离理论的自我修正，而其修正将具体地体现为"不排斥任意性的因果关系遮断说"。同时，"因果关系遮断说"应被作出"物理性"与"心理性"的分别交代：所谓"因果关系遮断的物理性"，是指脱离者的先行为与其他共犯人的随后行为及其结果的影响力已经客观地得以消除或被抽离；而所谓"因果关系遮断的心理性"，是指脱离者的脱离行为已经使得其他共犯人产生了脱离者不再"协同"或"给力"而只能"靠我（们）自己"的心理效应。在某种意义上，"物理性的因果关系遮断"是"客观不法的遮断"，而"心理性的因果关系遮断"则是"主观不法的遮断"。可见，"因果关系遮断"是共犯脱离成立的"充分必要条件"即"充要条件"；而是否具有"任意性"，则影响或决定着共犯脱离成立后的具体犯罪形态。于是，当脱离者出于"己意"切断了先前行为与其他共犯人随后行为及其结果的因果性包括心理的因果性和物理的因果性，则共犯脱离便成立共犯中止即脱离者本人的犯罪中止。由此，"意思联络欠缺说"等所强调的主观因素不可完全被忽视。

立于共犯脱离来审视共谋共同正犯，则我们似应否定所谓共谋共同正犯论。具言之，共犯脱离是成立于心理的因果性和物理的因果性皆被"切断"或"遮断"的条件下，而在所谓共谋共同正犯的场合，心理因果性虽未被"切断"或"遮断"，但物理因果性已被"切断"或"遮断"。易言之，因果性是否皆被"切断"或"遮断"，可作为共谋共同正犯与共犯脱离的区分标准。

（三）共犯脱离的理论意义

正如前文指出，"共犯关系的截短"是共犯脱离的问题真相。由于共犯关系的截短毕竟对应着共犯关系发展变化的一种事实，故共犯脱离问题便在一定程度上有着当然的理论意义，而其理论意义是通过共犯脱离理论影响着其他刑法理论得以体现。首先，共犯脱离理论修正着关于共同犯罪的"一人既遂全部既遂"的通行认识。学者指出，共同犯罪的形态应是共同犯罪中各共犯人的犯罪形态，故在共同犯罪中，只要共犯人没有中止与脱离，则共同犯罪的形态与各个共犯人的犯罪形态"基本上"是统一的（教唆犯、承继共犯和片面共犯可能存在例外）[1]。所谓共同犯罪的形态与各个共犯人的犯罪形态的"统一"，指的便是"一人既遂全部既遂"。但在"一人既遂全部既遂"的以往"通识"中，共犯中的一人既遂是排斥其他共犯人的犯罪预备、犯罪中止与犯罪未遂的，从而排斥共犯脱离。如今，当共犯脱离在个案中可分别

---

[1]　张明楷：《刑法学》（第 5 版），法律出版社 2016 年版，第 447 页。

对应犯罪预备、犯罪中止和犯罪未遂，则共犯脱离理论便可形成对"一人既遂全部既遂"这一"通识"的修正。其次，共犯脱离理论修正着关于共同犯罪的"一人着手全部着手"的隐约认识。学者指出，如果共犯人中的一人着手实行犯罪，则其他共犯人不可能成立犯罪预备，但共犯关系的脱离者除外[1]。在有教唆犯的场合，当被教唆者即实行犯已经着手，我们会认为教唆行为已经实实在在地产生了被教唆者接受教唆的效果，故被教唆者的着手状态也是教唆行为的一种"状态"；在有帮助犯的场合，当被帮助者即实行犯已经着手，我们会认为帮助行为已经实实在在地产生了帮助的效果，故被帮助者即实行犯的着手状态也是帮助行为的一种"状态"。

至于在有共同正犯即共同实行犯的场合，两个以上的正犯即实行犯的行为之间所呈现出来的，则是一种相互协力或相互"给力"中的"齐头并进"状态。显然，在没有发生共犯脱离的情形下，"一人着手全部着手"是符合我们对共犯真相的真实感受的。但是，当发生了共犯脱离的情形，若共犯脱离是发生在犯罪预备阶段，则"一人着手全部着手"的认识便因共犯脱离的成立空间包括犯罪预备阶段而作出必要的修正。共犯脱离理论对"一人着手全部着手"的修正，是其对"一人既遂全部既遂"的修正的一种"响应"，因为犯罪既遂本来就是以行为着手为先决条件。此外，共犯脱离理论是对共犯理论的丰富与发展。虽然共犯脱离在个案实践中可分别对应共犯预备、共犯中止与共犯未遂，且共犯预备、共犯中止和共犯未遂已经形成了相关理论学说，但"因果性的共犯脱离论"或"共犯脱离因果性论"对共犯预备、共犯中止和共犯未遂给出了深度超出以往共犯理论的说明，从而构成了对共犯理论的丰富与发展。当然，这里所说的共犯预备、共犯中止和共犯未遂，是指脱离者本人构成犯罪预备或犯罪中止或犯罪未遂。但是，共犯脱离理论对"一人既遂全部既遂"和"一人着手全部着手"的修正及其对共犯理论的丰富与发展，最终都要回到脱离者的先行为与其他共犯人随后行为及其结果的"因果性"上去寻获说明。

共犯脱离是共同犯罪发展过程中的一种客观现象。共犯脱离成立条件的讨论是对共犯脱离处罚方案争论的继续。"因果关系遮断"不但能够从根本上说明共犯脱离的处罚方案，而且构成了共犯脱离成立的"充要条件"，但主观

---

[1] 张明楷：《刑法学》（第 5 版），法律出版社 2016 年版，第 447 页。

因素即"任意性"可直接影响或决定共犯脱离成立后的具体犯罪形态。共犯脱离以"共犯关系的截短"为真相，其不仅可以带来共犯脱离理论本身的完善，而且可以修正、丰富和发展既往的共同犯罪理论，因为共犯脱离问题的讨论在相当范围或相当程度上反面地印证着共犯成立问题的讨论，即如果把共犯脱离视为共犯关系的"否"而把共犯成立视为共犯关系的"是"，则我们便可"否"中窥"是"。

共犯承继与共犯脱离从正反两个方向说明着共犯关系的成立。而当心理因果性的"有"和"无"从正反两个方向说明着共犯关系不可或缺"主观共同"即罪过共同性，则"行为共同说"的共犯本质论便在共犯关系问题上又遭遇了一种"逻辑危机"。

第六节　共犯的共犯

共犯的共犯是共犯论中较少受到关注的一个具体问题。共犯的共犯与直接共犯相对应。对共犯的共犯讨论将对刑法实践包括刑法立法和共犯理论大有裨益。

一、共犯的共犯之概念

对于共犯的共犯概念，我们先可把握其内涵与外延，然后再进一步把握其特征。

（一）共犯的共犯之定义

在大陆法系刑法理论中，共犯有狭义与广义之说。所谓狭义的共犯，是指共同犯罪中帮助或者教唆实行犯的共犯，即帮助犯和教唆犯。与狭义共犯相对的是广义共犯，是指包括正犯（共同正犯）、教唆犯、帮助犯（从犯）在内的共犯。可见，广义的共犯包括狭义的共犯。

在共犯狭义说和广义说的基础上，直接共犯的说法被纳入共犯的理论体系中，但所谓直接共犯只是一个提法，其只是狭义共犯的另一种称谓而已，并没有包含任何新的实质性内容。但与直接共犯相对应的可谓间接共犯，是指在共同犯罪中，帮助或教唆帮助犯或教唆犯的共犯。于是，本著将此种帮助或教唆帮助犯或教唆犯的共犯称作共犯的共犯。共犯的共犯也是以共同犯罪中行为人的分工为标准对共同犯罪行为人予以区分而形成的一种犯罪形态即共同犯罪形态。由于我国现行刑法对共同犯罪行为人的划分基本上是以行为人在共同犯罪中的作用为标准，即主要分为主犯、从犯、胁从犯，另加一个教唆犯，故共犯的共犯并未引起我国刑法理论的应有关注。但作为一种现象，共犯的共犯是存在的。既然共犯的共犯有别于直接共犯，则共犯的共犯之概念便可这样定义：共犯的共犯，是指在共同犯罪中，（再）间接帮助或教唆他人去帮助或教唆实行者实施构成要件行为的共犯。

（二）共犯的共犯之特征

首先，共犯的共犯具有依附性。共犯的共犯系因共犯的不同分工所衍生出来的，其犯罪目的的实现最终以实行行为为前提条件。易言之，实行犯之实行行为是共犯的共犯实现犯意之最终"依托"，故脱离实行犯的共犯的共犯便为"无源之水，无本之木"，其犯意自然难以实现。毋庸置疑，共同犯罪最终目的的实现端赖实行行为之既遂，而共犯的共犯之犯罪目的也只有在由共犯的共犯到共犯再到正犯即实行犯的连环式共犯关系链中，才能得以实现。因此，共犯的共犯通过共犯而具有对（共同）正犯（实行犯）的最终依附性。这里所说的共犯的共犯的依附性，可从主客观两个层面予以展开：一是共犯与（共同）正犯之间存在着行为主观面的心理因果性，而共犯的共犯与共犯之间也存在着行为主观面的心理因果性。而正是前述连环的因果性，才使得共犯的共犯在主观面形成了对（共同）正犯即实行犯的最终依附性。当然，此处所说的依附性是行为主观面的依附性，可名之为心理的依附性。这里，共犯的共犯与共犯之间的心理因果性既可以体现为共犯的共犯对共犯影响的"直接故意"，也可体现为前者对后者影响的"间接故意"。二是共犯与（共同）正犯之间存在着行为客观面的物理因果性，而共犯的共犯与共犯之间也存在着行为客观面的物理因果性。而正是前述连环的因果性，才使得共犯的共犯在客观面形成了对（共同）正犯即实行犯的最终依附性。当然，此处所说的依附性是行为客观面的依附性，可名之为物理的依附性。

其次，共犯的共犯具有再间接作用性。在共犯的共犯场合，共犯与实行犯构成一个关系环，共犯的共犯又与共犯构成一个关系环，而前后两个以上的关系环便构成了一个关系链。在前述关系链中，共犯的共犯、共犯和实行犯"各就各位"，但又在"心意相通"之中"通力合作"，故其关系结构犹如经济组织或行政组织中的"科层制"。显然，在此"科层制式"的关系结构中，共犯的共犯通过作为其下游的共犯而对最终的危害结果只是起着再间接的作用。在某种意义上，共犯的共犯之再间接作用性，可被视为共犯的共犯最为核心的特征，而这一特征使得共犯的共犯区别于共犯。由此，我们能够想见的是，在"科层制式"的关系结构中，共犯的共犯的再间接作用性征表着共犯的共犯的依附性；而在共犯的共犯的再间接性中隐含着共犯的共犯与共犯之间的因果性包括物理的因果性与心理的因果性。

最后，共犯的共犯的因果性具有传递性。正如下文所论，共犯的共犯可分为教唆教唆犯即教唆犯的教唆犯、教唆帮助犯即帮助犯的教唆犯、帮助帮助犯即帮助犯的帮助犯和帮助教唆犯即教唆犯的帮助犯。应该肯定的是，共犯与实行犯之间具有因果性包括心理因果性和物理因果性，共犯的共犯与共犯之间也具有因果性包括心理因果性和物理因果性，而共犯的共犯与共犯之间的因果性便通过共犯传递到了实行犯。正因如此，在共犯的共犯的场合，共同犯罪才能形成一条完整的因果链。而正是在此因果链中，共犯的共犯才难以逃脱实行犯所作所为所产生的"责任干系"，形如"快乐着你的快乐，悲伤着你的悲伤"。

共犯的共犯的依附性、再间接作用性及其因果性的传递性，是相互包含、相互说明的。

二、共犯的共犯之分类

承继共犯的共犯概念的，是共犯的共犯的分类问题。而共犯的共犯包括教唆教唆犯、教唆帮助犯、帮助帮助犯和帮助教唆犯。

（一）教唆教唆犯

教唆教唆犯即教唆犯之教唆犯。对于教唆教唆犯，《日本刑法》第60条规定："教唆他人实行犯罪的，判处正犯的刑罚。教唆教唆犯的，与前项同。"日本刑法仅对教唆教唆犯的处罚作出规定，但并未对其作出定义或解释。在大陆法系刑法理论中，教唆教唆犯即教唆犯之教唆犯，是指在共同犯罪之中，教唆他人，再由他人转而教唆第三者实行犯罪。由此，教唆教唆犯包括相继教唆和间接教唆：所谓相继教唆，是指教唆他人，希望他人通过教唆第三者实行犯罪以达到自身犯罪目的的情况。对于相继教唆，应当依照教唆教唆犯进行处理。例如，甲教唆乙说："丁这个人罪大恶极，不但杀死了你的亲人，还将丙家经营多年的厂子烧毁，你不应该放过他。丙在做生意之前当过兵，你可以去找丙，然后跟他把情况说明，让他把丁这个家伙除掉以解心头之恨。"乙认为甲的想法很有道理，便找到丙，二人一拍即合。于是，丙于某天深夜潜入丁家中将丁杀死。在前例中，甲构成故意杀人罪的教唆教唆犯；所谓间接教唆，即行为人单纯教唆他人实行犯罪，但他人并未自行动手，而是又教唆第三人实行犯罪的情形。如甲与丁有仇，甲见乙也对丁恨之入骨，便极力唆使乙杀丁，乙同意。但在准备工具之时，乙忽然想到丁身强力壮，一旦杀丁不成反被丁杀就太不划算。乙思虑良久，决定教唆丙将丁杀掉。在乙的巧舌如簧之下，丙信誓旦旦，且在某一合适的时机将丁杀害。甲是否依然和相继教唆的情形一样，构成故意杀人罪（既遂）的教唆教唆犯呢？此时，刑法理论界便形成了两种不同的看法：学者认为，甲的本意为教唆乙实行杀人之行为，而并非教唆乙去教唆他人实行犯罪。乙放弃实行转而教唆丙去实施杀人行为，此决非甲之意愿，其已超出了甲之本意，故甲不应当为乙的教唆行为负责。在此种情形下，丙的杀人行为已经与甲的教唆行为脱节，就算丙确实已将丁杀死，对甲也只能以故意杀人罪之教唆未遂论处。理由在于，乙并未完整接受甲的教唆去亲自实施杀人行为，故甲属于教唆未遂[1]；另有学者认为，前例仍应按照相继教唆处理，即甲构成故意杀人罪既遂的教唆教唆犯，因为甲教唆乙去杀丁，而丁最后确实因乙而死。固然丁死乃丙的实行行为所致，但丙却是在接受了乙的教唆后实施了杀人行为，即丁最终的死亡结果依然在甲的预期范围之内，故甲的教唆行为与丁死亡之间的因果关系并未因乙的教唆行为而中断，即丁的死亡与甲的教唆依旧具有总体的因果关系[2]。

在本著看来，第一种观点难以成立，因为在主观上甲有让乙杀死丁的故意且存在追求他人死亡的犯罪目的，而在客观结果上，丁最终也确实由于乙对丙的教唆而死于丙之手，其中无非是多出了一个教唆行为，且乙对丙的教唆虽非甲之本意，但却是因甲而起。甲虽然没有教唆乙让乙教唆丙去杀丁，但杀人的意愿源于甲的教唆这一事实却无法改变，且丙在这一关系链接中只是担当了"转承"作用，并最终造成丁的死亡。因此，甲的教唆行为与丁的死亡结果之间的因果关系并未因丙的教唆行为的介入而中断，故甲依然应当承担故意杀人罪既遂的教唆责任。再从实定法本身看问题，我国《刑法》第29条规定："教唆他人犯罪的，应当按照他在共同犯罪中所起的作用处罚。"

---

〔1〕 郑健才：《刑法总则》，三民书局1985年版，第234页。

〔2〕 ［日］牧野英一：《日本刑法》（上），有斐阁1939年版，第481页。

前述条文并未明确将教唆教唆犯表述于条文之中，但正如已故的马克昌先生所指出，这里的表述是"教唆他人犯罪"而不是"教唆他人实行犯罪"，故教唆他人去教唆第三者犯罪也可理解为"教唆他人犯罪"[1]。可见，教唆他人去教唆第三者犯罪也可构成教唆犯，其量刑自然可以依据《刑法》第 29 条的规定，按照其在共同犯罪中的作用进行处罚，而这里的"在共同犯罪中所起的作用"包括要从其生理和心理等条件去加以考察。就前例而言，乙转而教唆丙去杀丁，乙的行为仍然属于"乙被甲教唆去犯罪"。因此，对甲论以故意杀人罪既遂的教唆犯，是符合现行《刑法》第 29 条的教义学结论的。显然，第一种观点将甲本该既遂的责任降低为未遂的责任，违背罪责刑相适应原则，且有轻纵犯罪之嫌。第二种观点能够跳出第一手教唆者的"本意"局限而从事件的整体上把握因果关系，从而得出刑事究责的合理结论，故较为可取。

实际上，对于前例所对应的间接教唆的场合，我们可用刑法学中的认识错误理论来解答问题。具言之，这里所说的"认识错误"即"教唆错误"，因为甲的本意是教唆乙直接实施杀人行为即直接杀害丁，但乙却转而教唆丙去杀害丁。这里，发生在甲身上的"教唆错误"属于同一构成要件即故意杀人罪构成要件内的共犯关系错误，亦即间接教唆者误把教唆者当作实行者的情形。而对此情形，应认定为仍然成立故意犯罪的既遂，亦即前述认识错误并不影响故意犯罪既遂的成立。

相继教唆与间接教唆在日本刑法学界皆被统一称之为间接教唆。根据前面所提及的《日本刑法》第 61 条，此二者皆"按正犯论处"。然而，在社会生活中依然存在着另一种犯罪情形即教唆间接教唆者的情形。如甲教唆乙，乙教唆丙，丙再教唆丁杀戊的情况，此时丙是教唆者，乙是间接教唆者，而甲则为再间接教唆者。大陆法系刑法理论将此称之为"再间接教唆"，而"再间接教唆"以及"复再间接教唆"被称作"连环教唆"或"连锁教唆"。"连环教唆"为多数刑法学者所认同，但围绕其可罚性问题形成了肯定说与否定说：肯定说主张，教唆犯之处罚是刑法修正的构成要件之要求，刑法中教唆教唆犯的规定并非将处罚限定在间接教唆者的范围之内，其只是一种"引起注意式"的"兜底"规定，而再间接教唆者以及复再间接教唆者完全可以被

---

〔1〕　马克昌主编:《犯罪通论》，武汉大学出版社 1999 年版，第 599 页。

纳入其中，且再间接教唆者实为犯罪行为的最初发起者，若无最初之教唆，犯罪结果就不存在"萌芽"，则之后的一系列行为及结果也就无从谈起。如果仅处罚实行犯而不追究首先引起犯意者，无论从法理还是情理上都无法令人信服；否定说却认为，刑法是对犯罪行为人既有权利进行限制或剥夺的行为规范，这就意味着其必须以一种极为严谨的章法来规制社会上每个人的行为，而不可无限制地类推。刑法只规定教唆教唆犯正是以立法的形式对再间接教唆作出限定。设若再去追究再间接教唆者及其以上之教唆者的责任，则刑法之追究就会踏上无限延展的"不归路"，正犯背后的关系有多复杂，刑法就必须无尽地追责下去，将使得刑法之确定性不复存在[1]。按照没有前者便没有后者，没有后者也就没有前者，则首位教唆者、末端教唆者和中间教唆者将显得同等重要，而在个案中，具体的教唆者之间也当然会形成情节差异。因此，对于相继教唆与间接教唆，还应本着"教唆犯"而通过考量各个教唆者在共同犯罪中的作用和地位来认定刑事责任，并务实地运用《刑法》第13条的"但书"规定。

对于教唆教唆犯，我国刑法没有明文规定，但我国刑法关于教唆犯的规定在法条逻辑上包含了对教唆教唆犯这种现实生活中完全有可能发生的犯罪情形的处罚，因为我国《刑法》第29条第1款规定："教唆他人犯罪的，应当按照他在共同犯罪中所起的作用处罚。……"其中，"教唆他人犯罪"不等于或不限于"教唆他人实行犯罪"。因此，间接教唆乃至连锁教唆当在处罚之列。对于再间接教唆如何处罚，有人指出，最先教唆者，是犯罪意思的发起者，没有他的教唆，就不会使他人产生犯罪意思，其在共同犯罪中起着主要作用，应当作为主犯处罚。最后教唆者教唆他人实行犯罪，直接引起他人犯罪行为的实行，其在共同犯罪中也起着主要作用，也应作为主犯处罚。中间教唆者，只是起着中转作用，在共同犯罪中所起作用较小，可以作为从犯处罚。至于情节显著轻微的，可以不予处罚[2]。本著认为，中间教唆者所起的犯罪教唆的"中转作用"同样不可小看，但中转者与第一教唆者和末位教唆者是否在共同犯罪中起主要作用并按主犯处罚却值得慎重，而按"在共同犯罪中所起的作用处罚"是稳妥的，且这里的"在共同犯罪中所起的作用"包

---

〔1〕 马克昌主编：《犯罪通论》，武汉大学出版社1999年版，第599页。
〔2〕 马克昌主编：《犯罪通论》，武汉大学出版社1999年版，第599~600页。

括要从实行犯的生理和心理等条件去加以考察。在理论上，连环教唆犯可包括间接教唆犯和再间接教唆犯。在再间接教唆犯的场合，即在有三个以上的行为人相继教唆的场合，所有教唆者的可罚性问题便值得注意或讨论。可以肯定的是，第一手教唆者是犯意的"源头"，即所谓"造意为首"，故其可罚性当无疑问。最后一手教唆者是将犯意直接灌输给实行犯的人，其可罚性也当无疑问。而如果没有第一手教唆者和最后一手教唆者之间的"犯意传输"，则教唆犯罪的事实最终便无由形成，故中间教唆者的可罚性同样当无疑问。但总的看来，第一手教唆者和最后一手教唆者即首尾两端的教唆者的可罚性要重于中间教唆者，即教唆者的可罚性呈现出"两头粗来中间细"的局面。

（二）教唆帮助犯

教唆帮助犯即帮助犯之教唆犯，是指在共同犯罪中唆使他人帮助第三者实行犯罪的情形。例如，甲得知丙欲在三日之后抢劫某银行，便萌生了助其一臂之力的想法，但苦于没有借枪的渠道。在思虑良久之后，甲猛然想起朋友乙处有一把仿真枪，且乙生来爱贪便宜，若许以好处，则任何事都敢干。于是，甲找到乙后许诺，如果乙愿意为丙提供抢银行用的枪，事成之后乙将得到数十万的酬劳。经甲一番吹嘘，乙同意了其请求并于次日将仿真枪交至丙处。丙得到乙提供的枪后便成功抢劫银行现金数百万。在前例中，甲构成教唆帮助犯。对于教唆帮助犯，《日本刑法》第62条规定："教唆从犯的，按照从犯论处。"可见，在日本刑法中教唆帮助犯的责任轻于教唆教唆犯。但在日本刑法理论中对教唆帮助犯的定性依然存有争议：有人认为，教唆帮助犯应当定性为教唆犯，因教唆犯之本质在于以言语引起他人犯罪之故意。教唆帮助犯固然是教唆他人帮助第三者实施犯罪，其实质始终未脱离"教唆"之本，一切后续之行为皆由"教唆"引起，故其与教唆犯的本质特征相符，视为教唆犯并无不妥。考虑到行为人教唆的对象是从犯且教唆的内容是帮助第三者实施犯罪，故可依从犯之刑处之；有人认为，教唆帮助犯理当定性为从犯，因为教唆犯罪有其独立之规定，然帮助犯却没有，故教唆帮助犯实难与教唆教唆犯相提并论，从而教唆帮助犯以从犯论处方为妥当[1]。这里，判断教唆帮助犯之性质当以其表现出来的特征与内在实质来衡量，而决非以是否存在独立处罚之规定来评判。教唆帮助犯之特性与教唆犯并无质的不同，二

---

[1]　郑健才：《刑法总则》，三民书局1985年版，第235页。

者皆为唆使他人犯罪，但教唆帮助犯是教唆他人为实行犯提供帮助，其在共同犯罪中的作用只能是次要的，故在刑事责任的承担上按照从犯论处是妥当的，且符合罪责刑相适应原则。

间接教唆帮助犯即帮助犯之间接教唆犯，日本刑法并未涉及，我国刑法更是未有明文。日本刑法学者植松正认为，《日本刑法》第61条和第62条的意旨很明显，即教唆帮助犯之处罚远轻于教唆教唆犯，其言外之意便是教唆帮助犯的社会危害性轻于教唆教唆犯，刑法条文未涉及帮助犯的间接教唆，很显然是否认了帮助犯之间接教唆[1]。反观我国《刑法》第29条的表述，即"教唆他人犯罪"依然可以将教唆他人帮助第三者犯罪的情形予以囊括，则间接教唆帮助犯自然也可以纳入其中。而我国《刑法》第29条规定，教唆他人犯罪的，应当按照其在共同犯罪中所起的作用处罚。对于教唆帮助犯而言，其在共同犯罪中的作用只能是次要的，故以从犯论，诚为妥帖。至于帮助犯之间接教唆犯，即可以情节论其责任轻重。

我国刑法同样没有从犯的教唆犯即教唆从犯的明文规定，但第29条"教唆他人犯罪"同样在立法逻辑上含括了教唆从犯的情形，因为"教唆他人犯罪"不等于或不限于"教唆他人实行犯罪"，亦即将第29条"教唆他人犯罪"理解为含括了教唆从犯，是对该条的刑法教义学结论。因此，处罚教唆从犯即教唆帮助犯符合罪刑法定原则。需要说明的是，由于在我国刑法中从犯包括帮助犯和在犯罪中起次要作用的实行犯，故教唆从犯只能指教唆帮助犯。如果教唆的对象是在犯罪中起次要作用的实行犯，则教唆者的身份直接就是教唆犯而非教唆从犯。

（三）帮助帮助犯

帮助帮助犯即帮助犯之帮助犯。由于帮助犯通常是从犯，故帮助帮助犯即从犯的从犯。例如：乙、丙合谋共同去盗窃丁家的古董。某日深夜，乙与丙来到丁家院墙之外却发现丁家的院墙甚高而难以入内，丙便对乙说，我想办法撬开丁家的大门，你给我望风。乙同意，并旋即在丁家的院墙四周巡视，此时恰巧碰上打牌回家的好友甲，乙向甲说明了其与丙此行之目的并请求甲提供帮助。因甲久居此处，对丁家的一切颇为了解且对偷窃之事甚是在行，故甲便向乙言明："我现在帮你望风。你去丁家大门外的一棵大树的树洞里找

---

[1] ［日］植松正：《刑法概论Ⅰ总论》，劲草书房1974年版，第384页。

大门上的钥匙，然后交给你们老大（丙）。"乙依甲言果然寻得大门钥匙并交予丙，丙拿上钥匙开了门之后发现丁家没人，于是便顺利窃得古董。在前例中，甲便属于帮助犯之帮助犯，即帮助帮助犯。对于帮助从（帮助）犯，日本刑法典并未作出规定，但1912年旧中国《暂行新刑律》第31条第2款曾规定："教唆或帮助从犯者，准从犯论。"其中，"帮助从犯者"即帮助帮助犯。

对于帮助从（帮助）犯这一问题，日本刑法理论界有积极说与消极说的对立：积极说认为，将对从犯的帮助犯理解为间接帮助正犯或实行犯并无不当，从犯对正犯的帮助使得正犯之行为更加便捷，从而促使了犯罪的成就，对从犯之帮助虽非直接作用于正犯，但此种"加功"往往会由于从犯对正犯的帮助而间接地转嫁于正犯，从而致使犯罪更快捷地成就。如乙为了帮助甲犯罪，正在向犯罪场所搬运犯罪工具，丙知其情后，协助乙搬运，则将丙解释为对甲的从犯自为该当[1]。但消极说否认帮助从（帮助）犯之成立。理由在于：刑法立法对于是否将某一问题加以明文的思虑是谨慎的，对于确有必要以立法之形式规定的问题，刑法立法自是不会忽视，而现如今却唯独在帮助从犯的问题上"讳莫如深"，只能说明其价值之微弱而不足以刑法评价，故帮助从犯当是不可罚的[2]。对帮助从犯问题，我国刑法虽无明确规定，然并非没有立场。我国《刑法》第27条第1款规定："在共同犯罪中起次要或者辅助作用的，是从犯。"按照前述规定，只要在共同犯罪之中起到次要或辅助作用的行为人，即可以从犯视之。在此，刑法并未对帮助从（帮助）犯作出限制，亦即只要其在共同犯罪中的作用是次要或辅助性的，即可以从犯视之。而事实上，帮助从（帮助）犯在共同犯罪中一般所起到的作用自然是辅助性的，故其并非不可以从犯论之。易言之，将《刑法》第27条规定的从犯理解为包含帮助从犯即帮助帮助犯，是对该条的刑法教义学结论。然而，帮助从（帮助）犯在共同犯罪中毕竟未曾直接"加功"于正犯，故其对结果的原因力或作用力并没有直接帮助正犯的那样明显，从而帮助从（帮助）犯的行为人自然应当受到较从犯更轻的处理。显然，如果在侵害国家重大法益、个人重大法益、严重危及公共安全法益等犯罪中，若对帮助从（帮助）犯者

---

〔1〕　〔日〕团藤重光主编：《注释刑法·总则（3）》，有斐阁1981年版，第819页。

〔2〕　〔日〕团藤重光主编：《注释刑法·总则（3）》，有斐阁1981年版，第819页。

不以从犯论，将会轻纵犯罪。自然，对于情节显著轻微，危害不大者，即可依据"但书"而不以犯罪论处。可见，对帮助从（帮助）犯的问题，我国现行刑法的规定可谓"疏而不漏"。而对帮助从（帮助）犯的刑罚应参酌从犯之刑而定，便体现着罪责刑相适应原则。

对应着"连环教唆犯"或"连锁教唆犯"，可有"连环帮助犯"或"连锁帮助犯"，其包括"间接帮助犯"和"再间接帮助犯"。在"连环帮助犯"或"连锁帮助犯"的场合，随着最后一手帮助犯距离实行犯的距离越来越远，其对法益的危险性也渐行渐远，从而其可罚性也越来越低或越来越小，形如一条河流在干旱之地向前流淌。这与连环教唆犯不同，在连环教唆犯的场合，第一首教唆者与最后一手教唆者的可罚性不会显得越来越小或越来越低。

（四）帮助教唆犯

帮助教唆犯即教唆犯的帮助犯，是指在共同犯罪中，帮助他人教唆第三者实施犯罪。如甲欲教唆丙盗窃，苦于没有绝妙之策，乙得知此情后告知甲曰：丙嗜财如命且已有前科，近期丙因赌博而输掉了多年积蓄，以此点拨并施以恩惠，丙必当听从。甲依乙计而行，丙果然听从唆使窃得财物。在前例中，乙自可构成帮助教唆，属盗窃罪的帮助教唆犯。但如甲欲教唆丙盗窃，却苦于拙嘴笨舌，恐难以达成，进而找到善于辞令的乙，乙得知详情后同意"帮助"甲教唆丙，便来到丙家，一番巧言令色，丙果真依乙的教唆实施盗窃。显然，在后一例子中，乙完全代替甲实施了教唆，亦即乙对丙的"加功"并未经过甲，而是直接作用于丙，故乙构成的只能是直接的教唆犯。

对于帮助教唆犯，各国刑法亦无明确规定，而在其可罚性问题上，学界亦有肯定说与否定说：肯定说认为，《日本刑法》第62条第2项规定："教唆从犯的，判处从犯的刑罚。"此一规定并不应当仅限于教唆从犯，"关于帮助教唆者、帮助从犯者，应解释为亦准用此规定。"[1]；否定说认为，帮助教唆犯缺乏可罚性的立法与理论依据，不应当归为共犯，理由在于：刑法并未将帮助教唆犯纳入共犯之规定，故依罪刑法定之刑法原则，帮助教唆犯不具有立法可罚性。再者，帮助教唆犯较之于教唆教唆犯、教唆帮助犯，其与犯罪之联系相对疏离，若以刑罚责之，恐生不必要之滋扰，故帮助教唆犯不具有

〔1〕〔日〕牧野英一：《日本刑法》（上），有斐阁1939年版，第480页。

社会可罚性。因此，将帮助教唆犯纳入刑法的处罚范围未免太过严苛[1]。实际上，在每一个具体的共同犯罪中，共犯之作用不可能如出一辙，即其对犯罪结果的作用会随着行为人的主观意愿和客观行为而变化，而帮助教唆犯的作用自然也不可能一成不变。因此，对帮助教唆犯，我们依然应当依据其在共同犯罪中的实际作用处以适当的刑罚。在帮助教唆犯的归属问题上，将其与教唆犯等同视之似乎有些不妥，因为毕竟帮助教唆犯在主观犯意上与教唆犯还是存在差别的，故若将帮助教唆犯归入教唆犯不仅会造成教唆犯理论的混乱，而且不利于司法实践中对帮助教唆犯的准确评价，故帮助教唆犯不应当混同于教唆犯。相对而言，将帮助教唆犯归入帮助犯较为妥当。教唆犯之帮助犯即帮助教唆犯的理论空间是完全存在的，而对帮助教唆犯是否追究刑事责任亦应如对待帮助帮助犯那样，从具体案情出发根据其行为的社会危害性大小来判定应否及如何予以刑事究责。按照我国刑法的规定，对教唆犯是按其在共同犯罪中的作用予以处罚，故教唆犯在个案中要么是主犯，要么是从犯。于是，当个案中的教唆犯是主犯时，则帮助教唆犯必定是从犯；而当个案中的教唆犯是从犯时，则帮助教唆犯更应是从犯。可见，在共同犯罪中，教唆教唆犯、教唆帮助犯、帮助帮助犯和帮助教唆犯，即使言其具有独立性，也只能视为"相对独立性"，而"相对独立性"最终还是"从属性"。"相对独立性"或"从属性"所表明的将是共犯的共犯在刑法学中理论地位。

这里要强调的是，共犯的共犯还可有其他分类。如按照主体数量，可将共犯的共犯分为一人的共犯的共犯和二人以上的共犯的共犯：前者是指只有一个人充当共犯的共犯，而后者是指有两个以上的人充当共犯的共犯。提出共犯的共犯的主体数量分类，是有实际意义的，因为在二人以上的共犯的共犯场合，仍然存在着二人以上的地位大小或作用分工的区分问题，亦即仍然存在罪责刑相适应和刑罚个别化的贯彻落实问题。

三、共犯的共犯之理论归位

共犯的共犯之理论归位，指的是共犯的共犯究竟应该归属于共犯独立性说还是共犯从属性说，行为共同说还是犯罪共同说。

（一）共犯的共犯在共犯独立性说与共犯从属性说之间的理论归位

共犯独立性说在德日早已存在，我国刑法理论界采此说的学者亦不在少

---

[1] 韩忠谟：《刑法原理》，雨利美术印刷有限公司 1981 年版，第 292 页。

数。其中颇具代表性的学者如德国刑法学者 Kohler、Bingding 和 Sauer，日本刑法学者牧野英一和木村龟二。恰如 Kohler 所言，现今之文化理念以"个人责任"为重，行为人就他人之行为而负担责任并不与现代文化理念相耦合，"教唆者乃'无形的起因者（intellektueller Urheber）'，亦即由于教唆者说服他人决意犯罪，而利用他人行为设定自己意图发生之结果的原因者，因此教唆者之责任，并非他人责任之附属物，而必须理解为教唆者本身行为之责任"。[1]日本刑法学者木村龟二在继受了木野英一的独立性说之后认为，在现今刑法责任主义原理的总领之下，从属性说实为古代集团责任与归责理论的遗留之物。唯有独立性说方可彰显现代刑法之文明。另外，从属性说在理论构成上存在根本缺陷，未曾依自然的存在论的构成来理解共犯与正犯的关系。可见，在共犯独立性说看来，教唆犯与帮助犯之可罚性与罪过性并非源于正犯之罪过性与可罚性，而是教唆行为或帮助行为本身所固有的，此种行为本身已完全具备违反社会常态化要求之危害性，故其可谴责性并不以正犯之实行行为为必要。易言之，纵然不存在正犯之实行行为，共犯之帮助或教唆行为依然具有其社会危害性，故无需依附于正犯行为。

　　与共犯独立性说相对应的便是共犯从属性说。日本早期刑法学者小野清一郎即以共犯独立性说的缺陷为切入展开了对共犯从属性说的论述，其认为共犯独立性说将教唆行为或帮助行为理解为"实行"有违现实生活之具体道义评价，是一种脱离社会实际的论调，更是一种忽视"可罚性之定型性"的抽象理论。从共犯规定之必要性而言，若将共犯之行为理解为独立于正犯的危害行为，且以其本身具有的危害性作为处罚依据，则在刑法中将共犯作为一个重要问题单独列出岂非多此一举？因此，共犯独立性说实难站得住脚，而共犯从属性说则更符合"法社会"之实际。著名刑法学者林山田教授则从正面对共犯从属性说作出论述，其认为"共犯系经由诱发招致他人的犯罪故意，或经由推进或协助他人犯罪而成为刑法所要加以处罚的行为，这些可罚行为在本质上乃行为人参与由他人支配的构成要件的实现，经由刑法总则的特别规定而成立犯罪，故共犯必须依存于一个正犯的主行为（Haupttat），始

---

〔1〕　陈子平："论共犯之独立性与从属性"，载陈兴良主编：《刑事法评论》（第 21 卷），北京大学出版社 2007 年版，第 8 页。

足以成立犯罪"。[1]其意明了：若无主行为（实行行为）之存在，则共犯行为便无从依托，所谓"皮之不存，毛将焉附"？由此，共犯之成就需以正犯者之实行行为的着手为前提，因共犯之教唆或帮助行为所包含的危险性是潜在的或抽象的，而唯有以正犯者实行行为现实危险性为依托，共犯行为之不法性方可得到真切呈现。

就共犯的共犯而言，即其对正犯者的"加功"比直接共犯又远了一些，自然其对共犯者的作用要受到更多因素的影响，如若中间链条中断，则其犯意自然无从"兑现"。在共犯独立性说与共犯从属性说的理论归属上，将共犯的共犯置于共犯从属性说中是合理的，因为从共犯的共犯本身而言，其已将自身实施犯罪之决意"交付"于他人，且其"交付"对象仍未掌握实施犯罪之主动权，而是又将其犯意转于"第三者"。在这样一个转承的"犯罪流程"中，犯罪目的之实现与否已不在共犯的共犯之意志控制之内，其犯意之实现完全取决于直接共犯与实行犯，故认为共犯的共犯独立于正犯已不现实。共犯的共犯之所以具有可罚性，无非因其具有显性或隐性的社会危害。这里，显性的社会危害以实行犯的实行行为和危害结果为载体，而正是由于有了现实的客观危害结果，共犯的共犯之犯意才可被真切地体现出来，从而其可罚性自然便源于直接共犯与正犯对犯意之践行。若就隐性的社会危害而言，共犯的共犯依然无法脱离正犯而存在。所谓隐形的社会危害，即当正犯之实行行为尚未达到既定目的，则共犯的共犯之犯意便仅存留于正犯行为的着手而未产生现实结果的阶段。显然，此种隐性之社会危害依然要依附于直接共犯转承至实行犯之着手，否则其"危险性"便如同被四面堵死的池塘，纵然有水也难以流通于外，从而危险性这一概念也就失去其原本之意。因此，在共犯独立性说与共犯从属性说的归属上，共犯的共犯理当遵从共犯从属性说。需要强调的是，将共犯的共犯归位到"共犯从属性说"与强调共犯的共犯的"相对独立性"，是相通的或曰能够相互说明，亦即两者并不存在根本矛盾，因为"相对"并非"绝对"。

实际上，当我们采取共犯从属性说，则共犯的共犯便更加具有从属性了。易言之，即便当我们采取共犯独立性说，则共犯的共犯仍具有从属性，只不过其从属性弱于共犯从属性说中共犯的共犯的从属性罢了。

---

〔1〕　林山田：《刑法通论》（下册），北京大学出版社 2012 年版，第 37 页。

（二）共犯的共犯在犯罪共同说与行为共同说之间的理论归位

所谓共同犯罪中的"共同"究竟当如何理解？国内外刑法理论已经形成了犯罪共同说和行为共同说的学术对峙。关于犯罪共同说，小野清一郎指出，"共犯是在数人的行为实现一个构成要件的场合，对其共同行动的数人的行为分别评价，以各自的行为作为犯罪而令行为人负责的"。[1] 由此，"共同"便可解释为数人以同一犯意"协同加功"于同一犯罪事实，故犯罪共同说也可以"犯意共同说"称之。显然，在完全犯罪共同说看来，只有二人以上共同实施出于同一犯罪目的行为，才可能构成共同犯罪。易言之，共犯只能是"数人一罪"。完全犯罪共同说在数人共同实施故意内容包括犯罪目的完全相同之犯罪的场合确实易于理解，但在现实生活中若数人在一起实施犯罪过程中主观故意包括犯罪目的虽"参差不齐"但有重合时，完全犯罪共同说便难以解决实际问题了。于是，犯罪共同说便派生出了绝对犯罪共同说（完全犯罪共同说）、强硬犯罪共同说和部分犯罪共同说。

绝对犯罪共同说以"完全相同的罪名"为要旨，认为只有数人共同故意实施同一罪名的犯罪才可成立共同犯罪，否则只能构成同时犯。强硬犯罪共同说则将"择一重处"作为认定标准，主张在数人实施的罪名不同的场合，若不同犯罪构成之间存在重合，即可以重罪的共犯论之。这种做法貌似灵活，实质上却隐含了浓重的结果责任与古典客观主义色彩，在司法实践中容易造成罪刑分离，故实难与现代刑法原则相契合。部分犯罪共同说则以"一定限度内的重合"为核心，强调虽然数人实施了不同之犯罪，若不同犯罪之间有部分重合，则共同犯罪即可在重合的限度内成立[2]。从理论沿革上，部分犯罪共同说是出于克服完全犯罪共同说的不足而延伸出来的一种共犯理论。按照部分犯罪共同说，在共同实施违法行为的场合，只要犯罪存在重合，即可构成共同犯罪。部分犯罪共同说弥补了绝对犯罪共同说过于机械，从而将共犯成立范围限制太死的缺陷。

行为共同说是与犯罪共同说相对立的一种学说，认为共同犯罪是指各行为人共同实施了"共同之行为"，而非共同实施了"共同之犯罪"，或曰数人

---

〔1〕［日］小野清一郎：《犯罪构成要件理论》，王泰译，中国人民公安大学出版社 2004 年版，第 86 页。

〔2〕古加锦："不同身份者共同实施身份犯的定性探析——兼评犯罪共同说与行为共同说"，载《山西警官高等专科学校学报》2013 年第 2 期，第 31 页。

共同实施各自的犯罪时也可以成立共同正犯。在行为共同说那里，所谓"共同"即"行为共同"，即哪怕各自实行的并非同一犯罪，依然可以成立共犯关系。行为共同说却将共犯仅限定于行为的一致性而将"共同的犯罪目的"这一核心完全弃之不顾，故其扩大了共犯成立范围，从而背离了共同犯罪之本质〔1〕。当共犯的共犯是共犯关系的延伸，行为共同说无疑有着将共犯关系不当乃至无限延伸的逻辑倾向。相比之下，犯罪共同说即罪过（责）共同说才能做到对共犯关系的合理紧缩。

就共犯的共犯而言，无论是完全犯罪共同说，还是部分犯罪共同说，应对其完全适用，即应将共犯的共犯放在完全犯罪共同说或部分犯罪共同说之下予以论说。这里，仅举例说明部分犯罪共同说对共犯的共犯问题的可适用性。例如，丙和丁素有仇怨。某日，丁又借故寻丙的麻烦，丙忍无可忍便动了杀机。乙与丙是好友，乙见丁成天找丙的麻烦自然也看不下去。丙找到乙说想让丁为以前的行为付出代价，给丁点颜色瞧瞧，希望乙可以给自己找一根合适的木棍好教训一下丁，乙满口答应，遍寻无果之后，乙找到甲并说明缘由。甲对丙的境遇也很是同情且在此之前甲也与丁有过冲突，当时甲就想教训一下丁，但苦于没有机会。恰逢乙来求助，甲求之不得，二话不说便给乙找来一根粗细长短均合适的木棍，并告诉乙让丙好好教训丁一顿。乙拿到木棍后找到丙说明原委，丙暗自窃喜，认为丁着实是犯了众怒，杀掉他也算是"为民除害"。次日，丙得知丁喝酒晚归，并会经过一片荒地回家，其便早早等在这片荒地的路边。接近午夜时分，丁果然摇摇晃晃地出现在荒地的小路上。于是，丙一蹿而上，用准备好的木棍一顿乱打，直到丁不再动弹丙才收手回家。在此例中，甲便属于帮助帮助犯，虽然甲和乙出于伤害之故意，而丙出于杀人之故意，其三人之行为各不相同，但在故意伤害与故意杀人之间却存在"故意伤害"的部分重合，即各犯罪人之犯罪虽不完全一致，却都对被害人进行了伤害，故甲、乙、丙三人即可在故意伤害罪的范围内成立共同犯罪，而甲便是故意伤害罪的共犯的共犯。

---

〔1〕　马荣春："共犯本质论：反思、证成与归属"，载《甘肃政法学院学报》2019 年第 5 期，第88~98 页；马荣春："行为共同说的法教义学批判"，载《法律科学（西北政法大学学报）》2018 年第 5 期，第81~83 页；马荣春、任贵："对决、批判与'新生'：共犯成立范围理论的一次清理"，载《河南财经政法大学学报》2016 年第 3 期，第70~71 页；马荣春、王腾："罪过共同说之提倡及其运用"，载《中国人民公安大学学报（社会科学版）》2017 年第 3 期，第54~55 页。

不难发现，从属性说能够将间接共犯（共犯的共犯）、直接共犯以及实行犯之行为看作休戚相关，紧密相连的整体。在实质上，各行为人为实现各自之目的而相互利用、相互支撑，从而他们各自的行为是整个共同犯罪中不可或缺的一部分。在这样一种场合下，个人之力便"升华"为有他人支撑的团体之力，发挥了远高于"单枪匹马"的作用，故此种从属性才是区别于个人犯罪的核心所在。观之于（部分）犯罪共同说，其以各行为人犯罪的（部分）一致性为前提，亦即肯定了共同犯罪人犯意与犯行的相通性。因此，从本质上，将共犯的共犯归属于共犯从属性说，是对共犯的共犯的（部分）犯罪共同说的另一种写照。这里，将共犯的共犯在理论上归位于犯罪共同说与将之在共犯属性上归位于共犯从属性，是相一致的，因为因果共犯论说明了犯罪共同说与共犯从属性是相一致的。由此，共犯的共犯问题讨论，最终还是要通过因果性即因果共犯论作一归结：在共犯的共犯场合，"末端共犯"与"上家共犯"之间形成了因果性，"上家共犯"与（共同）正犯即实行犯之间形成了因果性。而正是前述因果性的传递性织成了从共犯的共犯到共犯再到正犯即实行犯的贯通的整体性。

第七节　共同犯罪的概念辨正与重新表述

在以往的共同犯罪理论中，我们所使用的相关概念或术语在一定程度上存在着"词不达意"或"以辞害意"，故需予以辨正或重新表述。

一、单一正犯、扩张正犯与限制正犯辨正

单一正犯、扩张正犯和限制正犯，首先需予一番辨正以使其"名实相符"。

（一）单一正犯辨正

学者依据《刑法》第29条第2款提出单一正犯体系，即实行犯、教唆犯和帮助犯并无严格区分的必要，因为实行犯、教唆犯和帮助犯的行为都是相互联系、互相利用，故不能单独抽取出来进行独立评价[1]。于是，单一正犯，是指所有参与犯罪的人均为正犯。针对单一正犯概念，学者指出，单一

---

[1] 刘明祥："'被教唆的人没有犯被教唆的罪'之解释"，载《法学研究》2011年第1期，第141页。

正犯概念将因果关系的起点视为构成要件的实现，既无限扩张了刑事可罚性的范围，也有违反罪刑法定原则之嫌[1]。实行犯、教唆犯和帮助犯这三个概念是对应共同犯罪过程中不同参与者分担共犯行为，从而对应不同角色这一客观事实，故单一正犯概念等于抹杀前述不同分担和不同角色的客观事实。正犯即实行犯，其本是对应教唆犯与帮助犯所形成的概念，故当所谓单一正犯概念抹杀了教唆犯和帮助犯，也就等于抹杀了正犯概念自身，从而所谓单一正犯概念也就成为一种"子虚乌有"。

（二）扩张正犯辨正

学者指出，扩张正犯概念认为，任何对犯罪的实现起条件作用或凡是引起了构成要件结果的人，都是正犯。但是，刑法例外地将教唆犯与帮助犯规定为狭义共犯。刑法的这种规定限制了正犯的处罚范围，即本来教唆犯与帮助犯也是正犯，但刑法将其规定为共犯，限制了刑罚处罚。此即所谓刑罚限制事由。由此，间接正犯自然是正犯而无需间接正犯的概念。但是，教唆犯、帮助犯在社会观念上是与正犯不同的类型，而扩张正犯概念却认为它们的实质相同，故不妥当[2]。由于"扩张"而将教唆犯和帮助犯也纳入正犯，故其与所谓单一正犯概念结局一样，所谓扩张正犯概念也将走向抹杀正犯概念自身，从而也成为一种"子虚乌有"。帕多瓦尼教授指出，在"扩张的正犯理论"看来，认定正犯的根据不是行为侵害某种利益的特殊方式，而是行为对法律保护的特定利益的危害。于是，法律规定的犯罪构成要件就被解释为仅仅具有说明刑法保护的是何种利益的作用，而不能用构成要件来限制法律规范的适用范围。这种理论在精神上与自由民主的刑法制度完全相悖。我们的刑法制度是以罪刑法定原则为基础的刑法制度，这种制度要求在认定正犯问题上必须以"限制的（正犯）概念"为指导。于是，只有那些实施了具备构成要件行为的人，才属于法律规定的"正犯"。而要处罚那些实施了非典型行为的行为人，就必须援引有关共同犯罪的法律规定[3]。当与自由民主的刑法精神相悖，且背离罪刑法定原则，则所谓"扩张正犯"是一个要不得的概念。而所谓在认定正犯问题上必须以"限制的（正犯）概念"为指导，实即以

---

[1]　张明楷：《刑法学》（第5版），法律出版社2016年版，第390页。

[2]　张明楷：《刑法学》（第5版），法律出版社2016年版，第390页。

[3]　［意］杜里奥·帕多瓦尼：《意大利刑法原理》（注评版），陈忠林译评，中国人民大学出版社2004年版，第327页。

"原本的（正犯）概念"为指导。

（三）限制正犯辨正

学者指出，限制正犯概念认为，以自己的身体动静直接实现刑法分则规定的构成要件的原则上是正犯，而其他参与者都是共犯。因此，刑法规定对正犯以外的共犯进行处罚，是对处罚范围的扩大，即所谓刑罚扩张事由。这里特别涉及间接正犯问题。由于间接正犯是利用他人实施犯罪行为，故为共犯。由于这一结论不妥当，故主张限制正犯概念的学者必须说明间接正犯是正犯。限制正犯概念虽然面临着间接正犯的难题，但刑法理论完全可以解决这一难题。更为重要的是，限制正犯概念有利于维护构成要件的类型性，也符合一般的社会观念[1]。首先，在间接正犯的场合，利用者和被利用者之间原本不存在共犯关系，故无需假借间接正犯问题可以获得理论解决来说明所谓限制正犯的可取性或无矛盾性。实际上，所谓限制正犯并非是在概念的形式逻辑上对应非限制正犯，而是针对名为"单一正犯"而实为"统一正犯"和"扩张正犯"丢掉正犯概念本有的内涵而人为扩大正犯的外延所形成的一个概念或采用的一个说法。于是，正如刑法因果关系就是因果关系而不存在"直接"与"间接"或"必然"与"偶然"之分，正犯就是正犯而不存在所谓"单一""扩张"和"限制"之分，亦即正犯就是"正犯"。因此，所谓"单一正犯""扩张正犯"和"限制正犯"都是生硬捏造出来的概念。而不用也不应用"单一"等词来限定或修饰的正犯概念本来就是直接对应或描述构成要件定型性的概念。在共同犯罪中，分工不同对应角色不同，从而形成正犯即实行犯和教唆犯与帮助犯的广义共犯分类，这才符合一般的社会观念。

二、共谋共同正犯与先行共同正犯的辨正

正如"单一正犯""扩张正犯"和"限制正犯"，所谓共谋共同正犯与先行共同正犯，同样需予辨正以使其"名实相符"。

（一）共谋共同正犯辨正

共谋共同正犯所指的现象是，二人以上共谋实行某种犯罪，但只有一部分人基于共同的意思实行了犯罪，而没有直接实行犯罪的共谋人构成所共谋之罪的共同正犯。例如，甲与乙共谋杀丙。事后，只有甲一人实施杀人行为

---

〔1〕 张明楷：《刑法学》（第5版），法律出版社2016年版，第390页。

而导致丙死亡。在前例中，甲是杀人罪的直接正犯；乙构成杀人罪的共谋共同正犯而应对杀人行为及其结果承担责任。但究竟应否承认共谋共同正犯，则存在诸多争议，即只有共谋而客观上没有共同实行行为时，能否成立共同正犯？日本以前的通说否认共谋共同正犯，因为既然是共同正犯，至少要求各行为人实施了一部分实行行为，故承认共谋共同正犯，就是承认没有分担实行行为者也是共同正犯。于是，否定说基于三个前提：①共同正犯是正犯；②正犯是分担了实行行为者；③单纯的共谋（者）不是实行行为（者）。但是，日本现在有较多学者肯定共谋共同正犯，只不过肯定的理由不完全相同。间接正犯类似说认为，在共谋共同正犯的场合，直接实行犯罪者是作为全体共谋者的手足而实行犯罪，没有分担实行行为者实际上是将其他人作为犯罪的工具进行利用。同时，直接实行犯罪者由于认识到自己背后有共谋者存在而得到了精神上的支持，故共谋者之间由于存在相互利用、相互补充的关系而应视为有共同行为的事实。实质的正犯论则从实质上理解实行行为，进而肯定共谋共同正犯。于是，对于共同犯罪起到了实质支配作用的共谋者，宜认定为共谋共同正犯。例如，甲与乙共谋实施诈骗，甲将自己策划的周密诈骗方案告诉乙，由乙按照甲策划的内容具体实施诈骗行为，可以认定甲起到了实质支配作用。但是，对于在共谋过程中随声附和且未亲手参与实行的，只能认定心理帮助犯。另一方面，在我国现行立法例下，即使否认共谋共同正犯，但由于共谋者对直接正犯实行犯罪和造成结果至少具有心理因果性，故也应对直接正犯的行为与结果承担责任，从而在直接正犯既遂时，共谋者当然必须承担既遂责任[1]。首先，即便肯定共谋者对直接正犯实行犯罪和造成结果至少具有心理因果性，从而应对直接正犯的行为与结果承担责任，但也得不出共谋者必须承担共同正犯既遂的责任，因为共谋者以心理帮助犯来承担整个共同犯罪既遂的责任，便足以体现罪责刑相适应原则。既然共同正犯是正犯，而正犯须是分担了实行行为者，则没有实施或分担实行行为的单纯的共谋者便不具备成立共同正犯的基本前提和基本事实，从而所谓共谋共同正犯是一个缺少基本前提和基本事实的扭曲概念。

（二）先行共同正犯辨正

学者指出，先行共同正犯是指各共同犯罪人在实施犯罪以前，对犯罪进

---

[1]　张明楷：《刑法学》（第5版），法律出版社2016年版，第398页。

行了预谋，继而共同实行某一犯罪行为，由此构成共同正犯。在这种情况下，各共同犯罪人都自始至终参与共同犯罪的实行，故又称为原始的共同正犯。[1]显然，所谓先行共同正犯，正是学者所谓"并进的共同正犯"[2]，也是本著所称的"同时的共同正犯"。因此，所谓先行共同正犯也是一个似是而非的概念。

三、任意共犯与必要共犯的重新表述

以往的共同犯罪理论对共同犯罪的一种分类即所谓任意的共同犯罪与必要的共同犯罪，首先需要予以重新表述以使其"名实相符"。

（一）任意共犯的重新表述

任意的共同犯罪即任意共犯，是指一人可以实施的犯罪，由二人以上共同实施的情况。例如，二人以上共同故意犯盗窃罪的，是任意的共犯。而必要的共同犯罪即必要共犯，是指刑法分则所规定的，必须由二人以上共同实行的犯罪。在我国，必要的共犯包括对向犯、聚众共同犯罪和集团共同犯罪[3]。首先，任意的共同犯罪即任意共犯中的"任意"一词本有"自由选择"之意，故任意的共同犯罪即任意的共犯可以作出如下理解：对于某种犯罪，行为人在既可由一人实施也可由二人以上实施中选择二人以上实施。而这样选择出来的共同犯罪即所谓任意的共同犯罪即任意共犯。但如果与必要的共同犯罪即必要共犯相对应，则所谓任意的共同犯罪即任意共犯，宜改称为"或然的共同犯罪"即"或然共犯"。

（二）必要共犯的重新表述

所谓必要的共同犯罪即必要共犯。实际上，正如聚众共同犯罪乃至集团共同犯罪，必要的共同犯罪即必要共犯之所以成为必要的共同犯罪即必要共犯，并非刑法分则所"规定"的，而是共同犯罪的发生机理所"规定"的，可谓"孤掌难鸣"，而刑法分则不过是对之予以立法反应罢了。因此，所谓必要的共同犯罪即必要共犯，宜改称为"必然的共同犯罪"即"必然共犯"。于是，"必然的共同犯罪"即"必然共犯"能够摆脱所谓必要共犯这一概念所存在的尴尬或自相矛盾。按照以往的共犯理论，对向犯（对立的犯罪），是

---

〔1〕 陈兴良：《本体刑法学》，商务印书馆 2001 年版，第 535 页。

〔2〕 陈兴良：《本体刑法学》，商务印书馆 2001 年版，第 535 页。

〔3〕 张明楷：《刑法学》（第 5 版），法律出版社 2016 年版，第 386~389 页。

指以存在二人以上相互对向的行为为要件的犯罪，且其分为三种情形：一是双方的罪名与法定刑相同，如重婚罪、代替考试罪等；二是双方的罪名与法定刑都不同，如贿赂罪中的行贿罪与受贿罪；三是只处罚一方的行为（片面的对象犯），如贩卖淫秽物品牟利罪，只处罚贩卖者而不处罚购买者。第三种情形并不是共同犯罪，称为对向"犯"似乎不合适，但这种犯罪以存在购买方的行为为要件，故刑法理论仍然称之为对向犯。第一种情形虽然从不法层面成立共同犯罪，但其中的参与人也可能缺乏责任要素；第二种情形的对向犯也不必然构成共同犯罪，如完全存在受贿人构成受贿罪，但提供贿赂者不构成行贿罪的情形。尽管如此，刑法理论依然认为这些情形均属于对向犯[1]。所谓"似乎不合适""缺乏责任要素"和"不必然构成"，都意味着所谓对向犯并不真正具有共犯品质，从而所谓必要的共同犯罪即必要共犯并不真正具有"必要品质"。就重婚罪而言，当其中一方是受蒙骗的被害人，则难道被害人也是共犯吗？再就贿赂犯罪而言，其不过是行贿罪和受贿罪的概称而已。毫无疑问的是，共同行贿构成行贿罪的共同犯罪，共同受贿构成受贿罪的共同犯罪。而将犯罪构成不同的行贿罪与受贿罪说成是一种具有"对向性"的共同犯罪，显然违背共同犯罪的基本逻辑。而如果丢掉共同性包括行为共同性和罪责共同性，则所谓对向犯将包括诸多甚至所有有非共犯者甚至包括被害人参与的实为单人犯罪即单独犯的情形，因为诸多犯罪是发生在犯罪人与非犯罪人的"互动"之中，从而带来不当扩大共犯范围的危险。

最终，"或然的共同犯罪"与"必然的共同犯罪"的对应，即"或然共犯"与"必然共犯"的对应，便体现着共同犯罪的发生逻辑。

四、附加共同正犯与择一共同正犯的重新表述

以往的共同犯罪理论对共同犯罪的另一种分类即所谓附加共同正犯与择一共同正犯，同样需予重新表述，以使其"名实相符"。

（一）附加共同正犯的重新表述

学者指出，附加的共同正犯，是指为了确保犯罪既遂，二人以上共同针对同一对象或目标实行犯罪的情形。例如，为了确保暗杀的成功，10个杀手同时向一名被害人开枪射击，被害人身中数弹，但不能查明哪些杀手射中了

---

〔1〕 张明楷：《刑法学》（第5版），法律出版社2016年版，第386页。

被害人。在这种场合，所有的杀手都是故意杀人罪的正犯，因为每个杀手都在实施符合构成要件的杀人行为，而且每个杀手的行为都使得犯罪的成功更为确定而确保了结果发生，即其对犯罪行为的实施都具有重要功能〔1〕。在本著看来，既有"附加"，便有"被附加"。而在所谓附加共同正犯的场合，行为人之间互为"附加"和"被附加"。但是，似乎是"被附加者"才有正犯色彩而"附加者"似有"辅助"色彩。因此，宜将附加共同正犯改称为"同时共同正犯"，且此"同时共同正犯"亦即"叠加共同正犯"。

"同时共同正犯"与"并进共同正犯"可谓"异曲同工"。学者指出，并进的共同正犯是指各共同犯罪人在共同犯罪故意的支配下，各自的行为分别符合全部构成要件，由此构成共同正犯，其显著特征是在共同犯罪故意下实施了一个完整的犯罪实行行为，故其有别于"同时正犯"。并进的共同正犯如甲乙经共谋同时枪击丙而致丙死亡。并进的共同正犯意味着客体侵犯之并进〔2〕。这里，"同时"与"并进"义通，故"同时共同正犯"与"并进共同正犯"可以互称。

（二）择一共同正犯的重新表述

学者指出，择一共同正犯是指如下情形：多个杀手基于共同计划分别在不同马路上伏击被害人，最终由其中一个杀手杀害被害人。有人认为，此时只有杀害被害人的杀手是故意杀人罪的正犯，另外潜伏在其他马路上的杀手不是共同正犯。有人则认为，对于这种情形需要区别对待：如果杀手们堵住了被害人房屋的所有出口或封住了被害人的所有逃跑线路，即使最终仅有一个杀手杀害了被害人，也应认定所有杀手都是共同正犯。反之，如果在多个城市分散埋伏一些杀手，被害人出现在哪个城市就由哪个城市的杀手予以杀害，则只有杀害者是正犯，其他杀手不成立共同正犯。学者同意后一种观点，至于在多个城市分散埋伏杀手的情形是否成立共谋共同正犯，则是另一回事〔3〕。其实，从一个房子到一条马路再到一座城市，只是空间的放大而已，而空间放大又不过是距离的"量变"而已，故学者的观点是没有说服力的，亦即决定什么场合中所有杀手都是共同正犯，什么场合下有的杀手是正犯而有的不

---

〔1〕 张明楷：《刑法学》（第5版），法律出版社2016年版，第398页。
〔2〕 陈兴良：《本体刑法学》，商务印书馆2001年版，第535页。
〔3〕 张明楷：《刑法学》（第5版），法律出版社2016年版，第398~399页。

是，这里的区分标准只是一个空间界限，但此空间界限是模糊或不确定的。在前述讨论所涉及的场所中，如果未得手的杀手不仅堵住出口或封住逃跑路线或埋伏在哪个城市，而且着手实施了杀害行为，则未得手者与得手者当然成立共同正犯；如果未得手的杀手的行为仅仅是堵住出口或封住逃跑路线或埋伏在哪个城市，则其难以与得手者成立共同正犯，因为仅仅是埋伏等行为显然只是预备行为。可见，认定未得手者与得手者是否成立共同正犯，标准不在是屋子或马路还是不同城市，而是未得手者是否"着手"即是否实施了构成要件行为。进一步地，在前述讨论的场景中，已经着手的未得手者相互之间及其与得手者之间所形成的共同正犯关系，与其用语义模糊或语义飘忽的"择一的共同正犯"来描述，毋宁用"先后的共同正犯"来描述。这里的"先后的共同正犯"亦即"叠加的共同正犯"。而如果说"同时的共同正犯"是共同正犯的"同时叠加"，则"先后的共同正犯"便是共同正犯的"先后叠加"。

本章小结

由于违背刑法基本原则和刑法责任原则且遭遇实定法障碍，加之自称的所谓"合理性"实即"不合理性"，故共犯本质的"行为共同说"难以立足。而通过一般法理逻辑和具体理论问题所体现出来的自相矛盾，加之对因果共犯论、共犯从属性论、共犯处罚根据论等反叛，使得"行为共同说"应被抛弃，或应转向"犯罪共同说"。"罪过共同说"是较"犯罪共同说"更为贴切的共犯本质学说，且"罪过共同性"形成于"有责性"层面或"犯罪主观方面"。

共同过失犯罪能够得到共同犯罪概念的"属种逻辑"和罪责刑相适应原则的证成，但其应被限缩为共同过失正犯。罪过混合的共同犯罪能够在教唆行为与实行行为之间、实行行为与实行行为之间、帮助行为与实行行为之间得到证成。"片面共犯"的共犯化应得到承认，且其除了片面教唆犯、片面帮助犯和片面共同正犯的分类外，还可从主体数量等予以新的分类。

由于"承继共犯否定说"存在这样那样的问题，故"承继共犯肯定说"应该得到承认，但需恰当把握"因果性"和"部分实行全部责任"。共犯脱离是与共犯承继相对应的共同犯罪现象，其存在"任意性""意思表示"和

"阻止义务"等具体问题。共犯关系的截短是共犯脱离的问题真相，而"因果性遮断"是共犯脱离成立的"充要条件"。共犯脱离问题反面地丰富着共犯理论。

共犯的共犯是共犯理论中较少受到关注的复杂问题。共犯的共犯具有依附性、再间接作用性和传递性特征。共犯的共犯可分为教唆教唆犯、教唆帮助犯、帮助帮助犯和帮助教唆犯。共犯的共犯应将"共犯从属性说"和"犯罪共同说"作为自己的理论归位。

出于准确表意，单一正犯、扩张正犯与限制正犯需予概念辨正，共谋共同正犯和先行共同正犯需予辨正。任意共犯与必要共犯需予重新表述，且分别代之以"或然共犯"与"必然共犯"；附加共同正犯和择一共同正犯也需予重新表述，且分别代之以"同时共同正犯"和"先后共同正犯"，而"同时共同正犯"和"先后共同正犯"可视为"叠加共同正犯"。

共同犯罪的诸多问题，最终应切入因果共犯论予以深入解答，因为因果共犯论是由物理因果性和心理因果性所合成的一种完整的共犯论。实际上，因果共犯论可视为刑法因果关系论与共同犯罪论相结合所形成的一种刑法学理论。就因果共犯论中的物理因果性而言，其可对应着共同犯罪或共犯关系的客观面；就其心理因果性而言，其可对应着共同犯罪或共犯关系的主观面。因此，因果共犯论是一种"主客观相统一"或"主客观相结合"的刑法理论。

因果共犯论能够担当对共同犯罪责任共同性的内在说明。在"犯罪"这一属概念之下，单人犯罪与共同犯罪当然有区别，且其区别体现为因犯罪机理的不同而致刑事责任的不同。就刑事责任而言，共同犯罪有别于单人犯罪之处在于其刑事责任的共同性。如果没有责任的共同性，则无共同犯罪本身。共同犯罪的责任共同性是由客观共同性和主观共同性所构成。其中，客观共同性对应着共犯行为之间的物理因果性，主观共同性对应着共犯行为人之间的心理因果性。但在共同犯罪的责任共同性之中，由物理因果性所对应的客观共同性与由心理因果性所对应的主观的共同性，并非机械并列。易言之，由物理因果性所对应的客观共同性只是共同犯罪责任共同性的客观基础或前提，而由心理因果性所对应的主观的共同性才最终生成共同犯罪的责任共同性。再易言之，在共同犯罪的责任共同性中，客观的共同性依附于且被用来"证明"主观的共同性。只因如此，共同犯罪的责任共同性有着一种"构造性"，且其"构造性"经由因果性得到逐步说明。这一点恰好浓缩和显现在因果共犯论的概念用字即"因果"和"共"字上。但是，共同犯罪的责任共同性最终是共犯行为之间的"主客观相结合性"，而此处的"主客观相结合性"便是客观的共同性对主观的共同性的"依附性"和"证明性"的一种提升。于是，"主客观相结合性"以及在"相结合性"中的"依附性"和"证明性"，便可作为对共同犯罪责任共同性的"构造性"描述。

因果共犯论能够解答为何"同时犯"不是共同犯罪，因为在"同时犯"的场合，既不存在物理因果性，也不存在心理因果性。两种因果性的皆不存在使得"同时犯"无法形成成立共同犯罪所需要的内在联结包括物理性联结和心理性联结。因果共犯论能够解答为何"间接正犯"不是共同犯罪，因为在"间接正犯"的场合，虽可肯定间接正犯者与被利用者之间在客观行为层面的物理因果性，但却难以肯定两者之间的心理因果性。而即便在被利用者具有故意的场合，如已满 16 周岁的甲教唆才满 15 周岁的乙盗窃，间接正犯者与被利用者之间存在着心理层面的相互影响，即间接正犯者对被利用者盗窃故意的引起，但由于才满 15 周岁的乙的盗窃故意非属于规范意义或刑法意义上的故意，故仍不能肯定心理因果性的存在。易言之，因果共犯论中的心理因果性应是规范性的因果性。

只有立于因果共犯论，共犯从属性论和共犯责任论才能得到合理而扎实的说明。具言之，在共犯的场合，正是由于行为人之间形成了物理因果性和心理因果性，故其相互之间才形成了从属或"依附"的关系，从而各个行为人的责任才在整体责任而非"团体责任"之中予以个别化把握。这里，即便再提出"相对独立性"概念，则"相对独立性"最终仍属于"从属性"。

如果立于因果共犯论，则事关共犯成立范围问题的共犯本质便不应是"行为共同"，即对共犯本质问题不应采用"行为共同说"，因为当"行为共同说"也接受或赞许因果共犯论时，其也只是选取了因果共犯论中的"物理因果性"，而被丢弃的"心理因果性"恰恰是说明共犯何以成立的关键要素。易言之，当"行为共同说"在接受或赞许因果共犯论的同时还坚持共犯本质是所谓"行为共同"，则其显然是"舍本取末"了。

最终，立于因果性即因果共犯论来解答共犯本质问题、共同过失犯罪问题、罪过混合的共同犯罪问题、片面共犯问题、共犯承继问题、共犯脱离问题、原因自由行为的共犯问题和共犯的共犯等问题，有助于我们克服用片面的眼光来看待共同犯罪现象，从而强化关于共同犯罪问题的"整体性思维"。

第八章

犯罪形态之二：犯罪阶段形态与罪数

第一节　犯罪着手的教义学重述

通观犯罪着手相关学说的各自内容及其相互争执，当下真正形成有力碰撞的仍然是客观说中的形式客观说与实质客观说。于是，形式客观说与实质客观说的对决、形式客观说的"开始命题"的重新证成与结合犯等着手问题的具体解答，便构成本著对犯罪着手问题的首要尝试。

一、形式客观说与实质客观说的对决

在国内当下刑法理论界，实质客观说正"有力"地挑战着形式客观说，这便造成了两种学说激烈对决的局面。

（一）形式客观说与实质客观说对决之"表"

帕多瓦尼教授指出，在犯罪未遂问题上，《意大利刑法典》坚定地采用了客观说[1]。当客观说分裂为实质客观说与形式客观说，则实质客观说便对形式客观说先后进行了诸多批判：一是形式客观说没有提供标准。言开始实施杀人行为是故意杀人罪的着手，当然正确，但在用枪杀人、用石头杀人和用木棒杀人等情形中，何时"开始"了杀人行为？二是形式客观说会使得着手提前。如诬告陷害罪，形式客观说将开始实施"捏造事实"视为着手。三是形式客观说又会使得着手推迟。如行为人夜间潜入妇女房间，正在脱自己衣服时被抓。由于行为人尚未使用暴力、胁迫或其他手段，故形式客观说就不认定行为人已经着手实施强奸。实质客观说是"有力说"，因其确立的认定着

---

〔1〕〔意〕杜里奥·帕多瓦尼：《意大利刑法原理》（注评版），陈忠林译评，中国人民大学出版社2004年版，第307页。

手的实质标准是合理的，而形式客观说没有提供明确的标准，但其犯罪构成的类型分析法对于着手的认定具有意义。[1]针对前述第一点批判，对于用枪杀人等情形，形式客观说可以分别将行为人开始举枪、开始用石头击打被害人、开始用木棒击打被害人作为故意杀人的着手。由于在杀人故意支配下的举枪和开始击打举动便是使得他人的生命法益陷入紧迫危险的举动，故形式客观说在前述杀人犯罪的情形中已经提供了开始杀人的"行为节点"。可见，形式客观说的"开始命题"能够让我们在一种常识判断中去认识和把握犯罪的着手问题。

　　针对前述第二点批判，批判者诬告陷害罪的举例并不恰当，因为我国《刑法》第 243 条罪状表述中虽有"捏造事实"这四个字，但并非意味着"捏造事实"就是该罪的构成要件行为即实行行为。在本著看来，"捏造事实"是立法有意强调"诬告"才出现在条文中的。实际上，"捏造事实"只是行为人为了到有关机关去告发而事先挖空心思"杜撰"被害人虚假犯罪事实的"材料准备"。易言之，"捏造事实"只是行为人到有关机关进行虚假告发即"诬告"前的"心理杜撰"，亦即诬告陷害罪的构成要件行为即实行行为实际上只是"诬告"即行为人到有关机关进行虚假告发，而这里的"诬告"已经"吸收"了行为人对被害人犯罪事实的先前"杜撰"，正如诬告陷害罪是指向有关国家机关"告发"捏造的犯罪事实，意图使他人受到刑事追究的行为[2]。在现实生活中，行为人也可以是自信脑子灵活和善于表达而直接到有关机关就被害人的虚假犯罪事实"现编现告"，但无论是行为人告发之前"杜撰"被害人的犯罪事实，还是行为人告发之际的"现编"，都是告发之前的预备行为，正如捏造犯罪事实行为在性质上属于为犯罪创造便利条件的预备行为，故"告发"捏造的犯罪事实的行为才是实行行为[3]。诬告陷害罪是侵犯公民自由的犯罪，而"捏造"犯罪事实本身并不具有公民自由法益的现实危险性，故将"捏造"作为该罪的构成要件行为即实行行为，确实不符合该罪构成要件行为的本质要求。因此，"捏造"并非诬告陷害罪构成要件行为的一部分，即诬告陷害罪并非复行为犯。可见，所谓"刻意编造虚假的犯

---

　〔1〕　刘艳红主编：《刑法学》（上），北京大学出版社 2016 年版，第 237 页。

　〔2〕　张明楷：《刑法学》（第 5 版），法律出版社 2016 年版，第 901 页。

　〔3〕　钱叶六：《犯罪实行行为着手研究》，中国人民公安大学出版社 2009 年版，第 76 页。

罪行为"也属于该犯罪具体的实行行为[1]，便存在着对诬告陷害罪实行行为的误读。于是，形式客观说完全可以将行为人到了有关机关之后开始"虚假陈述"作为诬告陷害罪的着手，而不至于将"捏造事实"视为着手，从而使得诬告陷害罪的着手提前。诬告陷害罪条文中之所以出现"捏造事实"，或许是立法者有意强调"诬告"与"错告"之别。可见，通过假想形式客观说"必然"将开始实施"捏造事实"的行为视为着手，似有"欲加之罪何患无辞"。

针对前述第三点批判，批判者强奸罪的举例也不恰当。难道实质客观说将前例视为行为人已经着手强奸行为而构成强奸罪未遂，就一定是合理的吗？或曰只有将前例视为行为人已经着手强奸行为而构成强奸罪未遂，才能说明形式客观说是没有问题的吗？在本著看来，形式客观说不会，也不应该将前述所举例子中"脱自己衣服"视为强奸罪的着手，更不会将"潜入"视为强奸罪的着手。在前例中，如果行为人是开始脱"被害人"的衣服，才可认定行为人已经着手强奸罪的构成要件行为即实行行为。在前例中，实质客观说无疑是将行为人脱自己的衣服视为强奸罪的着手了，故实质客观说难免操之过急。在前例中，对强奸罪着手认定的操之过急，难道不是"法益论"的操之过急吗？在前例中，实质客观说批判形式客观说使得着手过于推迟，则形式客观说难道不可以反过来质疑实质客观说使得着手的认定过于提前了吗？看来，实质客观说对形式客观说的批判不够"客观"，因为其批判存在着"假想"或"强加"。

实质客观说对形式客观说的批判是在变换措辞和举例中重复进行的。首先，形式客观说没有从实质上说明什么是着手，即什么行为才是符合构成要件行为。在有些情况下，形式客观说会使着手提前。例如，保险诈骗罪的客观要件包括"故意造成财产损失的保险事故，骗取保险金"。根据形式客观说，行为人制造保险事故就是该罪的着手。而在某些情况下，形式客观说又可能使得着手过于推迟。例如，故意杀人的，扣动扳机时才是着手，但实际上瞄准被害人时就已经是杀人罪的着手[2]。于是，学者赞成实质结果说或实质客观说，即侵害法益的危险达到紧迫程度（发生危险结果）时，才是着手。

---

〔1〕 刘博卿："实行行为着手研究"，吉林大学 2016 年博士学位论文，第 28 页。

〔2〕 张明楷：《刑法学》（第 5 版），法律出版社 2016 年版，第 341 页。

因此，为了达到与被害妇女性交的目的而投放恐吓信的行为，还不是强奸罪的着手[1]。首先，实质客观说言形式客观说对于什么行为才是符合构成要件行为没有给与任何回答，至少是"夸大其词"。对于"形式客观说"在有些情况下会使得着手提前的批判，就批判者保险诈骗罪的举例而言，无论是行为人故意虚构保险标的，还是对保险事故编造虚假的原因或夸大损失程度，还是编造未曾发生的保险事故，还是故意造成财产损失，还是故意造成被保险人死亡、伤残或者疾病，按照保险法的规定，假设行为人在前述情形中的伎俩没有被识破，保险公司是逃脱不掉给付保险赔偿金的义务的，故当行为人开始实施前述情形的行为，便意味着保险公司的法益陷入了"紧迫的危险"。实质客观说否认行为人开始实施前述五种情形的行为成立保险诈骗罪的着手，似乎只有行为人当着保险公司的面开始口头或书面陈述理赔事由，才使得保险公司的法益陷入了"紧迫的危险"，但诈骗行为包括保险诈骗行为使得法益陷入"紧迫的危险"，并非一定是等到行为人与被害人"面对面"。况且，在前三种情形之中，都通常伴随着行为人与保险单位的直接接触或联系，而正是在此直接接触或联系中，行为人便开始了"虚构事实，隐瞒真相"。显然，在保险诈骗罪的着手问题上，实质客观说反而丢掉了"实质"而仅仅停留在"形式"，或曰实质客观说没有做到"透过现象看本质"，从而走向自己的反面。当举例不当，则通过举例来论证形式客观说存在问题，便真正存在问题。对于形式客观说在某些情况下又可能使得着手过于推迟的批判，就批判者故意杀人罪的举例而言，形式客观说绝对不会将"扣动"扳机作为着手，甚至也不会将"瞄准"被害人作为着手，而是将"举枪"作为着手。易言之，形式客观说在前例中不可能使得着手过于推迟。相反，可能使得着手过于推迟的正是实质客观说。至于为了达到与被害妇女性交的目的而投放恐吓信的行为，如果形式客观说将投放恐吓信的行为作为强奸罪的着手，就一定存在问题吗？易言之，为了达到与被害妇女性交的目的，行为人只有"当面"胁迫才成立胁迫型强奸罪的着手吗？果真如此，似乎不是形式客观说而是实质客观说自身将着手过于推迟，从而将法益保护过于推迟。

为何实质客观说并未为犯罪着手的认定提供明确的标准且真正将着手认定过于提前或推迟呢？如果将"紧迫的危险"也视为一种结果，则实行行为

---

[1]　张明楷：《刑法学》（第 5 版），法律出版社 2016 年版，第 342 页。

与"紧迫的危险"之间便可视为因果关系。于是，我们讨论实行行为的着手就相当于讨论"因"的着手，但"果"怎么可以"倒果为因"来影响"因"的着手呢？有人提出，如遗弃罪，单纯的表示拒绝履行义务尚不能认定为实行行为着手，还需该拒绝履行义务的行为已然对法益造成了现实的威胁状态，唯此才能科学认定纯正不作为犯的着手。[1]关键问题是，从行为人表示拒绝履行义务到怎样的一个"时间节点"才达致所谓"紧迫的危险"？实际上，什么时候开始实施构成要件行为较什么时候形成所谓"紧迫的危险"，反而相对容易判断。可见，实质客观说乃至实质结果说在犯罪着手问题上存在着"倒果为因"的隐蔽思维。赞同实质客观说的人指出，在使用其他方法实施强奸行为的案件中，只有"使麻醉""使酒醉"的行为使被害人产生麻醉或者酒醉状态时，方为强奸罪的着手。那种把持续的麻醉或者酒醉的行为整体对待，从而得出"使麻醉"或者"使酒醉"的行为之初就是着手的观点，使得着手过度提前。类似的情况在抢劫罪中也存在[2]。前述论断所体现的仍然是实质客观说的立场。按照前述论断，行为人开始实施暴力或胁迫行为就是强奸罪或抢劫罪的着手，但若行为人开始实施的是"其他方法行为"，则未必是强奸罪或抢劫罪的着手，因为"其他方法"未必一下子就达成压制被害人抗拒的效果。但问题是，暴力、胁迫行为也并非一下子就达成压制被害人抗拒的效果，并且对于强奸罪或抢劫罪而言，"其他方法"应与暴力、胁迫方法作"相当性解释"。因此，实质客观说在强奸罪或抢劫罪的着手问题上表面上是"区别对待"甚至"实事求是"，而实际上暴露了其自相矛盾，且其隐藏着"倒果为因"的逻辑错位。

实质客观说还会遭遇一个或许是更加"致命"的质疑，即其如何解释抽象危险犯的着手。具言之，抽象危险犯的成立及其既遂只需"抽象危险"，而"抽象危险"并非"具体危险"。显然，如果按照实质客观说，则抽象危险犯永无成立着手的可能，从而抽象危险犯本身根本难以存在，更遑论犯罪既遂，因为学者指出，只有当行为产生了侵害法益的具体危险状态时，才是着手[3]。但问题是，抽象危险犯的"危险"是抽象的而非具体的。对抽象危险犯的着

---

〔1〕 赵保明："实行行为着手研究"，西南政法大学 2014 年硕士学位论文，第 32~33 页。

〔2〕 苏宏峰："犯罪未遂基本问题研究"，华东政法大学 2011 年博士学位论文，第 70 页。

〔3〕 张明楷：《刑法学》（第 5 版），法律出版社 2016 年版，第 342 页。

手问题，形式客观说能够予以基本明确的回答，即行为人开始实施抽象危险犯的构成要件行为。另外，实质客观说对巨额财产来源不明罪的着手问题，也几乎毫无说明力。巨额财产来源不明罪实质上是推定的贪贿犯罪，同时是将"举证责任倒置"作为成立条件的一种犯罪。按照实质客观说，如果将法益侵害的"紧迫危险性"即紧迫的法益侵害性作为巨额财产来源不明罪的着手，则我们似乎根本无从把握该罪的着手。巨额财产来源不明罪也是数额犯，其入罪的数额标准所对应的已经不再是法益侵害的"紧迫危险性"，而是实实在在的法益侵害性。因此，该罪的法益侵害的"紧迫危险性"只能形成于违法数额到达入罪数额标准之前。然而，在没有到达入罪数额标准时，财产来源不明所指涉的违法行为又不构成犯罪。而不构成犯罪，又何来犯罪的着手及其所对应的法益侵害的"紧迫危险性"呢？由此，形式客观说还是能够说明巨额财产来源不明罪的着手问题的，即行为人"不能（拒不）说明"时，行为人拥有来源不明的巨额财产行为才成立巨额财产来源不明罪。于是，巨额财产来源不明罪的着手与此罪的成立及其既遂便实现了"三点合一"。不能回答抽象危险犯和巨额财产来源不明罪的犯罪着手问题，正是实质客观说"倒果为因"的逻辑错位所导致的。

是否为着手认定提供了明确的标准、是否使得着手认定过于提前或推迟、是否存在逻辑错位，以及是否能够回答抽象危险犯和巨额财产来源不明罪等特殊犯罪的着手问题，这些只是实质客观说与形式客观说对决之"表"。

（二）形式客观说与实质客观说对决之"里"

实质客观说"自恃"抓住了"实质"，才自信为着手认定提供了明确的标准，且避免了着手认定的过于提前或推迟。言外之意，形式客观说丢掉了"实质"。于是，是否坚持形式与实质的相结合，进而是否坚守作为刑法最高原则的罪刑法定原则，便是实质客观说与形式客观说对决之"里"。

形式客观说这一名词或学说称谓并非形式客观说的自我命名，而是不同的声音特别是实质客观说对之有针对性的命名或称谓。在本著看来，客观的东西原本就是实质的。当学者们将形式客观说与实质客观说相对立，便等于认定形式客观说中的"客观"不是实质的，即不具有实质性。于是，我们有必要来"客观"地，从而公允地透视一下形式客观说。形式客观说中的"形式"并非一个漫无边际的概念，其本意指向的是构成要件行为即实行行为的"模式性"与"定型性"。学者指出，开始作为犯罪成立要件内容的紧迫危险性的行为，就构成实行的着手[1]；而行为人实施了接近完成犯罪的实质性步骤的作为或不作为，就成立着手[2]。由于构成要件行为即实行行为原本就是法益侵害紧迫危险性的刑法定型，故开始实施构成要件行为即实行行为，即等于点燃了法益侵害紧迫危险性（"危险结果"）这一"炸药包"的"导火索"，而"炸药包"爆炸所导致的便是"实害结果"。当我们肯定法益侵害紧迫危险性已经是一种实质性的东西，即具有实质性，则点燃了法益侵害紧迫危险性的行为或举动，即构成要件行为或实行行为的开始实施，当然也具有实质性。可见，形式客观说骨子里已经是实质客观说，从而实质客观说与形式客观说的对立，本来就存在问题。学者指出，实行行为是立法者从生活中形态万千的事实中就具有侵犯同一法益性质和相同样态的行为事实进行去粗取精而加以抽象、概括出来的行为类型[3]。由于形式与实质本来就是事物的表里关系，故实行行为本来就是形式与实质的统一体或结合体，正如实行行为是具有法益侵害的现实危险而在形式和实质上都符合构成要件的行为[4]。于是，实行行为的开始实施即着手也应是形式与实质的统一体或结合体。可见，形式客观说并非只要形式而不要实质。

有人提出，认定实行行为着手应当坚持双层次认定标准：规范的定型化判断是第一层次的，实质性的法益侵害现实危险性判断第二层次的。唯此两阶段的判断全然符合，实行行为着手才能最终得以认定[5]。"全然符合"意味着"有时"不符合，而"有时"不符合意味着着手的形式与实质"有时"是相互分裂的。但是，当实行行为是法益侵害或法益危险的法定类型，则其只能是形式与实质的统一体或结合体。另有学者提出，形式客观说和实质客观说由于其自身存在的缺陷而无法单独解决实行行为着手的认定问题，故以形式客观与实质客观"二元基准结合说"来判断实行行为的着手是妥当的[6]。"二元基准结合说"仍然属于形式与实质相结合说，但形式客观说并非丢掉了实质。可见，形式客观说所内含的"实质"被实质客观说"不经意"地予以抽离，

〔1〕　[日] 大塚仁:《刑法概说（总论）》，冯军译，中国人民公安大学出版社 2003 年版，第 154 页。

〔2〕　Duncan Bloy, *Criminal Law*, Cavendish Publishing, 1993, p. 183.

〔3〕　钱叶六:《犯罪实行行为着手研究》，中国人民公安大学出版社 2009 年版，第 65 页。

〔4〕　[日] 大谷实:《刑法讲义总论》，黎宏译，中国人民大学出版社 2008 年版，第 125~126 页。

〔5〕　赵保明:"实行行为着手研究"，西南政法大学 2014 年硕士学位论文，第 31 页。

〔6〕　钱叶六:《犯罪实行行为着手研究》，中国人民公安大学出版社 2009 年版，第 166~172 页。

而抽离此"实质"就可以形成实质客观说与形式客观说的"鲜明对比"，从而显示出实质客观说的"优越性"和"有力性"。然而，当我们能够或应该肯定形式客观说也内含"实质性"，则形式客观说的"实质性"与实质客观说的"实质性"又有何区别？如果有区别，则前者的"实质性"就是定型化或法定化的法益侵害紧迫危险性，而后者的"实质性"实即法益危险的"个性化情状"。于是，更为重要的区别是：作为形式客观说的"实质"的法益侵害紧迫危险性，其判断可由构成要件予以定型化限制；而作为实质客观说的"实质"的法益侵害危险性，其判断则在个性化的一种"任性"之中脱离了构成要件的定型性限制。前述区别最终是保护法益和保障权利的双维度区别。可见，形式客观说虽名带"形式"二字，但实为形式与实质相结合的学说，从而其为犯罪着手认定提供的标准不仅是明确的，而且也不易使得着手认定过于提前或推迟；而实质客观说丢掉了"形式"，亦即丢掉了形式与实质相结合，从而失却了形式与实质相结合所对应的刑法"双重理性"即形式理性与实质理性的相结合，最终其为犯罪着手认定提供的标准并不明确，且真正地容易使得着手认定过于提前或推迟。

实际上，实质客观说对构成要件行为即实行行为的开始实施对应法益侵害的紧迫危险性并不全盘否认，而只是构成要件行为即实行行为的开始实施与法益侵害的紧迫危险性"有时"是相互分离或脱节的。于是，按照实质客观说，这"有时"与法益侵害的紧迫危险性分离或脱节的构成要件行为即实行行为的开始实施，便"不得不"属于犯罪预备阶段。但是，就同一种性质的犯罪而言，其构成要件行为即实行行为，作为法益侵害紧迫危险性的刑法定型，也是具有同一性和确定性的，即其征表法益侵害的紧迫危险性是具有同一性和确定性的。因此，构成要件行为即实行行为的开始实施与法益侵害的紧迫危险性"有时"相互分离或脱节的认识，暗含着对构成要件行为定型性，从而对罪刑法定原则的消解。在某种意义上，罪刑法定原则就是刑法的最大标准，而作为罪刑法定原则实际体现的构成要件行为的定型性，也蕴含着一种标准性。因此，消解构成要件行为定型性的做法，实质就是抛弃标准的做法。而构成要件行为的开始实施与法益侵害的紧迫危险性"有时"相互分离或脱节的认识，正是通过犯罪着手问题先来消解构成要件行为的开始实施对法益侵害紧迫危险性的征表性的定型性，进而消解构成要件行为本身的定型性，最终消解罪刑法定原则。通过对构成要件行为本身的定型性的消解以及构成要件行为的开始实施对法益侵害紧迫危险性的征表性的定型性的消解，实质客观说名为有"明确"的标准，实为标准模糊甚或没有标准。这是脱离形式（理性）限制的实质刑法观在犯罪着手问题上的必然结局，因为实质客观说中的"危险"本来就存在着从无到有，从小到大或从弱到强的渐变过程，而所谓"紧迫感"本来也存在着客观情境与主体感受的个体差异性。因此，当法益侵害的紧迫危险性，根据不同案件的具体情况作综合判断[1]，则实质客观说似乎存在着手标准"更加"迷糊，即"更加"没有告诉我们到底什么是着手等"隐蔽"起来的问题，特别是在行为环节"山重水复"的犯罪中。于是，当我们欲摆脱客观情境与主体感受的个体差异性所带来的"标准迷茫"，我们还得仰赖罪刑法定原则。而仰赖罪刑法定原则，体现在犯罪着手的认定上就是尊重和坚守构成要件行为即实行行为的定型性，从而尊重和坚守构成要件行为即实行行为的开始实施对法益侵害紧迫危险性的征表性的定型性，最终尊重和坚守形式客观说。易言之，在犯罪着手的问题上，立于形式客观说的立场，最终即立于罪刑法定原则的立场。有人指出，由于实质客观说对实行行为进行实质性判断时缺乏构成要件符合性判断的形式限定，会将不符合犯罪定型化要件的行为认定为实行行为的着手[2]，故实质客观说的具体论断与其试图限定未遂犯惩罚范围的初衷存在矛盾之处[3]。实质客观说之所以最终扩大未遂犯的处罚范围，以致于与自身的初衷"自相矛盾"，其根本原因在于：实质客观说脱离乃至消解构成要件行为的刑法定型性，从而脱离乃至背离了罪刑法定原则。

在处理形式客观说与实质客观说的关系问题时，我们应将其置入刑法理性的语境中予以审慎对待。详言之，形式客观说中的"形式"对应着形式理性，其中的"客观"对应着实质理性，故形式客观说不仅是关于犯罪着手问题的形式理性与实质理性相结合的学说，而且是用形式理性来限制实质理性的学说，正如形式客观说在重视形式性上和罪刑法定原则是一致的[4]。《德国刑法典》第22条规定："行为人已经直接实施犯罪，而未发生行为人所预

---

[1] 张明楷：《刑法学》（第5版），法律出版社2016年版，第342页。

[2] 赵保明："实行行为着手研究"，西南政法大学2014年硕士学位论文，第20页。

[3] 张明楷：《未遂犯论》，法律出版社·成文堂1997年版，第59页。

[4] ［日］大谷实：《刑法总论》，黎宏译，法律出版社2003年版，第276页。

期的结果的，是未遂犯。"〔1〕前述规定中的"已经直接实施犯罪"包含着"开始"实施构成要件行为。《西班牙刑法典》第 16 条规定："未遂犯是指罪犯通过其外部行为故意直接实施某项犯罪，其实施的全部或部分行为客观上可能造成结果，但因犯罪行为以外的原因没有造成犯罪结果。"〔2〕前述规定中"实施的部分行为"也包含着"开始"实施构成要件行为。可见，形式客观说是照应未遂犯的立法规定来形成关于犯罪着手的见解的。形式客观说照应立法规定，即照应罪刑法定原则。如果说相对的和实质的罪刑法定原则代表着最大的刑法理性，则形式客观说便通过形式理性与实质理性相结合且形式理性限制实质理性而构成了在犯罪着手问题上对罪刑法定原则的最大响应。"法益的紧迫危险"天然存在着模糊性，并且在认定上存在着"言人人殊"或"人言人殊"，即"危险是一个危险的概念"，从而实质客观说是一个"危险的学说"。由此看来，在犯罪着手问题上，形式客观说更加具有"教义刑法学"的特质，而"教义刑法学"的特质即"罪刑法定"的特质。

有人指出，实行行为理论被日本刑法学者称为看不到内容的"黑盒"，即以实行行为作为犯罪的本体且借用到犯罪论的不同领域解决不同性质的问题，导致实行行为理论本身具有一体化的模糊性，由此掩盖了具体问题在实质上的差异〔3〕，故应当消解一体化的实行行为论以使得不同性质的具体问题得到解答〔4〕。前述论断显然赞同实质客观说，但刑法上的行为归根结底就是构成要件行为，而这就是刑法中的犯罪的实行〔5〕。可见，消解实行行为，最终消解的是罪刑法定原则，从而实质客观说的立场是有问题的。至于"实行行为理论本身有一体化的模糊性"，其应被视为实行行为本身的概括性和抽象性；至于"不同性质的具体问题"，应被理解为实行行为的着手应得到不同性质问题的个性化体现，正如实行行为必须适合于各个要件之旨趣，如举动犯的实行行为只是满足其构成要件定型性的行为就够了。而结果犯的实行行为则需

---

〔1〕 徐久生、庄敬华译：《德国刑法典》，中国法制出版社 2000 年版，第 49 页。

〔2〕 潘灯译：《西班牙刑法典》，中国政法大学出版社 2004 年版，第 6 页。

〔3〕 ［日］山口厚：《刑法总论》，付立庆译，中国人民大学出版社 2011 年版，第 50 页。

〔4〕 黄悦："论未遂犯的着手"，载《东岳论丛》2015 年第 8 期，第 115 页。

〔5〕 ［日］小野清一郎：《犯罪构成要件理论》，王泰译，中国人民公安大学出版社 2004 年版，第 84 页。

要具有引起法定的犯罪结果的可能性[1]。实行行为本身的概括性和抽象性是刑法立法的规律所决定的，而定型性则是实行行为的天然特征。当对实行行为名为"一体化"而实为概括性和抽象性的批判或质疑不能成立，则以不能成立的结论来质疑与实行行为有关联性的着手学说即形式客观说也是不能成立的，从而与形式客观说人为对立的实质客观说便显得立足不稳了。

实质客观说并非完美无缺，或曰并非比形式客观说"优越"或"有力"到哪里去，至少其问题比形式客观说更加严重，因为形式与实质本来就是事物的表里关系。实质客观说与形式客观说的"官司"最终要打到罪刑法定原则那里去，而已经是形式和实质相结合的形式客观说在价值旨趣上完全迎合着罪刑法定原则。

二、形式客观说"开始命题"的重证

所谓形式客观说的"开始命题"，即犯罪着手是行为人"开始"实施构成要件行为。"开始命题"的重证便构成了形式客观说的重新出发。

（一）形式客观说"开始命题"出发点的进一步明确

既然将行为人开始实施构成要件行为即实行行为作为着手，则在形式客观说那里，着手与实行行为即构成要件行为便是紧密联系的，正所谓"实行行为的着手"；而在实质客观说那里，既然"实行的着手既可能前置于实行行为，也可能后置于实行行为"，这就意味着着手与实行行为是相互分离的。于是，着手与实行行为即构成要件行为的关系，便构成了形式客观说与实质客观说的一个根本分歧点。依据日本刑法学者西田典之的论断，即实行的着手时期应当是产生结果危险时期，故实行的着手是划定未遂犯处罚时期的时间性概念[2]，学者得出结论：实行的着手既可能前置于实行行为，也可能后置于实行行为。例如，行为人从甲地邮局寄送毒药给乙地的被害人。在甲地寄送毒药的行为虽然是杀人罪的实行行为，但只有当毒药送到被害人乃至被害人开始利用时，才可能认定为故意杀人罪的着手[3]。首先，由西田典之的论断是得不出"实行的着手既可能前置于实行行为，也可能后置于实行行为"这一结论的，从而得不出应将毒药"送达"被害人甚至被害人"开始利用"

---

〔1〕 [日]大塚仁：《刑法概说（总论）》，冯军译，中国人民大学出版社2003年版，第153页。

〔2〕 [日]西田典之：《刑法总论》，弘文堂2010年版，第301页。

〔3〕 张明楷：《刑法学》（第5版），法律出版社2016年版，第340页。

是寄毒杀人犯罪的着手这一个案结论的，因为"实行的着手时期应当是产生结果危险的时期"，只强调"实行的着手"具有法益侵害的紧迫危险性。而"实行的着手是划定未遂犯的处罚时期"，又只强调未遂犯的处罚时期始于"实行的着手"。因此，依据西田典之的论断得出"实行的着手既可能前置于实行行为，也可能后置于实行行为"，有"断章取义"之嫌。

接着，让我们回到问题的基本逻辑上来。实行的着手即实行行为的着手，故着手是附着于实行行为的一个问题，即没有实行行为，也就没有实行行为的着手，正所谓"皮之不存毛将焉附"！在本著看来，法益侵害的危险性存在着一个从无到有，从小到大或从弱到强的发展积累过程。如果作为法益侵害紧迫危险性法定类型的实行行为的着手都征表不了法益侵害的紧迫危险性，则犯罪行为在实行行为着手之后某个不确定的"节点"就能征表法益侵害的紧迫危险性，从而将其作为实行行为的着手吗？这里，有必要指出的是，作为着手的实质判断标准的法益侵害的紧迫危险性，不应是个性化和主观化的概念，而应是一般化与客观化的概念。毫无疑问的是，由于实行行为是法益侵害紧迫危险性的法定类型化，或曰实行行为不仅是违法类型，而且是法益侵害紧迫危险性类型，故其所对应的法益侵害紧迫危险性应被认为具有一般性和客观性。于是，作为实行行为的"开启"，着手便逻辑地征表着法益侵害的紧迫危险性，且其对法益侵害紧迫危险性的征表也具有一般性和客观性。然而，当实行行为的"开始"显然不属于犯罪预备，但其又因"可能"不具有法益侵害的"紧迫危险性"而不被视为着手，则实行行为的"开始"是什么？什么也不是！进而，着手什么也不是！这便使得实行行为的"开始"所对应的着手在犯罪预备和"时空节点"游移不定的法益侵害紧迫危险性之间成了一段"空白"，或曰实行行为的"开始"所对应的着手在法益侵害紧迫危险性面前变成了一种"将要"而非"已经引起（招致）"。对法益侵害的紧迫危险性即便采用"到达说"即"到达主义"甚或"被利用者标准说"，所谓"到达"甚或"被利用"在个案中也有可能像电影慢镜头或一根橡皮筋那样被拉伸。于是，当法益侵害紧迫危险性即着手的"时空节点"游移不定，便意味着着手的标准模糊不清，从而着手理论将可能蜕变成一种"空手道理论"。有人指出，着手可以是犯罪预备和犯罪未遂之间的独立环节，是与实行行为相密接的行为。[1]所谓"密接"实为"脱节"，所谓"独立"实为"割裂"。学者指出，行为人设定了 5 分钟后定时炸弹爆炸，其安放行为是着手不会产生异议的，因为现实的危险性已经发生；而如果行为人设定 5 天以后定时炸弹爆炸，则其安放行为的危险的现实性将变得弱小，故将安放行为判断为着手已然不妥。于是，日本刑法理论有观点认为，在行为人的行为完了之后认定实行的着手，没有不合理之处[2]。所谓"行为完了之后认定实行的着手"又意味着着手是在实行行为"之后"，即没有了实行行为，但仍可有实行行为的着手。这难道"合理"吗？而将着手看成是在实行行为"之后"，又意味着实质客观说更加将犯罪着手的成立时空演绎得"飘忽不定"。在相当程度上，犯罪着手的"空手道理论"与过度膨胀的实质刑法观有着相当的关联性。

"实行的着手既可能前置于实行行为，也可能后置于实行行为"这一说法导致了刑法中着手与实行行为即构成要件行为的分离或斥离。显然，离开实行行为或将之与实行行为予以剥离，则不仅是着手没有实际意义的问题，而且会使得着手变得"飘忽不定"，从而未遂犯的认定和处罚变得"飘忽不定"的问题[3]，正如实现构成要件的全部或部分或与此密接的行为是着手，但学者们出于使着手概念明确而不认可"与此密接"的行为[4]。在本著看来，实现构成要件的全部的行为，就是完成整个实行行为而非实行行为的着手了。实现构成要件的部分的行为，还要看是实行行为的开始部分或是中间部分或是末尾部分。而所谓"密接行为"确有一定的迷惑性，正如直接密接行为是指行为人对行为客体之空间密接性、对行为结果之时间密接性[5]。但密接实行行为的行为仍然是预备行为。既然实行行为必须是符合构成要件的行为，这是罪刑法定原则决定的[6]，则实行行为的着手怎么可以脱离实行行为本身呢？而如果把犯罪的实行看成一条线，则此线的起点就是着手，终点就是既

〔1〕 苏宏峰："犯罪未遂基本问题研究"，华东政法大学 2011 年博士学位论文，第 69 页。

〔2〕 张明楷：《未遂犯论》，法律出版社、成文堂 1997 年版，第 101 页。

〔3〕 [意]杜里奥·帕多瓦尼：《意大利刑法学原理》，陈忠林译，法律出版社 1998 年版，第 300 页。

〔4〕 何荣功："论实行的着手"，载赵秉志主编：《刑法论丛》（第 13 卷），法律出版社 2008 年版，第 202 页。

〔5〕 苏俊雄：《刑法总论Ⅱ》，大地印刷股份有限公司 1997 年版，第 352~353 页。

〔6〕 张明楷：《刑法学》（第 5 版），法律出版社 2016 年版，第 144 页。

遂。[1]可见，脱离构成要件行为的着手理论近乎一种"天马行空"的理论。更进一步地，当着手什么也不是，则意味着实行行为什么也不是。实质客观说乃至实质结果说无疑是在构成要件行为"之外"另立实行行为概念。当实行行为既不是预备行为，也有别于构成要件行为，则其到底是什么？在此，如果非要说实行行为是什么，那它就只能是特定情境中的某种极具"飘忽性"的事态，而此事态在判断上又极具个性化和主观性。可见，实质客观说乃至实质结果说在不自觉中走向了自己的反面。

在着手与实行行为的关系问题上，有的论断是较有迷惑性的。如着手与实行行为一般情形下是统一体。但两者分离时，主观上的故意应分为着手的故意与实行行为的故意。着手的故意，是指认识到自己的行为制造了紧迫危险，并希望或放任该危险的存在。实行行为的故意，是指认识到自己的行为会导致实害结果，并希望或放任该结果的发生。相应地，故意的意志因素包括着手决意与实行决意。例如，甲决定杀害乙，用枪指向乙，手指放在扳机上，准备从"10"数到"1"时扣动扳机，但当数到"8"，甲由于手指抖动而不慎触动扳机，打死了乙。传统理论认为，在构成要件过早实现的场合，只要就实行行为具有认识，就应当对该结果追究故意罪责。但用枪指向乙且将手指放在扳机上，只是杀人的着手而非杀人的实行行为，因为该举动不会导致死亡结果。杀人的实行行为应是主动扣动扳机，因为只有该行为才会导致死亡结果。相应地，甲在倒数时的行为决意属于着手决意而非实行行为的决意。由于甲缺乏实行行为及相应决意，故甲不构成故意杀人罪既遂。最终，对甲应按照过失致人死亡罪与故意杀人罪未遂的想象竞合，择一重罪论处[2]。就前例而言，行为人用枪指向乙且手指放在扳机上，在公众的"法常识"和"法感情"上无疑是故意杀人的犯罪着手。学者认为行为人扣动扳机才是故意杀人的犯罪着手，不仅明显悖离公众的"法常识"和"法感情"，而且不利于犯罪预防与法益保护。先撇开前例的罪数形态或犯罪阶段形态问题不谈，关键的问题在于：行为人在从"10"数到"2"的过程中难道真地仅仅是希望他人处于死亡的"危险"，而在数到"1"时才真正希望他人遭受死亡的"结果"？直接故意杀人的犯罪是行为犯，且以他人死亡结果的形成为犯罪既

---

[1] 伍柳村："试论犯罪的着手"，载《法学杂志》1983年第3期，第22页。
[2] 柏浪涛："未遂的认定与故意行为危险"，载《中外法学》2018年第4期，第1025页。

遂。因此，追求他人死亡是行为人用枪指向乙且手指放在扳机上"实实在在"的意志内容，否则行为人的数数真的就变成了"为数数而数数"即"数字游戏"了。因此，用枪指向乙且手指放在扳机上所对应的决意就是实行决意。这里，我们可以在实行决意之外使用着手决意这一概念，但两者并非并列关系，且着手决意是实行决意的"起始"。易言之，与着手是实行行为的"起始"相对应，着手决意只是实行决意的"起始"，亦即两者之间是"整体"与"部分"的关系或"过程"与"起点"的关系。论者指出，"着手"解决未遂与预备的划分问题，"实行行为"解决未遂与既遂的区分问题[1]。在本著看来，即便"着手"与"实行行为"解决的问题不同，但两者并不因此不发生联系，而两者的联系正是"整体"与"部分"或"过程"与"起点"的关系。至于实行决意是为既遂服务的[2]，在本著看来，实行决意是为既遂服务的，着手决意又是为实行服务的，而着手正是在为实行服务之中构成了实行的"起始"或"起点"，从而发挥未遂与预备的界分功能。在前例中，当论者将行为人"不慎"扣动扳机所造成的事态定性为故意杀人未遂，则等于肯定所谓"未遂"之前的行为已经进入"着手"阶段或状态了。只不过，在前例中，行为人的实行决意是有待慢慢实现的实行决意。假设行为人用枪指向乙且手指放在扳机上，如果乙求饶就不开枪，如果乙不求饶就开枪，结果由于乙不求饶，甲便扣动扳机将乙打死，则行为人用枪指向乙且手指放在扳机上所对应的决意仍然是实行决意，只不过是附条件的实行决意而已。在前例中，学者已经肯定了甲用枪指向乙且手指放在扳机上已经"制造了紧迫危险"，但居然不承认行为人的行为已经进入着手，足见实质客观说容易将着手认定过于推迟。着手认定的过于提前或推迟，是着手与实行行为的"分离论"即实质客观说难以避免的结局。

破除着手与实行行为"分离论"的迷惑，意味着坚持构成要件行为即实行行为的定型性。但有人指出：第一种情况，即在行为主体阙如的场合，例如行为人教唆甲杀害被害人的情况下，真正发生法益实质危险的时刻是在甲杀害被害人之时，但此刻的行为主体却不是行为人，故要对行为人归责，就必须将实行行为锁定于教唆。第二种情况即行为阙如的场合，例如行为人利

---

〔1〕 柏浪涛："未遂的认定与故意行为危险"，载《中外法学》2018年第4期，第1025页。
〔2〕 柏浪涛："未遂的认定与故意行为危险"，载《中外法学》2018年第4期，第1026页。

用自己梦游的行为杀害被害人的情况下，实质性的危险产生于梦游杀人之时，但因为此刻的杀人并不符合行为的"有意性"要件，故只能评价为动作。若要解释为何行为人符合故意杀人罪的构成要件，只能将实行行为拉回到行为人为了杀死仇人而与其同睡。第三种情况，即在责任能力阙如的场合，例如在原因自由行为的情况下，产生紧迫危险之时行为人不具有责任能力，故只能将实行行为的时点适当向前拉伸，即在"宽泛的意义上"理解，才能作符合构成要件的解释[1]。所谓将实行行为的时点适当向前拉伸以"在宽泛的意义上"作符合构成要件的解释，实质是将实行行为与构成要件行为对立起来。而当构成要件行为即实行行为，则所谓将实行行为的时点适当向前拉伸，实质就是将着手与实行行为，同时也是与构成要件行为予以分离，甚至是与犯罪行为本身予以分离。这样，"分离论"所导致的具体结论难以让人接受，因为在第一种场合，教唆行为竟然成了实行行为；在第二种场合，与人同睡的行为竟然成了故意杀人罪的实行行为。而前述结论都是严重悖离公众的"法常识"和"法感情"的结论。于是，被据以得出这些结论的关于着手问题的立场和观点，也必然出了问题。

可见，所谓"在宽泛的意义上"，这一美其名曰实即"飘忽不定"，其将导致什么呢？立场属于实质客观说的"分离论"指出，既然将"侵害法益的具体危险状态之时"界定为着手，则着手的范围就不应当局限于行为，因为在很多情况下造成这种状态的恰恰只是单纯的事件。如在行为人埋藏定时炸弹欲炸毁铁路但铁路建设尚处于施工状态这一例子中，行为人埋藏炸弹属于行为，但此时并没有造成任何的实质性危险，故不是着手；破坏交通设施真正的危险发生于铁路建成之时，但这恰恰又不是行为而是事件[2]。所谓"事件"，根本就不是行为人的危害行为，而将不属于行为人的危害行为的"事件"或"事态"拿来界说行为人犯罪的着手，比将"与人同睡"之类视为相关犯罪的着手，更加背离了公众的"法常识"和"法感情"，甚至让人"啼笑皆非"。可见，着手与实行行为的关系问题，实质就是罪刑法定原则的落实问题，因为当着手首先不是犯罪预备行为，又可以不是实行行为即构成要件

---

〔1〕　陈文昊、郭自力："着手的剥离与重建：英美法系的类型化视角"，载《行政与法》2016年第7期，第95页。

〔2〕　陈文昊、郭自力："着手的剥离与重建：英美法系的类型化视角"，载《行政与法》2016年第7期，第94页。

行为，则着手便最终不是刑事评价的对象。这样，着手最终什么都不是，正如法益侵害的实质化判断意味着着手的时点不需要依托于构成要件行为，甚至不需要附丽于行为的概念[1]。开始实施预备行为，当然不是犯罪的着手。如果开始实施构成要件的行为还不是犯罪的着手，则到底什么是犯罪的着手？难道要等到实害结果的出现吗？如果说紧迫危险的出现才是犯罪着手的成立，则紧迫危险的"时空节点"又如何把握？可见，脱离实行行为即构成要件行为来建构着手理论，不仅是在瓦解着手本身，更严重的是弃罪刑法定这一刑法根基性原则于不顾，正如实质客观说在判定实行行为的着手时不强调构成要件的重要性，故通常会将与犯罪构成要件不相吻合的行为也解读为对结果发生构成迫切危险，从而与罪刑法定原则存在冲突[2]。

由上论述可见，实质客观说将犯罪着手问题与构成要件行为即实行行为相分离，或曰将犯罪着手从构成要件行为那里剥离出来，亦即在构成要件行为之外建构着手理论，从而使得犯罪着手在预备行为与实行行为之间"前不着村后不着店"，最终是将犯罪着手问题与罪刑法定原则相分离。而形式客观说恰恰是将实行行为作为出发点。而将实行行为作为出发点，意味着将罪刑法定原则作为归宿点。对着手与实行行为关系的正确把握，为形式客观说的"开始命题"提供了直接的和坚实的理论前提。

（二）形式客观说"开始命题"的判断标准

如果不对构成要件行为的"开始"实施作出明确的解答，则形式客观说确有空洞之感。因此，形式客观说的"开始命题"应被赋予某种明确的标准。

细究有关着手认定标准的学说，都是试图发现和阐述与实行行为的最小距离。在我国占统治地位的形式客观说中，认定着手的标准有"部分构成要件符合""与构成要件密接""处于构成要件之前位置的行为"和"必要行为"等，这些限定或归纳均是借助与实行行为"零距离接触"的判断以说明可罚行为的起点在哪里。既然构成要件已经失去了固定与机械静止性，则再企图寻求与构成要件最小距离的"着手"已显得不合时宜[3]。这里，所谓

---

[1] 陈文昊、郭自力："着手的剥离与重建：英美法系的类型化视角"，载《行政与法》2016年第7期，第95页。

[2] 陈家林：《不能犯初论》，中国人民公安大学出版社2005年版，第204页。

[3] 高艳东："着手理论的消解与可罚行为起点的重构"，载《现代法学》2007年第1期，第117页。

"构成要件已经失去了固定与机械静止性"如果意在强调构成要件的开放性，是值得肯定的，但犯罪着手并不因此就不再附着于构成要件或可将犯罪着手与构成要件相互剥离。因此，形式客观说将行为人"开始"实施构成要件行为即实行行为作为"实行的着手"，其关于犯罪着手的"开始命题"，在逻辑上是没有问题的，因为作为犯罪行为的一种"样本"或"模版"，构成要件行为即实行行为是犯罪预备行为之后既征表行为人主观故意更加明确强烈，又征表行为人的客观行为已经符合法益危害的刑法定型，正如实行行为是立法者从生活中形态万千的事实中就具有侵犯同一法益性质和相同样态的行为事实进行去粗取精而加以抽象、概括出来的行为类型〔1〕。这里，刑法定型是主观不法与客观不法都已进入严重状态的"双重性"的刑法定型。因此，将"开始"实施构成要件行为即实行行为作为犯罪着手，在形式和实质上都无逻辑问题。易言之，犯罪着手问题不能脱离构成要件而被讨论。显然，"处于构成要件之前位置"的说法已经不再是通过"零距离接触"来探索犯罪着手问题了。

正如前文所论，形式客观说在犯罪着手的认定上并非只要客观因素即行为人"开始"构成要件行为的实施这一客观情状，而不要主观因素即行为人"开始"实施构成要件行为的主观意图。因此，主客观相统一说或折中说对形式客观说的批判是不公允或无的放矢的。同样正如前文所论，即便形式客观说存在着将犯罪着手的认定过于提前或推后的问题，实质客观说乃至实质结果说存在着同样的问题，或问题更为严重。因此，实质客观说对形式客观说的批判也是底气不足或几乎毫无说服力。于是，当形式客观说终究还是存在问题或不足，则其问题或不足便在于何谓构成要件行为即实行行为实施的"开始"？易言之，如何把握行为人"开始"实施构成要件行为即实行行为，即行为人"开始"实施构成要件行为即实行行为的判断标准是什么？这便形成了形式客观说"开始命题"的明确性标准问题。如果对前述问题不作出明确的解答，则形式客观说便始终给人"纯形式说"之感。"法律的生命不在逻辑而在经验"包含着"刑法的生命不在逻辑而在经验"。"刑法的生命不在逻辑而在经验"又意味着刑法具体问题的理论建构和实践解答也要根植于"经验"，而这里所说的刑法具体问题自然包括犯罪着手的认定问题。当"经验法

---

〔1〕　钱叶六：《犯罪实行行为着手研究》，中国人民公安大学出版社 2009 年版，第 65 页。

则"也是刑法的"生命法则"，而"大数法则"包含且升华了"经验法则"，则本著对形式客观说的"开始命题"提出"基于大数法则的类型化危险形成说"以作为其判断标准。

这里首先要指出的是，"类型化危险"是指构成要件行为作为法益侵害的行为类型所指向的危险，故其不同于所谓"紧迫的危险"，因为正如前文所论，"紧迫的危险"根本就不能被用来解释抽象危险犯的犯罪着手问题，即其对犯罪着手问题存在着"解释不全"的问题。接着要指出的是，这里之所以要在"基于大数法则的类型化危险形成说"中采用"形成"这一措辞，是因为犯罪预备行为也存在着法益危险的问题，只不过在犯罪预备阶段，其法益危险只能用"萌芽"等词来描述，即其与"形成"还存在着"危险距离"。于是，"基于大数法则的类型化危险形成说"的基本主张或含义便是：当立于"大数法则"即大多数人的"法常识"和"法感情"，如果行为人的行为已经构成或形成了构成要件所类型化的法益危险，则可肯定行为人已经进入犯罪着手。显然，在"基于大数法则的类型化危险形成说"之中，"大数法则"即大多数人的"法常识"和"法感情"是犯罪着手问题的判断立场，其隐含着判断主体和判断标准，而"类型化危险形成"则是犯罪着手问题的判断结论。于其中，实际进行犯罪着手认定的司法者即法官乃至人民陪审员只不过是"大数法则"即大多数人的"法常识"和"法感情"的"化身"而已。学者指出，在故意杀人罪中，举枪瞄准和扣动扳机相比较，扣动扳机是完全符合故意杀人罪构成要件的行为。但无论在刑法理论还是实务中，举枪瞄准属于"着手"是毫无异议的事情，在大陆法系与英美法系也是如此[1]。"毫无异议"和"也是如此"隐含着犯罪着手认定的"大数法则"。显然，"基于大数法则的类型化危险形成说"回答了犯罪着手的评判主体、评判标准和评判对象。其中，评判主体即大多数人，且此大多数人可将陪审团成员或法官作为代表或代言人；评判标准，即升华了"经验法则"且可将"法常识"和"法感情"作为朴素表达的"大数法则"本身；评判对象，即构成要件所类型化的法益状态，而当成立犯罪着手时，则此法益状态便已经是危险形成状态。于是，所谓类型化危险即构成要件所征表的法益侵害的紧迫危险，而类型化危险的形成即构成要件所征表的法益侵害紧迫危险性的形成。

---

〔1〕 苏宏峰："犯罪未遂基本问题研究"，华东政法大学 2011 年博士学位论文，第 61~62 页。

犯罪着手的认定问题，在实质上直接牵扯出行为危险的问题。对于这里的危险的判断，客观危险说主张根据客观的因果法则判断危险的有无，而不能根据行为人或者一般人的观念判断危险的有无，[1]但自然界的因果法则重要还是人类的经验知识重要，则存在疑问[2]。其实，自然界的因果法则与人类的经验知识并不矛盾，因为自然界的因果法则可以转化为人类的经验知识，即人类的经验知识可以包含自然界的因果法则。易言之，自然界的因果法则本来就是人类经验知识的对象。但如果上升到行为危险的判断标准层面，则似乎应是人类的经验知识相对重要，因为行为危险的创设主体毕竟不是"自然界"而是"人"，且行为危险的判断主体也不是"自然界"而是"人"。尽管实质客观说乃至实质结果说存在这样那样的问题或疑问，但其主张联系法益危险来确定犯罪着手问题的方向上是值得肯定的，其问题主要在于将法益危险与构成要件人为相对立或相分离。"基于大数法则的类型化危险形成说"可以一并解答犯罪着手中的危险判断问题包括判断主体和判断标准。而实质客观说的关键问题恰好在于：其作为着手标准的法益侵害紧迫危险性脱逸了构成要件行为的征表性和节制性，从而存在着对罪刑法定原则和构成要件所对应的刑法形式理性的隐蔽背离。

西原春夫指出，"回答什么是符合构成要件的行为"等于"回答符合构成要件的行为就是这种行为"，这实际上是同义反复[3]。"基于大数法则的类型化危险形成说"能够避免其"开始命题"的同义反复。有人指出，形式化的判断标准并无逻辑问题。但是在回答究竟什么是开始构成要件的行为，形式化标准论的答案已处于论证循环的逻辑矛盾中[4]，正如以着手实行作为衡量基准并不存在逻辑问题，但出现逻辑循环论证的根源在于对着手实行进行表述时错误地采用其抽象含义作为判断基准[5]。由此，蕴含着评价对象和评价标准的"基于大数法则的类型化危险形成说"将使得形式客观说避免"开始命题"的过度抽象性而使得着手的认定具有一种"实体性"。易言之，"基于大数法则的类型化危险形成说"能够使得形式客观说的"开始命题"不再停

---

〔1〕　张明楷：《刑法学》（第 5 版），法律出版社 2016 年版，第 358 页。

〔2〕　周光权：《行为无价值论的中国展开》，法律出版社 2015 年版，第 275 页。

〔3〕　[日]西原春夫：《犯罪实行行为论》，戴波、江溯译，北京大学出版社 2006 年版，第 187 页。

〔4〕　刘博卿："实行行为着手研究"，吉林大学 2016 年博士学位论文，第 37 页。

〔5〕　陈子平：《刑法总论》（下），元照出版公司 2006 年版，第 13 页。

留于空洞抽象，且可避免同义反复或循环论证。

提出"基于大数法则的类型化危险形成说"，必须回应如下论断，即试图把着手这个原本属于实践判断问题作如同构成要件的抽象化处理，是试图在构成要件规范内寻找另一个规范要素，是从抽象中获得另一个抽象，是方法论上的偏离。易言之，若把"着手"也变成观念上的指导形象，也成为一种"定型"，则抽象的构成要件便无法作用于具体的犯罪事实[1]。如果只有将着手与构成要件的要件行为相联系才有实际意义，则构成要件的定型化色彩必然浸染到着手上，因为着手可以视为有别于犯罪预备的主观不法与客观不法双重严重化的一种"征表定型"。学者指出，刑法分则条文定型性规定的构成要件类型只是提供了抽象的、定型化的价值基准，而构成要件符合性的判断，则是以法定的构成要件为基准的具体的、实在的事实判断[2]。所谓构成要件符合性的判断是"具体的、实在的事实判断"，意味着着手的判断是"具体的、实在的事实判断"，正如刑法所规定的构成要件性行为虽然都是以抽象性行为的形式来表示的，但作为符合它的构成事实的行为都必须是具体性行为。[3]但当与具体犯罪相联系，着手虽然有千姿百态的表现或具象，但这并非意味着着手不可以进行共性抽象，从而形成具有"定型性"色彩的概括。易言之，我们应把着手的标准问题与着手在具体犯罪中的认定问题予以区别，即应把着手的抽象与具象相区别，而不可用着手在具体犯罪中认定的多样性和差异性来否定或抹杀着手的一般抽象性与概括性，正如犯罪构成可以分为抽象的犯罪构成与具体的犯罪构成。"基于大数法则的类型化危险形成说"不仅赋予形式客观说的"开始命题"以实体内容，也赋予犯罪着手的抽象性与一般性。

让我们联系具体事例来理解形式客观说"开始命题"的"基于大数法则的类型化危险形成说"标准。一是"毒咖啡案"：为了杀害丈夫，妻子准备了有毒咖啡，打算等丈夫回家后给丈夫喝。在丈夫回家前，妻子去超市。于是，在妻子回家之前，丈夫提前回家并喝了有毒咖啡而身亡。由于妻子还没有着手实行的意思，故只能认定妻子的行为同时触犯了故意杀人预备与过失致人

---

[1] 高艳东："着手理论的消解与可罚行为起点的重构"，载《现代法学》2007年第1期，第117页。

[2] 钱叶六：《犯罪实行行为着手研究》，中国人民公安大学出版社2009年版，第167页。

[3] [日]大塚仁：《犯罪论的基本问题》，冯军译，中国政法大学出版社1993年版，第68页。

死亡罪的想象竞合而从重处罚〔1〕。另一是"毒食案"：由于夫妻双方下岗和两个孩子在读以及老人重病在床等所带来的生活压力，有一对夫妻俩经常哀叹"活着没意思"。一日，丈夫主动做饭，并悄悄地将"毒鼠强"拌入菜泡饭中。饭做好后，丈夫、妻子和两个孩子先后自己盛饭食用。随后，一家四口皆中毒。经抢救，丈夫和两个孩子得以存活，而妻子不治身亡。于是，丈夫受到刑事追究。在前例中，丈夫并没有"亲手"将有毒的饭食递到妻子面前甚或递到妻子手中，但法院照样认定丈夫的行为依法构成故意杀人罪既遂。在前两例中，如果持"着手"就是"亲手"的认识，则丈夫的行为也要被认定为故意杀人罪预备（对丈夫或妻子和孩子）与过失致人死亡罪（对丈夫或妻子）的想象竞合犯。然而，想象竞合犯的认定首先不符合前两例事实本身包括妻子已经中毒身亡这一结果。显然，问题的根源还是在对"着手"的认识和理解上。将"亲手"等同于着手或将着手降格为"亲手"，这里明显存在着对着手理解的偏差。既然着手是使得法益陷入"紧迫的危险"，则对着手的理解和把握，就不仅是形式的和现象的，同时应该是实质的和价值的。

在前述妻子用有毒咖啡来谋害丈夫和丈夫做有毒饭食来毒害家人的案例中，"生活共同体"关系能够被用来说明涉案行为人准备好有毒食物的行为已经不再停留于犯罪预备，而是进入了犯罪实行，亦即构成了犯罪的着手。具言之，丈夫和妻子、父母和孩子，当他们吃住行都在一起，则他们便进入了一个紧密的"生活共同体"空间，即形成了一个紧密的"生活共同体关系"。而正是在此紧密的"生活共同体"空间或紧密的"生活共同体关系"中，原本是"非紧迫的法益侵害"也就容易被"挤压"或"浓缩"为"紧迫的法益侵害"。前述两例都属于投毒杀人类型。实际上，当妻子已经制作了有毒咖啡且已将有毒咖啡放置于丈夫能够拿取饮用的地方，或丈夫已经做好了有毒饭食而可供家人随时盛饭食用，就已经使得丈夫或家人的生命法益陷入"紧迫的危险"，故其行为已经是着手，且放置有毒咖啡和做好有毒饭食已具有投毒杀人犯罪的"构成要件该当性"，亦即将妻子放置有毒咖啡和丈夫做好有毒饭食视为故意杀人罪的着手，既符合着手的形式判断，也符合着手的实质判断。"当他的计划还在摇篮里，他已经就开始着手了。"〔2〕培根的前述言辞对于我

---

〔1〕　张明楷：《刑法学》（第5版），法律出版社2016年版，第276~277页。

〔2〕　［英］弗朗西斯·培根：《学术的进展》，刘运同译，上海人民出版社2015年版，第151页。

们理解前述两例中的犯罪着手问题，应颇有启发：这里的"摇篮"是蕴藏着"紧迫事态"的摇篮。而在"生活共同体"的"摇篮"里，常常滋生着"紧迫的法益危险"。将前述两例定性为故意杀人罪既遂，应是形式客观说的"开始命题"在"基于大数法则的类型化危险形成说"标准下的当然结论。

进一步地，形式客观说的"开始命题"还应回应意大利刑法理论"实行的开始"学说。陈忠林教授指出，采客观说作为犯罪未遂标准的国家，一般都以对社会的现实危险作为处罚犯罪未遂的理论基础。为了能有一个明确的认定犯罪未遂的客观标准，自 1810 年《法国刑法典》以来，世界各国（特别是欧洲大陆国家）普遍都将"实行的开始"（我国通常译为"犯罪的着手"）作为区别可罚的未遂行为和不可罚的预备行为的界限。但是，什么是犯罪"实行的开始"，如何确定犯罪"实行的开始"就成了让各国刑法学家绞尽脑汁却无法达成共识，以至被某些刑法学家悲观地认为"根本无法解决"的问题。面对各种认定犯罪着手的理论都无法明确地划分犯罪的预备和实行行为的局面，1930 年《意大利刑法典》的起草者们决定在立法例上独辟蹊径，抛弃以"实行行为的开始"作为可罚的犯罪未遂的起点的传统模式。他们在继承、综合了意大利刑事古典学派"（行为手段）相称说"和"（行为方向）明确说"的基础上，吸取了这两种关于划分预备行为和实行行为的理论的合理内核，在刑事立法例中首创了以"行为的相称性"和"行为（方向）指向的明确性"作为确定未遂行为客观标准的立法模式，使意大利的犯罪未遂制度在各国刑法制度中独树一帜。按照意大利刑法学界的通说，除不完全具备刑法分则规定的全部构成要件这个否定的因素外，犯罪未遂的成立要求客观方面的"相称性""明确性"和主观方面的故意[1]。这里所谓"相称性"，是指未遂行为具有对被保护法益造成现实危害的性质，或曰"明显的发生危害的可能性"是未遂行为本身显示出来的一种能够决定危害发生的"姿态"。而作为犯罪未遂成立所需要的第二个条件的"明确性"即《意大利刑法典》第56 条规定的"以明确的方式指向实施犯罪"，而未遂行为"指向的明确性"应该理解为"行为人已实施的行为，必须能从客观上表明，行为人的行动明显地具有正在实施犯罪的性质"，或曰未遂行为中已经显示出来的行为人完成

---

[1] ［意］杜里奥·帕多瓦尼：《意大利刑法原理》（注评版），陈忠林译评，中国人民大学出版社 2004 年版，第 310~315 页。

犯罪的可能性。但这里所说的"行动指向的明确性"只具有相对的意义，因为这种"明确性"须借助行为外的其他证据加以证明。由此，人们才说意大利刑事立法抛弃了传统刑法以"实行行为的开始"作为区分不可罚的预备和作为犯罪未遂行为标准的立法模式[1]。在本著看来，既然实行行为即构成要件行为是"类型化的法益紧迫危险行为"，则集中强调"危害的明显可能性"和"犯罪的正在实施性"的所谓"行为的相称性"和"行为（方向）指向的明确性"，原本与"实行的开始"即"犯罪的着手"不仅并不矛盾，反而相互说明。由此，虽然意大利刑事立法抛弃了传统刑法的"实行行为的开始"，但实际上只是抛弃其名而未抛弃其实。

由于将形式客观说本已做到的形式与实质相结合变得更加有形和具体，故"基于大数法则的类型化危险形成说"不仅使得形式客观说的"开始命题"不再空洞，更不再同义反复或循环论证，而且能够从根本上提防主观说以及美其名曰而实为"拼凑说"或"折中说"的主客观相统一（结合）说。

三、特殊类型犯罪着手问题的具体解答

形式客观说和实质客观说对结合犯等特殊类型犯罪的着手认定，其解答是可以想见的。而对特殊类型犯罪着手认定的解答，正是"基于大数法则的类型化危险形成说"使得形式客观说能够较好解决实际问题的有力体现。

（一）结合犯着手的认定

结合犯的着手是着手理论中自然牵扯出的一个具体问题。学者指出，由我国《刑法》第240条第1款第3项的法条表述，行为人先实施拐卖行为后实施强奸行为的，就属于拐卖妇女罪与强奸罪的结合犯（但仍然认定为拐卖妇女罪），其中便存在未遂犯。例如，甲的计划内容是：先以实力控制妇女乙，然后使用暴力强奸乙，最后将乙出卖给丙。在前述结合犯中，只要当行为人"着手"实施强奸行为时，才能适用《刑法》第240条第1款第3项的规定；如果强奸未得逞，则是结合犯的未遂犯，同时适用刑法总则关于未遂犯的规定。因此，在结合犯中，行为人着手实行后罪时，才是结合犯的着手[2]。这

---

〔1〕　[意] 杜里奥·帕多瓦尼：《意大利刑法原理》（注评版），陈忠林译评，中国人民大学出版社2004年版，译者序第15~18页。

〔2〕　张明楷：《刑法学》（第5版），法律出版社2016年版，第343页。

里便引出了结合犯的着手问题。如果将学者们关于结合犯的认识结合起来[1]，则本著将结合犯划分为两种类型：一是混合型结合犯，即"甲罪+乙罪=丙罪"的结合犯；二是加重型结合犯，即"甲罪+乙罪=加重的甲罪或乙罪"。学者是通过加重型结合犯的例子来论述结合犯的"着手"认定问题的。但学者也是承认"甲罪+乙罪=丙罪"这种典型的结合犯即本著所称混合型结合犯的，故可推导出：在学者看来，后罪的着手也是"甲罪+乙罪=丙罪"型结合犯的着手。为何学者将行为人开始实施后罪的构成要件行为即实行行为即后罪的"着手"作为整个结合犯的着手呢？学者很可能存在着这样的逻辑：如果没有后罪的着手，则前罪便无"对象"可结合。实际上，如果没有后罪的着手，则只能说前罪没有已经进入实行状态的犯罪可供结合，而不能断然说没有任何状态的犯罪可供结合，因为当前罪实施完之后，可待结合的后罪虽然最终没有得逞，但也可呈现预备状态。例如，在实施拐卖犯罪的过程中，行为人准备好了"迷药"欲强奸被拐卖妇女，但未及动手强奸就被制止或抓获。当行为人进入了"着手"强奸以至得逞都按照拐卖妇女罪和强奸罪的结合犯对待且论以"加重的拐卖妇女罪"即拐卖妇女罪的加重犯，则总不能将行为人准备强奸而未及"着手"的情形论以拐卖妇女罪与强奸罪（预备）的数罪并罚吧？

所谓"举重以明轻"！在逻辑上，结合犯的着手虽然要在某个"部位"体现出来，但终究是结合犯作为一个有机整体的着手，而非仅仅是某个"部位"的着手。该"部位"应是什么呢？基于被结合的后罪也可以是处于预备状态的犯罪，则该"部位"应是前罪，即结合犯中前罪的"着手"就是结合犯的"着手"。到目前为止，我们所使用的结合犯概念都是"两罪结合犯"，即由两种不同性质的犯罪所构成的结合犯。但在理论上，三种不同性质的犯罪被结合成一个罪也是有可能的，难道"三罪结合犯"的"着手"也要等到最后一个罪实行行为的开始实施才能认定？将行为人在同一过程中先后实施的两种以上不同性质的犯罪构造成结合犯，其道理如同接力赛跑，难道一定要等到下一个队员接过第一个队员手中的接力棒，我们才能说接力赛才开始吗？实际上，将前罪的"着手"视为结合犯的"着手"，丝毫不影响因后罪

---

[1] 刘艳红主编：《刑法学》（上），北京大学出版社2016年版，第302~303页；张明楷：《刑法学》（第5版），法律出版社2016年版，第466~467页。

未遂而将整个结合犯也认定为未遂。

　　复合犯即复行为犯的手段行为的着手，就是复合犯本身即作为一个整体的复合犯的着手。具言之，就抢劫罪而言，其之所以成为复合犯，乃因其实行行为存在着暴力、胁迫或其他方法所对应的"手段行为"与不法占有他人财物所对应的"目的行为"所"复合"而成的构造性；就强奸罪而言，其之所以成为复合犯，乃因其实行行为同样存在着暴力、胁迫或其他方法所对应的"手段行为"与不法和他人性交所对应的"目的行为"所"复合"而成的构造性。就绑架罪而言，其之所以成为复合犯，乃因其实行行为依然存在着控制被害人所对应的"手段行为"（相当于非法拘禁罪）与不法敲诈另一被害人即被害人的利害关系人所对应的"目的行为"（相当于敲诈勒索罪）所"复合"而成的构造性。显然，在复合犯中，"手段行为"已经是构成要件行为即实行行为的首要构成部分，故复合犯的着手问题就是复合犯的"手段行为"的着手问题。由于复合犯通常是复杂客体的犯罪，且其"手段行为"有着直接的客体对应，故开始实施"手段行为"便意味着"手段行为"所直接对应的犯罪客体即相关法益便陷入了"紧迫的危险"，从而"手段行为"的着手就是复合犯的着手。结合犯具有与复合犯相类似的构造，故作为结合犯有机构成部分的前罪的着手，相应地也是结合犯本身即作为一个整体的结合犯的着手。

　　结合犯中的前罪原本就是独立的犯罪，且具有直接的法益客体，故前罪的法益侵害紧迫危险性就是作为整体的结合犯的法益侵害紧迫危险，故形式客观说的"开始命题"无疑通过"基于大数法则的类型化危险形成说"而将前罪的开始实施即着手作为结合犯的着手，正如"牵一发而动全身"。

　　（二）隔离犯着手的认定

　　隔离犯的着手同样是刑法学着手理论中仍应继续深入探讨的一个话题。乘乙出差之机，甲溜进乙的住宅且在乙的药酒中投放了毒药。根据形式客观说，甲开始投放毒药时就是杀人的"着手"。学者认为，虽然甲投放了毒药，但只有在乙将要喝有毒药酒时（"被利用者标准说"），才产生杀人的紧迫危险，即才是杀人的着手。再如，A 为了杀害 B，于 2015 年 8 月 1 日通过邮局将有毒食物从甲地寄给乙地的 B，B 于 8 月 3 日的中午收到但没有打开邮件，8 月 6 日中午 B 正要食用时发现异味而将有毒食物扔掉。形式客观说会采取"寄送主义"，即 A 于 8 月 1 日寄送时就是杀人的"着手"，但这明显使得

"着手"提前。危险结果说既可能采取"到达主义"（8月3日中午为"着手"），也可能采取"被利用者标准说"（8月6日中午为"着手"）。只有当 B 开始食用有毒食品时，才产生死亡的紧迫危险，故"被利用者标准说"是合适的。但在行为人以杀人的故意邮寄爆炸物之类等案件中，由于爆炸物有随时爆炸的危险，故不能一概采取"到达主义"或"被利用者标准说"，应认为"寄送时"就是"着手"[1]。对于隔离犯的"着手"采用"被利用者标准说"是难经推敲的，因为"被利用者标准说"实即"将要说"或"正要说"，但无论是"将要说"或"正要说"，都使得着手的"时空节点"游移不定。可见，"被利用者标准说"实际上是一个模糊的着手标准，况且谁有权威来认定法益侵害的"紧迫危险"之前的几时几刻是"着手"。实际上，就连"被利用者标准说"本身也是莫衷一是的，即其在"药酒案"中采用"将要喝"来表述紧迫危险的形成时间，而其在"邮寄有毒食品案"中则采用"开始食用"而非"将要食用"来表述法益紧迫危险的形成时间。同时，"被利用者标准说"忽略了最为基本的一点："着手"最终只能是行为人的行为展现，而"被利用者标准说"则将考察"着手"的基点转移到被害人身上。易言之，着手本来是行为人的行为，而学者则把着手"演绎"成被害人的行为，亦即由被害人的行为举止来决定犯罪着手的成立时点。这显然不当地缩小了犯罪未遂的成立时空或机会。至于行为人以杀人的故意邮寄爆炸物之类等案件，应认为"寄送时"就是着手，这无疑是入情入理入法的。但邮寄有毒食物，就不会发生邮件中途被非法截留，从而导致其他人食用中毒身亡的事件吗？凡事皆有可能。于是，假借邮寄爆炸物来杀人的犯罪着手应采取"寄送说"或"寄送主义"，并不能反证邮寄有毒食物来杀人的犯罪"着手"就应采取"被利用者标准说"。作为隔离犯着手的一种学说，"到达说"或"到达主义"同样具有模糊性和不确定性，并且容易与"被利用者标准说"难解难分，如有毒食物刚寄到被害人手里，被害人在收货现场就迫不及待地打开食用。

从概念逻辑上，隔离犯应该包括隔地犯和隔时犯。前述邮寄有毒食物的例子，即属于隔地犯；前述在药酒中投放毒药的例子，即属于隔时犯。隔地犯的着手问题会被带到或影射到隔时犯中来。例如，行为人正在建设的铁路

---

〔1〕 张明楷：《刑法学》（第5版），法律出版社2016年版，第342～343页。

下面埋藏定时炸弹，准备在铁路开通之后爆炸。但在铁路建成之前，定时炸弹因浸入雨水而失灵。在这种情况下，根据传统理论，埋藏定时炸弹的行为就是着手，故对行为人以破坏交通设施罪的未遂处罚，但问题在于在行为人埋藏炸弹之时并不存在"交通设施"[1]。按照前述"到达说"甚或"被利用者标准说"，铁路竣工甚或开通才是前例中破坏交通设施罪的着手，但这显然是把铁路竣工甚或开通这样的非属于行为人行为的事件作为犯罪的着手，而背离了犯罪着手应是"行为人的行为"这一最起码的常识。况且，在前例中，铁路竣工甚或开通也不是一个时间节点，而是一个事件过程。实际上，在前例中，行为人埋藏定时炸弹准备爆炸铁路，就相当于行为人埋藏定时炸弹准备炸死一个人；而铁路尚未建成，就相当于被害人尚未进入炸弹的杀伤范围。于是，当炸弹爆炸未炸中被害人时行为已"迈经"着手，则埋藏炸弹的行为便应视为"进入"着手。前述埋藏定时炸弹的例子，明显属于"手段不能犯未遂"或"方法不能犯"，因为铁路建成之前埋设炸弹，炸弹因浸水或施工等原因而失灵或被引爆是高概率事件。仍就前述埋藏定时炸弹的例子而言，如果行为人的目的不是破坏铁路设施，而是破坏火车即交通工具，则难道火车驶出车站甚或驶近爆炸地点的"状态"才是破坏交通工具罪的着手吗？或难道是火车司机的驾驶行为才是破坏交通工具罪的着手吗？

更为重要的是，凡构成要件行为皆属于法定实行行为类型。而法定实行行为类型即构成要件行为，都是具有法益紧迫危险的行为类型。于是，法定实行行为类型即构成要件行为一旦被"开启"即"着手"，就应推定此"开启"即"着手"已经招致了"紧迫的法益危险"即法益侵害的"紧迫危险性"，而不论构成要件行为即实行行为被"开启"即"着手"后，行为过程是短瞬完结，还是"山重水复"，因为构成要件行为即实行行为的"法定化"对构成要件行为即实行行为在现实生活中如何展开并不关心，毕竟刑法的犯罪规定只能具有"样本性"和概括性。因此，无论是"被利用者标准说"，还是"到达说"，最终都存在着对罪刑法定原则的"隐蔽背离"，正如学者指出，就这类隔离犯采取"被利用者标准说"认定着手时，可以溯及性地认定起初的寄送行为是实行行为，于是实行行为在着手之前。但若行为人寄送毒

---

〔1〕 陈文昊、郭自力："着手的剥离与重建：英美法系的类型化视角"，载《行政与法》2016年第7期，第93页。

药后，并没有到达被害人手中，被害人并没有利用，则不能认定故意杀人罪的着手。此时，也没有必要将先前的寄送行为认定为实行行为[1]。所谓实行行为在"着手"之前，意味着否定了实行行为即构成要件行为作为"法益紧迫危险行为"的刑法定型性；而根据毒药是否为被害人所"利用"来认定同一种行为是否实行行为，同样意味着否定了构成要件行为即实行行为的刑法定型性。

总之，"到达说"或"到达主义"与"被利用者标准说"最终背离罪刑法定原则，从而使"着手"的认定实质上变得"飘忽不定"。实际上，当行为人寄送毒药之后，毒药的运输流转以及被害人接收"邮件"或"货物"等环节都属于已经开始或实施的构成要件行为即实行行为的"自然延伸"。由于这一"自然延伸"过程可能因案而"曲折"，故"到达说"或"被利用者标准说"将使得着手的标准变得很随意或不确定，而不确定的标准等于没有标准。"到达说"或"被利用者标准说"可以归属于实质客观说。其中，"被利用者标准说"即结果说，是典型的客观主义立场，其对法益的保护往往是过于迟缓或推迟的。"到达说"或"被利用者标准说"心照不宣地认为，毒药虽然寄送出来了，但在中途会发生行为人意想不到的各种事项，而这些事项使得法益侵害的紧迫危险未必能够形成，故要等到"到达"或"被害人利用"再说，但正如发射远程导弹，难道只有导弹接近目标才能说发射导弹的行为具有"紧迫的攻击性"吗？或曰导弹在飞行过程中被成功拦截，就回过头来说敌方的发射行为不具有"紧迫的攻击性"，从而不是发射或攻击行为吗？抗日战争结束后，中国大地上间或有地方被起出当年日军投下的炸弹，则难道这些炸弹临近爆炸或即将爆炸，才能说日军实施了投弹行为吗？对于隔离犯包括隔地犯和隔时犯，"时空因素"并不影响构成要件行为对法益侵害紧迫危险性的类型化表征作用。

犯罪着手只能将行为人的行为作为认定对象，而隔离犯的"时空曲折性"只是隔离犯着手的"时空环境"，故形式客观说的"开始命题"可通过"基于大数法则的类型化危险形成说"而将符合构成要件定型性的行为开始作为隔离犯的着手。在隔离犯的着手认定上，实质客观说已经丢掉了问题的"规范性"与"教义性"，从而迷失在问题的"现象性"乃至"物理性"中。

---

[1] 张明楷：《刑法学》（第5版），法律出版社2016年版，第343页。

（三）徐行犯着手的认定

徐行犯的着手也是我们讨论犯罪着手问题不能绕开的一个话题。例如，A为了使 B 体内积累毒素而死亡，打算四次向 B 的食物中投放毒药。能否认定第一次投放毒药时就是"着手"？在前述例子中，如果 A 第一次投毒行为就有致人死亡的紧迫危险，就应认定第一次投毒时已经是杀人的"着手"；若第一次只是投放了微量毒药，则不能认定为"着手"，故需要判断第二次投毒行为的危险性，然后得出妥当结论。[1]前述例子所引发的犯罪着手问题，即徐行犯的着手问题。何谓徐行犯？徐行犯是指出于同一犯罪目的，本来只需在较短时间内完成，但行为人却在较长时间内通过反复或重复的举动来最终完成犯罪或实现犯罪目的的犯罪。通过多次投毒以达到一个"致死量"的故意杀人犯罪，就是一个典型的徐行犯。犯罪目的的同一性和行为举动的反复性或重复性，分别是徐行犯的主观特征与客观特征。"量变引起质变"是徐行犯法益侵害紧迫危险性形成的必然途径，也是行为人犯罪目的实现的客观规律所在，而行为举动的反复性或重复性正是行为人在集聚"量变"。由于没有"量变"就没有"质变"，而每一次"量"的增加，哪怕仅是一点点，都为"量变"所不可缺少，故第一次为"量变"作出"量"的贡献的行为举动，就是法益侵害紧迫危险性"功臣"的"一分子"，从而构成实行行为即构成要件行为的开始，亦即成立徐行犯的"着手"。在徐行犯的"量变引起质变"发展进程中，"质变"对应着徐行犯的犯罪既遂，徐行犯的法益侵害紧迫危险状态是形成于"质变"之前的"量变"集聚或积累之中，而"量变"集聚或积累不能缺少每一次"量"的增加。因此，当这里的"每一次"包括"第一次"，且"量变"总集聚或总积累在引起"质变"之前最近距离地对应着徐行犯的犯罪未遂，则"第一次"的行为举动应视为徐行犯的构成要件行为即实行行为的开始，即应视为徐行犯的着手。第一次行为举动之于徐行犯"着手"的作用和意义，相当于 1 分之于及格分 60 分的作用和意义。当我们说某个考生是靠先后抄袭他人共得 60 分才混得了一个及格，则其抄袭第一个其他考生的举动，哪怕仅是抄得了 1 分，那也是考试作弊的"着手"。前述道理，同样适用于徐行犯的第一个或第一次行为举动之于徐行犯着手的认定。如果不采用前述认识，而是要考察每一次举动是否具有法益侵害的紧迫危险性来

---

〔1〕　张明楷：《刑法学》（第 5 版），法律出版社 2016 年版，第 343~344 页。

认定徐行犯的着手，则很可能是"作茧自缚"：徐行犯的举动反复或重复次数可以很多。于是，行为人的举动到底反复或重复了多少次，又到底是哪一次才形成或产生了法益侵害的紧迫危险性，便直接引发"证明难"问题。况且，即便当认定了第二次以后的某一次举动形成或产生了法益侵害的紧迫危险性性，但其中也有某一次的前一次甚或前几次的"功劳"，则为何仅把某一次举动认定为徐行犯的着手呢？因此，徐行犯的第一次行为举动便应视为徐行犯的着手，即"开启"了徐行犯的实行行为即其构成要件行为，而第二次以后的行为举动便是对第一次举动所对应的着手的继往开来，亦即实行行为的时空延伸。

从犯罪规律上看，徐行犯是"量变引起质变"的犯罪，而"质变"意味着犯罪既遂。因此，形式客观说的"开始命题"可通过"基于大数法则的类型化危险形成说"而得出作出第一个"量的贡献"的行为举动便是徐行犯的着手，正是"万事开头难"，且"良好的开始是成功的一半"。

（四）原因自由行为型犯罪着手的认定

由于原因自由行为型犯罪的行为人在原因行为阶段具有刑事责任能力，且原因行为本身就是行为人在具有刑事责任能力状态下有意设定，而行为人无刑事责任能力时的结果行为及其结果不过是其有刑事责任能力时的原因行为的自然延伸，故正如培根所言即"当他的计划还在摇篮里，他已经就开始着手了"，原因自由行为型犯罪的紧迫的法益侵害性实质上已经"潜伏"在原因行为那里，故将原因行为的着手作为整个原因自由行为型犯罪的着手，便实质地符合着"基于大数法则的类型化危险形成说"。通过"基于大数法则的类型化危险形成说"，形式客观说的"开始命题"将原因自由行为型犯罪的着手落实为原因行为的着手，切合着原因自由行为型犯罪的可罚性始于原因行为。至于结果行为是否"实现"，恰是原因自由行为型犯罪的既未遂问题。

综上，在结合犯等特殊类型犯罪中，形式客观说与实质客观说对犯罪着手的解答结论是相左的。而当形式客观说的"开始命题"通过"基于大数法则的类型化危险形成说"这一判断标准对结合犯等特殊类型犯罪的着手问题，能够作出符合经验法则和生活常理的解答，则以"基于大数法则的类型化危险形成说"作为其"开始命题"判断标准的形式客观说，是相对可取的。由于一般类型犯罪的着手较易认定，且前述特殊类型犯罪的个例已经以这样那样的面相而时有发生，故对特殊类型犯罪着手的解答，才体现了"基于大数法则的类型化危险形成说"，从而是形式客观说的实践价值，即其对于解答实际问题的意义所在。

着手就是故意犯罪过程中的一个"时空节点"，正如磅秤的游码，游码的左右移动直接决定即计量着货物的重量，而着手的"时空节点"落定在何处直接决定着犯罪预备和犯罪未遂这两种犯罪阶段形态的成立时空范围。于是，当着手被不当地向右，即朝着犯罪既遂方向予以把控，则意味着犯罪实行阶段的时空被不当地挤压或缩短，从而犯罪未遂的成立机会被不当减少，即应当被论以犯罪未遂的情形便无形之中被挪移到犯罪预备阶段，即被作为犯罪预备对待。相反，如果着手被不当地向左，即朝着犯罪预备行为开始的方向予以把控，则意味着犯罪预备阶段的时空被不当地挤压或缩短，从而犯罪预备的成立机会被不当减少，即应当被论以犯罪预备的情形便无形之中被挪移到犯罪实行阶段，即被作为犯罪未遂对待。由于犯罪预备和犯罪未遂所体现的客观危险性与行为人的主观恶性及其人身危险性轻重或深浅有别，故着手的"时空节点"问题就是犯罪预备阶段和实行阶段的时空分配问题和犯罪预备与犯罪未遂这两种犯罪阶段形态成立时空范围问题，从而是罪责刑相适应原则的落实问题和个案的刑事正义问题。而"基于大数法则的类型化危险形成说"将使得形式客观说的"开始命题"能够较为稳妥地把握犯罪着手的"时空节点"即犯罪预备阶段与实行阶段的"分水岭"，且在犯罪着手问题上将形式层面和实质层面，从而是形式理性与实质理性结合得更加紧密。这里，形式层面即实行行为的开始实施所对应的即"构成要件始当性"，而实质层面即类型化法益危险的形成性。

第二节 "意志以外的原因"

"意志以外的原因"是犯罪预备和犯罪未遂共性的主观特征或主观要件，且构成犯罪预备、犯罪未遂与犯罪中止的主观界限。由于犯罪预备、犯罪未遂与犯罪中止的区别直接关系到罪责刑相适应原则和刑罚个别化原则的贯彻与落实，故"意志以外的原因"的讨论便有着重要的理论意义与实践价值。

一、"意志以外的原因"的基本分类

对于"意志以外的原因"，现有的教科书虽然也有采用"类型"一词，

但也只是作了具体形态的描述，正如有的教科书采用"情况"一词，即其并未采用某种明确的标准而作出较为清晰的分类，从而影响我们对之进行有条理的把握。

（一）"意志以外的原因"的形成空间分类

有教材在讨论犯罪未遂问题时指出，使得行为人的犯罪意志被迫中断即对犯罪意志起着削弱、排斥、阻止作用的原因，即"意志以外的原因"，且此原因就是"足以阻止犯罪意志的原因"。"意志以外的原因"可从质和量两个方面来判断。首先，从"性质"上，行为人的"意志以外的原因"应该是阻碍其实行和完成犯罪的意志与活动的因素。在司法实践中具有阻碍犯罪意志和犯罪活动完成作用而"有可能"被认定为行为人的"意志以外的原因"的因素，大致可以分为三类：①行为人本人以外的原因，包括被害人等方面对完成犯罪具有不利影响的因素；②行为人自身方面对完成犯罪具有不利影响的因素，如其能力缺乏等情况；③行为人主观上对犯罪对象等发生错误认识[1]。其次，从"量"上，行为人的"意志以外的原因"还应该是"足以阻止"其犯罪意志的原因，即其"量"的要求就是必须达到足以阻止犯罪意志和犯罪活动完成的程度。前述对犯罪完成具有不利影响的因素，并非都能达到"足以阻止"犯罪意志和犯罪活动完成的程度，故不能一概地认定为作为犯罪未遂特征的"意志以外的原因"。特别是，如果行为人明知自己遇到的是显然不足以阻止犯罪完成的不利因素，如抢劫、强奸等暴力犯罪中发现被害人是熟人或在暴力犯罪中被害人有轻微的挣扎、反抗，行为人在此等情况下放弃犯罪的完成，就不能将这种不利因素认定为作为犯罪未遂特征的行为人的"意志以外的原因"[2]。这里首先要作纠正或补正的是，"意志以外的原因"不仅是犯罪未遂，而且是犯罪预备的主观特征或主观要件。接下来，我们应把"意志以外的原因"作为犯罪预备和犯罪未遂的共性问题予以把握。

在"量"上达到足以阻止犯罪意志和犯罪活动完成程度的前提下，教科书所列的意志以外原因的前述三种情况可以视为意志以外原因的三种具体类型，而我们可从中抽象出意志以外原因的一种分类标准即"意志以外原因的形成空间"。而按照这一标准，意志以外原因可以作出如下更加清晰的类型化

---

[1]《刑法学》编写组编：《刑法学》（上册·总论），高等教育出版社2019年版，第217~218页。

[2] 刘艳红主编：《刑法学》（上），北京大学出版社2016年版，第242页。

表述：一是来自行为人本身以外的意志以外原因，即此类意志以外原因来自行为人自身之外；二是来自行为人自身的意志以外原因，即此类意志以外原因存在于行为人自身；三是来自行为人主观认知的意志以外原因，即此类意志以外原因形成于行为人的主观认知偏差或"认识错误"。可见，按照形成空间这一标准而对意志以外原因所作出的具体分类体现出层层递进和深化的逻辑关系：来自行为人自身的意志以外原因，是对来自行为人自身以外的意志以外原因的递进和深化；而来自行为人主观认知的意志以外原因，又是对来自行为人自身的意志以外原因的递进和深化。由此，意志以外原因在形成空间层面上存在着由远而近，但却由浅入深的深度变化，从而对应着从犯罪预备到犯罪未遂的深度变化。于是，无论是犯罪预备，还是犯罪未遂，意志以外原因在形成空间层面上所体现出来的是犯罪意志不自由的不同深度，从而构成了刑法中意志自由话题的一个反面内容。进一步地，无论是在犯罪预备，还是在犯罪未遂场合，在从来自行为人自身之外的意志以外原因到来自行为人自身的意志以外原因，最后到来自行为人主观认知的意志以外原因这一顺序上，行为人的主观恶性和人身危险性是递增的，从而其可谴责性是递增的，因为前两种类型的意志以外原因往往意味着行为人的"身不由己"，且其恶意即"恶的意志"实属无奈，而后一种类型的意志以外原因则往往对应着"主观能动性"不足，即其恶意或"恶的意志"还存在着避免认知偏差或"认识错误"，从而走向犯罪既遂的主观可能。这便要求在犯罪预备或犯罪未遂的个案实践中，应区别对待意志以外原因的形成空间类型，以体现罪责刑相适应原则和刑罚个别化原则。

（二）"意志以外的原因"的作用对象分类

在某种意义上，对"意志以外的原因"进行分类时采用形成空间这一标准，实即一种外在标准或形式标准。但正如所谓不能一概地或只是"有可能"将行为人没有料到的因素即"意料之外的原因"认定为作为犯罪未遂特征的"意志以外的原因"，这意味着作为犯罪未遂，同时也是犯罪预备特征的"意志以外的原因"，不能仅从形式上予以认识和把握，从而"意志以外的原因"采用形成空间这一标准进行分类，便具有局限性。因此，我们还应进一步采用另一标准即实质性标准而对"意志以外的原因"进行分类，正如另有教材在讨论犯罪未遂问题时指出，意志以外的原因包括三种情况：第一，抑制犯罪意志的原因，即某种事实使得行为人认为自己在客观上已经不可能继续实行犯罪，从而被迫停止犯罪，如行为人入户抢劫时忽然听到警笛声，便被迫逃离现场；第二，抑制犯罪行为的原因，即某种情况使得行为人在客观上不可能继续实行犯罪，如行为人正在实行犯罪时被抓获；第三，抑制犯罪结果的原因，即行为人已经将其认为应当实行的行为实行终了，但某种情况阻止了侵害结果的发生，如行为人将被害人打昏后拖入水中，以为被害人必死无疑，但适逢过路人将被害人抢救脱险[1]。这里，意志以外原因的前述三种情况也可以视为意志以外原因的三种具体类型。由此，我们可抽象出意志以外原因的另一种分类标准即"意志以外原因的作用对象"，而这里的作用对象标准便始具实质标准的性质。当按照作用对象这一实质性标准，则意志以外原因可以作出如下由表及里，从而更加清晰的类型化表述：一是消极作用于危害结果的意志以外原因，即如在前述第三种情况中，意志以外原因所作用的对象即危害结果，亦即意志以外原因使得危害结果没有发生。二是直接作用于行为人犯罪行为本身的意志以外原因，即如在前述第二种情况中，意志以外原因所作用的对象即犯罪行为本身，亦即意志以外原因使得行为人的行为本身被阻止。三是直接作用于行为人犯罪意志的意志以外原因，即如在前述第一种情况中，意志以外原因所作用的对象即行为人犯罪意志，亦即意志以外的原因使得行为人的犯罪意志被抑止（而非仅仅是抑制）或泯灭。

可见，按照作用对象这一标准而对意志以外原因所作出的具体分类也体现出层层递进和深化的逻辑关系：消极作用于危害结果的意志以外原因，是对直接作用于行为人犯罪行为本身的意志以外原因的递进和深化；而直接作用于行为人犯罪意志的意志以外原因，又是对直接作用于行为人犯罪行为本身的意志以外原因的递进和深化。可见，意志以外原因在作用对象层面上便存在着"由近而远"，但却同样"由浅入深"的深度变化，从而也对应着从犯罪预备到犯罪未遂的深度变化。由此，在犯罪预备或犯罪未遂的场合，在从消极作用于危害结果的意志以外原因到直接作用于行为人行为的意志以外原因，再到直接作用于行为人犯罪意志的意志以外原因这一顺序上，行为人的主观恶性及其人身危险性，从而其刑事可谴责性，同样是递增的，这同样是因为前两种类型的意志以外原因往往意味着行为人的"身不由己"，且其恶意即"恶的意志"实属无奈，而后一种类型的意志以外原因则往往对应着

---

[1] 张明楷：《刑法学》（第 5 版），法律出版社 2016 年版，第 347 页。

"主观能动性"不足，即其恶意或"恶的意志"还存在着避免认知偏差或"认识错误"，从而走向犯罪既遂的主观可能。这便要求在犯罪预备或犯罪未遂的个案实践中，应区别对待意志以外原因的作用对象类型，以体现罪责刑相适应原则和刑罚个别化原则。

前文对"意志以外的原因"所作的从形成空间到作用对象的层层分类中，已经隐含着"意志以外的原因"的问题实质。

二、"意志以外的原因"的问题实质

"意志以外的原因"的问题实质，即"意志自由"问题，亦即应切入"意志自由"而从根本上解答"意志以外的原因"问题。

（一）"意志以外的原因"问题实质的初步交代

在犯罪预备阶段，"意志以外的原因"所导致的犯罪阶段形态是犯罪预备，即行为人构成预备犯；在犯罪实行阶段，"意志以外的原因"所导致的犯罪阶段形态是犯罪未遂，即行为人构成未遂犯。由于犯罪中止是行为人出于放弃犯意即犯罪目的而再无犯罪目的实现之说，故无论是犯罪预备或预备犯，还是犯罪未遂或未遂犯，都对应着犯罪目的没有实现的状态。而潜藏在犯罪目的没有实现状态背后的，便是犯罪意志的不自由。于是，由"意志以外的原因"所对应的"意志不自由"便是"意志以外的原因"的问题实质。而这里的"意志不自由"，意味着行为人的犯罪意志没有发生善性转化，即其主观恶性与人身危险性没有发生消减，故其所对应的犯罪预备或犯罪未遂之所以从宽处罚，乃因为刑法立法对客观事态的考量，即犯罪预备或犯罪未遂毕竟在客观上没有造成紧迫的法益危险或实实在在的法益实害。相应地，犯罪中止所隐含的主观原因的问题实质便是"意志自由"。而正是由于对应着一种主观方面的"正能量"，即行为人的犯罪意志发生了善性转化，故"意志自由"为犯罪中止在从宽处罚幅度上大于犯罪预备和犯罪未遂，甚至为犯罪中止的非罪化提供了正当性说明，即行为人的主观恶性与人身危险性发生了消减甚至消除。进一步地，当犯罪中止可视为自由型犯罪未完成形态而犯罪预备和犯罪未遂可视为非自由型犯罪未完成形态，则是否属于"意志自由"便意味着我们是从哲学根据层面来把握犯罪的阶段形态即其未完成形态。易言之，在行为成立犯罪预备、犯罪未遂的场合，犯罪未完成或得逞的因果性不是形成于行为人自身的"意志自由"，而是形成于行为人意志之外的有关因素对行为人的一种"强制性"，而此处的"强制性"包括"物理强制性"和"心理强制性"，且最终导向行为人犯罪意志的"不自由"。这里，"心理强制性"的适例可有：具有性虐待倾向的甲意图强奸乙，乙意识到自己不能逃脱，而反抗会招致进一步的伤害，故其表示愿意与甲性交。由于乙的表现使得甲不能满足性虐待倾向，故甲放弃了奸淫行为。由于甲没有回到合法性轨道，故只能认定为犯罪未遂即强奸未遂[1]。在前例中，表面上，乙表示愿意性交而致甲放弃奸淫行为，似可认定甲的行为构成犯罪中止即强奸中止，但其行为实即构成犯罪未遂即强奸未遂，因为甲放弃奸淫行为并非出于"自愿性"，而是其犯罪意志已经陷入被抑止状态，或曰乙的愿意性交表示挫败了甲的"性虐待意志"。相反，在行为成立犯罪中止的场合，犯罪未完成的因果性是形成于行为人自身的"意志自由"，且其"意志自由"外在地体现为犯罪行为的自动停止或危害结果的有效防止。可见，"意志以外的原因"以及与之对应的"意志以内的原因"，分别对应着行为人掌控犯罪进程的"意志不自由"和"意志自由"。而正是是否"意志自由"印证了行为人主观恶性与人身危险性，从而其刑事可谴责性的深浅或大小。于是，讨论"意志以外的原因"近在划分犯罪阶段形态的需要，而远在贯彻罪责刑相适应原则和刑罚个别化原则的需要。总之，"意志以外的原因"的问题实质，但同时也是犯罪中止所对应的"自愿性"或"任意性"的问题实质，都要借由"意志自由"予以言说，正如弗兰克公式："能完成不欲完成者"，是中止未遂；"欲完成不能完成者"，是障碍未遂[2]。这里的"欲"与"不欲"和"能"与"不能"，便有"意志自由"之意味。当然，大陆法系刑法中的中止未遂对应着国内刑法立法和刑法理论中的犯罪中止。

（二）"意志以外的原因"问题实质的进一步深化

用"意志不自由"来正面揭示"意志以外的原因"的问题实质，或用"意志自由"来反面揭示"意志以外的原因"的问题实质，便能够提醒我们："意志以外的原因"不等于"意料之外的原因"，即不能轻易将"意料之外的原因"视为"意志以外的原因"。具言之，"意志以外"和"意志以内"是"意志自由"话题中的具体概念。但"意志以外"不等于"意料之外"，即

---

〔1〕 张明楷：《刑法学》（第5版），法律出版社2016年版，第369页。
〔2〕 马克昌：《比较刑法原理（外国刑法总论）》，武汉大学出版社2002年版，第600页。

"意料之外"可能但未必是"意志以外"，因为"意料之外"有时只是"意志以外"的一种虚像，亦即"意料之外"和"意志以外"有时会相互脱节；而"意料之中"不等于"意志以内"，即"意料之中"可能但未必是"意志以内"，因为"意料之内"有时只是"意志以内"的一种虚像，亦即"意料之内"和"意志以内"有时也会相互脱节。当有教材对"意志以外的原因"予以"量"的强调，即行为人的"意志以外的原因"还应该是"足以阻止"其犯罪意志的原因，即其"量"的要求就是必须达到"足以阻止"犯罪意志和犯罪活动完成的程度[1]，便同样启示我们："意志以外的原因"不等于"意料之外的原因"，即不能轻易将"意料之外的原因"视为"意志以外的原因"。之所以"意志以外的原因"不等于"意料之外的原因"，即不能轻易将"意料之外的原因"视为"意志以外的原因"，原因在于：在行为人的主观结构中，"意料"原本对应认识因素，而非直接的意志因素，而"意料之外的原因"能否成为或进入"意志以外的原因"，端赖"意料之外的原因"在"意志自由"面前的"质地"或"质量"如何。这就要求我们在把握犯罪预备或犯罪未遂的主观要件时应做到"透过现象看本质"。如被害人因与丈夫吵架而在当天夜晚负气骑着自行车回娘家。在其行经一乡间小道时，行为人从路旁窜出将被害人连人带车撞倒在地。当行为人抱住被害人的后腰欲行强奸时，被害人说其来了例假，且松开裤子拿出卫生纸让行为人察看。当行为人借着月光确信被害人正值例假，便放弃强奸离去。

在前例中，被害人来了例假可视为"意料之外的原因"，但此因素却在行为人的意志左右之中，即抑止不了行为人的犯罪意志自由，亦即行为人在是否继续实施强奸之间选择了放弃，故仍不属于"意志以外的原因"，从而其行为可以甚或应该认定为强奸犯罪中止。如果暂且认为行为人夜间实施强奸过程中发现对方是熟人而放弃强奸行为，成立强奸罪犯罪中止[2]，则对照之下，行为人因被害人来例假而放弃强奸行为，似更应成立强奸罪犯罪中止。由于"熟人"的心理阻碍作用大于被害人来例假，故前述对照可谓"举重以明轻"。但在他人住宅正欲抢劫的行为人因忽然听到警笛声以为是警察前来抓捕自己而仓皇逃离的场合，"警笛声"这一"意料之外的原因"可以或应该

---

〔1〕　刘艳红主编：《刑法学》（上），北京大学出版社 2016 年版，第 242 页。
〔2〕　张明楷：《刑法学》（第 5 版），法律出版社 2016 年版，第 369 页。

归属于"意志以外的原因"，因为"警笛声"通过传达抓捕、判刑这样的不利信息而抑止了行为人的犯罪意志，亦即使得行为人的犯罪意志陷入了"不自由"状态。

总之，"意料之外的原因"是否属于"意志以外的原因"，当然不能画等号，也不能"一刀切"，因为"意料之外的原因"是否属于"意志以外的原因"，最终要看"意料之外的原因"作用于犯罪意志的"情状"或结果。具言之，如果"意料之外的原因"只是使得犯罪意志受到了一定影响，而犯罪意志仍可左右"意料之外的原因"，或曰行为人的犯罪意志面对着"意料之外的原因"仍可"自由"，即犯罪意志仍可掌控犯罪的进程及其结果，则"意料之外的原因"所对应的仍然是体现"意志自由"的犯罪中止；如果"意料之外的原因"不仅使得犯罪意志受到了一定影响，而且完全抑止（不仅仅是抑制）了犯罪意志，即使得犯罪意志在"意料之外的原因"面前不再"自由"，亦即使得犯罪意志不可能再掌控犯罪的进程及其结果，或曰使得犯罪意志不能再"按照原计划"实现，则"意料之外的原因"所对应的便是体现"意志不自由"的犯罪预备或犯罪未遂。由此，"意志以外的原因"的实质即"意志不自由"便通过"意料之外的原因"与"意志以外的原因"的一种"表里关系"得到了更加真切的说明。

三、"意志以外的原因"的判断标准

以往国内的刑法理论对"意志以外的原因"本来就着墨甚少，而"意志以外的原因"的判断标准问题，更未见有人明确提出并加以讨论。

（一）"意志以外的原因"判断标准的诸说介评

当我国刑法理论不仅在犯罪未遂论中讨论"意志以外的原因"，而且在犯罪中止论中讨论"自动性"，但考虑二者之间的关系[1]，则绕经犯罪中止，本著借助犯罪中止的一个核心概念即"任意性（自愿性）"来尝试探讨"意志以外的原因"的判断标准问题，因为犯罪中止中的"任意性"概念直接对应着"意志自由"话题，而犯罪预备和犯罪未遂中的"意志以外的原因"同样直接关乎"意志自由"话题。

正如我们所知，国内刑法立法和刑法理论中的犯罪中止与大陆法系刑法

---

[1] 张明楷：《刑法学》（第5版），法律出版社2016年版，第366页。

立法和刑法理论中的中止未遂相对应。于是，"任意性"便构成了中外刑法理论在犯罪阶段形态中的共同话题。而对于"任意性"的判断，以往的理论可梳理如下：

（1）主观说即纯粹的主观说，正如行为人想继续实施犯罪且本可以继续实施犯罪，但其没有继续实施的，便属于"基于自己的意思"；相反，尽管行为人想继续实施却不能继续实施的，便属于障碍未遂。此即"弗兰克公式"（"即使能够也不想实现"的为中止未遂，而"即使想也不能实现"的为障碍未遂）[1]。主观说即纯粹的主观说，又如按照此说，即使外部没有障碍，如行为人认为有而停止时，是未遂犯；相反，即使外部有障碍，但行为人认为没有而停止时，是中止犯。由于仅仅根据行为人的主观情况来认定"任意性"的有无，故主观说便得其名[2]。

（2）限定的主观说，正如"基于自己的意思"这一要件，仅有单纯的任意性还不够，还应将其限定于是出于反省、悔悟、怜悯或同情等动机而实施中止行为的场合[3]。限定的主观说，又如该说认为以全然抛掷犯罪之意思而防止其结果者，为中止犯，其他为未遂犯，故该说的判断基准是行为人放弃犯罪是否基于"广义的后悔"[4]。

（3）客观说，正如该说认为应以一般人为基准来判断止于未遂的原因是否通常是由外部的障碍所引起[5]。客观说，又如该说主张犯罪没有完成的原因应根据社会的一般观念进行客观评价，即如果该原因在一般经验上对行为人的意思产生强制性影响而行为人放弃犯罪的，是未遂犯。反之，则为中止犯[6]。客观说，另如该说主张犯罪没有完成的原因以按照社会上一般的观念是否能认为通常障碍为标准：不应认为通常障碍的场合，是因自己的意思的中止；否则，是障碍未遂。该说因以客观的评价为标准而得名[7]。

（4）折中说，正如该说主张认定是否基于任意性时，必须考察行为人对外部事实是如何认识的，再根据客观标准判断行为人的认识，以探讨外部事

〔1〕　［日］西田典之：《日本刑法总论》，王昭武、刘明祥译，法律出版社2013年版，第287页。
〔2〕　陈兴良：《教义刑法学》，中国人民大学出版社2017年版，第641页。
〔3〕　［日］西田典之：《日本刑法总论》，王昭武、刘明祥译，法律出版社2013年版，第287页。
〔4〕　陈兴良：《教义刑法学》，中国人民大学出版社2017年版，第641页。
〔5〕　［日］西田典之：《日本刑法总论》，王昭武、刘明祥译，法律出版社2013年版，第287页。
〔6〕　陈兴良：《教义刑法学》，中国人民大学出版社2017年版，第641页。
〔7〕　马克昌：《比较刑法原理（外国刑法总论）》，武汉大学出版社2002年版，第601页。

实对行为人的意志是否产生了强制性影响：如果产生强制性影响，是未遂犯；反之，则为中止犯[1]。折中说，又如其主张以主观说为基础，客观地判断行为人对外部情况认识的结果，即对外部情况的认识是否影响行为人的意思决定自由。于是，当想完成犯罪而不能完成时，是障碍未遂；当根据外部情况认为能够完成却不欲完成而停止犯罪时，是因自己的意思的中止。

（5）主观的价值生活说，即认为自动性即任意性的判断基准是行为人的主观的价值生活。于是，中止犯减免刑罚的根据在于通过克服其主观价值进行了理性的自我调准：继续实现行为人的企图对行为无价值时而放弃继续实施的，不具有自动性；而在考虑了所有契机的前提下，继续实现行为人的企图对于行为人并非无价值时而放弃继续实施的，具有自动性[2]。

（6）犯罪人理性说，即主张将犯罪人理性作为任意性的判断基准。具言之，由于犯罪人不仅非常冷酷，而且会周密地考虑其具体的行为计划及其得失，故犯罪人理性地放弃犯罪时，不具有自动性；反之，不理性、不合情理地放弃，则具有自动性[3]。如何评价前述诸说呢？

就主观说而言，或曰该说完全是基于功利主义的政策立场[4]，或曰"弗兰克公式"中的"能"与"不能"首先难以判断，而客观上的"能"与伦理上的"不能"难以处理[5]，再就是"能"究竟是指向伦理的或心理的或物理的可能性，并不明确，从而存在宽泛之嫌，且欠缺实定法根据[6]，或曰该说基本上可取，但忽视了行为人的意思决定不可能不受外部情况的影响[7]。实际上，主观说最大的问题在于：主观说即"个别化说"，而"个别化"是断难成为标准的。就限定的主观说而言，或曰该说将中止的自动性与伦理性相混淆，过于缩小了犯罪中止的成立范围[8]，即该说对中止犯的成立范围作了不利于被告人的限定[9]，或曰该说将中止动机的任意性与伦理性相混同而

---

〔1〕 张永江：《未遂犯研究》，法律出版社 2008 年版，第 137～139 页。

〔2〕 张明楷：《刑法学》（第 5 版），法律出版社 2016 年版，第 365～366 页。

〔3〕 张明楷：《刑法学》（第 5 版），法律出版社 2016 年版，第 366 页。

〔4〕 ［日］西田典之：《日本刑法总论》，王昭武、刘明祥译，法律出版社 2013 年版，第 287 页。

〔5〕 张明楷：《刑法学》（第 5 版），法律出版社 2016 年版，第 365 页。

〔6〕 ［日］木村龟二：《刑法总论》，有斐阁 1984 年版，第 361～362 页。

〔7〕 马克昌：《比较刑法原理（外国刑法总论）》，武汉大学出版社 2002 年版，第 602～603 页。

〔8〕 张明楷：《刑法学》（第 5 版），法律出版社 2016 年版，第 365 页。

〔9〕 ［日］西田典之：《日本刑法总论》，王昭武、刘明祥译，法律出版社 2013 年版，第 287 页。

失于狭窄，且减弱奖励中止的效果，故为少数说〔1〕，或曰该说缩小了中止犯的范围且缺乏法律根据，并与刑法理论上的一般见解不相符合〔2〕。就客观说而言，或曰该说由于任意性属于行为人的主观态度问题而不宜采用〔3〕，或曰该说的判断标准与"自动性"这一主观要素不相符合〔4〕，或曰该说对本应是主观的构成要件要素的"自己的意思"完全从客观的见地加以认定并不合适〔5〕，或曰该说脱离行为人主观的实际情况而难言妥当〔6〕。就折中说而言，或曰"自己的意思"这一本来的主观范畴何以有必要在客观上运用一般人标准予以判断，而该说在这一点上并不明确，且该说与主观说一样不能克服由于采用心理的任意性概念而带来的问题〔7〕，或曰该说并未提出明确的判断标准〔8〕。就主观的价值生活说而言，或曰该说的根据与判断标准并不明确〔9〕。实际上，该说与主观说最终并无根本区别，因为主观说中的"想"与"不想"直接隐含着行为人的价值生活态度。就犯罪人理性说而言，或曰该说存在诸多问题：该说中的犯罪人理性概念本身缺乏严密性而容易导致认定的随意性，且容易导致越是冷酷的犯罪人越容易肯定其自动性；该说难以适用于实行终了的犯罪中止；而如果按照一般人的标准判断犯罪人的理性，则该说与客观说没有明显区别〔10〕。

（二）"意志以外的原因"判断标准的重新立论

在前述诸说都存在不足的基础上，学者提出，折中说较为可取，但应予补充，即首先以一般人为标准作为参考，最后以行为人的主观状况为标准进行判断：一般人认为外部情况是障碍，行为人同样也认为是障碍而停止犯罪时，是障碍未遂；客观上并不存在外部障碍，但行为人误认为存在而停止犯罪时，也是障碍未遂；虽然存在一般人认识的外部障碍，但行为人误认为不

---

〔1〕　［日］板仓宏：《新订刑法总论》，劲草书房1998年版，第145页。

〔2〕　马克昌：《比较刑法原理（外国刑法总论）》，武汉大学出版社2002年版，第603页。

〔3〕　［日］西田典之：《日本刑法总论》，王昭武、刘明祥译，法律出版社2013年版，第287页。

〔4〕　张明楷：《刑法学》（第5版），法律出版社2016年版，第365页。

〔5〕　［日］福田平、大塚仁：《刑法总论（Ⅰ）》，有斐阁1979年版，第334页。

〔6〕　马克昌：《比较刑法原理（外国刑法总论）》，武汉大学出版社2002年版，第603页。

〔7〕　［日］中山敬一：《刑法总论（Ⅱ）》，成文堂1999年版，第727页。

〔8〕　张明楷：《刑法学》（第5版），法律出版社2016年版，第365页。

〔9〕　张明楷：《刑法学》（第5版），法律出版社2016年版，第366页。

〔10〕　张明楷：《刑法学》（第5版），法律出版社2016年版，第366页。

存在而停止犯罪时，则是任意中止[1]。其实，前述主张也是一种折中说，其与被补充的折中说的不同之处在于：被补充的折中说实即"先主观说后客观说"的折中说，而前述主张即补充的折中说实即"先客观说后主观说"的折中说。

当前述诸说包括折中说都或多或少地存在着不足，则又有学者提出可称为"逐步判断说"的主张：①采取限定主观说进行判断：行为人基于悔悟、同情等对自己的行为持否定评价的规范意识、感情或动机而放弃犯罪的，充分表明行为人回到了合法性轨道，故应认为具有自动性。②在根据限定主观说得出了否定结论时，再采用弗兰克公式进行判断。"能达目的而不欲"中的"能"，应以行为人的认识为标准继续判断，而不是根据客观事实进行判断，也不是同时根据主观认识与客观事实进行判断。易言之，只要行为人认为可能既遂而不愿达到既遂，即使客观上不可能既遂，也是犯罪中止；反之，只要行为人认为不可能既遂而放弃的，即使客观上可能既遂，也是犯罪未遂。③在根据主观说难以得出结论或结论不合理的场合，应当参考客观说进行判断。而之所以应当参考客观说，是因为如果一般人在当时的情况下也会放弃犯罪而行为人放弃的，不能表明行为人没有特殊预防的必要性；反之，如果一般人在当时的情况下不会放弃而行为人放弃的，则说明行为人没有特殊预防的必要性[2]。显然，学者的"逐步判断说"实即从限定主观说到主观说再到客观说，从而是更具折中性的关于犯罪中止的"任意性说"或"自动性说"。对于学者所提出的"逐步判断说"，本著首先提出两点疑问：一是何以证明一般人在当时的情况下会放弃犯罪而行为人也会放弃，而更难证明的是一般人在当时的情况下不会放弃而行为人却会放弃；二是既然限定主观说是主观说的一种"缩小版"，而当根据限定主观说会得出否定结论时便转而求助主观说，则为何前面两步不并作一步即直接采用主观说？因此，在犯罪中止的"自动性"或"任意性"的判断标准问题上，学者所提倡的"三步走"并作"两步走"即可，亦即采用主观说与客观说相结合的折中说或结合说即可。易言之，适用于犯罪中止的"任意性"或"自动性"的判断标准问题的，仍然是传统的折中说，而"逐步判断说"可视为对传统的折中说的新解读，亦

---

〔1〕 马克昌：《比较刑法原理（外国刑法总论）》，武汉大学出版社 2002 年版，第 603 页。

〔2〕 张明楷：《刑法学》（第 5 版），法律出版社 2016 年版，第 366~367 页。

即其在犯罪中止的"任意性"或"自动性"的判断标准问题中突出了事实性与规范性的相结合，且渗进了特殊预防的必要性考量。

进一步地，由犯罪中止的"任意性"或"自动性"的判断标准即主客观相结合或事实性与规范性相结合的折中说或结合说，我们可"反面转借"出"意志以外的原因"的判断标准，亦即"意志以外的原因"的判断标准亦应采用主客观相结合或事实性与规范性相结合的折中说或结合说，并且在该折中说或结合说中，主观因素或事实因素实际上扮演了判断资料，而客观因素和规范性因素则扮演了判断尺度。于是，当主客观相结合或事实性与规范性相结合的标准只能检验出行为人停止犯罪非系出自"任意性"或"自动性"，则其没有体现"意志自由"，故最终对应"意志以外的原因"而成立犯罪预备或犯罪未遂。反之，当主客观相结合或事实性与规范性相结合的标准检验出行为人停止犯罪系出自"任意性"或"自动性"，则其便体现了"意志自由"，故其最终未对应"意志以外的原因"而成立犯罪中止。这里，之所以说是"反面转借"，是因为犯罪中止的"自动性"或"任意性"对应着"意志自由"，而"意志以外的原因"对应着"意志不自由"。

当"客观上可能"和"主观上可能"而行为人却停止了犯罪行为，则行为人当然具备"自动性"或"任意性"而构成中止犯；当即使"客观上不能"而行为人误认为"可能"，但其却停止了犯罪行为，则行为人仍然具备"自动性"或"任意性"而构成中止犯。因此，犯罪中止的"自动性"或"任意性"理所当然地对应着主观说，正如考虑到中止立法的刑事政策鼓励功能，也考虑到中止犯责任减少的实际情况，对于中止犯自动性的判断，坚持主观说基本上是合理的[1]。而在犯罪预备或犯罪未遂的场合，犯罪行为的停止或犯罪结果的未出现系因出现了"意志以外的原因"。其中，"意志"对应着行为人的主观面，且其状况是"不自由"即"意志不自由"；至于"以外"，则对应着行为过程中的某种客观事态，而此客观事态直接作用于行为人的犯罪意志且令其犯罪意志"不得自由"或"自由不得"。于是，"意志以外的原因"是主客观因素的一种凝结，其所体现的是"主观决定于客观"甚或客观对主观的"反制"，故从犯罪中止任意性问题里面"反面转借"出的犯罪预备或犯罪未遂的"意志以外的原因"的判断标准，与其称为折中说，毋

─────────

〔1〕　陈兴良、周光权：《刑法学的现代展开》，中国人民大学出版社 2006 年版，第 354 页。

宁是更加明确的结合说。这里，折中说抑或结合说只是"意志以外的原因"判断标准的一种学说，而在该学说中，"意志以外的原因"判断标准可直白地描述为"可欲不可求"：所谓"可欲"即达致犯罪既遂的犯罪目的或犯罪意志本身，而所谓"不可求"即犯罪意志的"最终不自由"。于是，"抑止意志自由"便构成"意志以外的原因"判断标准的实体内容。这里要强调的是，主客观相结合，同时也是事实与规范的相结合，使得"意志以外的原因"的标准显示出相对于犯罪中止任意性标准的较为严格性，而这不仅是事物本身的规律和真相所决定的，也是刑法立法预防犯罪的政策考量所要求的。

四、"意志以外的原因"在特殊案件中的运用

"意志以外的原因"的实质能够通过其在特殊案件中的运用而得到更加真切的体现。而本著所说的特殊案件包括：一是被害人是熟人的案件，简称"熟人案件"；二是被害人是父母、同胞兄弟姐妹或者其他密切关系人的案件，简称"密切关系人案件"；三是放弃对此被害人的侵害转而侵害彼被害人的案件，简称"更换被害人案件"。

（一）"意志以外的原因"在"熟人案件"中的运用

学者指出，对丁发现对方是熟人而放弃犯行这类现象，可能需要根据犯罪的类型与一般人的观念对"熟人"是否属于压制行为人犯罪意志的原因作出区别判断。如行为人夜间实施暴力欲强奸妇女，但在实施暴力行为的过程中发现对方是熟人而放弃强奸行为，这种情形宜认定为强奸中止，因为行为人在客观上可以继续强奸的情况下放弃了强奸行为。但行为人在夜间实施抢劫行为，在实施暴力过程中发现是自己的父亲、同胞兄弟或者其他密切关系人而放弃抢劫，这种情形不成立中止犯，亦即成立抢劫罪的未遂犯[1]。在学者看来，在偶遇被害人是"熟人"的场合，行为人停止犯罪行为成立犯罪中止，即行为人成立中止犯；而在偶遇被害人是"密切关系人"的场合，行为人停止犯罪行为成立犯罪未遂，即行为人成立未遂犯。在本著看来，如果按照犯罪类型，强奸罪是重于抢劫罪的犯罪，因为在手段行为具有同质的法益侵害性之外，强奸罪的另一个犯罪客体即"性自主权"在价值上重于抢劫罪的另一个犯罪客体即财产权，故当按照"举重以明轻"，如果对发现是熟人而

---

[1] 张明楷：《刑法学》（第5版），法律出版社2016年版，第369页。

停止强奸行为认定为犯罪中止即强奸中止，则发现是熟人而停止抢劫的也或更应被认定为犯罪中止即抢劫中止。或者反过来，当按照"举轻以明重"，如果对发现是熟人而停止抢劫行为认定为犯罪未遂即抢劫未遂，则发现是熟人而停止强奸的也或更应被认定为犯罪未遂即强奸未遂。可见，学者的个案结论是"顾此失彼"的。这里，"意外发现熟人"对行为人犯罪意志的影响不能停留在表面，而应深入到行为人心理深处予以考察和把握，正如学者本人指出，嫌弃和厌恶之情与"自动性"不是同一个问题。就强奸行为而言，行为人虽有嫌弃、厌恶之情但非由于外部强制而放弃奸淫行为的，宜认定为中止犯；但当嫌弃、厌恶之情压制了行为人的行为意志（如被害人被硫酸毁容），则宜认定为犯罪未遂[1]。学者的论断能够给予我们的启示是："意料之外的原因"会带给行为人各种不同的情绪即心理影响，而这里所说的不同的情绪即心理影响，除了嫌弃或厌恶，还可能是因"熟人"而带来的害怕更容易被举报、抓捕和判刑。于是，我们就要切实考察"意料之外的原因"对行为人的犯罪心理，从而其犯罪意志的影响程度，并作出不同的结论：当此影响足以抑止行为人的犯罪意志，即令其犯罪意志"不得自由"或"自由不得"，则行为人构成预备犯或未遂犯；而当此影响不足以抑止行为人的犯罪意志，即还允其犯罪意志"尚可自由"，则行为人构成中止犯。就害怕更容易被举报、抓捕和判刑这种得失心理，偶遇"熟人"足以构成"意志以外的原因"。由此，从主观方面来说明犯罪预备、犯罪未遂与犯罪中止区别的所谓"意志以内（以外）的原因"，应被表述为"（是否）控制犯罪意志的原因"，从而是"（是否）抑止犯罪意志自由的原因"。

将偶遇"熟人"视为"意志以外的原因"，尚可作进一步的说明或证成。如在黑暗中，甲正对乙实施抢劫。当听到被害人的声音有点耳熟，甲便迟疑下来。而当甲用手电筒将乙面部照亮，却惊知乙是其结识多年的一位朋友。于是，甲惭愧难当，且说了一句"我抢谁都可以，我怎么能抢你呢?!"随后，甲便邀乙到附近酒馆把酒赔罪。对于该例，刑法理论和司法实践会普遍认为甲的行为成立抢劫罪犯罪中止，即甲构成抢劫罪的中止犯。但在本著看来，如果不是抢到了"朋友"，则行为人的行为完全可能实行到既遂，正如"我抢谁都可以（但我唯独不能抢你）"所印证。而正是抢到了"朋友"这一"意

---

[1] 张明楷：《刑法学》（第5版），法律出版社2016年版，第368页。

料之外的原因"，同时也是"意志以外的原因"，才足以抑止（不同于抑制）了行为人的犯罪意志即抢劫意志，故理应以犯罪未遂即抢劫未遂来定性。至于行为人邀被害人到酒馆把酒赔罪，只应被理解为行为人的犯罪意志被抑止的"事后反映"。如同前例：行为人夜间实施暴力意欲强奸妇女，但在实施暴力的过程中发现对方竟然是多年未见的女同学，于是行为人在羞愧难当之余放弃了强奸。这里，正是"女同学"这一"意料之外的原因"，同时也是"意志以外的原因"，才足以抑止了行为人的犯罪意志即强奸意志，故理应定性为犯罪未遂即强奸未遂。由此，"熟人"构成了对于行为人的一种具有特殊意义的"不可抗力"，而此"不可抗力"足以抑止了行为人的犯罪意志，亦即令其丧失了某种犯罪的"意志自由"。在前述抢劫和强奸两个事例中，被害人是否为朋友或同学直接决定了抢劫罪或强奸罪是否既遂，并且行为人的犯罪心理活动即其犯罪意志形成了两种可能：既然是朋友或同学，那就"动不得"；而如果不是朋友或同学，那就"可以动"。至于事后的把酒赔罪等表现，只能是行为人的犯罪意志陷入了"不自由"的一种事后印证。易言之，在偶遇被害人是"熟人"这一"意料之外的原因"的场合，行为人停止犯罪行为所呈现的是"自动的表象"即"意志自由的表象"，而背后则潜藏着可用"此时无声胜有声"来描述的"被迫的实质"即"意志不自由的实质"。因为当被害人是"熟人"，则被害人会更加愤愤不平：对熟人你都下得了手，非告你不可！可见，当作为熟人的被害人较为熟悉行为人包括其体貌特征等在内的有关情况，则行为人也不得不顾虑如果一意孤行将导致何种后果。由此看来，在偶遇被害人是"熟人"这一"意料之外的原因"的场合，行为人停止犯罪行为或为犯罪预备或为犯罪未遂，而不应认定为犯罪中止，原因在于"熟人"这一"意料之外的原因"已经属于"意志以外的原因"。实际上，偶遇被害人是"熟人"而停止犯罪与"担心被发觉而停止犯罪"是直接有关联性的话题，而在威尔泽尔看来，"发觉之虞"所导致的犯罪停止应认定为"障碍未遂"[1]，又如木村龟二指出，害怕迟早被告发、逮捕、处罚而停止犯罪的场合，应成立障碍未遂[2]。可见，偶遇"熟人"这一"意料之外的原因"主要是通过继续犯罪的后果所对应的利害关系来左右甚或抑止行为人的犯罪

---

〔1〕 ［日］木村龟二：《刑法总论》，有斐阁 1984 年版，第 364 页。
〔2〕 ［日］木村龟二：《刑法总论》，有斐阁 1984 年版，第 365 页。

意志，即令其丧失个案罪行的"意志自由"，故应将其归入"意志以外的原因"。

（二）"意志以外的原因"在"密切关系人案件"中的运用

由于父母、兄弟姐妹等密切关系人对于行为人较"熟人"更加或相对重要，故按照"举轻以明重"，偶遇密切关系人更应被归入"意志以外的原因"。在行为人实施抢劫、强奸等犯罪过程中偶遇被害人是父母、兄弟姐妹或者任课老师甚或在读期间的研究生导师的场景中，行为人停止犯罪行为更会呈现"我犯谁都可以（但唯独不能犯你）"的自动表象，但内在的根由则是一种无可抗拒的精神左右即"精神强制"，从而行为人停止犯罪行为在根本上是出于"情非得已"。易言之，之所以应将偶遇密切关系人这一"意料之外的原因"归入"意志以外的原因"，根本原因在于：此类原因从情感上左右或抑止了行为人的犯罪意志，即令其丧失了个案罪行的"意志自由"。但行为人"不得不"停止犯罪行为有时也会伴随着切身利益的考量，如被害人是直接影响其工作去留甚或各种晋升的单位领导，或如被害人是直接决定其是否进入学位论文答辩的研究生导师。由此，我们基本上可以这么看问题，即在偶遇被害人是"熟人"或"密切关系人"的场合，行为人停止犯罪行为实际上是出于可用"情非得已"来描述的"精神强制"或"道德强制"，从而可以甚或应该认定为犯罪预备或犯罪未遂。而在被害人是一般人的场合，如果行为人是出于对被害人的怜悯甚或守法意识的"顿醒"而停止犯罪行为，则可视为出于"精神自觉"或"道德自觉"，从而可以甚或应该认定为犯罪中止。

（三）"意志以外的原因"在"更换被害人案件"中的运用

"更换被害人案件"中的意外因素即"意料之外的原因"对犯罪意志的影响，也是或更是一个应予谨慎把握的特殊问题。如甲为了强奸 A 女，便在 A 女的饮食中投放了麻醉药，孰料 A 女将饮食与 B 女同享。事后，当甲发现 A 女与 B 女均昏迷，且 B 女更漂亮，于是仅强奸了 B 女。学者认为，甲的行为成立对 A 女的强奸中止和对 B 女的强奸既遂，即应予以并罚[1]。前述是学者在讨论犯罪对象转换问题时所举的事例和所持的看法。在本著看来，在前述事例中，强奸犯罪本来就是一种以"牢狱之灾"甚或"杀头之灾"为代价的"人生赌博"，故行为人选择长得更加好看的作为强奸对象可视为一种

---

[1] 张明楷：《刑法学》（第 5 版），法律出版社 2016 年版，第 268 页。

"情非得已"，而这种"情非得已"又实属一种"理性算计"。实际上，在前例中，当行为人觉得 B 女比 A 女漂亮，则意味着其对 A 女产生了"嫌恶感"，而"抱着嫌恶感或恐惧感而停止的场合，通常不能构成中止犯。"[1]在前例中，问题的实质在于：当行为人觉得"牢狱之灾"甚或"杀头之灾"的代价更应付诸较为漂亮的 B 女，则其对 A 女的强奸放弃便实属无奈，因为没有 B 女的出现，行为人不会放弃 A 女。于是，当认为行为人放弃对 A 女的强奸成立犯罪中止即强奸中止，即等于说行为人自愿放弃了对他人的"性法益侵害"，而这又与认为行为人对 B 女的行为成立犯罪既遂即强奸既遂形成自相矛盾，或形成前后定性的不相协调。因此，即使应对甲予以数罪并罚，则甲对 A 女的行为似乎也不应认定为犯罪中止即强奸中止。相比之下，如果将行为人对 A 女的行为认定为犯罪未遂，与将行为人对 B 女的行为认定为犯罪既遂即强奸既遂，是前后协调的，或至少是较为协调的：对 A 女的犯罪未遂即强奸未遂"成全"或"迁就"了对 B 女的犯罪既遂即强奸既遂，而对 B 女的犯罪既遂即强奸既遂是以对 A 女的犯罪未遂即强奸未遂为一种"契机"。这里似乎有一种类似于"失败乃成功之母"的反面意味。可见，在甄别犯罪的完成形态与犯罪的未完成形态包括犯罪预备或犯罪未遂与犯罪中止时，我们应将"刑法法益"或犯罪客体而非犯罪对象作为"参照系"。

在前文所讨论的"特殊案件"包括"熟人案件""密切关系人案件"和"更换被害人案件"中，"意料之外的原因"都通过"意志以外的原因"即造成行为人犯罪意志的"不自由"而使得个案行为成立"能犯未遂"，从而使得"意志以外的原因"的实质在特殊案件中得到更加真切的说明。

从"意志以外的原因"的分类到其实质，再到其判断标准，最后至其在特殊案件中的运用，"意志自由"可谓"意志以外的原因"问题中的一根"红线"，亦即"意志自由"贯穿于"意志以外的原因"的本著论述。

第三节　认识错误中的犯罪阶段形态

不同于日常生活语境中的错误概念是一个贬义概念，刑法学中的认识错误是一个中性概念，其所指即行为人所想与实际发生或法律规定不相一致或

---

〔1〕［日］大谷实：《刑法讲义总论》，成文堂 1994 年版，第 397 页。

相互偏离的情形，即其包括事实认识错误和法律认识错误。于是，事实认识错误便引起了犯罪阶段形态问题的讨论。

一、单独犯事实认识错误中的犯罪阶段形态

单独犯的事实认识错误包括具体事实认识错误和抽象事实认识错误，且都关联着犯罪阶段形态。

（一）单独犯具体事实认识错误中的犯罪阶段形态

单独犯的具体事实认识错误又具体包括对象错误、打击错误和因果关系错误。单独犯的具体事实认识错误已经引起了对故意犯罪既遂问题的争论：具体符合说认为，行为人所认识的事实必须与实际发生的事实"具体地相一致"，才能成立故意的既遂犯，否则成立未遂犯；法定符合说认为，行为人所认识的事实与实际发生的事实，只要是在某一犯罪构成内是一致的，则成立故意的既遂犯[1]。可见，单独犯的具体事实认识错误直接牵扯犯罪阶段形态问题。

在单独犯的场合，具体事实认识错误中的对象错误，是指行为人误把乙对象当作甲对象加以侵害，而甲对象与乙对象处于同一犯罪构成内，即行为人的认识内容与实际发生的客观事实虽有偏离，但仍属于同一犯罪构成的情形。如行为人本欲杀甲，黑夜里误将乙当作甲予以杀害。由于在行为当时，行为人想杀的是"他人"，而实际所杀的也是"他人"，即属于"具体的符合"，故具体符合说与法定符合说对这种对象错误的情形，所得出的结论完全相同[2]。分析造成错误的原因，或许有助于对具体事实认识错误的进一步把握。从学者对对象错误的界定和所举的事例来看，具体事实认识错误中的对象错误，其致因似乎应是行为人的主观错误即"误认为"。这里要强调的是，属于具体事实认识错误中的对象错误问题，是一种"狭义的对象错误"问题，因为行为人误将非犯罪对象当作犯罪对象加以侵害，或者行为人误将犯罪对象当作非犯罪对象加以侵害，也事实地存在着认识错误，即也可称为"对象错误"，但其引起的是未遂犯与不能犯、过失与以外事件的问题[3]。

在单独犯的场合，具体事实认识错误中的打击错误即方法错误，是指由

---

〔1〕 张明楷：《刑法学》（第5版），法律出版社2016年版，第269页。
〔2〕 张明楷：《刑法学》（第5版），法律出版社2016年版，第269页。
〔3〕 张明楷：《刑法学》（第5版），法律出版社2016年版，第269页。

于行为本身的差误而使得行为人所欲攻击的对象与实际受害的对象不相一致，但这种不相一致仍然没有超出同一犯罪构成，如 A 举枪射击甲，但因没有瞄准而击中了乙且致乙死亡[1]。从致因上，打击错误似应归属于客观原因（包括行为人自身的客观原因）所引起的错误。对于打击错误，具体符合说认为，由于客观事实与行为人的主观认识没有形成"具体的符合"，故上例中 A 对甲承担故意杀人未遂的责任而对乙承担过失致人死亡的责任，即对行为人应按照想象竞合犯而从一重罪论处。具体符合说凸显了重视法益主体的区别这一学术特征，但其缺陷被学者总结如下：

（1）根据具体符合说，在上例中，行为人具有杀人的故意，也实施了杀人的行为，却要论以杀人未遂，有悖于社会通念。而与对象错误相比，打击错误的违法性与有责性没有任何减少，故具体符合说缺乏实质根据。

（2）根据具体符合说，在上例中，只要没有造成甲死亡，不管是否造成乙或其他人死亡，行为人都负杀人未遂之责，必然导致罪刑不相适应。

（3）根据具体符合说，行为人本欲在公共汽车上扒窃甲的钱包，而事实上却扒窃了乙的钱包，则对甲成立盗窃未遂而对乙成立过失盗窃。或行为人本欲伤害甲的手指，却因行为差误而砍伤了乙的手指，则对甲属于故意轻伤未遂而对乙属于过失轻伤。前述两例的结论都是最终不可罚，而这显然不合理。

（4）具体符合说面临着"具体"到何种程度才能承认"一致性"的难题。如 X 的左手与右手都提着自己的电脑时，A 原本想砸坏 X 左手的电脑，但因为方法错误而砸坏了 X 右手的电脑。按照具体符合说，此例中，因为行为对象不具有同一性，故 A 对 X 左右手的电脑只能分别成立故意毁坏财物未遂和过失毁坏财物，结局是不构成任何犯罪。再如 X 的左手与右手分别提着自己的电脑和 Y 的电脑时，A 原本想砸坏 X 的电脑，但因为方法错误而砸坏了 Y 的电脑。按照具体符合说，此例中，同样因为行为对象不具有同一性，故 A 对 X 和 Y 的电脑也只能分别成立故意毁坏财物未遂和过失毁坏财物，结局同样是不构成任何犯罪。

（5）根据具体符合说，A 误将 Y 当作 X 而杀害（对象错误），依然成立故意杀人既遂。而 A 原本想杀害 X，由于方法错误而导致 Y 死亡时，则对 X

〔1〕 张明楷：《刑法学》（第5版），法律出版社2016年版，第269～270页。

成立故意杀人未遂，对 Y 成立过失致人死亡。但在对象错误与方法错误的场合，具体符合说会产生困惑。

（6）即使具体符合说能够提出区分对象错误与方法错误的合理标准，但在司法实践中完全可能存在对于教唆犯而言的方法错误和对于实行犯而言的对象错误。如甲将 X 的照片交给乙，并将 X 经常经过的地方告诉乙以期乙杀害 X，但实行时乙误将 Y 当作 X 予以杀害。有观点认为，根据具体符合说和共犯从属性原理，对乙按照故意杀人既遂处罚，而对甲仅按照过失致人死亡罪处罚。这显然难以让人接受。

（7）具体符合说导致错误论与故意论的完全等同，而且造成与对抽象事实错误处理的不协调。

相比之下，法定符合说重视法益的性质而不重视法益主体的区别，其有如下可取之处：一是采用法定符合说，有利于平等地保护法益；二是采用法定符合说，符合责任的本质，有利于实现刑罚的本质；三是采用法定符合说，能够合理区分正犯与狭义共犯[1]。实际上，具体符合说的前述缺陷，都源自具体符合说的一个方法论错误，即"分割评价"的错误，亦即具体符合说违背了"禁止分割评价"原则。在"分割评价"的思维之下，具体符合说将一个行为整体分割为若干"面"，先作出"片面的"行为定性，进而形成"片面的"行为定性的竞合，最终便在"择重处罚"之中予以结案。于是，其存在学者所批评的缺陷便在必然之中。这里，我们可把甲将 X 的照片交给乙，并将 X 经常经过的地方告诉乙以期乙杀害 X，但实行时乙误将 Y 当作 X 予以杀害，视为方法错误和对象错误混合的事例。而就在这样的事例中，具体符合说容易陷入自相矛盾：因为对于甲的行为（方法错误或打击错误），具体符合说必然主张故意杀人未遂与过失致人死亡的想象竞合而最终认定故意杀人未遂，而对于乙的行为（对象错误），具体符合说会得出与法定符合说相同的结论即故意杀人既遂。这便造成了被教唆犯既遂而教唆犯未遂的矛盾局面。由此，我们可将具体符合说与法定符合说这两种处理具体事实认识错误的学说作出一番比较：具体符合说是一种纠结于行为人的"所想"与个案事实的"所现"之间细节性差异而陷入"一叶障目"，偏离个案实质的学说。相反，法定符合说则是一种超越行为人的"所想"与个案事实的"所现"之间细节

---

〔1〕 张明楷：《刑法学》（第 5 版），法律出版社 2016 年版，第 270~273 页。

性差异而能够抓住个案实质的学说。法定符合说所谋求的"符合"，实际上就是行为人的"所想"与个案事实的"所现"之间在实然规定和犯罪构成方面能够达成的"共同之处"，从而法定符合说清晰地体现着事实判断与价值判断的先后性与层次性。相比之下，具体符合说则是在相当程度上体现着事实判断与价值判断的混沌不清。

在单独犯的场合，具体事实认识错误中的因果关系错误，是指侵害的对象没有错误，但造成侵害的因果关系的发展过程与行为人的预想不相一致，或侵害结果推后或提前发生的情形。这里的因果关系错误主要包括狭义的因果关系错误、事前的故意（结果的推迟发生、韦伯的概括的故意）与结果的提前发生（构成要件的提前实现）〔1〕。单独犯的狭义因果关系错误，是指结果的发生不是按照行为人对因果关系发展的预见进程来实现的情形。如甲为了使乙溺死而将其推入井中，但井中无水，即乙是摔死在井中。由于行为与结果之间的因果关系并非故意的独立认识内容，只是对结果认识的附属内容，而因果发展的具体样态更非故意的认识内容，加之只要行为人认识到行为的内容与社会意义及其危害结果，便说明其对法益的背反态度，故指向同一结果的因果关系过程的错误在构成要件的评价上并不重要，而既然行为人具有实现同一结果的故意且其行为与结果之间也形成了因果关系，则应肯定行为人对现实产生的结果具有故意，即狭义的因果关系的错误并不影响故意的成立，进而应肯定成立故意犯罪既遂〔2〕。实际上，在所谓狭义因果关系错误的场合，无论是"井中无水"，还是被害人患有血友病，这些属于行为人的"意外因素"在客观上配合了行为人预期目的之实现，从而当联系行为人的犯罪心理，则有"天助我也"的犯罪自得。因此，当因果关系的错误丝毫不影响犯罪故意的"成就"，则其也就丝毫不影响故意犯的既遂。

单独犯因果关系错误中的事前的故意，是指行为人误认为第一个行为已经造成结果，但行为人出于其他目的实施第二个行为，而实际上是由第二个行为才导致预期结果的情形。如甲以杀人的故意对乙实施暴力，在造成乙休克后，甲以为乙已经死亡，故为了隐匿罪迹而将乙扔至水中，最后造成乙溺亡。对于前述事例，刑法理论上形成如下处理意见：①概括的故意说（单一

---

〔1〕 ［日］山口厚：《问题探究：刑法总论》，有斐阁 1998 年版，第 130~147 页。
〔2〕 张明楷：《刑法学》（第 5 版），法律出版社 2016 年版，第 275 页。

行为说），即概括地将行为作为一个系列予以看待，这与以单纯的杀人故意而实现杀人结果的情况完全相同，即将行为整体视为故意犯；②纯粹的因果经过说，即在可能预见的场合，第二个行为与结果处于相当因果关系范围内，因果经过的错误并不重要，故能够肯定故意杀人既遂的成立；③行为计划说，即以行为人的计划为判断基准。具言之，如果行为人有意图地实施第一个行为，则意味其计划得以实现，故能够肯定成立故意杀人既遂。如果行为人以未必的故意或消极容忍的态度实施第一个行为，由于行为人希望回避其结果的发生，故不再是行为计划的实现，不能认定为故意杀人既遂；④未遂犯·过失犯并合罪说认为，在概括的故意事例中，行为人实施了两个行为，故不能援用因果关系错误说，而应认为第一个行为是未遂犯，第二个行为是过失犯，应实行并罚（也有人认为是想象竞合）；⑤原因中有故意的行为说认为，在原因行为成为结果行为的原因的场合，采用类似"原因自由行为"的法理，对第一个杀人行为的责任非难，为对第二个行为的责任非难提供根据，亦即由于没有第一个行为便无作为死亡原因的第二个行为，故对不实施第二个行为的期待与不实施第一个行为的期待是相同的；⑥相当因果关系说认为，如果第一个行为与结果具有相当因果关系，则为故意杀人既遂。否则，只能认定为故意杀人未遂与过失致人死亡的想象竞合；⑦客观的归责说认为，如果第二个行为处于第一个行为的客观归责可能性的范围内，则成立故意杀人既遂。而如果是在客观归责可能性范围之外，则成立故意杀人未遂。学者认为，当介入行为人的第二个行为并不异常，则应肯定第一个行为与结果之间的因果关系，而且现实发生的结果与行为人意欲实现的结果完全一致，故应论以故意犯罪既遂即故意杀人既遂[1]。学者并未表明自己是采用前述哪一种学说来解决前述事例所对应的问题，但"并不异常"意味着具有"相当性"，故可认为学者实际所采用的是相当因果关系说。这里要进一步指出的是，如果将"事前的故意"转述为"因果关系的推后形成"，则将"因果关系的推后形成"表述为因果关系错误的一种类型，将使问题显得浅显明了而避免"事前的故意"在表意上的"扑朔迷离"。而"因果关系的推后形成"就是犯罪目的之推后实现，其实质就是构成要件行为的实行性的推后实现，故应肯定成立故意犯罪的既遂。实际上，在属于因果关系错误的所谓"事前的故意"的

---

〔1〕 张明楷：《刑法学》（第5版），法律出版社2016年版，第275~276页。

场合，行为人预期犯罪目的的之实现可作"山重水复疑无路，柳暗花明又一村"的类比描述，即行为人的预期犯罪目的"最终"还是实现了，或曰其预期故意"最终"还是"成就"了，故其"最终"仍成立故意犯既遂。

单独犯因果关系错误中的结果的提前发生，是指提前实现了行为人所预想的结果。对于这种情形，认定行为是否成立故意犯罪既遂，要看行为人在实施第一个行为时是否已经着手（是否存在具体危险）或是否存在类型化的实行行为，以及行为人是否具有实行的意思。由此，如果能够得出肯定的结论，则成立故意犯罪既遂。相反，则否认故意犯罪既遂。如为了杀害丈夫，妻子准备了有毒咖啡，打算等丈夫回家后给丈夫喝。在丈夫回家前，妻子去超市。于是，在妻子回家之前，丈夫提前回家并喝了有毒咖啡而身亡。由于妻子还没有着手实行的意思，故只能认定妻子的行为同时触犯了故意杀人预备与过失致人死亡罪的想象竞合而从重处罚[1]。

想象竞合犯指的是一行为触犯数罪名，从而侵犯数法益的犯罪情形。在想象竞合犯的场合，被侵犯法益的主体可以是不同主体，如行为人射杀自己的仇人，结果没有射中仇人而是误中了仇人身边的一个无辜者，也可以是同一个主体，如行为人带着伤害的故意猛烈夯击仇人，在毁坏仇人假肢的同时又致使仇人摔断了另一条好腿。可见，在想象竞合犯的场合，被侵犯法益应是两个以上的法益，尽管此两个以上的法益可以性质相同。显然，在前例中，行为人的行为只侵犯了一个法益即他人的生命法益。

因此，用想象竞合犯来把握前例，本来就是存在疑问的。立于经验法则或生活常理来看问题，在此事例中，妻子有杀人的故意，也实施了杀人的行为，且妻子意欲的结果已经出现，故故意杀人预备与过失致人死亡罪的想象竞合这种认定总让人觉得不妥。同样立于经验法则或生活常理来看问题，丈夫提前回家并非"异常"或曰丈夫并无过错，则妻子已经实施的行为与危害结果之间的因果关系应该得到肯定，从而应肯定故意杀人既遂。学者对此例故意杀人预备与过失致人死亡罪的想象竞合的认定，显然是局限于妻子在主观上所已具有的只是"预备"的意思，其所已实施的行为只是"预备"的行为。但是，当我们把结果的提前发生视为"构成要件的提前实现"，而"构成要件的提前实现"实质就是"实行行为的提前实现"或"实行行为的最终实

---

[1] 张明楷：《刑法学》（第5版），法律出版社2016年版，第276~277页。

现"，则将前例认定为故意杀人既遂便显得逻辑畅通而无观念障碍了。实际上，对此例作出故意杀人预备与过失致人死亡罪的想象竞合的认定，隐蔽地存在着故意杀人行为与死亡结果之间的因果关系被"被害人的介入行为"（丈夫提前回家）阻断的认识，而此认识显然不妥，因为从经验法则或生活常理上，丈夫提前回家并无过错，即其行为介入并非"异常"。莫非要让丈夫承担因其提前回家而形成于妻子行为既遂的部分刑责？或曰前例可适用"被害人过错理论"？显然不可以。可见，对前例作出故意杀人预备与过失致人死亡罪的想象竞合的认定及其所隐藏的故意杀人行为与死亡结果之间的因果关系被"被害人的介入行为"（丈夫提前回家）阻断的认识，与学者在案件有介入因素的场合主张判断"危险的现实化"应考虑被害人的介入行为是否具有"通常性"即是否"异常"[1]，是存在观念冲突或自相矛盾的。

在前例中，当"结果的提前发生"意味着犯罪目的的"提前实现"，而犯罪目的的"提前实现"毕竟是犯罪目的的"实现"，则学者主张前例是故意杀人预备与过失致人死亡罪的想象竞合将与其不经意间承认犯罪目的的"实现"即犯罪既遂，再一次形成自相矛盾。在某种意义上，对前例作出故意杀人预备与过失致人死亡罪的想象竞合的认定，存在着被学者所批判的具体符合说的嫌疑，而具体符合说在前例中的不当之处正在于将故意既遂的责任降格为故意未遂的责任。这里也要进一步指出的是，如果将"结果的提前发生"转述为"因果关系的提前形成"，则是将"因果关系的提前形成"表述为因果关系的错误的又一种类型，同样将使问题显得浅显明了且避免"结果的提前发生"在表意上的"扑朔迷离"。"因果关系的提前形成"就是犯罪目的的提前实现，其实质就是构成要件行为的实行性的提前实现，故应肯定成立故意犯罪的既遂。在属于因果关系错误的"结果的提前发生"这一场合，行为人预期犯罪目的之"成就"，可用"踏破铁鞋无觅处，得来全不费工夫"作类比描述，故其故意的实现没有受到丝毫影响，反而是加速实现，且此加速实现也未发生刑事责任的"流失"，故视为故意犯既遂既无观念障碍，也无规范障碍。对于甲准备使乙吃安眠药（前一行为）熟睡后将其绞死（第二行为），但未待甲实施绞杀行为时，乙由于服用安眠药过量而死亡，学者也认为

---

〔1〕　张明楷：《刑法学》（第 5 版），法律出版社 2016 年版，第 190~191 页。

是故意杀人的犯罪预备与过失致人死亡的想象竞合犯[1]。在该例中，我们不仅应同样承认"结果的提前发生"即"因果关系的提前形成"，从而是"犯罪目的的提前实现"和"犯罪既遂的提前实现"，而且应透视一个基本事实，即乙死于安眠药过量也是甲让乙吃得过量，且安眠药过量能够导致死亡仍然具有合法则性，亦即甲让乙死于安眠药过量已经合法则地形成了不法行为与危害结果之间的因果性，从而第二个行为即绞杀行为对于故意杀人既遂的形成便可有可无。在前述两例中，行为人让被害人先死于安眠药和先死于有毒咖啡，在实质上没有任何区别。

前述妻子毒杀丈夫的事例能够给予我们的启发是：当介入被害人的日常生活行为时，不法行为与危害结果之间的因果关系便能够合法则地形成，即不应被阻断，亦即介入因素的合法则性或合情理性将赋予不法行为与危害结果之间的因果关系即因果性的合法则性，从而不法行为的犯罪既遂性丝毫不受影响。学者在"事前的故意"和"结果的提前发生"这两种场合中不自觉地陷入了一种自相矛盾。在"事前的故意"场合，对于甲以杀人故意对乙实施暴力（第一个行为），造成乙休克，而在甲误以为乙已经死亡之下，为了隐匿罪迹，甲将乙扔至水中（第二个行为），实际上乙是溺死于水中这一事例，相当因果关系说认为，如果第一个行为与结果具有相当因果关系，则认定为故意杀人既遂，否则只能认定为故意杀人未遂与过失致人死亡的想象竞合。在前例中，由于第一个行为具有导致结果发生的重大危险（既然被害人已经休克，而且丧失反抗能力，表明第一个行为具有导致死亡结果发生的重大危险），介入行为人的第二个行为也不异常，故应肯定第一个行为与结果之间的因果关系，即能够将结果归属于第一个行为，而且现实发生的结果与行为人意欲实现的结果完全一致，从而应以故意犯罪既遂论处[2]。显然，学者是在肯定相关因果关系说中得出前例故意犯罪既遂结论的。将前例与"结果的提前发生"的事例作一对比，则因果关系认识错误的细微之处只在于：前者是结果的拖后发生，且结果是发生在行为人计划的行为之后；后者是结果的提前发生，且结果发生在行为人计划的行为之前。但二者的共性之处却在于：一是在两种场合中，无论是介入行为人的后续行为，还是介入被害人的行为，

---

〔1〕 张明楷：《刑法学》（第5版），法律出版社2016年版，第276～277页。

〔2〕 张明楷：《刑法学》（第5版），法律出版社2016年版，第275～276页。

其介入均非属"异常"；二是现实发生的结果与行为人意欲实现的结果完全一致。显然，当介入因素均非属"异常"时，则均应肯定不法行为与危害结果之间因果关系即因果性的形成即"成就"。又当现实发生的结果与行为人意欲实现的结果完全一致时，则为何对一种场合肯定故意犯罪既遂而对另一种场合却只视为故意犯罪的预备与过失犯罪的想象竞合呢？在本著看来，两种场合中因果关系认识错误的细微之处丝毫不影响故意犯罪既遂的成立，因为不法行为与危害结果之间因果关系即因果性"合法则"地且"合心愿"地得以形成或"成就"。

至此，如果我们将单独犯的狭义因果关系错误转述为"因果关系的意外实现"，则"因果关系的意外实现"与"因果关系的推后实现"和"因果关系的提前实现"，将一道形成对"因果关系错误"直观明了的类型划分。而无论是"因果关系的意外实现"，还是"因果关系的推后实现"，抑或"因果关系的提前实现"，都只是实际的因果进程出现了对行为人设想或预计的因果进程并非重要的，即毫不影响规范评价的偏离，但危害结果本身即因果关系仍然或最终还是遂了行为人的"心愿"，故最终仍应认定为故意犯罪的既遂或既遂的故意犯。

（二）单独犯抽象事实认识错误中的犯罪阶段形态

作为单独犯事实认识错误另一类型的抽象事实认识错误，是指行为人所认识的事实与现实所发生的事实，分别属于或跨越了不同的构成要件，故被称为不同犯罪构成间的错误。抽象的事实认识错误只有对象错误和打击错误两种情形：对象错误，是指行为人误将甲对象当作乙对象加以侵害，但甲、乙两个对象分别属于不同的构成要件。如行为人本欲盗窃一般财物，却误将枪支当作一般财物予以盗窃；打击错误，是指由于行为本身的差误，导致行为人所欲攻击的对象与实际受害的对象不相一致，且此不相一致超出了同一构成要件。如行为人本欲射击乙，但因没有瞄准而将乙身边价值近万元的宠物打死。抽象的事实认识错误存在两种类型：一是主观方面轻而客观方面重，即行为人本欲犯轻罪，客观上确是重罪的犯罪事实，如本欲毁坏财物却杀害了他人；二是主观方面重而客观方面轻，即行为人本欲犯重罪，客观上确是轻罪的犯罪事实，如本欲杀人却打死动物。对抽象事实认识错误的处理，存在抽象符合说和法定符合说的争论。抽象符合说认为，在行为人所认识的构成要件事实与现实所发生的构成要件事实相一致的限度内可成立故意犯的既遂。抽象符合说大多违反了责任主义原理。法定符合说认为，不同犯罪构成之间的错误原则上阻却故意的成立或仅成立故意犯罪的未遂。法定符合说还认为，如果犯罪是同质的，则在重合的限度内可成立轻罪的故意既遂犯。

有学者赞同法定符合说，即在具有归责可能性的范围内认定犯罪，即不能仅根据行为人的故意内容或仅根据行为的客观事实来认定犯罪，而应在主观内容与客观事实相符合的范围内认定犯罪：如果重罪的未遂应受处罚，且其处罚重于轻罪的既遂犯，则只能认定为重罪的未遂犯。如甲以杀人故意向乙开枪，但由于没有瞄准而打死了丙的宠物狗。在此场合，只能认定故意杀人未遂；其次，在重罪的未遂（或不能犯）不受处罚，或重罪未遂犯的处罚轻于轻罪的既遂犯，如果重罪与轻罪同质，则在重合的限度内认定轻罪的既遂犯。这里又要分两种情形：一是客观事实是轻罪而主观认识是重罪（重罪的主观认识与轻罪的客观事实），要判断行为人重罪的主观认识是否包含了轻罪的主观认识。而若得出肯定结论，则应肯定轻罪的既遂犯。如甲误认为乙的提包内装的是枪支，而实际盗得的是数额较大的普通财物，应认定盗窃罪的既遂犯；二是客观事实是重罪而主观认识是轻罪（轻罪的主观认识与重罪的客观事实），要看重罪的客观事实能否评价为轻罪的客观事实。而若得出肯定结论，则认定轻罪的既遂犯。如行为人出于盗窃财物的故意而实际上窃取了枪支，应认定盗窃罪的既遂犯。再如行为人以为是尸体而实施奸淫行为，但事实上被害人当时并未死亡，只能认定侮辱尸体罪既遂[1]。实际上，由前述个例可以看出，当发生抽象的事实认识错误时，如果存在着"同质重合"部分而成立轻罪的故意既遂犯，则"同质重合"既体现为"有责性"的同质重合（故意的重合），也同时体现为"构成要件该当性"的同质重合（对象所系法益的重合）。这里，尚需回头总结一下：当发生了抽象的事实认识错误时，我们首先应采用法定符合说而非抽象符合说来解答问题。接着，将抽象的事实认识错误分为存在"同质重合"的事实认识错误和不存在"同质重合"的事实认识错误予以不同处置：对存在"同质重合"的抽象事实认识错误，宜按轻罪故意的既遂犯处置，而对不存在"同质重合"的抽象事实认识错误，宜（或可能）按想象竞合犯处置。

在单独犯的具体事实认识错误的场合，在对某种情形如打击错误即方法

---

[1] 张明楷：《刑法学》（第5版），法律出版社2016年版，第277~279页。

错误如何处置上，存在着具体符合说和法定符合说的争执或分歧；而在单独犯的抽象事实认识错误的场合，对具体情形的处置，存在着抽象符合说和法定符合说的争执或分歧。或许法定符合说也存在自身缺陷，但法定符合说较之具体符合说或抽象符合说相对可取：具体符合说或抽象符合说过于强调行为人的认识与已经发生事实之间的"事实性相符"或"物理性相符"抑或"自然性相符"，但由于客观事物的发生与发展常常不以人的意志为转移，故具体符合说或抽象符合说看待问题便容易为"细节性"所误。相反，法定符合说是在"评价的框架内"认识和分析问题，其往往能够透过现象的迷雾来抓住事件的实质，其所强调的是行为人的认识与已经发生事实之间的"规范性相符"或"价值性相符"。

二、共犯事实认识错误中的犯罪阶段形态

共犯事实认识错误，是指行为人与行为人之间所想与所为的不相一致或相互偏离的情形，包括共同正犯即正犯之间事实认识错误、教唆犯与正犯之间事实认识错误、帮助犯与正犯之间事实认识错误，还包括共犯的共犯事实认识错误，即共犯的共犯对共犯乃至共犯的共犯与正犯之间事实认识错误。于是，不同类型的共犯事实认识错误中相应地存在着犯罪阶段形态问题。

（一）正犯之间和共犯对正犯事实认识错误中的犯罪阶段形态

（1）正犯与正犯之间事实认识错误，是指此一正犯的所想与彼一正犯的所为之间不相一致或相互偏离，包括同一犯罪构成内部共同正犯之间错误和相异犯罪构成之间共同正犯之间错误。同一犯罪构成内部共同正犯之间的错误即共同正犯同一犯罪构成内部的错误，其适例如：甲、乙共谋报复丙，甲开枪射杀丙并以为乙也会开枪射杀丙，结果乙开枪射杀了站在丙身边的丙的儿子丁，以致于分别导致丙、丁死亡。此种场合，按照法定符合说，甲、乙的行为都成立故意杀人罪既遂。相异犯罪构成之间共同正犯之间的错误即共同正犯相异犯罪构成之间的错误，其适例如：甲、乙共同加害丙，甲是怀揣伤害的故意并以为乙也是怀揣伤害的故意，而乙实际上怀揣杀害的故意并实施了相应的行为，以致于共同导致丙死亡。此种场合，按照法定符合说，甲、乙之间的错误系不同犯罪构成之间的错误。但按照部分犯罪共同说，甲、乙构成故意伤害罪的共同正犯，而乙最终承担故意杀人罪既遂的刑责。

（2）教唆犯与正犯之间事实认识错误，是指教唆犯的所想与正犯即被教唆者所为之间不相一致或相互偏离的情形。俗话说，"我叫你干这个，你却干那个"。教唆犯与正犯之间的错误包括同一犯罪构成内部的错误和相异犯罪构成之间的错误。同一犯罪构成内部教唆犯与正犯之间的错误，其适例如：甲教唆乙杀害丙，而乙却将丙妻杀害。此种场合，按照法定符合说，甲乙都成立故意杀人罪既遂，而甲为教唆犯；相异犯罪构成之间教唆犯与正犯之间的错误，其适例如：甲教唆乙伤害丙，而乙却将丙予以杀害。此种场合，按照部分犯罪共同说，乙成立故意杀人既遂，而甲仅仅在故意伤害的范围内与乙成立共犯关系，且将其行为定性为故意伤害罪（致人死亡）。

（3）帮助犯与正犯之间事实认识错误，是指帮助犯的所想与正犯即被帮助者所为之间不相一致或相互偏离的情形。俗话说，"我帮你干这个，你却干那个"。帮助犯与正犯之间的错误包括同一犯罪构成内部的错误和相异犯罪构成之间的错误。同一犯罪构成内部帮助犯与正犯之间的错误，其适例如：甲本想帮助乙杀丙，结果乙在接受甲的帮助后杀了丙的儿子丁。在此种场合，按照法定符合说，甲、乙都成立故意杀人罪既遂；相异犯罪构成之间帮助犯与正犯之间的错误，其适例如：甲本想帮助乙伤害丙，结果乙接受帮助后却杀害了丙。在此种场合，按照部分犯罪共同说，乙成立故意杀人罪既遂，而甲应在故意伤害范围内与乙成立共犯关系且按故意伤害（致人死亡）罪论处。

（二）共犯之间事实认识错误中的犯罪阶段形态

（1）教唆犯与教唆犯之间事实认识错误，即教唆教唆犯与教唆犯之间的错误，又可称为连锁教唆犯之间的错误，是指此一教唆犯与彼一教唆犯所想与所为之间不相一致或相互偏离。教唆犯与教唆犯之间的错误包括同一犯罪构成内部的错误和相异犯罪构成之间的错误。同一犯罪构成内部教唆犯与教唆犯之间的错误，其适例如：甲教唆乙去教唆丙杀害丁，而乙却教唆丙去杀害丁的儿子戊，结果戊被杀死。在此种场合，按照法定符合说，甲、乙、丙都成立故意杀人罪既遂，且甲、乙都是教唆犯，而甲、乙之间的错误并不影响故意罪的既遂；相异犯罪构成之间教唆犯与教唆犯之间的事实认识错误，其适例如：甲教唆乙去教唆丙伤害丁，而乙却教唆丙去杀死丁。在此种场合，按照法定符合说，乙、丙都成立故意杀人罪既遂，而甲在故意伤害的范围内与乙、丙成立共犯关系，且可论以故意伤害（致人死亡）罪。顺便指出的是，对甲的行为论以致人死亡的故意伤害罪，意味着其教唆行为与被害人的死亡结果之间存在着因果关系，因为死亡结果毕竟形成于一连串教唆的引起与被引起的相互作用之中。

（2）帮助犯与帮助犯之间事实认识错误，即帮助帮助犯对帮助犯的事实认识错误，又可称为连锁帮助犯之间事实认识错误，是指此一帮助犯与彼一帮助犯所想与所为之间不相一致或相互偏离，包括同一犯罪构成内部事实认识错误和相异犯罪构成之间事实认识错误。同一犯罪构成内部帮助犯与帮助犯之间事实认识错误，其适例如：甲帮助乙，意欲乙在得到帮助后再去帮助丙杀害丁，结果乙在得到帮助后却去帮助丙杀害丁的儿子戊。在此种场合，按照法定符合说，甲、乙、丙都成立故意杀人罪既遂，且甲、乙都是帮助犯，而甲、乙之间的认识错误并不影响故意罪的既遂；相异犯罪构成之间帮助犯与帮助犯之间事实认识错误，其适例如：甲帮助乙，意欲乙在得到帮助后再去帮助丙伤害丁，结果乙在得到帮助后却去帮助丙杀死丁。在此种场合，按照部分犯罪共同说，乙、丙都成立故意杀人罪既遂，而甲在故意伤害的范围内与乙、丙成立共犯关系且应论以故意伤害罪（致人死亡）。

（3）教唆犯与帮助犯之间事实认识错误，是指教唆犯的所想与帮助犯的所为之间存在着主观想法即主观目的之不相一致或相互偏离。教唆犯与帮助犯之间的错误包括教唆犯对帮助犯所形成的错误和帮助犯对教唆犯所形成的错误。教唆犯对帮助犯所形成的错误，用通俗的话说即"我教唆你去帮助他干这个，你却去帮助他干那个"。教唆犯对帮助犯所形成的错误，又可以分为两种更加具体的情形：一是同一犯罪构成内部的错误，如甲教唆乙去帮助丙杀害丁，而乙却去帮助丙杀害丁的儿子戊。在前例中，按照法定符合说，甲、乙、丙三人成立故意杀人罪共同犯罪的既遂；二是相异犯罪构成之间的错误，如甲教唆乙去帮助丙强制猥亵丁，而乙却去帮助丙强奸了丁。在前例中，按照部分犯罪共同说，乙、丙成立强奸罪共同犯罪的既遂，而甲应论以强制猥亵罪未遂的教唆犯，且按主犯究责为宜。帮助犯对教唆犯的错误，用通俗的话说即"我帮你去教唆他干这个，你却去教唆他干那个"。帮助犯对教唆犯的错误，同样可以分为两种更加具体的情形：一是同一犯罪构成内部的认识错误。如甲帮助乙去教唆丙杀害丁，而乙却去教唆丙杀害丁的儿子戊。按照法定符合说，甲、乙、丙三人成立故意杀人罪共同犯罪的既遂；二是相异犯罪构成之间的认识错误。如甲帮助乙去教唆丙强制猥亵丁，而乙却去教唆丙强奸了丁。在前例中，按照部分犯罪共同说，乙、丙成立强奸罪共同犯罪的既遂，而甲应论以强制猥亵罪未遂的帮助犯即从犯。

由于共犯是共犯的共犯与正犯之间的中介，故共犯的共犯与正犯之间的认识错误，即共犯的共犯之所想与正犯的所为之间不相一致或发生偏离，便隐含着共犯的共犯与共犯之间没有形成认识错误，从而共犯的共犯与正犯之间的认识错误适用共犯与正犯之间的认识错误理论来解决犯罪阶段形态问题。

三、原因自由行为事实认识错误中的犯罪阶段形态

原因自由行为即"原因中的自由行为"，而"所谓原因中的自由行为，指行为人基于故意或过失，使自己陷于无责任能力状态，在无责任能力状态下惹起构成要件的结果的情况"。[1]原因自由行为的事实认识错误问题，尚未引起关注，更罔论原因自由行为事实认识错误中的犯罪阶段形态。原因自由行为事实认识错误中的犯罪阶段形态，应按照原因自由行为的单独犯和原因自由行动的共犯分而论之。

（一）原因自由行为单独犯事实认识错误中的犯罪阶段形态

由于刑法学中的事实认识错误包括具体事实认识错误和抽象事实认识错误，故原因自由行为单独犯事实认识错误中的犯罪阶段形态，又应按照具体事实认识错误和抽象事实认识错误分而论之。

原因自由行为单独犯具体事实认识错误中的犯罪阶段形态。原因自由行为单独犯的具体事实认识错误，是指在原因自由行为单独犯的场合，行为人在原因行为阶段所认识的事实与结果行为阶段所实际发生的事实虽然不相一致，却没有超出同一犯罪构成，或曰行为人在原因行为阶段所认识的事实与在结果行为阶段所实际发生的事实仍被圈定在同一犯罪构成，故可称为原因自由行为单独犯同一犯罪构成内的错误。原因自由行为单独犯具体事实认识错误包括对象错误、打击错误和因果关系错误，故原因自由行为单独犯具体事实认识错误中的犯罪阶段形态应分而论之。

原因自由行为单独犯具体事实错误的对象错误，是指在单人实施原因自由行为的过程中，其在结果行为阶段误把彼对象当作此对象加以侵害，而此对象与彼对象处于同一犯罪构成内，从而造成行为人在原因行为阶段所认识的内容与其在无责任能力状态下所形成的客观事实即结果行为事实仍属于同一犯罪构成的情形。如在张三单人实施"借酒杀人"的场合，其在无责任能

---

〔1〕 ［日］川端博：《刑法总论讲义》，成文堂 1997 年版，第 400 页。

力的结果行为阶段把仇人李四的弟弟当作李四本人予以杀害。按照法定符合说，行为人张三的行为仍然构成故意杀人罪既遂。

原因自由行为单独犯具体事实错误的打击错误，也可称为原因自由行为单独犯的方法错误，是指在单人实施原因自由行为的过程中，由于其无责任能力下的结果行为的差误而导致行为人所欲加害的对象与实际的加害对象不相一致，但此不一致仍然没有超出同一犯罪构成，从而造成行为人在原因行为阶段所认识的内容与其在无责任能力状态下的结果行为事实仍属于同一犯罪构成的情形。如在张三单人实施"借酒杀人"的场合，其在无责任能力的结果行为阶段举枪射击张三，但因没有瞄准而击中了张三身边的李四。按照法定符合说，张三的行为仍然构成故意杀人罪既遂。

原因自由行为单独犯具体事实认识错误的因果关系错误，是指在原因自由行为单独犯的行为过程中，行为人对侵害的对象和结果本身没有发生错误认识，但结果行为造成侵害的因果关系发展过程与行为人在原因行为阶段所设想的发展过程不相一致。按照因果关系错误包括"狭义的因果关系错误""结果的推迟发生"（"事前的故意"）和"结果的提前发生"（"构成要件的提前实现"）〔1〕，原因自由行为单独犯因果关系错误的犯罪阶段形态又应予以分别讨论。具言之，原因自由行为单独犯的"狭义因果关系错误"，是指危害结果的最终发生不是按照行为人在原因行为阶段设定的因果进程予以实现的情况。如在"酒后杀人"的场合，张三在陷入无责任能力状态中将李四推入井中。由于井中无水，故李四不是被溺死而是被摔死；或如在"酒后杀人"的场合，张三在陷入无责任能力状态中举枪射击李四，李四不是被子弹击中身亡，而是后退坠崖身亡。既然行为与结果之间的因果关系不是故意的独立认识内容，且因果关系的具体样态更不是故意的认识内容，而只要行为人认识到行为的内容与社会意义及其危害结果，就能说明行为人对法益保护的背反态度，从而指向同一结果的因果关系发展过程错误在构成要件的评价上并不重要〔2〕，则原因自由行为单独犯的"狭义因果关系错误"并不影响原因自由行为单独犯故意既遂的成立。原因自由行为单独犯的"结果推迟发生"，是指在结果行为阶段，处于无责任能力的行为人即其在无责任能力状态中实

---

〔1〕 张明楷：《刑法学》（第5版），法律出版社2016年版，第275页。
〔2〕 张明楷：《刑法学》（第5版），法律出版社2016年版，第275页。

施结果行为的后续行为，而正是后续行为才导致原因行为预定结果即危害结果的情况。如在"借酒杀人"的场合，张三在无责任能力状态中的初始结果行为只是造成了被害人李四休克，但张三随后又将李四拖至水中，结果致李四溺水而亡，则张三的行为仍然成立原因自由行为的故意犯罪既遂。原因自由行为单独犯的"结果提前发生"，是指在结果行为阶段，原因行为所设定的结果提前实现的情形。如在"借酒杀人"的场合，张三在陷入无责任能力状态中提着枪去寻找李四。李四见到张三提着枪来报复自己，便撒腿奔逃，但未及张三举枪，李四便坠入水中身亡，则张三的行为依然成立原因自由行为的故意犯罪既遂。

实际上，在原因自由行为单独犯的场合，无论是"狭义的因果关系错误"，还是"结果的推迟发生"，抑或"结果的提前发生"，其所对应的情形都可"归入"结果行为中去，从而都可"打包"到结果行为的因果关系中去。而此"归入"和"打包"说明了原因自由行为单独犯的三种因果关系错误类型仍然处于"相当因果关系"之中，即原因行为导致结果行为和结果行为导致最终结果具有相当性。可见，当无论哪种情形都最终意味着"构成要件的实现"，不管是"构成要件的提前实现"还是"构成要件的推迟实现"，则原因自由行为单独犯的因果关系错误不影响故意既遂的成立。因此，原因自由行为的单独犯尽管可以发生因果关系认识错误，但其故意既遂的成立并不"错误"，正如在相当因果关系的范围内，行为人认识预见的因果经过与具体发生的因果经过如果一致，具体的某一点的因果关系的错误则不阻却故意[1]。这里，所谓"预见的因果经过与具体发生的因果经过一致"，是指"规范评价上的一致"。

再就是原因自由行为单独犯抽象事实认识错误的犯罪阶段形态。原因自由行为单独犯抽象事实认识错误，是指在原因自由行为单独犯的场合，行为人在原因行为阶段所认识的事实与结果行为阶段所发生的事实，分别属于不同的犯罪构成，或曰行为人在原因行为阶段所认识的事实与在结果行为阶段所实际发生的事实跨越了不同的犯罪构成，故可称为原因自由行为单独犯不同犯罪构成间的错误。由于原因自由行为单独犯抽象事实认识错误包括对象错误、打击错误和行为性质错误，故原因自由行为单独犯抽象事实认识错误

---

[1] [日] 山中敬一：《刑法总论Ⅰ》，成文堂 1999 年版，第 330 页。

的犯罪阶段形态，应分而论之。

原因自由行为单独犯抽象事实错误的对象错误，是指在单人实施原因自由行为的过程中，其在无责任能力的结果行为阶段把彼对象当作原因行为阶段所设定的此对象加以侵害，而此对象与彼对象处于不同犯罪构成之中的情形。如在"借酒盗窃"的场合，张三在原因行为阶段将犯罪对象设定为一般财物，而在无责任能力的结果行为阶段却把枪支当作一般财物予以盗窃，或张三在原因行为阶段将枪支设定为盗窃对象，而在无责任能力的结果行为阶段却把一般财物当作枪支予以盗窃。由于一般财物和枪支分别属于盗窃罪和盗窃枪支罪的犯罪构成，故前例属于原因自由行为单独犯抽象事实错误的对象错误。对于在原因行为阶段将犯罪对象设定为一般财物，而在无责任能力的结果行为阶段却把枪支当作一般财物予以盗窃，按照"法定符合说"，张三的原因自由行为应认定为盗窃罪既遂，因为枪支本来就是一种特殊的财物；对于在原因行为阶段将枪支设定为盗窃对象，而在无责任能力的结果行为阶段却把一般财物当作枪支予以盗窃，"按照法定符合说"，张三的原因自由行为应认定为盗窃枪支罪未遂与盗窃罪既遂的想象竞合犯。

原因自由行为单独犯抽象事实错误的打击错误，是指在单人实施原因自由行为的过程中，由于无责任能力的结果行为的差误导致行为人在原因行为阶段所设定的加害对象与结果行为所实际加害的对象不相一致，且超出了同一犯罪构成。如在"借酒杀人"的场合，张三在原因行为阶段将犯罪对象设定为仇人李四，但在无责任能力的结果行为阶段其举枪射死的却是李四身边价值不菲的宠物；或如在"借酒毁物"的场合，张三在原因行为阶段将犯罪对象设定为仇人李四价值不菲的宠物，但在无责任能力的结果行为阶段其举枪射死的却是仇人李四。人和财物分属于故意杀人罪和故意毁坏财物罪的犯罪构成，故前例属于原因自由行为单独犯抽象事实错误的打击错误。对于在原因行为阶段将犯罪对象设定为仇人，但在无责任能力的结果行为阶段举枪射死的却是仇人价值不菲的宠物，按照"法定符合说"，张三的原因自由行为应认定为故意杀人未遂，因为过失损害财物不具有刑事可罚性；对于在原因行为阶段将犯罪对象设定为仇人价值不菲的宠物，但在无责任能力的结果行为阶段其举枪射死的却是仇人，按照"法定符合说"，张三的原因自由行为应认定为过失致人死亡罪，因为故意损害他人财物未果，同样不具有刑事可罚性。

原因自由行为单独犯抽象事实错误的行为性质错误，是指在单人实施原因自由行为的过程中，由于结果行为本身的差误而造成针对同一加害对象即原因行为设定对象的结果行为的实际性质与原因行为所计划的行为性质不相一致，且原因行为所计划的行为与结果行为属于不同的犯罪构成。如在"借酒强奸"的场合，张三的原因行为所计划的内容是强奸他人，但在无责任能力的结果行为阶段却实施了强制猥亵行为。在此，张三在原因行为阶段所计划的行为和结果行为阶段所实施的行为分别属于强奸罪和强制猥亵罪的犯罪构成；或如在"借酒猥亵"的场合，张三的原因行为所计划的内容是强制猥亵他人，但在无责任能力的结果行为阶段却实施了强奸行为。在此，张三在原因行为阶段所计划的行为和结果行为阶段所实施的行为分别属于强制猥亵罪和强奸罪的犯罪构成。对于张三的原因行为所计划的内容是强奸他人，但在无责任能力的结果行为阶段却实施了强制猥亵行为，按照"法定符合说"，张三的行为应认定强奸罪未遂与强制猥亵罪既遂的想象竞合。对于张三的原因行为所计划的内容是强制猥亵他人，但在无责任能力的结果行为阶段却实施了强奸行为，按照"法定符合说"，张三的行为应认定强制猥亵罪既遂。由此，原因自由行为单独犯抽象事实错误的行为性质错误，是我们以往在讨论刑法学中抽象事实错误时所未曾发现的事实认识错误的一种新类型。而这在一定程度上说明深入讨论原因自由行为的理论意义与实践意义所在。

（二）原因自由行为共犯事实认识错误中的犯罪阶段形态

对应着原因自由行为单独犯事实认识错误的，是原因自由行为共犯事实认识错误。原因自由行为共犯事实认识错误也包括具体事实认识错误和抽象事实认识错误，故原因自由行为共犯事实认识错误中的犯罪阶段形态，也应分别予以讨论。

原因自由行为共犯具体事实认识错误中的犯罪阶段形态。原因自由行为共犯的具体事实认识错误，是指在原因自由行为共犯的场合，此共犯在原因行为阶段所认识的事实与彼共犯在无责任能力的结果行为阶段所实际造成的事实虽然不相一致，却没有超出同一犯罪构成，或曰此共犯在原因行为阶段所认识的事实与彼共犯在无责任能力的结果行为阶段所实际造成的事实虽然不相一致，但仍被圈定在同一犯罪构成。于是，原因自由行为共犯的具体事实认识错误又可被称为原因自由行为共犯的同一犯罪构成内的错误。原因自由行为共犯的具体事实认识错误包括原因自由行为正犯之间的具体事实错误、原因自由行为帮助犯与正犯之间的具体事实错误、原因自由行为教唆犯与正犯之间的具体事实错误和原因自由行为教唆犯与帮助犯之间的具体事实错误，故原因自由行为共犯具体事实认识错误中的犯罪阶段形态，应分而论之。

　　原因自由行为正犯之间的具体事实错误，是指在原因自由行为共犯的场合，此正犯在原因行为阶段所认识的事实与彼正犯在无责任能力的结果行为阶段所实际造成的事实虽不相一致，但此不相一致仍没有超出即属于同一犯罪构成。如在"借酒杀人"的场合，张三和李四在原因行为阶段共谋杀害其共同仇人王五，并共同实施醉酒行为，但正犯李四在无责任能力的结果行为阶段却将丁六误作王五予以杀害。按照"法定符合说"，前例中张三的行为仍然成立故意杀人罪的共同正犯既遂。原因自由行为帮助犯与正犯之间的具体事实错误，是指在原因自由行为共犯的场合，此帮助犯对彼正犯在原因行为阶段所计划事实的认识与彼正犯在无责任能力的结果行为阶段所实际造成的事实虽不相一致，但此不相一致仍没有超出即属于同一犯罪构成。如在"借酒杀人"的场合，当张三得知李四意欲醉酒杀害共同仇人王五，便向李四提供高度白酒，但李四却在无责任能力的结果行为阶段将丁六误作王五予以杀害。按照"法定符合说"，前例中张三的行为仍然成立故意杀人罪的共犯既遂。原因自由行为教唆犯与正犯之间的具体事实错误，是指在原因自由行为共犯的场合，此教唆犯对彼正犯在原因行为阶段所计划事实的认识与彼正犯在无责任能力的结果行为阶段所实际造成的事实虽不相一致，但此不相一致仍没有超出即属于同一犯罪构成。如在"借酒杀人"的场合，张三教唆李四醉酒后杀死他们的共同仇人王五，李四予以答应，但李四在无责任能力的结果行为阶段却将丁六误认作王五予以杀害。按照"法定符合说"，前例中张三的行为仍然成立故意杀人罪的共犯既遂。原因自由行为教唆犯与帮助犯之间的具体事实错误，是指在原因自由行为共犯的场合，教唆犯教唆帮助犯去帮助正犯实施原因自由行为，帮助犯在允诺后却没有按照教唆内容去实施帮助，但教唆的内容和帮助犯的实际帮助行为仍没有超出即属于同一犯罪构成。如在"借酒杀人"的场合，张三教唆李四去帮助王五通过酒后杀人即在无责任能力的结果行为阶段而致张三的仇人丁六于死地，但李四却帮助王五通过酒后杀人而致李四的仇人赵七于死地。按照"法定符合说"，前例中张三的行为同样成立故意杀人罪的共犯既遂。

　　原因自由行为共犯抽象事实认识错误中的犯罪阶段形态。原因自由行为共犯抽象事实认识错误，是指在原因自由行为共犯的场合，此共犯在原因行为阶段所认识的事实与彼共犯在无责任能力的结果行为阶段所实际造成的事实不仅不相一致，而且超出了同一犯罪构成，或曰此共犯在原因行为阶段所认识的事实与彼共犯在无责任能力的结果行为阶段所实际造成的事实分别属于不同犯罪构成。于是，原因自由行为共犯抽象事实认识错误又可被称为原因自由行为共犯相异犯罪构成间的错误。由于原因自由行为共犯抽象事实错误包括原因自由行为正犯之间抽象事实错误、原因自由行为帮助犯与正犯之间抽象事实错误、原因自由行为教唆犯与正犯之间抽象事实错误和原因自由行为教唆犯与帮助犯之间抽象事实错误，故原因自由行为共犯抽象事实认识错误中的犯罪阶段形态，也应分而论之。

　　原因自由行为正犯之间抽象事实错误，是指在原因自由行为共犯的场合，当实施无责任能力状态下的结果行为时，此正犯的行为事实偏离原因行为阶段的共谋而与彼正犯的行为事实不相一致，且此不相一致已经超出或不属于同一犯罪构成。如在"借酒强奸"的场合，张三和李四在原因行为阶段共谋酒后强奸王五，但到了无责任能力的结果行为阶段，张三所实施的是强奸，而李四所实施的则是强制猥亵。按照"法定符合说"，在前例中，张三的行为应认定强奸罪共谋共同正犯既遂，而李四的行为应认定强奸罪共谋共同正犯未遂与强制猥亵罪既遂的想象竞合。又如在"借酒猥亵"的场合，张三和李四在原因行为阶段共谋酒后强制猥亵王五，但到了无责任能力的结果行为阶段，张三所实施的是强奸，而李四所实施的仍是强制猥亵。按照"法定符合说"，在前例中，李四的行为应认定强制猥亵罪共谋共同正犯既遂，而张三的行为应认定强制猥亵罪共谋共同正犯未遂。另如在"借酒杀人"的场合，张三和李四在原因行为阶段共谋酒后杀害王五，但到了无责任能力的结果行为阶段，张三所实施的是杀人行为且致王五于死地，而李四则将王五价值不菲的宠物狗杀死。按照"法定符合说"，在前例中，张三的行为应认定故意杀人罪共谋共同正犯既遂，而李四的行为应认定故意杀人罪共谋共同正犯未遂。

　　原因自由行为帮助犯与正犯之间抽象事实错误，是指在原因自由行为共犯的场合，正犯在无责任能力时所实施的结果行为与帮助犯意欲帮助的行为不相一致，且此不相一致不属于即超出了同一犯罪构成。如在"借酒强奸"的场合，张三意欲李四酒后强奸他们共同的仇人王五而向李四提供高度白酒。在允诺并且饮酒之后，李四在无责任能力的结果行为阶段所实施的却是强制猥亵了王五。按照"法定符合说"，在前例中，张三的行为应认定强奸罪共犯未遂，而李四的行为应认定强奸罪正犯未遂和强制猥亵罪既遂的想象竞合。又如在"借酒猥亵"的场合，张三意欲李四酒后强制猥亵他们共同的仇人王五而向李四提供高度白酒。在允诺并且饮酒之后，处于无责任能力状态的李四所实施的结果行为却是强奸了王五。按照"法定符合说"，在前例中，张三的行为应认定强制猥亵罪共犯未遂，而李四的行为应认定强制猥亵罪正犯未遂。另如在"借酒杀人"的场合，张三意欲李四酒后杀死他们共同的仇人王五而向李四提供高度白酒。在允诺并且饮酒之后，无责任能力的李四所实施的结果行为却是杀死了王五价值不菲的宠物狗。按照"法定符合说"，在前例中，张三和李四的行为应分别认定故意杀人罪共犯未遂和故意杀人罪正犯未遂。

原因自由行为教唆犯与正犯之间抽象事实错误，是指在原因自由行为共犯的场合，无责任能力的正犯所实施的结果行为与教唆犯教唆的结果行为不相一致，且此不相一致不属于即超出了同一犯罪构成。如在"借酒强奸"的场合，张三教唆李四酒后强奸他们共同的仇人王五。在允诺并且饮酒之后，无责任能力的李四所实施的结果行为却是强制猥亵了王五。按照"法定符合说"，在前例中，张三的行为应认定强奸罪共犯未遂，而李四的行为应认定强奸罪正犯未遂与强制猥亵罪正犯既遂的想象竞合。又如在"借酒猥亵"的场合，张三教唆李四酒后强制猥亵他们共同的仇人王五。在允诺并且饮酒之后，无责任能力的李四所实施的结果行为却是强奸了王五。按照法定符合说，在前例中，张三的行为应认定强制猥亵罪共犯未遂，而由于强制猥亵的故意无法包容强奸的故意，但强奸的故意重于强制猥亵的故意，且二者的法益侵害具有重合部分，故李四的行为应认定强制猥亵罪正犯既遂。另如在"借酒杀人"的场合，张三教唆李四酒后杀死他们共同的仇人王五。在允诺并且饮酒之后，无责任能力的李四所实施的结果行为却是杀死了王五价值不菲的宠物狗。按照"法定符合说"，在前例中，张三和李四的行为应分别认定为故意杀人罪的共犯未遂和故意杀人罪的正犯未遂。

原因自由行为教唆犯与帮助犯之间抽象事实错误，是指在原因自由行为共犯的场合，教唆犯教唆帮助犯去帮助正犯实施原因自由行为，帮助犯在允诺后却没有按照教唆内容去给予帮助，且教唆帮助的内容和帮助犯的实际帮助行为已经超出即不属于同一犯罪构成。如在"借酒强奸"的场合，张三教唆李四去帮助王五酒后强奸丁六，但在作出允诺后，李四却帮助王五在酒后无责任能力中强制猥亵了丁六。按照"法定符合说"，在前例中，李四和王五的行为应分别认定强制猥亵罪的共犯既遂和强制猥亵罪的正犯既遂，而张三的行为应认定强奸罪的共犯未遂。又如在"借酒猥亵"的场合，张三教唆李四去帮助王五酒后强制猥亵丁六，但在作出允诺后，李四却帮助王五酒后在无责任能力中强奸了丁六。按照"法定符合说"，在前例中，李四和王五的行为应分别认定强奸罪的共犯既遂和强奸罪的正犯既遂，而张三的行为应认定强制猥亵罪的共犯未遂。另如在"借酒杀人"的场合，张三教唆李四去帮助王五通过酒后杀人而致仇人丁六于死地，但李四却帮助王五酒后在无责任能力中杀死丁六价值不菲的宠物狗。按照"法定符合说"，李四和王五的行为应分别认定故意毁坏财物罪的共犯既遂和故意毁坏财物罪的正犯既遂，而张三的行为应认定故意杀人罪的共犯未遂。

四、违法性认识与期待可能性认识错误中的犯罪阶段形态

违法性认识与期待可能性认识错误中的犯罪阶段形态，也是认识错误所牵扯的犯罪阶段形态的两个特殊问题。

（一）违法性认识错误中的犯罪阶段形态

行为人的刑事责任"不因主观上的认识错误而发生变化"[1]，这很早被视为"一个不容置疑的原则"[2]。"违法性认识不要说"当然否认违法性认识错误，从而不会引起违法性认识错误中对犯罪阶段形态问题讨论。但在"违法性认识必要说"已经得到普遍认可的当下，对违法性认识错误能否引起犯罪阶段形态问题，刑法学理论尚未予以应有关注，正如我国刑法典没有对违法性认识错误问题作出明文规定，而立法上的沉默导致该问题一直处于理论研究的边缘[3]。在本著看来，既然存在违法性认识问题，便当然存在违法性认识错误问题，且进一步引起犯罪阶段形态问题的讨论，特别是随着"法定犯时代"的到来[4]。学者指出，违法性认识错误通常包括：①对相关法规范的无知。例如，官员的情妇向他人索贿，却不知《刑法修正案（七）》已

---

[1] 杨春洗、杨敦先主编：《中国刑法论》，北京大学出版社1994年版，第94页。

[2] 高铭暄主编：《刑法学原理》（第2卷），中国人民大学出版社1993年版，第132页。

[3] 车浩："法定犯时代的违法性认识错误"，载《清华法学》2015年第4期，第23页。

[4] 储槐植："要正视法定犯时代的到来"，载《检察日报》2007年6月1日。

经设立了利用影响力受贿罪。②误以为法规范已经失效。例如，申请成立公司者了解到《公司法》于 2013 年修改后在注册资本方面降低了公司设立门槛，误以为刑法中的虚报注册资本罪也随之完全废止。③对法规范的适用范围产生错误理解。例如，处于离婚诉讼期间的丈夫强行与妻子发生性关系，自认为强奸罪不适用于夫妻关系。④对正当化事由的存在或界限发生认识错误。例如，教师误以为自己有体罚学生的权利，或者防卫者误以为自己可以对侵害行为采取任何强度的反击[1]。实际上，所谓违法性的错误即违法性的认识错误，也可分为积极的违法性认识错误和消极的违法性认识错误，而被学者视为禁止的错误的违法性错误大致对应着积极的违法性认识错误。在此，我们可将"事实上违法而行为人误认为不违法"作为对消极的违法性认识错误的简练表述。于是，"事实上不违法而行为人误认为违法"便可作为积极的违法性认识错误的简练表述。积极的违法性认识错误对应着幻觉犯，而幻觉犯自当不成立犯罪[2]，因为幻觉犯是指某种事实并不违法而行为人误认为违法，即其属于规范方面的认识错误，但由于行为在法律上不是犯罪，故最终不可罚[3]。显然，积极的违法性认识错误即幻觉犯因行为本身根本就不是违法行为而不牵扯犯罪阶段形态问题。但消极的违法性认识错误，如行为人认识到自己的财物已经处于国家机关管理之下而误认为私自取回没问题，或虽认识到是在禁渔期或禁渔区而误认为捕鱼没有问题，则不阻却故意的成立[4]，但其只是不阻却故意未遂的成立而仍阻却故意既遂的成立。当然，如果行为人没有认识到自己的财物已经处于国家机关管理之下或没有认识到是在禁渔期或禁渔区，则为无罪而不牵扯犯罪的阶段形态问题。

学者指出，违法性认识问题的提出，根源于绝对的知法推定的动摇。而知法的推定动摇后，传统的法律错误处理规则与责任主义的冲突随之而来。因此，有必要从责任主义重新审视"不知法不免责"，并将法律错误的处理还原为刑事责任的一般问题。而围绕违法性认识所引发的纷争所折射的是责任主义刑法在风险社会所遭遇的困境。于是，各国通过对法律技术或制度的选择性运

---

[1] 车浩："法定犯 时代的违法性认识错误"，载《清华法学》2015 年第 4 期，第 22~23 页。

[2] ［日］日本刑法学会编：《刑法讲座》（3），有斐阁 1969 年版，第 31~32 页。

[3] 张明楷：《刑法学》（第 5 版），法律出版社 2016 年版，第 360 页。

[4] 张明楷：《刑法学》（第 5 版），法律出版社 2016 年版，第 325 页。

用，来求取刑法规制与责任主义之间的平衡[1]。由此，消极的违法性认识错误阻却故意既遂的成立，可视为风险社会刑法规制与责任主义之间平衡的一种真切体现。又有学者指出，"公民对法律的不知乃至于误解均是国家不教之过"[2]，而不考虑违法性认识错误"是一种国家权威主义的立场"[3]。由此，消极的违法性认识错误阻却故意既遂的成立，可视为国家承担"不教之过"和收敛"国家权威主义"的一种体现。

（二）期待可能性认识错误中的犯罪阶段形态

期待可能性的认识错误，是期待可能性理论的一个当然内容和复杂问题。期待可能性的认识错误，是指在是否存在期待可能性上，行为人的主观认识与客观事实之间出现了不相一致，即行为人的主观认识与客观事实之间的相互偏离。于是，期待可能性的认识错误便可分为积极的期待可能性认识错误与消极的期待可能性认识错误。

积极的期待可能性认识错误，也可称为期待可能性认识的积极错误，是指原本并不存在丧失期待可能性的事情，但行为人误认为存在[4]。易言之，没有欠缺期待可能性的事实或法规而误认为存在的错误，即积极的期待可能性认识错误[5]。原本并不存在丧失期待可能性的事情而行为人误认为存在，即原本存在期待可能性而行为人误以为不存在。对于此种情形，第一种观点认为，积极的错误阻却故意；第二种观点认为，对待期待可能性的积极错误，应当视为"禁止的错误"予以处理：如果该错误不可避免，则阻却责任；第三种观点认为，如果行为人对此错误具有过失，则成立过失犯；第四种观点认为，期待可能性的积极错误已经在规范责任的层面上阻却或减弱了责任；第五种观点认为，如果行为人发挥自己的主观能力就可以认识到存在期待可能性，便应认为存在期待可能性，故期待可能性的积极错误宜在期待可能性的判断内部予以解决[6]。对于期待可能性认识的积极错误，学者提出应区分两种情形予以处理：其一，当刑法对因为缺乏期待可能性而不处罚，而在构

〔1〕 劳东燕："责任主义与违法性认识问题"，载《中国法学》2008 年第 3 期，第 150 页。

〔2〕 陈兴良："违法性认识研究"，载《中国法学》2005 年第 4 期，第 131~141 页。

〔3〕 周光权："违法性认识不是故意的要素"，载《中国法学》2006 年第 1 期，第 165~175 页。

〔4〕 张明楷：《刑法学》（第 5 版），法律出版社 2016 年版，第 328 页。

〔5〕 马克昌：《比较刑法原理（外国刑法总论）》，武汉大学出版社 2002 年版，第 509 页。

〔6〕 张明楷：《刑法学》（第 5 版），法律出版社 2016 年版，第 328~329 页。

成要件中所规定的是不缺乏期待可能性的场合，则积极的错误实际上就是构成要件的错误，从而阻却故意的成立。如行为人误将他人的犯罪证据当作自己的犯罪证据予以毁灭，这里的认识错误已经不是期待可能性的认识错误而是构成要件的事实认识错误[1]。于是，在甲没有认识到自己毁灭的是他人的犯罪证据而是认为是自己的犯罪证据，由于缺乏构成要件的故意而当然不成立犯罪[2]。就毁灭证据的犯罪而言，证据是此种犯罪的行为对象即犯罪对象，而对犯罪对象的认识错误原本是属于构成要件的错误，且为"构成要件的故意"的错误，故其所引起的应是阻却故意的问题，而答案是应该阻却故意。其二，当期待可能性的积极错误与故意无关时，则宜采取上述第五种观点，即将之放在期待可能性的判断内部予以解决。如乙误认为自己的生命存在紧迫危险且误认为唯一的办法是针对他人的生命实施紧急避险，进而杀害他人。如果能够期待行为人当时不产生这种错误认识，则不阻却责任，即认定其行为成立故意杀人罪；反之，如果不能期待行为人当时不产生这种错误，则阻却责任，即不能认定其行为成立故意杀人罪[3]。易言之，如果能够期待行为人当时不产生这种错误认识，则不阻却故意既遂责任，即认定其行为成立故意杀人罪既遂；反之，如果不能期待行为人当时不产生这种错误，则可阻却故意既遂责任，即至少不能认定其行为成立故意杀人罪既遂，但认定故意杀人罪未遂或过失致人死亡罪是有可能的。

消极的期待可能性认识错误，也可称为期待可能性认识的消极错误，是指原本存在丧失期待可能性的事情，但行为人误认为不存在[4]。易言之，存在欠缺期待可能性的事实或法规而误认为不存在，即消极的期待可能性认识错误[5]。原本存在丧失期待可能性的事情而行为人误认为不存在，即原本不存在期待可能性而行为人误以为存在。如行为人以为窝藏的是与自己没有亲属关系的犯罪人，而实际上窝藏的是自己出走多年的儿子。对于前例而言，不能进行非难的理由包括：既然客观上缺乏期待可能性，则理当阻却责任；既然缺乏期待可能性，则无对行为人进行特殊预防的必要；这种消极的错误

---

〔1〕 张明楷：《刑法学》（第5版），法律出版社2016年版，第329页。

〔2〕 ［日］山口厚：《刑法总论》，有斐阁2007年版，第33页。

〔3〕 张明楷：《刑法学》（第5版），法律出版社2016年版，第329页。

〔4〕 张明楷：《刑法学》（第5版），法律出版社2016年版，第328页。

〔5〕 马克昌：《比较刑法原理（外国刑法总论）》，武汉大学出版社2002年版，第509页。

极为罕见，故无一般预防的必要性[1]。误把出走多年的儿子当作与自己没有
亲属关系的犯罪人予以窝藏，对应着误把期待可能性不存在当作期待可能性
存在，应认定成立窝藏罪的未遂，即消极的期待可能性认识错误不阻却故意
未遂，但可阻却故意既遂。而如果是误把与自己没有亲属关系的犯罪人当作
出走多年的儿子予以窝藏，对应着误把期待可能性存在当作期待可能性不存
在，则是积极的期待可能性认识错误，从而阻却窝藏故意本身的成立而无窝
藏未遂之说。易言之，当实际上窝藏的是自己出走多年的儿子，由于窝藏与
自己没有亲属关系的犯罪人对行为人"不利"，故此错误应属于积极的期待可
能性认识错误，而这种积极的认识错误似乎能够或应该阻却窝藏的犯罪故意，
或至少阻却其故意既遂。当实际上窝藏的是与自己没有亲属关系的犯罪人，
但由于窝藏自己的儿子对自己"有利"，故此错误应属于消极的期待可能性认
识错误。这种消极的认识错误似乎不能够或不应该阻却窝藏的犯罪故意，或
至少不阻却故意既遂。

认识错误向来是刑法理论未予深究的一个复杂问题，而认识错误中的犯罪
阶段形态问题更应予以深究，因为这一问题与罪刑法定原则、罪责刑相适应原
则和主客观相结合原则都有着深刻的关联。而诸多认识错误中的犯罪阶段形态
讨论，能够集中说明一点："法定符合说"是"教义学符合说"，其具有相对于
"具体符合说"和"抽象符合说"的理论优势和实践优势，正如采取法定符合
说有利于平等地保护法益且符合责任的本质[2]，并且法定符合说是以构成要
件理论为基础来论及属于构成要件主观要素的构成要件故意是否成立，自然
是把故意的范围限定在构成要件的框架内而绝无不当扩大[3]，即其评价故意
成立既不会扩大范围，也不会缩小范围，而具体符合说却不能这样评价[4]。

第四节　犯罪中止的犯罪阶段形态消解

所谓犯罪中止的犯罪阶段形态消解，是指应把犯罪中止从犯罪阶段形态

〔1〕　张明楷：《刑法学》（第5版），法律出版社2016年版，第329页。

〔2〕　张明楷：《刑法学》（第5版），法律出版社2021年版，第356页。

〔3〕　［日］大塚仁：《犯罪论的基本问题》，冯军译，中国政法大学出版社1993年版，第200～
201页。

〔4〕　马克昌：《比较刑法原理（外国刑法总论）》，武汉大学出版社2002年版，第288页。

中排斥出去，即将其予以"非犯罪阶段形态化"。这是对现行犯罪中止制度从立法到理论重新考量所提出的一种有点"骇人听闻"的主张。

一、犯罪中止的定性和处置

犯罪中止如何定性和犯罪中止如何处置是两个相互关联的问题：前一个问题实质就是犯罪中止是否犯罪的问题，其所要解决的是行为的"定性"问题；后一个问题实质就是犯罪中止是否承担刑事责任的问题，其所要解决的是行为的"定责"问题。

（一）犯罪中止的重新定性

要对犯罪中止作一个正确的定性，关键要从犯罪中止的行为结构入手。犯本著认为，犯罪中止在时间上可划分为前后相继的两个阶段即危害中止前的行为和危害中止行为。其中，前一阶段又分为造成其他严重后果和未造成其他严重后果两种情形，后一阶段又分为自动放弃危害行为和自动有效地防止危害结果发生两种情形。后一阶段的前种情形即自动放弃危害行为，应是指行为人完全有可能继续实施危害行为直至将危害行为实施完毕，但出于己意而停止实施。在此情形下，危害行为的继续实施同样为行为人根本不愿或彻底放弃，即同一个行为人对危害行为的主观意愿在前后相继的两个阶段呈现出截然不同的两种状态，而此时的行为人变成了此前的行为人的对立面；而后一阶段的后种情形即自动有效地防止危害结果发生，应是指行为人已将计划中的危害行为实施完毕，但在危害结果有发生现实可能性的情况下出于己意而采取措施并避免了危害结果的发生。在此情形下，危害结果的发生为行为人根本不愿或彻底放弃，即同一个行为人对危害结果的主观意愿在前后相继的两个阶段依然呈现出截然不同的两种状态，故此时的行为人同样变成了此前的行为人的对立面。此两种情形说明了两项内容：一是在主观上，行为人中止其危害行为或防止危害结果的发生都是在追求对自己行为的社会危害的排除，并以此来否定行为人在危害中止行为之前对该社会危害的追求，此为主观意愿上的转变；二是在客观上，无论行为人"自动放弃危害行为"是发生在"犯罪过程"的哪个具体的行为阶段，还是行为人"自动有效防止危害结果发生"采取何种方式，都确已避免了其所追求的危害结果的发生，并达到了排斥在没有中止危害行为或没有采取有效措施的情况下危害结果发生的现实可能性或必然性的实际效果，此为客观结果上的转变。

可见，无论是从主观上，还是从客观上，危害中止行为本身是不存在社会危害性的，自然更谈不上刑法中所要求的所谓"严重的社会危害性"即应受刑罚处罚的社会危害性。正如苏联学者曾指出："行为人的自动中止，保证了不发生行为的危害社会结果，排除了给侵害客体造成损害的威胁，这就意味着所实施的行为的社会危害性不存在了。"[1]既然社会危害性已经不复存在，刑法再以"社会危害性"为由对行为人加以责难，于情于理于法皆难以令人信服。因此，无论是按照"主观恶性与客观危害的统一，就是社会危害性"[2]，还是按照本著作者所主张的社会危害性是主观罪过、客观危害和再犯危险性的有机统一[3]，危害中止行为本身因不具备犯罪的首要特征即严重的社会危害性而与犯罪有本质区别，自当与犯罪区别对待而不应置于犯罪之中加以讨论。

危害中止行为本身不仅不应作为犯罪对待，反而是应予肯定和鼓励的合法行为，因为它是行为人自我否定或与危害行为作"自我斗争"的行为。对犯罪中止行为的"非犯罪化"对待不仅是对行为人"与危害社会之行为作自我斗争"所作出的一种规范层面的肯定，其更是预防犯罪中"一般预防"的"变种"，亦即一种可以更加有效地防止犯罪现实发生的手段。刑法对行为人之行为所作出的评价除了是一种"就行为论行为"的针对性评价，还是一种隐性的价值导向，此种导向会告诉人们什么样的行为是刑法所倡导的，而什么样的行为是刑法所"禁止"的，进而引导人们"趋"刑法之"利"而"避"刑法之"害"。易言之，刑法之评价具有导向性。既然如此，此种导向就应当是积极的，是足以引导人们作出有益于社会秩序稳定的行为的。犯罪中止作为一种犯罪结束形态，其在刑法评价体系中地位不容小觑，故犯罪中止的刑法定性自会对社会公众产生巨大的价值导向作用，而将犯罪中止从"犯罪"这一负面领域中剥离无疑给行为人放弃犯罪或积极采取相应措施防止危害结果现实发生提供了法律上的保障，以让行为人中止犯罪不再有"后顾之忧"。若将犯罪中止作犯罪对待，无形中会给行为人传达一个信息：不论你是否中止犯罪，你的行为都会被刑法认定为犯罪，你的行为已然如"开弓之

---

〔1〕　[苏] H. A. 别利亚耶夫、M. N. 瓦廖夫主编：《苏维埃刑法总论》，马改秀、张广贤译，群众出版社1987年版，第213~214页。

〔2〕　陈兴良：《刑法哲学》，中国政法大学出版社1997年版，第129页。

〔3〕　马荣春：《罪刑关系论》，中国检察出版社2006年版，第46~52页。

箭、倾覆之水"。在此之下，行为人极有可能为了眼前之利益而"放手一搏，铤而走险"，以"侥幸心理"最终酿成恶果，使得"羊尽亡，而无牢可补"。可见，从刑法保障人权的终极目的和社会的长远利益出发，将危害中止行为作"非犯罪"对待是刑法理性的必然选择。

至于前一阶段的后种情形即没有造成其他严重后果，其非罪性是十分明显的，一是因为没有造成其他严重后果即意味着在客观上不存在严重的现实危害，二是因为后一阶段的危害中止行为本身又说明了行为人的主观恶性及其再犯危险性达不到刑法上所谓"严重"程度，即将主客观结合起来都不能使该种情形具备罪质即"应受刑罚处罚的危害性"。因此，该种情形只能作为非刑事违法行为对待，进而只能承担非刑事法律责任。

（二）犯罪中止的相应处置

行为人中止犯罪的行为纵然使得正在形成之危险或危害被"扼杀"，进而致使原危害行为未达到刑法所设定的严重程度，然其原先之危害社会的行为并不会因为一个中止行为而被彻底"抹杀"，虽然行为人可以通过之后的中止行为作出"补救"，但这并不代表危害行为未曾发生。在该种情形下，行为虽然因其社会危害性达不到严重程度而不能作为犯罪对待，但行为人危害社会的主观恶性或人身危险性还会有所"残留"，而且其行为毕竟存在着轻微程度的社会危害性，故应对行为人施以治安处罚等适当处置。而待保安处分制度建立起来以后，可对这类行为人适用保安处分。于是，剩下的问题是前一阶段的前种情形即造成其他严重后果该如何定性和处置？本著认为，该种情形下，其他严重后果通常是由"手段行为"造成的。"手段行为"本来服务于"目的行为"，但由于"目的行为"已被危害中止行为本身所彻底否定或消解，故"手段行为"也就可以取得独立的地位。举例言之，甲因贪恋乙的美色而决意乘乙独自一人在家时潜入乙家，对乙实施强奸。在着手之前，甲考虑到乙家处于闹市，一旦在实施强奸过程中乙逃脱惊动了四邻和在街上巡逻的警察，强奸计划便会落空。于是，甲决定在强奸之前先把乙的双腿打断，防止乙逃跑。某日晚，甲打探到乙家中只有乙一人且其他家庭成员皆于外地出差，短时间内不会回家。甲认为时机成熟，便提着一根木棍潜入乙家，乙见有歹徒入室便大声呼救，甲顿时一惊，上前即将乙打伤在地，乙的双腿随即被甲打断而动弹不得。在甲窃喜前一计划实施成功，正准备实施强奸之时，乙忍着疼痛苦苦哀求甲放过自己，甲见乙痛苦万分，顿时心生恻隐，便打消了强奸乙的念头且逃离了乙家。此例中，先前的伤害行为是"手段行为"，而强奸行为是"目的行为"。由于"手段行为"通常又是行为人在主观故意的支配下实施，加之造成了严重的后果，故"手段行为"通常可以对应一个犯罪构成，从而对于这类行为就应按照所符合的犯罪构成予以定罪。前例中，甲对乙的伤害行为即符合故意伤害罪的犯罪构成，构成故意伤害罪。在对犯罪中止的定性和处罚的国外刑事立法中，表现得最激进的是前苏联的刑事立法。《苏维埃刑法典》第 16 条规定："自动中止犯罪的人，只有在他已实施的行为实际上含有其他犯罪构成时，才负刑事责任。"可见，在苏联的刑事立法中，犯罪中止是不作为犯罪对待的，而只有中止犯罪前的行为符合其他犯罪构成，才按他罪定罪量刑。《墨西哥联邦刑法典》第 12 条规定："行为人自动放弃实施行为或阻止犯罪既遂的，不适用对该罪规定的任何刑罚或保安处分，但如果其已经实施的作为或者不作为构成其他犯罪的，不妨碍对之适用对该罪规定的相应处罚。"可见，在墨西哥联邦刑法中，犯罪中止亦不作犯罪对待，而只有其已经实施的行为构成其他犯罪时，才按相应犯罪作出处罚。《葡萄牙刑法典》第 24 条第 1 款规定："如果行为人自愿地放弃继续实施犯罪，或者自愿地防止犯罪既遂，或者犯罪虽然既遂但自愿地防止构成要件结果发生的，不应当追究刑事责任。"这一规定不但将犯罪中止作"非犯罪"对待，而且将犯罪中止的成立范围扩大到犯罪既遂，可见其在犯罪中止的处置上展现出了极大的谦抑与宽宥。前苏联、墨西哥与葡萄牙的刑事立法应对我们今天重新探讨犯罪中止问题有所启示。

上文分析的结论是：犯罪中止不应笼统作为犯罪对待。只有在行为符合其他犯罪构成时，才按他罪追究刑事责任。易言之，犯罪中止本身不是犯罪，而犯罪中止前的行为未必构成犯罪。本著认为，这个结论是在完全坚持了主客观相结合原则下得出的，是符合保障人权的刑法使命的。以往的国内外刑事立法和刑事法学把犯罪中止作为犯罪对待在相当程度上体现了客观归罪的色彩，因为犯罪中止的行为人毕竟在中止犯罪之前实施了危害行为，而既然存在危害行为，行为人就应当为自身曾有的危害社会的行为付出刑法上的代价。而当今诸多国外刑事立法对犯罪中止规定免于处罚，此一举措从表面上看仅仅是各国按照各自国情所作的符合社会发展的法律规定，但从其内在而言，这一举措所体现的更是一种文明刑法的谦抑理念。我国《刑法》规定，"对于中止犯，没有造成损害的，应当免除处罚"。这些已在相当程度上说明了立法者承认犯罪中止的社会危害性很难达到构成犯罪的程度。与其如此，不如把犯罪中止作为非犯罪对待来得干脆，当然要同时附加"但构成其他犯罪的，依法追究刑事责任"。刑事立法应当克服对犯罪中止定性的潜在模糊性和不确定性。而把犯罪中止作为非犯罪对待也与现代刑法"非犯罪化"发展趋势相合拍。

二、犯罪中止在刑法和刑法学体系中的应然位置

犯罪中止在刑法和刑法学体系中应排在何种位置，这也是涉及犯罪中止刑事制度的科学性和合理性的一个重要问题。

（一）犯罪中止刑法和刑法学体系应然位置的初步安排

对于犯罪中止的体系性位置问题，有人主张："把犯罪中止置于刑罚论中，放在累犯与自首之间，其重要意义在于：①体现了我国关于犯罪中止制度刑事立法的宗旨，明确了犯罪中止不是犯罪行为，而是从宽处罚罪犯的一种减轻情节。②进一步完善了刑法体系。③为我国刑法理论研究的进一步发展提供了可能。④是实践中拓宽犯罪中止适用范围和鼓励犯罪分子中止犯罪的迫切需要。"[1]而"我国刑法和刑法理论把犯罪中止制度置于犯罪论的故意犯罪阶段或形态中是不科学的：①混淆非罪行为的犯罪中止与犯罪行为的犯罪未遂、预备的界限；②降低了犯罪中止在刑法体系中的地位和意义；③与我国鼓励中止犯罪的立法目的和刑事政策相悖。"[2]本著认为，应把犯罪中止立法规定保留在刑法总则有关犯罪的章节中，而不是分别移到刑法总则的刑罚章节中和刑法学的刑罚论中。具体理由如下：①因为犯罪是刑罚的前提，即"无犯罪则无刑罚"。如果把犯罪中止置于刑罚论中，则等于承认犯罪中止是犯罪行为，这会造成与"犯罪中止不是犯罪行为"的自相矛盾。况且，累犯与自首都是以承认犯罪为前提，而把犯罪中止置于两者之间更显不伦不类。②当刑事立法确立犯罪中止旨在鼓励犯罪分子中止犯罪，则把该制度置于犯罪论中较之置于刑罚论中其鼓励作用更大，因为置于刑罚论中等于已经确认了犯罪行为的存在，所剩问题就是如何处罚的问题；若是置于犯罪论中，则

---

〔1〕 中国法学会刑法学研究会组织编写：《全国刑法硕士论文荟萃（1981届—1988届）》，中国人民公安大学出版社1989年版，第345页。

〔2〕 中国法学会刑法学研究会组织编写：《全国刑法硕士论文荟萃（1981届—1988届）》，中国人民公安大学出版社1989年版，第344~345页。

是首先明确犯罪中止不是犯罪行为，不存在刑事责任问题。③当犯罪中止问题在刑法学体系中的位置影响到犯罪中止理论的发展，则置于犯罪论中较之置于刑罚论中影响则更大，因为将其置于犯罪论中首先将引起犯罪中止是否犯罪的理论探讨，接着就是对犯罪中止如何处理的理论展开和继续；若将其置于刑罚论中，则理论研究的视野易于停留在刑罚本身。因此，把犯罪中止立法规定和犯罪中止理论研究分别置于刑法总则的犯罪章节和刑法学的犯罪论中，不是"降低"而是"提高"了"犯罪中止在刑法体系中的地位和意义"，并真正完善了刑法体系，不是"与我国鼓励中止犯罪的立法目的和刑事政策相悖"，而是"与这个目的和政策完全相吻合"，真正地发挥鼓励中止犯罪的作用，并真正地"为我国刑法理论研究的进一步发展提供了可能"。

（二）犯罪中止刑法和刑法学体系应然位置的最终落实

把犯罪中止立法规定和犯罪中止理论研究分别保留在刑法总则的犯罪章节和刑法学的犯罪论中，问题还没有结束，因为还有犯罪中止立法规定在刑法总则犯罪章节中的具体位置和犯罪中止理论在刑法学犯罪论中的具体位置这么一个更进一步的问题。本著赞同"我国刑法和刑法理论把犯罪中止制度置于犯罪论的故意犯罪阶段或形态中不是科学的"观点，理由除了学者所列举的"混淆非罪行为的犯罪中止与犯罪行为的犯罪未遂、预备的界限"和"与我国鼓励中止犯罪的立法目的和刑事政策相悖"以外，还应补充如下两点：其一，把犯罪中止立法规定置于犯罪预备和犯罪未遂立法规定之后，把犯罪中止理论置于犯罪预备和犯罪未遂理论之后，仍然体现了西方刑事古典学派"客观归罪"的理论倾向和立法意识，因为这种位置安排说明了立法者在对待犯罪中止这一问题上目光仍然停留在已然行为上；其二，犯罪中止立法规定在刑法总则犯罪章节的现有位置和犯罪中止理论在刑法学犯罪论中的现有位置，仍然是降低了该立法规定和该理论在刑法体系和刑法学体系中的应有地位和意义，只不过其降低程度较之把犯罪中止制度置于刑法总则刑罚章节和把犯罪中止理论置于刑法学刑罚论中相对为轻罢了。由此，犯罪中止制度和犯罪中止理论到底应分别置于刑法总则犯罪章节和刑法学犯罪论何种具体位置才相对显得科学合理呢？

本著主张，应把犯罪中止立法规定和犯罪中止理论分别置于刑法总则犯罪章节中的"正当防卫""紧急避险"和刑法学的相应理论之后，理由是：正当防卫和紧急避险是排除社会危害性的行为，即正当防卫和紧急避险同属

"阻却客观危害事由"。通过对犯罪中止行为性质的分析，犯罪中止也可归入排除社会危害性的行为或"阻却客观危害事由"之中。犯罪中止与正当防卫和紧急避险在排除社会危害性上的区别仅仅在于：前者是针对行为人自己，后两者是针对他人（紧急避险还可能是针对自然因素）实施。到目前为止，由于一致把犯罪中止作为犯罪对待，故国内外刑法理论在论及"非罪化事由"这一专门问题时当然丝毫不去注意犯罪中止。现今看来，这或许是个缺陷或不足。学者曾指出，阻却客观危害的理由，除正当防卫和紧急避险外，在大陆刑法理论中还包括自救行为、安乐死等[1]。本著认为，犯罪中止不仅可以归入"非罪化事由"中，还可以并入自救行为中并使其外延合理扩大，即犯罪中止可归入广义的自救行为之中。这样，犯罪的阶段形态便形成了从犯罪预备到犯罪未遂再到犯罪既遂的序列性或体系性。由于在主观要件上，犯罪中止与犯罪预备、犯罪未遂和犯罪既遂形成了根本分野，故犯罪中止的重新定性和体系安排即对其予以犯罪阶段形态消解，亦即将其予以"非犯罪阶段形态化"，既可使得犯罪阶段形态实现一种"体系性纯化"，也可使得"非罪化事由"得到丰富与发展。学者指出，《美国模范刑法典》把"自愿放弃"的抗辩正当化了，认为一个在意图犯罪之早期放弃自己意志的人是缺乏危险性格的，而且允许这种赋予放弃犯罪的个人以此抗辩能够鼓励以后潜在的犯罪者主动放弃他们的不法计划[2]。由于犯罪中止是一种"自愿放弃"行为，故英美法系将对犯罪的"自愿放弃"作为正当化抗辩事由，对我们重新审视犯罪中止的性质和法条新设计包括其位置与表述不无启发。

最终，在对犯罪中止的法条内容进行表述时，应注意法律用语与法条精神或法条宗旨相吻合，故在进行犯罪中止的法条内容表述时应对法律用语作如下变换：《刑法》第24条中的"在犯罪过程中"应变换为"在实施危害行为过程中"；该条中"放弃犯罪"应变换为"放弃危害行为"；该条中"犯罪结果"应变换为"危害结果"。这样，我们可在《刑法》第21条"紧急避险"条款之后增加一款："行为人在实施危害行为过程中，自行放弃危害行为或自动有效地防止危害结果发生的，不负刑事责任。若行为已经构成其他犯

---

〔1〕 陈兴良：《刑法哲学》，中国政法大学出版社1997年版，第96页。

〔2〕 蔡桂生："犯罪中止的比较法研究"，载广州市法学会编：《法治论坛》（第7辑），花城出版社2007年版，第147~148页。

罪的，则按其他犯罪追究刑事责任。"

法教义学的通常功能是展开既有的生效规范，而本著对犯罪中止问题的探讨则例证了刑法教义学的立法批判功能。

第五节　犯罪未遂

间接故意犯和举动犯等是否存在未遂形态，是犯罪未遂理论应予深入讨论的实际问题。

一、间接故意犯的未遂

间接故意犯未遂否定论的理论依据是经不住推敲的，从而间接故意犯未遂应得到肯定。

（一）间接故意犯未遂否定论的理论依据

间接故意犯的未遂一直是得不到普遍承认的，正如以有认识而论证间接故意有未遂，其错误在于：恰恰在意志因素上，以放任为特征的间接故意与直接故意存在原则区分。希望是一种追求的态度，结果未发生则希望落空，由此引出未遂之说。而放任是一种两可态度，结果发生与否都不违反行为人的本意。在结果没有发生的情况下，当然也就无所谓未遂。以有目的而论证间接故意有未遂，其错误在于：目的是与希望结果发生的意志相联系的，而在放任的情况下，行为人对已经认识的结果持一种容忍的态度，故不可能存在一定的目的，也就不会出现因目的未实现而未遂的情形。更为重要的是，间接故意犯罪由于其犯罪的性质所决定，其行为的犯罪性应当根据一定的犯罪结果加以确认。当这种犯罪结果未发生时，其行为即无犯罪性，亦即所谓结果无价值，其不同于行为无价值的直接故意犯罪。在直接故意犯罪中，行为的犯罪性独立于犯罪结果而存在，故当这种犯罪结果未发生时，行为同样具有犯罪性，只不过处于未遂的状态[1]。间接故意犯不能成立犯罪未遂的观点，一直得到响应，正如在间接故意的结果犯中，如果发生了法定的危害结果，就是犯罪的既遂；如果没有发生法定的危害结果，行为人的行为根本不构成犯罪。例如，某被告人持枪在公园打鸟，他明知开枪射击可能伤及游人，

---

〔1〕　陈兴良：《本体刑法学》，商务印书馆 2001 年版，第 483~484 页。

但仍开枪，结果将游人打成重伤，构成间接故意伤害罪的既遂犯。如果其开枪射击行为没有造成人员伤亡或财产损失，则不以犯罪论处。可见，间接故意的结果犯只有犯罪既遂而无犯罪未遂。把间接故意犯罪区分为既遂犯和未遂犯，在理论和实践上都是站不住脚的[1]。可见，否定间接故意犯未遂是立于"结果无价值"，亦即将间接故意犯最终视为结果犯。当"行为无价值"和"结果无价值"是关乎违法性本质的概念，则间接故意犯未遂的否定论便将违法性本质论作为最终的理论依据，且其采用"结果无价值"。但犯罪既遂至少是与犯罪未遂相对应而存在的，故间接故意犯未遂否定论已经暴露出自相矛盾的逻辑问题。

（二）间接故意犯未遂的再肯定

对于间接故意犯的未遂问题，曾有肯定的声音，但需予进一步的论证。在本著看来，将过失犯与故意犯分别视为"结果无价值"与"行为无价值"是合适的，但在故意犯内部又分别将间接故意犯与直接故意犯视为"结果无价值"和"行为无价值"，便是有失妥当的，因为这将模糊过失犯与故意犯的"无价值界限"。于是，从违法性本质论，我们可看出间接故意犯未遂否定论的破绽。进一步地，间接故意犯未遂否定论还可结合实例而从间接故意犯本身的发展过程予以一番辨析。在诸如被告人持枪在公园打鸟或野外打猎的场景中，当被告人虽意在鸟或猎物，但对鸟或猎物边上或附近的游人受害听之任之，则不同于对游人的受害出于过于自信的过失，游人的受害是"不违背"被告人的行为意志的，而"不违背"被告人的行为意志即"符合"被告人的行为意志。既然"不违背"即"符合"行为人的意志，则在事物逻辑上能够形成"既遂"一说，而"违背"即"不符合"便相应地能够形成"未遂"一说。我们可以这样来设想：行为人意在鸟或猎物且同时听任游人受害的心理中将枪打响，但未伤及游人。对于此情此景，如果立于间接故意犯是结果犯，且只有既遂而无未遂，则行为人只能被论以无罪。但行为人的行为对游人的健康乃至生命法益却事实上构成了"紧迫的危险"或"现实的危险"，故无罪论处显有放纵犯罪之嫌。最终，当行为人对游人的健康乃至生命法益危险确实形成了听之任之即"放任"之心理，则以未遂犯论处将是一种能够实现某种"价值衡平"的妥适方案。以故意杀人为例，没有死亡结果对应直接故

---

〔1〕　马克昌主编：《犯罪通论》，武汉大学出版社1999年版，第496页。

意杀人罪的未遂和间接故意杀人罪的不成立，这两种差别未免过大，而直接故意杀人罪未遂与间接故意杀人未遂的差别只需在从宽处罚的幅度上得到体现即可。

实际上，仍以间接故意杀人问题为例，主张间接故意犯只能是结果犯，从而只能成立犯罪既遂而无犯罪未遂，恐出于诉讼证明的考量甚或顾虑，即当指控或认定某个行为系间接故意杀人未遂，则行为人或可以行为当时没有形成听之任之即"放任"心理，从而间接故意本身难以成立来自辩。但犯罪主观心理的复杂性在任何一种犯罪中都存在着，故诉讼证明的考量甚或顾虑不足以成为否定间接故意犯未遂的充足理由。

陈忠林教授指出，意大利司法实践中占统治地位的意见认为，所有的故意犯罪都有未遂形态，间接故意也不例外。而间接故意存在未遂形态的理由是：①行为人主观上是否包含实施犯罪的意志，是认定犯罪未遂的主观标准，但间接故意的主观内容中包含行为人有意实施犯罪的一致因素，是一个不争的事实；②《意大利刑法典》第 56 条关于犯罪未遂是"明确指向……犯罪的行动"的规定是指行为的客观性质而非犯罪主观要件的规定。因此，如果行为人已知自己的行为可能引起犯罪结果（尽管这种结果不是行为人追求的目标），并在接受这种结果发生的前提下实施犯罪行为，即使危害结果实际上并没有发生，也没有任何理由否认行为在客观上具有指向犯罪的"明确性"。但是，意大利刑法理论界多数人认为，犯罪未遂的主观方面只能是直接故意，因为一个行为是否"指向"犯罪，只能以行为人所追求的目标为参照对象，而在间接故意的情况下，未遂的"犯罪"显然不可能是行为人意图实施的"犯罪"，故认为间接故意也有未遂形态只能是适用类推的结果[1]。在本著看来，当把《意大利刑法典》第 56 条关于犯罪未遂是"明确指向……犯罪的行动"的规定理解为行为的客观性质而非犯罪的主观要件，则"明确指向"的对象或内容就不能局限在犯罪目的所对应的犯罪的最终结果，而是"首先指向"犯罪的性质和过程。因此，当犯罪的性质和过程首先构成行为人的"明确指向"，则未出现最终的危害结果恰恰是"犯罪未遂"的进一步说明或体现，而非"适用类推"的结果。如果我们再换个角度，即我们可把故意犯罪包括直接故意犯罪和间接故意犯罪的"故意"理解为"有意通向"，则在间

---

〔1〕 陈忠林：《意大利刑法纲要》，中国人民大学出版社 1999 年版，第 210~211 页。

接故意犯罪的场合，因没有出现最终的危害结果对应着行为人的主观故意"没有通到底"，从而将此种情状说成是"犯罪未遂"也符合"情理"和"义理"。

二、举动犯的未遂

正如间接故意犯的未遂问题，举动犯的未遂问题也是犯罪未遂理论中的一个需要深入讨论的问题。

（一）举动犯未遂问题的理论争论

正如间接故意犯的未遂，举动犯的未遂也为以往的刑法理论所普遍否定。学者曾将举动犯视为行为犯的一种，且举动犯又称举止犯或单纯行为犯，是指行为人只要着手实施刑法分则规定的行为就构成犯罪既遂的情形，故举动犯不存在犯罪未完成形态[1]。举动犯只有既遂形态而无未遂形态，这一见解一直得到普遍认可。有教材指出，举动犯是指按照法律规定，行为人一经着手实行即成立既遂的犯罪。举动犯包括两种情况：一种是有组织犯罪的组织行为，主要包括组织、领导和参加犯罪组织的行为，如《刑法》第 294 条规定的组织、领导、参加黑社会性质组织罪；另一种情况是煽动类犯罪，例如《刑法》第 103 条第 2 款规定的煽动分裂国家罪。举动犯因其构造的特殊性而没有犯罪的未遂形态，但这种类型存在犯罪预备形态和预备阶段的中止形态，故准确描述其既遂形态有意义[2]。有教材指出，行为犯是指以法定犯罪行为的完成作为既遂标志的犯罪，如强奸罪；而举动犯是指按照法律规定，行为人一着手犯罪实行行为即告完成犯罪和符合构成要件，从而构成既遂的犯罪，如煽动民族仇恨、民族歧视罪等[3]。可见，举动犯的既遂论即"着手即既遂论"。

但也有人对举动犯的未遂给予了肯定，正如所谓举动犯的特点是，只要行为人着手实行犯罪的实行行为，犯罪即告成立而不管事实上是否造成了危害结果，故对举动犯既遂的认定，关键在于查明行为人是否已经着手实行犯罪。例如，在诬告陷害罪中，只要诬告者用书面或口头的方式向司法机关作了告发，诬告陷害行为既已完成。即使其诬告行为没有引起司法机关对被害人的错误追究，也应当以诬告陷害罪既遂论处。如果发生了错误追究的结果，

〔1〕 陈兴良：《本体刑法学》，商务印书馆 2001 年版，第 478～479 页。
〔2〕 《刑法学》编写组编：《刑法学》（上册·总论），高等教育出版社 2019 年版，第 213 页。
〔3〕 高铭暄、马克昌主编：《刑法学》（第 9 版），北京大学出版社、高等教育出版社 2019 年版，第 145 页。

则是从重处罚的情节。实际上，在举动犯中，不仅存在着犯罪的既遂、预备和中止形态，而且存在着犯罪的未遂形态。这里，既遂犯与未遂犯的区分，主要在于实行犯罪过程中是否存在足以抑制其犯罪意思的意外因素。例如，在煽动分裂国家的案件中，只要行为人用言语或文字进行了分裂国家的煽动，便构成该罪的既遂犯。即使其刚一开始煽动就被抓获，也不影响既遂罪的成立。但若行为人用外国语进行煽动，而其煽动的对象根本不懂外国语，则是一种手段不能犯的未遂而不宜按既遂罪论处。因此，举动犯着手实行犯罪后，并非在任何情况下都构成犯罪既遂。提出举动犯既遂，对于正确地划清与举动犯未遂的界限，同样具有现实意义[1]。所谓对于正确划清与举动犯未遂的界限同样具有现实意义，意味着对举动犯未遂的肯定，因为犯罪既遂至少是与犯罪未遂相对应而存在的。对于举动犯只有既遂而无未遂的传统定论，学者首先指出，举动犯与行为犯的关系值得推敲，而在大陆法系国家和地区，举动犯与行为犯是一个概念[2]。任何犯罪行为都是一个过程，即使是所谓举动犯，也必然有一个过程（长短有异），故并非一着手就是既遂。以组织、领导、参加黑社会性质组织罪为例，仅实施了所谓的组织、领导行为时，如果没有黑社会性质组织的成立，不可能认定为本罪；如果该组织在成立后没有实施《刑法》第294条第5款规定的表明黑社会性质组织特征的行为，司法机关也无从认定其是否为黑社会性质组织。因此，并非"只要一开始实施组织、领导行为，不管黑社会性质组织是否成立，都属于犯罪既遂"。至于参加黑社会性质组织的行为，也并非一经参加就既遂，更非一旦声称参加就既遂，因为按照有关司法解释，"对于参加黑社会性质的组织，没有实施其他违法犯罪活动的，或者受蒙蔽、胁迫参加黑社会性质的组织，情节轻微的，可以不作犯罪处理"。再如，煽动民族仇恨、民族歧视罪，只有一次煽动行为结束，司法机关才能认定其煽动内容是否符合刑法的规定，才可能认定该罪。再者，如果举动犯的范围过宽，则不利于鼓励行为人中止犯罪，反而不利于保护法益[3]。可见，对举动犯未遂犯肯定论的举例未必是恰当的，或其论证未必是贴切的。

---

〔1〕 马克昌主编：《犯罪通论》，武汉大学出版社1999年版，第498~499页。

〔2〕 ［日］大塚仁：《刑法概说（总论）》，有斐阁2008年版，第129页；林东茂：《危险犯与经济刑法》，五南图书出版公司1996年版，第11页。

〔3〕 张明楷：《刑法学》（第6版），法律出版社2021年版，第451页。

（二）举动犯未遂的再肯定

在本著看来，当承认举动犯的既遂而否认举动犯的未遂，便已经陷入了自信矛盾，因为举动犯的既遂对应着举动犯的完成形态，而举动犯的未遂则对应着举动犯的未完成形态。由于犯罪的完成形态是相对于未完成形态而存在的，故否认举动犯的未遂犯，便等于回过头来否认举动犯的既遂本身。又当在举动犯的既遂犯之外又承认举动犯的预备犯和中止犯，则偏偏否认或排斥举动犯的未遂犯，便仍自相矛盾。预备犯是由"意志以外的原因"所导致，未遂犯也是由"意志以外的原因"所导致，缘何举动犯中存在预备犯而不存在未遂犯？难道是行为人着手实行行为之前有足够的时空而让举动犯的预备犯得以成立，但"着手即既遂"便没有为举动犯的未遂犯成立预留必要的时空？其实，一方面，我们应将行为视为规范现象而将举动视为自然现象或事实现象；另一方面，我们又应将行为视为是由举动所构成的，或曰举动是行为的外在体现。显然，按照举动犯没有未遂的以往理论，举动犯实际上是不存在犯罪的实行阶段的，因为所谓"一着手犯罪实行行为即告犯罪完成和完全符合构成要件"，意味着举动犯就是一个"时点犯"而非"时段犯"。但既然举动犯本身就是行为犯或行为犯的一种类型，而凡犯罪都是一个行为过程，则排斥或否认举动犯的未遂犯，便不符合犯罪的"过程实际"。于是，当犯罪的实行着手只是实行的开始而非其全部，且当承认实行着手便意味着承认实行过程或实行延伸，则即便是举动犯也是存在未遂犯的成立空间的。

在举动犯的场合，特别是仅仅承认既遂犯，实际上是把"时段犯"压缩为"时点犯"，而正如过失犯，"时点犯"恐怕只有犯罪成立之说而无犯罪阶段形态包括未遂犯之说。显然，"时点犯"的危险可作如下描述：举动犯的犯罪预备和预备阶段的犯罪中止都可能成为举动犯的既遂，甚至犯意表示也有可能成为举动犯的既遂，因为将犯罪过程压缩为一个"时点"的做法，意味着在所谓举动犯的场合，犯罪预备以及犯罪预备阶段的犯罪中止与原本的犯罪实行阶段的犯罪未遂和犯罪中止都被按照犯罪既遂予以"一网打尽"，甚至犯意表示都将被"赶鸭子上架"。易言之，由于急于将"着手"视为既遂，故犯罪预备甚至犯罪预备之前的犯意表示都有可能被"囊括"到"着手"之中，故举动犯既遂的意外理论有着"犯罪未完成形态完成化"的倾向，而此倾向无论是从保障权利，还是从保护法益或保护社会，都是危险的。

但是，前述对举动未遂犯的肯定论，其例证未必是妥当的。如在诬告陷害罪的例证中，由于"陷害"是诬告的目的所在，故容易将"陷害"的目的没有最终通过"错误的司法行为"得到实现而视为诬告陷害罪的未遂。但当把诬告陷害罪视为举动犯，则其仍然可以在实行行为即"诬告"的实施过程中成立未遂犯。如诬告者刚开口向司法工作人员作虚假陈述或诬告的第一句话只说了一半，被诬告者便突然闯进来予以揭穿或制止等。我们可以想象，如果诬告者的第一句话只说了一半，我们就认定其行为构成诬告陷害罪既遂，这显然违情背离且折法。而在组织、领导、参加黑社会性质组织罪的例证中，如果已经实施了组织行为，虽然黑社会性质的组织还没有成立，但也不能断言组织黑社会性质组织罪不能成立，因为黑社会性质组织是否成立是"组织"的最终结果问题，不能抹杀"组织"行为的已然实施，故在"组织"行为实施过程中，"组织"行为被制止，当然能够成立组织黑社会性质组织罪，且形成未遂犯形态。

同样，如果已经实施了试图"领导"行为，虽然黑社会性质的组织还没有接受某个行为人的"领导"，但也不能断言"领导"黑社会性质组织罪不能成立，因为黑社会性质组织是否接受某个人的"领导"是试图"领导"的最终结果问题，同样不能抹杀"领导"行为的已然实施，故在试图"领导"行为的实施过程中，试图"领导"行为被制止或被否决，当然能够成立领导黑社会性质组织罪，且同样形成未遂犯形态。至于参加黑社会性质的组织罪，当然并非一旦"声称参加"就既遂，但也不能以"对于参加黑社会性质的组织，没有实施其他违法犯罪活动的，或者受蒙蔽、胁迫参加黑社会性质的组织，情节轻微的，可以不作犯罪处理"来否认或推翻"一经参加就既遂"，因为"一经参加"毕竟是"已经参加"了，况且参加的对象已经是"黑社会性质的组织"，而"情节轻微的，可以不作犯罪处理"意味着"情节不构罪"，从而不能说明参加黑社会性质的组织罪作为举动犯的未遂问题。我们之所以说参加黑社会性质的组织罪这样的举动犯存在着犯罪未遂，是因为存在着行为人已经作出了试图加入的言行但被"拒之门外"，即最终"参加不了"。可见，否认或排斥举动犯的未遂犯，是不符合举动犯的犯罪实际的，也是有背罪责刑相适应原则的贯彻落实的。

当肯定了举动犯的未遂犯，甚至肯定了举动犯的预备犯和中止犯，则举动犯的犯罪阶段形态问题与行为犯的犯罪阶段形态问题已经没有区别，因为举动犯原本就是行为犯。有人指出，举动犯是我国刑法中规定的少数几种特殊犯罪，如背叛祖国罪等，这种犯罪既不以现实危害结果为犯罪成立的要素，也不以可能危害结果的存在来确定未完成形态，即尽管具备可能危害结果，却没有既遂与未完成形态的区分。可见，它既不属于结果犯，也不属于行为犯。法律之所以规定这种犯罪，是有其深刻的历史根源和现实意义的[1]。这便进一步引起所谓举动犯这一概念的"真伪性"问题。但马克思曾说："对于法律来说，除了我的行为以外，就是根本不存在的，我根本不是法律的对象"，而"行为是人同法律打交道的唯一领域"。[2]可见，将举动犯排斥在行为犯之外是明显有问题的，正如我国刑法理论就举动犯所举之列仍然是行为犯[3]。于是，与其说本著直接讨论的是举动犯的未遂问题，毋宁直接讨论的是以往的举动犯理论所举事例本身的未遂问题。

第六节　犯罪既遂

危险犯的既遂和直接故意结果加重犯的既遂等，是犯罪既遂理论应予深入讨论的实际问题。

一、危险犯的既遂

由于危险犯包括抽象危险犯与具体危险犯，故危险犯的既遂应分而论之，即危险犯的既遂包含抽象危险犯的既遂和具体危险犯的既遂。

（一）抽象危险犯的既遂

所谓抽象危险犯，是指行为人只要实施了刑法分则条文所规定的某种具体犯罪客观方面构成要件的行为，就具有产生某种后果的危险，而不需要结合具体案件进行分析判断的犯罪。例如，在放火案件中，只要行为人实施了放火焚烧公私财物的行为，便可认定其具有造成人身伤亡和财产损失的危险[4]。相对于具体危险犯所要求的是一种司法认定的危险和现实化的危险，抽象危险犯所要求的则是一种立法推定的危险而无"现实化"的要求[5]。在本著看

---

[1]　肖渭明："论刑法中危害结果的概念"，载《比较法研究》1995 年第 4 期，第 403~404 页。

[2]　《马克思恩格斯全集》（第 1 卷），人民出版社 1956 年版，第 16 页。

[3]　张明楷：《刑法学》（第 6 版），法律出版社 2021 年版，第 452 页。

[4]　马克昌主编：《犯罪通论》，武汉大学出版社 1999 年版，第 501 页。

[5]　陈兴良：《本体刑法学》，商务印书馆 2001 年版，第 479 页。

来，由于抽象危险犯的"危险"是抽象危险犯作为犯罪行为类型本身固有的危险抑或一种"天然的危险"，故抽象危险犯的实行行为实施完毕便意味着"危险"的形成，从而达致犯罪既遂。如当把生产、销售有毒有害食品罪视为抽象危险犯，则行为人的生产或销售行为实施完毕，即有毒有害食品被生产出来或被销售出去，则其危害公众生命健康的危险便已形成，从而构成生产、销售有毒有害食品罪的犯罪既遂。而如果行为未至生产或销售行为实施完毕，则其成立的便是未完成犯罪阶段形态。将实行行为实施完毕作为抽象危险犯的既遂是符合抽象危险犯自身的特质与危害的。但要说明的是，虽然抽象危险犯的"危险"是抽象危险犯作为犯罪行为类型本身固有的危险抑或一种"天然的危险"，但其仍然是我们凭借生活知识或"经验法则"所认知的对象，正如帕多瓦尼教授指出，"推定危险犯"（"抽象危险犯"）要适应自由民主的刑法制度的需要，其应符合的条件包括"根据目的手段合理性原则，必须以确实的经验和公认的科学规则推定行为所具有的危险"[1]。于是，对于有毒有害食品，我们凭借生活知识或"经验法则"，便"当然"觉得其具有"有毒有害"所对应的危险性，故对有毒有害食品生产、销售行为的实施完毕，我们凭借生活知识或"经验法则"，便又"当然"觉得其已经形成了"有毒有害"所对应的危险性。可见，抽象危险犯实即行为犯，正如行为犯包括危险犯[2]。

（二）具体危险犯的既遂

所谓具体危险犯，是指行为人的行为是否具有足以造成某种后果的危险，需要根据具体案情加以判断的犯罪。例如，在破坏交通工具的案件中，行为人的破坏行为是否具有足以造成交通工具倾覆、毁坏的危险，就要看交通工具是否处于正在使用的状态，并根据破坏的手段、部位和程度等具体事实来确定[3]。相对于抽象危险犯所要求的是一种立法推定的危险而无"现实化"的要求，具体危险犯所要求的则是一种司法认定的危险和现实化的危险[4]。在本著看来，不同于抽象危险犯的"危险"，具体危险犯的"危险"是结合

---

〔1〕［意］杜里奥·帕多瓦尼：《意大利刑法原理》（注评版），陈忠林译评，中国人民大学出版社 2004 年版，第 148 页。

〔2〕陈兴良：《本体刑法学》，商务印书馆 2001 年版，第 478 页。

〔3〕马克昌主编：《犯罪通论》，武汉大学出版社 1999 年版，第 501 页。

〔4〕陈兴良：《本体刑法学》，商务印书馆 2001 年版，第 479 页。

案情"具体判断出来的危险"。正如破坏交通工具罪的"危险"是结合交通工具是否处于正在使用的状态以及破坏的手段、部位和程度等具体事实或情节"判断出来的危险"，作为具体危险犯的生产、销售不符合卫生标准的食品罪的"危险"，则是要结合行为对象即相关食品的存放时间、保质条件、变质程度乃至食用者的不良反应等来"具体判断的危险"。不同于抽象危险犯的既遂无需借助生活知识或"经验法则"的"危险判断"，因为其实行行为的实施完毕就当然意味着既遂，具体危险犯的既遂则需要将生活知识或"经验法则"运用于具体案情来作出"危险判断"。于是，在"具体危险"形成之前，具体危险犯所成立的便是未完成犯罪阶段形态。

二、直接故意结果加重犯的既遂

直接故意结果加重犯的既遂讨论是对直接故意结果犯即直接故意基本犯既遂问题的继续。直接故意结果加重犯的既遂包括单一客体直接故意结果加重犯的既遂和复杂客体直接故意结果加重犯的既遂。

（一）单一客体直接故意结果加重犯的既遂

所谓单一客体的直接故意结果加重犯，是指此种直接故意结果加重犯的犯罪客体内容单一或构造简单的情形。单一客体的直接故意结果加重犯，其例子如数额巨大或数额特别巨大的盗窃罪。于是，当行为人以数额巨大或数额特别巨大的财物为作案目标而实际上只不法获取了数额较大的财物，则其只构成盗窃罪结果加重犯的未遂；而只有当行为人不法获取了数额巨大或数额特别巨大的财物，其便构成盗窃罪结果加重犯的既遂。单一客体的直接故意结果加重犯，其适例还有意在致人重伤的故意伤害罪，即当行为人意在造成被害人重伤害，但实际只造成被害人轻伤害，则其行为构成单一客体的直接故意结果加重犯的未遂；而只有当其行为造成了重伤结果，其行为才能构成单一客体的直接故意结果加重犯的既遂。显然，单一客体直接故意结果加重犯的既遂是以加重结果的出现为直接标志。这里需要说明的是，盗窃罪虽然是数额犯，但犯罪数额对应着被害人的财产损害结果，故其最终可视为结果犯，从而产生结果加重犯的问题。单一客体的直接故意结果加重犯是基本结果和加重结果具有重合性或同质性的结果加重犯，故其既未遂应以加重结果是否出现予以认定。

（二）复杂客体直接故意结果加重犯的既遂

所谓复杂客体的直接故意结果加重犯，是指此种直接故意结果加重犯的犯罪客体内容复杂或构造复杂的情形，且所谓犯罪客体构造复杂又是指所属客体存在着"手段客体"与"目的客体"之关系。复杂客体的直接故意结果加重犯，其例子如致人重伤、死亡的抢劫罪。具言之，当行为人虽然致人重伤、死亡而未劫得财物，则其只构成抢劫罪结果加重犯的未遂；而只有当行为人不仅致人重伤、死亡，且劫得财物，才能构成抢劫罪结果加重犯的既遂。可见，对于复杂客体的直接故意结果加重犯，其既遂应以"目的客体"或"主要客体"所对应的结果作为整个结果加重犯既遂的标志。

当然，这里有必要对抢劫罪结果加重犯的既遂问题予以进一步的讨论，以回过头来进一步深化本著对复杂客体直接故意结果加重犯既遂的主张。有教材指出，对于抢劫罪既遂与未遂的认定，理论界有不同的主张：一是认为抢劫罪属于侵犯财产罪，应以劫得财物为既遂与未遂的标准；二是认为抢劫罪侵犯的是财产权与人身权双重法益，但人身权利更为重要，故无论是否劫得财物，只要侵犯了被害人的人身权利就是抢劫既遂；三是认为刑法规定了两种情节，基本情节为一般抢劫罪，以劫得财物与否为既遂与未遂的标准，加重情节规定的是结果加重犯和情节加重犯，无论是否实际取得财物，均应按既遂处理而不存在未遂问题。对于上述分歧，《关于审理抢劫、抢夺刑事案件适用法律若干问题的意见》第 10 条作出了统一规定："抢劫罪侵犯的是复杂客体，既侵犯财产权利又侵犯人身权利，具备劫取财物或者造成他人轻伤以上后果两者之一的，均属抢劫既遂；既未劫取财物，又未造成他人人身伤害后果的，属抢劫未遂。据此，刑法第二百六十三条规定的八种处罚情节中除'抢劫致人重伤、死亡的'这一结果加重犯之外，其余七种处罚情节同样存在既遂、未遂问题，其中属于抢劫未遂的，应当根据刑法关于加重情节的法定刑规定，结合未遂犯的处理原则量刑。"[1]承接《关于审理抢劫、抢夺刑事案件适用法律若干问题的意见》，学者指出，抢劫罪属于侵犯财产罪，理应以行为人取得（控制）被害人财物为既遂标准；造成轻伤但未取得财物的，已然属于抢劫未遂。抢劫致人重伤、死亡但未取得财物的，属于结果加重犯的既遂，但基本犯仍然未遂（未遂的结果加重犯）[2]。显然，当出现致人重伤、死亡的结果，刑法理论和实务便放弃将劫得财物作为抢劫罪结果加重犯

---

〔1〕 刘艳红主编：《刑法学》（下），北京大学出版社 2016 年版，第 289 页。

〔2〕 张明楷：《刑法学》（第 6 版），法律出版社 2021 年版，第 1286~1287 页。

既遂的标准，这无疑是抬高人身权利在抢劫罪复杂客体中的地位所致。而之所以抬高人身权利在抢劫罪复杂客体中的地位，最终出于担忧结果加重犯的未遂可能导致抢劫罪个案司法的罪责刑不相适应。其实，按照未遂犯"可以"而非"应当"即"必须"比照既遂犯从轻或者减轻处罚的规定，认定抢劫罪结果加重犯的未遂完全可以避免抢劫罪个案司法的罪责刑不相适应。于是，当相关担忧没有必要，则人为抬高人身权利在抢劫罪复杂客体中的地位也就没有必要，从而应像对待抢劫罪基本犯的既未遂那样，仍应将主要客体所对应的既未遂作为整个抢劫罪结果加重犯既未遂的判断标准。而学者所谓"未遂的结果加重犯"暗含着一种自相矛盾，且背离了刑法适用的一种"体系性思维"。实际上，所谓"未遂的结果加重犯"终究是"未遂犯"。最终，关于抢劫罪结果加重犯既未遂的通行见解和相关司法意见，因其过于强调人身法益的重要性而颠倒了抢劫罪犯罪客体的内在结构关系且脱离了抢劫罪毕竟是财产罪的"主要罪质"，从而背离了对抢劫罪的法教义学理解。易言之，在抢劫致人重伤乃至死亡的场合，我们仍应将人身权利"克制"为抢劫罪的次要客体，毕竟刑法为保护人身权利即健康权和生命权设置了专门的保护规范。

总之，复杂客体直接故意结果加重犯的既遂，应以对"主要客体"侵犯的既遂为标志，即以对"主要客体"侵犯的既未遂作为复杂客体直接故意结果加重犯既未遂的判断标准。正如抢劫致人重伤或死亡，复杂客体的直接故意结果加重犯，是基本犯和加重结果非同质的结果加重犯，故其既未遂应以基本犯的既未遂来判断整个结果加重犯的既未遂。而唯有如此，才能显示出基本犯在结果加重犯中的"基本"或"基础"意义。正如抢劫致人重伤或死亡，复杂客体的直接故意结果加重犯，其既未遂的认定正如抢劫罪的情节加重犯，同样应采"基本犯标准"，即持枪抢劫未遂的，适用持枪抢劫的法定刑，同时适用刑法总则关于未遂犯的规定[1]。

第七节　犯罪阶段形态认定的整体性思维

犯罪阶段形态认定的整体性思维包含着单人犯罪阶段形态认定的整体性思维和共同犯罪阶段形态认定的整体性思维。

---

〔1〕　张明楷：《刑法学》（第6版），法律出版社2021年版，第452页。

一、单人犯罪阶段形态认定的整体性思维

所谓单人犯罪阶段形态认定的整体性思维，是指对单人犯罪的犯罪阶段形态作出认定时应采用整体性思维，以防止将犯罪既遂形态作为犯罪非既遂形态处理。

例如：妻子为杀害丈夫，准备了有毒咖啡，打算等丈夫回家后给丈夫喝。在丈夫回家前，妻子去超市购物。但在妻子回家之前，丈夫提前回家喝了有毒咖啡而死亡。由于妻子还没有着手实行的意思，只能认定该行为同时触犯了故意杀人预备与过失致人死亡罪，从一重罪处罚[1]。对前述妻子毒杀丈夫案，实务界有人指出，准备毒咖啡的行为并且放置在家里，这本身就是以投毒方式实施的故意杀人的实行行为。投毒杀人，在家庭环境中不需要投毒者一定要将有毒咖啡用手递给被害人，将有毒咖啡放置在桌上让被害人自己喝，与行为人将有毒咖啡递给被害人喝，行为性质完全一样。学者认为本案构成故意杀人预备与过失致人死亡，法理上不成立，因为本案中妻子仅有一个投毒杀人的实质行为，并不存在过失行为，故不可能构成故意杀人罪预备与过失致人死亡这两个罪，只构成故意杀人一罪[2]。在本案中，过失致人死亡罪意味着妻子排斥丈夫死亡这一结果，而这一结果恰恰是妻子所追求的。可见，故意杀人罪预备与过失致人死亡罪竞合之说，显然不符合本案事实。在本案中，学者的问题出在将"准备"毒咖啡与"放置"毒咖啡无意中割裂开来。本来，妻子"准备"毒咖啡的行为已可构成故意杀人罪预备，但当其又实施了"放置"行为，则在法益侵害的紧迫性上，其行为便发展到了与其亲手将毒咖啡递给丈夫实质无异的程度，即将有毒咖啡放置在桌上让被害人自己喝，与行为人将有毒咖啡递给被害人喝，行为性质完全一样且法益侵害性及其紧迫程度完全一样，亦即"准备（毒咖啡）+放置（毒咖啡）＝（毒杀犯罪的）实行行为"。可见，妻子"放置"毒咖啡的行为已经属于故意杀人罪的实行行为，因为在家庭这种相对狭小和封闭的环境中，妻子"放置"毒咖啡意味着丈夫可"信手"拿起毒咖啡予以"饮用"，而这正好符合学者所提出的犯罪

---

〔1〕 张明楷：《刑法学》（第5版），法律出版社2016年版，第277页。

〔2〕 肖佑良："评《刑法学》第五版（上）中的部分案例分析"，载 http://www.law-lib.com/lw/lw_view.asp? no=27017，最后访问时间：2019年2月14日。

着手的认定标准即"法益紧迫危险性"〔1〕。在本案中，学者若能给予"放置"以恰当的价值考察，即对"放置"在法益危险中的价值地位予以客观把握，则其或将对本案的犯罪阶段形态另有说法。而恰恰是由于将"放置"淡化在"准备"之中，即实际将"准备"与"放置"割裂开来，才导致用故意杀人预备与过失致人死亡的竞合来解答本案。"准备（毒咖啡）+放置（毒咖啡）=（毒杀犯罪的）实行行为"，所直观体现的正是整体性思维。

当然，前述"毒咖啡案"的犯罪形态定性问题，还可另作辨析。对于犯罪着手的认定标准，学者主张"法益紧迫危险说"〔2〕。在前述"毒咖啡案"中，被害人与加害人是夫妻关系，而同在一个屋檐下的夫妻关系即"紧密（生活）共同体关系"。于是，在"紧密（生活）共同体关系"之中，妻子准备好并且"放置"毒咖啡的行为就已经是具有法益紧迫危险的"投毒杀人"行为。显然，立于"法益紧迫危险说"，学者对前述"毒咖啡案"以行为人还未"着手"即还没有实施实行行为而提出故意杀人预备与过失致人死亡的竞合，便陷入了自相矛盾。而在刑法因果关系的具体判断上，有学者主张，当被害人的介入行为具有通常性，则即使其介入行为具有高度危险，也应当肯定危害结果与加害人行为之间的因果性〔3〕。在前述"毒咖啡案"中，如果将丈夫提前回到家后端喝毒咖啡的行为视为也是一种"被害人实施的介入行为"，则由于丈夫回家的行为毫无疑问地具有"通常性"即"生活必然性"，故应肯定妻子放置毒咖啡的行为与丈夫被毒死的结果之间的因果性。可见，学者又陷入了自相矛盾。而如果采用整体性思维，则能够肯定本案中妻子的行为已经具有"法益紧迫危险性"，同时也能够肯定妻子的行为与丈夫的死亡之间的因果性，从而避免故意杀人罪（预备）与过失致人死亡的所谓想象竞合犯及其所隐含的自相矛盾。

在前例中，"准备"与"放置"都是毒杀行为的举止，故切割性思维首先"切割"的是实行行为，即视实行行为不存在；再就是"切割"因果关系，即视因果关系不存在；最终，所"切割"的便是故意犯罪的既遂形态，即视故意犯罪既遂不存在。可见，整体性思维能够在犯罪阶段形态及是否竞

---

〔1〕 张明楷：《刑法学》（第5版），法律出版社2016年版，第42页。

〔2〕 张明楷：《刑法学》（第5版），法律出版社2016年版，第342页。

〔3〕 张明楷：《刑法学》（第5版），法律出版社2016年版，第190页。

合犯形态认定中防止切割性思维的错误即"切割错误"。

二、共同犯罪阶段形态认定的整体性思维

所谓共同犯罪阶段形态认定的整体性思维，是指对共同犯罪的犯罪阶段形态作出认定时应采用整体性思维，以防止将犯罪既遂形态作为犯罪非既遂形态处理。

例如：乙正举枪射击丙，甲为了确保丙的死亡，在乙的背后于乙不知情的情况下，与乙同时开枪射击，丙中弹身亡，但不能查清丙被谁击中。有学者认为，一方面，不能查明甲的行为与丙的死亡之间具有物理的因果性；另一方面，由于乙并不知情，不能肯定甲的行为强化了乙的杀人心理，故不能肯定甲的行为与丙的死亡之间具有心理的因果性。因此，甲不成立片面的共同正犯（只是同时犯），不应对其适用"部分实行全部责任"原则，只能认定甲成立故意杀人未遂，乙同样仅负故意杀人未遂的刑事责任[1]。对前例，实务界有人指出，丙死亡结果已经发生，倘若认定甲、乙都未遂，就无人对丙死亡结果负责，显然不符合事实。应将甲、乙同时开枪视为一个行为整体，该行为整体直接导致丙死亡结果发生，两人都要对死亡结果负责，都是既遂。由于甲、乙无犯意联络，不能成立共同犯罪，只能成立同时犯。不过，考虑到毕竟只有一人打中了丙，这种情形下的同时犯量刑，有必要留有余地，亦即都认定既遂犯，量刑都按照未遂犯处理[2]。

对于前例，认定甲、乙都承担故意杀人未遂的刑事责任，显然是不妥的。将甲、乙同时开枪视为一个行为整体而让两人都要对死亡结果负责，即都按既遂定性，这一点是可取的，但以"特殊情况"为由而主张对甲、乙仅按未遂犯量刑，又显然自相矛盾，因为按照未遂犯量刑总是有点对既遂犯定性显得言不由衷。其实，"甲为了确保丙的死亡"而"与乙同时开枪射击，丙中弹身亡"，虽然不能查清是谁击中了丙，但在客观上可视为甲的行为强化了乙的行为与丙的身亡之间的因果性，或乙的行为也反过来强化了甲的行为与丙的身亡之间的因果性。这样，甲、乙的行为不仅形成了一种整体性，丙的身亡也具有一种观念上的整体性。于是，在整体性思维中，将前例视为片面共犯

---

〔1〕 张明楷：《刑法学》（第5版），法律出版社2016年版，第436页。

〔2〕 肖佑良："评《刑法学》第五版（上）中的部分案例分析"，载 http://www.law-lib.com/lw/lw_view.asp？no=27017，最后访问时间：2019年2月14日。

是完全可以的。而将前例视为片面共犯，就可以避免定性是犯罪既遂而量刑却是犯罪未遂的自相矛盾。在前例中，将甲、乙同时开枪视为一个行为整体，与将甲、乙视为"片面共犯"在思考问题的方向上是一致的，体现的都是一种行为事实认定的"整体性思维"。而"整体性思维"在前例中可以避免犯罪阶段形态的自相矛盾。

对于甲教唆乙强奸丙，结果乙误将甲当作丙实施了强奸，由于甲由行为人即教唆犯变成了"被害人"，故这样的例子就形成了定罪的难题。显然，作为被教唆者的乙构成强奸罪既遂，而按照"一人既遂，全部既遂"和"实行犯既遂，共犯既遂"的一般原理，则甲也应构成强奸罪（共同犯罪）的既遂。至于甲的"被害"，只能作为甲本人也构成强奸罪共犯既遂的酌定量刑情节。在前例中，如果主张对甲只能认定为强奸罪未遂，甚至以甲的人身法益即性自主权法益已不值得保护为由而主张对甲论以无罪，则不符合共同犯罪认定的"整体性思维"，即犯了分割评价的思维错误。同时，在前例中，乙的行为差错显然不能对甲的教唆行为赋予"被害人承诺"的性质。而这也是整体性思维的体现。当甲在共同犯罪中处于从犯地位且变成了"被害人"，甚至其法益不值得保护，我们可以考虑其"需罚性"问题，即可考虑对其免除刑罚，但须先肯定其"当罚性"。而这仍然是整体性思维的一种体现。

由前述两例可见，在共同犯罪中，切割性思维所直接"切割"的是共同行为人之间的心理因果性与物理因果性，即分别视心理因果性与物理因果性不存在。而在前述"切割"之下，对共同犯罪阶段形态的认定便"堕落"为对各个行为人举止的犯罪阶段形态认定。相反，在共同犯罪阶段形态认定过程中，整体性思维即各行为人之间的因果性思维，且此思维能够防止将共同犯罪阶段形态的认定蜕变为单人犯罪阶段形态的认定。

第八节　数罪标准与数罪中的两个特别问题

一、数罪标准学说及其应然立论

只有先对数罪标准的诸多学说作出一番客观中肯的评述，才能形成数罪标准的应然立论。

（一）数罪标准学说的概括

对于罪数标准即数罪标准的观点或主张，学者概括如下：①行为标准说，主张以行为个数为标准来区分一罪与数罪，即行为人实施了一个行为的，为一罪；而若行为人实施了数个行为的，则为数罪。②结果标准说，主张以法益侵害结果的个数为标准来区分一罪与数罪。而如何根据法益的个数来区分一罪与数罪，又因法益性质（种类）的不同而各有不同的标准。③因果关系标准说，主张以因果关系的个数作为区分一罪与数罪的标准。④犯意标准说，主张以犯意（故意与过失）的个数作为区分一罪与数罪的标准。⑤法规标准说，主张以犯罪行为触犯法条的个数作为区分一罪与数罪的标准。⑥构成要件标准说，主张以刑法分则或其他刑罚法规中规定的构成要件为标准区分一罪与数罪。⑦广义法律要件说，主张以构成要件说为根据，将完成两个以上的构成要件的行为事实（如牵连犯），因在刑法上规定按一罪论处，或在适用上作为包括的一罪处断而例外作为一罪，亦即本来是数罪，但因一人实施而在观念上视为一罪。⑧犯罪构成标准说，主张以犯罪构成的个数为标准来确定犯罪的单复，即具备一个犯罪构成的为一罪，而具备数个犯罪构成的为数罪[1]。⑨个别化说，主张应根据罪数的不同种类而采取不同的区分标准，而行为说、法益说（结果说）、犯意说与构成要件说等都是基于"一个标准"区分数罪的。但是，罪数有不同种类，以一个标准对所有种类的罪数进行区分，则相当困难[2]。易言之，在区分是否成立单纯一罪时，应以构成要件说为标准；在连续犯、吸收一罪等包括的一罪场合，应将行为说与法益说结合起来作为标准；而在想象竞合犯、牵连犯等科刑一罪场合，应以行为说为标准[3]。前述是对罪数标准即数罪标准以往学说的扼要概括。

（二）数罪标准学说的评价

对于行为标准说，学者指出，该说是以行为作为区分一罪与数罪的标准，因为行为是犯罪的基础。但自然行为说以自然意义上的行为区分一罪与数罪，无法将一罪与数罪加以正确区分，因为自然行为是一种"裸"的行为，而这种行为观念甚至都难以区分行为与动作。因此，脱离了法律及社会的规范评价要素，便无法对行为进行性质和数量上的判断[4]。可见，行为标准说是关于罪数或数罪问题的一种事实标准说或自然标准说，而当事实标准说或自然

---

〔1〕 陈兴良：《本体刑法学》，商务印书馆 2001 年版，第 581~583 页。

〔2〕 张明楷：《刑法学》（第 5 版），法律出版社 2016 年版，第 457 页。

〔3〕 〔日〕平野龙一：《刑法总论Ⅱ》，有斐阁 1975 年版，第 408 页。

〔4〕 陈兴良：《本体刑法学》，商务印书馆 2001 年版，第 583 页。

标准说因连行为与动作有时都难以区分，故其最终是一种"迷乱的标准"，即不成为一种数罪标准或罪数标准。学者指出，行为数量的区分本身就是一个很大的难题，即使是复数行为也可能被刑法规定为一罪[1]。复数行为也可能被刑法规定为一罪的情形如抢劫罪与强奸罪等，这类犯罪被称为复行为犯即复合犯，其虽内含着手段行为与目的行为，但其整体上就是一罪。因此，行为标准说不具有数罪或罪数标准的"法教义性"，即其不是一个关于数罪或罪数的法教义学标准。另外，行为标准说或因缺失了犯意而成为一个违背主客观相结合原则的所谓数罪标准说或罪数标准说。

对于结果标准说，学者指出，结果标准说中的"结果"，虽然在过失犯罪的场合往往能够成为区分一罪与数罪的标准，但其本身是一个内容广泛的概念，亦即其有构成要件的结果和非构成要件的结果、物质性结果和非物质性结果之分，故以其为罪数标准，则难免歧见。更何况，犯罪有行为犯与结果犯、结果加重犯等各种形态之分[2]。既然犯罪有着包括且不限于结果犯的诸多犯罪形态之分，则结果标准说便不具有普遍适用性即"普适性"，而不具有"普适性"的东西难以成为标准。实际上，结果标准说中的"结果"都难以成为结果犯本身的标准，因为其原本是结果犯的"要件"而已。当结果标准说即法益标准说，而一个犯罪的保护法益完全可能是复数的[3]，故不能因法益的复数性而将一个犯罪作为数罪对待。

对于因果关系标准说，学者指出，其将行为与结果在因果关系中加以统一考量，具有可取性。但因果关系仍然只是犯罪客观要素之一，其不能代替犯罪本身。更何况，因果关系只在某些实质犯中存在，故因果关系同样不足以成为区分一罪与数罪的标准[4]。我们当然可以说因果关系只在某些实质犯中存在，我们也当然可以说因果关系只在结果犯和诸如故意杀人既遂等故意犯既遂中存在，故正如结果标准说，因果关系标准说也因不具有"普适性"而难以成为罪数标准或数罪标准。其实，结果标准说与因果关系标准说是"不言而通"的两个标准，因为结果标准说中的"结果"和因果关系标准说中的"结果"含义相通，故其都因不具有"普适性"而难以成为罪数标准或

---

[1]　张明楷：《刑法学》（第5版），法律出版社2016年版，第456页。
[2]　陈兴良：《本体刑法学》，商务印书馆2001年版，第584页。
[3]　张明楷：《刑法学》（第5版），法律出版社2016年版，第456页。
[4]　陈兴良：《本体刑法学》，商务印书馆2001年版，第584页。

数罪标准，亦即两者的立场与结局是"不约而同"的。

对于犯意标准说，学者指出，该说是区分一罪与数罪的主观说。但犯意不能脱离行为而存在，何况犯意作为行为人的主观罪过形式，其个数更加难以把握，故在区分一罪与数罪时，不考虑犯罪的客观因素而只依据犯意，难免失之虚妄[1]。正如行为标准说或因缺失了犯意而成为一个违背主客观相结合原则的所谓数罪标准说或罪数标准说，犯意标准说或因缺失了犯罪的客观因素而同样成为一个违背主客观相结合原则的所谓数罪标准说或罪数标准说。当犯意只是一种心理活动，而心理活动又是一种心理事实，则犯意标准说同样是一种事实标准说或自然标准说。但由于心理事实较客观事实更显虚幻和缥缈，故犯意标准说更是一个"迷乱的标准说"，即一个更具主观性，从而更具危险性的标准。

对于法规标准说，学者指出，该说看到了法律规定在确定罪数中的作用，且尤其强调了罪名对于确定罪名单复的意义。但以罪名作为区分一罪与数罪的标准存在明显缺陷。例如两次以上个别行为而触犯同一罪名，不问两次行为间隔时间长短及其主观犯意的联系而一概确定为一罪，否定同种数罪的概念，有误数罪为一罪之虞。犯罪单复数不仅是一个法律规定问题，而且是一个法律适用问题，故法律标准说也不能正确地区分一罪与数罪[2]。既然存在着误将数罪作为一罪之虞，且其忽略法律上数罪与裁判上一罪之别，则法律标准说必定是存在缺陷的一种学说。虽然法律标准说隐现着"法教义学"的尝试，但其之所以最终难以成为一种具有"普适性"的罪数标准学说或数罪标准学说，乃因其只是将罪名用来表面化和机械性地"映照"个案事实。

对于构成要件标准说和广义法律要件说，学者指出，构成要件标准说以一种综合的姿态整合了行为说、结果说和犯意说的观点，对于区分一罪与数罪具有重大意义。而广义法律要件说是以构成要件标准说为基础，进一步说明了法律规定与构成要件的关系，认为在存在法律特别规定的场合应以法律规定作为区分一罪与数罪的标准。我国刑法学界通行的是犯罪构成标准说，犯罪构成给出了犯罪的完整形象，以此作为确定罪数的标准无疑是正确的。

---

〔1〕 陈兴良：《本体刑法学》，商务印书馆 2001 年版，第 584 页。
〔2〕 陈兴良：《本体刑法学》，商务印书馆 2001 年版，第 584~585 页。

然而，这种犯罪构成标准说实际上不过是一种修正的构成要件标准说而已，因为构成要件只是大陆法系犯罪构成中的一个要件，其另有违法性要件和有责性要件，并且违法性要件和有责性要件只对确定罪与非罪或此罪与彼罪有作用而对区分一罪与数罪不起决定作用。于是，犯罪构成说在构成要件说的基础上把区分罪与非罪的标准作为区分一罪与数罪的标准，更加具有逻辑上的贯通性。最终，确定罪数应以犯罪构成为标准，凡一次符合犯罪构成的，是为一罪；凡数次符合犯罪构成的，是为数罪。当然，犯罪构成仍然只是为区分一罪与数罪提供了一个基本框架，因为犯罪构成仍然是一个复合概念，其由行为、结果、犯意等主客观因素根据一定的逻辑建构而成。因此，在犯罪构成标准说的基础上，还应进一步研究犯罪构成作为区分一罪与数罪标准的具体判断问题[1]。被构成要件标准说所综合的还有因果关系说，但综合内容如此之多，仍不足以使得构成要件标准说能够成为罪数或数罪标准的妥适学说。在肯定犯罪构成标准说的基础上，本著要进一步指出的是，正是由于不同的犯罪对应着不同的主客观事实的相结合，同时也是事实性和价值性的相结合，故体现主客观相结合和事实性与价值性相结合的犯罪构成，才最适合作为罪数或数罪的判断标准。由此，罪数主要是一个事实问题而非评价问题，这一说法或许存在偏颇，因为这一说法与作为罪数标准或数罪标准的犯罪构成终究是一个评价标准，两者不相匹配或不相协调。

最后，对于个别化说，该说极具迷惑性，且其存在着将作为一个整体问题的罪数标准或数罪标准问题混同于不同类型的"一罪"的各自属性问题。这里，不同类型的"一罪"当然是按照不同的标准划分出来的，但其划分标准绝非一罪与数罪的划分标准。因此，个别化说与罪数标准或数罪标准问题，可谓"风马牛不相及"。而当个别化说强调应在不同场合分别乃至结合运用行为标准说等，便又反衬出犯罪构成标准说的优势，因为犯罪构成标准说是主客观相结合说和事实性与价值性相结合说，其包容且超越了行为标准说等，故其有着全方位的适用性。

（三）犯罪构成标准说的再肯定

由于结果是由行为所造成的，而当行为造成了结果，便自然形成因果关系，故从行为标准说到结果标准说再到因果关系标准说，便有种"一脉相承"

---

〔1〕　陈兴良：《本体刑法学》，商务印书馆 2001 年版，第 585~587 页。

的无言意味，但其与犯意标准说一样，最终都是关于数罪或罪数的事实标准说或自然标准说，从而都不是关于数罪或罪数的法教义学标准说。至于法律标准说和构成要件标准说，虽有关于罪数或数罪标准的"法教义学"意味，但终因各有缺失或偏颇而不适合作为罪数或数罪标准的学说。最终，体现主客观相结合和事实性与价值性相结合的犯罪构成标准说，在同样带有"法教义学"色彩中而最宜作为罪数或数罪标准的学说，并且这一标准排斥了采用"构成要件说"可能意味着采取了"犯罪构成说"[1]。

对于犯罪构成标准说的肯定，还特别意味着要对法益标准说予以更进一步的回应。有学者指出，由于刑法的目的是保护法益，犯罪的本质是侵害法益，故应当根据行为所侵犯的法益数量评价其符合几个犯罪构成或者构成几个犯罪。易言之，行为侵犯了一个犯罪的保护法益时，成立一罪；行为侵犯了数个犯罪的保护法益时，成立数罪；行为数次侵犯一个犯罪的保护法益时，成立数罪[2]。行为数次侵犯一个犯罪的保护法益仍成立数罪，不仅有着将连续犯视为数罪且自相矛盾之嫌，因为连续犯被学者置于"包括的一罪"中[3]，而且有着将"多次犯"视为数罪之嫌，正如当刑法将"多次"作为基本构成要件时（如《刑法》第 264 条的"多次盗窃"、第 267 条的"多次抢夺"），则是单纯的一罪[4]。在本著看来，由于犯罪构成标准包含了法益标准，故当法益标准能够成为罪数标准或数罪标准，则犯罪构成标准便更能成为罪数标准或数罪标准。

但是，正如犯罪构成作为区分一罪与数罪标准的具体判断是一个应予以进一步研究的问题，犯罪构成标准与犯罪构成标准的运用是两个不同的问题。在本著看来，所谓凡一次符合犯罪构成的为一罪，而凡数次符合犯罪构成的为数罪，可视为对犯罪构成标准的运用。但犯罪构成标准的前述运用仍存在周延性问题，因为连续犯、牵连犯、想象竞合犯乃至继续犯都可能形成"数次符合犯罪构成"，但其通常最终是"一罪"。因此，犯罪构成标准说的运用似应具体为"数次先后并列地符合不同的犯罪构成"。在前述具体运用中，"数次"（包括"二次"）是根本前提；"先后"最终排斥了想象竞合犯是数

---

[1] 张明楷：《刑法学》（第 5 版），法律出版社 2016 年版，第 457 页。
[2] 张明楷：《刑法学》（第 5 版），法律出版社 2016 年版，第 457~458 页。
[3] 张明楷：《刑法学》（第 5 版），法律出版社 2016 年版，第 477~478 页。
[4] 张明楷：《刑法学》（第 5 版），法律出版社 2016 年版，第 479 页。

罪，因为想象竞合犯是"同时"符合不同犯罪构成的情形；"并列"最终排斥了牵连犯或吸收犯是数罪，因为牵连关系（包括手段与目的关系和原因与结果关系）与吸收关系（包括主从关系与派生关系）并非并列关系；"不同"最终排斥了连续犯甚至继续犯即持续犯是数罪。于是，"数次先后并列地符合不同的犯罪构成"对应着数罪；而若"数次先后并列地符合不同的犯罪构成"得不到全部满足，则为一罪或"最终的一罪"。作为标准的运用，"数次先后并列地符合不同的犯罪构成"是对犯罪构成标准说的响应，故其能够回过头来进一步强化犯罪构成标准说。

二、数罪中的两个特别问题

这里所说的两个特别问题，是指"一揽子行为"和"事后行为"牵涉数罪的讨论。

（一）"一揽子行为"的数罪问题

一个行为不一定构成一罪，如一次走私的行为对象既有特殊物品也有一般物品，这种行为被称为"一揽子行为"；或如行为人明知被害人身上安装了价值贵重的假肢而同时出于伤害故意和毁财故意打击假肢部位，既造成了假肢本身完全毁损，同时造成了被害人轻伤害或重伤害。对于"一揽子行为"，如果其行为对象，从而其侵害客体勾连数个犯罪构成，则该数罪并罚就数罪并罚，这是罪刑法定原则和罪责刑相适应原则的要求。

对于纳税人缴纳税款后，又以假报出口等欺骗手段骗取国家出口退税款的应当如何定性的问题，有教材指出，根据《刑法》第 204 条第 2 款的规定，应当分为两种情况处理：第一，如果行为人骗取的税款等于或少于已经缴纳的税款的，只以一个逃税罪论处；第二，如果行为人骗取的税款超过所缴纳的税款的，对超过部分应认定为骗取国家出口退税罪，而其余部分应认定为逃税罪。由于客观上行为人只实行了一个行为，故应按想象竞合犯处理，即按其中的重罪从重处罚[1]。由于一次骗税行为所得超过已所缴纳的应缴税款，其实质是逃税行为和骗取出口退税行为的"一揽子行为"，故应然的处置并非所谓按想象竞合犯处置，而是应予数罪并罚。于是，对于"一揽子行为"的罪数问题，我们可用"一箭双雕"乃至"一箭多雕"来予以形象的把握。

---

〔1〕 高铭暄、马克昌主编：《刑法学》（第 5 版），北京大学出版社、高等教育出版社 2011 年版，第 433 页。

而实际上，在"一揽子行为"的场合，"一揽子行为"实即发生于不同时空环境中的若干独立成罪行为的一种"聚合"或"捆绑"。因此，这里的"一揽子行为"可形象地称之为"打包行为"。可见，在"一揽子行为"引起数罪并罚的场合，"一揽子行为"相当于一个"罪群"，即行为人在此场合中又似乎扮演了一个"三头六臂"的"多面手"角色，而我们可用"打包"来形象理解"一揽子行为"及其所对应的"罪群"。由此，"一揽子犯罪"或"打包犯罪"在某种意义上是犯罪行为的一种类型化。

"一揽子行为"给我们的反面启发是，数个行为不一定构成数罪，如牵连犯只择一重罪定罪，但法律有特别规定的除外，即法律对有的牵连犯规定数罪并罚，如《刑法》第198条对行为人构成保险诈骗罪同时又构成其他犯罪的规定"依照数罪并罚的规定处罚"。进一步地，想象竞合犯、继续犯即持续犯和结果加重犯与连续犯、牵连犯和吸收犯的区分的"分水岭"在于行为的个数：如果是一个行为，则在想象竞合犯、继续犯即持续犯和结果加重犯中考虑问题；如果是数个行为，在不构成数罪的前提下，则在连续犯、牵连犯和吸收犯中考虑问题。

（二）"事后行为"的数罪问题

罪数问题还牵涉刑法学中的所谓"事后行为"。对于刑法学中的所谓"事后行为"，我们可将之区分为"不可罚的事后行为"与"可罚的事后行为"。所谓"不可罚的事后行为"，是指因存在着某种关系而使得"事后行为"从属于"前行为"，从而不另外定罪（但可作为"前行为"所构成之罪的从重处罚情节），如将被害人杀死后而在当场毁尸灭迹，毁尸灭迹这一"事后行为"不另定侮辱尸体罪；所谓"可罚的事后行为"，是指"事后行为"并列且独立于"前行为"而符合另外的犯罪构成，从而应另外定罪即与"前行为"予以数罪并罚的情形，如实施抢劫后而在离开现场前又另起犯意而杀人灭口，应按抢劫罪与故意杀人罪数罪并罚；或如实施抢劫后而在离开现场前又另起犯意而实施强奸，应按抢劫罪与强奸罪数罪并罚；再如实施强奸等行为之后出于防止被害人报警而将被害人的手机夺下且将之扔进山沟，应按强奸罪和故意毁坏财物罪数罪并罚。两相比较：在"不可罚的事后行为"的场合，"事后行为"之所以"不可罚"即不另定罪，似乎是因为"事后行为"没有侵犯被害人另外的权利，如在杀人现场又实施毁尸灭迹这一"事后行为"，由于被害人已经死亡，故其已经不存在其他权利被侵犯的问题；而在

"可罚的事后行为"的场合，"事后行为"之所以"可罚"即应另外定罪，似乎是因为"事后行为"侵犯了被害人另外的权利，如实施抢劫后而在离开现场前又另起犯意而实施强奸，"事后行为"即当场强奸又侵犯了被害人的人身权利。但需提请注意的是，对于"不可罚的事后行为"，刑法立法也可强行规定"可罚"，即强行规定与"前行为"数罪并罚。而一旦刑法立法作出强行规定，则刑法司法便要遵守罪刑法定原则。

第九节　一罪的分类

与数罪相对的是一罪，而一罪是罪数中素有争议的实际问题。由于直接事涉罪刑法定原则和罪责刑相适应原则，故罪数论仍有讨论一罪的切实需要。

一、一罪划分的学说概略

按照学者的说法，德国竞合论的基本特点是将所有问题归入三个竞合即法条竞合、想象竞合与实质竞合。其中，法条竞合是指仅适用一个法条的情形，故其属于法条单一的情形；想象竞合是指虽然应当适用数个法条，但只有一个行为或两个行为之间存在重合，故其属于行为单一；实质竞合就是实质数罪。在我国既有的学术背景下，难以采用德国的学说[1]。于是，有学者借用日本的罪数论体系而将罪数的形态分为单纯的一罪（包括连续犯、法条竞合）、包括的一罪、科刑的一罪（包括想象竞合与不并罚的牵连犯）与并罚的数罪。虽然所有的罪数现象均可以归入上述四类，但并非某个既有的特定概念所对应的现象只能归入上述某一类，如转化犯既可能属于包括的一罪，也可能属于想象竞合，还可能属于并罚的数罪[2]。在与中国刑法学传统理论对一罪的分类予以比较后，我们便真正感受到"一罪"是罪数理论中较为或极为复杂的问题，且目前所有的分类都未能达到"眉目清晰"。但有一点是清楚的，即"一罪"系与"数罪"相对而言。由于任何事物都有一个规模包括数量的问题，故在最为表面的意义上，"罪数"即犯罪的数量，从而"一罪"即一个犯罪，而"数罪"即数个犯罪。但罪数理论中的罪数问题最终是个基于犯罪的"真相事实"而在体现罪刑法定和罪刑均衡之中来解答司法定罪的

---

[1]　张明楷：《刑法学》（第 5 版），法律出版社 2016 年版，第 459~460 页。
[2]　张明楷：《刑法学》（第 5 版），法律出版社 2016 年版，第 461 页。

问题，故罪数理论中的"一罪"已经不是表面数量的"一个罪"，如司法个案中行为人只针对同一被害对象实施了一次杀害行为。这样看来，罪数理论中的"一罪"应是在真正的一罪和真正的数罪之间来建构概念并形成相应的分类，才具有实际意义。当我们是在罪刑法定原则和罪刑均衡原则的宏观视野下来讨论罪数理论中的"一罪"，则真正的一罪和真正的数罪之间以及"貌似数罪"都应是以法定罪名为标杆来论说问题的。

毋庸置疑，"一罪"是罪数形态问题中一个极其重要的内容。到目前为止，对于罪数理论中的"一罪"可见三种划分法：一是高铭暄、马克昌教授主编的教材《刑法学》所采用的划分法（以下简称"高马划分法"），这是一种较为传统的划分法，其将"一罪"划分为"实质的一罪"（继续犯、想象竞合犯、结果加重犯）、"法定的一罪"（结合犯、集合犯）和"处断的一罪"（连续犯、牵连犯、吸收犯）。前述划分法没有处置法规竞合犯的问题，即未将法规竞合犯安排到"一罪"之中[1]；二是张明楷教授的《刑法学》所采用的划分法（以下简称"张氏划分法"），其将"一罪"划分为："单纯的一罪"（继续犯、法规竞合犯）、"包括的一罪"（连续犯、集合犯、吸收一罪和狭义的包括一罪）、"科刑的一罪"（想象竞合犯、结合犯、牵连犯）[2]；三是刘艳红教授主编的《刑法学》所采用的划分法（以下采用"刘氏划分法"），其将"一罪"划分为：实质的一罪（继续犯、想象竞合犯、结果加重犯、转化犯）、法定的一罪（结合犯、集合犯、包容犯）、处断的一罪（连续犯、牵连犯、吸收犯）[3]。对照而言，关于一罪分类的学说大致形成如下局面：一是在一罪分类的大类表述上，"高马划分法"与"刘氏划分法"保持对应，而"张氏划分法"则在试图保持与前两者的某种对应之中显示自己的特色，因为单纯的一罪肯定是实质的一罪，而实质的一罪未必是单纯的一罪，即实质的一罪在口径上大于单纯的一罪，如想象竞合犯在"高马划分法"那里属于实质的一罪而在"张氏划分法"那里则属于科刑的一罪，又因为法定的一罪肯定是包括的一罪，而包括的一罪则未必是法定的一罪，即包括的一罪在口径上大于法定的一罪，如将连续犯归属于包括的一罪可能是妥当的，

---

〔1〕 高铭暄、马克昌主编：《刑法学》（第5版），北京大学出版社、高等教育出版社2011年版，第183~196页。

〔2〕 张明楷：《刑法学》（第3版），法律出版社2011年版，第416~440页。

〔3〕 刘艳红主编：《刑法学》（上），北京大学出版社2016年版，第293~316页。

但将其归入法定的一罪肯定不妥当；二是对于一罪分类的各个小类，除了"高马划分法"与"刘氏划分法"在处断的一罪上看法完全相同，三种划分法各有不同。于是，三种划分法使得一罪的划分学说呈现出了"犬牙差互"，从而令人眼花缭乱的局面。可见，三种划分法所采用的标准是不一样的，但是否某种划分法采用的标准是可取的，抑或三种划分法所采用的标准都存在问题，从而使得各自分类的小类包含也存在问题？"高马划分法"曾使我们觉得一罪的划分简单清爽，但其简单清爽是否意味着"粗中有漏"？"张氏划分法"似乎让我们觉得一罪的划分精细复杂，但其精细复杂是否意味着"言多必失"？"刘氏划分法"是否在精细性和准确性上恰到好处？只有采用明确的标准并形成下位概念的对应或对称，则概念的划分才可能是周全的。目前的三种划分法所得到的仍是一罪的三个种概念而不具有对应性或对称性，故其似乎都存在着不足。

于是，一罪似乎可以作出如下对应性或对称性的分类，而每一个分类又包含相应的具体类别。

二、形式的一罪与实质的一罪

事物的形式问题与实质问题是相对应或相对称的。形式的一罪与实质的一罪，便是体现前述认识所形成的关于一罪的概念对应或概念对称。

（一）形式的一罪

所谓形式的一罪，是指司法实践中的个案行为仅仅从形式上看就是一罪，或此行为在"外相"上所呈现的就是一罪。本著所称的形式的一罪包括继续犯与连续犯，故这里的形式的一罪仍可另称为"单纯的一罪"或"本来的一罪"，但又有别于张明楷教授那里的"单纯的一罪"，因为其"单纯的一罪"包括法规竞合犯，但法规竞合犯并非"侵害了一个法益"，而是法益侵害的竞合，故其并不"单纯"。易言之，法规竞合犯在形式上还不能将其直接视为一罪。这或许是"高马划分法"和"刘氏划分法"没有将法规竞合犯在一罪中予以归类而只是将之拿来区别想象竞合犯的原因。

继续犯是三种划分法分别采用实质的一罪和单纯的一罪予以统括的一个具体犯罪类别。在本著中，继续犯当然属于形式的一罪。在汉语中，继续、持续与连续可构成近义词甚或同义词。然而，作为法律术语或法学术语，继续犯与连续犯却存在着明显的区别。继续犯又称持续犯，是指行为从着手实行到终止以前，一直处于持续状态的犯罪[1]。继续犯的特征是我们把握继续犯的基本方面或切入，故我们需要对以往的说法予以深化或完善。继续犯有着如下特征：一是实行行为与不法状态的同时持续性。在意大利刑法理论中，"持续犯"是法律规定行为或结果在时间上必须具有持续状态的犯罪[2]。这里，"或"似应为"和"，正如继续犯是实行行为与不法状态的同时继续，而不仅仅是不法状态的继续。这是继续犯与状态犯的主要区别，因为状态犯是指一旦发生法益侵害的结果，犯罪便同时终了，但法益受侵害的状态仍在持续的情况[3]。在本著看来，实行行为与不法状态的同时持续性，可视为继续犯的显著特征，而此特征仿佛是不法行为与不法行为所造成的不法状态像两条平行线同时持续即同时向前延伸，如非法拘禁罪：在非法拘禁行为实施的一刹那，被害人人身不自由的不法状态即告形成，然后此不法状态伴随着非法拘禁行为本身而一起向前延伸。一旦不法行为本身宣告终结或撤除，则他人不自由的不法状态即告结束，即被害人的人身自由即告恢复。不法行为与不法行为所造成的不法状态像两条平行线一样同时持续即同时向前延伸，使得继续犯与状态犯有所区别：在状态犯的场合，不法状态是在不法行为本身结束之后而向前延伸。状态犯的适例如盗窃罪，在盗窃行为实施完毕之后或盗窃罪成立犯罪既遂之后，行为人对被害人的财产侵害的不法状态便随后延伸。因此，在状态犯的场合，可以有条件地成立刑法学中的"事后自救行为"。二是实行行为在一定时间内的持续性，正如继续犯的实行行为必须具有时间上的继续性，即在一定的时间内持续。显然，瞬间性的行为不可能构成继续犯[4]。但是继续犯的实行行为的一定时间内的持续性，并不影响其呈现出"阶段性"，如行为人将被害人在三天当中每天都非法拘禁一段时间，即前后两次非法拘禁之间存在犯罪空白。于是，当我们把犯罪空白截去，则行为人的前后行为仍连结成一个具有时间持续性的犯罪行为即实行行为。三是同一法益的侵害性，正如继续犯是一个行为侵犯了同一具体的法益，即实行行为自始至终都针对同一对象和侵犯同一法益，而如果数行为侵犯同一法益，

---

〔1〕 张明楷：《刑法学》（第4版），法律出版社2011年版，第416页。

〔2〕 ［意］杜里奥·帕多瓦尼：《意大利刑法原理》（注评版），陈忠林译评，中国人民大学出版社2004年版，第305页。

〔3〕 张明楷：《刑法学》（第4版），法律出版社2011年版，第417页。

〔4〕 张明楷：《刑法学》（第4版），法律出版社2011年版，第417页。

或者一行为侵犯数种法益，则不是单纯一罪的继续犯[1]，或如犯罪行为必须持续地作用于同一对象，侵犯同一具体的社会关系[2]。

接下来，便有必要纠正关于继续犯的某些说法，且对继续犯的其他问题予以提醒。首先，将继续犯的犯罪对象限定在"同一对象"，是不妥当的，因为在司法实践中，继续犯会表现出外形复杂的个例。如行为人为索债而在上午将债务人骗来非法关押，下午又将债务人的妻子骗来关押，甚或晚上又强迫债务人的其他利害关系人来接受非法关押，此过程中夹杂着没有非法行为的"犯罪空白阶段"。对于此类案件，我们可从观念上将实施过程中的"犯罪空白阶段"截去，即不作犯罪评价，而使得前后两个或多个时段的非法拘禁行为及其所造成的不法状态连结成一个在法律评价上不曾断开的完整犯罪过程，即予以一体评价。将继续犯的前述三个特征结合起来，则"只有一个犯罪行为"是否继续犯的另外一个特征甚或第一个特征[3]，便存在疑问。如果继续犯的前述三个特征已经当然地说明着继续犯就是实施一个犯罪行为的犯罪，则至少无需再将"只有一个犯罪行为"视为继续犯的又一个特征甚或第一个特征。进一步提请注意的是，由于继续犯即持续犯系因行为以及与之并行的不法状态"继续"或"持续"到一定程度才成立犯罪既遂，故其既遂之前仍有未遂状态形成的可能，而非成立即既遂。易言之，继续犯即持续犯是存在未遂问题的，正如帕多瓦尼教授指出，"持续犯"在行为的非法状态还不足以构成犯罪既遂之前，有存在未遂形态的可能。例如，一群绑匪正在设法将被害人推进汽车中，被警察的干预制止了；但如果该被害人已被绑匪推进汽车，在向其他地方转移的过程中被解救出来的，犯罪就构成既遂了[4]。可见，非法拘禁罪这样的持续犯即继续犯是可以存在犯罪未遂的。

在本著中，除了继续犯当然属于形式的一罪，连续犯也当然属于形式的一罪。行为人基于同一或概括的犯罪故意、行为人实施数个独立且性质相同的行为、数个或数次犯罪行为之间具有连续性、数个或数次犯罪行为必须触

---

[1] 张明楷：《刑法学》（第4版），法律出版社2011年版，第417页。

[2] 刘艳红主编：《刑法学》（上），北京大学出版社2016年版，第294页。

[3] 刘艳红主编：《刑法学》（上），北京大学出版社2016年版，第294页。

[4] ［意］杜里奥·帕多瓦尼：《意大利刑法原理》（注评版），陈忠林译评，中国人民大学出版社2004年版，第318页。

犯同一罪名，是三种划分法关于连续犯特征的高度一致的说法[1]。若将连续犯的特征结合起来，我们可对之形成这样一种认识：正如行为人将在"同一时空"下杀害三个人这一犯罪计划分解实施为在三个"不同时空"先后杀害三个人，由于触犯的毕竟是"同一罪名"即行为性质相同，故"数次性"仍未呈现数罪的"外相"。虽然两者的外在特征有着较为明显的区别，但由于继续犯和连续犯从直觉判断上并未让我们形成数罪的认识，从而并未给我们带来定罪量刑的困惑，且其实质上毫无疑问地就是一罪，故将其归入形式的一罪是恰当的。由于事物的继续状态即其连续状态，故继续犯与连续犯在本质上可被归入某一类别的一罪即形式的一罪。"高马划分法"和"刘氏划分法"将继续犯归入实质的一罪，其不够妥当的原因似乎在于：即便继续犯原本是形式上的数罪或"表相上"的数罪，正如行为人在同一时间非法拘禁若干人或分时间段非法拘禁同一人或不同人，但其也只符合一个法定罪名如非法拘禁罪。

（二）实质的一罪

所谓实质的一罪，是指司法实践中的个案行为从形式上看似乎是数罪，或此行为在"外相"上呈现出数罪，但其在实质上只能论以一罪。本著所称的实质的一罪包括想象竞合犯、结果加重犯、吸收犯与牵连犯。

之所以将想象竞合犯归入实质的一罪，是因为想象竞合犯是由一个行为在外观上符合数个罪名所形成的一种犯罪情形，即其所呈现的是数罪的"外相"，但其只有一个或某个犯罪的实质。如行为人举枪射杀仇人，结果未射中仇人而射死了仇人身边的第三人，则行为人的行为呈现给我们的便是故意杀人罪（未遂）与过失致人死亡罪的想象竞合，但按照法定符合说，前述行为最终成立故意杀人罪（既遂），即其所具有的是故意杀人罪（既遂）的实质。可见，将想象竞合犯视为"实质的一罪"至少较将之视为"实质的数罪"，显得相对妥当。但要进一步指出的是，想象竞合犯还存在着"三罪竞合"的情形。如不法分子伪装成医务人员以"义诊"为名为群众看病，通过夸大病情或妄称有病，借机推销药物而以骗取钱财。此时，如果行为人所推销的是国家批准的真药，且未对他人造成严重后果，行为人不构成非法行医罪，但可能构成诈骗罪。如果行为人推销的是假药、劣药，则可能同时构成非法行

---

[1] 张明楷：《刑法学》（第 4 版），法律出版社 2011 年版，第 430～431 页；刘艳红主编：《刑法学》（上），北京大学出版社 2016 年版，第 307～309 页。

医罪、销售假药罪或销售劣药罪、诈骗罪，依据最高人民法院《关于审理非法行医罪刑事案件具体应用法律若干问题的解释》第 4 条的规定，应当依照刑法处罚较重的规定定罪量刑[1]。之所以行为人所推销的是国家批准的真药，且未对他人造成严重后果，行为人虽然不构成非法行医罪，但可能构成诈骗罪，是因为"药不对症"，而"药不对症"也能说明被害人付出钱财是出于被骗。至于行为人推销的是假药、劣药，则可能同时构成非法行医罪、销售假药罪或销售劣药罪、诈骗罪，则可予以想象竞合犯的把握。想象竞合犯，通常是两罪竞合，而前述借"义诊"来推销假药、劣药的场合，则想象竞合犯是以"三罪竞合"的形态出现。于是，这里便会牵扯出在数罪竞合的形态中，哪一个罪是"实质"或"核心"的问题，而在前例中，诈骗罪似乎是"实质"或"核心"。顺便要指出的是，想象竞合犯是可以转化为转化犯的。如在聚众斗殴过程中致人重伤或死亡的，按照刑法规定，应另定故意伤害罪或故意杀人罪。这可以视为刑法对想象竞合犯的一种特别反应，因为对想象竞合犯的定罪量刑所形成的是"择重处罚"的理论主张和实践操作。而对刑讯逼供致人重伤、死亡等情形的刑法规定，也可作予以前述理解和把握。

之所以将结果加重犯归入实质的一罪，是因为结果加重犯是由故意的基本犯与加重结果构造而成，而故意的基本犯与加重结果在直观上分别呈现给我们不同犯罪即数罪的"外相"，但其也只有一个或某个犯罪的实质。如故意伤害致人死亡这样的结果加重犯，故意的基本犯与加重结果在直观上分别呈现给我们故意伤害罪与过失致人死亡罪的"外相"，但其最终成立故意伤害罪，即其最终具有故意伤害罪的实质，因为死亡结果本来就是伤害结果的一种自然而非必然升级；又如致人重伤或死亡的抢劫这样的结果加重犯，故意的基本犯与加重结果在直观上分别呈现给我们抢劫罪与（间接）故意伤害或杀人罪的"外相"，但其最终成立抢劫罪，即其最终具有抢劫罪的实质，因为重伤或死亡的结果本来就被涵摄在抢劫罪的手段行为的故意（放任）之中。对于结果加重犯的本质到底是一罪还是数罪，刑法理论一直存在单一形态论与复合形态论之争。学者指出，从罪数形态上，结果加重犯既不是单纯一罪，也不是两个罪的简单复合，而是法律的规定使得一个犯罪行为造成他罪结果

---

〔1〕 高铭暄、马克昌主编：《刑法学》（第 5 版），北京大学出版社、高等教育出版社 2011 年版，第 577~578 页。

的情形成为一罪，故结果加重犯是法定的一罪[1]。首先，当单一形态论与复合形态论之争是两种相对立的理论，则前述对于结果加重犯既不是单纯一罪也不是复合犯罪的所谓法定的一罪论，实即一种回避问题的理论。在本著看来，在结果加重犯到底是一罪还是数罪的问题上，还是要立足于结果加重犯的内在发生机理来得出结论。于是，当结果加重犯的加重结果或是基本犯的基本结果的演化或加剧（如故意伤害致人重伤或死亡），或是基本犯行为的当然结果（如抢劫致人重伤或死亡），则将结果加重犯视为单纯一罪且归入实质的一罪较为适宜。

之所以将吸收犯归入实质的一罪，是因为吸收犯是由两个行为所构造而成，而此两个行为所呈现给我们的是行为人触犯两个罪名的"外相"，但其实质上却只具有一个罪质。如行为人非法制造枪支之后将制造的枪支予以藏匿，行为人的前后两个行为即制造行为和藏匿行为呈现给我们的是行为具有非法制造枪支罪与非法持有枪支罪的"外相"。就行为人非法制造枪支后藏匿或持有枪支这样的事例而言，事后的藏匿或持有是其前面的非法制造行为的必然延伸，哪怕事后的藏匿或持有仅有分秒钟的时间，即发生在前的非法制造行为已经"本质地"包含了后续的事态，故从实质上看，后续的行为或事态应视为整个个案行为的一部分。可见，将前例作为吸收犯处理符合事物的发展逻辑。另就行为人在实施杀人行为之后又出于逃避罪责而肢解并抛洒尸块的事例而言，案件呈现给我们的是行为具有故意杀人罪与侮辱尸体罪的"外相"，但毁灭罪证以逃避罪责是犯罪人的人性本能，故发生在前的杀人行为本身已经实质地包含了随后发生的本能行为，而本能行为也可视为发生在前的行为的自然延伸。这再次说明：吸收犯的概念形成及其在实质一罪中的归属是事物的发展逻辑决定的。在此，我们也可这样看问题：吸收犯之所以表面或"外相"上是数罪而实质上是一罪，是因为相对于被吸收罪行及其所对应的罪名而言，吸收罪行及其所对应的罪名构成了矛盾的主要方面。

对于一罪的分类，学者采用"包括的一罪"这一说法，其言"包括"也有"吸收"的意味，但其没有采用吸收犯这一概念而是代之以"吸收的一罪"，且其"吸收的一罪"又具体包括附随犯、发展犯、共罚的事后行为与共犯的竞合。所谓"附随犯"，是指一个行为引起了数个法益侵害，但附随着主

---

〔1〕　陈兴良：《本体刑法学》，商务印书馆 2001 年版，第 605~606 页。

法益侵害的次法益侵害，不作为处罚对象，而仅在侵害主法益的犯罪的法定刑内一并考虑的情形。如开枪射击他人致其死亡，同时导致他人价值近万元的西服毁损。由于毁损财物是伴随杀人产生的结果，故仅评价为故意杀人罪；所谓"发展犯"，是指针对同一法益的犯罪，根据其阶段性的发展形态，被设计为复数的犯罪类型的情形。如从杀人预备到着手杀人再到杀人既遂，就属于发展犯，仅认定为故意杀人既遂；所谓"共犯的竞合"，是指在一个共同犯罪中，行为人既实施教唆行为，又与被教唆者共同实施正犯行为，或既实施教唆行为又实施帮助行为，或既实施教唆、帮助行为又实施正犯行为[1]。其中，狭义的包括一罪，又大体包括如下情形：一是一个行为对同一被害人造成数个法益侵害结果。如以伤害故意而向被害人发射霰弹枪，导致被害人身体一处重伤和一处轻伤，对此仅以一个重罪即重伤论处。二是数个行为造成一个法益侵害结果。如以杀人的故意在不同的时间、场所数次对同一人实施暴力而最终导致被害人死亡，对此仅认定一个故意杀人罪。三是数个行为具有前后发展关系，侵害相同法益，从一重罪论处。如盗窃枪支后予以私藏，仅认定盗窃罪而不另定非法持有枪支罪，或如伪造货币后出售给知情的他人，仅认定伪造货币罪而不另定出售假币罪。四是数个行为触犯数个不同罪名，但数个行为之间具有"紧密的关联性"，最终仅侵害一个法益的，从一重罪论处。如窃取他人财物后，又利用所盗窃的财物骗取财物所有者的其他财物的，属于两个行为触犯两个罪名，但由于实质上指向一个财产，从一重罪论处，或如以借为名骗取了被害人的财物，在被害人要求返还财物时，以暴力手段迫使被害人免除返还债务，诈骗罪与抢劫罪（对象为财产性利益）属于狭义的包括一罪，以抢劫罪论处即可[2]。所谓"附随犯"实质是"一个行为"所引起的想象竞合犯，与学者将想象竞合犯包括在"科刑的一罪"之中形成前后矛盾[3]。所谓"发展犯"实质是"一个行为"的不同发展阶段，而连续犯又表明着"数个行为"独立成罪，故所谓"吸收一罪"便存在着归类标准不清或混乱的问题。所谓"共犯的竞合"实质所指向的是同一罪名中的行为分工即共犯分工，与连续犯"数个行为独立成罪"相对照，也显示出"吸

〔1〕　张明楷：《刑法学》（第5版），法律出版社2011年版，第432～433页。

〔2〕　张明楷：《刑法学》（第5版），法律出版社2011年版，第433页。

〔3〕　张明楷：《刑法学》（第5版），法律出版社2011年版，第434～435页。

收一罪"的归类标准问题。在所谓"狭义的包括一罪"之中，第一种情形实际上就是一个行为的问题，不存在独立成罪的一个行为被独立成罪的另一个行为所吸收；第二种情形实际上相当于连续犯；第三种情形才真正相当于吸收犯；第四种情形实际上相当于牵连犯。由此，第二、四两种情形又形成了与学者所概括的"科刑的一罪"的前后矛盾，因为学者所说的"科刑的一罪"包含着牵连犯[1]。所谓"共罚的事后行为"，即"不可（另）罚的事后行为"，也能够呈现一行为触犯数罪名的"外相"，如行为人在杀人后出于逃避罪责而肢解尸体、抛洒尸块便呈现故意杀人罪与侮辱尸体罪的数罪"外相"，但不另成立其他罪名即侮辱尸体罪的主要原因在于事后行为没有侵犯新的法益即"缺乏新的违法性"，或事后行为缺乏期待可能性即"缺乏新的有责性"。实际上，只有"共罚的事后行为"即"不（另）可罚的事后行为"才真正属于"吸收的一罪"即吸收犯。看来，无论对"一罪"作出怎样的具体划分，"一罪"都是解决独立成罪的数行为之间的罪数关系问题，而不应是解决一个行为内部不同阶段或不同分工之间的关系问题。

之所以将牵连犯归入实质的一罪，是因为牵连犯也是由两个行为所构造而成，而此两个行为所呈现给我们的同样是行为人触犯两个或三个以上罪名的"外相"，但其实质上却同样只具有一个罪质。牵连犯的类型是我们应予以深入讨论的问题。牵连犯通常有着两种类型表现：一是手段与目的的牵连犯，如为抢劫而盗枪（盗窃枪支罪与抢劫罪的牵连犯）；二是原因与结果的牵连犯，如走私进口废物而导致环境污染事故（走私废物罪与污染环境罪的牵连犯）。但前述两种类型也可相互"交织"而形成更加复杂的牵连犯类型，即三个行为的前后牵连，而我们可将这种类型的牵连犯称为连环关系的牵连犯即连环牵连犯。如伪造公文、证件、印章罪与走私废物罪之间是手段与目的的牵连犯，而走私废物罪与污染环境罪之间又是原因与结果的牵连犯。可见，三罪牵连即连环牵连犯，实际上就是手段与目的的牵连和原因与结果的牵连在"目的行为"或"原因行为"部分形成了一种连结或交集。但就行为人伪造公文、证件或印章走私进口废物，结果又导致了环境污染的事例而言，对整个犯罪事件只能认定为走私废物罪而将伪造公文、证件、印章罪行与污染环境罪行作为走私废物罪的从重处罚情节对待。于是，我们可看到牵连犯理

---

〔1〕 张明楷：《刑法学》（第4版），法律出版社2011年版，第439~440页。

论可以用来解读"不可（另）罚的事后行为理论"，并且似乎也可形成"不可（另）罚的事前行为理论"。又如，行为人为盗掘古墓葬而先制造爆炸物，而在掘取古墓葬之后又出于便于携带和隐藏而将古文物化整为零即分割古文物。这里也形成了三个行为的前后牵连。其中，非法制造爆炸物罪与盗掘古墓葬罪之间是手段行为与目的行为的牵连犯，而盗掘古墓葬罪与故意破坏文物罪之间则是原因行为与结果行为的牵连犯。如果法规竞合犯可分为一次竞合犯即一轮竞合犯与二次竞合犯即二轮竞合犯，则牵连犯也可分为一次牵连犯即一轮牵连犯与二次牵连犯即二轮牵连犯。在理论上，连环关系的牵连犯既连环牵连犯可以是三个以上连环关系的牵连犯，而这是由个案犯罪的复杂性所决定的。

之所以我们可将牵连犯也归入实质的一罪，我们也可这样看问题：牵连犯之所以表面或"外相"上是数罪而实质上是一罪，是因为相对于被牵连罪行及其所对应的罪名而言，牵连罪行及其所对应的罪名构成了多对矛盾中的主要矛盾。如就盗窃枪支行为与拿着盗窃来的枪支去杀人的手段与目的关系的牵连犯而言，相对于盗窃枪支行为及其所对应的罪名即盗窃枪支罪而言，杀人行为及其所对应的故意杀人罪构成了主要矛盾。而无论是主要矛盾，还是矛盾的主要方面，都在一定的条件下和范围内决定事物的性质，故无论是吸收犯，还是牵连犯，其最终是实质的一罪。想象竞合犯与结果加重犯之所以也可被归入实质的一罪，也可用主要矛盾或矛盾的主要方面原理予以解释或证成。

吸收犯与牵连犯的区别，是我们在实质的一罪中讨论吸收犯与牵连犯问题要延伸出的一点内容，而两者区别的关键在于如何区别或判断吸收关系和牵连关系。为了抢劫而去偷枪，偷枪是手段行为，抢劫是目的行为，于是构成了手段与目的的牵连犯；走私进口废物违法堆放后造成了环境污染，所构成的是走私废物罪与污染环境罪的牵连犯，即原因和结果的牵连犯。回过头来，无论是手段与目的牵连犯，还是原因与结果的牵连犯，所谓牵连关系都不是必然性关系而是或然性关系，如实施抢劫不必然要去偷枪，或走私废物不必然造成环境污染事故。与之不同的是，非法制造枪支后将枪支藏匿的行为，所构成的是非法制造枪支罪与非法持有枪支罪的吸收犯，即非法制造枪支罪吸收非法持有枪支罪。因为在将枪支制造出来后，必然会发生持有状态，哪怕是极其短暂的时间，故吸收犯中的吸收关系是一种必然性关系，如同人在进食后必然要产生粪便。因此，将非法制造枪支后又藏匿枪支的行为论以非法制造枪支罪与非法持有枪支罪的数罪并罚，等于无视前后行为是必然的吸收关系这一客观事实，如同对一个偷吃东西的人，既处罚他偷吃东西的行为，又处罚他排解粪便的行为，这显然是滑稽可笑的。吸收犯的例子还有2004 年 12 月 8 日最高人民法院、最高人民检察院《关于办理侵犯知识产权刑事案件具体应用法律若干问题的解释》第 14 条规定，实施侵犯著作权的犯罪行为后又销售该侵权复制品行为的，以侵犯著作权罪定罪处罚；既实施了侵犯著作权的犯罪行为，又实施了销售他人制作的侵权复制品的犯罪行为的，应实行数罪并罚。其中，实施侵犯著作权的犯罪行为后又销售该侵权复制品行为的，也属于吸收犯，因为销售侵权复制品的行为是侵犯著作权行为的自然延伸。之所以这样，又是因为侵犯著作权罪是法定的"目的犯"，即其是"以营利为目的"犯罪，而销售行为本为一种牟利行为。可见，在吸收犯的场合，后行为是前行为的法益侵犯的一种继续。实际上，吸收犯理论也具有避免"分割评价"或"重复评价"的实践意义，并可用来解读"不可（另）罚的事后行为理论"。由于"必然性关系"较"或然性关系"是一种紧密而牢固的关系，故吸收犯较牵连犯更加堪称行为类型化犯罪。

三、立法的一罪与司法的一罪。

"法定的一罪"是立于立法而形成的"一罪"的概念，"处断的一罪"则是立于司法而形成的"一罪"的概念。由于立法与司法是相对应的，故"法定的一罪"与"处断的一罪"的对应是较为科学合理的。而"实质的一罪"则有"本来的一罪"这样的意涵，不需要立法或司法的特别考量。这样看来，前一种"一罪"的划分法即"高马划分法"基本上是可取的。相比之下，后一种"一罪"的划分法即"张氏划分法"似乎显得有点混乱或杂乱。

（一）立法的一罪

在采用立法的一罪与司法的一罪对应后，本著所说的立法的一罪包括结合犯、集合犯、转化犯、包容犯与法规竞合犯。

对于结合犯，有人指出，结合犯，是指两个以上独立而性质不同的犯罪，根据刑法的明文规定，结合成另一个独立的新罪的犯罪形态。其具有如下特征：一是结合犯所结合的数罪原为刑法上具有独立构成要件且性质各异的数罪；二是结合犯是将数个原本独立的犯罪结合成另一个独立的新罪，即"甲罪+乙罪=丙罪"，而如果刑法将数个独立的犯罪结合成为其中的一个罪，则不是结合犯；三是数个独立的犯罪结合成一种新的犯罪是由刑法明文规定。结合犯与结果加重犯的区别在于：结合犯存在成立新罪的问题，而结果加重犯则不存在成立新罪的问题；结合犯是数个故意犯罪的结合，而结果加重犯的基本犯一般是故意犯罪，但加重结果则一般是出于过失；结合犯可以有未遂等形态，而结果加重犯本身并不存在未遂等形态，即如果未发生加重结果，则只成立基本犯；结合犯的数罪之间不存在因果关系，而结果加重犯则在基本犯与加重结果之间存在因果关系。

通说认为，我国刑法中没有典型的结合犯，而这导致了刑法学界对结合犯的不重视[1]。对于结合犯，另有学者指出，结合犯，是指数个原本独立的犯罪行为，根据刑法的明文规定，结合成为一个犯罪的情况。其具有如下特征：一是结合犯所结合的数罪原为刑法上数个独立的犯罪；二是结合犯是将数个原本独立的犯罪结合成一个犯罪；三是数个原本独立的犯罪被结合成一个犯罪后，便失去了原有的独立犯罪的意义而成为结合犯的一部分；四是数个原本独立的犯罪结合成一个犯罪，是基于刑法的明文规定。结合犯的立法理由，或因原本独立的数罪之间存在密切联系而容易同时发生，或因一罪是为另一罪服务，或因数罪的实施条件相同。学者强调，典型的结合犯表现为"甲罪+乙罪=丙罪"。我国刑法理论以往一直要求结合犯是将数个独立的犯罪确定为另一新的独立犯罪，而这种要求可能是以日本刑法中最典型的结合犯（强盗强奸罪或抢劫强奸罪）为根据的，故我国《刑法》第239条所规定的绑架杀人似乎不属于结合犯，但由于日本刑法理论在定义结合犯时并未附加"规定为一个新罪"，且将甲罪与乙罪结合为丙罪还是结合为甲罪或乙罪的加重情形并无实质差异，故可将绑架杀人理解为结合犯。这样，就可以根据结合犯的原理来讨论绑架杀人之类的犯罪类型。于是，在处罚上，就绑架杀人而言，开始实施杀人行为的，是绑架杀人的着手；绑架既遂但杀人未遂的，属于结合犯的未遂；甲绑架他人后，乙仅参与实施杀人行为的，甲的行为属于绑架杀人的结合犯，而乙的行为仅成立故意杀人罪[2]。在何谓结合犯及其特征上，学者们的看法基本上是一致的，差别主要在于是否强调结合犯是数

---

〔1〕 刘艳红主编：《刑法学》（上），北京大学出版社2016年版，第302~304页。
〔2〕 张明楷：《刑法学》（第4版），法律出版社2011年版，第438~439页。

个原本独立的犯罪结合成"新的一罪"。由于"结合"自然不同于"包容"，故结合犯应是数个原本独立的犯罪结合成"新的一罪"。而从此"新的一罪"中，我们虽然仍可看到被结合的"罪迹"，但被结合之罪已经失去了独立的性质。否则，当甲罪与乙罪结合为甲罪或乙罪的加重情形，则结合犯便无异于加重犯。而所谓将甲罪与乙罪结合为丙罪还是结合为甲罪或乙罪的加重情形并无实质差异，这一说法只是在刑罚层面才有其道理，但结合犯是定罪层面的问题。

在结合犯的场合，被结合之罪此前已经各具其"质"，而结合之罪便形成了"新质"。这便自然引发出结合犯与复合犯的区别：结合犯中的两个以上的行为皆各成其罪即具有独立的"罪质"，而复合犯中的两个以上的行为并不具有独立的"罪质"，即只有经过复合才可形成"罪质"，如抢劫罪：无论是"暴力行为"，还是"胁迫行为"，还是实施"其他方法"的行为，作为手段行为本身甚至是正当防卫等合法行为，而从被害人处的"取财行为"本身甚至是接受赠与等合法行为。于是，我们可以说，结合犯是"从罪到罪"，而复合犯是"从非罪到罪"。从逻辑上，结合犯是否存在三个独立罪名结合为一罪的情形？而将"甲罪+乙罪＝丙罪"视为典型的结合犯或结合犯的典型模式，则是否意味着还存在着不典型的结合犯或结合犯的不典型模式？这些都是需要我们予以进一步讨论的问题。结合犯是由两个以上的独立成罪的行为结合而成，故结合犯本可数罪并罚，但在特定场合下数罪的结合更能反映事实真相和行为人的人身危险性。因此，结合犯就有了被"法定"为一罪的必要。

在讨论结合犯问题时，我们需要对绑架杀人是否属于结合犯这一分歧或争议予以一番澄清。针对学者将绑架杀人视为结合犯的说辞，本著要指出的是，日本刑法理论在定义结合犯时虽未附加"规定为一个新罪"，但也并非能够推出结合犯可以是名为结合成而实为"还原"成被结合之罪的结论，毕竟对一种外来理论的理解和继受也要遵循概念的原本含义。正如抢劫犯罪本来就容易造成被害人的伤亡，绑架犯罪本来就是以"撕票"包括伤害和杀害为当然内容的犯罪，故绑架犯罪本来就是复行为犯，从而绑架犯罪不仅本来就不存在需要结合的问题，就连包容犯的问题也自不发生。至于假借讨论绑架杀人的犯罪类型的需要来强化绑架杀人是结合犯，也是牵强的，因为绑架罪的基本犯与加重犯本来也是绑架犯罪的行为类型化。而在甲绑架他人后，乙仅参与实施杀人行为的场合，若要让乙的行为仅成立故意杀人罪，则应肯定绑架杀人是加重犯而非结合犯，因为当乙已经明知甲所实施的是绑架犯罪时还通过参与杀人予以行为配合，则乙作为承继的共犯，岂不也是结合犯？在结合犯问题上，对于绑架犯罪与拐卖犯罪，学者将绑架杀人视为结合犯即绑架罪与故意杀人罪的结合犯[1]，即绑架杀人既不是结果加重犯，也不是情节加重犯与包容犯，而应理解为结合犯[2]。其又将行为人在实施拐卖犯罪过程中又实施奸淫行为或迫使卖淫行为也视为结合犯即拐卖妇女罪与强奸罪或强迫他人卖淫罪的结合犯[3]。其实，由于绑架犯罪逻辑地包含着杀人行为即我们常说的"撕票"，而并非故意杀人行为与绑架行为在相互独立且性质不同之中形成"时空并发"，故当然不能将绑架杀人视为包容犯，但也不能说成是结合犯。至于将行为人在实施拐卖犯罪过程中又实施奸淫行为或迫使卖淫行为，明显符合包容犯的特征而属于包容犯。

所谓集合犯，可形象地被理解为"劳动密集型犯罪"，而我们可将其视为同一违法行为的"密集连续"。对于集合犯，有人指出，集合犯是指行为人以反复实施同种犯罪行为为目的，虽然实施了数个同种犯罪行为，但刑法规定以一罪论处的犯罪形态。集合犯的特征包括：一是行为人以反复实施同种犯罪行为为目的，即行为人具有反复多次实施某种特定犯罪行为的故意；二是行为人在较长的时间内反复多次实施了数个同种的犯罪行为，但如非法行医，行为人即便只实施了一次，只要行为构成犯罪，也成立集合犯；三是集合犯必须是刑法明文规定以一罪论处的犯罪形态，这是集合犯与同种数罪、连续犯等相区别的重要标志。结合我国刑法的现行规定，集合犯主要有两种类型：一是常业犯，即以一定的行为为常业的犯罪，如"以赌博为业"的赌博罪，便属于常业犯；二是营业犯，即通常以营利为目的而意图反复实施一定的行为为业的犯罪，如《刑法》第363条所规定的制作、复制、出版、贩卖、传播淫秽物品牟利罪，便属于营业犯。常业犯与营业犯的区别在于：营业犯通常具有营利的目的[4]。实际上，正如营业犯是以牟利为目的，反复实施同种犯罪行为并非集合犯的目的本身所在，而即便就属于常业犯的赌博罪而言，博弈行为背后的目的而非博弈行为本身是赌博罪的目的所在。因此，将反复

〔1〕　张明楷：《刑法学》（第4版），法律出版社2011年版，第438页。

〔2〕　张明楷：《刑法学》（第4版），法律出版社2011年版，第796页。

〔3〕　张明楷：《刑法学》（第4版），法律出版社2011年版，第438~439页。

〔4〕　刘艳红主编：《刑法学》（上），北京大学出版社2016年版，第304~305页。

实施同种犯罪行为视为集合犯的目的并以此作为内涵之一来定义集合犯，是欠妥的。这是就集合犯的概念定义来看问题。就非法行医而言，既然只要一次行为构成犯罪就成立集合犯，则将行为人在较长的时间内反复多次实施数个同种的犯罪行为视为集合犯的一个特征，也是欠妥的，故此特征应通过强调行为人的"意欲"才显得相对妥帖，否则会造成自相矛盾。这是就集合犯的特征来看问题。至于将是否营利作为常业犯与营业犯的区别，也是欠妥的，因为被学者归入常业犯的赌博罪也通常具有"营利"或"牟利"之目的。这里要进一步指出的是，将制作、复制、出版、贩卖、传播淫秽物品牟利罪作为集合犯的例子，也是不妥当的，因为此种犯罪是目的犯，其一次行为便足可成立犯罪而无需多次反复实施，也无需刑法特地规定为一罪。

对于集合犯，另有学者指出，集合犯，是指犯罪构成预定了数个同种类的行为的犯罪，包括常习犯、职业犯与营业犯：犯罪构成预定具有常习性的行为人反复多次实施行为的，是常习犯；犯罪构成预定将一定的犯罪作为职业或业务而反复实施的，是职业犯；犯罪构成预定以营利为目的而反复实施一定犯罪的，是营业犯。我国刑法没有规定常习犯。赌博罪为营业犯，非法行医罪为职业犯。营业犯与职业犯具有相同点：一是二者都要求行为人主观上具有反复、多次实施犯罪行为的意思；二是二者的行为人都将犯罪行为作为一种业务、职业而反复多次实施；三是二者都不要求行为人将犯罪行为作为唯一职业，即行为人可将犯罪行为作为副业或兼业；四是二者都不要求行为须有不间断性。营业犯与职业犯的关键区别在于：刑法是否要求行为人具有主观上出于营利的目的，即如果要求有营利目的的，便为营业犯；而若不要求具有营利目的的，则为职业犯[1]。这里，我们基本上可将职业犯视为与常业犯意义相通的一个概念。学者将集合犯的行为说成是对数个同种类行为的犯罪构成预定，是较为合适的，且所谓犯罪构成预定即"法定"之意，但其论断仍不适合作为集合犯的定义。应当肯定，学者对同属于集合犯的职业犯与营业犯的共同点的概括也是较为准确的，但以是否具有营利目的为标准来区分职业犯与营业犯，仍然是存在问题的，因为职业犯也有其目的所在，且其目的可不限于但也可包括营利目的。在本著看来，我们似可对集合犯作出如下定义：集合犯，是指行为人出于营利或其他目的而意欲反复实施同种

---

[1] 张明楷：《刑法学》（第4版），法律出版社2011年版，第431~432页。

类的犯罪行为，刑法将其一次以上的同种类行为规定为一罪的犯罪情形。可见，集合犯属于立法的一罪即法定的一罪，正如学者指出，犯罪的集合形态，即行为人数次反复实施同一行为，立法者将这些反复实施的行为予以整体评价[1]。至于同属于集合犯的职业犯与营业犯的区别，关键并不在于行为人是否具有营利的目的，而在于"业源正当性"，即以属于职业犯的赌博罪为例，赌博本来就是"不务正业"，而以属于营业犯的非法行医罪为例，行医本身可视为一种"正业"。至于同样是赌博罪，有人将之视为常业犯或职业犯而有人却将之视为营业犯，而同样是非法行医罪，有人将之视为常业犯或职业犯而有人却将之视为营业犯，如果根据"业源正当性"标准，则非法行医罪应被视为营业犯即"违法营业之犯"，而赌博罪应被视为常业犯或职业犯即"没有正当职业之犯"。

为何应将转化犯归入法定的一罪呢？正如按照我国现行刑法所规定的那样，无论是行为人实施盗窃、诈骗、抢夺罪后出于窝藏赃物、抗拒抓捕或毁灭罪证而当场使用暴力或以暴力相威胁的应论以抢劫罪，还是行为人在聚众斗殴过程中致人重伤或死亡而应论以故意伤害罪或故意杀人罪，还是行为人在刑讯逼供过程中致人重伤或死亡而应论以故意伤害罪或故意杀人罪，转化犯都是涉案行为由一种罪质转变或转化为另一种罪质，且此转变或转化是来自法律的特别规定或硬性规定。而在转化犯的场合，就事实本身而言，转化前的行为与转化后的行为也往往呈现数罪"外相"，甚至因有前后两个行为而有实质数罪的"质地"，如在聚众斗殴过程中致人重伤或死亡的，似乎本来就是聚众斗殴罪与故意伤害罪或故意杀人罪的数罪"面相"或"质地"，或如在刑讯逼供过程中致人重伤或死亡的，似乎本来就是刑讯逼供罪与故意伤害罪或故意杀人罪的数罪"面相"或"质地"，甚至如在行为人实施盗窃、诈骗、抢夺罪后出于窝藏赃物、抗拒抓捕或毁灭罪证而当场使用暴力的场合，如果造成他人伤亡，似乎本来就是盗窃、诈骗、抢夺罪与故意伤害罪或故意杀人罪的数罪"外相"或"质地"，但法律特别或硬性地将其规定为一罪。因此，将转化犯视为法定的一罪是符合转化犯这种立法现象的过程与实质的，正如犯罪的转化形态，即行为人实施了两个行为，这两个行为之间存在递进关系，立法者规定在高度行为出现的情况下以高度行为定罪而对低度行为予

---

[1]　陈兴良：《本体刑法学》，商务印书馆 2001 年版，第 590 页。

以吸收[1]。而刑法之所以设立转化犯，是因为所转化的他罪已经超越本罪的罪质，对此种情形，如果按照包容犯处罚，则不利于犯罪之间的刑罚协调，并使其法定刑不必要地提高。而如果数罪并罚，则有过重之嫌。因此，转化犯具有立法上的优越性[2]。既然转化犯是法定转化，且其定性或定罪是采用法定的某个罪名，则将转化犯归入法定的一罪不存在逻辑障碍。至于学者指出，转化犯既可能属于包括的一罪，也可能属于想象竞合，还可能属于并罚的数罪[3]，其所使用的转化犯概念与应视为法定一罪的转化犯，则很可能不是同一个概念，即两者的内涵迥异。

又为何应将包容犯归入立法的一罪呢？所谓包容犯，是指行为人在实施某一犯罪行为的过程中，又实施了与本罪具有并发关系的另一不同质的罪行，但后者为前者所包容，而刑法明文规定不并罚且仅将后者作为前罪的加重处罚情形的犯罪形态，如在实施拐卖妇女犯罪行为的过程中又实施强奸行为或实施引诱、强迫妇女卖淫的行为。包容犯的特征是：一是行为人实施了两个相互独立且性质不同的犯罪行为，二是两罪之间具有并发关系，三是刑法明文规定并发的罪行作为本罪法定刑升格的条件。包容犯与结合犯的主要区别在于：结合犯是将原本独立的数罪结合成另一个独立的新罪，即"甲罪+乙罪=丙罪"，丙罪包含了甲罪和乙罪的构成要件，且丙罪被直接规定了较甲、乙罪更高的法定刑；而包容犯可用公式表示为"甲罪+乙罪=（加重的）甲罪"，其中乙罪是作为甲罪的加重处罚情节存在。包容犯与结合犯都体现了罪刑相适应原则[4]。实际上，在包容犯的场合，当包容的罪行与被包容的罪行既然是在同一时空中并发的两个相互独立且性质不同的罪行，则其原本是实质数罪，故立法基于时空的并发性和本着罪刑均衡性而将其规定为前罪的加重处罚形态即前罪的加重犯，便无异于将实质数罪"法定"为一罪。因此，包容犯的"法定一罪性"是显而易见的。至于将行为人在实施绑架过程中又实施故意伤害或故意杀人罪行也视为包容犯，或将行为人在实施抢劫罪行过程中又实施故意伤害或故意杀人罪行也视为包容犯[5]，实际上是欠妥的，因为绑

---

[1] 陈兴良：《本体刑法学》，商务印书馆 2001 年版，第 589 页。
[2] 陈兴良：《本体刑法学》，商务印书馆 2001 年版，第 601 页。
[3] 张明楷：《刑法学》（第 5 版），法律出版社 2016 年版，第 461 页。
[4] 刘艳红主编：《刑法学》（上），北京大学出版社 2016 年版，第 305~307 页。
[5] 刘艳红主编：《刑法学》（上），北京大学出版社 2016 年版，第 305~307 页。

架犯罪本来就逻辑地包含着伤害或杀害的罪行即我们常说的"撕票"，而抢劫犯罪本来也逻辑地包含着伤害或杀害的罪行，因为抢劫犯罪的手段行为包含着暴力行为，而暴力行为自然会造成伤害或杀害的结果，即暴力行为自然会是伤害行为或杀害行为。显然，在绑架犯罪或抢劫犯罪的场合，原本是不存在伤害或杀害行为与绑架行为或抢劫行为本身的"时空并发"的。而如果说存在着"时空并发"，则等于是将绑架犯罪或抢劫犯罪本身包含的东西从中抽离出来而对所谓"时空并发"予以人为的"虚构"。

最后是法规竞合犯的罪数论即一罪论的归属问题。在"高马划分法"和"刘氏划分法"之中，法规竞合犯都没有被归入某一具体的一罪类型，而只是被拿来比较一下想象竞合犯。这就意味着法规竞合犯在一罪即罪数论中是没有归宿的。而在"张氏划分法"之中，法规竞合犯被归入"单纯的一罪"，但将法规竞合犯归入"单纯的一罪"也是存在明显疑问的。正如学者指出，法条竞合处理原则的目的，主要是为了防止对行为的重复评价，而想象竞合处理原则的目的，主要是为了防止对行为的双重处罚[1]。既然有可能发生"重复评价"，则说明法规竞合犯并不"单纯"，而其并不"单纯"体现在法规竞合犯并非只侵害一个法益。本著将法规竞合犯归入立法的一罪即法定的一罪。以盗窃枪支行为为例，如果立法没有明文将其规定为盗窃枪支罪，即将其"法定"为某个罪，则司法实践还可能存在着对于此类行为是数罪还是一罪以及此罪还是彼罪的疑虑？因此，法规竞合犯应被归入立法的一罪即法定的一罪有着两层含义：一是法规竞合犯在数罪还是一罪之间被"法定"为一罪，二法规竞合犯在此罪与彼罪之间被"法定"为此罪或彼罪。于是，法规竞合这种立法现象便是一种"排斥性规定"，而"排斥性规定"又意味着"另有规定"即"特别规定"。实际上，当法规竞合犯最终被论以一罪，而法规竞合本来就是立法的特别规定造成的，则将法规竞合犯归入立法的一罪即法定的一罪，当无任何观念上的障碍，正如学者指出，犯罪的竞合形态，即一行为符合数法条之规定，而数法条规定之间存在逻辑上的从属或者交叉关系，故刑法理论将此种情形称为法条竞合[2]。

接下来，想象竞合犯与法律竞合犯的区别便是应予交代的。对于想象竞

〔1〕　张明楷：《刑法学》（第4版），法律出版社2011年版，第437页。

〔2〕　陈兴良：《本体刑法学》，商务印书馆2001年版，第590页。

合犯与法律竞合犯的区别，可有多个方面或角度的把握。在成因上，想象竞合犯形成于行为事实本身，而法规竞合犯则形成于法律本身的错杂规定；在犯罪客体或侵害法益上，想象竞合犯的犯罪客体或侵害法益是并列的包括同种性质的并列（如举枪瞄准仇人却击中无辜者）和异种性质的并列（如暴力抗税而致他人轻伤害以上的结果），而法规竞合犯的犯罪客体或法益侵害则是一般与特别的关系或彼此交叉的关系。想象竞合犯与法规竞合犯在成因上和犯罪客体或法益侵害上的差异恰好能够相互说明。但是，在作出比较之后，我们不妨通过这样的比喻来作形象的把握：由于犯罪构成之间不发生牵扯，即由于犯罪构成之间不发生交叉或包含，故在想象竞合犯的场合，形成竞合关系或竞合状态的两个以上罪名仿佛是两个人比肩而立；由于犯罪构成之间发生牵扯，即由于犯罪构成之间发生交叉或包含，故在法律竞合犯的场合，形成竞合关系或竞合状态的两个以上罪名仿佛是两个人拥抱在一起，似有"我中有你，你中有我"之情状。

学者指出，以行为侵害一个法益还是数个法益为标准区分法条竞合与想象竞合的观点，正是考虑了法条竞合与想象竞合的实质区别[1]。法益标准或许能够形成对法规竞合犯与想象竞合犯的某个角度或方面的区别，但不可能是一个法益还是数个法益的法益数量标准，因为在法规竞合犯的场合，事实地存在着两个以上的法益，而刑事立法正是根据此两个以上的法益的关系及其轻重才作出被我们称之为法规竞合或法条竞合的规定，且其内容包括罪状与法定刑。想象竞合犯与法规竞合犯的区别，在本著看来，两者的区别最终要归结于：所竞合的罪名所对应的犯罪构成之间的关系。具言之，如果所竞合的罪名所对应的犯罪构成之间发生牵扯，则为法规竞合犯。如盗窃枪支行为，所引起的是盗窃罪与盗窃枪支罪的竞合，而此两个罪名所对应的犯罪构成在属于犯罪客观方面的犯罪对象上发生牵扯，即发生相互包容，故属于法规竞合犯；又如诈骗罪与招摇撞骗罪，此两个罪名所对应的犯罪构成在犯罪目的即犯罪主观要件和犯罪手段即犯罪客观方面要件都发生牵扯，即都发生相互包容，故其也属于法规竞合犯。当然，当犯罪主观要件和犯罪客观方面要件都发生竞合时，则犯罪客体要件也常常会发生竞合。可见，犯罪构成要件乃至犯罪构成要件要素是法规竞合的"作用部位"。若所竞合的罪名所对应

---

〔1〕 张明楷：《刑法学》（第4版），法律出版社2011年版，第437页。

的犯罪构成之间不发生牵扯，则为想象竞合犯。如举枪射杀仇人，结果未中仇人而射死仇人边上的一个无辜者，此例中便发生着故意杀人罪与过失致人死亡罪的竞合，但此两个罪名之间不发生牵扯，即不发生两个罪名所对应的犯罪构成在部分犯罪构成要件上的包容。可见，法规竞合以竞合罪名所对应的犯罪构成在某个或某几个犯罪构成要件即犯罪构成部位的牵扯或碰撞为"外相"，而背后的实质成因则是所竞合的犯罪客体所对应的社会生活关系的竞合，亦即法益的竞合。因此，想象竞合的成因在于个案中的"行为差误"，而法规竞合的成因则在于社会生活本身。

（二）司法的一罪

本著所称的司法的一罪即立法的一罪之外的一罪，其范围对应着形式的一罪与实质的一罪。其中，形式的一罪包括前文讨论的继续犯与连续犯，而实质的一罪包括前文讨论的想象竞合犯、结果加重犯、吸收犯与牵连犯。在针对问题上，司法的一罪可与处断的一罪和科刑的一罪保持着一种相通性，但司法的一罪较处断的一罪显示出明显的规范性，因为"处断"并非一个规范性用语，且司法的一罪又较科刑的一罪显示出明显的过程性，因为"科刑"之前所先发生的是定罪，正如科刑的一罪，是指原本应评价为数罪而仅按其中最重刑处断的情形[1]。这里，"应评价为数罪"所指向的首先是定罪问题。

总之，对"一罪"进行科学归类，是刑法学迄今为止没有给予应有注意的问题。而对此问题的进一步讨论，不仅有助于罪数理论的进一步发展，也有助于定罪量刑的司法实践。学者指出，犯罪人格是指犯罪人所具有的，在某些情况下成为犯罪人实施犯罪的主要原因并且表明犯罪人有较大再次犯罪可能性的严重的反社会人格缺陷[2]。而基于人格责任的立场，在故意犯罪的场合，责任的成立至少要求行为人具备违法性意识可能性[3]。因此，犯罪的本质可视为"意志之罪"[4]。正是由于牵动着犯罪的本质和犯罪人格的考察以及责任的认定，故一罪的问题并非纯粹的理论问题，而同时也是定罪量刑

---

〔1〕 张明楷：《刑法学》（第4版），法律出版社2011年版，第433页。

〔2〕 胡东平、詹明："犯罪人格：从是否存在到是什么"，载《南昌大学学报（人文社会科学版）》2014年第5期，第97页。

〔3〕 胡东平、詹明："人格责任论：一种形式主义的人格定罪模式"，载《南昌大学学报（人文社会科学版）》2016年第5期，第114页。

〔4〕 龚群："意志之罪：恶的根源——奥古斯丁恶理论的伦理意义"，载《南昌大学学报（人文社会科学版）》2016年第3期，第1~6页。

的实践问题。

第十节　罪数认定的整体性思维

所谓罪数认定的整体性思维，指的是在对个案罪数进行认定时应秉持整体性思维，以防止将一罪认定为数罪。

一、整体性思维通过"牵连关系"来确定罪数

对于通过 ATM 机成功存入假币，然后从其他 ATM 机中取出真币的行为，学者主张应先以使用假币罪与盗窃罪数罪并罚，理由是：行为人存入假币旨在使自己的银行债权增加，但即使行为人完全放弃债权，其将假币置于流通的行为也侵害了货币的公共信用。退一步，即使行为人将假币置入 ATM 机并不使自己债权增加，也仍然侵害了货币的公共信用。同时，通过存入假币而获取银行债权的行为，与后面从 ATM 机中取出真币的行为，所指向的对象不同（前者为财产性利益，后者为货币），故不能因为行为人之前非法获取了银行债权，就否认后面从 ATM 机取款的行为成立盗窃罪。由于存入假币行为侵害的是货币的公共信用，而从 ATM 机取出真币的行为侵害的是银行资产，故行为人明显实施了两个行为，具有两个故意，且二者之间并不存在牵连关系，也不属于其他应当以一罪论处的情形，故应数罪并罚[1]。针对前述存假币取真币的案例，实务界有人指出，无论是存款还是取款，都涉及财产性利益（债权）与现金的转换问题：钱存入银行，现金转换为财产性利益（债权）；从银行取出现金，财产性利益（债权）转换为现金。而这里的转换，唯一途径就是进行交易：从人工服务的窗口办理业务与从自动柜员机上办理业务，都是客户与银行双方进行交易的行为。就前述存假币取真币的案例而言，柜员机具有识别人民币真假的功能。由于伪造人民币的技术越来越先进，一些假币十分接近真币，即使是有经验的人也很难识别，在柜员机上验钞机识别不了，完全是可能的。其实，验钞机就是一台微型人工智能机器，其工作原理就是模仿人工识别人民币真假的过程而工作的。验钞机也是先学习，把真钞票的特征全部存入存储器中，相当于我们把真钞的特征记忆在大脑中。当

---

[1]　张明楷：《刑法学》（第 5 版），法律出版社 2016 年版，第 771~772 页。

我们面对一张可疑钞票时，我们通过眼、手、耳等感官系统收集可疑钞票的特征，并与在大脑中记忆的真钞票的特征比较，如果符合就是真币，如果不符合，就是假币。由此，人工智能是可以"被骗"的。所谓机器不能"被骗"，禁锢了许多人的思维，理论上产生了一系列不符合客观事实的观点。弄清楚了自动柜员机的工作原理，我们就能容易地解决上述存假币取真币的问题。显然，行为人存入假币就是将假币置于流通领域，是使用假币的行为。假币存入银行后，转换为行为人的债权。行为人从柜员机上再取出真币的行为，就是将债权转换成现金，取款过程仍然是银行与客户之间的交易行为。这里不符合任何犯罪构成，当然不可能成立盗窃罪。假如行为人存折中有10 000元存款，存入五千元假币，存款余额为15 000元，之后在其他柜员机上取现金5000元，能认定行为人盗窃5000元吗？因此，存假币取真币的行为，只构成使用假币罪而不构成盗窃罪，从而不存在数罪并罚的问题[1]。异议者所采用的债权与现金"相互转换"的说法，已经暗含着对前例的事实考察和罪名认定不能采取"分割思维"，但其忽略了"债权"与"现金"所对应的"手段与目的"之牵连关系，故其整体性思维仍显不足。

在本著看来，如果将前例视为先构成使用假币罪后构成盗窃罪，最后予以数罪并罚，显然是丢弃了案件事实认定的"整体性思维"，以至于陷入了对完整犯罪事实的"分割评价"，最终造成了"罪出多门"和数罪并罚，正如学者所谓"实施了两个行为，具有两个故意，而且二者之间并不存在牵连关系"。就前例而言，行为人的目的并非"为存入假币而存入假币"，即并非仅仅是为了形成或增加债权，亦即其存入假币应另有目的，而此目的就是通过取出真币而实现对他人财物的不法占有。因此，行为人存入假币与取出真币之间事实地存在手段和目的之关系，即事实地存在着"牵连关系"。行为人若故意用假币去购物或还钱，则无疑构成使用假币罪。就前例而言，行为人是假借 ATM 机将假币变换成真币，而获得真币是行为人的最终目的，且其采用了假借并更换 ATM 机这一秘密手段。学者之所以认为，前例先后构成使用假币罪和盗窃罪而应数罪并罚，是其"法益论"思维使然，即行为人的前行为

---

〔1〕　肖佑良："评《刑法学》第五版（下）罪刑各论"，载 http://article. chinalawinfo. com/Space/ SpaceArticleDetail. aspx? AuthorId = 148527&&AID = 105773&&Type = 1，最后访问时间：2019 年 2 月 14 日。

侵害了"货币的公共信用"（对应金融秩序法益），而后行为侵害了"银行资产"（对应财产秩序法益）。客观地看，前例中行为人的先后行为确实侵害了不同的法益，但此两种不同法益的被害状态不应机械并列地予以规范评价，而应在行为人"手段与目的"的主观心理过程中予以结合性，从而是整体性的评价。于是，若采用案件事实认定的整体性思维，则前例最终只有一个罪名认定即盗窃罪，即按照使用假币罪和盗窃罪的牵连犯择重处理。由于牵连犯可分为手段与目的牵连型的牵连犯和原因与结果牵连型的牵连犯，故整体性思维在原因与结果牵连型的牵连犯场合也当然能够得到体现或运用。

由前文分析可见，切割性思维容易将具有"牵连关系构造"的行为"切割"成只具有前后"并列关系"的若干举止，从而走向以并列举止为评价对象的并列定罪。相反，整体性思维能够防止我们将"手段与目的"或"原因与结果"之间的"牵连关系"误作"并列关系"，从而防止将行为"碎片化"为若干举止，最终防止我们将一罪误作数罪。

二、整体性思维通过"事实认识错误"与"犯意转化"确定罪数

整体性思维对个案罪数的影响，还会体现在"事实认识错误"或"犯意转化"的场合。甲在乙的住宅内向乙的饮料内投放安眠药，打算两小时后进入乙的住宅窃取财物。乙喝下安眠药后基于其他原因立即外出，甲再次进入无人在内的乙的住宅取走了财物。对于前例，学者认为只能认定为抢劫未遂与盗窃罪既遂，实行数罪并罚。A为了非法占有B饲养的活猪，深夜将看守活猪的B的小屋反锁（足以压制他人反抗的方法）。但在A运走活猪的过程中，B一直没有醒来。对A的行为，学者认为应认定为抢劫未遂与盗窃既遂，实行数罪并罚；如果A在盗猪过程中，B醒来便不能走出小屋制止A的行为，则应认定A的行为成立抢劫既遂[1]。实务界有人指出，向饮料中投放安眠药的案例具有特殊性，那就是行为人把投放安眠药的行为与取财的行为隔离开来了。这就意味着投放安眠药的行为只是纯粹的预备行为，而不是普通情形下抢劫行为的"着手"。行为人实施投放安眠药的行为当时并无取财的主观故意，而是打算两小时后回到被害人家里劫取财物。因此，本案甲的抢劫行为只能是甲再次回到被害人家里准备取财时，才算是着手，即行为人投放安眠

---

〔1〕 张明楷：《刑法学》（第5版），法律出版社2016年版，第987页。

药时，抢劫行为尚未着手实施。由于被害人乙喝了安眠药后由于其他原因外出了，甲发现乙没有在家后，立即意识到先前投放安眠药的行为与其取财行为没有因果关系，故甲的犯罪故意由最初的抢劫转化为盗窃，从而全案只能认定为盗窃一罪。对于小屋加锁的案例，A 给 B 所住的小屋加锁的行为，不属于抢劫罪的暴力行为。抢劫罪的暴力、胁迫或者其他方法，必须是直接针对被害人当场实施，被害人必须是清醒时具有反抗可能性，即其能够直接感受到暴力、胁迫或者其他方法对自己人身的压制，且这里的当场性不仅包括案发现场，而且包括直接压制被害人反抗。本案中 B 睡觉了，根本没有醒来，门上加锁的行为为 B 无法直接感受到被强制或压制，而 B 也就不存在反抗之说。因此，本案行为人并没有着手实施刑法意义上的抢劫行为，最多是抢劫的预备行为，而本案财物的取得完全是盗窃行为所致，故本案只能认定盗窃一罪，而不能按照抢劫罪（未遂）与盗窃罪予以数罪并罚[1]。

　　在本著看来，对前述两例，要按行为人对被害人是否外出或醒来的实际认知作出不同的罪名认定。具言之，在前述两例中，如果行为人始终认为在自己不法取走财物的过程中被害人并未外出或已经醒来，则行为人便认为其取财成功是得益于其投放安眠药或加锁的行为起到了作用，从而其自认为抢劫犯罪得逞即抢劫罪既遂。但由于实际情况是被害人已经外出或尚未醒来，故前述两例中便形成了行为人误认为是犯此种罪而实际是犯了彼种罪的错误，而前述错误正是刑法学中的抽象事实认识错误，即不同犯罪构成之间的事实认识错误。对于抽象事实认识错误，应按照"法定符合说"，或阻却原先的故意犯罪的成立，或仅成立原先的故意犯罪的未遂，而如果犯罪是同质的，则在重合的限度内成立轻罪的故意犯既遂[2]。由于抢劫罪与盗窃罪都是财产犯罪，故前述两例应在重合的限度即"盗窃"内成立盗窃罪既遂。可见，按照刑法学中的事实认识错误理论，前述两例也不应实行数罪并罚。

　　相反，在前述两例中，如果行为人已经知晓在自己不法取走财物的过程中被害人已经外出或尚未醒来，则行为人便认为其取财成功将与投放安眠药或加锁的行为没有关联，亦即投放安眠药或加锁的行为对取财成功将不起作

---

〔1〕　肖佑良："评《刑法学》第五版（下）罪刑各论"，载 http://article. chinalawinfo. com/Space/SpaceArticleDetail. aspx？AuthorId＝148527&&AID＝105773&&Type＝1，最后访问时间：2019 年 2 月 14 日。

〔2〕　张明楷：《刑法学》（第 5 版），法律出版社 2016 年版，第 277~278 页。

用，从而行为人的后续行为应视为是在"犯意转化"之中实施的。对于"犯意转化"，学者又指出，"犯意转化"的第一种情况是，行为人以此犯意实施犯罪的预备行为，却以彼犯意实施犯罪的实行行为。如行为人在预备阶段具有抢劫的故意，并为抢劫准备了工具，创造了条件，但在进入现场后，发现财物的所有人、保管人等均不在场，于是实施了盗窃行为。对这种情况，应认定为想象竞合犯，从一重罪处罚。"犯意转化"的第二种情况是，在实施犯罪的过程中，行为人的犯意发生改变，导致此罪向彼罪的转化，而这种犯意转化应限于两个行为所侵犯的法益具有包容关系。对此种情况的"犯意转化"，应作出如下处理：犯意升高者，从新意（变更后的犯意）；犯意降低者，从旧意（变更前的犯意）[1]。可见，无论是按照"犯意转化"的哪一种情况，对前述两例都不可能作出数罪并罚的处理。可以肯定的是，对于前述两例，学者的主张或处置思路不知不觉之中将"犯意转化"混同于"另起犯意"："另起犯意"意味着有两个犯罪故意，两个犯罪故意与前后两个行为分别搭配，便自然形成了数罪并罚。显然，"另起犯意"及其所对应的数罪并罚，无形之中将前述两例的行为事实的完整性予以割裂。具言之，如果立于刑法学中抽象事实认识错误理论考察前述两例，则行为人的主观故意，尽管是"错误"的，但其仍是一个完整的犯罪故意，而其先后行为之间的手段与目的关系更是将先后行为结合为一个完整的"行为整体"。可见，在刑法学中抽象事实认识错误理论视角下，前述两例便存在着一个完整的行为事实；如果立于"犯意转化"考察前述两例，则行为人转化前的主客观因素已经"消失"在转化后的行为事实之中，最终所形成的仍然是一个完整的行为事实。总之，前述两例的行为事实应作为一个"行为整体"予以把握，这样就不至于得出数罪并罚的结论。易言之，若采用"整体性思维"，则前述两例的定罪分析便自然采用刑法学中抽象事实认识错误理论或"犯意转化"理论，而无论采用哪一种理论，至少不会走向数罪并罚。实际上，"法定符合"和"转化"分别暗示着"抽象事实认识错误"与"犯意转化"场合中行为本身及其刑法评价的完整性。

由前文分析可见，切割性思维容易将"抽象事实认识错误"场合的完整行为"切割"成"错误"发生前后并列的若干举止，也容易将"犯意转化"

---

[1] 张明楷：《刑法学》（第5版），法律出版社2016年版，第266～267页。

场合的完整行为"切割"成"转化"发生前后并列的若干举止，从而通过对若干举止定罪来代替对完整行为的定罪，最终导致数罪并罚。相反，整体性思维能够帮助我们在"抽象事实认识错误"与"犯意转化"的场合避免切割性思维的定罪错误。

三、整体性思维通过"犯罪现场的延长"确定罪数

犯罪现场的延长是刑法学中尚未引起注意的一问题。如在抢劫犯罪的场合，当行为人开始逃离犯罪现场，则其逃离行为的时空延续便形成了犯罪现场的延长问题。犯罪现场的延长所形成的可被称为"第二犯罪现场"。如果直观地看问题，则任何犯罪都会存在犯罪现场的延长问题，如杀人犯在实施完杀人行为后逃离杀人现场。但在任何犯罪的意义上，犯罪现场的延长便是一个没有意义的问题，因为任何犯罪都是一个时空过程，而同样一种犯罪，既可即兴完成，也可循序渐进地完成。易言之，提出犯罪现场的延长这一概念，甚至形成关于犯罪现场的延长理论，如果是出于解答某些特殊或特定问题，其才有实际意义。因此，犯罪现场的延长应被予以如下限定：一是在现象层面，犯罪现场的延长是犯罪实行行为的前后阶段的时空接续；二是在价值层面，犯罪现场的延长对应着法益已经或正在遭受的不法侵害可以挽回或避免。如果将前述两个层面结合起来看问题，则行为人在实施完此罪的逃离过程中又实施了彼罪，便不可视为犯罪现场的延长，因为此罪的犯罪过程及其法益侵害因实行行为本身的结束而已成"定局"，即原先的犯罪现场已经固定，只是又形成了另一个犯罪现场而牵扯数罪并罚罢了。于是，整体性思维便能帮助我们通过"犯罪现场的延长"来确定个案的罪数。

例如：甲、乙、丙三人开着面包车在 A 镇盗窃两个电瓶（每个价值 4000 元）放在面包车中后，继续开车前往另一个镇盗窃第三个电瓶时（其间约 30 分钟），被警察在监控中发现。当甲等三人将第三个电瓶（价值 4000 元）装上面包车后，警察便立即开车追赶。警察追上后，甲等三人对警察使用暴力，且导致其中一名警察轻伤。学者认为，甲等三人的第三次盗窃行为与暴力行为具有时间与空间上的紧密性，但其第一、二次盗窃行为与暴力行为却没有时间和空间上的紧密性。不能因为三次盗窃行为之间具有连续性，就认为三次盗窃行为均与暴力行为具有时间与空间上的紧密性。例如，行为人第一、二次盗窃发生在两三天前，第三次盗窃被发现时，出于窝藏赃物等目的当场

实施暴力行为。如若认定为一个事后抢劫罪，亦即认为暴力行为与三次盗窃行为均存在时间与空间上的紧密性，便明显不符合事实。由此看来，先前的盗窃等行为是成立一罪还成立数罪是一个问题，而暴力行为是否属于"当场"实施，则是另一个问题。不能因为先前的多个行为被评价为一罪，其中一次行为与暴力行为之间具有时间与空间上的紧密性，就认定暴力行为与先前的多个行为之间均存在时间与空间上的紧密性。据此，对甲等三人应当认定两个犯罪：前两次盗窃成立盗窃罪（盗窃数额为 8000 元），后一次盗窃与当场实施暴力的行为成立事后抢劫罪（抢劫数额为 4000 元）。最终，对甲等三人实行数罪并罚[1]。实务界有人指出，本案行为人驾驶机动车流窜作案，是基于同一个盗窃故意而实施的三次盗窃行为，而这三次盗窃行为应视为同一个"盗窃行为整体"，因为交通工具的使用使得时空的距离大大缩短。行为人基于同一个盗窃故意，在甲、乙两地作案后，再到丙地作案很常见。正如基于同一个盗窃故意，行为人在小区三栋楼中连续作案，在每栋楼都成功入户盗窃一次，行为人三次盗窃行为应视为一个行为整体，应无异议。本案行为人借助机动车流窜作案，为何三次盗窃行为就不是一个行为整体？因此，本案对甲等三人只能认定为一个事后抢劫罪，而不能认定为前两次成立盗窃罪，后一次成立抢劫罪，最终予以数罪并罚[2]。异议者的看法道出了案件事实认定的"整体性思维"对个案罪数的影响。在案件事实认定上，"整体性思维"当然应予提倡。就我们讨论或争议的前述事例而言，诚如学者所言，第一、二次盗窃发生在两三天前，行为人第三次盗窃被发现时因出于窝藏赃物等目的当场实施暴力行为，如若将整个案件认定为一个事后抢劫罪，亦即认为暴力行为与三次盗窃行为均存在时空上的紧密性，则明显不符合事实。也就是说，案件事实认定的"整体性思维"不能适用于行为人有两次以上盗窃等先行行为，但先行行为之间有着明显时空间隔的场合。但在前述事例中，甲等三人驾驶机动车流窜作案盗窃，前后只时隔约 30 分钟，故将甲等三人的前后盗窃行为视为一个"盗窃行为整体"是没有问题的。单单在主观上，甲等三人在第三次盗窃的当场实施暴力，其目的并非只是窝藏第三次盗窃所得的赃

---

〔1〕　张明楷：《刑法学》（第 5 版），法律出版社 2016 年版，第 983 页。

〔2〕　肖佑良："评《刑法学》第五版（下）罪刑各论"，载 http://article. chinalawinfo. com/Space/SpaceArticleDetail. aspx？AuthorId=148527&&AID=105773&&Type=1，最后访问时间：2019 年 2 月 14 日。

物，而是意欲窝藏前后三次盗窃所得的赃物，故我们可用"犯罪目的的概括性"而从主观上来把握甲等三人先后三次盗窃的行为整体性。这里，整体性思维能够引导我们通过"犯罪现场的延长"来把握本案行为人先后三次盗窃在行为事实上的完整性。但要强调的是，"犯罪现场的延长"，通常不仅是犯罪行为本身的时空延长，也是犯罪目的的时空延长，从而是法益侵害的时空延长。由此，甲等三人在逃离第三次盗窃现场的过程中对警察使用暴力，这也属于"犯罪现场的延长"。这样，从行为人实施第一次盗窃行为到第三次实施盗窃行为后对警察使用暴力，都可用"犯罪现场的延长"来作概括性描述。而当本案行为人在"犯罪现场的延长"过程中使用暴力，则无疑使得整个犯罪过程转化为抢劫罪。

由前文分析可见，切割性思维容易将"犯罪现场的延长"场合的完整行为"切割"为前后相继的若干举止，进而通过对若干举止的并列定罪来取代对完整行为的定罪，最终也是导致数罪并罚。相反，整体性思维能够帮助我们在"犯罪现场的延长"的场合避免切割性思维的定罪错误。

本章小结

形式客观说并未丢弃实质，故其本为形式与实质相结合说。是否立足于构成要件行为作为法益侵害紧迫危险性的刑法定型，决定了形式客观说和实质客观说各自是否为犯罪着手认定提供了明确标准，且是否导致犯罪着手认定的过于提前或推迟，进而决定了在刑法基本立场上是否背离了罪刑法定原则。犯罪着手的认定标准，应抛弃脱离形式限制的实质客观说而仍应坚持形式客观说，但形式客观说的"开始命题"应通过"基于大数法则的类型化危险形成说"而将犯罪着手的认定标准予以实质性落实。通过"基于大数法则的类型化危险形成说"，形式客观说对结合犯、隔离犯、徐行犯和原因自由行为型犯罪的着手能够作出较为妥当的解答。

"意志以外的原因"直接决定犯罪预备、犯罪未遂与犯罪中止的区分，故有深入讨论的理论必要与实践必要。"意志以外的原因"首先可采用形成空间和作用对象这两个标准而予以更加清晰的类型化表述。"意志以外的原因"可嵌入"意志自由"的话题来把握其本质。通过转借犯罪中止的任意性判断标准，"意志以外的原因"也可采用主客观相结合或事实性与规范性相结合的折中说或结合说来确定自身的判断标准，而造成"意志不自由的原因"才是"意志以外的原因"，即"抑止意志自由"便构成"意志以外的原因"判断标准的实体内容。而通过对包括"熟人案件"在内的特殊案件的运用，"意志以外的原因"的"意志不自由"的本质能够得到更加真切的体现。

认识错误中的犯罪阶段形态包括单独犯事实认识错误中的犯罪阶段形态、共犯事实认识错误中的犯罪阶段形态。而无论是单独犯事实认识错误中的犯罪阶段形态，还是共犯事实认识错误中的犯罪阶段形态，都可按照具体事实认识错误和抽象事实认识错误予以展开讨论。认识错误中的犯罪阶段形态包括原因自由行为型犯罪事实认识错误中的犯罪阶段形态。原因自由行为型犯罪事实认识错误中的犯罪阶段形态又包含原因自由行为单独犯事实认识错误的犯罪阶段形态和原因自由行为共犯事实认识错误的犯罪阶段形态。而无论是原因自由行为单独犯事实认识错误的犯罪阶段形态，还是原因自由行为共犯事实认识错误的犯罪阶段形态，也都可按照具体事实认识错误和抽象事实认识错误予以展开讨论。认识错误中的犯罪阶段形态还包括违法性认识与期待可能性认识错误中的犯罪阶段形态。其中，违法性认识错误中的犯罪阶段形态，可按照"积极的违法性认识错误"和"消极的违法性认识错误"展开讨论；而期待可能性认识错误中的犯罪阶段形态，又可按照"积极的期待可能性认识错误"和"消极的期待可能性认识错误"展开讨论。

犯罪中止应从行为结构作出相应的定性和处置，而不应笼统地作为犯罪对待。具言之，犯罪中止行为本身不仅不是犯罪，而且是应予鼓励的合法行为。而如果中止行为之前的行为已经构成相关犯罪，便可予以相应的究责。立于犯罪中止制度的原本宗旨和犯罪中止的性质真相，犯罪中止的刑法体系地位和刑法学体系地位应彻底改变，并可将其置于犯罪论中的正当防卫和紧急避险之后，且可作出新的法条设计。最终，犯罪中止问题应在"非犯罪阶段形态化"，从而是在"非罪化事由"中得到合理解决。

在犯罪未遂理论中，间接故意犯的未遂和举动犯的未遂都应得到肯定；在犯罪既遂理论中，危险犯包括具体危险犯和抽象危险犯的未遂应得到新的把握，且具体危险犯和抽象危险犯的既遂判断应体现具体危险犯和抽象危险犯的各自特质；在犯罪既遂理论中，直接故意结果加重犯的既遂也是一个应予深入讨论的实际问题，且可按照单一客体直接故意结果加重犯与复杂客体直接故意结果加重犯展开讨论。而对于复杂客体直接故意结果加重犯的既遂，应将"主要客体"作为判断基准，即只有"主要客体"受到实际侵害，复杂客体直接故意结果加重犯的既遂才有可能。

在司法实践中，犯罪阶段形态的认定应采用"整体性思维"。

主客观相结合、事实性与价值性相结合，赋予犯罪构成标准以罪数标准的"最适合资格"，而"数次先后并列地符合不同的犯罪构成"则是作为罪数标准的犯罪构成标准的实际运用。

对一罪作出对称性分类并明确其所包含的具体种类，既有助于罪数理论的丰富与深化，更有助于定罪量刑的刑法实践。按照形式与实质的对应，一罪可分为形式的一罪与实质的一罪。其中，形式的一罪包括继续犯和连续犯，而实质的一罪包括想象竞合犯、结果加重犯、吸收犯与牵连犯；按照立法与司法的对应，一罪可分为立法的一罪与司法的一罪。其中，立法的一罪包括结合犯、集合犯、转化犯、包容犯与法规竞合犯，而司法的一罪则包括形式的一罪与实质的一罪。在宏观层面上，一罪的分类牵涉并体现着罪刑法定原则和罪责刑原则。

罪数认定的整体性思维体现为通过"牵连关系""事实认识错误""犯意转化"和"犯罪现场的延长"来确定罪数。

后 记

　　一直以为犯罪论是刑法学理论中最值得"训练",从而也最见"功底"和"素养"的部分。于是,对犯罪论各种问题的长期思索和琢磨便成了本人治学刑法以来的一种"初心",更成为考取西南政法大学博士研究生且师从恩师陈忠林教授后的一种学术坚持。《犯罪总论的新展开》是按照刑法学总论中犯罪论知识谱系架构而成,既一定程度上深化了已经发表和出版的相关学术成果,同时也完成了一定深度的"补缀",故其有别于一般的论文集。

　　《犯罪总论的新展开》是教学相长的一个产物或"结晶"。所谓"教",是指博士研究生毕业后先后在南昌大学、江苏大学、扬州大学和南京航空航天大学以本科生和硕士研究生为授课对象而进行的课前备课、课中讲解和课后答疑。为了赢得同学们的认可,就要把课讲得尽可能好一些;而为了把课讲得尽可能好一些,就要多努力和多付出一些。自然而然,在多努力和多付出的过程中,作为授课者本人也就时常获得对刑法学特别是犯罪论相关问题的新视角或新理解,而诸多新视角和新理解便是"上好课"带给我的新收获,以至于时常感慨:"一个老师敷衍上课,自以为偷得清闲,实即犯傻!老师让学生有长进,同时也是通过学生让自己有长进。"于是,在上完课回到家中或办公室尽快把"新收获"键入电脑,便成为本人的一种"习以为常"。所谓"学",包括"向导师学"和"自学":所谓"向导师学",主要是指博士研究生毕业前后通过聆听恩师陈忠林教授的刑法学授课和课后乃至毕业出师后对陈忠林教授学术思想的长久"反刍",以求领会和延伸,并加以教学运用和研究运用;所谓"自学"是指长期以来包括茶余饭后乃至出差途中对犯罪论相关问题的细微思量和掂量,并付诸平时写作。《犯罪总论的新展开》是"教学相长"的自我印证。

　　且不说整个刑法学,仅仅是其中的犯罪论便"学无止境"。《犯罪总论的新展开》只能算作对本人自 1996 年攻读硕士研究生以来治学刑法的一个局部性和阶段性的学术总结。在"学问还有无必要再辛苦去做"的他问和自问中，《犯罪总论的新展开》至少表明本人尚未放弃，因为报考博士研究生时的"刑法基本理论与实践"方向选定，已经坚定了一种生活方式和生活内容，而所谓学问乃"琐细之问"和"耐心之问"。于是，除了《犯罪总论的新展开》所直接对应的刑法理论问题的思考与探索，还有"刑法的根据与任务""刑法基本原则""共识刑法观""公信刑法观""理性交往刑法观""刑法类型化""刑法学命题的妥当性""中国大陆刑法学派的形成""中国特色刑法学知识体系的建构机理"等关乎刑法的观念与方法乃至刑法学术生态的已有思考或成果，也欲进一步深化和整合成"著"，但愿主客观条件还能遂愿。

　　《犯罪总论的新展开》是对《罪刑关系论》《刑法诸问题的新界说》《刑法完善论》《比较刑法学概论》和《刑法公众认同研究》的接续。《犯罪总论的新展开》的成书过程又长距离"回放"了踏上法学之路且跋涉至今的学术过程和精神过程，特别是回味和脑海再现攻读博士学位的过程，而恩师陈忠林教授让我等既感紧张又觉热烈的课堂场景则浮现在本著的字里行间。当《犯罪总论的新展开》终于定稿，便又想起毕业后再回到恩师陈忠林教授身边说过数次的那句话——"虽然在文凭层面上已经从陈老师身边毕业，但学问层面上尚未毕业（或永远毕不了业）"。起初，说这句话是多少带有取悦恩师的不纯动机，但后来越发觉得这句话对应了对恩师的真情实感，因为恩师的法治观念与刑法思想仍然有待我等去"参悟"！由此，谨以《犯罪总论的新展开》献给恩师陈忠林教授，也献给师母徐代庆老师，因为她在恩师陈忠林教授栽培我等过程中也付出了许多许多！顺祝恩师陈忠林教授和师母徐代庆老师健康长寿！

马荣春

2022 年 10 月 10 日于南京